中国社会科学院创新工程学术出版资助项目

中国社会科学院马克思主义理论
学科建设与理论研究系列丛书

唯物史观与新中国史学发展

—— 中国社会科学院马克思主义史学理论论坛首届学术研讨会论文集

朱佳木　主　编

张海鹏　于沛　武力　副主编

中国社会科学出版社

图书在版编目 (CIP) 数据

唯物史观与新中国史学发展：中国社会科学院马克思主义史学理论论坛首届学术研讨会论文集／朱佳木主编 . —北京：中国社会科学出版社，2014.3
ISBN 978 – 7 – 5161 – 4449 – 7

Ⅰ.①唯…　Ⅱ.①朱…　Ⅲ.①马克思主义—史学理论—学术会议—文集
Ⅳ.①A851. 692 – 53

中国版本图书馆 CIP 数据核字 (2014) 第 143623 号

出 版 人	赵剑英
选题策划	田　文
责任编辑	王　琪　孙　萍
责任校对	李　莉
责任印制	李　建

出　　版	中国社会科学出版社
社　　址	北京鼓楼西大街甲 158 号（邮编 100720）
网　　址	http://www.csspw.cn
	中文域名:中国社科网　　010 – 64070619
发 行 部	010 – 84083685
门 市 部	010 – 84029450
经　　销	新华书店及其他书店
印　　刷	北京市大兴区新魏印刷厂
装　　订	廊坊市广阳区广增装订厂
版　　次	2014 年 3 月第 1 版
印　　次	2014 年 3 月第 1 次印刷
开　　本	710 × 1000　1/16
印　　张	61.75
插　　页	2
字　　数	1007 千字
定　　价	135.00 元

目　　录

唯物史观与马克思主义史学理论研究

唯物史观与中国马克思主义史学史

唯物史观与中国古代史和近代史研究

唯物史观与中国当代史和中共党史研究

唯物史观与西方新史学研究

附　　录

以唯物史观为指导推进马克思主义史学理论研究的繁荣和发展

——在中国社会科学院马克思主义史学理论论坛首届学术研讨会上的开幕词

（2013 年 4 月 13 日）

朱佳木

中国社会科学院马克思主义史学理论论坛首届学术研讨会现在开幕了。首先，我代表论坛组委会，向应邀前来出席开幕式的中国社会科学院领导，以及对论坛给予大力支持的院马克思主义理论学科建设与理论研究工作领导小组表示衷心感谢，向应邀参加会议的专家学者特别是远道而来的同志们表示热烈欢迎！

党的十六大以来，党中央为巩固和增强马克思主义在我国意识形态领域的指导地位，于 2004 年提出并实施马克思主义理论研究和建设工程。这一工程的内容包含加强对马克思主义中国化理论创新成果和重大现实问题的研究，加强对马克思主义经典著作的编译和研究，建设具有时代特征的马克思主义基础理论和哲学社会科学学科体系，编写体现当代中国马克思主义最新理论成果的哲学与社会科学重点学科的教材，建设老中青三结合的马克思主义理论研究和教学骨干队伍。在这一工程的推动下，中国社会科学院也启动并实施了马克思主义理论学科建设与理论研究工作，并于 2012 年设立了包括马克思主义史学理论论坛在内的五个相关学科的马克思主义论坛。马克思主义史学理论论坛的宗旨是，坚持和发展以唯物史观为指导的马克思主义史学理论，发挥马克思主义史学理论在史学研究中的引领作用。其基本任务是通过举办各种形式的学术会议、出版论文集和以书代刊的论丛等方式，增强马克思主义史学理论界的合作与交流，扩大马克思主义史学理论在史学界的影响，促进马克思主义史学理论队伍的成长。本次学术研讨会，便是论坛成立以来举办的第一次面向全国的学术研讨会。

本次研讨会入选论文作者共有 68 人。其中，既有七八十岁的老一辈马克思主义史学理论工作者，也有三四十岁有志于马克思主义史学理论研究的青年学者；既有社会科学研究机构的研究工作者，也有高等院校和理论与学术刊物的教师、编辑；既有在京单位的人员，也有来自全国其他省、自治区、直辖市的同志。由于论坛首次举办较大规模的学术研讨会，缺少必要经验，所以没有采用广泛征文的形式，而是指名约请相关学者以文入会。从发出约请函到开会，时间相隔虽然不长，但凡是受到邀请的同志都给予了积极回应，并挤出时间撰写文章和发言稿。有的同志因为我们工作疏忽而未收到约请函，但一听到消息即主动要求参加会议。尽管会议安排在周六、周日，但受邀的同志放弃休息，仍然前来赴会。这种对论坛的热情支持，使我们深受感动。由于与会人员较多，会议将采取大会发言与分组讨论相结合的方法。我们相信，有中国社科院相关部门的鼎立协助，有与会专家学者的积极参与，有参会媒体朋友的密切关注，本次研讨会一定能实现预期目的，开成一次马克思主义史学理论界的盛会。

史学理论既包括历史观，也包括历史研究的理论与方法论。它是历史学科的重要组成部分，是史学工作者从事历史研究的指南。古今中外的史学史表明，凡是有影响的史学家，几乎都是对史学理论有过重要贡献的人；史学发展在任何时候，也离不开史学理论的发展。世界上的历史观尽管形形色色，但归根结底无外乎两种：一种是唯心史观，一种是唯物史观。马克思主义史学理论就是唯物史观与史学研究实践相结合的产物。它既是马克思主义史学工作者从事历史研究的指导思想，也是史学理论工作者进行研究的对象。我国虽然是一个有着悠久历史的国家，也是一个有着悠久史学传统和深厚史学理论积淀的国家，但直到唯物史观在 20 世纪二三十年代传入，并为郭沫若、范文澜、吕振羽、翦伯赞、侯外庐等一批马克思主义史学家所掌握和运用后，史学研究才得到了"唯一科学的历史观"（《列宁选集》人民出版社 1995 年版，第 311 页）的指导，并在此过程中逐渐创立了具有中国特色、中国风格、中国气派的科学的史学理论。马克思主义史学理论论坛在今天所肩负的一个重要使命，就是要继承和发扬老一辈马克思主义史学家追求真理、学以致用、勇于创新、与时俱进的光荣传统，不断丰富、完善和发展具有中国特色、中国风格、中国气派的马克思主义史学理论体系和话语体系。正因为如此，我们把马克思主义史学理论论坛的首次研讨会的主题，定为"唯物史观与新中国史学发展"。

史学理论属于意识形态范畴，在阶级社会具有鲜明的阶级性。我们党在十一届三中全会后虽然否定了"以阶级斗争为纲"的错误指导思想，但同时指出，"由于国内的因素和国际的影响，阶级斗争还在一定范围内长期存在，在某种条件下还有可能激化"（《中国共产党章程》）。马克思主义史学理论与反马克思主义史学理论的斗争，便是阶级斗争在意识形态领域中的一个具体表现。改革开放以来，我们党恢复了实事求是的思想路线，加强了包括西方史学理论著作在内的国外社会科学著作的翻译、出版，为马克思主义史学理论的研究和发展提供了良好的客观环境与更多可资借鉴的思想材料。然而，与此同时，特别是苏东剧变之后，唯物史观和马克思主义史学理论也遇到新中国成立以来前所未有的挑战。这种挑战既表现在对唯物史观基本原理和马克思主义史学家的全盘否定上，也表现在对西方资产阶级史学理论的盲目推崇，对历史虚无主义思潮的竭力鼓吹，对中国近代史、现代史的肆意歪曲、篡改和对革命领袖的恶意贬低、丑化上。对此，马克思主义史学理论工作者理应作出回应。这种回应不仅是维护中国革命的正当性和中华民族的自信力，营造中国特色社会主义建设事业的积极健康舆论氛围的需要，也是发展中国马克思主义史学理论、推进马克思主义中国化的需要。正如毛泽东所说："马克思主义是一种科学真理，它是不怕批评的。如果马克思主义害怕批评，如果可以批评倒，那末马克思主义就没有用了。……马克思主义者不应该害怕任何人批评。相反，马克思主义者就是要在人们的批评中间，就是要在斗争的风雨中间，锻炼自己，发展自己，扩大自己的阵地。"（《毛泽东文集》第七卷，第231—232页）邓小平在苏东剧变之后也说过："我坚信，世界上赞成马克思主义的人会多起来的，因为马克思主义是科学。……不要认为马克思主义就消失了，没用了，失败了。哪有这回事！"（《邓小平文选》第三卷，第382—383页）马克思主义史学理论论坛在今天所肩负的又一个重要使命，就是要积极回应反马克思主义的社会思潮、学术思潮对唯物史观和马克思主义史学理论的各种攻击，并在这个过程中进一步弄清楚哪些是必须坚持的唯物史观的基本观点，哪些是必须破除的对唯物史观的教条式理解，哪些是必须澄清的披着马克思主义理论外衣的错误观点，哪些是需要结合新的实际加以丰富发展的马克思主义史学理论；同时，在这个过程中进一步组织和壮大马克思主义史学理论研究队伍。

今年的 3 月 14 日恰逢马克思逝世 130 周年。恩格斯在马克思墓前的演说中指出："正像达尔文发现有机界的发展规律一样，马克思发现了人类历史的发展规律。"（《马克思恩格斯选集》第三卷，人民出版社1972 年版，第 574 页）130 年来，马克思、恩格斯在唯物史观与剩余价值学说基础上创立的科学社会主义理论，指引世界社会主义运动由小到大、由弱到强。尽管中间发生了苏东剧变这样的严重曲折，但人类历史发展的规律是任何力量都不可战胜的。拥有人类五分之一人口的中国，依然在社会主义道路上昂首阔步、乘风破浪、奋勇前行，便是一个最有力的证明。

习近平同志于今年 1 月 5 日在中央党校发表讲话指出："党的十八大精神，说一千道一万，归结为一点，就是坚持和发展中国特色社会主义。"他强调："中国特色社会主义是社会主义而不是其他什么主义，科学社会主义基本原则不能丢，丢了就不是社会主义。一个国家实行什么样的主义，关键要看这个主义能否解决这个国家面临的历史性课题。历史和现实都告诉我们，只有社会主义才能救中国，只有中国特色社会主义才能发展中国，这是历史的结论、人民的选择。随着中国特色社会主义不断发展，我们的制度必将越来越成熟，我国社会主义制度的优越性必将进一步显现，我们的道路必将越走越宽广。我们就是要有这样的道路自信、理论自信、制度自信，真正做到'千磨万击还坚劲，任尔东西南北风'。"他在这篇讲话中，还从六个时间段分析了社会主义思想从提出到现在的历史过程，并运用唯物史观和唯物辩证法，具体分析了我国改革开放前后两个历史时期的关系。他说："这是两个相互联系又有重大区别的时期，但本质上都是我们党领导人民进行社会主义建设的实践探索。中国特色社会主义是在改革开放历史新时期开创的，但也是在新中国已经建立起社会主义基本制度、并进行了 20 多年建设的基础上开创的。虽然这两个历史时期在进行社会主义建设的思想指导、方针政策、实际工作上有很大差别，但两者决不是彼此割裂的，更不是根本对立的。不能用改革开放后的历史时期否定改革开放前的历史时期，也不能用改革开放前的历史时期否定改革开放后的历史时期。要坚持实事求是的思想路线，分清主流和支流，坚持真理，修正错误，发扬经验，吸取教训，在这个基础上把党和人民事业继续推向前进。"我们这次研讨会，就是要深入贯彻落实党的十八大精神，按照以习近平同志为总书记的新一届党中央的要求，旗帜鲜明地以唯物史观作指导，为坚持和发展马克思主义史学理论，为推进中国特色社会主义事业，为中华民族的伟大复兴，贡献自己的力量。

最后，预祝大会取得圆满成功！祝大家在会议期间身体健康，一切顺利！

贯彻落实党的十八大精神，努力构建具有中国特色、中国风格、中国气派的马克思主义史学理论体系

——在中国社会科学院马克思主义史学理论论坛首届学术研讨会上的结束语
（2013 年 4 月 14 日）

朱佳木

在过去两天里，大家抱着对坚持和发展马克思主义史学理论的愿望和相互沟通、学习的态度，以"唯物史观与新中国史学发展"为主题，聚精会神地参加会议，积极热烈地开展讨论，取得了广泛共识和许多重要成果。会议在张海鹏同志主持下举行了开幕式，听取了李慎明同志的讲话和 12 位同志的大会发言，进行了两个半天的分组讨论和讨论情况的交流，刚才又听取了于沛同志作的会议学术总结。至此，会议完成了全部议程，就要闭幕了。

这次会议是在全党全国深入贯彻落实党的十八大精神的大背景下召开的，也是马克思主义史学理论界深入贯彻落实十八大精神的具体行动。习近平总书记指出：坚持和发展中国特色社会主义是十八大报告的主线，贯彻落实十八大精神，就要深刻领会中国特色社会主义是由道路、理论体系和制度三位一体构成的。其中，中国特色社会主义道路是创造人民美好生活的必由之路，中国特色社会主义理论体系是马克思主义中国化的最新成果，中国特色社会主义制度是中国发展进步的根本保障。马克思主义史学理论工作者既是史学工作者，也是理论工作者；既是学者，也是马克思主义者。马克思主义史学理论研究既是史学的分支学科，也是马克思主义研究的分支学科；既是马克思主义研究与建设工程的组成部分，也是马克思主义中国化的组成部分。马克思主义史学理论界要贯彻十八大精神，就要继承、发扬老一辈马克思主义史学工作者

的光荣传统，紧密联系现实，努力运用历史唯物主义分析和解决历史研究中的问题，并把问题提升到理论的高度，做出理论的概括，不断构建和完善具有中国特色、中国风格、中国气派的马克思主义史学理论体系及其话语体系。

借此机会，我想和大家一起重温邓小平1982年在十二届二中全会讲话中的一些重要论述。他说："现在有些同志对于西方各种哲学的、经济学的、社会政治的和文学艺术的思潮，不分析、不鉴别、不批判，而是一窝蜂地盲目推崇。""马克思主义要发展，社会主义理论要发展，要随着人类社会实践的发展和科学的发展而向前发展。但是，上面这样的观点，不是向前发展，而是向后倒退，倒退到马克思主义以前去了。""毛泽东同志说过：'真理是在同谬误作斗争中间发展起来的。马克思主义就是这样发展起来的。'有些人把'双百'方针理解为鸣放绝对自由，甚至只让错误的东西放，不让马克思主义争。这还叫什么百家争鸣？这就把'双百'方针这个无产阶级的马克思主义的方针，歪曲为资产阶级的自由主义的方针了。""现在有些错误观点自称是马克思主义的，有的则公然向马克思主义挑战。对此，马克思主义者应当站出来讲话。思想战线的共产党员，特别是这方面担负领导责任的和有影响的共产党员，必须站在斗争的前列。"小平同志的这些话虽然是30年前讲的，但听起来就像是今天讲的一样。

今天，马克思主义史学理论工作无疑面临着十分艰难复杂的环境，但也应看到，它同时面临难得的发展机遇。我们要抓住机遇，乘着党的十八大和以习近平同志为总书记的党中央一系列讲话、举措的东风，理直气壮地宣传马克思主义史学理论，批驳形形色色反对马克思主义的人对唯物史观的挑战，并在同各种错误思潮的斗争中，营造马克思主义史学理论的强大氛围，壮大马克思主义史学理论的研究队伍。同时，马克思主义史学理论工作者作为信奉马克思主义的学者，也应面对当前学术界的不良风气，带头端正学风，带头严谨治学，带头联系实际，带头贯彻"双百"方针，带头坚持原则，带头搞好团结，带头正确对待和严格要求自己，继承和发扬中国史学和马克思主义史学家知行统一、言行一致的优良传统。

我们这次会议是中国社会科学院马克思主义史学理论论坛的首次学术研讨会。大家普遍认为，会议是对马克思主义史学理论研究队伍的一次检阅，是近些年马克思主义史学理论研究少有的盛会。同时，也反映会议主题有些宽泛，时间太短，讨论还不够深入。今后，研讨会还要继续举办。我们会尽可能吸收大家的意见，注意将会议主题与实际更紧密地结合，并不断加以深化和细化。我们真诚希望院内外马克思主义史学理论工作者与我们加强联系，多提宝贵意见和建议，并且欢迎大家继续支持和参与我们的活动。

为了举办这次会议，中国社会科学院服务中心的同志牺牲休息时间，为会议提供了周到、良好的服务。有关媒体也派出记者，对会议进行采访、报道。特别是中国社会科学报社，决定拿出相当的版面，陆续刊登会议的消息和与会者的论文摘要。中国社会科学出版社还要为会议出版论文集。在此，我提议大家以热烈的掌声，向他们表示衷心感谢！

由于缺乏经验，会议在组织方面存在不少缺点，希望大家给予谅解，并欢迎大家批评指正。

我宣布，中国社会科学院马克思主义史学理论论坛首次学术研讨会胜利闭幕！

唯物史观与马克思主义史学理论研究

关于学习马克思主义历史理论经典著作的几点认识和体会

沙健孙

马克思主义理论研究和建设工程的重点教材《马克思恩格斯列宁历史理论经典著作导读》一书，已由人民出版社、高等教育出版社出版。下面我想就马克思主义历史理论的形成、发展及其对历史研究的指导作用，学习马克思主义历史理论经典著作的意义和方法，谈几点认识和体会。

一 唯物主义历史观的创立和发展

什么是历史？历史是人类社会发展的过程，是已经过去了的客观存在。马克思、恩格斯说：历史可以从两方面来考察，可以把它划分为自然史和人类史。但这两方面是不可分割的；只要有人存在，自然史和人类史就彼此相互制约。这里所说的历史，指的是人类史，即人类社会发展的过程。

人类社会的今天，是由它的昨天和前天发展而来的。人们为了更好地认识人类社会的今天、预见明天，一个重要的条件，就是要了解它的昨天和前天。古人所谓"彰往而察来"，"述往事，思来者"，讲的就是这个意思。

但是，历史作为人类社会已经过去了的客观存在，是不可能照原样重复出现的，那么，人们又怎样认识历史，从历史中汲取智慧呢？

为此，首先当然要收集史料和考证史实，因为这是认识历史的前提。不过，这样做，还不是对历史就有了认识。研究历史，主要是为了在此基础上，理清历史的脉络，总结历史的经验，揭示历史发展的规律性，考察历史发展的趋势，以此作为今人和后人思想上的借鉴和行动上的向导。而要做到这一点，仅仅依靠收集史料和考证史实就远远不够了，人们还必须在科学的社会历史观和方法论的指导下，对史料进行分析和综合，进行理论的思考。如果没有理论思维，即使要把两个简单的历史事实联系起来都是不可能的，更不用说对历史作出科学的阐释和总结了。

社会历史观是人们对社会历史的根本看法，主要指人们关于人类社会的起源、社会生活的本质，以及总体运动和一般发展规律的理论性概括。

在遥远的古代，由于人类尚不具备把自然界和人类社会明确区分的能力，社会历史观只能浑然一体地包含在一般宇宙观之中。人类进入文明时代即阶级社会以后，一些思想家对人类社会的发展进行了独立的思考，一些历史学家写出了若干有价值的历史著作，他们为人类认识社会及其发展积累了有益的思想材料，包括运用唯物主义观点观察历史的萌芽和对历史辩证法的揭示；但是从总体上来说，在社会历史观的领域，唯心主义始终占据着统治地位。正因为如此，以往的历史理论存在着两个主要缺点。"第一，以往的历史理论至多只是考察了人们历史活动的思想动机，而没有研究产生这些动机的原因，没有探索社会关系体系发展的客观规律性，没有把物质生产的发展程度看做这些关系的根源。"它既忽视经济对社会发展的最终决定作用，也讲不清政治、思想等的形成、发展及其对经济的反作用，因而就不可能把社会作为一个有机的整体进行研究。"第二，以往的历史理论从来忽视人民群众的活动。"在它的视野里，历史活动的主体是帝王将相、英雄豪杰等少数人，而从事物质生活资料生产的广大劳动群众则被边缘化，在历史上没有自己应有的地位。它不可能以自然科学的精确性去研究群众生活的社会条件以及这些条件的变更。所以，列宁认为，马克思以前的"社会学"和历史学，至多是积累了零星收集来的未加分析的事实，描述了历史过程的个别方面。他们没有也不可能指出对各种社会经济形态的产生、发展和衰落过程进行全面而周密的研究的途径。①

---

① 《列宁专题文集·论辩证唯物主义和历史唯物主义》，人民出版社 2009 年版，第 336 页。

社会历史领域中之所以存在上述问题，不是偶然的。"在很长的历史时期内，大家对于社会的历史只能限于片面的了解，这一方面是由于剥削阶级的偏见经常歪曲社会的历史，另一方面，则由于生产规模的狭小，限制了人们的眼界。人们能够对社会历史的发展作全面的历史的了解，把对于社会的认识变成了科学，只是到了伴随巨大生产力——大工业而出现近代无产阶级的时候，这就是马克思主义的科学。"①

科学的社会历史观，就是唯物主义历史观或者历史唯物主义。它是由马克思、恩格斯在19世纪40年代创立的。正如德国早期的社会主义者梅林所说：唯物主义历史观"是历史发展的产物；在较早的时代，它是不会被任何最有天才的头脑凭空想出来的。只有达到一定高度时，人类历史才能揭开它自己的秘密"②。这些条件主要是：资本主义的发展与工人阶级的成长壮大；以及先驱者（如法国复辟时期的资产阶级历史学家梯叶里、基佐、米涅，英国古典经济学家大卫·李嘉图等）提供的特定的思想材料。在唯物主义历史观诞生以后，"摩尔根对于同一观点的发现表明，发现这一观点的时机已经成熟了，这一观点必定被发现"③。

什么是唯物主义历史观呢？唯物主义历史观是"关于现实的人及其历史发展的科学"④。"现代唯物主义把历史看做人类的发展过程，而它的任务就在于发现这个过程的运动规律。"

唯物主义历史观的主要创始人马克思（1818—1883），1843年写作《黑格尔法哲学批判》，1844年完成《1844年经济学哲学手稿》，开始得出物质生产在社会发展中具有决定作用的认识。这是唯物主义历史观形成的重要步骤。

唯物主义历史观的另一创始人恩格斯（1820—1895），1844年发表《国民经济学批判大纲》，在经济和政治历史的关系等问题上得出了与马克思相同的结论。

1844年9月，马克思和恩格斯在巴黎相识。他们合作撰写了《神圣家族，或对批判的批判所做的批判 驳布鲁诺·鲍威尔及其伙伴》一

---

① 《毛泽东选集》第1卷，人民出版社1991年版，第283—284页。
② ［德］梅林：《保卫马克思主义》，人民出版社1982年版，第3页。
③ 《马克思恩格斯文集》第10卷，人民出版社2009年版，第669页。
④ 《马克思恩格斯文集》第4卷，人民出版社2009年版，第295页。

书。他们指出：只有把"某一历史时期的工业，即生活本身的直接的生产方式认识清楚"，才"能真正地认清这个历史时期"。"历史活动是群众的活动，随着历史活动的深入，必将是群众队伍的扩大。"① 他们克服了唯心主义历史观的两个主要缺点，为唯物主义历史观的形成奠定了牢固的基础。

1845年，马克思撰写了《关于费尔巴哈的提纲》。恩格斯晚年在回答"关于历史唯物主义的起源"这个问题时说过：马克思的《关于费尔巴哈的提纲》"其实就是它的起源！"②

1845—1846年，马克思与恩格斯合作撰写了《德意志意识形态》一书，对他们发现的唯物主义历史观的基本原理作了系统的论述。不过这部两厚册八开本的原稿，当时未能公开出版。

在1847年出版的为反对蒲鲁东而写的著作《哲学的贫困》中，马克思第一次公开对这个新的历史观中的有决定意义的论点，作了科学的、虽然只是论战性的概述。1848年2月，马克思、恩格斯在为共产主义者同盟拟定的纲领《共产党宣言》中，"用这个理论大略地说明了全部近代史"③，向公众表达了这个理论有关的见解。《共产党宣言》在多次再版时用过的多种书名中，就有过《历史哲学》这个名称。④

马克思对唯物主义历史观的经典性表述，见于1859年1月发表的《政治经济学批判》第一分册的序言。恩格斯指出，序言对唯物主义历史观的要点"已经作了扼要的阐述"⑤。

马克思、恩格斯在创立唯物主义历史观之后，即以这个理论为指导，从系统地搜集史料和分析基本的事实入手，对社会历史问题进行重新的研究。在这个过程中，他们检验了这个理论，并使之得到了进一步的丰富和发展。

1848—1849年，欧洲大陆爆发了资产阶级民主革命。马克思和恩格斯亲身参加了这场革命，并对它所提供的经验教训，及时地做出了深

---

① 《马克思恩格斯文集》第1卷，人民出版社2009年版，第287页。
② 《马克思恩格斯文集》第10卷，人民出版社2009年版，第647页。
③ 《马克思恩格斯文集》第4卷，人民出版社2009年版，第532页。
④ 《列宁专题文集·论马克思主义》，人民出版社2009年版，第40页。
⑤ 《马克思恩格斯文集》第2卷，人民出版社2009年版，第597页。

刻的总结。马克思写了《1848 年至 1850 年的法兰西阶级斗争》、《路易·波拿巴的雾月十八日》等著作,恩格斯写了《德国农民战争》、《德国的革命和反革命》等著作。恩格斯认为,《1848 年至 1850 年的法兰西阶级斗争》这部著作,"是马克思用他的唯物主义观点从一定经济状况出发来说明一段现代历史的初次尝试"。他对《路易·波拿巴的雾月十八日》一书更是给予了高度的评价,认为"本书是运用(历史唯物主义)这个理论的十分出色的例子"①。总之,马克思用这段历史检验了他的历史理论,"这个检验获得了辉煌的成果"②。

在 1848—1849 年革命之后,马克思对被压迫人民的民族解放斗争给予了越来越多的关注。他用唯物主义历史观考察东方社会,考察民族与殖民地问题,撰写了一批关于中国和印度等的论著。在《不列颠在印度的统治》(1853)、《不列颠在印度统治的未来结果》(1853)这两篇文章中,马克思作出的有关论述,对于研究资本主义、殖民主义的历史及其相互关联,对于考察民族、殖民地问题及其与无产阶级革命前景的相互关联,都提供了一个典型性的例证。

在 1848 年欧洲大陆革命的浪潮过去之后,马克思集中精力,运用唯物主义历史观考察资本主义社会,科学地揭示了资本主义社会形成、发展和灭亡的历史规律。1867 年,《资本论》第一卷公开问世。列宁认为,如果说,在这之前,唯物主义历史观还只是"一个第一次使人们有可能以严格的科学态度对待历史问题和社会问题的假设",那么,"自从《资本论》问世以来,唯物主义历史观已经不是假设,而是科学地证明了的原理"③。他认为,既然运用唯物主义去分析和说明一种社会形态就取得了这样辉煌的成果,那么,十分自然,"这种方法也必然适用于其余各种社会形态"④。

在这之后,马克思、恩格斯继续对社会历史问题进行深入的研究,提出许多新的创造性的见解,进一步丰富和发展了这个理论。

在研究典型的资本主义国家英国等的同时,俄国社会发展的问题也

---

① 《马克思恩格斯文集》第 10 卷,人民出版社 2009 年版,第 593 页。
② 《马克思恩格斯文集》第 2 卷,人民出版社 2009 年版,第 469 页。
③ 《列宁专题文集·论辩证唯物主义和历史唯物主义》,人民出版社 2009 年版,第 160、162 页。
④ 同上书,第 166 页。

引起了马克思、恩格斯的浓厚兴趣。在马克思的《给"祖国纪事"杂志编辑部的信》（1877）、《给维·伊·查苏利奇的复信》（1881），恩格斯的《论俄国的社会问题》（1874）、《"论俄国的社会问题"跋》（1894），以及马克思、恩格斯共同为《共产党宣言》1882 年俄文版写的序言等论著中，他们对俄国这样的经济文化比较落后的国家，是否"可以不通过资本主义制度的卡夫丁峡谷"以及实行这种跨越需要具备什么样的条件，作出了富有新意的论述，对于科学地研究这类国家的社会历史发展问题提供了重要的启示。

1877 年，美国人类学家摩尔根的科学著作《古代社会》出版。从1881 年 5 月至 1882 年 2 月，马克思花了近十个月的时间研究这部著作，作了大量摘录、批注和补充。在此基础上，恩格斯于 1884 年写成《家庭、私有制和国家的起源》一书，阐明了"共产制共同体"的原始社会及其瓦解，分工与家庭、私有制和阶级的产生，国家的起源和实质等一系列重大问题。

恩格斯在与马克思一起，共同创立唯物主义历史观的过程中，对这个理论作出了全面而深刻的阐述。他对人说过："我也可以向您指出我的《欧根·杜林先生在科学中实行的变革》和《路德维希·费尔巴哈和德国古典哲学的终结》，我在这两部书里对历史唯物主义作了就我所知是目前最为详尽的阐述。"① 晚年，在他所写的关于历史唯物主义的书信（如《致康·施米特》（1890 年 8 月 5 日）、《致约·布洛赫》（1890 年 9 月 21—22 日）、《致康·施米特》（1890 年 10 月 27 日）、《致弗·梅林》（1893 年 7 月 14 日）、《致瓦·博尔吉乌斯》（1894 年 1 月 25 日））中，恩格斯全面地论证了经济和政治、经济基础与上层建筑等之间的辩证关系，进一步对历史唯物主义作出了科学的阐释。

在马克思、恩格斯之后，结合新的时代和社会历史条件，在帝国主义和无产阶级革命时代的马克思主义即列宁主义中，在马克思主义中国化的理论即毛泽东思想和中国特色社会主义理论体系中，马克思主义史学理论进一步得到了发展。

---

① 《马克思恩格斯文集》第 3 卷，人民出版社 2009 年版，第 593 页。

二　马克思主义历史理论对历史研究的指导作用

唯物主义历史观的创立，是人类认识史上伟大的革命。

把唯物主义应用于历史，为人们开辟了一条研究历史的崭新的道路。用人们的存在说明他们的意识，而不是像以往那样用人们的意识说明他们的存在这样一条道路已经找到了。过去在历史观和政治观方面占支配地位的那种混乱和随意性，被一种极其完整严密的科学理论所替代，这种科学理论说明，由于生产力的发展，如何从一种社会生活结构中发展出另一种更高级的结构。这样，马克思就为人们"指出了科学地研究历史这一极其复杂、充满矛盾而又是有规律的统一过程的途径"①。"唯心主义从它的最后的避难所即历史观中被驱逐出去了"②。

列宁认为，唯物主义历史观是"唯一的科学的历史观"。在我们还没有看见另一种科学地解释某种社会形态的活动和发展的尝试以前，它"始终是社会科学的同义词"。③ 学习和运用这个科学的历史观，是科学地研究历史的必由之路。

唯物主义历史观对中国的历史研究发生了巨大的积极影响。

唯物主义历史观在中国的传播，是从 20 世纪 20 年代开始的。它促使中国的历史研究进入了全新的境界，发生了革命性的变革。

在 20 世纪初，梁启超曾在《新史学》中，批评中国传统史学"知有朝廷而不知有国家"；"知有个人而不知有群体"；"知有陈迹而不知有今务"；"知有事实而不知有理想"。他大声疾呼："史界革命不起，则吾国遂不可救。悠悠万事，惟此为大。""新史学"对中国历史学的进步起到了重大的推动作用。但是，它并没有也不可能实现"史界革命"的任务。

在中国最早阐发和传播唯物主义历史观的是李大钊。在 1924 年出版的《史学要论》中，他指出"史学家固宜努力以求记述历史的整

①　《列宁专题文集·论马克思主义》，人民出版社 2009 年版，第 15 页。
②　《马克思恩格斯文集》第 4 卷，人民出版社 2009 年版，第 544—545 页。
③　《列宁专题文集·论辩证唯物主义和历史唯物主义》，人民出版社 2009 年版，第 163 页。

理"，"亦不可不努力于历史理论的研求"。他并且呼吁，要用唯物主义历史观对中国历史"进行改作或重作"。①

在中国，最先用唯物主义历史观开始系统地"改作或重作"中国历史的是郭沫若。从 1928 年 8 月至 1929 年 11 月，他写了《〈周易〉时代的社会生活》等五篇论文，并于 1930 年将其汇集成《中国古代社会研究》一书出版。在郭沫若的带动下，吕振羽、范文澜、翦伯赞、侯外庐等史学家也以唯物主义历史观为指导，写出了一批关于中国通史、中国社会史、思想史以及史学理论方面的著作。在中国多种史学思潮中，马克思主义史学思潮显示出强大的生命力和生机勃勃的发展势头。"中国学人已经超出了仅仅在于模仿西欧的语言阶段了，他们会用自己的语言而讲解自己的历史与思潮了。"②（侯外庐语）中国史学发展进入了一个新的时代。

中华人民共和国成立以后，马克思主义史学理论为越来越多的史学工作者所接受。正如中国历史学家林甘泉所概括的：（20 世纪）50 年代初期，史学界掀起了一个学习马克思主义的热潮。通过学习，大多数史学工作者对以下一些基本历史观点取得了共识。

第一，历史不再被看作一些偶然事件的堆积，而是有规律可寻的自然历史过程。历史的必然性通过偶然性表现出来。

第二，历史变动的原因不应单纯用人们的思想动机来解释，而应着重考察这种变动背后的物质生活条件。生产方式的变革是一切社会制度和思想观念变动的基础。

第三，人民群众是历史的真正主人。杰出人物可以在历史上起重要作用，甚至可以在一定时期内改变一个国家或民族历史发展的方向。但从历史发展的长河来看，最终决定一个国家或民族历史命运的力量是人民群众。

第四，中国封建社会的主要矛盾是地主阶级和农民阶级的矛盾。封建国家和地主阶级对农民残酷的经济剥削和政治压迫，是导致农民起义史不绝书的根本原因。农民的阶级斗争和农民战争是推动封建社会历史发展的动力。

---

① 《李大钊全集》第 4 卷，人民出版社 2006 年版，第 412 页。
② 《史学概论》，高等教育出版社 2009 年版，第 80 页。

第五，中国自古以来是一个多民族的国家，各民族的历史都是中国历史的组成部分。历史上的民族关系，既有民族矛盾和民族战争的一面，又有民族友好、民族融合和民族同化的一面。必须把中国历史上的民族冲突和民族压迫，与近代帝国主义列强对中国的侵略和压迫严格区别开来。

第六，鸦片战争以后，中国逐步沦为半殖民地半封建社会。帝国主义和中华民族的矛盾，封建主义和人民大众的矛盾，是近代中国社会的主要矛盾。正是在上述这些基本观点获得共识的基础上，马克思主义史学在新中国成立之后很快确立了它的主导地位。① 中国马克思主义的史学研究由此广泛而深入地开展起来。尽管经历过一个时期的严重曲折，马克思主义史学还是经过严肃的自我批判，重新走上了繁荣发展的道路。

总的来说，新中国成立以来，中国史学在中国和世界的通史、断代史、部门史、专题史和史学理论的研究方面，包括对社会主义社会发展历史的研究方面，以及在历史资料的收集、整理、编纂等方面，都取得了丰硕的成果。没有马克思主义史学理论的引导，这些成就的取得，是不可想象的。

马克思主义史学理论问世以来，还以其深刻的思想和科学的论证，影响着全世界越来越多的历史学家。英国历史家杰弗里·巴勒克拉夫在受联合国教科文组织委托主持撰写的《当代史学主要趋势》（1980年版）一书中就说："1930年以后，马克思主义的影响广泛扩展，即使那些否定马克思主义历史解释的历史学家们（他们在苏联以外仍占大多数），也不得不用马克思主义的观点来考虑自己的观点。"

杰弗里·巴勒克拉夫指出："马克思主义作为哲学和总的观念，从五个主要方面对历史学家的思想产生了影响。

第一，它既反映又促进了历史学研究方向的转变，从描述孤立的——主要是政治的——事件转向对社会和经济的复杂而长期的过程的研究。

第二，马克思主义使历史学家认识到需要研究人们生活的物质条件，把工业关系当作整体的而不是孤立的现象，并且在这个背景下研究

---

① 林甘泉：《二十世纪中国历史学》，《历史研究》1996年第2期。

技术和经济发展的历史。

第三，马克思主义促进了对人民群众历史作用的研究，尤其是他们在社会和政治动荡时期的作用。

第四，马克思的社会阶级结构观念以及他对阶级斗争的研究不仅对历史研究产生了广泛影响，而且特别引起了对研究西方早期资产阶级社会中阶级形成过程的注意，也引起了对研究其他社会制度——尤其是奴隶制社会、农奴制社会和封建制社会——中出现类似过程的注意。

第五，马克思主义的重要在于它重新唤起了对历史研究的理论前提的兴趣以及对整个历史学理论的兴趣。"

正因为如此，他认为："马克思主义在包括美国在内的绝大多数国家的历史学家当中是产生了最大影响的解释历史的理论。""到（二十世纪）五十年代，任何历史学家（甚至包括那些反马克思主义者），不能否认睿智的马克思主义的方法和态度对历史学产生的积极影响，并且必须正视这场挑战。"①

发人深思的事实在于："先前有些无意接受唯物史观的历史学家，在功成名就之后恍然大悟，原来自己受益于唯物史观，因而尊重和推崇起发现唯物史观的马克思来。法国'年鉴派'创始人之一马克·布洛赫在《奇怪的崩溃》中写道：'如果有一天，革新派的历史学家们决定为自己建造先贤祠的话，那末，那位来自莱茵河畔的先哲的银髯飘然的半身塑像一定会端坐在殿堂之首。'"②（转引自《八十年代的西方史学》，中国社会科学出版社1990年版，第78页）

唯物主义历史观指明了科学的历史研究的方向和方法，但它不是构造体系的杠杆，也不是剪裁历史事实的公式。恩格斯在1890年致康拉德·施米特的信中强调："必须重新研究全部历史，必须详细研究各种社会形态的存在条件，然后设法从这些条件中找出相应的政治、私法、美学、哲学、宗教等等的观点。在这方面，到现在为止只做了很少的一点工作，因为只有很少的人认真地这样做过。在这方面，我们需要人们

---

① 杰弗里·巴勒克拉夫：《当代史学主要趋势》，上海译文出版社1987年版，第32、27、1、2、3页。

② 田居俭：《唯物史观与历史研究》，《光明日报》2000年8月25日。

出大力，这个领域无限广阔，谁肯认真地工作，谁就能做许多成绩，就能超群出众。"①

　　坚持唯物主义历史观的指导，与继承中国史学传统中的优秀遗产和有分析地汲取外国史学理论与方法中的有益成分，是不矛盾的。唯物主义历史观并不是由什么人发明出来，而后从外部强加给历史的僵化的原则；它本身正是从无数的历史现象中抽象出来的对于历史发展的规律性的认识。它在发展中可以融合、吸纳一切对于历史的科学的观察方法和研究成果。而一切对于历史的科学的观察方法和研究成果，也是可以而且一定会与它相通的。正因为如此，坚持唯物主义历史观的指导，不仅并不妨碍而且可以为我们正确地继承、吸纳、融化中外史学理论与方法中的有益成分，指明方向，开辟道路。

三　认真学习马克思主义历史理论经典著作

　　为了掌握和运用唯物主义历史观来指导历史研究，我们首先要认真学习马克思主义历史理论经典著作，即钻研经典作家的原著。1884 年 8 月 13 日，恩格斯在给格奥尔格·亨利希·福尔马尔的信中就提出：要"研究原著本身"。② 1890 年 9 月，在致约·布洛赫信中，他再次强调："我请您根据原著来研究这个理论，而不要根据别的第二手的材料来进行研究。"③ 在这封信中，以及在 1894 年 1 月 25 日致西瓦尔特·博尔吉乌斯的信中④，他甚至为有志于研究唯物主义历史观的人们开列了有关的主要阅读书目。

　　钻研经典作家的原著，就是直接与经典作家交流，直接与经典作家对话。为什么必须这样做呢？这是因为：

　　第一，只有这样，才能了解经典作家的思想形成的根据，才能完整、准确地理解这些思想，才能领略这些思想的深刻性。恩格斯在为《资本论》第三卷写的序言中就说过："一个人如果想研究科学问题，首先要学按照作者写作的原样去阅读自己要加以利用的著作，并且首先

---

① 《马克思恩格斯文集》第 10 卷，人民出版社 2009 年版，第 583、587 页。
② 《马克思恩格斯全集》第 36 卷，人民出版社 1974 年版，第 200 页。
③ 《马克思恩格斯文集》第 10 卷，人民出版社 2009 年版，第 593 页。
④ 同上书，第 670 页。

不要读出原著中没有的东西。"①

第二，只有这样，才能在正确地理解经典作家的有关思想的同时，有效地学习他们观察和处理问题的立场和方法。列宁在建议青年们研究国家问题的时候看看恩格斯的著作《家庭、私有制和国家的起源》时说过："我所以提到这部著作，是因为它在这方面提供了正确观察问题的方法。它从叙述历史开始，讲国家是怎样产生的。"②

第三，也只有这样，才"不会让一些简述读物和别的第二手资料引入迷途"③。这个意见，是恩格斯在给格奥尔格·亨利希·福尔马尔的信中着重提出的。

正因为如此，马克思主义理论研究和建设工程把编写马克思主义经典著作导读，作为思想理论建设方面的一项重要任务。

下面我想对《马克思恩格斯列宁历史理论经典著作导读》的基本内容作一简要的说明。

这本书有两大部分。

首先，是马克思、恩格斯的著作。共选录十篇。包括三个方面的内容。

一是论述历史唯物主义基本原理的。主要是：马克思的《关于费尔巴哈的提纲》、《"政治经济学批判"序言》；恩格斯的《反杜林论》第一编第九至第十一章、第二编第二至第四章、第三编第二章和《路德维希·费尔巴哈和德国古典哲学的终结》的第四部分；恩格斯关于历史唯物主义的五封信件。

二是运用唯物主义历史观分析和论述历史上的重大问题的。如论述原始社会的历史问题（《家庭、私有制和国家的起源》第九章）、资本主义产生发展和灭亡的问题（《共产党宣言》第一章）、殖民主义和殖民地历史问题（《不列颠在印度统治的未来结果》等）以及落后国家在一定条件下能否跨越资本主义发展阶段（马克思给查苏利奇的复信）等问题的代表性著作。

三是运用唯物主义历史观分析和论述某个国家某个时期历史人物、

---

① 《马克思恩格斯文集》第 7 卷，人民出版社 2009 年版，第 26 页。
② 《列宁专题文集·论辩证唯物主义和历史唯物主义》，第 284 页。
③ 《马克思恩格斯全集》第 36 卷，人民出版社 1974 年版，第 200 页。

历史事件的重要著作。这里选入马克思的《路易·波拿巴的雾月十八日》的若干章节。

其次，是列宁的著作。共选录五篇。包括两个方面的内容。

一是属于论证和发挥马克思主义史学基本理论和方法的，如《什么是"人民之友"以及他们如何攻击社会民主党人?》、《国家与革命》（节选）、《论国家》等著作。

二是属于运用唯物主义历史观分析和论证新的历史条件下的重大历史理论和历史发展问题的。主要是论述帝国主义和无产阶级革命时代民族与殖民地历史发展问题的（《关于民族与殖民地问题的提纲初稿》）和论述经济文化落后的俄国进行社会主义革命的时代和社会历史条件的（《论我国革命》）著作。

导读部分，着重阐明上面所选的经典性历史理论著作发表的时代和社会历史背景、它的主要内容及其内在的逻辑结构、它的历史价值和当代意义等。其主要任务，是充当大学生阅读和钻研这些原著的入门向导。

我们应当采取怎样的态度和方法，去学习马克思主义历史理论经典著作呢?

第一，要刻苦钻研原著。

马克思主义历史理论经典著作的内容丰富、思想深刻，要真正学懂学通，不下大力气是不行的。在《资本论》第一卷出版以后，马克思说过："我所使用的分析方法至今还没有人在经济问题上运用过，这就使前几章读起来相当困难。""这是一种不利，对此我没有别的办法，只有事先向追求真理的读者指出这一点，并提醒他们。在科学上没有平坦的大道，只有不畏劳苦沿着陡峭山路攀登的人，才有希望达到光辉的顶点。"① 这一点，对于阅读马克思主义历史理论经典著作的人来说，也是适用的。

当然，马克思主义既然是科学真理，只要付出努力，我们是能够将它学懂学通的。比如，为了弄清国家问题这"一个最复杂最难弄清的问题"，列宁曾建议大学生花些时间，对"马克思和恩格斯的主要著作至少读几本"。② 他说过，"起初也许有人又会因为难懂而被吓住，所以要

---

① 《马克思恩格斯文集》第 5 卷，人民出版社 2009 年版，第 24 页。
② 《列宁专题文集·论辩证唯物主义和历史唯物主义》，人民出版社 2009 年版，第 281 页。

再次提醒你们不要因此懊丧，第一次阅读时不明白的地方，下次再读的时候，或者以后从另一方面来研究这个问题的时候，就会明白的"。他强调，"想认真考察和独立领会它的人，都必须再三研究，反复探讨，从各方面思考，才能获得明白透彻的了解"①。这些意见，对于我们今天钻研马克思主义历史理论经典著作来说，仍然是一个有益的提醒。

第二，要运用科学的方法。

我们在对原著解读时，应注意了解其写作的时代和社会历史背景、主要内容及其内在逻辑结构、历史价值和当代意义等，以便准确地把握这些著作的基本观点和精神实质，深入思考这些著作对历史认识、历史研究的指导作用。

阅读马克思主义历史理论经典著作，不仅要了解马克思主义经典作家提出和论证的重要观点，而且要学习和研究他们形成有关观点时坚持的立场和采用的方法。列宁说过："马克思主义的全部精神，它的整个体系要求人们对每一个原理只是（а）历史地，（в）只是同其他原理联系起来，（г）只是同具体的历史经验联系起来加以考察。"② 这些精神，是我们在学习马克思主义历史理论经典著作时必须全面加以把握的。

我们在对原著解读时，还应在理解马克思、恩格斯、列宁历史理论的基础上，进一步加深对毛泽东思想和中国特色社会主义理论体系中的史学思想的理解和把握。比如，在阅读马克思的《不列颠在印度统治的未来结果》等文章时，可以联系研究毛泽东在《中国革命和中国共产党》这部著作中对马克思有关思想的发挥和发展；在阅读列宁的《论我国革命》一文时，可以联系学习毛泽东、邓小平关于经济落后的中国为什么能搞社会主义的重要观点。

第三，要注意联系实际。

联系实际，是学习理论的重要方法。我们除了要联系历史实际，了解马克思主义历史理论提出的社会条件和相关的历史经验以外，应当注意以下两个问题：一方面，要以这个理论为指导，去思考和解答自己在历史领域中感到困惑的重大问题；另一方面，要把这个理论与其他史学

---

① 《列宁专题文集·论辩证唯物主义和历史唯物主义》，人民出版社 2009 年版，第 282 页。

② 《列宁全集》第 47 卷，人民出版社 1990 年版，第 464 页。

思潮相对照，以期划清同流行的错误史学思潮的界限。

针对当前思想领域中存在的一些错误思潮，针对那种利用经典作家个别话语、曲解经典作家原意的错误观点，我们在准确理解马克思主义关于这些重大问题基本观点的基础上，应加强对诸如如何认识殖民主义的历史作用问题、如何认识落后国家在一定条件下跨越"资本主义的卡夫丁峡谷"的问题、如何认识国家结构形式中的单一制和联邦制问题等，展开分析和评论。对那种否认历史的客观性、否认历史规律的存在等唯心主义历史观点，对否定革命等的历史虚无主义代表性观点，应进行批判性的分析。对人们关心的一些重大理论问题，包括如何认识马克思主义经典作家对未来社会特征的描述和社会主义初级阶段现实的关系问题、如何认识资本主义和社会主义及其发展规律的问题等，也应进行认真的思考和具体的评析。

总之，学习理论时要具备问题意识。带着问题学，即有针对性地学，学习才能更有主动性，才能更加深入，才能更加富有成效。

第四，要注重应用。

马克思、恩格斯创立唯物主义历史观，已经有 160 多年了。在这期间，世界历史经历了许多新的变化和发展。资本主义发展到它的最高阶段即帝国主义阶段。资本主义的世界体系被突破，社会主义首先在一国而后在多国取得胜利，尽管经历过曲折，仍有新的发展。亚洲、非洲、拉丁美洲等广大地区的民族解放运动逐步兴起并不断取得胜利，广大发展中国家应对面临的挑战，在前进中展现出许多新的特点。适应历史发展的巨大变化，历史学界对世界史、地区史（包括以往很少研究的非洲史、拉丁美洲史等）、国别史、国际关系史等的研究，都有许多新的进展。这就为进一步检验、丰富和发展唯物主义历史观提供了重要的基础。

唯物主义历史观是一个发展的、开放的体系，不是一种僵化的、封闭的学说。我们要在推进历史研究的过程中，进一步使这个理论得到检验、丰富和发展。

当然，发展这个理论，是一项艰苦的科学工作。恩格斯早就讲过："即使只是在一个单独的历史事例上发展唯物主义的观点，也是一项要求多年冷静钻研的科学工作，因为很明显，在这里只说空话是无济于事的，只有靠大量的、批判地审查过的、充分地掌握了的历史资料，才能解决这样的任务。"①

　　学习唯物主义历史观，坚持唯物主义历史观，发展唯物主义历史观，这就是我们对待这个科学的历史观所应当采取的科学态度。

（作者单位：中共中央党史研究室）

---

① 《马克思恩格斯文集》第 2 卷，人民出版社 2009 年版，第 599 页。

理论修养与历史研究

瞿林东

中国史学家具有讲求德、才、学、识的优良传统，四者皆备，是史学家修养的最高境界。其中，"史德"是指对历史事实的忠实、对史学事业的忠诚，二者密不可分。"史学"，是指历史知识和相关知识的累积。"史才"，是指对历史知识驾驭的能力和历史撰述的能力以及文字表达的能力。"史识"，是指对具体史事和历史进程判断的能力和对史学这项事业、这门学问的理解的能力。今天我们讲理论修养问题，主要同前贤所论史识直接相关，也同史德、史才、史学密不可分。

一　中国史学具有重视思想和理论的优良传统

在中国历史上，孟子是较早对历史著作的内容、思想和表述进行评论的思想家，他在讲到事、文、义的内涵时，特别指出孔子最重视"义"①。孔子重视的"义"，是褒贬之"义"，是价值判断，而判断的标准是《周礼》。我们读《春秋》、《论语》、《礼记》等书，对此感受极深。显然，孔子时代的指导思想，是以《周礼》为依据。②

①　《孟子·离娄下》，杨伯峻译注，商务印书馆 1960 年版。
②　《春秋》用例，如言崩、薨、卒，言攻、伐、灭，言弑、杀、诛等，实则都是据礼而书，不是随便书写的。《论语·颜渊》记孔子答颜渊所问，说："非礼勿视，非礼勿听，非礼勿言，非礼勿动。"这表明，人的言行规范，均当符合于礼。《礼记·哀公问》记鲁哀公问礼于孔子，孔子说："民之所由生，礼为大。非礼无以节事天地之神也，非礼无以别男女父子兄弟婚姻疏数之交也。"可见礼的重要性具有根本性的意义。

孔子之后，大史学家司马迁，强调"好学深思，心知其意"①，所谓"心知其意"，也是强调思想的重要。司马迁在理论上的许多论断，反映出他在这方面的深厚修养，如他指出：

> 事变多故而亦反是，是以物盛则衰，时极而转，一质一文，终始之变也。……无异故云，事势之流，相激使然，曷足怪焉。②

这是指出了事物变化的法则，以及这一法则背后的原因。

又如，司马迁指出：

> 故待农而食之，虞而出之，工而成之，商而通之。此宁有政教发征期会哉？人各任其能，竭其力，以得所欲。故物贱之征贵，贵之征贱，各劝其业，乐其事，若水之趋下，日夜无休时，不召而自来，不求而民出之。岂非道之所符，而自然之验邪？③

如果说，前面一条论断指的是一般的历史进程的法则的话，那么这里所讲的是专指社会经济活动运行的法则。

在《史记·太史公自序》中，我们从司马迁对《春秋》关于"人"的评价，从他说明撰述《史记》"述往事，思来者"的目的，以及他考察社会历史的"稽其成败兴坏之理"的方法，都可以看到司马迁丰富的历史思想。同时，他在《史记》中多处讲到"时"、"势"、"理"、"道"这些概念，也都具有丰富的思想内涵和理论色彩。

此后，唐代史家杜佑关于国家职能的论述（《通典》序），关于民族关系的论述（《通典·边防典》）；南宋史家郑樵关于"会通"思想的阐发（《通志·总序》）；元初史家马端临关于历史进程中的"相因"与"不相因"的见解（《文献通考·自序》）；明清之际史家黄宗羲（《明夷待访录》）对专制君主的批判，顾炎武（《亭林文集》）对历代政治制度的总结、分析，王夫之（《读通鉴论》、《宋论》）对以往全部历史的

---

① 司马迁：《史记》卷一，《五帝本纪》，中华书局1959年版。
② 司马迁：《史记》卷三○，《平准书》，中华书局1959年版。
③ 司马迁：《史记》卷一二九，《货殖列传》，中华书局1959年版。

判断和"势"与"理"关系的揭示，都具有丰富的理论含量。

这里，我们要特别指出的是，章学诚曾概括了中国古代史家阐述理论的一个重要特点，即"未尝离事而言理"①。认识了这一特点，我们对中国古代史家的思想、理论自会产生一种新的理解。②

近代以来，梁启超倡导以进化论为核心的历史哲学指导历史研究，认为这是衡量"良史"的基本标准。他在《新史学》一文中指出："善为史者，必研究人群进化之现象，而求其公理公例之所在，于是有所谓历史哲学者出焉。历史与历史哲学虽殊科，要之，苟无哲学之理想者，必不能为良史也，有断然也。"③

李大钊、郭沫若、范文澜、吕振羽、翦伯赞、侯外庐，直到刘大年、尹达、白寿彝等，则都以马克思主义唯物史观为理论、方法论来研究历史，并作出了多方面的学术贡献。郭沫若在《中国古代社会研究》的《自序》中，一方面肯定了胡适的《中国哲学史大纲》在中国学术界曾经起到了"支配"的作用，另一方面也明确指出："但那对于中国古代的实际情形，几曾摸着了一些儿边际，社会的来源既未认清，思想的发生自无从谈起。"④ 郭沫若充分肯定罗振玉、王国维的学术贡献，认为："大抵在目前欲论中国的古学，欲清算中国的古代社会，我们是不能不以罗、王二家之业绩为其出发点了。"⑤ 同时，郭沫若坦诚地申明，恩格斯的《家庭、私有制和国家的起源》一书是他学习的榜样，"马克思恩格斯的著作"，"辩证唯物论的观念"，是他撰写该书所遵循的原则。⑥ 应当承认，郭沫若在中国古代社会研究方面，是一位伟大的继承者和开拓者。《中国古代社会研究》出版至今，八十多年过去了，不论是赞成、反对还是"修正"他的学术见解的人，无不受到他的理论、方法和见解的影响与启示。这充分说明理论修养对于历史研究的重要意义。在20世纪40年代以前，已有一些历史学家编写出了中国通史，但是没有一个人像范文澜那样，发表《关

① 章学诚：《文史通义·易教上》，中华书局1956年版。
② 瞿林东：《中国史学的理论遗产》，北京师范大学出版社2005年版，第29—47页。
③ 梁启超：《梁启超史学论著四种》，岳麓书社1985年版，第250页。
④ 郭沫若：《郭沫若全集》历史编第1卷，人民出版社1982年版，第7页。
⑤ 同上书，第8页。
⑥ 同上书，第9页。

于中国历史上的一些问题》的文章，对自己编写的中国通史从理论上进行总结并作出自我批评①，其堪称中国史学史上的第一人，这是从另一个方面说明理论修养对于历史研究的重要。他们的理论著作如李大钊的《史学要论》、翦伯赞的《历史哲学教程》、白寿彝主编的《中国通史》第一卷《导论》等，至今仍有重要的指导意义。

上述这一简要的思想历程表明，中国史学自古以来，确有重视思想理论的优良传统，尽管在不同的历史时代这一传统的具体内容有所变化，但其总的趋势却是贯穿古今的。

二 理论修养的三个层次

当今我们所讨论的史学工作者的理论修养，也许可着眼于这样三个层次。

第一个层次的理论是唯物史观的理论和方法论，现阶段的史学工作者还是要努力准确地掌握马克思主义的基本观点。中国学者对唯物史观的解释和运用，已有九十多年的历史了；中国史学家运用唯物史观阐明中国历史进程，也有八九十年的历史了。其间，中国马克思主义史学在发展过程中，是非得失，经验与教训，自是客观存在，这就需要是其所是、非其所非，明白得者有何价值、失者有何危害。真正认清这些问题，就可以避免绝对肯定和完全否定的偏向，使今天强调坚持唯物史观的理论和方法不会成为一种空谈，更不会成为教条主义的翻版。因此，这就需要认真总结经验教训，分清哪些是必须长期坚持的马克思主义基本原理，哪些是需要结合新的实际加以丰富和发展的理论判断，哪些是必须清除的对马克思主义的教条式的理解，哪些是必须澄清的附加在马克思主义名下的错误观点。这里涉及的理论问题都与历史研究的指导思想有关，属于第一个层次即最高层次的理论问题。

第二个层次的理论是专业基础理论。任何学科都有自身的理论。从历史学来说，什么是历史、什么是历史学，历史学对于国家、民族和社会来说有何功用以及历史研究的方法、历史编纂的内容和形式、

---

① 范文澜：《范文澜全集》第 10 卷，河北教育出版社 2002 年版，第 213—270 页。

历史文献同历史编纂的关系、历史学同其他学科的关系、史学工作者的基本素养等，都是历史学的学科基础理论。当然，在这个层次中，包含着几个更细致的层次，如关于历史和历史学的认识，关于历史学社会功用的认识，关于研究历史的方法的认识以及关于史学工作者自我修养的认识等。对于这些问题，李大钊的《史学要论》（1924）和翦伯赞的《历史哲学教程》（1938）都作了开创性的研究与论述。20世纪60年代，翦伯赞结合当时历史学界的实际，发表了《对处理若干历史问题的初步意见》（1961）和《目前史学研究中存在的几个问题》（1962）这两篇被称为"纲领性文献"的论文，把专业理论问题进一步推向深入，对历史研究和历史学发展产生了积极的影响。改革开放以来，中国历史学界在许多方面取得了重大进展，在专业基础理论方面也取得了一些成绩。但是，应当坦率地承认，对于上面提到的这些理论问题，并不是所有的史学工作者都十分关注。比如，什么是历史、什么是历史学，什么是历史理论、什么是史学理论，这些基本概念常常是被混淆着使用的；至于对历史学的社会功用及其在社会中应有的位置，我们往往会认为这是常识问题，很少给予关注和论说。这种现象既不利于历史学的自身发展，也不利于社会公众对历史学的认识，不利于整个民族素质的提高。因此，我们必须重视历史学的基础理论研究。

第三个层次的理论是在具体研究中提出的理论认识。这方面的理论问题并不完全是依据史料就能解决的，它需要从事实的层面上升到理论的层面，才能对所研究的对象有深刻的认识和明确的概括。20世纪五六十年代，史学界对一些重大历史问题进行过热烈的讨论和辩难。这些问题既是历史问题，也是理论问题，如所谓"五朵金花"之一的关于资本主义萌芽的讨论和辩难就是其中的突出问题之一。就历史材料来说，大家各有深入的发掘，问题在于怎样判断这些材料的性质，这就是要有理论的说明，尤其是关于资本主义生产方式基本特点的分析。应当说，诸如此类的学术论争都在很大程度上推动了历史研究的发展和研究者理论水平的提高。不论是史学家群体还是史学家个人，都是如此。前面提到的范文澜总结自己在中国历史研究与编写中所涉及的一些问题，即"非历史主义"观点、"在叙述方法上缺乏分析，头绪紊乱"（其中包含"劳动人民是历史的主人"、"阶级斗争论是研究历史的基本线索"、"在生产斗争中的科学发明"、"汉族社会发展史的阶段划分"、"汉族封建社会的分期"、"初期封建社会开始于西周"、"自秦汉起中国成为统一国家的原因"、"历史上的爱国主义"、"历史上战争的分类"等），都反映了范文澜对历史的认识，尤其是理论上的认识，这成为他的"独断之学"的一个重要部分。又如，白寿彝的《论历史上祖国国土问题的处理》、《关于中国民族关系上的几个问题》、《统一多民族的历史》以及论中国封建社会内部分期等问题，反映了他对中国统一的多民族国家历史和中国历史进程的认识，也成为他的"独断之学"的一个重要部分。① 这里说的"独断之学"，语出清代史学家章学诚，本意是指独到的见识、论断的高明，他认为："高明者多独断之学，沉潜者尚考索之功，天下之学术不能不具此二途；譬犹日昼而月夜，暑夏而寒冬，以之推代而成岁功，则有相需之益；以之自封而立畛域，则有两伤之弊。"② 这就是说，高明的论断和严谨的考据都是治学中所必需的，如果二者"自封而立畛域"，不相联系，则有"两伤之弊"。章学诚的这一认识，对当今的史学发展，仍具有启发的意义。

当然，这三个层次的理论不是割裂的，第一、第二两个层次的理论，对第三个层次的理论所得具有指导的作用，而第三个层次的理论所得，则有可能丰富第二个层次以至第一个层次理论的内涵。认识这种关联，对提升史学工作者的理论修养十分重要。

三　理论修养对于历史研究的实际意义

史学工作者的理论修养并不是把理论挂在嘴边，也不是在撰述中连篇累牍地引用经典，而是蕴含在思想深处，渗透于对研究对象的把握和文字表述的字里行间，这同把理论简单化和形式化有根本的区别。理论修养对于历史研究有多方面的实际意义。

第一，理论修养有助于明确治史的方向，严肃治史的宗旨。

人们的社会存在决定人们的思想。根据马克思主义的这一基本理

---

① 参见白寿彝《民族宗教论集》，河北教育出版社 2002 年版，第 25—34、49—70 页；白寿彝主编《中国通史》第 1 卷《导论》，上海人民出版社 1989 年版，第 1—98 页；白寿彝主编《中国通史纲要》，上海人民出版社 1980 年版，第 14—25 页。

② 章学诚：《文史通义·答客问中》，中华书局 1956 年版。

论，认识社会同史学的辩证关系，即一定的时代产生一定的史学，而一定的史学又反作用于这个时代；同时，史学作为意识形态的一部分，又有独立存在并影响当世与后世的特点和作用。这是我们研究史学史的基本方向。准此，则史学同社会的关系，尤其是史学同政治的关系，也就不难理解了（在这个问题上的误解，常常把人们引向错误的方向，认为史学同意识形态无关，同政治无关）。有关这方面的问题，都是十分严肃的问题，必须十分谨慎地对待，所谓严肃的治史宗旨，亦即由此而确立的。

第二，理论修养有助于在宏观上把握对具体研究对象的恰当定位。

以全面的和发展的眼光看待历史，是马克思主义看待历史的基本方法之一。历史研究者往往专注于某一具体问题的研究（当然，这是必须具备的研究能力）；但是，如果对于这一具体研究所得的定位不恰当，则会损害其研究所得，而解决这个问题的关键，是研究者对历史或史学有一个比较宏观的把握或宏观的视野，给研究所得一个恰当的定位，使其具有应有的说服力。恩格斯曾这样指出：

> 当我们深思熟虑地考察自然界、人类历史或我们的精神活动的时候，首先呈现在我们眼前的是一幅由种种联系和相互作用无穷无尽地交织起来的画面，其中没有任何东西是不动的和不变的，而是一切都在运动、变化、产生和消失。所以我们首先看到的是总的画面，其中各个细节还或多或少地隐在背景中，我们注意得更多的是运动、转变和联系，而不是什么在运动、转变和联系。①

我们是不是可以作这样的理解：在我们研究某一具体问题时，首先要关注与这一具体问题相关联的事物的整体"画面"，然后才有可能考察这一具体问题在整体"画面"中所处的位置及其动态。为了做到从宏观上把握研究对象，有一个传统的方法，即做学术编年或资料长编，这样做往往还有意外的收获：除了为某一具体研究问题作比较恰当的定位，使其具有开阔的视野，避免就事论事或评论失当，从而具有相应的学术品位，同时，还会因在宏观上注意到事物之间的联系而发现一些新

---

① 《马克思恩格斯选集》第 3 卷，人民出版社 1995 年版，第 417 页。

的问题。

第三，理论修养有助于认识事物发展规律。

唯物辩证法是马克思主义关于认识自然和社会的又一个基本方法论，运用这一方法论的原理和要求，可以帮助人们学会用发展的和辩证的观点看待各种事物，进而认识事物演变的规律。郭沫若曾经写过一篇文章，叫做《中国文字之辩证的发展》，这给了我们很大启发。后来读章学诚论中国古代史书体裁，他从《尚书》讲到《春秋》、《左传》，从《史记》讲到《资治通鉴》，最后讲到《通鉴纪事本末》，认为这是"神奇化臭腐，臭腐复化为神奇"①的演变过程，这里就包含了朴素的辩证法思想。又如刘知几继承前人的思想，强调在史学批评中要做到"爱而知其丑，憎而知其善"②，也包含着鲜明的辩证思想。用唯物辩证法的观点看待中国历史进程，往往可以从中抽绎出一些具有重大意义的认识，如白寿彝关于中国历史上民族关系主流的论断，关于少数民族地区和民族杂居地区的历史进程同中国封建社会整体发展的关系的论断，刘大年和白寿彝关于中国古代思想史上存在着朴素的唯物思想和朴素的辩证思想的论断等，都从理论上提高了对中国历史和中国史学的认识。这些认识，可以说是对马克思主义唯物史观的丰富，对进一步认识中国马克思主义史学产生的历史根源和思想根源有重要的启示。

第四，理论修养的提高和对研究对象整体的关注，自会促使研究者从宏观上发现问题、提出问题，进而把相关领域的研究推向更加深入的阶段。以认识中国史学为例，如关于中国史学的人本主义传统、从认识史学到认识历史的自觉、关于国家起源的"猜想"和描述、关于多民族发展途径之差异的原因、关于历史进程中诸因素的"相因"与"不相因"的分析等，这些从前人论述中概括出来的问题，"逼迫"着我们以恢宏的视野看待中国史学，去思考，去探索，从而对中国史学不断产生新的认识。

＊　　　　　＊　　　　　＊

近一个世纪以来，不论是"新史学"的倡导，还是中国马克思主义史学的传播，以及国外史学的理论、方法论的引进，都是首先从理论上

---

① 章学诚：《文史通义·书教下》，中华书局1956年版。

② 章学诚：《文史通义·惑经》，中华书局1956年版。

推动中国史学的发展。当今中国史学的进一步发展，仍然离不开理论的支撑和指导，在某种程度上讲，只有理论的不断提高，才能推动史学的不断进步。希望有更多的中青年史学工作者，对理论修养倾注更多的热情，这不仅关系到中青年史学工作者自身的史学前途，更关系到中国史学的前途。

　　以上这些肤浅认识，提出来供大家参考，不对的地方，请大家批评、指正。

　　　　　　　　（作者单位：北京师范大学历史学院史学研究所）

人类社会历史辩证发展浅论

李学智

人类社会历史的发展是一个辩证运动过程，这是马克思主义唯物史观所揭示的人类历史发展中的一个普遍规律。恩格斯指出："当我们深思熟虑地考察自然界或人类历史或我们自己的精神活动的时候，首先呈现在我们眼前的，是一幅由种种联系和相互作用无穷无尽地交织起来的画面，其中没有任何东西是不动的和不变的，而是一切都在运动、变化、生成和消逝"[1]；否定之否定"是自然、历史和思维的一个极其普遍的、因而极其广泛地起作用的、重要的发展规律"[2]。笔者拟就马克思、恩格斯所论关于人类社会历史的辩证发展问题，谈几点粗浅的认识，请方家批评指正。

一 社会历史现象的转化

人类社会历史发展的过程中，某种社会现象不停地在发展变化中。这种变化是变化到自己的反面去。

人类历史上，从古至今，曾出现过多个曾经异常强大的帝国。罗马帝国、波斯帝国、秦汉帝国、亚历山大帝国、拜占庭帝国……它们曾经兴盛、繁荣，曾经称霸四方。但曾几何时，王冠落地、灰飞烟灭。弱小的民族或政治力量，逐渐壮大、崛起，同样也展现在古今中外的历史进

---

[1] 恩格斯：《社会主义从空想到科学的发展》，《马克思恩格斯选集》第 3 卷，人民出版社 1995 年版，第 733 页。

[2] 恩格斯：《反杜林论》，《马克思恩格斯选集》第 3 卷，第 484 页。

程中。

马克思关于英国在印度殖民统治的评论，为人们认识理解这样一种历史发展中的转变提供了范例。马克思谴责了英国殖民者对印度社会的掠夺和破坏，同时也指出印度社会的落后和停滞，认为英国殖民者的行径的一个客观的"结果"，是"在亚洲造成了一场前所未闻的最大的、老实说也是唯一的一次社会革命"，认为英国殖民统治的行径是"充当了历史的不自觉的工具"①。此后，马克思发表《不列颠在印度统治的未来结果》，对这一转变中的关键问题——带来先进的生产工具，为社会的改变"奠定物质基础"或"创造物质前提"——作了阐述。②

近代以来，西方世界与中国社会关系的历史已有相类之处。19 世纪中期以来，西方资本主义、帝国主义对中国的侵略、掠夺，给中国社会造成极大的破坏。它们输出商品，输出资本，掠夺中国的资源，侵犯中国的领土和主权，干涉中国内政，直接或间接地屠杀中国人民，给中国造成极大的灾难。

但伴随着血与火的灾难，中国封闭的大门被打开，西方社会的物质文明和精神文明，包括工业生产的技术设备、自然科学知识、思想政治学说（其中有马克思主义）也传入中国。中国开始产生了资本主义，产生了革命政党。中国人民以西方的物质的武器和精神的武器，推翻了延续数千年的君主专制制度，以致赶走了资本主义和帝国主义侵略势力。从资本主义、帝国主义入侵，到其被中国人民赶走，历史发生了转折性的变化。

受到西方的侵略是巨大的历史灾难，中国人民经过长期、艰苦的各种形式的斗争，在遭受侵略的同时，也学习、引进了西方先进的生产力和思想观念，改造中国传统的经济模式、政治体制和思想观念，使中国开始了向现代社会转型的历史进程。没有西方的影响，在中国社会内部成长起来能够推翻封建专制制度的经济的、政治的和思想的力量，是难以设想的。

此种情形正如恩格斯所说："没有哪一次巨大的历史灾难不是以历

① 《不列颠在印度的统治》，《马克思恩格斯选集》第 1 卷，第 761—766 页。
② 《马克思恩格斯选集》第 1 卷，第 767—773 页。

史的进步为补偿的。"① 尤其值得指出，当代中国社会的改革开放，建设有中国特色社会主义现代国家的进程，正是在"左"的东西恶性发展，"文化大革命"的十年"动乱"、"浩劫"，中华民族经受了深重的灾难之后开始的。

宏观的历史发展进程之外，具体的事例俯拾皆是。如清末，清王朝的统治者编练新军，为此投入巨额财力、物力，并聘请外国军官，向国外派遣军事留学生。清王朝编练新军，当然是为了巩固其统治，镇压人民的反抗斗争，但是在推翻清王朝统治的辛亥革命爆发后，起义军中，清王朝新军的中下级军官和士兵是主力。历史的发展与统治者的初衷开了一个大大的玩笑。

二 否定之否定：历史发展的螺旋形式

人类历史的辩证发展，还突出地表现在人类历史是以否定之否定的螺旋形式向前发展的。人类历史发展经历着一个否定之否定的过程。

马克思指出："一切发展，不管其内容如何，都可以看做一系列不同的发展阶段，它们以一个否定另一个的方式彼此联系着。……任何领域的发展不可能不否定自己从前的存在形式。"② 列宁指出："发展似乎是重复以往的阶段，但那是另一种重复，是在更高基础上的重复（'否定之否定'），发展是按照所谓螺旋式而不是按直线式进行的。"③

这样一种否定之否定，可以认为是社会历史现象转化的继续。而且当我们从各个层次考察人类社会的发展历程时，都可以发现这样一种现象。

人类社会最初经历的是原始公社时期。在这个阶段，全体社会成员共同劳动、共同消费，没有特权者，没有阶级的区别。这是一个没有阶级的社会。随着生产力的发展、剩余产品的出现，产生了私有制和阶

---

① 《致尼·弗·丹尼尔逊》，《马克思恩格斯全集》第 39 卷，人民出版社 1974 年版，第 149 页。

② 《道德化的批判和批判化的道德》，《马克思恩格斯选集》第 1 卷，人民出版社 1972 年版，第 169 页。

③ 《卡尔·马克思》，《列宁选集》第 2 卷，人民出版社 1972 年版，第 584 页。

级，人类进入阶级社会。随着人类社会生产力水平的极大提高和物质产品的极大丰富，人类将放弃私有制，阶级、国家将消亡，一个新的没有阶级的区别的社会将再次出现。这样，我们可以把人类社会的发展进程划分为三个阶段：无阶级社会——阶级社会——无阶级社会。

这即构成一个否定之否定的螺旋式发展过程。但未来的无阶级社会绝非当初的简单重复，而是在更高层次上的回归。

美国人类学家摩尔根指出："自从文明时代开始以来所经过的时间，只不过是人类已经经历过的生存时间的一小部分，只是人类将要经历的生存时间的一小部分。社会的瓦解，即将成为以财富为唯一的最终目的的那个历程的终结，因为这一历程包含着自我消灭的因素。政治上的民主、社会中的博爱、权利的平等和普及的教育，将揭开社会的下一个更高的阶段，经验、理智和知识正在不断向这个阶段努力。这将是古代氏族的自由、平等和博爱的复活，但却是在更高级形式上的复活。"① 这正是对人类社会这一辩证发展过程的卓越阐释。

这是对人类社会历史最为宏观的考察。人类社会历史中其他层次的很多现象亦呈现出否定之否定的发展历程。如社会的统治—管理方式，人类社会初期是原始民主制，进入阶级社会以后，各地区、各民族所形成的社会统治—管理制度，基本上均是少数人的统治，无论是君主专制还是贵族寡头的统治。进入近代社会以来，随着资本主义经济的兴起，经过各种形式的变革——和平的或暴力的、流血的或不流血的，逐渐又建立起了具体形式有异的民主的社会管理制度。这也是一个否定之否定的辩证发展过程。

人类最初主要生活在原野中；随着社会的发展进步，城堡、城市成为文明的象征，人们从"野人"成为"市民"，许多人想方设法要留在城市中；社会又向前发展，乡间别墅成为人们最为向往的居住地之所在。

近代以来，西方资本主义入侵中国；中国人民经历了艰辛曲折、流血牺牲的斗争，终于把西方资本主义势力全部赶出中国；曾几何时，中国由于发展和建设的需要，又将西方的资本家、资本主义的经营模式热

---

① 路易斯·亨利·摩尔根：《古代社会》，杨东莼等译，商务印书馆1977年版，第556页。

情地、大张旗鼓地请进中国。当然，时代背景和资本进入中国的具体方式均已发生重大变化，但西方资本进入中国这一核心的东西没变。资本入侵——资本被赶走——资本再次进入。这又是一个否定之否定的辩证发展过程。

初期的人类，主要靠采集野生果实、捕获猎物维持生存，进而种植，进而畜牧。进入工业化时代，人们对各种食品的加工程度越来越深，添加剂也越来越复杂，以至于威胁到人类的健康，于是人们转而大力提倡天然食品、绿色食品，商家在标榜"滴滴纯天然"。

此外，社会生活中这种否定之否定的现象是很常见的。例如，中国在几十年内，就出现了许多否定之否定的发展现象：知识分子的地位由高而低，又由低转高；设立军衔，取消军衔，再恢复军衔制度；农民一家一户的"单干"，搞农业集体化，又转而实行家庭联产承包责任制；等等。这些"复活"，并非简单地重复，而是在新的社会生活情况下，"在更高形式上的复活"。

三　关于"恶是历史发展的杠杆"

"恶是历史发展的杠杆"这一命题，出于恩格斯的这样一段论述："黑格尔指出：'有人以为，当他说人本性是善的这句话时，是说出了一种很伟大的思想；但是他忘记了，当人们说人本性是恶的这句话时，是说出了一种更伟大得多的思想。'在黑格尔那里，恶是历史发展的动力的表现形式。这里有双重意思，一方面，每一种新的进步都必然表现为对某一神圣事物的亵渎，表现为对旧的、日渐衰亡的、但为习惯所崇奉的秩序的叛逆，另一方面，自从阶级对立产生以来，这是人的恶劣的情欲——贪欲和权势欲成了历史发展的杠杆，关于这方面，例如封建制度的和资产阶级的历史就是一个独一无二的持续不断的证明。"[1]

同中国学者一样，西方学者也很关注人性的善恶问题。看来黑格尔即主张"性恶说"。

---

[1]　《路德维希·费尔巴哈和德国古典哲学的终结》，《马克思恩格斯选集》第4卷，人民出版社1995年版，第237页。

恶成了历史发展的杠杆，这本身就是一个充满辩证法思想的命题。恶是贬义词，恶是应该被否定的东西，但是恶也成为历史发展的一种推动力。

恩格斯这里所说的恶不是"恶"这个概念的全部外延。在人类历史上，恶是剥削压迫、侵略扩张、掠夺屠杀。这些恶造成多少世间的惨剧，造成多少人类的灾难，又造成多少历史的倒退。恶是毁坏文明、阻碍历史进步的东西。历史的发展进步靠的是人们的辛勤劳动、艰辛的创造甚至流血的革命。恶只是在某种特定的情况下，产生了某种推动历史发展作用。

这里还涉及道德评价与历史评价问题。

恩格斯在《家庭、私有制和国家的起源》中谈到原始公社向阶级社会过渡时指出："这个时代的人们，虽然使人感到值得称赞，他们彼此并没有差别，他们都仍依存于——用马克思的话说——自然形成的共同体的脐带。这种自然形成的共同体的权力必然要被打破，而且也确实被打破了。不过它是被那种使人感到从一开始就是一种退化，一种离开古代氏族社会的纯朴道德高峰的堕落的势力所打破的。最卑下的利益——无耻的贪欲、狂暴的享受、卑劣的名利欲、对公共财产的自私自利的掠夺——揭开了新的、文明的阶级社会；最卑鄙的手段——偷盗、强制、欺诈、背信——毁坏了古老的没有阶级的氏族制度，把它引向崩溃。"①

从野蛮过渡到文明，这无疑是人类的一个巨大进步。从原始社会的公有制发展到阶级社会的私有制，从历史发展的角度评价，它是发展、进步，但从道德的角度评价，它包含着人的一种堕落、倒退。这个道德评价与历史评价的二律背反问题，也是人类历史辩证发展论的一个层次。

关于这一思想，恩格斯还有进一步的论述。恩格斯在论及文明时代的私有制及（剥削制度）奴隶制、农奴制和雇佣劳动制等时指出："文明时代以这种基本制度完成了古代氏族社会完全做不到的事情。但是，它是用激起人们的最卑劣的冲动和情欲，并且以损害人们的其他一切禀赋为代价而使之变本加厉的办法来完成这些事情的。鄙俗的贪欲是文明

---

① 《家庭、私有制和国家的起源》，《马克思恩格斯选集》第4卷，第96—97页。

时代从它存在的第一日起直至今日的起推动作用的灵魂；财富，财富，第三还是财富，——不是社会的财富，而是这个微不足道的单个的个人的财富，这就是文明时代唯一的、具有决定意义的目的。"① 恩格斯这里谴责文明时代的私有制度给人类社会及人的禀赋和道德造成的损害，但是也肯定了文明时代的"这种基本制度"对于物质生产力的发展和社会进步所起的推动作用，这与前述马克思对英国在印度的殖民统治的论述，在思想上是完全一致的。

关于历史评价和道德评价的二律背反问题，还应做进一步的分析。关于历史发展而道德堕落，要从两个方面来看，历史进步而道德堕落，仅是问题的一个方面。而随着历史的发展，人类的道德也随之而不断进步，其实更是人类道德状况的主流。在原始时代，食人、杂乱的性关系不是不道德的，进入文明时代以后，这些原来的行为变得不道德了，甚至有羞于承认本民族历史上有过这样的行为的例子。② 这说明人类的道德标准不仅是改变了，而且是进步了。中国古代社会的宗法制度和观念，重男轻女的行为和观念，父母之命、媒妁之言、从一而终等婚姻方面的行为和观念，都曾经是标准的社会规范，是道德的。随着人类社会的发展进步，个人的自由权利、男女平等、婚姻自由等，成为新的社会规范和道德标准。而传统的那些行为规范和道德标准均被摒弃。

总之，随着人类历史的发展和进步，人类的道德标准也随之而不断改变和进步。历史的发展必然不断否定那些已不适应社会生活的某些既有的道德标准。但也有一些道德标准是超越时空的，长久不变的。如急公好义、舍己为群、公正诚信等；而贪污、贿赂、弄虚作假等，不论过去与现在、东方与西方，都是被否定的。

最后笔者要强调的是，从人类历史发展进程来看，人类社会转型、社会生活发生剧烈变动之日，往往是历史评价和道德评价呈现明显的背反之时。人类由原始公社向文明社会转变的过程是这样；当我们从传统社会急剧地向现代社会转型之时，又呈现出类似的情况。

马克思主义唯物史观关于人类社会历史辩证发展的思想，是对人类

---

① 《家庭、私有制和国家的起源》，《马克思恩格斯选集》第 4 卷，第 177 页。

② 《爱尔兰史》，《马克思恩格斯全集》第 16 卷，人民出版社 1964 年版，第 558—559 页。

历史发展进行深刻观察而得出的科学理论，对于人们正确认识历史和现实社会生活并采取正确的态度具有重要指导意义，值得进行深入的探讨和研究。

（作者单位：天津师范大学历史文化学院）

必须对唯物史观进行正本清源式的研究

吴　英

　　新中国成立以来一贯作为历史研究指导理论的唯物史观正在被边缘化，已是不争的现实。从历史研究领域观察，大多数学者虽然仍在标榜以唯物史观为指导，但实际只是一种套语，更有少数人公开宣称放弃唯物史观的理论指导。从人才培养看，全国各大学和科研机构的历史系、历史类研究所招收研究生已经没有马克思主义史学理论或唯物史观的培养方向。尽管有中共中央启动的马克思主义理论研究和建设工程的倡导；尽管有中国社会科学院将建设马克思主义理论研究的坚强阵地列为办院方针，并在每个研究所都设立马字头的研究室；但唯物史观被边缘化的趋势未有改变。

　　就这种状况形成的原因分析，是多方面的。而从学术方面的因素看，应该说我们对唯物史观理论体系的理解水平还很低，缺乏更深入的探究，乃至束缚了它的解释力。一直从事唯物史观研究的老专家陈先达先生曾一针见血地指出："以往存在的不足，并不是因为我们比较注重基本原理和范畴的研究，而是因为我们单纯局限在原理和范畴之内以致我们对什么是生产力、什么是生产关系、什么是经济基础、什么是上层建筑、什么是社会存在、什么是社会意识，至今仍然不很清楚。在教科书中对历史唯物主义基本范畴和概念也很难给出明确的得到共识的定义。至于一些基本原理的分歧更大。"① 这一判断虽然是在 20 世纪末提出的，但 10 多年来并未能有所改进。我们的研究很少涉及对唯物史观基本原理和基本方法的深入探讨。过去，我们对唯物史观基本原理和基

---

　　① 陈先达：《唯物史观在新中国的五十年》，《哲学动态》1999 年第 10 期。

本方法的解释主要借鉴于苏联。而苏联的那种解释体系已经被证明存在很大缺陷，像过于强调阶级斗争在历史发展过程中的作用、像片面理解马克思的社会形态理论，等等。中共中央启动的"马克思主义理论研究与建设工程"要求我们对唯物史观的解释体系做正本清源的研究，即澄清"哪些是必须长期坚持的马克思主义基本原理，哪些是需要结合新的实际加以丰富发展的理论判断，哪些是必须破除的对马克思主义的教条式的理解，哪些是必须澄清的附加在马克思主义名下的错误观点"。这一要求是正中要害的，需要学术界予以重视，并真正予以贯彻落实。

笔者认为，我们需要在涉及唯物史观基本原理和方法上的九方面的课题做正本清源式的重新解读，揭示其真谛：

一是对唯物史观基本概念做重新解读。例如，过去我们一直以"劳动者、劳动对象、劳动工具"的要素说来界定生产力。而生产力要素解释的文本来源是马克思在《资本论》中的表述，即"劳动过程的简单要素是：有目的的活动或劳动本身，劳动对象和劳动资料"。可见，生产力要素说是对马克思有关"劳动过程"论述的误用所致。马克思事实上是以"力量"、"应用能力"、"能力"等词来描述生产力的。因此，生产力是人们在物质生产实践中形成的物质生产能力，它不能等同于生产过程的三要素。再如，过去我们一直以生产资料的所有制关系来界定生产关系，其实在马克思和恩格斯的相关论述中，分工关系才是最基础性的生产关系，而且分工决定着所有制的形式。例如，马克思、恩格斯在《德意志意识形态》中明确指出："与这种分工同时出现的还有分配，而且是劳动及其产品的不平等分配；因而也就产生了所有制……分工发展的不同阶段，同时也就是所有制的各种不同形式。这就是说，分工的每一个阶段还决定个人的与劳动材料、劳动工具和劳动产品有关的相互关系。"至于分工关系，马克思和恩格斯则明确指出，它是由生产力决定的。所以，唯物史观的解释链条是：生产能力——生产关系（其中劳动分工决定所有制关系）——上层建筑（维护现存的所有制形式）。而对于劳动分工，是一个在过去的研究中被长期忽略的问题。

二是对存在和意识关系问题的重新解读。"物质决定意识"作为唯物史观的基本原理似乎不容置疑。但马克思明确指出的是："存在决定意识，存在是人们的实际生活过程"；"生活决定意识"。很明显，生活不同于物质。过去我们往往将"存在"理解为人之外的客观环境，即理解为"环境决定意识"，而将人们误导到旧唯物主义的泥沼。费尔巴哈就认为，皇宫里的人和茅屋中的人所想是不同的，他是将人们生活的外部环境作为决定性的因素。马克思质疑费尔巴哈，指出同样是皇宫中的人，有的是好皇帝，关心百姓的疾苦，有的却是坏皇帝，只知道压榨百姓；同样是茅屋里的人，有的甘当顺民，有的却揭竿而起。那么，到底是物质环境决定意识，还是生活决定意识？

三是对历史发展动力问题需做重新解读。尽管 20 世纪 70 年代末 80 年代初在理论界掀起了有关历史动力问题的大讨论，但讨论无果而终。大部分学者的认识仍然停留在唯物史观到底是主张阶级斗争动力说还是主张生产力动力说的纠葛中，未能理解两者之间的辩证关系。马恩在著作中提出过三种动力，即直接动力、最终动力和合力，分别指革命、生产力和参与历史运动的诸要素，并形象地将革命比喻为助产婆。我们知道助产婆不是产婆，如果没有生产力发展的孕育，单单革命斗争是斗不出一个新社会的。因此，需要结合原著对直接动力、最终动力和合力三者间的辩证关系进行厘清。

四是对社会形态问题进行重新解读。马克思在不同的著作中对社会形态进行了不同的划分，有《德意志意识形态》中的四阶段论、《〈政治经济学批判〉序言》中的五阶段论、《1857—1858 年经济学手稿》中的三阶段论。我们长期以来一直以《〈政治经济学批判〉序言》中的五阶段划分作为马克思社会形态划分的标准范式，但是却从未深究过这些阶段划分都是从什么视角做出的？哪一种划分更具根本性？尤其是同五形态论同时期提出的三形态论却又为什么长期被人们所忽略？

五是对唯物史观是否是决定论问题做重新解读。对马克思的一种责难指马克思是决定论者，否认主体能动性的作用。如果根据列宁的界定，将"决定论"定义为"历史必然性"，那唯物史观确实是揭示了人类社会历史发展的必然性规律的决定论。但这种决定论不是抹杀人的主观能动性的宿命论，而是人的生产能力发展到什么水平就会有一系列相应必然结果的决定论。其中生产能力的发展、生产关系和上层建筑对生产能力发展的反作用都蕴含着人的能动性的发挥。

六是对国家性质问题的重新解读。过去我们一直认为马克思只是将国家界定为阶级压迫的工具，但马克思和恩格斯又多次论及国家应发挥履行公共职能的作用。两者到底是什么关系？又应该如何界定国家的性质?

七是对后发国家向社会主义过渡问题做重新解读。马克思在《给祖国纪事编辑部的信》、《给察苏里奇的复信》中提出后发国家有可能跨越资本主义制度的卡夫丁峡谷，其中最主要的条件就是吸纳资本主义发展的一切积极成果。在建设中国特色社会主义的今天，需要我们结合现实对这个问题作出深入开掘。

八是对发达资本主义国家向社会主义过渡两条道路问题的重新解读。马克思在《共产党宣言》、《资本论》第 1 卷等著作中提出了无产阶级通过暴力手段推翻资产阶级统治的道路，但他在《资本论》第 3 卷中提出了另外一种"自我扬弃式"的向社会主义过渡的道路。马克思是在敏锐地把握了"资本社会化"、"合作工厂"、"中等阶级人数的增加"等征兆后提出的一种新的论断。

九是对阶级结构问题做重新解读。过去我们认为马克思是主张资本主义社会阶级结构将愈益两极化，由此引发阶级矛盾尖锐化，导致无产阶级革命的。但马克思在《剩余价值理论》中两处提到中间阶级数量的增加是资本主义的现实所在。例如他曾指出："他［马尔萨斯］的最高希望是中等阶级的人数将增加，无产阶级（有工作的无产阶级）在总人口中的比例将相对越来越小（虽然他的人数会绝对地增加）……然而实际上资产阶级社会的发展进程却正是这样。"可见，马克思是预见到了发达资本主义国家社会阶级结构的演进呈现中间大两头小的可能性的，只是因为这种演进在当时还没有显现出比较明朗的迹象，所以马克思也就没有对此做系统的论说，由此才为人们所忽视。

这里只是列举了笔者在研究过程中意识到的需要对唯物史观作正本清源式研究的一些问题，当然问题恐怕远不只这些。可见，应对唯物史观面临的被边缘化的严峻挑战，我们有着大量艰苦的理论研究工作需要去做。前途漫漫，任重道远。

（作者单位：中国社会科学院世界历史研究所）

深入研究唯物史观，确立正确理论指导

左玉河

恩格斯在马克思墓前的讲话中说，马克思一生有两大发现：一是唯物史观；二是剩余价值理论。产生于 19 世纪中期的唯物史观，对于 20 世纪的中国历史学产生了巨大影响。今天，深入研究马克思的唯物史观，回顾唯物史观对 20 世纪中国历史学的影响，对于指导我们的中国近代史研究具有重要的意义。本人仅就下面三个问题谈谈自己的体会。

一　唯物史观为什么对历史研究具有指导意义

马克思在《共产党宣言》、《〈政治经济学批判〉导言》，恩格斯《在马克思墓前的讲话》等经典文献中，阐述了唯物史观的基本原理，并对唯物史观的重大指导意义作了充分的肯定。列宁、斯大林、毛泽东等革命导师对唯物史观也作过精辟阐述。唯物史观的创立，宣告了唯心史观在关于人类社会历史认识中占统治地位的局面的彻底结束。正如恩格斯所说："人们的意识决定于人们的存在而不是相反，这个原理看来很简单，但是仔细考察一下也会立即发现，这个原理的最初结论就给一切唯心主义，甚至给最隐蔽的唯心主义当头一棒。关于一切历史性的东西的全部传统的和习惯的观点都被这个原理否定了。政治论证的全部传统方式崩溃了。"① 我研读马、恩、列、斯、毛等经典作家关于唯物史观的论述后，认为只有运用唯物史观，才能在研究人类社会历史时，避

---

① 《卡尔·马克思〈政治经济学批判〉》，《马克思恩格斯全集》第 13 卷，人民出版社 1998 年版，第 527 页。

免唯心史观的那些主要缺点。

首先,唯物史观正确说明了社会历史发展的终极原因。"在此以前,社会学家不善于往下探究像生产关系这样简单和这样原始的关系,而径直着手探讨和研究政治法律形式,一碰到这些形式是由当时人类某种思想产生的事实就停留下来;结果似乎社会关系是由人们自觉地建立起来的。"与此不同,"唯物主义继续深入分析,发现了人的这些社会思想本身的起源,也就消除了这个矛盾"①。这就是说,思想的进程取决于事物的进程的唯物主义结论,纠正了唯心史观本末倒置的缺点,为科学探究历史运动的规律找到了可靠基石。

其次,唯物史观把历史的发展归结为社会形态有规律的更替过程。"在此以前,社会学家总是难于分清错综复杂的社会现象中的主要现象和次要现象(这就是社会学中的主观主义的根源),不能找到这种划分的客观标准。唯物主义提供了一个完全客观的标准,它把'生产关系'划为社会结构,使我们有可能把主观主义者认为不能应用到社会学上来的一般科学的重复律应用到这些关系上来。当他们还局限于思想的社会关系(即通过人们的意识而形成的关系)时,始终不能发现各国社会现象中的重复性和常规性,他们的科学至多不过是记载这些现象,收集素材。一分析物质的社会关系(即不通过人们意识而形成的社会关系:人们在交换产品时彼此发生生产关系,他们甚至没有意识到这里存在着社会生产关系),立刻就有可能看出重复性的常规性,就有可能把各国制度概括为一个基本概念,即社会形态。只有这种概括才使我们有可能从记载社会现象(和从理想的观点来估计社会现象)进而极科学地分析社会现象。"②

再次,唯物史观所以能够区划社会形态,正确说明社会形态的发展是一个自然的历史过程,根据在于它"把社会关系归结于生产关系,把生产关系归结于生产力的高度"③。以往持唯心史观的某些史学家、思想家,虽然也提出过历史是一个有规律的过程的思想,但是,他们在解释这一过程的规律性时,却从人们的理性或从"绝对精神"去寻求根

---

① 《什么是"人民之友"以及他们如何攻击社会民主主义者?》,《列宁全集》第1卷,人民出版社1984年版,第119页。

② 同上书,第120页。

③ 同上。

据，因而找不到正确答案。唯物史观与此相反，它从社会生产力发展的水平，去认识生产关系发展的水平，从生产关系、社会关系的状况去认识思想关系的状况，这样关于社会历史发展的终极原因，和由这一终极原因所带来的一系列层次性的变动，全能得到科学说明，这样才能把人类社会历史看作和自然界一样，是一个可以认识的自然历史过程。

复次，和一切蔑视劳动人民群众的唯心史观不同，唯物史观认为，既然人类社会发展的历史是生产发展的历史，是生产方式发展的历史，那么，它首先应该是从事物质资料生产的劳动人民群众的历史。人民群众是人类历史的创造者，是历史发展的决定力量。认为英雄创造历史的错误被纠正了，历史恢复了本来的面目，劳动人民群众恢复了在历史上应有的地位。

最后，唯物史观第一次提供可能使关于社会思想史的研究建立在科学的基础上，与那种从思想解释思想的唯心史观划清了界限。如同列宁所说："只有关于思想的进程取决于事物的进程的唯物主义结论，才是唯一可与科学的心理学相容的结论。"① 唯物史观不仅正确揭示了社会存在决定社会意识、社会意识根源于社会存在，而且正确说明了社会意识对社会存在在怎样的条件下发挥怎样的反作用。资产阶级社会学家把唯物史观歪曲为否定社会意识能动作用的经济唯物论是没有任何根据的。总之，由于唯物史观的创立，人们找到了科学解释人类社会历史的理论武器，这就为真正的历史科学的诞生奠定了基础。

马克思主义经典作家是首先用唯物史观解释人类社会历史的典范，他们重视历史研究，并始终把唯物史观作为进行这一研究的指南，他们不仅给我们留下了如《法兰西内战》、《德意志形态》等许多宝贵的历史著作，而且，给我们留下了关于如何运用唯物史观研究历史的方法。以他们的创造性理论和历史研究工作为起点，马克思主义的历史科学一步一步发展起来了。100 多年来，无论在中国或在外国，马克思主义史学工作者运用唯物史观重新研究全部人类社会的历史，批判了唯心史观的谬误，根据大量可靠的史实，阐明了社会历史发展的规律，把剥削阶级史学家颠倒了的历史重新颠倒过来。和以往的剥削阶级的史学相对

---

① 《什么是"人民之友"以及他们如何攻击社会民主主义者?》，《列宁全集》第 1 卷，第 119—120 页。

比，马克思主义历史科学的成绩和胜利充分证明了唯物史观战无不胜的力量。

二　唯物史观如何促使中国历史学的发展

唯物史观作为一种解释历史的理论和方法论，产生于 19 世纪中叶，20 世纪初传入中国。它在中国的传播、为中国学人所接受，并创立中国马克思主义史学的过程，充分显示了唯物史观强大的生命力和科学价值。可以肯定地说，再没有任何一种理论比唯物史观对中国历史学的影响更为巨大了。

中国的马克思主义史学流派，是伴随着马克思主义的传入和新民主主义革命的展开而产生并发展的。李大钊、郭沫若是该学派的前驱人物，继起者有吕振羽、范文澜、翦伯赞、侯外庐等人，他们都写出了具有科学价值的史学名著。

李大钊是中国马克思主义史学的开创者，他最先将唯物史观应用于史学研究。自 1920 年起，他在北京大学、女子高等师范等高校开始开设 "唯物史观研究"、"史学思想史"、"史学要论" 等课程，并先后发表了《唯物史观在现代史学上的价值》、《研究历史的任务》等论文，1924 年出版了《史学要论》一书。在这些论著中，李大钊对以往的旧的历史观进行了深刻批判，他说："神权的、精神的、个人的、退落的或循环的历史观可称为旧史观，而人生的、物质的、社会的、进步的历史观可称为新史观"[1]；他批评旧史观指导下的旧史学 "简直是权势阶级愚民的器具"[2]。只有新的唯物史观才是 "奋兴鼓舞的历史观，乐天努力的人生观"[3]。李大钊运用唯物史观对历史研究提出了一系列崭新的见解，他明确了历史研究的对象，指出历史是 "人类生活的行程"，"是有生命的东西"，"进步的东西"，"发展的东西"，"历史就是人类的生活并为其产物的文化"[4]。同时，李大钊还明确了历史研究的任务："一、整理事实，寻找它的真确的证据；二、理解事实，寻出它的进步

---

① 《史观》，《李大钊选集》，人民出版社 1959 年版，第 289 页。

② 《唯物史观在现代史学上的价值》，《李大钊选集》，第 338 页。

③ 《时》，《李大钊选集》，第 488 页。

④ 李守常：《史学要论》，商务印书馆 2000 年版。

的真理。"① 对于后一点，他在《史学要论》中做了深刻阐发。他认为史学的要义有三："（一）社会随时代的经过发达进化，人事的变化推移，健行不息。就他的发达进化的状态，即不静止而不断的移动的过程以为考察，是今日史学的第一要义。（二）就实际发生的事件，一一寻究其证据，以明人事发展进化的真相，是历史的研究的特色。（三）今日历史的研究，不仅以考证确定零零碎碎的事实为毕乃能事；必须进一步，不把人事看作片片段段的东西；要把人事看作一个整个的，互为因果，互有连锁的东西去考察他。于全般的历史事实的中间，寻求一个普遍的理法，以明事实与事实间的相互的影响与感应。在这种研究中，有时亦许要考证或确定片片段段的事实，但这只是为于全般事实中寻求普遍理法的手段，不能说这便是史学的目的。"② 这些论述，讲清了整个历史研究的任务和考证在这当中的地位，就在今天，仍对我们具有启发指导意义。

郭沫若是中国马克思主义史学的又一位杰出的奠基人。他在 1929 年写成、1930 年出版的《中国古代社会研究》一书，运用唯物史观的理论和方法，对甲骨文、金文和先秦文献进行综合研究，揭示了中国古代社会的面貌和发展规律，开辟了中国史研究的科学道路，是中国史学根本性质上的重大变革，标志着中国马克思主义史学的正式形成。随后，郭沫若写出了《甲骨文字研究》、《卜辞通纂》、《殷契萃编》、《殷周青铜器铭文研究》、《两周金文辞大系考释》、《金文丛考》、《古代铭刻汇考》以及《青铜时代》、《十批判书》等，在学术上都有很大的影响。在郭沫若的《中国古代社会研究》的带动下，中国历史学领域出现了吕振羽、侯外庐、范文澜、翦伯赞、胡绳等著名史学家，出版了吕振羽的《史前期中国社会研究》（1934 年）、《殷周时代的中国社会》（1936 年）、《中国社会史诸问题》（1942 年），侯外庐的《中国古代思想学说史》（1945 年）、《中国近世思想学说史》（1945 年）、《中国古代社会史》，范文澜的《中国通史简编》（1942 年），翦伯赞的《中国史纲》，胡绳的《帝国主义与中国政治》（1949 年），向达的《唐代长安与西域文明》（1930 年），周谷城的《世界通史》（1949 年）等一大

---

① 《研究历史的任务》，《李大钊选集》，第 484 页。
② 李守常：《史学要论》，商务印书馆 2000 年版，第 90 页。

批马克思主义史学著作。这些著作表明,中国马克思主义史学已经逐步成长起来,它们不仅是中国马克思主义史学在各个领域的开创之作,而且大多也是 20 世纪中国史学发展历程上的名著,其中有的著作经过修订,成为传世之作,表明了马克思主义史家追求真理的严肃态度和科学精神。

马克思主义的唯物史观,促进了中国历史学研究方向的转变,使历史研究从描述孤立的、主要是政治事件为主的方面,转向面对社会和经济这一复杂而长期的过程的研究,使历史学家认识到需要研究人们的生活物质条件,并重视人民群众对历史的作用。马克思的社会阶级结构观念以及他对阶级斗争的研究,引起了中国历史学家对社会制度的研究。侯外庐在 1946 年强调说,中国学人按照马克思主义的理论、方法论,已经"学会活用自己的语言而讲解自己的历史与思潮了",这是对 20 世纪前期历史观念之发展的很好的概括。

新中国的成立,使中国的历史科学取得了新的进展。广大史学工作者自觉地学习并运用辩证唯物主义和历史唯物主义理论作为自己工作的指南。马克思主义史学工作者的队伍大大加强,从中央到地方,以及许多高等院校都设立了历史、考古等研究机构,数以万计的史学工作者在这些机构中进行着分门别类的研究工作。经过他们的辛勤劳动,一大批通史、断代史和专史相继出版,各种历史刊物相继创办,并且标点校勘了《二十四史》、《资治通鉴》等大型著名史籍,汇编了一大批历史资料丛书,关于中国近代史的几套资料丛书就是其中比较突出的成就。在"百花齐放、百家争鸣"方针的指导下,科学研究的广度和深度不断增加,曾经对中国历史上的许多问题展开热烈讨论,例如中国古代奴隶制社会和封建制社会的分界问题,中国封建社会的发展阶段问题,近代史分期问题,中国封建社会的农民战争问题,封建土地所有制的形式问题,汉民族形成问题,中国资本主义萌芽和资本主义发展的问题,历史人物评价问题,等等。通过这些问题的讨论,大大推进了我们对于中国历史的研究,大大提高了我们对于唯物史观准确理解的程度和具体运用的能力。

三 在新世纪如何坚持和创造性地运用唯物史观

马克思主义唯物史观的创立,使关于人类社会历史的研究走上了科学的道路，从而造成了马克思主义历史科学健康发展的基本趋势。唯物史观在 20 世纪中国史学的发展中，显示出无可替代的重要作用。唯物史观对 20 世纪中国史学的重大影响，主要集中在四个方面：（一）唯物史观要求研究全部历史，也可以说是要研究整体的历史。（二）唯物史观告诉人们，人类社会的历史是一个自然发展过程，因而是有规律可循的。（三）唯物史观要求人们用辩证的观点、方法看待人类社会历史的发展，这是因为唯物史观同马克思主义的唯物辩证法是密切联系、不可分割的。（四）唯物史观最鲜明地提出了人民群众对于推动历史发展的巨大作用。

然而，应该清醒地看到，新世纪的中国史学在运用唯物史观方面也面临着多方面的挑战：（一）由于历史的原因，马克思主义唯物史观的基本原理被误解或歪曲，造成严重的思想混乱，一些错误的理论观点和思想倾向在社会生活和学术研究领域有比较明显的表现。（二）苏联解体、东欧剧变，国际上出现攻击、否定马克思主义的社会思潮，作为在国内历史研究领域的反映，出现了对唯物史观基本原理感到困惑，甚至认为唯物史观已经过时的思想倾向；或主张指导思想多元化，不赞成以唯物史观作为历史研究的理论指导。（三）外国史学理论大量涌入国内，在吸收、借鉴的同时，也出现了不加分析、不加选择地照搬照抄，误认为这些理论可以代替唯物史观的科学理论。（四）现代社会发展和科学技术革命提出许多新的、重大的理论问题，迫切需要从理论与实践的结合上作出回答，要求唯物史观不断丰富自己的概念、方法和理论范畴。因此，唯物史观在当前的发展既面临着严峻的挑战，同时也面临着有利的新的发展机遇。

面对挑战，我们首先应该坚信：唯物史观作为一种有效的解释历史的方法并没有过时，因为马克思、恩格斯在批判和否定 19 世纪的资本主义的过程中形成的科学历史理论，至今仍然表现出难以否定的合理性。现代西方史学总是利用唯物史观的一些基本观点或与唯物史观近似的观点来考察世界历史。这主要表现在：（一）唯物史观把人类历史看作一个客观的、自然的、有规律的发展过程，这种方法已经成为西方史学主流所采用的基本方法。（二）唯物史观认为物质生产是社会生活的基础，历史过程的决定性因素归根结底是现实生活的生产和再生产，这种基本思路贯穿于英、美主流史学著作之中。（三）在历史唯物主义的方法论中，阶级分析方法是极其重要的组成部分，也是近现代西方史家分析历史问题的主要方法之一。（四）唯物史观将黑格尔的辩证思想应用到社会历史当中，认为社会真理具有相对性和时间性，否认人类社会存在永恒的终极真理，也为现代西方历史哲学所认同。因此，必须发展和完善唯物史观，使之在新的历史条件下继续保持解释利器的功能。

其次，应该看到，唯物史观虽然是新世纪中国史学研究的指导思想和理论体系，但它本身也需要不断发展和丰富。我们必须注意四方面问题。（一）从过去把唯物史观简单化、教条化、以理论代替学术和把唯物史观片面化、绝对化、以原则代替具体研究的阴影中走出来，正视严重的教训，重新学习理论，改进运用方法。（二）进一步认识唯物史观基本原理的科学价值。（三）在唯物史观与具体的研究对象相结合的过程中，推动理论上的创新。（四）运用唯物史观，要有气度，要有吸收其他有益的理论和方法论的雅量与勇气。

为此，我们必须清除人们赋予唯物史观本来所没有，甚至是后人搞错的含义，把握其基本理念，正本清源，真正"回到马克思"，创造性地发展唯物史观。同时需要注意的是，回到马克思，重新研读马克思主义经典著作是完全必要的，但不能把马克思的唯物史观仅仅理解成是马克思、恩格斯本人所写的文本，后人对马克思主义的正确理解和发挥创造也是对唯物史观的发展，我们必须尊重这些积极成果。

尤其值得注意的是，我们在坚持唯物史观的同时，必须创造性地运用唯物史观。所谓创造性地运用唯物史观，就是要克服史学研究领域里的教条主义。史学领域里教条主义，主要表现为把马克思主义唯物史观的理论观点简单化、绝对化、公式化，完全背离了从史实出发，具体问题具体分析的唯物辩证方法。这种倾向最初是由于幼稚地、简单地理解唯物史观而发生的，以后，随着现实生活中的阶级斗争扩大化而日趋发展，直至被搞到极其荒谬的地步。教条主义的史学研究方法是一种很坏的学风，危害十分严重。它使一些同志在研究问题时，不是实事求是，不是先占有大量的材料，不是具体分析具体历史现象所包含的具体矛盾，而是采取断章取义的方法，随意剪裁甚至曲解史料，为自己所要论证的观点填补例证。在这些同志看来，最有力的论据不是在史实之中，最科学的结论不是来自具体的辩证的分析，而是一切都应以本本为转移，以引证权威的片言只语为满足，根本取消了生动活泼的独立思考和史学研究的唯物论基础。这样的例子很多。例如，有些同志在研究农民战争问题时，往往不是从一个时代的既定的经济状况、阶级力量对比出发，引用大量的综合的资料，作具体的切合实际的分析，而是抽取一两件个别的、片段的材料，回避或歪曲其他一些材料，简单地套用某种流行的公式，例如先说阶级矛盾尖锐，危机四伏，农民起义终于爆发；继之则就农民起义的口号、纲领，说明它的反封建性质；最后从农民阶级的局限性解释农民起义必然失败，并论及农民起义或多或少推动了历史前进。这种教条主义的"以论带史"的研究方法将生动的丰富多彩的农民斗争史变成了千篇一律的刻板的公式，乍看起来，似乎有理，但实际上，根本不能具体解释任何一次农民起义所包含的具体特点。对此，恩格斯有过严肃批评："如果不把唯物主义方法当作研究历史的指南，而把它当作现成的公式，按照它来剪裁各种历史事实，那末它就会转变为自己的对立物。"[①] 教条主义的史学研究必然是主观主义的，理论脱离实际的。针对这种倾向，我们必须强调创造性地运用唯物史观，把唯物史观理论和客观历史实际结合起来，坚持对具体的历史现象作具体的分析，从中抽象出符合客观历史实际的规律来。

历史科学的任务是通过历史的现象认识历史的本质。20 世纪中国史学发展的历程告诉我们，认识人类社会发展的历史不能依靠其他的思想武器，只有唯物史观才是唯一科学的历史观，只有它才能指引我们从复杂的历史现象中揭示出历史的规律性来。新世纪的中国历史学，必须坚持唯物史观的理论指导；新世纪的史学研究者，必须创造性地把唯物史观和具体历史实际结合起来，为促进中国马克思主义历史学的繁荣而努力。

（作者单位：中国社会科学院近代史研究所）

---

① 《致保·恩格特》（1890 年 6 月 5 日），《马克思恩格斯全集》第 37 卷，第 410 页。

唯物史观概念体系中德文两类六种
"生产力"概念的分野与合流[*]

——兼与拉铁摩尔中国边疆研究中的
"生产力"概念对比

宋培军

在唯物史观的经典表述中，大家最为熟悉的是《政治经济学批判·序言》（1859 年）围绕"生产力"概念而构建的概念体系："人们（Menschen）在自己生活（Lebens）的社会生产（gesellschaftlichen Produktion）中发生一定的、必然的、不以他们的意志（Willen）为转移的关系，即同他们的物质生产力（ihrer materiellen Produktivkräfte entsprechen，英文 their material productive forces）的一定发展阶段相适应（bestimmte）的生产关系……社会的物质生产力（德文 materiallen Produktivkräfte der Gesellschaft）发展到一定阶段，便同它们一直在其中运动的现存生产关系或财产关系（这只是生产关系的法律用语）发生矛盾……那时社会革命（sozialer Revolution）的时代就到来了……资产阶级的生产关系是社会生产过程的最后一个对抗形式，这里所说的对抗，不是指个人的对抗，而是指从个人的社会生活条件（gesellschaftlichen Lebensbedingungen der Individuen）中生长出来的对抗；但是，在资产阶级社会的胎胞里发展的生产力（Produktivkräfte），同时又创造着（schaffen）解决这种对抗的物质条件（materiallen Bedingungen）。因此，人类社会（menschlichen Gesellschaft）的史前（Vorgeschichte）时期就以

　＊ 本文为笔者主持的中国社会科学院中国边疆史地研究中心课题《唯物史观与中国边疆理论研究》的阶段性成果，敬请方家指正。庞卓恒先生曾就本文指示笔者注意到底是"人的生产力"还是"物的生产力"的问题，首先感谢先生高学大德。

这种社会形态而告终。"① 上面直接引用的三处"生产力"意思一样吗？上引第三个也就是该经典段落最后一个"生产力"与前面的所有"生产力"都不同，指的是"创造""物质条件"的"人"②，此前指的都是"物质生产力"。不过所谓"社会的物质生产力"（德文 materiallen Produktivkräfte der Gesellschaft）和"人们的物质生产力"（德文 materiallen Produktivkräfte der Menschen），主体的不对等恐怕也留有某种不易觉察的人本痕迹，具体言之，即"物质生产力"是以"社会"（Gesellschaft）为本位还是以人［人们（Menschen）或人类社会（menschlichen Gesellschaft），可译"人的社会"］为本位的问题。

可以看到，自《德意志意识形态》德文手稿公布以来，中外学人研究的一大焦点便是，马克思、恩格斯在其中何以有两类六种"生产力"表达（以 Produktiv、Produktions 为词根的两类生产力，都有德文第一格单数、第一格复数、第三格复数三种形式，前者分别对应着 Produktivkraft、Produktivkräfte、Produktivkräften，后者分别对应着 Produktionskraft、Produktionskräfte、Produktionskräften③），并由此聚讼纷纭④。笔者注意到，其实《共产党宣言》（1848 年）这样正式出版的定稿名篇依然保留了这两类用法，无疑可以拿它对《德意志意识形态》德文手稿释纷决讼。另外，对于理解《政治经济学批判·序言》中的"生产力"概念来说，《1857—1858 年经济学手稿》尤其是其中的《政治经济学批判〈导言〉》，往往是被有意绕开或者无意忽略了。相对于《政治经济学批判》及其《序言》来说，《政治经济学批判〈导言〉》（1857 年）

---

① 马克思：《政治经济学批判·序言》，《马克思恩格斯选集》第 2 卷，人民出版社 1995 年版，第 32—33 页。Marx Engels Werke, Band 13, Dietz Verlag, Berlin, 1972, S. 8 – 9. Marx, "A Contribution to the Critique of Political Economy: Preface", Terrell Carver, ed., *Marx Later Political Writings*, Cambridge University Press, 1996, pp. 159 – 161.

② 参见广松涉编注《文献学语境中的〈德意志意识形态〉》，彭曦译，张一兵审定，南京大学出版社 2005 年版，第 128、300 页，尤其是关于"不认为这些条件对于创造它们的个人来说（diese Bedingungen für die sie schaffenden Individuen）是无机的"的论述。

③ 感谢中国社会科学院欧洲研究所留德理学博士胡琨赐教"生产力"有关德文第一格单数、第一格复数、第三格复数这三格形式用法的语言学知识。

④ 姜海波：《〈德意志意识形态〉中的生产力概念》，载韩立新主编，姜海波副主编《新版〈德意志意识形态〉研究》，中国人民大学出版社 2008 年版，第 215—217 页。

被马克思视为"预先说出正要证明的结论"① 的著作，可见其重要性。该《导言》明确提示："生产力［Produktivkraft］（生产资料［Produktionsmittel］）的概念和生产关系的概念的辩证法，这样一种辩证法，它的界限应该确定，它不抹杀现实差别。"②

以往就《形态》解《形态》、就《序言》解《序言》③、以《手稿》解《序言》④ 的研究思路，无疑造成了某种难以突破的困局。笔者的研究思路是，以《宣言》解《形态》，以《导言》解《序言》，结合查对"生产力"概念的相关英文和德文用法，以期对"生产力"的概念本身有更为准确的理解，进而加深对唯物史观概念体系的整体把握。按照笔者的体会，从一定意义上说，科学发展观的"主线论"（十八大报告明确提出"以加快转变经济发展方式为主线"⑤）对"代表论"（"代表先进生产力的发展要求"）的升华，其理论脉络也在于此，即从重视"解放和发展社会生产力"⑥升华为强调"人的生产力的发展"。拉铁摩尔中国边疆研究中对"生产力"相关概念的运用与马克思《序言》提出的"生产方式制约论"有颇多契合之处。试论之。

---

① 马克思：《政治经济学批判·序言》，《马克思恩格斯选集》第 2 卷，人民出版社 1995 年版，第 31 页。

② 马克思：《政治经济学批判〈导言〉》（1857 年），《马克思恩格斯选集》第 2 卷，人民出版社 1995 年版，第 27 页。Marx, Grundrisse der Kritik Der Politischen Ökonomie, Dietz Verlag, Berlin, 1953, S. 29.

③ 罗荣渠：《论一元多线历史发展观》，《历史研究》1989 年第 1 期。他首先在《现代化新论》（北京大学出版社 1993 年版）中作了系统论述，然后又在《现代化新论续篇》（北京大学出版社 1997 年版）中作了概说。下面是笔者根据前一著作第 61 页、后一著作第 55 页表述的概括。"一元多线历史发展观"阐释了以生产力标准代替生产关系标准作为衡量社会发展程度的中轴原理。在这里，"一元"是指生产力，同一性质与水平的生产力、同一生产方式可能有不同的生产关系与之相适应，以此为基础，进而形成多种社会经济模式和社会发展道路，即"多线"。而物质生产的发展即生产力的发展是第一性的，正是在这个意义上，他坚持了马克思关于社会发展"一元性"的思想。笔者认为，罗先生的概括自有其精到之处，但概念本身却需要进一步厘定，说得更明白一些，就是如何与德文"生产力"用法一一对应起来，最起码有翻译问题。

④ 庞卓恒：《生产能力决定论》，《史学集刊》2002 年第 3 期。罗荣渠：《现代化新论》，北京大学出版社 1993 年版，第 80 页指出："抽象地谈'人的生产能力'……抛弃马克思的生产方式理论……是从马克思主义唯物史观倒退，而不是前进。"

⑤ 胡锦涛：《坚定不移沿着中国特色社会主义道路前进 为全面建成小康社会而奋斗——在中国共产党第十八次全国代表大会上的报告》（2012 年 11 月 8 日），人民出版社 2012 年版，第 20 页。

⑥ 同上书，第 12 页。

（一）"人们的实践能力"（i'energie pratique des hommes）与"生产力"（Produktivkräfte）在《致帕·瓦·安年科夫》中的分野

主张实践一元论的学者有的是以"生产能力决定论"① 立论的，并且声称其经典著作依据之一是 1846 年 12 月 28 日马克思《致帕·瓦·安年科夫》的书信中关于"生产力"的一段话："人们（法文 hommes，英文 man，德文 Menschen）不能自由选择自己的生产力（法文 porces productives，英文 productive porces，德文 Produktivkräfte）——这是他们的全部历史的基础（法文 la base de toute leur histoire，英文 the basis of all their history，德文 die Basis ihrer ganzen Geschichte），因为任何生产力（法文 porce productive，英文 productive porce，德文 Produktivkraft）都是一种既得的力量（英文 an acquired force），是以往的活动（英文 activity，德文 Tätigkeit）的产物（英文 product，德文 Produkt）。可见，生产力是人们应用能力的结果（法文 le resultat de i' energie pratique des hommes，英文 the result of practical human energy，德文 Resultat der angewandten Energie der Menschen），但是这种能力本身决定于人们所处的条件，决定于人们先前已经获得的生产力，决定于在他们以前已经存在、不是由他们创立而是由前一代人创立的社会形式。后来的每一代人都得到前一代人已经取得的生产力并当作原料（the raw material）来为自己新的生产服务……人们的社会历史始终只是他们的个体发展的历史。"②

马克思在信的最后附注指出，他之所以使用"坏的（bad）法文"而不是"好的（good）德文"写作，是因为他谈论的对象蒲鲁东是一位法国作者，他希望他的收信人安年科夫——一个俄国旧相识——尽快回信以便确认其是否"明白了包裹在糟糕的（barbarous）法语中的我的思想"③。不管马克思法语的娴熟程度是否影响了他思想的表达，这里阐述的"生产力"与"产物"、"结果"乃至"历史的基础"的对应关

---

① 庞卓恒：《生产能力决定论》，《史学集刊》2002 年第 3 期。

② 《马克思恩格斯选集》第 4 卷，人民出版社 1995 年版，第 532 页。Karl Marx/Friedrich Engels-Werke，Dietz Verlag，Berlin，Band 27，1963，S. 452. *Marx Engels Selected Correspondence*，Moscow：Foreign Language Publishing House，1953，pp. 40 – 41. First Published：in full in the French original in M. M. Stasyulevich i yego sovremenniki v ikh perepiske，Vol. III，1912.

③ *Marx Engels Selected Correspondence*，Moscow：Foreign Language Publishing House，1953，p. 51.

系，还是不免令人困扰。

第一，下面看一处《德意志意识形态》对"结果"还是"产物"的搭配问题反复斟酌的例子："他（费尔巴哈）没有看到，他周围的感性世界绝不是某种开天辟地以来就直接存在的、始终如一的东西，而是工业和社会状况的产物（Produkt），是历史的产物（geschichtliches Produkt），是世世代代活动的结果［Resultat der Tätigkeit，此处 Resultat 之前删除了 Produkt，马克思将 Produkt ist 写在被删除的 Produkt 一词正下面，这里所谓'产物是活动的结果'与《致帕·瓦·安年科夫》所谓生产力'是以往的活动（英文 activity，德文 Tätigkeit）的产物（英文 product，德文 Produkt）'应该是一致的］，其中每一代都立足于前一代所达到的基础上，继续发展前一代的工业和交往，并随着需要的改变而改变它的社会制度。"①

第二，"生产力"（德文 Produktivkräfte）是"人们应用能力的结果"的说法，与《德意志意识形态》关于"物质结果"的如下阐发有出入："历史的每一阶段都遇到有一定的物质结果、一定的生产力（Produktionskräften）总和，人和自然以及人和人之间历史地形成的关系，都遇到前一代传给后一代的大量生产力（Produktivkräften）、资金和环境。"②而《政治经济学批判〈导言〉》对于通过生产过程（Prozeß der Produktion）出现的"生产的要素"也是作为"历史结果"（geschichtliches Resutate）③看待的。对于从抽象的能力凝结为具体的产品的意义上使用的"结果"（Resultat）即"生产力"来说，同样的"Resultat"一词似乎译为"果实"或"成果"才贴切。鉴于如下习惯思维可能给经典文本阅读带来的障碍：一看到"结果"字眼，就要寻找某种"原因"，进而认定"能力"与"结果"之间也构成因果关系，把"产生"关系简单等同于"因果"必然率，笔者认为这种译法并不是全无必要。其实这种译法也有先例，恩格斯就谈道"上层建筑的各种因

---

① 广松涉编注：《文献学语境中的〈德意志意识形态〉》，彭曦译，张一兵审定，南京大学出版社 2005 年版，第 16、190 页。

② 同上书，第 50、224 页。

③ 马克思：《政治经济学批判〈导言〉》，《马克思恩格斯选集》第 2 卷，人民出版社 1995 年版，第 15 页。Marx, Grundrisse der Kritik Der Politischen Ökonomie, Dietz Verlag, Berlin, 1953, S. 29.

素：阶级斗争的政治形式及其成果［Resultate］——由胜利了的阶级在
获胜以后确立的宪法，等等，各种法的形式以及所有这些实际斗争在参
加者头脑中的反映，政治的、法律的和哲学的理论，宗教的观点以及它
们向教义体系的发展"①。

第三，汉语"应用能力"对译的是法文"i'energie pratique"，英文
"practical energy"，德文"angewandten Energie"，不知为何汉语和德文
没有采用"实践的"（praktisches）字眼来译，似乎译为"实践能力"
更能达意。而所谓"这种能力本身决定于人们所处的条件，决定于人们
先前已经获得的生产力，决定于在他们以前已经存在、不是由他们创立
而是由前一代人创立的社会形式"，汉语表面意思似乎是三个"决定
于"，其实按照英文逻辑前一个包含后两个：社会的条件 = 既得的生产
力 + 既得的社会形式 = 既得的生产方式 = 既得的生产过程 = 既得的生
产 = 既得的生产活动，它决定"人们的实践能力"。从这种决定关系来
看，很难推出马克思主张"生产实践能力决定论"，倒是提供了他主张
"既得的生产力决定论"的证明。

第四，对于作为"历史的基础"的"生产力"，德译
Produktivkräfte，似乎与《德意志意识形态》关于"历史的现实基础"
如下阐发也有矛盾："生产力（德文原文 Produktionskräften）、资金和社
会交往形式的总和（上文英译 this sum of productive forces，forms of cap-
ital，and social forms of intercourse，其中 productive forces 显然与德文不对
应），是……历史的……现实基础。"②

可以看到，《德意志意识形态》指出，"实行全面变革的物质因素
（material elements of a complete revolution）"有两个：一方面是一定的生
产力（德文 Produktivkräfte ③，英文 the existence of productive forces），另

---

① 恩格斯：《致约·布洛赫》（1890 年），《马克思恩格斯选集》第 4 卷，人民出版社
1995 年版，第 696 页。Karl Marx/Friedrich Engels-Werke, Dietz Verlag, Berlin, Band 37, 1967, S.
463.

② 《德意志意识形态》，《马克思恩格斯选集》第 1 卷，人民出版社 1995 年版，第 93 页。
广松涉编注：《文献学语境中的〈德意志意识形态〉》，彭曦译，张一兵审定，南京大学出版社
2005 年版，第 52、226 页。Karl Marx & Engels, The German Ideology, R. Pascal ed., New York:
International Publishers, 1947, pp. 28 – 30.

③ 广松涉编注：《文献学语境中的〈德意志意识形态〉》，彭曦译，张一兵审定，南京大
学出版社 2005 年版，第 52、226 页。

一方面是革命群众的形成。①《共产党宣言》也指出："德国将在整个欧洲文明更进步的条件下，拥有发展得多的无产阶级去实现这个变革。"②如果把后者理解为"人"的因素，那么前者的意义上说的生产力应该是不包括"人"的因素在内的，单指"物"的因素——物质生产资料。马克思《致帕·瓦·安年科夫》指出："机器（Maschine）不是经济范畴，正像拉犁的牛不是经济范畴一样。现代运用机器一事（the application of machinery in the present day）是我们的现代经济制度的关系之一（one of the relations of our present economic system），但是利用机器的方式（the way in which machinery is utilized，德文 doch die Art，wie die Maschinen ausgenuzt werden③）和机器本身完全是两回事。"④ 1847 年出版的《哲学的贫困》对此点表达得更为明白："机器只是一种生产力（eine Produktivkraft）。以应用机器为基础的现代工厂才是社会生产关系，才是经济范畴。""在一切生产工具中，最强大的一种生产力（Produktivkraft）是革命阶级本身。"⑤《反杜林论》也说暴力"取决于物质的即经济的条件：取决于人和武器这两种材料，也就是取决于居民的质与量和取决于技术"⑥。

综上看来，人们的"应用能力"不仅不是生产力（Produktivkräfte），还要"决定于"它。而生产力（Produktivkräfte）在这里只能是作为"历史的基础"、作为"物质结果"的生产力（Produktionskräfte），这其实与后来《导言》所谓"生产力［Produktivkraft］（生产资料［Produktionsmittel］）的概念"也是一致的。

---

① 马克思、恩格斯：《德意志意识形态》，《马克思恩格斯选集》第 1 卷，人民出版社 1995 年版，第 92—93 页。Karl Marx & Engels，*The German Ideology*，R. Pascal，ed.，New York：International publishers，1947，pp. 28 – 30.

② 马克思、恩格斯：《共产党宣言》，《马克思恩格斯选集》第 1 卷，人民出版社 1995 年版，第 307 页。

③ Karl Marx/Friedrich Engels-Werke，Dietz Verlag，Berlin，Band 27，1963，S. 456.

④ 《马克思恩格斯选集》第 4 卷，人民出版社 1995 年版，第 535 页。参见薛永英《生产力经济学》，浙江人民出版社 1986 年版，第 276 页。*Marx Engels Selected Correspondence*，Moscow：Foreign Language Publishing House，1953，p.44.

⑤ 马克思：《哲学的贫困》（1847 年），《马克思恩格斯选集》第 1 卷，人民出版社 1995 年版，第 161、194 页。Karl Marx/Friedrich Engels-Werke，Dietz Verlag，Berlin，Band 4，1959，S. 149，181. 参见徐亦让《两种生产问题的探讨——论唯物史观的基础》，中国社会科学出版社 1983 年版，第 64—65 页。

⑥ 《马克思恩格斯选集》第 3 卷，人民出版社 1995 年版，第 514 页。

（二）生产力（Produktivkräfte）、生产水平或效率（Produktivitäte、Productivite）与劳动生产力（Produktivkraft der Arbeit）：对生产方式（Produktionsweise）性状的不同描述—— 以《宣言》解《手稿》

上述"生产能力决定论"声称的经典依据之二是马克思《1857—1858 年经济学手稿》关于"三种社会形态"的论述："活动和产品的普遍交换已成为每一单个人的生存条件，这种普遍交换，他们的相互联系，表现为对他们本身来说是异己的、独立的东西，表现为一种物。在交换价值上，人的社会关系转化为物的社会关系；人的能力（personal capacity，注意是单数形式）转化为物的能力（objective wealth）。""人的依赖关系（起初完全是自然发生的），是最初的社会形式，在这种形式下，人的生产能力（human productive capacity，注意是单数形式）只是在狭窄的范围内和孤立的地点上发展着。以物的依赖性为基础的人的独立性，是第二大形式，在这种形式下，才形成普遍的社会物质交换、全面的关系、多方面的需求以及全面的能力（universal capacities，注意是复数形式）的体系。建立在个人全面发展和他们共同的、社会的生产能力（social productivity）成为从属于他们的社会财富这一基础上的自由个性，是第三个阶段。第二个阶段为第三个阶段创造条件。因此，家长制的，古代的（以及封建的）状态随着商业、奢侈、货币、交换价值的发展而没落下去，现代社会则随着这些东西同步发展起来。""交换和分工互为条件。因为每个人为自己劳动，而他的产品并不为他自己使用，所以他自然要进行交换，这不仅是为了增加总的生产能力（the general productive capacity，注意是单数形式），而且是为了把自己的产品变成自己的生活资料。"①

对此处的英文，笔者目前尚无法一一查找到德文原文，不过《共产党宣言》德文"生产力"（Produktionskräfte）用词与这里"增加总的生产能力（the general productive capacity）"的表述惊人的一致："无产阶

---

① 《马克思恩格斯文集》第 8 卷，人民出版社 2009 年版，第 51—52 页。此处英文依据庞卓恒先生开设课程《唯物史观论著选读》读本，Marx and Engels：Collected works，Vol. 28，http：//www. Marxists . org. This is the listing of the Marx/Engels Collected Works（MECW），as compiled and printed by Progress Publishers of the Soviet Union in collaboration with Lawrence & Wishart（London）and International Publishers（New York），starting in 1975 and completed in 2005。可参见《马克思恩格斯全集》第 46 卷上，人民出版社 1979 年版，第 103—104 页。

级将利用自己的政治统治，一步一步地夺取资产阶级的全部资本，把一切生产工具集中在国家即组织成为统治阶级的无产阶级手里，并且尽可能快地增加（vermehren）生产力（Produktionskräfte）的总量。"①

至于"建立在个人全面发展和他们共同的、社会的生产能力（social productivity）成为从属于他们的社会财富这一基础上的自由个性，是第三个阶段"，从整体看来，这是一种经济基础论意义上的表达，"社会的生产能力（social productivity）"与"社会财富"接近于马克思《资本论》所论作为"重建个人所有制"基础的"生产资料"，其中"生产能力（productivity）"字眼似乎更应汉译为"生产效率"。其实，早在《德意志意识形态》中已有"生产效率（Produktivität）"的用词："这种阉羊意识或部落意识获得了进一步的发展（Entwicklung）和提高（Ausbildung），是由于生产效率的提高（durch die gesteigerte Produktivität）、需要的增长（Vermehrung）以及作为二者基础的人口（Bevölkerung）的增多（Vermehrung）。"② 马克思在《政治经济学批判〈导言〉》中也申明："研究在各个民族的发展过程中各个时期的生产率程度（Grade der Produktivität）""超出本题的范围"（"同本题有关的部分"是"竞争、积累等等"）。③

马克思在《资本论》中指出："生产力当然始终是有用的具体的劳动的生产力，它事实上只决定有目的的生产活动在一定时间内的效率"④，并指出："劳动生产力（Produktivkraft der Arbeit）是由多种情况决定（德文 bestimmt，英文 determined）的，其中包括：工人的平均熟练程度，科学的发展水平和它在工艺上应用的程度，生产过程的社会结合［德文 die gesellschaftliche Kombination des Produktionsprozesses，英文

---

① 马克思、恩格斯：《共产党宣言》，《马克思恩格斯选集》第 1 卷，人民出版社 1995 年版，第 293 页。"Das Proletariat wird seine politische Herrschaft dazu benutzen, der Bourgeoisie nach und nach alles Kapital zu entreißen, alle Produktionsinstrumente in den Händen des Staats, d. h. des als herrschende Klasse organisierten Proletariats, zu zentralisieren und die Masse der Produktionskräfte möglichst rasch zu vermehren."

② 广松涉编注：《文献学语境中的〈德意志意识形态〉》，彭曦译，张一兵审定，南京大学出版社 2005 年版，第 28、30、202、204 页。

③ 马克思：《政治经济学批判〈导言〉》（1857 年），《马克思恩格斯选集》第 2 卷，人民出版社 1995 年版，第 27 页。Marx, Grundrisse der Kritik Der Politischen Ökonomie, Dietz Verlag, Berlin, 1953, S. 8.

④ 《马克思恩格斯文集》第 5 卷，人民出版社 2009 年版，第 59 页。

the social organisation of production，笔者认为这就是《德意志意识形态》作为一种'生产力'（Produktivkraf）看待的'共同活动方式'①]，生产资料的规模和效能（德文 den Umfang und die Wirkungsfähigkeit der Produktionsprozesses，直译'生产过程的规模和性能'，其实就是'生产方式的规模和性能'；英文 the extent and capabilities of the means of production，笔者认为汉译'生产资料'含义过于宽泛，包括了后文作为劳动对象的'自然条件'，按照英文版译为'生产手段的规模和性能'才准确），以及自然条件。"②从形式上看来，前一句话的决定关系单一，"劳动的生产力""只决定""生产效率"；后一句话的决定关系属于多因一果（"劳动生产力"），多"因"是多种"因素"。但从内容上来看，则要对这里的所谓"决定"关系进行分析。可以看到，《德意志意识形态》在谈到"社会活动"的"三个方面"（"生产物质生活本身"、"新的需要的产生"以及"增值"也就是"家庭"关系）时专门说"为了使德国人容易了解，把它们看作三个'因素'"③，按照同样的逻辑，这里多种决定"情况"也可以是多个"方面"。

那么，"劳动生产力（Produktivkraft der Arbeit）"就是前句话中"只决定""生产效率"的"生产力"或"劳动的生产力"吗？在笔者看来，"劳动生产力（Produktivkraft der Arbeit）"理解为"劳动生产效

① 马克思、恩格斯：《德意志意识形态》，《马克思恩格斯选集》第1卷，人民出版社1995年版，第80页。Karl Marx & Engels, *The German Ideology*, R. Pascal, ed., New York：International Publishers, 1947, p. 18. 广松涉编注：《文献学语境中的〈德意志意识形态〉》，彭曦译，张一兵审定，南京大学出版社2005年版，第26、200页。

② 《马克思恩格斯文集》第5卷，人民出版社2009年版，第53页。庞卓恒先生提供外文对照，德文："Die Wertgröße einer Ware bliebe daher konstant, wäre die zu ihrer Produktion erheischte Arbeitszeit konstant. Letztere wechselt aber mit jedem Wechsel in der Produktivkraft der Arbeit. Die Produktivkraft der Arbeit ist durch mannigfache Umstände bestimmt, unter anderen durch den Durchschnittsgrad des Geschickes der Arbeiter, die Entwicklungsstufe der Wissenschaft und ihrer technologischen Anwendbarkeit, die gesellschaftliche Kombination des Produktionsprozesses, den Umfang und die Wirkungsfähigkeit der Produktionsprozesses, und durch Naturverhältnisse." 英文："The value of a commodity would therefore remain constant, if the labour time required for its production also remained constant. But the latter changes with every variation in the productiveness of labour. This productiveness is determined by various circumstances, amongst others, by the average amount of skill of the workmen, the state of science, and the degree of its practical application, the social organisation of production, the extent and capabilities of the means of production, and by physical conditions."

③ 广松涉编注：《文献学语境中的〈德意志意识形态〉》，彭曦译，张一兵审定，南京大学出版社2005年版，第24页。

率（Produktivität）"才讲得通。拿"工人的平均熟练程度"、"科学的发展水平和它在工艺上应用的程度"来说，按照前一句话的决定关系，两个方面都可以作用于"劳动的生产力"，进而决定"生产效率"，按照后一句话的决定关系，就不免成了非常费解的自我决定（"工人的平均熟练程度"决定"劳动的生产力"），其实"工人的平均熟练程度"高就意味着"劳动的生产力"高，因此必须放弃决定关系，采取多种"因素"就是多个"方面"的态度。这里提出了"劳动生产力五方面"论，笔者认为，"劳动生产力（Produktivkraft der Arbeit）"可以视为"劳动生产效率（Produktivität）"那样的总体指标概念。对此，就"劳动生产力五方面"最后一点的"自然条件"来说，《资本论》另一段论述亦可为证："撇开社会生产的形态的发展程度不说，劳动生产率是同自然条件相联系的。这些自然条件都可以归结为人本身的自然（如人种等）和人的周围的自然。外界自然条件在经济上可以分为两大类：生活资料的自然富源，例如土壤的肥力，鱼产丰富的水域等等；劳动资料的自然富源，如奔腾的瀑布、可以航行的河流、森林、金属、煤炭等等。在文化初期，第一类自然富源具有决定性的意义；在较高的发展阶段，第二类自然富源具有决定性的意义。例如，可以用英国同印度比较，或者在古代，用雅典、科林斯同黑海沿岸各国比较。"①

　　这是否违背马克思的思想呢？可以看到，他自己就是这么用的。《致帕·瓦·安年科夫》指出，人们"按照自己的生产力（their faculties，德文 ihren Produktivkräften）生产出""社会关系"，而"适应自己的物质生产水平（their material productivity，德文 ihrer materiellen Produktivitäte［Productivité matérielle］）生产出社会关系的人，也生产

---

　　① 《资本论》第 1 卷，人民出版社 2004 年版，第 580—587 页。Karl Marx, *Capital*, 世界图书出版公司 2010 年版，第 435 页："Apart from the degree of development, greater or less, in the form of social production, the productiveness of labour is fettered by physical conditions. These are all referable to the constitution of man himself (race, &c.), and to surrounding nature. The external physical conditions fall into two great economic classes, (1) Natural wealth in means of subsistence, *i. e.*, a fruitful soil, waters teeming with fish, &c., and (2), natural wealth in the instruments of labour, such as waterfalls, navigable rivers, wood, metal, coal, &c. At the dawn of civilisation, it is the first class that turns the scale; at a higher stage of development, it is the second. Compare, for example, England with India, or in ancient times, Athens and Corinth with the shores of the Black Sea."

出"意识。①《哲学的贫困》也说："社会关系和生产力（Produktivkräften）密切相联。随着新生产力的获得，人们改变自己的生产方式，随着生产方式即谋生的方式的改变（mit der Veränderung der Produktionsweise, der Art, ihren Lebensunterhalt zu gewinnen），人们就会改变自己的一切社会关系。手推磨产生（ergibt）的是封建主的社会，机器磨产生的是工业资本家的社会。""人们按照物质生产率（materiellen Produktivität）"〔1847 年版 Produktivité materiellene；1885 年德文版改为"生产方式（Produktionsweise）"〕建立相应的社会关系，正是这些人按照自己的社会关系创造了相应的原理、观念和范畴。"② 可见，"生产力（faculties，德文 Produktivkräfte）"、"物质生产水平（material productivity，德文 materiellen Produktivitäte〔Productivité matérielle〕）"、"物质生产率（materiellen Produktivität）"〔1847 年版 Produktivité materiellene〕、"劳动生产力（Produktivkraft der Arbeit）"都是对"生产方式（Produktionsweise）"性状的不同描述，也可以说是一物多名。

至于"人的能力（personal capacity）"、"人的生产能力（human productive capacity）"以及"全面的能力（universal capacities）"，乃至"人们的实践能力（i'energie pratique des hommes）"云云，笔者认为应该都是指"人的劳动力"，而且随着社会的发展越来越侧重于指称作为生产劳动主体的个人的"才能"，用"生产力"的术语就叫做"主观的生产力"或"精神的生产力"。可以看到，《德意志意识形态》指出："只有失去了整个自主活动的现代无产者，才能够实现自己的充分的、不再受限制的自主活动，这种自主活动就是对生产力总和的占有（Aneignung einer Totalität von Produktivkräften）以及由此而来的才能总和的发挥（Entwicklung einer Totalität von Fähigkeiten）。"③《政治经济学批

---

① 《马克思恩格斯选集》第 4 卷，人民出版社 1995 年版，第 538—539 页。Karl Marx/Friedrich Engels-Werke, Dietz Verlag, Berlin, Band 27, 1963, S. 459. 此处英文依据庞卓恒先生的课程《唯物史观论著选读》，*Marx Engels Collected Works*, Vol. 38, Publisher: International Publishers, 1975。另可以参看 *Marx Engels Selected Correspondence*, Moscow: Foreign Language Publishing House, 1953。

② 马克思：《哲学的贫困》，《马克思恩格斯选集》第 1 卷，人民出版社 1995 年版，第 141—142 页。Karl Marx/Friedrich Engels-Werke, Dietz Verlag, Berlin, Band 4, 1959, S. 130.

③ 广松涉编注：《文献学语境中的〈德意志意识形态〉》，彭曦译，张一兵审定，南京大学出版社 2005 年版，第 142、314 页。

判〈导言〉》指出："个人在生产过程（produzieren）中发展自己的能力（seine Fähigkeiten entwickelt），也在生产行为（Akt der Produktion）中支出、消耗这种能力，这同自然的生殖是生命力（Lenbenskräften）的一种消耗完全一样。"①"生产过程"与"生产行为"并举，前者发展、后者消耗个人"自己的能力"。《资本主义生产以前的各种形式》还专门把主体个人"生产出"与"发展""才能"等同起来，指出："个人的生产行为最初难道不是限于占有现成的、自然界本身业已为消费准备好的东西来再生产他自身的躯体吗？即使在那些只须找到、发现这些东西的地方，也很快就要求个人做出努力、付出劳动（如狩猎、捕鱼、游牧），要求主体生产出（也就是发展）某些才能。"②《资本主义生产以前的各种形式》还指出：（部落体）"共同体本身作为第一个伟大的生产力而出现；特殊的生产条件（例如畜牧业、农业）发展起特殊的生产方式和特殊的生产力，既有表现为个人特性的主观的生产力，也有客观的生产力"。"所有这些关系的解体，只有在物质的（因而还有精神的）生产力发展到一定水平时才有可能。"③如果再联系《哥达纲领批判》中提出的"财富论"（即"使用价值论"）："劳动不是一切财富的源泉。自然界同劳动一样也是使用价值（而物质财富就是由使用价值构成的！）的源泉，劳动本身不过是一种自然力［einer Naturkraft］即人的劳动力［menschlichen Arbeitskraft④］的表现"⑤，就更为明白了，这其实是与《德意志意识形态》下述说法"人与自然的'斗争'促进其生产力（Produktivkräfte）在相应基础上的发展"⑥中的"生产力"（Produktivkräfte）概念一脉相承的，足以

---

① 马克思：《政治经济学批判〈导言〉》（1857年），《马克思恩格斯选集》第2卷，人民出版社1995年版，第8页。Marx, Grundrisse der Kritik Der Politischen Ökonomie, Dietz Verlag, Berlin, 1953, S. 11－12.

② 《马克思恩格斯全集》第46卷上册，人民出版社1979年版，第492页。

③ 《资本主义生产以前的各种形式》，《马克思恩格斯全集》第46卷（上），人民出版社1979年版，第495、505页。

④ Marx Engels, Ausgewählte Schriften, Band Ⅱ, Dietz Verlag, Berlin, 1960, S. 11.

⑤ 马克思：《哥达纲领批判》，《马克思恩格斯选集》第3卷，人民出版社1995年版，第298页。

⑥ 广松涉编注：《文献学语境中的〈德意志意识形态〉》，彭曦译，张一兵审定，南京大学出版社2005年版，第18、192页。

显示人的劳动力①是一种自然力或一种生产力是马克思一贯的思想。

根据英文、德文，《1857—1858 年经济学手稿》上述引文中的"社会的生产能力"（social productivity）应该就是《致帕·瓦·安年科夫》中的"物质生产水平"（material productivity），而生产能力（productive capacity）就是《致帕·瓦·安年科夫》中的生产力（productive faculties，德文 Produktivkräfte entwicheln），是经济基础论意义上的生产力（Produktionskräfte），也就是"物质的劳动条件"即"生产资料"②。

严格说来，"生产能力决定论"应该称为"人的生产能力（human productive capacity）决定论"，指向的是"物质生产水平（material productivity）或者劳动生产率（material productivity）决定论"，不过"人的生产能力"（human productive capacity）作为所谓的"生产实践"［马克思似乎不把生产、实践这两个字眼放在一起使用，他用过"物质实践"（英文 material practice，德文 materiellen praxis）③、"实践生活"（praktisches Leben）④］的"产物"，仍是派生的，因此，"生产能力决定论"与马克思主张的"（物质）实践一元决定论"或"（实践）生活一元决定论"的关系仍待厘清。从反对"生产力决定论"⑤、主张"生产能力决定论"出发，在"生产实践"生产出"生产力"的意义链条上把"生产力"仅仅限定为"物质生产力（生产资料）"，殊不知"生产实践"生产出"生产能力"，其实只是"生产实践"生产出"生产力"的翻版（只是强调了"生产实践"生产出"物质生产力"的另一

---

① 马克思：《资本主义生产以前各形态》，日知译，人民出版社 1956 年版，第 49—50 页谈到"具有活的劳动力的大众"，第 50 页编者注说：马克思第一次使用"劳动力"这个名词来代替以前用的"活的劳动"（其实应该只是"劳动"，不包括"活的"字眼——笔者注）或"劳动的能力"。其实，《德意志意识形态》已有"完全适合于现代经济学家下的定义，即所有制是对他人劳动力（Arbeitskraft）的支配"的说法。广松涉编注：《文献学语境中的〈德意志意识形态〉》，彭曦译，张一兵审定，南京大学出版社 2005 年版，第 34、208 页。

② 庞卓恒：《马克思社会形态理论的四次论说及历史哲学意义》，《中国社会科学》2011 年第 1 期，第 18 页注引《资本论》第 3 卷。

③ 马克思、恩格斯：《德意志意识形态》，《马克思恩格斯选集》第 1 卷，人民出版社 1995 年版，第 92—93 页。广松涉编注：《文献学语境中的〈德意志意识形态〉》，彭曦译，张一兵审定，南京大学出版社 2005 年版，第 50、224 页。Karl Marx & Engels, *The German Ideology*, R. Pascal，ed.，New York：International Publishers, 1947, pp. 28－30.

④ 《马克思恩格斯选集》第 4 卷，人民出版社 1995 年版，第 541 页。Karl Marx/Friedrich Engels-Werke, Dietz Verlag, Berlin, Band 27, 1963, S. 461.

⑤ 罗荣渠的"一元多线历史发展观"认为，"一元"是指生产力，同一性质与水平的生产力、同一生产方式可能有不同的生产关系与之相适应。

面），这也许是实践一元论者始料未及的，其根本原因在于对"生产力"、"生产能力"的字面区分没有考虑它们与马克思所谓"（物质）实践"或"（实践）生活"的内在一致性，其载体就是"生产方式"。

（三）生产力（Produktionskräfte）与生产力（Produktivkräfte）的分野——以《宣言》解《形态》

可以看到，《德意志意识形态》作为"原稿留给老鼠的牙齿去批判"① 的著作，对它的发掘、整理无疑有助于我们理解"生产力"概念。虽然诸家对《德意志意识形态》底层旧稿（小束手稿）中"生产力"用法聚讼纷纭，但都认为大束书稿以后马克思、恩格斯归于一致。② 其实，《共产党宣言》也在两种意义上使用"生产力"概念，笔者认为，以《共产党宣言》解《德意志意识形态》，不失为一种决疑解惑的探索路径。

《德意志意识形态》指出："生产力（Produktionskräfte）与交往形式的关系就是交往形式与个人的行动或活动的关系。这种活动的基本形式（the fundamental form of this activity）当然是物质活动，一切其他的活动，如精神活动、政治活动、宗教活动等取决于它。当然，物质生活的这样或那样的形式，每次都取决于已经发达的需求，而这些需求的产生，也像它们的满足一样，本身是一个历史过程。"③《致帕·瓦·安年科夫》也指出："人们在发展其生产力（their productive faculties，德文 indem sie ihre Produktivkräfte entwicheln）时，即在生活时（as they live，德文 d. h.，indem sie leben），也发展着一定的相互关系；这些关系的性质必然随着这些生产力的改变和发展而改变。"④ 由此看来，马克思是把"生产力（Produktionskräfte）"、"发展生产力（their productive facul-

---

① 马克思：《政治经济学批判·序言》，《马克思恩格斯选集》第 2 卷，人民出版社 1995 年版，第 34 页。

② 姜海波：《〈德意志意识形态〉中的生产力概念》，载韩立新主编，姜海波副主编《新版〈德意志意识形态〉研究》，中国人民大学出版社 2008 年版，第 215—217 页。

③ 《德意志意识形态》，《马克思恩格斯选集》第 1 卷，人民出版社 1995 年版，第 123 页。广松涉编注：《文献学语境中的〈德意志意识形态〉》，彭曦译，张一兵审定，南京大学出版社 2005 年版，第 130、302 页，第 130 页第二个"交往形式"没有译出，容易造成对象理解错乱。Karl Marx & Engels, *The German Ideology*, R. Pascal，ed.，New York：International Publishers，1947，p. 70.

④ 《马克思恩格斯选集》第 4 卷，人民出版社 1995 年版，第 536 页。Karl Marx/Friedrich Engels-Werke, Dietz Verlag, Berlin, Band 27, 1963, S. 457.

ties)"与"物质活动"、"个人的行动或活动"、"生活"等同看待的，这样"一切其他的活动，如精神活动、政治活动、宗教活动等取决于"物质活动，正如《政治经济学批判·序言》中所说"物质生活的生产方式制约着整个社会生活、政治生活和精神生活的过程"，"物质活动"与"物质生活"处于同样的制约、决定地位。

《资本论》指出："如果整个过程从其结果的角度，从产品的角度加以考察，那末劳动资料和劳动对象表现为生产资料，劳动本身则表现为生产劳动。"① 对此，《德意志意识形态》有如下极为相近的说法："所有制是对他人劳动力的支配。其实，分工和私有制是相等的表达方式。对同一件事情，一个是就活动而言，另一个是就活动的产品而言。"② 因此可以说，从活动的结果、活动的产品的角度看的"生产力"（"生产资料"）与作为"分工"出现的"他人劳动力"或从活动的角度看的"生产劳动"是同一个层次的概念。

那么，作为历史动因的生产力（Produktivkräfte）如何把握呢？《德意志意识形态》指出："生产力（Produktivkräfte）在其发展的过程中达到这样的阶段，在这个阶段上产生出来的生产力（Produktionskräfte，笔者认为梁赞诺夫版判读为 Produktivkräfte 有问题）和交往手段 [Verkehrsmittel，上述位置另外一个德文本写为'Produktionskräfte und Verkehrsmittel'③，这就与《共产党宣言》所谓'Produktions-und Verkehrsmittel'（'生产资料和交换手段'）一致起来（见后），上述位置一个英文本写为：'productive forces and means of intercourse are called into existence'④，汉译可为'生产力和交往手段构成存在'] 在现存关系下只能带来灾难，这种生产力已经不是生产的力量（Produktionskräfte，与下文'破坏的力量'即 Destruktionskräfte 相对，不过笔者认为梁赞诺夫版判读为 Produktivkräfte 更有道理），而是破坏的力量（机器和货币）。"⑤笔

① 马克思：《资本论》第一卷，人民出版社 1975 年版，第 205 页。

② 马克思、恩格斯：《德意志意识形态》，《马克思恩格斯选集》第 1 卷，人民出版社 1995 年版，第 83—84 页。

③ Marx Engels Werke, Band 3, Dietz Verlag, Berlin, 1969, S. 69.

④ Karl Marx & Engels, *The German Ideology*, R. Pascal, ed., New York：International publishers, 1947, p. 68.

⑤ 广松涉编注：《文献学语境中的〈德意志意识形态〉》，彭曦译，张一兵审定，南京大学出版社 2005 年版，第 44、218 页。

者之所以这么认为，是因为对于"破坏的力量"，在后来恩格斯的类似表述的增补文"这些生产力（Produktivkräfte）在私有制的统治下，只获得了片面的发展，对于大多数人来说成了破坏的力量（Destruktivkräften），而许多生产力在私有制下根本得不到利用"①中写作"Destruktivkräften"，这是相对于"在私有制的统治下，只获得了片面的发展"的"那些生产力"即 Produktivkräfte 说的。②

值得注意的是，各家版本研判的《德意志意识形态》"大工业造成了大量的生产力（Produktivkräften），对于这些生产力来说，私有制成了它们发展的桎梏"③云云，在《共产党宣言》这样公开出版的正式文本中也有类似表述，只不过生产力（Produktionskräfte）用词不同，似应从之改正："资产阶级在它的不到一百年的阶级统治中所创造的生产力（Produktionskräfte），比过去一切世代创造的全部生产力还要多，还要大。自然力的征服，机器的采用，化学在工业和农业中的应用，轮船的行驶，铁路的通行，电报的使用，整个整个大陆的开垦，河川的通航，仿佛用法术从地下呼唤出来的大量人口，——过去哪一个世纪料想到在社会劳动里蕴藏有这样的生产力（Produktionskräfte④）呢?"⑤"它迫使一切民族——如果它们不想灭亡的话——采用资产阶级的生产方式。"⑥此处"社会劳动"当指"资产阶级的生产方式"，而"在社会劳动里蕴

---

① 广松涉编注：《文献学语境中的〈德意志意识形态〉》，彭曦译，张一兵审定，南京大学出版社 2005 年版，第 114、286 页。

② 同上。

③ 同上书，第 112、284 页。

④ Karl Marx/Friedrich Engels, Manifest der Kommunistischen Partei, Seitenzahlen verweisen auf: Karl Marx/Friedrich Engels-Werke. (Karl) Dietz Verlag, Berlin, Band 4, 6. Auflage 1972, unveränderter Nachdruck der 1. Auflage 1959, Berlin/DDR, S. 459–493. http://www.mlwerke.de/me/default.htm. "Die Bourgeoisie hat in ihrer kaum hundertjährigen Klassenherrschaft massenhaftere und kolossalere Produktionskräfte geschaffen als alle vergangenen Generationen zusammen. Unterjochung der Naturkräfte, Maschinerie, Anwendung der Chemie auf Industrie und Ackerbau, Dampfschiffahrt, Eisenbahnen, elektrische Telegraphen, Urbarmachung ganzer Weltteile, Schiffbarmachung der Flüsse, ganze aus dem Boden hervorgestampfte Bevölkerungen-welches frühere Jahrhundert ahnte, daß solche Produktionskräfte im Schoß der gesellschaftlichen Arbeit schlummerten."

⑤ 马克思、恩格斯：《共产党宣言》，《马克思恩格斯选集》第 1 卷，人民出版社 1995 年版，第 277 页。

⑥ 同上书，第 276 页。

藏……的生产力（Produktionskräfte）"①在《资本论》中则表述为"劳动（的）生产力（Produktivkraft der Arbeit）"。从此亦可见，"这样的生产力（Produktionskräfte）"种类"多"、数量"大"，包含的"人口"因素（人力资源）也是"大量"的。

《共产党宣言》中同样耳熟能详的话，却因为同样的汉语翻译，使得"生产力"德文用词上的差别无法显现出来。在与"现代生产关系"对立的意义上，《共产党宣言》使用的是"现代生产力"（modernen Produktivkräfte②）概念："它变成了束缚生产的桎梏。（Sie verwandelten

①　鲁品越：《资本逻辑与人的发展悖论》，《学习与探索》2013 年第 2 期，第 4—5 页认为"社会劳动里蕴藏"的东西或力量是"《资本论》再三提到的'总体工人'的力量，马克思称之为'社会劳动的自然力'"，笔者认为，鲁先生解释的是"社会劳动"的内涵，而不是《宣言》说的"在社会劳动里蕴藏……的生产力（Produktionskräfte）"，前者作为生产力（Produktivkräfte）之一即"社会生产力"，与"个人生产力"（"人的自然力"、"劳动力"或"劳动能力"）相对。鲁先生虽然注意到前者"发展出"后者，恐怕没有注意到《宣言》此处"生产力"在德文中有不同的形式和内涵。《资本论》指出："我们把劳动力或劳动能力，理解为人的身体即活的人体中存在的、每当人生产某种使用价值时就运用的体力和智力的总和。"（《马克思恩格斯文集》第 5 卷，人民出版社 2009 年版，第 195 页）

②　马克思、恩格斯：《共产党宣言》，《马克思恩格斯选集》第 1 卷，人民出版社 1995 年版，第 277—278 页。Karl Marx/Friedrich Engels，Manifest der Kommunistischen Partei，Seitenzahlen verweisen auf：Karl Marx/Friedrich Engels-Werke．（Karl）Dietz Verlag，Berlin．Band 4，6．Auflage 1972，unveränderter Nachdruck der 1．Auflage 1959，Berlin/DDR．S．459 – 493．http：//www．mlwerke．de/me/default．htm．德文整段文字是："Unter unsern Augen geht eine ähnliche Bewegung vor．Die bürgerlichen Produktions-und Verkehrsverhältnisse，die bürgerlichen Eigentumsverhältnisse，die moderne bürgerliche Gesellschaft，die so gewaltige Produktions-und Verkehrsmittel hervorgezaubert hat，gleicht dem Hexenmeister，der die unterirdischen Gewalten nicht mehr zu beherrschen vermag，die er heraufbeschwor．Seit Dezennien ist die Geschichte der Industrie und des Handels nur die Geschichte der Empörung der modernen Produktivkräfte gegen die modernen Produktionsverhältnisse，gegen die Eigentumsverhältnisse，welche die Lebensbedingungen der Bourgeoisie und ihrer Herrschaft sind．Es genügt，die Handelskrisen zu nennen，welche in ihrer periodischen Wiederkehr immer drohender die Existenz der ganzen bürgerlichen Gesellschaft in Frage stellen．In den Handelskrisen wird ein großer Teil nicht nur der erzeugten Produkte，sondern der bereits geschaffenen Produktivkräfte regelmäßig vernichtet．In den Krisen bricht eine gesellschaftliche Epidemie aus，welche allen früheren Epochen als ein Widersinn erschienen wäre -die Epidemie der Überproduktion．Die Gesellschaft findet sich plötzlich in einen Zustand momentaner Barbarei zurückversetzt；eine Hungersnot，ein allgemeiner Vernichtungskrieg scheinen ihr alle Lebensmittel abgeschnitten zu haben；die Industrie，der Handel scheinen vernichtet，und warum？Weil sie zuviel Zivilisation，zuviel Lebensmittel，zuviel Industrie，zuviel Handel besitzt．Die Produktivkräfte，die ihr zur Verfügung stehen，dienen nicht mehr zur Beförderung der bürgerlichen Eigentumsverhältnisse；im Gegenteil，sie sind zu gewaltig für diese Verhältnisse geworden，sie werden von ihnen gehemmt；und sobald sie dies Hemmnis überwinden，bringen sie die ganze bürgerliche Gesellschaft in Unordnung，gefährden sie die Existenz des bürgerlichen Eigentums．Die bürgerlichen Verhältnisse sind zu eng geworden，um den von ihnen erzeugten Reichtum zu fassen．-Wodurch überwindet die Bourgeoisie die Krisen？Einerseits durch die erzwungene Vernichtung einer Masse von Produktivkräften；anderseits durch die Eroberung neuer Märkte und die gründlichere Ausbeutung alter Märkte．Wodurch also？Dadurch，daß sie allseitigere und gewaltigere Krisen vorbereitet und die Mittel，den Krisen vorzubeugen，vermindert．"

sich in ebensoviele Fesseln.)" "资产阶级的生产关系和交换关系（Produktions-und Verkehrsverhältnisse），资产阶级的所有制关系，这个曾经仿佛用法术创造了如此庞大的生产资料和交换手段（Produktions-und Verkehrsmittel）的现代资产阶级社会，现在像一个魔法师一样不能再支配自己用法术呼唤出来的魔鬼了。几十年来的工业和商业的历史，只不过是现代生产力（modernen Produktivkräfte）反抗现代生产关系、反抗作为资产阶级及其统治的存在条件的所有制关系的历史……在商业危机期间，总是不仅有很大一部分制成的产品（Produkte）被毁灭掉，而且有很大一部分已经造成的生产力（Produktivkräfte）被毁灭掉……社会所拥有的生产力（Produktivkräfte）不能再促进资产阶级文明和资产阶级所有制关系的发展；相反，生产力已经强大到这种关系所不能适应的地步，它已经受到这种关系的阻碍……资产阶级的关系已经太狭窄了，再容纳不了它本身所造成的财富了。——资产阶级用什么办法来克服这种危机呢？一方面不得不大量消灭生产力（Produktivkräften），另一方面夺取新的市场，更加彻底地利用旧的市场。"

苏联教科书式的公式"生产方式＝生产力＋生产关系"① 无法理解马克思《政治经济学批判〈导言〉》的如下说法："现代资产阶级生产……是我们研究的本题"②，也不能理解《〈资本论〉第一卷 1867 年第一版序言》的如下说法："我要在本书研究的，是资本主义生产方式以及和它相适应的生产关系和交换关系"③，其根本问题是：把物质技术方式等同于生产力，把社会组织方式等同于生产关系，④ 还是没有厘清劳动者之间的关系结构本身就是一种生产力（Produktivkraft）的马克思命题："社会关系的含义在这里是指许多个人的共同活动（the co-operation of several individuals），至于这种活动在什么条件下、用什么方式和为了什么目的而进行，则是无关紧要的。由此可见，一定的生产方式或一定的工业阶段是与一定的共同活动方式（a certain mode of co-opera-

---

① 联共（布）中央特设委员会编：《联共（布）党史简明教程》，人民出版社 1975 年版，第 134 页。

② 马克思：《政治经济学批判〈导言〉》（1857 年），《马克思恩格斯选集》第 2 卷，人民出版社 1995 年版，第 3 页。

③ 马克思：《〈资本论〉第一卷 1867 年第一版序言》，《马克思恩格斯选集》第 2 卷，人民出版社 1995 年版，第 100 页。

④ 张彤玉：《关于劳动方式的二重性质》，《南开经济研究》2000 年第 3 期。

tion）或一定的社会阶段联系着的，而这种共同活动方式本身就是'生产力'（a 'productive force'，德文 eine 'Produktivkraft'）。"① 作为《资本论》研究对象之一的"资本主义生产方式"，其实是指"抽掉了历史规定性的劳动过程"——劳动一般②——劳动方式。不过，《资本论》还指出："即使劳动方式不变，同时使用较多的工人，也会在劳动过程的物质条件上引起革命。"③

据此，可以对"生产力"（Produktivkräfte）用法进行归纳并下定义如下。第一，人作为生产力（Produktivkräfte）之一种，若能实现"自主活动"，"占有就必须带有同生产力（Produktivkräften）和交往相适应的普遍性质"④。第二，"许多个人的共同活动"方式即劳动组织方式作为生产方式的社会载体，其本身就是"生产力"（Produktivkräfte）之一种。第三，《德意志意识形态》中删除了定语"社会的"（gesellschaftlichen）字眼的生产力（Produktivkräfte），其实就是"人的生产力"（Produktivkräfte der Menschen），其发展是有条件的，也就是说已经"产生出来的生产力"（Produktionskräfte，比如机器）不一定是"生产的力量"，而完全可能是"破坏的力量"。⑤ 这里，生产力（Produktivkräfte）即作为直接劳动者的人，凸显的是作为自主活动方式即劳动"生产方式"的要素而存在的内涵及其作为"生产的力量"与"破坏的力量"、作为集"天使"与"恶魔"于一身的二重性。

如果说资产阶级和无产阶级都是历史主体，那么生产力（Produktionskräfte）则是两者的历史的创造物，我们要问的是：什么可以唯物主义地替代黑格尔历史哲学中"绝对精神"的位置，也就是说什么

① 马克思、恩格斯：《德意志意识形态》，《马克思恩格斯选集》第 1 卷，人民出版社 1995 年版，第 80 页。Karl Marx & Engels, *The German Ideology*, R. Pascal, ed., New York: International Publishers, 1947, p. 18. 广松涉编注：《文献学语境中的〈德意志意识形态〉》，彭曦译，张一兵审定，南京大学出版社 2005 年版，第 26、200 页。

② 马克思：《〈政治经济学批判〉导言》，《马克思恩格斯选集》第 2 卷，人民出版社 1995 年版，第 21—23 页。

③ 《马克思恩格斯文集》第 5 卷，人民出版社 2009 年版，第 376—377 页。

④ 广松涉编注：《文献学语境中的〈德意志意识形态〉》，彭曦译，张一兵审定，南京大学出版社 2005 年版，第 142、314 页。

⑤ 《德意志意识形态》，《马克思恩格斯选集》第 1 卷，人民出版社 1995 年版，第 90 页。广松涉编注：《文献学语境中的〈德意志意识形态〉》，彭曦译，张一兵审定，南京大学出版社 2005 年版，第 44、218 页。

是唯物主义的造物主呢？用《德意志意识形态》的术语来说，对于人而言，物质生产力（Produktionskräfte）作为生产资料，无疑是可以使人生活下去的力量——生活资料，而人的生产力（Produktivkräfte）作为可以促进生产资料生产的历史力量，作为可以生产生产资料的力量，作为可以生产生产力（Produktionskräfte）的力量，用马克思的专门术语叫"生产方式"，因此可以说，"生产方式"才是造物主（表现为"大工业"①、"现代资产阶级的生产方式"②，相对于后来的股份制乃至"联合的所有制"而言，应该严格限定为资本家个人主导的私有制机器生产），借用中国古代哲学"生生之谓德"中的"生生"范畴可以叫"生生力"，通俗说来就是使物质生产者即活人活的力量。它的表现有多种，可谓一物多名，从历史主体社会分工的角度叫直接生产者，从历史主体个人活动的角度叫物质活动，从历史主体活动能力的角度叫人们的生产能力（劳动力），从物质活动（生产）结果即历史基础的角度叫生产力（Produktionskräfte），从物质活动（再生产）前提的角度叫生产资料，从社会动因即精神动力的动力的角度叫物质动因，从蛮族征服的罗马决定角度或者英德工业差距中的英国引领角度叫生产力（Produktivkräfte）③，从德国殖民意识形态的外部制约因素的角度叫生产力（Produktionskräfte）④。

（四）结论：生产力（Produktivkräfte）对生产力（Produktionskräfte）的吸纳

综上所述，可以认定，《致帕·瓦·安年科夫》中的汉语翻译"生产力（Produktivkräfte）"应该是从生产过程"结果"或再生产"原料"角度说的"生产设施（productive faculties）"或生产资料，而《资本主义生产以前的各种形式》所谓"主体生产出（也就是发展）某些才能"

---

① 广松涉编注：《文献学语境中的〈德意志意识形态〉》，彭曦译，张一兵审定，南京大学出版社 2005 年版，第 112、284 页。

② 马克思：《政治经济学批判·序言》，《马克思恩格斯选集》第 2 卷，人民出版社 1995 年版，第 32—33 页。Marx, "A Contribution to the Critique of Political Economy：Preface", Terrell Carver, ed., *Marx Later Political Writings*, Cambridge University Press, 1996, pp. 159 – 161.

③ 广松涉编注：《文献学语境中的〈德意志意识形态〉》，彭曦译，张一兵审定，南京大学出版社 2005 年版，第 86、258、116、288 页。

④ 马克思、恩格斯：《德意志意识形态》，《马克思恩格斯选集》第 1 卷，人民出版社 1995 年版，第 82—83 页。广松涉编注：《文献学语境中的〈德意志意识形态〉》，彭曦译，张一兵审定，南京大学出版社 2005 年版，第 30、204 页。

中的"才能"（主要是"劳动力"的"主观的生产力"或"精神的生产力"方面）则是从劳动主体角度说的，其实就是《致帕·瓦·安年科夫》所谓"人们的应用能力"。这就是说生产力（Produktivkräfte）应该包括物质生产力（物质生产资料，以死劳动为载体）和精神生产力（以活劳动为载体）两种类型。在《德意志意识形态》中，两者都以德文第一格单数、第一格复数、第三格复数三种形式出现，前者分别对应着 Produktionskraft、Produktionskräfte、Produktionskräften，后者分别对应着 Produktivkraft、Produktivkräfte、Produktivkräften。

到了《政治经济学批判·序言》，物质生产力（materiallen Produktivkräfte）其实就是《德意志意识形态》中作为"物质结果"的生产力（Produktionskräfte），Produktivkräfte、Produktionskräfte 这两个概念实现了吸纳式统一，而这是通过《政治经济学批判〈导言〉》点明"生产力［Produktivkraft］"与"生产资料［Produktionsmittel］"的对等关系来实现的。但是，也不能因而把两者混同起来。在笔者看来，说 Produktionskraft 以及 Produktionskräfte、Produktionskräften 对应英文 productive power、productive powers，而 Produktivkraft 以及 Produktivkräfte、Produktivkräften 对应 productive porce、productive porces，后者作为马克思贯彻到《资本论》之中、成熟之后的"生产力"概念逐渐取代了作为古典经济学概念的前者[1]，恐怕是整个英文翻译界对德文的误解。而马克思对后一种英文翻译的认可，更加重了这种误解。这是因为前一种意义上的英文仍在德文 Produktivkraft 以及 Produktivkräfte、Produktivkräften 的名义下使用，例如恩格斯在《社会主义从空想到科学的发展》（1880 年）中就把"生产力"（Produktivkräften）与"生产资料"（Produktionsmitteln）[2] 互换使用，从而回护着《政治经济学批判

---

① 姜海波：《〈德意志意识形态〉中的生产力概念》，载韩立新主编，姜海波副主编《新版〈德意志意识形态〉研究》，中国人民大学出版社 2008 年版，第 215—217 页。

② 恩格斯：《社会主义从空想到科学的发展》（1880 年），《马克思恩格斯选集》第 3 卷，人民出版社 1995 年版，第 759 页。Engels, Die Entwicklung des Sozialismus von der Utopie zur Wissenschaft, Dietz Verlag, Berlin, 1953, S. 85 – 86. "这里是生产资料（Produktionsmitteln）和产品（Produkten）过剩，那里是没有工作和没有生活资料的工人过剩；但是，生产和社会福利的这两个杠杆不能结合起来，因为资本主义的生产形式（kapitalistische Form der Produktion）不允许生产力（Produktivkräften）发挥作用，不允许产品进行流通，除非生产力和产品先转变为资本，而阻碍这种转变的正是生产力和产品的过剩。"可见，"生产资料"与"生产力"等同，而与"产品"不同。

〈导言〉》（1857 年）"生产力［Produktivkraft］（生产资料［Produktions-
mittel］）的概念和生产关系的概念的辩证法"的命题。

通过英文、德文的对照，鉴于"生产能力"与"生产力量"在汉
语区分上的难度，可以把前者对应"产能"，后者对应"产力"。笔者
体会，《政治经济学批判·序言》的经典论述虽然表面上使"生产力"
两类用法的区分消弭于无形，但还是可以区分为指"人"（劳动者）的
"劳动力"（人力）与指"物"的"生产资料"（物力）。鉴于德文两类
六种生产力均翻译为汉语"生产力"容易造成歧义，可以考虑把
Produktionskraft、Produktionskräfte、Produktionskräften 或 者 materiallen
Produktivkraft、materiallen Produktivkräfte、materiallen Produktivkräften 直
接翻译为"生产资料"（表现为"物力"）；而 Produktivkraft、
Produktivkräfte、Produktivkräften 则沿用旧译"生产力"（实质是"人
力"）。两类六种"生产力"在德语环境中都可以用来指称"生产效能"
（简称"产能"），对应着一系列以社会、整体本位的物力考量指标，比
如劳动生产率（劳动生产力、劳动的社会生产力、社会劳动的生产力、
社会的劳动生产力都是其不同翻译名称）、土地生产率（土地单位产
量）、资本回报率（利润率）等，而强调个人本位的人力考量指标，笔
者尚未见到相应表达，不过中国社会科学院"创新工程"提出的、体
现科学发展观核心思想的"人力报偿率"当是一个有益的尝试。英文
世界对"生产力"相关概念的运用可以拉铁摩尔为例。拉铁摩尔说：
"当我开始和马克思主义各个流派接触的时候，已经三十多岁了，过了
轻易改变信仰的年纪，正像赫胥黎说的那样：'不太关心谁是谁非的观
点，只想知道他对我提出的问题给出什么样的答案。'"① 可以看到，他
所谓"马克思主义各个流派"主要就是东方水利社会理论和苏联观点，
其实他的很多观点与马克思的"生产方式制约论"倒相契合，都反对
单纯的"生产力决定论"。他在其名著《中国的亚洲内陆边疆》中谈论
的"生产力"都是具体的某种生产方式比如农业的生产力，他把它看
作以劳力（manpower）为单位的劳动生产率的提高或者亩产量的提高。
例如他比较黄土高原和黄河下游平原的"农业生产力（productivity，对

---

① Owen Lattimore, "Preface", *Studies in Frontier History: Collected Papers*, 1928 - 1958,
Oxford University Press, 1962, p. 28.

应德文 Produktivitäte 或 Productivite，应该译为生产率或生产水平——笔者注）"说："黄土地区的农业生产力（productivity）较差，但可以结合牲畜饲养。平原的生产力要高得多（much more productive），但不利于牲畜饲养，在黄河下游的沼泽排干之前，是很难饲养牲畜的。"[1] 又如，他在比较新疆南疆绿洲农业和北疆游牧民族冬季牧场的"生产力"时也说："就亚洲的情况而言，人口的增加（a steady growth in population）就是生产力的增加（an increase in productivity，对应《共产党宣言》Produktionskräfte 中的人口因素——笔者注），因为由此可以多征集劳力（manpower，对应德文 Produktivkraft，即《哲学的贫困》中从分工来看的作为生产工具的人即劳动者——笔者注）从事挖渠工作，从而增加耕地的面积。""中国和绿洲社会自身的技术发展，都有一个自行的限制。如果以技术能力（technical ability）为常数，它有一个最高点，到了那一点之后，每个绿洲的灌溉工作就不能再增加。""在这个时期，绿洲居民不得不开始侵入草原。""在这种地区，可耕种的牧场是游牧民族极重要的冬季牧场。由于气候酷寒的关系，好的冬季牧场比好的夏季牧场要难得的多。"[2] 就农业生产力来说，拉铁摩尔把"人口的增加"以及由此而来的耕地面积的增加都看作"生产力的增加"，尤其是把"生产能力"（productivity，对应德文 Produktionskraft）、"技术能力"（technical ability，对应德文 Produktivkraft）都看作有"最高点"的"常数"，而他就南北疆农牧业冲突根源来说的"好的冬季牧场比好的夏季牧场要难得的多"，也可以用来说明哈萨克与准噶尔（乃至后来的清朝）对"西域新疆"冬季牧场争夺战的经济动因。

由此可见，正是黄土地区生产方式的多样性而非单纯的土壤肥力，决定了在中华文明的早期发展中其相对于平原地区的优势地位。还可以看到，同样以犬羊视民看人，在农业社会是弊政，在游牧社会却是浅福。左宗棠曾就新疆回疆地区留下自己的观感："官民隔绝，民之畏官

---

[1] ［美］拉铁摩尔著：《中国的亚洲内陆边疆》，唐晓峰译，江苏人民出版社 2008 年版，第 213 页。Owen Lattimore, *Inner Asian Frontiers of China*, Capitol Publishing Co., Inc. and American Geographical Society, New York, 1951, p. 310.

[2] ［美］拉铁摩尔著：《中国的亚洲内陆边疆》，唐晓峰译，江苏人民出版社 2008 年版，第 131—132 页。Owen Lattimore, *Inner Asian Frontiers of China*, Capitol Publishing Co., Inc. and American Geographical Society, New York, 1951, p. 191.

不如畏所管头目（伯克——笔者注），官不肖者玩狎其民，辄以犬羊视之，凡有征索，头目人等辄以管意传取，倚势作威，民知怨官不知怨所管头目。"① 但这更多是现象描述，没有分析南疆"以犬羊视民"的经济根源。拉铁摩尔把它归结到由生产方式决定的对人的不同态度："在崩溃过程中的游牧经济，不会像一个低落的农业经济那样迅速摧毁其土地般地摧毁其牲畜。游牧社会的暴君也不会压榨他的部属到不能繁殖的地步，而这是农业社会退步时常有的现象。因为游牧社会的君主是以一个牧人看待牲畜的眼光看待他的部属的。""所以不论情况如何糟糕，穷蒙古人总要比穷汉人多少要吃得好，穿得好，住得好。"② 由此，可以勾勒出平原地区、黄土地区、草原地区在不同生产方式制约下"人的生产力"状况由低到高的"人均 GDP 图景"，而这与"社会生产力"状况给人们造成的常识正好相反。

拉铁摩尔的这些论说无疑是与马克思的下述说法一致的，《资本论》指出："资本主义生产方式以人对自然的支配为前提。过于富饶的自然'使人离不开自然的手，就像小孩子离不开引带一样'。它不能使人自身的发展成为一种自然必然性。资本的祖国不是草木繁茂的热带，而是温带。不是土壤的绝对肥力，而是它的差异性和它的自然产品的多样性，形成社会分工的自然基础，并且通过人所处的自然环境的变化，促使他们自己的需要、能力、劳动资料和劳动方式趋于多样化。"③ 此处，"人"或"人们""自己的需要、能力、劳动资料和劳动方式"并列，主观的精神的生产力如"需要"、"能力"（ability，对应德文 Produktivkraft）与客观的物质的生产力如"劳动资料"、"劳动方式"不能等同，这样的意思应该是明了的。

申而论之，十八大报告明确提出"以加快转变经济发展方式为主线"，"加快形成新的经济发展方式"④，作为对"代表论"（"代表先进

① 《左文襄公全集·奏稿》卷 53，金陵光绪十六年刻本，转引自阿地力·艾尼《清末边疆建省研究》，黑龙江教育出版社 2012 年版，第 74 页。

② ［美］拉铁摩尔著：《中国的亚洲内陆边疆》，唐晓峰译，江苏人民出版社 2008 年版，第 67—68 页。

③ 《资本论》第 1 卷，人民出版社 2004 年版，第 580—587 页。

④ 胡锦涛：《坚定不移沿着中国特色社会主义道路前进　为全面建成小康社会而奋斗——在中国共产党第十八次全国代表大会上的报告》（2012 年 11 月 8 日），人民出版社 2012 年版，第 20 页。

生产力的发展要求")的升华，其中体现的理论脉络值得深思。笔者认为，"代表论"更加重视"解放和发展社会生产力"①，此处"社会生产力"应该对应《序言》中的"社会的物质生产力"（德文 materiallen Produktivkräfte der Gesellschaft），《形态》中的"社会的生产力"（德文 gesellschaftlichen Produktionskräfte）或《导言》中的"社会的生产资料"（德文 Produktionsmittel）。而科学发展观的"主线论"更加强调"以人为本"的"新的经济发展方式"，则是更为全面的"生产力"（Produktivkräfte）概念的体现。"主线论"强调的是人作为生产力（Produktivkräfte）之一种，它的"自主活动"及其相应的劳动生产方式本身也是"生产力"（Produktivkräfte）之一种。而《德意志意识形态》中删除了定语"社会的"（gesellschaftlichen）字眼的生产力（Produktivkräfte），其实就是"人的生产力"（Produktivkräfte der Menschen）。伴随着改革开放逐渐增强的经济实力，使得"主线论"的提出乃至实现成为社会发展的历史必然，也体现了科学发展观对马克思"人的生产力"（Produktivkräfte der Menschen）概念脉络把握的理论自觉，是对《序言》提出的生产方式主线序列论的继承和发展。正如马克思所说，这只能是以私人所有制为典型的"现代资产阶级的生产方式"这一"人类社会的史前时期"的最后社会形态"告终"之后，即"联合的生产方式"要做的事。

（作者单位：中国社会科学院中国边疆史地研究中心）

---

① 胡锦涛：《坚定不移沿着中国特色社会主义道路前进　为全面建成小康社会而奋斗——在中国共产党第十八次全国代表大会上的报告》（2012 年 11 月 8 日），人民出版社 2012 年版，第 12 页。

生产力研究应得到历史学更多关注

武 力

马克思主义的唯物史观以深邃的眼光看到了眼花缭乱的政治纷争和光怪陆离的文化现象背后的最终决定因素——生产方式，又从生产方式的演变中，看到了生产力是最活跃的决定因素。但是，在我们的历史研究中，长期以来，对生产力的研究，尤其是其中科技进步的研究却没有受到足够的重视，我们往往把它视为生产关系和经济政策的自然产物，而忽略了生产力本身发展的规律。这固然与新中国成立以来对适合中国国情的经济体制和发展道路的探索始终处于突出位置有关，也与从事历史学和经济学研究的学者缺乏基本的科技知识有关。而在今天，当科技创新已经处于国家发展全局的核心位置后，就历史研究来说，加强生产力和技术进步研究就更加紧迫了。

2012 年 10 月 25—27 日，我参加了在日本佐贺大学召开的以"从历史角度看中日两国技术进步与社会经济发展"为主题的第二届中日传统知识与现代国际研讨会。这里就谈几点参加这次会议的感想。

一

历史研究从来都是与当时的社会需要分不开的，有的直接为了"资政育人"，有的则间接地为了社会和文化发展需要。正如中国古人所说的"言于古必有验于今"，亦如著名学者克罗齐所说"一切历史皆是当代史"。从历史研究的角度，来探索技术进步和生产力发展在人类历史发展过程中的作用，以及传统产业与现代产业的关系，或者说产业结构升级的历史，本来是我们这些秉持唯物史观的学者应该下大工夫去做的事情，可惜这些年来由于改革开放和社会转型的需要，国内的研究多关注于制度及变迁，对生产力发展及其核心技术进步的历史研究很不够。不仅如此，即使在 1978 年以前，由于社会变革成为最突出的问题，经济史的研究重心也主要集中在生产关系和经济制度及经济政策的变革方面，而对生产力的研究比较薄弱。这也是促使我参与这次会议的主要原因。

这次会议由佐贺大学地域历史文化研究中心主办，清华大学、中国社会科学院世界经济与政治研究所合办。中方参加会议的学者共有来自中国社会科学院、中国中医科学院、清华大学、中国人民大学、山西大学的 8 位学者，日方提供学术论文并作大会发言的学者 17 人，总共参加会议的人数约 50 人。会议召开期间，还考察了佐贺市的历史博物馆，了解了佐贺市发掘复原"三重津造船及海军基地"情况，与佐贺市民及小学生就历史文化研究进行了互动，听取了日本两个小学学生就佐贺现存历史文物"惠比须"神像的两个调查报告。

从这次会议的论文和发言看，主要集中在以下四个方面：

一是研究中国的技术进步与经济发展关系。如：倪月菊的《江南造船厂：从近代企业到现代企业的演变》；武力、荣文丽的《论中国技术进步的跨越式发展——以钢铁工业发展历史为个案的考察》；林柏的《1979—1991 年中国工业技术引进及绩效分析》。

二是研究日本的技术进步问题。如：长野的《幕府末期佐贺的反射炉》；佐藤的《江户时代来自荷兰的土地测量技术》；海原的《19 世纪上半叶地方（藩）医生的医书和学问》；米切尔的《传统与革新：江户和明治时期的医疗器械和设备》；福田的《幕府末期的日本军事近代化和武器弹药制造》；片仓的《幕府末期佐贺藩的情报收集和海防体制》；高濑的《日本城郭石墙建造的传统技法》；鬼塚的《从土木建筑学看古代中日韩坟墓的建筑风格》；福田的《幕府时期的佐贺城地图：今天佐贺市街道形成的起点》；大串、日野的《从水利学的视角的城原川流域的传统治水研究》；真崎的《真崎铁工场与当地社区组织》；本多的《幕府末期加农炮的铸造：西洋技术与传统技术的融合》；前田的《幕府末期佐贺藩三重津海军所的造船、修船设施》；成富的《九州·山口的近代化产业遗产群之一三重津海军所遗址简述》。

三是中日之间的比较，包括历史上的日本人怎样看中国。如：李毅的《传统知识与产业可持续发展的历史路径选择——日本的历史经验对中国产业可持续发展的意义》；陈建的《日本明治维新时期与中国洋务运动时期的技术引进比较》；牛亚华的《江户时期的日本解剖学译著与中国传统医学》；岩松的《幕府末期佐贺藩人眼中的中国》；周见的《涩泽荣一的中国观》。

四是运用新的科技手段研究历史。如：张涛等的《考古信息化探索与研究》；田端正明等的《幕府末期、明治初期三重津海军所遗址发掘文物 X 光分析》；协田久伸等的《对近代佐贺钢铁冶炼原料及成品的 XRD、XPS、ICP－MS 分析》。

二

会议论文中有三篇论文专门讨论中国近代以来的技术进步，并有两篇兼及与同期日本技术进步作比较的论文。从论文内容来看，中方的学者显得比较大气，基本上是运用唯物史观，从政治制度、经济体制以及政府政策等大处着眼，而从小处着手来研究问题。例如倪月菊的论文以江南造船厂 150 年的发展历史来看在不同的政治、经济制度下，国有企业不同的发展路径和结果，说明不在于是否国营或民营，关键是谁来经营、怎样经营；武力、荣文丽的论文，则以钢铁工业为个案，叙述了新中国工业在 60 多年里是如何实现技术进步的跨越式发展，论证了社会主义基本经济制度的优越性和政府"有形之手"如何发挥作用这两个中国经济学中的重大命题；林柏的论文则是论述了改革开放初期（1979—1991 年）中国工业技术引进及其绩效，论证了这个阶段中国技术引进方式和政策的变化、技术引进的效果，以及在技术引进的选择，引进后消化、扩散、创新等环节中的基础，改革开放和市场化机制等。陈建的论文是通过比较中国洋务运动时期与同期的日本明治维新时期的技术进步，来论证为什么其结果会差异如此之大。李毅的论文则从吸取日本历史经验的角度，针对中国当前产业发展中出现的"去制造业"现象，论述了中国如何保证产业可持续发展这个重要问题，提出在传统基础上通过创新来实现技术进步、产业升级和优化要素配置，从而进一步实现发展方式的转型，而不是盲目地学习西方发达国家过分提高第三产业比重，日本在这方面既有经验也有教训。武力在代表中方学者的大会致词中也表达了这个意思，认为"他山之石，可以攻玉"，我们应该认真研究和吸取日本这方面的经验教训。

生产力有共性，但是经济结构、发展水平、人口与资源的关系各不相同，再加上生产力发展的路径和条件不同，因此，反映在生产关系和上层建筑方面也就有所不同。

就论述日本技术进步方面的论文来看，如前所述，主要集中在两个方面，一是具体的技术层面，探讨历史上具体的技术及进步情况，虽然题目不大，但都是著名教授所写，反映出日本历史研究的细节化和严谨，即有创新意识和不说空话，每研究一个问题就要有所创新，否则不写论文；二是有关历史上涉及中国方面的人物和事件，主要是为了配合这次会议的主题。其中片仓的《幕府末期佐贺藩的情报收集和海防体制》、岩松的《幕府末期佐贺藩人眼中的中国》、周见的《涩泽荣一的中国观》对研究中国近代史颇有启示作用。这两个方面的论文虽然离中国当代史颇远，但是听起来也津津有味，颇受启发。尤其是鸦片战争以后日本有识之士对中国及儒家文化的认识，可谓洞若观火，入木三分，既反映出日本这个民族崇尚强者和实用主义的文化传统，也为中国最终选择了社会主义发展道路以及实行改革开放提供了国外的历史注脚。

这次会议除了开展中日两国的历史比较研究外，由于不少参与者直接从事自然科学史研究，因此在研究方法和角度上也有不少学科交叉和创新。例如：将医学理论和方法运用于分析明治时期的医学著作和技术进步；将冶炼铸造、建筑、水利、城市规划用于分析历史上的冶炼、造船、建筑、水利工程、城市建设等；用现代科学手段来分析文物，用信息技术来处理考古中的海量信息，等等，都开阔了眼界。

由日方学者提供的论文来看，其研究对象主要集中在19世纪中期，即幕府末期和明治前期。通过这个阶段日本在冶炼、铸造、造船、炸药、测量、医疗等方面的技术进步，可以看到技术进步的确需要成长的文化基础和氛围。而日本在此之前"兰学"的传播，以及各藩之间因竞争而产生对技术的需求，已经突破了占主流地位的专注于义理的儒学的束缚，尤其是在明治维新前，已经有不少知识分子和武士转而学习西学了。而中国由于高度的中央集权和儒学的强大势力以及科举制的影响，直至半个世纪后的清末新政，才废除科举，使得西学进入课堂。而没有大批知识分子参与科技的传播、应用和创造，以洋务运动为代表的技术引进，只能停留在表面，与国民经济成为两张皮，不能起到改造国民经济的作用。

三

恩格斯曾经说过："社会一旦有技术上的需要，则这种需要就会比十所大学更能把科学推向前进。"这句话的确反映了唯物史观的基本原理。技术创新来源于社会需要，但是也必须有从事科学技术研发的基础，即必须有这方面的人才和机制。每一次重大科学发现和技术创新，都会带来经济的大发展，从而带来社会的进步。但是在没有从事科学研究的社会里呢？在政府也没有打算去大力发展科学技术以改变产业结构的情况下呢？

在技术进步方面，作为东方农业文明社会，近代以前的中日两国都是在 19 世纪中期以后在西方列强入侵东方以后开启工业化的，但是其结果却大不相同。在两届中日研讨会上，中方学者始终在探讨这个问题。中国在长期封建社会里形成了以儒家文化为核心和以科举制度为导向的，以治理国家和教化人民、规范秩序为特点的世俗思想和文化，而对于自然科学和技术进步，则基本上不在知识分子的视野里。因此中国古代的科学也就具有了明显的"伦理化"倾向。例如程颐就说："学也者，使人求于内也，不求于内而求于外，非圣人之学也。"[1] 朱熹也认为中国真正的学问是"穷天理，明人伦，讲圣言，通世故"。至于研究和认识自然界和生产技术等的学问，朱熹则很不以为然，他说："乃兀然存心于一草木一器用之间，此是何学问？为此而望有所得是炊沙而欲成其饭也。"[2] 其结果就如 1898 年康有为的奏折所说："若章句瞽儒，学问止于《论语》，经义未闻《汉书》，读《礼记》则严删国恤，学《春秋》则束阁《三传》。……若问以亚非之舆地，欧美之政学，张口瞠目，不知何语矣。"[3] 反观日本，明治维新以后，即将"产业立国"作为基本国策。1868—1877 年，日本政府用于引进机器设备的对外支

---

[1] 《二程遗书》卷二十五，上海古籍出版社 2008 年版。
[2] 朱熹：《晦庵先生文集》卷三十九，北京图书馆出版社 2004 年版。
[3] 康有为：《戊戌奏稿》。

付额，平均每年为 2462 万日元，约占当时政府财政收入的 46% 左右。正如 1896 年时任日本农商务次官金子坚太郎在一次会议上明确表示的那样："建设一个工业国即以工业立国，已成为我国民之决心。"①

同样，新中国 60 多年的历史也证明，中国之所以取得令全世界瞩目的成就，是与中国共产党从新中国成立之日起就以马克思主义为指导，全力推进工业化分不开的。中国共产党始终重视科学技术的发展。毛泽东提出"向科学进军"，邓小平提出"科技是第一生产力"，江泽民提出"科教兴国"，胡锦涛提出"创新驱动战略"，都反映出中国共产党高度重视科学技术的发展，重视以工业化和农业现代化为标志的物质生产。但是，反观作为哲学社会科学重要分支的历史学，则对生产力的核心技术进步历史研究很不够。以技术进步最快的新中国 60 多年的历史来看，研究这段历史的机构和学者不算少，但是专门研究生产力发展历史的人不能说没有，但是很少，而且基本上集中于产业部门和企业。因此，当历史学者研究历史时，多关注政治史、经济制度和政策史、文化史、社会史就不奇怪了，其研究的局限性也就不言自明了。这方面的事例非常多。例如由于对新中国前 30 年的农业技术进步，例如水利、土地改良、化肥、农业、品种改良等，缺乏研究和量化分析，因此，对于 80 年代前期以及后来的农业发展，就很难讲清楚哪些是改革的作用、哪些是科技发展的作用。又如中国的钢铁、石油和化工、电子、机械制造、汽车等产业的技术进步历史，研究成果基本上来自产业部门，经济史专业的学者很少涉及，结果研究往往是就制度讲制度、就政策讲政策，很难深入从细节上去研究生产关系与生产力究竟是怎样互动的，因此研究也就很难进一步深入，使得成果要么局限于制度细节的考察，要么用功于个案研究，对目前的发展方式转变和"创新驱动"基本上提供不了历史借鉴作用。

四

通过参加这次学术研讨和与佐贺市民关于历史文化遗产的互动会

① 转引自陈建《论近代日本基本国策的历史演变》，《第一届中日传统知识与现代国际研讨会论文集》，2011 年。

议，我有以下三点感想：

第一，从事历史研究，尤其是当代史研究，一定要眼界开阔，有全球意识。一是要将中国历史放到整个世界历史中去思考、去研究，千万不能"就中国讲中国，就当代讲当代，就专业讲专业"，一定要看到中国与世界千丝万缕的联系、或隐或显的互动。否则不仅研究不能深入，坐井观天，结论有失浅显或片面，还容易在研究中走极端，或盲目自大，或历史虚无。二是要适当开展比较研究，中国属于后发的发展中国家，在工业化、市场化、城市化以及社会建设、生态文明建设等方面，可以从先行国家的历史中吸取很多经验、教训，避开别人已经走过的弯路，节省别人已经为此付出的不必要代价。例如以日本来说，它在 20世纪 70 年代以来吸取工业化中人口与资源、增长与环境的矛盾及处理不当的后果，在节约和环境保护方面取得了明显的成效，对我们建设资源节约型和环境友好型的"两型"社会就可以提供很好的经验；再从日本大街上跑的小轿车看，大多数都是排气量小的两厢型汽车，这种汽车既节省能源，又节省空间。

第二，中国传统文化中以儒学为代表，是专注于以伦理道德来管理国家和治理社会的。近代以后，中国内外交困，阶级矛盾和民族矛盾此起彼伏，已经没有了依靠发展生产力的渐进式改良空间，革命成为改造社会、摆脱民族危机的有效良药。而新中国成立以后，虽然毛泽东在社会主义三大改造完成以后提出"向科学进军"；邓小平在中国经历了 20年的曲折发展后提出了"科学是第一生产力"；江泽民提出"科教兴国"战略；胡锦涛提出"创新驱动型发展战略"，指出"科技创新提高社会生产力和综合国力的战略支撑，必须摆在国家发展全局的核心位置"，但在哲学社会科学尤其是经济学领域，自新中国成立以来，实际上，其主流始终是生产关系、政府与市场关系、政策制定等经济体制和对策方面，而对于科技本身的研究则仅有较少的人关注，在经济史领域始终是一个薄弱环节。而这种状况已经不能适应今天这种经济发展方式转变的迫切要求了。

第三，在当代中国史研究和宣传中，目前我们面临的一项重要任务是反对历史虚无主义。考察历史虚无主义得以形成和泛滥的条件，就会发现，我们对生产力的发展和科学技术进步的细节研究非常薄弱是一个重要原因。现有的由历史学者写的历史教科书，很少有系统全面介绍中国是在什么样的条件下，是怎样实现生产力的大发展和取得今天这些技术进步成果的。改变这种状况，可以提高我们对中国特色社会主义制度的自信心，提高作为中华民族的自豪感。

第四，我们反对目前历史研究中的"碎片化"，但是并不反对历史研究的"细节化"。这里所谓的"碎片化"是指没有大局观，没有唯物史观，没有历史正义感和历史学者的使命和责任感，不分轻重缓急，过度关注于细微事件和个案，只见树木，不见森林。而研究的成果虽然翔实，但是判断囿于此对象，一叶障目，不见泰山，不仅于正确认识和把握大局无补，且以偏概全。

但是这并不意味着我们反对历史研究的深入和"细节化"，即根据轻重缓急，认真考证每一个历史细节，聚沙成塔、集腋成裘，来尽可能完整细致地展现历史真相，或者纠正那些当事人和当时文献中的讹误，以及弥补研究中的缺失。正如著名历史学家郭沫若先生指出的那样："要讲考据就不能嫌'烦琐'——占有材料。烦琐非罪，问题是考据的目的何在？"① 在这方面，日本的研究者对历史细节的认真态度和执著，值得我们学习，尤其是那种研究要创新，论著要有创新内容的研究意识和职业道德。通过这次交流，虽然对日方学者的历史观以及对日本近代以来重大事件和人物的评价不甚了解，但是从他们的研究成果来反观自己，感到中国近代以来，尤其是当代历史研究的空间还非常大，有许多问题还没有人开展研究。仅从技术进步的角度看，我们对近代以来各行各业的技术进步史都还有不少空白点，尤其是总体的判断，例如鸦片战争前后、新旧中国交替之际、改革开放前后等，更是不够。

第五，我们应该重视历史学的教育和方法的培养，从小学生开始，就应该培养正确的历史观、培养对历史的兴趣，培养对历史学方法的了解甚至初步掌握。这次在学术研讨会后，与会全体学者还参加了佐贺市举行的"历史文化遗产与现代"研讨会，会议实行开放式，市民可以自由申请参加。这次会议除了中日双方各有一位学者做主题演讲外，另一个内容就是由两个小学的学生宣读他们对佐贺市的"惠比须"的调查报告。佐贺市市长不仅做了大会致辞，还自始至终参加了会议。"惠

---

① 郭沫若：《对〈辞海〉未定稿的审阅意见》，1961 年 5 月 13 日，《中国社会科学报》2012 年 11 月 14 日第 6 版。

比须"是日本本土的一个神，相当于中国的"财神爷"、"灶王爷"、"月下老人"、"土地爷"等保佑人民发财或家庭安康、婚姻幸福等的神祇，而佐贺市的惠比须拥有量是日本城市中最多的，800 多座惠比须雕像不仅时代不同，有古代、近代和当代的，而且种类和形态各式各样。这次两所小学组织三到五年级的学生，分成若干个小组，对居住地周围的惠比须雕像的数量、建造年代、形态和护佑功能以及周围居民对其态度等各方面进行调查，写出调查报告。这种方法，既增加了小学生对居住城市文化和历史的关心、了解，增加了对历史的兴趣和历史学功能的了解，也学到了进行历史研究的方法，提高了动手能力。我认为，这种普及历史知识、培养学习历史兴趣的方法很值得我们学习。

（作者单位：中国社会科学院当代中国研究所）

唯物史观、历史主义与阶级观点
——与王学典教授商榷

刘召峰

历史主义与阶级观点问题，是我国史学界长期争论的重大理论问题。王学典先生作为第一作者撰著的《唯物史观与伦理史观的冲突——阶级观点问题研究》①一书，是对此争论进行系统研究的最新成果之一。该书以"历史主义阶级观点与非历史主义阶级观点的交锋（冲突）"为主线梳理了唯物史观的阶级观点在我国的传播和发展，不少分析深刻入理，我读后很受启发。不过，王先生对于马克思唯物史观、历史主义和阶级观点的诸多论断②实在是我无法接受的，于是写下此文与王先生商榷，请王先生指教，并请学界同仁批评指正。

一　关于生产力与生产关系的关系

王先生在书中指出："生产力要素或因素只有结合在一定生产关系中才能形成现实的生产力，生产关系是现实生产力的社会形式。"③ 对

---

① 王学典、牛方玉：《唯物史观与伦理史观的冲突——阶级观点问题研究》，河南大学出版社 2010 年版（以下凡引用该书文字，注释中只注明页码）。

② 虽然该书的主要篇章直接出自作为第二作者的牛方玉之手，但王学典先生是该书的第一作者，集中了全书核心观点的"引论　马克思恩格斯阶级观点概述"由他本人亲自撰写，且该书的其他众多内容实为牛方玉根据王学典先生先前论著所作的改写（书中还有"改写"不彻底的痕迹，比如在由牛方玉执笔完成的该书第三章中，在引用王学典发表在《文史哲》1988 年第 1 期上的《关于"历史创造者"问题的讨论》时，使用了"笔者在 1988 年指出"的字眼——见该书第 299 页），所以，我在本文中所提的该书中的论断皆笼统地认定是王学典先生的论断。

③ 第 7 页。

此观点，我非常赞同。但遗憾的是，王先生并未将它在书中贯彻到底。

范文澜先生把中国封建社会向前发展的推动力理解为：生产力的体现者——农民阶级反对生产关系的体现者——地主阶级的阶级斗争。① 对此，王先生反问道：农民阶级可以充当生产力主体，为什么没能充当生产关系的主体？他认定，这一问题是范文澜无从解释的。② 我认为，王先生没能找准范文澜的理论误区。

我们需要明确：在什么意义上使用"体现者"、"主体"等概念？我们可以说：生产工具是一定生产力的体现，劳动者的素质技能能够体现出特定历史阶段的生产力发展水平，等等。但把农民阶级作为"生产力的体现者"、把地主阶级作为"生产关系的体现者"就有些词不达意了——就农民阶级是封建社会物质财富的主要创造者而言，封建的生产力主要的就是农民阶级的生产力；农民阶级、地主阶级共处于封建的生产关系之中，只不过地位不同。"主体"概念通常有三种含义：一是"施动者—创造者"（在此意义上，它与"客体"相对），二是"参与者"（比如，企业是市场主体），三是"处于支配地位"（比如，我国社会主义初级阶段的基本经济制度是以公有制为"主体"的）。就农民阶级作为封建社会物质财富的主要创造者而言，可以说它是封建社会"生产力主体"。然而，生产力只有与一定的生产关系相结合才是"现实的生产力"——农民阶级的物质生产活动主要的是在地主—农民这一生产关系—阶级关系中进行的。因为土地这一封建社会的基本生产资料主要掌握在地主手中，因而，在此生产关系—阶级关系中，地主处于统治地位，在此意义上，可以说地主阶级是封建社会"生产关系的主体"。农民阶级的主要劳动成果最终被地主阶级占有，在此意义上，物质财富的创造本是农民的劳动能力（生产力）发挥作用的结果，却表现为地主的生产力。这就像在资本主义社会中，劳动的生产力表现为资本的生产力。③ "生产力的主体"、"生产

① 《范文澜历史论文选集》，中国社会科学出版社 1979 年版，第 40 页。
② 第 106 页。
③ 参见《马克思恩格斯全集》第 49 卷，人民出版社 1982 年版，第 116 页。不过，我们有必要同时明确二者的差别：封建社会的地租——无论是劳动地租、产品地租，还是货币地租——都是剩余劳动的直接表现，都没有什么难以理解和神秘之处（参见马克思《资本论》第 3 卷，人民出版社 2004 年版，第 885—906 页）；而在资本主义条件下，工人的剩余劳动或无酬劳动也表现为有酬劳动（参见马克思《资本论》第 1 卷，人民出版社 2004 年版，第 619 页）；也就是说，封建的剥削是显而易见的，资本主义的剥削则被层层假象掩盖了起来。

关系的主体"在不同的意义上使用"主体"这一概念——这是王先生的那句反问的理论误区所在。

王先生对于"生产力与生产关系的关系"的把握不到位，还体现在对毛泽东的一个论断的评价上。毛泽东认为，既然西方资本主义在其发展过程中有一个工场手工业阶段，即尚未采用蒸汽动力机械，而依靠工场分工以形成新生产力的阶段，则中国的合作社，依靠统一经营形成的新生产力，去动摇私有基础，也是可行的。① 对此，王先生批评说：毛泽东无视或忽视西方资本主义工场手工业与中国合作社的本质差异：在西方是一个私人利益机制，而在中国，却要消灭或动摇这种私人利益机制。②

马克思认为，资本起初是在历史上既有的技术条件下使劳动服从自己的，它并没有直接改变生产方式。③ 也就是说，资本主义生产关系与封建的生产关系曾共有相同的技术条件，即生产力水平。这一历史事实表明：在相同的生产力水平的基础之上，可以有两种不同的生产关系存在；因而，生产力对于生产关系的"决定"作用，并非径直地限定它必须在某个"点"上，而是限定它的"区间"。正是以此为根据，毛泽东意图说明：既然在"工场手工业"的既有生产力条件下，可以实现从封建的生产关系到资本主义生产关系的变革，那么，"动摇私有制"、对农业进行社会主义改造，也不是非有"农业机械化"的条件不可；资本主义可以依靠工场分工以形成新生产力，我们也可以依靠统一经营的农业合作社形成的新生产力。王先生没有理解毛泽东的深意，而是提出另一个层次的"差异"来进行批驳，其实没有什么说服力。

对中国近代史基本线索的两种观点（阶级斗争论—革命史线索和现代化线索）的评价，王先生在行文中贬损前者、推崇后者的倾向是十分明显的。对此，我想扼要地指出以下两点：

第一，必须基于一定的生产力发展的特定需要，在一定的生产关系中来谈论阶级斗争。如是，地主阶级改革派（洋务派）、资产阶级改良派、资产阶级革命派、以"四大家族"为代表的官僚垄断资本主义势

---

① 参见薄一波《若干重大历史决策与事件的回顾》上卷，中共中央党校出版社 1991 年版，第 191 页。

② 第 122—123 页。

③ 马克思：《资本论》第 1 卷，人民出版社 2004 年版，第 359 页。

力的作为，都可以纳入"阶级斗争线索"。如若不然，将阶级斗争孤立地突出出来，只能损害马克思主义的阶级观点的声誉。就此而言，王先生对于他称之为"伦理史观"的许多批评是非常中肯的。

第二，正如只有与一定的生产关系相结合的生产力才是现实的生产力一样，作为历史实存的现代化，不可能是"现代化一般"，而是带有浓厚封建残余的现代化、资本主义的现代化、依附于资本主义的现代化、独立的（或依附的）社会主义现代化等"现代化特殊"；以生产力发展为根本动力，以从传统农业社会向现代工业社会的转变为中心内容的现代化理论，需要充实自身的阶级内容，才不会偏离马克思主义方向——现代化本身亦有道路之争，亦内含了阶级间的力量角逐。在此，重温马克思的如下教诲是十分必要的："对生产一般适用的种种规定所以要抽出来，也正是为了不致因为有了统一（主体是人，客体是自然，这总是一样的，这里已经出现了统一）而忘记本质的差别。那些证明现存社会关系永存与和谐的现代经济学家的全部智慧，就在于忘记这种差别。"①

二 关于阶级产生的原因、剥削的含义、 对农民战争的评价

王先生说："从历史上看，阶级产生于'旧式分工'或'固定分工'，而不是产生于私有制。"② 王先生引用"阶级的存在是由分工引起的"、"分工的规律就是阶级划分的基础"等经典语句来论证分工之于阶级的产生的重要性③，对此我是赞同的。但是，非常遗憾的是，王先生并未给出"阶级不是产生于私有制"的理由。而"阶级产生于分工"与"阶级产生于私有制"并不存在非此即彼的关系。因而，王先生并未给自己的观点以有说服力的论证。阶级产生于私人财产占有的社会分化，而私人财产与私有制是同一问题的两个方面——一个是就"实体"而言，一个是就"关系"而言。也就是说，私有制之于阶级产生的前

---

① 《马克思恩格斯全集》第30卷，人民出版社1995年版，第26页。
② 第14页。
③ 第14—20页。

提性意义是个显而易见的事实。王先生意图否认这一"事实"，对此，我想反问的是：否认私有制之于阶级的产生的意义，对于批判非历史主义的阶级观点、"伦理史观"是必不可少的么？

"剥削"本是指：在"对抗性生产关系"中，"非生产劳动阶级"凭借其对生产资料的垄断权，对"生产劳动阶级"的"剩余劳动"进行的"无偿"占有。[①] 但王先生鉴于"资本家把剩余价值的相当一部分用来积累，转化为资本，而不是主要用来消费"，而认为：剩余价值中用于积累（扩大再生产）的部分似不应视为剥削；剥削是指对超过自己劳动（体力或脑力）所得的占有的消费。剥削是指与自己的劳动所得不相称的那部分消费。[②] 其实，剥削指的是对他人劳动成果的占有，与占有者本人是否消费掉这些成果无关。王先生的逻辑，也可以用于扩大剥削的指称范围——工人阶级也可以说：如果我本人消费的价值量小于我的劳动创造的价值量，我就受到了他人的剥削。

对于"所谓阶级立场就是为一个阶级说好话，对另一个阶级说坏话"的观点，认为"研究奴隶社会历史要站在奴隶阶级等劳动人民一面，研究封建社会的历史要站在农奴、农民阶级等劳动人民的一面"的态度，我也是不赞同的。对于王先生在叙述我国学界关于农民阶级的属性、农民政权的性质等问题上的论争时的基本倾向，我是持赞赏态度的。但他似乎还没有把有些问题说清说透。

我们必须明确是在何种意义上使用地主、农民等概念。我们知道，封建社会的农民，在中国共产党领导下的土改中获得土地的农民，参加高级农业合作社的农民，人民公社时期的农民，家庭联产承包责任制下的农民，进城务工的农民，虽都被不加区别地称为"农民"，却因之处于不同的生产关系中，其内涵有着重大差别，因而对于这些不同的"农民"所参与的实践活动的评价就理应迥然有别了。在研究中国封建社会的历史时，有必要在严格意义上使用相关概念：地主是凭借对于土地这种生产资料的所有权无偿地占有他人劳动成果的人（阶级）；农民则是

---

① 对"剥削"概念的辨析，读者可参见王峰明、牛变秀《"剥削"与"非剥削"——立足于马克思〈资本论〉及其〈手稿〉的辨析》，《马克思主义研究》2008 年第 6 期。

② 第 26—28 页。

在"地主—农民"的阶级关系中被剥削、被压迫的人（阶级）。① 此时的农民发动起义所要改变的只是自己"在封建关系中的地位"，而非消灭这种"封建关系本身"。② 于是，起义在胜利条件下建立的所谓"农民政权"只不过表示参加起义的农民（尤其是其领导者）掌握了改变自己"在封建关系中的地位"的暴力工具而已。只有在先进阶级业已产生的时代，在资产阶级（而后无产阶级）的领导下，农民阶级、农民战争才能发挥反对封建制度的历史作用。

三 关于历史的创造者

王先生认为，"人民群众是历史的创造者"命题不能成立，他提出的观点是："剥削者、压迫者作为一个阶级和劳动阶级一样，是整个人类文明史包括整个物质生活资料生产史的不可或缺的创造者。"③ 王先生以为自己的上述观点有经典依据——正是马克思、恩格斯把资本主义社会生产力的发展即社会物质财富的增长说成是资产阶级的创造。④

王先生给出三段文本依据（这里以写作时间为序，而不是以王先生的引用先后为序，并注明文献出处和在《马克思恩格斯选集》1995 年版中译本的页码）：

"资产阶级在它的不到一百年的阶级统治中所创造的生产力，比过去一切世代创造的全部生产力还要多，还要大。"（马克思、恩格斯：《共产党宣言》，《马克思恩格斯选集》第一卷，人民出版社 1995 年版，第 273 页）

"现代社会主义力图实现的变革，简言之就是无产阶级战胜资产阶级，以及通过消灭一切阶级差别来建立新的社会组织。为此不但需要有能实现这个变革的无产阶级，而且还需要有使社会生产力

---

① 如果只是在"土地的主人"的意义上理解"地主"，则在土改中分得了田地的人就是"地主"；如果只是在"从事农业劳动的劳动者"的意义上理解"农民"，则资本主义农场里的雇佣工人也是"农民"，这样只会引起理论上的混乱。

② 比如，追求自己的发家致富（或者更进一步，用自己的财富接济穷人）与消灭造成贫富分化的社会根源，根本就是两种阶级意识、思想境界。

③ 第 44 页。

④ 第 43 页。

发展到能够彻底消灭阶级差别的资产阶级。……只有在社会生产力
发展到一定程度，发展到甚至对我们现代条件来说也是很高的程
度，才有可能把生产提高到这样的水平……但是生产力只有在资产
阶级手中才达到了这样的发展程度。"（恩格斯：《流亡者文献》，
《马克思恩格斯选集》第三卷，人民出版社 1995 年版，第 272—
273 页）

"自从蒸汽和新的工具机把旧的工场手工业①变成大工业以后，
在资产阶级领导下造成的生产力，就以前所未闻的速度和前所未闻
的规模发展起来了。"（恩格斯：《反杜林论》、《社会主义从空想到
科学发展》，《马克思恩格斯选集》第三卷，人民出版社 1995 年
版，第 618、741 页）

王先生在"资产阶级是物质财富的直接创造者"的这一意义上来理
解《共产党宣言》中的"资产阶级在它的不到一百年的阶级统治中所
创造的生产力"这句话，很显然曲解了马克思的原意。如果此时的马克
思认为"物质财富皆由资产阶级创造"，则《共产党宣言》中所说的
"现代的资产阶级私有制是建立在阶级对立上面、建立在一些人对另一
些人的剥削上面的产品生产和占有的最后而又最完备的表现"②就会无
从谈起。其实，上文引用的恩格斯的两段话是对《共产党宣言》中的
那句话的正确阐述：它指的是，生产力是"在资产阶级领导下造成"、
生产力被掌握"在资产阶级手中"。在资本主义生产方式下，雇佣工人
的劳动创造了资本主义的社会财富，不过，资本家与雇佣工人之间的剥
削与被剥削关系被层层"现象—假象""遮蔽"了起来，③劳动的生产
力却表现为资本的生产力。④也就是说，"在资产阶级领导下造成的生
产力"、被掌握在资产阶级手中的生产力，也都是作为雇佣劳动者的工

① 王学典先生此处的引文有误，书中所引"工厂手工业"（第 43 页）应为"工场手工
业"。

② 《马克思恩格斯选集》第 1 卷，人民出版社 1995 年版，第 286 页。

③ 参见马克思《资本论》第 3 卷，人民出版社 2004 年版，第 937—940 页。另可参见拙
文《拜物教批判理论与马克思的资本批判》，《马克思主义研究》2012 年第 4 期。

④ 参见马克思《直接生产过程的结果》，《马克思恩格斯全集》第 49 卷，人民出版社
1982 年版，第 116 页。另可参见《剩余价值理论》第 1 册，人民出版社 1972 年版，第 419—
421 页。还可参见马克思《资本论》第 3 卷，第 843 页。

人阶级的生产力，只不过在其现象形态上表现为资产阶级的生产力。

王先生说："私有制社会的人类历史，一般不是通过'反剥削反压迫'而主要是通过剥削与压迫创造的。"① 其实，正确的说法应该是：私有制社会的人类历史，是在剥削与被剥削的关系、压迫与反压迫的斗争中演进的。然而，在阶级剥削与压迫中创造历史，绝不等于统治阶级的剥削与压迫创造历史。

王先生说："物质资料的生产——财富的创造——不是在和剥削者无关的情况下进行的，而正是在剥削者的利益的推动和调节下一步步地发展起来的。离开了剥削阶级就根本不可能有什么私有制社会里的物质资料生产历史的创造，就像离开了劳动阶级一样。"② 其实，应该说：如果没有剥削阶级与劳动阶级的对立，就不再是什么私有制社会，当然也就不存在私有制社会里的物质资料生产了；就像只有在"资本—雇佣劳动"的"关系"中，"货币"才是"资本"，同时"劳动"也才是"雇佣劳动"。

王先生说："社会的进步、科学的发展、艺术的繁荣，不过是剥削者追求财富和享受的副产品而已。"③ 对此，我想说："追求财富和享受"是一回事，"创造"财富和被享受的对象是另外一回事；只有在财富和被享受的对象由劳动人民"创造"出来之后，统治阶级才能"实现"这种"追求"。

不过，王先生论证剥削阶级是物质资料生产历史的创造者还有更进一步的理由："剥削阶级对物质资料生产历史的创造不仅仅是在具体生产过程之外实现的，而且，它的一些成员或阶层还以组织者、管理者的身份直接进入了物质资料的具体生产过程。"④ 王先生是用马克思在《资本论》第三卷中所说的"这个利息形式又使利润的另一部分取得企业主收入，以至监督工资这种质的形式"来论证自己的观点的。王先生说："既然是工资，那就是必要劳动的表现而不是剩余劳动的表现，那就是劳动所得，由企业主所进行的这种劳动就是监督劳动和指挥劳动。……利润的一部分'能够作为工资分离出来，并且确实也作为工资

---

① 第23页。
② 第43页。
③ 第35页。
④ 第42页。

分离出来'这一无可争辩的事实的存在，说明以资本家为代表的剥削阶级并不都是寄生虫、不劳而获者，他们在一定程度上也曾进入了物质资料的生产过程，直接参与了物质资料产品的创造。"①

在资本主义社会中，资本家的总利润分割为、硬化为利息和企业主收入，好像它们是出自两个本质上不同的源泉，而且，它们好像不与剩余价值发生关系，而只是互相发生关系。此时，企业主收入表现为某种同资本的所有权无关的东西，表现为资本家作为劳动者执行职能的结果——在资本家的头脑中，他的企业主收入远不是同雇佣劳动形成某种对立，不仅不是别人的无酬劳动，相反，它本身就是一种工资，一种监督工资。领取"监督工资"的产业资本家，就不是表现为执行职能的资本，而是表现为雇佣劳动者。② 这些都是具有拜物教性质的资本主义生产方式呈现给人们的假象。③ 王先生显然被这些假象迷惑了头脑。对于这些假象，马克思指出，资本主义生产本身已经使那种完全同资本所有权分离的指挥劳动比比皆是，这种指挥劳动就无须资本家亲自担任了——合作工厂提供了一个实例，证明资本家作为生产上的管理人员已经成为多余的了，因为一个乐队指挥完全不必就是乐队的乐器的所有者。④ 而且，针对混淆企业主收入与监督工资或管理工资，不把利润解释为剩余价值即无酬劳动，而把它解释为资本家自己所做的劳动取得的工资这样一种混淆，社会主义者提出了这样的要求：把利润实际地缩减为它在理论上伪装成的那种东西，即单纯的监督工资。而随着工人方面的合作事业和资产阶级方面的股份企业的发展，混淆企业主收入和管理工资的最后口实再也站不住脚了，⑤ 从而，利润在实践上也就表现为它在理论上无可辩驳的那种东西，即表现为单纯的剩余价值，没有支付等价物的价值，已经实现的无酬劳动。于是，"管理工资"的谎言被揭穿了：执行职能的资本家实际上是在剥削劳动，并且在他是用借入资本从

---

① 第 43 页。

② 参见马克思《资本论》第 3 卷，第 417、420—421、425—427、429 页。

③ 对于资本主义生产方式的拜物教性质的详细阐述，请参见拙文《拜物教批判理论与马克思的资本批判》，《马克思主义研究》2012 年第 4 期。

④ 马克思：《资本论》第 3 卷，人民出版社 2004 年版，第 434—435 页。

⑤ 马克思指出，在工人的合作工厂和资本主义的股份企业中，商业经理和产业经理的管理工资，都是完全同企业主收入分开的（《资本论》第 3 卷，第 436 页）。

事经营的时候，他的剥削的结果就分为利息和企业主收入。①

　　王先生说：在"劳动群众"的身旁，还有"一个脱离直接生产劳动的阶级"，它从事社会的共同事务，它担负"劳动管理"的重要职能；没有一个劳动管理阶级的存在，劳动群众的生产劳动就不能正常进行。② 但马克思却说："说这种劳动（指资本家的'指挥劳动'——引者注）作为资本主义的劳动，作为资本家的职能是必要的，这无非意味着，庸俗经济学家不能设想各种在资本主义生产方式内部发展起来的形式竟能够离开并且摆脱它们的对立的、资本主义的性质。"③ 对此，我们可以套用王先生的一句话来作评论：马克思、恩格斯不应当为后人对他们观点的错误理解和应用负责。④

　　王先生说："从'奴隶创造历史论'必然引出一个悖论：'血淋淋的剥削史是奴隶们自己创造的。'这对于'奴隶创造历史'论者来说是一难堪的问题。"⑤ 对此，我的答复是：这有什么"难堪"的?! 工人不是创造了资本家奴役自身的手段——剩余价值吗？这一点不是马克思主义研究者应该具备的常识吗?!

　　王先生说，"人民群众是历史的创造者"作为一个价值命题，是指向未来的；它所反映的只能是现代无产阶级解放斗争的实践，它所表达的只能是现代无产阶级的思想意识，只能是无产阶级及其政党的世界观；马克思主义的理论包括历史创造者命题在内，集中了科学性和阶级性的特质，它不属于除无产阶级以外的任何阶级。⑥ 如果说王先生此论想指明"人民群众是历史的创造者"这一命题的提出，需要具备特定的历史条件，我是赞同的。但王先生想以此证明这一命题并不适用于它提出之前的那个时代，其逻辑错误就是比较明显的了：一个理论得以提出的历史条件，与这一理论的适用范围，是两个不同的问题，不能混同。我们可以举例说明二者的差别：万有引力定律是牛顿在 17 世纪发现的，我们不能因此而得出结论说，它不适用于 17 世纪以前的自然界。

---

①　马克思：《资本论》第 3 卷，第 437—438 页。
②　第 310—311 页。
③　马克思：《资本论》第 3 卷，第 435 页。
④　第 366 页。
⑤　第 297 页。
⑥　第 308、316 页。

四　关于在历史研究中贯彻历史主义原则

王先生强调："从马克思主义阶级斗争史学的失误教训来看，必须区分作为无产阶级政治的阶级观点与作为史学的阶级观点。"① 对此，我的理解是，"无产阶级政治"指向当下，"作为无产阶级政治的阶级观点"是指运用马克思主义的阶级观点认识和处理当下的理论与实践问题；史学的研究对象是过往的历史，"作为史学的阶级观点"是指运用马克思主义的阶级观点研究历史进程、历史事件、历史人物，等等；对二者作出区分，应该是指，进行历史研究与处理现实问题，都要贯彻历史主义原则，把"历史与当下现实之间存在差别"这一"差别意识"时刻留存在头脑中。这是从马克思主义中国化的历史实践中和马克思主义史学在中国的传播和发展史中总结出的具有重要意义的经验教训。不过，可惜的是，这一原则并没有很好地贯彻到王先生本人在书中的诸多评论中。

在 20 世纪 40 年代末，就剥削制度的评价问题，尤其是如何认识"劳心和劳力的分裂和对立"，艾思奇与叶逸民有过一场争论。艾思奇的核心观点是：劳心劳力的分裂对立，在社会物质生活发展的一定条件之下，在生产发展的一定阶段，乃是必然的、合规律的，并且是具有进步意义的。叶逸民则认为，我们今天教导启发读者应把重点放在"劳心者治人，劳力者治于人"是反动的、有毒的思想上。显然，两者在其各自的范围内都有其合理性，而超过一定的限度就都会走向自己的反面：我们不能因"劳心和劳力的分裂和对立"在"历史"上的功绩，就在"当下"大肆宣传它；也不能因在"当下"对它的否定，而在历史研究中否认它在"历史"上曾经有过的进步意义。然而，王先生却不是这样评论的，他认为艾思奇坚持了历史主义，而叶逸民的观点是一种"非历史"观点。② 王先生的"差别意识"受自己理论立场的左右，"时现"而又"时隐"，实在有趣得很。

王先生的"差别意识""时隐时现"的例子还有很多：在批判"阶

---

① 　第 363 页。
② 　第 116—120 页。

级斗争史学"、"革命史学"时是"在场"的，在叙述和评论"改革史学"、"建设史学"、"现代化史学"时是"缺席"的。

王先生说："当在现实政治中，改革获得与革命同等价值、同等地位的认同时，在历史领域，历史上的改革也终于挣得了一席之地。"①其实，社会主义的改革与对封建主义、资本主义的改良是有重大差别的。与把历史上的革命"现代化"一样，把历史上的改良"现代化"也是错误的，因为它们基于相同的逻辑——历史与现实的"同质化"。

王先生说，阶级斗争史学也就是革命史学；革命史学以阶级斗争作为史学的核心价值；建设史学意味着以经济发展作为史学的核心价值。②其实，无论是"为革命而研究历史"，还是"为建设而研究历史"，如果是以"当下"来裁剪"历史"，就都是不可取的。

王先生说："以现代化的视角重新审视近代革命史化的现代化进程，意味着为政治革命或政治变革提供一种客观化的分析路径和评价标准，这对于推进近代历史研究，推进史学为现实服务，具有重要意义。"③其实，与历史在"革命史学"中的境遇类似，在"现代化史学"中，历史可能会再次成为"任人打扮的小姑娘"，只是"形象设计"与先前有所差别而已。

在我看来，王先生撰著此书包含有探究新中国成立以来我们在阶级斗争问题上所犯的错误，尤其是"文化大革命"的错误的理论根源的理论意图。这是很有意义的一项工作。不过，王先生却把自己的"历史研究"得出的结论直接运用到对于当下的阶级斗争问题的认识上了。王先生说："毫无疑问，重新阶级化之后，我们绝不可能重复当年阶级斗争的场景，绝不可能采用阶级斗争的方式处理和面对阶级问题。""面对重新阶级化的社会现实，显然不能再重复阶级斗争、暴力革命的老路。和谐理念、制度规范、对话协商，成为解决阶级、阶层利益矛盾、利益冲突唯一可供选择的系统要件。"④这里，王先生的"差别意识"再次"缺席"。

由于"文化大革命"，阶级斗争在我国是许多人讳言的话题；否认

---

① 第355页。
② 第361—362页。
③ 第358页。
④ 第50、358页。

阶级斗争在当下中国的存在，至少是认为绝不能再搞阶级斗争，是诸多学者们的"共识"。与之恰恰相反，面对中国改革开放三十多年后新阶层的出现和社会重现严重贫富分化的现实，有人认为，毛泽东发动"文化大革命"是完全正确的，显示了他作为无产阶级革命家的远见卓识。上述两种看法都有失偏颇，都没有把"历史与当下现实的差别"上升为理论自觉。

我们不能因为否定具有特定含义的"以阶级斗争为纲"和"文化大革命"，而同时否定用阶级分析、阶级矛盾的思路分析当下中国的社会矛盾的必要。同时，现实中阶级矛盾的重新激化并不能证明在几十年前把"无产阶级和资产阶级的矛盾"作为当时中国社会的主要矛盾的正确性。因为，作为"文化大革命"指导思想的"以阶级斗争为纲"至少涉及互相关联但又有所区别的四个层次的问题：第一，阶级分析方法对于研究当时的中国社会是否还是适用的？第二，能否用阶级矛盾的思路来判定当时的主要矛盾？第三，无产阶级和资产阶级的矛盾、社会主义道路和资本主义道路的矛盾是不是当时中国的主要矛盾？第四，用群众运动的方式来解决无产阶级和资产阶级的矛盾、社会主义道路和资本主义道路的矛盾是否可行？这样的层次分析，无论对于认识几十年前的历史，还是对于理解和解决当下的社会矛盾都是有意义的。

五 关于对唯物史观的整体把握

王先生通过概括马克思、恩格斯在《〈政治经济学批判〉序言》、《共产党宣言》1883 年德文版序言、《反杜林论》、《在马克思墓前的讲话》、《家庭、私有制和国家的起源》第一版序言中的经典表述，得出了自己对于唯物史观的理解：居于基础和核心地位的是其社会结构理论（它强调生产力、物质利益、经济关系对于社会关系、社会历史的决定性关系）；此外，还包括处于从属、次要、派生、推论地位的社会发展理论、阶级观点和无产阶级革命学说。① 我以为，对于唯物史观的这种理解还只是比较干瘪的条条框框，还没有在其丰富性和具体性上进行把握。

---

① 第 3—8 页。

马克思、恩格斯的阶级观点，在王先生看来，并不处于唯物史观的基础和核心地位。王先生说："无论从历史上还是从逻辑上看，马克思恩格斯的阶级观点都是他们的历史观即唯物史观的派生物。"① 王先生之所以看轻阶级观点与他不理解在马克思那里生产关系与阶级关系密不可分的内在联系有关。马克思说："阶级的存在仅仅同生产发展的一定历史阶段相联系。"② 因而，马克思的阶级观点是以他对生产力、生产关系的分析为基础的。这是问题的一个方面。这是王先生给予充分重视的方面。另一方面，生产过程的阶级关系也是分析（有阶级存在的社会的）生产关系必不可少的内容。这是王先生没能关注或关注较少的方面。这里以马克思在《资本论》中对于资本主义生产关系—阶级关系的分析为例来说明。

首先，对于资本关系，即资本家阶级与雇佣劳动者阶级之间的阶级关系的确认，是马克思的资本分析的前提，因为货币只有在资本家与雇佣工人之间的剥削与被剥削关系即资本关系中，才能实现增值，才能"转化"为"资本"。③

其次，马克思对资本主义生产关系和阶级关系的分析实际上是"二位一体"的。马克思说："把资本主义生产过程从其连续性来考察，或作为再生产来考察，它不仅生产商品，不仅生产剩余价值，而且还生产出资本家和雇佣工人的社会关系，并使之永久化。"④ 如果说简单再生产就已经是剩余价值和整个资本关系的生产和再生产，那么，资本积累就是剩余价值和整个资本关系在不断增大（扩大）的规模上的生产和再生产。⑤ 马克思在《资本论》第一卷的"所谓原始积累"一章中对"生产者和生产资料分离的历史过程"的分析，既是对资本主义生产关系的历史起源的考察，也是对资本家和雇佣工人之间的阶级关系的历史起源的考察。

最后，阶级关系的内涵随着对生产关系的分析而渐趋"丰满"。阶

---

① 第3页。
② 《马克思恩格斯选集》第4卷，人民出版社1995年版，第547页。
③ 对此观点的详细阐述，参见拙文《拜物教批判理论与马克思的资本批判》，《马克思主义研究》2012年第4期。
④ 马克思：《资本论》第1卷（法文版中译本），中国社会科学出版社1983年版，第607页。
⑤ 参见马克思《资本论》第1卷，人民出版社2004年版，第708页。

级关系在其作为"前提"被"确认"时，其内容还是非常"干瘪"的；而在全面研究了资本的直接生产过程、资本的流通过程、资本主义生产的总过程的各种形式之后，阶级关系的内涵也逐渐"丰满"起来。以"资本家阶级"为例，在《资本论》理论叙述的终端，它就不仅包括产业资本家和商业资本家，还包括靠"利息"取得"收入"的"货币资本家"，以及靠收取"地租"为生的"土地所有者"。

把马克思的生产关系分析与阶级关系分析密切联系起来进行考察，我们对唯物史观的理解才能是具体而丰富的，而不再是干瘪的几条。

（作者单位：浙江大学思想政治理论教学科研部）

世界历史进程中的马克思
"世界历史"理论

董欣洁

"世界历史"是人类社会生活中的一个重要词汇，具有丰富的内涵。演变至今，它不仅指代着人类社会发展的历史进程，而且包含着认识、理解人类历史发展的历史哲学，同时也涵盖着描述、总结人类社会生活的历史叙述形式。

从历史编纂学的角度来说，一般认为，世界史的萌芽虽然在古代历史学家的著作中就可以发现，但比较成熟的世界史著作是近现代以来才逐渐出现的。客观看来，世界史学科成型的时间较晚，交叉的学科较多，而世界史研究的范围又非常广阔，说它研究的是全人类的问题也不为过。上述情况导致了世界史编纂理论与方法的复杂性和多元性。

随着经济全球化的发展，世界史或全球史的研究和编纂日益受到学术界的关注。事实上，经济全球化的日益发展已经对历史学提出了新的理论挑战，这就是究竟如何避免各种片面和局限，构建系统、科学的世界历史阐释体系。这一时代要求进一步凸显了马克思"世界历史"理论的科学性和重要性。马克思"世界历史"理论是世界历史发展进程中的产物，同时也深刻揭示了世界历史形成和演变的内在规律，为我们认识、理解和把握世界历史的整体发展指明了基本方向。它通过深入揭示生产力因素在人类社会发展过程中所发挥的决定性作用，为我们深入理解人类历史和改造世界提供了科学的理论与方法论支持，并且为当代的世界史或全球史的研究和编纂提供了具有方法论意义的科学指南。

一

在西方史学界，撰写一部世界史的努力是一种历史久远的趋向。从希罗多德的《希波战争史》、波里比阿的《通史》、欧洲中世纪的基督教编年史学，到新航路开辟以来各种世界史写作的尝试，尽管无法避免各种各样的局限，但都表现出西方历史学家努力采取世界性眼光来把握人类历史发展进程的意图。18世纪伏尔泰的《论各民族的风俗与精神》，其突出特点在于摒弃了以基督教文明为中心的传统世界史体例，建立了以人类文明为中心的崭新的世界史体例。以伏尔泰为代表的启蒙时代世界主义编年史传统，可以视为今天全球史的早期源头。此后，维柯、孔多塞、赫尔德、施吕策尔、穆勒等人都对世界历史理论进行了探讨。例如，被誉为"世界史之父"的施吕策尔强调对世界史的宏观考察，明确提出世界历史是人类的历史而不是各民族历史的简单汇编，历史应当说明地球和人类作为一个整体是怎样从过去演进到现在的。[1] 虽然不同程度地存在"欧洲中心论"的色彩，但是，上述对世界史理论的探索为世界历史的研究和编纂提供了丰厚的理论营养。

19世纪，随着欧洲实力的迅速增强，"欧洲中心论"的思想进一步发展完成，其具体表现就是东方已经被欧洲学者排除在世界历史之外，而欧洲的自我中心、欧洲白种人肩负领导世界责任的种族优越论和帝国主义理论纷纷粉墨登场。例如，黑格尔的世界历史思想就渗透着浓厚的唯心主义和"欧洲中心论"色彩。他认为，世界历史在一般上说来，便是"精神"在时间里的发展，世界历史从"东方"到"西方"，因为欧洲绝对地是历史的终点，亚洲是起点。[2] 所谓世界历史是一部世界历史民族不断更替的历史，世界历史民族在世界历史的这个时期就是统治的民族，它在世界历史中创立了新纪元，但只能是一次的。它具有绝对权利成为世界历史目前发展阶段的担当者，对它的这种权利来说，其他各民族的精神都是无权的，这些民族连同过了它们的时代的那些民族，

---

① 参见张广智、张广勇《史学，文化中的文化》，浙江人民出版社1990年版，第56—57页。

② 黑格尔：《历史哲学》，王造时译，上海书店出版社2006年版，第66、95页。

在世界历史中都已不再算数了。① 黑格尔的上述理论对西方历史学的发展演变产生了深远的影响。19 世纪上半叶，伴随着西欧国家实力的迅猛发展，西方的历史学家大肆宣扬西欧种族优越论，把西欧一隅的进步视作整个世界历史发展的主题，这导致西方史学界在世界历史的编纂上形成了根深蒂固的"欧洲中心论"传统，其代表人物就是德国历史学家兰克。兰克曾经明确指出，世界历史就是西方的历史。② 世界历史编纂中的"欧洲中心论"在 20 世纪发展到极点，1932 年出版的由美国史学家海斯、穆恩、韦兰三人合著的《世界史》一书，系统阐述了"欧洲中心论"的极端观点。该书认为，从伯利克里和凯撒的时代直到现在，历史的伟大戏剧中的主角，都是由欧洲的白种人担任的；欧洲是世界文明的摇篮、进步的源泉；从 15 世纪以来，欧洲各国就一点一点地把他们的文明传播到全世界；要引导千百万的陌生人走上欧洲文明和进步的道路，是一个负担，而且是一个沉重的负担。③ 上述观点显而易见是对客观人类历史的蓄意扭曲和严重偏离。

"欧洲中心论"集中体现了西方狭隘的民族主义、种族主义和地域主义。传统的世界史编纂因"欧洲中心论"而被限定在欧洲和西方历史的相对狭窄的范围之内。"欧洲中心论"所代表的是西方的历史经历和文化体验，它等于是一个扭曲的透镜，不仅严重歪曲了对人类历史的整体考察，而且还把非西方国家的经历和视角排除在世界历史理论框架之外，片面强调本民族或国家的优势地位，贬低或抹杀其他民族或国家在人类文明发展演进中的贡献和作用，对人类的历史缺乏辩证的认识，甚至别有用心地歪曲客观历史。对于世界历史的编纂而言，需要对它在价值判断上的狭隘和偏颇之处进行批判自不待言，更重要的是要肃清"欧洲中心论"作为历史研究中的经验主义教条而造成的根深蒂固的影响和危害。世界历史绝不能像"欧洲中心论"的解释那样用忽略和歪曲其他地区历史的方式来认识和撰写。

实际上，人类历史在其发展过程中的不同时期出现过多个不同的文明中心，每个时代都有领导时代发展潮流的力量中心。但是，不论"欧

---

① 黑格尔：《法哲学原理》，范扬、张企泰译，商务印书馆 1982 年版，第 415—416 页。

② 何兆武主编：《历史理论与史学理论》，商务印书馆 1999 年版，第 669 页。

③ 海斯、穆恩、韦兰：《世界史》下册，中央民族学院研究室译，生活·读书·新知三联书店 1975 年版，第 1059—1060 页。

洲中心"或者是任何其他"中心"的存在，都不能抹杀非中心的其他国家或地区历史的存在和它们对人类文明发展作出的贡献。辩证地认识不同历史时代的不同文明中心才是科学的历史研究态度。

毫无疑问，深入了解世界历史对人们认识本国、本民族和世界的发展变化具有重要意义。或者正如麦克奈尔所说："一部透彻的世界史可望培养个人与整个人类休戚与共的感情，缩小各集团冲突的毁灭性，而不是如狭隘史学那样不可避免地加剧冲突。这作为我们时代历史专业的道德责任，确实深深地打动着我。我们需要发展一种世界范围的历史，为人类全部复杂性造成的多样化留有充分的余地。"① 这正是因为人类社会的发展从来没有完全相同的路线，每个民族或文明都拥有各自的发展道路，在人类历史的早期是这样，时至今日也同样如此。因此，从根本上说，世界历史的发展是整体性和多样性的辩证统一。

事实上，从国际范围来看，如何克服世界历史编纂中的"欧洲中心论"倾向问题，时至今日也没能获得根本性的解决。② 关于这个问题，需要指出的一个基本事实是，不同地区和不同时代的人类认识世界的视角是多元的，并且由此产生了不同国家、不同民族各不相同的历史观。这就要求在历史研究中，虽然研究的客体可能各不相同，但是研究主体只有从实事求是的态度出发，自觉站在世界历史的高度，才能更有效地触摸到历史真实。实践证明，马克思"世界历史"理论通过深入揭示生产力因素在人类社会发展过程中所发挥的决定性作用，为我们认识、理解和把握世界历史进程的整体发展指明了基本方向。

二

作为一个概念来说，"世界历史"已经由来已久了。但是，世界史

---

① 威廉·H. 麦克奈尔：《神话—历史——真理、神话、历史和历史学家》，王加丰译，《史学理论》1987 年第 1 期。

② 例如，马克垚认为，第二次世界大战后出现了众多的世界史编撰体系，由于对世界历史的较成熟的认知体系还未产生，这些世界史著述在开创之初都面临如何克服欧洲中心论的问题。许多学者批评欧洲中心论，致力于建立新的世界史，可是仍未获得显著成绩。非西方国家和地区的史学，是学习西方史学后建立的，缺乏从自己的历史出发建立的理论。现在的世界史只是一种准世界史。参见马克垚《困境与反思："欧洲中心论"的破除与世界史的创立》，《历史研究》2006 年第 3 期。

不是过去一直存在的；作为世界史的历史是结果，① 这种论断却是马克思和恩格斯的理论创新。马克思"世界历史"理论是世界历史发展进程中的产物，同时也深刻阐释了世界历史形成和演变的内在规律。

马克思"世界历史"理论是时代的产物。在 1500 年以来特别是 18 世纪工业革命以来社会历史发展的直接影响下，马克思和恩格斯通过对关于世界历史的传统思想的批判继承，并且在充分吸收历史学、哲学、经济学等领域研究成果的基础上，最终创立了马克思"世界历史"理论。这一理论萌芽于 1843 年的克罗茨纳赫时期。后来，在《〈黑格尔法哲学批判〉导言》中，马克思明确使用了"世界历史"的概念，他指出：历史是认真的，经过许多阶段才把陈旧的形态送进坟墓。世界历史形态的最后一个阶段是它的喜剧。② 在《1844 年经济学哲学手稿》中，马克思认为，所谓世界历史不外是人通过人的劳动而诞生的过程，是自然界对人说来的生成过程。③ 也就是说，世界历史是人类整体的历史和人类活动的产物。马克思"世界历史"理论在 1845 年的《德意志意识形态》中得到全面和系统的阐述。马克思在该文中多次使用了"世界历史性的"、"世界历史性的存在"、"世界历史意义的"和"世界市场"、"普遍的"、"全面的依存关系"等概念。他指出，各民族和国家通过普遍交往，实现相互联系和相互依存并使世界整体化的历史，就是世界历史。19 世纪 50 年代以后，马克思不断对"世界历史"进行理论探讨，这在《资本论》和他对东方社会发展道路问题的研究中都有体现。直到晚年，马克思仍十分重视对世界史各种问题的研究。他把历史过程作为人类所创造的历史的实际进程来研究，始终主张只有仔细研究具体的事实才能了解真正的历史。④

第一，马克思"世界历史"理论阐明了世界历史形成的根源与动因，这就是社会生产力的发展和它所导致的分工与交往的发展。世界历史的形成是人类社会生产力发展的必然结果，是在生产力发展推动下的客观历史进程。历史向世界历史的转变，不是"自我意识"、宇宙精神

---

① 《马克思恩格斯选集》第 2 卷，人民出版社 1995 年版，第 28 页。
② 《马克思恩格斯选集》第 1 卷，人民出版社 1995 年版，第 5 页。
③ 《马克思恩格斯全集》第 42 卷，人民出版社 1979 年版，第 131 页。
④ 马克思：《卡尔·马克思历史学笔记》"译者前言"，中央编译局马列著作编译部译，中国人民大学出版社 2005 年版。

或某个形而上学怪影的某种纯粹的抽象行动，而是完全物质的、可以通过经验证明的行动，每一个过着实际生活的，需要吃、喝、穿的个人都可以证明这种行动。① 资本主义大工业的发展首次开创了世界历史，因为它使每个文明国家以及这些国家中的每一个人的需要的满足都依赖于整个世界，因为它消灭了各国以往自然形成的闭关自守的状态。② 生产力的发展、社会分工和地区间交往的扩大冲破了地域性的壁垒，促进了各个民族之间的普遍交往，使世界连为一个整体，推动了从地域性历史向世界性历史的转变。各个相互影响的活动范围在这个发展进程中越是扩大，各民族的原始封闭状态由于日益完善的生产方式、交往以及因交往而自然形成的不同民族之间的分工消灭得越是彻底，历史也就越是成为世界历史。③ 因此，马克思指出，世界史不是过去一直存在的；作为世界史的历史是结果。④ 生产力的发展促进了交往的扩大，交往的扩大则有利于生产力的保持，两者相辅相成。只有当交往成为世界交往并且以大工业为基础的时候，只有当一切民族都卷入竞争斗争的时候，保持已创造出来的生产力才有了保障。⑤

马克思所说的交往是指与生产力发展水平和劳动分工一致的人类交往，他认为交往革命是交通革命的直接后果。交往革命对世界历史的形成具有非常重要的意义。世界历史的"世界"含义是指人类活动地理范围不断扩大与人类社会成为有机整体的辩证统一，在这个意义上，不能把世界历史割裂开来分成所谓科学意义的世界历史和哲学意义的世界历史。

第二，马克思从经济因素入手，对"中世纪以来私有制发展的时期"进行了划分，实际上是在 1500 年前后到 1845 年的三百多年的时间内，把世界历史划分为三个时期。第一个时期是欧洲中世纪后期，随着美洲和通往东印度的航线的发现，交往扩大了，工场手工业和整个生产运动有了巨大的发展。从那里输入的新产品，特别是进入流通的大量金银完全改变了阶级之间的相互关系，并且沉重地打击了封建土地所有制

---

① 《马克思恩格斯选集》第 1 卷，第 89 页。
② 同上书，第 114 页。
③ 同上书，第 88 页。
④ 《马克思恩格斯选集》第 2 卷，第 28 页。
⑤ 《马克思恩格斯选集》第 1 卷，第 108 页。

和劳动者；冒险的远征，殖民地的开拓，首先是当时市场已经可能扩大为而且日益扩大为世界市场，——所有这一切产生了历史发展的一个新阶段。① 第二个时期开始于 17 世纪中叶，它几乎一直延续到 18 世纪末。商业和航运比那种起次要作用的工场手工业发展得更快；各殖民地开始成为巨大的消费者；各国经过长期的斗争，彼此瓜分了已开辟出来的世界市场。这一时期是从航海条例和殖民地垄断开始的。② 第三个时期，商业和工场手工业不可阻挡地集中于一个国家——英国。这种集中逐渐地给这个国家创造了相对的世界市场，因而也造成了对这个国家的工场手工业产品的需求，这种需求是旧的工业生产力所不能满足的。这种超过了生产力的需求正是引起中世纪以来私有制发展的第三个时期的动力，它产生了大工业——把自然力用于工业目的，采用机器生产以及实行最广泛的分工。③ 与这三个历史阶段相对应的历史内容分别是：世界市场的建立、对世界市场的瓜分和资本主义大工业的产生。对这三个发展阶段的分析说明各民族之间的相互关系取决于每一个民族的生产力、分工和内部交往的发展程度。④ 生产力的发展以及由此引起的分工和交往的发展，必然引起世界性的交往和普遍联系，进而形成世界历史。

第三，马克思认为应当批判看待世界历史，分析其积极后果和消极后果。也就是说，要批判分析资本主义在世界历史形成过程中的地位和作用。资产阶级在历史上曾经起过非常革命的作用。资产阶级由于开拓了世界市场，使一切国家的生产和消费都成为世界性的了。⑤ 资产阶级在它不到一百年的阶级统治中所创造的生产力，比过去一切时代创造的全部生产力还要多、还要大。⑥ 资产阶级对世界市场的开拓推动了世界历史的进程。但是，资本主义是一种扩张的制度，它推动历史向世界历史的转变是通过暴力和殖民压迫等方式实现的，是在广大相对落后的国家付出沉重代价的基础上实现的。因此，马克思在肯定资本主义积极的历史作用的同时，对资本主义的殖民主义进行了严厉谴责。而由资本主

---

① 《马克思恩格斯选集》第 1 卷，第 110 页。
② 同上书，第 111 页。
③ 同上书，第 113 页。
④ 同上书，第 68 页。
⑤ 同上书，第 274、276 页。
⑥ 同上书，第 277 页。

义开创的世界历史进程，明显地具有双重后果。其积极方面是世界历史的形成为人类的彻底解放创造了必要条件。其消极方面则是世界历史具有深刻的资本主义烙印，世界的整体发展出现失衡的现象。马克思"世界历史"理论强调指出世界各民族共同创造了世界的历史，这就鲜明地批判了"欧洲中心论"的资产阶级意识形态。

第四，世界历史的形成和发展为埋葬资本主义和最终实现共产主义创造了条件。马克思认为，虽然世界历史的形成是由资本主义开创的，但是世界历史的发展将突破资本主义，指向共产主义。无产阶级只有在世界历史意义上才能存在，就像共产主义——它的事业——只有作为"世界历史性的"存在才有可能实现一样。① 生产力和生产关系的矛盾运动决定了资本主义生产方式只是发展物质生产力并且创造同这种生产力相适应的世界市场的历史手段，而共产主义对我们来说不是应当确立的状况，不是现实应当与之相适应的理想。我们所称为共产主义的是那种消灭现存状况的现实的运动。共产主义只有作为占统治地位的各民族"一下子"同时发生的行动，在经验上才是可能的，而这是以生产力的普遍发展和与此相联系的世界交往为前提的。② 也就是说，资本主义的世界历史最终将被共产主义的世界历史所取代。

第五，马克思"世界历史"理论强调无产阶级的解放，以及人的全面、自由的发展。马克思把个人的自由解放与世界历史的发展结合起来，认为个人是未来世界历史的真正主体。每一个单个人的解放的程度是与历史完全转变为世界历史的程度一致的。③ 也就是说，历史越是转变为世界历史，个人也就越是获得更大程度的解放。每个人的自由发展是一切人的自由发展的条件，④ 而这正是共产主义的根本原则。只有实现了共产主义，单个人才能摆脱种种民族局限和地域局限而同整个世界的生产（也同精神的生产）发生实际联系，才能获得利用全球的这种全面的生产（人们的创造）的能力。⑤

---

① 《马克思恩格斯选集》第 1 卷，第 87 页。
② 《马克思恩格斯全集》第 25 卷，人民出版社 1962 年版，第 279 页；《马克思恩格斯选集》第 1 卷，第 87、86 页。
③ 《马克思恩格斯选集》第 1 卷，第 89 页。
④ 同上书，第 294 页。
⑤ 同上书，第 89 页。

马克思"世界历史"理论是对历史本质和人类社会发展规律的严肃探索和科学论断。它从客观历史整体的高度深入考察并论证了人类社会在生产力推动下由分散向整体的发展趋势，指出这种趋势就是从民族性和地方性的历史向普遍性和世界性的历史的发展和转变，世界历史的未来就是共产主义，人类本身则同时从地域性的封闭条件下的个人向世界历史性的自由发展的个人转变。从方法论的角度来说，马克思"世界历史"理论是从生产力和生产关系的矛盾运动入手，分析历史的发展变化，进而揭示了人类社会发展演进的一般规律。从价值目标的角度来说，马克思"世界历史"理论研究的目的在于指明人类获得彻底解放的道路。

三

作为唯物史观的有机组成部分，马克思"世界历史"理论从历史向世界历史的转变这个命题入手，阐明了人类社会的发展规律和共产主义的实现途径。

不能充分理解世界历史的演变，自然无法知道当代世界从何而来并走向何处。自马克思之后，资本的全球扩张和经济全球化进程开始表现出新的特点。不过，资本主义的性质并没有发生根本的变化，而资本主义社会中的内在矛盾也没有根本解决。因此，马克思"世界历史"理论仍然是当代性的，其总体框架是科学的，体现出马克思和恩格斯对历史的深刻洞察。换言之，马克思"世界历史"理论有助于我们更加深刻地理解当前以经济全球化的名义所发生的历史和现实，有利于我们对其进行全面的研究和判断。

马克思"世界历史"理论为我们科学考察当代世界提供了一种革命性的思维方式。世界历史形成之后，看似孤立的各个局部事件实际上都具有世界历史（整体）的意义，相应地，研究者必须具有世界历史的眼光，才能从探索中获得符合实际的正确解答。在经济全球化迅猛发展的今天，这种思维方式对我们理解当今世界尤为重要。

马克思"世界历史"理论能引导我们正确认识经济全球化进程的主导力量，深入理解其性质和本质。人类历史从民族的历史转变为世界的历史，实际上是开始了经济全球化的进程。这种转变的实现或者说经济全球化进程的动因，就是人类社会生产力的发展。这个过程是由生产力发展决定的一个客观历史进程，也就是说，经济全球化首先是一个客观的物质过程，生产力的发展是经济全球化的主导力量。经济全球化进程实际上就是在生产力发展和科学技术不断进步的前提下，世界各国在经济、文化、政治、生态等各方面联系日益紧密的国际化过程。

马克思"世界历史"理论能引导我们正确认识资本主义在经济全球化中的地位和作用，有助于我们把握经济全球化发展的趋势并采取相应的措施。作为世界历史起点的资本主义同时也是经济全球化的起点。当代世界中资本的全球流动和跨国公司的全球扩张都是经济全球化的内容，而这些都是资本主义合乎逻辑的发展结果。资本的全球扩张推动了资本主义世界市场的形成，使世界经济成为一个整体。但是，资本主义不是世界历史的终结，在世界历史的背景下，社会生产力和世界交往的普遍发展的结果就是实现共产主义。经济全球化的发展将为共产主义的实现提供物质条件。在经济全球化过程中，社会主义将与资本主义长期并存，社会主义国家只有把握经济全球化潮流的契机大力发展社会生产力，才能逐渐改变发达资本主义国家主导世界经济和世界市场的局面，使共产主义早日实现。

从根本上说，马克思"世界历史"理论是一种革命性的思维方式和科学的世界观念，它具体阐发了唯物史观的基本原理。马克思曾经指出，哲学家们只是用不同的方式解释世界，问题在于改变世界。[①] 马克思"世界历史"理论的现代意义正蕴含在理论与实践的契合之中。它为我们深入理解人类历史和改造世界提供了科学的理论与方法论支持，因此具有重大的理论价值和积极的实践意义。

四

如前所述，世界史或全球史编纂的核心难题在于，如何克服"欧洲中心论"的局限，在"世界"或"全球"的广泛的时空框架内构建一个能够充分说明人类历史发展、演变及其本质的系统、科学的阐释体系。近年来在欧美国家不断发展的"大历史"研究，是一种把人类历

---

① 《马克思恩格斯选集》第 1 卷，第 57 页。

史纳入宇宙自然史的范围并尽可能在最大范围内考察人类历史的研究取向，① 同样不能回避这一核心问题。长期以来，中西方的世界史学者在这一问题上达成了某种程度的共识，即世界史的编纂需要对人类历史进行横向和纵向两方面的认识和把握，并对此多有阐发。例如，20 世纪中期以后，周谷城、吴于廑所大力倡导的整体史观对学界产生了重大影响。吴于廑关于世界历史的思想成为中国史学界的主流理论。他认为，世界历史学科的主要任务是以世界全局的观点，综合考察各地区、各国、各民族的历史。人类历史发展为世界历史，经历了纵向发展和横向发展漫长的过程。纵向发展是指人类物质生产史上不同生产方式的演变和由此引起的不同社会形态的更迭。横向发展是指历史由各地区间的相互闭塞到逐步开放，由彼此分散到逐步联系密切，终于发展成为整体的世界历史这一客观过程而言的。历史正是在不断的纵向、横向发展中，在越来越大的程度上成为世界历史，因此，研究世界历史就必须以世界为全局，考察它怎样由相互闭塞发展为密切联系，由分散演变为整体的全部历程，这个全部历程就是世界历史。② 西方学者则认为，世界史学家面临两个概念上的任务，其一是横向的综合：如何把每一个时代中世界范围内的广泛的人类经历相互连接起来；其二是纵向的综合：在时间长河中如何确定各种模式在历史上的位置。③ 但是，在具体的编纂实践中，这一问题尚未获得根本性的解决。

在这样的情况下，深入理解和领会马克思"世界历史"理论在世界史编纂方面的理论价值，就显得尤为重要。本文认为，作为一种科学的世界历史观，马克思"世界历史"理论深入揭示了生产力因素在人类社会历史进程中所发挥的决定性作用，为当代的世界史或全球史研究和编纂提供了具有方法论意义的科学指南。

第一，世界历史作为人类本身的发展过程，是一个变化和运动的过程，只有用整体和辩证的研究方法才能做出充分理解。在世界历史的发

---

① 大卫·克里斯蒂安：《时间地图：大历史导论》"序"、"导论"，晏可佳等译，上海社会科学院出版社 2007 年版。

② 吴于廑：《世界历史》，《中国大百科全书·外国历史卷》，中国大百科全书出版社 1990 年版，第 1—15 页。

③ David Northrup, "Globalization and the Great Convergence: Rethinking World History in the Long Term", *Journal of World History*, Vol. 16, No. 3, 2005, pp. 249 – 267.

展过程中，各个民族或国家不可避免地融合为一个整体，这个整体一旦形成，各个部分就只有在整体的范围内才能被正确理解了，综合性的研究成为一种必需。所以，要精确地描绘宇宙、宇宙的发展和人类的发展，以及这种发展在人们头脑中的反映。就只有用辩证的方法，只有不断地注视生成和消逝之间、前进的变化和后退的变化之间的普遍相互作用才能做到。① 这样才能透过一切迷乱现象探索这一过程的逐步发展的阶段，并且透过一切表面的偶然性揭示这一过程的内在规律性。②

第二，世界历史研究的立足点是现实的、有生命的个人本身，是从事实际活动的人，是处在现实的、可以通过经验观察到的、在一定条件下进行的发展过程中的人，而不是处在某种虚幻的离群索居和固定不变状态中的人。③ 人们之间是有物质联系的，这种联系是由需要和生产方式决定的，它与人本身有同样长久的历史；这种联系不断采取新的形式，因而就表现为"历史"。④ 我们自己创造着我们的历史。⑤ 人的发展与世界历史的发展是内在统一的。人类活动地理范围的不断扩大与人类社会成为有机整体的辩证统一，就是"世界"历史。

第三，世界历史研究的内容是现实的人的能动的生活过程。只要描绘出这个能动的生活过程，历史就不再像那些本身还是抽象的经验论者所认为的那样，是一些僵死的事实的汇集，也不再像唯心主义者所认为的那样，是想象的主体的想象活动。⑥ 如何描述这个能动的生活过程？历史的最终结果总是从许多单个的意志的相互冲突中产生出来的。这样就有无数相互交错的力量，有无数个力的平行四边形，由此就产生出一个合力，即历史结果，而这个结果又可以看作一个作为整体的、不自觉地和不自主地起着作用的力量的产物。每个意志都对合力有所贡献，因而是包括在这个合力里面的。⑦ 世界历史意义的人的能动的生活过程同时也就是各民族相互影响并逐渐融合最终走向共产主义的过程和趋势。人的自由、全面的发展实现之日，也就是共产主义到来之时。

---

① 《马克思恩格斯选集》第 3 卷，人民出版社 1995 年版，第 736 页。
② 同上书，第 737 页。
③ 《马克思恩格斯选集》第 1 卷，第 73 页。
④ 同上书，第 81 页。
⑤ 《马克思恩格斯选集》第 4 卷，人民出版社 1995 年版，第 696 页。
⑥ 《马克思恩格斯选集》第 1 卷，第 73 页。
⑦ 《马克思恩格斯选集》第 4 卷，第 697 页。

第四，世界历史研究的任务是要发现和揭示人类发展过程的运动规律。① 在表面上是偶然性在起作用的地方，这种偶然性始终是受内部的隐蔽着的规律支配的，而问题只是在于发现这些规律。② 那么如何发现其规律？一切社会变迁和政治变革的终极原因，不应当到人们的头脑中，到人们对永恒的真理和正义的日益增进的认识中去寻找，而应当到生产方式和交换方式的变更中去寻找；不应当到有关时代的哲学中去寻找，而应当到有关时代的经济中去寻找。③ 历史过程中的决定性因素归根到底是现实生活的生产和再生产。④ 正是由于历史向世界历史的转变，才能为研究人类社会发展规律提供充分的全球视野。使人们了解人类社会发展的客观规律，是一部真正的世界历史著作的目标和作用。

第五，世界历史研究的内容决定了其研究层次的双重性，即从宏观和微观两个层面入手才能获得对人类历史的整体认识。一切历史的第一个前提就是：人们为了能够"创造历史"，必须能够生活。但是为了生活，首先就需要吃喝住穿以及其他一些东西。因此第一个历史活动就是生产满足这些需要的资料，即生产物质生活本身，这样的历史活动是一切历史的一种基本条件。⑤ 换言之，现实的人的物质生活资料的生产是世界历史研究的起点，这一层面的研究即人类的日常生活史当属微观性的世界历史研究，展示的是人类社会的现实和具体的发展史。在此基础上对人类历史进行较长时段或整体性的抽象分析则属宏观性的世界历史研究，揭示的是人类社会发展演变的内在规律。这两个层面的研究相辅相成，缺一不可。

正因如此，马克思"世界历史"理论中的理论和方法往往被西方全球史学者用来对世界历史的演变及其本质进行分析，例如，从普遍交往的观点出发考察各文明之间的相互关系即所谓的跨文化互动。全球史的有关研究成果也证明了马克思"世界历史"理论的科学性。⑥ 更重要的

---

① 《马克思恩格斯选集》第 3 卷，第 738 页。
② 《马克思恩格斯选集》第 4 卷，第 247 页。
③ 《马克思恩格斯选集》第 3 卷，第 741 页。
④ 《马克思恩格斯选集》第 4 卷，第 695 页。
⑤ 《马克思恩格斯选集》第 1 卷，第 78—79 页。
⑥ 杰里·本特利、赫伯特·齐格勒：《新全球史：文明的传承与交流》，魏凤莲等译，北京大学出版社 2007 年版。在这部被一些西方学者视为真正的世界史的著作中，其主题之一"交流"，并没有脱离马克思的普遍交往理论。

是，马克思主义是开放的体系，具有与时俱进的理论品质，着眼于新的变化和新的实践不断发展和完善自身的理论，是马克思主义理论价值的基础和源泉。也就是说，对于今天我们在世界历史研究和编纂过程中遇到的各种具体问题，试图从马克思"世界历史"理论中寻求具体的答案是不可行的，只有在深入理解其理论精髓的基础上，并从其基本立场和观点出发，才能做出正确的理解和评判。

（作者单位：中国社会科学院世界历史研究所）

马克思"世界历史"理论及当代性研究

贾秀兰

马克思"世界历史"理论作为唯物史观的重要组成部分，是马克思在 19 世纪 40 年代中期提出的一个重要学说，并在以后不断地丰富、发展和完善。时至今日，马克思的"世界历史"理论仍具有重要的现实性和方法论意义，为我们正确认识世界历史发展的本质、规律、趋势以及应对全球化带来的机遇和挑战，提供了巨大的思想启迪和方法论的指导。在全球化已成为不以各个国家民族意志为转移的客观事实下，马克思"世界历史"理论启示我们，在全球化浪潮向世界各国迅猛袭来的今天，中国作为发展中国家唯有积极地去面对并参与全球化的进程，才是正确的选择。所以，研究马克思"世界历史"理论及当代性不仅具有重要的理论意义，更具有重要的现实意义。

一 马克思"世界历史"理论的基本内涵

（一）马克思"世界历史"理论形成的前提——地理大发现和工业革命

在古老而漫长的农业文明历史中，人类历史的发展是相互隔绝的，村落、地区和民族之间的相互联系和交往极其有限。因此，生产力、交通运输以及信息传递水平都很低，自然界还没有完全被人类的历史进程所改变。但从 15 世纪以来，地理大发现给人类开拓了广阔的发展空间，刺激了产业革命的迅速到来，使世界历史的发展发生了重大转折。"美洲的发现、绕过非洲的航行，给新兴的资产阶级开辟了新的活动场所。东印度和中国的市场、美洲的殖民化、对殖民地的贸易、交换手段和一般商品的增加，使商业、航海业和工业空前高涨，因而使正在崩溃的封建社会内部的革命因素迅速增长。……市场总是在扩大，需求总是在增加。甚至工场手工业也不再能满足需要了。于是，蒸汽和机器引起了工业生产的革命。现代大工业代替了工场手工业；工业中的百万富翁，一支产业大军的首领，现代资产者，代替了工业的中间等级。"[1] 地理大发现扩大了世界交往。交往的主要渠道由陆路转向海路，最终为形成世界总体联系创造了极为有利的条件，同时也促进了世界市场的形成与发展。

地理大发现促使 16 世纪 60 年代英国工业革命的到来，使人类社会历史呈现前所未有的发展，实现了社会化大生产。首先，社会化大生产开辟了国际市场。正是由于国内和国际市场的接轨，商品生产得以迅猛的发展，给社会发展注入巨大的内在动力，这种动力便把世界联系为一个整体。其次，社会化大生产导致国际分工，造成世界性的普遍交往，各个国家、民族的交往日益密切。同时，国际分工所创造的现代化交通工具，增强各民族国家相互学习、相互交流的机会，促进了各民族国家社会、经济、文化等各方面的整体性的联系和发展，整个世界日益发展成为一个整体。这就使民族之间在生产、流通和消费等方面的相互依赖和联系得到加强，使得原来的民族史、国家史打上了世界史的烙印，并最终推动世界历史在全球范围内的形成与发展。

（二）马克思"世界历史"理论形成的动因——资本的扩张与资本主义的发展

生产力的发展以及由此产生的交往的普遍发展，是世界历史形成的根本原因，也促成了马克思"世界历史"理论的形成。那么生产力和交往为什么只有到资本主义社会到来之时才会得到普遍发展并促使世界历史的形成？马克思认为世界历史的形成是资本主义社会发展的必然产物。马克思在《德意志意识形态》、《共产党宣言》等相关著作中，从唯物史观出发，揭示出了资产阶级以新航路的开辟为出发点，通过贸易和殖民掠夺进行的资本原始积累，完成了产业革命，开拓了市场，进而开创了资本主义世界历史时代的历程。

---

[1] 《马克思恩格斯选集》第 1 卷，人民出版社 1995 年版，第 106 页。

马克思认为，历史向世界历史的转变是与资本主义的演变处在同一过程。由于14—15 世纪新航路的发现，历史向世界历史转变拉开了序幕。随着世界交往的范围日益扩大，给资本主义发展提供了更加广阔的市场，生产力迅速发展，资本主义开始了世界范围的发展。因此，马克思认为新航路的开辟具有双重的意义世界历史的开始和资本主义的发展。与新航路的开辟同时，随之而来的是资产阶级资本的积累过程。而这种资本积累的过程是通过暴力和血腥手段完成的。用武力掠夺和商业贸易双重手段，资本家将美洲、亚洲、非洲等广大地区，变成自己的殖民地。因为如果不进行殖民掠夺，单靠资本主义的自然发展速度，是不能满足资产阶级贪婪的本性的。与殖民掠夺同样灭绝人性的，是奴隶贸易。这种以罪恶的殖民和奴隶贸易为基础的掠夺为工业国提供了资金和原料，促进了工业的发展。而由此发展起来的大工业，正是世界历史形成的物质前提。而资本的扩张和资本主义的发展，则成为历史向世界历史转变的动因，也是马克思"世界历史"理论形成的动因。

（三）马克思"世界历史"理论形成的标志——世界市场的建立

"一般说来，世界市场是资本主义生产方式的基础和生活条件。"[①]没有世界市场的建立和扩张，也就没有资本主义的产生和发展，没有世界历史的形成。当然，也就没有马克思"世界历史"理论的创立。资本主义生产方式的建立，大工业的产生和资本扩张的本性通过促进世界市场的形成，使历史转变为世界历史。世界市场标志着人类社会经济形态全球化的开始。"资产阶级社会的真实任务是建立世界市场（至少是一个轮廓）和以这种市场为基础的生产。"[②]

马克思认为资本主义生产方式本身不可能停留在民族国家的范围内，资本的扩张本性决定了它一定要打破一切限制，而"夺得整个地球作为它的市场"。资本主义的市场是与资本国际化和生产的国际分工紧密联系在一起的。随着世界市场的充分发展，各国的生产活动与消费活动日益处于相互依赖和相互渗透的状态中。这一状态使世界经济、政治和文化出现越来越紧密的联系，原来相互分割的民族历史也就成为了世

---

① 《马克思恩格斯全集》第 25 卷，人民出版社 1975 年版，第 126—127 页。
② 《马克思恩格斯全集》第 29 卷，人民出版社 1975 年版，第 348 页。

界历史。马克思提出了自己的世界历史理论正是通过对世界市场的性质、规律和形成过程的分析。他明确指出,世界历史不是过去一直存在的,而是资本主义生产方式发展的结果,是大工业、世界贸易和世界市场发展的历史结果。在当代,这种状态体现为经济全球化,或者可以说当今世界的全球化就是资本主义的全球化扩张的结果。

世界市场的形成是世界历史开创的标志。马克思正是从世界历史的角度得出唯物史观的。因此,他也就自然而然地得出历史向世界历史的转变是与资本主义的兴起、发展、灭亡是同一个过程。资产阶级在开创世界市场的同时,进而也开创了资本主义的世界历史时代。

二 马克思"世界历史"理论的当代性

随着当代社会的发展,马克思的"世界历史"理论备受学界关注。站在时代发展新的起点上重新审视马克思的"世界历史"理论及其当代性,不仅是社会发展的需要,也是世界历史理论本身发展的内在需要。马克思的"世界历史"理论,作为经典的唯物史观原理,它对我国的社会发展,无疑具有重要的当代价值。

(一) 马克思"世界历史"理论与全球化

马克思没有提过全球化,全球化与马克思讲的世界历史相比,从广度或者深度上都有很大的不同,但其实质并未改变。当代全球化实际上是历史向世界历史转变的一个特定阶段,也证实了马克思对全球化的科学预见。马克思的"世界历史"理论则为我们正确认识和把握全球化提供了一个科学的理论武器,运用这个理论去分析和把握全球化的实质与特征,并考察全球化时代对我国社会主义发展的历史机遇,便能认清世界历史的走向,并制定出科学的应对策略。

在当代,全球化是一种客观事实。虽然马克思在其著作中没有使用"全球化"一词,但是他的世界历史理论实际上是最早的全球化理论。在马克思的著作中可以看出,他是从当时的历史条件出发,把其所处的时代概括为历史向世界历史转变的时代。马克思的这个论述,对应对21 世纪更为激烈的全球化浪潮的冲击,无疑具有极为深刻的启迪作用和重要的理论实践意义。纵观历史,当代全球化虽有自己的特点,但其资本扩张本性依然没变。当代全球化就是世界历史在今天的展开形式。虽然，在生产力发展水平上，在交往的深度和广度上，全球化都不是早期的世界历史所能比拟的，但是，马克思"世界历史"理论的主要内容，对于今天的全球化仍然是适用的。

在当代，全球化虽然出现了新特征、新情况，但其本质没变。首先，从世界格局来看，全球化是资本主义发达国家为主导的这个方向没有变。其次，资本主义发达国家借助全球化实现资本扩张的本性没有变。最后，全球化是资本主义国家为主导的经济、政治、文化等全方位的全球化，不仅仅有经济侵略，还有政治制度、意识形态方面的不断渗透。总之，发达资本主义国家，在全球化中有足够的能力极大获取最大利益、实现本国资本家的利益，使发展中国家大众的利益再次经受严重威胁。由此可见，以经济为主的全球化的发展，也是一个体现国家利益的再调整的方式，世界上各国之间的利益的冲突和重新分配是难免的，甚至世界上各民族国家的主权都将面临严峻的挑战。

在当今全球化发展强劲的形势中，作为发展中国家，更是面临着严峻的挑战。因此，面对全球化的态度应该是，运用马克思的"世界历史"理论，深化对全球化本质的认识，为我国把握和参与全球化进程，采取正确的方法和策略，积极主动应对全球化的挑战做好准备。

（二）马克思"世界历史"理论与唯物史观

马克思"世界历史"理论不仅与唯物史观有着不可分割的内在联系，而且其理论进一步丰富和发展了唯物史观。

马克思的"世界历史"理论是唯物史观进一步发展的前提。一方面，世界历史是唯物史观形成的现实前提。在资本主义社会之前的社会形式中，人们是无法从整体上把握人类历史发展的总规律的，因为在此前的历史发展中，各个民族国家都有着各自的发展道路，并且相互独立。到了资本主义开辟了全球化的今天，世界历史的把握才成为可能。只有用这种全球化的视野才能真正把握和理解世界历史。另一方面，正确认识当代资本主义社会也是正确理解人类全部历史的前提。历史向世界历史的转变是在资本主义社会中出现的一个极为重要也是必然的现象。对这一现象的研究表明，"世界历史"理论是唯物史观形成和发展的现实和理论前提。

马克思"世界历史"理论给唯物史观带来了许多全新的命题。随着世界历史进程的不断推进，世界交往变得日益频繁。各个民族国家也由过去的相对独立的发展演变为现在的受全球化影响的相互融合与制约的发展模式。这就必然导致了许多以前不可能遇到的新问题。这些问题要能够得到合理而科学的解释与解决，就不能脱离世界历史，不能脱离唯物史观。世界历史形成后，任何一种看似民族的、国家的事情，实际上都具有世界历史的意义。马克思指出："如果在英国发明了一种机器，它夺走了印度和中国的无数劳动者的饭碗，并引起这些国家的整个生存形式的改变，那么，这个发明便成为一个世界历史性的事实。"① 由此可见，自从世界历史形成以后，孤立的、绝对独立的民族和国家已不复存在。它们已经成为世界历史整体的一个器官，只有与整体联系在一起，才有器官的意义。因此，对于整个世界、整个人类所面临的问题如何解决，就需要从根本上去加以思考。这对发展历史唯物主义就显得尤为重要。

当今时代，世界历史越来越表现为一个多维度的过程，全球化已成为一个明显的时代特征，并不可逆转地渗透到经济、政治、文化等各个层面。在这样的世界历史背景下，马克思"世界历史"理论不仅仅提供了一种考察社会历史问题的理论指南，更重要的是它提供了一种新的思维方式：要用具有世界历史的眼光来全面认识社会历史，合理引导社会发展。

（三）马克思"世界历史"理论与当代资本主义

在当前资本主义主导的全球化时期，资本主义是一个不能回避的问题。即使发展社会主义，也必须面对资本主义。历史的、客观的、全面地认识当今资本主义的态势是我们应该持有的正确态度。

首先，必须充分肯定资本主义和资产阶级在世界历史长河中所作出的巨大贡献。在生产力方面，资产阶级创造了巨大的生产力，由于生产力的发展，打破了原有的宗法关系和自给自足、闭关自守状态，这样就必然会在物质生产和文化精神生产上促进各个民族的相互来往，从而开创世界历史。由此，我们不得不承认资本主义所具有的强大的生命力和

发展力，它作为人类历史发展的产物，走到今天，说明它具有的优势和发展潜能与自我调节的适应能力。"生产的国际化拓展形式，表征着生产的社会化发展到了现代化的程度和水平。"① 在当今社会，尽管资本主义国家，特别是发达资本主义国家在全球化拓展上占主导地位，给发展中国家带来了重大的危机和灾难，我们也尽可以去指责、抗议。但同时我们也不能否认资本主义在整个世界历史进程中所起到的积极的、具有革命性的作用和地位。

因此，在当前的社会背景下，我们必须运用马克思"世界历史"理论对当代资本主义进行全面的、彻底的、深入的认识与再认识。当然，在我们肯定资本主义和资产阶级的巨大作用的同时，也要看到资本主义的危机是不可避免的。这是由于资本主义的根本矛盾所决定的，即生产资料私有制与社会化大生产的矛盾是无法调和的。

当前以资本主义为主导的全球化实质就是资本主义的扩张，虽说当前的世界大环境和大背景是和平与发展，在这一背景下，资本主义全球的扩张不再诉诸武力，但是，变换方式的入侵与掠夺却从没有停止。在和平与发展成为世界主题的背景下，以资本主义为主导的全球化的主题形式也发生了巨大的改变。由侵略、掠夺的主题转为竞争、合作的主题。由血泪史变成了竞争发展史。但是，它的实质也同样是残酷的，甚至带有更多的欺骗性，给人以公平的假象。

资本主义由于全球化时代的到来，在一定程度上减缓或调整了资本主义的矛盾。全球化为资本主义减缓矛盾提供了条件，它让许多要素（包括资本、信息、技术、资源）在全球范围内得到了有效的配置。但是，在马克思看来这些并不意味着资本主义能逃脱最终灭亡的必然性。因为资本主义的内在矛盾实质上是通过劳动与资本的关系体现出来的。正如马克思所说："资本主义生产方式所具有的狭隘的生产形式……使自身在一定发展阶段上成为生产力生产的限制或桎梏，因而资本的限制正是资本自身。"② 所以，资本主义为主导的全球化时代，资本主义的发展虽然发生了很多新变化，但并没有改变资本主义的内在矛盾和其本

---

① 李恒举、王复三：《美国国际化和当代资本主义发展趋势》，中国社会科学出版社1993年版，第4页。

② 《马克思恩格斯全集》第46卷上，人民出版社1979年版，第41页。

质的实质。这些矛盾也决定了资本主义必然要为新的更高的社会形态——社会主义所代替。但是，正如马克思指出的，"无论哪一个社会形态，在它们所能容纳的全部生产力发挥出来以前，是决不会灭亡的；而新的更高的生产关系，在它存在的物质条件在旧社会的胎胞里成熟以前，是决不会出现的"①。也就是说，全球化时代的资本主义依然还有发展空间，它的生命力尚未枯竭，它将在一个相当长的时期里继续存在。这表明，社会主义取代资本主义是一个漫长而曲折的历史过程，但我们坚信，资本主义必然灭亡，社会主义必然胜利。

（四）马克思"世界历史"理论与构建和谐社会理论

马克思"世界历史"理论的价值，使人类实现和谐发展与最终解放，它为建设社会主义和谐社会提供了理论基石。人与世界的和谐，是人与世界在整体发展的历史过程中达到和谐与解放。对一个民族国家而言，就是要实现人与社会、人与自然之间的整体和谐发展。和谐社会理论是"世界历史"理论在当代社会的现实表达。和谐理念是在世界生产力急速发展和世界各民族相互依赖、相互依存、普遍交往基础上产生的，这也是顺应了世界历史发展潮流的伟大理论创新。

实现社会和谐，建设美好社会，始终是人类孜孜以求的一个社会理想，也是包括中国共产党在内的马克思主义政党不懈追求的一个社会理想。根据马克思主义基本原理和我国社会主义建设的实践经验，在新世纪我国经济社会发展出现的新趋势、新特点，我们要建设的社会主义和谐社会，应该是民主法治、公平正义、诚信友爱、充满活力、安定有序、人与自然和谐相处的社会。社会主义和谐社会的理论的提出与确立，为实现中国社会主义现代化和中华民族的伟大复兴，为中国在世界历史的发展中，不断实现人与世界的和谐发展提供了思想保障。社会主义建设也是一项世界历史性的事业，必将在世界历史发展中产生深远的影响。

当代全球化阶段的事实已经表明，资本主义主导的全球化，不能从根本上解决人与自然、人与社会以及人与自身的一系列矛盾和问题。应当承认，在资本主义主导的全球化中，人类在社会生产力发展方面取得了巨大进步，创造了巨大物质财富。但是，自然环境遭到极大破坏，贫富分化不

---

① 《马克思恩格斯选集》第 2 卷，人民出版社 1995 年版，第 83 页。

仅没有消除，反而更加悬殊，恐怖主义和犯罪活动等全球性问题依然存在，人与世界的关系并不和谐。中国共产党在深刻认识世界历史发展规律和总结国内外社会发展经验教训的基础上，提出了构建社会主义和谐社会的理论。因此，"世界历史"理论是我们构建和谐社会主义的理论基石，这也是马克思"世界历史"理论当代性的最重要的理论和实践价值。

在当下，我们研究马克思"世界历史"理论对我们正确认识当代资本主义态势，正确认识中国特色社会主义的发展，特别是对于我们学习实践科学发展观，坚持改革开放，推动建设持久和平的和谐世界具有的重大现实意义。

（作者单位：西南民族大学政治学院）

马克思的"世界历史"理论及其当代价值

彭　伟

马克思在《1844 年经济学哲学手稿》中首次提出"世界历史"理论，并在《德意志意识形态》、《共产党宣言》两篇著作中较为系统地展开论述。马克思的"世界历史"理论是唯物史观的核心内容，是分析人的自由全面发展的方法论基础，也是实现共产主义社会目标的理论基础，对历史研究具有借鉴意义。

一　马克思的"世界历史"理论的文本解读

马克思在《1844 年经济学哲学手稿》中指出："五官感觉的形成是迄今为止全部世界历史的产物。"① "整个所谓世界历史不外是人通过人的劳动而诞生的过程，是自然界对人来说的生成过程，所以关于他通过自身而诞生、关于他的形成过程，他有直观的、无可辩驳的证明。"②马克思从自然主义的立场出发，强调人的感觉是社会实践的产物，将人的感觉同历史形成过程联系起来，并且能够随着历史的发展而处于不断的历史发展变化之中。这种观点既看到人的感觉与动物的感觉的根本区别，同时看到了人的社会实践在历史过程中的重要性，为世界理论的形成奠定理论基础。

马克思从德国的思想革命出发，对前人的理论进行学术批判，说明唯物主义和唯心主义的对立，进而提出世界历史形成的基础。在《德意

---

① 马克思：《1844 年经济学哲学手稿》，人民出版社 2000 年版，第 87 页。
② 同上书，第 92 页。

志意识形态》中形成了比较系统的世界历史理论。他提出"历史不外是各个世代的依次交替。每一代都利用以前各代遗留下来的材料、资金和生产力；由于这个缘故，每一代一方面在完全改变了的环境下继续从事所继承的活动，另一方面又通过完全改变了的活动来变更旧的环境……各个相互影响的活动范围在这个发展进程中越是扩大，各民族的原始封闭状态由于日益完善的生产方式、交往以及因交往而自然形成的不同民族之间的分工而消灭得越是彻底，历史也就越是成为世界历史"①。随着生产力的发展，分工的细化，交往的加强，各民族、国家的封闭状态日益被打破，相互影响、彼此依存的程度不断增强。世界普遍交往不断扩大，交往发展的程度也不断提高，市场越来越成为世界市场，历史也越来越成为世界历史。马克思关于世界历史形成的原理告诉我们，在继承前人活动的基础上，生产力、交往方式都会有所进步，交往方式的演变，使社会形态的演进成为一个必然的历史发展过程，在这个过程中，生产力和交往方式的发展起着决定性作用。

历史不仅是各民族、国家的历史，也是人和人类的历史。马克思在《德意志意识形态》中指出，人的发展不是单个人的发展，而是一切人的发展，即人类的发展。他指出："在真正的共同体的条件下，各个人在自己的联合中并通过这种联合获得自己的自由。"② 每个人只有在作为类的全面发展的真正共同体中才能获得自己的全面发展，"只有在共同体中，个人才能获得全面发展其才能的手段，也就是说，只有在共同体中才可能有个人自由"③。马克思在讲世界历史的形成过程中，特别指出人的自由全面发展，个人的发展只有在"真正共同体"中才能实现。"在这个共同体中各个人都是作为个人参加的。它是各个人的这样一种联合（自然是以当时发达的生产力为前提的），这种联合把个人的自由发展和运动的条件置于他们的控制之下……各个人都有可能利用偶然性。这种在一定条件下不受阻碍地利用偶然性的权利，迄今一直称为个人自由。"④ 因此，讲人的发展，只能是类和个人统一意义上的发展，是自由全面的发展。离开了类的发展，不可能有真正意义上的每个人的

① 《马克思恩格斯选集》第 1 卷，人民出版社 1995 年版，第 88 页。
② 同上书，第 119 页。
③ 同上。
④ 同上书，第 121—122 页。

发展；同样，离开了每个人的发展，也不可能有真正意义上的类的发展，类的发展最终体现为人的个体的发展。这也为人的自由全面发展奠定了方法论基础。

马克思的"世界历史"理论是根据资本主义当时的现实状况，各国家先后进行工业革命，进行机器化大生产，各民族之间相互作用不断加强，促进各民族历史转变为世界历史。马克思在《共产党宣言》中对世界历史的形成过程、所产生的结果进行了更加详细的论述。他指出："美洲的发现、绕过非洲的航行，给新兴的资产阶级开辟了新天地。"①"正像它使农村从属于城市一样，它使未开化和半开化的国家从属于文明的国家，使农民的民族从属于资产阶级的民族，是东方从属于西方。"进而"各自独立的、几乎有同盟关系的、各有不同利益、不同法律、不同政府、不同关税的各个地区，现在已经结合为一个拥有统一的政府、统一的法律、统一的民族阶级利益和统一的关税的统一的民族"②。世界历史是社会发展到资产阶级的必然产物。资本主义大工业的发展，急需对外扩张，进行殖民掠夺，占领原料产地，打破了遥远国家的封闭状态，使其了解新的文明。随着生产力的发展、分工的增多，资本主义的发展又会促进世界历史的发展。

马克思在《共产党宣言》中指出，随着资本主义的发展，"整个社会日益分裂为两大敌对的阵营，分裂为两大相互直接对立的阶级：资产阶级和无产阶级"③。资产阶级和无产阶级之间的矛盾是资本主义生产力和生产关系矛盾在阶级关系上的体现，两个阶级的矛盾是不可调和的，"资产阶级的灭亡和无产阶级的胜利是同样不可避免的"④。无产阶级反对资产阶级的胜利，推动人类社会向共产主义过渡。随着资产阶级本身的发展，无产阶级也得到了一定程度的发展，"资产阶级不仅锻造了置自身于死地的武器；它还产生了将要运用这种武器的人——现代的工人，即无产者"⑤。普遍的交往使生产力获得空前的发展，为共产主义取代资本主义奠定了基础。

---

① 《马克思恩格斯选集》第1卷，第273页。
② 同上书，第277页。
③ 同上书，第273页。
④ 同上书，第284页。
⑤ 同上书，第278页。

二 马克思的"世界历史"理论的若干原则

通过以上文本的解读，认识到马克思的"世界历史"理论不同于一般意义上的历史学，更不是各民族历史的简单的总和，而是一个整体范畴。它是在以发达的生产力为支撑，以各个民族和国家的普遍交往、相互交融的历史运动为基础，资本主义大工业在世界范围内得到普遍发展的条件下，各民族历史相互作用、不断融合的产物。马克思的"世界历史"理论总体来看主要有以下几个方面的原则。

（一）生产力的发展以及交往分工是世界历史形成的基础

马克思认为，随着生产力的发展，必将促使各民族和国家的普遍交往。由于每一个民族的生产力、分工和内部交往的发展程度不尽相同，各民族之间必然发生相互碰撞、相互融合，促进世界分工的进一步发展。"各民族之间的相互关系取决于每一个民族的生产力、分工和内部交往的发展程度。这个原理是公认的。然而不仅一个民族与其他民族的关系，而且这个民族本身的整个内部结构也取决于自己的生产以及内部和外部的交往的发展程度。"① 先进生产力同落后生产力发生碰撞，先进民族和国家的生产力带动落后民族和国家的生产力，促进世界整体生产力的发展。

生产力的发展推动交往的普遍扩大，逐步形成世界性的大分工。交往方式的变更在一定程度上促进了世界市场的形成。18世纪中期，英国首先进行工业革命，资本主义生产逐步转变为机器大生产；工业革命进一步促进了交通方式的变革，使得先进资本主义国家更有利地向其他各地进行殖民扩张，占领更多的世界市场，促进资本的流动，世界市场不断扩大。

（二）马克思探讨世界历史发展的根本目的在于探求人的解放道路

马克思谈论世界历史，并不是有意要构建一种理论，而是通过探求共产主义社会的必然性来探求人的解放的根本道路与实现途径，论述共

---

① 《马克思恩格斯选集》第1卷，第68页。

产主义社会的到来。马克思提出："在共产主义社会里，任何人都没有特殊的活动范围，而是都可以在任何部门内发展，社会调节着整个生产，因而使我有可能随自己的兴趣今天干这事，明天干那事，上午打猎，下午捕鱼，傍晚从事畜牧，晚饭后从事批判，这样就不会使我老是一个猎人、渔夫、牧人或批判者。"① 人的社会活动不再被固定化，而是随着自己的意愿，从事自己喜欢的事情，这只能在社会物质基础发展成熟后才能实现。所以说，世界历史理论是马克思唯物史观的重要组成部分。

（三）马克思"世界历史"理论对前人的继承与超越

马克思是在论述自己的"世界历史"理论时，借鉴了前人的世界历史思想，形成了自己独特的"世界历史"理论的。在黑格尔看来，世界历史的真正基础是理性精神，理性支配一切，马克思继承并且发展了黑格尔的思辨性，从黑格尔的精神世界走向了现实的世界。马克思认为黑格尔的伟大之处在于，他"把人的自我产生看作一个过程，把对象化看作非对象化、看作外化和这种外化的扬弃；可见，他抓住了劳动的本质，把对象性的人、现实的因而是真正的人理解为他自己的劳动的结果"②。马克思批判了黑格尔的"精神"、"自我意识"，"自然界的人的本质只有对社会的人说来才是存在的；因为只有在社会中，自然界对人说来才是人与人联系的纽带，才是他为别人的存在和别人为他的存在，只有在社会中，自然界才是人自己的人的存在的基础，才是人的现实的生活要素"③。把对自然界的研究作为世界历史研究的起点。他继承了黑格尔世界历史理论的合理内核，把黑格尔颠倒的世界观再颠倒过来，运用唯物主义分析现实的世界，强调从当时的历史状况出发，分析资本产生、扩大后的一系列结果。随着交往和分工的不断扩大，人作为类存在物的活动过程中会产生矛盾，这种矛盾会不断扩大，之后人想显示出自己全部的类力量，必须借助于历史的结果才能实现，进而人类社会的历史越来越成为世界历史。

---

① 《马克思恩格斯选集》第 1 卷，第 85 页。
② 马克思：《1844 年经济学哲学手稿》，第 101 页。
③ 同上书，第 83 页。

（四）马克思"世界历史"理论的目标是实现共产主义

马克思认为人类社会的最终形态是实现共产主义，而共产主义的实现是一个长期的历史过程，也是我们的最终奋斗目标。马克思在论述世界历史时都是以实现共产主义为奋斗目标的。世界市场的形成过程，世界历史形成的过程，都是通向共产主义的必然阶段。随着交往分工的不断扩大，资本主义社会出现资产阶级和无产阶级两大对立阶级，两个对立阶级的矛盾的彻底解决，也伴随着一切旧的生产关系和交往关系的基础必然会被推翻，伴随着人类解放运动的历史发展过程。马克思在《1844 年经济学哲学手稿》中指出："共产主义是私有财产即人的自我异化的积极的扬弃，因而是通过人并且为了人而对人的本质的真正占有……这种共产主义，作为完成了的自然主义 = 人道主义，而作为完成了的人道主义 = 自然主义，它是人和自然界之间、人和人之间的矛盾的真正解决，是存在和本质、对象化和自我确证、自由和必然、个体和类之间的斗争的真正解决。"① 共产主义社会是生产力和生产关系、经济基础和上层建筑矛盾运动的结果，是无产阶级的最终奋斗目标，也是世界历史发展到成熟阶段后必然存在的社会形态。到共产主义社会，人与自然、人与社会、人与人都能和谐相处。

三　马克思的"世界历史"理论与全球化的关系

全球化是人类社会发展的一种现象过程，已经成为一种不容否认的客观事实，是指全球联系不断增强，人类生活在全球规模的基础上发展及全球意识的不断崛起，国与国之间在政治、经济贸易上互相依存。20世纪 90 年代以来，全球化浪潮不断高涨，对人类社会的影响层面也不断扩大。全球化的发展打破了社会原来相对孤立的状态，使世界上的各个国家、民族融合度不断提高，使相对落后的国家、地区能够靠着吸引、利用外资促进本国、本地区的发展，提高本国的综合能力，逐渐融入世界市场。全球化的发展已经成为一个不可阻挡的趋势。

近年来，用马克思"世界历史"理论来分析当今世界全球化的趋势

① 马克思：《1844 年经济学哲学手稿》，第 81 页。

也不断加强，马克思的"世界历史"理论越来越受到人们的重视。学术界关于马克思"世界历史"理论与全球化关系的论述主要有以下几种观点：一种是认为世界历史理论等同于全球化的理论；一种是世界历史理论与全球化是完全不同的两个概念。笔者认为马克思的"世界历史"理论与当今世界的全球一体化是有一定联系的，但直接用它来评价当今的世界经济、政治一体化未免有些牵强附会，因为当今世界的全球化与马克思的"世界历史"比起来，无论在广度还是深度上都有了巨大的变化，全球化理论不过是马克思"世界历史"理论的一个方面的表达和验证，二者有着明显的区别和联系，我们要用发展着的马克思主义唯物史观来看待当今社会的新变化。

（一）马克思"世界历史"理论与全球化理论的内在联系

当今世界全球化的表现最鲜明的就是经济全球化。经济全球化主要涉及经济、资本、技术等在世界范围内的转移与流动。世界市场是世界历史存在的必要前提，世界历史和全球化理论都是以世界市场的开拓为前提的。马克思在《共产党宣言》中指出："资产阶级，由于开拓了世界市场，使一切国家的生产和消费都成为世界性的了。……古老的民族工业被消灭了，并且每天都还在被消灭。它们被新的工业排挤掉了，新的工业建立已经成为一切文明民族的生命攸关的问题；这些工业所加工的，已经不是本地的原料，而是来自于极其遥远的地区的原料；它们的产品不仅供本国消费，而且同时供世界各地消费。旧的、靠本国产品来满足的需要，被新的、要靠极其遥远的国家和地带的产品来满足的需要所代替了。过去那种地方的和民族的自给自足和闭关自守状态，被各民族的各方面的互相往来和各方面的互相依赖所代替了。"① 通过资本的流动进行扩张，不断地扩大生产和投资的范围，逐步建立世界市场，在这一点上全球化理论和世界历史理论有共同性。马克思早就预见到了世界市场的形成过程及原因，资本主义在全球范围内的扩张是世界市场形成的基础，使一些原始封闭的地区、民族的平静逐渐被打破，进而卷入野蛮的扩张中去，全球一体化趋势不断加强。

马克思世界历史发展与全球化发展的最根本的动力都是生产力的发

---

① 《马克思恩格斯选集》第 1 卷，第 276 页。

展，资本主义成为世界的主导，"各民族之间的相互关系取决于每一个民族的生产力、分工和内部交往的发展程度。这个原理是公认的。然而不仅一个民族与其他民族的关系，而且这个民族本身的整个内部结构也取决于自己的生产以及内部和外部的交往的发展程度。一个民族的生产力发展的水平，最明显地表现于该民族分工的发展程度。任何新的生产力，只要它不是迄今已知的生产力单纯的量的扩大（例如，开垦土地），都会引起分工的进一步发展"①。自资本主义建立大工业以来，采用先进技术，利用先进设备，运用世界各地的原材料，创造出比过去任何时代的生产力总和还要多的生产力，不得不说世界市场建立的过程促进了社会的发展，全球化也是社会化大生产的必然产物。马克思在《共产党宣言》中就指出："资产阶级在它的不到一百年的阶级统治中所创造的生产力，比过去一切世代创造的全部生产力还要多，还要大。"②生产力的发展和生产资料交往的普遍化是推动世界历史发展的根本动力，也是全球化趋势形成的根本动力。

（二）马克思"世界历史"理论与全球化理论的区别

虽然全球化理论与马克思"世界历史"理论有一定的联系，表现出很多世界历史理论所论述的现象和发展趋势。但当今的全球化现象，不论是经济全球化、政治全球化以及文化全球化等，都只是世界历史理论的某一个方面的表达和验证，现在所讲的全球化理论大多脱离了马克思当时的"世界历史"理论的轨迹。

马克思研究"世界历史"理论，通过对资本主义大工业，开创世界历史的现实分析，论述共产主义社会的必然性，从而探求人的解放的道路与根本途径。马克思"世界历史"理论是通过对唯心主义的批判形成的科学的唯物史观。虽然是资产阶级开创大工业，促进世界市场的形成，但最终的胜利者将是无产阶级，"随着大工业的发展，资产阶级赖以生产和占有产品的基础本身也就从它的脚下被挖掉了。它首先生产的是它自身的掘墓人。资产阶级的灭亡和无产阶级的胜利是同样不可避免

---

① 《马克思恩格斯选集》第1卷，第68页。
② 同上书，第277页。

的"①。马克思认为世界历史发展的最终结果是实现共产主义，"随着资产阶级的发展，随着贸易自由的实现和世界市场的建立，随着工业生产以及与之相适应的生活条件的趋于一致，各国人民之间的民族分隔和对立日益消失"②。而现在的全球化理论多数脱离了马克思"世界历史"理论论述的根本目的和最终目标，只是从表象上来论述世界历史的特征。全球化的目的是通过资本的流动，通过宣传资本主义的合理性与优越性，占领更多的世界市场，向世界各地不断扩张，是为资本主义服务的。从这一根本目标以及途径来看，全球化理论同世界历史理论有着本质的区别。

（三）马克思"世界历史"理论对全球化的启示

全球化是社会发展的自然历史过程，全球化不等同于世界历史。我们也要用发展着的马克思主义来理解现实世界。首先，我们要充分认识全球化的产生根源、发展过程、根本目的，才能用马克思的世界历史来指导我们的实践活动。全球化的发展并没有消除资本主义的基本矛盾，而是使矛盾不断加深。其次，要从更深的角度来看待全球化，不能仅仅停留在表面，要运用理论对现成的社会基础进行批判，发现世界历史的本质。

四 马克思"世界历史"理论的当代价值

马克思当时提出"世界历史"理论为构建社会主义或者共产主义的学说打下了理论基础。随着社会主义的发展，出现了全球化的现象，虽然马克思并没有提出全球化的观点，但"世界历史"理论并没有过时，仍然适用。我们可以运用"世界历史"理论的基本观点理解当今全球化，指导我们的社会实践，向着我们的最终目标共产主义努力。马克思"世界历史"理论对我们社会主义事业的发展有重要的方法论意义。

（一）发展生产力，坚持中国特色社会主义

生产力的发展，交往方式的变更，交往和分工的普遍扩大是世界市

---

① 同上书，第284页。
② 《马克思恩格斯选集》第1卷，第291页。

场形成的根本动力，是社会向前发展的必要条件。马克思的"世界历史"理论奠定了唯物史观的基础，马克思主义最终要实现的目标，即共产主义社会是社会生产力高度发展，各地交往普遍加强，每个人实现自由全面的发展的社会。这要求我们不断发展先进生产力，获得更多的物质财富，不断发展先进科学技术，提高劳动生产率。生产力的发展水平是检验一切工作的根本标准。作为始终代表先进生产力根本要求的中国共产党，必须带领人民不断解放、发展生产力，走中国特色社会主义道路，凸显社会主义制度的优越性。

（二）参与全球化浪潮，趋利避害

全球化浪潮是世界发展不可阻挡的趋势，只能做弄潮儿，不能自守于桃花源。只有通过工业和商业等一系列的交往，历史才能向世界历史转变。邓小平指出："任何一个国家要发展，不加强国际交往，不引进发达国家的先进经验、先进科学技术和资金，是不可能的。"[①] 这也是对马克思"世界历史"理论的继承与发展。资本主义通过与世界各地的交往与联系，不断建立和发展大工业，开拓世界市场，吸取世界各地的资源，实现国家现代化。中国想要赶上并且超过资本主义发达国家，促进我国的现代化进程以及社会主义事业的发展，必须以积极的姿态应对全球化所带来的挑战，实行对外开放，加强与其他各国家、地区的交往与联系，吸取国外发达国家的先进技术和管理经验，密切同其他国家的政治、经济和文化交流，取其精华，去其糟粕，走新型工业化的发展道路，提高市场在资源配置中的作用，促进我国社会主义事业的快速发展。正如邓小平所说："社会主义要赢得与资本主义相比较的优势，就必须大胆吸收和借鉴人类社会创造的一切文明成果，吸收和借鉴当今世界各国包括资本主义发达国家的一切反映现代社会化生产规律的先进经营方式、管理方法。"[②]

（三）坚持共产主义的根本目标

马克思的"世界历史"理论为我们指明了社会发展的历史规律，这

---

① 《邓小平文选》第 2 卷，人民出版社 1994 年版，第 117 页。
② 《邓小平文选》第 3 卷，人民出版社 1993 年版，第 373 页。

为坚持共产主义目标和理想指明了方向。世界历史的形成为共产主义的实现准备了历史前提与物质基础。我们要以"世界历史"理论为理论基础，坚持共产主义的目标，促进社会主义现代化，努力实现人的自由全面发展。当前，就世界范围来说，资本主义基本矛盾依然存在，金融危机所造成的巨大破坏，说明私有制已成为生产力发展的障碍。当然，资本主义本身还具有相当顽强的自我调节能力，在相当长的时间内，社会主义与资本主义的竞争发展将长期存在。应该坚持共产主义的目标不动摇，把"世界历史"理论与中国具体国情结合起来，始终体现人的自由全面发展这一价值追求，促进我国社会主义现代化事业的发展。

（作者单位：西南民族大学政治学院）

军事上的征服者与文化上的被同化者[*]

——对马克思提出的重要命题的思考

李玉君

马克思在《不列颠在印度统治的未来结果》一文中提出一个重要命题："野蛮的征服者，按照一条永恒的历史规律，本身被他们所征服的臣民的较高文明所征服。"[①] 恩格斯在《反杜林论·暴力论》中也有着相似的论断："每一次由比较野蛮的民族所进行的征服，不言而喻地都阻碍了经济的发展，摧毁了大批的生产力，但在长期的征服中，比较野蛮的征服者，在绝大多数情况下，都不得不适应征服后存在的比较高的经济情况，他们为被征服者所同化，而且大部分甚至还不得不采用被征服者的语言。"[②] 马克思和恩格斯的观点高度一致地揭示了一个普遍的历史规律：较先进的文明与较落后的文明交锋时，最后总是较先进的文明取得胜利。这是历史发展的必然趋势，也是社会进步的保证。先进的文明意味着更充裕的物质财富和更高品质的文化生活，因而对落后民族具有无法抵御的吸引力，促使他们主动或被动地向文明程度较高的民族学习，最终影响和改变自身的生产生活方式，直至发生民族融合。民族融合（民族同化），实则是落后的生产方式向先进者学习的结果，是人类历史发展过程中的一种自然的进步现象。

今天的中华民族大家庭包括五十六个民族，由为数众多的古代民族

* 本文为国家社科基金项目（批准号：11CFX011）、辽宁省教育厅科学研究一般项目（批准号：W2011052）的阶段性成果。

① 马克思：《不列颠在印度统治的未来结果》，《马克思恩格斯选集》第1卷，人民出版社1995年版，第768页。

② 恩格斯：《反杜林论》，《马克思恩格斯选集》第3卷，人民出版社1995年版，第526页。

（包括许多已经消亡的民族）发展而来，民族融合现象从未间断。在民族融合过程中，除了大量的友好交流外，民族间还常会发生摩擦其至是战争。友好和战争都是民族关系史的重要内容，正确认识相关史实并评价其历史作用，对研究中华民族的历史意义重大。马克思阐发的有关"军事上的征服者与文化上的被同化者"这一历史上的重要规律，对于我们研究历史上民族融合相关问题具有极为重要的指导意义，值得我们结合历史上的典型例证作深入分析，以推进民族史研究工作。本文谨对此提出一些不成熟的看法，不当之处，敬请方家斧正。

一 马克思所提出的命题的重要意义

《不列颠在印度统治的未来结果》一文写于 1853 年 7 月 22 日，载于同年 8 月 8 日《纽约每日论坛报》。在这篇通讯里，马克思主要归纳了对处于不列颠征服和统治下的印度的相关问题的看法并预言了印度社会的发展前景。

马克思认为，被不列颠征服之前的印度是一个"不仅存在着伊斯兰教徒和印度教徒的对立，而且存在着部落与部落、种姓与种姓的对立的国家"，是一个"建立在所有成员之间普遍的互相排斥和与生俱来的排他思想所造成的均势上面的社会"。这样的印度社会注定要一次又一次被入侵者征服。在不列颠人之前就有阿拉伯人、土耳其人、鞑靼人和莫卧儿人相继侵入并统治过印度。这些入侵者虽然武力强大，自身文明程度却低于印度，其统治结果只能是像马克思说的那样，"本身被他们所征服的臣民的较高文明所征服"——全都被印度化了。无论入侵者的军队多么强大，靠暴力维持的征服只是暂时的和表面的，只能迫使印度民众被动地接受其统治；与此同时，入侵者却被比自身文明先进的印度文明所吸引，主动或不自觉地被同化。这充分说明相比较于军事征服，先进文明的生命力和影响力更加强大，对落后、野蛮民族的同化势不可挡。尽管着墨不多，马克思对此观点却是立场坚定，论断有力。因为马克思要预言不列颠对印度统治的未来结果，所以他更多谈的是不列颠的征服对印度社会的影响。不列颠统治的结果与之前的入侵者的统治结果完全相反，这恰恰是同一历史规律正反两面的表现形式。不列颠人是第一批文明程度高于印度的征服者，因而结果不是一如既往地被印度同化，而是同化印度。这是前述"永恒的历史规律"的进一步验证。

值得注意的是，马克思确实是善于辩证地分析历史问题的典范。他在肯定不列颠的征服最终会推动印度社会进步的同时，也批判了军事征服的破坏作用，认为印度文明在被征服的前提下取得的进步是要付出惨痛代价的。不列颠对印度的影响包含两个方面：先破坏，再重建，也就是在"消灭旧的亚洲式的社会"的同时"在亚洲为西方式的社会奠定物质基础"。不列颠人首先是用高于印度的文明"破坏了本地的公社，摧毁了本地的工业，夷平了本地社会中伟大和突出的一切，从而消灭了印度的文明"。而对于重建印度所需要的"更加牢固和更加扩大的政治统一"，不列颠人用刀剑来实现，靠电报和军队来巩固。不列颠人对印度的征服和统治，虽然在客观上起到了促进社会发展和民族进步的积极作用，但是也掩盖不住他们对殖民地残酷掠夺和剥削的本性："资产阶级文明的极端伪善和它的野蛮本性……一到殖民地它就毫不掩饰了。"①因此，印度人民在摆脱不列颠资产阶级的枷锁之前，是不会收到不列颠在他们中间播下的社会因素所结的果实的。这说明马克思对以军事征服为先导的强迫式的文明同化持有强烈的批判态度。

《不列颠在印度统治的未来结果》一文发表二十多年后，恩格斯在《反杜林论·暴力论》当中也有与马克思观点一致的论断且内容更加详细。"野蛮的征服者"在用暴力摧毁被征服民族的"大批的生产力"之后，往往"不得不适应征服后存在的比较高的经济情况"而被同化，"甚至还不得不采用被征服者的语言"②。恩格斯认为，在入侵者和被征服者之间，无论居于统治地位的入侵者武力多么强大，决定社会发展方向的都是经济水平（或者说文明）先进的一方：即使拥有"英勇军队"的弗里德里希——威廉四世也不能把落后的"中世纪的行会制度和其他浪漫的狂念，灌输到本国的铁路、蒸汽机以及刚刚开始发展的大工业中去"。此外，与马克思一样，恩格斯也批判了暴力征服对经济和生产力的破坏作用；然而又指出，暴力并非"绝对的坏事"，它客观上还具有促进社会进步的"革命的作用"，是"每一个孕育着新社会的旧社会的

① 以上引文均见于马克思《不列颠在印度统治的未来结果》，《马克思恩格斯选集》第 1 卷。

② 恩格斯：《反杜林论》，《马克思恩格斯选集》第 3 卷，第 526 页。

助产婆"。

马克思、恩格斯概括了人类社会发展的一个普遍规律：社会的进步根本上是由经济状况决定的；文明和文化的影响力远比军事征服强大，代表历史前进的方向；军事征服的野蛮破坏作用应当受到谴责，但在特定历史条件下，它在客观上也能够促使落后民族迅速吸收先进文明。这一规律符合科学的唯物史观，在人类历史上具有普适性。在历史研究中，只要我们把握住文明和文化的发展方向，也就把握住了历史前进的方向，把握住了民族关系的实质。

二 马克思的命题在中国民族史研究上的运用

尽管马克思提出的有关"军事上的征服者与文化上的被同化者"这一"永恒的历史规律"并非针对中国历史提出来的，但它同样也符合中国的历史实际。认真学习和贯彻这一科学论断，有助于我们正确看待各民族的历史和民族间的关系，有利于我们认识社会发展的规律性。为此，我们有必要将这一论断结合中国历史实际作深入分析，并力求提出有创新价值的认识。作为这一论断的适用对象，首先要包含两个民族或族群，即"征服者"和"所征服的臣民"，并且"征服者"是武力强大的"野蛮的征服者"，而"臣民"则拥有"较高文明"；其次，两者的最终关系是"野蛮的征服者"反而被"臣民"的"较高文明"所征服。接下来我们就从这两个层面上来探讨马克思的命题在中国历史实际中的适用性。

中国自古就是一个多民族国家，各民族的差异首先是由各自的地理环境造成的。中国幅员辽阔，境内有平原、高原、丘陵、山地和海滨等多种地形，又分属于亚热带、温带等气候类型，地理环境不同造成了各地区经济发展的差异和不平衡。在黄河、长江两大流域（主要是中原地区），土地肥沃，气候湿润，适合发展农业，先天的优越自然环境由此滋养了先进的古代农业文明。而在周边地区，气候或寒冷或炎热，人们主要采取游牧、渔猎等较原始的生产方式。再从地理位置上看，中原居天下之中，为八方辐辏，便于学习和吸收周边地区先进的生产技术和经验。此外，中华民族的生存环境是一个自然格局上相对独立的空间。北有大漠，西面是难以逾越的高山，西南是急流和峡谷，东面和南面是浩瀚的海洋，四周构成天然的屏障。在这样相对隔绝的格局下，古代民族的活动很难越过这些天然的障碍，境内众多民族于是逐步通过接触、交流甚至摩擦、战争来相互了解、合作，中原地区因而成为周边民族不可或缺的交流平台和联结纽带，成为向边远地区传播先进文化的中心。《公羊传·僖公四年》所载"夷狄也，因亟痛中国，南夷与此狄交，中国不绝若线"即从侧面反映了中原地区的中心地位。作为中华民族主干的汉族的前身华夏族便是在中原地区产生，凭借得天独厚的自然条件发展精耕细作的农业经济，同时广泛吸收周边民族的先进生产技术和文化成败经验，总结同少数民族打交道的策略心得，始终保持先进的文明。其他周边民族则在与中原文化的对峙中处于下风或者臣服的地位。

古代各民族间深层次的差异还是在文明上。马克思论断的适用对象不仅仅要是多个民族，而且要是军事力量和文明程度有相当差别的民族，这一点中国的历史实际也符合。中国的周边少数民族特别是北方的游牧、游猎民族，因为以畜牧、狩猎为生，成年男子几乎都是天生的战士，自然拥有强大的军事力量，在与中原文明的对峙中多次担任了"野蛮的入侵者"角色，如建立北魏的鲜卑族、建立辽朝的契丹族、建立元朝的蒙古族等。这些"野蛮的入侵者"却都建立政权并统治过中国北方或者全境，其军事力量的强大不言而喻。至于拥有"较高文明"的"臣民"角色，则主要由居住于中原地区的以汉族为主体的民族共同体充任。中国历史中至少在五胡十六国时期、辽金元时期和清代是符合"野蛮的入侵者"与拥有"较高文明"的"臣民"之间发生冲突这种描述的。

游牧、游猎民族军事力量的强大很容易理解，而要理解中原文明的先进性，则必须了解中原汉文化。因为是在长期与周边民族接触、交流中形成，中原文化具有兼收并蓄的特质，有包容、同化和改造一切外来因素的心胸，具有巨大的影响力和凝聚力，因而有利于多民族统一和融合。事实上，中原汉文化本身就具有多源性，来自于新石器时期产生的多个文化源头，如仰韶文化（河南）、龙山文化（山东）、河姆渡文化（长江下游）和屈家岭文化（长江中游）等①。到了新石器晚期，以黄帝为首的部落联盟先后战胜了西方的以炎帝为首的部落集团和东方的以

---

① 费孝通：《中华民族之多元一体格局》，中央民族学院出版社1989年版，第7页。

蚩尤为首的部落集团进而在中原地区形成华夏部落集团，三族融合构成了华夏民族的最基本的部分（炎帝和黄帝被奉为华夏民族的共同祖先，此即我们自称"炎黄子孙"的由来）。华夏族基本形成后，历经夏、商、周三代的锤炼，最终走向成熟；又历经春秋时期的争霸战和战国时期的兼并战，通过华夏族和中原周边各族的经济往来、军事攻伐以及人口流动和重组，经过动荡中痛苦的思辨和百家争鸣，最终在秦汉大一统的政治环境下发展成为汉族。中原汉文化正是伴随着汉族发展而来，最终在秦汉时期"天下为一，万里同风"①的大一统文化格局下基本形成。

中原汉文化兼收并蓄的特点和包容同化的心胸突出地表现为儒家思想中开明的夷夏观。先秦时期，中原诸夏一直有一种文化上的优越感并自居于文化上的中心地位，已经形成以中原文化为文化正统的认识，"是以声名洋溢乎中国，施及蛮貊"②。应该强调的是，中原诸夏并不是狭隘地满足于这种优越感，他们还愿意与"夷狄"共享先进的文化，故从春秋时代开始有"用夏变夷"之说。随着中原诸夏与周边民族交流的加强，最终形成两种影响深远的观点。一种强调"华夷之辩"、"严夷夏之大防"，甚至称"非我族类，其心必异"；另一种则认为"夷"、"夏"可以互变，二者之间并无不可逾越的鸿沟。孔子赞同后一种观点，如《论语·八佾》篇："夷狄之有君，不如诸夏之亡也"，意思是说，（有时候）"诸夏"还不如"夷狄"那样遵守君臣之礼。孔子的开明观点被儒家今文公羊学派所继承和发扬，由战国末年口耳相传的《春秋公羊传》到西汉董仲舒著《春秋繁露》，再到东汉末年何休撰《春秋公羊解诂》，形成一套从文化上，而不从种族上区分"夷""夏"的思想学说。这种进步观点，不仅是对孔子思想的继承，也是国家统一、各民族间关系大大加强的时代精神的产物。儒家主张的夷夏观是中原汉文化的精华之一，对于促进民族间的友好交流和共同进步有着十分深远的意义，其影响直到近代。

通过以上对中国古代社会中民族间差异性的分析可知，在某些历史时期北方少数民族凭借强大的军队成为"野蛮入侵者"，拥有基于精耕

---

① 班固：《汉书》卷64下，中华书局1962年版，第2818页。
② 《礼记正义·中庸》，北京大学出版社2000年版，第1704页。

细作的农业文明和汉文化的中原民族则相应成为马克思论断中的拥有"较高文明"的"臣民"。至于两者冲突的结果——军事上的征服者变成文化上的被征服者——的史实例证在中国历史上不胜枚举,在这里以辽、金两朝作为典型的例证。辽、金两朝政权分别由北方少数民族——契丹族和女真族所建立,依靠强大的武力先后占领并统治中国北方地区,治下从事农耕生产的汉族人口占很大比例。为了维护其统治,两朝统治者都主动学习和吸收中原汉文化。首先,最为突出的表现是两朝都自视为中国正统。辽人之自我定位为"中国"生动反映了民族融合的过程:一开始只是认为自己是中国的一部分,接着把宋与自己并称为"南北朝",最后发展到明确地自称"正统"而将宋朝列入"非正统"之闰位①。金人占据中原后也援引"中原即中国"、"懂礼即中国"等汉儒学说自称"中国",但并未将辽、宋排除在"中国"之外②。此外,辽人甚至认为本民族源于炎帝:"辽之先,出自炎帝"③,尽管并不准确。

其次,两朝都实行"因俗而治",继承中原的政治制度并大量起用汉族知识分子。辽太祖阿保机专门设立"汉儿司",任命俘获的汉人韩知古总知汉儿司事,实行番汉分治。阿保机还按照汉人习俗,广置田宅,修建城郭,"以居汉人之降者。又为定配偶,教垦艺,以生养之。以故逃亡者少"④。辽太宗时开始实行双轨制:"辽国官制,分北、南院。北面治宫帐、部族、属国之政,南面治汉人州县、租赋、军马之事。因俗而治,得其宜矣。"⑤ 双轨制官制最直接的表现是大量任用汉族知识分子参与军国政事,如韩知古、康默记、韩延徽等。韩延徽原为幽州刘氏政权的使者,被阿保机扣留而成为他的心腹之臣。《契丹国志》赞曰:"方延徽屈身牧圉,微述律后一言,终其身夕阳牛背间耳。城郭宫室,谁其画之?威服诸番,谁其翼之?太祖之兴,延徽有力焉。"⑥ 金代统治者也沿用中原典章制度,代表金朝律令统一和完善的

---

① 赵永春:《试论辽人的"中国"观》,《文史哲》2010年第3期,第78页。
② 赵永春:《试论金人的"中国"观》,《中国边疆史地研究》2009年第4期,第1页。
③ 脱脱等:《辽史》卷2《太祖本纪下》,中华书局1974年版,第24页。
④ 脱脱等:《辽史》卷74《韩延徽传》,中华书局1974年版,第1231页。
⑤ 脱脱等:《辽史》卷45《百官志一》,中华书局1974年版,第685页。
⑥ 叶隆礼撰,贾敬颜等点校:《契丹国志》卷16,上海古籍出版社1985年版,第165页。

《泰和律义》就大多参照唐律。金朝也大量吸收汉儒参政，特别是从熙宗朝起，大批优秀的汉族官员被选拔出来担任中央机构中的各种高级官吏。台湾学者陶晋生所作"金代统治阶层种族分配表"，统计了金朝统治阶层中各民族的比例，其中汉人多达40.1%①。

最后，两朝都崇尚儒学，接受儒家思想。建政之初阿保机就采纳太子耶律倍"孔子大圣，万世所尊，宜先"的建议，"建孔子庙，诏皇太子春秋释奠"②。这一决策意味着辽王朝主动把儒家思想作为治国的指导思想，此后太宗、景宗、圣宗、兴宗、道宗基本遵循这一治国原则。辽太祖时修孔庙，置国子监以笼络汉族士人；辽太宗时在南京设"太学"；辽景宗时"诏南京复礼部贡院"准备实行科举；辽圣宗时"用唐之制"正式开科取士。史载辽圣宗汉学修养颇高，"道释二教，皆洞其旨；律吕音声，特所精彻。……又喜吟诗，出题诏宰相已下赋诗，诗成进御，一一读之，优者赐金带。又御制曲百余首"③。辽圣宗常以儒家的政治学说为指导思想，"亲以契丹字译白居易《讽谏集》，召番臣（即契丹大臣）等读之"④。金代统治者在占据中原之前已经仰慕中原文化。阿骨打之子完颜宗尧崇敬孔子，天会七年（1129年）引金兵入曲阜后，命知县"引诣圣庙"，"登杏坛，望殿火奠拜"⑤。金熙宗曾说过："孔子虽无位，以其道可尊，使万世高仰如此。"⑥ 熙宗在京师建孔庙，并由皇帝敕命、政府拨款来修复曲阜孔庙。"熙宗即位，兴制度礼乐，立孔子庙于上京"⑦。随即又于天眷三年（1140年）秋"以孔子四十九代孙（孔）璠袭封衍圣公"⑧，并于次年（皇统元年，1141年）二月"亲祭孔子庙，北面再拜"⑨。此后海陵王、章宗等也都曾修复各地孔庙。金代文物"上掩辽而下轶元"，得力于金朝统治者对儒学的大力提

① 陶晋生：《金代的政治结构》，《中央研究院历史语言研究所集刊》第41本第4分（1969年），第583页。
② 脱脱等：《辽史》卷71《宗室·义宗倍传》，中华书局1974年版，第1209页。
③ 叶隆礼撰，贾敬颜等点校：《契丹国志》卷7，上海古籍出版社1985年版，第72页。
④ 同上书，第71页。
⑤ 孔元措：《孔氏祖庭广记》卷3，中华书局丛书集成初编本，1985年版。
⑥ 脱脱等：《金史》卷35《礼志八》，第815页。
⑦ 脱脱等：《金史》卷105《孔璠传》，第2311页。
⑧ 脱脱等：《金史》卷4《熙宗本纪》，第76页。
⑨ 脱脱等：《金史》卷4《熙宗本纪》，第76页。

倡，宗室本身就是一个文化素养较高的群体。金朝太祖"已留心于文事"①，"得辽旧人用之，使介往复，其言已文"②，还重用原辽宋文人，使"金之文治日以盛"③。金熙宗得"燕人韩昉及中国儒士教之"、"宛然一汉户少年子"④，"通识汉语，尝授读于韩昉，知诗文，宗室大臣目为汉儿，亶亦鄙宗室大臣若异类"⑤。海陵王、章宗、世宗等也都以身示范大力提倡儒学。

由于辽金两朝的统治者能够主动学习和吸收中原汉文化，采取比较包容的"因俗而治"的民族政策，使得他们在中原的统治能够长达百余年。当然，期间他们也都采取过一些野蛮政策，如金朝曾多次强制进行民族大迁徙。天会五年（1127年）攻破开封后掠"华人男女，驱而北者，无虑十余万"⑥。后又"虑中国怀二三之心"⑦，在灭亡北宋后几次大规模地把女真人从东北迁到中原各地以监视汉人。这些民族迁徙活动对当地的经济生产有很大破坏作用，但是客观上也因为造成女真、汉族以及其他各民族交错杂居而促进了先进文明的传播和民族融合。

同样作为北方少数民族和中原地区的征服者，与辽、金对中原汉文化的主动学习和吸收不同，元朝则是采取了比较消极、被动的态度。辽金两朝的统治者在建立政权之前就已经仰慕中原汉文化，因此入主中原后很快就主动实行汉化。蒙古族凭着强大的骑兵先后征服了金、西夏、南宋乃至西亚和部分欧洲国家，建立了人类历史上疆域最大的王朝。强大的武力帮助他们夺取了对中原地区的统治权，却无法将他们的经济生产方式也强加到中原地区。在建立元朝之初，蒙古人的部分首领曾有将中原变为牧场的打算，但是最终只能以失败收场。元朝统治者逐步认识到自身文明的落后，为了巩固统治，不得不在保留中原地区的官僚制度

---

① 赵翼：《廿二史札记》卷28《金代文物远胜辽元》，中国书店1987年版，第389页。

② 脱脱等：《金史》卷125《文艺传上》，中华书局1975年版，第2713页。

③ 脱脱等：《金史》卷105《传赞》，第2324页。

④ 宇文懋昭撰，崔文印校注：《大金国志校证》卷12《熙宗孝成皇帝四》，中华书局1986年版，第179页。

⑤ 確庵、耐庵编，崔文印笺证：《靖康稗史七种》之呻吟语，中华书局1988年版，第225页。

⑥ 李心传：《建炎以来系年要录》卷4，建炎元年四月辛酉，中华书局1956年版，第92页。

⑦ 宇文懋昭撰，崔文印校注：《大金国志校证》卷36《屯田》，中华书局1986年版，第520页。

的同时，改革本民族的制度，从奴隶制向领主制全面转化，以蒙古族的贵族领主制来统御汉人及其他民族的官僚制。为此他们不得不接受中原文化，将儒学立为道统。

正如恩格斯在《反杜林论》中所阐述的历史发展趋势，蒙古族也一样地先以野蛮的征服阻碍了中原地区的经济发展，而后在长期的征服中却不得不适应中原地区的农业经济。元朝统治者的被动态度还反映在他们实行阶级压迫的高压政策上。元朝把治下百姓分为蒙古人、色目人、汉人和南人四个等级，阶级矛盾尖锐。虽有强大的军队，元朝在中国的统治却不超过百年，不能不说这与统治者对待中原汉文化的态度有很大关系。反观之后同样靠强大的骑兵建立大一统帝国的清朝（同为女真族建立），对待中原汉文化的态度则是大力学习和仿效，结果出现过康乾盛世那样的局面，其统治延续了两百多年。此外，对于元朝靠军事征服造成的大一统局面，也应该辩证地看待。蒙古早期和元初的破坏，"毕竟是在一定时间内局部地区所发生的现象，就整个中国或蒙古民族本身来考察，元代的社会生产力不是停滞不前，而是向前发展的"①。战争中的野蛮杀戮是应该谴责的，但是统一的政治局面又有利于经济往来和文化交流，有利于社会向前发展。陈垣的《元西域人华化考》记述了132位受中华文化影响而华化的西域色目人，这是国家统一对文化传播有促进作用的例证。

三 马克思的命题对我们理论创新的启示

马克思关于"军事上的征服者与文化上的被同化者"重要命题对我们研究中国历史上各民族间的关系有很大指导意义。但必须注意的是，与马克思提到的印度民族与阿拉伯、不列颠等的关系是本民族与外族的关系不同，中国境内各民族自古毗邻而居，往来关系密切，中国古代的中原民族与周边民族是兄弟民族的关系。这种兄弟民族关系，突出地反映在中原文化"大一统"的政治观和"四海之内皆兄弟"的文化基因上。早在汉代，司马迁在其不朽的通史巨著《史记》中就非常重视记载周边民族的活动，甚至认为他们与中原民族同源："余读《春秋》古

---

① 白寿彝：《中国通史纲要》，上海人民出版社1980年版，第284页。

文，乃知中国之虞与荆蛮句吴兄弟也"①，"匈奴，其先祖夏后氏之苗裔也，曰淳维"②。司马迁分别撰写了《匈奴列传》、《南越列传》、《东越列传》、《朝鲜列传》、《西南夷列传》和《大宛列传》，以具体的史实证明周边民族与中原民族关系的紧密，对于促进全国各民族的统一产生了极其深远的影响。

"军事上的征服者与文化上的被同化者"这一命题符合中国历史实际，近代史家梁启超在《中国历史上民族之研究》一文中曾指出，在中国历史上的民族融合过程中，军事先进的游牧民族往往从"政治上之征服者，变为文化上之被征服者"③。在民族融合相关问题上，梁氏有很多开创性贡献。首先，他提出界定民族的最重要的特征是"民族意识"（即历史文化认同心理）。其次，他论证了中华民族"多元结合"、"诸夏一体"，经历数千年而形成复杂且稳固的民族共同体。他还认识到了中华民族多民族统一、融合的历史趋势，指出汉族本身就是靠融合其他民族"混血"而成。最后，他揭示出了中华民族具有强大凝聚力的深层原因：共同的地域，共同的文字，以及趋向统一、爱好和平兼容并包的民族性格等。此外，梁氏还概括了多种民族融合的方式。

新中国成立后，翁独健、白寿彝、谭其骧等学者在 1981 年的研讨会上提出了"中国历史上民族关系的主流，是各民族的关系越来越密切，共同推动了祖国历史的前进"这一重要观点，相关理论成果还包括翁独健主编的《中国民族关系史纲要》和费孝通论"中华民族多元一体格局"④。特别值得提的是白寿彝对处理历史上民族关系的创见，这在《中国通史纲要》里有专门论述，陈其泰先生将其归纳为以下四点：（一）应平等地把国内各民族共同地视为祖国历史的创造者，各兄弟民族的历史贡献都应该得到重视；（二）应把民族杂居封建化进程作为划分封建社会内部分期主要标准之一；（三）在中国历史上，民族之间的交流和融合是民族关系的主流；（四）应正确评价少数民族建立的统一

---

① 司马迁：《史记》卷 31《吴太伯世家》，第 1475 页。
② 司马迁：《史记》卷 110《匈奴列传》，第 2879 页。
③ 梁启超：《中国历史上民族之研究》，《饮冰室合集》第 8 册，专集之四十二，中华书局 1989 年版，第 862 页。
④ 费孝通：《中华民族的多元一体格局》，中央民族学院出版社 1989 年版。

政权的历史地位。① 总的来说，白寿彝主张要把对历史问题的具体分析、恰当论断，和加强今天的民族团结的著述目的结合起来。他的这些创见具有科学价值和时代高度，非常值得我们重视和学习。

近代梁启超的观点，以及新中国成立后费孝通、白寿彝等学者的理论成果，对中国历史研究，特别是民族史研究有极为重要的理论意义。再进一步结合马克思主义基本理论，非常有助于我们探索中国历史发展的过程和特点，有助于加强对多民族统一和融合趋势的认识。梁氏曾将民族融合方式概括为四种："其一，寇暴内地，留而不归，后遂散为齐民"；"其二，华人投入其族，抚有其众，因率以内附"；"其三，略责为奴婢，渐滋殖成编氓"；"其四，历代用兵征服，强迫同化"。笔者认为，梁启超的概括过于注重具体过程。若遵循《中国通史纲要》提出的几条原则并从马克思命题的视角出发，站在加强今天各族人民团结的立场上来看，则中国历史上的民族融合就是各兄弟民族在各种形式的接触（经济往来、文化交流以及军事征服）中淘汰落后生产生活方式、学习先进文明的过程；或是在中原民族军事力量强大或与周边民族力量相当的和平时期，少数民族向往中原文明，徙迁内地与汉民族杂居，接受先进的汉文化，最终融于汉族（隋唐时期）；或是在少数民族军事力量强大并以武力征服中原后，为了稳固统治和长治久安，统治者或主动（北魏、辽、金、清）或被动（元代）继承中原的典章制度和文化等。当然，这里主要是针对大规模的民族融合而言，因此最终都是朝着中原先进文化决定的方向发展；不排除在某些时期的特定地区，也发生过原属中原民族的民众进入周边地区然后被当地民族同化的现象。另外要强调的是，由于中原的富庶以及中原文化包容的特点，即使是在拥有强大军队时，中原政权也很少会采用武力胁迫的方式"用夏变夷"，类似不列颠推动印度进步的例子在中国历史上很少见。

由于中国相对独立隔绝的地理格局，古代民族的活动被局限在中华大地上，多民族统一和民族融合是众民族发展的必然历史趋势。马克思命题的重要意义在于指出了，相互接触的民族中无论哪一方的武力强大，最终决定民族融合方向的都是拥有先进文明的一方。但是，这并不

---

① 白寿彝：《中国通史纲要》，上海人民出版社1980年版；陈其泰：《白寿彝主编〈中国通史纲要〉对历史上民族关系的处理》，《回族研究》2005年第2期，第104页。

是说军事征服的作用可以忽略。学者们历来对这一问题非常重视，如翦伯赞认为民族融合通过杀戮等是要付出代价的，但是在向着融合的方向发展；而吕振羽则认为民族间的融合不可能在阶级社会中实现，只有共产主义社会才能实现民族间没有界限的融为一体。① 笔者认为，应借鉴马克思、恩格斯的看法。首先，民族间的军事冲突当然应该受到谴责，然而在阶级社会中又往往不可避免。回顾中华民族走过的曲折多艰的道路，我们更应该珍惜今天各民族友好团结的局面。另一方面，也应该认识到军事征服也有客观的积极意义。它用暴力促成一个地区或国家的统一，而统一的政治环境对经济发展和民族融合是非常有利的。元朝靠野蛮杀戮统一中国，它的建立也大大加速了边疆地区的封建化进程，成为中国封建社会发展的重要标志。正如恩格斯所说，暴力是"每一个孕育着新社会的旧社会的助产婆"。有些时候，战争在一定程度上促进了经济文化交流。比如中原的明朝和东北的满洲、北方的蒙古，时而兵戎相见，时而通过和谈商议和互市。蒙古瓦剌部与明朝发生的"土木堡之变"，其直接导火索就是因为明朝没有满足蒙古方面通贡互市的要求。俺答汗发动"庚戌之变"的目的也是以战求和，以武力威逼明朝进行互市。虽然，战争促进了经济的往来交流，但是我们并不提倡靠这种方式实现统一、融合。总之，在中国古代中原政权和周边民族政权的交往中，无论是战是和，最终结果都是加强了经济文化往来，走向民族融合。

多民族统一和融合是中国历史的前进方向和必然趋势。长远来看，军事征服的历史作用是短暂的，先进文明的影响才是根本的和久远的，是国家兴盛的决定性因素。中国封建社会出现过一些"盛世"，根本上并非因为军队的强大，而是因为拥有先进的中原文化。唐太宗被少数民族拥戴为"天可汗"，主要是因为他对少数民族采取"抚有四夷"、欢迎归附的开明政策。唐太宗说："夷狄亦人耳……不必猜忌异类。盖德泽洽，四夷可使为一家；猜忌多，则骨肉不免为仇敌。"他还说过：

---

① 翦伯赞：《关于正确处理中国历史上的民族关系问题》，《翦伯赞历史论文集》，人民出版社 1980 年版，第 116 页；吕振羽：《关于历史上的民族融合问题》，《史论集》，生活·读书·新知三联书店 1960 年版，第 182 页。

"自古皆贵中华，贱夷狄，朕独爱之如一，故其种落皆依朕如父母。"①
正是这种开明的夷夏观，促成了国家繁荣安定，各族人民团结友好的盛
世局面的出现。

重视文明教化而轻军事征服，可以说是中华文化的优良传统和固有
基因。《论语·季氏》篇道："远人不服，则修文德以来之，既来之，
则安之。"《尚书·大禹谟》中记载，舜命大禹去征讨不听命的苗民时，
益告诫大禹说："惟德动天，无远弗届。满招损，谦受益，时乃天道。"
《左传》中子鱼提到，"文王闻崇德乱而伐之，军三旬而不降。退修教
而复伐之，因垒而降"②。从这些记载可知，中华传统观念与马克思阐
发的历史规律一致，认为武力只能作为一种威慑手段，真正征服对方还
是要靠文明和文化。在经过近代共同的反压迫、反侵略斗争建立的新中
国里，各族人民更要珍惜当前团结友好、密不可分的大好局面。我们要
重视大力发展文明文化来增进各民族间的关系，用重视继承和弘扬优秀
的民族文化遗产来增强民族认同感。这不但是团结祖国两岸三地乃至全
世界华人的最有效途径之一，更是中华民族伟大复兴的关键和重中
之重。

（作者单位：辽宁师范大学历史文化旅游学院）

---

① 司马光：《资治通鉴》卷198，唐贞观二十一年五月条，中华书局1965年版，第6247
页。

② 洪亮吉撰，李解民点校：《春秋左传诂》卷7，僖公十九年，中华书局1987年版，第
303页。

东西方文明比较中的两种不同视角①

李友东

19 世纪以后，随着以英法为主的西方在世界范围内的霸权的确立，西方同东方（近东及亚洲各大文明）之间力量的对比发生了根本性的变化。由此导致在此后西方学术界的东西方文明比较中，常见有两种截然对立、甚至极化的比较东西方文明的视角：一种从政治制度和文化价值观念着眼，认定"东方"的特色是崇尚专制人治、群体一致和平安稳定，而"西方"则崇尚民主法制、个体自由和竞争取胜。这种比较视角可称之为东西方文明二元对立论的视角。

从表面上看，二元对立论是要回答欧洲文明如何崛起（The rise of the West）或"欧洲奇迹"（European Miracle）如何出现的问题，但实质上是将西欧历史发展道路上升为人类社会历史发展的普遍规律。结合国外学者对东西方文明二元对立论的批评，② 我们可以将这种"普遍规律"的逻辑思路概括为：①欧洲人具有比世界其他地区（亚洲、非洲）更好的自然环境，更具有理性、自由的文化基因；其他文明不是。②欧洲人理性、自由的基因导致了希腊的民主、罗马的法制与共和制度、中世纪的基督教信仰、自治城市和市民社会、文艺复兴时期的人文主义等历史阶段的出现，并由此具有冒险精神，"发现"了新大陆，并积累了财富、技术，从而在与其他文明的竞争中遥遥领先。③只有欧洲能够产生资本主义，其他地区不能，其他地区需要学习欧洲，才能走向现代

---

① 经庞卓恒先生同意，本文在写作过程中，吸取了庞卓恒先生提供的一篇尚未发表过的文稿的一些观点，特此说明并致谢。

② James Morris Blaut, *1942: the Debate on Colnialism, Eurocentrism and History*, Africa World Press, 1992, p. 19.

化，欧洲道路由此是不发达社会的普遍发展道路。

马克思的比较视角则是与此截然不同的另一种比较视角，他从生产力与生产关系的共同性和运作形态的差异性着眼，追寻政治制度和文化价值观念的共同性和差异性及其原因，最终是从表现形态的差异性中洞悉发展规律的共同性。

本文试图对这两种不同的比较视角的历史判断差异和差异的根源及其是非得失加以梳理和评说，以求教于同人。

一 两种东西方历史比较判断的差异

马克思从生产力与生产关系、经济基础与上层建筑的本质上的共同性和具体时空差异引起的特殊性进行比较考察，致力于从各不相同的发展形态探寻指引全人类走向自由解放的共同规律和方向。倾向于东西方文明二元对立论者则撇开经济基础，径直考察政治制度和文化、价值观的差异，从而作出优劣评价，致力于探寻指引人类走向所谓"自由、幸福的普世价值"。二者在考察的出发点和目标上的差异，导致了对东西方历史文化特性和走向判断的一系列差异。

（一）怎样看待上古、中古时期东西方历史特点的异同

马克思认为东西方社会的历史起点都是一样。最早出现的都是"亚细亚公社所有制"的所有制形式，它是土地完全公有的、最原始的公社。只有当在这种完全的原始公有制类型蜕变、解体时，东西方文明的历史特点之间才产生了重大差别。

这种差别在于古希腊、罗马和中世纪西欧先后实行"古典古代的公社所有制"和"日耳曼的公社所有制"，并在它们解体基础上先后实行奴隶制和农奴制，以及以农奴制为基础的"拉丁—日耳曼封建制"，并在此基础上先后在古希腊、罗马实行了贵族寡头制、僭主制、民主制、共和制、君主制、专制帝制和中世纪的等级君主制以及中世纪晚期的绝对君主制，经济基础和上层建筑多次发生结构性历史变迁。而"东方"（泛指非西方）则长期保持"亚细亚生产方式"，其根基是协作性的小农生产，协作性的农业和手工业结合的农村公社长期保持下来，在它的上面产生出作为无数村社"小共同体之父"的"专制君主"政权，承

担全国性或区域性的公共工程和赈灾、安全、教化等公共职能。小农村社和履行公共工程等公共职能的"东方专制主义"政权相结合的社会结构具有极稳定的结构特性，每次遭遇王朝覆灭灾祸之后都能复活再生。

东西方虽然呈现了不同的历史特点，但它们都属于马克思在《政治经济学批判（1857—1858 年草稿）》中所提出的"三大社会形式"或"三大阶段"中的、总称为"以人的依赖关系"为特征的"最初的社会形式"或第一大阶段①，是生产力决定生产关系、经济基础决定上层建筑的共同规律在不同的历史时空条件下的不同表现。

而二元对立论者则从自然环境、政治制度和文化、价值观的差异出发，认为在上古中古时期，西方崇尚"民主法制、个体自由和竞争取胜"和东方崇尚"专制人治、群体一致和平安稳定"等文明特性或"国民性"逐渐累积成型。并以此作为文明的"基因"，引申出欧洲具备资本主义兴起所需要的一切必要条件，如技术、商人、宗教等，进而得出"奇迹"发生于"欧洲"有其必然性，并以相同的逻辑思路，论证世界其他地区无法发展资本主义。

就自然环境而言，二元对立论者认为，一方面，亚洲的干旱半干旱气候，促成了"东方专制主义"的出现。如魏特夫认为，由于中国地处干旱、半干旱地区，为发展农业，必须要有大规模的水利灌溉工程，从而促使中国出现所谓的"东方专制主义"。"要有效地管理这些工程，必须建立一个遍及全国或者至少是及于全国人口重要中心的组织网。因此，控制这一组织的人总是巧妙地准备行使最高政治权力。"② 而另一方面，欧洲文明所处的地中海世界以及被地中海和山区分割的土地，却有利于培养西方人对自由、冒险的热爱以及航海技术的掌握。欧洲大陆的森林生活，同样也能培养热爱自由、富有进取心的个人主义。由此古欧洲人获得了一种个人主义的、分权制的、进步的民主文化，而不是亚

---

① 庞卓恒：《马克思关于社会形态演进理论的四次论说及其历史哲学含义》，《中国社会科学》2011 年第 1 期。

② 魏特夫：《东方专制主义对于极权力量的比较研究》，徐式谷等译，中国社会科学出版社 1989 年版，第 18 页。

洲的专制①。

而就政治制度和文化、价值观的差异而言，二元对立论者更是强化"民主"与"专制"、"分权"与"集权"、"理性"与"非理性"对欧洲与非欧洲文明历史结果的影响。

就"民主"与"专制"而言，依迪丝·汉密尔顿（Edith Hamilton，1867—1963）自 20 世纪 30 年代以来就鼓吹代表"自由"的希腊（"所谓西方文明，即指当时的希腊"），战胜了代表"专制"的东方（波斯），认为"自由"是希腊人最为珍视的品性，并将给"西方世界留下永久印迹"②。

就"分权"与"集权"而言，二元对立论者认为，中世纪的政治分裂促进了西方"欧洲奇迹"的出现。与东方相比，西方缺少文化、政治、宗教上的权威。西欧有着无数的王国、公爵领地、男爵领地、主教领地，独立的市镇、大学、行会，这形成了一种复杂的平衡。这在宗教改革中特别明显，斯卡利杰（Joseph Justus Scaliger）从天主教法国逃到新教的日内瓦、荷兰的莱顿，得保性命和宗教信仰。西方的不统一保护了大量的持异见者。这种情况在西欧历史上屡见不鲜。③ Holton 也认为，现代资本主义之所以发生在相对权力分散，并非庞大、僵化独裁的西方，是因为其内部存在差异。④约翰·霍尔和米歇尔·曼则认为基督教作为统一的思想意识形态、权力和规范性控制网络与欧洲独特的多国体系的结合，促使欧洲走向全球霸主的地位。⑤ 反观东方，因为国家、封建领主、独立城市之间的竞争没有西方那样竞争激烈，以挑战皇帝和世袭权力，中国的商人、农民和贵族的财产权没有在西方那样安全。中国的皇帝往往能够掌控全国的土地，由此导致与土地相关的权利被削

---

① James Morris Blaut, *1942: the Debate on Colnialism, Eurocentrism and History*, Africa World Press, 1992, p. 18.

② 依迪丝·汉密尔顿：《希腊的回声》，华夏出版社 2008 年版，第 3—8 页。

③ Alfred W. Crosby, *The Measure of Reality: Quantification in Western Europe, 1250 – 1600*, Cambridge University Press, 1997, p. 54.

④ Eric H. Mielants, *The Origins of Capitalism and the "Rise of the West"*, Temple University Press, 2008, p. 154.

⑤ 杰拉德·德兰迪、恩靳·伊辛编著：《历史社会学手册》，李霞、李恭忠译，中国人民大学出版社 2009 年版，第 410 页。

弱，法制思想和法律面前人人平等的观念在帝制中国时代也未能扎根。① 帝制时代的中国一统，被西方学者视作中国的一种历史教训（Lessons from the history of imperial China）而被郑重提出。

就对资本主义发展所必需的"理性"而言，欧洲也是优越于非欧洲。以韦伯为例，他认为，西方崛起、亚洲衰落的原因，在于欧洲拥有"经济的理性主义和理性的生活方法论"，所以如此，"主要关键在于社会结构的大陆性格，而此种性格乃是由地理结构所造成的"②。西方是海洋文明，亚洲是陆地文明。另一方面则是东西方信仰的宗教不同。每种宗教都具有不同的理性。"在西方，古代和中世纪的城市，中世纪的罗马教廷和正在形成的国家，都是财政理性化、货币经济以及政治性很强的资本主义的体现。但是，我们看到，中国的寺院却令人望而生畏，被视为破坏金属本位制的洪水猛兽。像佛罗伦萨那样的创造了标准金属货币并为国家的铸币政策指出道路的城市，在中国是没有的。"③ 韦伯还认为，中世纪的城市社会是文化创新的源泉，也是一种新型的权力结构，其竞争性史无前例。④ 由此，韦伯的逻辑可以概括为地理环境加宗教信仰决定下的西方理性决定论，其核心仍是欧洲中心论。而持有二元对立论的史家则认为，到 15 世纪以前，西方不仅拥有懂得机械、齿轮和杠杆的人，而且习惯于使用机器。这种中世纪晚期的变化虽然没有引起社会变革，也许并不引人注目，但其意义并不亚于之后的工业革命。因此，对比同时期志得意满、保守不前的穆斯林、印度和中国文明，西方更善于从这种科技力中获利。⑤

尽管也有学者非常正确利用史实批驳二元对立论者的观点，例如 Joseph Needham 认为，在整个中世纪，非欧洲文明实际上要比欧洲拥有

① Peter Bernholz, Roland Vaubel, *Political Competition, Innovation and Growth in The History of Asian Civilizations*, Edward Elgar Publishing, 2004, p. 88.

② 马克斯·韦伯著：《印度的宗教——印度教与佛教》，康乐、简慧美译，广西师范大学出版社 2005 年版，第 474 页。

③ 马克斯·韦伯著：《世界宗教的经济伦理：儒教与道教》，璐芬译，广西师范大学出版社 2008 年版，第 53 页。

④ 杰拉德·德兰迪、恩靳·伊辛编著：《历史社会学手册》，李霞、李恭忠译，第 409 页。

⑤ Alfred W. Crosby, *The Measure of Reality: Quantification in Western Europe, 1250 – 1600*, p. 53.

更多的财富和更强的军事能力。换句话说，在13—14世纪，无论是在技术、军事，还是在社会经济事务，历史事实本来是欧洲远远落后于亚洲文明①。但因为这些学者都回答不了为何在13—16世纪本来落后的欧洲为何能够崛起的问题，又只好重新回到了多元决定论上去。实际上仍然没有摆脱二元对立论的窠臼。因此，回答"西方如何崛起"或"欧洲奇迹"的根源成为解决东西二元对立问题的关键所在。

（二）怎样看待近现代东西方历史变迁和走向

马克思认为，西欧中世纪晚期，由于西欧农奴制具有部分农奴可能积累财富而成为"半资产者"的罅隙，使他们可能带着积累的财富通过逃亡或赎买脱离封建庄园，成为第一批城关市民和初期资产阶级分子，由此促进了西欧资本主义的产生。西方社会由此率先进入了"以人的依赖关系为基础的人的独立性"为总体特征的社会进化的"第二大阶段"或"第二大形态"。马克思认为如果没有西欧那种农奴制，就不可能产生西欧那种原生型的资本主义，因此他强调他在《资本论》中所说的资本主义产生的"历史必然性""只限于西欧各国"。这种资本主义随着内在矛盾的深化，势将被社会主义—共产主义取代，而进入第三大形态或第三大阶段——作为自由人联合体的共产主义社会。另一方面，在没有西欧那种农奴制的国家，长期保持"亚细亚生产方式"，不大可能产生西欧那种资本主义，而是在西欧资本主义向全球扩张过程中沦为西方资本主义的殖民地或半殖民地，使"东方从属于西方，农村从属于城市"。非西方国家在沦入西方资本主义附属地位后可能有两种出路，其一是像《不列颠在印度统治的未来结果》论说的那样，发展资本主义经济，产生出自己的工人阶级，然后同西方工人阶级一起推翻资本主义，向第三大形态或第三大阶段过渡；其二是像《给维·伊·查苏利奇的复信和草稿》论说的那样，越过"资本主义的卡夫丁峡谷"，"吸取资本主义的一切积极成果"，逐步创造条件，向第三大形态或第三大阶段过渡。

倾向二元对立论的论者则认为，近现代的历史变迁表明，面对崇尚"民主法制、个体自由和竞争取胜"的西方文明的进逼，崇尚"专制人

---

① Eric Mielants, *The Origins of Capitalism and the "Rise of the West"*, p. 155.

治、群体一致和平安稳定"的东方文明无力抵挡，唯一出路是走西化的道路，或加入本土文化特色的资本主义现代化道路。

19 世纪，以黑格尔为代表的西方历史哲学家秉持的是一种带着神秘色调的进化论的东西方比较观，认为人类历史从"不自由"到"自由"，是一个从东方向西方运动的过程。每个文明在人类历史上都有其特定的时间，这个时间一旦逝去，此文明就注定要走向衰落。通过这种历史哲学，非欧洲文明被置于"过去"，而欧洲文明则属于"当下"。西方文明通过将非西方文明置于西方自身历史的"过去"，达到了"消化"非西方文明历史的目的，尽管这二者的历史之间并没有什么必然的联系。这导致了两个后果：一方面，通过这种"消化"，西方拥有了按照自己意愿对待非西方文明历史的权力。另一方面，通过这种"消化"，非西方文明在与西方接触以前的自身历史凭空"消失"了，或者说是被放置于近代西方世界历史或西方"现代化"的对立面，只有到与西方文明有接触之后，非西方世界才开始重新有了"自己的"历史，才有可能进入工业化的时代。用柯文（Paul Cohen）的话来形容，在 20世纪 70 年代以前，美国的中国研究者眼里的中国形象，是一个"停滞的、缓慢的、不变的中国，等待着从一个不幸的、无历史的状态下，被一个具有活力、永远变化、充满历史的西方所拯救"[1]。

进入 20 世纪之后，随着两次世界大战的结束，为了冷战和对抗"共产主义"在亚非拉发展中国家的发展的需要，20 世纪五六十年代，西方学术界又试图根据西欧历史发展各阶段特征，来总结"欧洲奇迹"或"西方崛起"的因果规律，并将之定义为发展中国家"现代化"的普遍标准，其本质上仍然是二元对立论。按照布莱克的标准，现代性指的是"那些在技术、政治、经济和社会发展诸方面处于最先进水平的国家所共有的特征"，而"现代化"则是指社会获得上述特征的过程。[2]尽管这种"现代化"模式是从西方的历史中概括出来的，但却可以推广至全球。现代化理论所隐含的二元对立的思考模式是非西方地区的"传统"与西方的"现代"之间的对立：非西方地区之所以历史发展上

---

① 王斑、钟雪萍编：《美国大学课堂里的中国：旅美学者自述》，南京大学出版社 2006年版，第 82 页。

② 布莱克著：《现代化的动力——一个比较史的研究》，景跃进、张静译，浙江人民出版社 1989 年版，第 6 页。

落后于西方，是因其自身历史文化传统，这些文化传统与根据西方历史概括出的"共有的特征"，亦即"现代性"之间存在尖锐的矛盾，是"现代化"经济和政治发展的强有力阻碍。虽然按照沃勒斯坦的看法，20 世纪七八十年代之后，由于"现代化"理论不适应第三世界国家的发展道路，一度走向衰落，但随着"亚洲四小龙"的崛起和苏联的缓慢衰落，现代化理论又重新繁荣。西方现代资本主义制度的稳定，也给予二元对立论者以信心，仍将其作为发展国家历史发展的终极目标而加以宣传。

二 两种比较视角的是非得失

两种比较视角的差异的根源在于唯物史观和唯心史观的差异，因此需要从唯物史观和唯心史观的根本来评判它们的是非得失。

唯心史观主导下东西方文明二元对立论者看重政治制度和文化价值观念在历史发展过程中的巨大制约作用，看到了一部分历史真相。但他们把政治制度和文化价值观念在历史发展过程中的巨大制约作用夸张为决定性作用，而且看不到由生产力和生产关系构成的经济基础对政治制度和文化价值观念的形成和发展、演变所起的决定性作用，更看不到历史发展的客观规律，因而不能全面看清东西方文明各自的具体形态的特性和根本性质（三大形态的共有本质）和发展演变规律的共性，因而也就不可能看清它们前进的方向。

马克思主义的唯物史观的比较视角在理论上能够避免二元对立论的所有这些缺陷，但在过去很长一个时期，把唯物史观的劳动生产能力决定论误解为经济决定论或"五种生产资料所有制依次更迭规律"决定论，因而在指导学术研究和现实社会实践活动中都发生了一些偏差。这是必须吸取的教训，必须纠正的偏颇。

近年来，在国际学术界存在这样一种趋势，即尽力论证马克思主义与非马克思主义并没有本质区别。在东西文明的比较史学中，也可以看到这样一种趋势，其做法是：首先论证马克思主义是主张自然环境决定论或是技术理性决定论的，其次论证马克思与西方其他学者并无不同，也是欧洲中心论的。例如，国外有学者认为马克思同样也是自然环境决定论者，依据的是马克思所谈到的"气候和土地条件，特别是从撒哈拉经过阿拉伯、波斯、印度和鞑靼区直至最高的亚洲高原的一片广大的沙漠地带，使利用渠道和水利工程的人工灌溉设施成了东方农业的基础"①，认为马克思主张这样的地理环境将导致一个专制主义集权政府来分配水源。这种权力结构显然并不是真正的阶级社会，所以也就没有阶级斗争，也就没有马克思所说的社会进步的动力，也就无法产生从奴隶制到封建制，再到资本主义的社会形态的演进。② 又例如，在国外被非马克思主义学者较多接受的罗伯特·布伦纳的理论，在解释欧洲如何出现资本主义、如何崛起的原因时，其核心仍然是"技术理性"理论。布伦纳认为，中世纪晚期，人口下降导致的农奴与地主之间的阶级斗争是欧洲崛起的主要源泉，在西北欧，农民赢得了阶级斗争的胜利，变成了小土地所有者，但却由此满足不愿意革新。英国的特殊之处在于，在农奴与地主之间的阶级斗争中，农奴并没有获得土地的所有权，由此导致佃农发生了分化，一部分是无地劳动者，另一部分则是富有佃农，后者因为支付租金的需要不得不商业化，改良技术，因此变成了资本家。所以，英国的佃农（yeoman-tenant-farmers）是资本主义的奠基人。尽管布伦纳号称当代的美国"经济马克思主义者"，但其理论在本质上仍然在宣传技术理性在社会发展中的作用，实际上与韦伯，而不是马克思的距离更近。③ 以上两种对马克思主义的错误解读，其目的仍然在于宣传西欧道路的普世性。

实际上，在回答西欧资本主义发展道路是否是一切民族都必然经历的普遍道路的问题上，马克思认为，没有西欧那样的历史环境，也就不可能产生西欧以农奴制为基础的封建制和资本主义制度。马克思从对西欧特定的历史道路的分析表明，原生性的资本主义的产生和发展其必然性仅限于欧洲。非西欧国家的发展道路历史上与西欧不同，现在和未来也可能有别于西欧。在三形态论说中，马克思将"现代性"定义为"以物的依赖性为基础的人的独立性"，将"现代化"的基本特征定义为"普遍的社会物质变换，全面的关系，多方面的需求以及全面的能力的体系"。有学者将其进一步引申，定义其基本内涵为："在人的生产

① 马克思：《不列颠在印度的统治》，《马克思恩格斯文集》第 2 卷，人民出版社 2009 年版，第 679 页。

② James Morris Blaut, *1942: the Debate on Colvnialism, Eurocentrism and History*, p. 11.

③ James Morris Blaut, *Eight Eurocentric Historians*, Giuicford Press, 2000, p. 65.

能力层面上，摆脱手工劳动的小生产局限，代之以社会化的大生产，并从机械化大生产向自动化、智能化和高度人性化的生产迈进；经济交换关系层面上，突破自然经济的局限，代之以普遍的社会物质交换，直至全球化的地球村交换；人际交往关系和个性发展层面上，在经济、社会和政治各方面摆脱人身依附关系的束缚，实现物的依赖关系基础上的人的独立性，在此基础上逐步发展带有冲破物的依赖的自发性特征的自由个性，为进入第三大阶段或第三大形态准备条件。"①

在 19 世纪 50 年代系统研究了"东方"国家的历史和现状后，马克思坚信西欧和"东方"社会的发展道路和模式是各不相同的，按照其自身历史的发展逻辑，是不大可能走与西欧相同的历史发展道路的。例如，马克思认为，印度的农村公社如果没有被英国殖民统治所摧毁，也可能成为发展印度的积极力量。因为"地广人多的公社，特别有能力减轻旱灾、瘟疫和地方所遭受的其他临时灾害造成的后果，往往还能完全消除这些后果。他们由血缘关系、比邻而居和由此产生的利害一致结合在一起，能够抵御各种变故，他们受害只不过是暂时的；危险一过，他们照旧勤勉地工作，遇有事故，每一个人都可以指望全体"。马克思认为，"非西方民族"完全有可能沿着不同于西方资本主义的道路发展下去，从而跨越资本主义的"卡夫丁峡谷"，而东方世界的"传统"也并非"现代性"的对立面。但马克思同时认为，非西方国家虽然可能走跨越资本主义卡夫丁峡谷的现代化道路，还是需要借鉴和吸收"资本主义制度所创造的一切积极的成果"，同时要力求避免"资本主义制度带来的一切灾难性的波折"。

总体来看，"西方"、"东方"的历史发展道路并不存在"东西二元对立史观"所说的极性对立问题，二者既都体现了马克思所说的人类社会发展规律的普遍性，同时也体现了在具体的社会历史发展条件下，东西方各族文明发展道路的多样性。

（作者单位：天津师范大学历史文化学院）

---

① 庞卓恒：《什么是现代化》，《与时俱进的中国人文社会科学·中国人文社会科学论坛（2002）》，中国人民大学出版社 2002 年版。

列宁的史学方法论

李 杰

列宁是伟大的马克思主义者，在俄国革命艰难而光辉的岁月里，他坚持把马克思主义运用到理论和实践运动中。列宁认为，马克思主义"革命理论的正确性，不仅为整个19世纪全世界的经验所证实，尤其为俄国革命思想界的徘徊和动摇、错误和失望的经验所证实"。"俄国在半个世纪里，经受了闻所未闻的痛苦和牺牲，表现了空前未有的革命英雄气概，以难以置信的毅力和舍身忘我的精神去探索、学习和实验，经受了失望，进行了验证，参照了欧洲的经验，真是饱经苦难才找到了马克思主义这个唯一正确的革命理论。"① 作为马克思主义的继承者和无产阶级革命事业的领袖，为了指导现实斗争，他高度重视运用马克思主义指导历史研究，注重从历史中获取经验和智慧，特别是无产阶级革命史的经验和智慧，为此形成了特别的历史研究方法论。

列宁的史学方法论是在学习、领会和运用马克思主义的基础上形成的，是马克思主义的史学方法论。列宁认为，马克思主义是研究社会历史问题的科学理论，它超越了以往历史理论的局限，能够帮助人们透过问题的现象看到本质，透过效果看到动机，能够揭示社会历史问题发生的总根源，发现社会历史运动的规律性。掌握马克思主义是研究社会历史问题的理论前提。列宁指出，马克思、恩格斯"发现唯物主义历史观，或者更确切地说，把唯物主义贯彻和推广运用于社会现象领域，消除了以往的历史理论的两个主要缺点。第一，以往的历史理论至多只是考察了人们历史活动的思想动机，而没有研究产生这些动机的原因，没

---

① 《列宁选集》第4卷，人民出版社1995年版，第136—137页。

有探索社会关系体系发展的客观规律性，没有把物质生产的发展程度看作这些关系的根源；第二，以往的理论从来忽视居民群众的活动，只有历史唯物主义才第一次使我们能以自然科学的精确性去研究群众生活的社会条件以及这些条件的变更"。在此前提下，唯物史观"指出了科学地研究历史这一极其复杂、充满矛盾而又是有规律的统一过程的途径"①。

列宁主张，马克思的社会经济形态概念和阶级斗争理论是研究历史的主要方法，它们体现了马克思主义史学方法的本质

列宁指出，马克思主义阐明了人们的社会关系是人类社会结构、历史运动形成的本质因素，形成了科学的社会经济形态概念和阶级斗争理论，在研究社会历史问题时，必须把它们作为科学方法来运用。

列宁指出，社会经济形态概念是一个反映社会结构本质的概念，这一概念从社会关系的角度抽象总结了人类生产过程中的本质关系，并把它作为形成一定社会结构的决定性因素，从而为确定一定的社会结构的性质提供了概念性工具。列宁指出，马克思、恩格斯的基本思想是把"把生产关系划为社会结构"，这"提供了一个完全客观的标准，并使人有可能把主观主义者认为不能应用到社会学上来的重复性这个一般科学标准，应用到这些关系上来"②。它使人们立刻就看出社会结构的"重复性和常规性"，"把各国制度概括为社会形态这个基本概念"③。社会经济形态概念是物质的社会关系的概括抽象，从这一概念可以看到不同国家的共同的经济结构，从而将不同的国家看成处在同一历史阶段的国家。这是一个抽象概括各个国家的共性本质的概念。

列宁还指出，社会经济形态概念还体现出人类历史的自然过程性质。他认为，社会经济形态是一种物质的社会关系，它制约着人类历史创造活动的方式和效果。社会经济形态的演变决定了人类历史的发展是

① 《列宁选集》第 2 卷，人民出版社 1995 年版，第 425 页。
② 《列宁选集》第 1 卷，人民出版社 1995 年版，第 8 页。
③ 同上。另外，社会形态和社会经济形态概念具有同一性。列宁在同一意义上使用它们，在下文就可以看到。

一个自然历史过程。列宁指出，马克思主义"把社会关系归结于生产关系，把生产关系归结于生产力的水平"，从而"把社会形态的发展看作自然历史过程"①。这一过程之所以是"自然"的，是因为如同宇宙自然的演化过程不受人们的思想制约，人类历史的演变也具有不为人们的意志决定的性质。人类创造历史的活动，只能在既定的生产力和生产关系的前提下进行，而生产力和生产关系的进步有其自身的规律，不以人的意志为转移，这就使人类历史的演变以类似大自然演变的方式体现出来。列宁指出，马克思主义考察了社会"各种矛盾的趋向的总和，把这些趋向归结为可以准确测定的、社会各阶级的生活和生产的条件"，"指出了对各种社会经济形态的产生、发展和衰落过程进行全面而周密的研究途径"②。"作为一定生产关系总和的社会经济形态这个概念，探明了这种形态的发展是自然历史过程，从而第一次把社会学放在科学的基础之上。"③

列宁指出，马克思研究资本主义发生发展的历史，就成功地运用了社会经济形态概念。作为一种分析方法的运用，马克思对资本主义制度"作了科学的解释，把这个在欧洲和非欧洲各个国家表现得不同的现代制度归结为一个共同基础，即资本主义社会形态，并对这个社会形态的活动规律和发展规律作了客观分析"④。列宁指出，马克思对资本主义形态的研究具有典范意义，为运用马克思主义进行历史研究提供了榜样，是后人应当继承的事业。他指出："既然运用唯物主义去分析和说明一种社会形态就取得了这样辉煌的成果，那么，十分自然"，"这种方法也必然适用于其余各种社会形态"⑤。

列宁是如何理解马克思主义的阶级斗争理论的？列宁认为，阶级斗争理论是马克思主义的重心，它的科学性体现在，"它十分确切而肯定地规定了把个人因素归结为社会根源的方法"⑥。这包括两个方面：

一是通过分析人们谋取生活资料方式的不同，把社会历史上的个人

① 《列宁选集》第 1 卷，第 8—9 页。
② 《列宁选集》第 2 卷，第 425 页。
③ 《列宁选集》第 1 卷，第 10 页。
④ 同上书，第 25 页。
⑤ 同上书，第 13 页。
⑥ 《列宁全集》第 1 卷，人民出版社 1984 年版，第 372 页。

的活动系统化了，个人的活动被归结为阶级的活动。列宁指出："所谓阶级，就是这样一些大的集团，这些集团在历史上一定的社会生产体系中所处的地位不同，同生产资料的关系"不同，"在社会劳动组织中所起的作用不同，因而取得归自己支配的那份社会财富的方式和多寡也不同"。"其中一个集团能够占有另一个集团的劳动。"① 由于有了阶级划分，人们"极为多样的似乎不能加以任何系统化的活动，已被概括起来，并归结为各个在生产关系体系中所起的作用上、在生产条件上、因而在生活环境的条件上以及在这种环境所决定的利益上彼此不同的个人集团的活动，一句话，归结为各个阶级的活动。"②

二是通过阶级划分的办法，把社会历史上的人们的基本社会关系表达出来，并把它看作决定国家制度、法律、政治等的社会因素，这样就可以从阶级斗争看到社会发展的动向。列宁指出："某一社会中一些成员的意向同另一些成员的意向相抵触；社会生活充满着矛盾；我们在历史上看到各民族之间，各社会之间，以及各民族、各社会内部的斗争，还看到革命和反动、和平和战争、停滞和迅速发展或衰落等不同时期的更迭——这些都是人所共知的事实。马克思主义提供了一条指导性的线索，使我们能在这种看来扑朔迷离、一团混乱的状态中发现规律性。这条线索就是阶级斗争的理论。"③

列宁认为，阶级斗争理论和社会经济形态概念两者有着必然的联系。从某种意义上可以说，正是看到社会历史上的人们由于占有生产资料的不同的事实，才形成了社会经济形态概念。社会经济形态概念是以阶级的划分为基础的。列宁指出，阶级斗争理论"制定了社会经济形态的概念。它以人类任何共同生活中的基本事实即生活资料的谋得方式为出发点，把这种生活资料谋得方式和在它影响下形成的人与人间的关系联系起来，并指出这些关系……的体系是社会的基础，政治法律形式和某些社会思潮则是这个基础的外表"④。社会经济形态概念在说明社会历史上的社会结构是什么的时候，必然贯穿阶级斗争理论。为此，列宁提出："一个即使稍微熟悉马克思的人，能够否认阶级斗争学说是马克

① 《列宁全集》第 37 卷，人民出版社 1986 版，第 13 页。
② 《列宁全集》第 1 卷，第 373 页。
③ 《列宁选集》第 2 卷，第 426 页。
④ 《列宁全集》第 1 卷，第 372 页。

思全部观点体系的重心吗？"①

列宁在研究俄国资本主义的发展与规律问题时，将社会经济形态概念和阶级斗争理论的运用结合起来，既"分析了俄国社会经济制度"，"也分析了俄国阶级结构"②，对当时俄国的社会性质作出了精辟的分析和科学的结论。这主要体现在《俄国资本主义的发展》一书中。

首先，列宁分析了俄国农村社会经济制度和阶级结构，阐述了俄国农村的社会经济形态性质。在研究中，列宁分析了农民经济和地主经济中现存的社会经济关系结构，阐述了地主经济从工役经济向资本主义经济过渡的问题。考察了农村从自然经济向商业性经济转变的过程，论述了商业性农业特有的社会经济关系，得出了资本主义在俄国农村中已经成为现实的结论。例如，列宁在研究农民社会经济关系结构时，从农户占有的土地、播种面积、牲畜等生产资料方面，将农户分为上等户、中等户、下等户，发现了农户处于分化之中，有的成为业主，有的沦为了无产者。列宁指出："在下等'农户'中，劳动力变成了商品，而在上等农户中，生产资料变成了资本。"③ 变为农村无产阶级的农民，建立了以消费品为主的市场，变为农村资产阶级的农民，则建立了以生产资料为主的市场。列宁特别选择了农户占有马匹这一具有代表性的生产资料，分析货币及实物收入和支出的比例问题，确定农民分化和市场的关系。经过统计分析，列宁指出，无马户和多马户的经济具有的商业性质最为明显，双方都是为出卖商品而生活，只不过前者是靠出卖劳动力生活，后者是靠雇佣劳动生活，他们的状况表明，俄国的农村经济已采取了资本主义形式。列宁的结论是，"农民的分化建立了资本主义的国内市场"④，农村的经济"在很大程度上已经变成了商业性经济"。

其次，列宁还分析了俄国工业中社会经济关系的结构和变迁的问题。列宁指出，俄国的工业资本主义经历了三个阶段，即小手工业、工场手工业、大机器工业，每一个阶段中，各个行业的劳动方式和生产效率都是不同的，在经济行为和文化水平方面也是不同的。"在小商品生产中，手工业者还未完全从农民蜕变出来"，"在工场手工业中这种脱

---

① 《列宁全集》第 1 卷，第 272 页。
② 《列宁全集》第 3 卷，人民出版社 1984 年版，第 11 页。
③ 同上书，第 139 页。
④ 同上书，第 129 页。

离已经很明显。工业的主要代表者已经不是农民，而是一方面为商人与手工工场主，另一方面为'工匠了'"①。但"在小手工业及工场手工业中，我们始终看到宗法关系及各种人身依附形式的残余"。"大机器大工业彻底完成了这种改造，使工业与农业完全分离"，把"往往是来自全国各地的大批工人集中在一起"，"创造了一个与旧式农民完全不同的特殊的居民阶级"，即工人阶级。"他们绝对不再与宗法关系和人身依附的残余相妥协，并且以真正'轻蔑的态度对待过去'。"大机器工业的特点是劳动的社会化，它表现在，在购买原料及辅助材料上同国内各个地区及各个国家的密切的商业联系的发展，庞大的企业所造成的生产与人口的集中，人口流动性的形成，巨大的技术进步，工人物质需求和精神需求的提高，等等。列宁认为，工业资本主义的发展促成了外出做非农业零工人数的增加，工厂村镇和工商业村镇、城市的增加，为国内市场和国际市场的形成奠定了基础。

列宁认为,把马克思主义作为研究社会历史问题的方法, 要掌握和运用辩证法,因为辩证法正确反映了 社会历史的构成和运动

列宁指出，在历史研究中运用辩证法，体现了马克思主义的精神，它主要有几点原则要求："（α）历史地，（β）都要同其他原理联系起来，（γ）都要同具体的历史经验联系起来加以考察。"② 因此，"要真正地认识事物，就必须把握住、研究清楚它的一切方面、一切联系和'中介'"。要"从事物的发展、'自己运动'考察事物"。③ 要"把人的全部实践——作为真理的标准"④。

列宁在历史研究中运用辩证法主要体现为对历史问题进行历史分析、具体分析、整体分析几个方面。

在历史分析方面，列宁指出："在分析任何一个社会问题时，马克

---

① 《列宁全集》第3卷，人民出版社1984年版，第501页。
② 《列宁选集》第2卷，第785页。
③ 同上书，第757页。
④ 《列宁全集》第40卷，人民出版社1986年版，第291—292页。

思主义理论的绝对要求，就是要把问题提到一定的历史范围之内。"①
列宁认为，每一个社会问题的产生，都有其历史根源，只有弄清楚问题
产生的来龙去脉，才可能正确认识问题的性质。进行历史分析是客观地
认识社会问题的前提。他举例说，如"每个国家社会主义和工人运动的
结合，都是历史地形成的，都经过了独特的道路，都是以地点和时间为
转移的"②。当我们要认识某一国的社会主义和工人运动存在的问题时，
就要考察问题产生的历史根源。例如，为了正确评价 1905 年俄国革命，
列宁运用了历史分析方法。他说："我们不妨回顾一下已经走过的道路
上的几个主要里程碑。1885 年，发生了广泛的罢工……1891 年，彼得
堡工人参加了为舍尔古诺夫送葬时举行的游行示威……1896 年发生了
几万工人参加的彼得堡罢工。""1901 年，工人支援了大学生。示威性
的运动开始了。无产阶级走上街头高呼：打倒专制制度！……1902 年，
罗斯托夫大罢工变成一次出色的示威。无产阶级的政治运动不再依附于
知识分子、大学生的运动，而是自己直接从罢工中发展起来。……1903
年，罢工又同政治示威相结合，但是基础更广泛了。……1905 年来到
了，1 月 9 日事件再次揭穿了一切忘掉自己身世的渺小的知识分子。无
产阶级运动立即上升到更高的阶段。总罢工在全俄国大概动员了不下
100 万工人。"③ 列宁认为，俄国无产阶级的成长是从支援和依附大学生
运动开始的，到无产阶级独立地开展罢工，表达自己的愿望，再到把罢
工斗争与政治目标结合起来，无产阶级终于登上俄国政治舞台一展身
手，这是一个经过了锻炼而成长的过程。列宁的研究和解释表达了历史
分析在科学研究中具有的价值：它排除了随性的臆测和肤浅的说教，用
不容置辩的历史事实证实所提出的观点。

　　列宁认为，掌握历史分析方法的要点是，在对问题进行分析时，考
察存在于事物之间的基本历史联系。十月革命后不久，俄国和国际上对
国家形成、国家学说、国家理论问题引起了广泛争议，不同国家、不同
政党、不同思想流派都发表了独自的主张。如何对待这一现象？列宁认
为，要运用历史分析方法对它们进行分析，以形成科学的见解。他指

---

① 《列宁选集》第 2 卷，第 375 页。
② 《列宁全集》第 4 卷，人民出版社 1984 年版，第 335 页。
③ 《列宁全集》第 9 卷，人民出版社 1987 年版，第 233—234 页。

出："要非常科学地分析这个问题，至少应该对国家的产生和发展作一个概括的历史的考察。在社会科学问题上有一种最可靠的方法，它是真正养成正确分析这个问题的本领而不致淹没在一大堆细节或大量争执意见之中所必需的，对于用科学眼光分析这个问题来说是最重要的，那就是不要忘记基本的历史联系，考察每个问题都要看某种现象在历史上怎样产生、在发展中经过了哪些主要阶段，并根据它的这种发展去考察这一事物现在是怎样的。"① 列宁强调，历史分析方法，是马克思主义的历史研究方法之一，掌握历史研究方法，要学习马克思主义。他说，如研究国家问题，应当先看看恩格斯的著作《家庭、私有制和国家的起源》，"它在这方面提供了正确观察问题的方法。它从叙述历史开始，讲国家是怎样产生的"②。

列宁在回答无产阶级在社会主义革命中如何对待保卫祖国这个问题时所作的解释，运用了历史分析方法。针对有人提出社会主义革命是一场世界革命，无产阶级应当反对一切民族战争的观点，列宁指出，这种观点带有片面性和形式逻辑的毛病。"祖国这个概念要历史地看待。在为推翻民族压迫而斗争的时代，或者确切些说，在这样的时期，祖国是一回事；在民族运动早已结束的时期，祖国则是另一回事。关于祖国和保卫祖国的原理不可能……在一切条件下都同样适用。"③ 例如，当一个国家正在进行民主运动时，由于"无产阶级不能拒绝支持这个运动"，"也不能拒绝在民族战争中保卫祖国"④。也就是说，当民主的资本主义国家受到专制的资本主义国家的侵犯时，无产阶级应当起来保卫祖国，因为在这个时候，保卫民族国家就是保卫民主，而民主是无产阶级所需要的。

列宁运用历史分析方法，正确评价了 1906 年沙皇政府解散杜马的事件。列宁指出，沙皇政府解散杜马的行为是俄国革命进程中的重大事件，标志着俄国革命进入一个新的阶段。杜马的存在，是立宪民主党人"幻想不推翻旧政权而从农奴制、专横暴虐、亚洲式的野蛮状态和专制制度下解放出来"的努力，杜马被解散，意味着什么呢？当时，孟什维

---

① 《列宁全集》第 37 卷，人民出版社 1986 年版，第 61 页。
② 同上书，第 62 页。
③ 《列宁全集》第 47 卷，人民出版社 1990 年版，第 464 页。
④ 同上书，第 465 页。

克提出，应当把维护杜马和重新召集杜马作为斗争口号。列宁指出，这一提法只是以前制定的纲领的重复，并没有根据现实发生的变化赋予新的内容。列宁提出，要认识这一事件的历史意义，需要"对伟大的俄国革命的主要阶段作一总的观察"①，必须估计历史形势，研究革命的全部发展和整个过程，作出"真正的历史分析"②。列宁在回顾了杜马存在的几个阶段后提出，历史表明，"杜马的解散就是完全转向专制制度"，"客观的政治形势现在提出的不是有没有人民代表机关的问题，而是这个人民代表机关有没有权力的问题"，"杜马的解散无疑成为争取建立有权力的人民代表机关的全民斗争的导火线"③。列宁的结论是，在这个特殊的历史事件发生后，应当提出的俄国革命的口号不是去建立新的杜马，而是准备夺取政权的武装起义。

在整体分析方面，列宁认为，在把握整体事实的基础上对事物进行分析，而不是只抽取个别事实就下判断，是运用辩证法研究历史的要求。列宁把俄国革命史放在世界历史大背景、大趋势下进行研究，是列宁这一思想的体现。列宁认为，俄国革命是在世界历史进程中发生的，只有了解了世界历史，才能说明俄国革命史。他指出，19 世纪后期和 20 世纪初期的世界历史，是资本主义走向终结、社会主义开始出现的时代，这个时代是"社会主义革命时代"④。他认为，这个时代提供了一个机遇，使落后的俄国能够跳过资本主义民主制阶段，直接进入社会主义民主社会。列宁把无产阶级革命历史进程作为世界历史进程看待的思想，体现出这一时代观。列宁提出："世界历史显然分为三个主要时期：（1）从 1848 年革命到巴黎公社（1871 年）；（2）从巴黎公社到俄国革命（1905 年）；（3）从这次俄国革命至今。"⑤ 这一历史分期标准，把无产阶级革命的重大事件作为世界历史进程的里程碑，说明了列宁认为俄国社会主义革命是世界历史发展的必然。列宁指出："亚洲的觉醒和欧洲先进无产阶级夺取政权斗争的开始，标志着 20 世纪初所开创的

---

① 《列宁全集》第 13 卷，人民出版社 1987 年版，第 307 页。
② 同上书，第 310 页。
③ 同上书，第 309 页。
④ 《列宁全集》第 34 卷，人民出版社 1985 年版，第 32 页。
⑤ 《列宁全集》第 23 卷，人民出版社 1990 年版，第 1 页。

世界历史的一个新阶段。"①

列宁关于日俄战争对俄国革命的影响的研究，也是其整体分析的一个事例。列宁从俄国战败将削弱俄国专制主义，从而促进俄社会主义革命时机成熟的角度，认同俄国战败的结局。列宁认为，资本主义发展到帝国主义，必然发生帝国主义战争。从这一认识出发，列宁将帝国主义战争作为资本主义历史发展的阶段性标志。他提出："帝国主义，作为美洲和欧洲然后是亚洲的资本主义的最高阶段，截至 1898—1914 年这一时期已完全形成。美西战争（1898 年），英布战争（1899—1902年），日俄战争（1904—1905 年）以及欧洲 1900 年的经济危机，——这就是世界历史新时代的主要历史里程碑。"② 从资本主义发展与帝国主义的关系的认识出发，列宁研究了帝国主义时代的背景下发生的日俄战争的世界意义。他指出，在日俄战争中俄国战败是"现代史上最重大的事件之一"③。它是"进步的先进的亚洲给予落后的反动的欧洲以不可挽救的打击"，"俄国人民从专制制度的失败当中得到了好处。旅顺口的投降是沙皇制度投降的前奏"。俄国"军事上的破产不可能不成为深刻的政治危机的开端"，战败成为俄国"整个政治制度崩溃的标志"。"最不相信革命的人也开始相信革命了。普遍相信革命就已经是革命的开始。"④ 列宁从世界整体发展的趋势看待日俄战争的结局，他得出的结论为后来的事变所证实。

列宁指出，在如何理解民族解放运动问题上，出于孤立地而不是整体地看待问题的思维方式，一些人混淆不同国家的民族状况，否认了无产阶级革命在一些国家必须开展民族自决运动的必要性。列宁指出，这种错误认识之所以产生，原因在于没有对所需要研究的对象进行整体分析，而是只抽取个别事例就得出结论。列宁指出："在社会现象领域，没有哪种方法比胡乱抽出一些个别事实和玩弄实例更普遍、更站不住脚的了。""如果从事实的整体上、从它们的联系中去掌握事实，那么，事实不仅是'顽强的东西'，而且是绝对确凿的证据。"⑤ 为此，列宁运

---

① 《列宁全集》第 23 卷，人民出版社 1990 年版，第 161 页。
② 《列宁选集》第 2 卷，第 705 页。
③ 《列宁全集》第 9 卷，人民出版社 1987 年版，第 134 页。
④ 同上书，第 142 页。
⑤ 《列宁全集》第 28 卷，人民出版社 1990 年版，第 364 页。

用统计法，对欧洲国家进行了整体分析。列宁论证到，西欧共 12 个国家，共有居民 24200 万人，当中只有大约 1500 万人是异族，异族指不属于每个国家主要民族的居民，占人口总数的百分之六。在这些国家中"民族不平等这种特殊的政治现象，在这里所起到的作用是很小的"①。但在东欧的 9 个国家中，异族居民占到百分之五十三，严重存在着民族不平等问题。在这些国家中民族自决问题仍然是无产阶级革命需要面对的问题。在进行了整体分析后，列宁指出："由此得出的结论是显而易见的：应当设法根据准确的和不容争辩的事实来建立一个基础……必须毫无例外地掌握与所研究的问题有关的全部事实，而不是抽取个别的事实"，从而发现"全部历史现象的客观联系和相互依存关系"②。

在具体分析方面，列宁提出："马克思主义的精髓，马克思主义的活的灵魂：对具体情况作具体分析。"③ 列宁在这里提出的具体分析，指的是发现事物的特殊性的思维方法，这一方法是辩证法的体现之一。列宁认为，马克思、恩格斯十分善于运用具体分析方法发现事物的特殊性，为如何领会掌握具体分析方法提供了启示。他指出："把马克思和恩格斯有关英美工人运动的言论同有关德国工人运动的言论比较一下，是大有教益的。如果注意到在德国和英美两国，资本主义处于不同的发展阶段以及资产阶级这个阶级在各该国家全部政治生活中的统治形式各不相同这一事实，那么这种比较的意义就更大了。从科学的角度看，我们在这里可以看到唯物主义辩证法的典范，看到善于针对不同的政治经济条件的具体特点把问题的不同重点和不同方面提到首位加以强调的本领。"④ 列宁提出，运用具体分析方法有两个思维方式需要掌握：

一是在一般中发现特殊。列宁以民族战争为例来说明问题。他指出，不是在民族国家形成时期所发生的战争都是民族战争，民族战争只是那个时期发生的战争的典型形式，同时发生的战争还有其他许多形式。他说："1789—1871 年那个时代，对于欧洲来说是一个特殊时代。这是无可争辩的。不了解那个时代的一般条件，就不能了解对于那个时代来说特别典型的任何一次民族解放战争。这是不是说，那个时代的一

① 《列宁全集》第 28 卷，第 367—368 页。
② 同上书，第 364—365 页。
③ 《列宁全集》第 39 卷，人民出版社 1986 年版，第 128 页。
④ 《列宁选集》第 1 卷，第 710 页。

切战争都是民族解放战争呢？当然不是。""在1789—1871年间，既发生过殖民地战争，也发生过压迫许多其他民族的反动帝国之间的战争。"①

列宁在分析帝国主义时代的战争形式时也指出，帝国主义战争是帝国主义时代的一般战争形式，但同时也还存在其他形式的战争，如民族战争。他指出："试问，能不能从先进欧洲（以及美国）的资本主义已经进入帝国主义新时代这一事实得出结论说，现在只可能发生帝国主义战争呢？作这样的论断是荒谬的，这是不善于把某一具体现象和该时代可能发生的各种现象的总和区别开来。"② 这里，列宁谈到的把具体现象和现象的总和区别开来的说法，指出了要在一般中发现特殊的要求，只有这样，才能对事物进行具体分析。列宁指出：每一个时代"所有的各种各样的现象和战争"，"既有典型的也有不典型的，既有大的也有小的，既有先进国家所特有的也有落后国家所特有的"③，只有对它们进行具体分析，而不是用一般代替个别，才能得出正确的认识。

二是对事物进行比较，在比较中发现同中之异和异中之同的特殊性。第一次世界大战期间，在无产阶级领导的革命运动中，如何处理民族自决权问题，是一个引起重大争议的问题。卢森堡等人认为，不应该在党的纲领中写上民族自决的条款，因为在帝国主义时代，不可能有民族自决。以列宁为首的布尔什维克党人认为，资本主义的发展有两个时代，一个时代是封建制度和专制制度崩溃，资产阶级民族国家形成的时代。另一个时代，是资本主义国家已经完全形成、宪制早已确立、无产阶级同资产阶级的对抗大大发展的时代。西欧处于第二个时代，它的民族自决问题，在民族国家形成的过程中已经解决。亚洲资本主义的发生发展落后于西欧，还处在第一时代。因此，亚洲仍然存在民族自决问题。所以在俄国的社会主义革命纲领中写上民族自决条款，是俄国的时代性决定的。卢森堡把俄国社会与奥地利相比，无视资本主义有两个时代的区别，把不可能比较的两个国家放在同一视角下论述，这就不可能发现同中之异和异中之同的特殊性。为此，列宁指出："把各个国家的

① 《列宁选集》第2卷，第741页。
② 同上书，第741—742页。
③ 同上书，第742页。

政治经济的发展情况加以比较，把各个国家的马克思主义纲领也加以比较，从马克思主义观点看来，具有极大的意义，因为各现代国家无疑具有共同的资本主义本性和共同的发展规律。可是，这样的比较必须作得适当。这里有一个起码的条件，就是要弄清所比较的各个国家的历史发展时期是否可比。"①

列宁认为，在民族解放运动问题上缺乏辩证法的眼光是一个突出的问题，而表现就是不能对事物进行具体分析。列宁在对《土地问题及其同社会主义的关系》一书的评析中指出："本书所探讨的问题，即民族运动的意义和作用，民族运动和国际运动的相互关系等等，当然是目前特别使人注意的问题。"但"人们谈论这个问题时最常见最主要的毛病，就是缺乏历史观点和具体分析"②，该书也存在这一毛病。正是有了具体分析的视角，列宁坚持了在民族自决问题上的一贯主张。他说："对于东欧和亚洲来说，在资产阶级民主革命已经开始的时代，在民族运动兴起和加剧的时代，在独立无产阶级政党产生的时代，这些政党在民族政策上的任务应当是两方面的：一方面是承认一切民族都有自决权，因为资产阶级民主改革还没有完成，另一方面是主张该国各民族的无产者建立最密切的、不可分割的阶级斗争联盟。"③

列宁还认为，运用具体分析的方法还包括注意分析事物演变过程中的转折问题。他指出，矛盾运动是事物演变的动力，辩证法在说明事物的演变时，是通过说明矛盾双方的斗争来说明事物的转折的。列宁研究了布尔什维克与各个社会民主派别进行斗争、成长的经历。他指出："不深入研究我们党的历史"④，就不能正确了解布尔什维克的策略和俄国社会民主党的现状。列宁指出，布尔什维克所代表的正确路线经历了以下斗争：1894—1903 年，旧《火星报》和"经济主义"的斗争，即布尔什维克反对只主张合法经济斗争、抵制政治斗争的机会主义的斗争。1903—1908 年，布尔什维克和孟什维克的斗争，即布尔什维克反对只以社会改良为手段改造社会的机会主义的斗争。1908—1914 年，马克思主义和取消主义的斗争，即布尔什维克反对只依附于自由派资产

① 《列宁选集》第 2 卷，第 379 页。
② 《列宁全集》第 28 卷，人民出版社 1990 年版，第 363 页。
③ 《列宁全集》第 25 卷，人民出版社 1988 年版，第 263 页。
④ 《列宁全集》第 26 卷，人民出版社 1988 年版，第 355 页。

阶级，而不依靠工人和农民的机会主义的斗争。1914—1915 年，马克思主义和社会沙文主义的斗争，即布尔什维克反对支持俄国参加第一次世界大战的社会沙文主义的斗争。列宁指出："布尔什维主义是在同小资产阶级革命性作长期斗争中成长、成熟和得到锻炼的"①，而"同我们党进行斗争的各社会民主派别的整个历史，是一部崩溃和瓦解的历史"②。列宁指出，布尔什维克党的成熟是俄国革命胜利的原因，而布尔什维克党的成熟的标志是建立了严密的纪律性，这种纪律性是布尔什维克党长期与社会民主派别斗争的历史结果。为此，列宁指出："只有布尔什维主义存在的整个时期的历史，才能令人满意地说明，为什么它能够建立为无产阶级胜利所必需的铁的纪律并能在最困难的条件下坚持住这种纪律。"③

列宁认为，运用马克思主义研究历史，要在弄清历史发展过程的基础上，揭示历史运动的规律

列宁是为了革命事业的需要进行历史研究的，出于指导俄国革命的现实需要，他在历史研究实践中把俄国革命史作为主要研究对象。为此，他研究了俄国解放运动、1905 年俄国革命、二月革命、十月革命，及其这些事件之间的历史联系、规律性。

列宁研究俄国革命史时，把十月革命的产生放置在整个俄国解放运动中进行说明。列宁的研究包括 1861 年的农奴制改革与资产阶级民主革命的关系，资产阶级民主革命与社会主义革命的关系等。列宁认为，俄国十月革命是近代俄国解放运动的组成部分，它与资产阶级民主革命有着继承关系。他指出："俄国解放运动经历了三个主要阶段"，"这三个主要阶段就是：（1）贵族时期，大约从 1825 年到 1861 年；（2）平民知识分子或资产阶级民主主义时期，大致上从 1861 年到 1895 年；（3）无产阶级时期，从 1895 年到现在"。④

列宁指出，俄国解放运动之所以形成三个阶段，是与曾给过该运动

① 《列宁选集》第 4 卷，人民出版社 1995 年版，第 142 页。
② 《列宁全集》第 26 卷，第 361 页。
③ 《列宁选集》第 4 卷，第 135 页。
④ 《列宁全集》第 25 卷，第 98 页。

以深刻影响的俄国社会的三个主要阶级的成长相互适应的，这三个阶级是：贵族阶级、资产阶级、无产阶级。列宁对这三个阶级与三个阶段的内在联系进行了说明。

列宁指出，在贵族时期，起来反抗俄国专制制度的"只是极少数没有得到人民支持的软弱无力的贵族。然而贵族中的优秀人物"，如"十二月党人和赫尔岑"，虽然"他们同人民的距离非常远，但是，他们的事业没有落空"①，他们"帮助唤醒了人民"。"赫尔岑是'俄国'社会主义即'民粹主义'的创始人。"②这里，列宁把民粹主义作为早期社会主义看待，揭示了农奴制改革与社会主义革命的历史联系。

列宁还指出，在平民知识分子或资产阶级民主革命时期，资产阶级自由派和车尔尼雪夫斯基分别是资产阶级自由主义和民主主义的倾向和力量的代表，而响应、扩大、巩固和加强了反对专制的革命鼓动的，"是平民知识分子革命家，从车尔尼雪夫斯基到'民意党'的英雄们"。这两种倾向和力量"从那时起一直到今天都决定着为建立新俄国而斗争的结局"③。"自由主义君主派资产阶级建立了立宪民主党和十月党"，民主主义者联合社会主义者建立了社会民主党。

列宁亦指出，在无产阶级时期，解放运动成为群众自身的运动，"无产阶级这个唯一彻底革命的阶级，起来领导群众了，并且第一次唤起了千百万农民进行公开的革命斗争"④。列宁从无产阶级的阶级觉悟逐渐被唤醒，最终独立地成为俄国解放运动的领导者的事实，说明了俄国十月革命同之前的贵族解放运动、资产阶级和知识分子解放运动的继承关系，从而阐明了十月革命是俄国解放运动的继续和发展。列宁特地指出，1905 年是俄国工人阶级登上政治舞台的标志性年份，但它的出现不是偶然的，而是"1861 年产生了 1905 年"⑤。

列宁研究了 1905 年革命的特点及其与十月革命的历史联系。1905年俄国爆发了全国性工人罢工，从此开始了俄国革命的进程并形成第一次革命高潮。列宁认为："1905 年的俄国资产阶级革命显示了世界历史

---

① 《列宁全集》第 21 卷，人民出版社 1990 年版，第 267 页。
② 《列宁选集》第 2 卷，第 285 页。
③ 《列宁全集》第 20 卷，人民出版社 1989 年版，第 175 页。
④ 《列宁全集》第 21 卷，第 267 页。
⑤ 《列宁全集》第 20 卷，第 178 页。

上的一个异常独特的转变：在一个最落后的资本主义国家里，罢工运动
范围之广和力量之大在世界上第一次达到了空前未有的程度。"① 如此
大规模的罢工在世界历史上是罕见的，它预示了"俄国革命的特点就在
于：按其社会内容来说是资产阶级民主革命，按其斗争手段来说却是无
产阶级革命"②。"无产阶级给予沙皇专制制度第一次打击。俄国人民见
到了第一道自由的曙光。"③ 列宁还指出，1905 年的运动还有一个"历
史特点，就是俄国绝大多数的居民即农民把土地问题提到了第一位"④，
"不仅是经济的而且是政治的农民运动已在俄国兴起"。

进而，列宁揭示了 1905 年革命与十月革命的关系。他指出，无产
阶级革命需要千千万万的革命者参加才能取得成功，而提高革命者的觉
悟是革命取得成功的前提。革命斗争是帮助革命者提高觉悟的最好的途
径。列宁说："离开群众本身的独立政治斗争特别是革命斗争，在这种
斗争之外，永远不可能对群众进行真正的教育。只有斗争才能教育被剥
削的阶级，只有斗争才能使它认识到自己的力量有多大，扩大它的眼
界，提高它的能力，启迪它的智力，锻炼它的意志。"⑤ 正是在教育和
组织人民群众参加斗争这一意义上，列宁指出："1905 年可以说是举行
了一次革命的演习，部分是由于这个原因，俄国才成功地利用了帝国主
义战争再也打不下去了的时机，使无产阶级取得了政权。"⑥ "没有 1905
年的'总演习'，就不可能有 1917 年十月革命的胜利。"⑦

列宁研究了俄国二月革命与十月革命的关系。1917 年 2 月 27 日，
俄国无产阶级和一部分在战争进程中觉醒过来的农民以及资产阶级，共
同推翻了君主制。1917 年 4 月 21 日，它推翻了帝国主义资产阶级独掌
的政权，把政权转到同资产阶级妥协的小资产阶级妥协派的手里。7 月
3 日，城市无产阶级自发地举行游行示威，震撼了妥协派的政府。10 月
25 日，它推翻了这个政府，建立了工人阶级和贫苦农民的专政。

列宁提出，二月革命与十月革命的关系，是前者为后者提供了前

---

① 《列宁全集》第 39 卷，第 69 页。
② 《列宁全集》第 28 卷，人民出版社 1990 年版，第 318 页。
③ 《列宁全集》第 19 卷，人民出版社 1989 年版，第 413 页。
④ 《列宁全集》第 25 卷，第 316 页。
⑤ 《列宁全集》第 28 卷，人民出版社 1990 年版，第 320 页。
⑥ 《列宁全集》第 38 卷，人民出版社 1986 年版，第 214 页。
⑦ 《列宁选集》第 4 卷，人民出版社 1995 年版，第 138 页。

提，但后者否定了前者的关系。他说，从 1917 年开始的俄国革命进程，分为两个时期。第一个时期有两种力量共同打击沙皇制度：一方面是俄国资产阶级和地主连同他们的追随者；另一方面是吸收士兵和农民代表参加的工人代表苏维埃。在推翻沙皇政权以后，国家政权转到资本家的主要政党"立宪民主"党手中。立宪民主党人在取得政府权力以后，便想方设法继续推进第一次世界大战。第二个时期，由于立宪民主党违背了人民要求结束战争的意愿，人民抛弃了这个资本家政党。无产阶级发动十月革命取代资产阶级取得了政权。十月革命否定了二月革命，最终给俄国解放进程画上了句号。从 1825 年至 1917 年，俄国解放运动历经近百年终于取得成功，其中有什么规律吗？列宁总结道："由此我们可以得出一个对我们极其重要的、应当作为我们全部活动的指南的结论：在历史上，取得胜利的是能够带领多数居民前进的阶级。"①

列宁强调，只有把马克思主义作为一种方法来运用，才能掌握马克思主义的精神实质，才能使理论的运用正确地与实践结合起来

列宁指出："我们决不把马克思的理论看作某种一成不变的和神圣不可侵犯的东西"，"它只是给一种科学奠定了基础"，"提供的只是总的指导原理，而这些原理的应用具体地说，在英国不同于法国，在法国不同于德国，在德国又不同于俄国"②。"马克思主义同任何抽象公式、任何学理主义方法是绝对不相容的。"③ 列宁指出，因为各个国家的历史现实情况不同，运用马克思主义必须从实际出发。列宁在这里讲的是马克思主义与各国革命实践相结合的要求，但也可以作为马克思主义与历史研究相结合的要求看待，因为列宁主张历史研究要为革命事业服务，二者有共同性。

列宁在总结第三国际的历史经验时，从阐述资本主义发展不平衡的角度，论述了无产阶级革命中心和革命领导权转移的情况。他在论述

① 《列宁全集》第 37 卷，人民出版社 1986 年版，第 341 页。
② 《列宁选集》第 1 卷，第 274 页。
③ 同上书，第 688 页。

时，充分考虑到了法国、英国、德国国情的不同特点，体现了从实际出发运用马克思主义的精神。列宁指出，英国曾发生了"世界上第一次广泛的、真正群众性的、政治上已经成型的无产阶级革命运动即宪章运动"，使英国成为无产阶级革命的第一个中心。但正当欧洲大陆发生的革命大都是软弱的资产阶级革命时，在法国却爆发了无产阶级和资产阶级之间的第一次伟大的国内战争。法国工人阶级在 1848 年和 1871 年先后两次举行了反资产阶级的英勇起义，对世界历史作出了重大贡献。法国取代英国成为无产阶级革命的第二个中心。此时的英国，由于无产阶级上层已资产阶级化了，无产阶级的革命斗争，在"这个先进的资本主义国家竟落后了几十年"。面对法国无产阶级的进攻，资产阶级用不同的手段把无产阶级队伍各个击破，"法国无产阶级的力量好像是用尽了。这以后，即从 19 世纪 70 年代起，工人运动国际中的领导权转到了在经济上比英法都落后的德国"①。列宁研究无产阶级革命中心的形成与转移，是想说明，马克思主义与各国无产阶级革命相结合的方式和结果是不一样的。运用马克思主义研究历史，只有从各国的具体情况出发，才能进行真正科学的研究，得出符合实际情况的结论。

是把马克思主义作为方法使用，还是陷入固守马克思主义词句的学理主义，十月革命前，欧俄各国社会民主党人在如何对待波兰的民族独立问题上十分突出地显示出来。在这一问题上，有三种观点：一种是波兰社会党人的观点，继续坚持把波兰独立运动作为最重要的任务。另一种是以卢森堡为代表的观点，认为波兰不应当要求民族自决权，不支持波兰的独立运动。第三种是列宁等人的观点，认为在无产阶级革命时代，波兰的独立是民主运动应当完成的目标，但应当成为无产阶级革命的组成部分。列宁批评了波兰社会党人的观点，指出，波兰社会党人坚持波兰独立的观点，来自于固守马克思主义词句的错误，没有考虑到时代的变化。在 19 世纪中期，马克思、恩格斯曾积极支持波兰的独立运动，列宁认为这对于当时的奥地利、德国的资产阶级革命时代和俄国的彼得改革时代来说，是完全正确的。只要俄国和大多数斯拉夫国家的人民群众还在沉睡不醒，只要这些国家还没有什么独立的群众性的民主运动，波兰贵族的解放运动，从全欧民主运动的观点来看，有头等重大的

---

① 《列宁全集》第 36 卷，人民出版社 1985 年版，第 293 页。

意义。但马克思的这种观点，"到 20 世纪就不再是正确的了"。"在大多数斯拉夫国家，甚至在其中最落后的国家之一俄国，都掀起了独立的民主运动，甚至独立的无产阶级运动。贵族的波兰已经消失而让位给资本主义的波兰了"，"阶级的对抗已经使民族问题远远地退居次要地位了"，在这种条件下，波兰社会党"企图把适用于另一时代的马克思观点'固定下来'，这已经是利用马克思主义的词句来反对马克思主义的精神了"①。列宁指出："坚持马克思主义的旧的答案，那就是只忠于学说的字句，而不是忠于学说的精神，就是只背诵过去的结论，而不善于用马克思主义的研究方法来分析新的政治局势。"②

十月革命胜利后，如何看待和评价这一震撼世界的事件，列宁运用马克思主义的精神实质和方法论，对俄国革命取得胜利的原因进行了分析。在把俄国与西欧作比较的基础上，列宁从帝国主义战争中的民族关系、俄国的自然环境、俄国的历史进程、农民阶级和布尔什维克的特点的解释中，研究了俄国革命胜利的客观、主观原因。列宁的分析是正确运用马克思主义研究历史的典范。

列宁深入研究了俄国十月革命取得胜利的客观原因。列宁认为，俄国当时的特殊时代条件是十月革命取得胜利的客观原因，这些特殊条件是：首先，俄国革命"有可能把苏维埃革命同结束（通过苏维埃革命）给工农带来重重灾难的帝国主义战争联合起来"③。列宁在十月革命进行的当天曾指出："我们当前的任务之一，就是必须立刻结束战争。可是大家都很清楚，要结束同现在的资本主义制度密切联系着的这场战争，就必须打倒资本本身。"④列宁认为这一任务是历史客观地赋予布尔什维克的，"不经过布尔什维克的斗争和布尔什维克的革命，就不能摆脱帝国主义战争以及必然会产生这种战争的帝国主义世界"⑤。

其次，俄国革命"有可能在一定时期内利用称霸世界的两个帝国主义强盗集团之间的殊死斗争，当时这两个集团不能联合起来反对苏维埃

---

① 《列宁全集》第 25 卷，第 262 页。
② 《列宁选集》第 1 卷，第 462—463 页。
③ 《列宁全集》第 39 卷，第 44 页。
④ 《列宁全集》第 33 卷，人民出版社 1985 年版，第 2 页。
⑤ 《列宁选集》第 4 卷，第 567 页。

这个敌人"①。列宁指出："一些帝国主义者当时所以顾不上我们，那只是因为现代世界帝国主义的全部巨大的社会政治力量和军事力量，由于内讧当时已分裂成为两个集团。卷入这场斗争的帝国主义强盗都全力以赴，进行你死我活的搏斗，以致无论哪一个帝国主义集团都无法集中较大的力量来反对俄国革命。""战争已进入第四个年头，各交战国都陷入绝境，处于进退维谷的境地；客观形势提出了这样的问题；陷于这种境地的各国人民还能继续打下去吗？""我们的革命只是由于能够利用而且利用了国际政治和经济方面的这个时机，才在欧俄实现了光辉的胜利进军。"② 促成十月革命胜利的"这个万能的'导演'，这个强有力的加速者，就是世界帝国主义大战"③。

再次，列宁指出："当时农民中掀起了非常深刻的资产阶级民主革命运动，无产阶级政党就接过了农民政党……的革命要求，并且由于无产阶级夺取了政权而立即实现了这些要求。"④"农民中很大一部分人都说：我们不再跟资本家打交道了，我们要同工人一道干。"无产阶级政府"只要颁布一项废除地主所有制的法令，就可以赢得农民的信任"⑤。1917 年 10 月 26 日，即革命后第二天，"政府就颁布法令，承认了还在克伦斯基时代农民苏维埃和农民大会就表达过的全体农民的夙愿。这就是我们的力量所在，因此，我们才这样容易地赢得了压倒多数"⑥。

最后，列宁指出："帝国主义战争要求各种力量极度紧张化，大大地加速了落后的俄国的发展进程"，使俄国一下子"就赶上了意大利和英国，并且几乎赶上了法国"。沙皇制度的极端腐朽和衰败造成了一种摧毁这个制度的极大力量。经过二月资产阶级革命，"俄国就变成了比世界上任何国家都自由（在战争环境里）的资产阶级民主共和国"⑦。但由于资产阶级的软弱性，俄国资产阶级革命迅速被社会主义革命所代替。

列宁特别强调，"俄国在 1917 年那种历史上非常独特的具体形势

① 《列宁全集》第 39 卷，第 44 页。
② 《列宁选集》第 3 卷，人民出版社 1995 年版，第 439—440 页。
③ 同上书，第 3 页。
④ 《列宁选集》第 4 卷，第 173 页。
⑤ 《列宁全集》第 33 卷，第 3 页。
⑥ 《列宁选集》第 3 卷，第 707 页。
⑦ 《列宁全集》第 39 卷，第 9—10 页。

下，开始社会主义革命是容易的"，"是轻而易举的事情"①。"这些特殊条件"，"在西欧是没有的，而且重新出现这样的或类似的条件也不是很容易的"②，所以期望"在资本主义发达的、资本主义为每个居民提供了民主的文化和组织的国家里，如果没有准备就开始革命，那是不对的，荒谬的"③。

列宁深入分析了俄国十月革命取得胜利的主观原因，他认为这主要是四个方面：

第一，列宁指出："巴黎公社作出了把来自下面的首创精神、独立性、放手的行动、雄伟的魄力和自愿实行的、与死套公式不相容的集中制互相结合起来的伟大榜样。我们的苏维埃走的也是这条道路。"④ 但俄国革命产生了和西欧革命截然不同的结果。第一次创立了公社这种苏维埃政权萌芽的巴黎工人，仅仅支持了 2 个月零 10 天，就被反革命势力枪杀了。之所以如此，是因为当时法国绝大部分农民，对成立这个政府的意义和目的，是不了解的。但俄国工人和农民的处境不同于巴黎的无产阶级政权，苏维埃政权为全国所了解，得到绝大多数群众的同情，受到他们最热烈、最衷心的拥护，因此，俄国的"苏维埃政权是不可战胜的"⑤。

第二，列宁指出，布尔什维主义是 1903 年在最坚固的马克思主义理论基础上产生的。19 世纪下半叶，俄国革命者在沙皇政府的迫害下侨居国外，他们同国际的联系相当广泛，对世界各国革命运动的形式和理论十分熟悉。他们通过比较，寻找到马克思主义这个最先进的革命理论，并创造性地运用于解决俄国的革命问题。

第三，列宁指出：在马克思主义理论基础上产生的布尔什维主义，"有了 15 年（1903—1917 年）实践的历史，这段历史的经验之丰富是举世无比的。这是因为任何一个国家在这 15 年内，在革命经验方面，在各种运动形式——合法的和不合法的、和平的和激烈的、地下的和公开的、小组的和群众的、议会的和恐怖主义的形式——更替的迅速和多

---

① 《列宁全集》第 34 卷，人民出版社 1985 年版，第 12—13 页。
② 《列宁全集》第 39 卷，第 44 页。
③ 《列宁全集》第 34 卷，第 12—13 页。
④ 《列宁选集》第 3 卷，第 382 页。
⑤ 同上书，第 401 页。

样性方面，都没有哪怕类似这样丰富的经历。"①

第四，列宁指出，"俄国无产阶级专政取得胜利的经验表明，无产阶级实现无条件的集中和极严格的纪律，是战胜资产阶级的基本条件"②。"一个弄得精疲力竭的又弱又落后的国家竟战胜了世界上几个最强大的国家，如果想一想出现这种历史奇迹的根本原因究竟在哪里，那么，我们可以看出，根本原因就在于集中、纪律和空前的自我牺牲精神。"③

学习和掌握列宁的史学方法论，对中国马克思主义史学有特殊意义。马克思主义的故乡在西欧，列宁把它运用到非西欧的俄国，这种运用具有的方法论意义是，如何把马克思主义与非西欧国家的革命实践需要结合起来。列宁通过自己的历史研究实践提供了榜样。列宁正确领会了马克思主义的精神实质，精辟地阐述了马克思主义的科学性和价值，这使他掌握了当代最先进的历史科学理论和方法，为正确地分析俄国的社会历史问题形成了科学方法论。

列宁对马克思主义史学方法的理解主要集中在三个方面：一是社会经济形态概念和阶级斗争理论，二是辩证法的运用，三是把马克思主义作为方法论看待。对于第一个方面，唯物史观的两个基本思想：一个是把历史看成一个自然过程，另一个是把历史看成人的有目的的活动，是构成马克思主义的基本思想。列宁对马克思主义的社会阶级形态概念和阶级斗争理论的理解，正确地诠释了唯物史观的这两个基本思想。列宁运用唯物史观基本思想研究俄国历史给予人的启示是，在研究历史运动过程时，既要从历史的内在规定性、内在联系、历史发展的必然趋势等方面，阐述出人们创造历史的行为所具有的制约性，揭示历史运动的客观属性，又要从人们具有的阶级地位、阶级觉悟、情感立场、政治诉求等方面，阐述出人们创造历史的行为具有的自主性，说明历史运动的主观属性。

列宁对辩证法方法论作用的阐释和运用，也正确领会了马克思、

---

① 《列宁选集》第 4 卷，第 137 页。
② 同上书，第 135 页。
③ 同上书，第 113 页。

恩格斯把辩证法作为唯物史观理论前提的思想。列宁运用辩证法所进行的历史研究，具有社会科学化史学的特征。列宁是学社会学的，他擅长运用统计概念研究历史，并注重整体研究。在这一点上，列宁和法国年鉴学派研究历史的方法有共通之处。列宁运用马克思主义研究俄国革命史的规律，取得了非凡的成就，他提出的问题、概括的问题、解决的问题，没有丝毫书卷气的教条主义痕迹，而是充满着政治家对历史真实的关怀和睿智。他在总结十月革命成功的主客观原因时，没有长篇大论地引用马克思主义的词句，但一字一句都体现出马克思主义实事求是的精神，这使列宁为十月革命作出的历史总结，经历住了时间的考验。

列宁把历史研究和俄国革命事业紧密结合起来，围绕俄国革命史进行了一系列历史研究，如工人运动史、战争史、国际共运史、政党政治史等，体现了马克思主义史学为无产阶级解放而研究历史的本质。历史有很多方面可以去研究。和有些人喜欢以宫闱之事或细碎的日常生活小事为题材不同，列宁选择和劳动者阶级利益相关的领域作为历史研究的对象和范围，通过它们表达劳动者的利益和愿望，使历史研究融入时代大潮之中，直接为当前的实践服务，为促进社会的进步发挥积极作用。列宁围绕俄国革命史所作的一系列历史研究，高屋建瓴地总结了俄国革命史的特殊经验、一般经验和规律，不仅为指导当时的俄国革命提供了历史经验，而且也为后人研究俄国历史提供了启示和借鉴。马克思、恩格斯在他们的历史研究中也曾是围绕无产阶级革命运动进行历史研究的，列宁继承了他们的做法。列宁对俄国革命史的研究，构成马克思主义史学发展史的重要篇章。

列宁的史学方法论是 20 世纪时代精神的写照。20 世纪是一个政治全球化的世纪，资本主义世界民主国家和法西斯国家的矛盾和冲突，资本主义世界无产阶级和资产阶级的矛盾和冲突，社会主义国家和资本主义国家的矛盾和冲突，帝国主义国家和殖民地国家的矛盾和冲突，以及它们之间错综复杂的纠葛，持续了大半个世纪。还在 19 世纪末和 20 世纪初，列宁就以一个杰出的政治家的本领，敏感地抓住了时代的本质，从政治全球化的背景下理解和运用马克思主义。这使他的历史研究充满了时代感和创新性，发挥出了提高无产阶级的阶级觉悟、提高无产阶级领导者的领导水平的积极作用。史学是属于时代的，只有满足了时代需要的史学，才能成为人类文明的精神财富。列宁的史学方法论为诠释20世纪的时代精神，留下了重要的理论遗产。

（作者单位：云南大学发展研究院）

唯物史观在中国传播及其历史启示

梁 柱

马克思主义在中国的传播，成为中国共产主义运动兴起的重要标志。正是在这个意义上说，它是在十月革命影响下实现的。李大钊作为在中国高举马克思主义旗帜的第一人，在他热情传播马克思主义的工作中，对唯物史观进行比较系统的、多方面的介绍，以及应用历史唯物主义观点阐释中国的历史和社会问题，占有突出的地位。李大钊作为我国以马克思主义观点研究中国历史和社会科学的奠基人，他对唯物史观的介绍并将其应用于研究中国历史和社会问题，不仅帮助了一批先进分子掌握了马克思主义的历史观和世界观，而且对我国史学思想的革新以至对革命实践的指导作用都产生了深远影响，对我们今天坚持科学的历史观都有重要的启示作用。

一

唯物史观的发现与确立，是历史观的革命性飞跃。恩格斯在评价马克思这一伟大发现时说："正像达尔文发现有机界的发展规律一样，马克思发现了人类历史的发展规律，即历来为繁芜丛杂的意识形态所掩盖的一个简单事实：人们首先必须吃、喝、住、穿，然后才能从事政治、科学、艺术、宗教等等；所以，直接的物质的生活资料的生产，从而一个民族或一个时代的一定的经济发展阶段，便构成基础，人们的国家设施、法的观点、艺术以至宗教的观念，就是从这个基础上发展起来的，因而，也必须由这个基础来解释，而不是像过去那样做得相反。"① 正是这一历史观的内在的科学魅力，使它成为认识和改造世界的锐利武器，这也是使它能够在中国广泛传播并加以应用的一个深刻原因。

唯物史观在中国获得广泛传播，是适应了中国社会历史和革命发展的需要。从 1840 年鸦片战争开始，在资本—帝国主义的不断侵略下，我们这个具有悠久历史和灿烂文明的古国，一步步地沉沦为半殖民地半封建社会。在帝国主义和封建势力的双重压迫下，中华民族经历着炼狱般的苦难，广大人民处在水深火热之中，国家濒临灭亡的境地。中国近代史是一部充满屈辱与抗争的历史，同时也是一部寻找救国真理、探索国家出路的历史。但是，所有这些努力，无不受到主客观条件的限制，最终都以失败的悲剧而告结束。这个历史事实深刻说明，这时中国的民族危机和社会危机，不但农民战争无法解决，封建统治阶级也失去了自我挽救的能力，而且以发展资本主义为取向的资产阶级改良运动也无立足之地。而资产阶级革命派领导的辛亥革命，是一次更加完全意义上的民主主义革命，这场革命"有它胜利的地方，也有它失败的地方。你们看，辛亥革命把皇帝赶跑，这不是胜利了吗？说它失败，是说辛亥革命只把一个皇帝赶跑，中国仍旧在帝国主义和封建主义的压迫之下，反帝反封建的革命任务并没有完成"②。这个历史事实充分说明，以发展资本主义为取向的一切努力已经失去了实现它的历史机缘。近代中国需要新的探索，需要把救亡的斗争推向更高的阶段。

五四新文化运动的兴起，可以说是中国先进分子到了"最后觉悟之最后觉悟"，开始寻求新的思想武器。但在它的前期，包括李大钊在内的新文化运动的战士传播的民主与科学的思想，仍然属于资产阶级民主主义的范畴。它虽然在当时反对封建文化思想斗争中起了非常革命的作用，但并不能正确回答中国的出路问题。李大钊这时的政治视野也不能不受到这种历史的局限，例如，他从民族独立的强烈愿望出发，具有鲜明的反帝爱国思想，但对帝国主义的本质仍缺乏清醒的认识，他曾认为像日本这样的"官僚政治"国家具有对外侵略的本性，而像美国这样的"民主政治"国家则不会向外侵略，他曾赞扬美国的"门户开放"

① 《马克思恩格斯选集》第 3 卷，人民出版社 1995 年版，第 776 页。
② 《毛泽东选集》第 2 卷，人民出版社 1991 年版，第 564 页。

政策，还把美国总统威尔逊的和平、公理、正义等口号赞为"平和的曙光"等。又如，他猛烈抨击了辛亥革命后出现的假共和、真专制，但对"民权旁落"的原因还主要看作"少数豪暴狡狯者窃权"，而对封建军阀统治的阶级本质缺乏深刻认识，因而他曾把袁世凯的死看作"青春中华之创造，实已肇基于此"，甚至把袁死后诸如元宵开禁之类的动作，也视为"共和复活之所赐"；再如，他提出"再造青春中华"的积极主张，但找不到实现的正确途径，他虽然向往革命的变革，但又倾向以改良的方法，即从教育入手实现民权，认为"从事于国民教育，十年而后，其效可观。民力既厚，权自归焉"①，等等。

这里还要特别指出，这时的先进分子在自然科学方面，大体上是拥护唯物论的，但在社会历史观方面，则仍然停留在进化论、唯心论的认识水平上。他们在接受马克思主义之前，普遍地是以生物进化论的观点解释社会历史，把物竞天择、优胜劣汰、适者生存等生物竞争说看作适于社会历史发展的普遍规律。自从 19 世纪末，严复把赫胥黎的《天演论》（原名《进化论与伦理学》）翻译介绍到中国后，正在寻求民族自强的中国进步思想界就把它视为"经典"，成为鼓舞国人奋发图存、自重自强的思想武器。不可否认，进化论的观点，对于破除"历史循环"论、"道德复旧"说等陈腐说教，破除"天不变道亦不变"的传统观念，起过积极的作用；它使人们相信社会制度、伦理道德都要适应社会和环境变化的需要而变化，相信新旧嬗替、青春战胜白首的一般法则。但是，进化论的观点并不能提供对社会历史的科学认识，更不能正确回答中国的出路问题和中国革命面临的基本问题。相反，那种"优胜劣汰"、"弱肉强食"的庸俗进化论观点，还往往掩盖了帝国主义侵略的本质，甚至成为为帝国主义侵略辩护的工具。陈独秀就曾从进化论的观点出发，认为中国落后的原因在于自己的不长进，而不在于帝国主义的侵略。他在 1914 年由于激愤于国内政治的黑暗，竟至提出欢迎外国的干涉。这显然是十足的昏话。在近代中国，天演一说确是振奋了进步思想界，但同时又成为先进分子认识进一步发展的羁绊。这种状况一直延续到新文化运动的前期，而早期的李大钊、鲁迅等亦不能免。李大钊早期思想有虽不完备却颇为活跃的唯物辩证法观点，但他的哲学思想占主

① 《李大钊文集》（上），人民出版社 1984 年版，第 181、270、43 页。

导地位的仍然是进化论、唯心论，而后者的束缚作用也是明显的。他在《青春》一文中对德意志帝国的错误赞扬，便是受进化论思想影响的一例。应该说，庸俗进化论思想对中国知识界的影响，是中国先进分子在一个长时期内，不能正确理解自强与反帝、渐进与革命之间辩证统一关系的一个重要的认识论上的根源。

近代中国先进分子对民主自由的热烈追求和现实之间的巨大反差，不能不使他们感到彷徨、失望以至悲观。李大钊在 1914 年就曾无限感慨地说："时至今日，术不能制，力亦弗能，谋遏洪涛，昌学而已。"① 而当 1917 年张勋再演复辟帝制丑剧时，他更为自己的理想王国梦幻的破灭而慨叹："一代声华空醉梦，十年潦倒剩穷愁。"② 这种情形并非李大钊一人所独有。鲁迅后来说："见过辛亥革命，见过二次革命，见过袁世凯称帝、张勋复辟，看来看去，就看得怀疑起来，于是失望、颓唐得很了。"③ 这确是道出了这时一般先进知识分子的心态。这种"失望"和"颓唐"，既反映了他们对资产阶级领导的辛亥革命结局的完全失望，也表现了他们经过对民主和科学呼唤之后仍然看不到前景的深刻反省。当然，在这种失望和苦闷之中，还蕴含着对新的出路的思考和探索。所以，在具备新的时代条件和新的社会条件的历史背景下，新的历史观的传入和被接受，就成为历史发展的需要、历史的必然。

在中国革命胜利之日，毛泽东在《唯心历史观的破产》一文中，驳斥了美国国务卿艾奇逊关于中国革命发生原因的种种谬说，他写道："马克思列宁主义来到中国之所以发生这样大的作用，是因为中国的社会条件有了这种需要，是因为同中国人民革命的实践发生了联系，是因为被中国人民所掌握了。任何思想，如果不和客观的实际的事物相联系，如果没有客观存在的需要，如果不为人民群众所掌握，即使是最好的东西，即使是马克思列宁主义，也是不起作用的。我们是反对历史唯心论的历史唯物论者。"④ 唯物史观在中国的传播就证明了这一点。中国人民在近代百年苦难、百年奋斗中，由于缺乏科学理论的指导，经历了无数艰难曲折，吃尽了种种苦头。只有马克思主义传入中国之后，才

① 《李大钊文集》（上），第 93 页。
② 《李大钊文集》（下），人民出版社 1984 年版，第 917 页。
③ 《鲁迅全集》（4），人民文学出版社 1981 年版，第 455 页。
④ 《毛泽东选集》第 4 卷，人民出版社 1991 年版，第 1515 页。

改变了这种局面。李大钊作为在中国传播马克思主义的第一人，一开始他就努力运用唯物史观来观察中国社会和中国革命的实际问题，就比较正确地总结中国革命的历史经验，初步指明中国革命是世界革命的一部分，帝国主义是中国人民的最主要敌人，封建军阀势力是帝国主义在中国的代理人，无产阶级是民主革命的先锋，农民是最伟大的革命力量，以及知识分子要同工农相结合这样一些带根本性的问题，充分显示了马克思主义理论所表现出来的巨大威力，回答了百年革命斗争不能加以科学回答的问题。正因为这样，在当时众说纷纭的救国方案和众多的社会主义思潮中，科学社会主义以自己特有的魅力脱颖而出，很快为中国人民所认识和接受。

二

李大钊在论及历史学时曾说："自有马氏的唯物史观，才把历史学提到与自然科学同等的地位。此等功绩，实为史学界开一新纪元。"①而他在中国传播与确立唯物史观，对于历史学的变革和对革命实践的指导作用，也同样如此。唯物史观在中国的早期传播中，就十分注意结合中国社会历史的实际并给以科学的解释，这个工作，使得在以下两个方面的认识发生了革命性的变化。

一是在社会历史领域内，以唯物史观取代了唯心史观，以阶级论取代了进化论，初步奠定了我国以马克思主义为指导的社会科学的基础。李大钊相当准确、深刻地把握了历史唯物主义的基本精神，将马克思主义的唯物史观同旧的唯心史观作了原则的区别。他指出："旧历史的方法与新历史的方法绝对相反"，旧的历史观，即唯心史观，是"寻社会情状的原因于社会本身以外"，即求其原因于"心的势力"；而新的历史观，即唯物史观，则是"于人类本身的性质内求达到较善的社会情状的推进力与指导力"。他说：唯物史观对社会历史的解释，"不求其原因于心的势力，而求其于物的势力，因为心的变动常是为物的环境所支配"。这里所说的"物"，主要是指社会历史中的经济现象。他明确认为："历史的唯物论观察社会现象，以经济现象为最重要，因为历史上

---

① 《李大钊文集》（下），第347页。

物质的要件中，变化发达最甚的，算是经济现象。故经济的要件是历史上唯一的物质的要件。"① 他进而对社会历史变动的原因作了深层的分析，认为"经济的生活"是一切社会活动的基础，人民群众"生产衣食方法的进步与变动"是社会历史发展的关键力量。因而离开了"物的势力"，便不能理解历史变动的真正原因，那种用"心的变动"来解释历史的进化，是因果倒置，是对历史发展的唯心的解释。这就在纷繁复杂的历史现象中指明了经济的即生产方式的决定作用。应当指出，李大钊强调"经济状况"决定一切历史现象的观点，坚持了唯物史观的最基本的观点，也就是他反复指明的唯物史观的"最重要"的观点，从而把被唯心史观颠倒了的历史又颠倒了过来。正如恩格斯所说的，这是"历史破天荒第一次被置于它的真正基础上"②。

与此同时，李大钊又认为社会的进步不是等待"经济生活"的自然变动，而是肯定"一切进步只能由联合以图进步的人民造成"。他认为马克思的阶级斗争学说是唯物史观的一个重要特征，一个重要的"要素"。他既认定阶级斗争是"历史的终极法则"，又指出它不是人类历史的全部，"马氏并非承认这阶级斗争是与人类历史相始终的"，但在阶级社会里各种政治活动，"其根本原因都在殊异经济阶级间的竞争"。在他看来，这种经济利益对立，即剥削和被剥削、压迫和被压迫的"这两种阶级，在种种时代，以种种形式表现出来。亚细亚的、古代的、封建的、现代资本家的，这些生产方法出现的次第，可作经济组织进化的阶段，而这资本家的生产方法，是社会的生产方法中采敌对形式的最后"③。他充分肯定阶级斗争是阶级社会推动历史发展的动力，是推翻旧的经济制度、改造社会的"最后手段"。他从阶级斗争的观点出发，充分肯定人民群众是历史的主人，要"认识民众势力的伟大"，"竖起民众万能的大旗"。他强调在当代的解放运动中，只有用阶级斗争学说发动工人运动，人民群众的历史主动精神才有可能得到充分发挥，经济制度的变革才有可能实现。

这里应当指出，正确认识人民群众的作用这一历史唯物主义的重要

---

① 《李大钊文集》（下），第364、362、51页。
② 《马克思恩格斯选集》第3卷，人民出版社1995年版，第335页。
③ 《李大钊文集》（下），第363、62、61页。

原理，对当时中国思想界有着深远的意义。众所周知，轻视人民群众的力量，不敢或不屑发动和依靠群众，曾是中国先进分子的一个致命弱点，也是近代民主主义运动屡遭失败的一个根由。五四前期新文化运动的参加者虽然怀抱为民众争民主的目的，开始意识到启迪民智对实现民主政治的重要意义，并为此做了许多有益的工作，但他们对群众的智慧和创造力仍然缺乏正确的认识，因而也依然同广大群众相脱离。这不能不是初期新文化运动没能发展成为群众性的政治运动的一个重要原因。李大钊在传播唯物史观的工作中，从根本上改变了上述状态，他十分重视运用人民群众是历史创造者这一观点去分析历史、现实以及人生道路的选择。例如，他在分析中国近代社会历史时，指出自中英鸦片战争起，中经英法联军、中法、中日战争及八国联军诸役，直至 1925 年五卅运动，外国侵略者对于中国民众的屠杀，"是一部彻头彻尾的帝国主义压迫中国民族史"。同时又指出，自三元里的平英团奋起，中经太平天国、义和团和同盟会的运动，一直到"五四"至"五卅"弥漫全国的反帝国主义的大运动，"是一部彻头彻尾的中国民众反抗帝国主义的民族革命史"。他在对近代中国历史作规律性的探讨中，充分肯定了人民群众的历史作用，认为这一浩浩荡荡的民族革命运动史的洪流，一泻万里，必将是"非流注于胜利的归宿而不止"[①]。又如，他运用唯物史观的基本观点，把人民群众看作历史的主体和革命的依靠力量，热情歌颂俄国十月革命中表现出来的群众运动的伟大力量，认为这是滔滔滚滚的历史潮流，是任何反动势力都不能防遏得住的。他特别指出今后人类发展的前景必将是劳工的世界。他批判了那种要以中产阶级为中心势力的旧观点，断定"民众的势力，是现代社会上一切构造的唯一的基础"[②]。他提出人民群众要依靠自己的力量，去"创造一种世界的平民的新历史"。这种以人民群众为革命主体的思想，把近代民主政治的要求推进到一个新的阶段，赋予五四时期民主的口号以崭新的内容。再如，他从人民群众是历史主体的思想出发，寄希望于无产阶级和广大人民群众，号召先进的知识分子必须深入到工农中去，努力在他们中间工作，共同创造新的历史。这正如他所说："要想把现代的新文明，从根

---

① 《李大钊文集》（下），第 848 页。
② 同上书，第 239 页。

底输入到社会里面，非把知识阶级与劳工阶级打成一气不可。我甚望我们中国的青年，认清这个道理。"① 上举数端可以看出，李大钊大力宣传以人民群众为主体的历史观，对于廓清当时思想界存在的唯心史观的迷雾和实际的革命运动都有深远的意义。

根据上述观点，李大钊号召人们摒弃神权的、精神的、个人的、落后的或循环的旧历史观，树立人生的、物质的、社会的、进步的新历史观。他指出，把历史变动归结于外力的作用，只能"给人以怯懦无能的人生观"，"把人当作一只无帆、无楫、无罗盘针的弃舟，漂流于茫茫无涯的荒海中"。而把历史的变动归结于"天命"和王公世爵的活动，这种历史观完全是"权贵阶级愚民的器具"。进而，他又明确提出历史的研究任务在于："一、整理事实，寻找它的真确的证据；二、理解事实，寻出它的进步的真理。即把历史科学方法作为研究社会的变革的学问。"并"依人类历史上发展的过程的研究，于其中发见历史的必然的法则"②。这表明，李大钊第一次使我国历史学成为研究社会历史发展规律的科学，成为指导和促进历史进步的科学。

二是运用唯物史观的基本原理，探讨中国历史和社会的实际问题，初步地把马克思主义的理论同中国革命的实际结合起来，使唯物史观成为指导革命实践斗争的锐利武器。李大钊根据历史唯物主义关于经济基础与上层建筑之间的关系的原理，指出："凡一时代，经济上若发生了变动，思想上也必发生变动。"这是因为："人类社会生产关系的总和，构成社会经济的结构。这是社会的基础构造。一切社会上政治的、法制的、伦理的、哲学的，简单说，凡是精神上的构造，都是随着经济的构造变化而变化。我们可以称这些精神的构造为表面构造。表面构造常视基础的构造为转移。"这就正确地论证了一定社会的政治、法律、哲学、道德等上层建筑，是由一定社会的经济基础决定的；因而经济基础发生变化，它的上层建筑也必然引起相应的变化。李大钊并不否认上层建筑对经济基础的反作用，但认为这种影响作用是有限度的，作为上层建筑又必须"随着经济全进程的大势走"。因而探究社会政治、思想现象必须从经济根源中寻找。他说："从来的历史家欲单从上层上说明社会的

① 《李大钊文集》（上），第 648 页。
② 《李大钊文集》（下），第 364、363、678、722、334 页。

变革即历史而不顾基址，那样的方法，不能真正理解历史。上层的变革，全靠经济基础的变动，故历史非从经济关系上说明不可。"他运用这一原理，具体分析了中国封建社会的经济基础与上层建筑，并第一次对五四时期正在展开的思想文化战线的斗争作了科学的论证。他认为中国封建的政治制度、伦理道德以及文化思想，都是中国封建社会基础结构的反映。他指出："孔子的学说所以能支配中国人心有二千余年的原故，不是他的学说本身具有绝大的权威，永久不变的真理，配作中国人的'万世师表'"，而是因为"他是适应中国二千余年来未曾变动的农业经济组织反映出来的产物，因他是中国大家族制度上的表层结构，因为经济上有他的基础"。正因为这样，才使得中国的学术思想，"停滞在静止的状态中，呈出一种死寂的现象"①。也正因为这样，它遂成为孔门教条得以沿袭的深刻根源。他认为，随着近代中国社会经济的重大变动，近代的思想潮流也发生了相互关联的两个方面的变化。一方面，那种为封建社会经济基础和专制制度服务的孔门伦理道德，已经"不能适应中国现代的生活，现代的社会"。在他看来，"孔子生于专制之社会，专制之时代，自不能不就当时之政治制度而立说，故其说确足以代表专制社会之道德，亦确足为专制君主所利用资以为护符也"②。现在时代变了，"孔门伦理的基础就根本动摇了"；"中国的经济变动了"，"大家族制度既入了崩颓粉碎的运命，孔子主义也不能不跟着崩颓粉碎了"。另一方面，"新思想是应经济的新状态、社会的新要求发生的"，具有历史的必然性。在这种解放运动的潮流面前，纵有"几个尊孔的信徒，天天到曲阜去巡视，天天戴上洪宪衣冠去祭孔，到处建筑些孔教堂，到处传布子曰的福音，也断断不能抵住经济变动的势力来维持他那万世师表、至圣先师的威灵了"③。他特别指出，随着现代工业的发展和劳工阶级的觉醒，发生了"劳工神圣"的新伦理、新观念，并预示了工人阶级必将通过社会的根本变革实现自己的历史使命。他的这些精到的见解，正确地运用了唯物史观的基本原理，从根本上批判了封建复古主义的种种谬论，令人信服地表明了一个历史法则：在近代中国，封

---

① 《李大钊文集》（下），第 177、59、346、179 页。
② 《李大钊文集》（上），第 264 页。
③ 《李大钊文集》（下），第 179—184 页。

建伦理道德的根本动摇和新思潮的兴起，都是不可逆转的。

根本改变中国社会经济制度，是李大钊依据唯物史观对中国社会改造问题的基本主张。这一正确主张，当时受到胡适等一些学者非难。胡适信奉实用主义，对社会问题持改良主义主张，力主不触动社会经济制度的点滴改良。因而他把根本解决即社会革命的主张，视为"中国思想界破产的铁证"，"是中国社会改良的死刑宣告"①。五四之后不久展开的问题与主义之争，实质上是唯物史观与唯心史观的一次论战。李大钊在《再论问题与主义》一文中，坚持了中国社会问题应当"根本解决"的革命主张。他依据马克思主义的唯物史观和俄国革命的实践经验，科学地论证了只有根本改变旧的经济基础、建立新的社会制度之后，各种具体的社会问题才有解决的希望，并强调阶级斗争是实现"经济的革命"的根本方法。通过这次论战，进一步促进了唯物史观的传播，为五四之后先进分子所关注的中国社会改造问题指出了一条唯一正确的道路。

对于唯物史观在中国的传播，李大钊曾描述说："晚近以来，高等教育机关里的史学教授，几无人不被唯物史观的影响，而热心创造一种社会的新生。"②从唯物史观在中国早期传播中可以看出，中国的先进分子一开始就不是把马克思主义当作单纯的学理来研究，而是把它作为观察国家命运的方法加以接受的。唯物史观的传播活动，帮助了一批先进分子确立对马克思主义的信仰，也为正在酝酿成立的中国共产党作了重要的思想理论准备。像毛泽东第二次北京之行读过的几本书，就包含了对唯物史观基本观点的了解和掌握。他与在法国勤工俭学的蔡和森的通信中，表示完全赞成蔡和森关于唯物史观的见解，并明确指出："唯物史观是吾党哲学的根据。"这表明，把唯物史观确定为党的理论基础，是这时从事建党活动者的共识。

三

自李大钊最初传播马克思学说以来的 90 多年间，中华大地所发生

---

① 《每周评论》，第 31 号。
② 《李大钊文集》（下），第 365 页。

的深刻变化，充分证明中国人民对这一革命指导思想作出历史性选择的正确性。唯物史观是马克思主义理论的基础。恩格斯曾把唯物史观和剩余价值的发现，视为马克思一生的两大贡献；认为由于这些发现，使社会主义变成了科学。我们正在进行的建设中国特色社会主义事业，正是科学社会主义理论在中国的实践并带有鲜明的中国特色，是中国共产主义运动发展的重要阶段。在我们坚持这一正确发展方向的时候，也不容否认，包括唯物史观在内的马克思主义基本理论受到种种非难，诚然，唯物史观是可以讨论的，其中有的也是属于学术讨论的范畴；但也不能否认，其中有些人不但歪曲历史事实，肆意攻击和否定唯物史观的基本原理，而且有着明确的政治诉求，就是要把已经颠倒过来的历史再颠倒回去。这是值得我们严重注意的。在这种情势下，重温唯物史观在中国传播的历史，仍会强烈感受到那熠熠生辉的思想光芒，体味到它对我们坚持中国特色社会主义事业仍有重要的启示意义。

首先，要坚持和推进中国社会主义事业，就要巩固、完善和发展社会主义的经济基础。如前所述，李大钊依据历史唯物主义的基本原理，指明改变中国社会经济制度是根本解决中国社会问题的唯一正确方向；而以公有制为主体的社会主义制度在中国确立之后，巩固、完善和发展社会主义的经济基础，是确立人民当家做主的政治制度的根本保证，是保证全国人民根本利益一致的前提条件，是实现共同富裕、避免两极分化的制度保证，也是使非公有制经济得以健康发展的重要条件。这是关系到社会发展方向的一个根本性问题。邓小平晚年指出我国社会出现两极分化这一现象时，就明确它的出现如果不加以有效制止的话，将会导致的严重后果。他说："如果仅仅是少数人富有，那就会落到资本主义去了。"①这个令人振聋发聩的深刻思想，实际上是同他在改革开放初期就提出的必须坚持公有制主体地位和共同富裕这两个社会主义根本原则相一致的，是从两个不同的角度揭示同一个命题。邓小平为什么如此强调公有制的主体地位呢？这是因为，所有制问题是涉及判断一个社会性质的标准问题。马克思主义的常识告诉我们，一个社会的基础是生产关系，社会也可以说是生产关系的总和，而占主体地位的生产关系决定社会的性质。自从阶级社会产生以来，还从未有过纯而又纯的单一所有制

---

① 《邓小平年谱（1975—1997）》下，中央文献出版社2004年版，第1356—1357页。

社会，古罗马作为奴隶制社会的典型，也有许多自由民组成的个体劳动者，但占主体的是奴隶主和奴隶这对生产关系，所以决定了它的奴隶制社会的性质；即使是今天的美国，也还有极少量个体劳动者和合作经济，但占主体地位的是资本主义的生产关系，所以决定了它的资本主义的社会性质。人类历史正是按照这样的标准，区分为奴隶制社会、封建制社会和资本主义社会，而社会主义社会也同样是按照这样的标准来确定和表明它的社会性质的。所以要坚持这样的标准，是因为生产资料由谁占有，决定着人们在生产中的不同地位和在劳动产品中所占的不同份额，扩而大之，它决定人们在整个社会中所处的不同地位，形成不同的利益集团和阶级势力。社会主义公有制主体地位的确立，意味着社会主体部分的生产资料不再成为剥削和压迫人的工具，而成为全体社会成员所有，这就为社会成员的平等地位、根本利益的一致性提供了保证，也为进一步巩固和发展社会主义提供了坚实的经济基础。如果这种占有形式发生了质的变化，也就是公有制被私有制所代替，这也就不能不使社会性质发生反向的变化。而分配作为生产关系的一个重要内容，共同富裕是体现社会主义本质的一个重要内涵，如果一个社会主义国家发生两极分化而不加以有效制止的话，这种两极分化势必会危害到以公有制为主体的所有制关系，因为这种现象的发生，它不但表明公有制主体地位受到动摇甚至不再存在，而且它还会通过种种非法手段占有公有制的劳动成果，使公有制名存实亡。所以，从这里我们就不难理解邓小平提出"如果仅仅是少数人富有，那就会落到资本主义去了"这一命题的深刻性。

由上可见，邓小平把公有制占主体地位和共同富裕作为社会主义的两个根本原则，就是坚持历史唯物主义的基本原理，维护社会主义制度的根本性质。在这里我们也不难理解，多年来一些迷恋私有化的精英们，为什么总是在社会制度的层面上否认姓"社"和姓"资"的区别，有的用什么社会主义就是"市场经济加社会公平"这样连民主社会主义也不用的模糊话语，来掩盖社会主义的本质；更多的则是直接否定公有制的主体地位。我们要清醒地看到，改革开放以来，来自资产阶级自由化的干扰，从来没有停止过。他们迷信西方的新自由主义一套说教，主张实行所谓"彻底的市场经济"，鼓吹"市场万能论"；在所谓"明晰产权"的蛊惑下，要求私有化。正因为这样，他们的目标指向是十分明确的，就是反对公有制的主体地位，反对国有企业改革的社会主义方向。我们没有忘记在改革之初，国有企业存在着历史包袱重、设备更新困难、市场竞争处在不平等的起跑线上等问题，他们不顾这些客观事实，有的著名经济学家把国有企业形容成"一碗白米饭被吐了一口痰，谁也不要，就是零价格卖掉也不吃亏"，提出"什么叫国有企业改革，就是把国有企业改没了，改革就成功了"，等等，不一而足。正是在他们这种误导下，在一些地方出现了"一卖就灵"、"一卖了之"、"限期改制"等怪现象，造成大量国有资产流失，大批工人下岗，使公有制的主体地位受到严重削弱和动摇。现在，一些国有企业通过重组，形成大的企业集团，技术革新、经济效益和对国家的贡献都有明显增强，在这种情况下，过去指责国有企业"低效益"、"无效率"的精英们，又站出来横加斥责"国企逐利"、"国企垄断"，要求国有企业退出竞争领域、营利领域。他们对国企的存在和发展横加指责，究竟要干什么呢？他们是出于对国企的爱护而提出的批评吗？不是。因为国有企业的任何作为，都成为他们私有化要求的最大障碍。这就是一些人在深化改革的呼声下隐藏着他们的私有化诉求。

其次，要正确认识和处理社会主义初级阶段的阶级和阶级斗争问题。阶级和阶级斗争学说是马克思主义唯物史观的核心内容。在当代中国，阶级斗争已不是主要矛盾，但由于国内的因素和国际的影响，阶级斗争还将长期地在一定范围内存在，在一定条件下还会激化。因此，阶级斗争扩大化的理论和阶级斗争熄灭论的观点，都是不符合客观实际的，都会导致严重的后果。那种掩盖阶级斗争的事实，放弃阶级分析的方法，甚至通过玩弄概念游戏，比如，不说阶级，只说阶层；不说剥削，只说生产要素参加分配；不说私营经济，只说民营经济，等等，企图以此掩盖事物的本质。事实上，这样做，欺骗不了别人，只能模糊自己的面目。改革开放以来，私营经济和个体经济获得了迅速的发展，为我国现代化建设作出了重要贡献，成为社会主义初级阶段经济制度的组成部分。中央始终坚持"两个毫不动摇"的方针，为非公有制经济发展指明了正确的方向。但在我国的现实生活中，公有制的主体地位已经受到了严重的动摇。据统计，截至 2011 年年底，私营企业从 1989 年的9 万户发展到 967.6 万户；全国非公有制企业从业人员已将近 2 亿人，非公经济占全国固定资产投资比重已超过 60%；私营和外资企业占

GDP 的比重达到了 70%—80%。这表明，新时期我国的私营经济无论在数量上还是在质量上都远远超过了社会主义改造时期的民族资产阶级，实际上形成了一个必须加以重视和正确对待的阶级力量。应当说，出现这种情况并不可怕，严重的是我们没有正视这个事实，这样就会使我们失去正确应对的能力。正是在这种情况下，一些人鼓吹要确立非公有制经济的主体地位，编造民营化不等于私有化的神话，使私有化的浪潮甚嚣尘上。这就不能不影响到我国社会的发展方向问题，是值得我们严重注意的。

同样，对错综复杂的国际问题，我们也不能抛弃阶级分析的方法，不能抛弃列宁的帝国主义理论。毫无疑义，发展同西方国家的关系，保持中美关系的正常化，是我国改革开放和现代化建设大业的需要，但是，确立正确的外交斗争策略同从本质上认识帝国主义，并不是互不关联或者相对立的，而是相辅相成的。只有这样，才能正确处理对外关系问题，才能正确应对我们面临的严峻的外部挑战。中国共产党在长期的反帝斗争中，对帝国主义的认识以及应当采取的策略也经历过曲折，但正是在这曲折的斗争中积累了正、反两方面经验，形成了系统的、正确的反帝斗争策略思想。这主要表现在：（1）把帝国主义国家的统治阶级同广大人民群众加以区别，避免了历史上单纯排外的错误倾向。帝国主义的战争政策和对外掠夺政策，是反映垄断资产阶级的利益和要求，当事国的广大人民群众同样是受压迫、受欺骗的，是我们团结和争取的对象，是朋友而不是敌人。（2）把帝国主义的本质和现象加以区别，并在这一基础上确立我们的战略和策略思想。帝国主义的本质是脱离人民的，因而是虚弱的，我们必须在战略上敢于藐视敌人；对帝国主义所表现的气势汹汹或甜言蜜语，既不怕威吓，也不抱幻想，既要敢于斗争，也要善于斗争，争取反帝斗争的胜利。（3）把反对帝国主义同利用帝国主义国家之间的矛盾加以区别。帝国主义国家之间由于利害关系不可能形成铁板一块，它们之间同样有着不可调和的矛盾，在一定的历史时期主要反对某一个帝国主义国家的侵略和压迫的时候，就应当充分利用帝国主义国家之间的矛盾，把它们作为间接的同盟军加以争取，形成广泛的国际统一战线。（4）把反对帝国主义同学习外国加以区别。我们是反对帝国主义的战争政策和侵略政策，但帝国主义作为资本主义发达国家的先进科学技术和先进的管理经验是值得我们学习的，应当把二者加以严格区别。这些经验，对于我们今天在复杂多变的国际环境下正确认识和处理同西方帝国主义的关系，保卫和发展中国特色社会主义事业，都有重要的现实指导意义。

列宁曾指出，在马克思主义问世之初，它不过是无数社会主义派别或思潮中的一个而已，当时占统治地位的，是那些基本上同俄国民粹主义相类似的社会主义，即不懂得历史运动的唯物主义原理，不能分别说明资本主义社会中每个阶级的作用和意义，并且用各种貌似社会主义的关于"人民"、"正义"、"权利"等的词句来掩盖各种民主变革的资产阶级实质。马克思主义正是在同各种错误思潮的斗争中发展起来的，他说，历史的进程表明，只有阐明了无产阶级作为社会主义创造者的世界历史作用的"马克思学说获得了完全的胜利，并且广泛传播开来"。"一切关于非阶级的社会主义和非阶级的政治的学说，都是胡说八道。"① 这是值得我们长而思之。

再者，要尊重人民群众是历史创造者这一历史唯物主义的基本原理，切实保证人民群众的主人翁地位。人民群众翻身解放成为国家的主人，这是中国革命伟大成果的集中表现。应当看到，改革开放30多年来，我们在取得了举世瞩目的巨大成就的同时，也出现了一些值得严重注意的问题。一些党员干部权钱交易、权黑勾结，贪污受贿、腐化堕落，已成为一个多发、群发性的社会之癌，严重损害了党在人民群众中的形象；在一部分党政机关和工作人员中滋长了衙门作风、官僚主义作风，高高在上，作威作福，醉心于个人的政绩，漠视人民群众的冷暖安危，嫌贫爱富傍大款，甚至欺压百姓，权比法大，大大地拉开了党和人民群众的关系；贫富悬殊、两极分化严重，使社会公平的底线受到挑战，严重损害了工农基本群众的权益，使党的执政基础面临着前所未有的威胁，等等。这些问题如果任其发展下去，就有可能失掉人心，失去人民群众的支持，是值得我们高度重视并加以切实解决的。

（作者单位：北京大学中国特色社会主义理论研究中心）

---

① 《列宁专题文集》（论马克思主义），人民出版社2009年版，第63、62页。

唯物史观与马克思主义人本思想中国化^①

张富文

马克思主义人本思想中国化是马克思主义中国化的核心理念，伴随马克思主义中国化的整个历史进程之中，是马克思主义中国化的重要组成部分。它推动了中国的历史进程，对中国社会的方方面面都产生了重要的影响，与中国近代以来的一系列重要问题有密切的关系。探讨马克思主义人本思想中国化与这些重要问题的关系十分必要，学术界关于这一问题的研究成果尚不多见，本文在这方面做出了一些尝试和努力，以求教于专家学者。

一　马克思主义人本思想中国化与中国的启蒙、革命和改革

启蒙、革命和改革这三个词基本上可以勾勒出中国近代以来历史的大致轮廓。笔者认为在这个粗线条的轮廓中，马克思主义人本思想中国化是贯穿其中的一条主线，搞清马克思主义人本思想中国化与启蒙、革命和改革的关系，对于总结马克思主义人本思想中国化的历史经验十分必要。立足于启蒙、革命和改革这三个着眼点，我们能够更好地系统总结马克思主义人本思想中国化的历史经验。

"启蒙"一词对于国人来说并不陌生，对有的人来说很可能还非常熟悉，本文在这里不对启蒙展开鸿篇大论，因为有学者已经就这一问题作过专门的研究，而且成果颇丰，本文仅就马克思主义人本思想中国化

① 本文是 2012 年国家社科基金项目《"以人为本"的科学内涵与实现途径研究》（项目编号：12CKS007）的阶段性研究成果。

与启蒙的关系这一问题谈点看法。

马克思主义人本思想传入中国，符合当时中国的需要，对启蒙产生了重要的影响，而启蒙又在一定的范围内传播了马克思主义人本思想，为马克思主义人本思想发挥更大的影响提供了"思想的土壤"和准备了民众。马克思主义人本思想的传入对启蒙产生了重要的影响。马克思主义人本思想本身就具有启蒙的意义，因为马克思主义人本思想既不同于中国传统文化，也不同于当时盛行的西方自由主义，它的传入更新了一些先进知识分子的知识谱系，使他们的人生观、世界观和价值观发生了变化，他们开始用无产阶级的世界观来观察中国命运，这本身就具有启蒙的意味。随着马克思主义人本思想的深入，它对启蒙的作用也越来越大，先进的知识分子开始用新的理论知识和方法来挽救民族危亡，拯救人民于水火之中。初步掌握马克思主义人本思想的无产阶级知识分子，运用马克思主义的基本原理、基本观点和基本方法，开始从经济基础和上层建筑的统一中来解决中国问题。因此，马克思主义人本思想的传入，使初步具有共产主义思想的先进知识分子以崭新的理论范式和知识谱系重新认识悲惨的民族命运和日益严重的民族危亡，对当时的先进的中国人、知识界以及社会各界起了重要的启蒙作用。诚如毛泽东指出的："马克思列宁主义的普遍真理一经和中国革命的具体实践相结合，就使中国革命的面目为之一新。"① 而启蒙本身反过来又对马克思主义人本思想的传播起了"助推器"的作用。由启蒙本身的特点决定，既然是启蒙就不可能局限于太小的范围内，随着启蒙的深入，马克思主义人本思想也被越来越多的人所知道，为中国共产党的成立以及以后的马克思主义人本思想中国化奠定了良好的基础。当然，马克思主义人本中国化与启蒙之间也不是没有问题。由于各种条件的限制，马克思主义人本思想并没有完整地被当时的国人了解和掌握，一些方面被片面地放大，一些手段性的东西被当作目的，为后来的马克思主义人本思想中国化的挫折埋下了伏笔。由于民族危亡的加剧，救亡压倒了启蒙，马克思主义人本思想被过分地"功用"化，没有对民众充分启蒙，马克思主义人本思想与启蒙在当时的历史条件下并没有实现水乳交融的融合，因形势所迫启蒙很快就被"革命"代替，凸显了"革命"主题。

---

① 《毛泽东选集》第 3 卷，人民出版社 1991 年版，第 796 页。

　　"革命"一词对中国人来说，更不陌生，它是一个使中国人对它既爱又恨的词语，人们对于革命的态度也是莫衷一是，有的人歌颂革命，有的人要"告别革命"。马克思主义人本思想中国化与革命的关系也是相对复杂，在二者之中有我们值得借鉴的成功经验，也有我们必须认真反思的沉痛教训。马克思主义人本思想传入中国以后，以李大钊、陈独秀为代表的早期中国共产党人就主张用革命的手段来解放人民，挽救民族危亡。俄国"十月革命""庶民的胜利"使以李大钊、陈独秀为代表的早期中国共产党人大受鼓舞，他们看到了革命的力量、民众的力量，认识到了"劳工神圣"。因此，李大钊大力倡导革命，"革命固不能产出良政，而恶政之结果则必召革命"①。李大钊、陈独秀都非常重视人民群众自己的力量，呼吁他们起来革命，自己解放自己。李大钊指出："真正的解放，不是央求人家'网开三面'把我们解放出来，是要靠自己的力量，抗拒冲决，使他们不得不任我们自己解放自己；不是仰赖那权威的恩典，给我们把头上的铁锁解开，是要自己的努力，把它打破，从那黑暗的牢狱中，打出一道光明来。"② 陈独秀也大声疾呼："你们要参加革命，你们要在参加革命运动中，极力要求在身体上在精神上解放你们自己，解放你们数千年来被人轻视被人侮辱被人束缚的一切锁链！"③ 可见，马克思主义人本思想一开始传入中国就被早期共产党人用来指导中国革命，具有非常强的革命指向性。因此，革命成了这一时期马克思主义人本思想中国化的"常态"。

　　马克思主义人本思想从根本上来说是要解决人的解放和公平、自由、全面发展的问题。中国共产党人领导的新民主主义革命，说到底，也是为了实现中国人的解放和发展的问题。中国共产党领导的新民主主义革命，是马克思主义人本思想在中国特定历史阶段具体化的特定形式和实现的手段与工具；反过来，中国共产党领导的新民主主义革命大大推动了马克思主义人本思想中国化。当然，中国共产党领导的新民主主义革命并不是被制造出来的，而是从成熟的历史条件和社会条件中转化而来的，其背后具有历史和社会的必然性在发生作用，并不是"一些人

① 《李大钊全集》第二卷，河北教育出版社 1999 年版，第 406 页。
② 《李大钊全集》第三卷，河北教育出版社 1999 年版，第 296 页。
③ 《陈独秀文章选编》中卷，生活·读书·新知三联书店 1984 年版，第 114 页。

恶意的煽动" 就能发生，陈独秀在他那个年代就指出："我们为什么要革命？是因为现在社会底制度和分子不良，用和平的方法改革不了采取革命的手段。"① 因此，我们不能"告别"革命，不能听信"告别革命"的呓语。告别了革命，就犯了历史虚无主义，就不能对中国革命历史作出合理的解释。因此，革命的历史意义并不是道德情感的批判可以替代的，只有理解那个时代，才能理解那场革命，我们不能轻易地去"告别革命"。中国共产党人以马克思主义人本思想为指导，以实现中华民族的独立和人民的解放为目的，进行了革命，并且取得了新民主主义革命的胜利。正如沙健孙教授指出的，新民主主义革命的胜利，结束了中国分裂割据、战乱频仍的局面，实现了真正的统一和安定，中国人民从被奴役的境遇中解放出来而第一次成为新社会、新国家的主人。② 因此，从这个意义上说，新民主主义革命完成了马克思主义人本思想中国化的阶段性任务，大大推动了马克思主义人本思想中国化的历史进程。

但是，成也萧何败也萧何，"革命"在特定的历史阶段和特定的历史时期是个好东西，但并不是在所有历史阶段和所有的历史时期都发挥良性的历史作用。革命能够打倒专制，破除迷信，使社会发生剧烈、彻底的变化，但是革命本身具有破坏性，是敌对双方你死我活的冲突与斗争，只有一方消灭或制服另一方，革命才算完成。革命的这一特点决定了革命在和平建设时期是不适宜的。但是由于历史的惯性和人们思维的惰性，新中国成立后，马克思主义人本思想中国化的过程中革命的思维始终在发挥作用，只是时强时弱，直至发生冠以"革命"头衔的"十年动乱"的"文化大革命"，马克思主义人本思想中国化彻底陷入挫折。革命的历史使命一旦完成以后，"革命"本身就应该退出历史的舞台。一旦把"革命"无限放大，把它当作包治百病的灵丹妙药，在不合时宜的时间和地点盲目套用，必定会带来历史的悲剧和灾难。中国发生的"文化大革命"就是最好的例证。由于"革命"主导了马克思主义人本思想中国化，"文化大革命"期间，人的地位无比卑微，人的尊严被无情践踏，人性被严重压抑，人的价值被严重忽视，人的权利几乎

---

① 《陈独秀著作选》第一卷，上海人民出版社1993年版，第260页。
② 沙健孙：《二十世纪中国的历史道路——兼论若干社会思潮》，中国社会科学出版社2009年版，第80页。

丧失殆尽，"人"被革命吞噬了，出现了中国历史上的"集体无意识"。"文化大革命"期间，马克思主义人本思想中国化与"革命"关系的"倒置"和"错位"，使马克思主义人本思想中国化遭遇到严重的挫折，马克思主义人本思想中国化跌入谷底。

"改革"一词对国人来说，更是熟悉，它是改革开放新时期的"主流"词语。它影响了改革开放新时期以来的历史，中国改革开放 30 多年来取得的巨大成绩都与改革密切相关。马克思主义人本思想中国化走出偏离正轨的迷雾，拨正马克思主义人本思想中国化的航线，使马克思主义人本思想中国化走上顺利发展的道路，这些都与改革密切相关。如果说革命是马克思主义人本思想中国化在革命战争年代的实现途径和表现形式，那么改革就是马克思主义人本思想中国化在改革开放新时期的具体实现形式和表现形式。马克思主义人本思想中国化在新时期的改革和开放的实践中不断开辟自己的理论和实践的道路，在实践推进和理论发展上都取得了巨大的成绩，使中国发生了石破天惊的、脱胎换骨的变革，中国的现代化建设取得了举世瞩目的成就。改革为马克思主义人本思想中国化注入了新的活力，为马克思主义人本思想中国化重新焕发新的生机创造了条件，因为中国改革的过程就是促进人自身发展的过程，改革为人的发展创造了政治、经济、文化等条件，促使马克思主义人本思想中国化进入新的境界。改革打破了"文化大革命"带来的对人的禁锢与束缚，使人由单调的"一维"变为生动的"多维"，由封闭型转变为开放型，由静态型转变为动态型，由迷茫走向清醒，由盲从狂热走向理智冷静，由单纯的"政治人"变为丰富的"理性人"。改革实现了由"阶级斗争"到"经济建设"的"根本置换"，在大力发展和解放生产力的基础上，提高人民群众的生活水平，促进人的发展，为马克思主义人本思想中国化创造了新的历史条件，使其在改革开放新时期能够发挥更大的历史作用，正是在马克思主义人本思想中国化与改革的双元互动中，中国特色社会主义建设和人自身的发展都取得了巨大的成绩。但是，马克思主义人本思想中国化与改革之间也不是没有一点问题。比如，有人以"改革"为幌子，大肆鼓吹西方资本主义的自由主义，并且奉为"圭臬"，试图贬低、诋毁甚至抛弃马克思主义人本思想，这是值得我们警惕的。还有人，误解改革，把改革仅仅看成经济改革，过分重视改革的经济维度，而忽视了改革的其他重要维度，特别忽视了对应该作为发展目的的人的关怀，出现了"见物不见人"的现象，这也是与马克思主义人本思想格格不入的。因此，在改革开放的新时期，一定要抵制各种错误思想，坚持马克思主义人本思想中国化与改革的良性循环和互动，马克思主义人本思想中国化能够保证改革的方向和社会主义的性质，为改革提供理论支持和思想资源；改革能够为马克思主义人本思想中国化提供源源不断的动力和活力。我们应该在马克思主义人本思想中国化与改革的"双效应"中促进中国特色社会主义事业的发展。

二 马克思主义人本思想中国化与中国共产党的转型

中国共产党在中国近百年的历史中发挥了重要的历史作用，"中国之所以能摆脱最悲惨的境遇，向着光明的前途并实现伟大的历史转变，就是因为有了中国共产党的领导"[①]。同样，中国共产党在马克思主义人本思想中国化的过程中也发挥了重要的历史作用，马克思主义人本思想中国化必须要坚持中国共产党的领导。中国共产党是马克思主义人本思想中国化的主体和主要推动力量，在马克思主义人本思想中国化的过程中具有不可替代的历史地位。因此，探讨马克思主义人本思想中国化和中国共产党转型的关系，并总结马克思主义人本思想中国化的一些经验具有非常重要的价值和意义。中国共产党经历了革命→建设→改革，从领导全国人民为夺取全国政权而奋斗的政党，变为领导人民掌握全国政权并成为长期执政的政党。中国共产党从曾经遭受外部封锁和实行计划经济条件下领导国家建设的政党，成为实行对外开放和发展社会主义市场经济条件下领导国家建设的政党。因此，中国共产党的历史任务和历史使命也由领导全国人民进行革命战争，实现人民群众的解放转变为在和平条件下领导全国人民进行国家建设和实现国家的现代化，实现由革命到建设、改革的转变。中国共产党的转型对马克思主义人本思想中国化具有重要的作用。

马克思主义人本思想中国化和中国共产党的转型之间是相互推动、相互支持、互为动力、相辅相成的辩证统一关系。马克思主义人本思想

[①] 中共党史研究室：《中国共产党历史》第 2 卷（上册），中共党史出版社 2011 年版，第 9 页。

中国化推动了中国共产党的转型，为中国共产党的转型提供了源源不断的理论支持和思想资源；反过来，中国共产党的转型又在新的理论基点和历史起点上推进了马克思主义人本思想中国化，并在实践的基础上不断丰富和发展马克思主义人本思想。

马克思主义人本思想使中国共产党由小变大、由弱变强，推动了中国共产党的转型，使中国共产党由革命型政党向建设型政党转变，实现了由"革命"向"执政"的转变，由致力于"阶级斗争"转变为"经济建设"和"社会发展"。中国共产党在不同的时代，面临不同的历史任务，对马克思主义人本思想的认知和理解会有差异，他们会在马克思主义人本思想理论体系中选取最能解决当时社会问题和完成历史任务的理论。在革命战争年代，以毛泽东为代表的中国共产党人面对民族独立和人民解放的历史任务，主要选取马克思主义人本思想理论体系中"阶级斗争"、"暴力革命"等理论，以完成"革命"的历史任务，这时候的中国共产党基本上是一个革命型政党。新中国成立后，中国进入和平建设年代，中国共产党本来应该实现由革命型政党向建设型政党的转变，但这一转变，由于历史的惯性，革命战争年代战争思维的延续，导致了中国共产党并未实现这一转变，反而陷入了"文化大革命"的困境，马克思主义人本思想中国化也遭遇挫折。在改革开放新时期，以邓小平为代表的中国共产党人认真反思，"拨乱反正"，正本清源，超越革命时代对马克思主义人本思想所形成的一些理论和认识，致力于社会主义现代化建设，提高人民群众生活水平，重视人的价值，发挥人的主体性，彰显社会主义建设的"共同富裕"的价值维度，使马克思主义人本思想中国化又重新走上正轨，继续发挥其历史作用，也使中国共产党由革命型政党向建设型政党转变。随着改革开放的深入和实践的发展，马克思主义人本思想中国化深入推进和发展，以江泽民、胡锦涛为代表的中国共产党人在深入理解马克思主义人本思想基本原理的基础上，强调中国共产党的执政意识，重视中国共产党的执政能力和先进性建设，进一步推动了中国共产党向"执政党"转型。在一定程度上说，马克思主义人本思想中国化的过程，就是推动中国共产党逐渐转型的过程。

中国共产党的转型又有力地推进了马克思主义人本思想中国化，使马克思主义人本思想中国化走出低谷，并向新的、更高的历史阶段发展，在新的历史条件下和实践基础上不断丰富和发展马克思主义人本思想，使马克思主义人本思想中国化产生一个又一个的理论硕果。中国共产党作为马克思主义人本思想中国化的主要推动者，它的转型对马克思主义人本思想中国化有着决定性的影响。"文化大革命"使广大人民群众认识到：革命不是万能的，在和平建设年代，不能用革命的方式方法进行建设，促进了中国共产党从革命思维向建设思维的转变，由革命型政党向建设型政党。中国共产党如果固守"革命"思维，不实现思维的更新，不抛弃"以阶级斗争为纲"的错误指导思想，不实现由"革命"到"建设"的转型，马克思主义人本思想中国化就不可能走出迷雾和泥沼，实现改革开放以来的马克思主义人本思想中国化的顺利进展。同样，如果没有以江泽民、胡锦涛为代表的中国共产党人强化执政意识，夯实执政基础，彻底实现由革命党向执政党的转变，就不会有马克思主义人本思想中国化的进一步深入推进，就不会有以江泽民为代表的中国共产党人的人本思想和以胡锦涛为代表的中国共产党人的人本思想的丰硕成果。

由此可见，马克思主义人本思想中国化和中国共产党的转型之间是相互依存、相互推动、互为动力的辩证统一关系。马克思主义人本思想中国化必须要坚持中国共产党的领导，因为中国共产党是推进马克思主义人本思想中国化的"主心骨"，但是中国共产党必须要与时俱进，增强自己的执政能力和保持自己的先进性，在自己的转型中不断推进马克思主义人本思想中国化。

三　马克思主义人本思想中国化与中国的现代化

著名学者金耀基曾经指出，中国的出路不是回到"传统的孤立"，更不是在反复的新、旧、中、西中徘徊打滚，出路只有一条：那就是现代化。① 如果从现代化的视角来看，马克思主义人本思想中国化的过程，在一定意义上说，就是在中国共产党的领导下，使中国由传统农业社会到现代工业社会的不断转化的现代化过程。从这个意义上说，马克思主义人本思想中国化与现代化是重合的，二者在中国历史上发生了

---

① 参见金耀基《从传统到现代》，中国人民大学出版社 1999 年版，第 12 页。

"二重"合奏，推动了中国的历史进程。马克思主义人本思想中国化大大推动了中国的现代化，为中国的现代化注入了新的活力，提供了源源不断的动力。这主要体现在马克思主义人本思想中国化直接推动了中国人的现代化方面。

人的现代化是社会发展、历史进步的重要前提和重要尺度，也是一个国家现代化的前提和基础。正如美国学者阿历克斯·英格尔斯指出："人的现代化是国家现代化必不可少的因素，它并不是现代化过程结束后的副产品，而是现代化制度与经济赖以长期发展并取得成功的先决条件。"① 社会归根结底还是"人"的社会。离开了人，社会也就不能成为社会了。人是社会的前提，也是社会活动的"施动者"，必定是一个国家现代化的实际承担者和推动者，是这个国家历史进步的决定力量。人是生产力与生产关系的"实体"承担者，生产力与生产关系组成的生产方式最终要通过"人"的这样或者那样的活动或关系表现出来。因此，现代化无论从哪个层面来讲都要依赖人、仰仗人。诚如有的学者指出，社会的现代化归根结底是人的现代化，依赖于人的现代化。②

马克思主义人本思想中国化大大推动了人的现代化，使广大人民群众从传统的"臣民"社会中解放出来，成为自主意识的现代"公民"，推动了中国人由"传统"向"现代"的跨越。从人的思想现代化来看，马克思主义人本思想中国化启蒙和改造了中国人，促进了中国人的现代化。马克思主义人本思想作为全新的知识系谱，很多思想比如"庶民的胜利"、"劳工神圣"等对中国人来说还是第一次接触，使中国人民不再盲从、不再浑浑噩噩的，不再"集体无意识"，不再妄自菲薄，广大人民群众看到了自己的力量，呼吁广大人民群众团结起来，推翻不合理的制度，自己改变自己的命运，使广大人民群众在中国历史中"被动"的"逆来顺受"，变为主动的"改变命运"。特别是，新中国成立后，无产阶级新人逐步形成，马克思主义人本思想中国化起到了启迪思想、培育新民的重要作用，促进了中国人的思想现代化。社会的发展进步，无时无刻不需要理论创新与实践创新，而理论与实践的创新又无时无刻

---

① ［美］阿历克斯·英格尔斯：《人的现代化》，殷陆君编译，四川人民出版社1985年版，第8页。

② 李秀林：《中国现代化之哲学探讨》，人民出版社1990年版，第6页。

不需要改进思维方式，用新的思维观念和思维视角来观察、分析问题。马克思主义人本思想中国化促进了中国人的思维观念、思维方式和思维视角的转变，进而促进了国人的现代化。从人的政治现代化来看，马克思主义人本思想中国化改变了近代以来中国人民的政治地位，使广大人民群众由被统治的对象变成了国家和社会的主人，彻底改变了延续几千年的广大人民群众受压迫的政治地位。广大人民群众当家做主，行使自己的权利，参政议政，逐步具有了现代政治知识和权利意识。从人的生活现代化来看，马克思主义人本思想中国化促进了中国人民生活的现代化。新中国成立后，中国共产党领导广大人民群众开始了新的生活，改变了过去延续几千年的生活方式，促进了中国人的现代化。人们生活的现代化非常重要，对人的现代化具有非常重要的意义。美国学者阿历克斯·英格尔斯曾经有一段名言："无数的证据说明，如果它的人民继续以20世纪以前的方式生活的话，一个国家就不可能进入20世纪。"[①] 因而，在新中国成立伊始，毛泽东就宣告："中国人被人认为不文明的时代已经过去了，我们将以一个具有高度文化的民族出现于世界。"[②] 这里，"高度文化的民族"，实际上是指具备现代文化、现代意识、现代生活的民族，也就是现代化的民族。新中国成立后，广大人民群众开始以新的面貌和新的生活方式生活，"一夫一妻"、"男女平等"、"婚姻自由"，等等。在中国共产党的领导下，广大人民群众移风易俗，改掉旧中国的很多陋习，开始过上真正意义上的现代化生活，促进了人的生活现代化。

由此可见，马克思主义人本思想中国化在思想意识、政治地位和生活方式等几个方面促进了人的现代化，从而为中国整个社会的现代化提供了直接的驱动力和持久的动力源泉，推进了中国的现代化。在此基础上，马克思主义人本思想中国化和中国现代化的"二重唱"意蕴悠远而又优美动人，在中国历史上奏出别样的华章。

---

① Alex Inkeles and D. H. Smith, *Becoming Modern: Individual Chang in Six Developing Countries*, Cambrige, Mass: Harvard University Press, 1974, pp. 3 - 4.

② 《毛泽东文集》第5卷，人民出版社1999年版，第345页。

四　马克思主义人本思想中国化与中国特色 社会主义道路

中国共产党的十七大报告指出："改革开放以来我们取得一切成绩和进步的根本原因，归结起来就是：开辟了中国特色社会主义道路，形成了中国特色社会主义理论体系。"① 可见，中国特色社会主义道路在改革开放新时期的中国特色社会主义事业中具有不可替代的地位和决定性的作用。同样，中国特色社会主义道路对马克思主义人本思想中国化也有举足轻重的影响和作用。胡锦涛在纪念党的十一届三中全会召开30 周年大会上的讲话中指出："30 年的历史经验归结到一点，就是把马克思主义基本原理同中国具体实际相结合，走自己的路，建设中国特色社会主义。"②党的十八大报告对中国特色社会主义道路再次进行定位，强调要坚定不移高举中国特色社会主义伟大旗帜，既不走封闭僵化的老路，也不走改旗易帜的邪路。"中国特色社会主义道路，中国特色社会主义理论体系，中国特色社会主义制度，是党和人民九十多年奋斗、创造、积累的根本成就，必须倍加珍惜、始终坚持、不断发展。"③

因此，改革开放新时期的马克思主义人本思想中国化的过程，在一定意义上说，就是开辟中国特色社会主义道路的过程，马克思主义人本思想中国化有益于中国特色社会主义道路的开辟。新时期马克思主义人本思想中国化必须坚持中国特色社会主义道路，沿着中国特色社会主义道路，在实践和现实中，不断开拓创新、与时俱进，推进中国特色社会主义事业建设的伟大进程。

中国特色社会主义道路为马克思主义人本思想中国化的实现和推进提供了新的"范式"和实现途径。中国特色社会主义道路，就是在中国共产党的领导下，立足基本国情，以经济建设为中心，坚持四项基本

① 胡锦涛：《高举中国特色社会主义伟大旗帜　为夺取全面建设小康社会新胜利而奋斗》，《人民日报》2007 年 10 月 16 日第 2 版。
② 胡锦涛：《在纪念党的十一届三中全会召开30 周年大会上的讲话》，《人民日报》2008 年 12 月 19 日第 1 版。
③ 胡锦涛：《坚定不移沿着中国特色社会主义道路前进，为全面建成小康社会而奋斗——在中国共产党第十八次全国代表大会上的报告》，人民出版社 2012 年版，第 12 页。

原则，坚持改革开放，解放和发展社会生产力，巩固和完善社会主义制度，建设社会主义市场经济、社会主义民主政治、社会主义先进文化、社会主义和谐社会，建设富强民主文明和谐的社会主义现代化国家。①可见，中国特色社会主义道路完全不同于西方资本主义国家所走的资本主义道路，也与"苏联模式"的社会主义有本质的区别。因此，中国特色社会主义道路富有"中国特色"，它是在中国共产党的领导下，坚持科学社会主义的基本原理，立足中国基本国情、在中国具体社会实践的基础上提出的，既超越了西方资本主义道路，又超越了传统的苏联模式的社会主义道路，实现了双重超越，是对科学社会主义和马克思主义的独特贡献。正是由于中国特色社会主义道路的开辟，才使中国在西方国家"西化"、"分化"的猛烈攻势下和东欧剧变与苏联解体的社会主义事业遭遇严重挫折的背景下，独辟蹊径，一枝独秀，促使中国特色社会主义事业蓬勃发展，并且取得了巨大成绩。与此同时，马克思主义人本思想中国化在中国特色社会主义道路提供的新的平台和更好的历史机遇下蓬勃发展，因此，在一定意义上说，中国特色社会主义道路为马克思主义人本思想中国化提供了新的实现途径和发挥其理论伟力的历史舞台。

新时期马克思主义人本思想中国化的过程，实际上也是开辟中国特色社会主义道路的过程，二者相互促进、相得益彰，统一于中国特色社会主义事业之中。如果没有马克思主义人本思想中国化的回归正轨，如果没有人的思想解放，人性的重新回归、人的主体性的高扬、人的价值的充分尊重，如果没有对社会主义价值维度的充分彰显，中国特色社会主义道路不会或者很难开辟出来，从这个方面来说，马克思主义人本思想中国化促进了中国特色社会主义道路的开辟，并保证其正确的方向。因此，新时期的马克思主义人本思想中国化与中国特色社会主义道路是相互促进、相互依赖、相互依存、相互支持、相得益彰的辩证统一关系，马克思主义人本思想中国化一定要坚定不移地坚持中国特色社会主义道路，否则会误入歧途。因为在当今中国，坚持中国特色社会主义道路，就是真正坚持社会主义。

---

① 参见胡锦涛《高举中国特色社会主义伟大旗帜 为夺取全面建设小康社会新胜利而奋斗》，《人民日报》2007 年 10 月 16 日第 2 版。

综上所述，马克思主义人本思想中国化对中国的启蒙、革命和改革，中国共产党的转型，中国的现代化，中国特色社会主义道路等一系列重要问题的正确解答以及与这些问题之间形成的相互促进、相互支持的良性互动关系，对中国产生了积极、进步的影响。马克思主义人本思想中国化历经百年的沧桑，影响了中国近代以来百年的历史进程，带来了中国翻天覆地的变化，使古老的中国"旧貌"换"新颜"：中国由闭关锁国、落后挨打的"没落王朝"转变为融入世界、"自强自立"的现代民族国家；中国人民由"旧式"的"臣民"转变为具有现代意识的公民；中国的现代化进程由断裂变为延续，并焕发勃勃生机。

（作者单位：河南理工大学马克思主义学院）

唯物史观与民族史学思想

吴怀祺

以唯物史观为指导，研究民族史学思想，是建设有中国民族特色马克思主义史学的需要，是充分发挥民族史学内在精神力量的需要。白寿彝先生说："我们建设有民族特点的马克思主义史学，必须是在我们过去的历史学的基础上，在对我们对过去的史学遗产的总结的基础上来进行工作。"① 学习、运用科学发展观，对民族史学思想的认识，有重大的意义。因此，研究民族史学思想是建设有中国特色马克思主义的组成部分。

人们认识历史、社会，从事社会变革的活动，总是受一定的历史观点、史学思想的影响。关心史学思想的问题，不应当只是史学圈子内的人。学习历史是为了推动历史，这表明了史学思想的正能量所在。因此，系统、深入研究史学思想，是民族复兴大业的要求。

振兴民族：史家治史的追求

具有民族特色的中国马克思主义史学，是以唯物史观为指导，在民族史学地基上形成的。其中心的理念，是为振兴民族。马克思主义史学家，努力以唯物史观观察历史，思考历史发展规律，寻找到民族的前途，在风雨如晦、鸡鸣不已的民族灾难深重的岁月里，看到民族的前途，看到民族文化生命力所在。他们要以世界史的眼光对待传统文化，

---

① 白寿彝：《关于建设有中国民族特点的马克思主义史学的几个问题》，《中国史学史论集》，中华书局1999年版，第383页。

振奋民族精神。吕振羽说：

> 孙中山先生曾说过：要"迎头赶上"，不再走欧美所走过的道路。这对于我们的民族新文化来说，便将不同于欧、美、日本资本主义的文化，将是比它们进步的一种新型的文化，"迎头赶上"便是我们解决这一矛盾问题的实践方针。①

中国传统史学思想家的治史情怀，反映了他们治史的追求。古代史学家总是把治史作为民族兴衰的大业、作为关注民生的大事来看待。在中国史学史上，大凡有成就的史学家，都不是把治史作为个人的一己私事，总是体现出对民族大业的关心。近代的史家把治史作为爱国的大事、作为关注人类前途的大事提出来的。

历代史家所处时代不同，但他们的治史理念是相通的。司马迁作《史记》的旨趣是："亦欲以究天人之际，通古今之变，成一家之言。"②《史记》的编撰，司马迁把自己的治史，作为"继《春秋》，绍明世"的大事。宋人张载说："为天地立志，为生民立道，为去圣继绝学，为万世开太平"③，这是他治学的信念与追求。民族史学思想的"开太平"的追求，也是对历史前途的看法。史学思想的活力在此。我们今天治史，应当继承这样的传统，也只有秉持这样的理念，治史才会有动力。

司马光写《资治通鉴》的立意，是希望人君读此书，重视总结历史兴衰得失，治理好社稷，"懋稽古之盛德，跻无前之至治，俾四海群生，咸蒙其福"④。为了发挥这部史著的社会效应，袁枢编成纪事本末体的《通鉴纪事本末》，展示事件的过程，从记载的事件中，体现出盛衰之"道"。宋孝宗把这部书赐给人臣将帅，说"治道尽在是矣"；优秀史著总是催人上进，"今读子袁子此书，如生乎其时，亲见乎其事，使人喜，

---

① 《创造民族新文化与文化遗产的继承问题》，《中国社会史诸问题》，华东人民出版社1954年版，第162页。

② 《汉书》卷六十二《司马迁传》。

③ 张载：《语类中》，《张载集》，中华书局1978年版，第320页；此语又见《张载集·近思录拾遗》，第376页，文作"为天地立心，为生民立道，为去圣继绝学，为万世开太平"。

④ 司马光：《进〈资治通鉴〉表》。

使人悲，使人鼓舞未既而继之以叹且泣也"①。

关注现实是史学活力所在。以史经世，是中国史学的优良传统。唐朝杜佑是政治家，又是大史学家，在繁忙的政务生涯中，写成煌煌巨著200卷《通典》。他关心历史的目的，用他自己的话来说，是"徵诸人事，将施有政"（《通典》卷一）。

中国近代史学家梁启超1902年在《新史学》中，认为史学是"爱国心之源泉"②。1902年6月，章太炎致书梁启超，谈修《中国通史》事，深有感慨，说："然所贵乎通史者，固有二方面：一方以发明社会政治进化衰微之原理为主，则于典志见之；一方以鼓舞民气，启导方来为主，则亦必于纪传见之。"③

民族史学思想的民族性与时代性

民族史学思想在近代学术大背景下，得到更好的彰显，特别是，有唯物史观的指导，民族史学思想的合理内核，看得更清楚，展现出民族史学思想的民族性与时代性。

近代中国，一批学人为了民族文化的新生，在哲学、史学领域努力译介西方学术作品，中国学人多是站在民族传统的基地上，输入世界史学汁液，又从传统的经史之学中，熔铸成新的史学。20世纪的中国史学家，面对西方学术潮流涌入中国，对于传统史学在近代史学中的地位，就有自己的看法。固然有全盘西化的主张，但更多中国学人，在意识到传统史学要变革的同时，却没有否定传统史学的价值，意识到面临文化危机的形势，要求民族史学的更新、更大的发展。对于中西文化的态度，有各种见解，有全盘西化论，有中体西用论，有旧瓶装新酒说，有不中不西、亦中亦西说等。在史界革命的口号下，梁启超打起新史学大旗；章太炎等一批史学家都有自己的主张。

中国学人努力学习世界文化，使民族史学思想带上时代的特点。其路径大体是这样的。

---

① 参见《宋史·袁枢传》、《通鉴纪事本末·杨万里叙》。
② 参见《饮冰室合集·文集之九》。
③ 《章太炎年谱长编》（上册），中华书局1979年版，第139页。

一是在日本那里接触、了解、研究世界的各种学术思潮。李大钊、梁启超、郭沫若、王国维以及章太炎、刘师培等，直接或间接在日本那里接触、了解当时世界的学术思潮，这对他们的史学产生程度不同的影响。

二是从欧美那里了解世界上的各种学术思潮。侯外庐在法国译《资本论》直到回国后，前后经历了十年，这对他以后的史学思想研究的进展产生十分重大的影响。傅斯年在德国，胡适、何炳松在美国受到的学术的影响，直接影响到他们的史学。

三是从俄国包括以后的苏联那里学习到的马克思主义历史理论。瞿秋白等学习马克思主义理论对他们的史学的发展有重要的影响。

还有一个方面，是外国学者在中国的学术活动和讲演。杜威于1915年5月来华，前后两年，行程遍及十一省，讲演在一百次以上，大力宣传适用主义。1920年罗素来华，在中国也是掀起一股学术风潮。①

特别要指出的是新文化运动，西方学术涌入，马克思主义理论传入中国，对于史学产生的重大影响。

20世纪中国马克思主义史学家，把唯物史观的基本原理与中国民族史学结合起来，建设有中国特色的马克思主义新史学，开启中国史学的新篇章，也为后来者开启了门径。他们的研究走出一条治史新路。他们治史的理念是相通的，是为追求学术的真理，追求中国民族的解放与复兴。这是他们史学的共性。在史学探讨上，他们的认识尽管有差异，而这是他们史学的个性。他们的学术探讨显示出他们是在以唯物史观认识民族史学的基础上，立足于民族史学，建设有中国民族特点的马克思主义史学。

马克思主义的唯物史观传入带来的辩证的历史思维，对传统的历史思维作了更新，中国传统的通变的思维具有辩证的特性，与唯物史观的思维有相通的一面。唯物史观传入中国后，民族历史思维融入新的潮流中去，中国马克思主义的史学，内中有传统辩证思维的"因子"。

郭沫若的《中国古代社会研究》是中国马克思主义史学的奠基之

① 参见吴怀祺《史学理论与史学史研究》（二十世纪中国人文学科学术研究丛书），福建人民出版社2006年版，第一、第五章。

作，其中第一篇是"《周易》时代的社会生活"，《周易》研究，成为郭老古史研究的第一个大板块，他的研究，沟通了《周易》辩证思维与黑格尔的辩证思维，成了他对中国古代社会研究的思维路径。①

侯外庐是以信仰为生命，以信仰为家业，以信仰自励、自慰；他决心要宣传所信仰的科学真理，这个真理是来自《资本论》；马克思在《资本论》中说过，人们对《资本论》应用的方法理解得很差。他谈到自己在翻译《资本论》的内心想法，说：

> 如果说西方人理解得差，我作为中国人，受本国传统学术的影响，困难不可能比西方人少。我的有利条件仅只有两点：其一，以寻求真理为目的，所以不存在偏见；其二，不以阅读为目的，所以不得不推敲理解《资本论》理论本身的逻辑。我的全部幸运在于，十年译读之后，伟大的时代驱使我将全身心投入新史学的踏勘。②

这里，讨论侯外庐先生的探索，可以表明唯物史观对于研究中国民族思想史的重要意义。在《侯外庐史学论文选集》的《自序》中，侯外庐先生对研究中国社会史、中国思想史的"研究原则和方法"作了总的说明和具体的分析：

> ——总的说来，依据马克思主义的理论和方法，特别是它的政治经济学理论和方法，说明历史上不同社会经济形态发生、发展和衰落的过程，物质生活的生产方式制约着整个社会生活、政治生活和精神生活的过程，以及经济基础与上层建筑、意识形态之间的辩证关系，是我五十年来研究中国社会史、思想史的基本原则和基本方法。
> ——历史从哪里开始，思想进程也应从哪里开始。应该强调中国思想史的研究必须以研究中国社会史为基础，把二者结合起来，才会有收获。从中国民族历史特点入手，揭示中国思想史的特征。

---

① 上引可参《郭沫若全集·历史编》（1），人民出版社1982年版，第32、64、67页。
② 侯外庐：《韧的追求》，生活·读书·新知三联书店1985年版，第21、68页。

总之，侯外庐先生的社会史、思想史研究是一座丰富的宝库，他的治思想史的方法论是精品，今天我们要认真学习侯外庐先生的著作，对于他在马克思主义史学理论民族化上面的开创性的工作，更要深入研究，以推动我们当前的史学工作。①

同时，还有新的情况，迫求我们从思想史的角度，总结中国传统的史学。

一是，进入 20 世纪，中国传统文化的形态发生变化，原有"四部之学"被推倒重新洗牌，成为哲学、史学、文学、社会学、政治学、民族学、经济学以及美学、逻辑学等现代学科，而这时的"史学"与古代的"史"有着直接联系，却又不是一回事。四部的"经"、"子"，成为新"史学"的因子。中、西的史学内涵不同，应当引起人们注意。这些只有从思想、思维层面上，才可说得更明白。

二是，一方面是思维的新的路向，带来近代史学学科体系的大变动，加之，思维的路向变化，受到西方学术话语权的控制，导致对传统史学的认识的误解、对传统民族史学价值的误判。一个多世纪以来，西方相当多的学人，总以为从典籍上看，中国是历史大国但史学思想非常贫乏。这样的认识，产生广泛的影响。对此，海内外学人写出著作，与西方史家论中国史学。虽然，也有中国学人做了系统分析。朱谦之的《中国哲学对欧洲的影响》②，分成两部分：《前论》与《本论》，要说明的中心观点是：东西文化接触是文明世界的强大动力。但是西方学人对中国民族文化的价值并没有真正的理解和认识，进而对中国哲学、史学思想，不能有正确的认识，造成错谬。

以唯物史观来认识中国民族史学思想，以民族性与时代性加以分析，就可以看到民族史学思想是产生一定时代大环境下，有其不足的一面，但更看到民族史学思想珍贵的、有活力的内涵。

关于"什么是历史"的问题，确实，中国古代史学并没有下定义，

---

① 吴怀祺：《学习侯外庐先生在史学理论上的贡献》，《史学史研究》1993 年第 3 期。

② 参见朱谦之《中国哲学对欧洲的影响》，上海世纪出版集团 2006 年版。朱谦之先生（1899—1972 年），福建福州人，写作此书用了 40 年时间，最早的是 1940 年商务印书馆的版本。草创是在 1936 年，告成于 1938 年。朱谦之 1962 年写的《前言》中说到写作艰辛："本书撰成，资料方面有赖以前外国汉学家之研究资料甚多，认为一人之力，不如谓出于集体之帮助。国内学者贡献亦不少"，原始资料多在国外，如巴黎国立图书馆、罗马教廷图书馆、日本东洋文库等处。其他学人如杜维运、汪荣祖等，为彰显民族史学的意义，做了大量的工作。

但应当看到，"寓论断于序事"中，已经有了回答，而"易之三义"，即变易、不易、简易，是对什么是历史深刻的认识。再如，关于"疏通知远"、"彰往察来"、"畜德致用"、"经世致用"等，也是对历史的功能的清晰的认识。

中国民族史学思想是丰富的，深邃的。"究天人之际"的理念，历史兴衰大势论，历史发展中的通变思想，民本思想，协和万邦观念，史学的资鉴观念，经世史学思想，历史编纂学的二重性的意识，经史关系论，治史的史才、史德论，"成一家之言"的史学创新论等。其中的历史兴衰的民为邦本观念，风俗人心关乎国之盛衰认识，帮助人们深刻理解一个时代的变动，这些都是政治经济文化社会建设所要思考的观念；而天人相关理论则体现生态建设的总体思维。

再如，民族史学思想的人才论，表明了人才直接影响历史盛衰变动，人才是治理社稷最重要的部分，司马光说："为治之要，莫先于用人，而知人之道，圣贤所难也。"① 这对于社会治理的创新，同样有重要的价值。

这些是我们史学宝库中的珍品，也是世界史学的宝藏。

归纳起来，有四个问题有必要作深入思考，从中可以体会到中华文化、民族史学思想的时代价值。特别是要指出的是"党的十六大以来，我们党以高度的理论自觉和理论自信，把马克思主义基本原理同我国具体实际和时代特征紧密结合起来，形成和贯彻了科学发展观。科学发展观创造性地运用唯物史观的基本原理，深刻回答了我国改革发展中一系列重大理论和实际问题，在新的实践基础上进一步丰富和发展了唯物史观"②，科学发展观是我们研究民族史学思想的指导思想，使我们对民族史学思想的内涵和意义，有全面的认识。

第一是天人关系的问题。这是历史的根本问题，涉及宇宙观、历史观的相关问题。天人关系讨论，表明人类历史与自然历史分不开，生

① 《资治通鉴》卷73"魏纪五，明帝景初元年"。
② 兰刚：《科学发展观对唯物史观的创新发展》，《人民日报》2012年9月6日第19版。这篇文章指出：强调坚持以人为本，丰富和发展了唯物史观关于社会发展主体与发展目标的思想；强调全面协调可持续发展，丰富和发展了唯物史观的社会系统论思想；强调坚持统筹兼顾、构建社会主义和谐社会，丰富和发展了唯物史观关于未来理想社会的思想；强调建设生态文明，丰富和发展了唯物史观关于人与自然关系的思想。

态、环境、资源、地理等，任何一项，都与一个民族、一个国家，以至全球的社会历史紧密相关。

第二是历史盛衰的问题。历史是一个盛衰变动过程，盛衰又是相互包含，见盛观衰，这些观念对于世界史也有意义。通史、断代史、专史，乃至妇女史、性别史、环境史、风俗史等，人们以这样的观念去思考，会得出有价值的认识。

民族史学思想的历史盛衰论，中心思想是以人为本观念。民本思想是历史思想的根本观点。历代思想家提出的民本思想是总结历史兴衰的基本点。《尚书》的"殷鉴"思想，重在论说"保民"对于社稷稳固的重要，指出："人无于水监，当于民监。"（《酒诰》），《周易·师·象》说："君子以容民畜众。"宋代杨万里作出解释，说："君子之容民，如地之容水，能容之受之，斯能蓄聚之矣。故孟子曰：天下莫不与也，天下莫不我与，则寇狄谁与哉！"爱民容民，也就可以天下无敌。宋代欧阳修在自己编修的史书中，强调德政内容是重民、爱民；提出善治国而爱民当变更法度等一系列主张。明代黄宗羲说："盖天下之治乱，不在一姓之兴亡，而在万民之忧乐。"（《明夷待访录·原臣》）在古代史学家看来，保民、重民、容民、悦民、爱民，是振兴国家社稷的关键。唐太宗说：若安天下，必须先正其身；为君之道，必须先存百姓。①

第三是忧患意识。这是民族向前发展的清醒意识，"见盛观衰"也是史家的时代感与责任感的体现，是史学家从事史学工作的出发点。我们强大了，一部《周易》可以说就是讲"忧患之学"的书（钱基博语）。即使我们强大了，还是要记住"中华民族到了最危险的时候"的警示。我们要求自觉地以见盛观衰的目光，处理社会各种矛盾的能力，处理世界范围内的各种事务。

第四是史学走向世界的问题。为了建设新世纪的史学，以唯物史观为指导，在吸收世界上的先进文化的同时，十分重要的工作，就是要重视民族史学的话语权，对我们民族史学的丰富遗产进行总结，使民族史学走向世界。同时，史学家也要以全球的视野，思考人类的命运，思考民族的未来，观察当代中国社会的变化。以敏锐的、开阔的、深邃的历史眼光，分析中国和世界的问题，显得格外重要。巴勒克拉夫在《当代

---

① 《贞观政要》卷一《君道》。

史学主要趋势》说：扩展历史学家的视野成为当务之急，并且成为当代历史学研究中主要趋势之一，是由于 1945 年以后、也就是第二次世界大战以后整个世界形势的巨大变化，① 现在更是这样。学者提出"全球化是西方化，还是中国化"的问题；思考中国应当怎样应对。②

史学思想与全球视野

上面已经涉及这个问题。经济全球化趋势对史学思想的发展，是一股强大的推动力量，我们要适应新的形势，努力吸收世界上各种先进思想文化，弘扬民族史学优良传统，把史学思想的研究推向新阶段。

当代史学工作者要精通社会政治、经济、军事、法律、科学，以及风俗民情方方面面，几乎难以办到，但这不妨碍一代史学工作者成为新时代的"太史公"，这就是通古今之变，述往思来，为民族的伟大复兴治史写史。

经济全球化是当代历史发展的新问题，要格外引起注意。中国历史与世界历史是相互影响的，因此，应当把中国史与世界史联系起来思考，讨论中国史的进程，认识中国史发展的大趋势，讨论历史学建设问题。在全球化过程中，唯物史观关于政治经济文化发展的不平衡规律，对于讨论民族性的特点有重大意义。中国与世界之间的影响，是互动的；在文化上，中国文化与外国文化是互补的。历史研究者要充分认识并揭示这种关联。民族性是新世纪中国历史学的鲜明特色，民族历史学建设对世界史学发展同样具有重大的意义。史家要从中国，也要从全球的视野，思考人类的命运，思考民族的未来，观察当代中国社会的变化。要用自己的民族语言，努力发掘民族史学思想的宝库，吸纳世界上一切有价值的史学理论，建设出民族的、时代需要的科学的史学理论。

民族史学思想具有的时代性，在于今天思考历史的走向，讨论当代

---

① 巴勒克拉夫：《当代史学主要趋势》，上海译文出版社 1987 年版，第 148、218 页。

② 中国学者对全球化的观点，大致有三种。第一种认为全球化是人类生活的一体化，第二种认为全球化是资本主义化，第三种认为是西方化或美国化。可参见 [德] 赖纳·特茨拉夫（Rainer Tezlaff）主编《全球化压力下的世界文化》，吴志成等译，江西人民出版社 2001 年版；另参见俞可平主编《全球化：西方化还是中国化》，社会科学文献出版社 2002 年版；李惠斌主编《全球化：中国道路》，社会科学文献出版社 2003 年版。

世界的大事，这些思想具有的前瞻性，有现实性。厘清民族史学思想的要点，便可以认识民族史学思想的魅力。① 而这些方面的总结，是要以唯物史观为指导。

因此，至少要加强这几个方面工作。

一是以唯物史观的辩证联系的整体思维，认识世界的变动与中国历史变化的关联。传统史学思想的史学通识，不是孤立地论说王朝的盛衰史，而是把中原地区与周边地区"四裔"联系在一起。《文献通考》中的"四裔典"有25卷之多，内中有大量海疆、海洋的内容，这些都有与中国历史有联系的整体。重视海洋文化研究，是我国古代史学的传统之一，近代在魏源、姚莹那里，更是学术的亮点。

二是加强文明、文化与民族史学思想的比较研究；在世界范围内的诸子争鸣中，认识中国史学思想的意义。

三是研究文化形态，研究物质文化与非物质文化关系，以丰富民族史学思想的内容。

四是要研究宗教文化与史学思想的关系。朱熹发展儒学，是泛滥释老数十年，而后求之于《六经》；有的史著也有《释老传》，但相对来说，还是薄弱的部分。

五是要讨论当代科学技术的发展对史学思想的影响：思考科学技术的发展带来的思维方式的变化；了解世界学术研究进展，以确定创新的起点；建立起一种激活创新史学的机制。辩证看待科学技术发展对社会的影响。

人们通常把历史学仅视作人文科学，但历史学与自然科学发展密不可分。自然科学的每一步进展，文字媒质与传播方式的变动，都对历史学产生巨大冲击波，以至于历史观念发生变化。近代实证科学的进展对于近代新史学的出现，是大家共知的事实。

当代信息化的发展不但是历史的新内容，而且对研究产生重大影响。有一篇文章谈大数据"帮助人类把握未来"，说：

> 我们有充分的证据证明，人类的大部分行为都受制于规律、模

---

① 我们在《中国史学思想通论》的《总论卷》与《思维卷》（福建人民出版社2011年版）中，展示出中国民族史学思想的丰富性和思维特征，表明民族史学思想的当代价值所在。

型以及原理法则，而且它们的可重现性和可预测性与自然科学不相上下，可以说，人类行为的 93% 都是可以预测的。这些发现并不是科学家的纸上谈兵，其中一些模型和原理已经产生巨大市场价值。更重要的是，通过找出一个关联物并监控它，我们就能预测未来，我们就能读懂历史的韵律，进而寻找到通往未来的钥匙。①

这里"读懂历史的韵律，进而寻找到通往未来的钥匙"，正是史学思想的要点，这就丰富了史学思想的内容。

西方学人如费正清等的研究，形成"中国学"，做了大量工作，但也意识到困难处，"我们尝试着对中国思想的具体内容和历史意义进行理解，这要求必须把自己看作观察者。但是，文化差异使这一过程变得十分艰难。首先语言上的差距很大。语言的差距给我们——生活在当今世界的人们和中国古代的个人之间树起樊篱。我们一些常识性假设以及身为现代观察者的义务对于正在研究的一幕幕中国历史来说却绝对陌生。这是因为，中国所有伟大文明中与西方传统之间差距远"②。"历史研究应该跨越东西方"，是中外学人共同的意愿。我们也希望更多的西方学人从东方文化中国文化的特点，来体察中国民族史学思想精粹之所在。

在全球化趋势下，我们注意到传统历史学要适应新的形势，还要注意到弘扬民族史学优秀传统的重大意义。中华民族伟大复兴，要求有中国民族特色的马克思主义史学建设有更大的发展。因此，研究民族史学思想是建设有中国特色的马克思主义的组成部分。

（作者单位：北京师范大学历史学院）

---

① 《竞逐大数据 创新才会赢》，见《人民日报》2013 年 2 月 1 日第 23 版。
② 费正清：《中国的思想与制度》（中译本），世界知识出版社 2008 年版，第 17 页。

毛泽东对唯物史观的丰富与发展

郑　珺

　　唯物史观是"关于现实的人及其历史发展的科学"①，列宁指出：马克思的历史唯物主义是科学思想中的最大成果，唯物史观"是唯一科学的历史观"②，这就决定了唯物史观是指引历史学乃至一切社会科学成为真正的科学的指针。

　　19 世纪后期，西学开始在中国传播，1919 年以后，随着新文化运动的深入，唯物史观传入中国，李大钊等具有共产主义思想的先进知识分子不仅在介绍唯物史观方面做了许多工作，而且开始用唯物史观来重新观察历史。在他们的影响下，毛泽东逐步接受了马克思主义的唯物史观，在思考、运筹革命和社会改造大计的时候，将唯物史观作为观察和分析社会、改造中国与世界的指导思想，得出了许多卓越的独特见解，为中国唯物史观的丰富和发展作出了重大贡献。

一　唯物史观是毛泽东历史认识的基石

　　毛泽东初步接触马克思主义是 1920 年冬天，马克思主义理论和俄国革命史对他产生了极大的影响，他第一次从政治上把工人们组织了起来。毛泽东第二次到北京期间，搜寻了当时能找到的极少的共产主义文献的中文本，自此树立起马克思主义信仰。③ 他认为共产主义的思想体

---

① 《马克思恩格斯文集》第 4 卷，人民出版社 2009 年版，第 295 页。

② 《列宁专题文集·论辩证唯物主义和历史唯物主义》，人民出版社 2009 年版，第 163 页。

③ 参见《毛泽东一九三六年同斯诺的谈话》，人民出版社 1979 年版，第 39 页。

系和社会制度，是自有人类历史以来最完全、最进步、最革命、最合理的思想体系和社会制度，坚信人类历史发展的前途是共产主义。

1921 年，毛泽东在给蔡和森的一封信中明确地指出："唯物史观是吾党哲学的根据"①，被视为毛泽东正式确立唯物史观的标志。1926 年 5 月，在广州第六届农民运动讲习所讲授中国农民问题时，毛泽东将唯物史观比喻为马克思造出的一个"锄头"，要用这把"锄头"发掘中国历史文化丰富的内涵。1948 年 11 月，毛泽东阅读了吴晗撰写的《朱元璋传》后，写信给吴晗："在方法问题上，先生似尚未完全接受历史唯物主义作为观察历史的方法论。倘若先生于这方面加力用一番功夫，将来成就不可限量。"② 1949 年 9 月，毛泽东为抨击美国国务院白皮书和美国国务卿艾奇逊提出的一系列错误的历史观，在《唯心历史观的破产》一文中，旗帜鲜明地宣告："我们是反对历史唯心论的历史唯物论者。"③ 1955 年 3 月，毛泽东在中国共产党全国代表会议上发表谈话，进一步向全党提出："我们要作出计划，组成这么一支强大的理论队伍，有几百万人读马克思主义的理论基础，即辩证唯物论和历史唯物论，反对各种唯心论和机械唯物论。"④ 从毛泽东的这些论述中可以看出，毛泽东将马克思主义的唯物史观作为中国共产党人的历史观，号召人们将其应用于历史研究和历史学习之中。

毛泽东的唯物史观主要体现在以下几个方面：

（一）阶级斗争史观

毛泽东从接受唯物史观开始，就接受了阶级斗争的观点。他说："记得我在一九二〇年，第一次看了考茨基著的《阶级斗争》，陈望道翻译的《共产党宣言》，和一个英国人作的《社会主义史》，我才知道人类自有史以来就有阶级斗争，阶级斗争是社会发展的原动力，初步地得到认识问题的方法论。可是这些书上，并没有中国的湖南、湖北，也没有中国的蒋介石和陈独秀。我只取了它四个字：'阶级斗争'，老老

① 《毛泽东书信选集》，中央文献出版社 2003 年版，第 11 页。
② 张贻玖：《毛泽东读史》，当代中国出版社 2005 年版，第 171 页。
③ 《毛泽东选集》第 4 卷，人民出版社 1991 年版，第 1515 页。
④ 《毛泽东选集》第 5 卷，人民出版社 1977 年版，第 144 页。

实实地来开始研究实际的阶级斗争。"① 从此，毛泽东在中国社会实际中用阶级斗争的理论、方法研究和分析社会现象，看出了中国历史和中国社会中一系列阶级存在和阶级斗争存在的现象，由此提出并制定了一系列推进中国革命的重大原则和方略。毛泽东运用阶级斗争史观分析问题最精彩之笔是对 20 世纪 30 年代中国社会的历史背景和现状作了分析。他在《中国革命和中国共产党》中写道：经历了 3000 年左右的中国封建社会内部，由于商品经济的发展，已经孕育着资本主义的萌芽，如果没有外国资本主义的入侵，中国也将缓慢地发展到资本主义社会。外国资本主义的入侵，一方面破坏了中国自给自足的自然经济的基础，破坏了手工业，一方面又促进了城乡商品经济的发展。但是，帝国主义者的入侵，绝不是要把封建的中国变成资本主义的中国，而是使中国逐渐变成了半殖民地和半封建社会，"帝国主义和中华民族的矛盾，封建主义和人民大众的矛盾，这些就是近代中国社会的主要矛盾……伟大的近代和现代的中国革命，是在这些基本矛盾的基础上发生和发展起来的"②。正是在对中国社会的历史背景和现状作出上述科学分析的基础上，毛泽东正确地确定了新民主主义革命的对象、任务、动力和性质，指明了新民主主义革命的前途。这是毛泽东运用唯物史观分析历史和现状，解决中国革命中的根本问题的一个光辉范例。

毛泽东强调在研究历史时必须以阶级分析的方法为主要武器，通过对人们经济地位的考察来区分社会阶级的分野并认识他们的政治态度。他从现实的革命斗争形势出发，根据新民主主义革命各个阶段的任务和特点对各个阶级进行了分析，将封建时代的人们划分为农民和地主两大阶级，有利于确定主要矛盾和次要矛盾。这些在马克思主义的书本上是读不到的，它是马克思主义与中国革命实际相结合的结果，也是毛泽东将唯物史观应用于历史研究最为明显的体现，在毛泽东的影响下，中国史学界也确立了这一历史观。

（二）人民史观

中国史学源远流长，向有"三千年史乘"之美谈，数千年中优秀史

---

① 《毛泽东文集》第 2 卷，人民出版社 1993 年版，第 378—379 页。
② 《毛泽东选集》第 2 卷，人民出版社 1991 年版，第 631 页。

家代有人出，然而由于时代与阶级的局限、生产和科学发展的制约，以往的历史记载在不同程度上存在偏见甚至歪曲。封建统治者的"正史"多是帝王将相的历史，而社会的主体——人民群众则被排除在外。历代农民起义的领袖大多被污蔑为"贼、匪、寇、盗"。

人民是创造世界历史的动力，这是唯物史观的根本观点，也是毛泽东历史观的根本着眼点。[1] 毛泽东在他的史学研究中，贯彻了唯物主义路线，他对中国近代社会矛盾、性质的分析以及解决中国革命的任务、目标、对象、动力等一系列问题，都闪耀着唯物史观的光辉。他与其他马克思主义史学家一道，恢复了"历史是人民群众创造的"[2] 本来面目。他反复指出："人民，只有人民，才是创造世界历史的动力。"[3] 在《论联合政府》中，毛泽东说："我们共产党人区别于其他任何政党的又一个显著的标志，就是和最广大的人民群众取得最密切的联系。全心全意地为人民服务，一刻也不脱离群众；一切从人民的利益出发，而不是从个人或小集团的利益出发；向人民负责和向党的领导机关负责的一致性；这些就是我们的出发点。"[4] 并进一步指出要"依靠人民，坚决地相信人民群众的创造力是无穷无尽的"[5]，把人民群众正确地看做社会实践的主体，也就是承认群众是认识活动的主体，由此出发，毛泽东制定的新民主主义的政治纲领、经济纲领、文化纲领，建立人民民主专政的国家，建设社会主义的四个现代化，等等，都是以人民的利益为依归。

（三）民族史观

毛泽东通过中华民族史的宏观研究，揭示了中国的历史也是走着人类社会发展的共同道路，中华民族是一个刻苦耐劳、富有革命传统的民族，从而奠定了爱国主义、共产主义的深厚思想基础。

毛泽东在社会发展史与中华民族史的研究中，认清了历史发展规律与趋势，论证了马克思社会形态更替论的科学性，明确指出中国的历史也是

---

① 张海鹏：《试论毛泽东的历史观》，http://myy.cass.cn/file/2003122611321.html。
② 毛泽东：《看了〈逼上梁山〉以后写给延安平剧院的信》，《人民日报》1967 年 5 月 2 日第 1 版。
③ 《毛泽东选集》第 3 卷，人民出版社 1991 年版，第 1031 页。
④ 同上书，第 1094 页。
⑤ 同上书，第 1096 页。

走着人类社会发展的共同的道路:"中华民族的发展(这里说的主要地是汉族的发展),和世界上别的许多民族同样,曾经经过了若干万年的无阶级的原始公社的生活。而从原始公社崩溃,社会生活转入阶级生活那个时代开始,经过奴隶社会、封建社会,直到现在,已有了大约四千年之久。"①毛泽东还指出我们民族在漫长的历史发展中的优点:"我们中国是世界上最大的国家之一","中国是一个由多数民族结合而成的拥有广大人口的国家","在中华民族的开化史上,有素称发达的农业和手工业,有许多伟大的思想家、科学家、发明家、政治家、军事家、文学家和艺术家,有丰富的文化典籍。……中国是世界文明发达最早的国家之一,中国已有将近四千年有文字可考的历史"②。他对中国古代文明史的正确阐述,无疑对民族虚无主义是最好的批判,其深远意义还在于对中国现代化建设的启示与激励。通过对祖国历史的研究,毛泽东不仅自己确立起民族自信心,而且不断向人们宣传,指出"我们中华民族有同自己的敌人血战到底的气概,有在自力更生的基础上光复旧物的决心,有自立于世界民族之林的能力"③。毛泽东的这种民族自豪感,不是盲目的陶醉,而是建立在对民族发展史的深刻认识基础上的坚强信心。他寄望于未来,着眼于当前,十分冷静地指出:"我们必须尊重自己的历史,决不能割断历史。但是这种尊重,是给历史以一定的科学的地位,是尊重历史的辩证法的发展,而不是颂古非今,不是赞扬任何封建的毒素"④,"对于中国古代文化,同样,既不是一概排斥,也不是盲目搬用,而是批判地接收它,以利于推进中国的新文化"⑤。毛泽东的坚定信念来自对历史发展规律的深刻理解,对中华民族正确认识有利于提高民族自信心。

二 以唯物史观为指导,促进中国马克思主义史学理论研究的发展

毛泽东一生虽然没有写过大部头的史学专著,但是他一直酷爱史

---

① 《毛泽东选集》第 2 卷,人民出版社 1991 年版,第 622 页。
② 同上书,第 622—623 页。
③ 《毛泽东选集》第 1 卷,人民出版社 1991 年版,第 161 页。
④ 《毛泽东选集》第 2 卷,人民出版社 1991 年版,第 708 页。
⑤ 《毛泽东选集》第 3 卷,人民出版社 1991 年版,第 1083 页。

学，是一位历史知识渊博、历史见识卓越的理论家，他具有深厚的史学素养，因此在平时的讲话、诗文、闲谈中对历史人物、成语、典故、传说等的引用可以说是信手拈来且恰到好处。毛泽东以唯物史观为指导，对中国马克思主义史学理论的研究作出了杰出的贡献。

（一）关于历史学的社会功能

历史学的社会功能是什么？这是每个学习历史的人必然提出的第一个问题，也是每个史学工作者必须回答的一个基本问题。毛泽东在1956 年 8 月 24 日同音乐工作者谈话时说："向古人学习是为了现在的活人，向外国人学习是为了今天的中国人。"① 1964 年 9 月 27 日，他在一份批示中更明确地说："古为今用，洋为中用。"② 毛泽东对史学目的的这一高度概括，表达了史学的价值取向。概括地说，史学的最终目的就是要把历史经验变为现实财富，史学最大的社会价值就体现在这里。

毛泽东的"古为今用，洋为中用"包括三个方面的内容：一是强调历史是一个连续不断的发展过程，历史的连续性、继承性构成了各个历史阶段的基本联系，历史研究者要用发展的观点考察历史，不能割断历史；二是认为历史研究者应当把研究对象放到一定的历史范围来考察；三是强调历史发展都是一个相互联系的过程，要用全面的、联系的观点来考察历史，研究历史要有宽广的视野，要放到国内外大背景下进行，不能孤立地、片面地看问题，这种历史观对新中国史学的发展产生了深远影响。

（二）关于历史学的研究方法

毛泽东将马克思主义研究问题的方法概括为"实事求是"。列宁曾把马克思主义研究历史的方法总结为："即把历史当作一个十分复杂的矛盾、但毕竟有规律的统一过程来研究。"③ 毛泽东则把马克思主义的历史研究方法概括为"实事求是"，"'实事'就是客观存在着的一切事物，'是'就是客观事物的内部联系，即规律性，'求'就是我们去研

① 《毛泽东文集》第 7 卷，人民出版社 1999 年版，第 82 页。
② 《建国以来毛泽东文稿》第 11 册，中央文献出版社 1996 年版，第 172 页。
③ 《列宁全集》第 21 卷，人民出版社 1999 年版，第 39 页。

究"①。在社会主义建设时期，毛泽东一再教育全党，要继续保持和发扬实事求是的优良传统和作风，他不仅写了《论十大关系》、《关于正确处理人民内部矛盾的问题》等系统论述坚持实事求是原则的著作，而且在许多讲话和文件中都强调实事求是。实事求是是毛泽东思想的精髓，也是毛泽东方法论的根本点，同时也是对马克思主义历史科学方法论的重大贡献。

毛泽东在与党内各种错误倾向，特别是在反对"左"的教条主义的斗争中，反复强调要学习和了解中国的社会实际和历史实际。他指出："指导一个伟大的革命运动的政党，如果没有革命的理论，没有历史知识，没有对于实际运动的深刻的了解，要取得胜利是不可能的。"又说："学习我们的历史遗产，用马克思主义的方法给以批判的总结，是我们学习的另一任务。我们这个民族有数千年的历史，有它的特点，有它的许多珍贵品……今天的中国是历史的中国的一个发展；我们是马克思主义的历史主义者，我们不应当割断历史。从孔夫子到孙中山，我们应当给以总结，承继这一份珍贵的遗产。这对于指导当前伟大的运动，是有重要的帮助的。"② 这就从理论与实践结合上，从历史和现实的关系上，从指导革命斗争的高度上，强调了尊重历史、学习历史、正确地对待历史的重要性。正是在毛泽东的批评和提议之下，以马克思列宁主义为指导研究中国历史，特别是研究中国近百年历史的工作才有了明显的开展，而且出现了一些开创性的研究成果。

毛泽东在历史研究中采用了分析与综合相结合的方法。毛泽东指出，应摒弃历史唯心主义的方法，运用历史唯物主义的方法，由部门到综合的科学方法。他主张"详细地占有材料，加以科学的分析和综合的研究"③，并在《改造我们的学习》一文中提议："对于近百年的中国史，应聚集人材、分工合作地去做，克服无组织的状态。应先作经济史、政治史、军事史、文化史几个部门的分析的研究，然后才有可能作综合的研究。"④ 分析和综合是辩证思维的一个基本方法。毛泽东提倡在分门别类研究的基础上，运用分析与综合的方法研究中国近代史，是

---

① 《毛泽东选集》第 3 卷，人民出版社 1991 年版，第 801 页。
② 《毛泽东选集》第 2 卷，人民出版社 1991 年版，第 533 页。
③ 《毛泽东选集》第 3 卷，人民出版社 1991 年版，第 799 页。
④ 同上书，第 802 页。

对中国古往今来一切历史研究方法的继承、发展和超越。

（三）十分重视史学对指导革命实践活动的重要意义

毛泽东高度重视历史具有的启示意义和借鉴意义。这是因为：第一，现实是历史的延续。毛泽东说："今天的中国是历史的中国的一个发展。"① 人类是带着历史的烙印走入现实社会的，又将带着现实的烙印走向未来。毛泽东在对历史、现实和未来的内在联系的把握上，一再强调"不能割断历史"。割断历史，就不可能了解现实社会的来龙去脉；而只要学习历史，就可以扩大我们的思维空间，可以对现实社会产生更深刻的认识，从而使我们的行为更符合实际，更有成效。所以，毛泽东说，我们"不但要懂得中国的今天，还要懂得中国的昨天和前天"②。第二，历史是一座智慧宝库，它蕴藏着人类几千年的生产实践、管理实践以及政治、军事实践积累下来的极丰富的经验教训。毛泽东说："我们这个民族有数千年的历史，有它的特点，有它的许多珍贵品。……从孔夫子到孙中山，我们应当给以总结，继承这一份珍贵的遗产。"③ 毛泽东本人堪称继承历史遗产的典范。在战争年代，他经常引用古代的战例来说明军事问题，如以"围魏救赵"的故事说明在抗日游击战中在根据地外围钳制敌人的必要性，以鲁齐长勺之战说明敌疲我打的方针，以楚汉成皋之战、新汉昆阳之战、袁曹官渡之战、吴蜀彝陵之战、秦晋淝水之战等说明在敌强我弱的条件下后发制人的意义。④ 第三，历史是励己育人的教材。1967 年，毛泽东在一封信中，向人推荐《战国策》中《触龙说赵太后》这篇文章，并说"如果我们不注意严格要求我们的子女，他们也会变质，可能搞资本主义复辟，无产阶级的财产和权利就会被资产阶级夺回去"⑤。毛泽东正是从阅读史书中注意吸收历史的经验教训，作为指导革命运动的借鉴。

---

① 《毛泽东选集》第 2 卷，人民出版社 1991 年版，第 534 页。
② 《毛泽东选集》第 3 卷，人民出版社 1991 年版，第 801 页。
③ 《毛泽东选集》第 2 卷，人民出版社 1991 年版，第 534 页。
④ 易孟醇：《毛泽东的历史观论纲》，《光明日报》2003 年 12 月 9 日。
⑤ 张贻玖：《毛泽东读史》，当代中国出版社 2005 年版，第 146 页。

（四）如何借鉴历史文化遗产

毛泽东另一个重要理论贡献和历史贡献，就是科学地辩证地对待和处理历史文化遗产的问题。怎样对待历史文化遗产，或者说怎样对待传统文化，这是自清末"西学东渐"以来，特别是自五四运动以来，中国思想理论界和学术文化界所面临的一个重要理论问题和现实问题。"新学"与"旧学"之争，"西学"与"中学"之争，"全盘西化"与"本位文化"之争，长期辩难，争论不休，各执一说，莫衷一是。对传统文化，即"中学"和"旧学"自幼有过深厚修养，对"西学"和"新学"也多方涉猎，而又受过新文化运动和五四运动洗礼，成为坚定的马克思主义者和中国共产党最杰出领导者的毛泽东，在这个重要的历史和现实问题上，在思想文化和意识形态领域的这个重大问题上，以他的高瞻远瞩和真知灼见，用辩证唯物主义和历史唯物主义的观点和方法，阐明了基本原则和科学态度。

自五四以来，在我国历史科学战线上，关于如何对待中国古代文化遗产的问题，存在着盲目崇古和对古代文化完全否定两种错误倾向。针对这两种错误倾向，毛泽东指出："我们必须尊重历史，绝不能割断历史，但是这种尊重是给历史以一定的科学的地位，是尊重历史的辩证法的发展。"[①] 1960 年 12 月毛泽东在对两个外国代表团的谈话中说："中国几千年的文化，主要是封建时代的文化，但并不全是封建主义的东西，有人民的东西，有反封建的东西。要把封建主义的东西和非封建主义的东西区别开来。……应当批判地利用封建主义的文化，而不能不批判地加以利用。"[②] 这种尊重历史辩证法的发展，就是"剔除其封建性的糟粕，吸收其民族性的精华"，这是发展民族新文化，提高民族自信心的必要条件。

毛泽东认识到西方的物质文明和精神文明对于指导中国革命和建设的重要性和必要性，指出："中国应该大量吸收外国的进步文化，作为自己文化食粮的原料，这种工作过去还做得很不够。这不但是当前的社会主义文化和新民主主义文化，还有外国的古代文化，例如各资本主义

[①] 《毛泽东选集》第 1 卷，人民出版社 1991 年版，第 668 页。
[②] 《毛泽东文集》第 8 卷，人民出版社 1999 年版，第 225 页。

国家启蒙时代的文化，凡属我们今天用得着的东西，都应该吸收。"①
又说："我们还要多多吸收外国的新鲜东西，不但要吸收他们的进步道
理，而且要吸收他们的新鲜用语。"② 但这种吸收"决不能生吞活剥地
毫无批判地吸收"③，应去粗取精、去伪存真。毛泽东在对待人类创造
的一切文明财富的态度上，采取了"大量吸收"的博大胸怀，他是站
在全人类文明的历史高度，来看待世界历史上一切文明成果包括资本主
义世界的优秀成果的。他理直气壮地要求中国人吸收、继承、发展人类
的一切文明成果，这是一种实事求是的历史唯物主义和辩证唯物主义的
态度。

毛泽东在史学研究与革命实践中，坚持与发展了唯物史观，这是对
马克思主义理论的一个重要贡献，也是在更高层次上对历史科学的贡
献。毛泽东反复强调，要"学习我们的历史遗产，用马克思主义的方法
给以批判的总结"，"从孔夫子到孙中山，我们应当给以总结，承继这
一份珍贵的遗产。这对于指导当前的伟大的运动，是有重要帮助的"④。
他善于把中国当今社会放在历史长河中进行观察，从历史中得到启迪，
从发展中探索规律，把握机遇，指导实践，使古老的历史与时代精神相
沟通，与改造中国、建设中国的新的历史创造的实践相联结。

三　推动中国马克思主义史学主导地位的确立

中华人民共和国的成立揭开了中国历史发展的新篇章，毛泽东对唯
物史观的丰富与发展及其对新中国历史学的指导，推动了中国马克思主
义史学主导地位的确立。

（一）编审学习马列主义理论的必读书籍

新中国成立初期，在中国共产党的号召下，全国掀起了学习马克
思主义理论的高潮。正如毛泽东指出的："事变是发展得这样快，以

---

① 《毛泽东选集》第 1 卷，人民出版社 1991 年版，第 667 页。
② 《毛泽东选集》第 2 卷，人民出版社 1991 年版，第 794 页。
③ 《毛泽东选集》第 1 卷，人民出版社 1991 年版，第 667 页。
④ 《毛泽东选集》第 2 卷，人民出版社 1991 年版，第 534 页。

至使很多人感到突然，感到要重新学习。"① 为了帮助广大干部、群众和知识分子学习马克思主义理论，1949 年 2 月，毛泽东亲自编审了一套干部必读书目，其中包括《共产党宣言》、《社会主义从空想到科学的发展》等 12 种。② 这套书成为新中国成立初期广大干部、群众和知识分子学习马列主义理论的必读书籍，对于广大史学工作者"用科学的历史观点，研究和解释历史、经济、政治、文化及国际事务"③大有裨益。

（二）"双百方针"的提出与史学界"五朵金花"的争鸣

古史分期问题是郭沫若、范文澜等史学家以马克思主义社会发展理论探讨中国历史的重要问题。早在 20 世纪三四十年代，史学界就出现了以郭沫若为代表的西周奴隶社会说和以吕振羽、翦伯赞为代表的西周封建论的分歧。50 年代初，古史分期问题重新开始争论，郭沫若和范文澜的分歧和争鸣引起了中央有关部门的注意，1953 年时任中宣部历史问题委员会主任的陈伯达向毛泽东请示工作方针时，毛泽东就指示要"百家争鸣"，因此史学界贯彻和执行"百家争鸣"的方针远远早于其他部门。1956 年 4 月 28 日，毛泽东在中共中央政治局扩大会议上的总结讲话上明确提出："艺术问题上的百花齐放，学术问题上的百家争鸣，我看应该成为我们的方针。"④ 1957 年 3 月 12 日，毛泽东又进一步强调："百花齐放，百家争鸣，这是一个基本性的同时也是长期性的方针"，"这个方针不但是使科学和艺术发展的好方法，而且推而广之，也是我们进行一切工作的好方法。这个方法可以使我们少犯错误"⑤。在"双百方针"的指引下，历史学界围绕古史分期问题、中国封建土地所有制形式问题、资本主义萌芽问题、中国封建社会农民战争问题、汉民族形成问题等史学基本理论问题展开了争鸣，可以说，20 世纪 50 年代我国史学界围绕若干重大问题的讨论，极大地推动了中国马克思主义史学的全面发展，从而最终确立了马克

---

① 《毛泽东选集》第 4 卷，人民出版社 1991 年版，第 1472 页。
② 桂遵义：《马克思主义史学在中国》，山东人民出版社 1992 年版，第 480 页。
③ 《建国以来重要文献选编》第 1 册，中央文献出版社 1992 年版，第 11 页。
④ 《毛泽东文集》第 7 卷，人民出版社 1999 年版，第 54 页。
⑤ 同上书，第 278—279 页。

思主义史学的主导地位。

（三）知识分子思想改造运动以及对胡适思想的批判

新中国成立之初，我国开展了马克思主义思想教育运动，这场运动是在以毛泽东为首的中共中央指导下展开的，对史学界产生了极其重要的影响。

正如杨荣国所说："就我们历史工作者来说，……通过一系列的运动与学习，大家都有了极大的进步，立场、观点和方法都初步地改变过来，初步的以工人阶级的立场、唯物的观点和辨证的方法来讲授和撰著历史了。"① 原来从事实证研究的一些史学家开始认真检查和反思自己多年习惯的考据研究方法。如陈垣、吕思勉、吴晗等史学家都接受毛泽东的建议，进一步学习历史唯物主义的基本原理，思想认识有了很大的提高。②

1955 年全面开展的对胡适反动思想的批判运动，是毛泽东亲自发动的一场对广大知识分子进行广泛深入的思想教育运动。中国科学院和全国高等院校的绝大多数史学家都参加了这场运动，使得广大史学家的思想认识得到了进一步的提高。虽然在今天看来，这些运动存在着历史和时代的局限性，但从总体上看，这些运动对广大知识分子清除旧的思想的影响、树立马克思主义的世界观和人生观产生了积极作用，一批非马克思主义史学家在这些运动中逐步掌握了马克思主义的理论和研究历史的方法，这就使新中国的历史研究逐步确立了马克思主义的指导地位。

（四）指导《中国通史简编》的写作

在毛泽东故居的书房中有一套范文澜著《中国通史简编》，书中留下了他读书时所作的各种标记。新中国成立后，范文澜从事中国近现代史的研究，写出了许多有影响的著作，他走上通史研究的道路毛泽东起了决定性的作用。1939 年，范文澜到延安后，组织上交给他编写一本十几万字的中国通史的任务，作为干部学习文化之用。从此，编撰一部

---

① 杨荣国：《史学工作者的进步》，《历史教学》1952 年第 10 期。
② 张剑平：《新中国史学五十年》，学苑出版社 2003 年版，第 49 页。

符合新时代的要求、具有科学性内容的中国通史便成为范文澜长期工作的重心。当时正值抗击日寇侵略的战争年代，中国共产党的中心任务是组织和指挥这场轰轰烈烈的民族解放战争，而能将各级干部学习中国历史与如此紧迫的民族解放战争相联系，并且提到日程上来，则显然是毛泽东的远见卓识。毛泽东正是在这一时期，在党的重要会议上和他所撰写的重要文章中，一再突出地论述学习历史、了解中国国情是指导当前伟大运动的重要任务之一，也是培养爱国精神、增强民族自信心的必要条件这一精辟的思想。① 《中国通史简编》的编写工作始终受到毛泽东的重视、支持和关怀。当范文澜就这部书的写法请示毛泽东时，毛泽东曾答复他：用"夹叙夹议"的写作方法比较好。后来这部书就是按照毛泽东的意见写的。② 范文澜作为我国一位杰出的史学家，在 30 年治学中，以研治中国历史作为毕生的学术取向，特别是把近代史研究作为治学的一个重点之形成，确立以唯物史观原理与中国历史实际相结合为毕生治史的指导思想，倡导和模范地实行百家争鸣的方针，都是受到了毛泽东的巨大影响。③

在毛泽东的关注下，新中国史学工作者积极开展研究，中国通史的编修出现了一个繁荣的局面，如吕振羽的《简明中国通史》、翦伯赞的《中国史纲要》、郭沫若的《中国史稿》、范文澜主编的十卷本《中国通史》，等等。这些著作把考古成果与历史文献紧密结合，开创了史学研究的新局面。

综上所述，毛泽东一生酷爱史学且历史知识渊博，对历史学的社会功能有着极为深刻的认识，他对历史学理论有着深刻的理解，并运用唯物史观对中国历史进行深入分析研究，得出了许多科学论断。在毛泽东的指导下，中国的史学工作者以唯物史观为指导，并遵循一切从实际出发的原则，将马克思主义原理与我国的历史实际相结合，在史学研究领域取得了许多突破性的研究成果，马克思主义史学开始成为中国史坛的主流。毛泽东对史学理论的阐述和对中国历史的研究极大地丰富和发展

① 陈其泰：《范文澜与毛泽东：学术的关联和风格的共鸣》，《当代中国史研究》2001 年第 2 期。

② 张贻玖：《毛泽东读史》，当代中国出版社 2005 年版，第 158 页。

③ 陈其泰：《范文澜与毛泽东：学术的关联和风格的共鸣》，《当代中国史研究》2001 年第 2 期。

了马克思主义史学理论，从理论与实践的结合上给人以深刻的启示，为我们提供了发挥史学社会功能的范例，对我国的历史研究产生了重大影响。

（作者单位：中国社会科学院当代中国研究所）

毛泽东史学思想及其当代价值

李　珍

　　毛泽东史学思想是中国马克思主义史学理论的重要组成部分，也是马克思主义中国化的重要成果。今天，在历史研究的领域不断拓展、方法不断创新的学术背景下，探讨毛泽东史学思想的理论意义与现实意义仍然是一项重要任务。毛泽东史学思想包括历史科学研究的地位与任务、指导思想与方法，正确对待历史文化遗产，历史理论的若干重大问题等内容。毛泽东在不同时期，对这些理论命题所作的精辟阐发，深刻影响了中国马克思主义史学发展的方向、路径及基本面貌，发挥了巨大的历史作用。从治史的基本原则与基本方法的角度来看，其荦荦大者，可以概括为如下几个方面：

一　唯物史观：毛泽东史学思想的理论内核

　　唯物史观是中国马克思主义史学的理论基石。它要实现与历史悠久、遗产丰富的中国史学相结合，有两个必要的前提：一是马克思主义普遍真理与中国的具体实际相结合，即马克思主义中国化；二是运用唯物史观的基本原理对中国历史及其前途作科学的分析。在这两个方面，毛泽东都作出了里程碑式的历史贡献。

　　青年毛泽东不断地寻求救国救民的真理。经过多年如饥似渴的学习、比较，他最终选择了马克思主义。自从 20 世纪 20 年代成为一名马克思主义者，唯物史观就成了毛泽东开展革命工作和理论研究的根本指导思想。他关于中国农民问题、中国社会各阶级问题的透辟分析，正是在调查研究的基础上，运用唯物史观的基本原理，对"中国革命的基本问题"所作出的回答。《纪念巴黎公社的重要意义》一文，则是对他较早对世界重要历史事件所作的马克思主义的分析。在这篇文章中，他鲜明地提出，包括中国史在内的人类历史，"无不是统治阶级与被统治阶级之阶级斗争的演进"①。他认为，陈胜、吴广的起义，汉高祖刘邦的反秦，太平王洪秀全的反清，都是阶级斗争的具体表现。毛泽东在广州农民运动讲习所讲课的重要内容，就是以唯物史观分析、评价中国古代历史，纠正大家思想上普遍存在的英雄史观，以推动对社会现实问题的了解，促进革命运动向前发展。这表明，为了满足现实运动的需要，历史学研究已经开始成为毛泽东革命斗争的一部分了。

中国共产党人运用唯物史观对中国历史尤其是中国近代历史作相对系统、全面的研究，是在延安时期。在这一时期，为适应变化了的革命形势对党的理论创新所提出的要求，毛泽东思想走向成熟，实现了马克思主义中国化的第一次历史性飞跃。对中国历史的客观总结与说明，是这个理论飞跃的重要内容。这也说明，中国马克思主义史学与中国革命运动之间有着天然的、密不可分的内在关联。通过《实践论》、《矛盾论》等哲学著作，毛泽东结合中国实际，对唯物史观的基本原理和范畴，如生产力与生产关系、经济基础与上层建筑、阶级与阶级斗争、国家与革命、社会形态等，都作了阐发。通过这些阐发，唯物史观具有了在中国历史文化背景之下的理论形态。

在此基础上，毛泽东提出了一系列关于历史研究的基本原则，确立了唯物史观在中国历史研究尤其是中国社会史、中国近代史研究领域的指导地位。

首先，唯物史观的指导是中国史学真正成为科学的理论前提。在马克思主义传入中国以前，人们对社会的历史只能限于片面的、错误的了解。而"人们能够对于社会历史的发展作全面的历史的了解，把对于社会的认识变成了科学，这只是到了伴随巨大生产力——大工业而出现近代无产阶级的时候，这就是马克思主义的科学"②。正是在唯物史观的指导下，历史学才可能对自己的研究对象作"全面的"、"历史的"了解，进而成为一门科学。毛泽东在延安时期与郭沫若、范文澜、何干之

---

① 《毛泽东文集》第 1 卷，人民出版社 1993 年版，第 34 页。
② 《毛泽东选集》第 1 卷，人民出版社 1991 年版，第 283—284 页。

等历史学家的交往，其主要内容都是勉励他们以唯物史观为观察中国社会历史、文化的钥匙，"应用马克思列宁主义的立场、观点和方法，认真地研究中国的历史"①，写出科学的马克思主义史学专著。与对唯物史观的倡导相适应，毛泽东在《唯心历史观的破产》、《丢掉幻想，准备战斗》等文章中，对资产阶级的唯心史观作了辛辣的讥讽和批驳。他认为，"自从中国人学会了马克思列宁主义以后，中国人在精神上就由被动转入主动"，而西方资产阶级比如艾奇逊之流，"他们对于现代中国和现代世界的认识水平，就在中国人民解放军的一个普通战士的水平之下"②。

其次，阶级分析法是中国马克思主义史学的首要研究方法。阶级斗争贯穿着人类几千年的文明史，阶级斗争是阶级社会发展的直接动力，用阶级观点分析问题、研究问题是马克思主义的基本方法。"在阶级社会中，每一个人都在一定的阶级地位中生活，各种思想无不打上阶级的烙印"③，"唯物史观问题，即主要是阶级斗争问题"④。我们运用这一方法去研究历史，就是为了透过纷繁复杂的历史表象把握本质与规律，进而推动伟大的现实运动。《论反对日本帝国主义的策略》、《中国革命和中国共产党》、《新民主主义论》、《中国共产党在民族战争中的地位》等著作，是毛泽东运用阶级分析法，解剖近代中国国情、中国革命、中国历史的经典之作。其中关于近代中国的阶级构成、历史脉络、关键节点，以及关于革命性质、对象、任务、主力、策略和前途的精到分析，已经被新民主主义革命的伟大胜利所证明，同时也深刻地影响了新中国成立以后的历史研究思路与基本面貌。通过这些著作，唯物史观真正确立了在中国历史学尤其是近代历史研究中的指导地位。

最后，人民在创造历史过程中的动力作用是中国马克思主义史学着力反映的内容。人民是创造历史的动力，是唯物史观的根本观点。承认不承认这一点，是唯心主义和唯物主义的分水岭。早在1919年发表《民众的大联合》一文时，毛泽东就已经看到了人民群众中所蕴含的巨大力量，把"社会的改革和反抗"的希望寄托于他们的觉醒与联合。

---

① 《毛泽东选集》第3卷，人民出版社1991年版，第814页。
② 《毛泽东选集》第4卷，人民出版社1991年版，第1516页。
③ 《毛泽东选集》第1卷，人民出版社1991年版，第283页。
④ 《毛泽东书信选集》，人民出版社1983年版，第602页。

后来，他又多次强调人民在创造世界历史中所起到的动力作用，反对"唯心论历史家"们的英雄史观。"人民，只有人民，才是创造世界历史的动力"①，"这个历史家和哲学史家争论不休的问题，即通常所说的，是英雄创造历史，还是奴隶们创造历史……我们只能站在马列主义立场上"②。当然，突出人民群众的主导地位，并不意味着否定领导人物的历史作用。毛泽东认为，马克思主义者应当承认领袖人物的历史作用，但领袖人物的作用的发挥，离不开人民群众的力量支持。"应当承认少数人的作用，就是领导者、干部的作用，但是，没有什么了不起的作用，有了不起的作用的还是群众。"③"任何英雄豪杰，他的思想、意见、计划、办法，只能是客观世界的反映，其原料或者半成品只能来自人民群众的实践中，或者自己的科学实验中，他的头脑只能作为一个加工工厂而起制成完成品的作用"④。歌颂人民、为人民服务，成为中国马克思主义史学最突出的时代特征。

唯物史观与中国史学的真正结合，是在从事这一工作的史学家们的自由争论、相互切磋中不断深入的。从历史的眼光来看，除了对以唯物史观指导史学研究的直接倡导，毛泽东对中国马克思主义史学的推动作用尤为重要者，是他对学术自由讨论氛围的维护与支持。比如，"百家争鸣"的认识，就是毛泽东1953年针对范文澜、郭沫若两位史学家在中国古代史分期问题上存在的分歧而提出来的，并将其作为新创立的《历史研究》的办刊原则。他还身体力行，带头贯彻这一方针。1956年2月，一位苏联学者表达了对《新民主主义论》中关于孙中山的世界观的论点的不同意见，我方陪同人员认为此举"有损我党负责同志威信"，请示是否有必要向苏方反映。毛泽东明确指出："我认为这种自由谈论，不应当去禁止。这是对学术思想的不同意见，什么人都可以谈论，无所谓损害威信。……如果国内对此类学术问题和任何领导人有不同意见，也不应加以禁止。如果企图禁止，那是完全错误的。"⑤ 1958年7月，他婉言谢绝为周谷城所著逻辑学著作作序，其理由之一，即是

---

① 《毛泽东选集》第3卷，人民出版社1991年版，第1031页。
② 《建国以来毛泽东文稿》第13册，中央文献出版社1998年版，第115页。
③ 《毛泽东文集》第6卷，人民出版社1999年版，第402页。
④ 《毛泽东文集》第7卷，人民出版社1999年版，第358页。
⑤ 同上书，第9页。

"问题还在争论中,由我插入一手,似乎也不适宜"①。1965 年 7 月,他一方面支持章士钊出版其《柳文指要》,一方面又客观地指出:"大问题是唯物史观问题……但此事不能求之于世界观已经固定之老先生们,故不必改动。嗣后历史学者可能批评你这一点,请你要有精神准备,不怕人家批评。"同时,他还表达了对高二适与郭沫若商讨《兰亭序》真伪问题的文章的支持意见,"争论是应该有的,我当劝说郭老、康生、伯达诸同志赞成高二适一文公诸于世"②。类似之例,在毛泽东的批语、信件中还有很多。

这种高度的学术自信与自觉,对唯物史观在历史学的各个领域都迅速生根、开花、结果,起到了无可替代的作用。

自马克思主义传入中国直到新中国成立以前,中国马克思主义史学在现实运动的推动下,逐渐生长成为中国史学界的重要方面。中国马克思主义史学家队伍逐步形成,马克思主义历史学在中国古代史、思想史、中国近代史和中共党史等领域都有了自己的一席之地。③ 这种局面的形成,与毛泽东思想及其著作的广泛影响和毛泽东本人对马克思主义史学的高度重视,有着无法分割的内在关联。

新中国成立以后的十七年间,在"百花齐放,百家争鸣"的方针指导之下,中国马克思主义史学有了突飞猛进的发展,出现了生动活泼的局面。如史料方面标点本二十四史、《资治通鉴》的整理出版、《中国历史地图集》的编著;理论方面如关于中国历史分期、中国封建土地所有制的性质、中国资本主义萌芽、汉民族形成等问题的热烈讨论;相对完整的历史学教学、研究体系的形成;等等。这些成就,都是在唯物史观的正确指导之下取得的,有些还与毛泽东本人的直接推动相关。

然而,马克思主义中国化并非一帆风顺、一蹴而就。这一方面表现为"文革"时期出现了教条化理解运用唯物史观的问题,历史学的科学性遭到严重破坏;一方面表现为在唯物史观的一些具体问题上,当今的史学研究中也出现了新的理解与认识。就前一个方面来说,与毛泽东本人在晚年逐步偏离了正确的思想认识有关,也与历史学界对唯物史观

---

① 《毛泽东书信选集》,人民出版社 1983 年版,第 544 页。
② 同上书,第 602 页。
③ 张剑平:《中国共产党与历史科学的发展》,《史学理论研究》2011 年第 3 期。

的理解与把握存在教条化、片面化倾向有关。就后一个方面来看，则是马克思主义中国化的过程中必然出现的正常情况。对唯物史观的某些具体观点，结合发展了的客观实际与理论需求，作出更加符合中国历史的准确的、全面的解释，是马克思主义与时俱进的理论品格的具体体现，也是马克思主义中国化的重要内容。自然，这两种情况，都不能成为否定唯物史观、进而否定马克思主义史学的科学性的理由。

作为正确阐释了人类社会发展规律的科学理论，唯物史观的基本原理，是中国马克思主义史学始终要坚持与守护的。离开了这些基本原理，马克思主义史学就会成为无本之木、无源之水。从这个角度说，历史科学要坚持以唯物史观为指导，既是一个理论问题，也是一个现实问题。毛泽东在阐发、运用唯物史观研究和学习历史、解决中国现实问题方面，为我们提供了成功的范例和宝贵的经验。认真总结这份珍贵的历史遗产，服务于当前的历史学建设，是一个重要的学术话题。

二　古为今用：毛泽东史学思想的突出特点

史学研究的重要目的，就是为当前社会提供鉴戒与经验。正是有了这种强烈的历史意识，中国史学才两千多年绵延不绝，为世界文明史上所仅有。毛泽东将自古而有的这种鉴戒思想，加以马克思主义的改造，提出了"古为今用"的史学目的论，从而使其有了鲜明的时代意义。

毛泽东高度重视史学研究。这首先是由于科学地把握历史、掌握历史规律，是客观剖析现实、明了方向的必要前提。在中国这样一个历史悠久，阶级矛盾、民族矛盾错综交织的古老大国，这一点显得尤为迫切。"指导一个伟大的革命运动的政党，如果没有革命理论，没有历史知识，没有对于实际运动的深刻的了解，要取得胜利是不可能的。"[①] 其次是由于历史是前后相续的，今天的中国是历史的中国的发展。科学总结历史，阐明历史规律，是"马克思主义的历史主义者"应当承担的责任。中华民族"是一个有光荣的革命传统和优秀的历史遗产的民族"[②]，对于这一份珍贵的遗产，我们应当给以总结，并加以科学的说

---

① 《毛泽东选集》第2卷，人民出版社1991年版，第533页。
② 同上书，第623页。

明。他尖锐批评有的人"对于自己的历史一点不懂，或懂得甚少，不以为耻，反以为荣"①。不注重研究现状，不注重研究历史，不注重马克思列宁主义的应用，这些都是极坏的作风。"不论是近百年的和古代的中国史，在许多党员的心目中还是漆黑一团。许多马克思列宁主义的学者也是言必称希腊，对于自己的祖宗，则对不住，忘记了。认真地研究现状的空气是不浓厚的，认真地研究历史的空气也是不浓厚的。"②

毛泽东明确指出，研究史学的目的是为了服务于今天的现实运动，"向古人学习是为了现在的活人"③。批判继承古代文化遗产，"是发展民族新文化提高民族自信心的必要条件"④。史学工作应当给人们以启发，给人们以信心，不是引导人们向后看，而是引导人们向前看。"我们必须把这些遗产变成自己的东西。然而我们中国有些人却崇拜旧的过时的思想，这些思想对于我们今天的中国不仅不适用而且有害。这样的东西必须抛弃。"⑤ 历史研究的主要任务，就是"用马克思主义的立场、观点和方法，分析它、批判它。把被颠倒的历史颠倒过来"⑥。其目的正是为了更好地揭示历史真相，从更深刻的意义上反映、阐明历史发展规律，服务现实运动。因而，"一切有相当研究能力的共产党员，都要研究马克思、恩格斯、列宁、斯大林的理论，都要研究我们民族的历史，都要研究当前运动的情况和趋势；并经过他们去教育那些文化水准较低的党员"⑦。提高民族自信心，引导人们向前看，正是史学工作所以重要的原因之一，也是马克思主义史学工作的基本原则。

毛泽东还指明了正确对待史学遗产的基本态度，即取其精华、去其糟粕。中国有几千年的文明史，创造了灿烂的、主要是封建的文化成果，对于这些成果要作辩证分析，"我们信奉马克思主义是正确的思想方法，这并不意味着我们忽视中国文化遗产"⑧，但是同时又"决不能无批判地兼收并蓄，必须将古代封建统治阶级的一切腐朽的东西和古代

---

① 《毛泽东选集》第 3 卷，人民出版社 1991 年版，第 798 页。
② 同上书，第 797 页。
③ 《毛泽东文集》第 7 卷，人民出版社 1999 年版，第 82 页。
④ 《毛泽东选集》第 2 卷，人民出版社 1991 年版，第 707—708 页。
⑤ 《毛泽东文集》第 3 卷，人民出版社 1996 年版，第 191 页。
⑥ 芦荻：《毛泽东读二十四史》，《光明日报》1993 年 12 月 20 日。
⑦ 《毛泽东选集》第 2 卷，人民出版社 1991 年版，第 532—533 页。
⑧ 《毛泽东文集》第 3 卷，人民出版社 1996 年版，第 191 页。

优秀的人民文化即多少带有民主性和革命性的东西区别开来。"① 对待封建文化应当有辩证的态度。它"也不全是坏的……当封建主义还处在发生和发展的时候，它有很多东西还是不错的"，"并不全是封建主义的东西，有人民的东西，有反封建的东西。要把封建主义的东西和非封建主义的东西区别开来"②。而"反封建主义的文化当然要比封建主义的好，但也要有批判、有区别地加以利用"③。"清理古代文化的发展过程，剔除其封建性的糟粕，吸收其民主性的精华"④，总的原则就是"应当善于进行分析，应当批判地利用封建主义的文化，而不能不批判地加以利用"。⑤ 这一认识，反对了两方面的绝对化倾向，提出了一个重要的史学命题，同时也为中国马克思主义史学指明了正确的发展方向。取其精华，去其糟粕，已经成为中国史学家们进行历史研究的基本立场，深刻影响了各个领域学术研究的基本面貌。

毛泽东是一位史学素养极为深厚的政治家。他本人的史学实践，就是践行古为今用原则的典范。

抗战时期，他关于史学的社会作用与根本任务、如何继承历史文化遗产等问题的论述，着眼点都在于为实现马克思主义普遍原理与中国革命具体实际相结合服务，使共产党人对实际运动有"深刻的了解"，为解放中华民族这个"伟大的革命运动"提供帮助。而他关于中国社会性质、中国社会史、中国近代史的思考，也无一不与当时了解国情、辨清形势的革命需要有着直接的、迫切的关系。他关于近代中国社会的分析，不仅是他对历史研究的重要成果，更成为中国共产党在当时制定革命战略、策略的重要依据。正因为如此，《中国革命和中国共产党》、《新民主主义论》等经典著作，才以史学著作的形式，起到了反映中国历史实际、指引中国革命走向胜利的重大历史作用。另外，我们党"实事求是"的思想路线，就是毛泽东对《汉书》中的说法，加以马克思主义的提炼和改造而提出来的。在党的组织建设和思想建设上具有重要意义的延安整风运动，事实上也是通过对党的历史、党的理论、党的组

① 《毛泽东选集》第2卷，人民出版社1991年版，第708页。
② 《毛泽东文集》第8卷，人民出版社1999年版，第225页。
③ 同上。
④ 《毛泽东选集》第2卷，人民出版社1991年版，第707页。
⑤ 《毛泽东文集》第8卷，人民出版社1999年版，第225页。

织的正本清源，达到了团结同志、统一思想的目的，为争取新民主主义革命的胜利奠定了基础。这不仅说明，中国马克思主义史学的发生、发展与中国近代以来的社会历史进程密切相连，而且也反映了以唯物史观指导史学研究的必然要求。从某种程度上可以说，学习、研究中国现状、中国历史，在新民主主义革命时期，起到了马克思主义中国化、民族化的桥梁的重要作用。

在领导中国革命斗争、社会主义建设的过程中，毛泽东还熟练运用历史上的事件、人物，通过对他们的评价以古喻今、阐明道理、指点迷津。井冈山时期，他用黄巢、李自成起义败于流寇主义的历史来说明建立巩固的革命根据地的重要性；抗战时期，运用"围魏救赵"的战例来说明游击战争中的战略防御问题；在中国新民主主义青年团第二次全国代表大会期间，他用周瑜这个"青年团员"带领东吴军队打胜仗的历史，提倡选拔干部要看能力，德才兼备，不能论资排辈；"大跃进"时期，他用《登徒子好色赋》的反例，说明"攻其一点，不及其余"的片面思维方式的错误，希望党的领导干部学习郭嘉，多谋善断；七千人大会期间，用霸王别姬的故事，教育干部要听得进去不同意见，防止"批评不得"的现象；60 年代，用触龙说赵太后的故事，提醒党的各级干部要严格要求子女，防止他们"变质"；用孔子的课程只有六门，同样也"教出了颜回、曾参、子思、孟子四大贤人"① 的史实，来论证教育改革的必要性，等等。这些信手拈来又贴切生动的史实，与毛泽东对党的方针政策的阐发水乳交融，起到了极大的说服教育、思想动员的作用。

在推动中国马克思主义史学确立、发展的过程中，毛泽东认为，历史研究同革命斗争相联系的原则，应当贯彻在史学工作的各个领域中。1939 年 1 月，他给何干之的信中谈到民族史的研究说："如能在你的书中证明民族抵抗与民族投降两条路线的谁对谁错，而把南北朝，南宋，明末，清末一班民族投降主义者痛斥一番，把那些民族抵抗主义者赞扬一番，对于当前抗日战争是有帮助的。"② 这里所说的南北朝、南宋、明末、清末的抵抗与投降，与当时的抗日战争中的抵抗与投降，自有着

---

① 《毛泽东著作专题摘编》下册，中央文献出版社 2003 年版，第 2279 页。
② 《毛泽东书信选集》，人民出版社 1983 年版，第 136 页。

不同的性质与具体内容，但从当时许多人对抗战没有信心、感到前途迷茫的背景来看，这种从"是非"的角度阐明抵抗与投降的对与错、利与弊，确有着突出的现实必要性；1939 年 2 月，他主张对孔子的道德论"给以唯物论的观察，加以更多的批判"，"将其放在恰当的位置"，是为了"与国民党的道德观有原则的区别"①；1940 年 9 月，他致信范文澜，鼓励他运用唯物史观清算经学历史，也是因为"目前大地主大资产阶级的复古反动十分猖獗，目前思想斗争的第一任务就是反对这种反动"②，希望他能为此做有益的工作。1944 年 11 月，他致信郭沫若，称赞他的《甲申三百年祭》被共产党人"当作整风文件看待"，并希望郭沫若"经过大手笔写一篇太平军经验，会是很有益的"，其原因就在于这些研究成果切中要害，"有大益于中国人民"③，有益于革命运动。周谷城说："毛泽东'古为今用'是没有人能企及的"④，其根本原因，正在于他将科学理论与实际运动、学术研究与革命事业有机地结合起来了。

通过毛泽东所倡导的"古为今用"，马克思主义史学建设作为中国人民解放事业的一个必不可少的组成部分，为中国共产党在阶级斗争、民族斗争、思想斗争中取得全面胜利，发挥了理论宣传、鼓舞斗志的历史作用。在这一过程中，唯物史观日益深入人心，马克思主义史学不断发展壮大。

在中国马克思主义史学发展过程中，"古为今用"也在一些情况下尤其是"文革"中，演变为历史研究为现实政治服务的"以论代史"、"影射史学"。这是对古为今用作绝对化、片面化理解所导致的结果，对马克思主义史学研究产生了消极影响，这个教训应当汲取。

从总体而言，毛泽东所主张的古为今用的史学目的论，既不同于中国传统史学中的"经世致用"，更不同于资产阶级史家所说的"历史是任人打扮的小姑娘"，而是将"用"的基础，建立在经过真正科学研究的"古"上。这里的关键问题有两个：一是实事求是，恢复历史的本来面貌，把颠倒了的历史再颠倒过来。这里所谓"颠倒了的历史"，事

---

① 《毛泽东书信选集》，人民出版社 1983 年版，第 147 页。
② 同上书，第 163 页。
③ 同上书，第 241 页。
④ 张贻玖：《毛泽东读史》，中国友谊出版公司 1991 年版，第 162 页。

实上指的是由于不同的阶级立场、不同的历史观所导致的历史评价的模糊、颠倒。如被封建史家所津津乐道的"史德"、"直笔",事实上却始终被"名教"所困,在本质上成为服务于统治阶级利益的工具。① 被资产阶级学者反复强调的"自由"、"平等",也往往成为资本力量寻求扩张、弱肉强食的理论武器。只有廓清这些历史真相,才谈得上真正科学的史学研究;二是把握规律,认清历史发展的规律和趋势,引导人们向前看。这正是马克思主义史学研究的重要内容,也是其社会意义之所在。恢复历史的本来面貌,是把握规律的基础。预设结论、剪裁历史、只见树木不见森林,都与真正的古为今用格格不入。既不回避历史学的阶级性,也不回避它的目的性,正是马克思主义史学作为一门科学在理论上的彻底性所在。将科学研究的成果,通过各种方式服务于当前的社会主义建设事业,是马克思主义史学生存与发展的基础,也是其保持蓬勃生命力的内在要求。

三 史学方法论:毛泽东史学思想的重要组成部分

运用唯物史观对历史学研究方法作科学的归纳、总结,是沟通哲学与史学、思想与实践的必要环节。毛泽东的史学方法论,同样体现出鲜明的"中国化"特征,即一方面接受了历史主义的基本方法,一方面又在它的基础上,汲取了中国史学传统中的积极因素,对二者作有机的融合与创新。

实事求是是毛泽东思想活的灵魂。这一思想方法,同样适用于马克思主义史学研究。关于什么是实事求是,毛泽东有一段经典的论述,他说:"'实事'就是客观存在着的一切事物,'是'就是客观事物的内部联系,即规律性,'求'就是我们去研究。"要做到实事求是,就必须"不凭主观想象,不凭一时的热情,不凭死的书本,而凭客观存在的事实,详细地占有材料,在马克思列宁主义一般原理的指导下,从这些材

---

① 春秋时期晋史官董狐直书"赵盾弑其君",被历代封建史家所褒扬。事实上,赵盾并未弑君,所谓主谋一说也是后人推测,而董狐自己解释这样记载的原因是:"子为正卿,亡不越境,反不讨贼,非子而谁?"显然,"弑君"的事实判断,是以对"君"的"不忠"为前提的。这种维护封建名教的直笔,成为封建正统史学与生俱来的特征。

料中引出正确的结论"①。根据中国的实际，毛泽东反复强调对马克思主义一般原理的辩证态度，指出："马克思主义的活的灵魂，就在于具体地分析具体的情况"②，"本本主义的社会科学研究法也同样是最危险的，甚至可能走上反革命的道路"③。简而言之，尊重事实，科学运用理论，全面把握事实，正确分析事实，就是实事求是的研究过程。这一理论概括，在马克思主义史学理论发展史上具有重要的方法论意义。它建立在这样的认识基础之上，即历史"事实"是独立存在于人们的主观认识之外的，是相互联系的。在科学理论的指导下，史学家可以不断地接近并阐释历史事实。从这个角度看，历史研究的客观性是可能的。"实事求是"的概念，以中国式的语言，阐明了科学的史学研究应当具备的要素及其相互关系、指导原则，从根本上纠正了封建史学与资产阶级史学或偏于一端，或主观随意的史学观念。

　　阶级分析法是马克思主义史学的基本研究方法，也是毛泽东运用最多、最为看重的史学方法。如前所述，毛泽东成功的革命实践的前提，就是他成功运用阶级分析法，科学把握了中国近代以来的历史和现实。运用这一方法，毛泽东正确分析了中国社会的基本矛盾、基本任务，提出了解决中国问题的根本出路，形成了新民主主义理论。这一理论的基本观点，反映了、代表了中国共产党人对近代中国革命运动的科学认识，已经成为我们今天把握中国革命史、中共党史的理论基石。而中国马克思主义史学的发展壮大，也与阶级分析法的运用密不可分。把颠倒了的历史再颠倒过来，所运用的方法最重要者就是阶级分析法。英雄史观、神意史观等各种形式的唯心主义，在中国历史学中的影响逐渐被清除出去了。在这一转变的过程中，毛泽东的认识起到了举足轻重的作用。如我国史学界对中国社会历史进程的重新认识，对农民战争的历史作用的重视，对曹操、秦始皇等历史人物评价的变化，都是在他的推动与带领下，运用这一方法还历史以本来面貌的努力。从历史发展的长时段来看，这种转变本身及毛泽东所起到的积极影响，都是经得起检验的。

---

① 《毛泽东选集》第 3 卷，人民出版社 1991 年版，第 801 页。
② 《毛泽东选集》第 1 卷，人民出版社 1991 年版，第 187 页。
③ 同上书，第 111 页。

全面的辩证的研究方法是历史唯物主义对史学研究的必然要求，同时也是史学科学化的基本前提。毛泽东认为，由于"世界上的事情是复杂的，是由各方面的因素决定的"，所以"看问题要从各方面去看，不能只从单方面看"①，"我们必须学会全面地看问题，不但要看到事物的正面，也要看到它的反面"②。除了辩证地看问题，还应当用历史的、具体的态度去分析历史，即把"所研究的问题发生的一定的时间和一定的空间"搞清楚，"把问题当作一定历史条件下的历史过程去研究"③。形式主义地、片面地看问题的思维方式，即"对于现状，对于历史，对于外国事物，没有历史唯物主义的批判精神，所谓坏就是绝对的坏，一切皆坏；所谓好就是绝对的好，一切皆好"④，与唯物主义的要求背道而驰。不离开历史的观点去研究历史，注意把辩证法应用于历史研究过程中，表现在历史人物评价上，就是避免绝对化，坚持"两点论"，具体问题具体分析。马克思主义者应当对问题作全面的分析，这样才能解决得妥当。"我们每个人也是如此，总是有两点，有优点，有缺点，不是只有一点"⑤，不能"把片面当成全面，局部当成全体，树木当做森林"⑥。对于历史人物的评价要结合具体背景，不能脱离历史条件而苛求古人。对于古代历史人物是如此，对于离现实更近、制约因素更多的当代人物，同样应有如此态度。在这方面，毛泽东对孙中山、陈独秀、王明等人的评价，为我们树立了光辉的典范，体现了他作为高明的史学家、卓越的政治家的见识与胸怀。

全面的辩证的研究方法，在史学研究过程中有不同的具体表现。兹举两例。

比如，在讲到如何研究中共党史学时，毛泽东提出了"古今中外"的研究方法。这是毛泽东对经典作家比较研究方法的中国式表述。它事实上反映了毛泽东对一般意义上的史学研究方法的思考，因而也适用于其他领域史学研究。他说，关于科学的历史研究，根本的方法是全面的

---

① 《毛泽东选集》第 4 卷，人民出版社 1991 年版，第 1157 页。
② 《毛泽东文集》第 7 卷，人民出版社 1999 年版，第 238 页。
③ 《毛泽东文集》第 2 卷，人民出版社 1993 年版，第 400 页。
④ 《毛泽东选集》第 3 卷，人民出版社 1991 年版，第 832 页。
⑤ 《毛泽东著作专题摘编》上册，中央文献出版社 2003 年版，第 137 页。
⑥ 《毛泽东选集》第 3 卷，人民出版社 1991 年版，第 994 页。

历史的方法，"古今中外"法是其中的一个方面。"所谓'古今'就是历史的发展，所谓'中外'就是中国和外国，就是己方和彼方。"① 扩而言之，就是对所有历史研究对象，作上下纵横的比较研究，"世界上没有这方面，也就没有那方面。所以有一个'古今'，还有一个'中外'"，"两种材料对照起来研究，这就叫做'古今中外法'，也就是历史主义的方法"。这种方法强调通过对历史研究客体相关因素的全面把握，最大限度地接近历史的真实。同时，它也启示我们，要尽可能地开阔眼界，以全球的视野、历史的视野看待历史、看待现实的具体问题。这应当成为史学研究的一个基本方法。

再如，"四面受敌"法是毛泽东借用苏轼的"八面受敌"法，对历史研究中要抓主要矛盾所作的科学概括。历史研究尤其是综合史的研究包罗万象，如何将纷繁复杂的史实主次分明、相对完整清晰地反映出来，是历史研究中的难题，也是史学理论研究中的重要课题。毛泽东认为，在历史研究所有门类中，最为重要者是政治史、经济史、军事史、文化史四个方面，在这四个方面的历史都研究好的前提下，再作宏观历史的研究，才能进而"得出中国革命的结论"②。所以，"对于近百年的中国史，应聚集人材，分工合作地去做，克服无组织的状态。应先作经济史、政治史、军事史、文化史几个部门的分析的研究，然后才有可能作综合的研究"③。这一方法的实质，是将个体与全体、部分与综合辩证统一起来。毛泽东还将这一研究方法扩展到其他方面，如认为最基层的家史、村史的研究，"是进而研究整个宏观社会历史的基础"④；"县志、府志、省志、家谱"的研究，可作为中央工作的"直接助手"⑤等，都是这一思想的不同反映。

毛泽东在运用这些方法的过程中纵论古今、品评人物，收放自如，使中国史学理论中的积极成果与马克思主义的方法论的融合达到了新的高度，为"中国作风、中国气派"的马克思主义史学建设打下了坚实的基础。当然，在中国马克思主义史学的不同领域、不同方面，所使用

① 《毛泽东文集》第 2 卷，人民出版社 1993 年版，第 400 页。
② 同上书，第 381 页。
③ 《毛泽东选集》第 3 卷，人民出版社 1991 年版，第 802 页。
④ 张贻玖：《毛泽东读史》，中国友谊出版公司 1991 年版，第 37 页。
⑤ 《毛泽东文集》第 2 卷，人民出版社 1993 年版，第 361 页。

的具体研究方法也会有所不同。正是通过运用这些研究方法所取得的科学研究成果，唯物史观才能够真正在中国史学研究中扎下根来。由这些方法论所带来的对中国社会历史进程、历史事件、历史人物的认识上的转变，完全改变了中国传统史学和资产阶级史学的面貌。

四 结语

马克思主义中国化是一篇大文章。到今天为止，对这篇大文章的研究、探索，我们仍在继续。唯物史观与中国史学的结合，也是一个长期的过程。作为毛泽东思想的重要组成部分，毛泽东史学思想无疑也是马克思主义中国化的重要成果。从中国历史学发展的长河中来看待这个成果，它在推动史学科学化方面所起到的作用，就会看得更清楚。中国古代史学受西方史学思潮的影响而开始转型，随着马克思主义的传入而真正走上科学化的道路。在这条道路上，李大钊、李达、蔡和森、瞿秋白、郭沫若等革命者和史学家，都作出了筚路蓝缕的贡献。而从哲学角度对唯物史观的基本原理做深入浅出的阐发，并将其与中国史学相结合，进而塑造中国特色的马克思主义史学，毛泽东无疑是最成功的。其根本原由，是他能够站在历史的制高点上，根据现实运动的需要研究理论与实际，以及由此出发对中国传统历史学作独到的解析。对于马克思主义史学的创新发展而言，这是应当始终坚持的基本原则。

新中国成立以来尤其是改革开放以来，随着交流的扩大、视野的开阔，我们对唯物史观本身及其指导下的史学研究的把握已经取得了长足进展。从马克思主义史学的发展前景来看，这些进展与毛泽东在它的奠基与起步阶段所作的历史贡献，应当是一种补充、完善的关系。毛泽东史学思想的科学内涵，以及他坚持真理的理论勇气，都是中国马克思主义史学应当继承与发展的。无论是研究领域的扩大、研究方法的多样化，还是在某些理论问题上不断有新的见解，都应当从丰富发展马克思主义史学的角度去探讨。离开这个基本点去谈史学创新，很难取得真正的进步。如果所谓新的"进展"，直接或间接地恢复了已经被人们所抛弃的英雄史观、神意史观，歌颂了剥削者、压迫者，甚至为侵略者涂脂抹粉，进而否定了"发展民族新文化提高民族自信心"的必要性，那显然是与历史科学的发展要求背道而驰，也是与世界历史发展潮流不相符合的。

　　当然，对于毛泽东的史学思想及其实践中存在的失误，我们也不能回避。对这些失误作客观的研究与分析，是中国马克思主义史学必须要面对的理论课题。从历史的眼光来看，世界社会主义运动的曲折历史，马克思主义中国化的艰难历程，都可以作为这个课题研究的宏大背景，同时也为寻找失误的原因提供了某种理论启示。而从史学理论的角度来看，这些失误在本质上是违背毛泽东史学思想的基本原则的。区分方法本身与对方法的运用两个不同层面，对它们分别作客观、平实的认识，是中国马克思主义史学研究应有的科学态度。

　　　　　　　　　　　　（作者单位：中共中央文献研究室）

邓小平对马克思主义史学理论的若干贡献
——以党的第二个历史决议为中心

李方祥

坚持用唯物史观研究党的历史，不仅是严肃的学术问题，同时也是关系党和国家前途命运的重大现实问题。在改革开放的历史转折时期，我们党制定并通过了《关于建国以来党的若干历史问题的决议》（以下简称《历史决议》），完成了指导思想的拨乱反正。在《历史决议》的起草、讨论和修改过程中，邓小平发表了一系列重要谈话，坚决抵制住各种歪曲丑化党的历史、恶意诋毁毛泽东同志的逆流，深刻地阐述了如何用马克思主义的立场、观点和方法科学地研究党的历史。可是近年来，无论是邓小平《对起草〈关于建国以来党的若干历史问题的决议〉的意见》，还是《历史决议》的基本结论，都不断受到极少数人的否定和颠覆。比如，有的文章提出，四千老干部多数对决议草稿的结论不完全赞同，可是"多数人意见并没有被后来正式通过的决议所采纳"，而是"'违心'地接受了最后通过的正式决议"，[①] 等等。我不赞同这种观点，本文认为，邓小平等老一辈革命家关于起草历史决议的一系列重要原则和方法，体现了唯物史观的真理力量，是我们以科学态度和方法研究党的历史的重要典范，对于抵制历史虚无主义思潮所散布的各种错误观点，无疑具有很强的现实针对性。

---

① 郭道晖：《四千老干部对党史的一次民主评议——〈党的若干历史问题决议（草案）〉大讨论记略》，《炎黄春秋》2010 年第 4 期。

一 坚持马克思主义的严肃立场,反对情绪化地研究党史

科学认识党史的本质和主流,首先有个站在什么样立场的问题。所谓立场,它是人们在观察、认识和处理问题时所处的地位以及所持的态度,这个立足点从根本上说是由人们的经济政治利益和地位决定的。不同阶级的根本利益不同,因而其立场也不相同,甚至是相互对立的。研究党史所持的立场,从根本上说是运用什么样的历史观来研究党的历史、总结经验教训这一基本问题。唯物史观是马克思运用辩证唯物主义研究人类社会历史的伟大发现,它第一次把历史研究引上了真正科学的轨道,正如列宁所说,"在我们还没有看见另一种科学地解释某种社会形态(正是社会形态,而不是什么国家或民族甚至阶级等等的生活方式)的活动和发展的尝试以前,没有看见另一种像唯物主义那样能把'有关事实'整理得井然有序,能对某一社会形态作出严格的科学解释并给以生动描绘的尝试以前,唯物主义历史观始终是社会科学的同义词"①。历史唯物主义正是由于具有严谨的科学性和代表全世界劳动者的利益,因而在历史研究中显出不可抗拒的说服力。党史研究要坚持马克思主义的严肃立场,就是要坚持用唯物史观指导党史研究,保持科学冷静的头脑,采取十分慎重的态度,排除感情用事的轻率态度,这是党中央和邓小平研究党史的基本立场。

《历史决议》能否对新中国成立以来党史上的重大历史问题、对毛泽东同志的是非功过做出客观公正的历史结论,这直接关系到中国共产党 30 多年执政历史的评价问题。面对这一重大政治问题,是不能从个人的主观好恶出发,而必须坚持严肃认真、客观严谨的态度,防止感情用事。邓小平指出:"评价人物和历史,都要提倡全面的科学的观点,防止片面性和感情用事,这才符合马克思主义,也才符合全国人民的利益和愿望。"② 任何人都是有感情的,即使是严谨的历史学者也不例外。但是,如果把各种个人感情因素带到严肃的研究活动中,必然会影响到

---

① 《列宁选集》第 1 卷,人民出版社 1995 年版,第 10 页。
② 《邓小平文选》第 2 卷,人民出版社 1994 年版,第 244 页。

研究结果的客观性。十年"文革"刚结束，堆积如山的冤假错案经过甄别而陆续得以昭雪，大批在"文革"中受到不公正对待乃至惨遭迫害的干部群众，相继平反并重新走上工作岗位。其中有一些人因为个人或家庭的悲惨遭遇，对毛泽东同志有意见、产生怨恨情绪，说了一些出格的话，比如"历史上最大的暴君"、"封建主义打底，马列主义罩面"等，还有少数人甚至产生否定一切的倾向。对于刚从"文革"中走出来的人来说，滋生这种偏激、冲动的感情因素是难免的，也是可以理解的，但是支配这种情绪的历史观却是需要反对、引导和纠正的。从狭隘的个人感情、个人历史恩怨出发评价历史，从本质上说是一种个人主义的历史观。这种历史观不是从是否有利于无产阶级和劳动人民的根本利益作为评判历史的价值尺度，而是把个人利益、家庭利益或小团体利益凌驾于阶级利益、国家利益之上，以个人的荣辱得失和主观好恶作为臧否历史的标准。例如，有的人在"反右"中被错误地批判，受到不公正的处理，因为自己或家庭的利益受到损失，因而就全盘否定"反右"运动；还有的人或他的家庭在"文化大革命"中受到冲击，从而断言毛泽东的错误是第一位的，等等。如果不是站在劳动人民和民族的利益的立场，而是以"我"为中心、以个人一己之利的得失来观察历史，一切是非界限都可能被颠倒。

这种唯心主义历史观引起了邓小平的注意，而且相当一批老革命家也十分担忧在这种情绪的支配下，会直接影响到正在起草的《历史决议》偏离邓小平一开始就确立的三个基本原则，重蹈苏共二十大赫鲁晓夫全盘否定和恶意诋毁斯大林的覆辙。苏共二十大赫鲁晓夫重点揭露和批判了斯大林在20世纪30年代大清洗中乱杀无辜破坏法制，个人独断专行破坏集体领导原则，对希特勒发动侵略苏联的战争准备不足，在农业、民族政策和国际关系等方面随心所欲等。尽管破除了对斯大林的长期神化和迷信，但是掺杂着大量个人情绪，将所有过错都推到斯大林身上，归于斯大林的个人品质问题，把斯大林描绘成一个独断专行、病态多疑、残酷狡诈、滥用权力的暴君。感情上肤浅的谴责远远大于理性上的深刻分析，这在二十大后更加一发而不可收，演变为对斯大林的人身攻击和咒骂，如"凶手"、"刑事犯"、"强盗"、"赌棍"、"伊凡雷帝式的暴君"、"俄国历史上最大的独裁者"、"混蛋"、"白痴"，等等。各种恶毒的谩骂早已不是对历史人物进行严谨客观的历史评价，而是偏激的感情渲泄，这其中也夹杂着个人的私愤。① 当时国际社会一些西方人士对中国缺乏深入的了解，把中国正在重新评价毛泽东误以为苏共赫鲁晓夫清算斯大林，把邓小平视作"中国的赫鲁晓夫"。1980 年 8 月 23 日，邓小平在接受意大利记者法拉奇的采访时明确表示："在西方，他们称我什么都可以，但赫鲁晓夫我很熟，我个人同他打了 10 年交道，我是了解这个人的，把我比作赫鲁晓夫是愚蠢的。"② 以毛泽东为代表的党中央发表了《关于无产阶级专政的历史经验》和《再论无产阶级专政的历史经验》两篇重要文献，反对赫鲁晓夫这种情绪化态度。邓小平是重要的亲历者，他既是出席苏共二十大的中共代表团的主要成员，也是党中央上述重要决策的参与者，对赫鲁晓夫全盘否定斯大林所造成的恶劣影响和历史教训是了解的。所以他绝不允许悲剧在中国重演，旗帜鲜明地指出"我们不会像赫鲁晓夫对待斯大林那样对待毛主席"③，从而表明了党中央在评价毛泽东问题上决不感情用事，必须采取十分慎重的态度。

黄克诚旗帜鲜明地支持和拥护邓小平的重要指示精神，果敢地站出来，坚决维护毛泽东同志的历史地位和毛泽东思想。他尖锐地批评了那些从个人利益出发攻击、丑化毛泽东的轻薄态度和不负责任的做法，并结合自己在新中国成立后的坎坷遭遇，感人至深地阐述了要从整个党和国家利益这个立场来评价毛泽东同志。他说："有些同志，特别是那些受过打击、迫害的同志有些愤激情绪是可以理解的。大家知道，在毛主席晚年，我也吃了些苦头。但我觉得，对于这样关系重大的问题，决不能感情用事、意气用事。我们只能从整个党和国家的根本利害、从十亿人民的根本利益出发，从怎样做才有利于我们的子孙后代、有利于社会

---

① 苏联克格勃前第二总局第一副局长、退役少将瓦季姆·乌季洛夫在他的回忆录中说，赫鲁晓夫的儿子列昂尼德·赫鲁晓夫在第二次世界大战中投降而被军事法庭判处死刑，赫鲁晓夫向斯大林等中央领导多次情请求宽恕，但没有得到中央政治局大多数委员和斯大林的同意，最后被执行枪决。为此赫鲁晓夫怀恨在心，上台后立即对他们采取了报复行动，这其中也包括斯大林在内。苏联克格勃警卫总局副局长多库恰耶夫中将 1996 年出版了一本名为《莫斯科—克里姆林宫—警卫队》的书，书中引用了赫鲁晓夫在二十大召开前对几个亲信说的话："尽管斯大林已经是一具僵尸，我也要为儿子报仇，让他尝尝我的厉害"，一语道破他反斯大林的个人目的。参见李同成《赫鲁晓夫为什么仇恨斯大林?》，《党史纵横》2004 年第 9 期。

② 施燕华口述：《外交翻译 一字千金》，《北京青年报》2010 年 10 月 8 日 C2 版。

③ 《邓小平文选》第 2 卷，人民出版社 1994 年版，第 347 页。

主义革命事业出发来考虑问题。"然而黄克诚的讲话引起了一部分老同志、老朋友的非议，"有人说黄克诚不识时务，自己几乎被整死，如今还讲这样的话，简直不可思议"①。听到这种反映后，黄克诚严肃地指出："对于这样一个关系重大的问题，每一个真正的共产党员都必须采取严肃、郑重的态度，决不能感情用事、意气用事，不能从个人的恩怨和得失利害出发去考虑问题，更不能对历史开玩笑。"② 黄克诚的肺腑之言既饱含深情、感人至深，又蕴含着唯物史观的理性分析，引起了邓小平的重视。1981 年 3 月 31 日，邓小平在审阅解放军报社关于发表黄克诚这篇讲话的请示信时认为"这篇东西，我看是讲得好的"，并把文章批示给《历史决议》起草小组负责人胡乔木，"帮他看一下，争取按时发表"③。4 月 10 日，黄克诚的文章在《解放军报》发表，11 日《人民日报》转载，对广大干部群众起到了很好的引导和教育作用。

只有坚持马克思主义的严肃立场，才不会被个人私心、个人恩怨和狭隘利益遮蔽住自己的眼睛，在纷繁复杂的历史现象中抓住本质。可是令人担忧的是，近年来立场意识在党史研究中被逐渐淡化。事实上，研究立场是任何一位史学工作者都无法回避的。列宁明确指出："唯物主义本身包含有所谓党性，要求在对事变作任何评价时都必须直率而公开地站到一定社会集团的立场上。"④ 站在无产阶级和广大劳动人民群众的立场，运用唯物史观研究党的历史，才能得出有益于广大人民群众的观点和结论；如果站在剥削阶级的立场，运用唯心史观，就可能得出不利于人民群众的观点和结论。立场不同，对同一个历史现象的分析和研究，也会得出截然不同甚至完全对立的看法。例如，对于无产阶级革命领袖，敌对势力基于仇视无产阶级和劳动人民解放事业的立场，总是要千方百计地攻击无产阶级领袖，放肆地丑化、诬蔑他们的人格。多年来，国内外敌对势力总是以毛泽东的评价问题作为歪曲、丑化中国共产党历史的突破口。他们或无中生有、捏造事实，或歪曲史实、肆意夸大，或移花接木、张冠李戴，或攻其一点、不及其余，总之是不择手

---

① 黄克诚纪念文集编委会：《黄克诚纪念文集》，湖南人民出版社 2002 年版，第 255 页。
② 同上。
③ 中共中央文献研究室编：《邓小平年谱（1975—1997）》下，中央文献出版社 2004 年版，第 728—729 页。
④ 《列宁全集》第 1 卷，人民出版社 1984 年版，第 363 页。

段、无所不用其极地对毛泽东同志进行妖魔化。当历史虚无主义逆流把矛头指向毛泽东时，邓小平就一针见血地指出这个问题的要害：因为毛泽东一直是我们党的领袖，对他的评价，"不是仅仅涉及毛泽东同志个人的问题，这同我们党、我们国家的整个历史是分不开的。要看到这个全局"①。无产阶级领袖是人民的代表，他的事业同时也是人民的事业，因而评价领袖人物，实际上也是在评价党领导下的人民革命斗争。这不仅关系到如何认识这段历史，而且还关系到能否团结和凝聚党的基本群众。对于党的历史和毛泽东同志如果不是站在严肃的立场做出科学的、公正的评价，而是随意虚无、轻薄党领导下的中国人民为中华民族的伟大复兴的整个奋斗历史，就违背了中国最广大劳动人民的根本利益，将使党丧失最基本的群众。邓小平高瞻远瞩地看到了这个危险，明确指出："不提毛泽东思想，对毛泽东同志的功过评价不恰当，老工人通不过，土改时候的贫下中农通不过，同他们相联系的一大批干部也通不过。"②

二 坚持一分为二的分析方法，反对绝对肯定或绝对否定

社会的一切现象都是对立面的统一，这是马克思主义的唯物辩证法，同时也是马克思主义研究一切历史现象的根本方法。离开了对社会历史矛盾双方的具体分析，就会出现片面性，从思想方法上说，"就是思想上的绝对化，就是形而上学地看问题"③。在讨论《历史决议》时为什么会出现肯定一切或否定一切这种简单、片面的做法，其中一个重要原因是受根深蒂固的"路线斗争"史的分析框框所局限。在党的历史上，往往从"路线斗争"出发来评价党史人物和党史事件，"正确路线"则一切都是一贯正确，反之列入"错误路线"则是完全错误，历史上的功劳则被抹杀或不再提及。这样写出来的党史就容易绝对化、简单化。在制定党的第一个历史决议时，毛泽东就比较注意这个问题，他

---

① 《邓小平文选》第 2 卷，人民出版社 1994 年版，第 299 页。
② 同上书，第 298 页。
③ 《毛泽东文集》第 7 卷，人民出版社 1999 年版，第 276 页。

批评了党内一些同志的片面化倾向："我们许多同志缺乏分析的头脑，对于复杂事物，不愿作反复深入的分析研究，而爱作绝对肯定或绝对否定的简单结论。"① 他明确主张："对于任何问题应取分析态度，不要否定一切。"② 虽然当时还没有抛弃"路线斗争"的提法，但是党中央在处理党史上的问题时，还是比较注意具体问题具体分析，从而有效地避免了"路线斗争"史观的片面性。可是由于唯心主义猖獗、形而上学盛行的影响，"路线斗争"史观的消极面在"文化大革命"中却进一步发展为完全肯定或全盘否定的两种极端，形成了所谓"十次路线斗争"的党史研究、撰写框架和方法。在起草和讨论《历史决议》时，有些人受这种思路的影响，把毛泽东晚年的错误定性为"路线错误"，毛泽东则是"错误路线"的代表，还有的人向邓小平建议，做历史决议就需要把这些年来的路线斗争编一本书，像延安时期编《六大以前》、《六大以来》一样，供一定范围内讨论。③ 如果还是按照"路线斗争史"的旧框框来分析新中国成立以来党史和评价毛泽东同志的功过是非，又会完全走向全盘肯定或否定的极端。

1980 年 8 月，邓小平在中共中央政治局扩大会议上明确指出："我们共产党人是彻底的唯物主义者，只能实事求是地肯定应当肯定的东西，否定应当否定的东西。"④ 历史本身就是极其复杂的，人类社会历史上白璧无瑕或漆黑一团的时期，在任何时代都不可能找到。因而，把党史视作单纯的或者把党史看作简单的，都不符合党史的本来面貌，这就需要对各个时期的党史进行具体的分析。他对多年来形成的"路线斗争"史观的科学性提出了质疑，明确反对用"路线斗争"来起草《历史决议》。这是由于"路线斗争、路线错误这个提法过去我们用得并不准确，用得很多很乱"⑤。例如，过去在党史研究领域占主导地位的"十次路线斗争"，"明显地不能成立"⑥。而且党内不同意见一旦上升到路线斗争的高度，就很难再开展深入研究和讨论，历史上的是非功过也

---

① 《毛泽东选集》第 3 卷，人民出版社 1991 年版，第 939 页。

② 同上书，第 938 页。

③ 中共中央文献研究室编：《邓小平年谱（1975—1997）》上，中央文献出版社 2004 年版，第 660 页。

④ 《邓小平文选》第 2 卷，人民出版社 1994 年版，第 333—334 页。

⑤ 同上书，第 307 页。

⑥ 同上。

就难以分清。有鉴于此，邓小平提出"原则上不再用路线斗争的提法"①，主张具体问题具体分析。

一是邓小平在肯定某一时期党的工作开展得比较好时，同样也客观地指出其中存在的缺点和不足。

关于新中国成立后头八年党的历史，即从1949年到1957年上半年这段时间，党内和社会上对此基本上没有太大的分歧和争议。邓小平认为这个时期"我们的发展是健康的，政策是恰当的"②，"搞得不错"③。邓小平在肯定这一时期历史主流的同时，也如实地指出其中的具体缺点。比如三大改造，邓小平一方面认为总体上"是搞得成功的，很了不起"，但是"缺点也有"，"有时候在有的问题上是急了一些"④。肯定社会主义改造总体上是成功的，说明它反映了历史发展的客观必然性，它的历史成就不容抹杀，它对中国社会发展的奠基和推动作用也不容否定。当然，社会主义改造也不是十全十美、白璧无瑕，邓小平从如何搞得更好的角度，实事求是地指出改造工作中的偏差，并不会因此而贬低改造的历史地位，也不是否定改造的历史必然性，而是有助于后人在研究这个历史时期时能够更好地加以反思和总结，更有助于全面、真实地反映这个历史事件。

二是邓小平在指出党在某个时期犯了严重的甚至是全局性的错误时，也没有轻率地把这一时期党史加以全盘否定。

"文化大革命"的十年是党史上一个特殊的阶段，历史的发展复杂而曲折，涉及的问题很多。从时间来说，"文化大革命"十年代表了六分之一的党史，新中国成立以来三分之一的时间；从内容来说，我们党和毛泽东同志在这十年当中犯了严重的错误，给国家造成了巨大的损失和灾难，从情绪上、从心理上来说，如果缺乏冷静的分析态度，难免会把这十年的党史说成一团漆黑。因此，实事求是地、具体地分析这段历史而不能笼统地一概否定，就显得极为重要。邓小平认为，"文化大革命"的错误无疑是严重的、全局的，后果极为严重，总体上应当否定，但是不能把党和国家在这期间内所做的所有有益工作和社会主义建设事

---

① 《邓小平文选》第2卷，人民出版社1994年版，第308页。
② 《邓小平文选》第3卷，人民出版社1993年版，第253页。
③ 同上书，第269页。
④ 《邓小平文选》第2卷，人民出版社1994年版，第302页。

业所取得的重大成就一概加以否定。他指出:"这十年中间,也还有健康的方面。"① 比如,老一辈无产阶级革命家对林彪、"四人帮"反革命集团进行了反复不懈的斗争,"所谓'二月逆流',不是逆流,是正流嘛,是同林彪、'四人帮'的反复斗争嘛"②。又比如,"九一三"事件后,周恩来主持中央日常工作,解放和任用了一批老干部,使各方面的工作有了转机;1975 年邓小平主持中央日常工作后着手进行整顿,使形势有了明显好转。再比如,在此期间国民经济取得了一定的进展,"外事工作取得很大成绩。尽管国内动乱,但是中国作为大国的地位,是受到国际上的承认的。中国的国际地位有提高。一九七一年七月基辛格访华。同年十月,联合国三分之二以上的国家投票赞成恢复中华人民共和国在联合国的合法席位,使美国很难堪。一九七二年二月尼克松访华,上海公报签字。九月恢复中日外交关系"③。从总体上看,"文化大革命"期间党、人民政权、人民军队和整个社会的性质并没有发生变化。对"文化大革命"中毛泽东的评价问题,邓小平提出也应当坚持一分为二的态度。毛泽东发动"文化大革命"固然应当完全否定,但这并不等于说他在这一时期没有任何值得肯定的方面,没有任何可取之处。有的人把"文化大革命"时期的毛泽东不加任何分析地一概骂倒,丑化为"封建帝王",似乎罪大恶极,这完全是从一个极端走向另一个极端。邓小平实事求是地指出,毛泽东虽然在全局上一直坚持"文化大革命"的错误,尽管"确实错误不小,但他的好多见解也是正确的。比如,在对外政策方面,他提出了三个世界的划分,反对霸权主义,确定中国永不称霸,确定中国永远属于第三世界。这些思想都是很好的,将继续成为我们的指导思想"④。

三是坚持一分为二、反对绝对肯定或绝对否定,这与在历史争议问题上搞折中调和、似是而非是根本不同的。

在充分掌握事实的基础上一定要分清历史上的大是大非,这是邓小平在研究党史、指导《历史决议》起草时一个鲜明的态度。对于新中

① 《邓小平文选》第 2 卷,人民出版社 1994 年版,第 303 页。
② 同上。
③ 同上书,第 305 页。
④ 中共中央文献研究室编:《邓小平年谱(1975—1997)》下,中央文献出版社 2004 年版,第 725 页。

国成立以来的重大事件的评价，人们议论纷纷甚至激烈争论，其中绝大多数意见是学术观点的争论，也有极少数是基于政治立场不同而产生的原则性分歧。邓小平反对无原则地调和或迁就错误观点，明确主张"争论问题可不谈，但原则问题一定谈，如四项基本原则，可以反驳一些错误观点"①。《历史决议》最核心的一个问题是确立毛泽东同志的历史地位、坚持和发展毛泽东思想，这是他在指导起草《历史决议》多次谈话中反复强调的一个根本原则。他指出：《历史决议》"第一位的任务，是树立毛泽东同志和毛泽东思想的历史地位。这个问题写不好，决议宁可不写。在这一点上站住了，决议才能拿出去。这是中心，是关键。写好这个问题，才叫实事求是地分清建国以来党的历史上的是和非、对和错，包括个人功过"②。邓小平对这个原则问题强调得很充分，是因为当时在如何对待毛泽东同志的问题上存在两个极端倾向：一部分人为了维护毛泽东的历史地位而讳言其晚年错误，而另一部分人则因为毛泽东发动"文化大革命"而否定毛泽东的一生甚至主张取消毛泽东思想的指导地位。这两种倾向都涉及毛泽东的功过究竟何者为第一位这个极其重要的问题。对此，邓小平明确指出："对于错误，包括毛泽东同志的错误，一定要毫不含糊地进行批评"③，决不能护短，同时"对于毛泽东同志的错误，不能写过头。写过头，给毛泽东同志抹黑，也就是给我们党、我们国家抹黑"④。毛泽东同志的功绩是第一位的，错误是第二位的，如果否认了这一条，"如果真搞'非毛化'，那就要犯历史性的错误"⑤。不为尊者讳，实事求是地批评毛泽东同志的晚年错误，这是原则问题；同时，毫不动摇地维护毛泽东同志的历史地位、坚持毛泽东思想的指导地位，这也是一个原则问题。只有旗帜鲜明地坚持这些原则，才能分清新中国成立以来党的历史上的主要是非，指明毛泽东在发动"文化大革命"中犯了哪些政治上和理论上的错误，重新科学地阐述了毛泽东思想的基本内容，避免了以"两个凡是"为代表的教条主

---

① 中共中央文献研究室编：《邓小平年谱（1975—1997）》下，中央文献出版社 2004 年版，第 740 页。
② 同上书，第 721 页。
③ 《邓小平文选》第 2 卷，人民出版社 1994 年版，第 301 页。
④ 同上书，第 301—302 页。
⑤ 中共中央文献研究室编：《邓小平年谱（1975—1997）》下，中央文献出版社 2004 年版，第 725 页。

义和以否定四项基本原则为代表的资产阶级自由化两种极端思潮。

四是认真学习和掌握马克思主义哲学，才能在党史研究中坚持正确的思想方法、避免绝对化。

党史讨论和研究中出现的各种偏激观点，反映出"文化大革命"结束后一部分同志历史观的混乱和方法论的片面。这些现象引起了邓小平、陈云等中央领导同志的关注。正确的历史观和方法论建立在马克思主义辩证唯物主义和历史唯物主义的基础之上，只有在世界观和方法论层面牢固掌握马克思主义哲学，才能从根本上克服和纠正历史研究中的各种形而上学。1981 年 3 月，陈云同《历史决议》起草小组负责人邓力群谈话时指出："现在我们的干部中很多人不懂哲学，很需要从思想方法、工作方法上提高一步。"① 他回顾了延安时期毛泽东亲自给他讲过三次要学哲学，并且体会受益很大，由此他建议在党内、在干部中提倡学习马克思主义哲学，重点是学习毛泽东同志的哲学著作。绝对肯定或绝对否定，从思想方法上、从思想根源上来说，恰恰是违背了马克思主义辩证法的认识产物。马克思主义的历史科学，马克思主义观察和分析历史问题的立场、观点和方法，其哲学基础正是马克思主义的辩证唯物主义和历史唯物主义。因此，掌握马克思主义哲学，马克思主义的世界观和辩证法，这不仅对做好实际工作有现实指导作用，而且对于当时纠正一些同志错误的历史观和方法论，帮助他们正确认识党的历史、总结党的历史经验也有很大的帮助。陈云同志的建议，受到了邓小平的高度重视，认为"这些意见很好"，并转告《决议》起草小组。在 27 日同解放军总政治部负责人的谈话中，他再次转达了陈云关于要提倡学习哲学的意见，表示《决议》通过后，要搞学习运动，引导大家认真读点书。② 邓小平、陈云同志的这些建议至今仍然十分有针对性。近年来党史研究出现了一股丑化、歪曲和否定党的光辉历史的历史虚无主义思潮，其分析历史问题的思想方法正是简单化、片面化和绝对化。他们在思想方法上带有很大的片面性，往往表现为攻其一点、不及其余，揪住个别错误不放并加以片面夸大、大肆渲染，借机抹黑和否定党的整个历

---

① 《陈云文选》第 3 卷，人民出版社 1995 年版，第 285 页。
② 中共中央文献研究室编：《陈云年谱（1905—1995）》下卷，中央文献出版社 2000 年版，第 270 页。

史。只有提高马克思主义哲学修养，掌握科学的思想方法，才能够有力地揭露历史虚无主义在史学方法论上的偏颇。

三 坚持联系和发展的观点，反对割断历史的内在联系

邓小平是以懂得和善于运用唯物辩证法而闻名党内外的，抗日战争时期邓小平在太行山工作时的一句名言"要按照辩证法办事"，曾多次受到毛泽东同志的赞许。邓小平把马克思主义唯物辩证法也运用到党史研究中去，提出"我们尊重生活和历史的辩证法"①。用辩证法来观察人类社会的各种历史现象，就是要了解历史的全过程，揭示历史发展的内在联系，而不是孤立地看待历史现象。党的历史经过各个不同阶段，每个阶段既有其特点，同时它们之间又是相互联系的，是一个历史整体，它反映了党的事业的继承性。因而，无论是研究新中国成立以来党领导社会主义革命和建设的历史，还是研究毛泽东同志的历史地位和历史功绩，都必须尊重党史发展的这一客观规律，既要对某一历史阶段或个别历史事件进行具体分析，但同时又不能孤立地研究，不能割断党史的内在联系。如果只看到单个、片断的历史现象而忽视了党史的整体，得出的历史认识也只能是局部的、不完整的甚至是片面的。

一是从党的全部历史中展示毛泽东同志的历史功绩。

《历史决议》的初稿原本就有设计"前言"部分，主要是回顾新民主主义革命这段历史，邓小平对起草小组的最初要求是这部分"话不要太多"②。可是，一些人对毛泽东的议论却越来越集中到新中国成立后党和毛泽东晚年"左"倾错误上。在这种情况下，如果只从新中国成立后党的历史，特别是只看到"大跃进"、"文化大革命"这段历史，就会形成一种片面的认知，似乎"毛泽东同志自建国以后就离开了马克思列宁主义"。只看到某个阶段或某件事而没有看到整个党的历史来评价毛泽东的历史地位，必然是不全面的。邓小平意识到这个问题，1980年11月，他在会见罗马尼亚总理伊利·耶维尔德茨时介绍了《历史决议》的起草情况，他说："许多人，特别是青年人，看'文化大革命'

① 《邓小平文选》第3卷，人民出版社1993年版，第6页。
② 《邓小平文选》第2卷，人民出版社1994年版，第296页。

那一段多一些，而没有看到整个历史；看了十年，而没有看到整个五十九年的党史，没有看到毛泽东同志的整个贡献。"① 第二年 4 月，他在同朝鲜劳动党中央总书记金日成会谈时批评了国内一些人不懂得从党的全部历史来评价毛泽东，他说："这个问题在中共党内、在中国人民中是个很大的问题。很多人不知道我们党的有中国特色，我们是怎样奋斗的，怎样成功的，他们不清楚。他们只看到'文化大革命'、'四人帮'，因此对毛主席持否定态度。"② 历史决议如何纠正这种片面性认识，对毛泽东一生功大于过做出有说服力的阐述，正当决议起草小组为这个难题所困扰时，陈云向邓小平提出一个很好的建议，圆满解决了这个问题。他建议在决议中增加回顾新中国成立以前二十八年历史的段落，"有了党的整个历史，解放前解放后的历史，把毛泽东同志在六十年中间重要关头的作用写清楚，那么，毛泽东同志的功绩、贡献就会概括得更全面，确立毛泽东同志的历史地位，坚持和发展毛泽东思想，也就有了全面的根据；说毛泽东同志功绩是第一位的，错误是第二位的，说毛泽东思想指引我们取得了胜利，就更能说服人了"③。邓小平对陈云的建议非常赞赏和重视，认为"这个意见很好"，并转告起草小组负责人。起草小组按照邓小平、陈云的指示精神进行修改、充实，将解放前的内容从几百字增加到 3000 多字，概述了从中国共产党建立，历经北伐战争、土地革命战争、抗日战争和全国解放战争的各个历史时期，毛泽东是怎样把马克思列宁主义的基本原理同中国具体实际结合起来，找到了一条符合中国国情的新民主主义革命的正确道路，建立了中华人民共和国。从党的近 60 年这个历史整体和全过程来回顾、总结毛泽东一生的功过是非，毫无疑问要比原来仅写新中国成立后 32 年的历史更全面、更客观。

二是从改革开放前后两个历史阶段的内在联系来评价新中国成立以来 32 年的党史。

《历史决议》的主要对象是新中国成立 32 年来党探索中国社会主义

---

① 中共中央文献研究室编：《邓小平年谱（1975—1997）》上，中央文献出版社 2004 年版，第 695 页。

② 中共中央文献研究室编：《邓小平年谱（1975—1997）》下，中央文献出版社 2004 年版，第 733 页。

③ 《陈云文选》第 3 卷，人民出版社 1995 年版，第 284 页。

道路的历史，但是这 32 年在中国共产党近 60 年历史中处于承上启下的阶段。"承上"是指这 32 年历史上接新民主主义革命 28 年的历史；"启下"是指这 32 年历史为十一届三中全会新时期打下基础、积累经验。邓小平在分析新中国成立以来 32 年历史时，并没有孤立地考察这个历史时段，把它与新时期割裂开来，而是从社会生产力和生产关系两个层面，把改革开放前后党的两个历史阶段有机地统一起来。在 1980 年 12 月召开的中央工作会议上，邓小平理直气壮地肯定党在新中国成立后所取得的历史成就，强调指出："关于建国以来党的工作的评价，一定要充分肯定三十一年来的巨大成绩"，"决不能说得一团漆黑"。① 只有充分肯定 32 年所取得的历史成就，才能科学地揭示出它对新时期改革开放的现实意义。邓小平从不同方面阐述了这个问题：新中国成立三十多年在社会生产力方面，改变了旧中国一穷二白的落后面貌，奠定了新时期发展的物质技术基础，"不论农业方面、工业方面，还是其他方面，都建立了社会主义的初步基础"②，"建立了实现四个现代化的物质基础"③，"建立了比较完整的工业体系和国民经济体系"④，"基本上解决了吃饭穿衣问题，粮食达到自给"⑤，等等；在生产关系即制度基础方面，我们党建立了以人民代表大会制度、中国共产党领导的多党合作和政治协商制度、民族区域自治制度为核心的社会主义基本政治制度，以及通过社会主义改造建立起的以生产资料全民所有制和集体所有制为基础的社会主义基本经济制度。这些制度的建立为新时期的改革开放奠定了政治前提和制度基础，对此邓小平做了高度评价："不进行新民主主义革命和社会主义革命，不建立社会主义制度，今天我们的国家还会是旧中国的样子。"⑥

三是从中国特色社会主义道路的奠基、开创和发展的历史脉络来阐述毛泽东思想的长远指导意义。

毛泽东思想是在党的七大确立为全党的指导思想，可是有的人却因

---

① 《邓小平文选》第 2 卷，人民出版社 1994 年版，第 365 页。
② 同上书，第 311 页。
③ 同上书，第 232 页。
④ 同上书，第 357 页。
⑤ 同上书，第 405 页。
⑥ 同上书，第 299 页。

为新中国成立后党和毛泽东犯了"左"的错误，提出"毛泽东思想"这个提法要改变为"毛泽东的思想"，即既有正确的也有错误的，"毛泽东思想"就不要提了。如果采纳这个意见，实际上就是要取消毛泽东思想的指导地位，也就谈不上坚持和发展毛泽东思想。邓小平和党中央当时没有采纳这种意见，因为这不符合历史事实。新时期中国特色社会主义道路的形成和发展，不是对第一代中央领导集体探索成果的否定，而是在前人的艰辛开拓和所奠定的基础上的继续。邓小平深刻地指出："三中全会以后，我们就是恢复毛泽东同志的那些正确的东西嘛，就是准确地、完整地学习和运用毛泽东思想嘛。基本点还是那些。从许多方面来说，现在我们还是把毛泽东同志已经提出、但是没有做的事情做起来，把他反对错了的改正过来，把他没有做好的事情做好。今后相当长的时期，还是做这件事。当然，我们也有发展，而且还要继续发展。"①邓小平这段话，实际上从纠正、继承和发展三个层面，精辟地阐述了中国特色社会主义道路在改革开放前后两个历史阶段之间不可分割的历史延续：纠正了毛泽东的晚年错误，即"把他反对错了的改正过来"；继承了毛泽东开创的中国特色社会主义事业，在肯定原来已经提出的一些正确或基本正确思想的基础上的进一步深化和完善，即"把毛泽东同志已经提出、但是没有做的事情做起来"、"把他没有做好的事情做好"；完全根据新的历史条件，创造性地增添一些崭新观点，进一步丰富和发展中国特色社会主义事业，即"我们也有发展，而且还要继续发展"。新中国成立后，党的八大开始从中国国情出发探索马克思主义与中国实际的"第二次结合"，开创了中国共产党人探索中国特色社会主义建设道路的开端，并积累了丰富正反两方面的经验。其中，毛泽东思想特别是关于社会主义建设和探索自己的建设道路等方面的思想则是这些探索的理论总结，为中国共产党在改革开放新时期继续探索并最终形成中国特色社会主义理论体系提供了理论先导和直接的思想来源。

今天中国特色社会主义事业远比20世纪80年代初期复杂得多、丰富得多，30年来我们取得了举世瞩目的历史性成就，这些成就虽然已经远远地超越了前人的努力，但它却是在继承前一辈人奋斗成果的基础上取得的。对此，胡锦涛同志在党的十七大报告中明确指出："我们要

---

① 《邓小平文选》第2卷，人民出版社1994年版，第300页。

永远铭记，改革开放伟大事业，是在以毛泽东同志为核心的党的第一代中央领导集体创立毛泽东思想，带领全党全国各族人民建立新中国、取得社会主义革命和建设伟大成就以及艰辛探索社会主义建设规律取得宝贵经验的基础上进行的。新民主主义革命的胜利，社会主义基本制度的建立，为当代中国一切发展进步奠定了根本政治前提和制度基础。"①那些为了抬高改革开放历史成就而肆意嘲弄前人、贬低前30年历史的观点，显得是那么幼稚和无知；那些把改革开放前的历史说成是专制主义、把改革开放后的历史说成是民主社会主义的观点，同样也是毫无任何根据和极其荒谬的。他们在历史观上的共同错误在于割裂了前后两个历史阶段，将其绝对对立起来，割裂了内在联系。

四　坚持科学的、历史的、恰如其分的态度，反对任意夸大、挖苦嘲讽党和毛泽东所犯的错误

任何历史进程都不是一条直线，总是复杂的、曲折的。只有坦途没有崎岖、只有成就没有错误、只有一帆风顺没有挫折失败的历史进程，古今中外都是不存在的。新中国的前30年，是中国社会主义事业在"一穷二白"的基础上开创基业、艰辛探索的30年，缺点和失误在党的历史上是难以完全避免的，我们研究党的历史，不能回避这些缺点和错误。但是，揭露、批评错误，实际上存在一个站在什么样的出发点、持什么样的态度问题：是利用党历史上的某些错误进行刻意渲染或放大，把党的历史丑化为恐怖血腥的罪恶史，还是为了从失误中吸取教训，以便进一步坚持和改善党的领导、进一步坚持和开拓社会主义伟大事业。

首先，批评党和毛泽东所犯的错误，必须恰如其分地估量它们在党的全部历史和毛泽东整个革命活动中的分量和位置。

回顾和总结新中国成立以来党的历史，不可避免地要指出党工作中的一些缺点和失误，批评一些负有主要责任的领导人。但是必须坚持一个前提，就是必须肯定党的主流和本质是正确的、伟大的、光明的，如果丢掉这个前提条件，在批评错误的同时就可能把本应当维护、应当肯定的正确方面也一并否定掉了。邓小平把这一分清大是大非的历史观运

---

①　《十七大以来重要文献选编》上，中央文献出版社2009年版，第6页。

用于具体指导《历史决议》的起草工作上。他在毫不含糊地批评党所犯错误的同时，还多次提醒人们不要因为批评错误而低估了新中国成立以来所取得的成绩，他说："总的来说，三十一年中，我们做了很多的事情，成绩不少，虽然也犯了一些错误，但不是一片漆黑。总结历史要把这个体现出来。"① 只有在充分肯定成绩是主流的前提下，才能心平气和地对历史错误做出客观的分析和总结。例如，如何评价"大跃进"运动，是《历史决议》起草小组遇到的一个难题。"大跃进"运动的确给人民和国家带来很大的损失，需要毫不掩饰地予以承认，对缺点和错误的批评和揭露都需要讲深、讲透，回避或护短当然背离客观实际。但是如果只是一味地批评和揭露错误，就可能形成一种误导，把"文化大革命"前十年这一段历史写成漆黑一团、错误不断，这同样也不符合客观事实。在这个问题上，邓小平提出一个很好的认识思路，即"首先讲成绩。这十年取得了什么成绩，然后再讲缺点、错误"②。《历史决议》按照邓小平的这个精神，形成了现在这个面貌，在"开始全面建设社会主义的十年"这部分的一开始，就全面总结了这一时期党所取得的历史性成就，例如，棉纱、原煤、钢等主要工业产品的产量有了巨大的增长，从 1965 年起实现了石油全部自给，电子、石化等一批新兴的工业部门建设起来了，工业布局有了改善，农业的基本建设和技术改造开始大规模地展开并逐渐收到成效，科学技术工作有比较突出的成果，等等。这些都是客观事实，有力地说明在这十年中，我们党虽然遭到过"大跃进"等严重挫折，但总体上仍然取得了很大成就，社会主义事业仍然是向前发展的。在肯定历史成就的前提下分析和总结其中的缺点和失误，不会把错误说过头，不会导致用错误来掩盖成绩，用支流来否定主流，从而有助于更加全面地认识这一时期党的工作的主导方面。

其次，批评党和毛泽东所犯的错误，既要分清责任，更要注重分析出现这些错误的社会历史原因。

怎样总结历史教训，可以有两种方法：一种是追究个人责任，把错误完全推到个人身上；另一种是既要分清个人应当承担的责任，更要深

---

① 中共中央文献研究室编：《邓小平年谱（1975—1997）》下，中央文献出版社 2004 年版，第 707 页。

② 邓力群：《十二个春秋：邓力群自述（1975—1987）》，博智出版社 2006 年版，第 164 页。

入探究发生错误的社会环境、时代局限以及防止此类错误重犯的对策与措施。在党的历史上反对陈独秀机会主义和李立三盲动错误时，曾经采取了第一种办法，"太着重了个人的责任"①，历史证明这种做法并不能达到吸取教训、总结经验的目的。毛泽东在主持起草党的第一个历史决议时指出"这次处理历史问题，不应着重于一些个别同志的责任方面，而应着重于当时环境的分析，当时错误的内容，当时错误的社会根源、历史根源和思想根源"②。《关于若干历史问题的决议》回顾和总结大革命至抗日战争爆发这段时期"左"和右的错误时，比较注意克服、纠正了这个片面性，总体上起到了分清是非、统一思想的巨大作用。可是，在批评党在新中国成立后所犯的一系列错误时，有些人缺乏对复杂的历史现象的具体分析，没有深入历史环境和社会条件中去探寻引发错误的各种主客观原因，而是把一切错误归咎于毛泽东。这是一种对历史极不负责任的态度，对此邓小平明确指出："在分析他的缺点和错误的时候，我们当然要承认个人的责任，但是更重要的是要分析历史的复杂的背景。只有这样，我们才是公正地、科学地、也就是马克思主义地对待历史，对待历史人物。"③ 有些人把毛泽东晚年犯错误主要归咎于毛泽东的个人品质或人事矛盾，说"毛泽东这个人阴阳怪气"、"是个搞阴谋、搞诡计的人"，"翻云覆雨"，"任性生变"，"拒谏爱谄，多疑善变，言而无信，绵里藏针"，等等。值得注意的是，直到今天极个别党史研究成果仍然沿袭这个思路。例如，近年极少数关于红军长征史的研究成果，把毛泽东描写成心胸狭隘、争权夺利的阴险小人。邓小平批评了某些人对毛泽东个人品质的诋毁，明确指出批评错误"一定要实事求是，分析各种不同的情况，不能把所有的问题都归结到个人品质上"④，"不少问题用个人品质是解释不了的"⑤。党所犯的错误，有些是中央领导集体决策的失误，有些是在执行决策过程中的失误，不能完全归咎于某个人，例如"大跃进"的决策错误，邓小平主张毛泽东应当承担主要责任，但不能完全由他一个人承担，其他中央领导同志、党的各级干

---

① 《毛泽东选集》第3卷，人民出版社1991年版，第938页。
② 同上。
③ 《邓小平文选》第2卷，人民出版社1994年版，第172页。
④ 同上书，第301页。
⑤ 同上书，第300页。

部也要主动承担一些责任，这样才符合历史的本来面貌。党犯的错误有些与领导人自身存在的缺点有一定的关系，有些则是客观条件的局限，例如，邓小平严肃地指出毛泽东晚年的确存在一些"不健康的思想"，比如"有家长制这些封建主义性质的东西"、"不容易听进不同的意见"等，① 但是单单讲领导人本人存在的思想、作风方面的缺点还是远远不够的，"最重要的是一个制度问题"②，"制度好可以使坏人无法任意横行，制度不好可以使好人无法充分做好事，甚至会走向反面"③。新中国是从半殖民地半封建社会脱胎而来的，社会主义民主政治建设的时间不长，封建主义残余的影响根深蒂固，过去许多好的做法没有形成制度确立下来，党内生活和国家政治生活的许多规章制度还很不完善，亟须改革和健全。可见，制度缺失更多的是历史局限性，抓住这个问题要比单纯去追究个人品质原因，更加深刻、更有利于总结历史经验防止类似错误的发生。邓小平不仅从宏观层面阐述了为什么从个人品质角度解释党史上的各种错误，而且还结合党史上许多重要历史事件进行微观层面的剖析。例如，各根据地肃清 AB 团等肃反扩大化现象，如果只是从个人品质去找原因，就难以解释为什么肃反扩大化在当时是一种比较普遍的现象。"从客观上说，环境的确紧张。从主观上说，当然也有个没有经验的问题"，"脑子发热，分析不清，听到一个口供就相信了，这样就难于避免犯错误"④。事实上毛泽东最初由于受主客观条件的局限也犯过这类错误，但他善于吸收教训，在党内是他最早发现肃反扩大化的错误并予以纠正。又比如，还有一种看法认为，毛泽东发动"文化大革命"根本不是什么"主观上为了反修防修"，就是为了"整人"。邓小平认为这种看法同时也是把复杂历史问题简单化，完全没有根据的。他指出："毛泽东同志在'文化大革命'中也不是想把所有老干部都整倒。"⑤ 毛泽东"整人"，是同他认为这些人已经成了"走资派"的错误认识连在一起的。但是，他一旦发现"整"错了，他就去纠正、平反。

---

① 《邓小平文选》第 2 卷，人民出版社 1994 年版，第 347—348 页。
② 同上书，第 297 页。
③ 同上书，第 333 页。
④ 同上书，第 301 页。
⑤ 同上。

例如，林彪从一开始就想整倒贺龙，毛泽东"确实想过要保"①；又如，"九一三事件"后，毛泽东开始意识到批错了一些同志和战友，并开始陆续把受到林彪、"四人帮"诬陷、迫害的一些老干部解放出来。毛泽东在理论上和实践上把社会主义社会中一定范围内存在的阶级斗争扩大化和绝对化，这才是造成"文化大革命"严重错误的最主要原因。总之邓小平强调一个基本方法，"毛泽东同志的错误，决不能归结为个人品质问题。如果不是这样看问题，那就不是马克思主义的态度，不是历史唯物主义的态度"②。

再次，批评党和毛泽东所犯的错误，要具体分析错误的性质和主要内容。

对错误的批评，必须是建立在具体分析基础上的理性批评，比如说分清是局部性的错误还是全局性的错误，是个别的现象还是带有根本性的错误，是暂时性的失误还是长期性的错误，是从良好的意愿出发而犯的错误还是明知故犯的错误，等等。这也就是邓小平所要求的，"犯了什么错误就说是什么错误，讲它的内容"③。可是，在当时有部分人一谈到党在历史上所犯的错误，不仅情绪激动，而且往往不加分辨、以偏概全，混淆错误的不同性质和程度，甚至危言耸听地加以夸大。这种状况不仅不能正确地总结历史教训，而且还可能导致从批评党的错误走向虚无党的整个历史。个别人批评毛泽东"文革有罪"，把毛泽东在"文化大革命"中所犯严重错误与林彪、"四人帮"反革命集团的罪行混淆起来。这是当时一个比较突出的认识倾向，即便是今天仍然有极少数人持这种观点。邓小平强调要严格"区别毛主席的错误同林彪、'四人帮'的罪行"④，毛泽东虽然也犯了很严重的错误，但"终究是一个伟大的无产阶级革命家所犯的错误"。他的毕生精力、年华全都献给了中国革命和社会主义建设事业。即使是他犯了"大跃进"和"文化大革命"这样的错误，他仍然殚精竭虑地思考着怎样尽快改善广大人民群众的生活，怎样保持无产阶级政党的先进性，怎样防止人民政权被敌对势力颠覆、巩固社会主义制度。也就是邓小平所说的主观动机与客观效果

---

① 《邓小平文选》第 2 卷，人民出版社 1994 年版，第 301 页。
② 同上书，第 366 页。
③ 同上书，第 308 页。
④ 同上书，第 346 页。

的矛盾问题，发动"大跃进"运动"用心是好的，想早一点进入共产主义"①，"搞'文化大革命'，就毛主席本身的愿望来说，是出于避免资本主义复辟的考虑"②、"主要是从反修防修的要求出发的"③。良好的动机，由于主客观的各种原因，也许最终并不能产生积极的效果，所以邓小平用"悲剧"④这个提法来形容毛泽东的晚年错误。而林彪、"四人帮"反革命集团"他们的目的就是阴谋夺权"⑤，这与一位伟大的无产阶级革命家所犯的政治错误是有根本区别的，绝不容许混淆。

　　老一辈革命家陈云同志在《历史决议》起草过程中曾经高瞻远瞩地指出："一定要在我们这一代人还在的时候，把毛主席的功过敲定，一锤子敲定。一点一点讲清楚。这样，党的思想才会统一，人民的思想才会统一。如果我们不这样做，将来就可能出赫鲁晓夫，把毛主席真正打倒，不但会把毛主席否定，而且会把我们这些作含糊笼统决议的人加以否定。因此，必须对这个问题讲得很透彻。"⑥邓小平也对《历史决议》起草小组负责同志讲过，"所谓有些人将来要翻案，无非是翻主席的案，只要我们把主席的功讲够了，讲得合乎实际，我看翻也不容易翻"⑦。后来的历史发展，完全证明了邓小平、陈云的科学预见。《历史决议》的通过距今已近30年了，各种企图推翻《历史决议》基本结论的错误观点和社会思潮此起彼伏，从来没有停止过，有时甚至气焰极为嚣张。令人欣慰的是，《历史决议》不仅以其科学性经受住各种质疑、非难甚至诬蔑，而且成为广大党史工作者抵制、反驳各种虚无主义观点的有力武器。今天我们纪念《历史决议》，重温邓小平《对起草〈关于建国以来党的若干历史问题的决议〉的意见》的精神，使我们更加由衷地佩服以邓小平为代表的老一辈无产阶级革命家对历史负责的郑重态度和政治远见。这个决议的意义是无比深远的，正如江泽民同志所指出："随着国内局势的发展和国际局势的变化，越来越显示出这个重大决策的魄

　　① 《邓小平文选》第3卷，人民出版社1993年版，第139—140页。
　　② 《邓小平文选》第2卷，人民出版社1994年版，第346页。
　　③ 同上书，第149页。
　　④ 同上书，第301页。
　　⑤ 同上书，第346页。
　　⑥ 《胡乔木传》编写组：《胡乔木谈中共党史》，人民出版社1999年版，第75页。
　　⑦ 邓力群：《十二个春秋：邓力群自述（1975—1987）》，博智出版社2006年版，第162页。

力和远见。"① 20 世纪 80 年代末 90 年代初以来，苏联东欧一些社会主义国家政局动荡，与我国改革开放 30 多年政治稳定、经济繁荣的局面相比，使我们越发感到《历史决议》在党的历史上、在新中国发展史上不可估量的政治分量。

（作者单位：福建师范大学马克思主义学院）

---

① 《江泽民文选》第 1 卷，人民出版社 2006 年版，第 632 页。

邓小平论国史和国史研究

刘　仓

　　作为中共第一代领导集体的重要成员、第二代中共领导集体的核心，邓小平是新中国建设的主要领导者、亲历者、见证者之一，是中国诸多大政方针政策的主要决策者，是新中国历史经验教训的探索者和总结者。他关于国史和国史研究的评述，很大程度上既是反映政党和国家发展规律的政治结论，也是经得起实践和历史检验的科学结论。本文选取邓小平关于国史的功能、意义、作用的论述，对国史中若干重大事件的评述、研究国史的理论和方法等，做一些概括和总结。这些基本观点是邓小平运用马克思主义的立场、观点和方法研究和考察国史形成的基本观点、基本原则、基本方法，是邓小平理论的重要组成部分。

一　科学论述国史研究的时代意义，指明国史学科建设的地位和作用

　　科学总结共和国的历史经验，可以深刻理解中国社会的发展道路及客观规律。如何看待自己的历史，科学地总结历史经验是探索社会发展的客观规律的基本途径。邓小平善于运用马克思主义的立场、观点和方法总结党的历史经验和当代中国社会的发展规律。80 年代中期，针对否定四项基本原则、主张走资本主义道路的资产阶级自由化思潮，邓小平在科学回顾和总结近代以来中国选择社会发展道路的历史过程时说："这个历史告诉我们，中国走资本主义道路不行，中国除了走社会主义道路没有别的道路可走。一旦中国抛弃社会主义，就要回到半殖民地半封建社会，不要说实现'小康'，就连温饱也没有保证。所以了解自己

的历史很重要。""把马克思主义的普遍真理同我国的具体实际结合起来，走自己的道路，建设有中国特色的社会主义，这就是我们总结长期历史经验得出的基本结论。"①

科学总结共和国的历史经验，可以为制定正确的路线、方针、政策提供历史依据。党的理论和路线、方针、政策关乎党的生命。以邓小平为代表的中国共产党人，围绕什么是社会主义、怎样建设社会主义这一根本问题，在总结新中国成立以后正反两方面历史经验的基础上，创立了邓小平理论，制定了"一个中心、两个基本点"的基本路线。1987年5月，邓小平在向荷兰首相吕贝尔斯介绍党的历史之后说："我为什么讲这个历史？因为我们现在的路线、方针、政策是在总结了成功时期的经验、失败时期的经验和遭受挫折时期的经验后制定的。历史上成功的经验是宝贵财富，错误的经验、失败的经验也是宝贵财富。这样来制定方针政策，就能统一全党思想，达到新的团结。"②

科学总结共和国的历史经验，可以为中国社会的发展提供精神动力。伟大的创业实践需要伟大的民族精神。中国共产党领导全国人民在开创中国特色的革命道路和建设道路的过程中，塑造了伟大而深厚的民族精神。邓小平指出："要懂得些中国历史，这是中国发展的一个精神动力。"③ 他强调要宣传、发扬延安精神、解放初期精神以及60年代克服困难的精神，教育全党发扬艰苦奋斗、服从大局、廉洁奉公的精神，坚持共产主义理想和共产主义道德，同心同德、群策群力，为实现现代化的伟大目标稳步前进。比如他在论述爱国主义和民族自尊心的时候指出："中国人民有自己的民族自尊心和自豪感，以热爱祖国、贡献全部力量建设社会主义祖国为最大光荣，以损害社会主义祖国的利益、尊严和荣誉为最大耻辱。"④ 再如，针对20世纪80年代青年学生提出"反对共产党的领导，反对社会主义道路"的问题，他强调"要用我们自己的历史来教育青年"⑤。在谈到弘扬艰苦奋斗精神时说："艰苦奋斗是我党的传统……我们的国家越发展，越要抓艰苦创业。提倡艰苦创业精

---

① 《邓小平文选》第3卷，人民出版社1993年版，第206、2—3页。
② 同上书，第234—235页。
③ 同上书，第357—358页。
④ 同上书，第3页。
⑤ 同上书，第198页。

神，也有助于克服腐败现象。"①

科学总结共和国的历史经验，对维护社会主义意识形态安全具有战略意义。对待共和国历史的认识，不仅是历史问题、思想意识问题，而且是政治问题。针对否定和歪曲毛泽东思想的错误思潮，邓小平强调要完整准确地理解毛泽东思想的科学体系，指出毛泽东思想是全党全军全国各族人民的指导思想。针对新中国成立后 20 年"左"的错误和改革开放以来的资产阶级自由化的思潮，邓小平强调既要反"左"，也要反右，中国要警惕右，但主要防止"左"。针对否定党和国家建设成就的历史虚无主义错误，邓小平强调对党的历史评价关系党的性质、宗旨、执政的合法性问题，用共和国的伟大成就证明我们党是光荣、伟大、正确的党。

科学总结共和国的历史经验，对加强和改进执政党的建设具有重要意义。共和国的历史是我们党执掌全国政权、进行社会主义革命和建设的历史，对共和国发展规律的总结和对执政党建设的历史经验的总结，也是对执政党建设规律的总结。例如，在党的思想建设上，针对"四人帮"歪曲毛泽东思想的精神实质，他强调恢复毛泽东思想的本来面目；在党的组织路线问题上，针对十年"文革"造成领导干部青黄不接的状况和反对"和平演变"的战略要求，强调大胆地选拔和培养"四有"青年干部；在党的作风建设问题上，针对党的历史上把不同意见的争论提到"路线斗争"上来的错误，强调是什么错误就讲什么错误，批判严重的主观主义和形而上学，指出："我们要很郑重地来对待这个问题，这是改变我们的党风的问题。"在党的制度建设上，针对新中国成立以来毛泽东在某些方面某些时期破坏民主集中制、搞家长制、一言堂等错误，强调党的制度更具有根本性、全局性、稳定性、长期性。

二 对国史研究的几个基本问题做出说明，为国史研究提供了指导与参照

关于国史研究的基调和主线。《关于建国以来党的若干历史问题的决议》和叶剑英在国庆 30 周年的讲话为党史和国史研究提供基本的提

---

① 《邓小平文选》第 3 卷，人民出版社 1993 年版，第 306 页。

纲。"我们基本上总结了文化大革命和三十年的经验教训，恢复了党的第八次全国代表大会的名誉和传统。叶剑英同志代表党中央发表的国庆讲话，不单是带有总结文化大革命的意义，实际上总结了、或者说基本上总结了建国以来三十年的经验教训。大概我们的党史就要根据这个调子来写了。太细恐怕也不妥当。"①

关于国史的历史分期问题。邓小平认为应以党在一定历史阶段的中心任务、时代主题和社会特征为标准来划分历史时期。1949—1956 年，党的中心任务是恢复和发展国民经济，进行社会主义改造，建立社会主义制度。因此可以称为社会主义革命时期。"文革"前十年，即 1956—1966 年，党致力于马克思主义与中国实际的"第二次结合"，探索中国自己的社会主义建设道路，中间有曲折、有错误，但成绩是主要的。因此可称为探索全面建设社会主义发展道路时期。"文化大革命"十年，即 1966—1976 年，是探索社会主义建设道路过程中的严重失误时期，毛泽东主要从反修防修、防止和平演变、巩固无产阶级专政的目的出发，发动自下而上的"革命"，是严重的、全局性的动乱，是党和国家的一场大灾难。"1976 年 10 月粉碎江青反革命集团的胜利，从危难中挽救了党，挽救了革命，使我们的国家进入了新的历史发展时期。"1976—1978 年，党致力于拨乱反正，纠正"文化大革命"的错误，同时又因为当时的主要领导人肯定"两个凡是"，肯定"文化大革命"，基本上还是因循"左"的错误，这一时期的显著特征是解放思想实事求是的思想路线与"两个凡是"的斗争时期，是纠正"文革"的错误和为伟大历史转折进行准备的时期。因此称为"在徘徊中前进的两年"。1978 年十一届三中全会以后，党确定了正确的思想路线、组织路线和政治路线，开始了在改革开放中建设中国特色社会主义的新时期。

关于全面建设社会主义时期的两个发展趋向。1956 年八大前后，党中央探索中国自己的社会主义建设道路，取得了很大成绩。1957 年反右派斗争是必要的，但扩大化了，搞过分了，以后的错误越来越多了，实际上违背了八大路线；问题出在一个"左"字上。"左"的思想发展导致 1958 年的"大跃进"和人民公社化运动，这是比较大的错误。毛泽东和党中央对"左"的错误有所察觉，于 1958 年 11 月至

① 《邓小平文选》第 2 卷，人民出版社 1994 年版，第 244 页。

1959 年上半年，连续召开郑州会议、武昌会议、八届六中全会、第二次郑州会议、上海会议和八届七中全会，重点讨论高指标和人民公社化运动中出现的问题，开始了纠"左"的努力。1959 年 7 月庐山会议前期还在讨论经济工作，彭德怀的信发下来之后，风向就变了，从纠"左"变成了反右倾斗争，把阶级斗争引入党内，中断了纠"左"的过程，重新掀起了"大跃进"的高潮。接下来是三年困难时期。1960 年毛泽东在《十年总结》中提出要研究社会主义革命和建设的规律，1961 年 1 月八届九中全会确立了"调整、巩固、充实、提高"的方针。毛泽东提倡大兴调查研究之风，党中央制定了《人民公社六十条》、《工业七十条》等政策。1962 年七千人大会和西楼会议继续贯彻经济调整方针，开始从困境中走出来。1963 年、1964 年情况比较好，但"左"的指导思想并没有根除。1962 年七八月北戴河会议重提阶级斗争，八届十中全会批判"黑暗风、单干风、翻案风"，把一定范围内的阶级斗争扩大化、绝对化，过高估计了资本主义复辟的危险性，强调阶级斗争要年年讲、月月讲、天天讲。然后是关于文艺的两个批示，江青那一套陆续出笼。1964 年年底、1965 年讨论"四清"，不仅提出走资本主义道路的当权派，还提出北京有两个独立王国。以后"左"的错误思想发展的极端就是"文化大革命"。邓小平总结说，从总体上看，"建国后十七年这一段，有曲折，有错误，基本方面还是对的。社会主义革命搞得好，转入社会主义建设以后，毛泽东同志也有好文章、好思想。讲错误，不应该只讲毛泽东同志，中央许多负责同志都有错误。……中央犯错误，不是一个人负责，是集体负责。在这些方面，要运用马列主义结合我们的实际进行分析，有所贡献，有所发展"。①

关于"文化大革命"的基本评价。第一，它是一场"严重的、全局性的错误"，"是一场大灾难"。"文化大革命"耽误了不只一代人，"它使无政府主义、极端个人主义泛滥，严重地败坏了社会风气"②。第二，"关于'文化大革命'，也应该科学地历史地来看"。毛泽东发动"文化大革命"，"主要是从反修防修的要求出发的。至于在实际过程中

---

① 《邓小平文选》第 2 卷，人民出版社 1994 年版，第 296 页。
② 同上书，第 302—303 页。

发生的缺点、错误，适当的时候作为经验教训总结一下，这对统一全党的认识，是需要的。文化大革命已经成为我国社会主义历史发展中一个阶段，总要总结"①。林彪、"四人帮"早就勾结在一起，阴谋篡党夺权。"文化大革命"的确被反革命集团所利用，但决不能简单地把整个历史事件说成是"反革命"。"必须毫不动摇地坚持这种实事求是的立场。"② 第三，"文革"和"文革"时期是不同的。"文革"十年我们的党还存在，党和人民群众对"文革"一直有不同程度的抵制和斗争；毛泽东对自己的错误也进行了许多纠正，关键时刻粉碎了林彪反革命集团的分裂活动和"四人帮"集团组阁的阴谋。"我们做了许多工作，也取得了一些重大成就。比如搞出了原子弹、氢弹、导弹等。"③ 外事工作取得很大成就，中国大国地位得到国际承认，"中国的国际地位有提高"。1975 年对各方面进行了整顿，"提出了一系列整顿措施，每整顿一项就立即见效，非常见效"。这实际上是拨乱反正和改革的先声。第四，成功的经验和失败的教训同样是宝贵的财富。"我们根本否定'文化大革命'，但应该说'文化大革命'也有一'功'，它提供了反面教训。没有'文化大革命'的教训，就不可能制定十一届三中全会以来的思想、政治、组织路线和一系列政策。三中全会确定将工作重点由以阶级斗争为纲转到以发展生产力、建设四个现代化为中心，受到了全党和全国人民的拥护。为什么呢？就是因为有'文化大革命'作比较，'文化大革命'变成了我们的财富。"④

三　总结国际共产主义运动的历史及其经验，为中国制定独立自主的和平外交政策提供历史借鉴

邓小平关于中国外交问题的论述很多。这里仅就中苏论战和三个世界划分战略思想作些探讨。

---

① 《邓小平文选》第 2 卷，人民出版社 1994 年版，第 149 页。
② 同上书，第 365 页。
③ 《邓小平文选》第 3 卷，人民出版社 1993 年版，第 264 页。
④ 同上书，第 272 页。

关于国际共产主义运动的大论战。① 对这个问题，学术界存在基本肯定、基本否定、一分为二三种基本看法。邓小平是中苏论战的参与者，是这段历史经验的总结者，也是根据这段历史经验来制定中国内政、外交政策的主要决策者。因此，邓小平论述中苏论战的原因、实质、教训、启示的内容，为研究中苏论战的历史提供了参照和指南。

关于中苏论战的原因。邓小平明确指出："中苏在五十年代就开始了分裂，主要原因是，苏联搞霸权主义，想控制中国。我们不甘心让它控制，它的目的没有达到，因而就反对中国。"② 第一，苏联首先将意识形态中的分歧上升为国家利益的争端。中苏论战出于反对苏联的霸权主义。第二，中苏论战的原因在于反对苏联大党主义、大国沙文主义。邓小平说："一个党和由它领导的国家的对外政策，如果是干涉别国内政，侵略、颠覆别的国家，那末，任何党都可以发表意见，进行指责。我们一直反对苏共搞老子党和大国沙文主义那一套。他们在对外关系上奉行的是霸权主义的路线和政策。"③ 第三，中苏论战在于苏联偏离了马克思主义的基本原则和方向。邓小平指出："我们相信，凡是谋求霸权，凡是一国欺负、控制另一个国家，就不是马克思主义。马克思主义主张国际主义，认为有义务援助其他国家，却无权控制别的国家，干涉别国内政，剥削别的国家。"④ 第四，中苏论战是为了反对国际共运中服从一个大国的政治纲领和路线。邓小平在总结党际关系时强调两条原则：第一条要坚持兄弟党而不是父子党的关系。"第二条原则是任何国家的事情只能由那个国家的马列主义者和共产主义者自己去判断，犯错误也是他们自己犯，他们自己去纠正，不要拿我们的观点、模式强加于人。"⑤ "有两个问题他们还没有搞通，一个是平等相处，一个是独立自

① 《邓小平年谱》的解释是指：20 世纪 60 年代中苏双方因在国际共产主义运动、社会主义建设、国家利益和对外政策方面的分歧，而导致世界各国共产党、工人党参与的一场大争论。吴冷西将 1956 年 2 月苏共二十大到 1966 年 3 月中共拒绝出席苏共二十三大，中国和苏联等国工人政党之间逐渐展开意识形态领域的大论战，称为"十年论战"。因为这场论战主要在中苏两党之间展开，所以学术界也称之为"中苏论战"。

② 《邓小平年谱（1975—1997）》上，中央文献出版社 2004 年版，第 691 页。

③ 《邓小平文选》第 2 卷，人民出版社 1994 年版，第 318—319 页。

④ 《邓小平年谱（1975—1997）》上，中央文献出版社 2004 年版，第 559—560 页。

⑤ 同上书，第 692 页。

主。平等就是没有老子党。老子、儿子的关系实际上是否认了独立自主。"① 苏联的中心就是发号施令、以他们为主。第五，中苏论战出于捍卫中国独立自主的发展道路。邓小平说："各国的事情，一定要尊重各国的党、各国的人民，由他们自己去寻找道路，去探索，去解决问题，不能由别的党充当老子党，去发号施令。"②

关于中苏论战的实质，邓小平指出："真正的实质问题是不平等，中国人感到屈辱。"③ 苏联党却把中苏两党意识形态领域的分歧上升为两国利益的争端，对中国施加政治、经济和军事上的巨大压力。这迫使中共进行反对苏联大党主义和大国沙文主义的斗争，以便捍卫国家主权、安全和利益，维护自身的独立自主地位。邓小平还讲了两个历史问题。一是鸦片战争以来，沙俄通过不平等条约侵占中国150多万平方公里领土，苏联时期也通过雅尔塔协定等方式，损害中国利益。二是新中国成立以后，苏联由意识形态领域的分歧扩大到两国关系的对立。20世纪60年代，苏联在中苏、中蒙边境陈兵百万，威胁中国安全。中国自然感到苏联侵略、欺负、控制中国。意识形态领域的争论是捍卫国家主权、安全的一种表现形式。

关于中国在中苏论战中所犯的错误。第一，中国真正的错误是根据自己的经验和实践来判断国际共运的是与非。邓小平指出："我们的错误不在个别观点，个别观点上谁对谁错很难讲，应该说，我们的许多观点现在看还是正确的。我们的真正错误是根据中国自己的经验和实践来论断和评价国际共运的是非，因此有些东西不符合唯物主义和辩证法的原则。主要是这个问题。至于这个观点、那个观点，都可以争论。"④第二，中国共产党犯了点对兄弟党随便指手画脚的错误。邓小平指出：马克思主义最根本的观点就是辩证唯物主义和历史唯物主义。毛主席将它概括为"实事求是"四个字。真正的马克思主义者一定要根据本国的实际制定自己的政策，同样也要尊重别的国家、别的党的实际。对别的党指手画脚肯定要犯错误。我们不可能比铁托同志更了解南斯拉夫的

① 《邓小平年谱（1975—1997）》上，中央文献出版社2004年版，第880—881页。
② 《邓小平文选》第2卷，人民出版社1994年版，第319页。
③ 《邓小平文选》第3卷，人民出版社1993年版，第294—295页。
④ 《邓小平年谱（1975—1997）》下，中央文献出版社2004年版，第904—905页。

实际情况，同样，中国人民最了解中国的实际情况。① 第三，以意识形态的分歧影响党际关系。中国同南斯拉夫、芬兰、民主德国、法国、意大利等工人政党都存在这个问题。邓小平指出：结束"文化大革命"后，我们党总结了国际共运的历史经验，确立了一点，就是我们党历来反对党与党关系中的不平等状况是正确的。所有的党，不管大小和历史长短，都应当平等，相互尊重。真正的马列主义者就是要把马列主义的基本原理同自己国内的情况相结合。我们过去在这方面也有责任。有一个时期我们党对其他党的事情发表过一些议论，有些议论并不妥当。②

关于处理中苏论战的外交政策。"文革"结束以后，为了适应变化的国内外形势，在毛泽东三个世界划分战略思想的指引下，中国逐渐调整了国际共产主义中的党和国家的关系。20 世纪 80 年代末，邓小平在中苏关系上明确提出"结束过去，开辟未来"的指导方针，表示对过去的事情总要有个交待，但重点放在开创未来。1980 年 4 月 17 日，邓小平在会见意大利共产党中央代表团时，提出严峻的国际形势要求中意两党恢复同志关系，平等协商。他说："我要说三句话：一是过去的一切一风吹；二是当时有些问题我们看得不清楚，甚至有错误；三是我们双方统统向前看。"③

关于中苏论战的启示，邓小平结合中国内政、外交政策做了很多探讨。

启示之一：鉴于根据自己的经验和实践评判他国共产主义运动是非的教训，强调各国的共产主义运动的进程及其结果由本国实践去检验，不能由他国党来评判。邓小平在谈到欧洲共产主义问题时说："欧洲共产主义是一个新事物。我们历来认为，凡是新事物都要通过今后的实践去检验。任何一个国家的革命，任何一个国家的问题的解决，都必须根据本国的实际情况。毛泽东主席最伟大的地方，就是把马列主义同中国的具体实际结合起来，取得了中国革命的胜利。根据我们自己的经验，我们尊重各个国家、各个地区共产党自己的选择。他们应该根据自己国家或地区的特点，制定自己的方针、政策。欧洲共产主义现在究竟怎

---

① 《邓小平年谱（1975—1997）》下，中央文献出版社 2004 年版，第 974—975 页。
② 同上书，第 1165 页。
③ 《邓小平年谱（1975—1997）》上，中央文献出版社 2004 年版，第 662 页。

样，将来实际结果怎样，要通过他们自己的实践检验得出结论。"①

启示之二：鉴于苏联共产党把自己的纲领凌驾于其他工人政党之上的教训，强调各国党应该把马克思主义基本原理与各国具体实际相结合，独立自主地探索自己的革命和建设路，不能把自己的模式强加于人，也不能照搬照抄他国模式。邓小平指出："我们的历史经验教训就是，一个党对别的党指手画脚是不行的。任何国家的共产党只有根据自己的特点来决定自己的道路和走这条道路的方式，这就是独立自主。犯错误是难免的，但犯了错误自己总结经验，这个经验才可靠。"② 邓小平强调：各国建设社会主义的方法，一定要根据自己的实际情况，要多种形式，各有自己的特点。各国只能根据本国的实际情况来制定自己的发展战略和与之相适应的方法、方式，制定适合自己具体实际的政策。社会主义国家之间的经验相互可以参考、借鉴，但绝不能照搬。自己认为成功的东西，就应该继续坚持，不要因为别人改变了，自己也跟着改变，用不着这样。经验教训，包括成功的经验和失败的教训，要自己去总结，都是一个模式不行。我们都吃了这个亏。③

启示之三：鉴于对马克思主义的理解存在教条化的教训，强调根据新的实践以新的思想发展马克思主义。邓小平指出：多年来，存在一个对马克思主义、社会主义的理解问题。"马克思去世以后一百多年，究竟发生了什么变化，在变化的条件下，如何认识和发展马克思主义，没有搞清楚。绝不能要求马克思为解决他去世之后上百年、几百年所产生的问题提供现成答案。列宁同样也不能承担为他去世以后五十年、一百年所产生的问题提供现成答案的任务。真正的马克思列宁主义者必须根据现在的情况，认识、继承和发展马克思列宁主义。"④

启示之四：鉴于苏联党搞老子党、猫鼠党的教训，强调任何党都不能以老子党自居，对其他兄弟党发号施令；兄弟党之间应该是平等协商的关系。1982 年 9 月，中共十二大指出："我们党坚持在马克思主义的基础上，按照独立自主、完全平等、互相尊重、互不干涉内部事务的原则，发展同各国共产党和其他工人阶级政党的关系。" 邓小平也指出：

---

① 《邓小平年谱（1975—1997）》上，中央文献出版社 2004 年版，第 627 页。
② 《邓小平年谱（1975—1997）》下，中央文献出版社 2004 年版，第 881 页。
③ 同上书，第 1254 页。
④ 《邓小平文选》第 3 卷，人民出版社 1993 年版，第 291 页。

任何大党、中党、小党，都要相互尊重对方的选择和经验，对别的党、别的国家的事情不应该随便指手画脚。对执政党是这样，对没有执政的党也应该是这样。我们也不赞成有什么"中心"。但我们自己也犯了点随便指手画脚的错误。这个经验告诉我们，党与党之间要建立新型的关系，因此我们提出了处理这种关系的原则。① 按照这种原则来处理党际关系，会使两党两国的友谊和合作更加牢固，两党两国关系不断发展。

启示之五：鉴于苏联侵犯社会主义阵营其他国家利益的教训，强调中国坚持以国家利益为核心的独立自主的和平外交政策。第一，维护本国根本利益，反对霸权主义。1983 年 2 月，根据邓小平的指示，中共中央外事工作领导小组召开会议。会议认为，要正确处理对美对苏关系，在外交工作中坚决贯彻执行独立自主的方针。对待任何国际问题，都应从我国人民和世界人民的根本利益出发，根据事情本身的是非曲直，独立自主地确定自己的立场和态度。不能依附、屈从任何一个超级大国，否则就没有我们在世界上的地位。美苏两个超级大国都在搞霸权。我们要旗帜鲜明地反对苏美两霸，而不是只反一霸。② 第二，在和平共处五项原则的基础上处理国家与国家之间的关系。1980 年 4 月 29 日，邓小平在回答关于中国的对外政策时指出：中国是社会主义国家，这个社会制度的性质决定了我们对外奉行和平外交政策。和平共处五项原则是我们处理同其他国家之间关系的准则，我们一贯主张在和平共处五项原则的基础上，同各国建立和发展关系。我们是社会主义国家，在政治上、道义上支持一切被压迫民族和被压迫人民的斗争，这是我们义不容辞的责任。同时我们认为，一个国家的人民革命取得胜利，主要地依靠自己的力量，革命是不能像商品那样随意输出或输入的。③ 在谈到改善中苏关系时，邓小平指出，回顾中苏之间的历史恐怕难免，但要"结束过去、开辟未来"。中、苏应在和平共处五项原则的基础上建立新型经济、政治关系。④ 第三，鉴于苏联以自己为社会主义阵营的中心，对他国党指手画脚的教训，邓小平强调，中国属于第三世界，永不称霸，不能在第三世界当头。邓小平指出："中国只能是第三世界的一

① 《邓小平文选》第 3 卷，人民出版社 1993 年版，第 236—237 页。
② 《邓小平年谱（1975—1997）》下，中央文献出版社 2004 年版，第 890—891 页。
③ 《邓小平年谱（1975—1997）》上，中央文献出版社 2004 年版，第 627 页。
④ 《邓小平年谱（1975—1997）》下，中央文献出版社 2004 年版，第 1253 页。

个平等的成员。这也是我们的一个原则。不能当领袖，当了领袖就要随便指手画脚，那不行！那就要把自己摆到世界人民特别是第三世界各国人民的对立面。现在中国落后，没有资格称霸，以后中国发展起来了，也不称霸。所以，我们把永远不称霸作为我们国家的指导原则。"①

启示之六：鉴于对什么是社会主义、怎样建设社会主义问题的教训，强调"社会主义国家要把生产力搞上去，证明社会主义制度优于资本主义制度"②。邓小平指出："如果中国要对国际共运、对人类做出重大贡献的话，关键是生产力的发展。这种发展不仅表现在国际上社会主义对资本主义比重的增加，而且要体现在社会主义比资本主义更加优越。"③

毛泽东三个世界划分的战略思想，是调整中苏论战后中国外交政策的重大成果。邓小平关于毛泽东三个世界划分战略思想，也有若干论述。

关于毛泽东三个世界划分战略思想的依据。一方面，帝国主义和无产阶级革命的态势并没有改变。一是帝国主义仍然是战争的根源，新殖民主义奴役亚非拉发展中国家，被压迫民族、被压迫人民的民族解放运动仍在发展。二是战争不可避免，这是由帝国主义和社会帝国主义的本性决定的，是不以人的意志为转移的。另一方面，社会主义阵营和帝国主义阵营都出现了新的动向。一是欧洲、日本有摆脱美国控制的要求，帝国主义阵营不是铁板一块，也出现分化、重组的趋势。二是苏联试图控制其他社会主义国家，逐渐转变为社会帝国主义；中国等许多国家从社会主义阵营分化出来，社会主义阵营解体。三是美、苏两极争霸的格局逐渐形成。四是不结盟运动的发展。不结盟运动的基础在发展中国家，不结盟运动与第三世界并不冲突。

关于毛泽东三个世界划分战略思想的基本含义及作用。毛泽东在"两个中间地带"（亚非拉发展中国家是第一个中间地带，欧、日、加拿大是第二个中间地带）思想的基础上，提出了三个世界划分的理论：美苏是第一世界，两极格局的争霸。亚非拉和中国等发展中国家是第三

---

① 《邓小平年谱（1975—1997）》上，中央文献出版社2004年版，第58页。
② 《邓小平年谱（1975—1997）》下，中央文献出版社2004年版，第1255页。
③ 同上书，第944页。

世界。欧洲、日本、加拿大等资本主义国家是第二世界。这为建立反对霸权主义、维护世界和平、促进世界发展的统一战线奠定了理论基础。"三个世界的划分是一个新的战略规定，是一件非常重要的事。"

关于毛泽东三个世界划分的战略思想与中国的对外政策。1978 年 5 月 28 日，邓小平指出："我们的对外政策，就是根据毛主席关于三个世界划分的战略思想制定的。这个思想指导我们过去、现在和将来的对外政策。"① 第一，为建立国际反对霸权主义和战争政策提供了理论基础。邓小平指出："根据毛主席三个世界划分的战略规定，我们以第三世界为主力军，团结一切可能团结的力量，包括第二世界的力量，反对两霸的霸权主义和战争政策。对于世界上大多数人来说，能把战争推迟一点有好处。如果第三世界和第二世界的统一战线搞好了，战争就可以延缓。现在值得注意的是，不仅在战略上有绥靖主义，而且在经济上也有绥靖主义。要延缓战争爆发，就不能搞绥靖主义。"② 第二，为中国创造良好的国际环境提供了条件。邓小平指出："毛泽东同志在他的晚年还提出了关于三个世界划分的战略思想，并且亲自开创了中美关系和中日关系的新阶段，从而为世界反霸斗争和世界政治前途创造了新的发展条件。"③ 第三，为中国实行对外开放政策提供了理论支撑。1978 年 9 月 16 日，邓小平指出："毛泽东同志关于三个世界划分的战略思想，给我们开辟了道路。我们坚持反对帝国主义、霸权主义、殖民主义和种族主义，维护世界和平，在和平共处五项原则的基础上，积极发展同世界各国的关系和经济文化往来。"④ 第四，为第三世界团结合作、维护和平、促进发展提供了指南。邓小平指出，中国的对外政策，"其中根本的一条，就是认为第三世界是解决世界事务和进行反帝、反殖、反霸斗争的主力军。由于帝国主义、殖民主义遗留下来一些问题，由于霸权主义的挑拨，第三世界国家之间存在一些小问题，但归根到底，第三世界国家是要联合起来的。我们根本的出发点就是，第三世界要排除各种障碍，无论是内部的还是外部的障碍，联合起来，利用争取到的时间，发展起来。第三世界内部的问题，从长远着眼，宁可放一下，以后慢慢地

---

① 《邓小平年谱（1975—1997）》上，中央文献出版社 2004 年版，第 317 页。
② 同上书，第 247 页。
③ 《邓小平文选》第 2 卷，人民出版社 1994 年版，第 172 页。
④ 同上书，第 127 页。

解决。这样既可以提高第三世界国家的威望，也可以增强第三世界的发言权"①。1979 年 3 月，邓小平在《坚持四项基本原则》中评价道："毛泽东同志在他晚年为我们制定的关于划分三个世界的战略，关于中国站在第三世界一边，加强同第三世界国家的团结，争取第二世界国家共同反霸，并且同美国、日本建立正常外交关系的决策，是多么英明，多么富有远见。这一国际战略原则，对于团结世界人民反对霸权主义，改变世界政治力量对比，对于打破苏联霸权主义企图在国际上孤立我们的狂妄计划，改善我们的国际环境，提高我国的国际威望，起了不可估量的作用。"②

四　坚持运用唯物史观考察国史，为国史研究指明了科学的方法论

运用什么样的世界观和方法总结历史经验教训，是一个根本的问题。站在无产阶级和广大劳动人民的立场上，运用辩证唯物主义历史观总结经验教训，就会得出有益于广大人民的观点和结论；站在剥削阶级立场上，运用唯心主义历史观考察国史，就可能得出不利于广大人民的观点和结论。邓小平认为，科学总结共和国的历史经验，最根本的原则是把马克思主义的立场、观点和方法与中国实际、中国历史结合起来，全面地占有材料，从中引出规律性的结论。

坚持历史的观点。邓小平认为，总结历史经验，应该把对象放到当时的历史背景下去考察，判断它的历史价值和局限，不能以今天的标准来衡量一切。他说："我们是历史唯物主义者，研究和解决任何问题都离不开一定的历史条件。""我们的革命导师马克思、列宁、毛泽东同志历来重视具体的历史条件，重视从研究历史和现状中找出规律性的东西来指导革命。那种否定新的历史条件的观点，就是割断历史，脱离实际，搞形而上学，就是违反辩证法。"③ 他强调应该分析复杂的背景，公正地、科学地对待历史。例如，他在评价毛泽东时指出："在分析他

---

① 《邓小平年谱（1975—1997）》上，中央文献出版社 2004 年版，第 317 页。
② 《邓小平文选》第 2 卷，人民出版社 1994 年版，第 160 页。
③ 同上书，第 119、121 页。

的缺点和错误的时候，我们当然要承认个人的责任，但是更重要的是要分析历史的复杂的背景。只有这样，我们才是公正地、科学地、也就是马克思主义地对待历史，对待历史人物。"①

坚持联系的观点和发展的观点，把握共和国的本质和主流。邓小平认为，共和国成立后的三十多年，不论农业方面、工业方面，还是其他方面，都建立了社会主义的初步基础，具备了向四个现代化前进的阵地，初步改变了中国贫穷落后的面貌，取得了旧中国几百年、几千年所没有取得过的进步，大大缩短了同发达资本主义国家在经济方面的差距。他在总结共和国历史时说："我们三十二年，特别是'文化大革命'前十年，成绩是主要的，还是错误是主要的？是漆黑一团，还是光明是主要的？"②"我们建国三十五年来取得的成就是大的。但是中间经过一些波折，耽误了一些时间。"③"总的来说，我们党的历史还是光辉的历史。"④

坚持全面的观点，既要坚持两点论，也要坚持重点论。邓小平曾说："评价人物和历史，都要提倡全面的科学的观点，防止片面性和感情用事，这才符合马克思主义，也才符合全国人民的利益和愿望。"⑤他在指导起草第二个历史决议时强调："对建国三十年来历史上的大事，哪些是正确的，哪些是错误的，要进行实事求是的分析，包括一些负责同志的功过是非，要做出公正的评价。"⑥就是说，要考察对象发展的整个历史过程，分析哪些方面是正确的、哪些方面是错误的，是正确的方面占主流，还是错误的方面占主流；是成功的经验占主要地位，还是失败的教训占主要地位，都应该有一个明确的划分。

坚持实事求是、恰如其分的原则和宜粗不宜细的方法，不文过饰非，不夸大、不缩小。邓小平指出："要实事求是地总结历史的经验教训。"⑦"每个党、每个国家都有自己的历史，只有采取客观的实事求是

---

① 《邓小平文选》第2卷，人民出版社1994年版，第172页。
② 同上书，第306页。
③ 《邓小平文选》第3卷，人民出版社1993年版，第94页。
④ 《邓小平文选》第2卷，人民出版社1994年版，第298—299页。
⑤ 同上书，第244页。
⑥ 同上书，第292页。
⑦ 同上书，第380页。

的态度来分析和总结，才有好处。"① 如针对有人提出党的八届十二中全会和九大是非法的问题时，邓小平认为，这两次会议，从指导思想上看是错误的，但组织上是合法的。"如果现在否定了八届十二中全会和九大的合法性，就等于说我们有一段时间党都没有了。这不符合实际。"②

他还强调评价历史和人物要恰如其分，"我们共产党人是彻底的唯物主义者，只能实事求是地肯定应当肯定的东西，否定应当否定的东西"③。如在评价党和毛泽东的错误时指出："对于错误，包括毛泽东同志的错误，一定要毫不含糊地进行批评，但是一定要实事求是，分析各种不同的情况，不能把所有的问题都归结到个人品质上。⋯⋯对于毛泽东同志的错误，不能写过头。写过头，给毛泽东同志抹黑，也就是给我们党、我们国家抹黑。这是违背历史事实的。"④ 如果"否定毛主席，就是否定了中华人民共和国，否定了整个这一段历史"⑤。

邓小平认为，就总的历史问题而言，包括起草若干历史问题的决议过程中，"重大历史问题的解决宜粗不宜细"。在主持起草历史决议时他又重申："总起来说，对历史问题，还是要粗一点、概括一点，不要搞得太细。对有些同志在有些问题上的错误意见，要硬着头皮顶住。重要的问题要加以论证。"⑥ 粗一点，当然不是简单、粗糙之意，而是要求粗线条地抓住一些涉及面广、影响重大的大是大非问题，而不要去探究历史旧账上的每一个细节。

坚持一分为二的观点，辩证地分析党和共和国历史的发展过程中的正确与错误的关系，在肯定的同时包含有否定的方面，在否定的同时又包含有肯定的因素，防止绝对的肯定和绝对的否定。比如，在评价毛泽东在"文革"中的功过时，《关于建国以来党的若干历史问题的决议》指出："对于'文化大革命'这一全局性的、长时间的'左'倾严重错误，毛泽东同志负有主要责任。但是，毛泽东同志的错误终究是一个伟

① 《邓小平文选》第3卷，人民出版社1993年版，第272页。
② 《邓小平文选》第2卷，人民出版社1994年版，第305页。
③ 同上书，第333页。
④ 同上书，第301—302页。
⑤ 《邓小平年谱》上卷，中央文献出版社2004年版，第493页。
⑥ 《邓小平文选》第2卷，人民出版社1994年版，第294页。

大的无产阶级革命家所犯的错误。毛泽东同志是经常注意要克服我们党内和国家生活中存在着的缺点的，但他晚年对许多问题不仅没有能够加以正确的分析，而且在'文化大革命'中混淆了是非和敌我。他在犯严重错误的时候，还多次要求全党认真学习马克思、恩格斯、列宁的著作，还始终认为自己的理论和实践是马克思主义的，是为巩固无产阶级专政所必需的，这是他的悲剧所在。""在'文化大革命'中，我们党没有被摧毁并且还能维持统一，国务院和人民解放军还能进行许多必要的工作，有各族各界代表人物出席的第四届全国人民代表大会还能召开并且确定了以周恩来、邓小平同志为领导核心的国务院人选，我国社会主义制度的根基仍然保存着，社会主义经济建设还在进行，我们的国家仍然保持统一并且在国际上发挥重要影响。这些重要事实都同毛泽东同志的巨大作用分不开。因为这一切，特别是因为他对革命事业长期的伟大贡献，中国人民始终把毛泽东同志看作是自己敬爱的伟大领袖和导师。"[①]

（作者单位：中国社会科学院当代中国研究所）

---

① 《三中全会以来重要文献选编》下，人民出版社 1982 年版，第 814、815、816 页。

从"陈云论国史"谈唯物史观
对国史研究的意义

邱 霞

一 问题的缘起

19 世纪 40 年代，当历史学家们还在唯心史观的囹圄中逡巡的时候，马克思创造性地把唯物主义引入历史领域，创立了唯物史观。唯物史观是人类科学思想中最伟大的成果之一，它实现了人们社会历史观的彻底变革，使"过去在历史观和政治观方面占支配地位的那种混乱和随意性，被一种极其完整严密的科学理论所代替"①，使历史学成为真正的科学。国史研究，这里专指中华人民共和国史研究，旨在"为共和国立传、为人民写史"，是有着特殊的政治性与人民性的史学研究。国史研究要坚持以唯物史观为指导，具有尤为重要的意义。

但是，自 20 世纪 80 年代以来，一股旨在否定新中国历史（包括十一届三中全会前后两个 30 年的历史）、否定中国共产党历史地位的历史虚无主义思潮甚嚣尘上，公开反对马克思主义和唯物史观的指导地位，矛头直指共和国，对国史研究产生了十分消极的影响。而国史研究作为一门政治性和意识形态性都很强的历史学分支学科，其"指导思想不同，历史观不同，即使是对于同一个历史事实，也会得出不同甚至完全相反的结论。指导思想和历史观错了，得出的结论肯定是错误的"②。

---

① 《列宁选集》第 2 卷，人民出版社 1995 年版，第 311 页。
② 陈奎元：《以唯物史观为指导，大力开展国史研究》，《当代中国史研究》2003 年第 6期。

应当说，坚持马克思主义的唯物史观还是坚持资产阶级的唯心史观，是国史研究中最具根本性的问题。

陈云是以毛泽东为核心的党的第一代中央领导集体的重要成员，也是以邓小平为核心的党的第二代中央领导集体的重要成员，他享年90高龄，革命和建设生涯长达70余年。他一生注重学习和运用马克思主义哲学，坚持用辩证唯物主义和历史唯物主义指导各项工作实践。十一届三中全会以后，陈云德高望重，在配合邓小平带领全党和全国人民拨乱反正、开启改革开放伟大事业的过程中，以唯物史观为指导，对新中国成立以来党和国家的重大事件和重要人物给予了客观准确的评价。陈云论国史本身及方法是体现唯物史观对国史研究指导意义的典范，对国史研究在新的历史条件下坚持正确的立场、观点和方法有着重要的启示。

二 历史观与国史研究

历史虚无主义是一种唯心主义的历史观，以政治诉求为依据，片面引用史料，不尊重历史事实，任意歪曲历史，否定对重大历史事件和重要历史人物的科学评价，其实质是以"重新评价历史"的名义，歪曲否定中国共产党领导下的中国革命和建设的历史，否定毛泽东，进而否定中国的社会主义制度。古往今来，一切民族和国家没有不重视自己的历史的，世界上没有哪一个国家是背弃自己的历史而走向辉煌的。唯物史观是关于人类社会历史发展一般规律的科学，它既包括关于微观历史即社会经济层面的理论，又包括对宏观历史即历史运动层面的理论。国史研究，作为当代中国史研究，一头连着历史，一头连着现实，要关注历史现实的经济社会问题，又要总结共和国历史发展的一般规律。研究国史，就是要坚持马克思主义的唯物主义历史观，总结建设中国特色社会主义的经验，揭示建设中国特色社会主义的规律，反映全党和全国人民在中国共产党的领导下建设中国特色社会主义的伟大实践。

陈云历来重视党和国家的历史。他在"文革"下放期间还同女儿通信，叮嘱她要"学习中国近代史（从鸦片战争到全国解放）"①。"文

---

① 《陈云年谱（一九〇五——一九九五）》（下），中央文献出版社2000年版，第161页。

革"刚刚结束的 1977 年 9 月间，他连续两天两次应邀到中国革命博物馆审查《中共党史陈列》新民主主义革命时期部分，作出了包括六届六中全会与会人员问题、刘少奇"和平民主新阶段"问题、辽沈战役中林彪的问题等在内的六项指示。关于六届六中全会与会人员的问题，他指出，朱理治、高文华、潘汉年参加了会议，黎玉十之八九也参加了，要赶快核对，把参加会议的名单搞清楚。"全会的合影照片，按照历史唯物主义的观点是可以陈列的。"① 十一届三中全会以后，陈云坚持以唯物史观的立场看待国史，突出地表现在他对"文化大革命"以及毛泽东和毛泽东思想的客观认识上。

十一届三中全会重新确立了党和国家马克思主义的思想路线、政治路线和组织路线。为了把思想统一到全会的路线上来，把工作重点真正转移到社会主义现代化建设上来，必须对"文化大革命"、领导人的是非功过以及共和国历史上的一批重大冤假错案等给予客观的评判，这已经十分重要并且无可回避，但绝非易事。陈云在 1979 年 3 月会见马来西亚共产党总书记陈平时，就中肯地谈了自己对新中国成立以来的历史，特别是"文化大革命"以及如何评价毛泽东等问题的看法。他认为，毛泽东发动"文化大革命"，主要是为了防止中国变修，防止出现像苏联赫鲁晓夫那样的问题，而且最初也不想搞那么大。但是，"文革"不能说毛泽东没有一点责任。陈云总结"文革"的经验教训，重要的一条就是，民主集中制搞得很不好。因此，他主张，对"文革"是需要做一个总结，但是总结时要很慎重，要同时考虑毛泽东发动"文革"的初衷，"文革"所犯的"左"倾错误，以及林彪、"四人帮"等的破坏作用。对毛泽东的评价也要慎重考虑，不能感情用事。他认为，正确评价毛泽东不仅是中国的问题，也是世界的问题，不能像赫鲁晓夫对斯大林那样，要平心静气，掌握分寸。他还提出对刘少奇问题、康生问题以及叛徒的定性问题等，必须摆在当时的历史条件下去看，不能拿现在的情况看过去。

1981 年，十一届六中全会通过了《关于建国以来党的若干历史问题的决议》（以下简称《历史决议》）。《历史决议》从 1979 年 10 月底

---

① 中共中央文献研究室编：《陈云年谱（一九〇五——一九九五）》（下），中央文献出版社 2000 年版，第 214 页。

开始组织起草，到 1981 年 6 月通过，历时一年半，讨论了四轮，集中了全党的智慧，还征求了各民主党派、民主人士甚至外国党和国家领导人的意见。邓小平评价《历史决议》实事求是地、恰如其分地评价了"文化大革命"，评价了毛泽东同志的功过是非。① 陈云为《历史决议》的起草作出了重要贡献。他先后多次同起草小组负责人谈话，在谈话中表达自己对这段历史及毛泽东的看法，提出对决议起草的重要意见。据《陈云年谱》记载，他在决议起草期间关于起草意见的重要谈话有七次：1980 年年底同胡乔木谈两次；1981 年年初同邓力群谈四次；1981 年 3 月 24 日同前去探望他的邓小平专门做了一次谈话。陈云的意见主要有两点：

第一，《历史决议》首先要解决的问题是正确评价毛泽东和毛泽东思想，确定毛泽东的历史地位。粉碎"四人帮"以后，社会上出现了一股以清算毛泽东为目的的思潮，他们极力贬低、攻击毛泽东和毛泽东思想，意在否定毛泽东的历史地位，从而否定毛泽东领导时期党的历史作用，否定新中国成立以来 32 年的历史。与这股思潮相对的另一股极端思潮是仍然坚持"两个凡是"，神话毛泽东，教条化毛泽东思想。因此，要肯定新中国的历史，正确评价毛泽东和毛泽东思想是问题的关键。这个问题，直接关乎全党的利益、中华民族的利益、国际共产主义的利益。像赫鲁晓夫那样简单粗暴地否定斯大林，实际上等于否定了苏联和苏联共产党的历史，后果不堪设想，这早已被后来的历史证明。因此在这个问题上，邓小平、陈云都十分重视，邓小平认为这应该是《历史决议》最核心的问题，陈云对此十分赞成和支持。陈云提出："一定要在我们这一代人还在的时候，把毛主席的功过敲定，一锤子敲定，一点一点讲清楚。这样，党的思想才会统一，人民的思想才会统一。如果我们不这样做，将来就可能出赫鲁晓夫，把毛主席真正打倒，不但会把毛主席否定，而且会把我们这些做含糊笼统决议的人加以否定。因此，必须对这个问题讲得很透彻。"

第二，《历史决议》应增加对新中国成立前 28 年历史的回顾。陈云的这个意见有两层含义，一是还是从确立毛泽东的历史地位、坚持和发展毛泽东思想的角度出发，体现毛泽东无可比拟的功绩，这样坚持和发

---

① 《邓小平文选》第 2 卷，人民出版社 1994 年版，第 307 页。

展毛泽东思想就有了全面的依据。他说，这样"说毛泽东同志功绩是第一位的，错误是第二位的，说毛泽东思想指引我们取得了胜利，就更能说服人了"①。二是要在党内干部和青年中提倡学哲学、学历史。毛泽东在新中国成立前28年领导中国革命的过程中有大量的哲学著作，代表性的有《矛盾论》、《实践论》等。陈云讲，毛泽东亲自跟他讲过三次要学哲学。延安时期，有一段时间他的身体不大好，需要休息，利用这个机会，他把毛泽东的主要著作和他起草的重要电报认真读了一遍，收益很大。他由此深刻地领会到，工作要做好，一定要实事求是。陈云认为，新中国成立以后，我们的一些工作发生失误，原因还在于离开了实事求是的原则。正确评价新中国成立以来的历史，正确评价毛泽东和"文化大革命"，也离不开实事求是，离不开马克思主义的原则、方法。因此，他提出在党内、在干部中、在青年中提倡学哲学，这有根本的意义。只有掌握了马克思主义哲学，思想上、工作上才能真正提高。同样，也要学历史。青年人不知道我们的历史，特别是中国革命、中国共产党的历史，就不能正确理解新中国成立以后的历史，不能准确理解毛泽东。当时是这样，现在也是这样，这是一个有着更加深远意义的思考。陈云讲，这个事情现在要抓，以后也要抓，要一直抓下去。陈云对"文革"和毛泽东及毛泽东思想的认识和评价，充分体现了唯物史观的原则和立场，在今天仍然是抵制和遏制反唯物史观论点的有力武器。

唯物史观是马克思主义的历史观，以唯物史观为指导的国史研究，具体来说就是要坚持马克思主义的党性，要搞清楚国史研究的目的是什么、国史研究为谁服务？陈云对林彪、江青两案的处理意见，为我们提供了一个研究和对待国史要坚持党性的范例。对于林彪、江青两个反革命集团案，陈云站在党的立场上，指出要从大局、全局，从党和人民的最高利益、长远利益出发来处理。他提出："对于这场政治斗争，不能从局部角度、暂时的观点来处理，必须从全局观点，以党的最高利益、长远利益为出发点来处理。"②当时有一种认识影响很大，认为"文革"主要是林彪、"四人帮"两个反革命集团的犯罪活动，有人甚至提出八届十二中全会、九大都是非法的，"文革"就是一场"反革命政变"。

---

① 《陈云文选》第3卷，人民出版社1995年版，第284页。
② 同上书，第304页。

中央政治局开会讨论，许多同志都主张判江青死刑。陈云认为，"文化大革命"是一场内乱，但是是一场政治斗争，是在特定的历史条件下的政治斗争，这场政治斗争被若干个阴谋野心家利用了。在这场斗争中，很多干部、党员、非党人士受到了伤害。但是，我们必须看到，这场政治斗争的特定的历史条件，因此对这场政治斗争的处理，"应该使我们党今后若干代的所有共产党人，在党内斗争中取得教训，从而对于党内斗争采取正确的办法"①。从 1980 年年底开始，国家司法机关对林彪、江青反革命集团案依法进行审判，根据"只审罪行，不审错误"的原则，严格区分触犯刑律和违反党纪两种不同情况。1981 年 1 月 25 日，最高人民法院对两个反革命集团的 10 名主犯进行了终审判决，依照《中华人民共和国刑法》有关条文，判处江青死刑，缓期两年执行，剥夺政治权利终身。事实证明，党内斗争不能开杀戒是一个底线，不能让人产生党内存在残酷权力斗争的印象，这不利于党的最高利益和长远利益。

陈云在 80 年代中期同离任的秘书话别时，又提到，"一九七八年底的中央工作会议上，我也是顶的，讲了彭德怀的问题，超出了当时华国锋关于平反冤假错案不得超出'文化大革命'时期的界限。以后，审判'四人帮'，政治局开会讨论，许多同志主张江青判死刑。我说不能杀，同'四人帮'的斗争终究是一次党内斗争。有人说，党内斗争也可以杀。我说党内斗争不能开杀戒，否则后代不好办"②。对于 1989 年政治风波的处理，陈云坚持了同样的党性立场。他认为，这场风波是新中国成立以来没有发生过的非常复杂的政治事件，也是我们党内在特定历史条件下的一场特殊的政治斗争。当时中央常委有两种不同的声音，加上中央有些报纸进行了错误的宣传，使得中央和地方的不少领导同志都不了解真实情况。"所以我主张，对于这场政治斗争，应该采取正确的党内斗争方针来处理。就是说，应该从全局的观点，即从党的最高利益、长远利益为出发点来处理。对犯有错误的同志的审查，应该是实事求是的。当然，对于那些触犯法律的，应当依法惩办。"③ 从党的最高

① 《陈云文选》第 3 卷，人民出版社 1995 年版，第 304 页。
② 《陈云年谱（一九○五——一九九五）》（下），中央文献出版社 2000 年版，第 381 页。
③ 《陈云文选》第 3 卷，人民出版社 1995 年版，第 369 页。

利益和长远利益来看，这样有利于安定团结，有利于团结教育大多数。

任何人研究历史都不可能缺失历史观，任何历史研究的结论也都不可能没有立场、绝对的客观。社会科学研究是不可能实现完全的价值中立的，有些历史研究者声称没有立场，实际上，他们在"把历史唯物主义视为一种非学术、非文化、非生活的意识形态话语而加以排斥的同时，也就从根本上改变了历史研究的原有宗旨，而有意无意地接受了另一种历史观的支配"①。由此，国史研究和国史研究者持有怎样的历史观，具有根本性的意义。陈云对新中国成立以来重要国史事件和国史人物的评判，完全符合《历史决议》的精神，是客观准确的，其根本原因就在于他始终坚持唯物史观。正是有了正确的历史观，才能够准确把握国史事件和国史人物；知道是为谁写史，才能写出好的国史。唯物史观是国史研究和国史研究者应秉持的历史观。

三　方法论与国史研究

国史，在时间断限上属当代史。研究离我们最近的这段历史会让我们发现，历史的舞台并没有那么高，我们每个人都站在上面。但是，为什么同是历史的亲历者，对历史事件和历史人物的判断会有巨大的差别？除历史观的迥异，研究国史的方法是另外一个重要原因。为什么陈云认为"文革"是一场特定的条件下的政治斗争，而有人却认为是"一场反革命政变"？为什么陈云提出要对毛泽东的功过是非做出实事求是的评价，要确立毛泽东的历史地位，而有很多人要么坚持"两个凡是"，要么彻底否定毛泽东和毛泽东思想？为什么陈云重视对新中国成立以后历次政治运动造成的冤假错案的处理？为什么陈云主张党内斗争不能开杀戒？这里的原因，从史学研究角度讲，就是采用什么样的方法研究国史的问题，也就是同样地占有史料，如何鉴别分析的问题。对于国史来说，因为是刚刚发生的历史，抛开信息不对称的因素，作为亲历者，占有的史料是相同的，有没有正确的方法论作指导，就成为是否能够正确认识历史、判断评价对待历史事件和历史人物的关键。如果不能坚持正确的方法论，即使是同样的历史事实，也会得出不同的甚至完全

---

① 侯惠勤：《略论唯物主义历史观对于历史研究的意义》，《历史研究》2008 年第 6 期。

相反的结论。正如翦伯赞在他撰写的《历史哲学教程》序言里时提出的："我所以特别提出历史哲学的问题，因为无论何种研究，除去必须从实践的基础上，还必须要依从正确的方法论，然后才能开始把握其正确性。历史哲学的任务，便是在从一切错综复杂的历史事变中去认识人类社会之各个历史阶段的发生、发展与转化的规律性，没有正确的哲学做研究的工具，便无从下手。"①

唯物史观即马克思主义的历史唯物主义，"为社会科学提供了唯一正确的理论和方法，使得社会历史的研究第一次有可能克服人们过去对于历史和政治所持的混乱和武断的见解"②。马克思、恩格斯在《德意志意识形态》中系统表述了唯物史观的基本思想，"这种历史观和唯心主义历史观不同，它不是在每个时代中寻找某种范畴，而是始终站在现实历史的基础上，不是从观念出发来解释实践，而是从物质实践出发来解释观念的东西"。唯物史观的基本内容包括关于生产力、生产关系，经济基础、上层建筑的观点；关于阶级、阶级斗争和国家的观点；关于社会意识、社会形态和社会革命的观点；关于人民群众和个人在历史上作用的观点等。李大钊在最先传播马克思主义的时候就指出：历史的唯物的解释，"这种历史的解释方法不求其原因与心的势力，而求之于物的势力，因为心的变动常是为物的环境所支配"③。他批评唯物史观以前的历史观只能看出一部分的真理而未能窥其全体，而"唯物史观所取的方法，则全不同。他的目的，是为得到全部的真实，其及于人类精神的影响，亦全与用神学的方法所得的结果相反"④。瞿林东先生在《唯物史观和中国史学发展》一文中提出，唯物史观在四个方面影响了20世纪中国史学的面貌，推动了中国史学的发展，使其朝着科学化的道路前进：一是唯物史观要求研究全部历史，也可以说是要研究整体的历史；二是唯物史观告诉人们，人类社会的历史是一个自然发展过程，因而是有规律可循的；三是唯物史观要求人们用辩证的观点、方法看待人类社会历史的发展；四是唯物史观最鲜明地提出了人民群众对于推动历

---

① 翦伯赞：《历史哲学教程》，北京大学出版社1990年版，第2—3页。
② 艾思奇：《辩证唯物主义历史唯物主义》，人民出版社1962年版，第207页。
③ 李大钊：《史学要论》，时代文艺出版社2009年版，第143页。
④ 同上书，第144页。

史发展的巨大作用。① 这四个方面都是从方法论的角度阐释唯物史观对史学研究的意义。

同样地，唯物史观对国史研究也具有方法论上的指导意义。"陈云论国史"对唯物史观在方法论层面上对国史研究指导意义的体现，主要集中于两点：

第一，研究国史要辩证地，即全面地联系地发展地看问题，要从长期的整体的历史着眼，力求客观地准确地评价国史事件和国史人物。

对毛泽东和毛泽东思想的正确评价，正是陈云自觉地掌握了唯物史观辩证看问题科学方法论的结果。按照唯物史观的原则，评价历史人物要从长期的整体的历史着眼，评价要力求全面，要经得住历史的考验。陈云认为，毛泽东在新中国成立以后特别是"文革"当中犯了"左"倾错误，但是评价毛泽东不能只局限于"文革"十年和他晚年的错误。② 他提出，《历史决议》应增加对新中国成立前28年历史的回顾，这样才能体现毛泽东的丰功伟绩，肯定毛泽东和毛泽东思想的历史地位。1981年3月，陈云同邓力群谈话，指出"《决议》要按照小平同志的意见，确立毛泽东同志的历史地位，坚持和发展毛泽东思想。要达到这个目的，使大家通过阅读《决议》很清楚地认识这个问题，就需要写上党成立以来六十年中间毛泽东同志的贡献，毛泽东思想的贡献"③。他认为，"有了党的整个历史，解放前解放后的历史，把毛泽东同志在六十年中间重要关头的作用写清楚，那么，毛泽东同志的功绩、贡献就会概括得更全面，确立毛泽东同志的历史地位，坚持和发展毛泽东思想，也就有了全面的根据；说毛泽东同志功绩是第一位的，错误是第二位的，说毛泽东思想指引我们取得了胜利，就更能说服人了"④。就毛泽东的历史功绩问题，他对邓力群指出五个要点：其一，培养了一代人，一大批干部；其二，正确处理了西安事件、制定了抗日战争期间我们党的一系列方针政策并写了许多重要著作；其三，延安整风时期倡导学习马列著作，特别是学哲学，对于全党思想提高、认识统一起了很大作用；其四，毛泽东的一整套理论和政策对中国革命的胜利起了决定性

① 瞿林东：《唯物史观与中国史学发展》，《史学史研究》2002年第1期。
② 《胡乔木谈中共党史》，人民出版社1999年版，第75页。
③ 《陈云文选》第3卷，人民出版社1995年版，第283—284页。
④ 同上书，第284页。

的作用；其五，毛泽东在党内的威望是通过长期的革命斗争实践建立起来的。肯定毛泽东的历史功绩，是正确评价毛泽东的前提和基础，同时也要客观地承认他晚年所犯的错误，否则就不能得出正确的结论。陈云同时指出，确立毛泽东的历史地位并不是要回避毛泽东晚年的错误，而是要以马克思主义的实事求是的态度给予科学的评价。他主张对毛泽东晚年的错误要分析，要把毛泽东发动"文化大革命"的动机和实际的结果区分开，同时要从制度上找原因。他认为，毛泽东发动"文革"的初衷是可以理解的，就是主要是为了防止中国变修。实际上，这个问题即使在今天，也不能说完全解决了。此外，也不能把"文革"的错误归咎于某个人或者某些人，而必须要考虑制度的因素。陈云认为，"实际上应该说，党内民主集中制没有了，集体领导没有了，这是'文化大革命'发生的根本原因"①。

《历史决议》在数易其稿、征求近万人意见的基础上，最终给予毛泽东科学的评价。《决议》指出，"毛泽东同志是伟大的马克思主义者，是伟大的无产阶级革命家、战略家和理论家。他虽然在'文化大革命'中犯了严重错误，但是就他的一生来看，他对中国革命的功绩远远大于他的过失。他的功绩是第一位的，错误是第二位的。他为我们党和中国人民解放军的创立和发展，为中国各族人民解放事业的胜利，为中华人民共和国的缔造和我国社会主义事业的发展，建立了永远不可磨灭的功勋。"② 陈云坚持以唯物史观整体地、全面地、动态地看待历史人物的要求，对《历史决议》的起草和毛泽东历史地位的确立作出了突出的贡献；也为国史研究科学的方法论提供了鲜活的实例。陈云在《历史决议》通过后，称赞"改得很好，气势很壮"③。

第二，研究国史必须坚持实事求是原则，要运用唯物史观的立场、观点和方法具体地分析国史研究中的难点、重点、热点问题，力求给予合乎历史真实、反映客观规律的回答。

陈云在 60 年代初就讲过，"真事说不假，假事说不真，真理总归还

---

① 《陈云文选》第 3 卷，人民出版社 1995 年版，第 274 页。
② 《三中全会以来重要文献选编》（下），中央文献出版社 2011 年版，第 155—156 页。
③ 《中华人民共和国史稿》第 4 卷，人民出版社、当代中国出版社 2012 年版，第 101 页。

是真理，历史实践是会证明谁是谁非的"①。唯物史观对史实的把握和
对实事求是原则的强调，对国史研究具有极为重要的方法论意义。陈云
对新中国成立以来特别是 50 年代中后期到"文化大革命"期间的一批
重大冤假错案的态度，正体现了这一点。新中国成立以后，几次政治运
动中出现了不少冤假错案。对"反右倾"运动时对许多干部的错误批
评，陈云 60 年代就指出过，"对于那些犯了一般性质的错误，而被当成
右倾机会主义的，要恢复名誉"②。"文革"结束后，陈云在 1978 年中
央工作会议上首当其冲提出要平反冤假错案。在向上海代表团提交的书
面发言中，他谈了自己对"天安门事件"的四点看法：（一）当时绝大
多数群众是为了悼念周总理。（二）尤其关心周恩来同志逝世后党的接
班人是谁。（三）至于混在群众中的坏人是极少数。（四）需要查一查
"四人帮"是否插手，是否有诡计。他明确指出，"邓小平同志与天安
门事件是无关的。为了中国革命和中国共产党的需要，听说中央有些同
志提出让邓小平同志重新参加党中央的领导工作，是完全正确、完全必
要的，我完全拥护"③。就在这次会上，还有领导同志坚持认为"天安
门事件"是"反革命事件"，粉碎"四人帮"后"继续批邓、反击右倾
翻案风"是正确的。陈云坚持积极推动对"文革"期间的重大冤假错
案实事求是地给予平反。经陈云直接提议复查和平反的党的重要领导人
和文化界著名人士有：刘少奇、瞿秋白、张闻天、萧劲光、马寅初、潘
汉年、徐懋庸等。其中，对刘少奇案的平反，陈云起了关键的作用。他
的看法是，"刘少奇是党的副主席、国家主席，掌握党政军大量机密。
如果他真的是内奸，要出卖是很容易的，但没有材料能够说明这一
点"④。他主张，刘少奇冤案是党和国家的事情，这个案子是要平反的，
但是不能像"四人帮"那时那样，随便栽赃，随便定性，而要逐条甄
别，重新调查。"要否认那些罪名，也让它公布于世，经得住历史的检
验，让世人来检验。"⑤ 在邓小平和陈云的共同努力下，十一届五中全
会为刘少奇平反。全会公告指出："五中全会为刘少奇同志平反，不仅

---

① 《陈云文集》第 3 卷，中央文献出版社 2005 年版，第 376 页。
② 同上书，第 285 页。
③ 《陈云文选》第 3 卷，人民出版社 1995 年版，第 230 页。
④ 《陈云传》（下），中央文献出版社 2005 年版，第 1522 页。
⑤ 同上书，第 1521 页。

是为了刘少奇同志个人，而且是为了党和人民永远记取这个沉痛的教训，用一切努力来维护、巩固、完善社会主义民主和社会主义法制，使类似刘少奇同志和其他许多党内外同志的冤案永远不致重演，使我们的党和国家永不变色。"①

对于毛泽东晚年的错误，他同样主张实事求是地分析。他对胡乔木讲：（一）毛主席的错误问题，主要讲他的破坏民主集中制，凌驾于党之上，一意孤行，打击同他意见不同的人。着重写这个，其他的可以少说。（二）整个党中央是否可以说，毛主席的责任是主要的。党中央作为一个教训来说，有责任，没有坚决斗争。假如中央常委的人，除毛主席外都是彭德怀，那么局面会不会有所不同？应该作为一个党中央的集体，把自己的责任承担起来。在斗争时是非常困难的，也许不可能。（三）毛主席的错误，地方有些人，有相当大的责任。毛主席老讲北京空气不好，不愿待在北京，这些话的意思，就是不愿同中央常委谈话、见面。他愿意见的首先是华东的柯庆施，其次是西南，再其次是中南。② 这就是说，陈云认为，毛泽东在"文革"中是犯了错误的，主要错误是破坏民主集中制，但是错误不是他一个人的，中央领导集体也是有责任的，地方上也有责任。这是实事求是的结论，符合历史的真实。

陈云论国史的内容虽然不多，但在共和国的历史上却有着极其重要的意义。他始终坚持以历史唯物主义的立场、观点和方法分析国史问题，评价国史人物，为国史研究坚持以唯物史观为指导树立了光辉典范。唯物史观作为世界共产主义运动兴起和发展的理论先导，作为当代真正科学的历史观和方法论，直到今天仍然以它所蕴含的历史进步及人类解放的深刻内涵，成为抵制历史虚无主义等反唯物主义思潮的科学武器。张海鹏先生在他《六十年来中国近代史学科的确立与发展》一文中提出，"我们的国家是社会主义国家，是中国特色社会主义国家，宪法规定了国家的指导思想是马克思主义。在学术领域多元多变的情况下，有远见的历史学者在注意吸收各种有价值的西方史学理论的时候，

---

① 《三中全会以来重要文献选编》（上），人民出版社1982年版，第441—442页。
② 《陈云年谱（一九〇五——一九九五）》（下），中央文献出版社2000年版，第260—261页。

不能放弃马克思主义的方法论和世界观"。当然,"用马克思主义理论,用唯物史观指导历史学研究,不是要一句一句地去背诵马克思主义的只言片语,而是要掌握马克思主义的立场、观点和方法,是用实事求是的态度,客观地看待历史,研究历史。这样的研究,对于我们还原历史真相,对于我们认识历史发展规律,是会大有帮助的"[①]。"陈云论国史"对于唯物史观对国史研究指导意义的体现,也便在于此。

(作者单位:中国社会科学院当代中国研究所)

---

① 张海鹏:《六十年来中国近代史学科的确立与发展》,《历史研究》2009 年第 5 期。

江泽民与马克思主义史学的中国化

曹守亮

作为具有浓厚历史意识和自觉史学意识的政治家，江泽民在20世纪80年代后期以来对史学的社会价值和现实作用作了可贵探索。在他主政期间，中国当代史学取得了两大成就——白寿彝总主编多卷本《中国通史》的全部出版和《当代中国》丛书的全部出版。作为国家主要领导人，江泽民均给予了特别的重视，给予了高度评价。① 2008年，在江泽民动议和关照之下，中国社会科学院历史研究所开始了两部中国简史的编撰工作，经过三年不懈努力，近日推出了集体成果《简明中国历史读本》（中国社会科学出版社2012年版）和蔡美彪撰写的《中华史纲》（社会科学文献出版社2012年版）。江泽民为《简明中国历史读本》作的题为《高度重视学习中华民族发展史》的序言，较之1999年祝贺白寿彝总主编多卷本《中国通史》全部出版的贺信，其史学思想又有了进一步的发展。它紧密契合时代发展的脉搏、与时俱进，体现出当代中国的时代追求和世界目标，可以认为是江泽民在推动史学发展的层面上以一个史学家的身份呼应和促进了当代史学的发展。

一　身体力行，促进当代史学的发展

20世纪80年代中期以来，西方自由化思潮对中国思想界和学术界

---

① 参见江泽民《中共中央总书记江泽民给白寿彝同志的贺信》，《史学史研究》1999年第3期；《江泽民在会见〈当代中国〉丛书暨电子版完成总结大会代表时的讲话》，《当代中国史研究》1999年第4期。

造成了巨大的冲击，形成瓦解之势。以电视理论片为代表的《河殇》的历史虚无主义思潮成为当时"史学危机"的重要表现。思想界、理论界和教育界开始出现混乱的局面，资产阶级的自由化思潮对四项基本原则构成了挑战。1989 年 6 月 24 日，江泽民《在党的十三届四中全会上的讲话》中指出加强教育尤其是国情教育问题的重要性。他强调，这就是近百年来中国历史的教育，社会主义必然性的教育，以及中华民族优秀传统的教育问题。有些人不了解中国的历史和现实，幻想一夜之间把西方的物质文明搬到中国土地上，比较容易接受实行资本主义制度的宣传。① 改革开放后，西方的思想文化涌入中国，人们走出国门，大大拓宽了眼界，真真切切地感受到了中国与西方国家在物质财富、社会发展方面的巨大差距。此时人们头脑中产生的那种强烈的自卑鲜明地反映在了当时的史学当中，即历史虚无主义思潮的出现。很显然，江泽民在此及以后一个时期内提倡的国情教育和历史教育是有的放矢，具有较强的现实意义和现实针对性。

1990 年 5 月 3 日，江泽民在首都青年纪念五四报告会上的讲话中特别强调了正确对待历史和学习历史与开展爱国主义教育的关系。他指出："全国人民特别是广大青年，都要认真学习和了解祖国的历史尤其是近代以来的历史。中华民族历史悠久，我们祖先在这块土地上创造了灿烂的物质文明和精神文明，形成了具有民族特色的文化传统，为人类文明作出了卓越的贡献。"② 通过学习历史来开展爱国主义教育，使得爱国主义教育具有了生动载体，具有较强的可操作性，更为重要的是，江泽民已经认识到历史对于爱国主义教育来讲具有天然的联系和必然的要求是非常可贵的。因而，江泽民认为在家庭教育、学校教育、社会教育中都应该贯彻和重视历史学习。否则，"不了解、不懂得祖国的历史文化，爱国主义观念和民族精神是很难自觉、牢固地树立起来的。这是大量事实已充分证明了的一条重要的社会经验和人生经验。大中小学和各级党校、干部学校，以及我们在自学中，都应该重视中国历史、地理、文学的学习，任何时候都不能轻视这些学习"③。这种提倡自上而

---

① 参见《江泽民文选》第一卷，人民出版社 2006 年版，第 61 页。

② 《江泽民文选》第一卷，人民出版社 2006 年版，第 123 页。

③ 《江泽民文选》第二卷，人民出版社 2006 年版，第 302 页。

下对本国历史、文化、传统的学习，在很大程度上是对在当时中国广泛流传的以西方"利己"为核心的西方资本主义价值观①的抵制和排斥，本质上体现了东西方两种文明形态、价值理念的冲撞和交融。

江泽民还强调："我们要正确认识自己的历史文化，区分精华和糟粕，使中华民族几千年来创造的文明成果，在社会主义现代化建设中获得新的生命，放出新的光彩。"② 那么五千年历史长河中又有哪些是"精华"呢？江泽民指出："我国历史悠久，与古代埃及、古代巴比伦、古代印度并称为世界四大文明古国。其他三个地方的古代文明后来都中断了，唯有中华文明五千多年来一脉相承、从未中断、一直延续到今天。中华民族经历了种种磨难和曲折，但始终没有被打散。20 世纪，中国人民为改变自己的命运顽强奋斗，在前进道路上经历了辛亥革命、建立新中国和社会主义制度、实行改革开放三次历史性巨大变化，产生了孙中山、毛泽东、邓小平三位站在时代前列的伟大人物。这充分说明，我们这个民族具有强大的凝聚力和生命力。中华民族波澜壮阔的历史，是我们十分宝贵的财富。把握了历史，我们就可以更好地开辟未来。"③ "我国的历史文化博大而多彩。从春秋战国时期的诸子百家学说到孙中山先生的学说，从楚辞、汉赋、乐府、唐诗、宋词到元曲等文学艺术遗产，以四大发明为杰出代表的中国古代科学技术，从大禹治水以来中华民族改造和利用自然、建设家园的历程，我国各族人民在长期生存和发展斗争中形成的光荣传统，如此等等，丰富地蕴含着中华民族创造的治国思想、艺术情趣和文化传统。"④ 江泽民对于中国历史上的绵延不绝的历史及其记载、历经的种种磨难和曲折、伟大的人物、丰富多彩的优秀传统文化和优良文化传统给予了充分的肯定，认为是值得珍视的。这是在阐述自己对于中国历史和中国史学的认识和理解，同时也是对中国当代史学的下一步发展提出的中肯建议。

担任中共中央总书记以来，江泽民的工作繁忙了许多，但他仍坚持有计划地学习和研究中外历史，关注史学的发展。1996 年，江泽民经过长时间的思考草拟了有关中外历史方面的九个专题，邀请齐世荣、龚

---

① 参见武力主编《中国发展道路》上，湖南人民出版社 2012 年版，第 52 页。
② 《江泽民文选》第一卷，人民出版社 2006 年版，第 123 页。
③ 《江泽民文选》第二卷，人民出版社 2006 年版，第 301 页。
④ 同上书，第 302 页。

书铎、张宏毅、李文海、戴逸、庞卓恒、张传玺、罗国杰八位知名历史学家进行讲述，并共同加以研究。这些专题，涉及内容十分广泛，具有较强的现实意义和学术价值，包括中国近代以来的社会变革、自然灾荒与社会稳定、中外（主要是中美俄日）关系；中国古代国家历史特征、古代儒家思想与政治统治、古代民族与边疆；世界古代帝国的兴衰、文艺复兴与资本主义发展、美英法资产阶级革命，等等，涉及中国历史和世界历史发展进程的重大历史问题。这些专题文稿后来经过扩充修改于1998 年结集出版，名为《中外历史问题八人谈》①。江泽民与中央政治局其他常委集体学习历史开创了以史资政的新途径，在这个特殊的课堂上，史学家与政治家就重大的历史问题作了深入、坦率的研讨，形成了重视历史、重视史学的庄重而热烈的场景。这一情景与当年汉高祖、文武百官与陆贾为首的儒生在朝廷上探讨秦亡汉兴的情景是何等相似！《中外历史问题八人谈》一书的出版与中央政治局集体学习历史机制的确立，在史学界产生了热烈而持久的影响，推动了当代历史学的健康发展。②

二　江泽民给白寿彝的贺信：政治家的史学观照

1999 年 4 月 25 日，时任中共中央总书记、国家主席、中央军委主席的江泽民给史学家白寿彝写信，祝贺他总主编的多卷本《中国通史》全部出版。贺信洋溢着对中国史学和中国史学工作的赞美和敬佩之情，极大地鼓舞了广大史学工作者，有力地推动了中国当代史学的健康发展，成为中国当代史学史上的重要文献史料。

读这封贺信，我们能感觉到党和国家领导人对历史学的重视。它所具有的凝重的责任感和鲜活的感染力跃然纸上。事实上，贺信还具有相当的学术价值和现实意义，主要表现在：

---

① 该书为国家教委高校社会科学发展研究中心组织编写，由中共中央党校出版社 1998 年出版。

② 参见张克敏《以史为鉴 可以知兴替——读〈中外历史问题八人谈〉》，《理论前沿》1998 年第 21 期；田居俭《向领导干部推荐一本史书——写在〈中外历史问题八人谈〉出版之际》，《求是》1999 年第 4 期；崔岳勇《纵论古今 以史为鉴——读〈中外历史问题八人谈〉》，《社会科学辑刊》2000 年第 5 期，等等。

　　首先，贺信强调了在新形势下运用历史唯物主义观点，在前人研究的基础上不断对历史文化遗产作出新总结的重要性。在经济全球化日益深入发展的今天，西方的强势文化日益冲击着中国文化的方方面面和角角落落，它一方面给中国社会，尤其是学术界和文化界带来了生机和活力，另一方面在社会上和学术界也出现了形形色色的民族虚无主义和历史虚无主义思潮。从文化的角度看，以西方文化为主导的话语权，已经对中华文化的生存和繁荣构成了不可忽视的冲击和挑战，当代中国的文化深陷于西方话语的包围之中，有可能导致学术洞察的失明和文化分析的失语，这对于中华民族来说是不可想象的。可以说中西文化交流中中国文化的严重"入超"，已经严重影响到中华民族的民族精神的凝聚，冲击到了社会主义核心价值体系的有效构建，影响到了科学发展观的深入实践。"文化帝国主义"的兴起，弥漫着西方敌对势力颠覆社会主义的险恶用心，从意识形态斗争的角度彰显出重视中华民族的历史文化和优良文化传统的现实意义所在。因而，面对经济全球化的趋势，必须采取积极的姿态和相应的对策，趋利避害，以便赢得自我发展的时间和空间。中华民族在充满信心地面对世界、走向世界、融入世界的同时，也面临着保持中国文化的民族特点和风格，构建具有中华民族气派和品格的马克思主义文化新形态的艰巨任务。贺信所强调的对中华民族的历史宝库，"运用历史唯物主义的观点不断加以发掘，在前人研究的基础上不断作出新的总结"，仍然是我们在经济全球化的形势下，所要不断倡导和努力实践的。研究本身是对史学工作者和理论工作者的爱国主义教育的重要体现。

　　其次，贺信所提出的通过对历史知识，尤其是通史的学习，增强唯物史观的观点，对我们今天探索深入学习科学发展观的正确途径，增强实践科学发展观的正确性，进行爱国主义教育具有相当的启示。唯物史观作为包括历史学在内的哲学社会科学的指导思想，在中国文化和中华民族精神的发展史上所发挥的作用和具有的地位是有目共睹的。多年来，人们对如何运用唯物史观进行研究以及如何提高自身的马克思主义理论素养作过卓有成效的探讨，取得了巨大的成绩。人们对唯物史观与历史学的关系也有了新的更为辩证的认识。江泽民同志的贺信不仅回答了研究中国历史要不要以唯物史观为指导的问题，而且还明确地提出了通过历史知识，尤其是中国通史的学习，增强唯物史观的观点。这是一个富有创新意义的观点，开启了自觉利用中国历史知识，增强唯物史观和马克思主义基本观点的新阶段。自科学发展观这一重大理论命题提出之后，深入学习和努力实践科学发展观不仅成为当今中国社会发展进程中需要解决的现实问题，而且成为摆在当前理论界和学术界的重大学术问题。作为唯物史观的继承和发展、丰富和创新的理论新形态，科学发展观体现了中国共产党人的时代精神和中华民族的历史底蕴。如何把对科学发展观的学习深入、持久地开展下去，并取得积极成效，贺信在这方面无疑是富有启示意义的。充分地发掘、利用中华民族的历史宝库，在经济全球化的形势下，对马克思主义的唯物史观作出新发展，对科学发展观作出更富有创造性和说服力的研究，是一个值得尝试的途径。从史学发展的表现形态上看，这也正是"在马克思主义唯物史观指导下进行创造性研究，开辟新的领域，攀登新的高峰"①的生动呈现。

再次，贺信是中国共产党所具有的自觉的历史总结传统的集中体现。中国共产党具有总结历史经验的优良传统。毛泽东、邓小平均进行过深刻的历史总结和反思。1937 年 3 月，党中央进驻延安之初就设立中央研究院中国历史研究室。随后，则有 1939 年的《中国革命和中国共产党》和 1940 年的《新民主主义论》等历史总结的典范之作问世。1945 年 4 月 20 日，中国共产党第六届中央委员会扩大的第七次全体会议通过了《关于若干历史问题的决议》。1981 年 6 月 27 日，中国共产党第十一届中央委员会第六次全体会议一致通过了《关于建国以来党的若干历史问题的决议》。1999 年 4 月，江泽民同志给白寿彝教授的贺信，也可以看作体现这种历史总结优良传统的典型文献。其中对于历史教育和中国通史的重视具有非常强的现实意义。这一认识在 21 世纪终于得到了实践。2004 年 1 月，中共中央发出《关于进一步繁荣发展哲学社会科学的意见》，明确提出实施马克思主义理论研究和建设工程。将对历史的总结和对历史学教材的编写纳入五项任务之中，充分体现了中国共产党在新形势下对总结历史的重视。2007 年 1 月，马克思主义理论研究和建设工程重点教材《中国近现代史纲要》由高等教育出版社出版，并成为当代大学生思想政治理论课的教材。我们从中可以看出，在不同的时代，中国共产党对历史作出了不同的探索，有不同的认

---

① 瞿林东：《史学在社会中的位置》，商务印书馆 2011 年版，第 30 页。

识，其中有一点是相同的，那就是中国共产党总是站在时代的潮头，总结历史，指引未来。中国共产党在九十多年奋斗历程中之所以能够克服重重困难和阻力，不断前进，其中一个重要原因就在于能够对中华民族的历史和中国共产党自身的历史适时加以总结，源源不断地从中汲取有益的经验和教训。

最后，贺信充分强调了历史教育对于普通民众，尤其是对于领导干部的重要性，对今天进行爱国主义教育、探索干部教育和培训的长效机制仍具有重要的启示意义。历史教育是一项纷繁复杂的系统工程，需要全党全社会为之锲而不舍地努力奋斗。贺信中指出的"党和国家的各级领导干部要注重学习中国历史，高级干部尤其要带头这样做。领导干部应该读一读中国通史"的观点，在当时的"三讲"学习活动中因其具有较强的操作性而发挥了重要作用。2003 年 11 月 24 日，胡锦涛在主持中共中央政治局第九次集体学习的讲话中指出："在新形势下，我们要更加重视学习历史知识，更加注重用中国历史特别是中国革命史来教育党员和人民。"这里再一次强调了中国历史对于干部教育和培训的重要意义，与贺信中的观点是一脉相承的。今天，在深入学习和努力实践科学发展观的活动中，党员干部若是也能"读一读中国通史"，肯定也会收到开阔眼界和胸襟，提高精神境界的积极效果。在这一点上，贺信所强调的和白寿彝教授的观点是不谋而合的。白寿彝教授曾生动形象地指出："我们当干部的，什么叫干部呀？一棵大树什么叫干呢？最粗的往上通的部分叫干部，小枝子、树叶都不算。干部是国家的栋梁之材，是树干子。这个意义就规定了同志们的责任，要把历史的担子挑下来，要创造历史。……我们当干部的要当推动历史前进的骨干。学历史了更应懂得历史的主流，历史要向哪方面去，干部才干得好。"① 这是白寿彝教授在 1984 年 6 月会见连云港教育学院干部班的全体学员时所发表的讲话，今天读来，仍然能感受到它鲜活的现实启示之所在。贺信将学习历史与当好干部的问题上升到了更高的层面上来对待，并且倡导全党全社会认真对待、在"三讲"活动中努力实践，充分体现了中国共产党的历史自觉性和现实理性。

---

① 白寿彝：《学习历史与当好干部》，《白寿彝史学论集》上册，北京师范大学出版社 1994 年版，第 280 页。

重读《中国通史》，想到的是白寿彝教授以及其他学术前辈所铸就的学术丰碑；重读贺信，感受到的是这篇反映中国共产党历史意识和史学意识的经典文献那经久不衰、历久弥新的价值和魅力。贺信从史学研究和史学价值的角度，探讨了史学在社会中的位置，在社会主义市场经济的浪潮中，在中国特色社会主义事业中，给中国当代史学以清晰而准确的定位。这反映出改革开放以来中国史学经过几十年的探索和寻找，终于在纷繁复杂、丰富多彩的社会现实中找到了自己的位置。

三 "高度重视学习中华民族发展史"： 史学家的政治情怀

从中共中央总书记领导岗位上卸任的江泽民，对于历史的研究和对史学的重视又有了新的发展。2008 年，江泽民在同中国社会科学院领导和多学科研究人员座谈的时候，提出了编撰中国历史简史的想法。会后，中国社会科学院对此事进行落实，编撰简明中国历史读本正式启动，经过三年的努力，现在这两部简明历史书①终于和读者见面了。2012 年 7 月 13 日，江泽民在看过书稿之后，欣然提笔撰写了《高度重视学习中华民族发展史》一文作为《简明中国历史读本》的序言。

首先，序言对中华文明在世界文明发展史上的地位和作用作了系统的阐述。江泽民在座谈会上指出："中华文明源远流长，五千多年来一脉相承，始终没有中断。这在世界历史上是很罕见的"，"中国是世界上古老的文明发祥地之一，经历数千年薪火相传，绵延不断，在人类发展史、世界文明史上是独一无二的；中华各民族久经磨合、交往融汇，形成统一而又丰富多彩的中华民族大家庭；今日的中国是几千年历史、文明的结晶，只有深刻地了解我们国家的历史，才能更加珍惜、热爱我们伟大的祖国"②。正所谓"知之深，爱之切"就是这个道理。正如江

---

① 指的是中国社会科学院历史研究所《简明中国历史读本》编写组编的《简明中国历史读本》（中国社会科学出版社 2012 年版）和蔡美彪的《中华史纲》（社会科学文献出版社 2012 年版）两书。后者是中国社会科学院陈奎元院长遵照江泽民同志关于出版简史的提议，委托蔡美彪撰写的（详见该书的前言）。

② 中国社会科学院历史研究所《简明中国历史读本》编写组编写：《简明中国历史读本·后记》，中国社会科学出版社 2012 年版，第 488 页。

泽民在《简明中国历史读本》的序言中所指出的："在中华民族漫长的发展史上，我国各族人民团结奋斗取得辉煌成绩，我国各族人民经历的种种苦难曲折，都是爱国主义教育的生动教材，都是激励我们为祖国、为民族发展进步而不懈奋斗的精神力量。要真正形成对祖国、对民族的深切之爱、理性之爱，必须重视学习中华民族发展史，不断丰富历史知识。"① 考虑到谈话的对象，学习，在此时的语境中并不仅仅是简单地模仿或者机械地重复，而是具有充分发挥主观能动性结合时代主题进行深入研究的意味。江泽民提出的对祖国、对民族的"深切之爱、理性之爱"源于对中华民族发展史的深刻体验和对中华民族精神的高度认同，实在是具有深厚的历史底蕴和辩证历史思维之后的发自内心的思想感情，是政治家的史学忧患意识和史学家的现实观照思想的有机融合。

其次，序言系统阐述了古与今、历史与现实的必然联系。1999 年 1 月 11 日，江泽民在《论加强和改进学习》一文中再次强调中国共产党应该将学习历史作为一大任务来看待。他指出："一名领导干部不善于从历史中吸取营养，不可能成为高明的领导；一个政党不善于从历史中认识和把握社会发展的规律，不可能成为顺应历史潮流的自觉的政党；一个民族不善于从历史中继承和发展本民族与世界其他民族创造的优秀文明成果，就不可能屹立于世界民族之林。"② 这样的认识确实是只有站在时代的前沿和历史的潮头才能够提出的，体现出了政治家的现实责任感。江泽民在序言中重申了 1999 年在《论加强和改进学习》中的这一观点，并进一步指出："一个民族的历史深刻影响着一个民族的现在和未来。今天的中国从历史的中国发展而来。我们国家和民族的发展史，包含着治国安邦的深刻道理，也揭示了今天我国发展道路的历史必

---

① 江泽民：《高度重视学习中华民族发展史》，载中国社会科学院历史研究所《简明中国历史读本》编写组编写《简明中国历史读本》，中国社会科学出版社 2012 年版，第 2 页。

② 《江泽民文选》第二卷，人民出版社 2006 年版，第 301 页。宋元之际历史学家胡三省在《音注资治通鉴序》中曾有言："为人君而不知通鉴，则欲治而不知自治之源，恶乱而不知防乱之术。为人臣而不知通鉴，则上无以事君，下无以治民。为人子而不知通鉴，则谋身必至于辱先，作事不足以垂后。乃如用兵行师，创法立制，而不知迹古人之所以得，鉴古人之所以失，则求胜而败，图利而害，此必然者也。"胡三省在此讲了学习《资治通鉴》在当时的社会政治生活中所具有重要意义，但其义重在君臣父子之社会伦理和政治纲常的阐扬。而江泽民的论述则从历史对于一个领导干部、一个政党和一个民族的生存发展所起的作用谈起，具有更为宽广的视野和心胸，两者的精神境界和理想追求不可同日而语。

然性。要夺取改革开放和社会主义现代化建设的成功，我们不仅应该懂得中国的今天，而且还应该懂得中国的昨天和前天。"① 可以说序言"鲜明地体现了江泽民同志一贯号召全党全社会都应该重视历史学习，牢固树立爱国主义精神和正确的历史观、人生观、价值观的思想"②。干部教育作为爱国主义教育的重要部分，能不能以正确的态度对待历史、运用历史，从历史中汲取经验教训是非常重要的。对于一个政党来说则是事关成败浮沉的重要原因，而对于一个民族来说，能不能自觉而又卓有成效地进行历史教育则是事关兴衰荣辱、生死存亡的大事。

再次，序言强调了要学习中华民族发展史，突出强调了各族人民在创造中华民族发展史的进程所发挥的不可或缺的作用。序言强调："从遥远的古代起，我国各族人民就建立了紧密的政治经济文化联系，共同开发了祖国的河山。中华民族的悠久历史，是我们必须十分珍惜的宝贵财富。中华民族的优秀文化，是我国各族人民共同创造和传承的，是维系民族团结和国家统一的牢固纽带。"③ "在中华民族漫长的发展史上，我国各族人民团结奋斗取得的辉煌成就，我国各族人民经过的种种苦难曲折。都是爱国主义教育的生动教材，都是激励我们为祖国、为民族发展进步不懈奋斗的强大精神力量。"④ 这一历史事实在今天的社会主义现代化建设进程中仍然是中国最大的国情。因此，民众以及各级领导干部都应该从这个实际出发开展工作。这也是江泽民一贯的民族思想的发展和提升。更为重要的是，明白了祖国境内各民族和中华民族的形成、发展史也就能对中华民族所取得的成就和问题有更为深刻和辩证的认识。

复次，序言强调深入研究中华民族发展史和世界历史，从社会实践的角度看是为了更好地投身到坚持和发展中国特色社会主义、实现中华民族伟大复兴的宏伟事业中去，从历史研究的角度看，是为了能够正确地总结中国特色社会主义发展道路，从学术的层面上构建具备深厚民族

---

① 江泽民：《高度重视学习中华民族发展史》，载中国社会科学院历史研究所《简明中国历史读本》编写组编写《简明中国历史读本》，中国社会科学出版社 2012 年版，第 1 页。

② 中国社会科学院历史研究所《简明中国历史读本》编写组编写：《简明中国历史读本·后记》，中国社会科学出版社 2012 年版，第 488—489 页。

③ 江泽民：《高度重视学习中华民族发展史》，载中国社会科学院历史研究所《简明中国历史读本》编写组编写《简明中国历史读本》，中国社会科学出版社 2012 年版，第 1 页。

④ 同上书，第 2 页。

特色和国际视野的中国发展道路体系。江泽民指出："改革开放以来，我们不断扩大对外开放，推动中国和世界的关系发生了举世瞩目的变化。新形势下，我们不仅要学习中国历史，而且要学习世界历史，善于从中外历史上的成功失败、经验教训中进一步认识和把握历史发展和社会进步的规律，认识和把握时代大势。"① 三十多年的改革开放伟大实践从根本上改变了中国社会的面貌，也在很大程度上影响和左右了世界历史的发展进程，为世界历史的发展增添了许多生机和活力。随着中国综合国力的不断增强，中国发展道路、中国模式的探讨和研究开始提上当代史学工作者的研究日程。在全球视野下以唯物史观为指导认真梳理中国特色社会主义三十多年以及中国社会主义建设六十多年的历程，总结其中成功的经验和失败的教训，并对其作出深具中国特色和民族特征的理论阐释，无疑是中国当代史学家义不容辞的责任。

最后，序言明确了当下历史学家的责任和任务，对当下中国历史学的发展提出了具体而明确的任务。如果说江泽民给白寿彝的贺信是对21世纪中国史学提出了明确的要求和期待的话，② 那么他给《简明中国历史读本》所作的序则进一步明确了21世纪中国历史学发展的方向。江泽民指出："我们还要向世界介绍我国历史，特别是要介绍近代以来中华民族遭受的历史苦难和进行的伟大奋斗，让国外民众了解我国历史和国情，帮助他们从历史角度来客观观察和分析今天的中国。"③ 在这里，21世纪的中国史学工作者不仅要研究中外历史，还要把握历史规律和时代大势，在世界历史发展的趋势和潮流中给予中国一个清晰而准确的定位，增加中国学术在国际史坛中的影响力。随着中国"不断扩大对外开放，推动中国和世界的关系发生了举世瞩目的变化"④，尤其是要研究中国在世界历史发展进程中的地位和作用。而向世界介绍中国历史，尤其是近代以来的中国历史和中国发展道路，则更是为当代中国史学的发展增添了新内容，注入了新的活力。当代中国史学注定要在对外

① 江泽民：《高度重视学习中华民族发展史》，载中国社会科学院历史研究所《简明中国历史读本》编写组编写《简明中国历史读本》，中国社会科学出版社2012年版，第2页。

② 参见瞿林东《史学在社会中的位置》，商务印书馆2011年版，第30页。

③ 江泽民：《高度重视学习中华民族发展史》，载中国社会科学院历史研究所《简明中国历史读本》编写组编写《简明中国历史读本》，中国社会科学出版社2012年版，第2—3页。

④ 同上书，第2页。

传播的过程中逐渐形成新的研究成果、新的学术形态，建立新的话语体系，谱写出新的篇章。

序言从历史研究的角度突出强调了中华民族发展史的重要地位，在强调学习的同时，更多地是对当代史学家提出了更高的要求，不仅要在全球化的视野下研究中国发展道路并对其给出具备较强理论影响力和学术阐释力的分析框架和理论解释范式，而且还要将中华民族的历史，尤其是中国特色社会主义的历史介绍给世界，在全世界范围内传播中华文化和中华文明的历史形态和现实模式。这两项任务都是艰巨而光荣的，是今后相当长的时期内中国当代历史学，尤其是中国马克思主义史学发展的新内容和新的学术增长点。

三十多年的中国马克思主义史学与改革开放以来的中国一样经历了对核心学术理念的批判与解构、反省和重塑，其发展脉络大致与江泽民对史学所提出的任务和要求不谋而合。是否可以认为，江泽民关于中国当代史学的一系列见解和思想是这一阶段马克思主义史学中国化的重要内容和缩影呢？而序言所昭示的未来中国当代史学的发展道路和基本趋向正是马克思主义史学中国化进程中的又一个重要发展阶段，在这一阶段将形成深具中国民族特色而又为国际史坛所认可的基本特征和学术品格。

（作者单位：中国社会科学院当代中国研究所）

江泽民对马克思主义史学及中共党史研究的贡献

王爱云

20 世纪 80 年代末 90 年代初，世界社会主义运动遭遇空前严重的挫折，西方敌对势力在意识形态领域对马克思主义进行空前猛烈的攻击。这给作为科学社会主义理论基石的唯物史观带来了极大的冲击。与此同时，以否定人民革命和社会主义建设成就的历史为重点的历史虚无主义思潮泛起，中共党史研究面临严峻的挑战。

到中央就职之前，江泽民就对这些问题有清醒的认识和强烈的历史紧迫感。如 1989 年 3 月 20 日，针对有人提出要进行三个所谓"反思"即"反思七十五年前五四运动时期把马克思主义传播到中国对不对，反思四十年前即建国后确定中国走社会主义道路对不对，反思十年前党的十一届三中全会确定的中国走改革开放的道路对不对"的情况，江泽民义正言辞地指出："对这些大的是非问题，共产党员要看清实质，旗帜鲜明地作出回答：五四运动时期把马克思主义传播到中国是对的，建国后确定中国走社会主义道路是对的，党的十一届三中全会确定搞改革开放、走建设有中国特色社会主义道理也是对的。"但是同时他也指出，只说"对"是不够的，要作出令人信服的回答，不能只用简单的口号去说服别人，必须用正确的观点、正确的理论进行分析，明辨是非。① 这种正确的理论，就是马克思主义唯物史观。担任党的总书记后，江泽民对马克思主义唯物史观极其重视，不仅坚持唯物史观基本原理来观察分析问题，而且还结合国内外形势和改革开放经验，对唯物史观的一些内容进行了丰富和发展；他还运用唯物史观，对如何总结历史经验、借

---

① 《江泽民文选》第 1 卷，人民出版社 2006 年版，第 43 页。

鉴历史、学习历史等都作出了深入思考，并对如何开展中共党史研究提出了自己的意见，从而丰富和发展了马克思主义史学理论体系。

一　坚持并丰富发展唯物史观

作为一位马克思主义者，江泽民一向重视学习马克思主义基本原理，掌握马克思主义的立场、观点、方法。尤其是 80 年代末改革遇到一些困难和挫折时，有些人就灰心丧气、悲观失望，认为通货膨胀和社会上出现的一些腐败现象、不安定因素等都是改革带来的后果，从而怀疑改革的必要性和正确性。针对这种现象，江泽民认为，之所以出现这种情况，一个重要的原因"就是缺乏马克思主义的思维方式，缺乏辩证唯物主义的思想方法，不善于用马克思主义的立场、观点、方法来分析当前的社会问题"，所以他主张"有必要在干部中开展正确的思维方式的教育，提倡马克思主义的思想方法论"①。到 1998 年春，国际敌对势力又打着"纪念改革开放 20 周年的幌子"，污蔑中央要"淡化十一届三中全会的重大历史意义"，企图为所谓"六四"10 周年"创造气氛"。江泽民深刻分析指出："他们的根本目的，就是要在我国搞出一点乱子，以图乱中取胜，否定共产党的领导，否定社会主义制度。"他再次强调讲马克思主义政治，增强政治鉴别力和政治敏锐性。② 1999 年春我国又发生了"法轮功"事件。对此，江泽民痛心疾首，"难道我们共产党人所具有的马克思主义理论，所信奉的唯物论、无神论，还战胜不了'法轮功'所宣扬的那一套东西吗？果真是那样，岂不成了天大的笑话！"他更为深刻地认识到"必须坚持用正确的世界观、人生观、价值观教育广大干部群众"③。

江泽民多次在不同的场合、从不同的角度阐述学习掌握马克思主义基本原理的重要性。如 1995 年 5 月 26 日，江泽民在全国科学技术大会上发表讲话，讲到如何加强党对科技工作的领导时就强调要有科学的思维、态度和方法："一定要努力学习马克思主义的辩证唯物主义和历史

---

① 《江泽民文选》第 1 卷，人民出版社 2006 年版，第 43、45 页。
② 《江泽民文选》第 2 卷，人民出版社 2006 年版，第 112 页。
③ 同上书，第 320 页。

唯物主义，树立科学的世界观。离开了科学的世界观，我们的决策、我们的事业就丧失了坚实的哲学基础。科学的思维，科学的态度，科学的方法，其本质就是解放思想、实事求是。"①1999 年 1 月 11 日，他在中共中央举办的省部级主要领导干部金融研究班上发表讲话，论述了加强和改进学习的问题。在强调"坚持用马克思主义理论指导实践和用各种知识来丰富提高自己"时，他又明确说明："我们学习理论，关键是要学会运用马克思主义的立场、观点、方法来观察和解决问题，提高辩证思维的能力，防止形而上学和片面性。这就要求我们必须认真学习和掌握马克思主义哲学的基本原理。马克思主义哲学是全部马克思主义理论的思想基础，也是马克思主义立场、观点、方法的思想基础。事物的发展是复杂的、充满着矛盾的运动。如果不观察矛盾发展中对立统一的方面及其活动过程，简单地下结论、作决策，就容易出现偏差和失误。"②1999 年 6 月 28 日，在谈到党员干部要坚定正确的理想信念时，他再次指出："我们共产党人的根本政治信仰是社会主义和共产主义，世界观是马克思主义的辩证唯物主义和历史唯物主义，这是任何时候都丝毫不能动摇的。"③

具体到唯物史观而言，江泽民首先是坚持运用唯物史观的基本原理来认识问题、分析问题。如在分析生产力与生产关系、经济基础与上层建筑等人类社会发展的基本矛盾时，江泽民多次表述了唯物史观的基本原理，显示了其深厚的马克思主义理论功底。1996 年 9 月 26 日谈到舆论导向问题时，他说："经济基础决定上层建筑，上层建筑对经济基础又有巨大的反作用，这是马克思主义的一个基本观点。新闻舆论，作为上层建筑、意识形态的一个重要组成部分，由于其自身的特点和优势，同社会政治、经济、文化生活的各个领域都有密切的联系，都会产生广泛而深刻的影响。"④2001 年他在庆祝中国共产党成立 80 周年的讲话中指出："生产力是最活跃最革命的因素，是社会发展的最终决定力量。生产力与生产关系、经济基础与上层建筑的矛盾，构成社会的基本矛盾。这个基本矛盾的运动，决定着社会性质的变化和社会经济、政治、

---

① 《江泽民文选》第 1 卷，第 438—439 页。
② 《江泽民文选》第 2 卷，第 286—287 页。
③ 同上书，第 361 页。
④ 《江泽民文选》第 1 卷，第 563 页。

文化的发展方向。"①在划分历史唯物主义和历史唯心主义的根本界限即社会存在与社会意识何者为第一性的问题上，江泽民强调："社会存在决定社会意识，这是马克思主义关于社会物质运动和精神运动关系的一条基本原理。当今中国最基本的社会存在，就是建设有中国特色社会主义的实践，就是人民群众推进改革开放和现代化建设的实践。人民群众的思想意识决定于这个社会存在。如果我们不能从这个大的社会存在去把握人民群众的思想和意愿，要做到'三个代表'是不可能的。"② 关于人类社会历史发展的客观规律，江泽民先后指出："马克思主义揭示了世界发展的普遍规律特别是人类社会历史发展的普遍规律，揭示了社会主义必然代替资本主义和建设社会主义、最终实现共产主义的普遍规律"③；"资本主义制度最终要被社会主义制度取代。这是历史发展的必然规律"④。

其次，通过对国际社会主义运动遭遇曲折的深刻反思和中国改革开放获得成功的经验总结，江泽民以鲜明的时代特色丰富和发展了唯物史观的一些基本观点。其一，发展了马克思主义关于科技生产力的观点。江泽民指出："马克思主义认为，生产力的不断解放和发展，是人类进步的根本动力。"⑤在科学技术与生产力的关系方面，马克思提出"生产力中也包括科学"，邓小平认为"科学技术是第一生产力"，江泽民则提出："科学技术是第一生产力，而且是先进生产力的集中体现和主要标志，科学技术的突飞猛进给世界生产力和人类经济社会的发展带来了极大的推动，未来的科技发展还将产生新的重大飞跃。"⑥邓小平关于"科学技术是第一生产力"的论断是把诸生产力要素作了排列，理顺并凸显了科学技术的首要地位。江泽民不仅从发展生产力的量的层面突出科学技术的作用，而且从质的层面对科技的作用进行了科学定位，使它成为先进生产力的代表和灵魂，是生产力诸要素中最优秀、最精华的部分，它是贯穿到生产力之中并使其具有先进生产力品质的决定性因素。

---

① 《江泽民文选》第 2 卷，第 273 页。
② 《江泽民文选》第 3 卷，人民出版社 2006 年版，第 344 页。
③ 《人民日报》1991 年 7 月 2 日。
④ 《江泽民文选》第 1 卷，第 337 页。
⑤ 同上书，第 426 页。
⑥ 《江泽民文选》第 3 卷，第 275 页。

这不仅对科学技术是第一生产力的地位再次予以肯定，而且深化了科学技术是第一生产力的内涵，是马克思主义先进生产力观的新发展。

其二，丰富了人民群众史观，提出"人民是创造历史的真正动力"① 的观点。一方面，改革开放以来人民群众在社会发展以及抗洪救灾等重大历史关头的作用，使江泽民深有感悟，多次肯定人民群众的伟大作用。如1998年他先后指出："人民群众的社会实践，是知识常新和发展的源泉，是检验真理的试金石，也是青年锻炼成长的有效途径"；"包产到户、乡镇企业和村民自治，都是在党的领导下我国亿万农民的创造"；"这次抗洪胜利再一次说明，人民，只有人民，才是创造历史的真正动力，人民是我们事业发展取之不尽的力量源泉。正是因为紧紧依靠人民，我们的党和国家才能够不断书写革命、建设、改革的伟大史诗。同以往所有的历史性胜利一样，这次抗洪抢险的胜利，归根到底是人民力量的胜利"②。

另一方面，在改革开放不断深入的新形势下，要解放和发展生产力就必须最充分调动劳动者的积极性，这也使江泽民充分重视人民群众的作用。他认为，劳动者是生产力中人的因素，是生产力诸因素中起主导作用的因素，因此对党和国家事业的发展始终最具决定性的因素是最广泛最充分地调动和凝聚一切积极因素、调动全社会全民族的积极性和创造性。所以他一再强调，"人是生产力中最具有决定性的力量。包括知识分子在内的我国工人阶级，是推动我国先进生产力发展的基本力量。我国农民阶级和其他劳动群众，同工人阶级紧密团结，是推动我国社会生产力发展的重要力量"③。也就是说，人民群众是社会生产力最根本的载体。

正是由于树立了坚定的人民群众史观，江泽民深刻认识到人民群众对于政权的重要性。2000年，他在《关于改进党的作风》中指出："历史和现实都表明，一个政权也好，一个政党也好，其前途与命运最终取决于人心向背，不能赢得最广大群众的支持，就必然垮台。"④ 他还多次呼吁全党树立坚定的人民群众史观。如1989年主持中央工作伊始，

---

① 《江泽民文选》第2卷，第210页。
② 同上书，第124、210、228—229页。
③ 《江泽民文选》第3卷，第274—275页。
④ 《人民日报》2000年12月30日。

江泽民就针对改革开放以来以权谋私、贪赃枉法等腐败现象引起人民群众不满，而国内外反动势力和一些别有用心分子借机挑拨，使党和人民群众的血肉联系受到严重损害的局面，强调"要在全党范围内进行马克思主义唯物史观的教育，批判各种否定、贬低人民群众在社会发展中的地位和作用的历史唯心主义观点，牢固树立推动历史前进的决定性力量是人民群众的科学观点"①。2001 年他在"七一"讲话中，再一次郑重告诫全党："在任何时候任何情况下，与人民群众同呼吸、共命运的立场不能变，全心全意为人民服务的宗旨不能忘，坚信群众是真正英雄的历史唯物主义观点不能丢。"②

　　唯物史观在肯定人民群众创造历史的前提下，十分重视个人对推动历史发展的作用。江泽民也不例外，他并不否认历史人物在历史发展中的作用，辩证地阐述了个人与人民群众的关系。他指出："在人民创造历史的同时，不可否认，对历史事件的成功或失败，某些个人起关键作用。总结过去几十年的经验，可以看出，列宁、斯大林和毛泽东同志确实在俄国十月革命后把世界变了样。同时，也应该看到，某些人在一些国家丢掉社会主义事业上也起了关键作用。"③ 也就是说，在中共党史研究中，要同时看到精英人物和人民群众的作用，精英史观与群众史观要相结合，否则既不符合马克思主义唯物史观的基本原理，也不符合历史实际。

二　重视并全面论述史学的社会功能

　　马克思主义史学的社会功能观认为：在高度重视并实践着历史研究的客观性、真实性和科学性的同时，也高度重视历史学所应发挥的社会作用；强调只有坚持前者，尊重历史实际，才可能发挥社会作用；只有注重后者，才能更好地坚持前者。但是改革开放以来尤其是 90 年代，在以经济建设为中心的大潮中，史学的社会价值不被重视，受到社会的冷遇，以致出现了"史学危机论"。但与此同时，苏联东欧社会主义垮

---

① 《江泽民文选》第 1 卷，第 98—99 页。
② 《江泽民文选》第 3 卷，第 271 页。
③ 《江泽民文选》第 1 卷，第 337—338 页。

台、八九政治风波的发生，都需要深刻总结其中的历史经验教训。在这种形势下，江泽民继承中国共产党在领导革命、建设和改革的过程中，一贯重视学习和总结历史，借鉴和运用历史经验的优良传统，对史学（含党史、国史）社会功能重新作出全面阐述，大力倡导学习历史、借鉴历史。在他的倡导带动下，全党干部读史、学史蔚然成风，史学也再一次焕发勃勃生机。

江泽民对史学社会功能的认识，从他 1998 年 10 月 22 日致中央党史研究室的信中得到比较全面的展现。他说："学习理论要同了解历史实践、总结历史经验结合起来。我们党领导人民进行革命、建设和改革的历史，是一部蕴含和体现马列主义、毛泽东思想和邓小平理论的活生生的教科书。我希望各级党委重视党史工作，充分发挥党史资政育人的作用。"① 这一段话，表述了党史、国史的三方面社会功能：存史——了解历史实践，这是史学的认识功能；资政——总结历史经验，这是史学的借鉴功能；育人——进行爱国主义教育，这是史学的教育功能。江泽民在很多场合对如何发挥党史、国史在中国特色社会主义建设中的这三方面作用作出了新的论述，丰富了马克思主义史学的社会功能论。

（一）关于史学的认识功能

了解历史实践、认识历史是为了更好地了解现实，进而有助于观察未来，看清历史前途，增强民族自信心。用江泽民的话说，"一个民族的历史深刻影响着一个民族的现在和未来。今天的中国从历史的中国发展而来。我们国家和民族的发展史，包含着治国安邦的深刻道理，也揭示了今天我国发展道路的历史必然性"②；"一个民族如果忘记了自己的历史，就不可能深刻地了解现在和正确地走向未来"。江泽民历来重视了解历史。1989 年 3 月他在担任上海市委书记的时候，就强调"我们共产党人是历史唯物主义者，就更不能脱离历史去研究问题"③。到中央工作后，他花了不少时间和精力看中国和世界的历史书。他认为不看些历史书籍，"古往今来许多中外历史上的事情都不知道或不甚了了，

---

① 《江泽民同志给中央党史研究室的重要指示》，《党史文汇》1999 年第 1 期。

② 《江泽民为〈简明中国历史读本〉作序：高度重视学习中华民族发展史》，新华网，2012 年 7 月 30 日，http://news.xinhuanet.com/politics/2012 – 07/30/c_ 112574534. htm。

③ 江泽民：《在上海党史工作会议上的讲话》，《中共党史研究》1989 年第 5 期。

就难以做好工作"①。所以他希望各级领导干部"认真地读一点历史，首先要了解中国的历史。中国的发展离不开世界，为了适应扩大国际交往的需要，更好地学习借鉴世界各国的长处，还要了解世界的历史。……今天的中国是历史的中国的发展，作为当代中国的领导干部，如果不了解中国的历史，特别是中国的近代史、现代史和我们党的历史，就不可能认识和把握中国社会发展的客观规律，继承和发扬我们党在长期斗争中形成的光荣传统，也就不能胜任领导建设有中国特色社会主义的职责"②。尤其是刚走上各级领导岗位的中青年干部，相当一部分同志对建党以来和建国以来的历史不是很熟悉甚至很不熟悉，有的同志对改革开放以来的历史也不太熟悉，江泽民指出他们更需要自觉地用这些历史的实践经验来提高和丰富自己，"我们党领导人民进行革命、建设和改革的历史，是一部蕴含和体现马列主义、毛泽东思想和邓小平理论的活生生的教科书。我们要运用它们来经常教育全党同志特别是党的各级领导干部，不断增强大家坚持党的基本理论、基本路线、基本纲领的自觉性，提高大家驾驭全局和处理各种复杂事务的本领"③。

认识历史可以帮助人民群众尤其是青年明辨是非，坚持正确的政治方向，这也是江泽民重点阐述的一个方面。"现在有些年青人，缺乏革命历史的知识，对当年帝国主义如何侵略压迫我们，顾正红等一大批先烈是怎么被杀害的，过外白渡桥日本帝国主义的岗亭时要鞠躬、行礼等都不了解，遇到有人歪曲历史，就容易上当受骗。就以较近的'文化大革命'来说，现在也有人为一些造反干将涂脂抹粉。这就要求我们用历史的确凿事实，教育我们的人民，特别是青年，明辨是非，坚持正确的政治方向。"④ 1990 年 1 月，他在山西考察工作时指出："中国的近代史、世界的近代史，我看非得让青年人读一读。要使我们的青年人了解，中国人民选择走社会主义道路，是经过了几代人的奋斗，若干年的比较，才认识到只有社会主义才能救中国，只有社会主义才能发展中

---

① 江泽民：《论社会主义市场经济》，中央文献出版社 2006 年版，第 282 页。
② 江泽民：《努力建设高素质的干部队伍——在纪念中国共产党成立七十五周年座谈会上的讲话》（1996 年 6 月 21 日）。
③ 江泽民：《在十五届二中全会上的讲话》（1998 年 2 月 26 日）。
④ 江泽民：《在上海党史工作会议上的讲话》，《中共党史研究》1989 年第 5 期。

国，也才能保持中华民族自立于世界民族之林，不再受帝国主义的欺侮。"①

此外，江泽民认为，史学的存史功能，还体现为史学是中华文明延续的重要纽带。早在1989年3月，他就指出"了解历史，是一个民族的传统能够繁衍，文化能够继承和发展的关键"②，到1999年4月25日，他在祝贺白寿彝以90岁高龄完成《中国通史》的信中更明确了这一点，他说："中华民族历来重视治史。世界几大古代文明，只有中华文明没有中断地延续下来，这同我们这个民族始终注重治史有直接的关系。几千年来，中华文明得以传承和光大，一个重要原因就是我们的先人懂得从总结历史中不断开拓前进。"③

江泽民拥有丰富而深厚的历史知识，他在论述重大的社会发展规律时，经常引用一些重大的历史事实与背景加以阐明，就是在论述具体的政治问题时，他也会信手拈来一些历史现象加以阐释，展示了其开阔的历史视野。如1992年12月，江泽民论述"三农"问题时，提出要建立重要农产品储备制度便从历史谈起，"我国自古以来就有储粮备荒的传统。汉代以来，历代兴盛之时都设有'常平仓'，进行丰歉调节"④。2000年，在谈到如何正确认识党的执政地位及其带来的影响时，他从秦始皇开始说起，说到隋炀帝、唐玄宗，说到国民党在大陆的失败和在台湾失去政权，又说到苏联解体、印尼总统苏哈托下台、墨西哥革命制度党在选举中失败，最终得出"人心的向背，是决定一个政党、一个政权兴亡的根本性因素"这一基本历史结论。

（二）关于史学的借鉴功能

中华民族有着以史为鉴的传统。司马迁说过："述往事，思来者。"我国历代有见地、有作为的政治家们都非常重视治史。中国共产党是一个善于总结历史经验教训的政党，从毛泽东把郭沫若的《甲申二百年祭》当作整风必读文献，到邓小平对社会主义建设经验教训的时代反

---

① 江泽民：《在山西考察工作时的谈话要点》（1990年1月18—24日）。
② 江泽民：《在上海党史工作会议上的讲话》，《中共党史研究》1989年第5期。
③ 江泽民：《给白寿彝同志的贺信》（1999年4月25日），《史学史研究》1999年第3期。
④ 《江泽民文选》第1卷，第271页。

思，都集中体现了中国共产党注重在历史中汲取智慧的优秀品格。江泽民在特定的时代条件下，更以"以史为鉴"的敏锐意识，从世界历史、国际共产主义运动史、中国历史、中国共产党的历史中汲取智慧，不断在总结重要历史经验的基础上进行理论创新，引领时代前行的伟大而艰辛的实践。

首先，江泽民极其重视总结历史经验。"以古为镜，可以知兴替"，这是他经常引用的古语。他认为：其一，作为执政党的中国共产党必须善于总结历史经验，"一个政党不善于从总结历史中认识和把握社会发展的规律，不可能成为顺应历史潮流的自觉的政党"①。"作为一个马克思主义的政党，必须始终注重总结历史，善于运用辩证唯物主义和历史唯物主义的世界观、方法论，从对历史规律的不断认识和把握中找到指导我们前进的正确方向、道路与经验，不断开辟未来发展的新境界。"②其二，领导干部必须善于从历史中吸取营养，"一名领导干部不善于从历史中吸取营养，不可能成为高明的领导者"。如果领导干部"不了解中国历史和外国历史，不知道历史和现实的联系，不掌握中外历史上的成功和失败、经验和教训"，"怎么治理社会、治理国家啊？怎么处理国际事务啊？怎么讲政治啊？"③领导干部从历史中吸取的营养有很多，如拥有丰富的历史知识，就能够有开阔的历史眼光，"寂然凝虑，思接千载"，精神境界可以大为提高；了解历史还可以"增强民族自尊心、自信心和奋发图强的精神，增强唯物史观，丰富治国经验"④；可以认识历史发展和社会兴亡的规律，更加自觉、更加紧迫地做好自己的工作。

其次，江泽民十分善于总结和借鉴历史经验。江泽民对历史经验的总结，绝不是无的放矢、泛泛而谈，他主要从三个方面总结：其一，中国共产党的历史经验是党的宝贵财富，是江泽民重点总结的历史经验内容。1989 年 3 月，江泽民就曾指出："我们党有 60 多年的光辉历程，走过了艰难曲折的道路，积累了极为丰富的正反两方面的经验。认真总

---

① 《江泽民文选》第 1 卷，第 301 页。
② 江泽民：《论党的建设》，中央文献出版社 2001 年版，第 359 页。
③ 《江泽民文选》第 3 卷，第 13—14 页。
④ 江泽民：《给白寿彝同志的贺信》（1999 年 4 月 25 日），《史学史研究》1999 年第 3期。

结并借鉴党的历史经验，可以使我们减少盲目性，增强自觉性，少走弯路，避免重犯过去的错误，把各方面工作做得更好。过去的错误，把各方面工作做得更好。例如，关于经济过热问题，曾总结过若干次的经验。少奇同志在 1956 年的讲话，现在读起来仍然栩栩如生，很深刻，讲的问题就如现在的一样。十一届三中全会以来，我们国家发生了巨大的变化，就是由于党中央认真总结了我党几十年，特别是建国以来革命和建设的经验教训，制定了一系列适合中国国情的方针、政策的结果。"① 担任党的总书记后，江泽民更加重视这项工作，他在不同时期、不同场合，从不同角度多次回顾党的历史，并对党的历史经验进行了深刻总结。1991 年 7 月，在庆祝中国共产党成立 70 周年的大会上，江泽民在回顾了党的 70 年的奋斗历程后，总结说："在七十年的斗争中，我们党积累了极其丰富的经验，归结到一点，就是把马克思主义的基本原理同中国革命和建设的具体实际相结合，走自己的道路。"1996 年 6 月 21 日，在庆祝中国共产党成立 75 周年的座谈会上，他谈到理论与实际相结合问题，指出："从党的历史上看，什么时候理论和实际结合得好，党的事业就蓬勃发展；反之，党的事业就遭受挫折。"② 1996 年 9 月 26 日视察《人民日报》社时，针对舆论导向问题，他指出："历史经验反复证明，舆论导向正确与否，对于我们党的成长和壮大，对于人民政权的建立和巩固，对于人民的团结和国家的繁荣富强，具有重要的作用。舆论导向正确，是党和人民之福；舆论导向错误，是党和人民之祸。"③ 2001 年 7 月，在庆祝中国共产党成立 80 周年大会上，江泽民又一次全面回顾了党的历史，在一步步总结经验的基础上，他最后指出："总结八十年的奋斗历程和基本经验，展望新世纪的艰巨任务和光明前途，我们党要继续站在时代前列，带领人民胜利前进，归结起来，就是必须始终代表中国先进生产力的发展要求，代表中国先进文化的前进方向，代表中国最广大人民的根本利益。""三个代表"重要思想就是对中国共产党历史经验教训系统总结而升华出来的重大理论成果。

其二，总结中国近代历史教训。中华民族在历史上曾经创造过世界

---

① 江泽民：《在上海党史工作会议上的讲话》，《中共党史研究》1989 年第 5 期。

② 江泽民：《努力建设高素质的干部队伍——在纪念中国共产党成立七十五周年座谈会上的讲话》（1996 年 6 月 21 日）。

③ 《江泽民文选》第 1 卷，第 563—564 页。

最先进的生产力和最光辉的科学成就，并把这种领先地位一直保持到15世纪，自明代末年起，中国开始落后于西方国家的发展，近代更是陷入了列强欺凌、被动挨打的境地，这一段历史教训让江泽民铭记在心，他多次谈及这段历史，总结其中的教训。如2000年5月他指出"当欧洲经济技术迅速发展时，中国由于封建主义制度和思想的长期束缚而落伍了。近代以来，中国受到西方列强的野蛮侵略和蹂躏。历史反复说明，违背历史规律和人民要求，不紧跟人类社会经济文化和科技进步发展的潮流，一个国家、一个民族不论曾经多么强大，最终也是要落伍的，而落后就会挨打"①。2000年6月9日，在全国学校工作会议上谈到要善于观察世界大势、正确把握时代要求时，他再次说：清朝在1662—1795年间出现"康乾盛世"，中国经济水平在世界领先。也正是这一时期，西方发生了工业革命，科学技术和生产力快速发展，但是，当时的清朝统治者却不看这个世界的大变化，夜郎自大，闭关自守，拒绝学习先进的科学技术。最后，在短短100多年时间里，就大大落后于西方国家，直至在西方列强的坚船利炮面前不堪一击。他沉重地强调"这个历史教训刻骨铭心啊！"正是出于对这些教训的深刻认识，1997年7月1日，他在首都各界庆祝香港回归祖国大会上的讲话中指出："中国近代史昭示我们，要改变贫弱受欺、落后挨打的历史命运，就必须奋起抗争，奋发图强。""中国近代史昭示我们，要实现民族解放和国家富强，就必须有先进政党的领导和科学理论的武装。""中国近代史还昭示我们，要跟上时代进步和世界发展的潮流，就必须打破封闭状态，实行对外开放。"②

其三，总结世界其他国家尤其是社会主义兴衰成败的历史经验教训。世界社会主义的经验教训、世界上一些大党老党兴衰存亡的变迁，也为江泽民思考和研究共产党执政规律问题提供了极好的素材。江泽民同志在党的十四届四中全会上指出："从思想上、政治上、组织上巩固党，要总结我们党胜利和挫折的历史经验，也要借鉴其他国家社会主义兴衰成败的历史经验。"在很多场合，江泽民同志指出：东欧剧变、苏联解体，一些大党老党失去政权，"尽管各自的原因很复杂，但人心向

① 《江泽民文选》第3卷，第12页。
② 《人民日报》1997年7月2日。

背的变化都是其中很重要的一个原因。对这些历史和现实的实例，我们应该明鉴啊！"① 2000 年 6 月 28 日，他又分析指出：认真总结苏联解体、东欧剧变的教训，深刻分析它们的原因，可以得出两条结论：一是必须坚持社会主义，二是必须进行社会主义改革，探索符合本国实际的社会主义发展道路。②

（三）关于史学的教育功能

史学的教育功能，就是用真实具体的历史形象和客观而又科学的历史评价，通过潜移默化的方式对人们的世界观和人生观发生积极的影响。中国自古以来就重视史学教育功能，如龚自珍就曾经指出："欲知大道，必先为史"，"灭人之国必先去其史……夷人之祖宗必先去其史"③。江泽民注重史学的教育功能，有其独特的时代需要和时代背景。

在改革开放后一个时期里，我国对青少年的历史和国情教育有所削弱。尤其是苏东垮台后，西方国家加紧了对中国的"和平演变"，"告别革命"论等历史虚无主义错误观点甚嚣尘上，从诋毁新中国的伟大成就发展到否定中国革命的历史必然性，从丑化、妖魔化中国共产党领导的革命和建设的历史发展到贬损和否定近代中国一切进步的、革命的运动，使广大人民尤其是青少年出现思想上的混乱和政治的偏差。在这种局势下，江泽民及时发现问题，多次强调加强对青年进行近代史教育、国情教育。1989 年 3 月 25 日他指出："最近有些涉及到党史内容的书，内容真真假假，观点是是非非，搞乱了人们的思想。如果我们不很好地研究党史，不抓紧把研究成果编撰、出版，并让它发挥社会教育功能，那么像这一类的书籍就会充斥市场，就会影响党的形象；加强党的领导，发挥政治优势，就会成为一句空话。"④ 1989 年 6 月 24 日，他在十三届四中全会上的讲话又提出加强"近百年来中国历史的教育"⑤，因为广大青年中不少人不了解中国的历史和现实，也就不了解改革的长期

---

① 《江泽民文选》第 3 卷，第 187 页。
② 同上书，第 78 页。
③ 《龚自珍诗文选》，人民文学出版社 1991 年版，第 335 页。
④ 江泽民：《在上海党史工作会议上的讲话》（1989 年 3 月 25 日），《中共党史研究》1989 年第 5 期。
⑤ 《江泽民文选》第 1 卷，第 61 页。

性、艰巨性、复杂性，幻想在一夜之间把西方的物质文明搬到中国土地上，比较容易接受资本主义制度的宣传。1991 年 3 月 9 日，他致信国家教委李铁映、何东昌，就如何进行中国近现代史教育和国情教育进行了详细的说明。他说："要对小学生（甚至幼儿园的孩子）、中学生直到大学生，由浅入深、坚持不懈地进行中国近代史、现代史及国情的教育。进行这个教育，至少要明确以下几点内容：一、由于封建统治者的腐败，1840 年鸦片战争以后的一百多年中，中国人民曾备受列强欺凌。可列举若干主要史实加以说明。二、这期间，许多仁人志士和广大群众抛头颅，洒热血，前仆后继，抵御外侮，立志捍卫中华。三、'五四'运动后，中国共产党诞生，领导中国各族人民经历了土地革命战争，抗日战争，解放战争，终于建立了新中国。从此中国人民站起来了。解放后，又经历了几次反侵略战争，证明伟大的中国人民是不可侮的。四、中国人民从来就反对侵略，主持正义，不畏强暴，维护和平。中国实行社会主义制度是中国人民自己的历史性选择。我们一贯主张处理国家关系必须遵循和坚持和平共处五项原则，特别是互不干涉内政，反对任何形式的霸权主义和强权政治。以上是教育的大致内容，目的是要提高中国人民特别是青少年的民族自尊心、民族自信心，防止崇洋媚外思想的抬头。"① 此后，全国各高级中学都开设了"中国近现代史讲座"的必修课，对高中学生实施系统的中国近现代历史知识教育。

近代以来，中国人民遭受到帝国主义、封建主义和官僚资本主义侵略和压迫的历史，同时也是为了民族独立、国家富强进行不屈不挠、前仆后继斗争的历史。江泽民认识到，"一部中国近代、现代史，就是一部中国人民爱国主义的斗争史、创业史"，因此他把中国近现代历史特别是党的历史，作为弘扬和培育爱国主义精神和民族精神的一个重要途径。他说："不了解、不懂得祖国的历史文化，爱国主义观念和民族精神是很难自觉、牢固地树立起来的。这是大量事实已充分证明了的一条重要的社会经验和人生经验。"他强调，要通过中国历史的教育特别是党史教育，使广大人民了解我们国家悠久的文明发展史和饱经沧桑、饱经忧患的辛酸史，了解革命先辈为国家的独立富强而进行的可歌可泣的斗争史，尤其是了解新中国成立以来党带领全国各族人民战胜各种困难

---

① 《人民日报》1991 年 6 月 1 日。

和风险，在社会主义前进的大道上奋勇前进的光辉业绩。这种教育，"对于增强民族自尊、自信、自强精神，极为重要；对于坚定爱国主义、社会主义信念，极为重要；对于树立正确的人生观、价值观，极为重要；对于坚持两个文明建设一起抓，极为重要；对于坚定不移地执行党的基本路线，极为重要"。"我们要从小学开始就对青少年加强爱国主义思想教育，帮助青少年懂得中国是怎样沦为半封建、半殖民地的，懂得在中国共产党领导下，我国人民经过几十年的革命和建设，把一个受尽帝国主义列强凌辱的旧中国建设成为一个初步繁荣的社会主义国家的事实。这样他们希望祖国强大，要求赶上世界发达国家的愿望，就能建立在符合中国历史实际和符合中国国情的基础之上。从而更加坚定在中国共产党的领导下，坚持走社会主义道路的信心和决心。"①

要发挥史学的以上功能，就必须学习历史。所以江泽民大力号召全党、全国人民特别是广大青年学习历史，主张家庭教育、学校教育、社会教育"都应该重视和贯穿历史的学习"，大中小学和各级党校、干部学校，都应该重视中国历史的学习。学习的内容，他倡导首先是学习中华民族的全部历史。"学习中华民族发展史，是弘扬爱国主义精神、增强民族凝聚力的重要途径。……要真正形成对祖国、对民族的深切之爱、理性之爱，必须重视学习中华民族发展史，不断丰富历史知识。"②在此基础上重点学习中国近现代史。他说："全党同志一定要认真学习中华民族的全部历史，特别是中国人民近代以来为民族独立和自身解放而艰苦奋斗的历史，从中获得继往开来的强大精神动力。"③ 在对外开放的形势下，世界眼光也是不可少的，因此在强调学习中国历史的同时，江泽民又提出"外国的历史知识也要学"④，因为今天世界一些地区的政治、领土、民族、宗教矛盾，大都有深刻的历史渊源，"不了解历史，就不能全面了解这些问题的由来"⑤。1996 年，江泽民邀请京津两地的八位历史学家讲述专题历史，就涵盖了中国古代史、近代史、世

---

① 江泽民：《在广东考察工作时的谈话要点》（1990 年 6 月 19—27 日）。

② 《江泽民为〈简明中国历史读本〉作序：高度重视学习中华民族发展史》，新华网，2012 年 7 月 30 日，http：//news. xinhuanet. com/politics/2012 – 07/30/c_ 112574534. htm。

③ 《江泽民文选》第 2 卷，第 301—302 页。

④ 同上书，第 303 页。

⑤ 《江泽民文选》第 3 卷，第 12 页。

界历史，涉及内容十分广泛。这些专题后来结集《中外历史问题八人谈》予以出版。

三　对如何开展中共党史研究提出重要意见

江泽民非常注重历史尤其是中共党史研究。如早在 1989 年 3 月，他出席上海党史工作会议时，就发表重要讲话，不仅对建党以来党的历史研究工作如数家珍，而且还对党史研究的原则、方法、史学工作者素养等提出了很多颇有见地的意见。担任党的总书记后，他又在致中央党史研究室的信以及对《中国共产党简史》的意见中对如何开展党史研究提出指导性意见，切实指导中共党史研究工作的开展。

（一）关于中共党史研究的原则

1. 区别研究与宣传

中共党史研究中有一些重大的敏感问题，这些问题能否进行研究？江泽民作出了肯定的回答。他指出："理论研究不应该有禁区，应该让理论工作者畅所欲言、言无不尽。"另一方面，他认为研究与宣传是有区别的。"在宣传上，我们要慎重，要注意一定的范围，特别要注意社会效果。有些不宜公开的理论研究，可先在内部刊物上进行讨论。"①这就明确提出了中共党史研究无禁区、宣传有纪律的原则。也就是说，对于科学研究和理论宣传，党的纪律原则区别不同情况有不同的规定，党性和纪律在不同情况、不同场合下，其要求是有所差异的。为了认识客观真理，必须有以实践为基础的自由的科学研究、自由的科学讨论。没有这种自由，认识真理的道路就会堵塞。但是，说出来特别是写出来的东西，就会在社会上产生影响，因此，对说和写要谨慎，不能轻率地、不分场合地去说去写，这是党性的要求，也是科学的态度。

2001 年，在《中国共产党简史》出版之际，江泽民再次表达了这一观点。他指出："由于中国革命、建设和改革任务的复杂性、艰巨性，由于国际国内形势的发展变化，也由于我们是在没有现成经验的条件下推进事业发展的，因而我们党不可避免地会有一些失误甚至严重失误，

---

① 《江泽民文选》第 1 卷，第 32 页。

党的领导同志也会因为主观和客观方面的因素犯这样那样的错误。这就给我们提出了一个问题，就是在写党史的时候，如何看待和把握我们党的失误和党内有些领导同志们犯的错误。……对历史上的这些问题，我们党已经有了明确结论。从对历史负责的角度，应该把我们党曾经遇到的挫折和失误告诉后人，以利全党加以借鉴，更好地前进。这个总的原则要坚持。但在具体写作和出版一本党史的时候，还要全面考虑时机、对象、篇幅和效果。"①

江泽民这一认识体现了他从党的纪律的角度、从社会影响的角度对理论宣传和科学研究二者有机结合的理解和定位。

2. 区别理论是非与政治立场

中共党史研究作为一门学问，是一门政治性很强的历史学科，严格来说，它不是纯学术研究。如前所述，它所担负的存史、资政、育人的重要社会功能，就要求中共党史研究以科学的态度为政治服务。但是在中共党史的学术研究中，经常会有不同观点，甚至错误观点。对于这些观点如何看，是不是作为政治立场问题一棍子打死？江泽民对此作出了明确的回答，强调"正如允许改革实践有失误一样，我们同样也应该允许理论探索有失误。对理论探索中的失误，坚持不打棍子、不扣帽子、不装袋子，不把理论是非与政治立场相混淆"。但是另一方面，对待的确属于政治立场的问题，江泽民则强调要及时予以纠正。"对那些确实偏离党在社会主义初级阶段的基本路线的同志，该提醒的要提醒，该打招呼的要打招呼，使他们更好地掌握住'一个中心、两个基本点'，克服思想认识上的片面性。"

3. 把中共党史研究与现实相结合

历史是昨天的现实，现实过了今天就是历史。两者的区别只具有相对意义，决不能将两者对立起来。况且对党史研究来说，它的一个重要功能就是以史鉴今、资政育人，因此江泽民倡导"要把党史研究的科学性和现实性有机地结合起来"。党史研究工作要实事求是，注意社会效益，以便发挥党史的教育功能和历史借鉴作用。他指出："党史研究应该走出书斋，和社会实践，和党的当前工作进一步紧密结合起来，使人们在党史工作中感受到时代的脉搏、时代的气息。这样，党史工作才会

---

① 江泽民：《对〈中国共产党简史〉书稿的一点意见》（2001 年 6 月 7 日）。

引起全党和全社会的高度重视，党史研究的发展也就有了广泛的社会基础和坚实的群众基础，也就能够在整个党的建设中确立党史工作的应有地位，成为党的建设的一个有机组成部分。"①也就是说，唯有学术性与社会功能配合适当，党史研究才能科学发展，实现史学社会功能，赢得学界和社会的欢迎与尊重。

（二）关于中共党史研究的方法

江泽民虽不是专门研究历史的学者，但他对党史、历史的一些直接、相关论述，都展现了他对中共党史研究方法的思考。

1. 实证研究与理论探讨相结合

20 世纪八九十年代，史学界曾有一股"回到乾嘉去"的思潮，重考据、轻理论，认为"史料才是一切，考据才是实学"，理论是空泛的空洞的，可有可无的。针对这种思潮，江泽民明确提出："要把党史研究中考证史实和发现规律有机结合起来。既要考证史实，又要研究和发现历史发展的规律，使党史工作贴近生活，更具有生命力。"② 坚持史实与理论并重，是唯物史观的基本要求。史学尤其是中共党史研究是学术性与社会功能相兼的学科，本身就具有自觉服从和服务于社会的特性和意识，唯有二者并重、有机结合，才能体现党史研究的价值。

2. 掌握运用阶级分析方法

阶级分析方法是唯物史观的一项重要内容，但是改革开放后很长一段时间，舆论宣传中不敢谈阶级观点和阶级分析方法。针对这种现象，江泽民指出："我们纠正过去一度发生的'以阶级斗争为纲'的错误是完全正确的，但这不等于阶级斗争已不存在了。只要阶级斗争还在一定范围内存在，我们就不能丢弃马克思主义阶级和阶级分析方法。"③ 值得注意的是，江泽民吸取历史教训，并没有泛用阶级斗争这一理论，而是重点指出运用阶级分析方法所观察的对象。他强调指出："这种观点始终是我们观察社会主义同敌对势力斗争的复杂政治现象的一把钥匙。"他在实践中也是这么应用的，如 2000 年 6 月，他指出："现在，中国是

---

① 江泽民：《在上海党史工作会议上的讲话》（1989 年 3 月 25 日），《中共党史研究》1989 年第 5 期。

② 同上。

③ 《江泽民文选》第 3 卷，第 83 页。

世界上最大的社会主义国家，正在不断发展、日益富强。西方敌对势力加紧以各种手段和方式对我国施行‘西化’、‘分化’的政治战略，企图颠覆中国共产党的领导和中国的社会主义制度。他们的这种政治图谋是绝不会改变的。这些年来，他们不断利用所谓人权、民主、自由、民族、宗教问题和达赖、台湾问题等向我们发难。这是阶级斗争在我国一定范围内仍然并将长期存在的主要表现。"①

社会历史中存在阶级的客观事实，决定了阶级分析方法和阶级斗争理论不会过时，不能因为我们曾经的错误而否定它的科学性。关键在于要把阶级斗争学说与历史主义理论结合起来，与社会生产力的发展状况结合起来，具体问题具体分析，防止再次出现公式化、简单化的倾向。

3. 历史比较研究方法

历史比较研究方法被马克思视为洞识历史现象的钥匙，马克思指出："极为相似的事变发生在不同的历史环境中就引起了完全不同的结果。如果把这些演变中的每一个都分别加以研究，然后再把它们加以比较，我们就会很容易地找到理解这种现象的钥匙。"②江泽民对这种方法也有论及。他在《大力发扬艰苦奋斗的精神》的讲话中，曾论及不同历史时期的事物具有不同的特点，进而指出，"在新的历史条件下，有些问题不能简单地同过去类比"。"历史不能简单地类比，但是在这一点上是共同的，就是不管是艰苦的环境，还是生活条件比较好一点，我们的干部、党员都要跟群众同甘共苦，同呼吸，共命运。这是绝对不能更改的。"③ 这就指出了历史发展序列上的纵向类比不能简单化、形式主义，而要注意不同历史时期的特点，找出其本质上的共同点或相似点。

江泽民在实践中非常重视通过比较认识历史和现实问题。如2001年他在庆祝建党80周年大会上的讲话中，提出了"两个八十年"的概念，即"从鸦片战争到中国共产党成立，从中国共产党成立到现在，中国经历了截然不同的两个八十年"。通过对中国共产党成立前后两个八十年的比较，使人们对没有共产党就没有新中国，没有共产党的领导就

① 《江泽民文选》第3卷，第83页。
② 《马克思恩格斯选集》第3卷，人民出版社1995年版，第342页。
③ 江泽民：《大力发扬艰苦奋斗的精神——在中央纪委第八次全会上讲话的摘要》（1997年1月29日）。

没有中国的现代化这一历史结论有了更深刻的认识。

（三）关于党史研究者的素养

1999 年 6 月 30 日，江泽民在接见《当代中国》丛书暨电子版完成总结大会代表时指出："总结历史，说明现在，探索规律，启示未来，是我们从事历史研究和其他研究工作的同志们的光荣而艰巨的使命。"①而要担负起这一伟大使命，党史研究者必须具备一定的素质。江泽民从史德、理论素养、工作能力三方面提出了新时期党史研究者应具备的基本素质。

其一，加强史德方面的修养。江泽民指出："修史要讲史德，重视史德一直是我国史学界的一个好传统，这对党史工作者来说，更为重要。应该要求党史工作者坚持党性原则，坚持实事求是的原则。"这就阐述了新形势下党史研究者所应该具备的基本道德品质——"坚持党性原则，坚持实事求是的原则"，二者缺一不可。在党史研究中，党性原则就是坚持马克思主义的理论指导，遵守党的纪律，坚持为党的工作大局服务；实事求是原则就是注重史料，尊重事实。党史研究坚持党和人民的立场的目的，就在于客观、实事求是地看待历史，党性原则和实事求是这两个概念在重要方面对党史研究工作的要求是一致的，都要求全面地看问题，辩证地看问题，不简单化，不绝对化，不搞形式主义，不搞形而上学。

其二，加强知识和理论素养，即"党史工作者要努力学习马克思主义的基本理论，坚持历史唯物主义的研究方法，提高党史工作的理论水平"。改革开放以来，西方史学理论与方法论的大量著述被介绍到国内来，历史研究可以借鉴西方史学理论与方法的有益内容，但绝不能视为指导思想、理论基础，党史研究必须坚持马克思主义的根本指导，在实际研究工作中切实贯彻和运用唯物史观。

其三，提高业务工作能力。江泽民强调，在党史研究工作中，"提倡自学和组织培训相结合，既要有计划地培训党史工作者，也要求党史工作者在工作岗位上多实践，在工作中提高自己"。也就是说，研究者要在工作中不断通过多种方式学习，多研究，达到提高研究质量和创新

---

① 《人民日报》1999 年 7 月 1 日。

能力的目标。

　　江泽民无论是对马克思主义唯物史观的坚持、丰富和发展，还是对新形势下史学功能的新论述和对研究工作所提出的创见，都具有鲜明的时代特色和实践特色，针对性强，指导性也极强，所以对抑制历史虚无主义思潮、中国马克思主义史学发展和中共党史研究工作的实际开展，都起到了极大的促进作用。①

（作者单位：中国社会科学院当代中国研究所）

---

　　①　例如，根据江泽民所强调的用唯物史观回答所谓"三个反思"问题，1995 年 6 月、1996 年 4 月和 1996 年 9 月，国家教委三次组织史学专家进行专题研究和讨论，在中国近代的社会性质和社会发展主线、中国近代的革命和改良、中国近代的外国资本等重大的历史是非问题上，给出有充分说服力的正本清源的结论，并汇编成《走什么路——关于中国近现代历史上的若干重大是非问题》一书公开出版发行，对广大青年学生鉴别形形色色的"反思"问题起到了积极的帮助作用。再如，根据江泽民要求全党全社会应重视学习中国历史的重要指示，2012 年中国社会科学院历史研究所组织学者历经四年编写出版了《简明中国历史读本》，作为全国各级党政干部和广大党员的学习著作之一。

晚年胡乔木对深化马克思主义研究的思考

鲁书月　方晓强

胡乔木是杰出的马克思主义理论家，我党思想理论文化宣传战线的卓越领导人。他在坚持和发展马克思主义理论研究方面作出了突出的贡献。笔者对其关于深化马克思主义研究的思考进行了综合梳理，以纪念他诞辰 100 周年。

一　强调拓展研究领域，丰富研究内容

党的十一届三中全会前，由于受到国际环境、传统力量和具体社会实践的影响，我国社会具有明显的封闭性。这个整体的社会环境也影响到对马克思主义和中国化的马克思主义的研究。这一方面体现在我国曾长期在苏联马克思主义教科书体系框架下研究马克思主义；另一方面体现在对中国化马克思主义研究主要局限在马克思主义文本这样的范围内。一个新的观点，一种新的理论的提出，往往只是从马克思、恩格斯等经典作家那里寻找理论支撑。"文化大革命"时期，对马克思主义的研究更是极端的教条化。尤其是对毛泽东的思想，鼓吹到不适当的地步，什么最"高峰"、"一句顶一万句"等，以致造成这样的现象：一是相当一部分研究成果对问题的研究往往停留在简单的叙述层面上，甚至是只作一般的通俗性宣传和解释，对其中深层次的内涵、原因及后果等问题则缺乏大胆的探索、钻研和揭示。二是把马克思的话、毛泽东的话教条化。认为那是绝对科学，所以就得绝对服从，党内对理论问题很难讨论。

针对中国理论界存在的这种状况，1977 年，身为中国社会科学院

院长的胡乔木，在社科院第一次党代会扩大会议上，大声疾呼，"马克思主义是一门不断发展的科学，不是一个封闭的孤立地存在的体系。"①"资本主义社会有它的问题，社会主义社会也有许多要解决的问题，需要研究，需要借鉴外国的经验。"②这是在中共十一届三中全会以前，"两个凡是"还禁锢着许多人的头脑时，胡乔木提出的"解放思想"的响亮号召。为了打破封闭的马克思主义研究体系，胡乔木提出要拓宽研究领域和视野，丰富研究的内容。他主张：对马克思主义的研究既要有专题研究，又要打破学科壁垒，进行多学科的交叉融合研究，进而形成一个新的研究领域，从新的角度对马克思主义进行综合研究；既要加强对中国国内现实问题的研究，也要有世界眼光，加强对世界现实的研究；不仅要研究中国和世界的现实，还要研究中国和外国的历史遗产，批判地继承一切对我们有用的东西。只有这样，马克思主义才更富有科学性和实践性。

为此，他强调："我们要学习马列主义、毛泽东思想不成问题，但不够，还要学别的。不能认为马列主义以外就没有社会科学"，"除了马克思以外，所有的社会科学都是假科学、伪科学"③。也不能认为"经济学到了马克思以后，就都是庸俗经济学"，科学史是不能这样写下去的。他说："马克思从来没有认为李嘉图的著作不是科学。"他认为："讲出这一句话来，非常重要，这才是解放思想。这句话是非讲不可的。"④ 为了拓展对马克思主义、毛泽东思想的研究领域，1977 年 12月胡乔木和邓力群、于光远在中宣部社会科学界知名人士座谈会上提出了研究马克思主义一百个选题的设想，并于 1978 年年初，首先在中国社会科学院制订的计划和规划中贯彻落实。⑤ 这一百个选题，涉及多个学科领域，既涉及马克思主义哲学、经济学、科学社会主义基本原理的研究，又涉及中国化的马克思主义——毛泽东思想的政治、经济、文化研究；既涉及中国的工业，也涉及中国的农业和商业；既涉及中国与世

---

① 《胡乔木文集》第 3 卷，人民出版社 1994 年版，第 114 页。

② 杨尚昆等：《我所知道的胡乔木》，当代中国出版社 1997 年版，第 364 页。

③ 《胡乔木传》编写组：《胡乔木谈中共党史》，人民出版社 1999 年版，第 130 页。

④ 同上书，第 130 页。

⑤ 《胡乔木传》编写组：《胡乔木与中国社会科学院》，人民出版社 2007 年版，第 258—263 页。

界的关系问题，也涉及世界各国与中国的关系问题；既涉及中外现实的新问题，也涉及中外的历史问题；既涉及微观的研究，也涉及宏观的研究；既涉及中国与美国、日本等资本主义国家的关系，也涉及中国与苏联等当时的社会主义各国的关系。总之，研究领域十分广阔，研究内容十分丰富。

二　强调研究的目的是解决实际问题

胡乔木认为，我们研究马克思主义的目的，不是为了摆样子，"不是为了宣传，我们要解决许多问题"①。"它首先要解决的是中国社会主义现代化所提出的问题。"② 因此，要把"总结和研究我国社会主义革命和社会主义建设的经验和问题，摆在整个研究工作的'首要地位'"③。经过深入调查研究，"从理论和实际的结合上回答新时期提出的重大理论问题和实际问题"④。为此，他强调理论工作者"要坚持马列主义与今日中国和世界的实际相结合，通过深刻认识今日中国所独有的实际问题，创造性地对这些独特问题作出正确的回答"⑤。他说："马克思主义理论的研究只有紧密结合中国实际才有生命，才能发展。"⑥ 社会科学工作者的重要任务之一，"就是系统地研究在今后社会主义建设实践中，如何运用和发展半个多世纪以来在中国革命和建设中把马克思列宁主义普遍原理和中国实际相结合的一切积极成果，以符合实际的新的原理和新的结论，丰富和发展我们党的理论，保证我们的事业沿着马克思列宁主义、毛泽东思想的科学轨道继续前进"⑦。他还结合我国社会现实提出："社会主义有种种不可争辩的优越条件……但是，我们也要承认，在工业生产、农业生产的发展方面，还有其他经济活动方面……资本主义国家的很多企业，工业企业、农业企业反而比我们搞的

①　《胡乔木传》编写组：《胡乔木谈中共党史》，人民出版社 1999 年版，第 131 页。

②　《胡乔木传》编写组：《胡乔木与中国社会科学院》打印稿，内部资料，第 49 页。

③　同上书，第 15 页。

④　同上。

⑤　同上书，第 49 页。

⑥　《胡乔木传》编写组：《胡乔木与中国社会科学院》，人民出版社 2007 年版，第 410 页。

⑦　同上。

好。……经济学家应当研究这个重大问题，弄清楚这种现象的原因，找出使社会主义经济工作克服自己的缺点、充分发挥社会主义优越性的途径。"① 胡乔木为过去搞了很多的清规戒律，而且直到现在还在守着这些清规戒律，使得马克思主义这一门应该是最富有生气的科学变得没有生气，致使"许多问题的研究是非常落后"的而痛心。他说："从整风（延安整风）以后，实际上很少有什么创造性的研究，要研究就要是毛主席说过的，没有说过的，没有人敢研究。……这样把大家的思想束缚起来了。实际上以后党的理论水平越来越低，对马克思主义的知识越来越低。"为此，他提出"要使党在理论上来一个复兴，要像毛主席那样，发现新问题，解决新问题"。"并且要真正从实际出发，不因为马克思说过什么话就回避事实，用一种创造性的态度来研究，实在是非常迫切的。"② 他希望社会科学工作者，要"树立雄心壮志，不但要努力谋求在物质生产上赶上乃至超过现在发达的资本主义国家，而且还要在精神文明上也走在世界前列，创造出一种最合理、最进步的社会组织形式和生活方式"③。

马克思主义研究，应坚持以我国改革开放和现代化建设的实际问题为中心，着眼于在与我国社会主义建设的实际相结合中创造新的理论，用新理论来回答实践中提出的新问题。胡乔木的思考，在当时、在今天乃至将来对马克思主义的研究都具有一定的指导意义。

三 强调提高马克思主义的文化水平和学术水平，形成中国学派

1990 年 12 月 23 日，胡乔木出席人民出版社建社 40 周年座谈会。在座谈会上，他提出了"我们需要大大提高中国的马克思主义文化水平"，使各门学科、各种题目、写出来的书，"确实要有丰富的内容，要有客观的态度，也要有客观的学术价值"④ 的任务。他一针见血地指

---

① 《胡乔木传》编写组：《胡乔木与中国社会科学院》，人民出版社 2007 年版，第 331 页。

② 《胡乔木传》编写组：《胡乔木谈中共党史》，人民出版社 1999 年版，第 131 页。

③ 《胡乔木传》编写组：《胡乔木与中国社会科学院》打印稿，内部资料，第 49 页。

④ 杨尚昆等著：《我所知道的胡乔木》，当代中国出版社 1997 年版，第 214 页。

出：尽管决不应忽视和贬低我们对马克思主义研究在学术水平上所取得的成绩，"但是，我们确实不能不看到我们的不足。就是资本主义发达国家，在有些国家有些范围里面，马克思主义著作的学术水平也很有值得我们借鉴的地方。我们要出那样水平的著作，在今天还不是很容易"①，要达到人家那样的水平，"还要做很大很大的努力"，还需要"全国各方面有志于宣传、研究、发展马克思主义的同志的共同努力，认真地、大量地、持久地努力。只有这样做了，马克思主义在中国才能站得稳，马克思主义理论才能真正地深入人心。因为，我们所讲出来的道理不是那么简单的几句话翻来覆去，而是我们做了多方面的深入研究，我们对于历史或是现实（实践、实际）或各部门科学的理论都下了工夫。这样，我们才能达到这样的目的，解决这样的问题。所以，要使得我们能够把马克思主义的理论在中国的大地上扎根，真正坚持社会主义，高举马克思主义旗帜，使马克思主义永远地生长、繁荣、发展，我们必须解决这个问题"②，即提高马克思主义研究的学术水平，提高马克思主义的文化水平。

他还说："我们有理由期待在社会科学的各个学科中形成中国学派，这不仅仅是一种主观愿望，只要我们能干出成绩来，就一定会得到这样的结果。"③

在这里，胡乔木要求马克思主义的理论工作者，要写出既有很高的理论水平又有很高的学术水平的马克思主义研究著作，这是一个符合时代精神、具有现实意义的要求。

当前，世界局势更为复杂和多变，国内各项事业发展进入更为关键的时期，使得我国的现代化建设客观上需要更为具体的和科学的理论指导。所以，伴随着现代化建设实践的日益深入，马克思主义和中国化马克思主义的学术性取向将越来越重要。突出马克思主义研究的学术性，能更好地坚持、运用和发展马克思主义，从而更准确，更科学地发挥马克思主义在意识形态中的指导作用，真正解决好社会发展问题。为此，胡乔木在二十年前提出的提高马克思主义的文化水平特别是马克思主义

---

① 杨尚昆等：《我所知道的胡乔木》，当代中国出版社1997年版，第214页。
② 同上。
③ 《胡乔木传》编写组：《胡乔木与中国社会科学院》打印稿，内部资料，第50页。

研究的理论水平和学术水平、形成中国学派的主张是很有前瞻性的。

四 强调从研究政策入手深化对马克思主义的研究

在胡乔木生命中的最后几年，他的身体状况尽管日渐不佳，但仍下决心加快他正在进行的《回忆毛泽东》一书的写作。他向写作组负责人多次谈到他写这本书的一些基本思路，就是要说明毛泽东思想怎样得到具体运用和发展。他认为领导中国革命取得胜利不能靠搬用抽象的理论，而是靠理论与实践相联系，靠具体的政策。这本书就是要把毛泽东同志领导中国革命制定的具体政策和决策写清楚，把毛泽东思想是怎样一步一步发展起来的讲清楚。在多次的谈话中他都讲，毛主席的政策言论特别丰富，抗日战争、解放战争时期的许多政策大都与现在的有很大的不同，但研究这些政策的形成、演变的历史以及制定这些政策依据的原则，可以使我们对毛泽东思想有更实际、更深切的认识，同时对今天也有重要意义。石仲泉先生认为，这是一个非常好的思想，说明胡乔木准备由对毛泽东思想的理论角度的阐发，转向着重于对其政策问题的研究。这是他把毛泽东思想的研究引向深化的一种考虑。[①]

政策不仅同实践有密切关系，还同理论有密切关系。从政策与理论的关系看，它是马克思主义理论与我国实际是否结合的具体体现，反映了能否从实际出发运用马克思主义理论解决实践问题的能力和水平。凡属正确的政策，在实践中能发挥巨大威力的政策，都既是对马克思主义理论的创造性的运用，又是对客观实际情况的正确把握。

在《毛泽东选集》四卷中，属于政策性的文献占的比重是相当大的。这是以毛泽东同志为代表的中国共产党人从中国实际出发，创造性地运用马克思主义理论的结晶，也是说明毛泽东思想如何丰富和发展马克思主义理论的生动例证。胡乔木长期在毛泽东同志身边工作，对毛泽东同志如何分析客观实际制定正确政策，再作理论抽象来发展马克思主义的过程亲历亲见。事实上，他不仅是"目击者"，而且是许多政策制定的"参与者"。因此，他想通过写回忆录来反映这一历史过程，胡乔木的《回忆毛泽东》一书就是要从政策层面来说明毛泽东思想对马克

---

① 石仲泉：《我观党史》，济南出版社 2001 年版，第 486—487 页。

思主义的发展。①

　　遗憾的是，胡乔木最终没有完成他的这部著作。虽然他最后的心愿没有实现，但他却提出了深化对马克思主义和中国化的马克思主义研究的新视角——从研究政策入手。

　　石仲泉先生认为：乔木同志讲的这一点是研究毛泽东思想的一个非常重要的思路，并且也应该成为我们今天深入研究邓小平建设有中国特色社会主义理论的一个重要思路。②

　　总之，晚年胡乔木提出的以上主张，对深化马克思主义、毛泽东思想研究的确具有重要的启迪作用。

　　　　　　　　　　　　　　　　（作者单位：河北邯郸学院）

---

① 石仲泉：《我观党史》，济南出版社 2001 年版，第 488 页。
② 同上书，第 494 页。

唯物史观与中国马克思主义史学史

唯物史观与正确评价新中国史学道路

陈其泰

一 正确评价新中国十七年史学道路是一个重要的理论问题

目前学术界对于"十七年"史学道路的评价存在很大分歧。按照常理，这个问题本来不难作出正确判断。因为，新中国成立后十七年，从全国范围内来说，尽管前进的道路经历了曲折，1957年以后产生了"左"的错误，但国家建设的成绩是主要的，缺点和错误只能居于第二位；那么，作为全国范围工作全局的一部分，对于历史学领域的估价，也应当作如是观。但实际上，人们的认识却大为歧异。有的研究者认为新中国成立后十七年史学界教条主义盛行，整个中国史变成一部农民战争史，将十七年史学贬低为"完全政治化"的史学，完全依附于政治，毫无学术性可言。甚至将"十七年"与"文革"十年划为一个阶段，认为新中国成立后五十年的史学应分为前后两个阶段，"前三十年为第一阶段，这一阶段基本上是'泛政治化史学'时期，以农民战争史研究为代表的研究体系使中国史学完全政治化"①。而近些年来关于学术史的总结也缺少应有的一个环节，即把新中国成立后十七年学术工作的成绩与问题作正确的区分，在严肃批评错误一面的同时，对于在唯物史观优良学风指导下所取得的成绩，实事求是地作出肯定。再向前追溯，

---

① 学术动态报道：《展望新世纪中国史学发展趋势》，《光明日报》2001年10月2日史学版。

粉碎"四人帮"、我国历史进入改革开放新时期以后，当时的主要任务是拨乱反正，因此集中力量对于曾经一度肆虐的教条主义的种种恶劣表现和危害进行揭露、清算，而未能顾及到讲正确的方面。结果便造成当前有不少的研究生和本科生对于四五十年前的史学界情形几乎毫无了解，其思想认识受到上述观点的影响，因而存在误区，于是闭眼一想："十七年"，教条化盛行，史学界并无成绩可言！总之，对于新中国成立后"十七年"史学正确地作出基本估价，是认为成绩是主要的，还是认为它一无是处，实际上关系到评价新中国成立以后以马克思主义指导史学研究，是有利于史学的发展，还是阻碍了学术的发展？"十七年"中出现的教条主义一度严重泛滥，究竟是因提倡马克思主义为指导而造成的，还是由于其他原因？认真辨析这些问题，不仅关系到正确认识新中国成立后史学发展的道路，澄清人们存在的严重误解，而且关系到认清当前史学发展的方向，因而具有不容忽视的理论意义。

学术界的另一种观点认为，新中国成立后，随着马克思主义在全国范围内确立了指导地位，推进了中国史学的发展。同样观察"十七年史学"，看法却如此大相径庭，原因何在？

问题的症结，在于能否正确地把握"十七年"中两种学风的对立存在及其斗争的实质。实际上，"十七年"中存在着两种对立的学风，一种是实事求是、坚持将唯物史观基本原理与中国历史实际相结合的优良学风，一种是教条式地摘引马列词句、将其当作公式随意套用的恶劣学风。"十七年"史学所取得的成就，恰恰是正直、严肃的学者大力发扬优良学风、坚决抵制教条主义恶劣学风而取得的。这是正确评价的关键，也是考察"十七年"史学的一个极为重要的方法论问题。如果离开了这一正确的原则，就会只看到教条化、公式化在一段时间盛行和危害，甚至将曾经发生的教条主义错误不加分析地归罪于唯物史观，从而怀疑以致否定唯物史观科学理论的指导作用。

二 新中国成立初年学术界形成健康向上的风气

新中国成立初年，全国政治、经济局势蒸蒸日上，史学界在马克思主义的指导下，也出现了实事求是研究问题、自由讨论、健康向上的风气。试举出三方面的典型例证。一是，学术界营造自由讨论的健康风

气，学者之间展开批评和自我批评。在当时，学术界为了探求真知和
提高学术研究水平，学者之间常在刊物上发表指名道姓、进行批评和
商榷的文章，大家都认为很正常，被批评者不由此产生意气，反而公
开表示是帮助克服缺点错误的"药石良言"。二是，党中央"百家争
鸣，百花齐放"方针的提出，与史学界关系很大。三是，多数知识分
子对于学习唯物史观抱着欢迎的态度，更有不少人真诚地表示通过学
习，思想豁然开朗，进步巨大。新中国初年，进行普及马克思主义教
育，要求知识分子建立起新的世界观、历史观，其必要性和意义是十
分显明的，因为，新中国成立，即是推翻了旧的社会制度，建立了新
的社会制度，就需要有与之相应的意识形态为之服务，以巩固其地
位。接受马克思主义教育，逐步形成新的世界观、历史观，就意味着
要抛弃旧的一套思想观点，对于有的人来说，这一过程可能是痛苦
的。因此，在马克思主义教育和"思想改造运动"过程中，有的人曾
经想不通，或有过某种抵制情绪，这些都完全可以理解。但是，对多
数人来说，当时学习马克思主义，却是自觉的和愉快的，学习了关于
历史进程和观察分析事物的一套新的理论之后，感到弄清了许多问
题，思想得到很大的提高，面前打开了新的天地。吕思勉不顾自己已
年过六旬，学习唯物史观热情高涨。他积极参加思想改造运动，写出
了长达万余字的思想总结，既检查了自己的思想，又回顾自己早在 47
岁时就接触到的马列主义，"但愧未深求"，根底太浅，表示要更加努
力学习理论。谭其骧在 1979 年撰写文章反思新中国成立后史学界走
过的道路，尽管当时有人认为唯物史观带来教条化，他却诚恳地赞许
在新中国成立初期学习马克思主义带来了史学界的大进步："记得建
国初期，史学工作者都在努力学习马克思主义理论，并试图应用到自
己的专业研究中去。在史学界展开了关于古史分期、汉民族形成、资
本主义萌芽……一系列的讨论，编辑了大部头的史料丛刊。史学界出
现了一片欣欣向荣的新气象。"① 更有典型意义的是蒙文通，他通过学
习，迅速提高了认识水平，自称"数十年之积惑一朝冰释"。

---

① 谭其骧：《勿空破，认真立》，《中国史研究》1979 年第 3 期。

三 实事求是学风取得的硕果和面对严重曲折所经受的考验

对于"十七年"中正直、诚实的学者所取得的成绩，我们不能采取无视的、任意贬低的态度。而应当肯定，"十七年史学"是 20 世纪中国史学发展的一个重要阶段，在上述普遍重视以马克思主义为指导，形成了实事求是、健康向上学风的氛围下，经过广大史学工作者的共同努力，创造了可观的成绩。然而，又因 1957 年以后出现"左"的干扰而产生了教条主义错误，在一段时间内严重泛滥，因此，在此"十七年"中国史学既有值得重视的成就，又有深刻的教训。"十七年"中史学在曲折中发展，而总的来说成绩是主要的——这应当是我们客观考察之后得出的结论。

在实事求是优良学风指引下"十七年"史学取得的主要成绩，可以归纳为四个方面：（一）撰成了一批有学术价值、有新的时代风格的通史、断代史、专史著作；（二）对重大历史问题认识的推进；（三）整理出版大型历史文献的巨大成绩；（四）学科建设取得的显著进展。以上显著成就，无疑都是对所谓"十七年"史学"完全政治化"的错误观点作了有力的辩证！

"十七年"中教条主义恶劣学风的大肆泛滥，主要是 1958 年以后一段时间。在此之前所经历的批评胡适思想等政治运动，已发生"把学术问题当作政治问题并加以尖锐化的倾向"①，将复杂的学术问题简单化地贴上政治标签来进行批判，以武断的结论代替充分的说理，但当时从全国范围而言，这类教条式的错误做法尚属于局部性问题。至 1958 年，搞"大跃进"，政治上"左"倾错误直接导致史学界的教条主义错误形成泛滥之势，造成了中国马克思主义史学发展道路上严重的曲折。其突出表现，一是提出"史学革命"的口号，在高等学校和研究单位大搞"批判资产阶级权威"，"拔白旗，插红旗"，许多学者的思想、观点被任意扣上"资产阶级思想"、"唯心主义"的帽子进行批判。二是，根本违背理论与材料相统一、"实事求是"的治学原则，对史料的忽略达

① 胡绳：《中国共产党的七十年》，中共党史出版社 1991 年版，第 359 页。

到无以复加的地步，摘取马克思列宁主义经典著作的若干词句，当作标签到处套用，把历史著作和文章当作社会发展史的简单图解。为了强调阶级观点和阶级分析方法，就把阶级成分作为评价历史人物的唯一尺度。

"疾风知劲草。"正当教条主义错误横行之时，一批马克思主义史学家认清其错误实质和严重危害，起而坚决抵制教条主义恶劣学风，捍卫历史学的科学性和学术尊严，表现出这些学者的高尚史德和凛然正气，也真正表现出唯物史观的战斗风格。这在现代学术史上是值得大书特书的。其主要代表人物是郭沫若、范文澜、翦伯赞和吴晗。郭沫若于1959 年 3 月 21 日写了《关于目前历史研究中的几个问题——答〈新建设〉编辑部问》一文，明确指出简单化地提出"打破王朝体系"一类的做法是错误的，明确指出应坚持历史研究的正确方向。他说："从新的历史观点出发，固然应该着重写劳动人民的活动，但以往的社会既是阶级社会，统治阶级的活动也就不能不写。统治阶级的活动对当代的人民有利，对整个民族的发展和文化的发展有利，我们就肯定它；相反的，我们就否定它。但否定它并不是抹杀，而是批判。"并指出："如果用今天的标准去衡量历史，那么，可以写的，可以肯定的，就不多了。而这样做，即所谓反历史主义，显然是不对的"。严肃地、旗帜鲜明地指出教条化倾向的实际是反历史主义，是有害的。此文的发表，和同年发表的《替曹操翻案》，引起大规模的学术争鸣，推进了史学研究，这两件事，可以说是这位马克思主义史学家在"十七年"中对历史科学的两项重要贡献。

范文澜一向态度坚决地反对教条化地对待马克思主义，在新中国成立之初，他曾多次对此发表过重要言论。特别是在 1961 年，当教条化、公式化倾向盛行的时候，他更挺身而出，一年之中一连三次在重要的公开场合发表讲话，予以严肃的批判，揭露其危害。1961 年，他发表《反对放空炮》（即在纪念巴黎公社九十周年学术讨论会上的发言）一文，严肃地、及时地提出史学界存在着离开史实、忽视史料、抽象地空谈理论的学风不正的严重问题，强调踏踏实实进行科学工作的重大意义。紧接着，范文澜在 5 月举行的纪念太平天国革命 110 周年学术讨论会上，又严肃地批评史学界流行的"打破王朝体系论"和"打倒帝王将相论"，强调要透过这些论调貌似"革命"的表象，认识其对史学研究的危害，坚持严格的历史主义。5月31日《人民日报》对此作了公开报道："讨论会最后由中国史学会副会长范文澜发言。他着重谈到了史学界流行的'打破王朝体系论'和'打倒帝王将相论'的问题。范文澜说，这种论调好像是很革命的，实际上是主观主义的。阶级社会是由互相对立着的统治阶级和被统治阶级构成的，打破王朝体系，抹掉帝王将相，只讲人民群众的活动，结果一部中国历史就只剩了农民战争，整个历史被取消了。范文澜说，马克思主义认为，'历史是劳动群众的历史'，这本是真理，但是把它绝对化、片面化，只承认历史上的劳动群众，不承认历史上的帝王将相，这就成了谬论。这种谬论应当受到大家的反对。范文澜的发言坚持严格的历史主义，引起了与会者的广泛兴趣。"① 由于范文澜对于坚持历史研究的科学性具有高度自觉，对于引导史学队伍健康发展有崇高的责任心，他才以这种大无畏的气概，非常尖锐地讲出"左"倾思潮的要害是造成"结果一部中国历史就只剩了农民战争，整个历史被取消了"这样振聋发聩的话。同年10月16—21日，在武汉举行辛亥革命学术讨论会，范文澜在会议闭幕之前讲话，他特别指出吴玉章讲的树立严肃学风的重要意义。② 他一再公开发表的驳斥教条化、片面化、"左"倾思潮，强调树立严肃学风的言论，在当时，对提高史学工作者的认识、坚持正确的方向起到非常宝贵的作用。

翦伯赞在这一时期撰写的最重要的理论文章有：《对处理若干历史问题的初步意见》（1961年12月）和《目前史学研究中存在的几个问题》（1962年6月）等。在理论上深刻分析了"左"倾思潮的种种表现，指明其违背历史研究实事求是原则、违背历史科学根本任务、违背马克思主义根本原理的实质，所以与唯物史观是根本对立的。

四 造成"十七年"中教条主义错误的主要原因

教条主义一度大肆泛滥使"十七年"史学经受了严重的曲折，教训极其深刻。重要的是，对于造成教条主义泛滥的原因要作深入分析，对教条主义的恶劣影响要坚决肃清，而对中国马克思主义史学的正确方向和

---

① 《人民日报》1961年5月31日。
② 《辛亥革命五十周年学术讨论结束》，《人民日报》1961年10月24日第4版。

取得的成绩则必须坚持和发扬。新中国成立后，马克思主义在全国范围内确立了指导地位，广大史学工作者和知识分子认真学习马克思主义，这是中国学术史上的重大事件。许多研究者通过学习，收获巨大，能够对复杂的历史现象和学术问题，透过现象，看到本质，以辩证的眼光作具体、细致的分析，互相联系，上下贯通，从而得出正确的结论，解决了长期困惑自己的问题，获得真理性的认识。证明唯物辩证法的确比传统思想和近代流行的诸多学说远为高明，唯物辩证法能给人以科学分析问题的理论武器，是具有明效大验的科学世界观和方法论。当时还有一批四十岁上下的学者，如徐中舒、杨向奎、王仲荦、韩国磐、邓广铭、周一良、谭其骧、唐长孺等史学俊彦，他们原本熟悉传统经典文献典籍，在运用历史考证方法上很有造诣，其具有科学价值的观念和方法，本来就与唯物史观相通，而马列主义、唯物史观理论又比传统学术、近代学术具有更高的科学性，以之为指导，能帮助研究者更全面地把握研究对象的全局，更深入地揭示研究对象的本质。因此，这些学者得到科学世界观指导以后，极感眼前打开了一片新天地，学术研究达到更高的层次。这是可敬的学者们在学术上充满进取精神、跟随时代前进的极好证明，也是马列主义理论的科学性及其指导意义的极好证明。有的人因为厌恶教条化错误而归咎于提倡唯物史观指导，这是极大的误解。

历史研究领域教条主义大肆泛滥的时间主要是在 1958 年及其后一段时间，至 1961 年党中央对全国工作方针作了调整之后，学术界的风气已有明显好转。直至"文化大革命"发动之前数年间，总体上还是强调理论与史料相结合和贯彻"百家争鸣"的方针。在史学研究中之所以出现教条化的失误，一个原因是由于研究者水平不高和缺乏经验造成的。学术研究是复杂的、创造性的工作，如何对马克思主义的原理有深刻的理解和正确的把握，然后运用它去分析史料、论释史料，逐步达到对复杂的历史问题有正确的看法，任何人一开始都不可能做到熟练和正确无误，需要不断学习、不断提高。唯物史观从根本上说同教条主义是相对立的。唯物史观强调一切依时间、地点、条件为转移，必须具体问题具体分析，因此连西方学者都承认"马克思是最不教条的"①。中

①　［英］巴勒克拉夫：《当代史学主要趋势》，杨豫译，上海译文出版社 1987 年版，第 261—262 页。

国学者运用唯物史观和防止教条主义错误还有特别的体会，因为，传统文化精华中包含有许多辩证法、唯物主义认识论的思想资料，中国先哲所概括的"穷则变，变则通，通则久"、"过犹不及"、"实事求是"、"知人论世"等丰富的格言警句早就提供了思想营养，中国学者特别是近代以来成就卓著的史学家尤为后人树立了成功治史的典范。中国新民主主义革命取得胜利，更是正确的思想政治路线经过反复斗争战胜了教条主义错误路线的产物，因此，结合中国的实际运用马克思主义原理，成为中国共产党人一笔宝贵的思想财富，也使中国学者增强了识别、防止教条式应用马克思主义的意识与能力。这些都足以说明，如果按照正常的规律发展，通过学者们的自我提高和健康的批评、自我批评，史学工作者一定能够克服因为经验和水平问题而出现的教条主义失误。那种因为看到了"十七年"中发生了教条主义错误就企图得出提倡唯物史观指导必定产生教条化，或者断定整个十七年中都是教条主义盛行、"史学完全成为政治的附庸"、"成为一部农民战争史"的看法，都是违反客观实际的错误看法。

"十七年"中教条主义一度横行，是政治上"左"的错误指导思想直接引起和推动的，特别是 1958 年出现的教条主义泛滥，用贴标签的方法代替艰苦的学术研究，抛开起码的史料和历史知识，热衷于"史学革命"，就是"大跃进"时期因党的路线出现了严重的"左"的错误引起的。政治路线上出现"左"的错误，教条主义会大肆泛滥，一旦纠正了路线错误，学术领域中也会出现立竿见影的效果。当1961—1962 年党中央调整政策，对"左"的错误作出纠正之后，学术研究立即重新强调充分占有史料，实事求是地分析、概括，并且从总体上出现新的状况，就是有力的证明。进入新时期以后，党中央拨乱反正，实行思想解放、改革开放的正确路线，学术研究出现了长期繁荣局面，更是尽人皆知的事实。至于造成教条主义横行，还有一个原因，即"四人帮"及其爪牙的恶意煽动，那是在"文化大革命"即将发动时期，为了实现其反革命图谋，用恶毒的借口和卑劣的手段，攻击、迫害坚持以马克思主义指导史学研究的正直学者。他们的罪恶已被彻底揭露，人们也都识破其反革命的政治阴谋，故已不属于学术讨论的范围。

五 坚持与时俱进、勇于开拓创新的正确方向

综观中国现代史学的发展道路，马克思主义史学能够发展壮大，战胜前进道路上出现的严重曲折，取得一系列重大成就，其中有着宝贵的传统和经验，具有深刻的哲理启示的意义：一是坚持普遍原理与中国历史实际相结合的方向，如李大钊、郭沫若、范文澜，到胡绳、刘大年、白寿彝，都坚持这一正确方向，并充分发挥各自的学术创新精神。二是充分尊重前人成果，吸收古代文化遗产中优良的东西，同时学习近代实证史学家学术上的精髓。如郭沫若对王国维甲骨、金文研究成果的继承，范文澜对传统经史、乾嘉学术和近代章太炎学术成就的继承，白寿彝对传统史学和陈垣学术的继承。三是坚决摒弃和清除教条主义的危害。以唯物史观为指导能否取得成功，从根本上说，取决于是创造地运用其精神还是死板地照搬其教条。没有长期有效地进行反对教条主义的斗争，不断清除其恶劣影响，就不可能有马克思主义史学的今天。我们要坚决反对教条主义式的所谓马克思主义，坚持以马克思主义原理指导研究工作，对此完全应该理直气壮。特别是新时期以来批判反思、解放思想、与时俱进，整个史学界对此已积累了丰富的经验，对于如何坚持和发展唯物史观的认识达到更高的层次，这是我们的一个强项。从乾嘉学者以来所积累的一套严密精良的考证方法，则是我们的又一强项。再加上当前大力吸收西方进步学说的局面早已形成，学术界创新意识普遍强烈。把这四项有利条件会合起来，奋发努力，我们一定能赢得新世纪史学更加美好的前景！

（作者单位：北京师范大学历史学院史学研究所）

唯物史观新机遇与中国史学的未来发展

牛润珍

唯物史观是关于整个人类社会历史发展规律的科学，是马克思主义的核心内容之一。20 世纪 20 年代，学人借助唯物史观，认识到中国半封建半殖民地社会的性质，找到了新民主主义革命的道路。50 年代中国过渡到社会主义社会，经过 30 多年的探索，唯物史观又使人们认识到中国的社会主义正处于初级阶段。依据唯物史观，深入研究、思考中国的社会与历史，才能把握住时代发展的方向。20 世纪，社会、历史和史学互动，推动学术、思想、理论创新。学术、思想、理论创新的基础是唯物史观。唯物史观在引导学术、社会发展的同时，也丰富了自身的内涵。中共十八大之后，中华民族伟大复兴之"中国梦"已成为中华儿女之共识，中国的现代化事业将步入一个新的时期，这将为唯物史观的发展带来新机遇。现代化社会首先是人的现代化，人的现代化要靠现代学术、思想、理论的陶冶与武装。用先进的思想理论培育人们头脑中的现代意识，共同构筑现代化社会。因此，学术研究尤其是历史学研究的作用日益突出，唯物史观指导历史研究与史书编纂，将会在历史学理论建设、《中华一统志》纂修等十个方面主导着中国历史学的未来发展。

一 中华民族伟大复兴与唯物史观新机遇

晚清之中国，国势日颓。西方列强乘人之危，渗透掠取。"东南海疆万余里，各国通商传教，来往自如，麋集京师及各省腹地，阳托和好之名，阴怀吞噬之计，一国生事，诸国构煽。"① 鸦片战争、中法战争、中日甲午战争、八国联军攻占北京，一步步把一个"天朝上国"逼向崩溃，无数仁人志士，前仆后继，无量头颅无量血，都没能消除中华民族"亡国灭种"的危险。正当中华民族深陷黑暗之中，中国人民为生存和保国保种，进行艰苦卓绝、不屈不挠的斗争之时，迷茫困苦中的先哲们从俄国十月革命看到了希望，主张借鉴俄国的经验，接受马克思主义，把马克思主义理论与中国革命的具体实践结合起来，探索中国革命的道路。

革命离不开科学理论的指导，要革命首先必须要明确中国革命的性质是什么，特别是 1927 年大革命失败以后，这一问题尤为突出，解决这一问题更加迫切。欲明确中国革命的性质须认清中国社会的性质，由此引发了思想界关于中国社会性质问题的论辩。中国社会性质又牵涉中国社会史，不明中国社会史则难以认清中国社会性质。因此，由中国社会性质的论辩又演变成关于中国社会史问题的大讨论。在这场大讨论中，马克思主义史学家运用唯物史观，研究、分析中国社会发展史，论证中国社会历史发展，经历过原始社会、奴隶社会、封建社会、鸦片战争之后，进入半封建半殖民地社会。社会性质决定革命性质，使中国共产党找到了新民主主义革命的道路。

新中国成立之后，改造资本主义工商业，使中国过渡到社会主义社会。学术界、思想界坚持唯物史观，结合社会主义革命和建设，开展学术研究，构建马克思主义史学体系。由于极"左"政治的干扰，唯物史观也曾被当作政治标签滥加粘贴，因此，改革开放以后，唯物史观曾一度遭人质疑。然而彩虹总在风雨后，学人排除各种干扰，在自由与独立的精神下，重新审视、探讨、发展唯物史观，并自觉地将唯物史观融贯于学术研究实践之中，观察、分析、论证社会与历史的发展变化，取得了一系列的重大学术成果。如白寿彝总主编的多卷本《中国通史》、郭沫若主持的《甲骨文合集》等，还有国家实施的重大学术工程，如《当代中国》丛书、夏商周断代工程、中华善本书再造工程，国家清史纂修工程、中央马克思主义研究与建设工程，以及《儒藏》、《中华大

---

① 李鸿章：《筹议海防折》，《李鸿章全集》卷二十四，海南出版社 1997 年版，第 825 页。

典》等大型图书之编纂。需要特别指出的是新编省、市、县等地方志4000余种，全面、系统记述各省、市、县自然与社会、历史与现实各方面事物，也都是在唯物史观指导下编纂成书的。历史学累累硕果使唯物史观科学光芒更加闪亮，人们愈发感觉它对于认识社会及历史有不可替代的作用。改革开放30多年的建设与发展，唯物史观主导地位已稳固确立，中国历史学学科体系已经基本建成并不断完善，学术繁荣的局面已经全面呈现并已步入良性、健康的发展轨道。虽然也有诸多不同的西方史观被介绍到中国来，并间作试验于学术研究，唯物史观却能以包容性、合作性的精神与其他史观相互借鉴，引导并共同推动中国历史学学术研究的繁荣与发展。改革开放新时期，历史学以唯物史观为理论基础，在学科体系建设、理论系统完善、研究队伍及组织系统扩大、学术研究活动及事业的促进、研究成果完成、问世与应用等方面，都取得了前所未有的成就。同时，唯物史观在实际的应用中也得到不断的丰富、发展、完善与检验。

当人类社会进入21世纪时，中国共产党就曾提出"中华民族伟大复兴"之新世纪目标。2012年9月中国共产党第十八次全国代表大会召开，习近平总书记提出"中国梦"。他在参观《复兴之路》展览时，对"中国梦"作了进一步的解释，说："实现中华民族伟大复兴，就是中华民族近代以来最伟大的梦想。这个梦想，凝聚了几代中国人的夙愿，体现了中华民族和中国人民的整体利益，是每一个中华儿女的共同期盼。"共同的期盼与梦想，已将民心凝聚在一起，巨大的智慧与力量业已展现出来。社会改革的步伐加快，开放程度加大，社会生产力与生产关系、经济基础与上层建筑的关系也将会有一个适度的调整，中国的现代化速度与社会文明程度将有一个大幅度的提高。社会每一个成员将围绕着社会主义核心价值体系找到适合自己的位置，发挥出自己的正能量，赢得人生出彩的机会。在这样一个伟大变革的时代，学术研究极为重要。因为社会变革需要理论指导，理论创新又需要将变革实践的经验与知识抽象内化为思想。思想创新是理论创新的前提，而思想与理论创新又都是靠学术研究实现的。学术研究又赖唯物史观的指导，将理论与现实结合起来，解决或解答社会变革与发展中的问题。所以说，中华民族伟大复兴为唯物史观的发展提供了新的机遇。

唯物史观作为一种科学的理论和学说也是不断发展的。随着科学技术的发展、社会的进步，人类对未知领域的认知会不断地开拓与加深；又由于信息技术的高速发展，沟通与交流十分便捷，不同地域文化与学术越来越民族化和世界化。面对这样的时代与变化，学人竭尽心智，思考在发展和全球化过程中如何化解或避免不同文明之间的冲突，促进人类文明和谐、繁荣与共同进步。这就需要对整个人类社会发展与运动规律不断有新的认识与正确地把握，所以，唯物史观的内涵将更加丰富，它对历史研究所发挥的作用会更大更深刻。21世纪，中国致力于民族伟大复兴，科技、经济、社会、文化等将进一步影响世界，人类所创造的文明愈益辉煌灿烂。这时，人们对物质与存在将会有新的认识，可以借助高科技手段，变未知为已知，不可知变可知，物质、存在等概念的内涵与范畴随着人类认识能力的提升而有所展拓。例如，物质与反物质，运用纳米技术改变分子结构，等等。这些研究都会有助于揭示物质结构与运动的奥秘。随着科技研究的突破，人类对物质与存在的认识进一步深化，唯物史观的理论势必获得一个新的发展机遇，在现代科学与现代哲学基础上，达到新的完善与缜密。同时，人们对之的掌握与运用也会成熟化，其在社会历史研究的实践中必将发挥无以替代的作用。

二　唯物史观主导中国史学未来发展的十个方面

21世纪，主导中国史学发展主流方向者，仍然是马克思主义史学，指导史学研究的思想和理论仍然是唯物史观，这一总体框架不会变，但研究的问题与热点将会有大的调整。20世纪曾炙手可热的论题，可能会冷固下来，如农民起义与农民战争、地主阶级与农民阶级、资本主义萌芽等，这些问题只是在回顾20世纪史学发展史时才被提及，而再次成为热门话题的机率却很小；关于历史分期、土地制度与土地兼并、中国封建社会长期停滞、社会发展动力、是英雄创造历史还是人民群众创造历史、汉民族的形成等问题，虽有一定的继续研究，但规模和声势会越来越弱。人们关注的问题及视野大大超出20世纪，史坛繁花似锦的景象将淹没20世纪"五朵金花"独秀数枝。从总体上讲，中国历史学将会朝着建设、集大成与理论深化的层次迈进，唯物史观在十个方面仍然主导着中国史学的发展方向：

（1）由历史的阐释到历史的编纂。在唯物史观的指导下，完成国家大型重点项目《清史》的纂修。《清史》工程于 2003 年启动，至今已整 10 年。全书 100 卷 3000 多万字，初稿已全部完成，有 90 多卷已通过第一次审改，并进入第二次审改，到 2013 年年底，完成第二次审改，预计在 2014 年年底 2015 年年初完成第三次审改，统稿合成全书，交由人民出版社出版。这是新中国成立以来，国家第一次实施的大型学术文化工程，是国家学术文化建设的重大举措。其意义不仅仅在清史研究本身，而对整个中国历史学会产生深刻而久远的影响。这一学术工程可以彰显传统史学的现代价值，打破近几十年来单一的史学论著形式，历史叙述将在长时段考察与宏大描述之中，体现规律性特征，借鉴且能高出传统的"寓理于叙事之中"叙述方式。再者，国家还可以通过《清史》编纂，积累大型学术文化工程组织、实施与管理的经验，为以后纪传体《中华民国史》、《中华人民共和国史》的纂修作铺垫和准备。

（2）形成相当完善与成熟的中国马克思主义史学理论体系。理论的成熟，不仅在方向、道路方面为历史研究具备了先导，还为历史研究树立一种新的科学精神，改变 20 世纪理论滞后的状况。中共中央宣传部于 2004 年启动"中央马克思主义研究与建设工程"，调集史学界、理论界专家，重新撰成并出版《史学概论》、《中国近代史》等专著、教材。这些书又都是马克思主义史学理论成果，此前虽亦有同类著作，但都不及这些成果如此成熟。此外，中国史、世界史、考古学等各学科都十分注重理论研究与建设，理论创新已成为学术创新的引擎和强大动力。

（3）历史研究更加贴近现实。一些贴近现实的重大问题有可能成为讨论的热点。如史学与现代化，宗教文化与争端，自然环境、灾害与社会，边疆史地与民族，古代海疆与海防思想，历代社会建设与管理，历史文化资源与旅游，等等。现实问题与需求为历史研究提供诸多课题，史学家用历史研究解决、回答和解释现实中的重大问题，历史与现实的关系在学人的学术研究中融贯在一起，由此，赋予历史学更大的科学性与理性。

（4）地方史研究与地方志、《中华一统志》的编纂。由于地方史志、文史及文物研究机构的建立，地方史志与编纂必有大成就。地方志编纂经过 20 世纪后 20 年的积累，已经形成宏大规模和深厚基础。截至 2010 年，全国各省、市、区县第一轮修志基本完成，第二轮志书编纂已全面启动。国务院于 2007 年出台《地方志工作条例》，地方志工作已法规化。伴随着地方志书编纂实践，方志学理论研究及方志学学科建设也取得了前所未有的成就。由方志学及方志学史研究、旧志整理、新志纂修、志书内容各部类划分及相互关系、志书资源开发与利用、志书管理与应用等构成的方志学学科系统已初步形成，并将不断完善，逐渐走向成熟。编纂地方志和一统志是我国的优良传统。唐朝编有《括地志》、《元和郡县图志》等，宋代撰有《太平寰宇记》、《元丰九域志》、《舆地广记》等，元代创修一统志，先后两次编撰《大元一统志》，明朝纂有《寰宇通志》、《大明一统志》，清代曾三次纂修《大清一统志》，前后经历康熙、雍正、乾隆、嘉庆、道光五朝。《嘉庆重修一统志》成书在道光二十二年（1842），此后即无一统志编纂。一统志编纂传统中断至今已有 170 年，这一优良传统不能丢掉，应当恢复、继承。1997 年香港回归，1999 年澳门回归，两岸同胞认同"一个中国"，台湾与祖国大陆的统一指日可待，随着统一大业的完成，编纂《中华一统志》必将被提上日程，这也是 21 世纪在唯物史观指导下，国家必将实施、编纂并完成的一项伟大历史文化工程。

（5）中国史学走向世界，并融入国际学术。1900 年巴黎第一届国际历史科学大会召开，1938 年中国第一次派学者参加国际历史科学大会，1982 年中国重新申请加入国际历史科学大会。1995 年第十八届蒙特利尔国际历史科学大学之后，"欧洲中心论"受到挑战，历史研究步入国际化。2015 年，第二十二届国际历史科学大会将在中国的济南召开。以此为契机，中国的历史学研究成果将越来越多地被推向国际史坛，中国的历史学家在国际上的影响力将大幅度地提升，中国史学也将成为国际学术的重要组成部分。

（6）随着中华民族伟大复兴，世界上越来越多的人接受、认同中华民族优秀传统文化，史学研究在这方面将发挥重大推动作用。20 世纪末，季羡林先生曾预言中华文明将在 21 世纪引导世界，多数人在当时并不敢相信。2008 年北京奥运会，中国历史文化元素折服了世界。此后，孔子学院在世界各地先后建立，中国语言文字、历史文化越来越多地吸引着世界各国民众的兴趣。随着世界各国民众对中国历史文化认识与理解的加深，有关史学研究的成果也将会受到更多人的关注。

（7）史料于 20 世纪初有四大发现，即甲骨文、汉晋简牍、敦煌文书、明清档案。新史料的发现推动了历史学研究的深入与进步。21世纪新材料的发现不会太多，然旧有材料的整理、公布与研究仍有大量工作可做，这也是历史学未来发展的一个重要方面，又是促进史学研究的一项基础工作，同样需要在唯物史观的指导下，将旧有材料数字化，资料检索、利用更加方便。学人可借助现代化手段获取学术研究所需要的材料，发现未知的历史，再现历史真实。

（8）史学研究的手段与方法会有新的突破，计算机人工智能化被引入，计算机分析在许多方面代替人工分析，实验方法成为历史研究较为普遍与常用的方法。秦始皇兼并山东六国、楚汉相争、董卓之乱、官渡之战、五胡乱华、六镇起义、安史之乱等重大历史事件，可依据已有史料，借助电脑制作，复原其场景，再现那一幕幕惊心动魄史实；也可利用考古发现的古人骨骸复原其本人形象。2009年年底，河南安阳西高穴曹操高陵发掘成果公布，曾引起社会质疑，复旦大学的学者试图通过DNA比对，由曹姓后人生物样本，找出古今曹姓谱系，由此证明西高穴大墓发现的头盖骨即为曹操遗骨。虽然这项研究仍在进行中，不管其得出的结论究竟如何，然能将科技手段引入历史研究，其探索精神值得肯定。此项研究如能成功，其在方法论上的意义将远超出王国维的"二重证据法"。

（9）学术与社会在互动与影响中不断变化与发展，一批新兴学科将随着现代化的实现而兴起。如中国现代化史、经济全球化史、生物科技与工程史、计算机科学史、奥林匹克运动史、信息技术与第三次浪潮史等等。现有的一些学科也将根据社会与学术发展的需要相应作适当调整与改变，如新社会史、新清史等。在传统史学中，还有一些研究相当薄弱的领域，如古代礼制、乐制。正史《天文志》、《律历志》、《五行志》、《灾异志》、《列女传》等，一度被视为封建糟粕而长期遭忽视。其实，这里面包含着丰富而深刻的科学思想价值与社会史、妇女史研究价值。在古代，科学与迷信总是混杂在一起，在封建礼制中又有复杂、深刻的思想文化与社会心理、风尚、习惯的纠缠。若能以现代科学理念总结、发掘其科学与学术价值，必将有大的发现，这将是中国史学未来发展有所突破与创新的一个方面。

（10）唯物史观是关于人类社会运动规律的科学，学者运用唯物史观去观察、分析某一民族或国家的社会历史时，往往会因为考察的具体对象的特殊性，使得不同学人对唯物史观会有不同的理解。因而围绕唯物史观的阐释与运用又会形成不同的意见。这些意见与分歧甚至会形成不同的学派，不同学派之间的争论，也有助于对唯物史观的正确把握与总结，并促进历史学研究的自我反省，使中国史学在未来新的社会条件下自觉接受唯物史观的指导，朝着健康方向发展。

（作者单位：中国人民大学历史学院）

唯物史观与我国世界现代史学科的发展

张宏毅

一　新中国世界现代史学科发展轨迹

世界现代史是古老历史学科中一个年轻的分支，也是今天世界史一级学科中一个相对独立的学科。其所研究的对象，大致是从 20 世纪初以来包括中国在内的整个世界历史的进程。由于世界现代史研究的是距我们最近的一段历史，处于连接历史、现状与未来的交叉点上，人们从中获得的有关世界现代历史的丰富知识和从中提炼出的规律性认识，以及揭示的种种经验教训，对于青年的成长、党政干部的决策，乃至于对国家发展方向的确定，都是不可或缺的。

但是，世界现代史在我国历史学科各分支中又是最年轻的学科之一。新中国成立前，各大学极少有人研究世界现代史，虽然民国时期的教育部曾规定历史课程应包括"西洋近世史"和"西洋现世史"，但很少有人开这门课，自编教材更少。1949 年周谷城先生的《世界通史》面世，可以说是我国解放前研究世界史包括世界现代史的最高成就之一。该书明确反对西欧中心论，对从全局考察世界历史进行了开拓性研究。

新中国成立后，各高校历史系先后开设了世界现代史课程。在当时全国掀起革命建设和抗美援朝高潮的形势下，知识界、教育界认真学习马列主义、毛泽东思想，历史学界教学科研人员纷纷以积极态度投入学习。因此，世界现代史教学与研究从一开始就力图在马克思主义唯物史观指导下进行。由于苏联史学界在这方面已有相当成果，新中国世界现代史学科发展从一开始又与学习苏联密不可分。

回过头来看 20 世纪 50 年代情况，世界现代史学界得益于苏联的还真不少。例如，高校历史系世界史教学中普遍采用了苏联弗·尼·尼基弗洛夫著《世界通史讲义》（上中下），祖波克的《世界现代史》等教材。还引进了苏联 1961 年出版的《世界现代史文选》。这是世界上并不多见的历史文献资料集。我国著名历史学家齐世荣教授主编《世界通史资料选辑（现代部分）》三卷本和《当代世界史资料选辑》三卷本时，曾组织学者翻译过其中相当部分内容，对我国世界现代史资料建设和学术研究都起到非常积极的推动作用。值得一提的是苏联科学院主编的十卷本《世界通史》1959 年由三联书店出了中文版。这套巨著的发行对我国世界史包括世界现代史教学与研究产生了较大影响。其中最后三卷包括了现代史内容，写到第二次世界大战结束。该书强调马克思主义是"现代唯一科学的世界观"，强调"社会经济形态的前后相承的更替"，是"统一的和合乎规律的历史过程的基础"。该书一方面批判西方中心论和所谓超民族的"文明"，同时又对上升时期的资产阶级的革命作用予以肯定，并引述列宁的话，"如果对于资产阶级的大革命不抱一种至深的敬意，则不能成为马克思主义者"，等等。可以看出，该书是一部比较严肃的学术著作。

当然，不能忽视学习苏联过程中的消极影响。50 年代初苏联充斥的个人崇拜，长期存在的教条主义僵化倾向，有关资本主义总危机的武断结论，以及对外政策上的大国沙文主义倾向等，都往往渗透于相关研究成果之中。此外，不少著作中所反映的隐瞒或歪曲历史真相等，长期影响我们对一些重大历史问题的认识和结论。其中，影响面极广的《联共（布）党史简明教程》在这方面的消极影响最为明显。

50 年代，我国世界现代史教学与研究取得一定的成绩。除学习苏联外，中国学者自身也在不断地探索和积累。当时，各主要大学历史系自编了相关讲义发给学生。同时也通过"内部读物"阅读到一批西方相关著作。50 年代前期学术空气也较为民主。在"百花齐放，百家争鸣"方针指引下，加上从苏联方面移植过来的重视课堂讨论，许多问题都可以自由争论，活跃了学术空气，提高了教学水平。

然而，继 1957 年"反右"，1959 年"反右倾"之后，特别是 1962 年 9 月党的八届十中全会之后，我国社会政治、思想、文化领域"左"的错误日益发展。在这种形势下，被认为是政治性很强的世界现代史的教学与研究遇到很大干扰。世界现代史教材事实上被禁止公开出版。

大约在60年代初，由北京市委牵头，北京若干所高校（包括北京大学、人民大学、北京师范大学、北京师范学院、外交学院和河北师范学院等）世界现代史教师和部分学生代表，共同编写世界现代史教材。还特别请来北大周一良教授主持工作。但结果是，由周一良、吴于廑主编的《世界通史》古代、中世纪和近代部分均于60年代初出版，唯独世界现代史写成后不能公开发行。"文革"十年期间，世界现代史更是重灾区。常常被毫无根据地扣上"资本主义"和"修正主义"帽子，弄得教师无所适从。结果是，"东风压倒西风"和"帝国主义一天天烂下去，我们一天天好起来"的结论成为教学中的主导性的内容，而离实际越来越远，也远离了唯物史观的基本原理。

真正给世界现代史教学和研究带来生机的是"文革"结束后，特别是1978年党的十一届三中全会后的这30多年，在党的实事求是思想路线指引下，我国世界现代史学者中许多人自觉学习运用马克思主义，解放思想，大胆探索，使世界现代史研究与教学迈出了坚实步伐，取得了丰硕成果。每年都有几百乃至上千篇世界现代史文章发表，多套努力以马克思主义指导的《世界现代史》教材出版。其中最具代表性的当属吴于廑、齐世荣主编的《世界史》（6卷本），1992—1994年由高等教育出版社出版。这部著作反映了中国学者在当时的最新研究成果，涉及经济、政治、文化、社会等方面。该著作在吸收中外研究成果的基础上，更上一层楼，在体系上、历史分期上、中国在世界的地位等问题上，都提出了独到的见解。可以毫不夸张地说，这部著作不仅是在我国新的历史条件下，运用马克思主义唯物史观指导世界现代史研究的一次成功尝试，在世界范围内的世界现代史研究上也占有重要的一席之地。

二 当前我国世界现代史领域面临的严峻挑战

然而，随着时间的推移，情况正在发生变化，挑战正日益严峻。国家几十年的改革开放使我们摆脱了相对封闭与僵化的局面，人们对外部世界的接触和了解如井喷式增加。这首先是大好事。使得世界现代史的研究得以在一个全新的平台上与国外交流。但是，不能不看到，西方的许多错误观念也由此而大量涌入。其中一部分还包含西方政客改变我国社会主义制度的明显企图。在这种情况下，如果我们有足够的理论素养，不仅能把国外好的东西大量吸收进来，而且可以"化腐朽为神奇"，把那些即使错误的东西，也化作有用的滋养品。然而，现实是，我们，特别是一些年轻学者由于成长过程中大量接触的是西方理论与学术成果，很少系统钻研过马克思主义基本理论，加之"文革"十年及此前"左"的政策造成一部分人对马克思主义理论的误解，以及苏东剧变带来的冲击，如此等等，都使得马克思主义唯物史观的指导地位在一步步、似乎在不知不觉中丧失。

下面试举四个方面加以说明。即世界现代史的理论指导问题；世界现代史的发展是否有规律可循的问题；如何评价 20 世纪世界史的问题；如何展望世界未来的问题。

第一，从理论指导上看，唯物史观的主导地位正在被逐步边缘化。

坚持马克思主义唯物史观作为世界现代史研究的根本指导思想，本来是理所当然的。马克思主义是人类科学思想中的最大成果。它"第一次把社会学放在科学的基础之上"①。历史告诉我们，在马克思主义诞生前，在社会历史观的领域，从总体上说，唯心主义始终占据着统治地位。而正如列宁所指出的，这些历史理论存在着两个主要缺点。"第一，以往的历史理论至多只是考察了人们历史活动的思想动机，而没有研究产生这些动机的原因，没有探索社会关系体系发展的客观规律性，没有把物质生产的发展程度看作这些关系的根源；第二，以往的理论从来忽视居民群众的活动，只有历史唯物主义才第一次使我们能以自然科学的精确性去研究群众生活的社会条件以及这些条件的变更。马克思以前的'社会学'和历史学，至多是积累了零星收集来的未加分析的事实，描述了历史过程的个别方面。马克思主义则指出了对各种社会经济形态的产生、发展和衰落过程进行全面而周密的研究的途径"，即"指出了科学地研究历史这一极其复杂、充满矛盾而又是有规律的统一过程的途径"②。

正是基于此，列宁认为，"马克思的历史唯物主义是科学思想中的最大成果"③。唯物主义历史观是"唯一的科学的世界观"。在我们还没有看见另一种科学地解释某种社会形态的活动和发展的尝试以前，它

---

① 《列宁专题文集·论辩证唯物主义和历史唯物主义》，人民出版社 2009 年版，第 163 页。
② 同上书，第 336—337 页。
③ 《列宁专题文集·论马克思主义》，人民出版社 2009 年版，第 68 页。

"始终是社会科学的同义词"①。

其实，对于马克思历史唯物主义的科学性和力量，就连西方严肃的非马克思主义学者也是承认的。英国著名历史学家杰弗里·巴勒克拉夫指出，"要否认马克思主义是有关人类社会进化的能够自圆其说的唯一理论，是很难办到的"。"今天仍保留着生命力和内在潜力的唯一的'历史哲学'，当然是马克思主义。"他甚至肯定地说，"从某些方面来看，马克思是最不教条、最灵活的作者"②。

正因此，不仅社会科学领域，而且我们党和国家的发展也始终是在坚持马克思主义指导下进行的。凡是党的领导善于把马克思主义和不同时期中国实际及时代特征相结合，中国的革命和建设事业就健康发展，反之，就会遭到严重挫折甚至失败。正因此，最近习近平总书记又一次强调"马克思主义理论，这是我们做好一切工作的看家本领。"③ 从这个意义上讲，担负着育人、资政重大责任的世界现代史的研究和教学，更有着义不容辞的责任，牢牢把握指导思想的基本方向，不仅不能脱离马克思主义唯物史观的指导，而且要不断加强这种指导。

然而，目前我国世界现代史的研究却有一种越来越远离马克思主义唯物史观的倾向，使唯物史观的指导作用正一步步被边缘化。不仅相当一部分年轻学者几乎完全不熟悉马克思主义唯物史观的基本内容，年长一点的似乎也对唯物史观失去了兴趣。思维的西方化、美国化倾向变得日益明显。④ 有的以远离马克思主义、生吞活剥地运用西方资产阶级

① 《列宁专题文集·论辩证唯物主义和历史唯物主义》，人民出版社 2009 年版，第 163 页。

② 杰弗里·巴勒克拉夫：《当代史学主要趋势》（中译本），上海译文出版社 1987 年版，第 27、261 页。

③ 习近平：《在中央党校建校 80 周年庆祝大会暨 2013 年春季学期开学典礼上的讲话》，《人民日报》2013 年 3 月 3 日。

④ 时任英国诺丁汉大学中国研究所教授的郑永年在 2007 年 8 月以《要预防中国思维的美国化》为题，对中国国际问题研究提出了忠告。他指出："改革开放以来，中国不仅在向美国那样的大国学习，而且也在向新加坡那样的小国学习。中国发展到今天这个样子，应当说是中国全面向国际社会学习的结果。""中国正在崛起，需要向其他国家学习内政和外交的经验，但是在这个过程中，中国需要建设中国思维的主体性，失去了这个主体性，思维美国化或者欧洲化，中国就很难成为一个真正的大国，尤其是一个可持续的大国。"他针对中国社会科学研究的现状指出："美国的社会科学话语并不具有普遍性。美国的概念和理论是美国经验的总结和抽象。如果把美国的整套社会科学概念和理论机械地用于中国，不仅很难解释中国的现实，更难发展中国的社会科学。"他还强调指出："在美国霸权那里，国与国之间除了无限制的力量竞争之外，别无其他。这种美国思维直接影响到美国的外交政策。"（见新加坡《联合早报》2007 年 8 月 21 日文章：《要预防中国思维的美国化》）

的理论为荣；有的学者认为，马克思主义本质上是对资本主义体系的一种批判和否定，而中国对外关系的基调又是合作与协调，这就使马克思主义难以指导国际问题，包括世界历史的研究；有的学者武断地认为实际上中国没有支撑国际关系和世界历史研究的理论，原因是这些领域缺少"原创性"或"元理论"。还有些同志认为唯物史观是100多年前的东西，现在用它，"远水解不了近渴"。所有上述错误观念都严重干扰了世界现代史的科学研究，并大有左右今后研究方向的趋势。

"在国际关系理论研究领域"，正如一些学者所批评的，"很多研究成果唯美国为首的西方国家国际关系理论'马首是瞻'，似乎越'西方'越是理论研究。"① 正是在西方理论的指导下，有人否认历史上阶级和阶级斗争的存在，宣扬对西方资本主义的评价要"抛弃"掠夺、血腥的原始积累的陈词滥调，要让"妥协"二字深入人心。有的把美国当局对华人权外交简单归结为中美之间在人权问题上的不同看法，归结为文化和价值观的差异。实际上不承认美国的人权外交根本上是一种适应美国霸权主义的需要。有的认为美国外交首先是受"天定命运"这种使命感的驱使，即使发动侵略战争也不失这种崇高使命。有人宣传西方式的自由民主是一种普世价值观，认为全世界都不可避免地走西方自由主义经济和政治道路。在对一些具体问题的分析上，西方一种带有极大虚伪性的"价值中立"被我们一些学者不加分析地吸收了。例如，有的学者在论及不同发展模式时说，西方学者认为西方发展模式是发展中国家的楷模，而发展中国家认为西方发展模式是西方对非西方国家的剥削过程。然后作者作出如下结论：之所以如此，是因为文化的表象系统是有差异的。通过西方的意义系统去观察非西方社会现象，与通过非西方意义系统观察同样的现象所产生的结果是不同的。这种把不同发展模式之争的根源简单归结为文化表象系统是难以服人的，更难以揭示几百年来西方殖民主义侵略史的本质。大量事实证明，美国等西方国家如此看重不同模式之争又急于推广西方模式，是隐藏着不可告人的霸权主义动机的，并带有摧毁他国正常健康发展的意图。至于在世界现代史的研究中，对西方当权者的

---

① 见郭学堂主编《国际关系学理论与实践》，时事出版社 2004 年版，第 5 页。

政策根源不做深入分析，对统治者和人民群众不做区分，则更是带普遍性的现象。

所有上述问题在全球化日益加速和世界格局发生深刻变化的今天，其严重性显得更为突出。西方国家正是企图利用这种所谓的超历史的和超意识形态的全球史观，把代表国际垄断资产阶级利益的文化帝国主义或文化霸权主义推向世界，而首要目标则是搞垮社会主义中国。

除了西方的影响，苏联剧变的影响也不能忽视。从1917年十月革命算起，存在了70多年的苏联突然消失，令西方当权者大喜过望，也令世界上许多人沮丧和彷徨。一位俄罗斯学者指出，苏联解体后俄罗斯国内外弥漫的一个疑问是，"苏联的危机和失败是'伟大思想'的危机和失败吗？如果这里所指的'伟大思想'是科学的、马克思主义的社会主义理论，那么，是否可以认为苏联的经验就是'伟大思想'的具体体现？有趣的是，无论是'伟大思想'的拥护者，还是它的反对者，对此都丝毫没有怀疑"①。这样，由于苏联的解体，在许多人心目中，马克思主义也就一起被葬送了。尽管有的俄罗斯学者并不同意上述观点，但是，他们的驳斥却并不有力，而确实有不少俄罗斯学者对马克思主义退避三舍了。这种情况，对于中国学者不能不产生，而且已经产生消极的影响。

第二，世界现代史发展是否存在客观规律的问题，在这方面，西方学术观点对我国学者也产生了越来越不容忽视的消极影响。

正如恩格斯所指出的："现代唯物主义把历史看做人类的发展过程，而它的任务就在于发现这个过程的运动规律。"② 因此，正确揭示世界现代历史发展的客观规律，是研究世界现代史的应有之理。

然而，西方资产阶级学者一般都否认"规律"的存在，对这一问题，总是躲之犹恐不及。比较常见的态度是，如《新编剑桥世界近代史》那样，认为编写世界通史（包括世界现代史）是不可能的。该书在谈到编写宗旨时写道，《剑桥近代史》不过"是许多符合事实而又前后一致的评论的汇编"。该书第12卷（相当于现代部分）主编莫瓦

---

① 见维克多·别尔纳茨基《科学理论和苏联经验中的社会主义》（Виктор Пернацкий，Социализм в Научной Теории и в Опыте СССР），［俄］《21世纪自由思想》杂志（Свободная Мысль），2011年第7/8期。

② 《马克思恩格斯文集》第9卷，人民出版社2009年版，第28页。

特说,"今天几乎没有历史学家……认为我们还能写出世界通史或终结性的世界历史"①。但是,就这一问题齐世荣教授作了很好的回答。他说:"终结性的世界史,是不可能写出来的,因为任何一代人,无论晚到什么时候,都不可能穷竭真理,但是,世界通史,包括断代性的世界古代史、世界近代史、世界现代史,都是完全能够写出来的,而且能够写得越来越接近客观真实。"他还说,"作者要想把充满矛盾运动的全球一体化的历史进程和概貌勾画出一幅清晰的图像,是很不容易的。但是,难道我们因此就可以止步不前,满足于把一批又一批的专题论文和国别史或国别史的汇编堆在读者面前吗?如果只是这样做,他们关于现代史的局部的、具体的知识虽然会增加很多,但永远不会知道'世界'现代史是个什么样子。人类发展到 20 世纪,已经到了一个新的转折点,发达的科学技术可以极大地造福人类,但也达到了可以毁灭人类的地步。世界现代史学家有责任用清醒的、深刻的历史认识去启发人们,使人们变得更加理智、更有远见。但要做到这一点,就不能只有微观的历史研究,而无宏观的历史研究。'细节'固然需要知道,但在一定意义上'总画面'更需要让人们清楚。研究世界现代史的学者应当不怕困难,勇敢地承担起贯通、综合、概括的工作"②。

宏观整体研究对世界史特别是世界现代史而言具有特殊重要性。在世界整体化过程日益明显的 20 世纪,不用全球一体化眼光是难以看清问题实质的。在我国,在马克思主义理论指导下,着眼于历史的规律性运动,对世界现代史作宏观整体研究,应该是而且本来是我们的一个强项。事实上,过去 10 年我们编写的教材及著作大都不同程度地反映了这一特点。

然而,目前我国一些学者在这一问题上却出现了倒退。他们不赞成综合性的世界史研究,而主张改为外国史研究,认为这样可以表现得比较"谦卑"。在这些学者那里,当然就更谈不上"规律性"问题的研究。

---

① 《新编剑桥世界近代史》第 12 卷,中国社会科学出版社 1980 年版,第 2 页。
② 参见齐世荣《关于开展世界现代史研究的几个问题》,《历史教学问题》1988 年第 2 期。

在研究规律性问题时，如何深刻领会马克思主义思想精髓，防止僵化和教条也是值得注意的一种倾向。苏联在其存在的最后期，特别是苏联解体后，对马克思所阐明的社会发展规律产生了迷茫。"俄罗斯理论界在（20世纪）90年代讨论最多的理论问题之一就是为什么在俄国'先进的'社会形态被颠覆，而应当'被铲除'的社会制度却起而代之。"① 据称，五种社会经济形态理论在1985年之后，在苏联遭受到毁灭性打击。那些过去坚持发展阶段论的人们，其中许多人面对历史现实和意识形态架构之间的明显矛盾，放弃了正统思想，而去寻找其他分析历史进程的方法。虽然，苏联解体的原因很多，但根本原因仍在于其几十年的实践中，有许多做法违背了马克思主义基本原理，未能把马克思主义与苏联实际相结合，最后更是断送于戈尔巴乔夫等对马克思主义的完全违背与抛弃。如何正确总结苏联解体经验教训，成为俄罗斯人民绕不过去的一个重大课题。对于我们中国学者而言，也是一个不能不认真面对的严重挑战。但是，以为在苏联曾经建立起的社会主义制度就可以保证永远"先进"，那就大错特错了。任何先进的制度如果不悉心呵护、不断改革，都可能走向事物的反面。

第三，如何评价20世纪世界史？唯物史观与唯心史观在这一领域不断展开激烈交锋。

刚刚过去的20世纪被认为是发展最快、情况最为复杂的世纪。许多国家政界、学术界人士以不同方式回顾这段历史。俄罗斯科学院早在2000年就举办"我们的20世纪"国际科学大会，试图"对过去的世纪做出总结"②。美国最重要的学术政论杂志之一《外交》双月刊于2012年1/2月一期用很长篇幅发表《我们是如何走到今天的——现代秩序的兴起》③ 一文，文章从20世纪20年代到21世纪2011年，节选了20篇历史性文章，专论过去一个世纪的意识形态斗争和现代秩序兴起问题。

① ［俄］B. B. 索格林：《20世纪末俄罗斯历史与世界历史的联系：理论意义》B. B. Согрии，Российская История Конца 20 Столетия в Контексте Всеобщей Истории：Теоретичкское Осмысление《近现代史》（Новая и Новейшая История）2000年第1期。

② 《"我们的20世纪"国际科学大会》（Международная Научная Конференция "Наш20 Век"），见［俄］《近现代史》2001年第4期。

③ 英文原文为 How We Got Here—The Rise of the Modern Order, Foreign Affairs, 2012，1/2。

目前，通过各种综合性或专题性文章对 20 世纪的探讨正在世界范围内展开。但是，由于历史观不同，人们有关 20 世纪史的结论却是大相径庭的。

西方社会有关 20 世纪世界史有以下几种有代表性的观点：

一是，"一团乱麻"说。

从某些方面而言，20 世纪的世界看来确实是纷乱复杂。两次科技革命，世界资本主义进入垄断阶段即帝国主义阶段，两次世界大战，第一次大战后一种全新的社会主义制度脱颖而出；第二次大战后又出现独特的两极格局及由此出现的"冷战"和核恐怖平衡；20 世纪初本已被瓜分完毕的殖民地半殖民地在第二次大战后奇迹般地相继宣告独立并崛起为"第三世界"；当西方世界在 90 年代为苏联解体而兴高采烈时，却突然发现社会主义中国在改革开放中迅速崛起，等等。这一切是如此令人眼花缭乱，以至于西方有人认为 20 世纪世界史简直如一团乱麻，无论怎样梳理也难以理出头绪。

二是，"悲观"说。

有人深受两次残酷世界大战和一系列其他战争和暴力事件的震骇而极为悲观地叹道："我看 20 世纪，只把它看作一个屠杀、战乱不停的时代"，或者说，"这真是人类史上最血腥动荡的一个世纪"①。

三是，所谓"民主资本主义与极权共产主义"斗争说。

尼克松 1988 年在《1999 不战而胜》一书中称，"20 世纪最重要的发展不是殖民主义的终结或是民主制度的进展，而是极权共产主义的滋长"。美国的任务是争取"自由思想对压制自由的专制独裁的胜利"②。

这类说法在前面提到的美国《外交》杂志 2012 年 1/2 月刊《我们是如何走到今天的》一文中被表达得淋漓尽致。该文所节选 20 篇历史文章，以 1923 年 9 月《列宁和墨索里尼》为开篇，2011 年的《后华盛顿共识》为结尾，贯穿全文的是对共产主义的攻击，把共产主义等同于德、意法西斯主义，和对资本主义民主自由的颂扬。文章

---

① 以上两段话分别出自法国农艺学家暨生态学家迪蒙和诺贝尔奖得主、英国作家戈尔丁，转载于［英］霍布斯鲍姆《极端年代（1914—1991）》（中文版）上册，江苏人民出版社 1998 年版，第 2 页。

② 见该书中译本，长征出版社 1988 年版，第 5、12 页。

最后把中国和伊朗并列为不民主国家，而把希望寄托于这些国家群众寻求"解放"压力的增长①。毫不掩饰地表明它们颠覆社会主义中国的意图。

四是，"美国世纪"说。

大约从 1941 年 2 月 17 日，美国《生活》杂志发行人亨利·卢斯在《生活》上发表题为"美国世纪"的社论开始，"美国世纪"说就成为美国官方和许多人的信条，成为美国向外扩大影响和进行扩张的方便借口。尽管自 20 世纪 70 年代开始，美国国力开始相对下降，这种"美国世纪"说却始终没有止息。

以上各种观点，都不过是透过各自的三棱镜来看待和描述 20 世纪世界史。其中不乏明显的资产阶级意识形态因素和为美国式资本主义辩护的成分。因而都只能误导人们对 20 世纪世界史的认识。如果我们任凭这种对 20 世纪历史真实过程的扭曲和误导，无论从育人角度或资政角度看，都是极为有害的。

与上述各种错误观点相反，唯物主义历史观认为，人类社会运动发展的根本原因在于社会的内部矛盾，因此，尽管有曲折和倒退，总体而言，人类历史是一个向前发展的运动过程，并具有其内在规律性。

正是基于唯物史观的基本思想和 20 世纪的实际，世界有识之士和我国著名学者都同声赞扬，"20 世纪是整个人类在经济、政治、社会和文化各个领域得到空前进步，上述各领域都发生了深刻变化的时期"②，因而，20 世纪是一个"伟大的世纪"③。这种"伟大"主要通过三个进步性的历史进程表现出来。即，科学技术的飞速进步和经济的巨大增长，殖民体系的瓦解和社会主义制度的建立。这三个方面相互促进，终于使人类看到了一个更为美好的未来的曙光。当然，也充分估计到西方资本主义社会在发展生产和社会改革中的一定进步。

然而，唯物史观所做出的科学结论，正受到来自西方的越来越大的挑战，也造成国内部分学者思想理论上的动摇。有的学者干脆主张，我国现有的世界现代史著作和教材，不是"修修补补"的问题，

---

① 以上见《我们是如何走到今天的》（*How We Got Here*），《外交》2012 年 1/2 月刊。

② 见齐世荣、廖学盛主编《20 世纪的历史巨变》，学习出版社 2005 年版，第 1 页。

③ 见吴于廑、齐世荣主编《世界史——现代史编》上卷，高等教育出版社 1994 年版，第 5 页。

而是应当一律推倒重新写。试想，如果真的这样做了，究竟对谁有利呢？

第四，如何展望世界的未来？

20 世纪 80—90 年代之交，东欧剧变、苏联解体，西方一些学者由此而得出结论：历史将永远终结在资本主义发展阶段。这种观点的代表者当推日裔美国著名学者弗朗西斯·福山。1989 年夏，正是这位福山在美国《国家利益》杂志上发表了《历史的终结？》一文，认为西方资本主义国家实行的自由民主制度也许是"人类意识形态发展的终点"，是"人类最后一种统治形式"，因此而构成了"历史的终结"。由此而很快形成了一股弥漫全球的"终结热"。2001 年，福山在吸收并研究了各种反馈意见和学术观点后，在前文基础上推出了《历史的终结及最后之人》一书。① 在书中，福山在进一步阐释"历史终结论"的同时，还分析和阐释了所谓"'自由、民主'发展到顶峰后的最后之人"问题。为了宣扬资本主义自由、民主，作者竭力回避并掩盖资本主义社会中存在的矛盾和对抗，他以 1914 年第一次世界大战为例，在他看来，第一次世界大战爆发的真正根源，不是帝国主义争夺世界霸权和重新瓜分殖民地的斗争，而是在欧洲经历了 100 多年和平之后，伴随"现代技术文明蓬勃兴起"和享受"惊人的物质繁荣"的欧洲中产阶级，不愿继续过安逸生活，起而对"安全、繁荣和缺乏挑战"进行"反抗"，是因为人们已不再满意于"日常生活中越来越强的平等意识"②，由此而导致第一次世界大战爆发。作者如此罔顾事实、胡编乱造，目的只有一个，那就是，为他发明的这"最后之人"彻底地梳妆打扮一番，以便于向世人兜售西方的自由民主，至于这个"最后之人"到底是个什么样子，看来作者自己也说不清楚，但这已是无关紧要了。

在宣扬历史终结于资本主义自由民主阶段的同时，西方学术界还在大力宣扬另一种观念，即社会主义是永远不会成功的。其重要论据之一是所谓社会主义制度存在"原罪"，因而是不可能改革而只能归

————————

① 英文原文为 *The End of History and the Last Man*，中文版 2003 年由中国社会科学出版社出版。

② 见该书中文版，第 374 页。

于失败。苏联的解体成了他们攻击的最好靶子。他们说苏联之所以灭亡，是因为"苏联体制是无法革新的"，"首先在于苏联的'原罪'（Первородные Грехи）——它的畸形的意识形态、非法的产生方式和确凿的罪行——转变为永久的罪恶和失去了促进发展的拯救性选择方案"①。他们以此来否定伟大十月社会主义革命的历史必然性和苏联社会主义实践所取得的辉煌成就，以为给苏联扣上"原罪"的帽子就可以永远把世界社会主义事业钉死在十字架上。这种手法具有一定迷惑性，其影响至今仍不可低估。

上述四个方面只是最具代表性的。事实上，西方通过学术进行意识形态渗透，其中包括了人权观、价值观、政治观和发展观等的许多方面，是一个庞大的思想体系。这里，还不能不注意世界现代史研究领域的一大特点，即一大批或可称之为"准历史著作"的国际政治和国际关系类著作深深地影响世界现代史的研究。这些著作以其政治敏感性和很强的活动能力，活跃于世界现代史研究领域。他们直接论证资本主义自由、民主、人权以及当前广为流行的新自由主义。因为他们懂得意识形态在保卫资本主义、瓦解社会主义和控制第三世界方面的独特作用。主张 2017 年在全世界举办"庆祝共产主义灭亡大展览"的就是美国著名的布热津斯基先生。值得注意的是，美国财界直接出资资助和推销一些国际问题研究名人的出版物。例如新自由主义当代堡垒之一的芝加哥大学的民主理论与实践研究中心，每年可领取 3600 万美元的捐助费。1990—1994 年间，美国《国家利益》等 4 家最大的新自由主义刊物得到了 2700 万美元的捐助。得到奥林财团 100 万美元资助的《国家利益》，蓄意在刊物上炒作当时还名不见经传的弗朗西斯·福山的讲演《历史的终结?》，被《纽约时报》、《华盛顿邮报》、《时代周刊》等转载，很快在世界上引起轰动。

上述种种复杂情况，都足以告诫我们，在世界现代史研究领域，特别是在根本的思想指导上，必须始终保持足够的警惕和清醒的分辨能力。

---

① 斯迪凡·科恩：《苏联制度是否有可能被革新》（Стивен Коэн, Можно ли было Реформировать Советскую Систему），[俄]《21 世纪自由思想》杂志 2005 年第 1 期。

三 坚持与提升唯物史观的指导是根本

（一）世界现代史研究领域中，机遇与挑战并存

尽管世界现代史在指导思想上遭遇上述严重挑战，但同样也存在难得的发展机遇，有些挑战本身就是机遇。

首先，世纪之交的世界历史雄辩地证明马克思主义唯物史观是颠扑不破的真理。

唯物史观的指导作用在过去一定时期曾遭受严重挑战和挫折，从根本上反映了客观事物的复杂性和曲折性。苏联社会主义实践遭遇的严重失败，中国社会主义在改革开放前所走的曲折道路，以及世界资本主义发达国家依靠改良特别是依靠 20 世纪 80 年代推行新自由主义而取得的暂时优势，等等，都使许多人认为马克思主义不灵了，无用了，从而产生了严重信仰危机。但是，正如邓小平同志 1992 年在南巡讲话中指出的，"我坚信，世界上赞成马克思主义的人会多起来的，因为马克思主义是科学，它运用历史唯物主义揭示了人类社会发展的规律……一些国家出现严重曲折，社会主义好像被削弱了，但人民经受锻炼，从中吸收教训，将促使社会主义向着更加健康的方向发展。因此，不要惊惶失措，不要认为马克思主义消失了，没用了，失败了。哪有这回事！"①

历史充分证明了邓小平同志预言的正确性。苏联解体后的 20 多年，世界发生了完全让西方始料未及的惊人变化。

在资本主义世界，2002 年在美国安然公司、安达信公司等因做假账和高层贪婪等一系列丑闻被曝光，大大动摇了一些人对资本主义制度的自信，2008 年由美国开始的世界金融危机，以及由此引发的"占领华尔街"国际运动，各国罢工示威等一系列政治社会运动，使资本主义不得不又一次站在危机的悬崖边，有人甚至发出"资本家是否会搞垮资本主义"的惊叹。

而另一方面，在社会主义中国，中国共产党把马克思主义基本原理同中国实际和时代特征结合起来，独立自主走自己的路，取得了举世瞩

① 见《邓小平文选》第 3 卷，人民出版社 1993 年版，第 382—383 页。

目的辉煌成就，不仅从根本上改变了中国人民和中华民族的前途命运，也使世界人民看到了新的希望。英国《卫报》2006年5月发表的一篇文章以这样一句话作为标题："如果说20世纪止于1989年，那么21世纪始于1978年。"① 该文作者在把1989年作为苏联、东欧失败的标志年的同时，又把1978年作为21世纪的开启之年，因为"那一年邓小平在中国实行改革开放政策"。2006年7月1日，英国《独立报》在评论中国共产党成立85周年时发出这样的感叹："事实证明，中共在意识形态领域的灵活性是卡尔·马克思始料未及的。"② 其实，马克思主义从本质上讲就是最灵活、最能与时俱进的科学，是发展的理论和开放的体系。中国共产党这些年所做的，不过是对多年来存在于苏联和国际共产主义运动中的教条主义严重弊病的否定，恢复了马克思主义的本来面目。当然，这种"恢复"实在是意义重大。它不仅极大地推进了我国社会主义事业的前进，而且逐步地且深刻地改变着人们对马克思主义本身的看法。也正是基于上述变化，德国特里尔马克思故居博物馆负责人迪策女士在解释为什么近些年到博物馆参观的人越来越多时说："中国的成功和2008年以来的国际金融危机形成了鲜明的对比，而中国是成功运用马克思主义理论的实例，所以有很多人想从马克思这里寻找中国成功的答案。"③

可以毫不夸张地说，上述历史发展趋势将为加强唯物史观对世界现代史的指导作用和改变"思维西方化"、"美国化"，提供最有说服力的论据。

其次，在经济全球化不断深入和世界进步力量不断壮大的今天，更多有识之士开始用清醒眼光看待世界问题。

马克思主义绝不是离开人类文明大道的偏窄的理论，她自诞生之日起就注意不断吸取各种先进思想。中国共产党提出始终代表先进文化的前进方向，更把这一点表述得十分清楚。恩格斯早在1845年所写《英国工人阶级状况》一书中指出，共产主义不仅是工人的事业，而且是全人类的事业。"因为共产主义超越无产阶级和资产阶级之间

---

① 见［英］《卫报》2006年5月25日。
② 《中国用镰刀和红旗来庆祝》，［英］《独立报》2006年7月1日。
③ 见《西方涌动"马克思热"》，《人民日报》2013年3月18日。

的对立，所以它和纯粹无产阶级的宪章运动比起来，更容易为资产阶级的优秀的代表人物……所赞同"。尽管他指出这种人在当时"是极少的，而且只能从正在成长中的一代中去寻找"[1]。事实证明，经过一百多年后的今天，这种人已不是极少数。放眼四海，在西方政客和卫道士涉足的历史和理论的几乎一切方面，我们都可以听到唯物史观同情者的声音。

例如，西方一些学者重视以长时段整体观点研究历史。法国年鉴学派的代表人物布罗代尔猛烈抨击那种只注重对历史事件的短期研究方法，认为"短时间是最任性和最富欺骗性的时间"[2]。美国著名学者世界体系理论的主要代表人物伊曼努尔·华勒斯坦主张："把资本主义看作一个历史体系，从其全部历史和独特的具体现实中加以考察。"[3] 这种观点与马克思主义唯物史观以"长时段""整体"观点考察历史的主张是一致的。

又如，美国外交史学家威廉·威廉姆斯一反美国传统外交史学对扩张主义讳莫如深的态度，直指美国是一个扩张主义国家。他在1959年所著《美国外交的悲剧》的一书中揭露美国传统外交史学家的虚伪，指出，美国宣扬的对他国的人道主义援助主张，被它自己的所作所为"所削减甚至被颠覆。因为其他社会感到美国政策使他们失去了经济政治甚至是精神上的独立性。这些国家的人民感到的不是帮助而是伤害"[4]。他在后来的著述中一再强调美国外交政策上两个基本特点，即扩张主义和决定美国外交政策的主要因素是经济。这些论点为后来美国外交一系列实践所证实。

与上述观点相呼应的是，第三世界一些有代表性的著名学者如基什赫尔·马哈布巴尼等针对西方国家关于解决全球性问题应主要依靠它们的傲慢态度，列举大量事实，从根本上揭露了美国等西方国家才是所有

---

[1] 见《马克思恩格斯文集》第1卷，人民出版社2009年版，第497—498页。

[2] 布罗代尔：《资本主义论丛》，中央编译出版社1977年版，第177页。

[3] 见伊曼努尔·华勒斯坦《历史资本主义》，社会科学文献出版社1999年版，导言，第1页。

[4] 威廉·威廉姆斯：《美国外交的悲剧》（William Williams, *The Tragedy of American Diplomacy*），纽约，1981年，第10版，第15页。

这些问题产生的主要根源①。

即使在西方认为自己居于绝对优势的"人权"领域，一些西方学者也仗义执言。美国哈佛大学教授迈克尔·伊格纳杰也夫揭露说，"自1945年以来人权这一术语已经成为权力和权威的来源"，是"西方道德帝国主义一种诡诈的运用"。"当西方不再能够通过直接的帝国统治去控制世界时，就把它追求权力的意图隐藏在有关人权的不偏不倚的和普世性的语言之中。"②

从东西方政要中我们也能听到不少头脑清醒政治家睿智的声音。新近出版的《李光耀：大师对中国、美国和世界的洞察》一书中，就反映了新加坡和世界著名政治家李光耀对中美两国的精辟分析。他指出，"美国虽然还不至于沦为二流国家……但是前景堪忧"的同时，又指出"美国的创造力、适应能力和创造精神将让该国得以对付其核心问题，并重新获得竞争力"；他在肯定中国势将成为"世界最伟大的国家"的同时，又警告"腐败盛行"以及中国传统文化中存在不鼓励不同观点相互交流、碰撞的弱点，都会成为发展中的严重障碍，等等，③ 其中不乏真知灼见和有价值的忠告，值得我们认真思考。

这里，我们还不能不提到中国人民的老朋友，著名政治家兼学者基辛格和哈佛大学著名教授傅高义。他们二人分别于2011年和2013年出版了两部有关中国的著作，即基辛格的《论中国》和傅高义的《邓小平时代》。与那些充斥着对华偏见，甚至急切地盼望中国"崩溃"的西方政客及文人墨客不同，他们对于中国的发展和中美关系都基本保存冷静、客观和公正的态度。基辛格关于"中美关系的恰当标签应是'共同进化'，而不是'伙伴关系'"④ 的界定，反映了他深厚的历史见解和深邃的战略远见。这应是正确的历史选择。如果中美两国能实现"共同进化"而不是如美国一些人主张的互相挤压，甚至兵戎相见，则不仅是

---

① 基什赫尔·马哈布巴尼：《控诉西方——亚洲世纪中的美国和欧洲》（Kishore Mahbubani, *The Case Against the West—America and Europe in the Asian Century*），《外交》2008年5/6月刊。

② 迈克尔·伊格纳杰也夫：《攻击人权》（Michael Ignatieff, *The Attack on Human Rights*）《外交》2001年11/12月刊。

③ 见卡伦·埃利奥特·豪斯《一位世界智者》（Karen Elliott House, *A Wise Man for the World*）《华尔街日报》（The Wall Street Journal）2013年2月27日第10版。

④ 见基辛格《论中国》（中文版），中信出版社2012年版，第515页。

中美两国的幸事，也是世界人民的幸事。在《邓小平时代》一书中，傅高义在指出中国改革开放以来巨大成就的同时，高度评价邓小平的历史功绩，指出："我相信，没有任何一个国家的领导人，对世界的发展有过更大的影响。"① 一位美国学者对于一个共产党大国的发展及其领导人作如此高的评价，同样说明，在全球化日益深入发展、各国联系日益紧密的今天，世界有识之士正抛开成见，而致力于世界前途的长远考虑。这些人虽然不多，却是难能可贵的。而他们的见地显然也丰富了唯物史观对现代世界发展的认识。

再次，各种挑战本身给了我们加深对世界现代史认识的极好机会。

尽管我们并不赞同西方有关世界现代史的许多分析和结论性意见，但是，要回答他们提出的问题和挑战却并不容易。资本主义真的会永世长存吗？经济全球化意味着资本主义全球化吗？社会主义苏联的失败真的就意味着马克思主义的失败？苏联社会主义制度是无法革新的吗？究竟如何看待20世纪的资本主义？揭露资本主义原始积累的血腥和贪婪，是陈词滥调吗？20世纪世界范围的斗争主要归结为西方自由民主和东方专制独裁的斗争？究竟20世纪世界历史有无规律可循？如此等等。所有这些问题既是挑战，又是激发我们思考的契机，是需要认真加以应对的。从根本上说，马克思主义唯物史观正是为应答历史提出的需求而在战斗中不断成长的。如何进一步处理好挑战与机遇的关系，考验着我们的智慧和能力。这本身就体现了历史的辩证发展对我们提出的要求。

（二）关于提升唯物史观指导作用需解决的几个基本问题

第一，深刻领会唯物史观基本观点，并在实践中加以运用。

这里有必要重温马恩关于唯物史观的一些经典提法。唯物史观是马克思、恩格斯在19世纪40年代共同创立的辩证唯物主义和历史唯物主义的简称。马克思主义在其产生的100多年里之所以历经各种风雨的洗礼而颠扑不破，根本原因就在于它是建立在唯物史观基础上的科学真理。唯物史观的基本思想，正如马克思在《政治经济学批判》

---

① 见傅高义《邓小平时代》（中文版），生活·读书·新知三联书店2013年版，中国大陆版序，第9页。

序言中所表述的："人们在自己生活的社会生产中发展一定的、必然的、不以他们的意志为转移的关系，即同他们的物质生产力的一定发展阶段相适合的生产关系。这些生产关系的总和构成社会的经济结构，即有法律的和政治的上层建筑竖立其上并有一定的社会意识形式与之相适应的现实基础。物质生活的生产方式制约着整个社会生活、政治生活和精神生活的过程。不是人们的意识决定人们的存在，相反，是人们的存在决定人们的意识。社会的物质生产力发展到一定阶段，便同它们一直在其中活动的现存生产关系或财产关系（这只是生产关系的法律用语）发生矛盾。于是这些关系便由生产力的发展形式变成生产力的桎梏。那时社会革命的时代就到来了。随着经济基础的变更，全部庞大的上层建筑也或快或慢地发生变革。"马克思进一步指出，"无论哪一个社会形态，在它所能容纳的全部生产力发挥出来以前，是绝不会灭亡的；而新的更高的生产关系，在它的物质存在条件在旧社会的胎胞里成熟以前，是绝不会出现的。所以人类始终只提出自己能够解决的任务，因为只要仔细考察就可以发现，任务本身，只有在解决它的物质条件已经存在或者至少是在生成过程中的时候，才会产生……资产阶级的生产关系是社会生产过程的最后一个对抗形式，这里所说的对抗，不是指个人的对抗，而是指从个人的生活条件中生长出来的对抗，但是，在资产阶级社会的胎胞里发展的生产力，同时又创造着解决这种对抗的物质条件，因此，人类社会的史前时期就以这种社会形态而告终。"①

恩格斯在指出唯物史观的极端重要性时指出："人们自己创造自己的历史，但他们是在既定的、制约着他们的环境中，是在现有的现实关系的基础上进行创造的，在这个现实关系中，经济关系不管受到其他关系——政治的和意识形态的——多大影响，归根到底还是具有决定意义的，它构成一条贯穿始终的、唯一有助于理解的红线。"②

在恩格斯晚年，他针对一些人把唯物史观庸俗化和教条化的倾向，在坚持经济的决定作用这个基本观点的基础上，又展开论述了政治和意识形态的相对独立性和反作用，从而进一步丰富和发展了唯物史观，使

---

① 《马克思恩格斯文集》第 2 卷，人民出版社 2009 年版，第 591—592 页。
② 《马克思恩格斯文集》第 10 卷，人民出版社 2009 年版，第 668 页。

唯物史观更臻至完美。

马克思和恩格斯对唯物史观的科学论述，为我们正确把握整个世界历史进程指明了方向，对世界现代史的研究更有特殊的指导意义。回顾 20 世纪初以来世界历史的全过程，我们处处体会到生产力巨大的能动作用和生产关系必须适合生产力发展，以及社会上层建筑必须适应经济基础这一根本特点，也更加清楚地看到社会经济基础与政治上层建筑的辩证关系。20 世纪两次科技革命所释放的生产力的巨大能量，既推动了资本主义进入垄断阶段，又推动世界横向联系大大加强。从 20 世纪初世纪整体化进程加速，到 20 世纪末经济全球化，世界已日益在经济、政治、文化等方面联系成一个息息相关的整体。世界一系列新问题、新矛盾由此而生。世界殖民地于 20 世纪初被瓜分完毕、世界性经济大危机的出现、两次世界大战加于全人类空前的灾难等等，都说明资本帝国主义在世界范围内成为人类生产发展和社会进步的桎梏。20 世纪殖民地半殖民地人民掀起民族独立和解放的斗争；在帝国主义薄弱环节发生十月社会主义革命；等等，恰恰反映了一种历史的必然性和进步性。尽管西方资本主义国家也进行部分的改革。但试想，如果没有世界范围内革命和民族解放运动斗争的压力，没有这些国家广大人民群众的不懈努力和对统治者施加的强大压力，这些改革得以进行又得以取得今天的成就吗？从另一方面看，取得社会主义革命和民族解放运动胜利的国家又必须从现有水平出发，实事求是地分阶段地向前发展。不考虑生产力的现实水平，操之过急地改变生产关系，甚至批判"唯生产力论"，都只能是欲速则不达，造成严重失误和破坏。当然，如果僵化和拒绝随着经济发展而不断进行改革，则同样会成为历史阻力，最终被人民所抛弃。这里，领导者是否能敏锐地觉察到甚至预见到"那些解决它的物质条件已经存在"，或者是这些条件"已在生成过程中"，是对领导者水平的真正考验。中国共产党和前苏联共产党的成败得失，就是新的、有说服力的论据。这一点，也已成为世界有识之士的共识。今天，中国共产党坚持马克思主义唯物史观，坚持与之一脉相承而又向前发展的毛泽东思想、邓小平理论、"三个代表"重要思想和科学发展观，不断推进实践基础上的理论创新，从而把全部实践活动牢牢地置于马克思主义科学理论指导之下。党的十八大提出的夺取中国特色社会主义新胜利必须牢牢把握的"八个必须坚持"的基本要求①，进一步理智地回答了时代的要求、人民的期盼，是坚持马克思主义唯物史观的又一创新性成果。

中国的和平发展，得到世界许多国家的欢迎和赞扬，却不被美国等某些西方大国看好。其中原因并不难找。一方面，美国作为最大的资本主义国家，社会经济制度及统治阶级利益决定了它决不容忍有另一个新兴的大国与之竞争。关于这一点，美国进攻性现实主义的代表人物米尔斯海姆说得十分清楚。他断言，美中之间必有一战，因为他依据的西方国际关系理论是，"最强大的国家试图在世界上建立他们的地区霸权时，需要确信其他地区没有可与之匹敌的大国占据统治。"② 而中国作为新起的社会主义大国，更使美国这个最大资本主义国家感到了深层次的威胁。鉴于上述情况，中国在坚持走和平发展道路的同时，需要对美国等西方国家围堵中国的企图保持高度警惕，还必须在西方挑衅面前坚持自己的思维方式和话语体系。正像有些文章所说，要提高政治敏锐性与鉴别力，不失语，不妄语。同时我们更要按照唯物史观的指导，尊重客观实际，承认资本主义还有不可小视的推进生产力发展的潜力，资本主义将与社会主义制度长期共存，因此，坚持不同社会制度和平共处原则和像基辛格主张的那样，实现中美"共同进化"才是最符合历史要求的明智选择。

第二，必须大力提高理论思维能力。

所谓理论思维能力，主要是指马克思主义辩证思维能力。它是其他各种思维能力，如战略思维能力、创新思维能力等的核心和根本。西方有人评价中国成就时说，战略思维是中国发展奇迹的精髓，显然是对的。但他未能进一步指出，恰恰是理论思维的成熟发挥了根本性作用。对于我们从事世界现代史研究而言，这种理论思维主要表现为对社会生活本质，对社会总体运动和一般规律的理论概括；表现为对各种历史事件、历史人物活动由表及里的本质性认识。马克思主义从来不是空洞、僵硬、刻板的教条。我们学习马克思主义唯物史观，主要是学习其立

---

① 这八个必须坚持是，必须坚持人民主体地位，必须坚持解放和发展社会生产力，必须坚持推进改革开放，必须坚持维护社会公平正义，必须坚持走共同富裕道路，必须坚持促进社会和谐，必须坚持和平发展，必须坚持党的领导。

② J. 米尔斯海姆：《中国的非和平崛起》(J. Mearsheimer, *China's Unpeaceful Rise*)，《当代史》(Current History) 2006 年第 4 期。

场、观点和方法，用于剖析各种事件和人物。舍此，不足以认清各种复杂的历史现象，看清历史发展进程。举例来说，有人因苏联的解体而根本否定俄国十月革命的伟大意义，否定社会主义实践的光辉成就。所持论点离不开西方的"原罪"论和把社会主义与"专制制度"画上等号。这些是西方许多学者惯用的手法，本不难揭穿。但是，如果我们离开了唯物史观的理论思维，就有盲目信奉这些谬论的危险。

为了提高世界现代史研究的理论思维能力，必须十分重视资料，特别是原始资料的积累和运用。因为历史研究只能从最顽强的事实出发。恩格斯说："即使只是在一个单独的历史事例上发展唯物主义的观点，也是一项要求多年冷静钻研的科学工作，因为很明显，在这里只说空话是无济于事的，只有靠大量的、批判地审查过的、充分地掌握了的历史资料，才能解决这样的任务。"[1] 这段话把资料与理论思维的关系说得再清楚不过了。事实上，我们理解的理论思维绝不是离开事实的某种抽象，恰恰相反，是在事实基础上的探寻，借以形成规律性认识并用于指导实践。我们所指的思维西方化实际上常常是那些急功近利者或者懒汉的做法。他们不想付出艰苦的劳动和研究，而只是生吞活剥地去拾取西方的思维"模式"，但在顽强事实面前，西方那套观点和研究"模式"的非科学与反科学性就一目了然了。

第三，学习马克思献身人类解放事业的崇高精神。

马克思之所以具有一般人难以企及的理论思维才能，除了他有过人的天资，主要在于他把毕生精力奉献给无产阶级和全人类解放事业的崇高精神。他在《政治经济学批判》序言中，在阐明他所发现的人类历史发展规律之后，说了下面一段话："我以上简短地叙述了自己在政治经济学领域进行研究的经过，这只是要证明，我的见解，不管人们对它怎样评论，不管它多么不合乎统治阶级自私的偏见，都是多年诚实研究的结果。"[2] 我们学习马克思主义的同时，不能不学习马克思的精神。

我们世界史工作者引以自豪的是，马克思主义学说本身也是一门历史科学。在世界政界和学术界不管出于何种理由而日益重视马克思主义的今天，我们更有义不容辞的责任，认真研究和掌握马克思主义。这是

---

① 《马克思恩格斯文集》第 2 卷，人民出版社 2009 年版，第 598 页。
② 同上书，第 594 页。

历史赋予我们的光荣职责。令人欣喜的是，这些年来，始终有一批学者头脑冷静、立场鲜明地坚持以马克思主义唯物史观指导世界现代史的研究，每年都有新成果问世。2012年年初，中国第一部专题研究与编年叙写相结合的大型世界通史著作由江西人民出版社出版。这是中国社会科学院集众多专家学者之力，经多年研究所取得的一项重大课题研究成果。其中就包含了世界现代史的重要内容。在马克思主义理论研究与建设工程中，一批专家学者不倦地从事高等学校《世界现代史》教材的研究与编写。所有这些努力都说明，世界现代史马克思主义的研究队伍在不断壮大，水平在稳步提高。中国世界现代史学科与整个国家蒸蒸日上的大好形势一样，正迎来又一个百花争艳的春天。

（作者单位：北京师范大学历史学院）

"新史学"与马克思主义史学

刘永祥

"新史学"和马克思主义史学是影响 20 世纪中国史学走向的重要思潮和流派，厘清二者的发展脉络及相互关系，对于认识这一时期的史学基本格局显然具有重要意义，本文拟在前人研究基础上作进一步考察，不当之处，尚祈方家教正。

一 从"新史学"的学术定位谈起

学界一般将"新史学"定位为 20 世纪初至"五四"前后的一股史学思潮，此后则被新历史考证学和马克思主义史学所取代。在学派划分上，有的学者则将新史学和马克思主义史学统称为史观派，或将后者视为前者的"传人"或"再生"。此观点的提出，很大程度上建立在新史学于"五四"前后被"新汉学"所腰斩这一前提之上。

诚然，"五四"以后，新历史考证风气确实逐渐蔓延并在 20 世纪 30 年代达到顶峰，但这并不代表新史学的发展就此戛然而止。事实上，此时不仅梁启超本人完成了对新史学体系的深化和完善（《中国历史研究法》及《补编》），而且还有一大批学者沿着这一路径，在理论建设和具体研究两个方向同时展开，使新史学从早期的思潮和学派雏形（以梁启超《论中国学术思想变迁之大势》和夏曾佑《中国古代史》为标志）逐渐转变为一大史学流派，主要代表人物有萧一山、张荫麟、吕思勉、周予同、卫聚贤、杨鸿烈、陆懋德、金毓黻、王桐龄和姚名达等，他们在治学风格上表现出如下共同特征：（1）力矫繁琐考据和整理史料的学风，主张在史观（从进化史观到综合史观）统摄下对历史加以解释，努力探寻人类社会演进的基本法则。（2）强调历史是"整个的"，主张突破政治史范畴，描绘人类社会生活全貌。（3）坚持在"求真"前提下的史学致用观，主张发挥史学教育国民、关切现实以及推测未来等功能。（4）重视考察史学与其他学科的关系，倡导跨学科的治史方法。（5）崇尚宏通性、整体性和系统性的大规模"著史"，而非带有整理性质的窄而深的"考史"，并讲求史书表现形式的多样化。限于篇幅，这里无法展开，但就笔者所掌握的材料来看，这一学派既反对将史学停留在考证层次，又不完全认同唯物史观，乃是新史学的承继者和发展者，是具有完整延展体系的学术流派。

从大的理论主张来看，新史学与马克思主义史学之间确然存在着某些理论上的共通性和内在暗合之处，但若贸然将二者划入同一史学理论体系，则未免略显牵强。因为，不仅目前几乎无法找到直接的证据可以证明马克思主义史家受到新史学流派的影响，而且仅就两派最核心的理论要素"注重历史解释"而言，新史学流派基本以进化论为指导来寻求历史演进的因果法则，后来虽发展到"综合史观"的层次，但在整体上显然未能达到唯物史观的理论高度。换言之，新史学在历史解释体系的科学性、完整性和严密性上都与后者有明显的区别和距离。准确地说，马克思主义关于史学理论和方法所提出的诸多重要原理，新史学流派只是片断地提出，或者朴素地认识到，而马克思主义则明确地、系统地提出了一整套科学的历史观和方法论。

尤为重要的是，像当时大多数学者一样，新史学流派往往将唯物史观简单理解为"经济史观"。比如，杨鸿烈直言："比较起来还是称马克斯的学说为'经济史观'较能'名符其实'。"[1]萧一山指出："此说为历史之经济的解释……故比较言之以'经济的历史观'一辞为妥。"[2]吕思勉则谓："把社会上的形形色色，一切都归到经济上的一个

---

[1] 杨鸿烈：《史学通论》，载民国丛书编辑委员会《民国丛书》第二编，上海书店1990年版，第274页。

[2] 萧一山：《史学之研究》。此文现藏于国家图书馆普通古籍阅览室，出处不详，文末标注写作日期为1922年1月10日。这是萧氏青年时期阐发史学见解的专文，共分十节，第七节为"唯物史观在史学上之价值"。一方面他称唯物史观为经济的历史观，肯定其对社会经济的

原因，马克思的唯物史观，也不过如此。"① 他们在历史本体论上也与唯物史观有本质区别，大多主张心、物无所谓先后，应兼顾两大范畴，实际上依然陷在唯心论的泥潭而不能自拔。故而，只能说新史学流派各项理论主张的长期宣传，尤其是主张历史解释、史学致用以及对社会史的关注等，为唯物史观的顺利传入以及生根发芽营造了一定的学术氛围、奠定了一定的学术基础。民国时期是中国社会的大转折时期，以史料为中心的新历史考证学派显然无法满足人们对中华民族未来走向的社会诉求，因此新史学流派在历史解释体系上逐渐从进化史观发展到综合史观，与此同时，马克思主义史家则将唯物史观引入中国并迅速发展壮大。故而，将20世纪前半期中国史学进程归结为三派"起伏"的单线演进模式，看似于混乱中厘清了线索，实则与客观历史存在一定偏差。

严格来说，三派之间并非水火不容，而是互相影响、互相促进，并都以建立具有中国特色和世界水平以及科学化的史学体系为追求，只是在取径上存在不同而已。整体而言，新史学和马克思主义史学派在史料的搜集、整理、考订与辨伪方面没有新历史考证学派那么突出，但他们确实都明确强调了史料审查的重要性，并践行于史学实践中，因此其著作绝非缺乏史料支撑、乱发空论的空中楼阁，而是能够充分吸收新历史考证学派的治学方法和成果。换言之，这两大同为主张历史解释的学派基本能够做到对史观和史料的执两用中。

新史学与马克思主义史学之间存在理论主张上的相通之处，恰恰证明新史学具有强韧的生命力，在唯物史观未崛起前是能够代表当时史学理论高度的。而且，新史学流派有自己的理论体系和学派特色，又在诸多史学领域取得卓著成绩，甚至在某些方面还可以弥补当时唯物史观派在理论运用上的不成熟和某些偏颇之处所带来的不足，从而与马克思主

重视。另一方面他对唯物史观重视人民群众的做法表示高度赞赏，认为其"于人类本身之性质内，求达到较善之社会情况之推进力与指导力"，"给人以奋发有为的人生观"，因此一改以天意解释一切的传统，而"视社会上之一切活动变迁，全为人力所造，而此人类本身具有之动力，可以在人类之需要与赖以满足需要之方法中认识者也"。故而，他指出："唯物史观在史学之价值，既如此其重大，而人生所被之影响，又如此其紧要，我辈不可不明其真义，藉得一新人生之了解。我辈当知，一切过去之历史，乃我辈本身具有之人力创造而来，非圣人于上帝所赐也……我辈应自觉势力，联合而应生活之需要，以创造一种世界的平民新历史。"这篇文章以往未被发掘，因此学界在论述青年时期萧氏所受唯物史观之影响时，未曾论及第二点。

① 吕思勉：《白话本国史》，上海古籍出版社2005年版，第143页。

义史学一起为20世纪中国史学向更高阶段发展作出独特的贡献。然而，毕竟马克思主义史学要高出很大一截，因此在两派齐流并进的过程中，究以唯物史观对新史学的影响为大，新史学流派中有不少学者受到唯物史观的影响或者最终接受了唯物史观。

二 新史学流派的态度转变

新中国成立以前，新史学流派中受唯物史观影响最大者当推吕思勉。他曾在总结思想转变时有言："马列主义初入中国，予即略有接触，但未深究。年四十七，偶与在苏州之旧同学马精武君会晤，马君劝予读马列主义之书，尔乃读之稍多。于此主义，深为服膺。"① 可见，当马克思主义传入中国之初，吕氏即曾予以关注。而且，虽谓"略有接触，但未深究"，实则已受到影响。② 这种影响从其《白话本国史》中对春秋战国时期社会经济变迁的论述以及从阶级关系和社会组织变迁分析历史可以看得出来。比如，他在论述春秋战国时期游士风气兴起的原因时，认为这与当时的社会情势密切关联，指出，东周以后"贵族政体渐次崩坏；做专官有学识的人，渐变而为平民；向来所谓某官之守，一变而为某家之学；民间才有'聚徒讲学'之事……民间有智识的人，一天天增多；贵族里头，可用的人，一天天减少"，因而不得不进用游士，而当时讲求学问的人，则渐渐以利禄为动机，"可见得社会的文化，和物质方面大有关系"③。约在1930年以后，吕氏对马克思主义"深为服膺"，而这在其《吕著中国通史》和《秦汉史》等著作中都有鲜明反映。比如，旭君所撰《因事命篇，不拘常格》一文中对《秦汉史》评介说："吕思勉先生中年以后接受了历史唯物主义的观点，按照马克思'以经济为社会的基础'的观点来研究社会历史的发展，因此《秦汉史》议论精深透辟，颇多创见。"他还曾在赠给女儿的诗《再示荣生》

① 吕思勉：《自述》，《吕思勉遗文集》上，华东师范大学出版社1997年版，第440页。
② 李永圻在《吕思勉先生编年事辑》中称："一九二〇年先生所写的《沈游通信》、《南归杂记》、《〈一个不幸娘们〉的跋语》等篇，反对迷信，提倡科学，抨击封建家族制度，反对封建势力。高唱男女平等，向往民主自由，对马克思学说已有初步认识。"（载俞振基《蒿庐问学记》，生活·读书·新知三联书店1996年版，第384页）
③ 吕思勉：《白话本国史》，第114—115页。

中写道："圣哉马克思，观变识终始。臧往以知来，远瞻若数计。"不过，需要指明的是，其理解尚流于偏颇。他在郭斌佳的译作《历史哲学概论》一书上所作的眉批中写道："马克思之说，虽受人攻击，然以中国史事证之，可见其说之确者甚多，大抵抹杀别种原因，则非是，然生计究为原因之最大者。"① 这显然是将唯物史观简单化为以经济变迁解释历史，虽然后来他的认识逐渐深刻、全面，但从其一生著述来看，对其影响最大的依然在于重视社会经济的探究。

最先从方法论上提出以史学研究经学，并尝试运用新史学理论对两千年经学进行客观、公正、系统清理的周予同，虽然是在新中国成立以后才真正接受唯物史观，但其曾在自传中说："我研究中国的经学与史学，主观上是要从思想上文化上清算长期的封建社会……清算封建社会，如同医学家解剖尸体，需要有犀利而合适的解剖刀。我年青时试用过多种解剖刀，也就是中国的和西方的社会历史学说，主要是进化论。但用来用去，还是认定只有马克思主义的唯物史观，才能帮助我们解决封建的、资产阶级的学者们总是纠缠不清的种种问题，指引我们把社会历史的研究变成科学。我在五四时代就已结识毛泽东同志，听过李大钊同志的演说，也访问过鲁迅先生。他们努力把马克思主义的普遍真理同中国革命的具体实践相结合，实事求是地解决中国面临的各种问题，使我十分钦仰。我觉得我们研究学问，也应该走他们开辟的道路，解剖刀才能发挥作用，既不会泥古不化，也不会乱砍一气。"② 这段话非常清楚地描述了其治学的转向，而且说明其在早年就已经对唯物史观学者表示钦佩。事实上，他早年的思想和活动是受到马克思主义者影响的，不仅以无畏的勇气要对封建社会予以思想文化上的清算，而且还亲身参与了许多社会活动，并受到毛泽东等人的重视。周谷城曾回忆说："1924到1927年大革命时期……他这时在上海也站在反帝爱国斗争一边，曾与老友胡愈之、郑振铎等公开写信揭发蒋介石发动的'四·一二'大屠杀的真相，影响颇大，令人敬佩。这次活动，党是注意到了的；抗日战争爆发的前夕，我接到毛泽东主席信，信中就提到周予同，足证领导的重视。解放以后，华东军政委员会刚成立，予同和我，同时接到毛泽

---

① 李永圻：《吕思勉先生编年事辑》，载俞振基《蒿庐问学记》，第 488、460、406 页。

② 周予同：《周予同自传》，《晋阳学刊》1981 年第 1 期。

东主席的命令，任我们为华东军政委员会的文教委员会委员，不是偶然的。"① 这是他后来彻底转向唯物史观的思想基础。

杨鸿烈的思想也经历了一个转变的过程。他早年认为，"他们以为历史上所表现的都是些人类不平等的事，都是阶级的斗争。马克思更以为一切经济的成因可以决定人类生存所有的成因，就是说一切的思想制度行为都跟着他的生产的方法，分配的形式而变异的。这样对于现代思想界是很有影响的，其实马克思自己就没有把他当做一个科学上的问题，不过藉此宣传他的社会主义罢了。他也没有想去分析历史的成分，所以他这说的缺点就多了"②，并表现为典型的唯心主义，指出："智识阶级是人类文化的制造者，是使人类进步的原动力；但近世自资本主义横行，发生社会主义的一大反动，于是本着'唯物史观'里'阶级斗争'的学说的人就来否定过去的一切文化，以为文化都是劳动者的牺牲品。"③ 后来，其认识逐渐发生变化，虽依然将唯物史观称为经济史观，但已经越来越趋向历史唯物主义。他说："社会的变化实在是很快，其中的最重要的原因还是在经济方面，所以有人说人类的生产工具一有变化，一切政治制度和思想系统也就随之而起变化，这样，自古以来无论哪一个地方绝对没有能超出经济实力支配的'万古不灭'谁都应该遵守的固定法则。""生物的进化在于器官的演变，而人类社会的进化则在于劳作工具的发展。我们要懂得这个道理，才能明瞭历史的真正原动力之所在。""一切经济以外的其他社会生活的动力皆蒙受经济组织的限制而且还要依赖经济组织才能实现。"他又在书中引杨秀林《历史动力学说之检讨》中批驳人类意志是历史动力的唯心史观的说法，认为"所说甚是"，并明言"人类意志的自由很为有限，而历史又极富于客观的性质"④。此外，他还在《历史研究法》中说，"一般所谓'唯物辩证法'的史学家欲以'唯物辩证法'代替'历史研究法'的全部，著者认为在今日还是'时机犹未成熟'，须待此后长期的努力方能有成

---

① 周谷城：《怀念周予同教授》，《周谷城史学论文选集》，人民出版社 1983 年版，第 423 页。

② 杨鸿烈：《史地新论》，晨报社出版部 1924 年版，第 62 页。

③ 杨鸿烈：《智识阶级在历史上所表演的功罪谈》，《史地新论》附杂论。

④ 杨鸿烈：《史学通论》，第 83、128、277、301、302 页。

功的希望"①，隐约已将唯物史观视为未来史学的主流走向。

萧一山在《清代通史》中用接近五分之一的篇幅叙写社会经济、人民生计的内容，固然是受到新史学反映人类社会生活全貌、重视"民史"记载理念的影响，但其中唯物史观所起到的作用也绝不容忽视，甚至要更大一些。不过，萧氏并不认同将经济基础视为决定人类社会历史进程的根本条件，依然继承、发挥梁启超观点而将政治、经济、文化三者均衡的、综合的看待，认为三者无所谓轻重、先后之说。② 而且，他将唯物史观片面地、简单地理解为一切历史研究仅从经济出发，认为唯物辩证法相对于黑格尔唯心辩证法并无根本性进步，主张物质与精神同时并在，不分先后，而将儒家的中庸文化视为高于二者的不偏不倚、执两用中的辩证法。

此外，张荫麟早年将马克思唯物辩证法等同于黑格尔唯心辩证法，将唯物史观错误地理解为一条鞭式的社会演化论，但后来态度发生了一定变化，而且一直对唯物史观十分关注，直到去世前还在撰写总结唯物史观的文章。卫聚贤曾于20世纪30年代初"在北平山西蒲州会馆中，经常和一些持历史唯物论观点的朋友聚会，研究探讨学术问题。因思想激进，受人排挤和忌妒，找不到教书的地方，投稿也未能发表，待业期间时采用唯物史观方法，搜集了大量资料，结合摩尔根的《古代社会》等书，来研究中国的社会发展历史，写成了《母系时代》、《奴隶社会》等篇，合编为《古史研究》第三辑出版"③。

三　唯物史观的具体影响

唯物史观是一套严密、深奥的科学理论体系，但在传入中国史学界

---

① 杨鸿烈：《历史研究法》，商务印书馆1939年版，第468页。

② 梁启超认为："人生活动的基本事项，可分三大类，就是政治、经济、文化三者……人类社会的成立，这三者是最主要的要素。拿人的生理来譬喻吧。有骨干才能支持生存，有血液才能滋养发育，有脑髓神经才能活动思想。三者若缺少其一，任何人都不能生活。一个人的身体如此，许多人的社会又何尝不然。拿来比较，个人的骨干等于社会的政治，个人的血液等于社会的经济，个人的脑髓神经等于社会的文化学术，一点儿也不差异。"（见梁启超《中国历史研究法补编》，《饮冰室合集》专集之九十九，中华书局1989年版，第123页）

③ 卫月望：《卫聚贤传略》，载晋阳学刊编辑部编《中国现代社会科学家传略》第9辑，山西人民出版社1987年版，第305页。

后，被关注最多的还是其最核心的历史解释观点，即生产力与生产关系、经济基础与上层建筑的矛盾运动决定社会基本进程；推动和影响社会进程的诸项原因中，经济的前提和条件归根结底是决定性的，而与其他条件形成合力。甚至在当时的学术界，以经济入手研究历史成为马克思主义史学的标志。萧一山就曾在《近代史书史料及其批评》一文中评论说："海上诸作，常以唯物史观为经济史研究之中心，其成就亦有未宏。"① 这种简单化的理解显然存在着很大偏颇，也是当时许多学人的通病。然而，以新史学流派所受唯物史观的具体影响而言，重视对社会经济和社会组织等基本情形的研究无疑是其中最要者。

吕思勉少年时所倾心的是"旧日的经济之学"②，青年时即关切物价变迁并留意收集资料，关心国计民生，力倡社会改革，夙抱大同理想。这些都成为其最终接受唯物史观的思想基础，而对社会经济和社会组织尤为重视。综观其一生著述，上述内容占有很大比例。因此，其在评价他人著述时对此方面也十分留意。钱穆曾回忆说："诚之师盛赞余书中（按，指《国史大纲》）论南北经济一节。又谓书中叙魏晋屯田以下，迄唐之租庸调，其间演变，古今治史者，无一人详道其所以然，此书所论诚千载之眼也。此语距今亦逾三十年，乃更无人语及此。"③ 吕氏后来著《历史研究法》，则明确指出："马克思以经济为社会的基础之说，不可以不知道。社会是整个的，任何现象，必与其余一切现象都有关系……然关系必有亲疏，影响亦分大小……把一切有关系的事，都看得其关系相等，就茫然无所瞭解，等于不知事物相互的关系了。如此，则以物质为基础，以经济现象为社会最重要的条件，而把他这种现象，看作依附于其上的上层建筑，对于史事的了解，实在是有很大的帮助的。但能平心观察，其理自明。第三，近代西洋科学和物质文明的发达，对于史事是大有影响的……物质环境既然是社会组织的基础，则其有所变动，影响之大，自更不容否认。"④

① 萧一山：《非宇馆文存》卷四，载沈云龙主编《近代中国史料丛刊》第88辑，台北，文海出版社1973年版，第142页。
② 吕思勉：《自述》，《吕思勉遗文集》上，第435页。
③ 钱穆：《回忆吕诚之老师》，载俞振基《蒿庐问学记》，第136页。
④ 吕思勉：《历史研究法》，《史学与史籍七种》，上海古籍出版社2009年版，第37—38页。

　　萧一山著《清代通史》的一大特色也在于对清代社会经济的重视。书中明言："社会之结合，政治之成立，民族之交通，邦国之宁固，其趋势赴功，日进不已者，财为之趋也……故待农而是食之，虞而出之，工而成之，商而通之，而使民不匮……国势之存亡系焉。"又谓："近世以来，社会主义勃兴于欧陆，马克思在其《共产党宣言》中，发表'唯物史观'之原理……即社会上一切事物，皆以经济为其基础，故凡思想文化、宗教、道德、教育、政治、法律等罔不受其支配。自是以后，言史者虽不尽同情于其主张，而向为人所不注意之经济问题，则已占据历史中重要之位置矣。"① 可见，正如前文所言，萧氏虽然不完全同意将经济视为决定社会进程的根本性条件，但对此无疑表示了极大关注。

　　值得注意的是，他们所重视的不仅仅是经济制度、财政收支、土地、赋税和人口等，而且十分注意对人民生活情形的记载和论述。吕思勉在《白话本国史》中即已有相关论述，此后在其通史和断代史中均设置人民生计和人民生活的专门章节；萧一山有关经济和人民生计的论述占到了《清代通史》的五分之一，这种写史未曾有见的新创制，被李大钊赞为"有清一代之中国国民史"。这里要指出的是，新史学主张反映人类社会生活全貌，重视"民史"记载，因而在事实上扮演了中国社会史研究先锋的角色。但是，在唯物史观对中国史学界产生影响之前，新史学流派中还没有产生像吕、萧二氏这样能在形制较为完备的通史和断代史中予以系统记载和研究的著作，这既可以说明两派在这一理论主张上的内在暗合，也充分证明了唯物史观对推动新史学流派在这一方面取得重要突破所发挥的关键作用。

　　此外，卫聚贤认为中国社会殷商以前是原始社会，商周为奴隶社会，周以后则为封建社会，并有计划的撰写了《五帝与原始社会》、《母系时代》、《氏族社会》、《奴隶社会》等文章，并计划再作《封建社会》，以成《中国社会史》，而且明确指出："某一个社会阶段，不是突然产生的，也不是突然消灭的，在甲阶段时乙阶段的情形已经产生了，在丙阶段时而乙阶段尚未消灭。"② 尤其是，他划分社会形态的依

①　萧一山：《清代通史》（二），华东师范大学出版社 2006 年版，第 387—388 页。
②　卫聚贤：《古史研究》第三集，商务印书馆 1936 年版，第 211 页。

据是生产方式。比如，他在划分奴隶社会的具体阶段时，指出：

> 殷代的初期以前对于俘虏，是杀烧埋，间使之作手工业，但不占重要生产位置，故谓之奴隶社会前期。
>
> 殷代使奴隶作工种地，占有重要生产地位，但奴隶尚可杀烧埋，是奴隶尚不得自由，所谓"纯超经济强制"，故谓为奴隶社会。
>
> 西周对于俘虏，不惟不杀，而且给予土地，使之耕种，主人岁取收入百分之七十，此即所谓"半超经济强制"，谓之农奴，谓之封建社会，谓之奴隶社会后期。
>
> 西周末年农奴有两次暴动，农奴已争到人民的资格。自后虽有新的奴隶产生，但奴隶无论如何总比人民少，在生产上已不重要，故谓之奴隶社会余尾。①

撇开划分阶段是否正确的讨论，其受到唯物史观的影响是显而易见的。他也曾明言："欲明瞭中国过去社会的情形，先要明瞭中国过去的经济情形。"② 同时，从其对经学的态度和分析，也可以看到这种影响。他指出在古代是不能对经典有所非议的，而资本主义思想传入中国后，则处处发生疑问，迨唯物史观的思想与方法传入中国以后，其可怀疑之处就更多。因此，"离经叛道之作……只有在社会发展到一定阶段后，这才是可能的事"。③ 又如，其分析经学所以兴盛于封建社会时指出："经学所以兴盛于封建社会，因封建社会是尊古的是不动的，在经学中所表现的是'非先王之服不服，非先王之言不言'，'勿欲速'，'仍旧贯'。封建社会所以不动，由于中国中原少河流且海岸线不弯曲，不足向外发展；靠近中国的民族文化均不及中国，不足以作比较及竞争。而中原大平原甚多，宜于农业，农业的人多足不出百里之外，是以形成不好动，不好动就不能改作，故尊古仿古，社会不进化而落后。"④ 从经济和地理条件角度立论，颇为精彩。当然，他所指的经学乃是在封建社会中长期占据主导地位的古文经学。

---

① 卫聚贤：《古史研究》第三集，第 277 页。
② 卫聚贤：《中国商业史》，《天南》1935 年第 4 卷。
③ 卫月望：《卫聚贤传略》，载晋阳学刊编辑部编《中国现代社会科学家传略》第 9 辑。
④ 卫聚贤：《经学的价值》，《大学》1934 年第 2 卷第 6 期。

唯物史观对新史学流派的影响又不仅仅表现在重视经济和社会形态方面，其他如辩证法、阶级分析法等也有所影响。比如，吕思勉在分析唐宋时代中国文化的转变时就明确指出："中国的文化，截至近世受西洋文化的影响以前，可以分做三个时期：第一期为先秦、两汉时代的诸子之学。第二期为魏、晋、南北朝、隋、唐时代的玄学和佛学。第三期为宋、元、明时代的理学。这三期，恰是一个正、反、合"，"是一个辩证法的进化"①。而且，他在通史和断代史中对于古代社会的阶级情形都给予较多的关注，并明确表达了对社会主义的向往，认为这可以使得其夙来抱有的大同社会得以实现。他说："年四十七……于此主义，深为服膺。盖予夙抱大同之愿，然于其可致之道，及其致之之途，未有明确见解，至此乃如获指针也。予之将马列主义与予旧见解相结合融化，其重要之点如下：（一）旧说皆以为智巧日开，则诈欺愈甚……得今社会学家之说，乃知诈欺之甚，实由于社会组织之变坏，非由于智识之进步……（二）超阶级之观点，希望有一个或一群贤明之人，其人不可必得……今知社会改进之关键，在于阶级斗争……（三）国家民族之危机，非全体动员，不能挽救，而阶级矛盾存在，即无从全体动员……故今日之社会主义，实使人类之行动，转变一新方向也。"② 这一思想在《吕著中国通史》中是有所反映的，读者可参读其中《财产》和《实业》两章。

周予同在 1933 年发表的《汉学与宋学》一文中指出："学术思想只是社会文化的一部分；社会文化又随着整个的底层的经济机构而演变。"1936 年，他在《〈大学〉和〈礼运〉》一文中反驳康有为的《礼运注》时又指出：

> 康有为最大的错误，是误认原始社会（即前阶级社会）的状态为社会发展最高段的未来的社会主义的社会……依据社会进化论者的主张，《礼运》的原文是合理的，就是由前阶级的原始共产社会演变到有阶级的私有财产社会。这只要你去翻翻摩尔根（L. H. Morgan）的《古代社会》（Ancient Society）和恩格斯

---

① 吕思勉：《吕著中国通史》，上海古籍出版社 2009 年版，第 401 页。
② 吕思勉：《自述》，《吕思勉遗文集》，第 440—441 页。

（F. Engels）的《家庭、私有制和国家的起源》（*The Origin of Family*，*Private Property and State*）两书便可了然。所以康有为的解释，不仅歪曲了《礼运》的正确的历史观，而且违背了社会进化的原则。试问从奴隶社会、封建社会的小康世，不经过资本主义社会，用什么方法超渡到社会主义社会的大同世。如果从封建社会的小康世回退到前阶级的原始社会，那只是社会的萎缩，而不是社会的演进，而且为史实所必无。如果从封建社会的小康世突变为未来的社会主义社会的大同世，那又陷于空想的社会主义论，而不是科学的社会主义论。①

同年，他在《〈孝经〉新论》一文中用社会经济组织的变迁分析传统孝道道德已经不适合现代社会的生活。这说明，周氏在 20 世纪 30 年代虽未完全接受唯物史观，但对于经济基础决定上层建筑、阶级分析法以及五种社会形态说等均已有一定的了解并尝试用以分析经学史问题。

四　新史学流派的学术新境界

新中国成立后，政治因素进一步加强了唯物史观在史学演进中早已呈现出的主流地位，新史学流派学者除已经去世的和赴台的之外，大多开始重新学习唯物史观，从而使学术提升到一个更高的境界。其中，以史学思想的转变程度而言，当属周予同。

新中国成立后，周氏忙于教学和行政工作，因此直到 20 世纪 60 年代初 "在为复旦大学历史系高年级学生讲授中国经学史的同时，也决心把自己数十年的研究成果来一番整理"②，才陆续有文章发表。然而，紧接着一场文化浩劫又使得他刚开始的研究工作再度中断。待形势转好时，他却 "早已被折磨成了废人"③，再也无法从事其经学史研究了。这期间的研究成果，今日可见的仅有十几篇文章，而大多数都被无知者付之一炬或趁火打劫。然而，通过这为数不多的篇章，却反映出周氏对

---

① 朱维铮编：《周予同经学史论著选集》（增订本），上海人民出版社 1996 年版，第 322、418—419 页。

② 周予同：《周予同自传》，《晋阳学刊》1981 年第 1 期。

③ 周谷城：《怀念周予同教授》，《周谷城史学论文选集》，第 423 页。

于中国经学史的研究始终在追随着时代前进的步伐，即在学习唯物史观的基础上取得了根本性的新进展。上文曾提及，他治学旨趣发生转向后，"认定只有马克思主义的唯物史观，才能帮助我们解决封建的、资产阶级的学者们总是纠缠不清的种种问题，指引我们把社会历史的研究变成科学"。其在《〈经今古文学〉重印后记》中批评初版的缺点在于"没有阐明今古文学的产生和演变与社会下层基础的关系"①，而在《〈经学历史〉注释本重印后记》中则明言"用马克思主义的观点来写经学史，这有待于我们的努力"②。大致说来，主要表现为以下几个方面。

首先，重新厘定经学的相关概念和范畴。由于时代原因，经学史学科的重建需要一切从头做起，故而周氏首先对相关基本概念和范畴进行了界定，这是基础性也是带有根本性的工作。从他的归纳来看，此时其在原来注重经学发展大势、演变规律及因果联系等基础上，更加注重经济基础与上层建筑的关系，注重阶级分析法的运用。比如，他指出经学的研究目的和方法应为：从史的角度来研究经学，而不是从原来的经学上去研究。第一，批判地继承文化遗产，为社会主义服务。第二，阐明经学在中国历史上所起的作用，正确地认识经济基础与上层建筑的关系。第三，正确地估计经学与中国文化史的关系，以及经学在学术思想史上的价值。③ 此外，他在开列经学史参考书目时，第一部分即为理论指导类，包括马克思、恩格斯、列宁、斯大林的《论哲学史》，毛泽东的《新民主主义》以及范文澜的《中国通史简编》等。

其次，对阶级分析法的灵活运用。这一时期，周予同对经学流派问题继续进行深入研究，突出特点是在原有基础上更加注重分析经学流派与政治的关系，运用阶级分析的方法考察经学流派的阶级性和继承性。他以今文学和宋学为例，指出西汉今文学的大一统、正名分等微言大义和宋学提倡的忠孝节烈、三纲五常、宗法制度等都是因为适应了当时统治阶级的需要而取得政治、学术上的优势。同时，又提出经学史上的学

---

① 周予同：《〈经今古文学〉重印后记》，《周予同经学史论著选集》（增订本），第644页。

② 周予同：《〈经学历史〉注释本重印后记》，《周予同经学史论著选集》（增订本），第647页。

③ 周予同：《中国经学史讲义》，《周予同经学史论著选集》（增订本），第830页。

派，因为继承前人的经学遗产、汲取前人阐释经典的方法论，从而形成其治学方法上的一定共同点，即学派具有继承性，而这反映了经学范围内意识形态的相对独立性。对此，他指出既要考虑学派的共同点和基本一致性，又要注意其背后的阶级性，只有这样才能正确理解学派形成、发展和衰亡的根本原因，同时又要结合学派自身特点和时代因素进行具体分析。此外，他在考察王莽改制与今古文经学的关系以及清学演变时也尝试着运用阶级分析法，并从理论上总结说："根据经学家在不同历史时期中对某些'经学'问题的一定共同点的思想体系而形成经学派别，而这种派别归根到底又受经学家的世界观的直接支配。就其'继承'的形式来看，有其师承关系或治学方法的基本一致性；但就其本质来说，是有其阶级性的，是和时代的特点密切相关的。"①

再者，较早展开对经史关系的研究并提出诸多卓有创见的看法。比如，他在分析经、史的起源后认为，最早的文化起源于史，因此史先于经。而汉武帝独尊儒术以来经史关系的演变则可分为四个阶段：

第一，史附于经时期，两汉时代。当时，经典是法定的，是封建社会上层建筑的最高理论；而史着附于《春秋》经中，没有独立的地位。

第二，史次于经时期，魏晋至隋唐、北宋。史部开始独立，进而升格，终于出现"经、史、子、集"四部之名。

第三，经等于史时期，南宋至清末。南宋以后产生了"经等于史"之议。清代章学诚对此有所继承，更有所发展与创造。章学诚是重点人物，他说"六经皆史，道不离器"（《文史通义·原道》），这里有唯物主义的思想。

第四，经属于史时期，五四运动以后，直到今天。封建经学退出历史舞台，经典及其注疏都变成了史料。"六经皆史料"，这反映了社会状况的变化。

总之，从历史发展来看，史由附于经，而次于经，而等于经，

---

① 周予同：《从顾炎武到章炳麟》，《周予同经学史论著选集》（增订本），第768页。

以致现在的经附于史，有其一定的过程。①

虽然他对上述四个阶段尚未能展开详细、深入的论述，但其从宏观上对经史关系演变所作的科学历史划分，在中国经学史上是第一次，而且成为这一问题的公认权威，后来学者基本是在这一划分的基础上进行具体阶段的研究，因此，周予同堪称近代经史关系研究第一人。此外，他在孔子研究方面也取得了一系列新进展，最为明显的就是修正其原先所持孔子与六经无密切关系的观点，而认为两者关系很密切。限于篇幅，不再展开。以上这些，都是在他逐步学习唯物史观之后取得的成绩，相较早期研究而言，显然已经发生了根本性变化。

值得一提的是，吕思勉在新中国成立后也继续深入学习唯物史观。他在 1952 年所写《三反及思想改造学习总结》（即《自述》）中说："马列主义，愧未深求。近与李永圻君谈及。李君云：学马列主义，当分三部分：（一）哲学，（二）经济，（三）社会主义。近人多侈谈其三，而于一二根柢太浅。此言适中予病，当努力补修。"② 晚年在病中，他依然"读书不辍，阅恩格斯著《马尔克》"③。这种难能可贵的精神再次充分反映出其学术思想随时代发展而不断前进。

这里还必须提到金毓黻史学思想的转变过程。他的学术出身略偏于传统，接受新史学的观点也相对略晚，而对唯物史观则始终持反对态度，直至新中国成立前夕方才开始有所转化。1940 年，他在日记中写道："缪赞虞言经济史观之结局，视一切之动力皆出于财富，则人之品格难保，降敌卖国，皆甘心为之，犹藉口于经济史观，以文饰其说，立论极精。此盖所谓邪说汙民，应辞而辟之者也。"后来，他又对范文澜《中国通史简编》的阶级斗争说加以批评，并对侯外庐的《中国近世思想学说史》有所讥讽，还在评价吕振羽和翦伯赞的中国通史时指出："郭沫若盛赞吕氏（指吕振羽）与翦伯赞之通史，盖两氏均为左派作家，与郭氏气味相投故耳。"到1949 年 1 月 1 日时，他在日记中写道："此后新时代之史实，将根据此新理想而产生，余以研史为职志，亦惟

---

① 许道勋、沈莉华整理注释：《周予同论经史关系之演变——纪念周先生诞辰百周年》，《复旦学报》（社会科学版）1998 年第 1 期。

② 吕思勉：《自述》，《吕思勉遗文集》，第 452 页。

③ 李永圻：《吕思勉先生编年事辑》，载俞振基《菿庐问学记》，第 510 页。

濡笔以俟，据实记载而已。"显然，他的思想转变是伴随着政权更迭而发生的，而非真心对唯物史观的认同。同年3月，他记述道："北大教授樊弘新撰一文，论及大学课程，谓历史系课程有两方面：一为考证史实，二为解释历史。而解释历史亦有两方面：一唯心史观，二唯物史观。今日各大学之历史系极注重考证史实，而不注重解释历史；同时在解释历史之下，除考证历史之外，兼重史观研究，已属凤毛麟角，而注重唯物史观之探讨及推进，更为寥若晨星。愚按樊氏所论诚当，惟北方在数月前为一时代，今日又为一时代，以此一时代之见解批评彼一时代之错误，此非各大学当局而主持全国政权者之责也。往一时代以唯物史观解释历史，当为主政者所不许，各大学又何从而有此种课程耶？樊氏所论有可注意者，谓大学历史系偏重考证史实，此实为一时之风气，如胡适之喜讲《水经注》，即为此种风气之代表。一人唱之，千百人和之，遂为一世之风气。樊氏勘破此点，教人应兼重解释历史，此实不刊之论也。"这段话说明，他作为新史学家反对只重考证、不重解释的学术风气，也说明在他看来，大学里的学术研究与政治有直接的关系，略有不服气之意。①

自1949年3月底开始，金毓黻逐步展开了对马克思主义的学习，他在日记中逐一记载了学习的课程以及学习心得。比如，他写道："治史之新观点，应以唯物论哲学为史学理论之基础，又以政治经济学为社会发展之体系，就此二者精进不已，乃有所得。"又谓："近日所读书，以《大众哲学》及《政治经济学》为最佳，且极有用。依此两书之理论体系以治历史，则有顺如流水之势。"从日记中可以看得出来，金氏确实在很努力地进行学习，但他终究已是几十岁的老人，而且治学主旨的转变也非本愿，故而他晚年并未能够运用唯物史观取得显著的成绩，而只是在晚近、民国的史料整理方面作出贡献。他曾在日记中这样表明心迹：

　　　　余以年六十之身，知忆退减，灵明渐涸，忝列学府，尸位素

---

① 金毓黻：《静晤室日记》"1940年3月24日"、"1947年2月2日"、"1949年1月1日"、"1949年3月6日"，辽沈书社1993年版，第4516—4517、6160、6762、6782—6783页。

餐。青年学子，多已异趣，授业同人，皆非素交，孑然一身，孤立其间，进既不能，自应求退，此理至明，何待筹商。然余终不肯舍而去之者正自有故：故乡田庐已非我有，垂老之年不任耕耘，一经求退，则无资生之路，此可虑者一也。平生志业集中于乙部，迩来以纂民国史为重心，又处于史料丰富之北京，必有学府之凭藉，乃得左右逢原，恣意探取，如能假我十年，志业必成，屈小全大又未可轻弃，此可虑者二也。①

综上，虽然新史学与唯物史观并不属于同一理论体系，但由于都主张解释历史，而在某些理论和方法上又存在着内在共通之处，因而相较新历史考证学派而言，更容易受到唯物史观的影响甚至发生思想上的根本转变。以上我们仅以几个最有代表性的人物，就几个方面作了简单论述，而关于这一课题还有诸多繁杂的问题有待学者们作进一步深入探讨和研究。

（作者单位：山东大学历史文化学院）

---

① 金毓黻：《静晤室日记》，"1949 年 3 月 30 日"、"1949 年 3 月 31 日"、"1950 年 7 月 12 日"，第 6792、6795、6931 页。

历史唯物主义与 20 世纪后半期
中国的西方史学研究

李　勇

　　1949—2000 年，中国大陆的西方史学研究，学术界过去有过总结①。这 50 年的进程，与历史唯物主义须臾不可分离，大致可分为 1949—1978 年、1979—1989 年和 1990—2000 年三个时期。需要说明的是，个别地方出于结构和叙述方便的考虑，则稍微延伸到 21 世纪初。

一　学习历史唯物主义·批判资产阶级史学·学科建设蓄势待发 (1949—1978)

　　新中国成立后，西方史学研究面临一个重要问题，那就是以何种标准进行价值判断，而这种价值标准的理论基础是什么。因此，理论学习的重要性突显出来。

---

① 全面性的总结有：张广智《西方史学史研究在中国》，《史学史研究》1985 年第 2 期。他还有《我国新时期的西方史学研究》，《复旦学报》（社会科学版）1992 年第 1 期。另有《近 20 年来中国大陆学者的西方史学史研究（1978—1998 年）》，《史学史研究》1998 年第 4 期。尚有《我国四十年来对西方史学理论的介绍与研究》，发表在《世界史研究动态》1990 年第 3 期。又有《当代中国对西方史学理论的研究》，作为何兆武、陈启能主编的上海社会科学院出版社 2003 年版的《当代西方史学理论》第十八章。此外，其《当代中国学者对西方史学的研究》，为北京师范大学出版社 2007 年出版的《20 世纪中外史学交流》中的第五章。陈启能主编的《建国以来世界史研究概述》，社会科学文献出版社 1991 年版，其中收入王晴佳的《世界史理论、方法及外国史学史的研究概述》。周文玖的《中国的外国史学史研究》，作为"附录二"，收在他的北京师范大学出版社 2002 年出版的《中国史学史学科的产生和发展》一书中。于沛主编《世界史研究》，福建人民出版社 2006 年版，其中第五章为《新时期的外国史学理论研究》。于沛、周荣耀主编的《中国世界历史学 30 年（1978—2008）》，中国社会科学出版社 2008 年版，第五章为《外国史学理论研究》。

（一）学习历史唯物主义和奉苏联学者观点为圭臬

1949 年 10 月中华人民共和国成立后，为了使马克思主义在意识形态中占据主导地位，大量翻译、出版马克思、恩格斯、列宁、斯大林的著作，编辑、出版《毛泽东选集》。为了便于史学工作者学习马列主义，人民出版社编辑部编了《马克思主义经典作家论历史科学》、《马克思主义经典作家论历史人物评价问题》，1961 年出版。南开大学历史系 1958 年编印了《毛泽东论历史科学》，内蒙古师范学院历史系 1961 年编印了《毛泽东论历史科学》。全国范围的马列主义毛泽东思想宣传、教育和学习，大张旗鼓地开展起来。

通过教育和学习，大部分学者了解、掌握了马克思主义的一些基本观点与方法，"更高的举起马克思列宁主义的旗帜"①，"遵循斯大林指示的方向前进"②，"在毛泽东思想的基础上前进"③，成为很多学者的共识。

1950 年代，由于政治上"一边倒"，经济上得到苏联援助，中国在很多方面都向苏联学习，史学界也不例外。当时有学者说："苏联的历史科学，与其他部门的科学一样，在近三十年来获得了照耀世界的辉煌成就。"④ 他们提出要"坚决诚恳地向苏联历史科学学习"⑤。

通过苏联学者，中国史学界偶尔了解到美国现代史学流派、美国历史学会活动、国际历史科学大会情况⑥。苏联学者所写批判西方资产阶级史学家卡莱尔、克罗齐、汤因比和西方史学方法的文章被翻译发表

---

① 郭沫若：《更高的举起马克思列宁主义的旗帜》，《反对资产阶级社会科学复辟》第 2 辑，科学出版社 1958 年版。

② 郭沫若：《中国科学工作者循着斯大林指示的道路前进！》，《科学通报》1954 年第 3 期。

③ 吕振羽：《历史科学必须在毛泽东思想的基础上前进》，《历史研究》1960 年 5 月卷。

④ 尚钺编：《奴隶社会历史译文集·编者的话》，三联书店 1955 年版。

⑤ 郑天挺：《坚决地诚恳地向苏联历史科学学习——纪念伟大的十月社会主义革命四十周年》，《历史教学》1957 年总第 11 期。

⑥ 先翔译：《美国资产阶级史学中的现代流派》，《学术译丛》1959 年第 12 期。P. 艾朴德凯：《历史学家提出新问题（1955 年 12 月 28—30 日在华盛顿举行了第 70 届美国历史学会年会）》，一之译，《史学译丛》1957 年第 1 期。加斯顿·马纳科尔达：《第十届国际历史学家代表大会上的现代史学的主要流派》，俞旦初译，《史学译丛》1956 年第 6 期。

出来①。他们所写专著，例如维诺格拉多夫的《近代现代英国史学概论》②、德门齐也夫等人的《近代现代美国史学概论》③、康恩的《穷途末路的资产阶级历史哲学》④和《哲学唯心主义与资产阶级历史思想的危机》⑤，也被翻译出版。这些论著成为中国学者批判西方史学的直接样板。尽管 1960 年代初以后中苏关系恶化，但是苏联史学传统对中国学者仍有很大影响。

这一时期，中国学术界已重视了解外国史学动态。如《历史研究》编辑部编辑出版了《史学译丛》，中国社会科学院编辑了《外国史学动态》，中国人民大学中国历史教研室和世界通史教研室编辑出版了《历史问题译丛》。这些刊物有大量文章反映外国史学情况。不过，它们所透露的多是社会主义阵营史学情况⑥，即使有资本主义国家史学信息，也多是从这些社会主义国家学者那里转述过来的。

以苏联为主的马克思主义史学的输入，既给中国学者的西方史学研究提供了有益启示，以历史唯物主义指导历史研究，同时也带来一定的教条主义影响。

（二）批判国内"反动"学术权威而波及西方史学

1958 年全国范围开展"拔白旗，插红旗"运动，史学界进而掀起"史学革命"。有学者提出，历史学必须"兴资灭无"⑦，"必须把史学革命进行到底"⑧。

---

① И·Н. 罗尼·涅马诺夫等：《卡莱尔的社会史观点的主观唯心主义本质》，《史学译丛》1956 年第 6 期。H. C. 孔恩：《论贝奈戴托·柯罗齐的"历史主义"》，濮阳翔译，《史学译丛》1957 年第 2 期。E. A. 科斯明斯基：《阿诺尔多·汤因比的历史理论》，王易今译，《史学译丛》1957 年第 4 期。阿拉布·奥格雷·艾：《阿诺尔多·汤因倍的文化史观批判》，黎汶译，《学习译丛》1958 年第 3 期。叶·切尔尼亚克：《论资产阶级伪造历史的几种手法》，《外国学术资料》1962 年第 1 期。A. E. 库方娜：《美国资产阶级史学中的方法论探讨》，《外国史学动态》1964 年第 7 期。

② 何清新译，三联书店 1961 年版。
③ 黄巨兴等译，三联书店 1962 年版。
④ 张书生等译，三联书店 1962 年版。
⑤ 乔工等译，三联书店 1961 年版。
⑥ 如李华《评两卷本〈南斯拉夫史〉》，《外国史学动态》1964 年第 6 期。
⑦ 翦伯赞：《兴无灭资发展历史科学》，《历史教学》1958 年第 4 期。
⑧ 尹达：《必须把史学革命进行到底》，《历史研究》1966 年第 1 期/《考古》1966 年第 4 期/《史学月刊》1966 年第 2 期/《历史教学》1966 年第 4 期。

从 50 年代末到 60 年代初，兰克客观主义、鲁滨逊新史学、汤因比《历史研究》、斯宾格勒"文化形态史观"等近代西方史学，均遭到批判。它们之所以在中国遭到批判，当然与苏联学者的批判文章被引进这个学术背景有关，而直接引起这一批判的则是由于批判国内资产阶级史学所波及的结果。

学术界批判兰克客观主义史学。最初，袁英光批判客观主义，是针对与胡适和兰克史学有着渊源关系的史语所史料学派而发的①。后来，吴于廑干脆把矛头直接指向兰克，他在《揭开朗克史学客观主义的外衣》一文中认为："除了说客观主义是一块虚假的招牌，朗克史学是一个彻头彻尾具有资产阶级党性并为资产阶级服务的流派，另外还能得出什么结论呢?"②他在另一篇名为《论西方古今两个"客观"史学家》一文中，重申这些看法，并指出修昔底德和兰克并非是超然物外的，那种所谓的客观主义是虚假的③。后来，施子愉在批判兰克及其后学时也说："资产阶级客观主义史学家所谓研究历史的'客观公正'的态度，只是掩盖他们阶级实质的幌子。"④总之，在那个时代，兰克史学被看成虚伪和反动的。

学术界批判鲁滨逊新史学。从 50 年代初开始，胡适就受到批判，之后何炳松、蒋廷黻、向达都遭到批判。他们都曾经宣传鲁滨逊新史学。刘毓璜在批判何炳松历史观点时，连带上鲁滨逊，全面否定鲁滨逊新史学⑤。齐思和对鲁滨逊是很有研究的，这一时期也公开批判鲁氏"反动多元史观"⑥。60 年代齐思和等翻译鲁滨逊《新史学》，商务印书馆 1964 年版，在"中文本序言"里，批判"'新史学派'是当代美国反动资产阶级史学流派之一"⑦，通篇可见"谬论""反动""腐朽"等

---

① 袁英光：《资产阶级客观主义史学观点批判》，《历史教学问题》1959 年第 1 期。

② 吴于廑：《揭开朗克史学客观主义的外衣》，《武汉大学人文科学学报》1960 年第 5、6 期。

③ 吴于廑：《论西方古今两个"客观"史学家》，《江汉学报》1963 年第 6 期。

④ 施子愉：《对西方资产阶级史学中所谓研究历史的客观态度、科学方法的说法的批判》，《武汉大学学报》（人文科学版）1964 年第 2 期。

⑤ 刘毓璜：《批判何炳松的资产阶级历史观点》，《江海学刊》1958 年第 1 期。

⑥ 齐思和：《批判鲁滨孙的反动多元史观》，《光明日报》1958 年 10 月 13 日第 3 版《史学》双周刊。

⑦ 詹姆斯·哈威·鲁滨孙：《新史学》，齐思和等译，商务印书馆 1964 年版，"序言"，第 1 页。

评价。

学术界批判汤因比和文化形态说。梁萍认为历史形态学是资产阶级反动观点①。袁英光也说：历史形态学是"反对马克思主义关于社会经济形态学说的"②。他们是在批判雷海宗时而涉及斯宾格勒和汤因比的。曹未风则直接批判汤因比，他说：汤因比"提出了和马克思主义完全相反的学说"③，还说："他的许多说法，不但是恶毒的，而且还是反动的。"④ 其他学者例如王绳祖、郭圣铭也都直接批判汤因比主观唯心主义，揭露其为垂死的资本主义制度进行辩护和反苏反共实质⑤。颇有意味的是，遭到史学同行批判的雷海宗，1962 年去世前也写出批判《西方的没落》的文章，那就是《世界史研究动态》1982 年第 11 期发表的雷海宗遗著《施本格勒及其〈西方的没落〉》。当然，其写作动机尚需进一步探讨。

这些批判是极"左"思想影响的结果，是那个时代特有产物。甚至，像耿淡如这样为新中国西方史学研究起到不可磨灭作用的开启者，也在 1962 年 2 月 11 日《文汇报》上发表过《资产阶级史学流派与批判问题》。因此，批判资产阶级史学绝不是哪一个人的一时冲动。这些批判，固然有武断一面，给西方史学研究带来消极影响。但是，其对于西方史学研究贡献却不容忽视。其积极意义至少可以概括为：第一，使国内学者认清了西方史学中的一些理论问题。例如，1961 年起，史学界兴起"欧洲中心论"讨论热⑥，有学者探讨"欧洲中心论"的思想源头⑦，有学者揭露其反动本质⑧。这对于中国学者认识西方的世界史写

---

① 梁萍：《雷海宗的反动的"历史形态学"观点批判》，《历史教学问题》1958 年第 2 期。

② 袁英光：《"战国策派"反动史学观点批判——法西斯史学思想批判》，《历史研究》1959 年第 1 期。

③ 曹未风：《对汤因比的"历史研究"批判之一》，《学术月刊》1958 年第 9 期。

④ 曹未风：《对汤因比的"历史研究"批判之二——关于文明起源》，《学术月刊》1958 年第 10 期。

⑤ 王绳祖：《批判汤因比的历史观点》，《南京大学学报》1959 年第 2 期。郭圣铭：《批判阿诺德·汤因比的反动史观》，《文史哲》1962 年第 1 期。

⑥ 见《史学界讨论世界史中破除"欧洲中心论"问题》，《文汇报》1961 年 5 月 19 日。

⑦ 江爱沪：《"西欧中心"史学思想探源》，《安徽大学学报》1962 年第 1 期。

⑧ 朱杰勤：《"欧洲中心说"的反动本质》，《羊城晚报》1961 年 4 月 20 日。

作是有意义的。第二，加深对西方史学某个方面的认识。例如，德国的客观主义史学家，提倡绝对客观，排除自我，曾经受到黑格尔和比尔德的抨击。今天看来，黑格尔和比尔德的观点是中肯的，对于认识兰克史学某个层面是有价值的。只不过是，中国学者在批判兰克史学局限的同时，却忽略了他对于史学的贡献而已。

（三）译著中的西方史学研究成果

中国学者对于西方史学的研究，在西方史学名著译者所写序言和史学家简介中，可见一斑。这里举出一些例子，以说明他们对于西方史学研究所作的贡献，而且要说明他们关于古典史学观点都很中肯，可是对于近代史学多有偏见。

马雍等译塔西佗《阿古利可拉传　日耳曼尼亚志》，北京三联书店、商务印书馆分别于 1958 年、1959 年出版，其中有 1957 年所写《塔西佗及其作品》，充分肯定《阿古利可拉传》和《日耳曼尼亚志》的史料价值、卓越观点和优雅清新的文风。李雅书译《塔西陀〈编年史〉选》，其中《塔西陀简介》，对《日耳曼尼亚志》、《历史》和《编年史》评价很高，他认为塔西陀"不愧为古代杰出的历史家之一"①。王敦书译《李维〈罗马史〉选》，商务印书馆 1962 年出版，第一部分为《李维简介》，其中关于李维政治立场、历史观和方法的评论，至今仍然是经典之见。谢德风译修昔底德《伯罗奔尼撒战争史》，商务印书馆 1960 年出版，1977 年重印时加了《译者序言》，在序言中，他考证了修昔底德的出生年代、亲属关系、死亡之地，详细叙述《伯罗奔尼撒战争史》在历代的影响并分析其原因。总之，这些学者偶尔也指出西方古典时期史学家的不足，但主要是肯定其成就。这些观点至今还是被普遍接受的。

可是，对待西方近代以来的史学著作却不是这样。中央民族学院研究室翻译海斯、穆恩、韦兰等人《世界史》，1974 年写成《出版说明》，全面指陈书中的反动之处，总结道："总之，本书是按照反动资

---

① 《塔西陀〈编年史〉选》，李雅书译，商务印书馆 1964 年版，第 8 页。

产阶级唯心史观和史学体系写成的，问题很多，需要注意批判地阅读①。何新译雅各布·布克哈特《意大利文艺复兴时期的文化》，齐思和1978年8月完成《中译本序言》，全面批判其资产阶级性质，并认为：哈金斯《十二世纪的文艺复兴》、泰勒《十六世纪的思想与表现》、桑戴克《十五世纪的科学与思想》、D.海《意大利文艺复兴在它的历史背景中》等，"都反映了现代资产阶级史学的堕落程度"②。当然，并不是所有翻译西方近代史学著作的学者都是这样。例如，郭圣铭译《格罗特〈希腊史〉选》，其《乔治·格罗特简介》就认为：在它以前还不曾有过这样详备的希腊史专著；格罗特继承了启蒙时期欧洲史学家的优秀传统，在历史著述中坚持必须记实，事事都要有文献根据；格罗特是用历史来宣扬资产阶级上升时期的民主自由，这在当时显然具有进步意义③。显然，他给予格罗特更多的是肯定。

这一时期，西方史学研究者，大都有留学背景，外语功底深厚，熟悉外国文化，研究与翻译相结合，他们对古典史学评价多中肯，而对近代史学基本否定。他们还翻译带有书目提要性质的著作，例如，何宁等编译《西方名著提要》（历史学部分），商务印书馆1959年出版。有的成果看问题具有辩证性，例如蒋湘泽《基佐的历史观批判》，发表在《学术研究》1963年第6期。这一时期的成果，尽管大都有着浓厚的"左"的气息，然而毕竟为以后学科发展开辟了道路。

（四）学科建设的启动和蓄势待发

1956年《史学译丛》第2期发表了苏联《历史问题》杂志社论——《论历史科学史的研究》。中国史学界发表苏联史学界关于史学史理论的文章，这一方面是中国史学受苏联史学影响的反映，另一方面也是中国史学界进行史学史学科建设的期待。

1961年4月教育部召开文科教材会议，确定编写《中国史学史》

---

① 海斯等：《世界史·出版说明》，中央民族学院研究室译，三联书店1975年版。

② 雅各布·布克哈特：《意大利文艺复兴时期的文化》，何新译，商务印书馆1979年版，第18页。

③ 《格罗特〈希腊史〉选》之《乔治·格罗特简介》，郭圣铭译，商务印书馆1964年版。

和《外国史学史》。这直接推动了中国西方史学史学科建设的启动。1961 年年底，上海召开西方史学史教材编写会议。会议决定由耿淡如主持编写《外国史学史》教材，由田汝康负责编译西方史学流派文选。同年，耿淡如发表《什么是史学史？》，提出西方史学史研究的一些原则性意见，呼吁"这门科学急不容缓地需要建设起来！我们应不畏艰险，不辞劳苦，在这个领域内做些垦荒者的工作，我之所以提出本问题，不是妄图解答而是希望大家来研究解决这个问题"①。这篇文章对中国的西方史学史学科建设，具有开拓性的意义。王庭科在《文史哲》1964 年第 3 期上，发表《试论研究外国史学史的意义》，重申外国史学史研究的重要性。

耿淡如还与曹未风等人一起翻译汤因比的《历史研究》节录本②。他指出，为了批判必须对西方史学进行介绍③。耿淡如还在复旦大学开设《西方史学史》课程，并于 1964 年招收国内首批西方史学史专业研究生。由于"文化大革命"爆发，这些工作被迫中辍④。这些努力的意义，正如张广智所言："在当时很困难的条件下，这位前辈学者为这一学科建设作出了重要的贡献。"⑤

1956 年 1 月 19 日《光明日报》，发表齐思和的《〈史记〉产生的历史条件和它在世界史学上的地位》，提出中西史学比较问题。1962 年，他在《文史哲》第 3 期发表《欧洲历史学的发展过程》，再次提出中西史学比较研究问题。1962 年 2 月底，他在上海复旦大学历史系作了一次学术报告，谈到了欧洲史学史和中国史学史的共同点和不同点。指出，对中国史学和欧洲史学加以比较研究，可发现各自史学的发展规律⑥。今天看来，50 年前他就预见了今天西方史学研究发展大势，其富有远见的洞察力，不能不令人折服。他还翻译鲁滨逊《新史学》，由商务印书馆 1964 年出版，对于后来中国的美国史学研究作出过不可磨灭

---

① 耿淡如：《什么是史学史》，《学术月刊》1961 年第 10 期。
② 1959—1964 年，由上海人民出版社陆续出版。
③ 耿淡如：《资产阶级史学流派与批判问题》，《文汇报》1962 年 2 月 11 日。
④ 参阅张广智《克丽奥之路——历史长河中的西方史学》，复旦大学出版社 1989 年版，第 284—285 页。
⑤ 张广智等：《现代西方史学》，复旦大学出版社 1996 年版，第 378 页。
⑥ 周朝民等：《中国史学四十年》，广西人民出版社 1989 年版，第 219 页。

的贡献。

这一时期，张芝联也为西方史学史的学科建设作出了贡献。他回忆早年史学研究时说："1960 年，贵阳师范大学历史系约请北大教授去短期讲学——'传经送宝'，我去讲了一周，题目是《西方史学流派》，我介绍了四个流派：德国学派、年鉴学派、文化形态学派、大企业史派。"他后来在北京大学继续开这门课程①。

吴于廑分别于 1958 年、1963 年完成《巴拉克劳夫的史学观点与欧洲历史末世感》②、《修昔底德其书与其世》③，也是这一时期西方史学史研究的代表性成果。他还于 1964 年第 7 期《江汉学报》发表《时代和世界历史——试论不同时代关于世界历史中心的不同观点》，此文虽然未专门论述西方史学，但是其中不乏相关内容。

"文化大革命"中，表面上西方史学研究陷入停滞，实际上，仍有学者在进行"地下"工作，只不过没有机会发表而已。例如，耿淡如翻译古奇《19 世纪历史学与历史学家》，从 60 年代初就开始了，出版于 1989 年。如果他没有在"文化大革命"时期内坚持工作，其完成翻译工作并得以出版是难以想象的。谢德风译阿庇安《罗马史》，商务印书馆于 1979 年出第 2 版，书前有《译者序》，落款为"1963 年 1 月 10 日初稿，1976 年 4 月 30 日修改"。此例说明"文化大革命"期间，谢德风并没有停止《罗马史》的翻译和思考工作。

"文化大革命"结束后几年里，学术界虽然花了很多精力在批判极"左"思想，但是仍然没有摆脱在"左"的影响。值得一提的是，这时已有学者开始了西方史学史的研究，如王觉非研究法国复辟时期历史学④，郭圣铭研究马可波罗《东方见闻录》和介绍文艺复兴意大利史学⑤，张

---

① 张芝联：《从〈通鉴〉到人权研究·我的学术道路（代序）》，三联书店 1995 年版。

② 发表于《武汉大学人文科学学报》1959 年第 8 期。

③ 前者发表于《武汉大学人文科学学报》1959 年第 8 期，这两篇文章均收入《吴于廑学术论著自选集》，首都师范大学出版社 1995 年版。

④ 王觉非：《法国复辟时期资产阶级历史学家的阶级斗争理论》分（上）、（下）两部分，先后发表在《南京大学学报》1977 年第 4 期和 1978 年第 1 期上。

⑤ 郭圣铭：《马可波罗及其〈东方见闻录〉》，《人民日报》1978 年 5 月 1 日。郭圣铭译：《文艺复兴时期意大利的两位大史学家》，《外国史学摘译》（沪）1977 年第 5 期。

芝联介绍法国年鉴学派①，周谷城研究吉本《罗马帝国衰亡史》②，郭圣铭重申史学史研究的重要性③。这些研究尽管寥若晨星，然而预示着蓄势已久的西方史学研究就要勃发了。

二 重新学习历史唯物主义·批判资产阶级自由化·学科建设重整旗鼓（1979—1989）

1978 年 12 月中国共产党十一届三中全会，端正了政治路线、思想路线，提倡解放思想，全面准确地掌握马克思主义、毛泽东思想。这样历史研究必须用马克思主义指导，成为大多数学者的共识④，成为新时期中国的西方史学研究大发展的基础。

（一）矫正过去 30 年对近代西方史学的否定

矫正对于客观主义史学的否定。1981 年，张广智发表《利奥波尔德·冯·兰克》⑤ 和《兰克与兰克学派》⑥，虽然批判了兰克唯心的宗教史观，但是没有因其资产阶级属性而简单加以否定。吴于廑写于 1984—1985 年间的《朗克史学与客观主义》⑦，表现出辩证分析的态度，与"文化大革命"之前截然不同了。特别是，他于 1986 年发表《试论兰克对近代西方史学的贡献——兰克逝世百年祭》⑧，给予兰克更多的是褒奖而不是贬损。同年，朱本源发表《近两个世纪来西方史学史发展的两大趋势》⑨，突出兰克史学作为一种历史叙述模式的意义。

---

① 张芝联：《法国年鉴学派简介》，《法国史通讯》1978 年第 1 期。

② 周谷城：《〈罗马帝国衰亡史〉翻译答问》，《复旦学报》1978 年第 1 期。

③ 郭圣铭：《应当重视史学史的研究》，《上海师范大学学报》1978 年第 1 期。

④ 华南：《以马克思主义为指导，开创历史研究的新局面——中国史学会首次学术年会侧记》，《世界史研究动态》1983 年第 6 期。卢文中：《遵循马克思主义史学理论思维规律开创世界史研究新局面》，《史学月刊》1984 年第 5 期。方国瑜：《以马克思主义为指导开创史学研究的新局面》，《云南社会科学》1984 年第 1 期。

⑤ 张广智：《利奥波尔德·冯·兰克》，《世界历史》1981 年第 6 期。

⑥ 张广智：《兰克与兰克学派》，收入《上海历史学会一九八一年年会会议论文选》。

⑦ 此文为他在武汉大学的讲稿，后收入首都师范大学 1995 年出版的《吴于廑学术论著自选集》。

⑧ 吴于廑：《试论兰克对近代西方史学的贡献——兰克逝世百年祭》，《历史教学》1986 年第 10 期。

⑨ 朱本源：《近两个世纪来西方史学史发展的两大趋势》，《世界历史》1986 年第 10 期。

质疑对于鲁滨逊新史学的全盘否定。张广智在承认鲁滨逊新史学局限的前提下肯定了其贡献，他认为一概视鲁滨逊新史学为欺骗工人阶级、替垄断资产阶级出谋划策的谬论，那是欠妥的①。赵世瑜结合西方史学的发展趋势和中国史学现状，提出要重新认识鲁滨逊新史学，认为对待鲁滨逊新史学大可不必横加非议②。夏祖恩的看法，是从不同意齐思和《新史学》"中译本序言"的观点引发出来的。他指出，对鲁滨逊及其新史学派所作的不公正评价，是值得商榷的③。

修正对于文化形态学说的简单否定。这一时期，关于文化形态的看法具有明显的辩证性，并最终走向基本肯定。郭圣铭在 1979 年的文章中对汤因比的评价比之过去缓和多和辩证多了④。刘昶则指出，对于《历史研究》进行细节批评是不妥的⑤，显然在为汤因比进行辩护。张志刚从其理论背景、思想渊源和治学态度完全肯定了汤因比⑥。能反映出这一时期观点的还有其他一些文章，这里不再一一摘录说明⑦。总之，这一时期人们关于汤因比的看法与50—60年代已经大相径庭。

（二）学科建设重整旗鼓、成就显著

1983 年，张广智就公开呼吁"给西方史学史一席之地"⑧。1986 年，他还翻译巴特菲尔德《史学史的课题及其范围》，发表在《现代外国哲学社会科学文摘》1985 年第 9 期上，以达到借他山之石以攻玉的目的。

到了 1980 年代中期，西方史学史的学科建设又一次受到普遍关注。

1984 年 8 月 18—24 日，教育部文科教材办公室委托四川大学举办西方史学史教材编写会议。与会者一致强调西方史学史对于史学工作者

---

① 张广智：《美国"新史学派"述评》，《世界历史》1984 年第 2 期。

② 赵世瑜：《扩张史家视野顺应史学潮流——重读鲁滨逊〈新史学〉的思考》，《读书》1987 年第 10 期。

③ 夏祖恩：《对〈新史学〉"中译本序言"的异议》，《福建师范大学学报》（哲学社会科学版）1988 年第 2 期。

④ 郭圣铭：《汤因比的史学理论及其影响》（下），《世界历史》1979 年第 4 期。

⑤ 刘昶：《历史与文明：汤因比的文化形态史观》，《上海师范大学学报》（哲学社会科学版）1986 年第 2 期。

⑥ 张志刚：《汤因比文明形态理论初探》，《史学理论》1987 年第 3 期。

⑦ 张和声：《阿诺德·汤因比的史学观》，《历史研究》1988 年第 3 期。许启贤：《评汤因比的文明形态史观》，《中国人民大学学报》1989 年第 6 期。

⑧ 张广智：《给西方史学史一席之地》，《光明日报》1983 年 3 月 16 日第 3 版。

的重要性，探讨了西方史学的对象和任务、基本内容与框架结构，提出教材的编写要体现中国特色①。会议决定由张芝联、谭英华任正副主编，邀集学有所长的著名学者，就各自专长部分，分工撰写②。

1985年3月初，北京师范大学举办中外史学史研究座谈会。孙秉莹提出要进一步开展西方史学史的研究③，张广智回顾中国的西方史学史研究状况④，谭英华就西方史学史研究问题谈了几点具体意见⑤，李雅书结合当代西方史学变化谈史学史研究问题⑥，郭圣铭谈到外国史学的学习问题⑦，张芝联概述了西方学者的史学史研究⑧。

1985年5月，上海师范大学举办西方史学史讲习班，邀请国内著名学者为高校培训西方史学史教学师资。后来，部分学员在宋瑞芝、安庆征等策划下，合作出版了《西方史学史纲》，河南大学出版社1989年出版，成为西方史学史学科建设的突出成果。同年10月21—25日，武汉大学又承办召开西方史学史教材编写会议，第二年谭英华写出了《导论》，并提交其他学者讨论。可惜的是，这几次会议所定决议并没有最终践行。

在统编的西方史学史教材出版之前，西方史学史通史著作实际上已问世。1983年，上海人民出版社出版了郭圣铭的《西方史学史概要》，此书论述了古代希腊罗马时期至20世纪初的西方史学发展，是新中国成立以来第一本西方史学通史专著，被学术界誉为"筚路蓝缕，以启山林"⑨式的著作。因为成书在改革开放初期，思想还没有完全解放，意识形态色彩还较浓厚。

西方史学史断代史著作有孙秉莹《欧洲近代史学史》，湖南人民出版社1984年出版，是在统编教材没有结果的情况下推出的。此书论述了文艺复兴到十月革命这一时期的欧洲史学史，论述了欧洲资产阶级史学的兴

---

① 张广智：《我国西方史学史研究的复兴：西方史学史教材编写会议侧记》，《世界史研究动态》1985年第4期。

② 张广智：《1985年：中国西方史学史的一页——忆与谭英华教授的三次会见》，《史学理论研究》1996年第3期。

③ 孙秉莹：《进一步开展西方史学史的研究》，《史学史研究》1985年第2期。

④ 张广智：《西方史学史研究在中国》，《史学史研究》1985年第2期。

⑤ 谭英华：《关于促进西方史学史研究的几点意见》，《史学史研究》1985年第2期。

⑥ 李雅书：《从当代西方史学的变化看史学史的研究》，《史学史研究》1985年第2期。

⑦ 郭圣铭：《历史教育的重大意义》，《史学史研究》1985年第2期。

⑧ 张芝联：《西方的史学史研究的情况》，《史学史研究》1985年第2期。

⑨ 张广智：《筚路蓝缕，以启山林》，《史学史研究》1984年第2期。

起、发展，也论述了马克思主义历史科学的诞生。是"我国第一部系统的欧洲史学史"①。董进泉等人的《历史学》，四川人民出版社 1989 年出版，可以算作第二部断代史，主要讨论了近现代欧美史学问题。

西方史学史专题著作有刘昶《人心中的历史》，四川人民出版社 1987 年出版。此书以历史观为线索，论述了各个时期中的代表性史学家、思想家的历史观。

西方史学家文选和传记集有，田汝康等编译的《现代西方史学流派文选》，上海人民出版社 1982 年版。郭圣铭等主编《西方著名史学家评介》，华东师范大学出版社 1988 年版。

特别是，西方史学史中雅俗共赏的读物出现了。1989 年复旦大学出版社出版张广智《克丽奥之路——历史长河中的西方史学》。此书采用散文笔调写成，在青年学子中产生很大影响。这一点在安徽人民出版社 2004 年出版的李勇的《鲁滨逊新史学派研究·跋》和复旦大学出版社 2006 年出版的易兰的《兰克史学研究·后记》中得到证实。

（三）许多欧美国家的史学一起进入中国学者的视野

在 1980—1989 年间，中国学者继续关注苏联史学界情况。此外，欧美其他国家的史学，也受到关注，因而研究领域大大拓宽了。

关注美国史学。1979 年，何顺果关注美国的计量史学派②。80 年代，罗荣渠、王晴佳和余志森，开始研究当代美国史学问题③。黄绍湘、柯垒、陆镜生、李世洞、袁喜清等人的美国进步史学和新左派史学研究非常著名④。特别是，丁则民、杨生茂、段牧云等纷纷发表文章，

---

① 启程：《我国第一部系统的欧洲史学史》，《湖南师范大学学报》（哲学社会科学版）1985 年第 3 期。

② 何顺果：《从〈苦难时期〉一书看美国"计量历史学派"》，《世界史研究动态》1979 年第 10 期。

③ 罗荣渠：《当前美国历史学的状况和动向》，《世界历史》1982 年第 5 期。王晴佳：《当代美国史学研究动态》，《青年论坛》1986 年第 7 期。余志森：《流派林立：美国史学的重要特点》，《世界史研究动态》1987 年第 4 期。

④ 黄绍湘：《评美国"新左派"史学》，《世界史研究动态》1980 年第 2 期。柯垒：《进步史学运动评述》，《世界史研究动态》1987 年第 12 期。陆镜生：《查尔斯比尔德和他的〈美国宪法的经济观〉》，《南开学报》（哲学社会科学版）1987 年第 6 期。李世洞：《进步主义史学》，《世界史研究动态》1988 年第 7 期。袁喜清：《美国新左派史学的前驱威·阿·威廉斯》，《世界史研究动态》1988 年第 10 期。

论述特纳史学①，使特纳边疆学派和美国进步成为热门话题。中国学者能给人们提供最大和最集中的关于特纳及其学派信息的，当首推杨生茂主持编译的商务印书馆 1984 年出版的《美国历史学家特纳及其学派》。

关注英国史学。谭英华研究了实证主义者博克尔、浪漫主义者马考莱的史学②。沈汉研究爱德华·汤普逊的史学③。柯林武德、沃尔什、罗素等人的历史哲学也得到了中国学者的研究④。

关注德国史学。耿淡如从古奇《十九世纪的史学与史学家》中摘译兰克部分发表出来⑤，许洁明、安庆征讨论了兰克的客观主义观点和方法⑥。马小彦、张一平研究了兰克学术对立面黑格尔的史学方法和世界整体观⑦。学者们还研究了雅斯贝尔斯、梅尼克和韦伯的史学思想⑧。

关注法国史学。孙秉莹、张广智等纷纷发表文章，使理性主义史学成为热点问题⑨。孙娴介、金重远、张芝联等人使当代法国史学也成为

---

① 丁则民：《美国的"自由土地"与特纳的边疆学说》，《吉林师范大学学报》（哲学社会科学版）1978 年第 3 期。丁则民：《"边疆学说"与美国对外扩张政策》，《世界历史》1980年第 3、4 期。杨生茂：《试论弗雷德里克·杰克逊·特纳及其学派》，《南开学报》1982 年第2、3 期。段牧云：《美国"边疆史学派"的创始人特纳及其理论》，《美国研究参考资料》1986 年第 10 期。

② 谭英华：《试论博克尔的史学》，《历史研究》1980 年第 6 期。谭英华：《试论马考莱的史学》，《世界历史》1983 年第 1 期。

③ 沈汉：《爱德华·汤普逊的史学思想》，《历史研究》1987 年第 6 期。

④ 王晴佳：《思想之树长青——评柯林武德〈历史的观念〉》，《读书》1987 年第 2 期。何兆武：《沃尔什和历史哲学》，《史学理论研究》1988 年第 3 期。周照梅：《对罗素历史理论的一点理解》，《湖南师范大学社会科学学报》1988 年第 1 期。

⑤ G. P. 古奇：《兰克——〈十九世纪的史学和史学家〉》，耿淡如译，《世界历史译丛》1979 年第 3 期。

⑥ 许洁明：《略论朗克客观主义史学的观点和方法》，《史学史研究》1986 年第 3 期。安庆征：《兰克客观主义史学述评》，《商丘师专学报》1988 年第 3 期。

⑦ 马小彦：《略论黑格尔的史学方法》，《中州学刊》1986 年第 5 期。张一平：《论黑格尔的世界历史整体观》，《史学理论》1988 年第 1 期。

⑧ 卡尔·雅斯贝尔斯：《轴心期》，俞新天、魏楚雄译，载《史学理论》1988 年第 1 期。何兆武：《评梅尼克及其史学思想》，《世界史研究动态》1988 年第 6 期。王容芬：《韦伯的比较史学研究及其方法》，《世界史研究动态》1989 年第 2 期。

⑨ 孙秉莹编译：《理性时代的法国史学》，《史学史资料》1980 年第 6 期。张广智：《略论伏尔泰的史学家地位》，《历史研究》1982 年第 5 期。李成通：《简评爱尔维修的社会历史观》，《绍兴师专学报》（社会科学版）1988 年第 2 期。陈乐民：《伏尔泰的〈历史哲学〉》，《世界历史》1989 年第 5 期。

热点问题①。

拉丁美洲国家，例如墨西哥、古巴、秘鲁等国家的史学，也受到关注②。

除此之外，中国学者还翻译了西方学者的史学史著作。著名的有，董进泉译苏联学者《欧美近现代史学史》，安徽教育出版社 1986 年出版。谭英华等译美国汤普逊《历史著作史》，商务印书馆 1988 年出版。赵世玲等译美国伊格尔斯《欧洲史学新方向》，华夏出版社 1989 年出版。杨豫译英国巴勒克拉夫等《当代史学的主要趋势》，上海译文出版社 1987 年出版。姚蒙译法国勒高夫等编《新史学》，上海译文出版社 1989 年出版。

本来西方史学的研究在如此喜人的形势下，可以走向全面繁荣；可是事实却没有这样，而是出现了波折。这一波折又直接与西方史学理论与方法的引进有关。

（四）西方史学输入与批判资产阶级自由化

20 世纪 80 年代，学术界形成一股势头很大的引进西方新史学理论与方法的浪潮。西方史学理论与方法名著被大量翻译过来，例如，爱德华·卡尔《历史是什么》，吴柱存译，商务印书馆 1981 年出版。克罗齐《历史学的理论和实际》，傅任敢译，商务印书馆 1982 年出版。柯林伍德《历史的观念》，何兆武等译，中国社会科学出版社 1986 年出版。波普尔《历史决定论的贫困》，杜汝楫等译，华夏出版社 1987 年出版。中国学者写出许多研究西方史学理论与方法的专著，例如，项观奇《历史比较研究法》，山东教育出版社 1986 年出版。金观涛等《论历史研究中的整体方法：发展的哲学》，陕西科技出版社 1988 年出版。还有许多非常有价值的译著和论著，这里不再一一列举。

---

① 孙娴：《法国年鉴学派历史学家》，《世界史研究动态》1979 年第 5 期。金重远：《当今法国史学界》，《复旦学报》（社会科学版）1985 年第 2 期。张芝联：《漫谈当代法国史学与历史学家》，《内蒙古社会科学》1981 年第 1 期。李小东：《萨特历史观述评》，《内蒙古师范大学学报》（哲学社会科学版）1983 年第 1 期。

② 萨那：《拉丁美洲史学思想与史学流派》，《世界史研究动态》1980 年第 4 期。秦海波：《墨西哥史学流派发展概况》，《世界史研究动态》1980 年第 1 期。陆国俊：《古巴的史学修正派》，《世界史研究动态》1980 年第 4 期。张铠：《秘鲁史学发展概述》，《世界史研究动态》1983 年第 3 期。

　　这些翻译和研究成果使中国学者对于西方史学有了更多了解，开阔了广大中国史学工作者的眼界，为正确认识西方史学文化和汲取其精华奠定了坚实基础，为中国史学建设迈出了新步伐。问题在于，西方史学理论和方法的引进，鱼龙混杂、泥沙俱下。其中，有的理论和方法引进后，对主流意识形态构成了挑战。

　　一般系统论方法被一些学者引进并加以宣传，一度非常流行。1980年代初《中国历史上封建社会的结构：一个超稳定系统》在《贵阳师范学院学报》上发表。作者金观涛等接着把这篇文章扩展为 25 万字的专著《兴盛与危机——论中国封建社会的超稳定结构》由湖南人民出版社 1984 年出版，后来四川人民出版社 1984 年又出版该书缩写本《在历史的表象背后》。四川人民出版社 1985 年还出版他的《西方社会结构的演变》。这些构成新时期史学界系统论思潮的滥觞。这一思潮到 80 年代中期达到鼎盛。系统论方法取向中有几点非常值得提起：第一，它取消了历史发展终极原因；第二，它淡化了阶级意识和阶级关系；第三，对历史因素分析不分主次。而这些恰好与历史唯物主义相背离。还有人搬用黑格尔《历史哲学》中的地理论、汤因比《历史研究》中的文明形态论等，来解读中国，并且通过 1988 年夏天"电视政论片"《河殇》的热播，一时间流行起来，而金观涛恰好又是它的学术顾问。这种历史解读，既同历史唯物主义相背离，又有忽视历史事实的硬伤和民族虚无主义局限。这些思想因素在一起，形成史学界的"资产阶级自由化"。

　　从 1987 年开始，中共中央在全国开展反对资产阶级自由化斗争，要求高校抵制资产阶级自由化思潮。学术界对《河殇》和金观涛的三本著作进行了批判。1989 年，《历史研究》、《史学理论》、《中国史研究》、《近代史研究》和《世界历史》5 家杂志编辑部，邀请齐世荣等17 位史学家，于 9 月 11 日就《河殇》进行专题批判。12 月 13—14 日，这 5 家杂志编辑部又邀请北京等 5 省市的部分史学家例如廖学盛等人举行座谈会，批判上述金观涛的 3 本书[①]。通过批判资产阶级自由化，西方史学研究处于整顿和反思状态，并为其后的进一步繁荣，做好了准备。

---

　　① 王和：《回击对马克思主义唯物史观的挑战：部分史学家评析金观涛三本历史著作座谈会纪要》，《求是》1990 年第 2 期，《人民日报》1990 年 1 月 19 日第 6 版。

这一时期，西方史学研究者既有老一辈学者，又有改革开放后培养起来的硕士、博士新生代，可谓群贤毕至，少老咸集；老一代中西兼通，新一代眼光敏锐、思想活跃，新老结合，相得益彰。这一时期，毕竟是改革开放的前 10 年，许多工作处于摸索之中，西方史学研究也是如此。虽然有这样那样的不尽如人意的地方，但是却为下一个时期进一步发展奠定学术基础，积累了工作经验。

三 继续学习历史唯物主义·欧美史学研究正常化·学科建设新空间（1990—2000）

与批判资产阶级自由化相伴随的，是继续学习马克思主义历史唯物主义。通过学习，学者们提出"坚持马克思主义，提高史学研究的科学性"[①]，"历史科学研究要以马克思主义为指导"[②]。这一学习活动有助于西方史学研究的开展。

（一）西方史学研究走向深入与系统

学界对西方史学研究做了深入思考。从 1990 年以来，张广智一直强调西方史学引进和研究的重要性，主张以马克思主义为指导，提倡研究西方马克思主义史学，把西方史学研究与中国史学研究结合研究[③]。朱政惠强调中西史学比较的重要性[④]。于沛在回顾国内西方历史哲学研究之后，指出十分明显的不足[⑤]。其他学者，例如栾科军、张晓丹也就

---

① 桂遵义、周朝民：《坚持马克思主义，提高史学研究的科学性》，《光明日报》1990 年 5 月 2 日第 3 版。

② 苏双碧：《历史科学研究要以马克思主义为指导》，《求是》1990 年第 6 期。

③ 这些文章有：《近十年来关于引进西方史学理论的若干思考》，《光明日报》1990 年 5 月 23 日第 3 版。《我国新时期的西方史学研究》，《复旦学报》（社会科学版）1992 年第 1 期。《关于深化西方史学研究的断想》，《社会科学》1992 年第 3 期。《对 21 世纪中国的西方史学史研究的几点"预测"》，《淮北煤炭师范学院学报》（哲学社会科学版）2000 年第 3 期。《21 世纪中国的西方史学理论研究刍议》，《史学理论研究》2000 年第 4 期。《关于深化西方史学史研究的若干问题》，《文史哲》2006 年第 4 期。他还出版《超越时空的对话：一位东方学者关于西方史学的思考》，北京师范大学出版社 2008 年版，其中第 4—21 页中集中谈了趋势问题。

④ 朱政惠：《关于比较史学研究的若干问题》，《社会科学》1993 年第 1 期。

⑤ 于沛：《我国近年的西方历史哲学研究》，《历史研究》1993 年第 3 期。其《西方史学史研究中的问题和方法》，载《北京师范大学学报》（社会科学版）2003 年第 1 期，还载《史学史研究》2002 年第 4 期。

西方史学研究对象问题也发表了自己的见解①。

出现新一轮西方史学译介热潮。这里要提到一些含有重要的西方史学著作的译丛。例如：上海三联书店"史学前沿"，上海人民出版社"社会与历史译丛"、北京大学出版社"历史的观念译丛""历史学的实践丛书"等。在翻译中，《国外社会科学》、《现代外国哲学社会科学文摘》、《山东社会科学》等起到重要作用。从数量看，翻译主要集中在史学理论和年鉴派史学方面。至于具体书名和篇名，这里不再罗列。

全面关注和研究西方史学。学术界除了研究苏联和俄罗斯史学理论、方法和动态外，欧美其他国家的史学例如美国史学、英国史学、德国史学、法国史学、意大利史学、加拿大史学、瑞士史学、墨西哥史学，都不同程度受到中国学者的关注。这样，第二个时期全面关注和研究西方史学的良好局面得到保持。

宏观研究与微观研究并进。就研究的课题大小程度而言，宏观和微观兼而有之。有学者研究近 50 年的西方史学的，有论近 100 年西方史学的，有以 18、19 世纪乃至整个近代西方史学为研究对象的，更有以整个西方史学为考察范围的。就微观研究而言，成果也颇为丰富，有研究一本书的，有研究某个人的史学的。

各类专著纷纷面世。名著提要和历史哲学家传记有，刘明翰主编三卷本《外国史学名著选介》，山东教育出版社 1993 年出版。郭圣铭等主编《西方史学名著介绍》，华东师范大学出版社 1996 年出版。张文杰等主编《当代西方著名哲学家评传·历史哲学卷》，山东人民出版社 1996 年出版。

更多西方史学通史问世，例如：

徐正《西方史学的源流与现状》，东方出版社 1991 年版。夏祖恩《外国史学史纲要》，鹭江出版社 1993 年版。杨豫《西方史学史》，江西人民出版社 1993 年版。王建娥《外国史学史》，兰州大学出版社 1994 年版。郭小凌《西方史学史》，北京师范大学出版社 1995 年版。特别是，张广智《西方史学史》，复旦大学出版社 2000 年出版，为普通高等教育"十一五"国家级规划教材、面向 21 世纪课程教材，被学

---

① 栾科军：《略论西方史学研究对象和范围》，《历史教学问题》1990 年第 6 期。张晓丹：《一个值得重视的学科：科学史学史》，《史学理论研究》1994 年第 3 期。

术界誉为"一部'经院式的'西方史学史"①。此书论述了古代希腊、罗马迄今现当代的西方史学，立论较客观公允。书中一方面强调，要在马克思主义唯物史观的指导下，把握西方史学发展的全过程，对西方史学的发展规律及其未来走向作出深入的分析，以便更好的吸收与借鉴西方史学。另一方面也强调，以马克思主义唯物史观作指导（或指引），而非替代，更与昔日那种僵化的、教条的东西不可同日而语②。

专题研究全面开花。例如，张广智等《史学，文化中的文化——文化视野中的西方史学》，浙江人民出版社 1990 年出版。韩震《西方历史哲学导论》，山东人民出版社 1992 年出版。罗凤礼《历史与心灵：西方心理史学的理论与实践》，中央编译出版社 1998 年出版。王晴佳《西方的历史观念：从古希腊到现在》，台湾允晨文化实业股份有限公司 1998 年出版，华东师范大学出版社 2002 年出版。

集中于当代的断代史学专著纷纷出版，例如庞卓恒《西方新史学述评》，高等教育出版社 1992 年出版。张广智等《现代西方史学》，复旦大学出版社 1996 年出版。徐浩等《当代西方史学流派》，中国人民大学出版社 1996 年出版。何兆武等《当代西方史学理论》，中国社会科学出版社 1996 年出版。罗凤礼等《现代西方史学思潮评析》，中央编译出版社 1996 年出版。陆象淦《现代历史科学》，重庆出版社 1991 年出版。这些著作各有千秋，不作细述。

（二）断代与专题研究成就突出

从时间段上看，两头热，中间沉寂。从具体内容上说，历史哲学问题、年鉴派史学、西方马克思主义史学，成为重点研究的对象。

古典史学研究成果突出。不少研究成果是关于古典时期史学家个体的。例如，林芊、陈新讨论了希罗多德的史学③。概括研究古典史学的成果也很多，例如，郭小凌研究古典西方史学中的客观主义原则与史家

---

① 张耕华：《一部"经院式"的西方史学史：读张广智〈西方史学史〉有感》，《史学理论研究》2000 年第 3 期。

② 张广智：《西方史学史》，复旦大学出版社 2004 年第 2 版，"导言"，第 13 页。

③ 林芊：《试探希罗多德〈历史〉中的史学方法》，《贵州教育学院学报》1988 年第 3 期。陈新：《希罗多德、修昔底德与西方史学的目的论起源》，《江西师范大学学报》1998 年第 1 期。

个人的实践问题①，吴少梅探讨论古希腊史学的批判模式②，陈新论述古代西方历史叙述问题③，王建娥考察古代希腊的历史学范畴、方法、意识问题④等。

西方近代史学研究稍显沉寂。赖元晋、魏峰等研究启蒙史学问题⑤。刘颖讨论了 19 世纪西方客观主义史学思想⑥。徐波专门研究《圣经》与西欧史学的关联进行了研究⑦。王以欣、王敦书考察近现代西方学者关于希腊神话和历史关系的研究⑧。但是，总体来看，研究成果中论文数量偏少，这与西方近代史学的内容和地位是不相匹配的。

西方当代史学成为关注的热点。学者们关心当代西方史学总体发展，例如张广智一直关注二战后西方史学的重新定向问题⑨，并对其发展前景做出了思考⑩。陈启能总结当代西方史学的特点和趋势⑪，并论述了它对于中国史学发展的挑战和意义⑫。其他方面，例如当代史学理论、被冠以"新"字的西方史学等，都成为研究的热点。

历史哲学成为普遍关注的问题。西方学者的全球史观是中国学者关注目标。90 年代中期，张广智就从全球史观角度研究了巴勒克拉夫世界史理论与实践⑬。后来的研究，使得全球史观在中国影响更大，《学

---

①　郭小凌：《古典西方史学中的客观主义原则与史家个人的实践》，《史学理论研究》1996 年第 1 期。

②　吴少梅：《论古希腊史学的批判模式》，《学术研究》1999 年第 9 期。

③　陈新：《论古代西方历史叙述类型、动机与历史意识的萌生》，《人文杂志》1998 年第 4 期。

④　王建娥：《古代希腊的历史学：范畴、方法和意识——兼论古希腊历史学的现代意义》，《学习与探索》1998 年第 2 期。

⑤　赖元晋：《18 世纪启蒙史学的地位和贡献》，《历史研究》1991 年第 4 期。魏峰：《试论启蒙时期欧洲史学的特点》，《山东社会科学》1996 年第 3 期。

⑥　刘颖：《简评 19 世纪西方客观主义史学思想》，《湛江师范学院学报》1998 年第 2 期。

⑦　徐波：《〈圣经〉与西欧史学》，《史学理论研究》1997 年第 2 期。

⑧　王以欣、王敦书：《希腊神话与历史：近现代各派学术观点述评》，《史学理论研究》1998 年第 4 期。

⑨　张广智：《略论战后西方史学的"重新定向"》，《复旦学报》（社会科学版）1994 年第 6 期。张广智：《战后西方史学的重新定向》，《历史教学问题》1997 年第 4 期。

⑩　张广智：《当代西方史学的发展前景》，《历史教学问题》1998 年第 4 期。

⑪　陈启能：《战后西方史学发展的特点和趋势》（上），《光明日报》2000 年 10 月 20 日。陈启能：《战后西方史学发展的特点和趋势》（下），《光明日报》2000 年 11 月 3 日。

⑫　陈启能：《当代西方史学的演变与中国史学》，《史学理论研究》1995 年第 2 期。

⑬　张广智：《"放眼世界，展示全球"：巴勒克拉夫的世界史理论与实践》，《复旦学报》（社会科学版）1994 年第 1 期。

术研究》和《史学理论》2005 年第 1 期组织了学者笔谈，就是很好的说明。此外，西方历史叙述、历史解释和符号学研究，也引起学者们的注意。

年鉴学派史学研究成就卓著。中国大陆改革开放以来，年鉴学派的输入成为西方史学输入的突出现象①。中国学者的研究，可以分为不同层次和类型。但是，以专著形式研究年鉴学派的则是张广智、陈新《年鉴学派》，台北扬智文化事业股份有限公司 1999 年出版。大体说来，中国学者的研究主要集中在年鉴学派产生的背景与基础、年鉴学派范式的演变、年鉴学派的总体史观念、马克思主义史学与当代法国年鉴学派史学在史学认识论上的对话等问题。

马克思主义史学研究成为热点。改革开放后，西方马克思主义史学在中国广泛传播开来②。同时，中国学者也展开了广泛而细致的研究。许多西方史学史专著和不少论文都有论述。西方马克思主义史学研究影响巨大，以至于《史学理论研究》2007 年第 2 期组织刊载了王加丰、沈坚、孙立新、梁民愫、陈新、张经纬等人外国马克思主义史学研究笔谈。

（三）比较与传播研究成为新趋势

这一时期，西方史学研究出现最大的新趋势是中西史学结合研究，具体可分为中西史学比较研究和中西史学交流或者传播研究。

中西史学比较研究成果显著。中国学者对于中西史学比较做了大量工作，其特征可以概括为：第一，学者们给予中西史学家及其著作以很多关注。第二，中西古代史学成为讨论的主要对象。第三，中西史学精神成为人们关注的焦点。第四，在比较研究中出现了明显的交锋。除了定性研究外，还有定量分析。第五，到目前为止大陆的中西史学比较没有超出台湾学者所涉及的范围，当然大陆学者在一些具体问题上进行了展开详细的论述。中西史学比较必须建立在中国史学和西方史学的深入细致的研究基础之上，否则比较研究无从谈起。从现有的成果看，就存

---

① 参阅张广智主编《20 世纪中外史学交流》中第十五章《年鉴学派在中国的传播和影响》，北京师范大学出版社 2007 年版。

② 参阅梁民愫《英国马克思主义史学对中国史学的影响》，为张广智主编《20 世纪中外史学交流》第十六章，北京师范大学出版社 2007 年版。

在着对西方史学乃至中国史学的了解不够深入和全面的现象，以致出现发言太易或言论过激情况，这些观点还是值得商榷的。之所以如此，是因为差不多所有的学者都以西方史学来观照中国史学，并视西方近代以来的史学理论为圭臬，来衡量中国史学。特别是，改革开放后，引进了形形色色的国外史学理论，基于人们普遍对西方文化优势的认同，结果发现中国传统史学中没有或者很少有像西方史学思想那样的理论，于是武断地以为中国旧史学是没有理论的或者缺乏思想的。关于以上具体情况，可以参阅李勇发表在《史学理论与史学史学刊》2006 年卷上的《20 世纪 80 年代以来国内中西史学比较研究回顾》，这里从略。

西方史学在中国传播研究兴起。这方面研究，俞旦初是拓荒者，其成果多收在中国社会科学出版社 1996 年出版的《爱国主义与中国近代史学》中。继俞旦初者为胡逢祥，他的研究既有详实个案，又有恢弘眼界。于沛从 90 年代中期以来就关注外国史学的引入问题①。其同事陈启能、姜芃与香港浸会大学鲍绍霖合作，写出《西方史学的东方回响》，社会科学文献出版社 2001 年出版。何兆武研究近代西方史学理论在中国的传播与影响②。王敦书对雷海宗的研究驰誉海内外，并带动了对战国策派和文化形态史观在中国传播与影响的研究。他在《历史研究》2002 年第 4 期上发表《斯宾格勒的"文化形态史观"在华之最初传播——吴宓题英文本〈斯宾格勒之文化论〉手迹读后》。江沛的《战国策派思潮研究》，天津人民出版社 2001 年出版。张书学和蒋俊分别研究何炳松和梁启超对国外史学的引进③。

李勇讨论了鲁滨逊新史学派在中国的传播④。

中国史学在域外影响研究的勃兴。从 80 年代中期，朱政惠就提出从接受的角度研究史学，一直到 90 年代中期，他都主张研究不同国家

① 于沛：《外国史学理论的引入和回响》，《历史研究》1996 年第 3 期。

② 何兆武：《近代西方史学理论在中国》，《历史研究方法论集》，河南人民出版社 1987 年版。

③ 张书学：《何炳松对西方史学理论的传播与贡献》，《浙江学刊》1994 年第 2 期。蒋俊：《梁启超早期史学思想与浮田和民的〈史学通论〉》，《文史哲》1993 年第 5 期。

④ 李勇：《何炳松史学思想溯源》，《复旦大学研究生学报》2002 年第 2 期。李勇：《蒋廷黻与鲁滨逊的新史学派》，《学术月刊》2002 年第 12 期。李勇：《〈史地学报〉对鲁滨逊新史学的传播》，《淮北煤炭师范学院学报》2003 年第 6 期。

地区史学的交流问题①。1996 年 3 月 26 日华东师范大学海外中国学研究中心成立，他担任主任，主编《海外中国学评论》；他走访了美国、韩国、英国和法国一些中国学研究机构，收集了大量海外中国学特别是中国史学史研究材料；其代表性成果大都见于上海古籍出版社 2004 年出版的《美国中国学史研究——海外中国学探索的理论与实践》。朱政惠的努力，在实践上把中外史学交流研究对象，从外国史学输入中国导向外国的中国史学史研究。其他研究西方中国学中的成果还有不少，可以概述为：汉学家个人成就研究，美国中国学研究，其他国家的中国学研究。相关论文不做具体列举。

中西史学交流成为西方史学研究新趋势。也是从 20 世纪 80 年代中期起，在中外史学交流领域，张广智没有停止过理论思考与实际探讨。其贡献有一特点，那就是在一段时间内出现理论与实践成果交替面世的现象。这可以从他 1992—2003 年所发表的 8 篇文章中，得到说明。这些文章既有宏观思考，又有个案研究。乔治忠和孙卫国在研究中国与日本、韩国之间的史学交流，例如，孙卫国在《书目季刊》1997 年第 1 期上发表《〈明纪辑略〉之东传及其引发之事件——中韩书籍交流史研究之一例》。乔治忠在《南开学报》2001 年第 1 期上发表《〈十八略〉及其在日本的影响》，

总之，1990—2000 年，中国西方史学研究出现新气象。就研究队伍来说，越来越多学者加入进来，形成老、中、青共同研究的喜人景象，特别是，学者们通过建立起来的与西方史学界的广泛联系，为西方史学研究带来新的活力。从研究角度而言，出现了多视角、多层面的健康态势。从研究成果看，出现了前所未有的全面繁荣局面。

四 结语

新中国 50 年的西方史学研究，与社会发展同频，与政治运动息息相关，与对外开放密切相连，特别与学习历史唯物主义须臾不可分离。

---

① 朱政惠：《从接受的角度研究史学》，《历史教学问题》1986 年第 5 期，还载《社会科学》1986 年第 11 期。朱政惠：《注意国际间史学交流情况的研究》，《光明日报》1990 年 8 月 1 日。朱政惠：《略说比较历史学中的"比较史学"》，《光明日报》1991 年 12 月 31 日。朱政惠：《关于比较史学研究的若干问题》，《社会科学》（上海）1993 年第 1 期。

这 50 年中，它从开启走向繁荣与成熟，从简单走向复杂与深入，取得了令世人瞩目的成就，每个阶段的进步都是在历史唯物主义指导下取得的。

然而，在看到成就的同时，要认识存在的问题。克服这些问题恰好是今后努力的目标。

第一，汉译西方史学名著颇多，尚有改进之处。翻译工作是在充分理解原著基础上的所做的"传话"工作，要求译者有足够的知识和修养。不容否认，当前汉译中有许多优秀作品，但是也不乏粗制滥造之作。为保证质量，汉译著作中，除了要有译名对照外，一篇译者序还是少不了的。而实际上不少译著见不到类似文字。

第二，介绍或者编译的材料汗牛充栋，但是许多成果还属于低层次的。编译和介绍工作须臾不可废弃，只是不能仅仅停留在译介层面，而是要走深入研究的道路。不过，可以相信的是，随着社会的不断发展，国际学术交流的不断扩大和深入，专业队伍将愈来愈壮大和成熟，西方史学的研究将会不断深入发展。

第三，中西史学交流或者传播研究有着广阔的发展空间。它可以深化中西史学比较，一种考察史学在传播中发生变异的比较，它可以延伸中国史学史和西方史学史的写作。就西方史学史写作而言，可以增加西方史学在中国传播的内容，也可以增加中国史学在西方的影响部分。因此，今后在这方面尚需要更多的研究工作。

第四，西方史学专题研究成果累累；但是无论与文学、哲学等其他学科相比，还是与史学内部的其他学科相比还显得不够。西方史学是个复杂领域，从史学家个体到史学家集体，从单行著作到众多著作，从一种主张到思想潮流，从一国史学到国际史学，其中都有许多问题需要做专门研究。这既是西方史学研究的巨大挑战，又是难得的学科建设的机会。

第五，西方史学家传记的写作已经出现了；但是，如果和中国史学研究相比，那么还缺少大部头西方史学家传记的写作。因此，今后撰写西方史学家传记集也是必须给予足够重视的工作，而且也是可行的工作。

第六，以往的通史著作异彩纷呈，成为西方史学史学科建设的突出成就；然而，与中国史学通史著作相比还有很大差距。至少，中国史学通史已经超越一卷本而实现了多卷本的飞跃，而大部头的西方史学通史还没有产生。西方史学通史涉及问题林林总总，不是一卷本所能容纳的。好在，世纪之交，许多具体问题学术界研究得比较透彻，一支专业队伍已经成长起来，撰写多卷本西方史学通史紧迫性体现出来，条件也基本成熟。

（作者单位：淮北师范大学历史与社会学院）

考古学与马克思主义唯物主义

刘庆柱

　　长期以来，人们一般认为考古学与意识形态关系比较疏远，甚至把考古学当成一门距离现实很远的科学，视为与马克思主义关系不大、联系甚微的学科。事实说明并非如此，马克思主义经典作家十分重视考古学，近代考古学成果成为马克思主义基础理论（尤其是关于历史唯物主义、前资本主义社会形态构架、国家学说等）形成与支撑的重要科学依据。马克思主义是现代考古学发展的指导理论，当代考古学的进步，丰富、发展了马克思主义基础理论。

　　诞生于 19 世纪中叶的现代考古学，是当时在人类科学领域处于先进的地质学和生物学基础上产生的。考古学是利用地质学、生物学的科学研究方法，探索人类历史的科学，是一门哲理性、逻辑性、科学性、技术性很强的人文科学、历史科学。诚如英国著名考古学家科林·伦福儒所说：就考古学的方法论而言，从考古学学科的手段与目的来说，"考古学既是自然科学、又是人文科学""考古学的实践更像科学"。考古学界把 1675 年在月亮金字塔所开的探沟，作为新大陆的首次考古发掘。1710 年开始的意大利庞培城遗址发掘，是 18 世纪考古发掘的重要代表。1784 年在美国弗吉尼亚州的土墩墓发掘，传统上被认为是考古学史上的第一次科学发掘。真正的现代考古学兴起，应始于 19 世纪中叶，即 1841 年波赛斯在法国索米山谷和阿布维利发现的已灭绝的动物骨骼与人工遗物石器共存的旧石器时代考古发掘。连同 19 世纪中叶其他考古发现，当时考古学实际上已经提出了"社会进化论"思想，作出了远在《圣经》的大洪水之前人类已经存在的论断，从而确立了人类的久远历史，彻底颠覆了长期以来依据《圣经》所架构的唯心主义历史，摧毁了上帝造人的神话。此后，19 世纪后半叶"生物进化论"奠基者——达尔文，1859 年和 1871 年相继出版了巨著《物种起源》、《人类的世系》。"社会进化论"集大成者——摩尔根，1877 年出版了巨著《古代社会》，全面、系统提出了人类及其社会进化的伟大思想理论。马克思、恩格斯吸收了上述考古学、生物学、人类学科学成果，发表了前资本主义社会形态论著和巨著《家庭、私有制和国家的起源》，奠定了马克思主义的历史唯物主义基本理论，构建了人类社会发展的唯物主义历史科学框架。

自马克思主义出现以来，对现代考古学的发展又产生了深远影响，世界上许多考古学家自觉或不自觉的接受了马克思主义的影响，如世界著名考古学家柴尔德（Gordon Childe）就是当时这方面的杰出代表，他自称接受了马克思主义影响，世界考古学界也公认柴尔德是马克思主义考古学家。20 世纪 60—70 年代，在法国出现一批受法国新马克思主义影响的考古学家。至于在前苏联和新中国的考古学中，马克思主义一直居于指导地位。新中国成立以来，以马克思主义为指导的中国考古学，半个多世纪以来，取得的全面、深入的发展，如在文明形成、国家起源、社会形态发展变化、中外文化交流、自然科学史等诸多考古研究领域，无不充分体现出马克思主义指导的理论意义。

一个多世纪以来，世界考古学发展的实践证明，考古学的发展为丰富马克思主义理论作出了积极贡献。人类的平等思想和理论，是马克思主义的基础。如果说恩格斯的《家庭、私有制和国家起源》，揭示出人类从猿到人的社会历史发展进程，百年来非洲、亚洲、欧洲、美洲等地的史前时代考古学则进一步证实了上述论断。20 世纪 80 年代以来，分子生物学在考古学中的应用，在世界上出现一种重要学术观点：关于人类起源考古学研究的新进展说明，人类不但从猿发展而来，而且还是来自同一地区、同一时代、同一"种类"的"猿"，DNA 研究证实，10 万年前左右东非的晚期智人，是我们今天地球上全体人类的共同祖先。我们的祖先从东非走向地中海，从地中海又走向中亚，再从中亚走向东亚、西亚、欧洲和美洲，然后在各自不同的自然环境中形成现代人的白种人、黑人、黄种人等不同人种，他们彼此之间没有高贵低下之分。在地球的生物树上，人类有着共同的祖先，地球上的所有人类都是平等的，人类社会的起点是人类平等社会的诞生，人类社会的最终追求目标是建立永续发展的人类平等社会。

马克思针对自然环境的不同而导致的人类文化差异时指出："不同的共同体，是在各自的自然环境内，发现不同的生产资料和不同的生活资料的。所以，它们的生产方式、生活方式和生产物是不同的。"① 马克思在这里所说的"文化"，实际上就是考古学中的"考古学文化"。尽管马克思在 19 世纪中期已作出了英明的预见，但是关于文明起源的研究，长期以来西方学术界一直认为西方（地中海）是人类文明起源的中心。只是由于 20 世纪中期更多的考古发现与研究的深入，考古学界先后提出了世界范围独立发展的近东（埃及、两河流域）、中国和中南美洲（墨西哥、秘鲁）文明三地说与埃及、两河流域、印度、中国、墨西哥和秘鲁文明的六地说。今天作为人类赖以生存、发展的地球村，所有成员的多种文明平等对话的科学依据，我们认为就源于现代考古学所揭示的古代世界文明存在的多样性、客观性、合理性，这就是考古学对马克思主义的丰富和发展。

"中华文明探源工程"是继国家"九五"重点科技攻关项目——"夏商周断代工程"之后的国家"十五"重点科技攻关项目。如果说"夏商周断代工程"终极科研任务是完成夏商周的年代学、编年学，那么"中华文明探源工程"则是主要解决现代中国的国家起源问题，国家起源实质上是属于政治范畴问题。

国家起源理论是马克思主义的基础理论之一。关于国家起源的理论假说模式（即古代文明形成的假说模式）研究历史十分久远，西方可以追溯到柏拉图和亚里士多德时代，中国可以上溯到春秋战国时代。17—18 世纪西方启蒙思想家十分关注国家起源问题，只是由于 19 世纪考古学和人类学提供了大量的、科学的实证材料，才使国家起源的研究进入近现代实证科学研究阶段。这时马克思、恩格斯关于国家起源的研究，代表了当时的最高水准，他们提出的国家起源理论原则与研究方法至今仍有重要的指导意义。20 世纪以来，关于国家起源研究，又有多种学说，如"战争论"（卡内洛的战争说）、管理论（包括洪水论、水利资源利用论等）、内部冲突论（即内部不同部落或部族之间）、人口增加论、环境限制论、贫富分化论（阶级论）、生业分工论、对外贸易

---

① 马克思：《资本论》第 1 卷，人民出版社 1957 年版。

论、多元解释论等等。在我国学术界、考古学界，多年来涉及国家起源学说研究、探索中，对马克思主义关于国家起源学说的理解上，存在着诸多不同观点：诸如阶级分化论、城乡分离论、生业分工论、暴力论等，而对马克思主义关于国家起源的二重性理论（包括国家形成以后），即国家既是维护统治阶级或管理阶层利益的社会机器，又是执行社会公共管理职能的政府，往往有所忽视或重视不够。诚如马克思在《不列颠在印度的统治》所说："利用运河和水利工程进行的灌溉成了东方农业的基础。无论在埃及和印度，亦无论在美索不达米亚和波斯以及其他各国，都是利用泛滥来肥田；河中涨水时则被引来充注灌溉沟渠。节省和利用水是基本的要求，这种要求在西方，例如在佛兰德尔和意大利，曾使私人企业家结成自愿的联合，但是在东方，由于文明程度太低和地域幅员广大，不能产生自愿的联合，所以就迫切需要有集中统治的政府来干预。由此就有亚洲一切政府必须执行的一种经济职能，即举办公共工程的职能。"现在有的学者提出"回到马克思""继承马克思""发展马克思"的说法，我想这是非常正确的。中国考古学家应该在国家起源研究问题上，全面、深刻领会马克思主义关于国家起源学说的实质，结合中国的实际，利用最新的科学研究成果，多学科结合的研究方法，继承、发展、丰富马克思主义的国家起源学说。在"东方"对于文明起源、国家起源而言，社会及经济的公共管理，比阶级分化、城乡分离、农业与工商业的分工更为重要。国家可能是在不同部落、部族的不同血缘"社会集团"的战争或联合中诞生的，在共同对付自然的斗争中发展起来的。随着国家的发展，阶级的作用才越来越大，大至其极，又走向其历史的反面。在"中华文明探源工程"中，我想首先要搞清楚，该项研究主要解决什么问题？问题又属于什么性质？这一问题的主要矛盾是什么？主要矛盾的主要方面是什么？以及研究、解决主要矛盾与主要矛盾主要方面的具体内容、对象、方法是什么？而对于上述问题的科学认知，马克思主义为我们提供了科学的路径，全面、准确的学习、掌握、运用马克思主义关于国家起源的理论，是开展"中华文明探源工程"的前提和关键。而"中华文明探源工程"的考古学研究，必将科学地揭示中国古代的国家起源问题，这又会丰富、发展马克思主义关于国家起源及国家发展的学说。

马克思主义的唯物主义科学观是考古学研究的最为重要的基础理

论，正是在这一理论指导下的考古学，近年来又揭示出考古学文化的产生、发展与自然环境的重要关系。人类的存在、发展依托于环境，对环境的"适应""尊重"是人类发展的基础。正如马克思、恩格斯在《德意志思想体系》中所说："我们仅知道一门唯一的科学，即历史科学。历史可以从两方面来考察，可以把它划分为自然史和人类史。然而这两方面是不可分割地联系在一起的；只要人们还生存下去，自然史和人类史就彼此互相制约着。"① 以往的历史科学更多的是对"人类史"的研究，而忽视对"自然史"的研究，更没有将"人类史"与"自然史"作为"统一"的历史科学去研究。现代考古学彻底改变了以往的历史研究方法，它像马克思、恩格斯所强调的那样，在历史科学研究中，将"人类史"与"自然史"作为人类历史科学的一个密不可分的整体，尤其是将"自然"作为"人类"赖以活动的基础去研究，环境考古学的兴起与迅速发展，从一个侧面充分说明了考古学给历史科学研究所带来的革命性变化。以环境考古学为主要内容的人与环境的关系、"人地关系"的科学理论研究，已进一步证实并丰富马克思主义经典作家关于历史科学的上述论断。越来越多的考古发现与研究所证实，在人地关系中的"人定胜天"与达尔文的"物竞天择、适者生存"问题上，长期以来形成的理论偏差，导致人们一次又一次付出巨大代价。正如恩格斯曾经指出的那样："我们不要过分陶醉于我们对自然界的胜利，对于每一次这样的胜利，自然界都报复了我们……这种事情发生的愈多，人们愈会重新认识到自身和自然界的一致。"现代考古学已经并将进一步揭示人类社会发展历史所涉及的"人地关系"问题，为我们学习、认识、运用、发展马克思主义提供科学依据，为社会的全面、持久、科学发展提供历史借鉴与理论支撑。

（作者单位：中国社会科学院考古研究所）

---

① 《马克思恩格斯全集》第 3 卷，人民出版社 2002 年版，第 20 页。

新中国建立之初的中国史学

李红岩

中国是世界上历史最悠久的文明古国之一。中国的历史学也具有非常悠久的历史。一般认为，中国史学的发展已有三千多年。即使从司马迁的《史记》算起，中国的史学也具有两千多年的历史。① 不过，中国产生马克思主义史学，不过是近百年来的事情。中华人民共和国成立后，马克思主义史学成为当代中国史学的基本形态。

1949 年之前，中国马克思主义史学从诞生到形成、巩固、发展，取得巨大成就，并已经开始取得话语主导权。它与民主革命时期的历史任务相适应，交了一份优异答卷。新中国建立后，中国马克思主义史学取得绝对主导权并沿着自身的逻辑框架深入发展。随着民主革命向社会主义革命与建设过渡，中国马克思主义史学自觉地与新社会的形势相适应，史学思想继续发展、深化，领域不断扩大，队伍不断壮大，实现了以唯物史观为指导的历史观变革，推出一大批具有标志性的史学成果。

新中国诞生，翻天覆地的政治变革，把那些原先没有接触马克思主义，按照传统方式治史的学者们"从梦中惊醒"。大部分史家从对中国共产党的由衷敬佩出发，对马克思主义史学非常崇敬，把在历史研究中学习运用马克思主义当作跟党干革命、科学治学的实际行动。整个中国史学界集合到了唯物史观、党和革命的旗帜之下。

唯物史观的深刻观察力和马克思主义理论的巨大真理力量，给史学园地带来勃勃生机。按照阶级斗争理论，采用阶级分析方法，中国史研究中的许多传统结论和观点被从根本上颠倒了过来。被称为"五朵金

---

① 参见瞿林东《中国简明史学史》，上海人民出版社 2005 年版，第 14、25 页。

花"的古史分期问题研究与讨论、农民战争史问题研究与讨论、资本主义萌芽问题研究与讨论、汉民族形成和民族关系问题研究与讨论，是建国 17 年来史学研究成果的代表，至今依然具有强大的生命力与巨大的理论价值。本文着重对新中国建立之初的史学转向，略作梳理，就教于方家。

一

从 1949 年 10 月新中国成立到 1956 年，我国是新民主主义国家。其后，进入社会主义初级阶段。① 这一时期马克思主义史学与新中国建立前的马克思主义史学的最大不同，就是新中国的建立，新民主主义革命的胜利，社会主义基本制度方向的确立，使得它成为了中国史学的绝对主导与主流。新中国建立前，中国马克思主义史学已经形成一支梯队层次清晰、学术功力深厚的学术队伍，构建了一套独特的话语体系与理论形态，出版了一大批优秀的史学著作。由此而奠立的中国马克思主义史学，既与国际上的马克思主义史学具有同质性，又富于自己本民族的特点。它深深地植根于马克思主义理论之中，又深深地植根于自己国家悠久的历史之中，在史学领域优秀地实现了马克思主义理论的一般性与本民族国家历史特性的有机结合。在此基础上形成了具有中国特色、中国气派的中国马克思主义史学思想，在国际史学界与史学理论界，也具有重要的地位和一定的影响力。但是，新中国建立前，中国马克思主义史学还不具备绝对的话语支配权。各种非马克思主义和反马克思主义的史学样态不仅大量存在，而且还经常挑战马克思主义的话语权。新中国的建立，彻底改变了这种状态。

马克思、恩格斯曾经多次说过，随着每一次社会制度的巨大历史变动，人们的观点和观念也会发生变革。也就是说，人们的观念、观点和概念，一句话，人们的意识，随着人们的生活条件、人们的社会关系、人们的社会存在的改变而改变。人们的意识如此，人类的知识形态与意识形态也是如此。所以，恩格斯又曾明确地说："每一时代的理论思维，从而我们时代的理论思维，都是一种历史的产物，在不同的时代具有非

---

① 参见金冲及《新民主主义社会和社会主义初级阶段》，《党的文献》2008 年第 5 期。

常不同的形式，并因而具有非常不同的内容。"随着新中国建立这一"巨大历史变动"，中国史学面临的首要任务，就是让马克思主义理论全面进入史学界，因此，学习马克思主义理论，成为当务之急。

1949 年的中国，经济非常落后，被后人称作"千疮百孔的烂摊子"。当时，全国人口 80% 以上是文盲，学龄儿童入学率只有 20% 左右。专门从事科学研究工作的人员不足 500 人，专门的科研机构只有30 多个。居民平均预期寿命是 35 岁。全国城镇失业者达 474.2 万人，相当于当时职工的 60%。人均国内生产总值，1952 年时也只有 119 元；外汇储备只有 1.39 亿美元。1949 年，中国粮食产量人均只有 209 公斤。中国还基本上是个农业国，1952 年农业增加值占国内生产总值的51%。① 落后而广袤的农村与男耕女织的辛劳情景，依然是社会的一般性写照。

新中国就是在这样落后的基础上建立起来的。但是，新中国的建立，为中国人民彻底改变落后面貌提供了政权和制度保证。而且，中国共产党秉承其一贯高度重视文化建设的思想，确立了与当时社会状况相适应的科学而先进的文化政策与方针，从而确保了文化的发展繁荣。

1949 年 9 月 21 日，毛泽东在中国人民政治协商会议第一届全体会议的开幕词中，即开宗明义地说："随着经济建设的高潮的到来，不可避免地要出现一个文化建设的高潮。中国人被人认为不文明的时代已经过去了，我们将以一个具有高度文化的民族出现于世界。"22 日，周恩来在政协会上作报告，进一步明确说："新民主主义的文化政策，简单地说来，就是民族的形式，科学的内容，大众的方向。"当时，在拟定的庆祝政协会议成功与中央人民政府成立的口号中，第 17 个口号是"发展新民主主义的文化"。政协通过的《共同纲领》的第五章是"文化教育政策"。其中第四十四条写道："提倡用科学的历史观点，研究和解释历史、经济、政治、文化及国际事务。奖励优秀的社会科学著作。"这两段具有宪法属性的文字，对社会科学界的人们来说，具有很大的鼓励和激励作用。

因此，在新中国建立前后的繁忙工作中，中共在文化方面的工作，非但丝毫没有放松，而是大有作为，成果颇丰。这一现象，很值得后人

① 上述数据，分别来自国家发布的相关数据。

重视和总结。

9 月 24 日，华北人民政府规定，有益于新民主主义文化教育的影剧减半征税。9 月 25 日，全国文联机关刊物《文艺报》创刊，茅盾在发刊词中呼吁文艺界同人加强理论学习，继续对封建文艺以及买办文艺、帝国主义文艺开展顽强的斗争。同日，《中国儿童》杂志在北平创刊。26 日，北平自然科学工作者集会纪念巴甫洛夫诞辰 100 周年。9 月 28 日，苏联文化艺术科学工作者代表团对中国展开为期一个月的参观访问。9 月 30 日，华北人民政府高等教育委员会所属四个文物机关布展的专题陈列室陆续向公众开放，计有：故宫博物院的"革命史料陈列室""帝后生活陈列室""丝织品陈列室""玉器陈列室"及"禁书陈列室"；北平图书馆的"抗日史料陈列室""美帝侵华史料陈列室""中国政体资料陈列室"及"赵城藏特展"；历史博物馆的"人民捐献文物陈列室"与"新收文物陈列室"；北平文物整理委员会的"历史古迹及文物建筑法式等图片陈列室"。上海各界人士检举英美以电影进行文化侵略。北平市民政局组织僧尼学习政治和文化。10 月 1 日，中央广播事业局成立，北京新华广播电台第一次进行全国实况转播。10 月 3—19 日，中共中央宣传部在北京召开全国新华书店出版工作会议。10 月 10 日，中国文字改革协会在北京成立。①

与之同时，中共对党内外的知识分子，高度尊重与重视。

政协第一届全体会议的代表与候补代表中，就包含一些史学家或著名学者。例如代表中国民主同盟的费孝通，代表无党派民主人士的郭沫若、李达、周谷城，代表中国民主促进会的马叙伦，代表华中解放区的嵇文甫，代表待解放区民主人士的杜国庠，代表中华全国民主青年联合总会的吴晗，代表全国社会科学工作者代表会议筹备会的陈伯达、范文澜、邓初民、王学文、艾思奇、翦伯赞、侯外庐、胡绳，代表中华全国新闻工作者协会筹备会的胡乔木、邓拓，代表国内少数民族的白寿彝，等等。

广大知识分子对中共与即将建立的新政权也心服口服，由衷钦佩。人民政协开幕后，北平各大学教授应《人民日报》之约，畅谈新中国

① 当代中国研究所编：《中华人民共和国史编年》（1949 年卷），当代中国出版社 2004 年版，第 562—563 页。

诞生。北京大学教授唐兰、闻家驷等人均对新中国诞生表达了欢呼欣喜之情，决心"永远跟随在毛泽东的旗帜下前进"。9 月 25 日，无党派民主人士首席代表郭沫若在政协会议上说，我们是无党派民主人士，没有什么党派的意见可以代表，因而仿佛都是个人，但我们绝不是美帝国主义所企图引诱的"民主的个人主义者"。我们也绝不是自以为站在中间路线上的所谓"自由主义者"。我们确实是相当自由的，我们要自由自在地跟着毛主席向一边倒。我们在国内要自由自在地倒在中国共产党一边。① 因此，此时已经开始的马克思主义对学术教育的改造运动，深受知识分子欢迎，总体上进行得颇为顺利。

二

所谓对学术教育进行改造，基本内容就是确立马克思主义的指导地位，从而改变旧的思想形态、意识形态与知识形态。这是新中国建立之初史学转型的具体环境。

1949 年 10 月 11 日，华北高等教育委员会颁布《各大学、专科学校文法学院各系课程暂行规定》，规定文学院、法学院的公共必修课程是：辩证唯物论与历史唯物论（包括社会发展简史），新民主主义论（包括近代中国革命运动史），政治经济学。课程的实施原则是废除反动课程（如国民党党义、六法全书等），添设马列主义课程，逐步改造其他课程。该规定对"历史系课程"的规定是：

（一）任务：培养学生以历史唯物主义的观点分析中外历史发展过程的能力，并培养其对中国和世界历史的基本知识。

（二）本系基本课程暂定下列五门：

（1）社会发展史（应尽可能多用中国史实说明）；

（2）中国近代史（以上两项课程须与公共必修课密切配合必要的补充）；

（3）马列主义史学名著宣读［在下列各书中宣读：家族私有财产及国家之起源，德国农民战争，法兰西阶级斗争，拿破仑第三

---

① 当代中国研究所编：《中华人民共和国史编年》（1949 年卷），第 524 页。

政变记，法兰西内战，德国的革命与反革命，论一元论历史观之发展，什么是人民之友，国家与革命，帝国主义论，联共党史，思想方法论附录（以上各书，或选读几本，或按问题编成讲义，如无适当教员，可采集体讨论方式）〕；

（4）中国通史；

（5）世界通史（必须包括苏联史及亚洲史，参考《殖民地附属国历史》一书）

（三）选修课程：中国断代史及外国国别史，必须选读几门，其他课程由各校酌定。①

文件还对文学系、哲学系、教育系、经济系、政治学系、法律学系的课程设置作了规定，基本精神均为强调马克思主义的立场、观点、方法。14 日，《人民日报》发表题为《认真实施文法学院的新课程》的社论，指出这是改革大学课程的一个重要开端，"目的在于使高等教育在民族的、科学的、大众的这个文化总方针指导下提高一步，前进一步；使青年们获得科学的世界观、社会观和方法论，正确地了解中国与外国的历史，批判地接受中国与外国的哲学、文学以及其他方面学术的遗产，研究和解决目前的实际问题"。应该说，此后的文化与史学发展路径，正是在这一规定的基本框架和精神范围内扩展的。这在当时，就全国的范围来讲，是崭新的也是先进的知识形态，给人焕然一新、豁然开朗的感觉。

很快，"马克思列宁主义历史学进入了大学和研究机关，并且取得了支配地位。在全国各地的历史学研究机构和各高等学校的历史系中，一般都插上了马列主义的旗"。

中共中央于 1953 年成立"中国历史问题研究委员会"，把"学习马恩列斯关于历史唯物主义的基本著作"作为重要任务之一。《苏联共产党（布）历史简明教程》和艾思奇的《辩证唯物主义和历史唯物主义》、《大众哲学》等书在这一时期被多次再版和重印。

各种新刊物纷纷诞生。1949 年，《学习》杂志创刊。1951 年，《新史学通讯》和《历史教学》、《文史哲》杂志创刊。1954 年《历史研

---

① 《中华人民共和国史编年》（1949 年卷），第 608 页。

究》创刊。这些杂志在促进唯物史观的广泛传播方面发挥了重要作用。从 50 年代初开始，学术界大量翻译了马克思、恩格斯、列宁、斯大林的著作，《马克思恩格斯全集》、《列宁全集》、《斯大林全集》和《毛泽东选集》等著作相继出版。中国新史学研究会于 1949 年 7 月 1 日正式成立，该研究会将"学习并运用历史唯物主义的观点和方法，批判各种旧历史观，并养成史学工作者实事求是的作风，以从事新史学的建设工作"为宗旨。中国史学会于 1951 年 7 月举行正式成立大会，著名历史学家郭沫若任主席，吴玉章、范文澜为副主席。1950—1954 年中国科学院历史研究所、近代史研究所成立。

一大批非马克思主义史家，开始向马克思主义史学靠拢。据陈其泰教授研究，1949 年后，一批在三四十年代受到严密考证方法训练的学者，如蒙文通、郑天挺、韩儒林、徐中舒、谭其骧、唐长孺、罗尔纲、杨向奎、邓广铭、周一良、王仲荦、韩国磐、傅衣凌、梁方仲、赵光贤、杨志玖、王玉哲、史念海等，还有一些健在的著名学者，进入新中国时大都正当 40 岁上下（其中有几位年纪较长，已过 50 岁）。他们对于建国初年全国范围内形成的学习唯物史观的热潮真诚欢迎。一方面，因唯物史观与实证史学有诸多类通而容易接受；另一方面，又因唯物史观具有更高的科学性和巨大的进步性而感到眼前打开了新天地，能引导自己更加接近真理。所以他们学习的态度是充分自觉的、兴奋的，而且充满自我解剖精神，勇于放弃以前不恰当的观点，迫切要求进步。吕思勉不顾年过六旬，写出长达万余字的思想总结，回顾自己早在 47 岁时就接触到马列主义，"但愧未深求"，"当努力补修"①。唐长孺 1955 年出版《魏晋南北朝史论丛》的跋语中表达道："在研究过程中，我深刻体会到企图解决历史上的根本问题，必须掌握马克思列宁主义的理论。"② 谭其骧在 1979 年写文章，赞许建国初期学习马克思主义带来的史学界大进步，说"史学界出现了一片欣欣向荣的新气象"③。

陈其泰教授认为，许多研究者学习马列主义是自觉的、愉快的，收获巨大，学术上升到新的境界，解决了长期困惑的问题，获得真理性的

---

① 吕思勉：《自述——三反及思想改造学习总结》，《史学理论研究》1996 年第 4 期。
② 唐长孺：《魏晋南北朝史论丛》，河北教育出版社 2000 年版，第 433 页。
③ 谭其骧：《勿空破，认真立》，《中国史研究》1979 年第 3 期。

认识。这是中国学术史上的重大事件，是由历史观和治学方法进入新境从而带动学术取得新的创获的明证。由此，新历史考证学实现了质的飞跃，汇入到新中国推进马克思主义史学发展壮大的时代大趋势之中。①

在史学家思想的自我改造方面，著名历史学家陈垣先生最有典型性。

北京解放后，陈垣看到"纪律严明的军队，勤劳朴实的干部，一切为人民利益着想的政党"，他发现"我们所向往的中国独立富强的道路，就是中国共产党所领导的革命道路"。在1950年首届全国高等教育会议上，他就对自己以前"为学术而学术"的治学方法进行了反省，认为从前的研究"谈不到大众化，更谈不到为人民服务"，"糊里糊涂做了一辈子学问，也不知为谁服务"。后来，他在给朋友的信中说："解放前我著书，只凭自己一时的兴起，不问人民需要不需要，故所著多不切实用之书。"1955年，在中国科学院学部成立大会上，陈先生代表哲学社会科学部发言说："解放前大多数科学研究工作都是'单干户'，各人搞各人的……彼此之间很少有联系，更难得有合作。结果常常是'所学非所用'，'所用非所学'，'为学术而学术'，脱离实际，对国家和人民不可能有多少贡献"。而现在，"我们可以按照人民的迫切需要、国家当前的任务来从事科学研究工作了"。

陈垣在《给胡适之的一封公开信》中，说读了毛泽东的《中国革命与中国共产党》、《新民主主义论》、《论联合政府》以及《毛泽东选集》的一些其他文章，"初步研究了辩证唯物论和历史唯物论，使我对历史有了新的见解，确定了今后治学的方法"。此后，他又"学习了《社会发展史》、恩格斯《家庭、私有制和国家的起源》、列宁《国家与革命》，还有其他经典著作"。他说："解放后，得学毛泽东思想，始幡然悟前者之非，一切须从头学起。年力就衰，时感不及，为可恨耳。"

他还说："学习马克思主义并不是'降低身份'，实际上一个人能向真理投降，是最光荣的事情。""因此，我不愿作旧史学界的旗帜，我愿作马克思主义历史科学队伍中的老兵，我不愿作旧史学界的大师，我甘心作新史学界的小学生。"②

---

① 陈其泰：《二十世纪新历史考证学的演进》。
② 关于陈垣，均详见周少川：《陈垣晚年史学及学术思想的升华》。

像陈垣先生这样的学者，还可以举出许多。庞卓恒教授曾以雷海宗为研究对象写道：

雷海宗先生在新中国成立前以斯宾格勒、汤因比倡导的文化形态史观作为历史研究的指导思想。新中国建立后，他认真学习马克思主义，运用唯物史观指导自己的教学和研究，编写了新的教材，发表了一批以唯物史观为指导思想的学术论文。雷先生 1956 年发表的《上古中晚期亚欧大草原的游牧世界与土著世界》一文，开拓了世界史研究的新视野。1984 年吴于廑先生发表《世界历史上的游牧世界与农耕世界》一文，堪称这一视角的新的开拓和发展。雷先生 1957 年发表的《世界史分期与上古史中的一些问题》一文，运用唯物史观的生产力与生产关系的理论，对世界古代史的分期提出了自己的独到见解。他认为马克思所说的"古典社会"和"封建社会"实际上都属于封建社会，只是有前期和后期之别。雅典和罗马一度盛行过的奴隶制，只是封建社会前期的一种特殊现象，不宜视为具有普遍意义的一个历史发展阶段。20 世纪八九十年代，胡钟达先生提出"广义封建社会"概念，也可以说是对雷先生这一思路的进一步发展。在 50 年代，马克思关于"三大形态"的论说的著作还没有在中国翻译出版。雷先生居然能够凭自己的理解提出与马克思的论说有所吻合的见解，这表明他学习和运用唯物史观指导历史研究，不是教条式地学习和运用，而是以它作为指导，进行创造性的思考和研究。这些事实充分表明，马克思主义的史学理论在那时确实是深得人心的。①

三

在新中国建立所带来的史学转型进程中，马克思主义史学家有了新的进步，一批非马克思主义的史学家则实现了思想与知识的更新。对此，有学者评价指出：20 世纪五六十年代，"历史学界对中国历史上的一系列重大问题全面地展开了讨论、商榷、辩难，使人们对中国历史有

---

① 庞卓恒：《新中国马克思主义史学发展历程》，《史学理论研究》2009 年第 4 期。

了全新的认识，其成就、功绩之大，在中国史学发展史上前所未有"①。

指导思想的改变与大量研究成果的取得，一方面标志着中国马克思主义史学确立了主导地位；另一方面也填补了许多中国历史研究中的空白，将中国马克思主义史学推向前进。

在对重大历史理论问题深入探讨的同时，这一时期的马克思主义史学家对一些史学理论问题的认识也达到了一个新高度，比如对史料的认识。中国马克思主义史学家在批评"史料即史学"的观点的同时，也深化了对史料在历史研究中地位和作用的认识。胡绳在1956年就批评了把马克思主义唯物史观与史料研究对立起来的观点："轻视史料学家的工作是错误的。因为历史发展的科学规律的认识必须建立在丰富的确实的史料的基础上，所以在有的情况下，史料学的研究成果，甚至对于解决某个历史问题起着决定性作用。决不能把马克思主义的历史研究和史料工作看做互相对立的。史料学家也需要学习马克思主义，把辩证唯物主义和历史唯物主义的观点和方法同史料学上的知识专门结合起来，那就更能提高史料工作的水平。"②

尚钺在1957年提出要以唯物史观的严肃科学性分析史料，认为这是马克思主义史学区别于其他史学的重要特征之一。他认为："运用史料还要严肃地掌握阶级性，马列主义告诉我们：历史科学就是严肃的党性科学，所以必须掌握阶级观点，因为不严肃掌握阶级观点，就要犯大的原则上的错误，同时我们搞历史的人是知道的，过去历史记录权不掌握在人民群众手里，掌握在奴隶主阶级手里，掌握在封建主阶级手里，掌握在资产阶级手里，因此我们运用过去史料，要不严格地批判地来看这些史料，就很容易落到地主阶级和资产阶级那个迷魂阵里边去。"③将理论与史料研究结合起来，以及史料的阶级性分析等思想都丰富了对于史料的认识。

1963年3月13日，翦伯赞对新中国成立以来北京大学学习唯物史

---

① 瞿林东：《历史学的理论成就与中国史学史研究的发展》，《中国社会科学报》2009年7月23日。

② 胡绳：《社会历史的研究怎样成为科学》，《胡绳集》，中国社会科学出版社2003年版，第156页。

③ 尚钺：《关于研究历史中的几个问题》，《尚钺史学论文选集》，人民出版社1984年版，第33页。

观的情况进行了系统总结。他在充分肯定学习成绩的基础上，指出仍有
"少数的同志对于马列主义理论的学习有些放松，甚至有忽视马列主义
理论的倾向"，并且深入分析了三种忽视马列主义理论学习的情况。①
这说明，对于唯物史观的学习和运用是一个长期的过程，即使在马克思
主义占据了意识形态主导地位之后，也还需要人们锲而不舍地为之付出
艰辛的努力，才能不断提升研究和运用唯物史观的境界和水平。从这样
的标准观察新中国建立之初的史学转型，我们一方面可以说它还存在不
能令人满意的地方，但另一方面，方向与成绩都是值得后人崇敬和重
视的。

评价新中国建立之初的史学转型，著名学者林甘泉的观点值得重
视。他认为，20世纪50年代，唯物史观的运用，主要有六大成绩。

"第一，历史不再看作是一些偶然事件的堆积，而是有规律可循的
历史过程。历史必然性通过偶然性表现出来。第二，历史变动的原因不
应单纯用人们的思想动机来解释，而应着重考察这种变动背后的物质生
活条件。第三，人民群众是历史的真正主人，杰出人物可以在历史上起
重要作用，甚至可以在一定时期内改变一个国家或民族的历史发展的方
向，但最终决定历史命运的力量是人民群众。第四，中国封建社会的主
要矛盾是地主阶级和农民阶级的矛盾，农民的阶级斗争和农民战争是推
动封建社会历史发展的动力。第五，中国自古以来是一个多民族国家，
各民族的历史都是中国历史的组成部分。第六，鸦片战争以后中国逐步
沦为半殖民地半封建社会。帝国主义和中华民族的矛盾，封建主义和人
民大众的矛盾，是近代中国社会的主要矛盾。"②

学者张剑平也认为，新中国的成立，为中国历史学的大发展提供了
良好的学术环境。马克思列宁主义和毛泽东思想成为党和国家的指导思
想，也成为中国历史学发展的指导原则，这极大地促进了中国马克思主
义史学的发展。马克思主义的社会经济形态学说、阶级分析的方法，毛
泽东关于中国历史和中国近代社会的矛盾的学说，对于促进中国史学家
深入系统地研究中国的历史，发挥了重要的作用。新中国成立后不久，

---

① 翦伯赞：《巩固地确立马列主义、毛泽东思想在教学与科学研究中的指导地位》，《翦
伯赞史学论文选集》第3辑，第133页。

② 《林甘泉文集》，上海辞书出版社2005年版，第366—367页。

就创立了中国科学院，设立了近代史研究所、考古研究所等机构，随后又相继创办了历史研究所、世界史研究所。1952 年全国院系调整之后，根据苏联的历史专业教学计划，新中国也制订了自己的高等学校历史教学计划，1956 年又重新审定了高等院校的历史学各科教学大纲，编写了新的中学历史教材，颁发了新的中学历史教学计划。同年，开始制订了"历史学十二年发展规划"。历史学从业人数由 1953 年历史学教师、研究生不到 500 人，发展到 1962 年的 10000 余人。吴玉章、郭沫若、范文澜、翦伯赞、侯外庐、胡绳等创立的中国新史学研究会和后来的中国史学会，组织了全国的历史学家，开始了关于中国奴隶社会与封建社会的分期、中国封建社会内部的分期、中国近代史分期以及中国封建土地所有制形式、中国汉民族形成、中国资本主义萌芽问题、历史人物评价问题、历史主义与阶级分析等重要问题的争鸣，这极大地推动了中国马克思主义史学的发展。新中国成立后不久，在党和政府的大力支持下，《历史研究》、《历史教学》、《文史哲》、《史学月刊》（原称《新史学通讯》）等专业杂志相继出现，《光明日报》、《人民日报》、《新建设》等报刊也成为史学工作者发表论文的重要阵地。在通史编纂方面，范文澜修订的《中国通史简编》五代十国以前部分问世，翦伯赞的《中国史纲要》基本编著完成，侯外庐的《中国思想通史》编写工作完成，郭沫若主持编写了《中国史稿》。中国史学会编著的大型历史资料《中国近代史资料丛刊》，一千多万字的篇幅和丰富的资料更是给新中国马克思主义史学发展历程中国历史学增添了亮丽的色彩。中国近代经济史研究成果显著，严中平的《中国近代经济史资料选辑》，孙毓棠、汪敬虞以及陈真、姚洛的《中国近代工业史资料》，彭泽益的《中国近代手工业资料》，姚贤镐的《中国对外贸易史资料》，恩汝成的《中国近代铁路史资料》，聂宝璋的《中国近代航运史资料》等纷纷问世。在断代史研究方面，杨宽、杨翼骧、何兹全、王仲荦、韩国磐、岑仲勉、吴枫、韩儒林、傅衣凌、郑天挺等皆取得了巨大的成就。此外，在中国近现代史研究、中共党史研究、世界史的教学和研究以及学科建设方面也都有了新的进展。①

学者吴英认为，新中国的成立迫切要求人们，尤其是知识界在思想

---

① 张剑平：《新中国历史学发展的道路和成就》，《史学理论研究》2009 年第 4 期。

观念上有一个彻底的转化，摒弃帝国主义、封建主义和官僚资本主义的思想影响，树立科学的人生观与世界观。史学界自然也不例外，史学工作者以极大的热情投入思想转化的洪流。通过对马克思唯物史观的学习、比对、认识，多数人接受了这一历史研究的指导理论。可以说，这一时期对以唯物史观为理论指导研究历史，学界表现出很高的热情和积极性。自觉接受并运用唯物史观进行历史研究成为主流，基本奠定了唯物史观作为史学研究指导理论的地位。

目前，关于新中国建立之初中国史学的转型研究，已经有不少成果。推进这一研究，很有现实意义。

（作者单位：中国社会科学院中国社会科学杂志社）

论十七年时期史学的"五朵金花"

张　越

一　问题的提出

新中国成立后至"文革"前的十七年（1949—1966）里，在中国大陆史学界最引人关注也是最有影响的史学现象之一，就是对"五朵金花"及相关重大历史理论问题所进行的大范围地、热烈地、深入地讨论。时过境迁，当年"五朵金花"竞相怒放的盛况早已不在，"五朵金花"问题也已不再那样地引人注目，甚至被看成是泛意识形态化而被质疑、轻视甚至不屑。对十七年时期史学界"五朵金花"讨论的指摘，以其过重的意识形态色彩而多持否定态度，甚至定性其为"假问题"。对于这样一个曾经在较长时间里具有如此规模的学术现象、一个集结若干重大历史理论问题并伴随着超大量的具体研究和争论、商榷的问题群体，因种种原因在一个时期里过热或过冷或许都是不正常的。

伴随着"五朵金花"花开花落相终始的外在因素所产生的诸多消极影响已经被论者不断指出，问题在于，仅仅用政治因素的干扰和意识形态的强势来看待、评价十七年史学，则只是看到了事物的外在因素，在"五朵金花"学术讨论中，其自身蕴含的理论意义和学术价值显然不应被忽视。进入 21 世纪后，不仅对相关"金花"作进一步研究的进展明显，而且以"五朵金花"为专题研究的成果也渐次出现。① 本文的基本

---

① 如王学典：《"五朵金花"：意识形态语境中的学术论战》，《文史知识》2002 年第 1 期；

意图在于，在照顾到意识形态差异的前提下，重点从学术史角度立论，实事求是地从"五朵金花"的学术内涵和学术品质方面分析，这或许是我们正确评价这一学术现象所应该使用的方法。通过对"五朵金花"作一初步的学术史性质的梳理和考察，希望从中获取一些对中国马克思主义史学、对新中国成立后"十七年"时期史学的更为客观的认识与评价。

二 "五朵金花"讨论局面的形成

众所周知，"五朵金花"包括中国古代史分期、中国资本主义萌芽、中国封建社会农民战争、中国封建土地所有制形式和汉民族形成这5个问题。这些问题，在新中国成立前早已萌生，如中国古代史分期问题在20世纪二三十年代的中国社会史论战中就已经受到广泛关注并在中国思想界引起轩然大波，农民战争史研究在延安地区一直被中共领导人充分重视，其他问题也都相继被阐述、讨论。但是将其并称为"五朵金花"则是在新中国成立后的20世纪50年代，换句话说，正是在中国马克思主义史学居于主导地位的情况下，才催生出了这"五朵金花"竞相开放的盛况。

"五朵金花"最初被称为"五朵花"，是翦伯赞在1957年"反右"运动中批判被划为"右派分子"的向达时提到而为人所知的。翦伯赞说："向达则提出历史学只开五朵花的问题……只看到这'五朵花'，而且最讨厌这五朵花。为什么，原因很简单，就是因为这五朵花是马克思主义历史学开出的花朵，而且只有马克思主义历史学才能开出这五朵花来。"1959年随着电影《五朵金花》的热映，史学界这"五朵花"被

蒋海升：《"西方话语"与"中国历史"之间的张力——以"五朵金花"为重心的探讨》，山东大学出版社2009年版等。另如黄敏兰：《20世纪百年学案·历史学卷》，陕西人民教育出版社2002年版；陈其泰主编：《中国马克思主义史学的理论成就》，国家图书馆出版社2008年版；王学典、陈峰：《二十世纪中国历史学》，北京大学出版社2009年版；卢钟锋：《新中国历史学创建时期历史研究的新道路》，《中国史研究》2009年第4期；罗至田：《文革前"十七年"中国史学的片段反思》，《四川大学学报》2009年第5期等论著，对"五朵金花"问题也有专门论述。

① 翦伯赞：《右派在历史学方面的反社会主义活动》，《人民日报》1957年10月4日。转引自蒋海升《"西方话语"与"中国历史"之间的张力——以"五朵金花"为重心的探讨》，山东大学出版社2009年版，第2页注①。

称为"五朵金花"流传开来。不论是向达有意无意地揶揄还是翦伯赞带有时代印痕的批判，也不论从"五朵花"到"五朵金花"称谓的语气转变，重要的是，"五朵金花"均被马克思主义史学认为是中国历史研究中的重大历史理论问题，而对这些问题广泛讨论，成为"十七年"时期史学"占据史坛主流地位的巨大历史存在"①。

中国古代史分期这个早在中国社会史论战中就已经进行了热烈讨论的问题，在新中国建立后重新成为热点问题，是开始于 1950 年 3 月 19 日《光明日报》发表郭宝钧《记殷周殉人之史实》，两天后发表郭沫若的《读了〈记殷周殉人之史实〉》一文，认为殷、周都是奴隶社会，古史分期的大讨论就此开始。1952 年郭沫若出版《奴隶制时代》（上海新文艺出版社）、1955 年范文澜出版《中国通史简编（修订本）》第一编（人民出版社再版，该书 1953 年出版，再版时收入《关于中国历史上的一些问题》作为该书"绪言"）、1954 年尚钺出版《中国历史纲要》（人民出版社），初步明确了"西周封建说"、"战国封建说"和"魏晋封建说"为主的古史分期观点，到了 1956 年讨论高潮期间，形成了以"西周封建说"、"战国封建说"和"魏晋封建说"为首，加之"春秋封建说"、"秦统一封建说"、"西汉封建说"、"东汉封建说"等共七种"封建说"并立的局面。1957 年的"反右"和 1958 年的"史学革命"期间，古史分期讨论沉寂了一段时间。1959 年郭沫若发表《关于中国古史研究中的两个问题》②，讨论再度活跃，直到六十年代初。③ 一大批知名史家都参与到了古史分期讨论中，一批中青年史学工作者在讨论中崭露头角，他们都有自己所持有或所倾向的分期观点，古史分期讨论的规模之大、影响之广前所未有，发表的文章达 370 余篇。④

中国资本主义萌芽问题始于新中国成立初对《红楼梦》的讨论，邓拓在 1955 年 1 月 9 日的《人民日报》上发表《论"红楼梦"的社会背

① 蒋海升：《"西方话语"与"中国历史"之间的张力——以"五朵金花"为重心的探讨》，山东大学出版社 2009 年版，第 2 页注①，第 4 页。

② 载《历史研究》1959 年第 6 期。

③ 参见田居俭《中国奴隶社会与封建社会分期讨论三十年》，载《历史研究》编辑部编《建国以来史学理论问题讨论举要》，齐鲁书社 1983 年版。

④ 李根蟠在《二十世纪的中国古代经济史研究》（《历史研究》1999 年第 3 期）中统计"关于古史分期的讨论文章，新中国成立后前 7 年有 270 篇，此后 10 年有 100 篇"。

景和历史意义》一文，从历史的角度提出《红楼梦》所反映的历史时代（18 世纪上半期），"当时的中国是处在封建社会开始分解，从封建经济体系内部生长起来的资本主义经济因素正在萌芽的时期"。这样，"这个偏重于文学领域的批判运动竟然会为建国后的史学研究提供了一个呈现出强大生命力的命题"①，开启了"讨论的热烈程度不亚于古史分期问题"② 的中国资本主义萌芽问题的大讨论。在该命题本身被绝大多数人肯定的前提下，讨论的问题主要是中国资本主义萌芽出现的时间（以明清萌芽说为主）、发展的程度、产生的影响等。1955 年后的十年间，发表的论文有 200 多篇。③

中国封建社会农民战争问题的讨论在"十七年"时期可以分为两个阶段。1949—1957 年以提出问题、初步研究和史料整理为主。由于是主流学术界首次对农民战争问题作全方位研究的开始，在史料建设方面即推出《中国近代史资料丛刊》中的《义和团》（中国史学会主编，神州国光社 1951 年版）和《太平天国》（中国史学会主编，神州国光社 1952 年版）等，在研究内容上以贯彻经典作家和毛泽东的农民战争观点为宗旨，对大规模农民战争、农民起义在具体问题和理论问题上的研究得以展开，讨论的走向逐渐发展到农民战争史研究中的重要理论问题上。这个阶段发表文章有 650 余篇，70 余种资料集、论文集和相关书籍④。1958—1966 年主要集中于对农民起义和农民政权的性质、农民战争的历史作用等理论问题的热烈讨论，相应引出的皇权主义与平均主义思想、农民战争与宗教的关系、封建政权的"让步政策"与"反攻倒算"等问题同时成为讨论热点，这些讨论大大延伸和深化了农民战争史研究课题内涵与意义本身，也使农民战争问题一跃成为当时"五朵金花"中最受关注的问题，这个阶段发表文章达 2300 余篇，出版了数十

---

① 赵晓华：《中国资本主义萌芽的学术研究与论争》，百花洲文艺出版社 2004 年版，第 11 页。

② 李根蟠：《二十世纪的中国古代经济史研究》，《历史研究》1999 年第 3 期。

③ 见宋元强《中国资本主义萌芽讨论的两个阶段》，载《历史研究》编辑部编《建国以来史学理论问题讨论举要》，齐鲁书社 1983 年版，第 131 页。

④ 见史绍宾编《中国封建社会农民战争问题讨论集》，三联书店 1962 年版，第 515—545 页。

种专史、论著、资料集和通俗小册子①。

中国封建土地所有制形式问题的讨论，开始于 1954 年侯外庐在《历史研究》创刊号上发表的《中国封建社会土地所有制形式的问题——中国封建社会发展规律商兑之一》一文，该文一改之前中国封建土地所有制是以私有制即地主（或领主）土地所有制占主导地位的大致看法，提出中国封建土地所有制是"皇族所有制"即国有制的新见解，随即受到史学界极大的重视而展开讨论，也使该问题跻身"金花"之一。中国封建土地所有制形式问题讨论的中心是，在中国封建社会占支配地位的究竟是土地国有制还是私人所有制，涉及马克思、恩格斯关于古代东方论述、奴隶制度与资本主义制度的比较、中国与西方在相关制度上的比较以及对所有权、占有权、使用权、所有制等关系的辨析等理论问题，更具理论深度。到 1960 年，发表的讨论文章有 150 余篇②。

汉民族形成问题的讨论始于斯大林的民族理论和苏联学者格·叶菲莫夫据此发表的《论中国民族的形成》的报告，该报告被译成中文发表在《民族问题译丛》1954 年第 2 辑，文中认为中国民族"是在 19 世纪与 20 世纪之间形成的"。范文澜随后在《历史研究》1954 年第 3 期发表《试论中国自秦汉时成为统一国家的原因》，明确提出汉民族在两千多年前的秦汉时期就已经形成。讨论主要围绕汉民族究竟是形成于秦汉时期还是形成于资本主义发展过程中、怎样理解斯大林对"民族"所下的定义、对"民族"与"部族"的译名的歧义等问题展开。随着汉民族形成于资本主义以前的观点获得更多人的认可，鉴于中国历史上民族问题的复杂性和重要性，讨论逐渐"升级"为历史上的中国及疆域、历史上民族关系的主流、历史上民族间战争的性质、民族融合与民族融化、民族间的"和亲"现象等问题上。

"十七年"时期中国大陆史坛的"五朵金花"就这样绽放了。从表面上看，以下几方面是十分明确的：第一，"五朵金花"讨论，是在新中国成立之初的史学家们学习和掌握马克思主义理论、确立中国马克思主义历史学的主导地位、将唯物史观运用于中国历史的研究中去、进一

---

① 见陈梧桐《农民战争研究的种种争论》，载《历史研究》编辑部编《建国以来史学理论问题讨论举要》，齐鲁书社 1983 年版，第 204 页。

② 见王思治《封建土地所有制形式讨论中的分歧》，载《历史研究》编辑部编《建国以来史学理论问题讨论举要》，齐鲁书社 1983 年版，第 101 页。

步深化中国马克思主义史学研究的背景下产生的；第二，问题的提出，虽大多是由一篇文章、一个观点而引发，但是这些问题多为以往问题在新的条件下的延续，成为新语境下中国马克思主义史学必须关注的、具有学术与现实双重重大意义的问题；第三，"50年代中国史学一个显著现象，就是大多数人都在思考基本问题和宏观问题"①，就问题本身而言，都是在试图探索关乎中国历史发展的基本特点和道路的问题，试图回答中国历史发展过程中的深层次问题。

三 对"五朵金花"讨论的初步分析

从"五朵金花"初绽的时间来看②，古史分期问题和农民战争问题开始的最早，封建土地所有制形式问题和汉民族形成问题先后开始于1954年，中国资本主义萌芽问题开始于1955年，作为学术现象，这些问题的出现时间相对集中，在20世纪50年代中期已形成规模，既是在新中国成立前中国马克思主义史学的发展和积累的基础上的反映，也说明新中国成立后建立与充实中国马克思主义史学话语体系的急迫性，换句话说，没有自20世纪30—40年代中国马克思主义史学的不断发展，没有新政权建立后马克思主义史学主流地位得到不容置疑的确立，"五朵金花"讨论的局面也不可能如此集中、如此规模地形成。

在这五个问题中，古史分期问题是近代史学话语体系中的基本问题，宏观地看待历史发展进程而不仅仅将朝代更迭视为历史阶段性发展的标志，是19世纪末进化论传入后中国史学的主要变化之一，以某种历史观为基本理论贯穿于对历史发展进程的认知与撰述，最基本的反映就是历史阶段的划分，古史分期又并非简单地划分历史发展阶段，而是历史观的反映，是新的研究范式和话语体系的展现，历史与现实、学术与政治等因素都以各种各样的方式纠结于其中。中国古代史分期问题是近代史学中运用马克思社会经济形态理论划分历史发展阶段的继续，以社会经济形态变动学说来划分中国古代史发展阶段，主要包括中国古代

---

① 罗志田：《文革前"十七年"中国史学的片段反思》，《四川大学学报》2009年第5期。

② 这里是将"五朵金花"视为一个整体、在新中国建立后提出讨论的时间概念而言。

社会性质问题、划分奴隶制与封建制的标准、奴隶社会是否是人类历史发展的必经阶段、中国古代是否经历独特的发展道路等问题，这些问题无不是必须深入探讨中国历史发展过程才有可能回答的，从理论与实际相结合的角度看，从 20 世纪 30 年代以后努力证明唯物史观对中国历史的适用性发展到 50 年代以后经过深入讨论逐渐更多地注意到了中国历史的特点，尽管教条主义、公式化的痕迹仍然明显，政治干扰学术的现象时有发生，但是结合社会经济形态理论探讨古史分期问题所形成的诸说并起、互相辩论的局面，实际是对中国近现代史学以整体、宏观看待历史为特征的研究范式的全面实践。有学者指出："把握人类历史发展的规律，却是人类认识历史的一项诉求，人们渴望知道过去的历史，更渴望知道未来历史的发展方向。在这样的背景下，历史学家绕不开对重大历史问题的解释，绕不开对历史规律的把握（这又涉及历史的功能及历史的最终关怀问题）。而要做到这些，又必须对历史时段进行划分，阐明每一历史时段的特质，以探索历史发展的总体规律。"① 因此，古史分期问题作为"五朵金花"之冠并非偶然。

　　封建土地所有制和资本主义萌芽两个问题是古史分期问题讨论的延伸。中国封建土地所有制形式问题，主要是通过研究构成与影响中国封建土地所有制形式，来探讨中国古代的土地所有制形式是土地国有制还是地主所有制。不同的观点下其实反映着趋同的学术目的，如林甘泉认为："我是赞同土地私有制占主导地位的，但我认为有的学者提出的封建土地国有制在理论上是很有价值的，因为它注意到了中国封建专制主义国家重要的经济职能，抓住了中国历史的特点。"② 通过讨论，"'井田制'、'初税亩'、'均田制'、'地主制'、'庄园制'、'农村公社'等经济史上一系列关键史实的发覆，不能不归功于唯物史观所强调的'经济因素'的指引"③。"抓住中国历史的特点"、从史实中开拓相关领域的课题意识，同样表现在对中国资本主义萌芽问题的讨论上。资本主义萌芽问题的理论出发点是马克思主义社会经济形态理论中的五种社会生

　　① 罗新慧：《二十世纪中国古代分期问题论辩》，百花洲文艺出版社 2004 年版，第 7 页。
　　② 林甘泉：《关于史学理论建设的几点意见》，《史学理论与史学史学刊》2002 年卷，社会科学文献出版社 2003 年版，第 11 页。
　　③ 王学典、陈峰：《二十世纪中国历史学》，北京大学出版社 2009 年版，第 154—155 页。

产方式说，即封建社会之后应当是资本主义社会，然而该问题之所以引发讨论，就在于看到了中国封建社会发展的特殊性、看到了后期封建社会发展中的变化，这同样是着眼于中国历史发展特点的。在发掘了大量丰富的资料对该问题加以论证的基础上，在中国古代经济史，特别是明清时期的经济发展史方面获得了极其显著的进展，在学术成就方面可能是在当今学术界获得最多赞誉的金花之一。林甘泉说："如果没有古史分期、土地所有制、资本主义萌芽等问题的讨论，就没有五六十年代历史学向深度和广度的发展，也就没有今天一些断代史和专门史的繁荣局面。"① 赵世瑜等认为：对资本主义萌芽问题的讨论"仍有简单比附西方资本主义生产关系产生的痕迹，但是由于讨论需要大量实证研究作为基础，所以它还是极大地促进了学术界对社会经济史，特别是区域社会经济史的研究"②。中国资本主义萌芽问题在 50 年代与古史分期、亚细亚生产方式、中国封建社会长期延续等问题关系密切，在 80 年代以后又与近代社会转型、现代化问题等相互关联，究其原因，该问题扣住了中国历史发展进程中的关键环节当是不争的事实。封建土地所有制和资本主义萌芽问题虽孕育产生于古史分期问题，却开花结果于各自的领域，成为"五朵金花"中的两朵奇葩。

对农民战争问题展开讨论带有更强的时代色彩。从 1949—1957 年，先后发表了 650 余篇相关文章，出版了 70 余种相关出版物，1958—1966 年，发表相关文章达 2300 篇③，成果数量可谓惊人。对农民战争问题的讨论和研究的热潮如此高涨，与新中国成立后政权性质的变化、意识形态方面的影响、毛泽东的相关论断，史学界阶级分析方法的备受重视等都有直接关系。就问题本身而言，全面颠覆以往史学对农民战争问题的负面评价使得在这一研究领域呈现出无比广阔的研究空间。从对史料的整理到对历史上农民战争领袖的评价，再到对"中国农民战争的性质、特点、思想武器、发展阶段、起因、历史作用、失败原因、农民

① 林甘泉：《关于史学理论建设的几点意见》，《史学理论与史学史学刊》2002 年卷，社会科学文献出版社 2003 年版，第 10—11 页。
② 赵世瑜、邓庆平：《二十世纪中国社会史研究的回顾与思考》，《历史研究》2001 年第 6 期。
③ 见周朝民等编著《中国史学四十年》，广西人民出版社 1989 年版，第 37—38 页。

政权的性质、农民战争与宗教的关系、农民的阶级斗争与民族斗争的关系"① 等一系列具体和理论问题的讨论，农民战争问题成为"五朵金花"中绽开的最为夺目的金花之一。与此形成鲜明对比的是，时至今日，农民战争问题却成为"五朵金花"中最受冷落的一支。必须指出，"十七年"时期，由于过分强调农民战争在历史中的作用和阶级斗争观点，特别是无限抬高农民战争作用，致使对一些问题的看法存在着严重错误。但是，农民战争在中国历史发展过程中不断发生且对不同时期的社会局面产生有包括改朝换代的重要影响，这同样是中国历史的客观事实。马克思主义史学对农民战争的全面研究与重视，无论是在对相关史料的发掘与整理上，还是在对农民战争本身及其对中国历史的各个方面的影响上，都是前所未有的。某国外史学评论家认为，新中国历史研究由于强调了农民战争的革命性以及对促进社会变革的推动作用，"从根本上改变了中国历史的语言"，"建立了评估和重现中国过去历史的标准"，"这个问题为中国历史学增添了一个新领域，却是毫无争议的"②。通过对农民战争的研究，加强了对中国历史发展进程、中国历史发展动因等重大理论问题的研究，也开辟了中国农民战争史这样一个新的学科研究领域。

在"十七年"时期的"五朵金花"的讨论中，汉民族形成问题的讨论与其他问题相比，在规模和成果数量上可能显得较弱一些。然而，今天看来，这个问题却最具可持续的发展潜力。比较而言，古史分期的讨论对中国历史研究诸多重大问题的涵盖性和研究视角的宏观性最为突出，而汉民族形成问题则随着时代的发展逐渐上升为最具学术意义和现实意义的重大问题。范文澜 1954 年发表的《试论中国自秦汉时成为统一国家的原因》一文，看上去是依据斯大林的"共同语言"、"共同地域"、"共同经济生活"、"共同文化上的共同心理状态"这样的民族定义得出了汉民族在秦汉之际已经形成的观点，但是斯大林观点还包括民族是在资产阶级发展中形成的，如此推论，则汉族只能是"部族"而非"民族"，故而苏联学者提出了"中国民族"形成于 19 世纪与 20 世

---

① 见周朝民等编著《中国史学四十年》，广西人民出版社 1989 年版，第 38 页。

② 巴勒克拉夫：《当代史学主要趋势》，杨豫译，上海译文出版社 1987 年版，第 222、220 页。

纪之间的结论。范文澜的见解，实际上是与斯大林民族产生于近代的理论相抵触的，说的明确一点，是对 50 年代在中国被奉若经典的斯大林相关观点的挑战。这里不想再重复范文澜等史家是如何努力把中国历史特点与马克思主义理论相结合的老话，只是想指出，诸如汉民族形成等问题因其事关国家民族的原则性问题，是中国学者必须要从学理上予以澄清的，也是中国史家必须要面对和回答的。范文澜针对苏联学者格·叶菲莫夫的观点提出异议并引发汉民族形成问题的讨论，汉民族形成问题成为"五朵金花"之一（而不是在当时讨论的热烈程度并不亚于汉民族形成问题的亚细亚生产方式、中国封建社会长期延续、历史人物评价等问题），正表明范文澜等中国史家在如此重大和关键问题上所表现出的前瞻性和敏感性。到了 60 年代，民族认定工作的基本完成、斯大林神圣光环的逐渐褪色，汉民族形成问题研究进入了新的高潮，讨论的范围也扩展至对历史上的中国及其疆域、历史上的民族关系的主流、历史上民族之间战争的性质、民族融合与民族同化、民族政策的评价、怎样看待民族间的"和亲"①等问题。时至今日，中国古代民族和国家起源、中华民族多元一体、中华民族的历史文化认同等有关统一多民族国家的重大问题均成为热点问题，可证明昔日"五朵金花"中的汉民族形成问题的启发意义和理论价值。

四　结论

当年"五朵金花"讨论中的主要参与者赵俪生在接受一次访谈时说："我认为'五朵金花'是马克思主义和中国历史结合的刚刚开始……今天回过头来看'五朵金花'，全部否定我是不赞成的；全部肯定我也不赞成。应该批判地保留，而且保留的部分应当偏多一点，甚至基本上应予肯定。把'五朵金花'看做是'五朵病梅'的，我觉得是一种新的左倾、教条主义。我认为将来写学术史，对'五朵金花'不

---

① 见周朝民等编著《中国史学四十年》，广西人民出版社 1989 年版，第 74—82 页；宋德金：《汉民族形成问题》，载肖黎主编《20 世纪中国史学重大问题论争》，北京师范大学出版社 2007 年版；蒋海升：《"西方话语"与"中国历史"之间的张力——以"五朵金花"为重心的探讨》，山东大学出版社 2009 年版，第 120—125 页。

应当采取否定态度，它的五个内容都有相当的成绩。"① 在笔者看来，经过前二三十年来对"五朵金花"的较多怀疑、批评之后（当然也不乏肯定和称赞），随着"五朵金花"蕴含的深层学术价值的渐次显现，其带给我们或许有更多的启示和思考。

第一，"五朵金花"指的是"十七年"时期受到广泛重视的五个历史理论问题，这五个问题并非各自独立，它们之间有着内在的联系。如上所述，古史分期问题的讨论开始的最早，在各个方面产生的影响也最大，资本主义萌芽问题和封建土地所有制问题即由古史分期问题而来，农民战争问题直接与封建土地所有制问题相关联，汉民族形成问题的讨论与资本主义萌芽问题也有关系。"五朵金花"根茎相连，课题意识和逻辑关系都是马克思主义史学整体研究范围中的一部分，是中国马克思主义史学中的前沿问题。

第二，"五朵金花"并非仅是中国古代史研究领域的重大理论问题，也触及近代史研究领域，触及现实。古时分期和资本主义萌芽问题直接关系到对中国近代社会形态的定位；农民战争中对太平天国、义和团的研究本身就是近代史中的问题；汉民族形成问题亦开始于对近代民族等相关理论问题的理解，由此引申出来的对统一多民族国家的历史阐释更是与现实息息相关。因此，以往把"五朵金花"讨论仅看做是中国古代史领域的理论问题并不十分全面，"五朵金花"其实是马克思主义史学对中国历史总体发展的认识的有益尝试。

第三，"五朵金花"是将马克思主义理论和中国历史发展实际相结合的前所未有的、宏观考察与微观考证并重的大规模研究和讨论。评价"五朵金花"，必须注意的是其时代环境。中国马克思主义史学在新中国成立前不断发展，彼时与现实社会的联系，既是中国马克思主义史学发展的必要条件，也是在学术上影响马克思主义史学发展的因素。新中国成立后，处于主导地位的中国马克思主义史学真正具备了正常发展的条件，不可否认"十七年"时期中史坛仍不断受到政治运动的干扰，但是这与新中国成立前的学术语境是完全不同的。要想切实发展中国马克思主义史学，就要从运用马克思主义理论与中国历史实际相结合的角

① 王学典、蒋海升：《从"战士"到"学者"——访老辈史学家赵俪生先生》，《山东社会科学》2006年第3期。

度出发、从理论阐释与史料发掘两方面来下大力气深入研究，这正是
"五朵金花"盛开的土壤和环境。中国资本主义萌芽、中国封建土地所
有制、汉民族形成和农民战争诸问题，无不是着眼于中国历史、从中国
历史实际出发提出的命题。在"五朵金花"的讨论中，我们随处可见
基于中国历史中的史料和现象所作的深入分析，形成的争论问题，也多
是在理论与中国历史实际两者间所引发。正因如此，中国历史记载中那
些土地制度材料、各种经济现象的记载、农战史材料、民族史材料被广
泛发掘和重视，并被赋予了新的话语内涵。假如没有其内在的学术合理
性，不可想象今日在对中国历史的整体阶段性发展的理论观点、在中国
经济史和土地制度史、在中华文明起源与统一多民族国家等问题上所获
得的研究成果和认知。

第四，"五朵金花"还是一次将研究视角扩展到中国史与外国史的
大规模尝试，是中西历史比较研究的一次高峰。古史分期问题讨论即涉
及中外历史发展阶段的同与异的问题，其中魏晋封建说反映的最为明
显。在中外历史发展道路的比较研究上，中国资本主义萌芽和中国封建
土地所有制问题的讨论上同样突出。汉民族形成问题则更具典型意义。
事实证明，在马克思主义史学理论体系下的中外历史比较研究是近现代
中国史学史上作的最为深入的。

第五，在"五朵金花"讨论中起到最重要作用的是老一辈中马克思
主义史学家。郭沫若、范文澜、侯外庐分别是古史分期问题、汉民族形成
问题、中国封建土地所有制形成问题的开启者，翦伯赞、吕振羽等老一辈
史家在其中的作用也举足轻重。值得一提的是，相当一批在民国时期以历
史考证成名的学者，在学习和接受唯物史观后，"五朵金花"的讨论成为
他们融入马克思主义史学中的平台，如古史分期问题的讨论，徐中舒、王
仲荦、童书业、杨向奎、张政烺、何兹全、王玉哲、王毓铨等"中生代"
史家都积极参与进去。王学典认为："在'五朵金花'讨论中……他们一
般不直接卷入唇枪舌剑、口诛笔伐的理论争辩，不做泛泛之论，而是多从
具体研究和专门研究入手，力图为讨论提供一个坚实的史料基础，从而切
实推进讨论的深入。他们的加入使重大理论问题的讨论更加精细化和专门
化，创造了通过考证去解决重大历史问题的典范。"① 马克思主义史学关

---

① 王学典：《六十年来中国史学之变迁》，《文史知识》2009 年第 8 期。

于重大历史理论问题的讨论因"中生代"史家的投入而"更加精细化和专门化",这一大批史家因"五朵金花"的讨论而更加主动地融入了马克思主义史学之中。正是他们的共同努力,使新中国史学获得了新的发展,也使"五朵金花"争奇斗艳,成为新中国史坛上的一束"奇葩"。

(作者单位:北京师范大学历史学院)

唯物史观与 1959 年曹操评价
讨论的史学史意义

高希中

诸多学者对"曹操评价"及 1959 年"替曹操翻案"的讨论做了综述性研究。关于本次讨论的反思之作，主要有沈伯俊、胡邦炜《略论"替曹操翻案"》一文。该文首先肯定了郭沫若在 1959 年提出的"替曹操翻案"具有一定的合理性；然后指出"替曹操翻案"这个口号，从历史学的角度来看是不科学的，从文学艺术的角度来看也是片面的。①另外，对为曹操等历史人物翻案评价观念的反思，王学典的《历史学若干基本共识的再检讨及发展前景》一文中有所涉及。②本文不涉及曹操本身的是是非非，重在从史学史研究的角度考虑这一讨论所涉及的史学观念及其史学效应。

一　讨论的发起与不同观点的争议

1956 年党中央提出"百花齐放，百家争鸣"的学术方针，启动了学术事业进一步繁荣发展的局面。而 1958 年经济上"大跃进"的同时，整个社会科学界也提出了所谓"大跃进"的要求，历史学界在所谓"史学革命"的口号下，酝酿出中国古代史研究"打破王朝体系"的观念论，要写没有帝王将相的"人民史"，造成"见地主就骂，见封建就反"的狭隘阶级观点泛滥。到 1959 年，许多史学家开始纠正这种极

---

① 沈伯俊、胡邦炜：《略论"替曹操翻案"》，《社会科学研究》1982 年第 5 期，第 48—55 页。

② 王学典：《历史学若干基本共识的再检讨及发展前景》，《历史教学问题》2004 年第 1 期，第 22—29 页。

"左"的、幼稚的历史观点，致力于探讨如何进行历史人物的客观评价。除了在理论上申明历史主义的原则以补救偏激化阶级观点的弊病之外，对部分帝王将相作出适度肯定的评价，树立正确运用马克思主义史学理论的样板，这十分必要。"替曹操翻案"大讨论的发起，就发生在这种背景之下。

1959 年 1 月，郭沫若发表了《谈蔡文姬的〈胡笳十八拍〉》，一改千百年来对曹操的评价，重塑曹操形象。郭沫若在文中说：曹操"蒙受了不白之冤。自《三国演义》风行以后，更差不多连三岁的小孩子都把曹操当成坏人，当成一个粉脸的奸臣，实在是历史的一大歪曲。"①2月 19 日，《光明日报》又推出翦伯赞的《应该替曹操恢复名誉》一文，该文认为："曹操不仅是三国豪族中第一流的政治家、军事家和诗人，并且是中国封建统治阶级中有数的杰出人物"，"像这样一个中国历史上有数的杰出人物，却长期被当作奸臣，这是不公平的。我们应该替曹操摘去奸臣的帽子，替曹操恢复名誉"。而曹操之所以被当作奸臣，一是"在否定曹操的过程中，《三国志演义》的作者可以说尽了文学的能事"，"《三国志演义》简直是曹操的谤书"；二是"过去的戏剧家也尽了他们的责任"②。3 月 23 日的《人民日报》又登载了郭沫若的《替曹操翻案》一文。在上述郭沫若的两篇文章，他提出了如下观点：第一，曹操虽然打了黄巾，但没有违背黄巾起义的目的，而是承继了黄巾运动，把这一运动组织化了；第二，他锄豪强，抑兼并，济贫弱，兴屯田，费了三十多年的苦心经营，把汉末崩溃了的整个社会基本上重新秩序化了，使北部中国的农民千百年来要求土地的渴望基本上得到了一些调剂；第三，曹操平定乌桓是反侵略性的战争，得到人民支持；第四，关于曹操"杀人问题"，应该根据事实重新考虑；第五，曹操对于民族的发展和文化的发展有大的贡献，他应该被称为一位民族英雄；第六，曹操冤枉地做了一千多年的反面教员，在今天，要替他恢复名誉。"我们今天要从新的观点来追求历史的真实性，替曹操翻案……我们乐于承担这个任务：替曹操翻案。"③

① 郭沫若：《谈蔡文姬的〈胡笳十八拍〉》，《光明日报》1959 年 1 月 25 日第 6 版。
② 翦伯赞：《应该替曹操恢复名誉》，《光明日报》1959 年 2 月 19 日第 3 版。
③ 郭沫若：《替曹操翻案》，《人民日报》1959 年 3 月 23 日第 7 版；《谈蔡文姬的〈胡笳十八拍〉》，《光明日报》1959 年 1 月 25 日第 6 版。

郭沫若、翦伯赞替曹操翻案的文章，引发了国内史学界、文学界、戏剧界关于历史上的曹操和《三国演义》、戏剧中的曹操，以及曹操历史作用、个人品德等的大讨论。本次讨论的内容主要以郭沫若所提到的上述六条理由展开，即对曹操的整体性评价、曹操与黄巾起义军的关系问题、曹操的屯田问题、曹操征讨乌桓与是否是民族英雄问题、关于曹操的杀人与道德品质问题，以及如何评价历史人物的问题、关于曹操的阶级属性问题、曹操的思想问题等。根据参加讨论学者对曹操翻案的不同意见和对曹操的不同评价，可把他们意见或观点分为以下三类：第一种意见对曹操几乎完全肯定，或认为他功大于过并同意为其翻案，如郭沫若、翦伯赞、闻亦步、微声、戎笙、王昆仑、刘东海、式毅、尚钺、束世澂、永健、周一良、齐思和、吴泽、唐长孺、陈光崇、戴裔煊、贺昌群、吴晗、郑天挺、邹贤俊、支水山、游绍尹等。也有的学者虽认为曹操"功大于过"，但没有明确提出为其"翻案"，如万绳楠、罗耀九、陈周棠、洪焕椿、袁良义、刘凤翥、陈智超、朱学习、李春棠、李耀祖、吴宗国、王文明、何兹全、长弓、杨荣国、李锦全、朱活等。谭其骧、唐兰等虽主张曹操功大于过，但不主张为其翻案。第二种意见认为曹操在历史上是一个功过参半的人物。这种观点的代表人物为刘亦冰、杜化南等。第三种意见对曹操完全加以否定，或认为曹操过大于功，这以杨柄、孙次舟等为代表。当然，还有许多学者只是对曹操的具体事迹进行论述和评析，不涉及总体上功与过的对比。在讨论中，第一种意见占主流，即"多数同志对曹操在历史上所起的主要作用，认识上还是很接近的，都认为曹操接受了农民起义的教训，对农民采取了让步政策，推动了历史向前发展"①。

二　曹操评价讨论涉及的史学观念

1949 年 10 月之后，马克思主义史学成为大陆史学的主流，唯物史观随之成为评价历史人物的总原则。在"替曹操翻案"的讨论中，对这一总原则的运用做出了学术性尝试。并且体现这一总原则的多种具体标准，如历史作用标准、阶级标准等等，即站在无产阶级的立场上，坚

①　《五个月来曹操评价问题的讨论》，《文汇报》1959 年 7 月 30 日第 2 版。

持历史主义原则，把历史人物放到具体的历史范围和历史条件之内，在肯定人民群众是历史决定性力量的前提下，既考察历史人物的阶级属性，又主要考察其历史作用。在此三者中，历史作用标准为主体，并辅以阶级标准和历史主义观念。①

（一）历史作用标准。

在本次争论中，历史作用标准在外延上有两种情况：一是指较为宏观的，即以历史人物对历史所起客观作用为尺度，包括进步标准、生产力标准、民族团结与统一标准、人民利益标准、社会需要标准等；二是指较为微观的、具体的历史贡献，例如郭沫若在《替曹操翻案》中指出："我们评价一位历史人物，应该从全面来看问题，应该从他的大节上来权其轻重，特别要看对于当时的人民有无贡献，对于我们整个民族的发展、文化的发展有无贡献。"②在《关于目前历史研究中的几个问题》中，郭沫若明确提出："历史是发展的，我们评定一个历史人物，应该以他所处的历史时代为背景，以他对历史发展所起的作用为标准，来加以全面分析。这样就比较易于正确地看清他们在历史上所应处的地位。"③有的学者把郭沫若在此表述的历史作用标准作为"评价历史人物的唯一标准"④。而有的学者则主张前述宏观表现形式的历史作用标准，例如吴晗认为："评价曹操，应该从他对当时人民所起的作用来算账，是推动时代进步？还是相反"等。⑤

持"历史作用"标准的人很多，他们虽然表述不一，但基本观点一致，都是以历史人物所作所为的客观效果，以及对历史发展所起的推动或阻碍作用作为标准。这个标准在建国后最为人们所公认并被普遍采用。历史作用体现了历史人物在其现实生活中对当时社会所做出的功

---

① 这三种评价标准或观念，在吴泽、谢天佑：《关于历史人物评价的若干理论问题——论一年来评价曹操讨论中存在的问题》（《史学月刊》1960 年第 1 期，第 20—41 页）一文中有系统而全面的论述，可参阅。

② 郭沫若：《替曹操翻案》，《人民日报》1959 年 3 月 23 日第 7 版。

③ 郭沫若：《关于目前历史研究中的几个问题》，《新建设》1959 年第 4 期，第 1—5 页。

④ 刘凤翥、陈智超、朱学习：《评价曹操的两种意见》，《光明日报》1959 年 5 月 6 日第 6 版。

⑤ 吴晗：《谈曹操》，《光明日报》1959 年 3 月 19 日第 3 版等。

绩，以及对后世产生的不同程度的影响。这种标准较之其他标准更具客观性。因此，无论如何评价历史人物，历史作用都是必不可少的一个重要方面。但是，这种标准过度强调了历史人物物质性的业绩或成就，而忽略其精神、道德等非物质方面对社会和历史的影响。如果从物质与非物质方面重新审视或界定历史作用标准，或许对历史人物评价更有意义。

（二）阶级标准

阶级标准表现为阶级立场标准、阶级成分标准和出身标准。当然对阶级标准之内的这三个标准，学者之间也有分歧与争论。这种阶级标准有时以一种标准出现，有时以一种史学观念——阶级观念，或研究方法——阶级方法贯穿于历史人物评价之中。例如在本次讨论中对黄巾军的肯定，和曹操对黄巾军镇压的否定就表现了这种阶级观点。用阶级观点分析和评价历史人物，确为新的视角，这能够较为清楚地考察某一社会阶层的心理、生活等整体状况。但是，一方面，对庸俗阶级观点应该批判，另一方面，对于阶级标准的适用范围与程度还需要进一步研究。

（三）历史主义观念

即在评判历史人物时，从他所处的具体历史条件出发，具体问题具体分析，按照列宁所说的"判断历史的功绩，不是根据历史活动家没有提供现代所要求的东西，而是根据他们比他们的前辈提供了新的东西"①，对历史人物进行评价。把历史人物置于具体的历史范围和历史条件之内进行考察和具体问题具体分析，这无疑具有相当的合理性。

（四）在本次讨论中，诸多学者明确提出，在历史人物评价中应该对历史人物进行阶级分析，并坚持历史主义原则，以便认清其所起的历史作用，从而使历史作用标准、阶级标准与历史主义观念的关系获得一个协调和结合的尝试

例如，周一良认为评价统治阶级历史人物应注意以下几点：第一，要从阶级观点出发来考察，把人物放在所属阶级的范畴里研究。第二，

---

① 列宁：《列宁全集·评经济浪漫主义》第 2 卷，人民出版社 1984 年版，第 5—38 页。

讨论曹操时看他比前人或当时人多做了些什么，做了哪些前人或当时人没做的好事或坏事。第三，估价人物最重要的是从他一生活动的主流去考察，特别是要从政治活动方面去考察。①尚钺认为，评价曹操首先应该研究曹操所碰到的现成条件是什么，以及他如何了解和改变这些条件，掌握和利用这些条件的规律，然后才能判断他的主要政治政策是功或是过，亦即对当时社会发展起什么作用。②齐思和、戴裔煊、李春棠、李耀祖、吴宗国等也持类似观点。③

另外，在本次讨论中，虽然没有学者明确提出"道德标准"，但诸多学者提出曹操的"道德"问题。在对曹操的否定性或否定方面的评价中，道德是主要因素，这主要体现为曹操暴虐奸诈并滥杀无辜。正因如此，才有对曹操功过参半或功小于过乃至基本完全否定的评价。

综上所述，在"替曹操翻案"的讨论中，主要贯穿了以历史作用标准为主体，并辅以阶级标准和历史主义观念的评价体系。这可简单表述为：把曹操放在一定的历史条件之下和一定的历史范围之内进行考察，虽然其属于剥削阶级并有滥杀无辜，屠城坑卒、暴虐奸诈等不光彩的一面，但在客观上统一了北方，抑制豪强兼并，实行屯田政策，发展了生产，对人民做了让步，满足了人民的利益，促进了社会的进步，并为以后西晋的统一铺平了道路；而且他在军事上和文学上有巨大成就，所以他是值得肯定的杰出历史人物，应该为其"翻案"。这就是"替曹操翻案"讨论中评价观念或标准所运用的逻辑思路。这种观点在当时是对庸俗阶级观点的有力回击。根据古代上层统治者所起历史作用，对其给予适度肯定或否定的评价，有其合理性，所以本次讨论的结果在原则上应予以肯定。

从某种意义上说，自1959年"替曹操翻案"开始，在对历史人物的研究中重新确立了占主导地位的评价标准，即历史作用标准。这种以历史作用为主体，并辅以阶级标准和历史主义观念的评价体系，对以后的历史人物评价及其研究产生了深远的影响。虽然在20世纪50年代以

---

① 周一良：《要从曹操活动的主流来评价曹操》，《光明日报》1959年5月6日第5版。
② 尚钺：《曹操在中国古代史上的作用》，《文汇报》，1959年4月16日第3版。
③ 详参齐思和《对于评价曹操的几点意见》，《光明日报》1959年5月6日第5版；戴裔煊：《应该如何评价曹操》，《学术研究》1959年第6期，第27—31页；李春棠、李耀祖、吴宗国：《曹操应该被肯定》，《光明日报》1959年5月6日第6版。

来，阶级标准一度占主导优势，但历史作用标准仍被普遍采用，并且自20 世纪 90 年代以来随着阶级标准的式微而成为主导标准。①由于曹操是个家喻户晓的历史人物，而且其人的历史活动具有政治、军事、文化的多面性以及复杂的社会背景，因此关于曹操评价的学术讨论的意义，远远超出对曹操本人是非功过的认识，成为马克思主义史学理论的一次具体运用的典范，丰富了历史人物评价的理论与方法，推动了对历史人物评价的研究，其积极作用与意义值得肯定。

三　曹操评价讨论的史学效应及其启示

"替曹操翻案"讨论争鸣之热烈，气氛之活跃，为新中国成立以来所罕见。《人民日报》、《光明日报》、《文汇报》、《解放日报》、《羊城晚报》、《大众日报》、《天津日报》、《长江日报》等报刊组织并发表了大量关于这一专题的文章。据统计，在 1959 年 1 月至 7 月间，见于各报纸杂志上的有关曹操评价的文章就有 150 多篇，仅在1959 年发表的"替曹操翻案"讨论的综述性文章就有 7 篇之多，并尚有许多文章未曾发表。②1960 年，三联书店将这些讨论文章精选汇编为《曹操论集》出版，从整体上反映了这场讨论的主要成果。同时，许多大学、科研院组织了专门讨论会并发表了会议综述。例如，北京大学、北京师范大学、南开大学、中山大学、上海复旦大学、华东师范大学、华南师范学院、江苏师范学院、天津师范大学、山东历史研究所等召开了讨论会，争论非常激烈，并形成、发表了诸多会议综述，例如南开大学《师生齐争鸣，纵横论曹操——南开大学历史系举行科学讨论会》、北京大学《历史系师生热烈展开对曹操评价问题的讨论》等。③一时间在全国范围的历史学界、文学界、文艺界形成了关于"替曹操翻

---

① 详参高希中《近 50 年历史人物评价标准问题述评》，《山东社会科学》2007 年第 5期，第 53—58 页。

② 具体详参《曹操论集·报刊论文目录（一九五九年一月至一九五九年七月）》，生活·读书·新知三联书店 1960 年版，第 343—440 页；《光明日报》编辑部《如何评价曹操——意见基本有三：功大于过；功过参半；过大于功》，《光明日报》1959 年 4 月 2 日第 3 版。

③ 《师生齐争鸣，纵横论曹操——南开大学历史系举行科学讨论会》，《光明日报》1959年 4 月 20 日第 3 版；《历史系师生热烈展开对曹操评价问题的讨论》，《北京大学学报》（哲学社会科学版）1959 年第 2 期，第 150、172 页。

案"和曹操评价的讨论热潮。述往思来，本次讨论的史学效果值得肯定。

（一）无政治力量干预，学术运行平稳、纯正

尽管本次讨论受毛泽东的影响，并由《光明日报》组织和发动，①但在论战过程中，始终无政治力量干预，无首长表态，无社会群众哄动，学术运行平稳、纯正，也没有动不动就扣帽子、打棍子或封杀之类。关于曹操评价的诸多结论，是在争论过程中形成，而非政治干预或政治人物"拍板"的结果。学术争鸣的这种状况鼓舞人心。与之相比，在此前后的诸多学术问题的争论，比如关于武训和《海瑞罢官》的评价与讨论，一方面有领导人的干预，一方面更加"左"化，甚至成为打击人、整人的手段。这是很大的历史教训。学术发展需要宽松的政治和社会环境，学术繁荣需要平等而自由的争鸣。"替曹操翻案"大讨论所际遇的这种宽松的政治环境和社会环境，对学术的发展与繁荣非常必要、十分有益，其良好的效果值得总结与借鉴。

（二）无以势压人倾向，学术平等讨论

吴晗、谭其骧、田余庆、尚钺、郑天挺、杨翼骧、嵇文甫、周一良、吴泽、何兹全、杨宽、王昆仑等一大批著名或非著名学者参与了本次讨论，或参加了相关高校与科研院所的讨论会。他们的身份、地位有很大差别，但讨论之中学术平等，无以势压人和畏惧权威的倾向。在讨论之中，不同意见之间质疑激烈、批评尖锐，但没有在政治立场方面上纲上线，学术气息浓厚，不存在严重的意气用事和人身攻击。所以，尽管讨论中充满激烈的见解争议，但参与辩论的学者只是从辨明学术上的是非出发，极少意气用事的攻击行为，因而并未影响史学界的团结。青年学者可以从不同见解的辩论中领会历史研究的方法，这有益于历史学的持续发展。这种对具体史学观点的自由批评和讨论，是厘清史实、提高认识、纠正讹误的利器，有利于促进史学认识的深化，在整体上是推

---

① 详参宋培宪《毛泽东与"替曹操翻案"——对四十年前一桩公案的探源》，《文艺理论与批评》1999 年第 6 期，第 11—19 页；霞飞：《毛泽东为何多次评价曹操》，《党史纵览》2003 年第 8 期，第 12—18 页；王永华：《1959 年曹操评价问题讨论始末》，《党史博采（纪实）》2009 年第 9 期，第 8—10 页。

动历史学蓬勃发展的不可或缺力量。这也是客观、正确评价历史人物的基本社会条件和必要氛围。诸多学者所持的不同价值观不仅不会影响评价历史人物的客观性，而是有利于恢复历史人物的真实面貌。即使某些事实尚不是很清楚，也可以通过自由讨论，继续研究，逐步搞得清楚、明白。只有这样，才能做出真知灼见的研究与评价。所以，本次讨论的出发点和效果都很好，是非常正常的学术讨论，充分体现了学术自由讨论的蓬勃气象。这种平等讨论与说理的气氛，显示出马克思主义史学占主导地位条件下的良好学术氛围。

（三）讨论以学术为准则并主要在学术范围进行

整个讨论是在马克思主义史学理论的指导下进行，展现了运用唯物史观基本原理分析、评价具体历史人物的范例。参与讨论的绝大多数学者怀有"求真"的意念，自觉坚持马克思主义的基本原则，站在学术研究的立场开展自由讨论。他们怀着对学问本身的真诚与执着，考证、搜集、整理了大量有关曹操的史料，并在不同见解的交锋中蕴藏了诸多崭新观察视角，既活跃了学术界气氛，又为此后的历史人物评价研究提供了新的"生长点"，有着弥足珍贵的学术内核。因本次讨论的选题是妇孺皆知的历史人物，备受整个社会关注。现在看来，这场大规模的争论一方面厘清了关于曹操的许多史实，推动了对曹操的研究，并且形成了对曹操等历史人物的研究高潮；另一方面，连锁带动了关于历史人物评价理论和方法等问题的辩论高潮。

时过境迁，关于曹操评价的这场大讨论已过去60余年。随着时代主题由"革命"、"阶级斗争"到"和谐"与"建设"的转换，经济、社会、学术研究全球化的逐步深入，①这场讨论的理论观念、解释模式、话语方式等需要在学术上做出新的阐释与解读。但在1959年当时的历史条件下，这场讨论是纠正1958年"史学革命"的表现，其史学宗旨、论点导向完全与"史学革命"的思想倾向对立，此不言而喻。因此，无论这场讨论中的见解或观点存在什么值得商榷之处，它的发动都

---

① 中共中央十七大、十七届六中全会、十八大等重要会议，多次强调文化大繁荣大发展和繁荣社会科学，增强国际学术话语权。上述会议及决议为学术研究及其创新进一步提供了法理与政策的支持，在政治环境上为学术研究进一步提供了宽松的良好氛围。

是意义重大、动机健康，是中国当代史学史上应当肯定的积极表现。如果这种学术自由讨论与争鸣的风格继续发扬，贯彻到底，中国的史学发展将继续保持欣欣向荣的发展态势，马克思主义史学理论和史学方法也将持续发展与壮大。但遗憾的是以后的学术讨论出现了不正常的景象，甚至动辄用政治性的"大批判"取代学术研讨，使中国史学的发展历受周折，直至在"文化大革命"中造成严重损害。建国以来中国史学的经验和教训，已经有不少文著进行了总结，但对于这场讨论的正面意义尚未评论到位，应当从当代史学史发展的角度予以高度评价，以促进当今史学建设的健康发展。

（作者单位：中国社会科学院历史研究所）

论科学史学派对唯物史观的态度

——以顾颉刚为中心

尤学工

　　人们常以信古、疑古、释古来概括民国时期的史学潮流，也有以史料、史观二派来囊括之者。钱穆则将晚清以来的中国史家分为三派："一曰传统派（亦可谓'记诵派'），二曰革新派（亦可谓'宣传派'），三曰科学派（亦可谓'考订派'）。"① 大体说来，20 世纪的中国史学，除了传统史学的余绪，前半期主要是科学史学派独领风骚，后半期则是马克思主义史学（属于钱穆所说的革新派）一枝独秀。前后半期之间，是科学史学派与马克思主义史学势力消长的时期，在史学格局上则呈现出由中心到边缘的互换。造成这种格局变换的原因是多方面的，而后人常将之归结为政局的变动。政局变动确是一个重要的外因，但也不可忽视史学的内因，科学史学派对唯物史观的认知与态度就是促成变动的一个重要内因。本文试以科学史学派的健将顾颉刚为对象，对相关问题进行初步的探讨。

一　民国时期："我们"与"他们"

　　顾颉刚是在 20 世纪 20 年代初那场关于古史的讨论中崭露头角的，随着《古史辨》第一册的出版，他撰写的那篇自传性的《自序》也风靡一时，甚至远播海外，从而一举奠定了他的史学地位。从此，以科学方法考辨古史、为重建中国古史建立可靠的史料基础就成为顾颉刚一生

---

① 　钱穆：《国史大纲·引论》（修订本），商务印书馆 1994 年版，第 3 页。

的学术追求。从顾颉刚后来提出的关于古史研究的设想来看，他的规划规模庞大，范围甚广，终其一生也不能全部实现，所以他总觉得时间的紧迫，总强调分工合作的必要，希望有一群志同道合的朋友一起来完成神圣的学术事业。这就使他很难有时间和精力去关注古史考辨之外的其他领域和问题。

其实，20 世纪 20 年代正是中国马克思主义史学的起步时期，而当时的北大是宣传唯物史观的一方重镇，中国马克思主义史学的奠基人之一李大钊更是胡适和顾颉刚的同事。此前胡适与李大钊曾有"问题与主义"之辩，胡适反对空谈"主义"，主张通过解决一个个实际问题来寻求中国问题的"根本解决"，而李大钊则强调"主义"兼具理想与实用的特点，布尔什维主义是"根本解决"中国问题的工具。这种分歧反映出他们在世界观与价值观上的差异，而胡适对科学方法与实证目标的追求与李大钊对理论阐释的重视则暗示了两种不同取向的史学道路。胡适对李大钊宣传的布尔什维主义和唯物史观不感兴趣，这种态度或许影响了顾颉刚。顾颉刚此时交往和讨论的对象主要是胡适和钱玄同等人，讨论的主题主要是如何用科学方法考辨古史，而几乎没有和李大钊有所交流。从仅有的几封顾颉刚写给李大钊的信中看，他们的交流仅限于一般公事，而鲜少学术和思想的交流。1923 年，顾颉刚与郑振铎、周予同等人发起成立朴社，其最初发起人中并无具有马克思主义史学背景之人①。此后纵有范文澜加入，但那时的范文澜乃是一个经学家而非马克思主义史家。

不过，若说顾颉刚对时代潮流毫无感知也并非事实。1925 年年底，他在为《北京大学研究所国学门周刊》所作《一九二六年始刊词》中说道："我们的机关是只认得学问，不认得政见与道德主张的……所以要是共产党、无政府主义者和我们发生了学问上的关系，我们也当然和他们接近……我们的目的只在勤勤恳恳地搜集材料而加以客观的研究，作真实的说明，在民国之下这样说，在帝国之下也是这样说，在社会主

---

① 朴社最初发起人有郑振铎、顾颉刚、王伯祥、叶圣陶、周予同、沈雁冰、胡愈之、谢六逸、陈达夫、常乃惪，年内又有俞平伯、吴维清、潘家洵、郭绍虞、耿济之、吴颂皋、陈万里、朱自清、陈乃乾入社。参见顾潮《顾颉刚年谱》（增订本），中华书局 2011 年版，第 80 页。

义共和国之下还是这样说。事实是不会变的，我们所怕的只在材料的不完备，方法的不周密，得不到真实的事实；至于政治的变迁原是外界的事情，和我们有什么关系呢！"① 显然，他感受到了五四前后在北平风靡一时的马克思主义和无政府主义等社会思潮及南方国共第一次合作后所掀起的政治风潮。不过，他把共产党、无政府主义者所倡导的思潮视为一种"政见与道德主张"，而非"学问"。自有了早年参加社会党而失望退党的教训后，他就开始与政治保持距离，致力于从学术改造社会。所以，他在这里很清楚地表明了"我们"和"他们"之间的差别，划清了他和共产党、无政府主义者的界限。虽然他说假如他们之间"发生了学问上的关系，我们也当然和他们接近"，但那不过是"假如"而已，因为他始终无法认同"他们"的做法为"学问"，当然也就无法"发生学问上的关系"而相互"接近"。另一方面，他十分希望社会上"能够了解我们的态度而不加以种种的阻碍，并不是说唯有我们的学问是学问，你们该来随从我们，做我们的徒党。这种道一风同的观念，在政治上不知怎样，在学问上则决是个蟊贼。它的弊害，是使人只会崇拜几个偶像，而决不会自去寻求，得到真实的见解。"② 这说明，他虽然划清了"我们"与"他们"，但基于学术平等的理念，对"他们"也给予了应有的尊重。此时的"我们"与"他们"，政治理念与价值观的分歧大于学术分歧，科学史学派似乎还未将唯物史观与科学意义上的史学相提并论。

20世纪30年代，中国学术界展开了关于中国社会史、中国社会性质和中国农村性质诸问题的论战。这是中国马克思主义史学和史家成长的一个重要契机。奇怪的是，当时已是学界主流的科学史学派却对参与这些论战兴趣不大。胡适曾针对中国社会性质论战发表过《我们走那条道路》等文章，批评"那些号称有主张的革命者，喊来喊去，也只是抓住了几个抽象的名词在那里变戏法"③，并提出"五鬼闹中华"之说。但除此之外，胡适就很少有其他参与讨论的文字了。而顾颉刚则明确宣

① 顾颉刚：《北京大学研究所国学门周刊一九二六年始刊词》，《宝树园文存》卷一，《顾颉刚全集》第33册，中华书局2010年版，第221—222页。
② 同上书，第227页。
③ 刘宁军：《北大传统与近代中国》，中国人事出版社1998年版，第342页。

布："这几年中社会史的论战，颉刚个人从没有参加过"，因为他觉得
"我的性情学力既偏近于审查史料方面，就不必超越了本职来谈各种社
会的制度"①。但是，唯物史观的传播毕竟已蔚为风潮，顾颉刚无法对
此视而不见，所以他先是在 1931 年的《古史辨》第三册自序中表示
"我何尝不想研究人类学、社会学、唯物史观等等，走在建设的路
上"②，继而又在 1933 年的《古史辨》第四册序言中说："近年唯物
史观风靡一世，就有许多人痛诋我们不站在这个立场上作研究为不
当。他人我不知；我自己决不反对唯物史观。我感觉到研究古史年
代，人物事迹，书籍真伪，需用于唯物史观的甚少，毋宁说这种种正
是唯物史观者所亟待于校勘和考证学者的借助之为宜；至于研究古代
思想及制度时，则我们不该不取唯物史观为其基本观念。唯物史观不
是'味之素'，不必在任何菜内都渗入些。在分工的原则之下，许多
学问各有其领域，亦各当以其所得相辅助，不必'东风压倒西风'才
算快意。"他以清代学者的考据成绩为例，认为"他们的校勘训诂是
第一级，我们的考证事实是第二级。等到我们把古书和古史的真伪弄
清楚，这一层的根柢又打好了，将来从事唯物史观的人要搜取材料时
就更方便了，不会得错用了。是则我们的'下学'适以利唯物史观者
的'上达'；我们虽不谈史观，何尝阻碍了他们的进行，我们正为他
们准备着初步工作的坚实基础呢！"③ 1935 年，可能是因为有些"诋
斥"让顾颉刚觉得"简直是不该接受的"，所以他又为自己辩解道：
"我开始辨古史在民国十年，那时中国的考古工作只有地质调查所做
了一点，社会上还不曾理会到这种事，当然不知道史料可从地底下挖
出来的。那时唯物史观也尚未流传到中国来，谁想到研究历史是应当
分析社会的！""其后考古学的成绩一日千里，唯物史观又像怒潮一样
奔腾而入，我虽因职务的束缚，未得多读这方面的著作，但我深知道
兹事体大，必非一手一足之烈所克负荷，所以马上缩短阵线，把精力

---

① 顾潮：《顾颉刚年谱》（增订本），中华书局 2011 年版，第 280 页。

② 顾颉刚：《〈古史辨〉第三册自序》，《顾颉刚古史论文集》卷一，《顾颉刚全集》
第 1 册，中华书局 2010 年版，第 102 页。

③ 顾颉刚：《〈古史辨〉第四册序》，《顾颉刚古史论文集》卷一，《顾颉刚全集》第 1
册，中华书局 2010 年版，第 124—125 页。

集中在几部古书上……我自视只是全部古史工作中的某一部分的一员，并不曾想夺取别人的领导权而指挥全部的工作。我的工作是全部工作的应有的一部分，决没有废弃的道理；如果这一部分废弃了，无论是研究考古学或唯物史观的，也必然感到不便。"①

从这些辩解不难看出，科学史学派一方面不得不正视唯物史观的学术价值和地位，另一方面又不愿轻易放弃既有立场。为了调和这个矛盾，顾颉刚提出了"分工合作论"，将"考证事实"作为自己应承担的学术分工，而将"研究古代思想及制度"视为唯物史观的学术重心。不同的学派应按照自己的分工，各尽其力而"以其所得相辅助"，通过分工合作的方式来共同建设可信的中国古史。他认为古史建设的次第应当是先打破伪古史，后建设真古史，先考证事实，后建构历史，而前者为后者的前提和基础。"信古派信的是伪古，释古派信的是真古，各有各的标准。释古派所信的真古从何而来的呢？这只是得之于疑古者之整理抉发"②，二者是"下学"与"上达"的关系。"考证事实"偏重于"破坏"，"研究古代思想及制度"偏重于"建设"。他并不反对"建设"："我们所以有破坏，正因求建设。破坏与建设，只是一事的两面，不是根本的歧异。"③ 审查史料与研究社会史"这两方面正当相辅相成，而不当对垒交攻以减少彼此工作的效力"④。这说明，在顾颉刚的观念里，他和唯物史观并没有史学目标上的"根本歧异"，有的只是学术分工的不同，所以他才会说"我自己决不反对唯物史观"。这种态度实际上已经承认了唯物史观和马克思主义史学的学术地位，相较于此前仅将其视为"政见与道德主张"进了一大步。

无独有偶，马克思主义史家也在这一时期有意识地用"我们"与"他们"来划分自己与科学史学派的学术边界。1930年，流亡日本的郭沫若始有机会看到《古史辨》第一册，他虽然对胡适和顾颉刚表示了

---

① 顾潮：《顾颉刚年谱》（增订本），中华书局2011年版，第264页。

② 顾颉刚：《我是怎样编写〈古史辨〉的》，《顾颉刚古史论文集》卷一，《顾颉刚全集》第1册，中华书局2010年版，第174页。

③ 顾颉刚：《〈古史辨〉第四册序》，《顾颉刚古史论文集》卷一，《顾颉刚全集》第1册，中华书局2010年版，第122页。

④ 顾潮：《顾颉刚年谱》（增订本），中华书局2011年版，第280页。

肯定与赞赏①，但却明确表示自己和他们在治学上"嗜好不同"②。胡适他们重"整理"，而他所说的"我们"则重"批判"："我们的'批判'有异于他们的'整理'。'整理'的究极目标是在'实事求是'，我们的'批判'精神是要在'实事之中求其所以是'。'整理'的方法所能做到的是'知其然'，我们的'批判'精神是要'知其所以然'。'整理'自是'批判'过程所必经的一步，然而它不能成为我们所应该局限的一步"，"批判"的目的就是要"清算过往社会"，以满足我们对"未来社会的待望"③。这是对马克思主义史学价值观和治史取向的明确宣示。由此也可以看出，"我们"与"他们"的界限不独为科学史学派所坚持，马克思主义史家也同样如此。不过，郭沫若毕竟还是承认了"整理"是"批判"的"必经一步"，亦即承认了"整理"的价值。这为两派后来的沟通埋下了伏笔。

为什么科学史学派与马克思主义史家会不约而同地用"我们"与"他们"来划分彼此的学术边界呢？显然，他们都认为自己的史学道路不同于对方，并且坚信自己的史学理念。今天来看，他们对学术边界的划分实际上是在探索中国史学现代化的不同方式和道路，科学史学派追求的是以科学方法与实证主义为核心的科学史学范式，马克思主义史家追求的则是以唯物史观为指导、理论阐释与现实关怀相结合的马克思主义史学范式。这两种范式都以对传统史学的批判为前提，都以建立"新史学"为最高目标，但他们所理解的"新史学"以及实现这一目标的途径却大不相同。科学史学派致力于"摧毁儒家史学传统对于经验有效

---

① 1930 年郭沫若看到《古史辨》第一册时表示："我发现了好些自以为新颖的见解，却早已在此书中由别人道破了。"他认为顾颉刚提出的"层累的造成中国古史说""的确是个卓识。从前因为嗜好不同，并多少夹有感情作用，凡在《努力报》上所发表的文章，差不多都不曾读过。他所提出的夏禹的问题，在前曾哄传一时，我当时耳食之余，还曾加以讥笑。到现在自己研究了一番过来，觉得他的识见是有先见之明。在现在新的史料尚未充足之前，他的论辩自然并未能成为定论，不过在旧史料中凡作伪之点大体是被他道破了。"对于胡适，他先前认为他的《中国哲学史大纲》"对于中国古代的实际情形，几曾摸着了一些边际"，但他看了胡适在《古史辨》中提出的见解，也终于承认"他于古代的边际却算是摸着了一点"，"是有些皮毛上的科学观念。"（郭沫若：《中国古代社会研究》附录《追论及补遗之九：夏禹的问题》，《郭沫若全集·历史编》第 1 卷，人民出版社 1982 年版，第 302—305 页）

② 郭沫若：《中国古代社会研究》附录《追论及补遗之九：夏禹的问题》，《郭沫若全集·历史编》第 1 卷，人民出版社 1982 年版，第 304 页。

③ 郭沫若：《中国古代社会研究·自序》，《郭沫若全集·历史编》第 1 卷，人民出版社 1982 年版，第 7—10 页。

性的至关重要的论断。尽管他们的工作为此后的史学家提供了一种可以证明的历史研究模式，但是他们没有提出一套取代儒家观念并能解释历史现象与历史变革动力的相互关系的综合的史学理论。历史唯物主义提供的正是这样一种急需的理论。"它为"新史学"的创造提供了"一个理论出发点"①。不过，这一时期正是这两种史学范式的酝酿与创建时期，两派史家关注的重点在于各自理论体系和方法论体系的建设与完善，尚无暇他顾。所以他们虽然意识到了对方的存在与价值，但却缺乏实质交流和主动合作。

值得玩味的还有顾颉刚表示"我自己决不反对唯物史观"时所说的那句"他人我不知"。他所说的"他人"应当是指胡适和傅斯年等人，"不知"实际上是隐晦地表达了他们在如何对待唯物史观和创建科学史学范式等问题上的分歧。多年以后，顾颉刚说："我不反对唯物史观和认为研究古代思想及制度要用唯物史观来指导的看法是非常明确的。胡适是反对唯物史观的，一九三零年他在《胡适文选》序中说：'被马克思、列宁、斯大林牵着鼻子走，也算不得好汉。'所以他看到后更不高兴，以后的交往就越来越少，关系也越来越疏远了。"② 而顾颉刚与傅斯年的分歧，主要表现为提高与普及的道路之争。傅斯年发愿要"科学的东方学之正统在中国"，他的办法是培养少数精英人才以与欧洲争胜，走的是史语所式的精英化道路。顾颉刚不赞成这种办法，他说："傅在欧久，甚欲步法国汉学之后尘，且与之角胜，故其旨在提高。我意不同，以为欲与人争胜，非一二人独特之钻研所可成功，必先培育一批班子，积累无数资料而加以整理，然后此一二人者方有所凭藉，以一日抵十日之用，故首须注意普及。普及者，非将学术浅化也，乃以作提高者之基础也。"③ 显然，他所谓的普及，重在扩展学术基础，培养大批学术人才，期待在此基础上实现中国学术的整体进步，而不单是与外人争胜。所以，顾颉刚注重办学术刊物、组学术团体、育青年学生，走的是普及化道路。精英化道路与普及化道路的分歧实质上是如何创建科学史

---

① ［美］阿里夫·德里克著：《中国马克思主义历史学的起源，1919—1937》，翁贺凯译，江苏人民出版社 2005 年版，第 7 页。

② 顾颉刚：《我是怎样编写〈古史辨〉的》，《顾颉刚古史论文集》卷一，《顾颉刚全集》第 1 册，中华书局 2010 年版，第 171 页。

③ 顾潮：《顾颉刚年谱》（增订本），中华书局 2011 年版，第 171 页。

学范式的方式之争，也是造成了傅斯年与顾颉刚决裂的一个重要原因。

不过，顾颉刚虽然声称"决不反对唯物史观"，但基于学术分工的"我们"与"他们"的界限还是很分明的。他此后的史学研究领域主要还是集中于古史考辨，而鲜少涉及所谓的"古代思想及制度"，他的交游范围也主要是那些以考辨古史见长的同道中人，与马克思主义史家很少有来往。1932 年 12 月 31 日，他在日记中列举了一份名单，大概是他认为当时在各个史学领域有代表性的专家，范围涉及考古、社会史、通史、专史、宗教史、民族史、言语史、交通史、近代史、民俗史、年表及地图、经学、史学及律历、天文、地理等诸志，其中只有郭沫若在社会史专家名单中出现①。1935 年，顾颉刚就任北平研究院史学研究会历史组主任，拟各项章程及《北平研究院史学研究会历史组编辑及出版计划》，其聘任人员中鲜有马克思主义史家②。1936 年 5 月，禹贡学会成立，选举出的第一届理事和职员中没有一人有唯物史观背景③。1937 年 12 月，顾颉刚始因编纂通俗读物之事与八路军驻兰州办事处谢觉哉、彭加伦来往，"八路军方面人来，使予一诧……然民众教育惟彼方能识之，亦惟彼方敢为之也。"不料此后他们编纂的《大战平型关》鼓词却被指为"异党铁证"，顾颉刚甚至被指为共产党④。但这并未影响顾颉刚投入通俗教育的决心，他领导的通俗读物编刊社和其他民众教育组织做了大量工作，是抗战时期民众教育的一支生力军⑤。1943 年 3 月，中国史学会成立，顾颉刚任大会主席，当选为常务理事。其他常务理事有傅斯年、黎东方、朱希祖、陈训慈、卫聚贤、缪凤林、金毓黻、沈刚

① 顾颉刚：《顾颉刚日记》卷二，1932 年 12 月 31 日，《顾颉刚全集》第 45 册，中华书局 2010 年版，第 726—729 页。

② 顾颉刚聘吴丰培、张江裁、吴世昌、刘厚滋等任编辑，孙海波、徐文珊、冯家昇、白寿彝、王守真、邝平章、杨向奎、顾廷龙、王振铎、童书业、杨效曾、王育伊等人任名誉编辑，洪业、许地山、张星烺、陶希圣、闻宥、孟森、吴燕绍、钱穆、吕思勉、聂崇岐任史学研究会会员。参见顾潮《顾颉刚年谱》（增订本），中华书局 2011 年版，第 262 页。

③ 禹贡学会理事七人：顾颉刚、钱穆、冯家昇、谭其骧、唐兰、王庸、徐炳昶，候补理事三人：刘节、黄文弼、张星烺，监事五人：于省吾、容庚、洪业、张国淦、李书华，候补监事二人：顾廷龙、朱士嘉。参见顾潮《顾颉刚年谱》（增订本），中华书局 2011 年版，第 284 页。

④ 顾潮：《顾颉刚年谱》（增订本），中华书局 2011 年版，第 321—322 页。

⑤ 赵纪彬亦参与通俗读物编刊社工作，其身份是中共地下党员，但其对此时顾氏思想的影响不好确定。后来该社所编刊物屡次被指具有"左"倾色彩甚至被指"赤化"，赵纪彬或许在其中发挥了影响。

伯，常务监事有吴敬恒、方觉慧、蒋复璁，黎东方兼任秘书。这个组织架构中，也没有马克思主义史家的身影。在此前后，顾颉刚才开始与马克思主义史家有实际交往。比如，虽然他在20世纪20年代就开始留心郭沫若的著述①，但他与郭在1941年才得以在合作抗战的大氛围中有了实质性的交流。而直到1944年5月，顾颉刚"始识翦伯赞、吴泽"，"伯赞与予初交而作深谈"。6月，"始识侯外庐。夏，应邀与彼等讨论《学府》杂志事"②。这时的顾颉刚如日中天，处于史学界的中心和领袖地位。相对而言，马克思主义史学和史家虽然声势日壮，但仍居边缘。他们之间的交流合作并不算多，而且在学术上基本是各行其道。顾颉刚对唯物史观的这种态度一直持续到新中国成立，可以称之为"敬而远之"。

二　新中国时期：从"抗拒"到"接受"

1949年7月，中国新史学研究会筹备委员会在北平成立，郭沫若、范文澜、翦伯赞等马克思主义史家成为主干，而此前担任中国史学会常务理事的顾颉刚并未获邀。这大概让顾颉刚感觉到了政局变动对自身地位的影响，他在7月11日的日记中说："报载北平成立新史学研究会，在南方之伯祥、寿彝皆在，而无予名。予甚为新贵所排摈矣。"③ 他所谓的"新贵"，当是指郭沫若等马克思主义史家，"新贵"们此时不但获得了政治上的优势，还试图获得学术上的优势，使他感到了被"排

---

① 如1926年5月13日，顾颉刚看郭沫若著《卓文君》剧（《顾颉刚日记》卷一，《顾颉刚全集》第44册，第746页）；1929年12月22日，"在希白处见郭沫若所著之《鼎堂甲骨文考释》，极多创见。此君自是聪明人，彼与茅盾二人皆以不能作政治活动而于学术文艺有成就者"（《顾颉刚日记》卷二，《顾颉刚全集》第45册，第354页，下同）；1930年7月5日，"点郭沫若先生《释祖妣篇》"（《顾颉刚日记》卷二，第416页）；1930年10月9日，"看郭沫若《古代中国社会研究》"（《顾颉刚日记》卷二，第450页）；1930年11月9日，"点郭沫若评论《古史辨》之文"（《顾颉刚日记》卷二，第458页）；1932年9月15日，"看郭沫若《金文丛考》"（《顾颉刚日记》卷二，第687页）；1933年5月25日，"点郭沫若《金文所无考》入讲义"（《顾颉刚日记》卷三，《顾颉刚全集》第46册，第49页）；1938年3月31日，"看《郭沫若选集》"（《顾颉刚日记》卷四，《顾颉刚全集》第47册，第49页）；1938年11月30日，"看郭沫若《铜器研究》"（《顾颉刚日记》卷四，第168页）。从这些片段的记载来看，顾颉刚比较关注郭沫若的古史研究，但并未有实质性的交往。

② 顾潮：《顾颉刚年谱》（增订本），中华书局2011年版，第367页。

③ 顾潮：《我的父亲顾颉刚》，人民文学出版社2010年版，第232页。

摈"的危险。这种担心其实暗示了史学格局的变化，马克思主义史家正在由原来的边缘逐渐走向了中心，成为史学界的领导者和主力，而原来处于中心位置的非马克思主义史家则逐渐走向了边缘，成为被领导者。相应地，科学史学范式与马克思主义史学范式不再能自由竞争、平等共存，前者的存在空间逐渐被压缩，而后者则逐渐成为学术主流。而之所以如此，除了政治上的外因，主要是由于科学史学派对唯物史观采取的"敬而远之"态度，使他们不能得到新政权的信任。于是，对他们进行思想改造、使他们接受唯物史观的洗礼，就成为题中应有之义。顾颉刚所面临的，其实不止是"排摈"，更重要的是"改造"。

为应对越来越大的改造压力，顾颉刚只好主动或被动地采取措施，争取政治认同、身份认同和思想认同，以求融入新社会。

首先，他表示了对新政权和新社会的支持，以期获得政治认同。他说："三年来，我目睹人民政府领导着全国的人民在极大的困难中求进步"，"人民既和政府打成一片……看国家的利益高出于其自身和家庭的利益，国家的强盛方始有了真实的基础。于是外面打倒帝国主义，里面团结兄弟民族，整个的国家好像一个没有一些裂缝和漏洞的金瓯。……我受了五十多年帝国主义侵略我们的气愤，现在躬逢其盛，惟有欢呼赞叹，致衷心的敬佩与爱戴；自己觉得，到这时才认识了真正的共产主义者的精神。"这可以视为顾颉刚对新社会的基本态度[1]。这倒不是他要在政治上进行投机，而是他对新旧政权比较后得出的由衷之感。但是，顾颉刚要想获得政治上的信任并非易事。1954 年，当他迁居北京、任职科学院历史所时，尹达却对他表示出很大的警惕与不信任，不但说他"就害在这几百箱书上"、不回应他的研究计划、不让他参与所里事务，甚至还说他解放后留在上海是为了等着蒋介石反攻大陆，看到共产党政权稳固了才肯到北京来。这种态度让顾颉刚感到"太刺痛"，"这是我不可忍受的侮辱，要是我在旧社会里，我一定拔脚就跑，绝不留恋。"[2] 但是，他生活在新社会，无处可跑，除自我改造外别无他途。此后，他通过学习，承认自己"一直坚持着反动立场"，也理解了"那位领导同志"（即尹达）对他的"怀疑和憎恶"，并感谢他

---

① 顾潮：《我的父亲顾颉刚》，人民文学出版社 2010 年版，第 244 页。
② 同上书，第 253 页。

给自己"最好的帮助"①。这种表态本不符合他"傲骨崚嶒"的性格，但恰可表明当时他急于获得政治认同的愿望。后来，顾颉刚当选为全国政协委员和人大代表并参与了很多政治与社会活动，在一定程度上说明他获得了政治上的认同，但那种"怀疑和憎恶"却始终挥之不去，让他承受莫名的压力。

其次，他对自身的阶级属性与文人习气进行检讨与批判，以期获得身份认同。顾颉刚是一位难得的具有民众意识的知识分子，他甚至多次宣称应当"把学者们脱离士大夫阶级而归入工人阶级"②，"我们要站在民众的立场上来认识民众，我们自己就是民众"，"我们要打破以圣贤为中心的历史，建设全民众的历史！"③ 不过，那时的顾颉刚还是像传统士人那样具有一种文化上的优越感，自视为普通民众的启迪者与引导者，而很少意识到需要对自我进行阶级分析与批判。新中国成立后，教育者成为被教育者，领导者成为被领导者，身份和地位的颠倒需要旧式学者抛弃文化优越感，从阶级性上进行自我批判，并向先进的工农阶级靠拢。顾颉刚是一位极具自省精神的学者，他虽然"向日自觉是一不做坏事的人"④，"一向自信在学术上、在道德上，都是站得住的"⑤，但还是进行了真诚的自我剖析与批判。1952 年 7 月，他分析自己的思想归属"殆为封建阶级思想，所以入资产阶级者偶然事耳。封建阶级则有模糊剥削实质而行其仁心仁政者"⑥。1958 年，他说："我是一个彻头彻尾的旧知识分子。说我是'资产阶级知识分子'其实还是高看了我，应该称我为'封建地主阶级的知识分子'才合适"，后来受胡适的影响"才部分地转化为资产阶级知识分子。所以现在分析我自己的思想，封建主义表现在我的立身行事上，资本主义表现在我的学术研究上。三十

---

① 顾颉刚：《从抗拒改造到接受改造》，《宝树园文存》卷六，《顾颉刚全集》第 38 册，中华书局 2010 年版，第 524 页。

② 顾潮：《顾颉刚年谱》（增订本），中华书局 2011 年版，第 159 页。

③ 同上书，第 168 页。

④ 顾颉刚：《顾颉刚日记》卷七，1952 年 7 月 13 日，《顾颉刚全集》第 50 册，中华书局 2010 年版，第 243 页。

⑤ 顾颉刚：《从抗拒改造到接受改造》，《宝树园文存》卷六，《顾颉刚全集》第 38 册，中华书局 2010 年版，第 523 页。

⑥ 顾颉刚：《顾颉刚日记》卷七，1952 年 7 月 31 日，《顾颉刚全集》第 50 册，中华书局 2010 年版，第 250 页。

岁以后，成为定型。"① 对于知识分子的文人习气，他反省道："我们知识分子，向来不了解自身是剥削阶级，只觉得自己有了一点书本上的知识，就翘然高居于工农之上，与反动统治者相互利用，相互装点，取得社会上的特殊地位，这个地位还想在新社会里延续下去。自反右派斗争和整风运动之后，经过无数次的学习批判，方如大梦初醒，羞愧得无地自容。""我们决不当留恋过去的特殊地位，那是臭的；我们能以普通劳动者的面貌出现时，就像孙行者到了西天，那个紧紧困住他头脑的金箍自然消失了，我们才当得起工人阶级的称号了。在经常整风与不断革命中，更要力自洗濯，使得自己的思想能与不断发展的经济战线、政治战线和思想战线相适应，那么我们的祖国成为一个具有现代工业、现代农业和现代科学文化的伟大的社会主义国家的时候，我们也就无愧为这个国家的人民了！"② 从这些自我批判中可以看出，顾颉刚竭力想将自己从封建阶级和资产阶级中拯救出来，加入无产阶级的行列。所以我们才可以理解，1962 年当他听到传达周恩来、陈毅在全国科学工作会议上关于知识分子政策的报告时，"知我辈已脱'资产阶级'之帽，而将加'无产阶级'之冕，数年来所受歧视当可随以解除矣"是如何欣喜③。他想寻求一种新的社会身份，而这种新社会身份能够使他得到尊重、尊严与权利，能够使他摆脱被边缘化所产生的失落感与危机感，帮他从现实的焦虑中解脱出来。但是，原有的阶级属性阻碍了他获得新的身份认同，所以他只有不断地进行自我批判，尽量向工农阶级靠拢，争取早日成为"普通劳动者"，具有"工人阶级的称号"。这种对身份认同的渴望与追求，其实反映了当时一大批旧知识分子的共同心态，也说明了他们在新社会的生存状态。

最后，他接受思想改造，以期获得思想认同。这是改造的重点，主要从三个方面进行：

第一是批判胡适，和胡适划清政治和学术思想上的界限。此时的胡

① 顾颉刚：《从抗拒改造到接受改造》，《宝树园文存》卷六，《顾颉刚全集》第 38 册，中华书局 2010 年版，第 521 页。

② 顾颉刚：《伟大的灯塔》，《宝树园文存》卷六，《顾颉刚全集》第 38 册，中华书局 2010 年版，第 520 页。

③ 顾颉刚：《顾颉刚日记》卷九，1962 年 3 月 26 日，《顾颉刚全集》第 52 册，中华书局 2010 年版，第 435 页。

适，已然成为资产阶级政治思想文化的一个象征，批判胡适固然是为了扫清资产阶级的思想毒素，为无产阶级文化的登场扫清障碍，但它的另一个功用是让旧知识分子在批判过程中表明自己的态度和立场，以分别采取不同的政策与措施。作为胡适的"嫡系"，顾颉刚自然不免表态。1951 年 12 月 2 日，在上海"大公报"馆举行的"胡适思想批判座谈会"上，顾颉刚首先谈了他和胡适的"学问关系"，自认是"研究学问上的契合"。这里的"契合"二字颇见苦心，似乎是有意淡化胡适对他的学术影响。随后的"然而这只有七年，此后就分手了"一句话明白地表示要切割二人关系，划清与胡适的学术和思想界限。紧接着，顾颉刚将胡适的学术思想与治学方法定性为封建主义和资本主义，政治上定性为资产阶级改良主义，"我确认胡适是政治上的敌人，也是思想上的敌人，惟有彻底清除他散播的毒素，才尽了我们的职责"①。顾颉刚在此后的历次运动和批判中多次重申这种态度②，明确划清了他和胡适的界限。这种做法，其实也是迫于形势的自保之举，所以后来当童书业和杨向奎为了过关而批判顾颉刚和《古史辨》时，顾颉刚反而理解了他们，认为他们"非存心谤我，乃在思想改造阶段中，非如此不足以表示其忏悔，犹之昔日以附我为敲门砖也"③，"此是渠等应付思想改造时之自我批判耳，以彼辈与《古史辨》之关系太深，故不得不作过情之打击"，所以他们"是可以原谅者也"④。这不正是他自己心态的真实说明吗？顾颉刚原谅了他们，其实也是原谅了自己对恩师胡适的批判。

　　第二是试图用马克思主义的话语体系来解读自己过去的学术工作。

---

　　① 顾颉刚：《从我自己看胡适》，《宝树园文存》卷六，《顾颉刚全集》第 38 册，中华书局 2010 年版，第 508—513 页。

　　② 如 1954 年 12 月他在政协第二届全国委员会第一次会议上发言，批判胡适"所谓的研究方法乃是腐朽的资产阶级唯心论的方法，他的一切学术工作乃是替封建势力和美帝国主义服务、转移青年目标、进行反革命活动的手段"。这就把他宣称的与胡适最直接最重要的联系——科学方法也否定了，并且宣布"不能和他同流合污"，"现在既有了马克思列宁主义的真理像太阳一般地照耀，这些反科学反真理的东西还值得一顾吗！"参见顾颉刚《在政协第二届全国委员会第一次会议上的发言》，《宝树园文存》卷六，《顾颉刚全集》第 38 册，中华书局 2010 年版，第 515—516 页。

　　③ 顾颉刚：《致于鹤年信》，《顾颉刚书信集》卷三，《顾颉刚全集》第 41 册，中华书局 2010 年版，第 324 页。

　　④ 顾颉刚：《致王树民信》，《顾颉刚书信集》卷三，《顾颉刚全集》第 41 册，中华书局 2010 年版，第 391 页。

胡绳在《枣下论丛》中说："我以为，在一九二五年左右顾颉刚先生在'古史辨'的名义下进行的一些工作是不应当被抹煞的，在这些工作中表现着的所谓'疑古'精神是当时的反封建思潮的一个侧面。""所谓'层累地造成的古史'只能是史料学范畴内的一个命题，用意在使人不要盲目地信从前人关于古史的各种记载，这个命题对于整理周秦两汉时代的记载古史的文献是有用的。"① 这里有两个问题值得关注：一是胡绳把顾颉刚的"疑古精神"定性为"反封建思潮的一个侧面"，这是马克思主义史家对五四前后社会思潮和史学思潮的一个解读和定位，只有符合了这个定位，"疑古"精神才是可以被理解和肯定的。有意思的是，顾颉刚正是这样为自己辩解的。1950 年，他宣称："我们现在的革命工作，对外要打倒帝国主义，对内要打倒封建主义，而我的《古史辨》工作则是对于封建主义的最彻底的破坏"，"我要把宗教性的封建经典——经——整理好了，送进封建博物院，剥除它的尊严，然后旧思想不能再在新时代里延续下去。"② 1951 年，他在《虬江市隐杂记》第一册序中说："如果有人看了我的工作，笑我不合时宜，弄这陈旧的一套，我请诵恩格斯的两句名言：即令是唯物主义的观点在一个单独的历史实例上的发展，也是一种需要数年静心研究的科学事业"，"我把《尚书》彻底翻译出来，即是为中国社会的发展史中的一个课题供给确实可靠的材料呵！"③ 1955 年 3 月 5 日，他在批判胡适思想运动的发言中说："我欲为考据学说一公道话，考据学是反封建的"，因为"封建统治者但便私图，或改古文，或易本义，而考据学之目的在求真，纵从事者无反封建之主观愿望，而工作之客观效果必使封建统治者之所篡改涂附尽归扫荡。"从这些为考据学的辩护中，我们可以看到，顾颉刚在竭力向马克思主义史家对"疑古"的定位靠拢，可惜他的苦心并未被人所接受，结果是"闻者大哗，对予抨击，以为考据学惟为封建统治者服务"，他只得在会后又作《批判胡适思想运动检讨书》④。二是胡绳把顾颉刚的史学定位为"史料学范畴"，正反映了他们在学术建设次第上

---

① 顾潮：《顾颉刚年谱》（增订本），中华书局 2011 年版，第 141 页。

② 顾颉刚：《顾颉刚自传》，《宝树园文存》卷六，《顾颉刚全集》第 38 册，中华书局 2010 年版，第 410 页。

③ 顾潮：《顾颉刚年谱》（增订本），中华书局 2011 年版，第 402 页。

④ 同上书，第 416—417 页。

的分歧。顾颉刚以为应当以确定史料的真实性为第一，然后才能在可靠史料基础上建设信史，而考辨古史乃是第一位的工作。马克思主义史学虽然并不否认史料的基础性作用，但强调史料服从于史观，以建设信史为第一位的工作。这种分歧造成了对顾颉刚史学的评价过低，也刺激着顾颉刚不断为自己的学术争辩。他在 1955 年 8 月 31 日的日记中说："考辨工作者其主观愿望为尊重孔子，而客观效果为破坏经学，并打击孔子之地位，亦即反封建运动"，还自得地说这些看法"皆未经人道过者"①。其中，"亦即反封建运动"一句颇耐人寻味，很难想象民国时期的顾颉刚会说出这样的话来。其实，顾颉刚内心并不愿否定自己过去的学术，也喜欢按照熟悉的方法治学。此种强为古史考辨戴上"反封建"高帽的做法，不能不说是应付形势之举。

第三是学习马列主义和唯物史观，并表示要以之指导自己的史学研究。顾颉刚在新中国成立前已经意识到学习唯物史观的重要。1949 年 8 月 16 日，他在给友人的信中即表示要"多读些唯物论与辩证法的书籍"②。1951 年 12 月，他在批判胡适后说："现在得着马列主义和毛泽东思想的指导，读了辩证唯物论和历史唯物论，才知道以前的工作虽有些科学性的皮毛，究竟不免于孤立的弊病。此后我必须好好用一番功，等到确能把握这最正确的方法的时候，就把以前的作品大量修改。"③ 1952 年 10 月，他在致友人的信中说："刚自信决无成见，亦真愿以唯物史观为我主导思想，特不愿随波逐流，作虚伪之顿悟耳。"④ 1954 年 12 月，他说："在一九三○年左右，我已经感到历史唯物论足以解决一切学术思想问题，曾在《古史辨》第四册的序文上说，要研究古史年代、人物事迹、书籍真伪，不妨用考据学的方法来解决，而在研究古代思想及社会制度时则不该不取历史唯物论作为基本观点。这就是感到了考据学用的形式主义的逻辑有其局限性，研究决不能全面，也决不能彻

① 顾颉刚：《顾颉刚日记》卷七，1955 年 8 月 31 日，《顾颉刚全集》第 50 册，中华书局 2010 年版，第 733 页。

② 顾颉刚：《致罗竹风、赵纪彬、杨向奎信》，《顾颉刚书信集》卷三，《顾颉刚全集》第 41 册，中华书局 2010 年版，第 358 页。

③ 顾颉刚：《从我自己看胡适》，《宝树园文存》卷六，《顾颉刚全集》第 38 册，中华书局 2010 年版，第 512—513 页。

④ 顾颉刚：《致祝瑞开信》，《顾颉刚书信集》卷三，《顾颉刚全集》第 41 册，中华书局 2010 年版，第 370 页。

底；要求全面和彻底的研究便非在马克思列宁主义上面用功不可。不过那时我安于现状，为了旧材料的处理已经压得太重，怕去增加新东西的负担，以为学问应当分工合作，我做了初步的考据工作，听人选用，已算尽了我的职责。现在知道，这是我打成两橛的错误想法，就是做小问题的考据也该从正确的基本原则出发，把理论联系到事实，方不致陷于支离破碎，玩物丧志。"① 1965 年 1 月，他参加全国政协四届一次会议后"始明政治学习之必要，故此后改为学习第一，业务第二"②。如果我们把这些谈话与《古史辨》第四册顾序进行比较，可以看出顾颉刚此时对唯物史观的态度有了明显变化：他没有了对自己钟爱的考据之学的自信，而是"已经感到历史唯物论足以解决一切学术思想问题"；他不再坚持"我们"与"他们"的分工合作之说，而是"感到了考据学用的形式主义的逻辑有其局限性，研究决不能全面，也决不能彻底；要求全面和彻底的研究便非在马克思列宁主义上面用功不可"。这是顾颉刚对自己治史道路与方法的否定与批判，也代表了他对唯物史观的新态度。

相对来说，寻求政治认同和身份认同较为容易，因为那和他的实际思想并无根本性的冲突。最困难的是寻求思想认同，因为在他看来，"思想而能改造，在我的旧脑筋里简直是一件不能想象的奇事。我一向自信，在学术上，在道德上，都是站得住的；而且那年我六十岁了……觉得像我这般的人还要从头学习了马列主义的理论来写作，不但记忆不真，学不到家，而且人们一定会笑我不自量力，来作'邯郸学步'，以致新旧两方顾此失彼，都搞不好。况且我的学术工作只是客观地整理古史、古籍，写些考证文章，没有什么阶级性可言，也似乎没有改造的必要。为了存在这种逃避的念头，所以这次的思想改造运动在我的头脑里简直没有起作用。到现在想来，这与其说是羞于改造，无宁说是抗拒改造"，他当时实在不想"舍己从人"，"抛弃我原有的看家本领

---

① 顾颉刚：《在政协第二届全国委员会第一次会议上的发言》，《宝树园文存》卷六，《顾颉刚全集》第 38 册，中华书局 2010 年版，第 516 页。

② 顾颉刚：《顾颉刚日记》卷十，1965 年 1 月 11 日，《顾颉刚全集》第 53 册，中华书局 2010 年版，第 196 页。

而唯党是从",所以他"还是要坚持一下"①。这种态度让他显得"不合时宜"②,但形势迫使他不得不做出妥协。从顾颉刚的实际工作来看,他似乎并未像所宣称的那样宗奉唯物史观为自己的治史指导思想,他最喜欢做的还是他最熟悉、最拿手而"不合时宜"的古史考辨,还是在原有的学术道路上"坚持了一下"。虽然他宣称自己已经从"抗拒改造"转向了"接受改造",但他的"接受"是有所保留的,"改造"的过程也是很痛苦无奈的。他说:"解放以来,情移势易,甚欲随先进之后从事于马克思列宁主义,以端正治学之方向与方法,然而此非易事也","今日之局,只许进,不许退,则予虽欲硁硁自守而势有不可,无已,惟有藉病屏却人事,俾得一意读书。有成自可喜,无成则其命也。"③ 1957 年他在谈到如何贯彻"百家争鸣"时,提出学术讨论不能用"围剿"的态度,必须打倒令人窒息的教条主义,反映出他对思想改造的手段与方法的不满④。"这样穷、病、忙三位一体的生活,我实在过不下去,但既在组织,又怎可脱离!因此,只得咬紧了牙齿苦撑下去。"⑤ "苦撑"二字正是此时顾颉刚心态与生活的真实写照。由此可见,顾颉刚既想学习唯物史观以丰富和完善自己的史学体系,以融入到新中国的史学阵营,但又无法彻底否定和放弃赖以立身的治学方法与道路,于是就有了实践上的言行不一、自我矛盾。这种状态,我们可以称为"融而不入"。这就决定了他最终只能是"马克思主义者的朋友"⑥而不是一个马克思主义者。把顾颉刚等旧式学者从马克思主义史家眼里的"他们"改造为"朋友",或许可以视为马克思主义史学范式占据主流地位的一个成果。

---

① 顾颉刚:《从抗拒改造到接受改造》,《宝树园文存》卷六,《顾颉刚全集》第 38 册,中华书局 2010 年版,第 523 页。
② 顾潮:《顾颉刚年谱》(增订本),中华书局 2011 年版,第 402 页。
③ 顾潮:《我的父亲顾颉刚》,人民文学出版社 2010 年版,第 269 页。
④ 顾颉刚:《顾颉刚谈放手贯彻"百家争鸣"》,《宝树园文存》卷二,《顾颉刚全集》第 34 册,中华书局 2010 年版,第 417—422 页。
⑤ 顾颉刚:《致陈懋恒、赵泉澄信》,《顾颉刚书信集》卷二,《顾颉刚全集》第 40 册,中华书局 2010 年版,第 428 页。
⑥ 胡绳:《在纪念顾颉刚诞生一百周年学术讨论会上的讲话》,《中国社科院研究生院学报》1993 年第 5 期。

三 史学价值观的冲突与调和

从民国时期的"敬而远之"到新中国时期的"融而不入",画出了顾颉刚对唯物史观态度的演变轨迹,也凸显出科学史学派与马克思主义史学派在学术理念上的根本分歧。作为分歧的焦点,史学价值观的异趣是形成包括顾颉刚在内的科学史学派对唯物史观基本态度的重要内因,而这种异趣集中表现在对学与用的认识差异上。

众所周知,胡适等人倡导学术独立和学术自由,主张以学问为目的而不以为手段。这种史学价值观以求真为史学的第一要义,不主张甚至反对致用,故以学、用分割为特点。在治史范围上,他们主要集中于古史考订。在治史方法上,他们强调科学的考据和事实的确定,不注重甚至反对进行历史解释,以史料优先于史观。作为科学史学派的健将,顾颉刚是这种史学价值观的有力倡导者。

早在民国三年至六年,顾颉刚就在思考学与用的问题。"当我初下'学'的界说的时候,以为它是指导人生的。'学了没有用,那么费了气力去学为的是什么!'普通人都这样想,我也这样想。但经过了长期的考虑,始感到学的范围原比人生的范围大得多,如果我们要求真知,我们便不能不离开了人生的约束而前进。所以在应用上虽是该作有用与无用的区别,但在学问上则只当问真不真,不当问用不用。学问固然可以应用,但应用只是学问的自然的结果,而不是着手做学问时的目的。"① 为此,他批评了清末今文家是"拿辨伪做手段,把改制做目的,是为运用政策而非研究学问"②。他认为,"科学是纯粹客观性的,研究的人所期望的只在了解事物的真相,并不是要救世安民,所以是超国界的。学术若单标为救世,当然也可以媚世,甚至于惑世","但这原是说不上科学。""科学的应用是间接的,不是直接的。只因它的用是间接的,它的本身没有用,所以为一般急功近利的人所不喜,他们看不见它的真价值,只觉得是些'无聊的考据'。但也因为它的本身没有用,

① 顾颉刚:《〈古史辨〉第一册自序》,《顾颉刚古史论文集》卷一,《顾颉刚全集》第1册,中华书局 2010 年版,第 22 页。

② 同上书,第 37—38 页。

不为现实的社会所拘束，所以它的范围可以愈放愈大，发见的真理也愈积愈多，要去寻应用的材料也日益便利，这就是无用之用。""把应用看做一切的学问的标准，这种人的愚昧也着实可悲了！"① 所以他宣称："薄致用而重求是，这个主义我始终信守"，这是他的"基本信念"②。

　　与科学派不同，中国马克思主义史学一开始就与时局的变迁紧密相连，并抱有为中国社会寻求历史前途的使命。马克思主义史家追求的是"科学性"与"革命性"的统一，亦即学与用的统一。在他们看来，学的目的不只是求知，更重要的是致用，人们应当以学到的知识和历史规律来指导现实的社会运动。从这个意义上说，学只是手段和阶段性目的，用才是最终目的。这是他们的史学价值观与科学派异趣之处，而这种异趣直接影响到了他们的治学取向。科学派史家始终无法完全认同马克思主义史家理论为先、注重阐释的治史取向，除了批评他们只会搬弄一些新名词而缺乏精密考证的功夫之外，还质疑他们会为了学术之外的目的而扭曲学术，削中国历史之足而适外国理论之履，损害学术的独立性；而马克思主义史家则对科学派史家孜孜于古史考订大为不满，认为这种埋头于故纸堆的"象牙塔"式治史取向除了玩物丧志，无助于危难之中的国家与民族。这造成了他们之间的学术鸿沟，使他们只能对彼此采取"敬而远之"的态度。

　　"九一八"事变后，日益严重的民族危机为他们弥合鸿沟提供了难得的契机。为抗日救亡，史学界的治学取向整体上出现了由"考古"向"考今"的转变③。一贯强调学以致用的马克思主义史家自不必说，就连一贯标榜"为学问而学问"、反对致用的科学派史家也不同程度地改变了治学态度，开始采取不同的方式关注和回应现实问题。比如，胡适担任了中华民国驻美大使，直接参与了政治活动；傅斯年也关注中国民族与边疆问题尤其是东北问题，反驳日本史家侵略中国的谬论。在科学派的转向中，顾颉刚的表现尤为突出。他是一个"事业心、责任心、

---

①　顾颉刚：《北京大学研究所国学门周刊一九二六年始刊词》，《宝树园文存》卷一，《顾颉刚全集》第33册，中华书局2010年版，第222—225页。

②　顾颉刚：《〈古史辨〉第一册自序》，《顾颉刚古史论文集》卷一，《顾颉刚全集》第1册，中华书局2010年版，第23页。

③　朱谦之：《考今》，《朱谦之文集》第2卷，福建教育出版社2002年版，第157—158页。

同情心均甚强"① 的史学家。"他的'事业心'竟在'求知欲'之上，而且从 1930 年代开始，他的生命型态也愈来愈接近一位事业取向的社会活动家，流转于学、政、商三界。"② 这是顾颉刚不同于其他科学派史家的重要特点。从"九一八"事变直到新中国成立前夕，"'民众教育'和'边疆工作'两件大事永远占据了我的心"③。无论是创建通俗读物编刊社，编辑发行通俗读物，还是创办禹贡学会和中国边疆学会，编辑《禹贡》半月刊和《边疆周刊》，顾颉刚都出其平生所学，四处奔走，动员民众，尽一个知识分子的爱国救国之责④。这时的他，早将学以致用视为当然之事。这不能不说是他的史学价值观的一次重大调整。

不过，顾颉刚所说的"用"是以学术为本位的⑤，他的"事业心"是要建设一个"学术社会"，这在他是有思想基础的。早在 1920 年，他就指出教育运动和学术运动是改造中国的两个重要手段⑥。1926 年，他提出"要造成了一个学术社会而去共同讨究"⑦，1929 年他进一步解释了"学术社会"的设想："我们这班人受了西方传来的科学教育，激起我们对于学问的认识，再耐不住不用了求真知的精神，在中国建设一个学术社会了。在这个学术社会中，不但要创建中国向来极缺乏的自然科学，还要把中国向来号称材料最富研究最深的社会科学（历史学在内）和语言文字之学重新建设过。这是把中国昔日的学术范围和治学方

---

① 顾颉刚：《致白寿彝信》（1947 年 9 月 23 日），《顾颉刚书信集》卷三，《顾颉刚全集》第 41 册，中华书局 2010 年版，第 162 页。

② 余英时：《未尽的才情——从〈日记〉看顾颉刚的内心世界》，《顾颉刚日记》第 1 卷（1913—1926），台北联经出版事业股份有限公司 2007 年版，第 1—2 页。

③ 顾颉刚：《致白寿彝信》，《顾颉刚书信集》卷三，《顾颉刚全集》第 41 册，中华书局 2010 年版，第 162 页。

④ 顾颉刚：《顾颉刚自传》之"一、我怎样从事民众教育工作"和"二、我怎样从事边疆运动"，《宝树园文存》卷六，《顾颉刚全集》第 38 册，中华书局 2010 年版，第 357—373 页。

⑤ 余英时认为："他的事业心的根基仍在学术，不过他一方面认定学术不能限于少数人的专门绝业，只有普及到广大的社会以后才算是尽了它的功能；另一方面，他则坚持普及化的知识必须以最严肃的学术研究为其源头活水"，"所以他的事业都是从学术领域中延伸出来的文化事业。"［余英时：《未尽的才情——从〈日记〉看顾颉刚的内心世界》，《顾颉刚日记》第 1 卷（1913—1926），台北联经出版事业股份有限公司 2007 年版，第 4 页。］

⑥ 顾潮：《顾颉刚年谱》（增订本），中华书局 2011 年版，第 53—54 页。

⑦ 顾颉刚：《北京大学研究所国学门周刊一九二六年始刊词》，《宝树园文存》卷一，《顾颉刚全集》第 33 册，中华书局 2010 年版，第 226 页。

法根本打破、根本换过的；这是知识上思想上的一种彻底的改革。"①显然，他希望通过知识思想的"彻底改革"，将获得的新知识新思想推广到全社会，推进新文化运动未竟的启蒙事业。从这些论述可以看出，顾颉刚受胡适"整理国故，再造文明"的影响，想通过全新的学术建设，唤起"第二次新文化运动"②，使国家和民族获得内在的脱胎换骨式的改造。这就是他设想的学术救国之路。

当然，建设"学术社会"非一己之力可以胜任，顾颉刚总希望携手同道、培养青年，与他一起努力，故他特别重视学术普及。"我们虽只讨论古书和古史，但这个态度如果像浪花般渐渐地扩大出去，可以影响于它种学术上，更影响于一般社会上，大家不想速成，不想不劳而获，不想一个人包揽精力不能顾注的地盘，而惟终身孜孜于几件工作，切实地负责，真实地有成就，那么，这个可怜的中国，虽日在狂风怒涛的打击之中，自然渐渐地显现光明而有获救的希望了！倘使有这一天，那真是我们的莫大之幸，也是国家的无疆之休！"③

当科学派史家调整史学价值观、逐渐重视学以致用之时，马克思主义史学则进一步强调了史学在民族解放和政治建设中的作用。翦伯赞说："我深切地希望我们新兴的历史家，大家用集体的力量，承继着我们先驱者努力的成果，依据正确的方法论，依据中国历史资料的总和，来完成中国史的建设，并从而以正确的历史原理，来指导这一伟大的民族解放的历史斗争，争取这一伟大的历史斗争的胜利。"④ 这种看法代表了抗战时期马克思主义史家的集体价值取向，也有人称之为"战时史学"⑤。对中国马克思主义史学的价值取向影响更为深远的，则是毛泽东。他对史学的功用有深刻的认识，将历史知识放在与"革命理论"同等重要的位置上。在《如何研究中共党史》、《在延安文艺座谈会上的讲话》等谈话中，他明确提出文艺要为工农兵服务、为无产阶级政治

---

① 顾潮：《顾颉刚年谱》（增订本），中华书局2011年版，第191页。

② 同上书，第193页。

③ 顾颉刚：《〈古史辨〉第三册自序》，《顾颉刚古史论文集》卷一，《顾颉刚全集》第1册，中华书局2010年版，第104—105页。

④ 翦伯赞：《历史哲学教程》，河北教育出版社2000年版，第7页。

⑤ 王学典：《中国当代史学思想的基本走向》，载《20世纪中国史学评论》，山东人民出版社2002年版，第143页。

服务，走普及与提高相结合的道路①。这种学术与政治关系的定位，是文化抗战与政治建设的需要，有其合理性，也发挥了巨大的历史作用，深刻影响了中国马克思主义史学的发展道路。但是，这种定位需要谨慎处理学术发展与政治需要之间的关系，否则极易使学术沦为政治的工具，"文革"时期出现的政治挂帅、滥用史学就是一个极端的反例。

对于马克思主义史家倡导的以史学服务于民族解放斗争的价值取向，科学派史家是认同的，所以顾颉刚才会从 20 世纪 40 年代开始与马克思主义史家有了交往与交流。但是，他们却不能认同以史学服务于政治，这与他们的学术理念格格不入。顾颉刚一直在批判中国传统史学和经学过度追求政治与道德的目的，而使学术本身受到扭曲，所以他坚决反对"通经致用"、"以史明道"的学术观念。虽然乱世治学的艰难使他知道"要做事便不能和政治脱离关系"②，但他之入政界、商界，用意乃在争取和改善治学做事的条件和环境，目的仍在建设学术社会的理想。他无法放弃既有的学术信念，所以他虽然和马克思主义史家有了交往与交流，却并没有实质性合作。由此可以看出，顾颉刚虽然与马克思主义史家同样强调史学之用，但用的重点、方式、目标却不尽相同。这使得他们之间的鸿沟虽然有所缩小，却未能弥合。

1951 年 7 月 28 日，中国史学会成立大会在北京举行，郭沫若发表了题为《中国历史学上的新纪元》的讲话，指出了史学界的六个转变：从唯心史观转向唯物史观、从个人研究转向集体研究、从名山事业转向为人民服务、从贵古贱今转向注重近代史研究、从大民族主义转向注重各少数民族历史研究、从欧美中心主义转向注重亚洲及其他各洲历史研究。他认为史学"是思想教育的一种很好的工具"，可以推动马列主义和毛泽东思想的传播。范文澜在随后的发言中，强调了"重点在'转向'两字"，要求"把郭老指示的六条中每条的前半段在史学会成立以后完全去掉，另外把吴老指示的四条全部实现"。很清楚，"为人民服

① 毛泽东所说的普及，主要是针对普通民众的，重在普及运用唯物史观所获得的"科学的历史知识"，目的在于统一思想认识。而顾颉刚所说的普及，主要是针对知识阶层的，重在学术领域的拓展与学术人才的培养，目的在于建设学术社会。这是两种不同的思路，而新中国成立后政府发动的思想改造、学习社会发展史等运动，无疑是毛式思路的具体实践，顾式思路则失去了实践空间。

② 顾颉刚：《致白寿彝信》，《顾颉刚书信集》卷三，《顾颉刚全集》第 41 册，中华书局 2010 年版，第 162 页。

务"就是新中国史学的基本价值观，所有的史家都被要求接受和遵守这个价值规范。这个新中国史学界的盛会，顾颉刚依然未获邀请，失落的他特意将 1951 年 9 月 28 日《大公报·史学周刊》第 38 期上发表的"中国史学会成立大会上的讲话"作为剪报，粘贴在 1951 年最后一天的日记中①。此举是否别有深意？我们不得而知。

要"为人民服务"，就必须对固有的史学价值观进行更大幅度的调整。1950 年，顾颉刚在《自传》中检讨说自己"缺乏政治性"，具有"小资产阶级的散漫性"，"我所以想脱离了政治而做文化事业和社会事业，就是为此。到了今日，证明了这只是我的幻想，在政治的大前提没有决定的时候，一切的枝枝节节的工作都是白费劲。"他打算"把责任心严格配合智识欲，使得学问上一定可以有新的创造，以贡献于将来的人民。"② 不过，此时他仍想"坚持一下"，以"技术的优越感"对抗"政治的优越感"③，认为"我们所做的考证工作是唯物史观者建设理论的基础，然而唯物史观的理论又正是我们考证工作的基本观念。彼此所信的'真古'是同的，只是工作一偏于理论，一偏于事实，这原是分工合作所应有的界域。"④ 对"分工合作"论的坚持说明顾颉刚虽然在向"为人民服务"的史学价值观靠拢，但仍不愿轻易放弃原有的史学价值观。不过，形势的发展迫使他做出更大的调整。1958 年，他在民进第三次全国代表大会的发言中检讨说："我所受的毒素，以'分工论'为最甚，几十年来老是以为学术工作和政治工作必当分工，否则一手画圆，一手画方，结果方和圆都画不好"，这是十分有害的。"我又认识，我多年的工作，主观动机是纯学术的，脱离政治的，而客观效果则确是为反动政权服务"。于是，他"知道政治是必须理会的，是非是必须辨明的，立场是必须转变的"，此后"要以政治思想为统帅，工作岗位为基地，参加业务实践和劳动实践为基础，发挥我的潜力，走上社

---

① 顾颉刚：《顾颉刚日记》卷七，1951 年 12 月 31 日，《顾颉刚全集》第 50 册，中华书局 2010 年版，第 158 页。

② 顾颉刚：《顾颉刚自传》，《宝树园文存》卷六，《顾颉刚全集》第 38 册，中华书局 2010 年版，第 407—409 页。

③ 顾颉刚：《从抗拒改造到接受改造》，《宝树园文存》卷六，《顾颉刚全集》第 38 册，中华书局 2010 年版，第 524 页。

④ 顾颉刚：《顾颉刚自传》，《宝树园文存》卷六，《顾颉刚全集》第 38 册，中华书局 2010 年版，第 411 页。

会主义的总路线"①。1959 年，他在全国政协三届一次大会的发言中进一步宣称："一切学术都是为政治服务的，科学研究者应当先红后专；只有红透专深，才能好好地为人民服务"，"我现在已经充分认识到，只要坚决服从毛主席提出的六条政治标准，只要加强改造自己，否定我过去的人生观，端正我的治学方法，并争取参加社会主义学院学习，提高我的理论水平，通过劳动实践，转变立场，我就能适应新社会的需要，全心全意为社会主义服务。这样，我就真的返老还童了。"② 至此，以自我否定为特点的史学价值观调整终告完成，顾颉刚也获得了"融入"新中国史学阵营的资格③。

但是，公开的告白并不意味着内心的悦服。作为一个知识分子，顾颉刚"唯一的目的是研究学问"，"真正知我的人，真正要用我的人，希望他们洗剥掉我的虚名，把我放在合适的研究室里，让我做出些实实在在的工作来！"④ 但领导的不信任、学术的不受尊重、不断的运动检讨批判，使他痛苦不堪，颇有"垂老之年犹仰人鼻息以自活"⑤ 的感叹。他不愿放弃学术自尊与自信，当有人斥其《浪口村随笔》为"落后至于三百年前之物"，他力辩道："予之书苟能步武亭林，予愿足矣，即万千人斥我以落后，亦甘受之矣。"⑥ 他抱怨自己"政治待遇受得太厚"而"学术待遇却是受得太薄"，"如何可使厚者薄而薄者厚？这便是解除我的症结的一个大问题。"⑦ 他曾在各种公开场合谈到他和尹达的矛盾，还在 1962 年 3 月的全国政协三届三次会议小组会上痛斥历史所行政工作之积弊，"到京八年，历史所如此不能相容，而现在制度下

① 顾颉刚：《从抗拒改造到接受改造》，《宝树园文存》卷六，《顾颉刚全集》第 38 册，中华书局 2010 年版，第 524—529 页。

② 顾颉刚：《我在两年中的思想转变》，《宝树园文存》卷六，《顾颉刚全集》第 38 册，中华书局 2010 年版，第 532、534 页。

③ 需要说明的是，此时马克思主义史家在"历史主义"与"阶级观点"问题上的争论，其实也是一种史学价值观的调整。翦伯赞等坚持"历史主义"原则，实际上是坚持"科学性"与"革命性"辩证统一的史学立场，他们反对为了史学的"革命性"而损害其"科学性"。但坚持以"阶级观点"为先者最终取得了胜利，马克思主义的史学价值观受到了扭曲，并导致了"文革"对史学的摧毁性破坏。这是值得反思的。

④ 顾颉刚：《顾颉刚自传》，《宝树园文存》卷六，《顾颉刚全集》第 38 册，中华书局 2010 年版，第 391 页。

⑤ 顾潮：《顾颉刚年谱》（增订本），中华书局 2011 年版，第 410 页。

⑥ 同上书，第 414 页。

⑦ 顾潮：《我的父亲顾颉刚》，人民文学出版社 2010 年版，第 269 页。

又无法转职，苦闷已极"①。因为在他看来，"学术机关只有一项任务，就是供给研究某种学问的人以研究上的种种便利，此外一切非所当问"，"只要不被解散，就依然应该提倡学术，奖励研究"②。他没想到"范文澜、尹达、郑振铎等对予之一副面目，令予不能耐，盖彼辈皆以为予能联络人，自树宗派，既不能拒予不来，即遇事排挤之，使其不能发展也。此真天外飞来之横祸，以予之热心学术，尽心教育，而共产党不能用，或用之不以其道，可谓自毁长城。"③ 这造成了他"痛苦的人格分裂"④。1966 年 7 月，他在《读〈尚书〉笔记》第六册《序》中说："国家新建，当局虑资产阶级之破坏社会主义建设，运动迭起，静秋畏予罹祸，日以开会、读报相勖，不许其亲古物、古籍以妨改造，予徘徊瞻顾，求两全而不得，其心情之苦可知也。业务受领导于政治，而两者咸须急起直追，庶不负党对予之属望，将如何而可以安排主次，使垂老之年卒有微末之成就自献于社会主义建设中乎？是诚不胜其祷祝者已！"⑤ 这种欲得而不可得、欲弃而不能弃的痛苦，就是他心态的真实写照啊！由此可见，他的"融而不入"，一方面固然是因为尹达等人对他的不信任，另一方面则是他内心的阻碍。他不愿做彻底的自我否定，也不愿彻底放弃自己的学术理念，这使他总面临着"求两全而不得"的折磨，造成了他的痛苦根源。

1966 年 8 月 22 日，顾颉刚被定为"资产阶级反动学术权威"，只能"偷息人间"⑥。后来，他又得了心脏病，"著述之事，从此结束，成为废人。少年以来一片著述雄心不可复现，悲哉！此皆五年来日在惊风骇浪之中所造成者也"⑦。所幸的是，他在 1971 年得到了主持标点二十

---

① 顾颉刚：《顾颉刚日记》卷九，1962 年 3 月 28 日，《顾颉刚全集》第 52 册，中华书局 2010 年版，第 436 页。

② 顾颉刚：《北京大学研究所国学门周刊一九二六年始刊词》，《宝树园文存》卷一，《顾颉刚全集》第 33 册，中华书局 2010 年版，第 223 页。

③ 顾颉刚：《与李亚农谈后感》，《宝树园文存》卷六，《顾颉刚全集》第 38 册，中华书局 2010 年版，第 463 页。

④ 王学典：《痛苦的人格分裂：从顾颉刚看 50 年代初期的史界传统学人》，《20 世纪中国史学评论》，山东人民出版社 2002 年版，第 336 页。

⑤ 顾潮：《顾颉刚年谱》（增订本），中华书局 2011 年版，第 452 页。

⑥ 同上书，第 453 页。

⑦ 顾颉刚：《顾颉刚日记》卷十一，1971 年 3 月 23 日，《顾颉刚全集》第 52 册，中华书局 2010 年版，第 295 页。

四史的工作。这不但使他获得了难得的喘息之机，也为一帮闻讯来投的
旧友提供了庇护所。当他们终于可以名正言顺地投入古籍古史整理工作
时，相信他们定有恍如隔世之感！而这项工作也在一定程度上意味着他
们的价值和价值观得到了承认，从而缓解了价值观分裂所造成的精神压
力。顾颉刚曾作《八十述怀》一首，曰："百年已去五之四，剩此一分
奈若何？丛叠撑肠千万树，还须凿道伐高柯。"可见其虽年至耄耋，但
依然"不能汰旧习以合时代潮流"，所以终不免"人生易尽，嗜好难
除"之叹①！"文革"结束，顾颉刚"闻之大喜"，他终于可以解除精神
上的压力，回归自己的史学价值观了。在生命的最后阶段，他拼命与时
间赛跑，并给自己定下了三年、五年、八年的"顾颉刚工作规划"②，
要把以前想做而未能做的事情做个了结，其"一息尚存，此志不懈"③
的精神让人感动！而"文革"后日益改善的学术环境，也让中国史学
重回正轨，逐渐形成了更具包容性、更加多元化的价值取向，使中国史
学获得了在新的历史时期蓬勃生长的内在动力。

从上述情况看，顾颉刚和科学史学派对唯物史观的态度，就像马克
思主义史家对科学史学的态度一样，反映了中国史家寻求史学现代化、
探索现代史学不同范式的努力。如果我们把这种努力放在中国史学由传
统向现代转型的过程中来认识，那么，无论是科学史学范式，还是马克
思主义史学范式，都有其历史的和学术的价值。他们虽然在中国现代史
学建设的很多基本问题上存在分歧，但他们也有很多共通之处。他们的
分歧，往往是路径的不同；而他们的目标，则往往是"百虑而一致，殊
途而同归"。事实上，顾颉刚虽然划分了"我们"与"他们"的界限，
但从未将自己的学术与唯物史观完全对立起来，而是一直强调二者在学
术研究上的不同次第和"分工合作"。他也从未将史料与史观完全对立
起来，而且对史观的重要性有充分的认识，只不过他认为"审订史料固
最基本之功力，亦最急切之任务"罢了④。后来，他甚至打破了信古、
疑古、释古的三分法，认为"疑古并不能自成一派，因为他们所以有疑

① 顾潮：《我的父亲顾颉刚》，人民文学出版社 2010 年版，第 310 页。
② 同上书，第 315 页。
③ 顾潮：《顾颉刚年谱》（增订本），中华书局 2011 年版，第 466 页。
④ 顾颉刚：《史学季刊发刊词》，《宝树园文存》卷一，《顾颉刚全集》第 33 册，中华书局 2010 年版，第 6 页。

为的是有信"，强调他和唯物史观者"所信的'真古'是同的"①。这说明，这两个不同学派、两种不同范式具有学术目标的一致性，我们不能无视这种一致性而过于强调他们的差异性。有人说，顾颉刚的古史层累构成说"奠定了中国史学现代化之基石"②。其实，中国史学现代化不仅需要顾颉刚和科学史学派提供的这块基石，同样也需要马克思主义史学和其他学派提供的基石。正是王国维、顾颉刚、郭沫若等人的研究，才改变了对中国古史的认识，奠定了认识中国历史的基础。这说明，史学现代化需要多样化的存在与探索，它不但可以丰富中国现代史学的内容，还可以提供更多的发展路径。只有这样，中国史学才能健康持续地发展。

（作者单位：华中师范大学历史文化学院）

---

① 顾颉刚：《顾颉刚自传》，《宝树园文存》卷六，《顾颉刚全集》第 38 册，中华书局 2010 年版，第 410—411 页。

② 顾潮：《顾颉刚年谱》（增订本），中华书局 2011 年版，第 474 页。

论郭沫若史学的特色

周文玖

郭沫若是继李大钊之后对中国马克思主义史学有开创之功的史学大师，一生成就除历史学外，在文学、考古学、古文字学、翻译等领域都作出了杰出的贡献。他的勤奋、才华，涉及学术领域之广，以及所留下来的文字数量，不仅在 20 世纪的中国屈指可数，就是在世界范围内也是不多见的。由于郭沫若集革命家、社会活动家、学问家等多种角色于一身，一生阅历漫长而丰富，因而他在留下庞大的学术遗产的同时，也留下了让人争议的是非谈资。而后者往往影响对其学术的认识和研究，这在对他的史学评价方面也有相当的表现。近十多年来，他在学术版图的"被边缘化"，以及被某些学者揶揄和贬低，就说明了这一点。然而，只要是金子，谁也掩盖不了它的光辉。郭沫若史学的成就和魅力，即使是对他抱有很大成见的人，在涂抹他的同时，也不免流露出佩服和赞许。关于郭沫若史学成就的研究，20 世纪 90 年代出版过一些论著，近年虽然比较少见，但也似乎无须刻意强化。因为学术版图是一个客观实在，不会随人的主观好恶而发生改变。本文仅就其史学特色，略抒一孔之愚。

一 开风气：以唯物史观之钥，打开历史科学殿门

郭沫若史学的特色，最明显的一个是他的开风气。以唯物史观的钥匙，打开了历史科学的殿门，这是郭沫若一踏进历史学领域即作出的贡献，也是他开风气史学特色的突出反映。

郭沫若的《中国古代社会研究》，是中国学人用唯物史观研究中国

古史的第一部著作，可谓是中国马克思主义史学的开山之作。他作为中国马克思主义重要史学奠基人的地位亦由此而确立。不仅于此，从超越学派的意义上讲，它把中国史学推向了一个更新的阶段。如果说，1901年、1902年梁启超发表的《中国史叙论》和《新史学》是中国史学由传统向近代转型的第一次浪潮的标志，1919年胡适《中国哲学史大纲》的出版标志着第二波"史学革命"浪潮的兴起，那么，1930年郭沫若《中国古代社会研究》的出版则是中国史学近代转型的第三次浪潮产生的里程碑。20世纪30年代末至40年代，史学界发表了不少学术总结的论文①，当时就有人说20世纪以来有考古、疑古、释古三大史学派别，郭沫若被称为释古派的代表人物。郭沫若在《中国古代社会研究·自序》中说："胡适的《中国哲学史大纲》，在中国的新学界上也支配了几年，但那对于中国古代的实际情形，几曾摸着了一些儿边际？社会的来源既未认清，思想的发生自无从说起。所以我们对于他所'整理'过的一些过程，全部都有重新'批判'的必要。""我们的'批判'有异于他们的'整理'。整理的究极目标是在'实事求是'，我们的批判精神是要在'实事之中求其所以是'。""'整理'的方法所能做到的是知其然，我们的'批判'精神是要'知其所以然'。'整理'自是'批判'过程所必经的一步，然而它不能成为我们所应该局限的一步。"②周予同对这段话评价很高，说郭沫若的这段话"实是释古派之坦白的宣言"③。这段话反映了马克思主义史学更高的学术追求，即在整理历史事实，揭示历史发展过程的基础上，探索历史发展的规律性。因此，这部著作的价值首先表现在史学理论的革新方面。

　　《中国古代社会研究》除前面的《自序》《解题》外，由六部分组成，依次为：中国社会之历史的发展阶段、《周易》时代的社会生活、《诗》《书》时代的社会变革与思想上之反映、卜辞中的古代社会、周代彝铭中的社会史观、追论及补遗。第一部分是《导论》，最后一部分为《附录》。关于这本书在古史研究上的意义，顾颉刚说："郭先生应用马克思、莫尔甘等的学说，考索中国古代社会的真实情状，成《中国

　　① 周文玖：《我国20世纪三四十年代的史学评述》，《史学理论研究》1999年第2期。
　　② 郭沫若：《中国古代社会研究（外二种）》，河北人民出版社2000年版，第7页。
　　③ 周予同：《周予同经学史论著选集》，上海人民出版社1996年版，第556页。

古代社会研究》一书。这是一部极有价值的伟著，书中不免有些宣传的意味，但富有精深独到的见解。中国古代社会的真相，自有此书后，我们才摸着一些边际。"① 就它的影响而言，从当时史学界的评论可见一斑。如文甫云："对于中国社会之科学的研究，是三年以来中国思想界的一个潮点。其在历史方面，郭沫若先生的《中国古代社会研究》要算是震动一世的名著。就大体看，他那独创的精神，崭新的见解，扫除旧史学界的乌烟瘴气，而为新史学开其先路的功绩，自值得我们的敬仰。"② 何干之也说："郭先生的《中国古代社会研究》及其他著作，是以易经、书经、诗经、甲骨文字、金石文字等史料，来追寻中国历史的开端。他的新史料和新见解，的确使无成见的人们叹服，确为中国古史的研究，开了一个新纪元……他的西周奴隶说，打破了一二千年来官学对中国古代史的'湮没'、'改造'和'曲解'，确是一桩破天荒的工作。"③ 这部书的撰写速度虽然神速④，但并非"急就章"，郭沫若为此做了相当长的准备。

首先是理论准备。郭沫若早期的信仰比较驳杂，具有强烈的张扬个性和泛神论色彩。1924 年，他翻译河上肇《社会组织与社会革命》，受到极大影响，说："这书的译出在我一生中形成了一个转换时期，把我从半睡眠里唤醒了的是它，把我从歧路的徬徨里引出了的是它，把我从死的暗影里救出了的是它，我对于作者非常感谢，我对于马克思、列宁非常感谢。"⑤ 随着他的马克思主义水平的提高，他在此后不久对河上肇的这本书也提出了批评，说该书某些地方"不是马克思主义的本旨。"⑥ 郭沫若精通日、英、德三门外语，他利用自己的外语工具，阅读了马克思的《资本论》、《政治经济学批判》，马克思与恩格斯合著的《德意志意识形态》，并做了大量的翻译工作和研究笔记，精心研读了恩格斯的《家庭、私有制和国家的起源》。在当时马克思主义著作很少有中文译本的情况下，这样的工作使他在先进理论的掌握方面捷足先

---

① 顾颉刚：《当代中国史学》，上海古籍出版社 2000 年版，第 96—97 页。
② 李霖编：《郭沫若评传》，现代书局 1932 年版，第 219 页。
③ 何干之：《中国社会史问题论战》，北京师范大学史学研究所 1980 年版，第 53 页。
④ 《郭沫若自传》，求真出版社 2010 年版，第 567—586 页。
⑤ 《郭沫若全集·文学卷》第 16 卷，人民文学出版社 1982 年版，第 10 页。
⑥ 同上。

登，占据了理论的制高点。他说："唯物史观的见解，我相信是解决世局的唯一道路。"① 自此以后，他在"写作上、生活上都有了一个方向。宇宙观，比较认识清了；泛神论，睡觉去了"②（《郭沫若同志答青年问》）。谈及唯物史观对他学问和人生的作用，他指出："辩证唯物论给了我精神上的启蒙，我从学习着使用这个钥匙，才认真把人生和学问上的无门关参破了。我才认真明白了做人和做学问的意义。"③

其次在资料方面，他自幼熟读四书、五经，以及先秦诸子之书，在《史记》、《资治通鉴》、《东莱博议》等史学名著方面，下过很深的工夫。这为他从事古史研究打下了良好的基础。他对《易》、《诗》、《书》的解释，精见颇多，如他说八卦的根柢很鲜明地"可以看出是古代生殖器崇拜的孑遗"④。他从八卦中揭示出二重的秘密性：一重是生殖器的秘密；二重是数学的秘密，从而驱散了笼罩在《周易》上面神秘的浓雾。他从卦辞和爻辞中看到远古现实生活的生动图景。《周易》这部神秘的占筮之书，在辩证唯物论的光照下，现出了它的社会存在之原形。由于《诗》、《书》、《易》的年代和真伪存在问题，郭沫若对这些典籍采取了比较慎重的态度，而把目光投向了出土资料甲骨文和彝器铭文。他从罗振玉、王国维的成果中获得启示，在很短的时间内，便解除了甲骨文字的秘密，获得了大量确凿没有被作伪的资料。这样，他在资料方面又取得优势。

由此可见，《中国古代社会研究》之所以一问世，就震惊学界，实在是由其理论和资料均走在学界的最前沿所决定的。这一点，郭沫若在该书的《序言》中似乎很自信地表达出来了："大抵在目前欲论中国的古学，欲清算中国的古代社会，我们是不能不以罗、王二家之业绩为其出发点了。我们所要的是材料，不要别人已经穿旧了的衣裳；我们所有的是飞机，再不仰仗别人所依据的城垒。"⑤

《中国古代社会研究》对一些史料的年代及其所反映的社会形态的论断，存在失误，作者本人对此毫不隐讳，并在以后的研究中不断地进

---

① 《郭沫若全集·文学编》第 15 卷，人民文学出版社 1982 年版，第 272 页。
② 《郭沫若同志答青年问》，《文学知识》1959 年第 5 期。
③ 郭沫若：《中国古代社会研究（外二种）》，河北人民出版社 2000 年版，第 1041 页。
④ 同上书，第 33 页。
⑤ 同上书，第 8 页。

行自我检讨和修正，但他在中国史学上的开风气之意义是不可磨灭的。多年后，郭沫若在作自我反省、自我批判的同时，依然抑制不住对该书的自负和欣赏："本书在思想分析的部分似有它的独到处，在十七年后的我自己也写不出来了。现在读起来，有些地方都还感觉着相当犀利"①。对于它的价值，有的学者比喻说："它好像是一件'古朴的艺术品'，产生于特定的时代；后人可以在这个基础上反复雕琢，加以改进，但却始终不能取代它的独有的'古朴'的风貌。"② 我认为这个比喻是恰如其分的。

郭沫若史学研究的旨趣是不断探索和追求新知。他说："人生如登山。今天这句话对于我却有了新的意义。登山不纯是往上爬，有时候是往下窜。爬过了一个高峰要到达另一个高峰，必须窜下一个深谷。今天我或许已窜到了一个深谷的绝底里，我又须得爬上另一高峰去了。""我能再活多少年，我就要再学多少年。我的学习的兴趣并没有减衰，不要让它减衰，无疑也就是我活在这人世上的一部分责任。"③ 他勉励北京大学学生的话"只问攀登莫问高"④，也是他治学精神的自白。他对自己的个性特点很清楚，说："我自己的兴趣是在追求，只想把没有知道的东西弄得使自己知道。知道了，一旦写出过，我便不想再写了。这是我的一个毛病，也许就是浪漫的性格。像编教科书那样的古典风味，我自己很缺乏。"⑤ 除了先秦史，郭沫若还研究了大量历史人物，如司马迁、蔡文姬、曹操、武则天、李白、杜甫、郑成功、李自成、李德裕、秦良玉等。在写成论文的基础上他还写了相关历史人物的剧本。他提出的新见解乃至对历史人物的翻案，大多引起了史学界的热烈争论，引领了学术潮流，有力促进了 20 世纪 50 年代学术界"百花齐放，百家齐鸣"局面的形成。

就性情和气质而言，郭沫若与梁启超比较相像：思维敏捷，写作快速；勇于承认错误、改正错误。他说："二十多年来我自己的看法已经

---

① 郭沫若：《中国古代社会研究（外二种）》，河北人民出版社 2000 年版，第 298 页。
② 瞿林东：《史学与史学评论》，安徽教育出版社 1998 年版，第 209 页。
③ 郭沫若：《中国古代社会研究（外二种）》，河北人民出版社 2000 年版，第 1044 页。
④ 《郭沫若书信集》（下），中国社会科学出版社 1992 年版，第 245 页。
⑤ 郭沫若：《中国古代社会研究（外二种）》，河北人民出版社 2000 年版，第 298 页。

改变了好几次，差不多常常是今日之我在和昨日之我作斗争。"① "错误是人所难免的，要紧的是不要掩饰错误，并勇敢地改正错误。把自己的错误袒露出来，对于读者可能也有一些好处。"② 新中国成立后，身居高位的郭沫若依然不乏学者的率真，谈及古史研究，他说："我自己研究古代已有二十几年了，只要有新的材料，我随时在补充我的旧说，改正我的旧说。我常常在打我自己的嘴巴。我认为这是应该的。人有错误是经常的事，错误能够及时改正，并不是耻辱。"③ "二十年来不断地在追求材料，也不断地在澄清自己。"④ 虚心承认错误，有错即改，这是科学的态度，也是"良史"应有的学术品德。郭沫若在这方面的做法值得尊敬。

然而，郭沫若在研究结论上的"多变"也引来了后人的非议，说他治学不够沉潜。其实郭沫若是一个严肃的历史学家，每一时期的研究成果都是他全力以赴取得的，代表了他当时的认识水平。他对自己的研究都是很自信的，并不轻易改变自己的观点。如他在《中国古代社会研究》中云："我自信我的这个观点是正确的。我想，凡是没有成见的人，见到本篇所举的一些古器物上的证明，当会不以我为夸诞。"⑤ 到40年代写《十批判书》，把自己的新认识写进《古代研究的自我批判》，并自信地认为可以使马克思主义史学阵营中与自己相左的史家改变他们的观点："只要有确凿的根据，我相信友人们是可以说服的。"⑥针对阵营强大的"西周封建说"，他坚定地表示自己的看法："大体上西周是奴隶社会的见解，我始终是维持的。这个见解在我自己是认为极关重要的揭发……然而西周是典型的奴隶社会则可毫无问题。"⑦ "我愿意再向读者自行推荐《十批判书》的《古代研究的自我批判》一篇。那儿的见解在我认为是比较正确的。"⑧

他在古史研究上做出重大改变的主要是两条，一是把殷代由原来认

① 郭沫若：《中国古代社会研究（外二种）》，河北人民出版社 2000 年版，第 4 页。
② 同上。
③ 《郭沫若全集·历史编》第 3 卷，人民出版社 1984 年版，第 107 页。
④ 同上书，第 113 页。
⑤ 郭沫若：《中国古代社会研究（外二种）》，河北人民出版社 2000 年版，第 258 页。
⑥ 同上书，第 1054 页。
⑦ 同上书，第 297 页。
⑧ 同上书，第 298 页。

为是原始社会更改为奴隶制社会，二是关于奴隶制与封建制的分期，即奴隶制社会何时向封建制社会转化。这第二条，他两易其说：30 年代的《中国古代社会研究》定为东周，40 年代的《十批判书》定为秦，到 50 年代初的《奴隶制时代》确定为春秋战国之交。此后，"春秋战国封建说"成为他的定论，再也没有变过。郭沫若的变，都是在确实发现了新的材料，有了更加确凿的证据后才变的，与那种轻浮的"多变"有质的不同。

尽管郭沫若为修正自己的认识而出现研究结论的"多变"，但他也有自己的"不变"，那就是：用辩证唯物论作为研究历史的思想武器不变；努力追求新材料的趣味不变；开拓新课题、只问攀登莫问高的探索精神不变。他的"多变"和"不变"，具有内在的联系。这种"变"与"不变"，对今天的学术发展来说，仍然不失其可贵的意义。

二　强调史料，尊重考据学

马克思主义史学被当今有的学者称作"史观派"史学，或"唯物史观派"史学（事实上在 20 世纪三四十年代就有人这么称谓，如朱谦之先生，但那有特定的时代背景，可以理解）。我一直对这种叫法不敢苟同。的确，中国的马克思主义史学创始人，从李大钊到郭沫若，都强调了史观对历史研究的价值。李大钊说："历史观的更新，恰如更上一层，以观环列的光景，所造愈高，所观愈广。""根据新史观，新史料，把旧历史一一改作，是现代史学者的责任。"① 郭沫若在准备写《中国古代社会研究》时，就定下了明确的目标："我主要是想运用辩证唯物论来研究中国思想的发展，中国社会的发展，自然也就是中国历史的发展。反过来说，我也正是想就中国的思想，中国的社会，中国的历史，来考验辩证唯物论的适应度。"② 长期的治史经验，使他更加坚信唯物史观对历史研究的效用，说："据我自己的体会，要了解'史学'及利用科学的方法来研究历史，或使历史工作科学化，首先是应该学习辩证唯物主义与历史唯物主义。这是我们的老师们给予我们的灯塔。在这光

---

① 李守常：《史学要论》，河北教育出版社 2000 年版，第 5 页。
② 《郭沫若自传》，求真出版社 2010 年版，第 566 页。

辉的照耀之下，我们才不至于在暗中摸索。在暗中有幸运的人也能摸出正确的道路，但那是事倍功半的，而且很容易窜入迷途邪路。"① 这是一个方面。但是，我们要看到另一个方面：（1）无论李大钊，还是郭沫若，他们都把史料和历史史实的考证看得极其重要；（2）他们从来都没有自称史观派，或者以"唯物史观派"相标榜。我真不知道在他们头上罩上一个"史观派"或"唯物史观派"的帽子，是对他们的赞扬还是贬低；也不知道对于这样的帽子，他们愿意不愿意接受，会不会接受。因此之故，郭沫若强调史料、尊重考据学的治学特点，才更加不容被忽视。

郭沫若的《中国古代社会研究》并没有多少谈论历史理论的内容，主要是对史料的时代、史料的真伪之考辨和阐释，里面充斥大量的引文、文字比勘、用字统计等。虽是关于社会形态的研究，但考据的色彩很浓。该书出版后，随即在中国史学界、思想界掀起了社会史大论战。此时避居日本的郭沫若完全没有参与国内的纷争，而是一下转向了甲骨文和殷、周铭文的专门研究，几年之内，创获丰厚，先后出版了 10 部考释之类的著作，依次为：《甲骨文字研究》、《殷周青铜器铭文研究》、《金文丛考》、《卜辞通纂》、《古代铭刻汇考》、《古代铭刻汇考续编》、《金文余释之余》、《两周金文辞大系图录》、《两周金文辞大系考释》、《殷契粹编》。以后他进行自我批判，与同道展开学术争论，都是强调证据，强调用史料说话，而没有在理论方面纠来缠去。

他对史学方法的说明也是强调史料的搜集和考证。郭沫若没有专门的史学理论或史学方法论著作，他在这方面的观点大都是结合自己的治学经验而发的，这里我们不妨多引用一点他的话语：

> 无论作任何研究，材料的鉴别是最必要的基础阶段。材料不够固然大成问题，而材料的真伪或时代性未规定清楚，那比缺乏材料还要更加危险。因为材料缺乏，顶多得不出结论而已，而材料不正确便会得出错误的结论。这样的结论比没有更要有害。②

---

① 《郭沫若书信集》（下），中国社会科学出版社 1992 年版，第 244 页。
② 郭沫若：《中国古代社会研究（外二种）》，河北人民出版社 2000 年版，第 599—600 页。

研究历史当然要有史料。马克思主张尽可能地占有大量资料，也说明资料对科学研究的重要。占有了史料，就必须辨别它的真假，查考它的年代，去其糟粕，取其精华，这一番检查的功夫，也就是所谓考据。这些工作是不可少的，是应该肯定的。①

固然，史料不能代替历史学，但在历史研究中，只有历史唯物主义的一般原理而没有史料，那是空洞无物的……没有史料是不能研究历史的。②

由于他如此看重史料的搜集和考辨，所以他对乾嘉考据学始终保持一种尊重和敬意。20世纪五六十年代，史学界对史、论关系争论激烈，强调理论的重要性者在当时的社会形势下占据上风。有人提出"以论带史"甚至"以论代史"的观点。对考据学、乾嘉考据学一般持批判态度。这种倾向也明显地反映在当时的《辞海》试行本"乾嘉学派"的词条中。郭沫若在审定该条时提出不同意见。针对该条"乾嘉学派多数脱离实际，考据烦琐"的评价，他指出："只这么两句否定语，把（乾嘉学派）可以肯定的一方面完全抹杀了。"并作出具体的分析和说明："'多数脱离实际'，不能归罪于经学家，应当归罪于当时的统治阶级。雍正的专制，乾隆时代的文字狱，把学者们逼得来不能不脱离实际。""经学家搞考据，在当时是对政治的消极反抗。应该用来和埋头于科举，终身陷于帖括之学而不能自拔的比一比。""要讲考据就不能嫌'烦琐'——占有材料。烦琐非罪，问题是考据的目的何在？但乾嘉时代人在高度的政治压力之下是不能更进一步有所作为的。"③ 他在一次会议上，还更加明确地对贬低考据学的倾向提出批评："解放以后，对资料收集和考证工作有一个时期曾加以轻视，把乾嘉学派说得一钱不值，这是有些矫枉过正的。"④

他在读袁枚的《随园诗话》时，对袁枚给予当时的乾嘉考据学的批评作了反批评，为乾嘉学者进行辩护："平心而论，乾嘉时代考据之学

① 《郭沫若全集·历史编》第3卷，人民出版社1984年版，第483页。
② 同上书，第486页。
③ 郭沫若：《对〈辞海〉未定稿的审阅意见》，《中国社会科学报》2012年11月14日。
④ 龚继民、方仁念：《郭沫若年谱》，天津人民出版社1982年版，第331页。

颇有成绩。虽或趋于繁琐，有逃避现实之嫌，但罪不在学者，而在清廷政治的绝顶专制……欲尚论古人或研讨古史，而不从事考据，或利用清儒成绩，是舍路而不由。就稽古而言为考据，就一般而言为调查研究，未有不调查研究而言之有物者。故考据无罪，徒考据而无批判，时代使然。"①

在别人对考据学大张其伐的时候，他却说："对搜集、考察史料的工作，不能一概加以否定。我们反对的是为考据而考据，以史料代替史学。但如有少数人一定要那样做，我认为也可以由他去，因为这总比'饱食终日，无所用心'的要好一些。"② 这是他历来主张的"考据无罪"在"左"的学术思潮下的一种反应。在当时的形势下，如此为考据学辩护，也是对从事考据研究的学者的一个保护。

他对疑古派的学术成就给予了很高的评价，说"顾颉刚的'层累地造成的古史'，的确是个卓识。从前因为嗜好的不同，并多少夹有感情作用，凡在《努力报》上所发表的文章，差不多都不曾读过。他所提出的夏禹的问题，之前曾哄传一时，我当时耳食之余，还曾加以讥笑。到现在自己研究了一番过来，觉得他的见识是有先见之明。在现在新的史料尚未充足之前，他的论辩自然并未能成为定论，不过在旧史料中作伪之点大体是被他道破了。"③ 他说过不少讥讽胡适的话，有些话现在看来带有感情气用事的成分，有失公允，但他对胡适在考据方面的见识和成绩也表示了赞许："胡适对于古史也有些比较新颖的见解，如他以商民族为石器时代，当向甲骨文字里去寻史料；以周、秦、楚为铜器时代，当求之于金文与诗。"④ "胡适的见解，比起一般旧人来，是有些皮毛上的科学观念。我前说他在《中国哲学史大纲》中'对于中国古代的实际情形，几曾摸着了一些儿边际'，就《古史辨》看来，他于古代的边际却算是摸着了一点。"⑤ 他非常重视地下发掘，认为地下材料每每是决定问题的关键，因为"这些古物正是目前中国古代史的绝好资

① 《郭沫若全集·文学卷》第16卷，人民文学出版社1982年版，第394—395页。
② 《郭沫若全集·历史编》第3卷，人民出版社1984年版，第486页。
③ 郭沫若：《中国古代社会研究（外二种）》，河北人民出版社2000年版，第291—292页。
④ 同上书，第290页。
⑤ 同上书，第291页。

料，特别是那铭文，那所记录的是当时社会的史实。这儿没有经过后人的窜改，也还没有甚么牵强附会的疏注的麻烦。我们可以短刀直入地便看定一个社会的真实相，而且还可借以判明以前的旧史料——多半都是虚伪。"① 对书籍的校勘，他看得也很重要。40 年代，他在校对完《青铜时代》和《十批判书》之后，颇有感慨，认为校书并非易事，关系学术的进展，并且说："中国假如专由我辈校对，而由更笃实的学者著书，学术界的进展谅必大有可观了。"② 50 年代，他对《资治通鉴》的标点问题表示了关切，在致尹达的信中道："《资治通鉴》的标点，据说大有问题，把司马光和胡三省合在一道去了，不知确否？如信然，足见标点古书也不轻松。"③

由此可见，郭沫若把资料看得与掌握唯物史观同等重要，甚至有过之而无不及。因为他说"没有史料是不能研究历史的"。"只有历史唯物主义的一般原理而没有史料，那是空洞无物的。炊事员仅抱着一部烹调术，没有做出席面来，那算没有尽到炊事员的责任。"他对史料考辨所下的工夫，并不比专言考据的学者少。他 30 年代出版的甲骨文、金文著作体现了这一点，50 年代从事的《管子集校》同样反映了他对版本校勘、史实考据的重视，体现了他在整理史料方面的工夫和功力。他重视扩充新史料、推重考据学的这一特点，实在不是一个"史观派"的帽子所能笼罩住的。时移世易，风潮转换，但郭沫若在史料整理和考释方面的成果，其价值依然存在，依然熠熠生辉，光彩夺目。

三　以情智交融之文笔，传古老历史神韵

从思维特点上说，史学和文学的差别很大。史学强调证据，文学需要想象；史学重视理性，文学倾注情感；史学追求的是史实的真，文学追求的是艺术的美。所以，李大钊说："其实研究历史的学者，不必为文豪，为诗人；而且就史实为科学的研究，与其要诗人狂热的情感，毋宁要科学家冷静的头脑。"④ 然而，史学成果必须用语言文字才能表达

---

① 郭沫若：《中国古代社会研究（外二种）》，河北人民出版社 2000 年版，第 240 页。

② 《十批判书》插页，收入群益出版社 1945 年初版本，以后改版时不见了。

③ 中国郭沫若研究学会：《郭沫若史学研究》，成都出版社 1990 年版，第 400 页。

④ 李守常：《史学要论》，河北教育出版社 2000 年版，第 296 页。

出来，史学的文字表达也需要艺术，需要史家的才华。孔子说的"言之无文，行而不远"，刘知几提出的史才三长，都是讲的史学的文字表达问题。这又表明，史学与文学有着紧密的联系。郭沫若既是史学家又是文学家。在研究历史时如何尽量不受文学的情感和想象的不利影响，在写作历史时如何发挥文学的特长，都是他需要处理好的问题。从郭沫若的史学实践看，他比较成功地解决了文、史关系问题，在历史的艺术性表述方面，具有自己鲜明的特色。

首先，郭沫若的历史研究和写作，遵循历史学的学术纪律，富有史学家的理性精神。他说："我是以一个史学家的立场来阐明各家学说的真相。我并不是以一个宣教师的态度传播任何教条。"① "是什么还他个什么，这是史学家的态度，也是科学家的态度。"② "批评古人，我想一定要同法官断狱一样，须得十分周详，然后才不致有所冤屈。"③ 在与不同的学术观点进行争辩时，他提出了"平正"一词，说："在我认为答覆歪曲就只有平正一途。我们不能因为世间上有一种歪曲流行，而另外还他一个相反的歪曲。矫枉不宜过正，矫枉而过正，那便是有悖于实事求是的精神。敌对者不仅不能被你克服，而且你将要为敌对者所乘，把问题弄得更加纷拏的。"④

其次，郭沫若的历史写作在准确的基础上，追求生动、优美。枯燥的思想史内容在他笔下灵动鲜活；深奥难解的《诗经》《离骚》经他翻译，于古典美中有生活的气息在荡漾。他对经典的描述往往既有哲理又不乏形象。试看在《中国古代社会研究》中他论述《周易》的"发端"：

> 《周易》是一座神秘的殿堂。
> 因为它自己是一些神秘的砖块——八卦——所砌成，同时又加以后人的三圣四圣的几尊偶像的塑造，于是这座殿堂一直到二十世纪的现代都还发着神秘的幽光。
> 神秘作为神秘而盲目地赞仰或规避都是所以神秘其神秘。

---

① 郭沫若：《中国古代社会研究（外二种）》，河北人民出版社 2000 年版，第 589 页。
② 同上书，第 590 页。
③ 同上书，第 1057 页。
④ 同上书，第 1054 页。

神秘最怕太阳，神秘最怕觌面。

把金字塔打开，你可以看见那里只是一些泰古时代的木乃伊的尸骸。①

这段诗化的语言精到地指出了《周易》的特点、前人对它的态度、今人应有的态度、《周易》蕴含的历史信息。虚实相衬，引人入胜。这类例子在郭沫若的史著中是很多的。有人评论说："郭沫若的史学著作，一直能够吸引广大读者，除了他的论述缜密、材料丰富、鞭辟入里、奇峰迭起之外，还有他文字上的强大魅力。他的文字有如高山流水，一泻千里；有如波涛汹涌，气象万千。给人一种美的关照，美的享受。"②郭沫若的健笔，的确令人赞叹。

第三，郭沫若的历史研究和历史写作，意在挖掘历史精神，传达历史神韵。他说："史学家是发掘历史的精神，史剧家是发展历史的精神。"③在郭沫若看来，研究历史和写作历史，就是与历史对话，与历史人物对话，揭开历史的面纱，展示历史的风采和神韵，给今人以情操的陶冶，成败的教训，智慧的启迪。因此，他认为："要'依据真实性、必然性'，总得有充分的史料和仔细的分析才行。仔细的分析不仅单指史料的分析，还要包括心理的分析。入情入理地去体会人物的心理和时代的心理，便能够接近或者得到真实性和必然性而有所依据。"④他在历史写作的追求上与张荫麟有相同的旨趣，即主张在历史中表现"感情、生命和神采"。因此，他在历史研究的同时，还致力于历史剧的创作。他说："我是很喜欢把历史人物作为题材而从事创作的，或者写成剧本，或者写成小说。"⑤"我是想把科学和艺术在一定程度上结合起来，想把历史的真实和艺术的真实在一定程度上结合起来。史剧创作要以艺术为主、科学为辅；史学研究要以科学为主、艺术为辅。"⑥

把历史的真实性和艺术的真实性结合得恰到好处，达到高度的统

---

① 郭沫若：《中国古代社会研究（外二种）》，河北人民出版社 2000 年版，第 32 页。

② 中国郭沫若研究学会：《郭沫若史学研究》，成都出版社 1990 年版，第 90 页。

③ 《沫若文集》第 13 卷，人民文学出版社 1961 年版，第 16 页。

④ 《郭沫若全集·文学编》第 8 卷，人民文学出版社 1982 年版，第 245 页。

⑤ 《郭沫若全集·历史编》第 4 卷，人民出版社 1984 年版，第 3 页。

⑥ 《郭沫若全集·文学编》第 8 卷，人民文学出版社 1982 年版，第 125 页。

一，是历史写作的最大难题。章学诚认为："文章以叙事为最难，文章至叙事而能事始尽。"① 他这里说的叙事文章，就是指的历史写作。为什么章氏说历史写作最难？我认为最难就最难在既要符合历史实际，又要把历史的精神准确地发掘出来，传达出来。他把"圆而神"作为历史编纂的最高境界，道理就在这里。郭沫若的历史写作，是向着这个最难的目标追求的，虽然不能说他的所有作品都成功，有的甚至还有明显的瑕疵，但这种历史写作旨趣是正确的，是值得赞赏的。

郭沫若的史学，内涵丰富，特色鲜明，是中国现代史学的佳品，也是中华民族文化的瑰宝。对于这样一位为中国革命和学术事业作出了重大贡献的学者，人们理当给予他应有的尊敬。对于他的不足和局限，当然也要进行认真地分析和深刻地反思，但不应无原则地渲染和放大。刻意抹黑和肆意贬低他，都经受不住时间的考验。

---

① 《章学诚遗书》，文物出版社1985年版，第685页。

建国后翦伯赞对新中国史学发展的贡献

陈海军　谷崇峰

翦伯赞是中国现代史上著名的马克思主义史学家，其一生都致力于马克思主义史学的研究工作。清算"传统史学"、"资产阶级史学"，建立马克思主义新史学构成了新中国成立后翦伯赞史学活动的全部内容。他对"历史主义"的有关论述，是新中国成立后17年史学理论研究中最富有学术意义的成果。本文着力分析、归纳建国后翦伯赞主要的史学思想和史学观点，力求能较为全面地评价翦伯赞对新中国史学发展的贡献。

一　倡导"历史主义"

历史主义是翦伯赞史学理论遗产的核心，也是建国后十七年中国历史学界史学理论研究方面的最重要成果。历史主义是历史学的一个概念范畴，其具体的内涵为历史研究，要从客观历史现象的具体历史条件出发，将产生历史现象的各种历史条件联系起来进行研究，从历史现象的辩证发展中进行研究，要忠于历史，按照历史的本来面目来描述历史。翦伯赞倡导历史主义就是为了抵制当时史学界极"左"思潮的泛滥，是对当时史学界流行的实用主义、教条主义与主观主义的否定与反动。

（一）"除了阶级观点以外，还要有历史主义"

"文革"期间，翦伯赞遭到的最大指控就是意图以"历史主义"

"代替马克思列宁主义的阶级斗争理论"①。翦伯赞在此时历史研究中所倡导的历史主义，不仅仅是一种辩证的思维方法，更主要的是试图廓清庸俗、狭隘的阶级观点的恶劣影响，以指导历史研究的理论旗帜。翦伯赞在《目前史学研究中存在的几个问题》一文中，专门论述了"阶级观点与历史主义"的关系问题。他认为对待任何历史问题时，"除了阶级观点以外，还要有历史主义"。"必须把阶级观点与历史主义结合起来。如果只有阶级观点而忘记了历史主义，就容易片面地否定一切；只有历史主义而忘记了阶级观点，就容易片面地肯定一切。只有把二者结合起来，才能对历史事实作出全面的公平的论断。"② 翦伯赞在这里所讲的是要求人们在用阶级观点分析历史问题时，要实事求是，要放到具体的历史条件下去考虑，要从具体的史实出发。翦伯赞在文章中强调了历史主义的重要性，同时也指出"过分强调历史主义，用历史主义来辩护落后的东西，也不是马克思主义而是客观主义。"③ 他认为历史主义必须具有阶级观点的内容，否则就会成为客观主义。通过上述的分析，我们不难发现"除了阶级观点以外，还要有历史主义"这句话其实意在表述历史研究者的"立场"与"历史研究方法"问题。历史主义只有具备了无产阶级的治史立场，才会成为马克思主义史学的历史主义，而不是客观主义。翦伯赞提出的阶级观点与历史主义的关系，我们从治史立场与治史方法来理解未尝不可。我们不必过多地把目光停留在翦伯赞对"历史主义与阶级观点"关系的表述上，只要细读翦伯赞写著的有关文章，就会发现"他所殷切致意的，只是治史当从史实出发，史家当根据实迹研究历史，尤其要讲求按特定的历史条件从事分析，并就此作出既符合理论要求也不违背政策精神的'实事求是'的论述。"④

（二）"应该历史主义地对待农民战争"

"应该历史主义地对待农民战争"是针对建国后，特别是 1958 年"史学革命"中把旧式农民战争新民主主义革命化的现象而提出来的。翦伯赞认为研究农民战争，要把其放到具体的历史条件中去考察、认识

---

① 戚本禹等：《翦伯赞同志的历史观点应当批判》，《红旗》1966 年第 4 期。
② 翦伯赞：《目前史学研究中存在的几个问题》，《江海学刊》1962 年第 6 期。
③ 同上。
④ 许冠三：《新史学九十年》，岳麓书社 2003 年版，第 438 页。

和把握，要实事求是的去描述历史上农民战争的面貌。翦伯赞在《对处理若干历史问题的初步意见》一文中提出了农民"三反三不反"的著名论断：

农民反对封建压迫、剥削，但没有，也不可能意识到把封建当作一个制度来反对。农民反对封建地主，但没有，也不可能意识到把地主当作一个阶级来反对。农民反对封建皇帝，但没有，也不可能意识到把皇权当作一个主义来反对。①

"三反三不反"的论断，是翦伯赞眼中中国封建社会农民的真实写照。翦伯赞认为中国封建社会中的农民是不会意识到把地主当作一个阶级、把封建当作一个制度、把皇权当作一个主义来反对的。农民反对地主阶级、封建制度、皇权主义的斗争是自发的，而不是自觉的。农民反对的只是具体的"个人"，而不是整个的地主阶级与封建制度。所以，翦伯赞指出"在写农民战争的时候，不要忘记农民战争是发生在封建时代，不要忘记农民是小所有者，也不要忘记农民并不代表新的生产力。"②

翦伯赞关于农民"三反三不反"的论断，是当时对农民和农民战争的一种崭新认识，是对当时农民意识至上的反动，至今仍闪耀着真理的光辉。

（三）应该历史主义地对待历史上的民族关系

中国是一个多民族的国家。如何处理汉族与各少数民族之间的关系，是新中国成立后我国政府所尤为重视的问题。相应地，民族关系史研究亦为史学界所关注。翦伯赞，作为一名少数民族的史学家，他对民族关系史研究有着极高的热情，在多篇文章中都对此有所涉及，并有专论问世。翦伯赞认为进行民族史研究时，应该历史主义地对待历史上的民族关系。翦伯赞主张用民族平等的原则来"处理历史上的民族关系问题。"但是，他认为在运用民族平等的原则进行历史研究时，也必须坚持历史主义的原则。"这种民族平等的政策只有在我们今天的时代才能出现，如果把我们今天的民族政策去要求历史上的古人，那就是非历史

---

① 翦伯赞：《对于处理若干历史问题的初步意见》，《北京大学学报》1978 年第 3 期。
② 同上。

主义的，因而也是错误的。"① 这是翦伯赞对当时这种不加分析、生搬硬套地运用民族平等原则进行民族关系史的研究提出的批评。针对当时出现的误用民族平等原则进行民族关系史研究的现象，翦伯赞对民族平等原则进行了精辟的分析，他认为"民族平等是指各民族享有的权利，不是指的各民族在历史上所起的作用，权利应该是平等的，作用是不可能平等的"②。基于对民族平等原则的上述认识，翦伯赞提出了一系列体现着历史主义原则的重要论点：在阶级社会历史时期中，民族之间的关系是不平等的；中国历史是各民族共同创造的历史，汉族在历史上起着主导作用；历史上，各族人民之间的友好往来是民族关系发展的主流，但民族间的战争则是历史上民族关系史的重要侧面。这些论点再现了历史上民族关系的真实面目，对当时及以后的民族关系史研究产生了重要的影响，推动了我国民族关系史研究的发展。

（四）应该历史主义地对历史人物进行评价

翦伯赞主张用历史主义的方法对历史人物进行评价，评价时要从历史唯物主义的观点出发，要严格地联系到这个历史人物所处的历史时代和历史条件，要考虑到历史的局限性。他批评了当时进行历史人物评价的四种非历史主义倾向。③ 一是"离开具体的历史条件，对历史人物提出过分的要求，甚至用今天的标准去要求历史人物"。二是忽视历史人物的历史局限性，给予过分的或不适当的表扬，使其现代化、理想化。三是把过去的历史人物或事件作一种轻率的历史类比，甚至不科学地把他们等同起来。四是为了避免大汉族主义，把一些和少数民族进行过战争的历史人物都要说成为侵略者。翦伯赞通过对具体历史人物的分析对这四种非历史主义倾向作了令人信服的批评。归根结底，这种非历史主义倾向产生的主要原因在于史学研究者在进行历史人物评价时与历史人物所处的具体的历史时代和历史条件相脱离。研究历史需从实际出发，从具体的史实出发。不能因为现实的需要，而对历史人物进行不适当的甚至是歪曲的评价。翦伯赞肯定了个别杰出人物在历史上所起的一定作

---

① 翦伯赞：《关于历史人物评论中的若干问题》，《历史教学》1952 年第 9 期。
② 翦伯赞：《关于处理中国历史上的民族关系问题》，载《翦伯赞历史论文选集》，人民出版社 1980 年版。
③ 翦伯赞：《关于历史人物评论中的若干问题》，《历史教学》1952 年第 9 期。

用，"不要依据简单的阶级成分一律加以否定，要按照他们对历史所起的作用和对历史所作的贡献的大小给他们应有的历史地位和恰如其分的评价"①。正是基于评价个别杰出人物的原则，于是，才有了翦伯赞对历史人物曹操、武则天翻案的文章。这些翻案文章恰是翦伯赞对历史人物评价原则的最好注脚。

翦伯赞还对评价人民群众的原则进行了阐述，他认为"人民群众是历史的主人，这是我们写历史的基本原则"。但是在写历史的时候，"应该用历史观点对待这些历史上的劳动人民，不要依照现代无产阶级的样子去塑造他们的形象"。在歌颂劳动人民时，"还要指出他们的历史局限性，指出他们在生产中的保守性、分散性和落后性"②。历史主义是翦伯赞评价一切历史人物的指导准则。

二　倡导民族史研究

20 世纪三四十年代时，翦伯赞就开始注意中国各民族历史的研究。他在早期著作《历史哲学教程》（1938 年）中，就多次提到研究中国历史上各民族的重要性。在稍晚出版的《中国史纲》（一、二卷）中，翦伯赞重视我国各民族在历史上的地位与作用，用专节来论述中国各民族的历史与社会。香港史学家许冠三认为"极端关心少数民族在中国历史中的地位"是翦伯赞史学研究的一大特色。③ 许氏所语虽有过激之嫌，但是恰切说明了翦伯赞对民族史研究的重视。新中国成立后，翦伯赞更加注重对中国各民族历史的研究，在多篇文章中号召历史研究者要重视对中国各民族历史的研究，提出了自己关于民族史研究的一些见解与主张。翦伯赞在民族史研究领域的贡献主要表现在以下方面：

（一）主张写"包括中国境内各族人民的历史在内的真正的中国历史"

"大汉族主义历史观"是翦伯赞所批判的一种历史观。他认为"大汉族主义"是中国封建时代的史学家用于维护种族统治的工具。用这种历

① 翦伯赞：《对于处理若干历史问题的初步意见》，《北京大学学报》1978 年第 3 期。
② 同上。
③ 许冠三：《新史学九十年》，岳麓书社 2003 年版，第 416 页。

史观写就的历史不是真正的"中国历史"，只能是汉族人民的历史。他认为"应该批判那种站在大汉族主义的立场上所写的历史，要重新写著包括中国境内各族人民的历史在内的真正的中国历史。""中国历史不只是汉族的历史，而是中国境内各族人民历史的总和。"① 他认为在研究各族人民的历史时，要承认汉族人民在历史发展中的主导作用及所占的重大比重，但是也要认识到汉族人民的历史只是"中国历史的一个主要的组成部分而不能是全部"②。翦伯赞还对怎样写作"真正的中国历史"提出了自己的看法，他认为要写"包括中国境内各族人民的历史在内的真正的中国历史"，首先"应该把汉族历史的研究联系到中国境内各族人民的历史的研究"。其次，"应该根据具体的历史事实，对中国历史上的种族问题予以合理的说明"③。翦伯赞在具体的实践中贯彻了写"包括中国境内各族人民的历史在内的真正的中国历史的"主张，他主编的《中国史纲要》从中国是一个多民族国家的概念出发，坚持"历史主义"的原则，以较大的篇幅介绍了各少数民族的历史，对少数民族的历史活动进行了客观的评价，突出了中国历史是我国各民族共同创造的思想。

（二）主张民族关系史研究应该贯彻民族平等原则

"民族平等"是我国在新中国成立后处理各民族关系时的一个根本原则。翦伯赞认为"这种原则，适用于处理当前的民族问题，也适用于处理历史上的民族问题"④。翦伯赞在历史研究中对民族平等原则的运用，不是简单、生硬的挪用，而是对其有着自己独到的见解。他认为"用民族平等的原则来处理历史上的民族关系，并不是用一种简单的方法把不平等的民族关系从历史上删去，或者从那些不平等的民族关系中挑选一些类似平等而实际上是不平等的民族关系说成是平等的；而是揭露历史上的不平等的民族关系，用历史唯物主义的观点，批判的态度，指出那些不平等的民族关系的历史根源和历史实质。"⑤ 翦伯赞主张在

---

① 翦伯赞：《怎样研究中国历史》，《新建设》1950 年第 2 期。
② 同上。
③ 同上。
④ 翦伯赞：《关于处理中国历史上的民族关系问题》，载《翦伯赞历史论文选集》，人民出版社 1980 年版。
⑤ 同上。

民族关系史研究中坚持民族平等的原则，实质上是想确立历史研究的主体对客体——汉族和各少数民族之间进行研究时所持的客观态度，摒弃历史研究中的汉族中心主义，汉族与各少数民族都是各自独立的历史研究客体，互不从属。

翦伯赞所主张的民族平等原则，实际上也包含着历史主义的原则。重视研究各少数民族的历史，写"包括中国境内各族人民的历史在内的真正的中国历史"等既是对民族平等原则的贯彻，也是对中国历史发展实际的真实写照，体现了历史主义的精神。翦伯赞认为"对于历史上汉族与其邻近各族之间的问题应根据具体的史实，进行具体分析，不可一概而论"①。

（三）主张在阶级社会的历史时期，只有民族同化，没有民族融合

翦伯赞针对当时历史研究中在论述历史上的民族关系时，研究者总是尽量用"融合"代替"同化"一词现象，提出了"在阶级社会的历史时期，只有民族同化，没有民族融合"观点。他科学地分析了"同化"与"融合"的定义，指出民族同化是指"大的、生产力高的民族使小的、生产力低的民族同化于自己"。民族融合不是"以一个大的、生产力高的民族为主体而使其他的民族同化于它，而是在国际共产主义的基础之上的各民族的平等的融合和高度的统一"。他认为民族融合在阶级社会不能实现的原因是，缺乏最主要的前提条件——消灭民族对民族的压迫剥削。尽管，民族融合不可能在阶级社会中实现，但它是"历史发展的必然趋势，是进步的现象"。不能因为民族融合是进步的，"就把它提前塞进历史，就把阶级社会的民族关系，一律说成是民族融合。"这不符合历史事实。虽然，民族同化"大半带有程度不同的强制性"②，但翦伯赞肯定了它的历史进步性。民族同化之所以具有进步性，是因为落后民族加入了先进民族的经济和文化体系，落后民族得以实现文明化。上述观点，只是翦伯赞用以考察历史上的民族关系时的认识，并不代表着他同意在处理现实的民族关系时运用同化政策，因为同化政

---

① 翦伯赞：《怎样研究中国历史》，《新建设》1950 年第 2 期。
② 翦伯赞：《关于处理中国历史上的民族关系问题》，载《翦伯赞历史论文选集》，人民出版社 1980 年版。

策是"用强迫的办法，用命令来消灭另一民族的特征"。

（四）主张根据具体的历史情况，处理民族之间的战争与和平的问题

翦伯赞认为"民族之间的正常的和主导的关系应该是和平相处"，只有在民族矛盾激化到不可调和时才会爆发战争。他批判了美化与丑化汉族与少数民族之间的战争不实的说法，认为要判断一场战争的性质，"不是根据民族的大小，也不是根据民族的先进与落后，而是根据构成这个战争的具体历史情况"。在讲民族战争时，他反对"强调民族战争，并过高估计这种战争作用"的提法，也反对"少讲或不讲战争"的提法。在处理中国历史上的民族关系时，他认为"不强调战争是对的"，那是因为"我们没有必要把历史上所有的疮疤都揭露出来，但如果认为所有的战争都可以不讲，那就是因噎废食"。要讲主要的战争，主要战争是民族矛盾的集中体现。不讲主要战争，就是忽视了民族矛盾作为阶级社会历史中的重要一面。翦伯赞提到历史上各族劳动人民的友好往来时，指出应当把它们放到一定的历史范围内来考察，否则就会成为使具体的史实抽象化。提到民族战争，自然会牵涉民族英雄的评价问题。翦伯赞认为阶级社会中没有"既代表着本民族广大人民的利益，又不损害其他各族人民的利益"的英雄，他们要受到阶级性和时代性的限制。他们之所以能被称为民族英雄，是因为他们能在一定程度上突破阶级性限制，其活动不仅有利于本阶级，"而且在客观上被提到种族或民族的意义上"①。

新中国成立后，翦伯赞对民族史研究充满了超乎寻常的兴趣，对民族史研究倾注了大量的心血。可以说，翦伯赞对中国各民族历史的重视超过了同时代以及前时代的任何一位历史学家。他对民族史研究的重视，既是对史学界中长期处于统治地位的大汉族主义历史观的一种反动，也是对新中国成立初少数民族在中国社会中的待遇及地位的一种现实关怀的体现。翦伯赞是维吾尔族，他对民族史研究的强烈兴趣，可以从其族属背景中得到部分解释。翦伯赞对民族史的研究有力地推动了中

① 翦伯赞：《关于处理中国历史上的民族关系问题》，载《翦伯赞历史论文选集》，人民出版社 1980 年版。

国史学的发展。

三　主张"观点与史料的统一"

"观点与史料的统一"，是翦伯赞史学思想的一个重要论断。这一论断，是翦伯赞针对当时史学界所讨论的史与论的关系而提出的。史与论的关系作为一个热点问题而被提出、讨论，始于新中国成立初期。当时，由于中共执政党地位的确立，马克思主义史学一跃而成为主流史学。这一时期，史学界还不是马克思主义史学一统的世界。有些历史学家以史料考据作为治史的唯一方法，不重视理论，主张"史料即史学"。在思想改造运动中，这些史学家就成为改造的对象，重史料、轻理论的倾向遭到了批评。随后，在1954年对胡适考据学的集中批判中，史学界对这一倾向的批评达到了高潮，又开始出现重视理论、轻视史料的倾向。翦伯赞对这两种倾向都进行了批判，他主张"观点与史料的统一"。

翦伯赞主张"观点与史料统一"，不是源自于新中国成立后的诸多史与论关系的讨论之中，其早期著作《中国史纲》中就是这一主张的践行之作，是史论结合的典范。新中国成立后，翦伯赞对史与论关系的相关阐述，是因不同的批判对象而有所侧重的。翦伯赞批判"唯史料论"，认为"不论史料怎样重要，总不能说'史料即史学'"①。翦伯赞反对把史料当作史学的说法，但是他并不反对史料本身。相反，翦伯赞还十分重视史料，在史料学上的造诣"并不次于一般专业史学家，有些见解且在他们之上"②。他说："马克思主义者从来不反对史料，而且十分重视史料。"他们之所以重视史料是"要通过对史料的分析、概括，解决历史上的重大问题"。而"唯史料论"者则是把"历史研究停止在史料的采集"。他认为"史料是重要的，但更重要的是理论。不用正确的理论来分析研究，史料等于废物。"③ 他认为我们对理论的学习还不够，"这主要表现在我们还没有学会怎样应用理论去分析具体历史问题，

---

① 翦伯赞：《历史科学战线上两条路线的斗争》，《人民日报》1958年7月15日。
② 许冠三：《新史学九十年》，岳麓书社2003年版，第438页。
③ 翦伯赞：《目前历史教学中的几个问题》，《北京大学学报》1959年第2期。

因而在讲授历史的时候，理论与资料不能很好地结合，不能把理论贯串在史料之中。只要碰到具体的历史问题，理论和史料就分了家，史料归史料，理论归理论，分道扬镳，各不相关。"因此，他认为"目前最主要的问题是加强理论的学习"①。翦伯赞在批判"唯史料论"中，强调了历史研究者学习理论、运用理论的重要性，这符合当时的历史实际。当"以论带史"的提法，在史学界横行时，翦伯赞认为"这种提法带有很大的片面性，是一种不正确的提法。因为这种提法很容易令人误会研究历史要从理论出发，而不要从史实出发。""'以论带史'的提法，必须废除，正确的提法应该是'观点与史料的统一'。"②

翦伯赞的"观点与史料统一"的主张，具有丰富的现实意义。这一主张要求研究历史要从实际出发，从具体的史实出发，"从具体史实的科学分析中引出结论"，"不要先提出结论，把结论强加于具体的史实"③。"一般的理论或概念只是研究历史的指导原则，不是出发点。"④事实上，翦伯赞提出了历史研究的通则，一切研究须以详尽地占有史料为前提。"观点与史料统一"论的提出，是对当时史学界出现的极"左"思潮的反动，极为有力地批判了"忽视史料"、"重视史料就是资产阶级思想"、"史论分离"、"以论代（带）史"等不正确的提法，在一定程度上维护了当时的史学研究。"观点与史料的统一"论，是翦伯赞对中国马克思主义史学的发展。

四 主张历史学的科学性重于革命性

为革命而研究历史，使历史成为无产阶级从事政治斗争的工具，是翦伯赞在新中国成立前对历史学社会作用的认识。翦伯赞曾写著《桃花扇底看南朝》、《论明代的阉宦及阉党政治》等数十篇影射史学的文章，配合了当时中共对国民党的政治斗争。新中国成立后，随着社会形势与历史学科的正常发展，翦伯赞开始重新思考历史学的社会作用问题。

翦伯赞率先对自己以前使用的"影射史学"进行了批评。翦伯赞在

---

① 翦伯赞：《目前历史教学中的几个问题》，《北京大学学报》1959 年第 2 期。

② 翦伯赞：《关于史与论的结合问题》，《光明日报》1962 年 2 月 14 日。

③ 翦伯赞：《对于处理若干历史问题的初步意见》，《北京大学学报》1978 年第 3 期。

④ 翦伯赞：《关于史与论的结合问题》，《光明日报》1962 年 2 月 14 日。

《关于历史人物评论中的若干问题》一文中，阐述了以古喻今的影射史学的方法产生的不良影响。他认为："以古喻今的办法，不但不能帮助人们对现实政治的理解，而是相反地模糊了人们对现实政治的认识。特别是今天的现实与历史上的现实已经起了本质上的变革，把历史上的现实和今天的现实等同起来，那不是把历史上的现实现代化使之符合今天的现实，就是把今天的现实古典化去迁就历史上的现实，两者都是非历史主义的，因而都是错误的。"① 他在此后还进一步撰文指出历史研究中"不要类比，历史的类比是很危险的"，"不要影射，以古射今或以今射古"②。上述议论，表明翦伯赞对历史学在新时期社会作用问题所作的思考。

翦伯赞主张历史学要为政治服务。他认为历史学为政治服务，不是为政治运动服务，"而是为一定的阶级在一定时期的需要服务"，"要为无产阶级、为社会主义革命和建设服务，""是要总结历史上生产斗争和阶级斗争的经验，包括成功的经验和失败的经验，用这种经验的总结为政治服务；而是探求历史发展的规律，指出历史发展的倾向，用规律性和倾向性的知识为政治服务"③。历史学不为现实斗争服务，是对当时"历史学为阶级斗争服务"的否定。翦伯赞的历史学为政治服务的主张，极具现实意义。

历史学要为政治服务，体现了历史学"致用"的一面。但是历史学作为一门学科，有其科学发展的内在要求——"求真"。"致用"与"求真"的关系，也就是革命性与科学性的关系，是翦伯赞当时所面临的一个问题。他从发展马克思主义史学的高度以及对现实的强烈关怀回答了这一问题："历史学是一门科学，第一是科学性，第二是革命性。"④ 翦伯赞将科学性置于革命性之前，尊重了历史学作为一门学科的性质，是对马克思主义史学的新发展。主张历史学的科学性重于革命性，是翦伯赞对新中国成立后历史学所承担的社会作用的清醒认识与把握。

（作者单位：山东大学出版社；山东财经大学）

---

① 翦伯赞：《关于历史人物评论中的若干问题》，《历史教学》1952年第9期。
② 翦伯赞：《对于处理若干历史问题的初步意见》，《北京大学学报》1978年第3期。
③ 翦伯赞：《目前史学研究中存在的几个问题》，《江海学刊》1962年第6期。
④ 翦伯赞：《关于历史教学和研究的几个问题》，《广西师范学院学报》1978年第4期。

马克思主义史学家翦伯赞与社会经济史研究

赵少峰

翦伯赞先生是著名的马克思主义史学家，他是中国共产党党员，是早期积极宣传历史唯物主义的革命者之一，也是以历史唯物主义为指导，进行中国历史研究的史学家。新中国成立前，翦伯赞先生不仅研究历史，而且以实际行动投入到革命的大潮中，谱写了波澜壮阔的历史篇章。由于具有海外留学背景和经历，他在长期的教学和社会实践活动中，对社会经济发展研究投入了很大的精力，取得了一系列成果。本文以翦伯赞的社会经济史研究历程、社会史论战中的社会经济思想以及对资本主义、社会主义社会经济研究为对象，论述其学术成就。

一　社会经济史研究历程

翦伯赞先生是湖南省桃源县人，维吾尔族。自小受到良好的教育。他初中毕业后，考取了北京政法专门学校，因不满学校在北洋军阀控制下的教学模式，更不同意当局中政客、官僚把学校看做是宣传政见的重要场所，发誓要离开这里，南下转入武昌商业专门学校就读。在这所商业学校里面，翦伯赞先生学习了康德、黑格尔等西方哲学思想，对形式逻辑学产生了兴趣。他将新学到的思维方法与过去所学的中国史知识结合起来，开始研究中国经济史。这个研究方向得到了有关教授的支持，他从此钻入了中国古典文献的知识海洋之中。在毕业时，他写出了一篇长达五万余言的毕业论文《中国币制史》。指导教授的评语写道："论证如百川汇海，千山云集"①，赞扬论文资料翔实，论点清晰。这一年翦伯赞先生20岁。1920年春天，已经毕业的翦先生在湖南长沙甲种商业学校任职，受聘为教员，主讲《商品学》。

1924年7月，翦伯赞先生辞别亲人，只身赴美留学，进入加利福尼亚州大学读书。他回忆说："我以往长时期中憧憬于资本主义文化的优美，把英、美等资本主义国家，设想为人间天堂，梦想要到这些国家去受资本主义文化的洗礼。这种殖民地买办思想虽经'五四运动'的洗刷，并没有洗掉。"② 后来，他到美国加州大学学习和从事经济研究。在加州大学，伯赞先生听取一些课程和讲座，攻读了一些资产阶级古典派的经济学著作如英国亚当·斯密的《国富论》、李嘉图的《政治经济学及赋税原理》，他认为这些都是资本主义上升时期的理论，有其正确的一面，但也有许多错误。至于那些庸俗经济学家的著作，他都是坚持批判的态度。

在加州大学，有一件事情令翦伯赞先生终生难忘，那就是他开始接触了马克思主义。当时有的教授经常把马克思主义当做箭靶加以攻击，他却认为这些攻击有些牵强附会。所以，他坚持要弄懂马克思主义究竟是一种什么样的理论。他阅读了《反杜林论》、《家庭、私有制和国家的起源》等马克思的代表作品，感到真是闻所未闻，大开眼界。当他一口气读完《共产党宣言》时，他兴奋极了，认为这确实是全世界广大劳动群众所应走的翻身解放道路，也是中国各族人民所应走的光明大道。他在日记上写道："这是黑暗世界中的一个窗户，从这里，我看见了光明，看见了真理，看见了人类的希望。"

1926年1月，伯赞先生回到国内。经过二弟伯襄介绍，认识了吕振羽。吕振羽先生曾在北伐军中做过政治工作，因对蒋介石不满而弃武从文。两先生志同道合，一见如故，经常在一起学习研究马克思主义理论，探讨中国的历史与社会。两人合著了《最近之世界资本主义经济》，分上下两册，于1932年8月出版。此书分析了第一次世界大战后，世界资本主义各国经济发展的状况，用大量的数据和事实证明，资本主义列强侵略本质及日寇对中国侵略的罪行，同时指出了资本主义必

---

① 张传玺：《翦伯赞传》，北京大学出版社1998年版，第9页。
② 同上书，第18页。

然灭亡，社会主义道路必将走向胜利。

大革命失败后，关于中国要走的道路产生了分歧，掀起了一场关于"中国社会性质和社会问题的论战"。翦伯赞积极参加这次论战，在《三民半月刊》等期刊杂志上发表了《中国农村社会之本质及其历史的发展阶段之划分》等文章，批判了一些反动知识分子的错误观点和主张①。之后陆续发表了《世界资本主义最高发展中日帝国主义者的暴行》、《东方民族革命运动的过去与现在》、《世界的两方面——资本主义与社会主义》、《资本主义临于没落的几个象征》等文章②，这些文章都是从经济学的角度，对经济发展和民族革命运动作出了分析和研究，揭露帝国主义侵略者的罪行，宣传殖民地、半殖民地民族解放运动蓬勃发展的大好形势。

对社会主义国家的研究是伯赞先生的热情所在。他从天津到北平（北京）后，不断地关注苏联社会主义经济建设的成就，系统翻译了斯大林的重要论文，如《大转变的一年》、《论消灭富农阶级的政策问答》、《胜利冲昏头脑》、《给集体农庄工作同志的答复》等，这些文字以《苏俄集体农场》之名，在1934年由上海太平洋书店出版。

1934年5—12月，他有机会赴欧洲考察。在这次考察中，伯赞先生最关注的是资本主义世界的政治、经济发展状况，天天记录所见所闻，并且写成旅游报道传递到国内。这些文章发表在《世界文化》第1、2卷上。

1937年，伯赞撰写的《历史哲学》用于教学实践，该书是我国早期的一部结合中国数千年历史发展的实际，并在中国社会史论战中所取得重要成果的基础上，比较全面系统地阐述历史唯物主义基本原理的著作。它摒弃了学究式的、脱离实际的空谈，而是紧扣时代脉搏，对外国的，尤其是对中国当前的社会性质及其发展方向的观点，进行了批判的总结。1939年，翦伯赞的活动受到国民党顽固分子的注意，一些军政部门都为难他，后转移到溆浦民国大学经济系教书，为学生讲授"历史哲学"和"中国经济史"。他渊博的学识、平易近人的秉性，在同学们中享有很高的威望，每次讲课都是座无虚席，有时门外、窗子上都有人

---

① 翦伯赞先生社会史论战中的经济观点和论述见下部分。
② 分别见《三民半月刊》第5卷第9、10期，天津《丰台》旬刊第1卷第2、9期。

在听讲。当时在民国大学管事的宋兰阶，请翦伯赞先生担任经济系主任，也可以看出翦先生在经济史研究中的成绩。

1940 年，当时国内局势已经十分艰难，翦伯赞先生依然笔耕不辍，这一年中发表了近二十篇文章。其中，关于社会经济研究的有《第三个五年计划与苏维埃的产业》①、《（苏联）红军生活照片给我的印象》②、《关于亚细亚生产方式问题》③ 等篇章。后来，翦伯赞陆续撰写完成了《中国史纲》、《中国史论集》、《史料与史学》等著作，公开发表了《论西晋的豪门政治》④、《九品中正与西晋的豪门政治》⑤、《西晋的宫闱》⑥、《东晋初黄河南北的坞屯壁垒》⑦ 等文章。

新中国成立后，翦伯赞先生身兼数职，忙于高校教学和改革等工作。为了推动史学界更好地树立马克思主义的指导思想，他发表了《怎样研究中国历史》，希望把马克思主义的立场、观点、方法融入到研究之中，他认为要继续坚持用唯物主义的观点来研究中国历史，"必须研究中国历史上各时期的社会经济和它的变化，必须分析由这种变化而产生的历史过程和具体时间，而决不用偶然的因素、个人的作用乃至神的启示来代替因生产力和生产关系的变化而引起的历史过程的客观规律性。总而言之，我们应该把历史的动力归结于物质生活的生产，归结于生产这些物质生活资料的生产方式，归结于社会经济基础。"⑧ 这对加强马克思主义的认识和了解，进一步将马克思主义确立为个人研究的指导思想具有重要意义。同年，翦伯赞接受了范文澜的建议，为毛泽东同志的《中国革命和中国共产党》一文中的古代部分写几篇注释性的文章，进一步宣传毛泽东同志的基本观点，为史学界"史与论"的结合做个样子。

1955 年 8 月 28 日，国际"青年汉学家年会"在荷兰的莱登召开，翦伯赞与周一良作为中国学者代表参加了这次大会。翦伯赞作了两次学

① 见《中苏》半月刊第 4 卷第 1、2 期合刊，1940 年 4 月 15 日。
② 见《中苏文化》第 6 卷第 2 期，1940 年 4 月 25 日。
③ 见《中苏文化》"苏联十月革命廿三周年纪念特刊"，1940 年 11 月 7 日。
④ 上海《大学周刊》第 6 卷第 5 期，1947 年 10 月 1 日。
⑤ 香港《时代批评》第 102 期，1948 年 6 月 15 日。
⑥ 香港《文汇报·史地》周刊第 1 期，1948 年 9 月 10 日。
⑦ 上海《大学周刊》第 6 卷第 1 期，1947 年 6 月 1 日。
⑧ 翦伯赞：《怎样研究中国历史》，《新建设》第 3 卷第 2 期，1950 年 11 月。

术讲演,其一为《新中国历史、考古、语言学研究工作概括》;其二为
《论十八世纪上半期中国社会经济的性质》①。后者主要结合中国著名的
古典小说《红楼梦》发生的时代背景,讲述了18世纪上半期中国社会
经济的性质。该文章主要谈论了土地集中与阶级分化、农业生产、手工
业生产、商业与商业资本的活动等问题。这篇大部头的文章运用了丰富
的史料,并对之进行了研究考证,翦老认为"即到18世纪上半期中国
的封建社会已经发展到烂熟的程度,并且在它的内部孕育着资本主义的
萌芽"②。同年,他还应邀参加了在日本举行的学术会议,学术报告讲
题是《关于中国历史分期问题》,认为分期并不是简单地将中国历史划
分为上古、中古、近古三个阶段,关键是要研究各个历史阶段的社会性
质,生产力与生产关系的状况及其发展趋势等。他的这个观点和方法是
深受马克思主义思想影响的。

伯赞先生自20世纪20年代接触马克思主义后,就一直不断地学
习,并将唯物主义运用于学术研究中。对于历史的研究,他主张"要严
格地运用历史唯物主义的原则,把历史事件和人物放在他们自己的历史
条件之下,用无产阶级的阶级观点加以说明。如果离开无产阶级立场,
不用阶级观点进行分析,而只是用历史条件与历史倾向、历史局限性等
为某一历史事件或人物的落后、反动进行辩护,这就不是历史唯物主义
而是客观主义"③。在自己的学术道路上,翦伯赞先生以自己的实际行
动,践行了一位无产阶级战士的品格,将精力投入到革命事业和现代化
建设的大潮中。

二 社会史论战中的社会经济思想

伯赞先生是在硝烟弥漫的社会史论战中走向学坛的。伯赞一生的幸
与不幸,都与这点密不可分。④

20世纪30年代初期的这场中国社会史论战,具有多方面的意义。

① 此文收于《翦伯赞全集》第4卷,河北教育出版社2008年版。
② 《论18世纪上半期中国社会经济的性质》,《翦伯赞全集》第4卷,河北教育出版社
2008年版,第631页。
③ 翦伯赞:《对处理若干历史问题的初步意见》,《光明日报》1963年12月22日。
④ 王学典:《翦伯赞学术思想评传》,北京图书馆出版社2000年版,第84页。

作为一个政治史事件，它是中共与所谓"托陈取消派"和其他"反革命派"在如何改造中国社会方面的方略之争；作为一个思想史事件，它是围绕着马克思、恩格斯的社会演化模式与中国历史特点如何整合而展开的一场理论冲突；作为一个学术史事件，它是现在中国史学界以唯物史观为依据的"释古派"平地崛起并得以与"疑古派"、"考古派"鼎足而三的标志。这些意义在伯赞这一时期的"社会史"论文中几乎都有反映。

翦伯赞是继郭沫若之后，参加社会史论战的早期马克思主义史学家之一。1930 年 11 月—1931 年 2 月，他连续在《三民半月刊》发表的文章说明了他开始参加社会史论战时间之早。特别是 1930 年 11 月发表的《中国农村社会之本质及其历史的发展阶段之划分》（全文 1.3 万余字）一文，更清楚地显示出他从参战伊始，就自觉捍卫中共六大对中国社会现状与历史的判断。

在这篇文章中，翦伯赞不仅肯定中国社会是半封建社会，还对这种社会的特点进行了分析。他说："中国的社会是封建的，不过，单以纯封建制度亦不足以说明中国的农村社会的一切结构。"他认为中国"封建的生产关系方法之主要的特质是在于私的土地所有，是在于农奴的主从关系"。他又认为，中国封建社会内部有严重的"前封建时期的氏族社会的残渣和遗迹"，表现在"土地形态上"，就是"国有土地，村落寺社领地，旗领地及国家的草茫地（官荒……）僧院地，收益官有的寄进地，视为国家的冲积地，以及氏族祖祠的祭祀地"等的大量存在。这一特点使得人们认为中国社会没有私有制，也没有很大的地主阶级，因而是"亚细亚的生产方法"。"但是在事实上，它是以国家的形式而存在，以赋税的形式而强制的征收地租。即使以地主而兼立于国家主权者的地位，如军阀官僚，高利贷商人与豪绅，等等，他们既是地租的榨取者，又是赋税的征收者，他们是双料的地主。""这种情形，在其他各国未尝没有，不过在中国农村社会中，显现的格外明瞭。"①

伯赞先生很早就与郭沫若先生相识，他的论述显然在郭沫若《中国古代社会研究》一书的启发下开展的，要"把中国的农村社会从古代

---

① 翦伯赞：《中国农村社会之本质及其历史的发展阶段之划分》，《三民半月刊》第 5 卷第 6 期，1930 年 11 月 16 日。

到现在作一个史的鸟瞰"。他认为，中国的历史"以商代为起首。在商代以前，那自然是一种石器时代的原始共产社会"，而且"商代土地私有制还没有发生"，也"完全是一个古代的氏族社会"，翦伯赞称它们为"前封建时代的中国农村社会"。他还认为，从西周开始，中国"完成了一个新的形态的社会"。那就是"周公"通过"大兴土木，大事征战，而首先进化到一个……封建社会。""到周氏东迁之后，因为庄园制度的出现和田赋制度的创立，武力的占领和兼并，开始土地私有制度的进程，春秋的五霸，战国的七雄，那便是典型的封建诸侯。所以截至战国止，我们划为封建时期。"而"从秦以后一直最近百年之前，划为后封建时期"，或者叫变态封建时期。因为"秦代统一中国之后，废封建为郡县，封建制度的形态，虽然废除了，然而它的势力，却仍以变态的形式而表现"出来。鸦片战争后，伯赞认为是"资本主义侵入后的时期，是封建势力勾结帝国主义，加重农民之压迫与剥削"的时期。这样，他就完成了对"中国农村社会史的发展阶段之划分"①。

翦伯赞先生是继郭沫若先生的《中国社会之历史的发展阶段》论述之后，中国历史学家运用马克思主义的原理对中国历史做出分析和判断的重要代表。以现在看来，这种论述显然是存在局限性的，错误之处并不少，但是这对社会发展和革命运动的开展是具有重要意义的。第一，翦先生的这篇史学研究的文章，不是纯粹的闭门造车书斋式的研究，而是紧密地联系当时社会发展实际，自觉地将史学研究和中国的共产主义运动结合起来。显示了史学家经世致用的史学思想。第二，通过前文论述可知，翦先生接触和学习马克思主义的时间很早，这篇学术著作说明了他已经从对马克思主义的认知、了解、学习阶段，转变为对马克思主义的科学运用阶段。处于中国史学转变时期的知识分子，它能够迅速地把握学术发展的脉搏，紧跟时代步伐，丰富自己的知识素养，掌握了唯物辩证的思维方法，对"中国封建社会"特点的分析以及对"中国农村社会史的发展阶段之划分"，也说明了他从开始运用马克思主义，就对教条主义、公式主义、机械论有警惕。这对中国史学发展从传统史学到新史学的转型发展是具有重要意义的。第三，翦伯赞先生对中国历史

---

① 翦伯赞：《中国农村社会之本质及其历史的发展阶段之划分》，《三民半月刊》第 5 卷第 6 期，1930 年 11 月 16 日。

发展阶段的划分汲取了郭沫若先生的研究成果，并且在此基础之上有所发展。在具体的划分上，他有独特的地方。他较早地提出了"西周封建说"。他已经意识到"封建的生产方法之主要的特质，是在于私的土地所有，是在于农奴的主从关系"和封建剥削阶级对农民的榨取关系。因此，不管翦伯赞在这里所提出的西周封建说和后来吕振羽所充分论证的"西周封建论"有无联系，在对封建的理解上还是显示出了自己独特的一面。

在社会史大论战的高潮期间，翦伯赞先生置身局外，致力于世界资本主义经济问题、苏联社会主义建设问题、世界殖民地革命问题的研究。1935 年 8 月发表的《殷代奴隶社会研究之批判》一文，是伯赞重新参战的开端。其后，在短短的二三年内，他一发而不可收，接连发表了《关于"亚细亚的生产方法"问题》、《介绍柯瓦列夫古代社会论》、《关于历史发展中之"奴隶所有者社会"问题》、《"商业资本主义社会"问题之清算》[1]、《关于前阶级社会的构成之基本诸问题》、《关于"封建主义破灭论"之批判》等长篇论战文章。这些文章连同他最初参加论战的文章，累计有 30 万字。在整个社会史论战中，马克思主义史学五大家所起的作用是不尽相同的。郭沫若先生通过《中国古代社会研究》，吕振羽先生通过《史前期中国社会研究》、《殷商时代的中国社会》等著作，主要注重于"立"[2]。翦伯赞先生则主要着意于"破"，通过"别开生面的议论——加以分析"批判，从而把一些反马克思主义的学者逐出理论领域。在《"商业资本主义社会问题"之清算》一文的序中，他论述了"破"的意义。他说："近年来，在历史科学的战线上，无论在苏联、在日本，以及在中国，到处都流行着各种各样布尔乔亚和小布尔乔亚的理论。这些似是而非的理论的制造者，他们为了迷乱一般青年的头脑起见，都一致窃取科学社会主义者的言辞，假装科学而出现。尤其是在中国，一班布尔乔亚官僚式的学者，他们自己尚没有创制伪科学的能力，甚至没有认识这种伪科学的能力，只要这种理论足以粉饰其学者的门面或辩护其阶级的利益，不管它谬到如何程度，都一律的

---

① 翦伯赞：《商业资本主义社会问题之清算》，《世界文化》创刊号 1936 年 11 月 16 日。
② 《史前期中国社会研究》，（北平）人文书店 1934 年 7 月版；生活·读书·新知三联书店 1961 年 12 月版，第 7 页。

盲目的抄袭并热烈地宣传。因此，关于中国历史之分析，尤其对于历史发展一般法则诸问题，因为个人意见的互异与方法论之不同，曾经引起许多不必要的争论，如亚细亚的生产方法问题、奴隶所有者社会问题、封建主义在东方存在与否的问题，以及中国现阶段的社会性质问题，都曾在中国的历史科学战线上，展开着热烈的论战。甚至波格达诺夫的'商业资本主义社会'也被我们中国的所谓学者——盲目的抄袭家，扩大起来。"① 经过对一些错误观点的分析，他认为"商业资本只是生产之一种从属，它只能作用于各时代的既存的生产方法之基础上，而自身不能为独立之发展，更不能创立一种独立的生产方法，因而也不能形成一个独立的社会"，"商业资本只要货币一出现，它就已经存在"，"商业资本对于旧的生产方法，可以起分解的作用，但旧生产方法之解体，不是依于外来的，而仍然是依于旧生产方法自身的内部结构之坚实如何"，"专制主义，是一种政治形态，但不是建筑在商业资本主义社会的经济基础之上"②。这些论述和判断解决了社会上对社会形态发展演变的错误认识，具有重要的理论意义。

要之，翦伯赞在社会史论战中，像其他马克思主义史学家一样，"注意力几乎都是倾注在揭示和阐述中国的历史如何符合人类社会的普遍规律这个方面"③。当然，他的某些认识，在马克思主义理论的理解和使用上存在片面化和局限性。但是，他又和其他一些马克思主义史学家不同，这就是他在始终坚持"求同"的同时，也始终未忘记"明异"。他在批判所谓"中国国情特殊论"的同时，还认真地研究了中国历史发展的特殊性的问题，这构成了他在这一时期一系列文章中最有光彩之处。

三 对资本主义、社会主义社会经济的研究

20 世纪 30 年代，中国社会政局动荡不安，西方列强包括来自东方的日本对中国觊觎已久，蠢蠢欲动。分析西方资本主义经济发展中存在

---

① 翦伯赞：《商业资本主义社会问题之清算》，《世界文化》创刊号 1936 年 11 月 16 日。
② 同上。
③ 丁伟志：《历史是多样性的统一》，《历史研究》1983 年第 2 期。

问题，同时对社会主义国家经济发展状况进行介绍，有利于鼓舞士气，振奋民族精神。

《最近之世界资本主义经济》即是这方面的代表作。该书分为上下两卷，上卷由吕振羽先生负责，下卷由翦伯赞先生负责，1932年8月在北平书店发行。在本书下卷的《序》中，伯赞先生交代了撰写本书的三个任务：第一个任务就是"离开一切有利于支配阶级的细微事件之武断的或偏见的选择，而是根据最新的材料，以严正的科学的方法，把关联于资本主义没落时期的经济之主要的事实，当作一个总体，当作最高发展的资本主义去检讨"；第二个任务是"要分别考察从恐慌中表现出来的资本主义经济没落的象征"；第三个任务是"把这一些已经表现或者将要表现于帝国主义时代的诸关系，无论是政治的、外交的、战争的……都彻底地暴露它们的真相，即是暴露它们的经济的背景。"[1] 在史料的运用上，翦伯赞搜集使用了当时能掌握的史料，有马克思《资本论》英文版材料，有美国劳动局的统计数据，以及来自《泰晤士报》、*International Labor Review*、德国《商业研究所周报》、*London and Cambridge Service* 等最新数据材料。

他从劳动者的失业与阶级对立之内的展开、市场的再分割与殖民地革命运动的开展、市场的竞争与资本国际间的对立以及苏俄的存在与资本主义的动摇等角度，分析了资本主义在经济大危机的背景下处于惶恐没落的时期。他还从整个世界发展的大背景之下，对美、英、日、俄等国家对市场再分割的争夺企图，展望了第二次世界大战将会给世界经济发展带来的影响。他所进行的论述是建立在马克思对社会发展规律性的认识基础之上。由于资本主义的发展，不能解决内在的矛盾即生产社会化与资本主义生产资料私有制之间的矛盾，所以，这种社会制度必将向更高级的社会形态转变。

翦伯赞在《前史的终局与人类历史的展望》中写道：

> 随着资本主义的发展，矛盾也随着发展到了最后的阶段或最高的形式。发展着的巨大规模的生产力自身，反而排除广大的生产群

---

[1] 翦伯赞：《最近之世界资本主义经济·序》，《翦伯赞全集》第8卷，河北教育出版社2008年版，第11—12页。

众于生产领域之外而沦为失业。同时强大的海、陆、空军的武力，征服了所有的弱小的民族，使整个的人类，屈服于金融资本的支配，垂直的横贯的托拉斯与辛迪加的伟大组织，集中了社会所有财富于极少数资本家的手中，同时贫穷则广播于社会一切阶级层，逐渐扩大普罗列塔利亚的队伍。从单个资本家间自由竞争的发展，而至于独占的形成，在资本的集中和集权的形式下，扩大资本国际间之巨大的冲突，形成了帝国主义的时代的特质。①

这就是说，在帝国主义时代，世界剩余价值的分配，是通过斗争而实现于国际市场的。从前在国民经济范畴之内的竞争，一变而为世界的经济范畴之内的竞争。资本主义发展到这个时代，其自身所存在的内部矛盾全部显现出来了。

资本主义由于内在矛盾不能解决，会带来种种社会问题，如生产过剩、物价低落、银行倒闭、企业破产、金融混乱、失业增加等，如何解决这些问题呢？翦伯赞先生认为，唯一的只有使生产关系适合于生产力，即是生产者与生产工具的占有归于一致，是生产工具归于社会全劳动阶级所有，到那个时候，人类才能以自己的意识运转社会发展的各因素。资本主义社会的失业问题是资本主义发展道路上不能回避的问题。在经济危机的情况下，人口的大量失业是必然的。失业的出现恰恰是从商品以其自然形态的数量非常加紧扩展的关系下而发生的。这种失业人口的发生不是恐慌的结果，而是资本主义"合理化"的科学的排泄。劳动人口之过剩，不是劳动人口自身的减少，而是依附于资本的需要增大。资本主义国家试图打破这种经济恐慌的周期律是不可能的。资本主义经济的"合理化""不但不能超越战前资本主义社会固有的繁荣的奇迹，而且增进了经济恐慌之更快的循环，更长的时间，更大的残酷"②。

为了批判资本主义，翦伯赞还撰写了《资本主义临于没落的几个象征》等文章。他还翻译了 Sam Carr 的《加拿大经济恐慌的深刻化》和 Molly Wolton 的《本年南非洲经济恐慌的情景》、Dinu Pribegie 的《罗马

---

① 翦伯赞：《前史的终局与人类历史的展望》，《翦伯赞全集》第 8 卷，河北教育出版社 2008 年版，第 245 页。

② 翦伯赞：《资本主义合理化以后的失业问题》，《翦伯赞全集》第 8 卷，河北教育出版社 2008 年版，第 293 页。

尼亚的危机》等文章，进一步揭露资本主义经济危机所带来的危害。

翦伯赞对资本主义社会的批判，是为了增强人们对社会主义的信心。

俄国通过十月革命建立了新政权，成为第一个过渡到社会主义社会的国家。苏俄地位的稳固是由于它经济强度的发展，由于它妨碍了帝国主义经济的发展，崩坏了资本主义世界发展一角，势必遭到资本主义国家的封锁。社会主义苏俄能够顶住资本主义国家的制裁和封锁，实现社会经济彻底的再建。在五年计划中，通过对资本主义性质经济的改造，控制了国家的经济命脉，使苏俄的经济改变为社会主义的经济。在工业、农业、对外贸易等各个方面取得了一系列成绩，成为资本主义市场的威胁。翦伯赞还认识到苏俄在社会主义建设方面取得的成果，无论从经济意义上还是从政治意义上来看，必然要引起各帝国主义者共同的恐怖和干涉。这种战争具有爆发的可能性，之所以没有爆发基于帝国主义之间、帝国主义同殖民地之间以及苏俄发展的成绩威胁等原因。

翦伯赞对社会主义政权发展取得的成绩是表示认可和支持的，并认为资本主义没落以后，也必然按照社会发展的规律性，向高一级的社会发展阶段实行转变。他认为"固然苏俄的社会里面还具有一些资本主义的遗留下来的残余，没有达到完全社会主义的成功。而只是从资本主义过渡到社会主义的一种组织……可是事实告诉我们，苏联经济发展的倾向，是渐次把这旧社会所遗留下来的斑点脱掉。它的经济的社会主义的原素之继续发展和巩固，使它成了建设社会主义国家的典型，变成了世界普罗列塔利亚以及弱小民族革命的堡垒和炮台。"[1] 所以，资本主义国家在不能解决固有矛盾的情形下，也必然向社会主义转变。

总之，翦伯赞先生撰写的这本反映资本主义经济危机下经济发展状况的论著，材料之翔实、观点之鲜明、分析之深刻、论述之充分，直到今天都是我们学习分析当时社会经济发展情形非常宝贵的教材。

另外，翦伯赞先生还翻译了斯大林著的《苏俄集体农场》一书。该书1934年1月在上海太平洋书店印行，迎合了20世纪30年代国内翻译进步书籍的热潮。翦伯赞认为将此书翻译到中国来是非常有必要的，

---

① 翦伯赞：《前史的终局与人类历史的展望》，《翦伯赞全集》第8卷，河北教育出版社2008年版，第252页。

"可以帮助中国的革命者了解苏联农业进展上之基础的变动和由这个变动所引起的顽强的反抗及剧烈的论战，以及终于由这个变动得到举世皆知的伟大的成果"①。他对苏联集体农场作出的贡献给予了充分肯定，认为苏俄的经济重建是由于重工业的发展，而构成重工业发展的资本的要素是农业集体化的成果。"农业的集体化，是苏维埃经济的生命之最基础的因素，是推进社会主义建设之最有力的拍击，他不仅是农业发展上一个根本的转变，而且也是工业发展上一个坚实的基础。他从微小的、落后的和个人经营的农业体制到大规模的农业体制，到土地之共同耕种，到机器和电犁车之设置，到基于新的耕种之合作社及集体农场之发生和发展……最后并清算当做一个阶级的富农，及肃清农村中一切资本主义的因素。简单说，他填平了到社会主义之路。"②苏俄集体农场的建设以及在建设过程中出现的问题，都成为我国建设社会主义的很好借鉴。

他结合苏俄经济建设的经验，提出了很多具有宝贵价值的论断。他认为从资本主义到社会主义的转变，这不仅是一个政治形式的转换，即不仅是推翻地主资产阶级的政权，而且要建立一个比资本主义更高的社会经济体制。以这新的更高的社会经济体制，作为其物质基础，并从而在这基础上，建立政治法律乃至文化等上层建筑物。③ 这些论断至今仍具有重要价值。

四 结语

翦伯赞的社会经济史的研究贯穿着"通"的思想。从他对先秦社会经济的分析延续到所处社会发展时代的社会经济，体现了史学家恢弘的视野。在他的论述中有对旧石器时代"人与兽争的时代"社会经济的研究④，有对青铜器时代社会经济发展的探索⑤，有对两汉时期的雇佣

---

① 翦伯赞译：《苏联集体农场·译者序言》，《翦伯赞全集》第8卷，河北教育出版社2008年版，第488页。

② 同上书，第487页。

③ 翦伯赞：《苏联劳动生产力之发展》，《翦伯赞全集》第8卷，河北教育出版社2008年版，第703页。

④ 翦伯赞：《人与兽争时代的生活方式》，《民生史观研究集》，中华书局1942年版。

⑤ 翦伯赞：《略论殷商的青铜器文化》，《文风杂志》创刊号（重庆），1943年12月。

劳动的分析①，还有对明朝对外贸易的论述②，解放战争时期土地改革的重要意义的论述。

翦伯赞的研究紧密结合社会发展，体现了他经世致用，关心社会的思想。抗日战争的爆发，中国遭受到的破坏和损失是难以估计的，中国失去了大半的国土，失去了整个海岸，失去了重要的铁道和水道，沃野千里的农村变成战场，无数城镇化为焦土，整个民族荡析离居，流亡转徙。中国的社会经济发生了变革。翦伯赞敏锐地把握时代脉搏，发表了《中国社会经济、政治、文化之伟大的变革》，分析了抗战前后中国的经济表现特征，指出了中国经济发生的变革，预示着中国社会的发展将向新的时代迈进。

翦伯赞的经济研究视野是恢弘宽阔的。他提出不仅要关注大汉族的历史发展、经济发展，同时要看到大汉族以外的其他民族的发展，对社会前进的推动作用。同时，他还强调要看到中国以外的世界。他说："我们研究中国史，必须注意中国史与世界史的关联，以及由此而引起之变动。并且必须考察由于这种变动而产生之经济生活，政治变局，以至艺术、宗教之新的内容。只有如此我们才能了解中国史中每一个时代在世界史中所处的地位，从而在不同的地位中所展开之不同的活动。"③ 对于如何去撰写历史，把握经济、政治文化的关系，伯赞先生是有自己主张和看法的。他认为经济是历史的骨干，这是我们写历史的基本原则。"经济是历史的骨骼，政治是历史的血肉，文化艺术是历史的灵魂。"政治是替经济服务的，写政治不要与经济脱节；文化是经济的升华，基本上和经济是适应的。在撰写历史的过程中，要将三者有机的结合起来，不要把历史写成一个无灵魂、无生命的东西。④

总之，翦伯赞先生一生致力于历史研究，在关注社会历史研究的同时，一直注重社会经济史的研究。他的研究紧跟时代步伐，与时俱进，坚持己见，没有随波逐流；他能够顶住压力，通过借鉴历史经验和史学

---

① 翦伯赞：《两汉时期的雇佣劳动》，《北京大学学报》1959 年第 1 期。

② 翦伯赞：《论明代海外贸易的发展》，《时事类编特刊》（重庆）第 63 期，1941 年 4 月 20 日。

③ 翦伯赞：《略论中国史研究》，《学习生活》（重庆）第 10 卷第 5 期，1943 年 5 月。

④ 翦伯赞：《对处理若干历史问题的初步意见》，《光明日报》1953 年 12 月 22 日。

研究为社会发展服务；他所进行的研究，发展了新史学，他的著作成为奠定新史学的基石；他光辉的历史思维，体现了学习和运用马克思主义的成绩，同时又丰富了马克思主义。

（作者单位：聊城大学历史文化学院）

尚钺先生的史学理论及其实践

李世安

　　尚钺先生不但是一位杰出的无产阶级革命家，也是一位马克思主义历史学家。尚钺先生学贯中西，对历史学的各领域都有涉猎，但对史学理论的研究，特别是对历史研究方法论的研究，更有许多独到之处，内容博大精深。

　　在理论上，尚钺先生提出了包括坚持马克思主义，但是不搞教条主义、理论联系实际、坚持历史的客观性、不利用历史为自己的主观成见服务、不作史料的尾巴与俘虏、正确评价历史人物，以及要求史学家踏实钻研、坚持真理、求真求实等重要内容在内的史学思想。

　　在实践中，尚钺先生始终贯彻了上述思想。由于尚钺先生研究的重点是中国古代社会，并且主要集中在中国古代史的分期和中国资本主义的萌芽等问题上，所以尚钺先生在论述用马克思主义指导中国历史的研究时，特别强调要按照马克思主义的社会经济学说，特别是马克思关于五种社会形态的学说，作为研究中国古代史的指导方针。

　　尚钺先生强调，在历史研究中，既要坚持马克思主义的史学研究方法，但又不要搞教条主义。这根主线，贯穿了他的史学思想和学术研究的实践。收集在《尚钺史学论文选集》中的尚钺先生的十几篇名著，如《坚持用马克思主义研究中国历史》、《关于研究历史中的几个问题》、《我们为什么要研究历史》和《踏实钻研与坚持真理》等文章，都深刻地论述了这个问题。

　　1957 年尚钺先生在和苏州江苏师范学院历史系教师及苏州市中学历史教师的座谈会上，转引了恩格斯在 1890 年 8 月 5 日给康·施密特的一封信，恩格斯说："全部历史都应该重新开始研究，首先必须详细研究各种社会形态的生存条件，然后才可试图从这些条件中找出相应的政治、司法、美学、哲学、宗教等的观点。"

尚钺先生认为："这是马克思主义研究历史的基本方法。"他强调，在运用马克思主义作为研究历史的指导思想上，在运用马克思主义的社会形态学说来指导中国历史的研究上，中国史学界在这方面下的功夫还不多，因此需要在这方面多下功夫。①

为了捍卫马克思主义的基本原则，尚钺先生旗帜鲜明地捍卫马克思主义，反对形形色色的资产阶级学者的社会形态学说。

资产阶级学者、反动文人陶希圣在中国社会分期问题上，反对马克思的五种社会形态学说，提出了"五个时期论"。陶希圣将1949年前的中国社会分为五个时期：即"氏族社会末期及原始封建社会"；"奴隶社会"；"发达的封建社会"；"城市手工业及商业资本主义社会"和"清末以来半殖民地社会"。

尚钺先生对陶希圣的荒谬理论进行了严肃的批判。尚钺先生明确指出，这种分期缺乏事实和理论根据，陶希圣的"封建社会"，既有"原始"的封建社会，还有"发达"的封建社会，而且其间还夹杂着"奴隶社会"，逻辑系统十分荒谬。尚钺先生特别指出，这与马克思主义的根据土地制度的原则和人身隶属关系，来区分封建社会内部的理论，是"绝对相反"的。

除了批判陶希圣的奇谈怪论外，尚钺先生还深入批判了陶希圣的信徒李立中反对马克思关于"商业资本不能创造新的生产方式"的谬论。②

尚钺先生坚持和捍卫马克思主义的基本观点，但是却坚决反对教条主义地运用马克思主义。在实践中他坚持实事求是的原则，坚持理论结合实践，而不是生搬硬套地套用马克思主义原理。尚钺先生在研究中国古代社会的分期和社会形态时，特别强调要正确理解马克思主义关于"生产关系一定要适合生产力性质"的原理。尚钺先生说，这是因为它"牵涉到我国古代史分期问题聚讼颇多的一些问题"，这些问题都是中国学者对这一条原理的理解不同而产生的。因此不能死抱着这个原则的

---

① 《尚钺史学论文选集》，人民出版社1984年版，第19页。
② 同上书，第376页。

概念来谈分期问题，而应该准确地理解它的含义，根据中国社会的发展情况来谈分期问题。①

尚钺先生多次强调，在研究历史中，要用发展的、与时俱进的观点运用马克思主义的原理。他曾引证了斯大林关于政治经济学原则的话来说明这个道理："政治经济学法则，不是长久不变的；政治经济学法则，至少其中大多数，是在一定的历史时期发生作用的。在此以后，它们就让位给新的法则。但是原来的这些法则，并不是被消灭，而是由于出现了新的经济条件而失去效率，退出舞台，让位给新的。这些新的法则，并不是由人民的意志创造出来的，而是在新的经济条件的基础上产生的。"②

因此在研究历史问题时，尚钺先生强调根据历史资料、"根据经济结构，根据当时社会现实现象"来进行论证，而不是寻找史料，来附会马克思主义的语录，去适合马克思主义的论断。

他在《关于历史研究中的几个问题》一文中，反复强调在研究中国古代奴隶社会的社会经济结构时，要反对教条主义，不要把古代希腊罗马的社会状况，牵强附会拿来类比中国的古代社会。

如何避免教条主义呢？他引用了列宁的话来说："只要以是否合乎现实社会经济发展过程为学说的最高的和唯一的标准，就不会有教条主义。"③

尚钺先生在研究中国古代社会分期，在论证决定封建社会存在与否的小农经济和租佃关系发生的时代问题上，也并没有绝对地、生吞活剥地引用马克思的论述，而是进行了具体问题具体分析。

例如有的学者认为，由于汉代已经存在小农经济和租佃关系，因此提出了"两汉封建说"。尚钺先生并不同意这种观点。他认为，对奴隶社会来说，小农经济和租佃关系的确是一种新的生产关系。但是在原始公社解体时，就已经产生了小农经济和出现了租佃关系，因此不能说明有了小农经济和出现了租佃关系，封建社会就已经存在。他明确指出："必须深入的研究当时的生产力和生产技术，特别是当时整个经济基础，

① 尚钺：《有关我国原始社会研究的几个问题》，载王仲荦主编《历史论丛》第二辑，齐鲁书社1981年版；亦参见《尚钺史学论文选集》，人民出版社1984年版，第152—154页。

② 《历史教学》1953年第5期。

③ 《尚钺史学论文选集》，人民出版社1984年版，第46页。

才能比较明确的认识到这种小农和租佃关系属于什么性质的社会。"①

又如在中国资本主义萌芽的时间问题上，中国资本主义到底萌芽于何时？尚钺先生经过认真研究，认为是在明清之际。中国人民大学古代史教研室许多同志也对这一问题进行了深入研究，并得出了同样的结论。例如韩大成教授、王方中教授、黄佩瑾教授和李之勤教授等人在对这个问题进行深入研究后，分别写了文章，提出了与尚钺先生同样的观点。他们的文章收集在《明清社会经济形态研究》一书中。尚钺先生对这些教授的研究成果感到高兴，特为该书作了序言，并指出这本书与他本人写的《中国资本主义关系发生及演变的初步研究》（三联书店）一书是"姊妹集子"。

但是尚钺先生并不就此认为，明清时期中国已经是资本主义社会。他认为资本主义的发展，有一个量变到质变的过程。他说："明清之际的封建社会性质在起着变化，不过这个变化是必须经过量变到质变的缓慢过程。明清之际的中国社会显然还未达到质变的程度，所以仍然是封建社会。"

尚钺先生清楚地、深刻地阐明了资本主义萌芽的产生和资本主义社会的存在这两个问题之间的关系和区别，阐明了自己的观点。尚钺先生的论述，是合乎马克思主义的。毛主席曾说，在1840年前，"中国封建社会内的商品经济的发展，已经孕育着资本主义的萌芽，如果没有外国资本主义的影响，中国也将缓慢地发展到资本主义社会。"②

尚钺先生的论述也是合乎资本主义社会发展规律的。在14世纪，地中海沿岸就已经产生了资本主义的萌芽。但是资本主义作为一种制度在西欧确立，至少要等到法国大革命之后。

在研究中国资本主义萌芽问题上，尚钺先生多次指出，中国社会的发展虽有特殊性，但是也有普遍性。资本主义发展的普遍规律是适合中国资本主义发展的历史进程的。不能因为中国资本主义发展的特殊性，就否定世界资本主义发展的普遍规律。

尚钺先生一生坚持自己的史学理论观点，并且捍卫这些观点。直到逝世前，他仍然坚持这种做。1981年4月27日，尚钺先生在《光明日

① 《尚钺史学论文选集》，人民出版社1984年版，第342页。
② 《毛泽东选集》第2卷，第596页。

报》著文《坚持用马克思主义研究中国历史》，重申了他关于要坚持马克思主义，但是不要搞教条主义的观点。在这篇文章中，他说："我们用马克思主义去研究历史，是用它的正确的立场观点方法，并不是攫取其对某一问题的具体结论。如果我们的研究只限于使历史事实去适合某种论断，那么我们的研究还有什么意义？"尚钺先生指出："马克思主义并没有穷尽真理。社会在发展，科学技术在进步，理论也不能停滞不前。"

尚钺先生在 30 多年前，就提出了这种实事求是地看待马克思主义的先进观点，在当时的环境下，是难能可贵的。因为当时虽然已经改革开放，但是学术界的教条主义仍然十分盛行，"文革"遗风犹在，少有人发表这样的议论。尚钺先生说出了"马克思主义并没有穷尽真理"、"不能停滞不前"这样的真理，这种大胆的学术勇气，不能不令人叹服。

尚钺先生在史学研究实践中，善于从经济的角度去论述复杂的理论问题。这就使尚钺同志的史学思想大放光彩。

尚钺先生在研究资本主义生产发展的最初阶段，曾设问道："研究什么和如何研究？"他非常正确地指出，要研究货币、商品、生产资料和生活资料是如何转化为资本的。他的学术研究，没有离开对上述问题发展变化过程的研究。

尚钺先生批判了资产阶级的历史学"只研究政治生活、精神生活，不研究经济生活或把经济生活放到很不重要的地位"的倾向。他指出中国古代历史学有重视研究经济生活的传统，应该发扬光大。他说，中国古代的经济生活，除正史有记录外，还有魏晋南北朝的《齐民要术》；宋元时期的《农书》、《农桑辑要》；明代的《农政全书》等。他赞扬了吕振羽先生所写的《简明通史》和范文澜先生所写的《中国通史简编》，认为他们开始把中国古代有关农业的专书记载，运用到研究中，为中国学者如何研究经济生活开了一个很好的头。

尚钺先生在考察中国古代社会时，首先考察中国古代社会的经济问题，特别是农业手工业生产问题。因为以人力和畜力为动力的农业手工业生产方式，是封建社会典型的生产方式。考察封建社会就要考察这种生产方式。例如早在 1944 年，他就在《中山文化季刊》撰文，提出"欲探索古代社会，因为'言不雅训'、'书阙有间'及伪造，就不能注意到古物器所表现的生产形式和古文字所表象的古代物事的研究。"在这里，他所说的"古物器"和"古物事"都是指生产工具。在专门考察了中国古代的农具后，尚钺先生得出了结论：在中国古代社会制度的演变中，"起主导作用的，很明显就是上面所叙述的农业生产工具的演变了"。

1956 年尚钺先生在《历史研究》第 7 期上撰文，考察"先秦生产形态"。在这篇文章中，他研究了周代的社会经济结构及其性质，研究了当时农民的生产与生活，以及研究了由此而产生的先秦的社会及思想斗争，从而得出了关于这一时期社会性质的结论。他认为根据先秦中国社会和农民经济的特点，构成周王室或各国家长制政治基础的，"还是农村公社的自耕农民"。很显然，他认为先秦的社会制度是"家长制"。

根据这一论断，他认为中国早期存在的民主制，是奴隶主贵族阶级的民主，而不是人民的民主。把孟子的"民为贵，社稷次之，君为轻"的思想作为依据，认为中国古代社会存在过近代资本主义国家那样的民主，是荒谬的。

为了使结论正确，尚钺先生对史料的选择，是经过反复考证的。为了分析明末的商业资本与工场手工业的关系。他引用了《农政全书》、《天工开物》、《明实录》、《清朝文献通考》、严中平的《中国棉织业史稿》和地方志等各种书籍，其中还包括引用了万历《福州府志》、光绪《畿辅通志》、黎树昌《光绪清浦县志》、《江苏省明清以来碑刻资料选集》、褚华的《木棉谱》、张瀚的《松窗梦语》、蒋以化的《西台漫记》、《马可波罗行记》，乃至小说《二刻拍案惊奇》等文献上的资料。根据大量经过筛选的史料，尚钺先生论证了明末纺织业的生产形式，得出了明清资本主义萌芽的结论。

在尚钺先生比较重要的论文中，从经济角度来研究中国古代历史问题的文章占了较大的比重。其中，"《中国奴隶制经济形态的片段探讨》序言"、"《中国封建经济关系的若干问题》序言"、"关于中国古代史分期问题"、"《中国资本主义关系及演变的初步研究》作者的话及说明"、"《明清社会经济形态的研究》序言"、"《中国资本主义萌芽问题讨论集》编者的话"、"有关中国资本主义萌芽问题二三事"、"中国资本主义萌芽问题的探索"和"《织工对》新探"等，都是这种极其重要的代表性文章。在其他谈论历史方法论的文章中，他都直接或间接地从经济发展的角度来论证其历史方法论的价值。他主编的教材《中国历史纲要》，更是以坚实的经济史研究基础见长。

在这些文章中和教材中，尚钺先生从中国经济史研究的基本事实出发，力图准确地再现中国古代社会的原貌，解答中国古代史研究中存在的一些疑难问题。这种研究方法，使尚钺先生能超越前人，在中国古代社会的分期和中国资本主义萌芽等问题上，提出了独到的见解，做出了创新的研究，开创了跨学科研究的成功典范。

尚钺先生一生坚持上述史学思想和学术实践。尚钺先生为人正直，光明磊落，人品和史德都极高，在学术环境风云变幻的时代，特别是在十年浩劫时期，他都从未改变过自己的观点，始终坚持自己的史学思想和治学方法。正是这种学术气节，使尚钺先生能在逆境和万难之中，在学术上作出创新和贡献，成为学人景仰的一代宗师。

（作者单位：中国人民大学历史学院）

新历史考证学与唯物史观的学术关联

——以新中国成立后张政烺的史学研究为中心

张　峰

　　20 世纪中国史学的发展异彩纷呈，产生了众多的史学流派，而其中最为显耀、影响最为深远的则应数新历史考证学派与马克思主义史学派。这两大史学流派的研究内容与研究方法各有侧重，相得益彰，在 20 世纪上半期形成齐头并进的发展趋势。新中国成立后，马克思主义史学成为学术发展的主流，因而在全国范围内掀起了学习唯物史观的高潮。此一时期，新历史考证学派因受唯物史观的影响，故而在治史理念与研究旨趣上发生了深刻的变化。[①] 在当时，接受唯物史观指导的新历史考证学者人数众多，而张政烺即是其中具有代表性的一位。

---

　　① 目前，陈其泰与林甘泉两位教授已就此问题发表了一些重要的研究成果，为我们进一步从事这项研究奠定了理论基础。陈其泰先生在《新中国成立后历史考证学的新境界》（《当代中国史研究》2003 年第 5 期）、《中国马克思主义史学发展道路的思考》（《当代中国史研究》2004 年第 3 期）、《"数十年之积惑一朝冰释"——跋蒙文通先生〈致张表方书〉》（《四川大学学报》2008 年第 1 期）、《新历史考证学与史观指导》（《中国史研究》2012 年第 2 期）、《20 世纪中国历史考证学研究》（北京师范大学出版社 2005 年版）第七章第二节 "新历史考证学与唯物史观的关系及其展望"、《中国马克思主义史学的理论成就》（国家图书馆出版社 2008 年版）第四章 "唯物史观与新历史考证学" 等文中，不仅从理论上对新中国成立后唯物史观与新历史考证学之关系进行了考察，而且从谭其骧、唐长孺、蒙文通、徐中舒、赵光贤等人的学术实践上予以阐发。林甘泉先生在《五十年的回忆和思考》（载《求真务实五十载——历史研究所同仁述往》，中国社会科学出版社 2004 年版）中指出新历史考证学派的杨向奎、王毓铨、孙毓棠、张政烺等学者具有严谨扎实的治学精神和学习马克思主义理论的强烈愿望。此外，张越教授的《新中国建立后十七年 "中生代" 史家群体与马克思主义史学》（《史学理论研究》2012 年第 2 期）一文对此课题也有涉及，具有重要的参考价值。

一 积极学习马克思主义

张政烺在新中国成立前即以博闻强识、考证精密而名闻学林，在学界素有"小王国维"①之美誉，是新历史考证学派的一员健将。在古史研究领域，他相继撰有《猎碣考释》、《"平陵陈导立事岁"陶考证》、《〈说文〉燕召公〈史篇〉名丑解》、《奭字说》、《六书古义》、《邵王之諻鼎及篮铭考证》等考证名文，受到郭沫若、胡适、傅斯年等学术名家的赏识。张政烺在治学过程中所体现出来的"实事求是的治学态度，以联系的观点分析史实、以'通识'的眼光考辨史料的方法，都与马克思主义史学的基本方法相沟通"，因此在新中国成立后觉得比较容易接受唯物史观。② 其次，马克思主义史学家郭沫若运用唯物史观治史的理念与方法对张政烺的治学深有浸染。早在 20 世纪 30 年代，张氏便与郭沫若有着学术上的交往，40 年代，他又受到郭老关于古代社会研究的影响，对先秦社会经济到政治下了不少工夫。③ 尤其是，他在 1936 年托好友傅乐焕从来薰阁购得郭著《两周金文辞大系考释》，倾注近半个世纪的时间精研此书。④ 2011 年中华书局出版的三厚册《张政烺批注〈两周金文辞大系考释〉》，为我们展示了张氏一生研究此书的心得体会与真知灼见，可以看做是他在金文研究领域与郭沫若的交流与对话。张政烺对郭沫若的金文研究推崇备至，在多篇文献中均征引郭说，并认为郭氏之"从事金文研究比起新旧专家都高一筹"。他敏锐地指出，郭沫若研究金文之所以能够取得重大成就，主要原因在于郭氏"学习马列主义，有辩证唯物主义和历史唯物主义的立场、观点和方法"⑤。再者，时代环境对史家的学术研究不无影响，张政烺说："历史学家不可能不

---

① 傅斯年语。参见何兹全《祝贺〈张政烺文史论集〉出版》，《中国史研究动态》2004年第 7 期。

② 陈其泰主编：《中国马克思主义史学的理论成就》，第 371 页。

③ 吴荣曾：《读〈张政烺文史论集〉（史学篇）》，《书品》2005 年第 1 辑。

④ 朱凤瀚：《读〈张政烺批注〈两周金文辞大系考释〉〉》，见《张政烺批注〈两周金文辞大系考释〉》下册，中华书局 2011 年版。

⑤ 张政烺：《郭沫若同志对金文研究的贡献》，载《张政烺文史论集》，中华书局 2004 年版，第 637 页。

关注社会注意的问题，社会也不可能不影响历史学家研究的重点。"①
正缘于此，新中国成立后，马克思主义在全国范围内取得指导地位，张
政烺因受时代影响，也力求运用唯物史观指导史学研究工作。

张政烺对马列主义的学习和对唯物史观的运用是积极自觉的。20
世纪50年代，他执教于北京大学历史学系，从其编订的《先秦史讲义》
来看，其间贯穿的一条主线便是唯物史观的指导。② 根据当时聆听张政
烺先秦史课程的王恩田说，高教部组织编写《中国史教学大纲》，申明
要按照马克思列宁主义的观点编写，而张政烺是高教部《中国史教学大
纲》先秦史部分唯一指定的起草人，"《大纲》经过全国史学界反反复
复广泛深入地讨论获得通过和定稿，不仅是对《大纲》本身，也是对
《大纲》先秦部分起草人苑峰先生马列主义水平的肯定"。70年代，王
恩田曾向张氏谈及不同意以"殉葬"作为奴隶社会的标志。张政烺对
此并没未直接作答，而是拿出马克思《马·科瓦列夫斯基〈公社土地
占有制：其解体的原因、过程和结果〉一书摘要》的单行本，指出记
载着在美洲大陆许多印第安人部落"人们在举行葬礼时开始烧掉或消灭
一切已成私有财产的东西，例如家畜、妻子、武器、衣服、装饰品等
等"。所以，王恩田认为张政烺手头放着刚刚出版不久的马克思的著作，
并且可以立刻告诉书中的某个段落，"显然是认真读过，而绝不会是用
'马列'来装门面"③。

大体而言，张政烺对唯物史观的运用，更多地则是结合其善于考证
的治学特色，有机地将历史考证与史观指导相结合，从而提升了其理论
认识的深度和开拓了学术研究的新境界。

二 运用唯物史观指导对商代社会性质作出深层次探索

新中国成立初期，对中国古史分期的讨论成为当时史学界最为关注
的问题之一，张政烺由于学习了马列主义也积极参与讨论。他对中国古
史分期的看法，体现了他努力将经典作家的见解与中国历史发展特点自

---

① 赖长扬、谢保成：《张政烺先生谈治史》，《史学史研究》1994年第1期。
② 参见张政烺《张政烺文集·古史讲义》，中华书局2012年版。
③ 参见王恩田《张政烺先生调离北大的前前后后》，载《张政烺先生学行录》，中华书
局2010年版，第72—74页。

觉结合加以研究的尝试。经典作家指出："生产关系总合起来就构成所谓社会关系，构成为所谓社会，并且是构成一个处于一定历史发展阶段上的社会，具有独特的特征的社会。"① 张政烺正是根据这一论述，通过对甲骨材料中反映商代生产关系状况的考察从而探索商代社会的性质。他明确指出："在五十至七十年代我对殷墟甲骨文的研究有一个重点，即是要利用这些第一手资料探讨商代的生产关系及其相关的社会形态问题。"②

1951 年，张政烺发表了运用唯物史观指导进行理论探索的初步成果《古代中国的十进制氏族组织》。此文一方面承袭了他由具体考证探讨中国古代历史面貌的作文风格，但与过去又有很大不同的是，此文以实证研究为基础、以唯物史观为指导，将微观研究与宏观指导相结合探讨商周的社会结构问题。在当时的学界，有的研究中国古代早期社会形态的学者根据恩格斯的说法，认为国家建立后地域组织代替了血缘组织，而对以血缘为纽带的氏族社会残留的事实注意不够。张氏则根据恩格斯的说法及古代世界上其他民族历史演进的路径，认为古代中国从氏族社会演进到政治的社会、建立国家组织，期间经历了十进制氏族组织的过渡时期。他通过对甲骨文材料与《诗》、《书》等先秦文献中关于"百人"、"三百"、"八百"、"九百"、"千人"、"三千"、"五千"、"八千"、"万人"以及"三族"或"五族"出征史料的一一搜求胪列，指出在商和西周的"氏族组织和军队编制中亦有一种百人团体和千人团体存在"。在文中，他进一步指出甲骨文中的"众"字既是当时军队的来源，也是直接的生产者，他们被编制在百人或千人的团体中，春夏秋三季从事农业劳动，冬季习武，所以在农业生产上也和军事编制中一样存在着十进制的氏族组织。③ 几十年过去了，有关商周社会的研究成果更有大量发表，而张政烺论文中关于商周时期仍然存在氏族组织、国家尚处于它的早期形态的论点，可以说随着时间的推移而更显出其重要价值。遂张永山指出，现在研究上古时期社会组织、生产组织和商代军事编制的学者无不征引此文。④

---

① 《马克思恩格斯选集》第 1 卷，人民出版社 1995 年版，第 345 页。
② 张政烺：《我与古文字学》，载《张政烺文史论集》，第 857 页。
③ 张政烺：《古代中国的十进制氏族组织》，载《张政烺文史论集》，第 277—313 页。
④ 张永山：《传道、授业、解惑——忆张政烺师》，载《张政烺先生学行录》，第 94 页。

唯物史观的指导，推动张政烺对商代生产关系及其社会形态问题探索不断深入，他用30余年的时间持续对甲骨文中的"众"作了考察。在他看来，"众"是当时社会的主要生产者，对其政治地位、经济地位、所处社会关系等方面作深入考察，"自然可以深化我们对当时社会结构与社会形态特征的看法"①。在《古代中国的十进制氏族组织》一文中，他已经提出"众"既是商代的直接生产者又是兵源的看法，在随后撰写的《卜辞"裒田"及其相关诸问题》一文中，又进一步对"众"与"众人"的史料作了深入的分析，指出众人兼有农夫与战士的双重身份，"被牢固地束缚在农业共同体，个人对土地没有所有权，车辇六畜可以随时征用，要服兵徭役，征集调拨毫无限制，也就是说生命财产都操在奴隶主统治阶级的手里"②。尽管"众"的政治地位和经济地位非常低下，但是他们并不等于奴隶。关于这一点，他在《殷契"督田"解》一文中对"众人"的概念又作了进一步解释："'众人'是族众，包括平民和家长制下的奴隶，是殷代的农业生产者，也是当兵打仗的人。"③ 这种层层深入，对"众"的政治地位、经济地位、家族组织、阶级身份等问题的厘清，无疑为我们认识商代社会性质提供了一把锁钥。

对商代社会性质问题的探索，贯穿了张政烺学术研究的后半生，在他已经公开发表的文章中，还谈到要写一本《中国奴隶社会》④ 的著作，以及《古代中国的家族形态》⑤、《殷奴隶制国家的阶级结构》⑥ 等文章，直到晚年他仍然说："这个问题我很有兴趣，也一直注意这个方面的进展，今后我还是想多听听各种意见，将我的看法写出来。"⑦ 可见张政烺学习唯物史观，并用以指导其对中国古代社会性质所作的探索，具有高度自觉的意识。林甘泉与张政烺共同供职于中国社会科学院历史所多年，他在评价张政烺的学术研究时说："张政烺是主张从史料的实证入手的，但他从不排斥马克思主义社会经济形态理论对历史研究

---

① 张政烺：《我与古文字学》，载《张政烺文史论集》，第859页。
② 张政烺：《卜辞"裒田"及其相关诸问题》，载《张政烺文史论集》，第429页。
③ 张政烺：《殷契"督田"解》，载《张政烺文史论集》，第587页。
④ 见《汉代的铁官徒》，载《张政烺文史论集》，第255页。
⑤ 见《古代中国十进制氏族组织》，载《张政烺文史论集》，第304、308页。
⑥ 见《卜辞"裒田"及其相关诸问题》，载《张政烺文史论集》，第424页。
⑦ 赖长扬、谢保成：《张政烺先生谈治史》，《史学史研究》1994年第1期。

的指导的意义。"①

深入考察张政烺于新中国成立后运用唯物史观研究商代社会问题研究取得的成就及思想认识的飞跃，具有重要的现实意义。因为时至今日，仍有一些学者把关于社会经济形态的探讨斥为"假问题"或"伪问题"，认为只有实证研究才是真学问。张政烺作为一位新历史考证学者，自觉运用唯物史观指导学术研究，对商周社会形态作出了深入透彻的分析，从而深化了对商周社会相关问题的认识。在新中国成立之前，他虽然不乏历史考证名篇，但考证的中心并不突出，而新中国成立之后其历史考证的中心则集中在商周史领域，究其所自，与其系统学习唯物史观，并将其用以指导研究商周史领域一系列重要问题有密切关系。他在学习了唯物史观之后，开始重视从经济的角度探讨殷代农业生产者的生产形式。《卜辞"袠田"及其相关诸问题》一文考释袠田为开荒、造新田之义；《甲骨文"肖"与"肖天"》一文将"肖天"考释为耕休田，以备耕种之义；又作《释甲骨文"尊田"及"土田"》一文，认为"尊田"是在开荒造出的土田上作田垄。将张氏此类考证文章联系起来考察，就可以看出他希冀通过对甲骨卜辞的具体考释，说清"殷代农业生产从开荒到治理耕田的过程"②。这种层层深入对殷代农业生产形式所作的考察，深化了人们对殷代生产力发展水平的认识，创造了通过考证去解决历史发展深层次问题的成功例证。所以谢桂华深有体会地指出："他（指张政烺——引者注）的论著贯穿着这样一个鲜明的特点，即以唯物史观为指针，广泛搜集和综合利用甲骨文、金文、陶文、石刻、简牍、帛书等考古成果和古文字资料，结合古文献记载，加以去伪存真、去粗取精，来研究我国古代的历史，作出符合我国历史实际的科学结论。"③ 此为张政烺后期历史考证学实现更大突破与提升的关键之一，也恰恰是对于否定唯物史观对史学研究指导作用观点的有力反驳。

---

① 林甘泉：《求真务实五十载——历史研究所同仁述往·序》，中国社会科学出版社2004年版。

② 张政烺：《我与古文字学》，载《张政烺文史论集》，第860页。

③ 谢桂华：《张政烺先生传略》，《中国史研究》1990年第3期。

三　实事求是的治史风格

新中国成立初期，广大史学工作者都在学习马列主义，并努力将经典作家的言论与中国历史的实际相结合，但在理论联系实际的过程中，常常出现生搬硬套，削中国历史实际之足而适马列主义之履的情况。值得注意的是，张政烺对唯物史观的运用，并非机械地将中国古代历史发展的道路套入经典作家的理论框架，而是根据中国历史的具体情况，作出实事求是的分析。譬如，他将唯物史观融入实证领域对"众"的身份所作的探索，便颇具典型意义。在当时，许多研究甲骨的学者按照古典希腊、罗马奴隶制社会的一般形态，视"众"为奴隶，且以此来理解"众"的经济地位与生活方式。这种对"众"的理解与张政烺将其纳入氏族组织、大量分析甲骨文材料作出符合中国实际的解释有着截然的不同。正如张政烺所说："我所阐明的'众'的情况却是来自对甲骨卜辞的考释与分析，自认为是合乎其实际的，其身份与生活方式与希腊、罗马的奴隶显然是不同的。"[①]

这种运用唯物史观对中国历史实际作出具体分析的求实精神，使张政烺对中国历史演进的路径及阶段划分能够另具只眼，提出了迥异于一般学者的看法。在当时的学术界，对中国封建社会的断限存在多种不同的学说，其中范文澜、吕振羽、翦伯赞等马克思主义史学家认为中国的封建社会始于西周时期，而郭沫若等史家则倡导"战国封建说"，这两派的学术论点具有很大的影响力，也成为当时讨论古史分期的主流观点。然而，张政烺并不简单地盲从附和各家观点，而是根据他对唯物史观的解读和对中国历史发展实际的认识，通过实事求是地对史料进行分析，进而提出了"魏晋封建论"的学术主张。

"魏晋封建论"在张政烺的 1951 年发表的《汉代的铁官徒》一文中有着鲜明的体现。在该文中，张政烺力图通过对汉代重要劳动产业身份的考察，借以说明当时社会的性质，立意可谓以小见大。他认为奴隶与铁器的冶炼、制造有着密切的关系，从战国时起，"冶炼的工人主要是奴隶，其次是穷苦人民不堪生活上的压迫，触犯了如毛的法令，被判

---

①　张政烺：《我与古文字学》，载《张政烺文史论集》，第 858 页。

处徒刑，因而亡命的人"。冶铁者的身份直至汉代依然如此。张政烺指出，汉武帝时期为了增加政府收入，设置"铁官"，把制造铁器的权力收归政府，禁民私铸。在当时，劳动者的身份主要有"卒"、"繇"和"徒"三种。"卒"是服兵役者，"繇"是征发来帮忙的，两者均有"临时性质"，所以只有"徒"即"刑徒"，是铁官控制下最基本的劳动力。同时，他参以考古资料考证汉代墓砖记载铁官徒的身份即为奴隶，这同铁在战国一出现时就同刑徒奴隶和亡命之徒结下不解之缘的传统正相吻合。因为铁工业是汉代社会的重要生产行业，而主体劳动者的身份是刑徒奴隶，所以张氏认为汉代依然是奴隶社会。铁官徒的生活环境恶劣，备受奴役，故而西汉末年铁官徒不断起义，"汉代的奴隶主政权开始崩溃。王莽虽然力谋妥协，想出种种折中的办法，但是阶级矛盾是不可以缓和的，最后奴隶和奴隶主都起来反抗，结果建立在西安二百多年来代表奴隶主的政权从此就倾覆了"。到东汉时期，"汉光武是大地主出身，看见了王莽失败的原因，意识到封建主义在适合生产力上的必要，即位之后就接二连三的释放奴隶。从此奴隶制度开始衰落，封建主义逐渐抬头，到魏晋时中国便步入了封建社会"①。在《秦汉刑徒的考古资料》② 一文中，张政烺又利用出土文物的资料记载，进一步论证秦汉刑徒的奴隶身份，其着眼点均在于说明秦汉时期的社会性质与魏晋以下有所不同。

与此相关联的是，从 20 世纪 50 年代底张政烺主持编纂《中国历史图谱资料目录（封建社会部分）》的草稿影印件来看，"魏晋封建论"的学术观点亦隐然蕴含其间："原《图谱目录》分篇编排，封建社会部分，分为第三篇《封建社会前期》和第四篇《封建社会后期》，先生将两个篇名均行删去，改为以章为单位，统一编排。将原第三篇第一章《封建社会的形成》，改为统编第十一章《兼并剧烈时期——战国》。原第二章第一节为《专制主义中央集权封建国家的形成》，先生删去其中'封建'二字，改为《专制主义中央集权国家的形成》。原第四章《豪强大族的发展和封建割据因素的增长、农民起义的不断爆发》，先生把'和封建割据因素的增长'数字删去。第十七章《封建割据和短期统

①　参见张政烺《汉代的铁官徒》，载《张政烺文史论集》，第254—271 页。
②　载《张政烺文史论集》，第365—373 页。

一》，先生改为《魏蜀吴割据和西晋短期统一》，删去'封建'字样。此章第一节《封建割据局面的形成》，先生删去'封建'二字。凡此种种，都明确无误地表明，先生不同意古史分期的战国封建说。"①

尽管学术界对中国封建社会起始时间的讨论，见仁见智，但张政烺关于"魏晋封建论"的学说，自1950年提出之后，直到1994年他在接受《史学史研究》编辑部的采访时，依然坚信地说："我看封建社会是魏晋以下。几十年了我都是这个主张。"② 这种学术的自信，缘于他不空套理论，而是真正做到了将唯物史观指导与中国历史发展的实际相结合，是其实事求是治学理念的体现。故何兹全评价说："50年代初，刚刚解放，苑峰也在学马克思主义，当时学习理论联系实际，都不免生搬硬套。但苑峰不是'以论代史'，而是熟悉中国历史，理解中国历史实际，从中国历史实际中看出魏晋时期正合乎马克思的封建社会理论，就把封建社会的帽子戴到魏晋社会的头上。他不是'以论代史'，而是'以史代论'。"③

作为一名新历史考证学者，张政烺在新中国成立后学习马克思主义理论，并自觉运用于学术研究的实践，表明新历史考证学者在研究路径上由纯粹的重视史料考证，转而将史观指导与史料考证二者并重。这一研究路径的转变，不仅提升了新历史考证学者的理论素养，完善了他们的治史理论与方法，而且赋予了马克思主义史学新的发展内涵，充实、扩大了中国马克思主义史学的队伍。

（作者单位：西北大学历史学院）

---

① 刘宗汉：《张政烺先生〈中国历史图谱资料目录（草稿）·封建社会部分〉批注蠡测》，《书品》2005年第2辑。
② 赖长扬、谢保成：《张政烺先生谈治史》，《史学史研究》1994年第1期。
③ 何兹全：《祝贺〈张政烺文史论集〉出版》，《中国史研究动态》2004年第7期。

唯物史观如何成为新中国老一辈史家的理论武器

——以何兹全先生为中心的考察

邹兆辰

新中国成立以后，一批原来就从事史学工作的学者加入到新中国的史学队伍中来。他们通过不同途径或早或晚地接受了唯物史观，并用于指导自己的史学工作。他们勤于著述，除了自己的研究课题外还积极参与史学理论方面重大课题的讨论，成为新中国史学队伍中的骨干力量。经过"文化大革命"的冲击，他们的学术生命又获得再生，并结出累累硕果，成为新时期的史学大家。从他们一生的治学经历中，可以窥见出马克思主义理论在这一代学人精神世界中的地位。何兹全先生正是这样一位具有代表性的史学大家。

一 青年时期:接受唯物史观的特别途径

早在 20 世纪 30 年代初期，何兹全先生进入北京大学史学系学习时，便已经接触到唯物史观。据他晚年回忆，当时北大史学系的教授依学术思想渊源，大体可分为三个流派:一个是由钱穆教授代表的，以乾嘉为主导的学派，孟森教授、蒙文通教授可划在这一派里;一个是乾嘉加西方新史学的学派，以胡适、傅斯年教授为代表;一个是乾嘉加点辩证唯物论，这派的代表人物可以举出陶希圣。何先生强调:我是从学术观点的角度说陶希圣有点辩证唯物论，在政治组织上他是国民党的改组派，他不是一个正统的马克思主义者，但他读过马克思、恩格斯、考茨基等人的著作，受他们的影响而标榜唯物史观、辩证法，使他成名，在学术上有高人之处。何先生承认，自己在北大的四年，给予他影响最大之人莫过于陶希圣。当时陶希圣在北大开的两门课:中国社会史、中国政治思想史他都选修过。而且何先生在北大读书时就已经开始了学术研究，他所选择的方向——中国经济史，就是受了陶希圣的影响。1934年12月，陶希圣主编的《食货》半月刊创刊，这是一个研究中国社会经济史的专门刊物，它的宗旨是在集合当时从事中国社会经济史研究的人才，特别是正在搜集这方面史料的人，给他们提供一个交流心得、见解的平台，何先生早年的学术论文大多发表在《食货》上。

陶希圣是把何兹全引向注重辩证唯物论研究中国社会经济史的引导者，但是何先生本人也在当时的社会潮流的影响下，读了一些社会科学的书籍，特别是宣传马克思主义的著作。其中，对他影响最深远的书是恩格斯的《家庭、私有制和国家的起源》、《德国农民战争》，还有考茨基的《基督教的基础》、《托马斯穆尔和他的乌托邦》。还读过日本人写的书，如河上肇的《唯物史观辩证法》。为了研究经济史，他也曾读过马克思《资本论》第一卷和第三卷中一些有关历史的章节，读懂了劳动和剩余劳动、原始积累的一些理论。他说，他自己的学术思想"杂而不纯"，"但我的学术思想的形成确不能排除马、恩及考茨基等人著作的直接影响。"① 他认为，读了这些书使我懂得，研究任何历史问题，都要从当时的整个时代、社会出发，都要从历史发展的大势出发。任何历史现象，从纵的方面说，都是历史发展长河中的一点；从横的方面来说，都是当时全面形势中的一环。不了解历史发展大势和当时社会全面形势，就不会真正认识任何历史现象和问题的本质。

从读大三开始，何兹全就开始写文章、发表文章，有的刊登在《华北日报·史学副刊》和《中国经济》上，更多的是发表在陶希圣主编的《食货》上。我们看一下他在北大读书时发表的7篇文章，就可以看出他当时的治史方向：《北宋的差役与雇役》、《中古时代之中国佛教寺院》、《魏晋时期庄园经济的雏形》、《三国时期农村经济的破坏与复兴》、《"质任"解》、《三国时期国家的三种领民》、《中古大族、寺院领户的研究》（毕业论文）。很明显，他一开始治史，就把自己的方向确定在社会经济史的方向，从这里可以看出他已受到了唯物史观的一影响。

这些文章写于1934—1935年之间，当时他只是三四年级的学生。

---

① 何兹全著，潘雯瑾整理：《何兹全学述》，浙江人民出版社2000年版，第16页。

尽管当时掌握的材料有限，但由于年轻气盛，胆大敢言，所以提出了一些独到的新见解，如魏晋时期自由民身份的低落、依附关系的出现、大族、寺院人口分割制、士家兵户身份的低落、寺院经济研究的开创、汉魏封建说的提出等等。这些文章都是他青年时期的得意之作，因为这些文章很大程度上决定了他以后一生的研究兴趣和研究方向，成为他毕生治史的几块重要基石。

在他当年所写的文章中，有的文章用了"中古"或"中古时代"的提法。按当时的理解，"中古"就是封建社会。而且文字中多处说明"中古"就是魏晋南北朝隋唐时代，就是封建社会。例如，他在《中古时代之中国佛教寺院》一文的《引言》中，就说过："中国历史的分期，至今尚无公认的定说。本篇所用中古时代是约指从三国到唐中叶即从3世纪到9世纪一时期而言。""中古中国的社会是封建社会。"这表明，何兹全在当时已经能够以马克思主义的社会形态理论来认识古代中国社会了。

当时，他不仅仅是简单地运用一些概念，而且对于这个时期中国封建社会的特征有了一定的认识。例如，他在文章中指出当时城市经济衰落，金属货币萎缩，人民身份依附化、等级化，贵贱分明，人口分割制盛行，大族和寺院都有成千上万的依附民，大族寺院有特权庇护它们属下的人口免除对国家的租税徭役。在《魏晋时期庄园经济的雏形》一文中，他还讲了"豪族的发展"，"自由民到农奴的转变"和"新的社会——庄坞"等，这是东汉末年城市经济衰落，土地荒芜，人口减少后出现的自然经济和庄园组织"庄坞"。由这些可以看出魏晋时中原地区社会经济发展的趋势：一是大族兴起，土地集中大族手里；二是自由民衰落，丧失土地降为部曲、佃客、半自由的农奴；三是交换经济破坏，自然经济占优势，庄园经济渐具雏形。这种生产组织，后来被入主中原的拓跋氏所模仿，使其制度化，建立起北朝的庄园制度。

在他晚年回顾到他在30年代所写的这些文章时说，这些文章说明当时他对汉魏之际到唐中叶社会的认识。这些认识有正确的方面，也有教条主义、生搬硬套的地方。这种生搬硬套主要是受了欧洲中世纪史的影响。比如说，庄园制度是欧洲中世纪封建社会时代的制度。中国古史记载中有庄、田、庄田、田庄、庄宅等词，但没有用庄园，这个名词可能是从日本的译文借用过来的。中国虽然不能说没有像欧洲那样的庄园存在，但是不典型。后来有的学者写文章批评庄园问题，认为中国中古没有庄园制度，何先生后来也放弃了这个提法。再有就是关于农奴的提法。中国史书上没有这个提法，而用依附民来泛指一切身份高于奴隶、低于自由民的半自由的人。用农奴这个近乎欧洲中世纪专称的词来指中国历史上中古时期的农民劳动者，似乎也不合适。后来他也不大使用了。

尽管当时他初步接触了一些唯物史观的理论，并试图运用来观察中国历史，但他当时并没有成为一个马克思主义者。当时，他几乎是"两耳不闻窗外事，一心只读圣贤书"。整天上课、读书，连报纸也很少看。当时他在思想上还是一个三民主义者，认为三民主义符合中国国情。当时对国民党充满失望，不满蒋介石依靠江浙财阀走法西斯独裁道路，脱离人民，成为新军阀。但是对共产党也没有太多好感，觉得斯大林太狠，杀了那么多无辜的苏共党员；对中国共产党搞农民暴动，也认为太过火，不符合中国国情。不过他对于中国共产党的党员，却是充满同情心的，认为他们是有理想、有才华的爱国人士，因不满国民党背弃孙中山的三民主义，政治腐败才投向共产党的。但是，他不能不承认在当时已经受到了马克思主义的影响。他认为，20世纪前半期西方史学思想对中国传统史学思想有两次大冲击：第一次是1919年五四运动带来的西方资产阶级新史学对中国史学思想的冲击；第二次是1927年北伐战争后带来的马克思主义史学思想对中国史学思想的冲击，具体来说就是1930年前后的中国社会史论战。在这个论战中，尽管参加者派系复杂，但没有不打着马克思主义、辩证唯物论旗号的。仿佛没有这个旗号，便没有参战的资格。他说："我就是在这次冲击中，接受了马克思主义历史理论、史学思想的。"[1]

二 新中国成立以后：在史学实践中运用唯物史观

新中国成立以后，和许多来自旧社会的知识分子一样，何兹全先生也面临一个转变政治立场的问题。1947—1950年，何兹全先生在美国学习和从事研究工作。1950年9月，他放弃了留在美国和去台湾的史

---

① 邹兆辰：《变革时代的学问人生》，首都师范大学出版社2011年版，第13页。

语所投奔傅斯年的两条路，选择了回国工作。从 50 年代初起，他就在北京师范大学历史系工作。

对于刚刚回国的处境，何兹全先生有着清醒的认识。他说："解放前，北大陶希圣是我的老师，我跟着陶希圣、傅斯年、钱穆，对我影响最大的是陶希圣。我在政治上是跟着国民党的，学术上是跟着陶希圣的。我 50 年代从美国回来，我是具有爱国思想的，我为爱国而投降，因为我觉得只有走共产党走的这条路，才能把国家弄好。因此，我放弃了我原来的政治见解。"他说："在中国共产党已经夺取政权的形势下，要图国家安定，想全力投入国家的建设事业，使祖国摆脱落后受辱的旧况而走上富强之路，只有牺牲脑袋里的个人民主，彻底向共产党投降，在共产党的领导下，众人齐心努力。我就是带着这些想法登上了横渡太平洋回国的轮船。投降思想在回国后的几十年里不仅决定了我的政治命运，也挽救了我的学术生命。解放后的历次运动中，一批批'资产阶级'知识分子'倒'下去了，其中有的还是跟着共产党多年的，而我却少受冲击，就是因为我少了根资产阶级民主、自由的'反骨'，多了个尊重共产党的领导的意识。"[①]

在学术领域里，何兹全先生沿着自己 30 年代的思路继续深入下去，在不断地学习马克思、恩格斯的著作过程中，他运用唯物史观为思想武器，对中国古代社会历史的认识逐步深化，并逐步系统化。他敢于在学术领域里独立思考，发人之所未发，在对于中国古代历史的认识上提出了与占主流地位的学术见解不同的观点，并把它逐步完善。

他的学术思路可以分作 50 年代—70 年代末—90 年代这样一个三步走的过程。

50 年代初，在"百花齐放，百家争鸣"的方针指引下，学术气氛比较宽松，学者们都非常重视历史分期问题，何先生也写了一篇《关于中国古代社会的几个问题》一文参与讨论。这篇文章先是投给《历史研究》的，后来发表在 1956 年 8 月的《文史哲》上。在这篇文章里何先生提出了三个问题：一西周春秋是前期古代社会；二论述战国秦汉时期的奴隶制在社会经济中所起的作用；三东汉以来奴隶制向封建制的过渡和封建社会的建立。这篇文章的观点与当时非常流行的范文澜的《中

① 《何兹全学述》，第 87 页。

国通史简编》中的西周以来中国已是封建社会的观点是不同的。他认为，中国封建社会开始于汉魏之际，战国秦汉是奴隶制最盛的时代，是城市交换经济发达的时代。

按照他的这种观点，就要说明先秦以来中国原始社会解体、奴隶制的发展。为此，他不仅读先秦的古籍，也读马克思、恩格斯关于欧洲古希腊、罗马的理论著作。他注意到从原始社会解体到阶级社会形成，中间有一个很长的过渡期，而西周、春秋的社会正处于这个过渡期。氏族制正在解体，有了贵族、平民的分化，已经出现了奴隶，同时也出现了农奴和依附民。氏族部落的躯壳还保存着，征服族和被征服族各自的氏族部落是聚族而居的。这时期已经有阶级分化，但没有发展到阶级矛盾不可调和的阶段；虽然有古代国家因素的出现，但还是建立在部落社会上。他把西周春秋时期的社会称为前期古代社会。

战国秦汉时期，奴隶制发展起来，商业、矿业、手工业、大农业，多役使奴隶进行劳动。战国秦汉的 600 年间，是中国古代社会的繁荣时期。小农经济是社会繁荣的一面，奴隶制和奴隶经济在整个社会经济中的居重，构成社会繁荣的另一面。

东汉以来奴隶制向封建制过渡，他从城乡经济的破坏、自由民衰落向农奴、依附民转化和奴隶解放为农奴、依附民等方面加以说明。由于农民流亡成为西汉以来的非常严重的社会问题，农民流亡就意味着生产力和生产资料的分离，导致社会生产的衰落。而东汉以来出现、魏晋南北朝发展起来的部曲、客依附于主人，没有离开主人的自由，他们也就没有离开土地的自由。劳动力和土地的再次结合推动了生产的恢复和发展。

这样，何兹全就向学术界提出了自己的与学术界占主流地位观点不同的魏晋封建说。他大胆写了这篇文章，但是内心里还是提心吊胆，怕不知何时受到批判。这一时期他写的《秦汉史略》、《魏晋南北朝史略》和《中国古代和中世纪史讲义》也是沿着他的这一思路写的。他的观点虽然不为学术界大多数人所接受，但是也没有受到批判。

70 年代末，学术界在粉碎四人帮后的思想解放氛围影响下，学术活动又活跃起来，何先生也更大胆地提出自己的观点。1978 年 10 月，在长春举行的"中国古代社会分期讨论会"上，何先生作了"魏晋之际封建说"的发言，受到与会学者的高度重视。因为"文化大革命"

中，中国古代史分期问题已经普遍采用郭沫若的春秋战国之际封建说的观点，现在何先生又提出"魏晋封建说"，自然有人会认为"魏晋封建说卷土重来"。他的发言整理以后，就用《魏晋之际封建说》的题目在《历史研究》1979 年第 1 期发表，更加引起学界的重视。

他这次的发言和文章主要谈了三点：（1）西周、春秋是古代奴隶社会的前期，也可以说是原始公社解体到发达奴隶制社会的过渡时期。这时的社会骨架还是以血缘关系为纽带的氏族制，但氏族制正在逐步解体，分化成阶级对立，有贵族和平民的对立。这时虽然已经有了奴隶，但也有了农奴，两者在生产关系中不占主要的支配地位，公社成员仍然是社会的主要生产者。奴隶制是新生事物，有待发展。（2）战国秦汉是中国奴隶制社会的发展时期。这时期，以奴隶劳动为基础的生产关系在整个社会中占支配地位，起主导作用；以占有和使用奴隶劳动为基础的商人、地主显贵，通过交换、高利贷剥蚀小农，使小农经济破产；以奴隶劳动为基础的大土地所有制与小农的斗争，土地兼并导致小农经济破产，自由民沦为奴隶，这是战国秦汉时期社会斗争的主线。（3）汉魏之际是中国社会由古代奴隶制社会进入封建社会的时期。这一时期的社会变化有：由城市交换经济到农村自然经济；由自由民、奴隶到部曲、客；由土地兼并到人口争夺；由民流到地著。

这里他所讲到的汉魏之际的社会变化，也就是他在 50 年代所讲的"魏晋之际社会经济的变化"。但是在那时，他只是讲变化，而变化的性质不敢说。这次则明白地提出了是奴隶社会到封建社会的变化。比较 50 年代，他并没有提出更多的新观点、新材料，只是大体维持原有的观点。不同的是，这时他已经不再战战兢兢、遮遮掩掩，而是毫无顾忌地、明确地把自己汉魏之际封建论的观点提了出来。

1991 年，代表何兹全先生研究中国古代社会几十年心血结晶的《中国古代社会》一书出版，该书全面阐明了他运用唯物史观研究中国古代社会问题的基本观点，许多学者和他本人都认为是他的代表作。他的这部书上起商周，下到三国。他的这部著作的重点不在于阐述魏晋南北朝的社会变化而在于说明战国秦汉时期不是封建社会，而是他所着重论述的"古代社会"。而这里所说的"古代社会"，便是一般学者所说的奴隶社会。往前涉及其来龙——早期国家；往后谈到它的去脉——魏晋封建。

因此，何先生这部书比他以前所写的关于中国古代社会的论述有所发展，可以看成是该书的特点：

第一，他明确提出早期国家的观点。他认为，春秋战国之际是中国国家产生的时期；殷盘庚到东周初，社会仍以部落、部落联盟为基础，可以称为早期国家。这个早期国家中，社会已有阶级分化，氏族部落内部已经出现贵族，也有奴隶和各类依附民，王的地位已经突出，有了王廷和群僚，但氏族部落组织的血缘关系仍然是社会的组织单位，是氏族向真正意义的国家的过渡，逐步接近国家。

第二，他不再使用"奴隶社会"的提法而改称"古代社会"。他根据马克思的观点，认为从人类社会发展史的角度看，用"古代社会"比"奴隶社会"要好。

第三，他强调交换经济、城市经济在人类历史上所起的作用。认为交换经济在人类历史上有两次出现和发展。一次是在古代社会，一次在封建后期。前次出现，发展了奴隶制；后一次出现为资本主义开路。封建经济是自然经济，秦汉战国时期正是城市交换经济兴起的时代。他在书中论述了从战国到西汉中叶这五六百年是中国古代社会的繁荣时刻，小农经济的繁荣是社会繁荣的一面；奴隶制的发展和奴隶经济在整个社会经济中的领导构成社会繁荣的另一面。他用大量材料说明战国秦汉时期奴隶制的发展、发达，大量奴隶使用在矿业、商业、手工业和农业，也用大量的事实说明小农和小农经济的衰落。在古代社会中，小农经济是受奴隶经济支配的。在商品货币关系和奴隶经济发展下，在国家租税徭役负担的压迫下，它的命运必然走向没落。战国秦汉几百年的历史，可以归结为这样一种斗争过程的发展史，即大土地所有制和自耕农民小土地所有制的斗争过程和商业发展、土地集中、小农沦为奴隶过程的历史。

第四，他发展了马克思、恩格斯所提出的农奴制曾在人类历史上出现两次的思想，一次是原始氏族社会解体时期，一次是在古代社会末期。有些学者所以认为西周是中国封建社会的开始，就是由于误认原始社会末期出现的农奴制为封建社会了。而汉末、魏晋时期出现的社会经济的变化，如从城市交换经济到农村自然经济，从编户齐民、奴隶到部曲、客，这才是从古代社会（奴隶社会）向封建社会的转化。这样，在这部书中何先生再次强调了他的汉魏之际封建说的观点。

三 晚年感受：马克思主义是观察社会历史 最科学最有力的理论

何兹全先生毕生学术论著甚丰，远远不止于上面提到的内容。就中国古代史研究方面来说，涉及中国古代社会和中世纪封建社会的研究，汉唐佛教寺院研究和汉唐兵制研究等，我们仅从他对中国古代社会研究和中世纪封建社会研究这一条主线，探讨了他几十年来运用唯物史观探讨中国社会历史的过程。何先生对自己几十年来的学术道路也不断有所总结，除了见诸报刊的文章外，他也多次对来访的学者谈论他自己对个人史学思想的总结。笔者也在先生90高龄以后，有幸几次聆听他对自己学术思想、治学道路的回顾，感到深受启发。像何先生这样年龄的学者学术经历比较复杂，接受唯物史观总是要有一个过程的。他似乎没有被奉为"著名马克思主义史学家"，他自己也不以此为标榜。他的学术观点有自己的独特性，可能也不一定为大多数学者所认同；但从他晚年对自己走过的学术道路的分析来看，他确实是以马克思主义的历史观为自己治学的指导思想，不仅在治学的实践中努力遵循马克思主义的学术理念，而且在理论上不断升华，尊奉马克思主义是观察社会历史最科学、最有力的理论武器。

总结何先生的史学思想、学术道路我们不难看出这样几条明显的特点：

第一，善于抓大问题。

从他20世纪30年代开始研究中国历史开始，他就开始选择大问题进行研讨。他曾说："我的特点是：（一）能抓大问题。我研究的题目都是有关国计民生的大问题和反映时代面貌的大问题。（二）我继承了中国史学传统，重材料、重考证，重把问题本身考订清楚。我受有近代西方史学思想的影响，更受有马克思主义历史理论的训练。我重视从宏观、微观看问题，从发展上看问题，从全面看问题，形成我宏观、微观并重，理论、材料并重的学术风格。"① 何先生说他在历史研究中善于抓大问题，我们从他20世纪30年代以来的史学实践确实能够得到证

———————————
① 《变革时代的学问人生》，第17—18页。

实。在北京大学读书时写的几篇文章，虽然是初露锋芒，但是他所选的题目都是很重要的。像《北宋的差役和雇役》、《中古时代之中国佛教寺院》、《魏晋时期庄园经济的雏形》、《三国时期农村经济的破坏与复兴》、《三国时期国家的三种领民》、《中古大族、寺院领户的研究》等，都是有关一个历史时期社会经济发展中的重大问题，这些研究为他一生的学术研究奠定了一定的基础。1945 年，在李庄史语所期间完成了三篇论文《东晋南朝的钱币使用和钱币问题》、《魏晋的中军》、《魏晋南朝的兵制》，也都是涉及经济和兵制的重要问题。进入 50 年代他的学术研究继续关注大的问题，如 1956 年的《关于中国古代社会的几个问题》，1958 年的《魏晋之际城市交换经济向自然经济的变化》，1961 年的《北魏之明太后》。80 年代初，又发表《佛教经律关于寺院财产的规定》、《佛教经律关于僧尼私有财产的规定》，也是寺院经济研究中的大问题。至于他的著作如《秦汉史略》、《魏晋南北朝史略》、《三国史》、《中国古代社会》等，更是宏观的历史研究的论著。正是由于他善于抓大问题，能够以宏观与微观结合的方法来解决问题，所以就为他在史学研究中运用马克思主义的史学理论创造了必要的条件。

第二，善于用马克思的思考方式来思考问题。

在何先生对自己的学术思想进行回顾和总结时，经常可以看到他的一些重要的学术观点或见解，是从马克思、恩格斯那里得到启示的。这一点，在他的代表作《中国古代社会》中就体现得特别明显。

例如，该书中论述到中国国家起源问题，他就是依照恩格斯在《家庭、私有制和国家的起源》一书的观点为立论的依据的。他认为，按照马克思主义的国家学说，国家是阶级矛盾不可调和的产物。国家与氏族不同的地方在于它按地区来划分它的国民；国家要有公共权力的设立，包括武装的人和物质的附属物，如监狱和各种强制机关；为了维持公共权力，公民需要缴纳捐税。如此看来，学术界把中国国家起源划在夏，是早了些。因为夏仍在传说时代，有没有阶级分化都成问题，谈不上阶级矛盾。所以，在《中国古代社会》中，何先生认为盘庚以前的夏和商还在氏族部落时期；盘庚到东周初是氏族部落到国家的过渡时期，可以称之为"早期国家"；而真正国家的出现是在春秋战国之际。

何先生在这部书中不再使用"奴隶社会"提法，而改用"古代社会"。他认为，马克思、恩格斯在他们的论述中论述了奴隶制，但却没有找到他们使用"奴隶社会"的提法，反之，在《政治经济学批判序言》中，马克思论述社会经济形态演进的几个时代时，用的是"古代的"一词。所以，从人类社会发展史的角度说，用"古代社会"比使用"奴隶社会"好。

再如，在《中国古代社会》中，何先生强调了交换经济、城市经济在人类历史上所起的作用。认为交换经济在人类历史上有两次出现和发展，一次是在古代社会，一次是封建后期。前次出现发展了奴隶制；而后次出现才为资本主义开路。他说，这不是他的发明而是受了马克思的影响。马克思在《资本论》中曾经说过："在古代世界，商业的影响和商人资本的发展，总是以奴隶经济为其结果……但在现代世界，它会导致资本主义生产方式。"何先生受了马克思的启发，研究了中国的史料，论述了战国秦汉时期交换经济的发展对古代社会经济的影响，认为春秋战国的商业交换经济第一次出现，促进了原始氏族公社的瓦解，也促进了奴隶制的发展。

同时，他还发现马克思、恩格斯也曾提出农奴制曾在人类历史上两次出现的思想。一次是原始氏族社会解体时期，一次是古代社会末期。中国有些历史学家之所以认为西周是中国封建社会的开始，就是由于他们误认为原始社会末期出现的农奴制就是封建社会开始了。而按照马克思恩格斯的观点，农奴制和依附关系不是中世纪封建社会才出现的，在氏族制解体时期，在奴隶制出现的同时就出现了。所以，农奴制和依附关系并不是特有的中世纪的封建形式。因此，不能将周代说成是领主制封建社会，把秦以后说成是地主制封建社会。中国真正进入封建社会，应该在汉末、魏晋时期。

第三，坚持马克思主义，但不僵化停滞。

首先，马克思主义的理论本身就是不断前进、不断发展的。

何先生曾经讲道：马克思主义理论的发展，就过去的情况看，往往有阶段性。以苏联斯大林时代为例，斯大林说过的就是真理，而且真理就到此为止。斯大林没有说过的，谁也不敢多说一句，说了就可能犯错误，犯了错误，那是很危险的。因此，在那个时代，只能给斯大林的话加诠释、注解，不敢有半步逾越雷池。但客观形势是在不断发展的，对客观的认识也就要不断发展，新认识会不断出现。新的认识也就是新的真理，你不说别人会说，你不提出来，别人会提出来。

他还说过：辩证唯物主义和历史唯物主义仍是指导历史研究的最正确的理论和方法。但我们应当突破教条，使辩证法在解释新事物中不断发展，不断吸收新因素，使自己更丰富，更活跃，站在时代的前列。任何先进的思想学说，如果人为地加以阻止，不许发展，就会变成落后的。①

在一次谈话中他说：马克思主义不是教条，马克思如果多在世一年就会多有一些东西。甚至于马克思如果活到现在，说不定会把他过去的东西都否定掉。所以，学习马克思主义不要死守教条。学术上的东西可以经受较长时间的检验，而政治方面的东西变化很快。列宁看到资本主义已经到了腐朽没落阶段，但是资本主义还在发展，现在比那个最后阶段还要高得多。他是一个革命家，他预料明年、后年如何，都可能发生变化。列宁的东西否定的多，马克思的东西有没有要否定的呢？其实他自己也有时否定自己，这就是辩证法地看问题。辩证法就是承认变化、承认进步，就是正—反—合。②

同时，他认为以马克思主义为理论武器的学者自身也要与时俱进，不前进就要落后。

何兹全先生在他已是高龄的时候，还经常告诫自己，不要落后形势，不要老了还不知道。在一次谈话中说：改革开放这近30年来的整个形势我说不大清楚，因为整个史学的发展、变化，超出了我这年龄的人所能了解的范围。我常跟青年人说，过去随着青年人的思想变化，我能够跟得上；但现在不行了，跟不上现在青年人的想法，史学思想也跟不上。现在我也怀疑，是年轻人思想不对路了，还是我成了"清朝遗老"了？总之，要警惕自己，已经老了还不知道。

何先生能够清醒地认识自己，看到自己的优势与不足。他认为，他这个年岁搞历史的人，史学界有些人在过去参加革命，后来又搞历史了，"但他们的文献知识不如我，没有我对文献读得多，对历史了解得多；有一些老知识分子如我的同班同学，文献书比我读得多，但没有接触过马克思主义，解放后学一点马克思主义也是皮毛。你们看我这九十多岁的人在这方面，还是比较突出一点。比那些革命的人，不如人家革

① 参见《何兹全学述》，第122—123页。
② 参见《变革时代的学问人生》，第23—24页。

命；比那些读书的人，又不如人家读书。但是，又读书，又接触马克思主义、又革过命的人，我的同代人不如我"①。他认为，自己不是天才，是通过学习接受和掌握辩证法的。他说："我这个人是很笨的，不知你们承认不承认，不但没有天才，连中才都没有。但我有一个好处，是可以学习、可以钻研、可以想问题，像老鳖一样，慢慢往上爬，爬到别人那个境界。所以，我是通过学习，接受了辩证法，以辩证法为指导学习历史。我没有天才，只是靠后天的勤奋学习，提高到现在这个水平已经不容易了。"②

何先生谈到自己的治学态度时说，我总强调荀子的一句话："不以所已臧害所将受。"《中庸》又说："诚之者，择善而固执之者也。"这两句话，也是做学问的人应该领会的。"不以所已臧害所将受"，就是不以自己已经接受的东西来排斥、损伤将要接受的东西。"择善而固执之"就是要强。人要有点固执精神，做事、做人、做学问，都是一样。他认为这就是辩证地看问题，辩证地处理问题。他自己就是这么做的。他一方面，坚持学习，用发展的态度看待马克思主义的历史理论，时刻警惕自己，不要真是顽固了；但另一方面，仍然"顽固"。他坚持以马克思主义历史理论研究历史的方向没有改变，坚持汉魏之际封建说的观点没有改变。30 年代的论点，到 90 年代还在固执着。

第四，强调唯物史观是研究历史最科学、最有力的理论。

在一次访谈中，何先生对访谈者说：到目前为止，马克思主义的唯物论、辩证法仍然是观察社会历史最科学、最有力的理论；西方的东西有它进步的地方，但它没有经过辩证法的过滤、提高，这正是中国年轻一代的史学家应该从事的工作。你们应该用辩证法来总结西方的史学思想，这样的话，20 年后，中国的史学思想会超过西方的史学思想。接受它的思想，而同时批判它的缺点和不足，21 世纪初期中国史学如果会有个高潮的话，就在现在这一代了。要提高，要从现在西方史学理论所达到的高度来提高，这是中国史学家的出路，中国学者的出路，也就是你们的出路。不要像钻进水底的人什么也看不见，要使自己清醒一些，站得高一些。如果你们对马克思的历史理论、对辩证唯物论接受得

---

① 参见《变革时代的学问人生》，第 20—22 页。
② 参见《变革时代的学问人生》，第 24 页。

还不够，还要多学习学习。这没有坏处，我不会害你们。①

何兹全先生讲的话非常诚恳，也非常深刻。这是一位世纪老人从他一生的治学实践中体悟到的深刻见解。何先生的话，不是为了迎合某种需要而作的空洞表态，而是实实在在的内心感受。中国马克思主义史学之所以到今天仍然在中国史坛中占据主导地位，这批老一辈学者的努力坚持和辛勤探索功不可没。

（作者单位：首都师范大学历史学院）

---

① 参见《变革时代的学问人生》，第23页。

理论浸入史料的典范

——漆侠先生的宋史研究与"保定学派"的构建

刁培俊

漆侠（1923—2001）先生，山东巨野人，1944—1951 年间，先后就读于国立西南联合大学、北京大学，曾任职于中国科学院近代史所、天津师范学院、天津师范大学、河北大学。漆侠先生是中国当代著名的历史学家，宋史研究领域的学术泰斗。先生一生建树丰硕，先后出版有《隋末农民起义》、《王安石变法》、《秦汉农民战争史》、《求实集》、《宋代经济史》、《知困集》、《辽夏金经济史》、《探知集》、《宋学的发展和演变》等 12 部著作，在国内外发表学术论文 160 余篇。2008 年由河北大学出版社推出的、集其大成的十二卷本《漆侠全集》，总 500 余万言，囊括了先生毕生的绝大多数论著。"在中国古代史、宋辽夏金史、中国农民战争史、宋代经济史、宋代学术思想史等领域都有开创性研究，取得了举世瞩目的成就，受到国内外学界的广泛赞誉和尊敬。"[1]作为新中国培养的第一代杰出的马克思主义史学家，漆侠先生的治史历程大体与当代中国史学的发展同步，他对史学理论和方法的探究和认识，在真诚的马克思主义史学家群体中，具有一定代表性和典范性。因此，总结他的史学理论和方法，必定能丰富和加深对中国马克思主义史学发展乃至当代中国史学发展的了解和认识。本文以学术名著《宋代经济史》一书内容为主，试对他在史学理论与史学方法方面的成就、加以梳理和分析，进而展现其创建的"保定学派"的学术谱系和学术发展脉络。

---

[1] 《漆侠先生生平简介》，唯物史观与中国马克思主义史学史编委会《漆侠先生纪念文集》，河北大学出版社 2002 年版。

漆侠先生所撰《宋代经济史》上、下两册，共计 93.5 万千字，作为中国古代经济史断代研究之五，1987 年和 1988 年，先后由上海人民出版社隆重推出。此后又有经济日报出版社 1999 年版，2009 年作为史学类经典之一，被收录于《中国文库·新中国 60 年特辑》，由著名的中华书局出版。著名经济学史学家吴承明先生指出："它（九卷本《中国经济通史》）原属全国哲学社会科学'七五'规划中的重点项目，课题名称'中国古代经济史断代研究'。由中国社会科学院历史研究所、经济研究所和首都师范大学、河北大学、郑州大学、山东大学的一批著名史学家担任各卷主编，组织各单位的学者参加，殚精竭虑，惨淡经营了十多个寒暑。部分分卷曾先行问世，饮誉海内外。"需要强调指出的是，九卷本《中国经济通史》之中，似乎只有《宋代经济史》一部，是漆侠先生倾一人之力研究撰写而成。《宋代经济史》是我国经济史和宋史研究中的里程碑式著作，曾获河北省社科一等奖、全国高等学校人文社会科学研究优秀成果奖一等奖、首届郭沫若中国历史学奖等。自马克思主义理论的"经济基础决定上层建筑"为指导，《宋代经济史》从人口、垦田、水利、经济作物、经营方式、土地所有制形式、赋税制度等方面，全面论述两宋 320 年间社会经济关系发展演变的全过程，重点研究了宋代农业生产、土地关系、手工业发展、国家专利制度、商业和城市经济、对外贸易、货币及经济思想等问题，提出了一系列精辟的见解。

有关于此，著名宋史学家王曾瑜先生曾以《中国经济史和宋史研究的重大成果》为题，发表了精当的评论。[①] 而乔幼梅教授等，也在《文史哲》、《光明日报》、《河北学刊》等发表了很有见地的评论文字。而毛曦、王善军两位先生，则以《坚持与发展：漆侠先生的马克思主义史学理论与方法》长文，也做了相当深入的探讨。[②] 本文拟以《宋代经济史》一书为主，对漆侠先生的马克思主义理论与文献的紧密结合做一探讨，着力呈现理论浸入史料之后所呈现出的学术力作的典范性。我们先来看这部书的目录：

关于中国封建经济制度发展的阶段问题（代绪论）

① 《晋阳学刊》1989 年第 4 期。
② 《史学理论研究》2008 年第 3 期。

第一编 宋代农业生产与土地诸关系

第一章 宋代的人口和垦田

第二章 宋代水利事业的发展

第三章 农业生产工具、种子、肥料以及经营方式和单位面积产量

第四章 商业性农业、经济作物的发展、多种经营的渐次展开

第五章 宋统治地区内各民族的社会经济制度。封建经济制度及其高度发展

第六章 宋代土地所有制形式（上）：封建土地私有制的状况

第七章 宋代土地所有制形式（中）：封建国家土地所有制的状况

第八章 宋代土地所有制形式（下）：个体农民土地所有制。关于宋代土地所有制演变的几点认识（第六、七、八章结论）

第九章 宋代地租形态及其演变——兼论地价及其与地租的关系

第十章 宋封建国家的赋役制度（上）——封建国家、地主、农民之间的关系

第十一章 宋封建国家的赋役制度（下）——封建国家、地主、农民之间的关系

第十二章 宋代地主阶级和农民阶级（第一编结论）

第二编 宋代手工生产以及手工业诸关系

引言 宋代手工业布局

第十三章 宋代采掘业和冶矿业的发展（上）：煤炭和矿冶业的发展状况

第十四章 宋代采掘业和冶矿业的发展（下）：采冶生产内部关系的变革，宋代坑冶制度和冶户状况

第十五章 宋代的铸钱业和军工工业

第十六章 宋代纺织手工业的发展和各种形式的纺织手工业。染色、缝衣、制帽、制鞋等的专业化

第十七章 宋代粮食加工、榨糖、榨油等手工业的状况

就上述目录即可看出，这部书中蕴含着深厚的马克思主义理论，对经济基础决定上层建筑这一理论进路有相当深刻的理解和运用。而其中对地主阶级、农民阶级的研究，饱含着先生对马克思主义理论中"阶级分析"方法的锐利剖析。其中就农业、商业、手工业等几个领域的研究，也颇符合马克思主义的相关理论。对其一一剖析，努力展示出漆侠先生对马克思主义相关理论的运用，会呈现出中国学者在过去的那个时代对外来理论的学习和运用的热情，更可由漆侠先生的研究，发掘和呈现中国一流学者的心路历程。

漆侠先生对《矛盾论》一书有深入的研读，并力求将其运用到其学术研究之中。《王安石变法》一书中有关蜀洛朔党争的研究，可以呈现出漆侠先生对这一理论认识的深度。漆侠先生辩证分析学术问题能力，也可由此可见一斑。

漆侠先生对"保定学派"的经营的构建，是20世纪中国史学史领域的一件值得大书特书的事情。在河北大学这所地方性院校中，漆侠先生能建构出国际一流的宋史研究中心，以至于学者认为这是一个"无中生有的事业"，是难能可贵的。先生以其独特的人格魅力，倾尽心血，悉心而为，将学生的学术成就看作自己学术大厦的组成部分；其很多弟子的学术发展理路，也是沿着先生的路子前进的，且在先生的基础上有所发展。譬如程民生教授对宋代地域经济的研究，对宋朝物价的研究，对中国北方经济史的研究等，都可以看作是漆侠先生宋代经济史研究的延续；李华瑞教授有关宋代酒的生产与征榷的研究、对王安石变法研究史的研究，都可视为漆侠先生学术研究的延续；姜锡东教授对宋朝商人与商业资本的研究，也在一定程度上推进了宋代经济史研究；其对《〈近思录〉研究》的撰写，则是漆侠先生宋学研究的延续；刘秋根教授对中国古代高利贷的研究，也是如此。其他弟子的研究，也可从中发现这一学术路径。

从域外返回中国香港任教的刘光临博士，早在数年前就曾指出，漆侠先生以其巨大的人格和学术魅力，创建了"保定学派"。而乔幼梅教授则更愿意"漆氏学派"①。传承漆侠先生的学术，努力发掘漆侠先生学术研究的理论，进而探讨漆侠先生及其弟子们的学术进路，有望成为未来中国史学史研究的热点之一。

（作者单位：南开大学历史学院暨中国社会史研究中心）

---

① 乔幼梅：《简论漆侠先生的史学体系》，《漆侠与历史学》，河北大学出版社2012年版，第112页。

中国近代史研究中的若干重大问题争论
（20 世纪 80 年代后期—90 年代中期）

龚　云

坚持以唯物史观指导中国近代史研究，是 20 世纪中国近代史研究的重要学术传统，也是中国近代史研究的主流。进入改革开放新时期后，这个主流不断受到冲击和挑战。20 世纪 80 年代后期到 90 年代中期中国近代史研究中的若干重大问题争论，就是重要例证。在这场争论中，马克思主义中国近代史研究者运用唯物史观，驳斥了对中国近代史的一些重大问题的不正确认识，捍卫了中国近代史马克思主义基本认识，坚持了中国近代史研究的正确方向。梳理这段学术史，有助于我们在新世纪更好坚持中国近代史研究的马克思主义指导，保证中国近代史学科沿着正确的方向发展，推进中国近代史学科的健康发展。

一

20 世纪 80 年代后期至 90 年代中期，由于国内政治形势的变化和国际上苏联、东欧的剧变，加之来自西方的各种社会科学的新理论和新方法如潮涌入中国，在这种背景下，马克思主义面临反对教条主义和与时俱进的问题，同时面临非马克思主义、反马克思主义思潮的挑战。在这种背景下，一些中青年学者对以往马克思主义为指导的中国近代史研究中的一些重要理论、方法进行了诘难和反思，甚至对 20 世纪 50—60 年代初形成的中国近代史学科体系及其指导下的基本认识提出了质疑和否定。坚持马克思主义史学理论和方法的中国近代史学者及文化、思想研究者进行了辩难与批评。双方论辩自 20 世纪 80 年代后期就开始，在 90 年代中期前后形成高潮。

对马克思主义史学理论、方法及其运用成果的重新认识，开始于20世纪80年代中期。那时还是在基本肯定马克思主义史学理论、方法及研究成果的前提下进行的。到了80年代后期，这种审视反省，逐渐走向了对马克思主义史学理论、方法及其研究结论的怀疑、诘难，与此同时，文化、思想领域对马克思主义的怀疑和批判，加剧了史学界的这股风气。中国近代史因为直接关系着当代中国的走向，因此不少文化思想界的学者由对现实的认识转向对中国近代史的认识，通过颠覆马克思主义中国近代史基本认识来达到影射现实的目的。

进入20世纪90年代后，名为文化保守主义实即政治保守主义兴起，借助于世界政局的演变在海内外形成一股强大声势。这股思潮以否定中国近代文化激进主义，批判五四以来的中国文化走向为目标，最后走上政治上反对中国近代史上的一切革命运动和革命人物，认为革命给近代以前的中国社会带来了动荡、破坏和灾难。

大陆史学界以一批中青年学者为代表，基于中国现实主题的变化，以重新认识百年中国为名，在对以往的中国近代史的研究的反思中，对中国近代史研究中的一些重大理论、方法进行了重新审视、思考和诘难，对中国近代史上的重大历史事件、重要历史人物进行了全面翻案。他们认为以前的中国近代史研究，现实的政治倾向太浓厚，片面地强调阶级斗争的分析方法，把复杂的历史现象简单化了，使历史研究失去真实性与学术性。所以，要更新观念，从新的角度去审视和把握近代历史现象，才能使近代史的研究出现新的局面。[①] 他们要全面突破近代史研究体系，建立一种新的"研究体系"，重新检讨半殖民地半封建这一提法，是要为设计新的近代史构架寻找理论基点。[②] 他们认为，"以前人们头脑里形成的很多近代史的评价、人物、观念，大多是传统的极左思潮的产物"[③]。在反"左"的名义下，全面否定了以往的中国近代史研究，并在这种简单化否定中，形成了与过去百多年中总结出来，并且由实践画了句号的对我国近代国情的正确认识完全对立的"新体系"，这

① 郑焱：《打破束缚，更新观念》，《学术研究》1994年第4期。
② 凌峰：《李时岳关于近代中国社会性质问题答记者问》，《学术研究》1988年第6期。
③ 冯林主编：《重新认识百年中国》编后记，改革出版社1998年1月版。

种否定已成为一种思潮，一种时尚。①

20 世纪 90 年代社会文化保守主义与中国近代史学界的翻案风相呼应，融汇成一股否定革命、告别革命的声浪。1995 年，香港出版了据李泽厚、刘再复两人就近现代中国历史文化的谈话，经整理编成的一本书——《告别革命》。该书声称，要告别一切革命，要告别辛亥革命以后的中国革命，还要告别 21 世纪的革命。这本书成为全面否定马克思主义史学理论方法及其指导下的中国近代史研究成果的代表作，"告别革命"遂成为这股思潮的代名词②。

为了回击这股思潮，马克思主义理论工作者在 1995—1996 年进行了全面驳斥和批判。国家教委高等学校社会科学研究中心和北京历史学会 1995 年 6 月 6 日在北京召开了以"中国近现代研究的历史观和方法论"为主题的学术讨论会；1996 年 4 月 10 日又在北京召开了以"五四运动与二十世纪中国的历史道路"为主题的学术讨论会；1996 年 4 月 25 日，国家教委社科中心等部门联合举办了"中国近代（1840—1949年）重大是非问题系列讲座"。在上述活动基础上，出版了沙健孙、龚书铎主编的《走什么路：关于中国近现代史上的若干重大是非问题》，后来又出版了龚书铎、金冲及、宋小庆著的《历史的回答——中国近代史研究中的几个原则争论》。

二

20 世纪 80 年代后期至 90 年代中期的中国近代史研究若干重大问题争论涉及范围很广，讨论的问题也较多，主要集中在关于中国近代史研究中的原则性和方向性问题，实际也就是关于中国近代史学科体系的一些基本问题，因此，焦点在于是否坚持马克思主义指导下的中国近代史学科体系问题。争论的双方依据对马克思主义中国近代史学科体系的态度，大致可以分为质疑派和坚持派。双方主要围绕以下几个问题展开了争论。

---

① 李文海：《关于中国近代史的几个重大问题》，载沙健孙、龚书铎主编《走什么路——关于中国近现代史上的若干重大是非问题》，山东人民出版社 1997 年 1 月版。

② 陈飞等：《要不要革命——关于中国近现代史若干重大原则和是非问题的争论》；陈飞、盛源主编：《回读百年：20 世纪中国社会人文论争》第 5 卷，第 962 页。

1. 中国近代史研究中的马克思主义指导问题

否定传统的中国近代史学科体系，是从质疑传统中国近代史的学科体系的指导思想——马克思主义理论和方法开始，认为马克思主义已经过时，不能指导历史研究，尤其是贬损和否定阶级划分和阶级斗争学说。有人认为，马克思恩格斯历史理论的核心是唯物史观。但从纯科学的角度看，唯物史观不过是19世纪的一种社会学理论，19世纪社会学理论的一种。社会发展理论是马克思恩格斯历史理论的又一组成部分。马克思恩格斯的社会发展理论比较集中体现在《家庭、私有制和国家的起源》中。迄今为止，对中国史学界影响最大的马克思主义著作要数《家庭、私有制和国家起源》了，但看得出来，《起源》所阐发的不过是一种盛行于19世纪的人类学理论，这就是单性进化的人类学模式。换句话说，很长一段时间内，我们所套用的人类学理论只是一种早期的、处于非主流地位的理论。我们却坚决捍卫和苦心维护这一理论，结果，我们当然就被世界学术潮流越抛越远，乃至于直到今天仍难以与这种潮流对话。①

有学者认为："阶级斗争理论，尽管这可能是过去近代史研究中运用得最多的理论，现在看来，仍然是不够完善的，如浓厚的伦理道德色彩。"②

毛泽东关于中国近代史的原则性论述，是中国近代史学科体系运用马克思主义指导中国近代史研究的直接理论基础。否定马克思主义中国近代史学科体系，必然要对毛泽东关于中国近代史的论述提出怀疑。有学者认为："毛泽东这时对历史学的要求是战时要求；毛泽东这时所提出的重现和评估中国历史的标准，是战时标准。""相对于当时的战争条件而言，这样要求、这样去做，完全是应该的。随着和平建设时代的到来，这种要求和标准现应得到调整和转换。"③

坚持派面对对马克思主义的责难，提出："近代历史科学或整个社会科学的方法论必须是一个足以阐明从社会经济基础、人的地位作用到上层建筑的辩证运动的思想体系。而且这个体系必须是开放的、非封闭

---

① 王学典：《二十世纪后半期中国史学主潮》，山东大学出版社1996年版。
② 宋德华：《理论革新是关键》，《学术研究》1994年第4期。
③ 王学典：《二十世纪后半期中国史学主潮》导论，山东人民出版社1996年版。

性的。"具备以上要求的基本思想方法，"迄今为止，有此一家，那就是马克思主义历史唯物主义。"① "迄今为止，马克思主义是研究人类社会最科学、最正确、最完美的理论。因此，用它来指导历史研究是使我们取得成功的关键的因素。"② "我们过去在学术研究中存在一些偏差、一些片面性，不能由马克思主义来负责，而应由过去从事历史研究的人自己来负责。"③ 马克思主义中国近代史研究者还引用世界著名史学家巴勒克拉夫的话说："今天仍然保留着生命力和内在的潜力的唯一的'历史哲学'，当然是马克思主义。"④

坚持派认为，阶级分析法，在研究私有制的历史时，是基本的分析法。"只要世界范围资本主义制度还存在，只要统治与被统治、剥削与被剥削的关系还存在，阶级斗争就客观存在。这个学说就不会过时。"⑤ 阶级和阶级斗争的历史观，使马克思在整个世界观上实现了变革，即从唯心史观变为唯物史观。"阶级斗争学说是马克思全部观点体系的重心。"⑥ 所以"马克思主义的阶级和阶级分析的观点和方法始终是我们研究历史和观察社会主义与各种敌对势力斗争的复杂政治现象的一把钥匙。"⑦ 在研究中国近代史时，是否采取阶级分析方法，叙述重大事变，评价人物活动，结论是不一样的。

毛泽东关于中国近代史的基本论述，是对近代中国历史的科学认识。"实践证明，它既符合近代中国历史发展的客观进程，又符合马列主义的基本原理，用它指导中国近代史的研究工作，理应受到人们的重

---

① 刘大年：《当前近代史研究的几个理论问题》，《刘大年集》，中国社会科学出版社2000年12月版，第4—5页。

② 戴逸：《马克思主义的指导是史学发展的关键》，载沙健孙、龚书铎主编《走什么路——关于中国近现代历史上的若干重大是非问题》，山东人民出版社1997年版，第373页。

③ 耿云志：《研究历史要靠历史事实》，载沙健孙、龚书铎主编《走什么路——关于中国近现代历史上的若干重大是非问题》，山东人民出版社1997年版，第382页。

④ 杰弗里·巴勒克拉夫著：《当代史学主要趋势》，杨豫译，上海译文出版社1987年版，第261页。

⑤ 龚书铎等：《历史的回答——中国近代史研究中的几个原则争论》，北京师范大学出版社2001年版，第279页。

⑥ 列宁：《什么是"人民之友"以及他们如何攻击社会民主党人?》，《列宁全集》，第1卷，人民出版社1984年版，第272页。

⑦ 龚书铎等：《历史的回答——中国近代史研究中的几个原则争论》，第281页。

视。"① 事实上，广大中国近代史工作者，正是在毛泽东关于中国近代史的一系列基本结论指导下，在近代史研究领域取得了若干重要的理解。相反，"如果摆脱'中国近代史上的两个过程'，按另外意见来撰写近代历史，就会脱离历史的主要内容，不能说明历史的基本的、本质的特点，就会与近代历史的客观进程大相径庭。"②

2. 近代中国的社会性质问题

近代中国是半殖民地半封建社会，这也是马克思主义中国近代史学科体系一个核心概念。这一概念受到质疑派的质疑和挑战。

"告别革命"论者之一的李泽厚，早在20世纪80年代就提出："我们关于中国近代史的一些非常基本的概念、范畴、命题、判断……有的则是流行多年，奉为定论，其实却似是而非，大可商榷。例如，'半封建半殖民地'的'社会性质'的概念和命题，便是如此。"③

如果说这时李泽厚还只是要求对这一概念进行科学的论证和说明的话，到了1988年就有学者公开认为"两半论"，其"失误在于忽视了资本主义在中国发生和发展的巨大进步意义，尤其是资产阶级在政治上、文化上对封建主义的斗争。由于没有认识半殖民地半封建不是统一整体，导致在反帝的任务完成之后，反封建的任务迟迟没有完成"。该学者还提出，"确切地说，重新检讨'半殖民地半封建'这一提法，是要为设计新的近代史构架寻找理论基点"④。

到了20世纪90年代，就有学者提出，"以新民主主义的理论原原本本地指导通史的近代史研究……值得推敲。""半殖民地半封建的道路从本质上说是一条中国式的，或大体适合中国国情的资本主义道路。"⑤ 作者在这里把半殖民地半封建社会性质，改成半殖民地半封建道路；把一种社会性质的事实认定，改成"中国式的，大体适合中国国情的资本主义道路"这样一种带有感情色彩的价值判断。显然，顺此推论下去，近代中国的反帝反封建就是多余的了，毛泽东的"两个过程"

---

① 张海鹏：《中国近代史"两个过程"论及其指导意义》，《追求集：近代中国历史进程的探索》，社会科学文献出版社1998年版，第52页。

② 张海鹏：《中国近代史"两个过程"论及其指导意义》，《追求集：近代中国历史进程的探索》，社会科学文献出版社1998年版，第5页。

③ 李泽厚：《开辟中国近代史研究的新阶段》，《文汇报》1986年12月30日。

④ 凌峰：《李时岳关于近代中国社会性质问题答记者问》，广州《学术研究》1988年第6期。

⑤ 郭世佑：《中国近代史研究需要理论突破》，《史学理论研究》1993年第1期。

论也就站不住脚了。

实际上，对近代中国的社会性质是半殖民地半封建社会的否定，对马克思主义中国近代史学科体系是致命性的。因为它关系到"中国近代历史中进步的主线究竟是人民反帝反封建斗争还是资本主义的发展？评价近代历史事件和人物时，应当优先考虑其在反帝反封建斗争中的作用还是优先考虑其在资本主义发展中的作用？应该根据近代的历史实际来决定近代史的基本框架，还是应该根据'建设时代的需要'来决定近代史的基本框架"①。

针对否定近代中国社会是半殖民地半封建社会，坚持派进行了反驳。他们认为："这是我们以马克思主义为指导研究中国近代史的出发点，或者说，正确认识近代中国的性质是研究中国近代史的出发点。""中国新民主主义革命的战略任务的提出和实现，就是建立在对近代中国社会性质的基本分析之上。"② 他们认为，近代中国是半殖民地半封建社会，是中国共产党人对近代国情的科学认识，是真理，"已经为全部革命实践和历史发展所检验证明"。"半殖民地指民族不独立，国家领土主权遭到破坏，重点讲的对外一面；半封建指长期的封建制度开始崩溃，但没有成为独立的资本主义，重点讲的对内一面，它们互为表里，密切不可分，取消其中的一面，就不存在另外一面。""中国社会历史要前进，必须反帝反封建，取得民族解放独立，打开走向近代化的道路，认定中国近代社会是半殖民地半封建社会，就是指出这个历史真理，这就是它的意义。"③ "中华人民共和国的立国基础，就是建立在对近代中国社会性质的基本分析之上的，因此否定这些基本分析，实际上就否定了中华人民共和国建国的根基。"④

对于近代中国的社会性质并不是只能有一家之言，而是因为"我们

① 林华国：《也谈近代中国半殖民地与半封建化之间的关系》，《北京大学学报》1999 年第 4 期。

② 张海鹏：《近年来中国近代史研究中的若干原则性争论》，《追求集——近代中国历史进程的探索》，社会科学文献出版社 1998 年 12 月版，第 22 页。

③ 刘大年：《当前近代史研究的几个理论问题》，《刘大年集》，中国社会科学出版社 2000 年 12 月版，第 9 页。

④ 张海鹏：《正确认识近代中国社会的性质是研究中国近代史的出发点》，载沙健孙、龚书铎主编《走什么路——关于中国近现代历史上的若干重大是非问题》，山东人民出版社 1997 年版，第 381 页。

只有通过近代史的研究努力论证近代中国半殖民地半封建社会的性质，全面地总结民主革命时期反帝反封建的历史经验，我们对中国近代史的认识才是深刻的，我们的工作对今天的社会主义现代化事业才会有借鉴意义。重写近代史如果是要突破这些基本思路，恐怕不能不回到40年前旧中国资产阶级的地主阶级的史学著作的老路上去。那样做，不是创新，而是复旧"①。

3. 帝国主义殖民化与中国现代化问题

新中国成立后，帝国主义侵华史是中国近代史研究的热点之一。研究者分析了帝国主义侵华的大量史实，出版了不少研究帝国主义侵华历史的著作。

随着新时期现代化建设的推行，对外开放力度加大，外资在中国的作用越来越大，海外中国近代史研究观点的涌进，一些学者开始重新审视近代中国的侵略与反侵略，要重新检讨近代中国的中西关系。尤其到了20世纪末，随着"经济全球化"、"世界一体化"的推进，有些研究者于是从现在回头去看近代中国历史，提出要重新认识"殖民化"，主张要从"经济全球化"、"世界一体化"的高度重新认识帝国主义"殖民化"问题，认为"殖民化在世界范围内推动了现代化进程"，"如果没有西方的殖民征服，人类将永远沉睡，得不到发展"②。有人片面地理解马克思1853年在《不列颠在印度的统治》和《不列颠在印度的统治的未来结果》谈到英国在印度的"双重使命"即"英国在印度要完成双重的使命：一个是破坏性使命，即消灭旧的亚洲式的社会；另一个是建设性的使命，即在亚洲为西方式的社会奠定物质基础"③，并以此为理论依据，去肯定"殖民征服"的"功劳"。

在这种背景下，有些人对近代反侵略斗争进行了不同程度的非议，对西方的殖民战争和侵略进行了不同程度的肯定，肯定西方侵略对近代中国的"刺激"和"震醒"，过分强调西方现代化国家对中国近代现代化的示范作用和"比较利益"。

---

① 张海鹏：《中国近代史的"两个过程论"及其指导意义》，《追求集——近代中国历史进程的探索》，社会科学文献出版社1998年版，第59—60页。

② 转引自龚书铎等著《历史的回答——中国近代史研究中的几个原则争论》，北京师范大学出版社2001年版，第1页。

③ 《马克思恩格斯选集》第2卷，人民出版社1972年版，第70页。

1985 年，哈尔滨一家学术刊物发表文章认为，鸦片战争后"资本主义终于打入了封建主义禁锢着的神圣天国"，是好事，应当"大恨其晚"，如果再早一点，"我们中国就远不是如此的面貌了"。

1994 年，南方一家学术刊物，发表文章认为，"西方的大炮也是一身兼二任，它既是在野蛮地侵略中国，又是在强迫中国这个偌大帝国走出封闭，走出中世纪，走向近代化。""从某种意义上来说，是鸦片战争一炮响，给中国带来了近代文明。"①

同样在这家刊物的第 4 期的文章《走向世界：中国近代历史不可忽视的主题》，认为："如果按照价值论而非道德论法则去裁决和评价'世界走向中国'的历史问题，如果立体性和双向性地而非平面性和单向性地去审视这一问题，那么，'世界走向中国'的过程也就是西方文明向中国渗透传播和中国人学习模仿西方、调整适应世界历史发展趋势的过程。"该文认为"沿着这一思路去分析研究中国近代历史，无疑有利于我们对历史本质的认识"，该文还对以往帝国主义侵华史研究提出质疑和否定，认为"只是更多地从'侵略与反侵略'、'压迫与被压迫'、'奴役与被奴役'这个正义与非正义的道德立场出发去审视，因此，见到的只是血与火的悲惨场面，想到的是爱国保家，维护的是独立与尊严，表现的是愤怒与声讨，最终便是对'世界走向中国'这一历史做出消极的、片面的、情绪化的彻底否定。"

对于近代中国的反侵略斗争，有人认为，无论是清王朝的抵抗，还是封建农民自发的三元里抗英斗争和义和团运动，"在形式上都是民族自己的斗争，而在实质上，都是站在维护本民族封建传统的保守立场上，对世界资本主义历史趋势进行本能的反抗，是以落后对先进，保守对进步，封建闭关自守孤立的传统对世界资本主义'自由贸易'经济变革的抗拒。"② 还有人认为近代中国政府和人民对不平等条约应该遵守，因为"即使是不平等条约，也是国家信誉所系"③。

在"质疑派"看来，"现代化的发展与民族的独立不存在必然的关

① 郑焱：《打破束缚，更新观念》，《学术研究》1994 年第 4 期。
② 周清泉：《中国近代史应当提到世界史的历史范围内研究》，《成都大学学报》（社会科学版）1985 年第 3 期。
③ 资中筠：《爱国的坐标》，《读书》1996 年第 6 期。

系"①。所以，近代中国人民若不反抗西方侵略，"如果当时执行一条'孙子'战略（不是《孙子兵法》的孙子，而是爷爷孙子的孙子），随便搭上一条顺风船，或许现在的中国会强盛得多。比如追随美国，可能今天我们就是日本。"②

显然，上述观点彻底颠覆了以往的中国近代史学科体系指导下的对帝国主义侵略和中国人民反侵略的认识。不管上述作者抱着何种动机，实际上模糊了对近代中国帝国主义侵略和中国人民反侵略这个问题的历史本质，马克思主义中国近代史研究者对此进行了驳斥。

坚持派认为宣扬"侵略有理"、"侵略有功"论，其实并不新鲜，当年殖民主义的鼓吹者就把殖民主义者描绘成文明的传播者、施恩赐福者。帝国主义侵略，其目的是要把中国变为它们的殖民地、半殖民地，所谓带来近代文明，那只是不以它们主观意志为转移的客观结果，是它们掠夺的副产品，正如马克思所说："殖民制度宣布，赚钱是人类最终和唯一的目的。"③ 孟德斯鸠也说过："殖民之宗旨，在于取得最优惠之贸易条件。"④ 因此西方殖民者不是慈善家，而是食利者。

如果说它们带来了近代化，也只是"畸形的近代化"，是帝国主义范围内允许的，服务于帝国主义侵略需要的，"那并不能给中国人带来幸福，不可能做到福国利民"，中国人民"抵抗侵略，是为了保持中国的独立，是为了加速中国的近代化步伐。实际上，具有真正吸取西方文明为我所用的可能。"⑤ 事实上，正是中国人民的抵抗，才使中国免于沦为殖民地的命运，并最终赢得民族独立，并为中国真正走上现代化创造了前提。

走向近代化是时代向中国提出的要求，也是近代中国的历史任务。但一定要区分帝国主义范围的近代化与民族独立的近代化，前者是殖民地化，后者是中国人民所需要的。

质疑派所讴歌的"殖民化"，实际上是欧美史学界流行的"欧洲中

① 马勇：《辛亥革命：现代化的主观意图与客观效果》，《近代史研究》1995 年第 1 期。
② 李慎之：《从全球化的观点看中国的现代化问题——在重估中国现代化问题主题研讨会上的发言》，《战略与管理》1994 年第 1 期。
③ 《马克思恩格斯全集》第 23 卷，人民出版社　　年版，第 822 页。
④ 孟德斯鸠：《论法的精神》（下册），商务印书馆 1963 年版，第 69 页。
⑤ 张海鹏：《也谈外国侵略与近代中国的"开关"》，《红旗》1987 年第 6 期。

心论"和"中国停滞论"的流风余韵,是殖民主义辩护士的陈词滥调,而非学术创新。

针对那种片面理解马克思的"双重使命"说的做法,坚持派认为这种做法是对马克思的原意的断章取义。因为马克思在指出英国在"充当了历史的不自觉的工具"① 的同时,也旗帜鲜明地对英国在印度的殖民统治进行了严厉的谴责,指出那完全是受极卑鄙的利益的驱使。他说:"当我们把目光从资产阶级文明的故乡转向殖民地的时候,资产阶级文明的极端伪善和它的野蛮本性就赤裸裸地呈现在我们面前,它在故乡还装出一副体面的样子,而在殖民地就丝毫不加掩饰了。"马克思还明确指出:"在大不列颠本国现在的统治阶级还没有被无产阶级取代以前,或者在印度人自己还没有强大到能够完全摆脱英国的枷锁以前,印度人是不会收获到不列颠资产阶级在他们中间播下的新的社会因素所结的果实的";"英国资产阶级将被迫在印度实行的一切,既不会使人民群众得到解放,也不会根本改善他们的社会状况,因为这两者不仅仅决定于生产力的发展,而且还决定于生产力是否归人民所有。"② 因此,"英国虽然在印度造成'社会革命',播下了'新的社会因素',但更重要的是带给印度人民灾难和枷锁。英国资产阶级只能是在印度实行殖民化,不可能帮助印度实现资本主义现代化。印度的复兴和重建只有靠印度自己,只有在摆脱了英国的殖民统治之后,只有在生产力归人民所有之后。马克思对英国统治印度论断的基本精神,同样也适用于其他殖民地、半殖民地。"③ 历史事实表明,帝国主义的入侵既没有使中国进入资本主义社会,也没有使中国实现资本主义现代化。不进行反帝斗争,不改变殖民地的地位,不结束帝国主义对中国的压迫和掠夺,中国要实现现代化是不可能的。正如江泽民在中国共产党第十五次代表大会上所作的报告中指出的:"鸦片战争后,中国成为半殖民半封建国家。中华民族面临着两大任务:一个是要求民族独立和人民解放;一个是实现国家繁荣富强和人民共同富裕。前一任务为后一任务扫除障碍,创造必要

① 《马克思恩格斯选集》第 2 卷,人民出版社 1972 年版,第 70 页。
② 马克思:《不列颠在印度的统治的未来结果》,《马克思恩格斯选集》第 1 卷,人民出版社 1995 年版,第 771—772 页。
③ 龚书铎等:《历史的回答——中国近代史研究中的几个原则争论》,北京师范大学出版社 2001 年版,第 16—17 页。

的前提。"

研究者一定要站在正确的立场上，因为"站在帝国主义的立场，反帝反侵略是灾难；站在中国人民的立场，反帝反封建是中国获得独立解放的保证"。

为质疑派所诟病的："所谓反侵略史观，不是外加的，不是人为制造出来的，而是对近代中国人民反帝斗争历史的客观总结。"①

4. 中国近代历史人物的评价问题

在新时期中国近代史研究中，随着对中国近代史发展的基本线索的认识不同，尤其是评价历史人物的史观、角度的改变，对历史人物的评价有了极大的差异。以往被正面称赞、肯定的历史人物，从林则徐、洪秀全、孙中山到鲁迅、毛泽东，往往受到批评，以往受到批评或者基本否定的人物，受到了称赞、颂扬。一些研究者在近代史人物研究中，存在着对一些人物拔高的现象，或者评价过低，存在简单化的毛病。对以往人物研究的不足地方，予以纠正，是历史研究深化的表现。但对以往研究中过左的地方，反弹过分了，出现了整个翻案的情况。

对历史人物评价的翻案，集中体现在曾国藩、李鸿章、袁世凯、慈禧等人身上。

有人认为，曾国藩继承了"以天下为己任的爱国主义精神"，是"变革开路的人物之一"，"所谓曾氏是镇压革命力量的刽子手的罪名难以成立"。"曾国藩不但没有'卖国投降'，而且显示了不顾个人屈辱为国宣劳的爱国情怀"，"其重要性，在中国近代前 60 年里几乎无人可与之相比"。所以要求"推翻范文澜加给曾国藩的不实之词"。

对李鸿章也是如此态度。有的研究者说，看完了李鸿章的全部材料，几乎找不到他的一条缺点。有人说，李鸿章"为中国近代化开的药方是切合中国实际的"，"是可以挽救中国的"。有的研究者为李鸿章一生的全面开脱，认为李鸿章签订的不平等条约，是中国国力落后的结果，李鸿章没有责任。

有人为慈禧太后翻案，"慈禧太后不是顽固的守旧派，她渴望着中国的繁荣与昌盛。她同情、支持有利于中国富强与发展的改革，但认为

---

① 张海鹏：《不能否定近代中国人民的反帝斗争》，载沙健孙、龚书铎主编《走什么路——关于中国近现代历史上的若干重大是非问题》，山东人民出版社 1997 年版，第 401 页。

改革必须立足于一定原则，并且应在政府主导下循序渐进。应该说西太后的认识与主张并无大错，清政府如果能以此为共识，中国的未来与发展可能将是另外一个样子。"①

袁世凯更成为被褒奖的对象。"袁世凯推行了发展资本主义经济的政策，正反映了当时社会历史发展的总趋势。""正是由于袁氏北洋政府政治上的宽松政策，陈独秀、李大钊、胡适、鲁迅等一代新文化大师脱颖而出……毛泽东、周恩来等老一辈无产阶级革命家在北洋时代成长起来。"②

总之，"在文化史家的视野中，他们（按：指曾国藩、西太后、李鸿章、奕䜣、张之洞、袁世凯）理所当然地是一批足可称为文化精英的杰出的历史人物。"③

针对这股"翻案风"，坚持派一方面以充分的历史事实去捍卫历史的真相，一方面指出这股"翻案风"方法上的错误，指出"一些人研究历史人物，不从事实出发，而从主观设想出发，用所谓'激进主义'、'保守主义'评价近代历史事件和人物。"④ 因此，"无论是研究历史，还是评价历史人物，不能忘记基本历史联系，不要割断历史，又要把问题提到一定的历史范围，不要忘记时间、地点、条件，要具体情况具体分析。"⑤ 他们还指出，"人物评价之所以出现种种颠倒是非的错误言论，根本的一条就在于拒绝阶级分析的基本方法。"⑥

同时，他们还指出，近年来中国近现代史研究中的某些"创新"，"根本不顾客观历史实际，只凭自己的意愿在那里论人评史"。有些作者所依据的是不可靠的历史事实，仅凭一些历史人物的言论不加分析地就妄下结论。"难道能将袁世凯的那些谎言作为可依据的'历史事实'？"⑦ 列宁指出："马克思主义教导我们，要从发展中观察一切现象，不要只满足于作表面的描述，不要相信漂亮的招牌，要分析各个政党的

---

① 马勇：《甲午战败与中国精英阶层的分化》，载杨念群主编《甲午百年祭：多元视野下的中日战争》，知识出版社 1995 年版。

② 郭剑林：《另说袁世凯》，《河北学刊》1994 年第 6 期。

③ 郭莹：《精英人物与中国近代化进程》，《学术月刊》1994 年第 1 期。

④ 丁守和：《正确评价历史人物》，《光明日报》1996 年 7 月 23 日。

⑤ 同上。

⑥ 龚书铎等：《历史的回答——中国近代史研究中的几个原则争论》，北京师范大学出版社 2001 年版，第 277 页。

⑦ 同上书，第 284 页。

经济基础和阶级基础，要研究赖以决定这些政党的政治活动的意义和结果的客观政治环境。"①

他们认为，无论是历史事件的发生、发展，还是历史人物的活动，都不是孤立进行的，而是在社会各阶级、阶层、集团的联系和矛盾斗争中进行的。将其抽象起来，孤立地去加以描述，不仅不利于揭示其本质，而且会导致对历史的歪曲。对于这种做法，列宁曾尖锐批评说："在社会现象领域里，没有哪种方法比胡乱抽出一些个别事实和玩弄实例更普遍、更站不住脚的了。挑选任何例子是毫不费劲的，但这没有任何意义，或者有纯粹消极的意义，因为问题完全在于，每一个别情况都有具体的历史环境……如果不从整体上、不是从联系中去掌握事实，如果事实是零碎的和随意挑出来的，那么它们就只能是一种儿戏，或者连儿戏也不如。"② 所以，"这类违背历史事实的'创新'，与其说是创新，不如说是复旧，因为从十几年，甚至几十年前海内外资产阶级史家的著作中，往往可以找到这类'新论'的影子或观点。"③

他们也提出，对统治阶级的历史人物可以进行客观、公正的再评价，对以往历史人物的不当结论也需要进行修正，"马克思主义也是可以批评的，马克思主义的历史学家当然也是可以批评的"，"问题是站在什么立场和出发点上，要不要对历史人物作基本的阶级分析，要不要对人物所处的历史时代及其发挥的作用，作总体的把握。"④这种对统治阶级人物一概翻案、捧场，对革命和进步人物一律批评的做法，并不是科学的态度方法。

三

在"改写中国近代史"的这股思潮下，原有的中国近代史学科体系及其指导下的认识被彻底否定了。马克思主义中国近代史研究者在反思

---

① 列宁：《立宪民主党人的胜利和工人政党的任务》，《列宁全集》第10卷，人民出版社第2版，第190页。

② 《列宁全集》第28卷，人民出版社1990年版，第364页。

③ 龚书铎等：《历史的回答——中国近代史研究中的几个原则争论》，北京师范大学出版社2001年版，第285页。

④ 张海鹏：《近年来中国近代史研究中的若干原则性争论》，《追求集——近代中国历史进程的探索》，社会科学文献出版社1998年版，第82页。

这股思潮时，指出新时期中国近代史研究中的若干原则性争论，实际上是中国近代史研究中是否应该坚持以马克思主义为指导之争。推进中国近代史研究的发展，是中国近代史学界的共同心愿，但问题关键在于如何推进？如何看待自20世纪30年代兴起的马克思主义中国近代史学科体系？显然，"质疑派"对以往的中国近代史研究采取了简单的否定态度。中国近代史研究的"创新"，并不意味着对以往的研究成果采取一棍子打死的做法。

坚持派认为之所以会出现中国近代史研究的若干原则性争论，就多数情况而言，是有的人离开了马克思主义的立场、观点和方法来研究历史的结果。在这些年的中国近代史研究中，马克思主义受到了一些人有意无意的冷遇或排斥，有的公开声明马克思主义过时了，要"回到陈寅恪"、"回到乾嘉"。

由于对马克思主义历史唯物主义的轻视、否定，在史学研究中，就出现了对正确的理论思维的忽视，或是热衷于琐细的研究，或者是生吞活剥地搬用西方的史学理论或模式。这样就出现恩格斯所说的："对一切理论思维尽可以表示那么多的轻视，可是没有理论思维，的确无法使自然界的两件事实联系起来，或者洞察二者之间既有的联系。在这里，问题只在于思维的正确不正确，而轻视理论显然是自然主义地进行思维。因而是错误地进行思维的最可靠的道路。但是，根据一个自古就为人们所熟知的辩证法规律，错误的思维贯彻到底，必然走向原出发点的反面。"①

出现质疑马克思主义中国近代史研究的还有一个原因就是将历史和现实等同起来。在"一切历史都是当代史"的名义下，认为现实的变化应该重新解释历史，完全否决了历史研究的客观性，根据现实的需要任意裁剪历史。尤其是中国近代史与现实中国息息相关，也最易受现实的影响，不少研究者从现实出发，去反思历史、阐释历史，以现实比附历史，由此提出了"新"的观点，使历史学成为现实的工具。

因为现实中国以经济建设为中心，否定了"阶级斗争"为纲，要求社会稳定，要求渐进改革，要求对外开放，有学者从此出发，否定以阶级斗争为主线解释中国近代史，极力赞颂近代中国统治阶级的"改革"，将现实中搞的现代化、对外开放与近代史上的半殖民地半封建社会范围内的

---

① 《马克思恩格斯选集》第4卷，人民出版社1995年版，第300—301页。

畸形现代化，与帝国主义枪炮下的中国被迫开放混为一谈，以为简单地描述近代中国史与现实中国形似而神不同的现象就可以为现实提供借鉴，却忘记了研究历史要用历史观点来观察问题，要把历史问题放置其原有的历史范围内，历史地去看待它，这样才能区分历史与现实，真正探究历史发展的规律指导现实，总结历史经验教训为现实服务。否则，将历史与现实做简单的比附，往往是既误解了现实，又曲解了历史，反而造成误导。中国近代史研究的"致用"必须以"求真"为前提，必须以客观存在的历史为研究对象，而不应该以各种假设、假象作为研究对象。历史没有也不可能按照个人为它设计的道路回过头来再走一遍。中国近代史研究既不能为"文革"时期的"阶级斗争"政治所改铸，也不能为改革开放时期的"经济建设"所改铸。用马克思主义指导研究中国近代史，就是要从近代中国的国情出发，而不能从现实中国的国情出发。

当然，近代中国的发展的结果，就是现实的中国。如果孤立地观察、研究近代中国，看不到近代史中国向现实中国合乎逻辑的发展，我们的研究也可能发出不和谐的声音，也可能看不到历史的真谛。

20世纪80年代后期到90年代中期中国近代史研究中若干重大问题争论，是新时期创建新的中国近代史学科体系中的一次学术争论。这种学术争鸣，对推动中国近代史研究的繁荣是会起到很大作用的。因此，讨论是必要的、正常的。以后中国近代史研究中还会出现这类争论。摆事实，讲道理，会把人们认识上的差异拉近一些。中国近代史研究并不需要一个声音，也并不是只能有一种学科体系。学术问题百家争鸣，各种意见都讲出来，相互砥砺，相互问难，可能会使中国近代史研究，更加靠近真相，也更加接近真理，从而更能促进学术研究的发展。

在这次争论中，马克思主义中国近代史研究者以唯物史观为指导，摆事实讲道理，坚持了马克思主义中国近代史的正确认识，坚持了中国近代史研究的正确方向，推动了中国近代史学科的发展。

1950年8月，毛泽东在给陈寄生的信中指出："惟觉中国的历史学，若不用马克思主义的方法去研究，势将徒费精力，不能有良好结果。"坚持以唯物史观指导，这是中国近代史研究继续获得健康发展和繁荣的重要保证。

（作者单位：中国社会科学院马克思主义研究院）

《中国近代史(上编)》:马克思主义中国近代史教材的里程碑

郑清坡

一

在 20 世纪初中国社会加速转型和西方社会科学不断传入的大背景下，中国近代史研究开始作为历史学一独立分支出现，以中国近世史、中国近百年史等名称出现的近代史书籍纷纷涌现，随之各种史观为指导的中国近代史研究迅速兴起。中国近代史研究的兴起发展也相应地在中学历史教学中得以体现，应教学的需要，中国近代史教材陆续编订。虽然环境使然，当时公开发行的中国近代史教材基本是代表统治阶级利益的资产阶级史观为指导，但以马克思主义唯物史观为指导编写的中国近代史教材也开始出现并产生了很大影响。

目前学界普遍认为，1933 年出版的李平心[①]著《中国近代史》是我国近代学者运用唯物史观撰写的第一部完整的中国近代史。该书在某种程度上也属于教材，从作者编写初衷即为教学之用，"本书叙事与分析并重，簿记式的编年体与纪事体既易流于机械枯涩，而社评式的史论体与评议体亦易蹈于浮泛肤浅；本书力矫此弊，以便于教学与自修之用。"[②] 事实上该书出版后受到多方称赞，连续再版，并曾被解放区翻印作为八路军、新四军的历史教材。

有学者认为，李平心在《中国近代史》中的一系列观点继承和体现

[①] 该书出版时署名李鼎声。
[②] 李鼎声:《中国近代史》，光明书局 1949 年第 7 版，编辑凡例，第 1 页。

了社会性质大论战时马克思主义者对近代中国社会性质的认识，且较前更具学理性，奠定了后来的马克思主义中国近代史学科体系。① 这突出表现在其对一系列概念的界定和研究方法的确认，为此后的马克思主义中国近代史研究指出了较为明确的方向。

首先，李平心明确了中国近代史的一系列相关概念，即中国近代史"是一部中国民族沦为半殖民地及国民经济受着帝国主义破坏的历史，这部编年史是用血与火来写成的"②。其主要任务是要说明国际资本主义侵入中国以来，中国社会、经济、政治所引起的重大变化，中国民族的殖民地化过程，以及在此过程中所发生的社会阶级分化与革命斗争的发展起落。③ 进而更明确提出了中国近代史发端于鸦片战争，指出从鸦片战争后，中国才日益走上殖民地化的途程，在国民经济、阶级阵容以及文化思想上都表现了巨大转变，这代表一个历史的大转变期。而当时对中国近代史的开端及其主要内容等存在诸多争论，李平心以马克思主义唯物史观对此的明确界定也就初步解决了中国近代史研究的对象和范围，即以西方列强侵华为主要线索，揭示国际资本及其附庸对中国的压榨以及中国人民的反抗斗争。

此外，李平心还提出了一系列研究中国近代史的方法。他强调，在研究中国近代史之前首先必须弄清楚用什么方法去理解许多历史的现象与事变，去发现其中存在的因果规律。④ 对此，他批评了当时许多近代史研究者普遍采用的形式逻辑方法的局限性，提醒人们要警戒着机械的方法论侵入研究当中，并提出了"研究中国近代史的科学方法"⑤：一是将历史看作对立物相互转变的过程，即矛盾的不断发生与解决的过程；二是从各种历史事象的变动过程去追究它们的发展；三是从历史上各方面的联系去研究一切事变的过程与关系，不能将它们当作彼此孤立的事情看待；四是从具体的情况去研究，即要考察每一种历史事件或事变的特质与其特殊原因。

李平心以马克思主义唯物史观和辩证法研究中国近代史，在运用理

① 张海鹏、龚云：《中国近代史研究》，福建人民出版社2005年版，第173—175页。
② 李鼎声：《中国近代史》，光明书局1949年第7版，绪论，第4页。
③ 同上书，绪论，第2页。
④ 同上书，绪论，第5页。
⑤ 同上书，绪论，第7—9页。

论及方法等方面都具有开创性，其所构建的中国近代史分析叙事框架为此后更加成熟的学科体系建设奠定了基础。此后，马克思主义中国近代史研究不断发展，其中以华岗著《中国民族解放运动史》和范文澜著《中国近代史》上编第一分册成就最为卓著，有学者认为，"至今有一些中国近代史教材的基本框架仍未超出华、范二书多少"①。

《中国民族解放运动史》是华岗于 1939 年撰写而成，于次年正式出版发行。1949 年 8 月华北新华书店编辑部又在该书第一册基础上将之改编成《中国近代史》上册出版发行，以供高中第二学年上学期暂用课本，该教材除删去原著自序、第一章绪论后半部分及第七章五四运动外，其余文字照旧。②《中国民族解放运动史》在中国近代史研究中最突出的贡献就是确定了中国革命史的叙事方式。有学者评价其在马克思主义中国革命运动史研究中首次形成了比较系统、完整的科学体系，即以反帝民族解放运动为主线叙述从鸦片战争—太平天国运动—中法战争与甲午中日战争—戊戌政变与义和团运动—辛亥革命—五四运动—现代工人运动的发动—国共合作—五卅运动—大革命时期的历史。③ 华岗在注重民族解放的同时，也十分强调社会解放，认为"民族解放与社会解放根本是不能分离的。在中国现在条件之下，如果没有民族革命战争的胜利，固然谈不上社会解放；可是归根到底说起来，如果没有社会解放的实现，也就不能最后消灭民族的压迫"④。在此，华岗对中国近代史做了更加全面的界定，即"一百年来我们民族的斗争的历史，同时也就是一部阶级斗争的历史，一部克服阶级矛盾并在克服这些矛盾的基础上来争取民族彻底解放的历史"⑤。由此突破了以往中国革命史研究多限于资产阶级革命，而忽于农民革命及无产阶级领导的工农革命，使中国革命的历史得到更全面的反映。⑥

---

① 路遥：《中国近现代史的奠基之作——评华岗〈中国民族解放运动史〉（第一二卷）》，《山东大学学报》2004 年第 3 期。

② 华岗：《中国近代史》（上册），苏南新华书店 1949 年版。

③ 王学典、黄广友：《华岗：中国马克思主义学术范式的构建者》，《文史哲》2011 年第 5 期。

④ 华岗：《中国民族解放运动史》第 1 卷，读书出版社 1940 年版，自序，第 3 页。

⑤ 同上。

⑥ 王学典、黄广友：《华岗：中国马克思主义学术范式的构建者》，《文史哲》2011 年第 5 期。

　　从李平心到华岗,对中国近代史的研究不断完善,但仍有许多不足,范文澜则在《中国近代史》上编第一分册中将研究又向前推进了一步,对整个中国近代史的时限给出了科学的、符合学术规范的完整定义,是中国近代史学科开始趋向成熟的一个标志①。该书是范文澜在 1945 年撰写完成,1947 年由华北新华书店出版。范文澜在书中开篇"说明"中即说,"《中国近代史》分上下两编,上编叙述旧民主主义革命时代,下编叙述新民主主义革命时代。上编又分两个分册,1840 年至 1905 年为第一分册,1905 年至 1919 年为第二分册。"② 从而明确将 1840—1919 年划为中国近代史的旧民主主义革命时期,1919 年以后为新民主主义革命时期,对中国社会的性质定义为半封建半殖民地社会。虽然该书只写到 1901 年,但基本奠定了中国近代史学科的大框架。此后,根据范文澜的设计,1948 年华北大学历史研究室编写了初级中学《中国近代史 (上编)》课本。

二

　　正是有了前述马克思主义者对中国近代史研究的不断完善,华北大学历史研究室编《中国近代史 (上编)》无论其体系结构还是内容都更趋成熟,也充分体现和吸收了以往马克思主义史学发展的成果。

　　首先,注重从社会形态演变的宏观趋势认识中国近代史。该教材明确标举中国近代史开端于鸦片战争,并依革命性质的不同将中国近代史更细致地划分为新、旧民主主义革命两个时期。其在"编辑说明"中指出:"全书分二编:上编叙述旧民主主义革命时代 (1840—1919 年);下编叙述新民主主义革命时代 (1919—1945 年)。"③

　　如前文所述,对中国近代史时限的认识有一个发展的过程,不同的划分也就相应地会产生不同的体系架构。范文澜不仅主张鸦片战争作为中国近代史的开端,且更深入地将这一段历史划分新、旧民主主

---

　　① 张海鹏主编:《中国近代通史》第 1 卷,江苏人民出版社 2006 年版,第 12 页。
　　② 范文澜:《中国近代史》上编第一分册,生活·读书·新知上海联合发行所,1949 年 6 月。
　　③ 华北大学历史研究室编:《中国近代史 (上编)》,苏北新华书店 1949 年版。

义革命两个时期，《中国近代史（上编）》正是这一认识的体现。由于该书完成于 1948 年，新民主主义革命还没有最后取得胜利，且又是主要依据范文澜著《中国近代史》上编第一分册，范文澜的书完成于 1945 年，该教材将中国近代史的下限界定在 1945 年也就在情理之中了。

对中国近代史两个时期的划分，能够更科学完整地反映鸦片战争后中国社会变化、发展的阶段性特征及规律。这在《中国近代史（上编）》的篇章结构得以体现，其封面即标明"鸦片战争至五四运动"，且"每编以重大事件为中心分章，每章以主要问题为中心分节"①。鸦片战争—太平天国革命—英法联军之役—洋务运动—甲午战争—戊戌变法—义和团反帝运动—辛亥革命—北洋军阀统治—新文化的酝酿，以上划分无不体现了社会形态演变的宏观趋势和阶段性特征。

在评述具体历史事件时，该教材也并非单纯就事论事，而是始终以社会形态演变的宏观趋势为主导，阐述具体历史事件在整个历史演变中的意义。鸦片战争后，作者敏锐意识到"由于鸦片战争的结果，不仅使中国割地赔款，门户大开，丧失关税自主权和惩治汉奸的权力，而且使外国资本主义侵略，有了合法的保障，破坏着中国自给自足的自然经济，破坏着城市的手工业和农民的家庭手工业，招致各国都来侵略中国。从此，中国开始走向半殖民地半封建的道路。"② 第二次鸦片战争中清政府签订的一系列不平等条约，"从此侵略势力深入内地，直接剥削人民，进一步破坏了自给自足经济，加深了中国的半殖民地化"③。至辛亥革命，一方面作者认识到"革命推翻了满清政府，建立了中华民国，结束了二三千年的君主专制制度，这是它的成绩"④；但同时又看到"因当时无产阶级还没有成为独立的政治力量；农民缺乏自觉性和组织性；资产阶级虽然领导了革命，可是在政治上极端软弱，放弃同盟会的纲领，和反革命妥协。反帝口号，固未提出；而封建势力，亦未铲除；民主政治、民族平等，都没有完全实现，以致临时约法，成为具

---

① 华北大学历史研究室编：《中国近代史（上编）》，苏北新华书店 1949 年版。
② 同上书，第 18—19 页。
③ 同上书，第 40 页。
④ 同上书，第 93 页。

文，中华民国，只是招牌"①。最后作者指出，从鸦片战争到五四运动，
"按其社会性质说来，这是一种旧民主主义的革命。直到第一次世界大
战和十月社会主义革命后，中国无产阶级，成为中国革命的领导者，从
此中国革命就变为新民主主义的革命了"②。

其次，史事叙述紧扣西方列强侵华和中国人民的反抗斗争这一主
线，揭示了西方列强与中国国内的封建统治对人民的压榨，以及广大被
压迫民众反抗此种种奴役的斗争。该教材指出，"鸦片战争以后，帝国
主义与中国封建势力相结合，把中国一步一步地变为半殖民地半封建的
社会。这个把中国变为半殖民地半封建的过程，同时也就是中国人民反
抗帝国主义及其走狗的过程。"③

该教材先从经济、政治、文化三个方面批判了鸦片战争前的封建统
治。如经济方面指出，农民是主要生产者，却没有土地或只有小块土
地；地主并不生产，但占有大量土地。"代表地主阶级利益的国家，又
强迫农民完粮纳税和从事无偿的劳役，来养活镇压农民的官吏和军
队。"④并进一步揭示了封建社会的基本矛盾就是农民阶级和地主阶级
的矛盾。政治方面，清政府为维持封建统治，保障贵族特权，颁布了大
清律例，用一系列酷刑惩办反抗的人们。"汉族人民和其他民族人民，
在满清统治下，受到阶级的与民族的双重压迫，不断掀起反抗运动……
当时主要的政治斗争，是农民反抗地主，各族反抗满族统治的斗争。"⑤
在文化方面则对三纲五常伦理道德、八股文、文字狱进行了严厉批判，
指斥其"束缚思想，牢笼人材"，用"迷信形式来毒害人民"，故称其
为"愚弄人民的封建文化"。而这腐烂的"天朝"加速了近代中国的半
殖民化进程，"中国在满清政府腐败统治之下，不能进步，更加成为帝
国主义侵略的对象。"⑥第二次鸦片战争后，"满清政府依靠外国侵略
者，来维持其统治，外国侵略者则经过满清政府，来剥削中国人民。中

① 华北大学历史研究室编：《中国近代史（上编）》，苏北新华书店1949年版，第93页。
② 同上书，第111页。
③ 同上。
④ 同上书，第2页。
⑤ 同上书，第5—6页。
⑥ 同上书，第48页。

外反革命结合起来了。"①

对西方列强的入侵，该教材首先揭示了列强"鸦片贩子"的侵略行径和鸦片战争爆发的原因，"在十九世纪三十和四十年代，英国资产阶级，为了保护对中国的鸦片贸易，打破满清的闭关政策，进行了'海盗式的战争'（马克思语），武力侵略中国。"② 作者还深入分析了19世纪末世界资本主义发展到帝国主义阶段后侵略形式的变化，"资本输出比较商品输出获得了特别重要的意义。"③ 特别是《马关条约》签订之后，"帝国主义大量向中国投资，设立工厂，筑路开矿，掌握了中国经济命脉。满清政府向英、俄、德等国借款三万七千万两，将海关权益，抵押无余。这样，帝国主义就操纵了满清政府的财政。"④ 作者还认识到帝国主义之间在侵略中国过程中的矛盾，"帝国主义共同侵略中国，但他们之间却互相矛盾。"⑤该教材还具体说明了帝国主义对中国的商品输出和资本输出"加速破坏了中国的手工业……尤其是筑路开矿，直接掠夺人民的土地，使广大的农民、手工业者、交通运输工人、小商人等，失业破产"⑥。

该教材充分肯定赞扬了农民运动，称太平天国运动为"革命"。对太平军的初期胜利归结为民心所向，"太平军所到之处，杀逐贪官、污吏、土豪、劣绅；焚烧衙门、粮册、田契、借券；没收达官富绅的财物，散给贫民，因此深得民心。加以军纪良好，和清军到处杀人放火，奸淫抢掠，恰成对照。人民争先拥护太平军：作向导、供物资、踊跃参军；遇满清军队，则逃避一空。这是太平军胜利的主要原因。"⑦ 对太平军的北征更是赞叹不已，"北征军勇敢坚决，血战两年，全部战死，真不愧为革命战士、民族英雄。"⑧ 而且还将义和团定性为反帝爱国运动，赞扬他们"有强烈的反帝情绪，和自我牺牲精神"⑨，并认为正是

---

① 华北大学历史研究室编：《中国近代史（上编）》，苏北新华书店1949年版，第41页。
② 同上书，第18页。
③ 同上书，第48页。
④ 同上书，第55页。
⑤ 同上。
⑥ 同上书，第64页。
⑦ 同上书，第24页。
⑧ 同上。
⑨ 同上书，第67页。

他们的斗争所显示出人民的力量使帝国主义认识到，"无论欧美日本各国，都无此脑力与兵力，可以统治此天下生灵四分之一"①。

第三，注重以社会的阶级斗争和民族革命角度去理解各重大历史事件，在论述历史事件时始终从阶级的角度分析其形成、发展、结束的整个过程。

如太平天国及其后来的义和团运动，在论述其爆发的原因时都是从封建压迫、列强侵略的角度加以分析：一是固有的封建社会地主阶级与农民阶级的矛盾，二是外国资本主义侵略与中华民族的矛盾。当然该教材同时也注意到时代的不同，矛盾的主次也有差异。太平天国运动时期，更突出的是封建阶级矛盾，农民反对的也主要是封建地主阶级，"太平军所到之处，地主、高利贷者或死或逃，土地归耕者所有，土地剥削不复存在；满清地方政权摧毁，暴政一扫而去。"② 但到义和团运动时期，帝国主义侵略与中华民族间的矛盾上升为主要矛盾，"帝国主义的侵略和教会的蛮横，满清封建的压榨，遂激起了义和团运动。"③ 对太平天国和义和团运动失败原因的分析也是从阶级入手，因其主体都是农民、手工业者和贫民等，具有自身阶级革命性的局限与落后性，失败的根源都是因没有先进阶级的领导。"所以太平天国革命还是农民战争，农民自己只能打击封建势力，却不能消灭封建制度。"④ 而义和团又有"浓厚的迷信色彩，缺乏统一的组织，反对一切机器生产"⑤。

对中国民族资产阶级政治主张，教材则着重分析了其阶级的两面性。"中法战争以后，萌芽中的中国资本主义，要求自己的发展，反对满清的封建统治，进行民权运动；反对外国的侵略，进行保种运动。但是中国资产阶级的力量，非常微弱；他们又多是从官僚、地主、富商蜕变而来的，本身缺乏独立性，和封建势力、侵略势力有不可分的联系。所以，他们的思想行动，只能是改良主义的。"⑥ 作者还分析了维新派内部成员思想主张的差异及其随着资本主义的发展所产生的分化，"谭

---

① 华北大学历史研究室编：《中国近代史（上编）》，苏北新华书店 1949 年版，第 72 页。
② 同上书，第 27 页。
③ 同上书，第 66 页。
④ 同上书，第 34 页。
⑤ 同上书，第 67 页。
⑥ 同上书，教材第 57 页。

唐（指谭嗣同、唐才常）与康梁共同进行变法运动，但康梁不敢反满，只要求君民共治；而谭唐具有民主思想，主张民治。"① "戊戌变法证明，改良主义在中国没有出路。此后改良派发生分化：少数人继续前进，参加孙文等人的革命活动；康梁等多数人，逐渐堕落为反动集团，成为保皇党。"② 至辛亥革命前夕，"中国资本主义，比较以前有了若干的发展……这时中国资产阶级力量，较前增大，各地陆续出现资产阶级的政治团体。"③ 而立宪派与革命派的分歧则在于，"立宪派代表封建性大的资产阶级和有资产阶级性的地主，同盟会代表民主性较大的资产阶级和小资产阶级，这就是他们分歧的阶级根源。"④ 因为资产阶级的软弱性，革命派也同样没有完成反封反帝的任务。教材同时还注意到无产阶级的发展及其在辛亥革命中的作用，"当时无产阶级还没有成为自觉的、独立的阶级力量，只是和农民、资产阶级、小资产阶级结合，参加反帝反封建的革命。"⑤

第四，强调史论结合，叙事与分析并重，对每一史事，既叙述其原委，又能够予以简明扼要的分析，从而具有一定的理论深度。

如对太平天国运动，教材不仅详细讨论了其爆发的原因，肯定了其反帝反封建的历史地位，还对它的成败得失作了透彻的分析。就其爆发的原因而论，教材从鸦片战争以后中国社会性质的变化和各种矛盾的交错激化等方面去分析，在批判封建剥削重重，"官僚地主们受外货的引诱，生活更加奢侈，因此对农民剥削更加残酷"⑥ 的同时，进一步认识到这一时期的农民革命不同于以前单纯的农民暴动，具有新的时代因素，即鸦片战争后西方资本主义侵略对中国传统社会经济结构的破坏。除鸦片外，"外国商品输入也逐渐增加。仅就英国纺织品来说，1842 年输入总值 61 万金镑，到 1945 年（道光二十五年）就增加到 217 万金镑。这虽不能满足英国资本家的欲望，却破坏了中国的手工业。"⑦ 正是"在旧的剥削之上，又加上这些新的剥削，遂使广大的农民急速破

① 华北大学历史研究室编：《中国近代史（上编）》，苏北新华书店 1949 年版，第 58 页。
② 同上书，第 63 页。
③ 同上书，第 77—78 页。
④ 同上书，第 79—80 页。
⑤ 同上书，第 82—83 页。
⑥ 同上书，第 20 页。
⑦ 同上。

产，失去土地，转为流民。"① 教材以充分的史实说明了西方列强侵略与国内封建势力榨取共同促成了农民革命运动的爆发。

在"太平天国的建设"一节中，教材对其进行的经济、政治、文化一系列政策措施予以客观分析，"太平天国的政策，虽有农业社会主义思想成分，迷信色彩，但其建设很有成绩。"② 并援引英国传教士所言"南京城外，商务发达，秩序安谧，城内居民则衣食丰足，安居乐业"③。至其失败，教材先从革命运动的阶级成分及性质分析入手，指出"革命的力量是农民、手工业者、贫民、穷苦的知识分子；也有小部分的汉族地主参加。他们要推翻满族压迫和封建剥削……但是当时中国还没有具备资本主义发展的一切条件，还处在封建社会中，还没有形成资产阶级和无产阶级"④。缺少先进阶级的领导才是革命失败的根本原因，此外在战略政策等方面也出现诸多失误，"他们一面能够英勇地进行斗争，反对地主阶级，反对满清统治；另一面却具有散漫、狭隘等弱点。太平军曾打击了满清统治，但因不能团结天地会等革命力量；内部发生杨韦内讧，彼此分裂；政策上战略上又犯了一些空想和保守的错误；"⑤ 以致轰轰烈烈的革命运动最终失败。

此外，教材还对正文中某些史事做了大量比较翔实的注释，如在文中提到六部、十恶、三合会、白莲教等，都在注释中予以详细的解释，在谈到资产阶级软弱性时又以纺织业为例用表格数据的形式予以注释证明。这既保证了行文的流畅又避免了一些陌生的概念影响学生的理解，同时又极大地增加了教材的知识面。

三

不可否认，《中国近代史（上编）》也存在若干不足。由于其原根据范文澜的设计编写而成，深受范文澜著《中国近代史》的影响。而范文澜的著作基本是一部政治史，缺乏对经济、文化等的论述，服务现

① 华北大学历史研究室编：《中国近代史（上编）》，苏北新华书店 1949 年版，第 20 页。
② 同上书，第 28 页。
③ 同上。
④ 同上书，第 32—34 页。
⑤ 同上书，第 34 页。

实政治需要的意味又过浓，某些地方的论述存在简单影射现实的现象，史料根据不足，科学性不足，这些缺点也多在《中国近代史（上编）》中有所体现。

事实上，中国近代史本身就是具有强烈现实性的学科，对其中若干重大历史事件的评判往往关系到近代中国要走什么样的道路，向何处去的大是大非问题。也正因为此，以不同的阶级立场、党派、史观评述中国近代史时也就可能有着截然不同的书写方式和观点。而且，政治的演变对中国近代史研究影响最大。有学者对此评论道：综观 20 世纪中国近代史研究，每一时期占支配地位的对中国近代史的总体判断，主要地不是来自学术本身，而是来源于对当时中国现状与未来走向的判断。每一时期的社会政治思潮政治意识形态和普遍的社会政治心理，往往构成这一时期中国近代史研究的学术话语和基本概念。这种学术话语所形成的学术氛围，规定和控制着中国近代史研究的方向，左右着中国近代史研究"范式"的命运。① 这段评论恰好也可以说明产生《中国近代史（上编）》种种不足的缘由。虽然如此，该教材仍在马克思主义中学中国近代史教材发展史上具有里程碑式的意义。

从前面所述可以看到，马克思主义中国近代史研究是逐步发展完善的，其学科体系从最初的草创到框架的大体确立经历了三个阶段，不同阶段又有其代表著作，而这些著作又都不同程度地成为历史教学的教材。华北大学历史研究室编《中国近代史（上编）》正是对此前马克思主义中国近代史书编纂体系总结的成果，是一部较为完整的中国近代史上编；它不仅为新中国初期中学历史教学提供了急需的教材依据，还为此后的中国近代史教学与研究指出了基本方向，深刻影响了中国近代史教科书的编写达数十年。其对中国近代史新、旧民主主义革命两个时期的划分在历史教学中甚至体现为了中国近代史和现代史的划分，而"革命史"学术体系在中学历史教材中的确立更是影响了受其教育的几代人，书中对许多重大历史事件和人物的评价即便是到 20 世纪 90 年代的中学中国近代史教材中也是随处可见。

（作者单位：河北大学历史学院）

---

① 张海鹏主编：《中国近代通史》第 1 卷，江苏人民出版社 2006 年版，第 42 页。

百年来中国经济史理论演变的追问与反思

耿元骊

　　中国经济史学的研究，始于梁启超所撰《中国国债史》。[①]到今天，已经走过了百余年历程，成果丰硕，蔚为大观。[②]但是，对于经济史相关理论问题的探讨，多集中于经济史学科本身（史学理论）的讨论，[③]而较少系统讨论百年来经济史理论（历史理论）的走向和趋势问题。[④]有鉴于此，本文拟对百年来中国经济史理论的走向加以探讨，并试图有所反思。

---

　　①　梁启超：《中国国债史》，《梁启超全集》，北京出版社 1999 年版，第 1424 页。参阅杨祖义《20 世纪上半期中国经济史学发展的回顾与启示》，《中南经济论坛》第 1 卷，中国财政经济出版社 2004 年版，第 228 页；赵德馨：《发扬面向现实、反思历史的优良传统》，《经济史学概论文稿》，经济科学出版社 2009 年版，第 180 页。

　　②　百年来的中国经济史学发展，已有多位学者加以概述，本文不再重复。其中较重要者有李根蟠：《二十世纪的中国古代经济史研究》，《历史研究》1999 年第 3 期；李伯重：《回顾与展望：中国社会经济史学百年沧桑》，《文史哲》2008 年第 1 期；陈峰：《从食货之学到社会经济史——社会史论战对中国经济史学的催生和形塑》，《南京大学学报》（社会科学版）2010 年第 3 期。

　　③　如 1998 年，经济史学界就试图系统地总结经济史学理论，并召开了"中国经济史学理论与方法"学术研讨会。见魏明孔《"中国经济史学理论与方法"研讨会纪要》，《史学理论研究》1998 年第 4 期。而吴承明在经济史学理论的系统化上，贡献尤为突出。参见氏著《经济史理论与实证：吴承明文集》，浙江大学出版社 2012 年版。李伯重关于建立中国经济史学话语体系的讨论，更是体现了中国经济史学界的理论自觉，见氏论《中国经济史学的话语体系》，《南京大学学报》（社会科学版）2011 年第 2 期。

　　④　最有价值的系统梳理，是李丹关于西方中国研究方法论的讨论。见氏著《理解农民中国》，张天虹等译，江苏人民出版社 2008 年版，第 3、4、6 章。

一　经济史与经济史理论：融合与冲突

吴承明先生指出："经济史是研究历史上各时期的经济是怎样运行的，以及它运行的机制和绩效。"①经济史的研究对象既是历史，又是经济，它同时属于历史学和经济学两个学科。因而也就存在两种类型的经济史，一种是历史学的经济史，一种是经济学的经济史。这两种经济史之间，既冲突又融合。体现在中国经济史研究当中就是一方面，以历史学方法进行经济史研究，更多的以辨析史料为特征，而在阐释方面较为人云亦云；另一方面，以经济学方法进行经济史研究，更多的把历史看做是案例，经常会出现误判。

经济学家和历史学家如何研究经济史的历程，就是经济史学。当这个历程有了一定的跨度之后，就形成了经济史学史。实际上，每当进行经济史的综述时，那就是经济史学史的历程。经济史学科的探讨，应当说无论是学科性质和研究内容，都已经较为成熟。但是，关于经济史学科性质的讨论，仍然存在着广泛的争论，同时也出现了融合的倾向。

无论是经济史，还是经济史学，都得到了广泛的研究和探讨。虽然围绕着理论问题产生了大量争论，但关于经济史理论，学术界关心的仍然较少。历史理论与史学理论虽然仅有一字之差，但两者是非常不同的。史学理论是历史学自身的理论问题，体现在经济史方面，就是讨论经济史的对象、范畴、概念，以及关于经济史学家、经济史学方法论等问题；而所谓经济史理论，是一种历史理论。是在经济史研究过程当中所出现的关于经济史进程中的一般性理论。应当说，改革开放以来的史学理论研究取得了极大成绩，与之相比，曾经最突出的历史理论研究反而显得薄弱。但是，也要注意到的是，虽然从整体上分析历史理论的走向较少，但是具体环节上的理论争论却极多而激烈。争论不一定是理论，但是理论一定是有争论的。

综观二百年来的经济史理论问题，主要集中在如下 9 个问题上：中国的社会性质、土地所有制、小农经济、资本主义萌芽、经济重心南移、巨区理论、过密化、李约瑟问题、中国中心论。而这九个问题集中

---

① 吴承明：《经济史：历史观与方法论》，上海财经大学出版社 2006 年版，第 179 页。

在唯物史观、农业生产效率、经济增长方式三个主轴上进行了反复的追问。所有这些追问，反复在进行，虽然焦点时有转移，但是从未停歇。可以说，一直延续到今天。几乎所有的话题，都在或明或暗的反复得以讨论。

二 唯物史观的追问：1920 年代至今

20 年代以来，伴随着马克思主义和唯物史观的广泛传播，围绕着中国社会性质和中国社会史问题展开了巨大的争论。以论战为基础，中国式的马克思主义史学范式逐渐得以建立。而在这个话语系统当中，经济史理论问题是所讨论问题的重中之重。实际上，社会史论战开启了中国古史分期和社会形态讨论，其终极关怀指向并不是学术本身而是中国向何处去的现实问题，是一场关于如何解释中国历史的辩论，试图用唯物史观来说明整个中国历史的发展进程。在社会史大论战中，以亚细亚生产方式讨论为中心，对中国历史上的各个时期都进行了充分争鸣。因为公认中国是一个农业社会，农村的性质，就决定了中国的社会性质。如何解决农村问题？要解决农村破产的问题，是要发展农村生产力还是改革农村生产关系？如果只需要发展生产力，那么农村的性质是不是就不需要变革？不论什么样的解决对策，中国的社会性质问题，是中国经济史理论乃至中国历史理论上绕不开的话题。提出了以后数十年被反复提出的若干重大问题，构成了中国史学的叙述主线。社会史论战，也是时代分期论的主要理论依据。

在社会史论战中，产生了基本的话语体系。接受了唯物史观，由唯物史观启发产生了共同的理论判断基础依据。历史分期问题，实质是一个社会形态问题。而划分社会形态的最重要依据是土地所有制。土地所有制决定了其他的因素，这是中国经济史理论的重要判断因素。只有判明了土地所有制性质，才能判断社会形态，才能最终判断社会性质。可以说，在唯物史观的见解当中，历史发展线索是判断历史规律的关键，社会形态是判断历史发展线索的关键，所有制是判断社会形态的关键，土地所有制是决定所有制的关键因素。围绕着土地所产生的诸如井田争论、公社制度等问题，就都有了其学术史上的意义。

小农经济是有生命力的经济形式，土地是小农存在的基本生产基础，是他们的主要生产资料。一个农户能占有耕作多大规模的土地，体现了农民的经营能力，反映了农民的经营规模，是农业经济史当中需要特别加以讨论的重要问题。传统上认为，小农经济是落后的、无效率的。特别是 20 世纪二三十年代，多数学者都认为小农场的经营效率低下，劳动生产效率也较为低下，妨碍了农业生产力。因此，要扩大农业规模，鼓励大农场经营。但是一直也存在着相反的看法，很多学者还是认为小农具有存在合理性。赵冈在七八十年代以后也认为，小农经济要重新加以评价，家庭农场是有效率的。有很多学者投身到社会调查当中，而关于农场规模的争论，一直延续到 1949 年以后。但是到 80 年代以后，随着小农户的经营水平提高，对小农户到底是不是阻碍了先进生产道路的发展，有了新的思考。

资本主义萌芽问题，是唯物史观引发的又一重大理论问题。无论早期是什么样的社会性质，到 20 年代以后中国是什么性质的社会，与西方的帝国主义社会有何关系？中国是半殖民地半封建社会，还是资本主义社会？这些问题的探讨，在 1949 年以后，又进一步得到了广泛而深入的争论。虽然争论在深入，但是探讨的主题并无重大变化，还是要讨论 1840 年以来的中国社会性质问题。中国封建社会是不是已经解体，资本主义正在逐步产生？也就是说，资本主义处在萌芽阶段？关于资本主义萌芽问题，讨论一直持续到 21 世纪。可以说，是一个具有高集中度的学术理论话题。

以上这些中国经济史理论问题，都是围绕唯物史观引发和展开的。从 20 年代一直持续到今天，仍将进一步持续下去。

三 农业生产效率的追问：1940 年代至今

由资本主义萌芽问题的探讨开始，从一般性的性质争执，逐渐转入了商品经济、雇佣劳动等细部问题的研究，特别是广泛的搜集史料，整理出来大批的史料汇编，这些既为经济史的研究奠定了扎实基础，为学科发展指明了路向。同时，由于中国是一个农业社会，如果有了资本主义萌芽，那么在农业生产效率上必然有一个显著的提高，因而也引领了中国经济史理论转向了农业生产效率的追问，资本主义萌芽问题是中国经济史理论追问的一个承前启后的问题。

在农业生产效率问题上的追问，经济重心南移问题是一个突出的问题。冀朝鼎、张家驹先生在 40 年代开始了对这个问题的探讨，[1]郑学檬、程民生等也多有深入讨论。诸家一致认为，经济重心确实南移。但是南移起点从东晋到南宋，上下跨度千年，且争论不休。但无论如何，经济重心南移是中国历史发展当中的重大问题，是经济地理格局变迁的重大问题，更是中国经济史理论发展当中的重要问题，程民生甚至提高到了中国古代史前一发动全身的关键地位上。而判断经济重心南移的标准，多集中在农业生产效率上，由于江南有了高效的农业，才最终完成了经济重心的南移。所以，农业生产效率的追问，是经济重心南移的关键性问题。

而围绕着农业和地域经济中心，施坚雅提出了巨区理论。[2]他试图通过乡村聚集中心，找到一个经济地理的结构，探讨中国经济史上的中心地问题，力图建立一个经济行为的抽象概括。这些市场体系的结构，对于当地的政治、经济、文化都有重要的意义，特点区域的市场安排是解释社会和历史的重要抓手。每个中心地都是由村庄和标准市镇构成，而市镇是农业经济发展水平的体现。只有农业经济水平提高了，才会形成中心市镇。如果没有可以支撑中心地形成的一个较广大地区的发达农业经济，中心市镇也就不会形成。而衡量农业经济是否发达，更多体现在农业生产效率上。对农业生产效率的追问，贯穿在了中国区域经济体系的反复追问当中。

在一个具体区域里面，特别是代表了最高发展水平的区域里面，农业的生产效率一般公认是高的。但是，黄宗智认为，明清时期的江南地区农村经济虽然发达，但是农业经济人均生产力水平很低，只是以单位产量所投入的劳动力无限增长，才得以提高星点产量。对于农村经济来说，为了这样的增长而投入是不值得的。但是对于农民来说，尽可能使用家庭劳动力是一个合理的选择。[3] 黄宗智一派的学者认为，近代早期

---

① 冀朝鼎：《中国历史上的基本经济区与水利事业的发展》，朱诗鳌译，中国社会科学出版社 1981 年版；张家驹：《宋代社会中心南迁史》，《张家驹史学文存》，上海人民出版社 2010 年版。

② 施坚雅：《中国农村的市场和社会结构》，史建云、徐秀丽译，中国社会科学出版社 1998 年版。

③ 黄宗智：《经验与理论：中国社会、经济与法律的实践历史研究》，中国人民大学出版社 2007 年版，第 2、3 章。

的江南地区劳动生产率实际是在下降的，边际产量是降低的，导致整个生活水平是在下滑中的。而另外的学者则认为，中国农村生产力在明清时期没有什么特别大的变化，劳动生产率也没有什么特别重大的变化。中国的农业未出现人均产量的持续增长，也没有经历一个长期的过密化状态。而明清经济的过密化或者变革论，无论哪一种观点，其最终判断基础，还是奠定在农业生产效率问题上。

关于农业生产效率的追问，从 40 年代开始，一直持续到今天，可以说风云迭起。特别是过密化问题，引发了国际学术界的极大争论。甚至引发了哲学家的思考，将其作为社会科学研究的样本问题。可以说，是中国经济史理论当中的重要一环。

四 经济增长方式的追问:1970 年代至今

过密化问题，虽然集中的主题是在农业生产效率问题上。但是由过密化问题，逐渐引发了关于工业与农业的思考，也就是社会经济的增长方式问题。这是中国经济史理论研究当中，又一个承前启后的问题。经济增长到底依赖于什么？这主要集中在李约瑟之谜和中国中心论两个争论上。也就是说，中国为什么会落后于西方？

所谓李约瑟之谜，主要讨论的问题是工业革命为什么会发生在西欧而不是中国？或者说在 18 世纪时，为什么会出现了中西经济的大分流？[①]而实际上，李约瑟之谜考察的是科学为什么在中国会落后，这在根本上仍然是一个技术问题，是一种经济增长方式的讨论。如果中国的科学技术也随着当时所具有的高经济水平快速提高，那么工业革命就会发生在中国，不幸的是，它没有发生。而英国的工业革命只是一次偶然的意外因素，集中了几种矿物的发现和使用上。围绕着李约瑟之谜，早期工业化、人地关系、农业创新等问题，都逐步进入了学者的目光。是不是存在着一个普遍的向更高生产力水平发展的推动力？也就是技术是不是推动经济发展的最终动力？珀金斯认为，农业生产的增长，只是人口增加的结果而不是技术进步的结果。中国经济发展，没有搭乘上工业

---

① 所谓"李约瑟之谜"，大体提出是在四五十年代。但是这个问题真正引起广泛的讨论，是在 70 年代以后。

增长的快车道。李约瑟之谜，几乎所有探讨中国经济增长道路的学术讨论，都与李约瑟之谜有着或多或少的关联。

而由《大分流》等引发的新一轮讨论，更是把目光集中在了中国经济增长道路问题上，也就是所谓中国中心论问题。①弗兰克断言，21 世纪世界经济的中心将再一次回到中国。②而他的理论依据，仍然是历史，试图从历史的角度来论述中国早就超越了欧洲，而决定的因素只有一条，就是大量的美洲白银。他的具体解释，当然可以纠谬。但是，他在论述当中所展现的思路，却是一种讨论经济增长道路的思路。他认为，科学技术在经济增长的作用不大。但是到底什么决定了经济增长，仅仅归因于白银似显薄弱。王国斌则集中注意力在经济发展的动力问题上，他认为无论是欧洲还是中国，都可以使用亚当·斯密的增长理论来解释，贸易和市场导致了分工和专业化，而专业化带来了生产率的提高。特别是工业化的生产，极大促进了经济发展。③18 世纪以前，中国和西欧的经济道路相同。从此以后，双方经济发展则各行其道。与中国相比，欧洲的成功是由于推迟了经济增长极限的到来，也就是说，欧洲通过发现新大陆，败落了斯密型成长的限制，是个例外。

围绕着李约瑟之谜和中国中心论的讨论，就是围绕着中国经济增长方式的讨论。这是中国经济史理论的又一个核心追问。从整体看来，中国经济史理论主要就是围绕这唯物史观、农业生产效率，经济增长方式的多重乃至交叉讨论。

五　中国经济史理论：本土学术理论建构的反思

从百年来中国经济史理论的反复争论可以看到，中国经济史理论的演变，其主线主要有三：一是从世界到中国；二是从农业到工业；三是从经验到理论。这是百年来中国经济史理论演变的主要线索。当然围绕

---

① 彭慕兰：《大分流：欧洲中国及现代世界经济的发展》，史建云译，江苏人民出版社2008 年版。

② 弗兰克：《白银资本：重视经济全球化中的东方》，刘北成译，中央编译出版社 2008年版。

③ 王国斌：《转变的中国：历史变迁与欧洲经验的局限》，李伯重等译，江苏人民出版社2008 年版。

这三条线索而展开的经济史理论的探讨,是逐层递进的,但是每一个核心主线都不是此停彼替的,而是继续延伸,从未停歇。但是,所有的中国经济史理论,几乎都是由社会科学理论激发和引领的,很少或者几乎没有完全自发在本土出现的中国经济史理论争论。所以,如何反思中国经济史理论,促进本土学术理论建构出现,就成为一个重大的任务。

反思一,必须重视概念。应当说,中国学术界有着不重视概念的老传统。这一方面是传统思维习惯的因素,一方面也是研究受到表达限制的结果。概念不是事物本身,但是概念是把握事物的重要工具。在中国经济史理论当中,几乎没有本土学者独立提出的理论概念系统。如仲伟民所指出的那样,当"资本主义"是什么都没有弄清楚的时候,我们就已经开始研究"资本主义萌芽"了,这是我们的教训。可以说,重视概念体系的建设,这是本土中国经济史理论形成的必要前提。没有"概念"体系的创立,也就不会有本土中国经济史理论的形成。当然,概念必然来自"事实",必须高度重视史料的建设。而在高度重视史料的基础上,必然要有概念的总体概况和把握提升。

反思二,经验研究与理论研究必然要充分结合起来。任何理论体系,都有其存在的合理性。但是没有能涵盖并解释一切经验的理论,所以多种理论的并存是理论的常态。如何能在中国经济史经验的基础上,进一步提升中国经济史理论的水准,从而推动本土中国经济史理论的产生,是一个重要的问题。理论需要创新,但是必然是在充分的经验研究基础上的创新。不能把经验研究和理论研究对立起来,要在精详的经验研究基础上,对理论进行反思,从而借助概念,提出自己的理论思考。

反思三,没有中国经济史理论,就不会有中国经济理论。吴承明先生早就指出,经济史是经济学的源而不是流,任何经济理论在长期都只是方法论。所以只有形成了公认的有本土特色的中国经济史理论,才会最终在中国经济实践的基础上形成本土的中国经济理论。当然这两者不是一先一后的关系,而是两者相激相荡,互相启发。而没有对中国经济发展历程的重视和深入研究,也就不会产生中国的经济理论。中国的经济理论来源于中国的经济实践,中国的经济实践来自中国的经济历史,同时融入了世界,这就需要中国和世界的双重眼光。

反思四,本土的中国经济史理论的形成必然要有多个融合了历史学与经济学范式的本土中国经济史学派的形成。本土中国经济史理论的形成，是在中国经济史学蓬勃发展的基础上才会出现。在研究方法、研究内容、研究手段上不断开拓，通过不同的学术群体形成不同的新学术流派。而只有形成学术流派，本土的中国经济史研究才会提高学术发展水平，从而促进本土中国经济史理论的形成与发展。

（作者单位：辽宁大学历史学院）

唯物史观视野的经济史研究对象探讨

——基于经济史研究对象讨论的述评

郑有贵

经济史研究对象是经济史学的基本问题，似乎不需要进行讨论。然而，事实并非如此，关于经济史研究对象的讨论，不仅见解纷呈①，还涉及立场、观点和研究范式，也关系到经济史研究的重点确定、主线梳理、理论方法运用、话语体系、写作结构布局等诸多方面。在关于经济史研究对象的学术讨论中，也呈现出一些特点，如一般围绕经济史学科建设和发展、如何编写经济史著作展开。这些也反映出经济史研究的特点，即经济史研究对象纷繁，在专门史或专题史研究时可以不对整个经济史研究对象进行界定也可以展开，而在学科建设和发展、编写经济史著作时，对经济史研究对象的界定则是不能回避的问题。

一　经济史研究对象的多种界定

随着社会实践和经济史学的发展，对经济史研究对象的界定呈现出多样化的现象，如有经济制度史、经济发展和制度变迁史、生产力与生产关系史、政治经济史、社会经济史、国民经济史、各个时期的社会经济运行的规律、社会经济结构或全部社会经济的总和等不同的界定。

经济制度史。李伯重指出，从研究的对象内容来看，无论是中国还是西方，早期的经济史研究主要集中在经济制度方面，可以将其概括为

---

① 从时间、空间上看，中华人民共和国经济史的研究对象是非常明确的，即 1949 年新中国成立起中华人民共和国行政管辖区域内的经济史。

经济制度史研究。① 随着制度经济学的兴起，经济制度史的研究越来受到重视。

经济发展和制度变迁史。1991 年，董志凯在《读赵德馨主编的〈中华人民共和国经济史〉》中，针对中华人民共和国经济史分期问题，提出了"国民经济史的基本研究对象"概念，并将这一基本研究对象解释为"经济体制变化和生产力的发展线索"②。14 年之后的 2005 年，董志凯、武力坚持和发展了这一观点，提出中华人民共和国经济史的研究对象是经济发展和制度变迁的历史，即从 1949 年 10 月新中国成立到今天这个时段。③ 到 2010 年，武力指出，30 多年来，如果说 20 世纪 80 年代关于经济体制改革和发展的研究尚属于现实问题和对策研究，那么从 21 世纪开始，改革开放以来的经济发展和制度变迁不仅越来越成为经济史研究的对象，而且也有越来越多的学者回顾和研究这段历史。④ 近期的多种中华人民共和国经济史著作，无论研究者是否对经济史研究对象做出过这样的界定，在研究内容和章节目的设计上，一般是以经济发展与制度变迁为主线立题，以此涵盖经济史方方面面的内容。这也反映了随着实践和理论的发展，经济史研究对象日益拓宽的基本事实。

生产力与生产关系史。这是我国 20 世纪 50 年代讨论较多的问题。马克思主义经济学对于生产力与生产关系、经济基础与上层建筑的关系的揭示，确立了唯物史观，使生产力与生产关系成为马克思主义经济史学的研究对象。《中国经济史辞典》指出，经济史学科简称"经济史"。以经济发展客观过程即社会生产力和生产关系发展过程及其规律为研究对象的经济学科，包括以本学科为研究对象的经济史学概论。⑤ 许涤新指出，20 世纪 50 年代，在关于经济史研究对象的讨论中，曾有一种意见，认为经济史研究的对象是生产关系，不包括生产力。或者说，经济史是"研究生产关系递变的科学"，而生产力只是一种条件。我们认

---

① 李伯重：《社会经济史研究对象的变化》，《清华大学学报》2007 年第 5 期。

② 董志凯：《读赵德馨主编的〈中华人民共和国经济史〉》，《中共党史研究》1991 年第 5 期。

③ 董志凯、武力：《中国现代经济史学科发展趋势》，《中国社会科学院院报》2005 年 10 月 25 日第 2 版。

④ 武力：《改革开放以来中国现代经济史学科的发展和成果》，《中共党史研究》2010 年第 7 期。

⑤ 赵德馨主编：《中国经济史辞典》，湖北辞书出版社 1990 年版，第 1 页。

为，这是不妥当的。生产力对生产关系起决定作用，并不仅是一种"条件"。马克思说：手推磨产生的是封建主的社会，蒸汽磨产生的是工业资本家的社会。① 在 20 世纪 30 年代关于中国社会性质的论战中，有些学者就是从社会史的角度出发，或者用社会发展的一般规律来论证，往往缺乏说服力。其实，就是社会发展史，也是要研究生产力的。恩格斯的《家庭、私有制和国家的起源》等著作就是最好的范例。② 1992 年，赵德馨在《重提经济史学科研究对象的问题》中指出，在 20 世纪 50 年代，对经济史研究对象的见解有 3 种。（1）生产关系。③（2）生产关系为主、生产力为次或生产方式。④（3）社会经济整体的发展过程，即生产力和生产关系的矛盾和统一、发展过程。⑤ 在苏联，从 20 世纪 30—50 年代，对经济史学科对象的提法也是多样的。他们很重视对生产力发展的研究，其研究对象并不限于生产关系。⑥ 李伯重指出，由于经济史研究的特殊性，马克思主义与经济史学关系极为密切。这种密切关系源自经济史研究的特殊性，即经济史研究以社会的物质生产方式及其变化为主要对象，并强调这是人类社会演变的基础。⑦

政治经济史。魏永理认为，中国经济史是一门介于政治经济学和历史学之间的学科，是中国史学中的一门专史。国民经济史与政治经济学的关系，是特殊和一般、个性与共性的关系。⑧ 严中平认为，经济史的研究对象和政治经济学的研究对象没有什么两样，所不同的只是政治经济学通过对经济发展历史过程的研究，归纳出抽象的经济范畴，运用这些经济范畴形成逻辑体系，去阐明经济发展规律，而经济史则运用这些经济范畴去阐明经济发展规律在经济发展过程中所表现的具体历史过

---

① 马克思：《政治经济学的形而上学》，《马克思恩格斯选集》第 1 卷，人民出版社 1995 年版，第 142 页。

② 许涤新：《〈中国资本主义发展史〉总序》；许涤新、吴承明主编：《中国资本主义发展史》第 1 卷《中国资本主义的萌芽》，人民出版社 2003 年版，第 13—15 页。

③ 孙健：《国民经济史的对象、方法和任务》，《经济研究》1957 年第 2 期。

④ 李运元：《试论国民经济的研究对象》，《经济研究》，1957 年第 6 期；邵敬勋：《国民经济史的对象、任务和方法》，《东北人大学报》1957 年第 4 期。

⑤ 赵德馨：《关于中国近代国民经济史的分期问题》，《学术月刊》1960 年第 4 期，第 53 页。

⑥ 赵德馨：《经济史学概论文稿》，经济科学出版社 2009 年版，第 10 页。

⑦ 李伯重：《中国经济史学的话语体系》，《中华读书报》2011 年 4 月 6 日第 13 版。

⑧ 魏永理：《中国近代经济史纲》上《绪论》，甘肃人民出版社 1983 年版，第 1、6 页。

程。经济史和政治经济学的上述差异，实质上并不是研究对象的不同，而是表述方法的不同。① 严中平还进一步对经济发展过程做出解释。他说，一个国家的经济发展过程都表现在生产、交换、分配、消费 4 个方面；表现在农业、工业、商业、金融、财政等许多经济部门上；表现在农村、城市、山区、平原等许多地理分布上；表现在地主、佃农、自耕农、手工业者、商人、资本家和工人等许多阶级分野上。这许多经济范畴都有各自的运动规律，并且互相联系，相互影响，面对这许多使人眼花缭乱的复杂现象，我们分析问题，显然必须掌握历史发展的中心红线或中轴。他以为，在经济基础方面，这条中心红线就是生产资料所有制形式；在上层建筑方面，这条红线就是国家权力。② 李伯重指出，早期的经济学与政治学密切联系，将经济视为国家政策的一部分。亚当·斯密和马克思所从事的经济学也都是政治学，因此称为"政治经济学"。经济学是科学理论、政治意识形态、公共政策和公认真理的复杂的混合物。一个时代的经济理论必须与大众的信条、关切一致，必须提供有用与有意义的结果，在此意义上，经济学永远是政治经济学。在 20 世纪上半期，西方的经济史学主要采用政治经济学的话语体系，因此当时的中国经济史学也接受了这个话语体系。在 20 世纪 20 年代与 30 年代之交，我国出现了以经济史为核心的"社会史大论战"，就是在政治经济学的话语体系中进行的。尔后以《中国社会经济史研究集刊》、《食货》半月刊两个主要刊物所发表的文章为代表的主流经济史研究，也都基本上采用上述话语体系。1949 年以后，我国确立了马克思主义在中国史学研究中的主导地位，导致中国经济史学在话语体系方面的第一次大转变。经过这个转变，我国经济史学采取了马克思主义政治经济学的话语体系。在"新经济史革命"后，出现了一些经济学家"脱离历史和实际，埋头制造模型"的倾向，但这种倾向并非经济学的主流，因此受到索洛等著名经济学家的严厉批评。③ 基于经济史与政治经济学密不可分的这一特性，我国党史、国史、经济史学界的跨学科研究已展开，并将成为一种趋势。

---

① 严中平：《科学研究方法十讲——中国近现代经济史专业硕士研究生参考讲义》，人民出版社 1986 年版，第 28 页。
② 同上书，第 33 页。
③ 李伯重：《中国经济史学的话语体系》，《中华读书报》2011 年 4 月 6 日第 13 版。

社会经济史。李根蟠指出，由于中国经济史学是在马克思主义唯物史观的指导或影响下形成和发展起来的，所以它一开始就以社会经济史的面貌出现。在 20 世纪 30 年代的中国，"经济社会史"、"社会经济史"、"社会史"、"经济史"这几个名词的含义是相同的或相近的，以至可以相互替换使用。人们不是孤立地就经济论经济，而是从各种社会关系中把握经济的发展，人们说"经济史"的时候，是指与社会有机体联系在一起的经济发展史，人们说"社会史"的时候，是指以经济为主体的社会史，两者是一致的。① 1987 年出版的《经济科学学科辞典》说，经济史，或称"社会经济史"，从总体上说，是直接研究社会生产力和生产关系发展客观过程的经济学科。② 1990 年中南财经大学赵德馨主编的《中国经济史辞典》指出，经济与社会的其他领域关系密切，为了研究生产力和生产关系变化的原因、过程与后果，必然涉及经济政策，经济思想、阶级斗争诸因素。有人因此又将经济史称为"社会经济史"③。吴承明指出，经济史本来是社会经济史，老一辈经济史学家都研究社会。1952 年禁止社会学，不敢研究了。1979 年已解禁，自应恢复社会经济史。④ 他赞成"社会经济史"的提法。但目前经济史学者多无力研究整个社会，要依靠社会学专家的成果。就经济史说，主要是考察人口、宗族、等级、分业（士农工商）、乡绅和社区组织、消费习俗等。⑤ 2010 年陈支平在《〈中国社会经济史研究丛书〉总序》中说，中国经济史学，又称中国社会经济史学。⑥ 虞和平认为，经济史是经济学和历史学的交叉学科，经济史是广义的经济学，按照马克思主义哲学观点历史首先是经济史。⑦ 李伯重指出，近年来西方经济史学出现了研究重心由单一的经济史向社会经济史转变的趋势，以克服以往出现

---

① 李根蟠：《唯物史观与中国经济史学的形成》，《河北学刊》2002 年第 3 期。
② 中南财经大学编：《经济科学学科辞典》，经济科学出版社 1987 年版，第 343 页。
③ 赵德馨主编：《中国经济史辞典》，湖北辞书出版社 1990 年版，第 1 页。
④ 吴承明：《研究经济史的一些体会》，《近代史研究》2005 年第 3 期。
⑤ 吴承明：《经济史：历史观与方法论》，《中国经济史研究》2001 年第 3 期。
⑥ 陈支平：《〈中国社会经济史研究丛书〉总序》；方行：《清代经济论稿》，天津古籍出版社 2010 年版，第 1 页。
⑦ 虞和平 2005 年 6 月 13 日为聊城大学历史文化学院历史系同学所作的《关于中国近代史研究的几个问题》的学术报告。

的偏差。①

国民经济史。《中国经济史辞典》指出，到 19 世纪中叶出现了以一个国家国民经济整体发展过程为研究对象的国民经济史，标志着经济史作为一门独立学科诞生过程的完成。国民经济史是经济学科的分支之一。以一国国民经济整体即生产力与生产关系矛盾统一发展过程及其规律为研究对象的经济学科。亦有认为研究对象仅限于生产关系的。属于宏观经济史。国民经济史以专门经济史为基础，从国民经济各部门、各地区、各经济成分、各层次相互关系的整体运行上，分析其发展规律。国民经济史的分类可以按经济结构分为原始社会经济史、奴隶社会经济史、封建社会经济史、资本主义经济史、半殖民地半封建社会经济史等等；可以按朝代分为先秦经济史、秦代经济史、西汉经济史等等；可以按时期分为古代经济史、近代经济史、现代经济史等等。研究一国自古至今经济整体演变的，谓之经济通史。有关中国国民经济史的著作，在中国，出现于 20 世纪 20 年代。国民经济史与专门经济史构成整个经济史。② 赵德馨认为，经济史学包含多个分支和种类。国民经济史只是其中范围最广、层次最高的一类，但也只是一类而已。国民经济史包括该国的农业经济、工业经济、交通经济、银行、企业等，但它却不是农业经济史、工业经济史、交通经济史、银行史、企业史等专门经济史（包括部门经济史、行业经济史、经济组织史等）简单相加的总和。当然，国民经济史也不能代替农业经济史、工业经济史、交通经济史、银行史、企业史等专门经济史。③《经济科学学科辞典》说，经济史有许多分支，就整体与部分而言，有以国民经济整体为对象的国民经济史（有人也简称经济史），有以各种不同层次的部门经济为对象的部门经济史，有以企业为对象的企业史，也有以资本集团或资本家家族为对象的资本集团史或资本家家族史。④ 在我国产生较大影响的苏联学者梁士琴科和琼图洛夫认为，国民经济史"乃是研究生产的发展，研究数十世纪以来生产方式的新旧更替，研究生产力与人们生产关系的发展"⑤，"国民经

---

① 李伯重：《中国经济史学的话语体系》，《中华读书报》2011 年 4 月 6 日第 13 版。
② 赵德馨主编：《中国经济史辞典》，湖北辞书出版社 1990 年版，第 1—2 页。
③ 赵德馨：《经济史学概论文稿》，经济科学出版社 2009 年版，第 49 页。
④ 中南财经大学编：《经济科学学科辞典》，经济科学出版社 1987 年版，第 343 页。
⑤ ［苏］梁士琴科：《苏联国民经济史》中译本第 1 卷，人民出版社 1959 年版，第 5 页。

济史这门学科的对象是研究生产，研究它在许多世纪内依次更替的生产方式的发展，研究历史上一定的生产关系形态中的生产力的发展"①。虞和平认为，国民经济史采用计量和量化研究，以个案为研究对象难免会有片面性，因为近代中国统计学落后，量化模型可信性不高。②

二 经济史研究对象多样化界定的缘由

对经济史研究对象界定的多样化，是由于学科发展阶段的不同，学科视角及研究问题侧重方面的不同，以及研究范式、话语体系的不同。

缘于学科发展阶段的不同。学者关于经济史研究对象日益拓展的认识是一致的。1992 年，赵德馨关注到了进入 20 世纪 80 年代关于经济史研究对象的 3 种新提法：（1）各个时期的社会经济运行的规律。③（2）既不是生产关系，又不是生产力，也不是生产方式，而是社会经济结构或全部社会经济的总和，包括生产力结构和生产关系结构，包括各部门、各产业、各地区之间的相互关系和国民经济的各种比例。诸如各种产业结构、经济技术结构、所有制结构、商品生产和商品交换的产品结构和进出口产品结构，赋税结构、金融政策结构、阶级结构。④（3）既要研究生产关系，又要研究生产力。生产关系一定要适合生产力的性质。反映这两者的适合或不适合，就是经济史的全部内容。不讲生产力，生产关系也就无规律可言了。不讲生产力，经济史就变成抽象的历史，经济史就愈讲愈空。⑤ 2007 年，李伯重在《社会经济史研究对象的变化》中指出，从世界范围来看，近几十年来社会经济史研究对象有重大变化。到 20 世纪 60 年代以后，特别是 70 年代中期以后，经济成长与发展研究、社会组织研究、人口研究、生态环境研究、大众文化与社会经济关系研究等，都成为了经济史研究的重要对象。如今，国外

---

① ［苏］琼图洛夫：《外国经济史》中译本，上海人民出版社 1962 年版，第 4 页。

② 虞和平 2005 年 6 月 13 日为聊城大学历史文化学院历史系同学所作的《关于中国近代史研究的几个问题》的学术报告。

③ 傅筑夫：《进一步加强经济史研究》，《天津社会科学》1982 年第 6 期。

④ 魏永理：《中国近代经济史纲》上《绪论》，甘肃人民出版社 1983 年版，第 3—4 页。

⑤ 吴承明：《关于研究中国近代经济史的意见》，《晋阳学刊》1982 年第 1 期。许涤新：《〈中国资本主义发展史〉总序》；许涤新、吴承明主编：《中国资本主义发展史》第 1 卷《中国资本主义萌芽》，人民出版社 1985 年版，第 14—15 页。

经济史研究早已大大突破了早期经济制度史研究的狭小范畴，与政治史、社会史、文化史、思想史、人口史、家庭史、妇女史、环境史等变得密不可分。李伯重还指出，经济史研究的对象，从研究的社会对象来看，体现出自上而下的平民化特征，逐渐将目光投向农民、工匠等普通人。①

缘于学科视角的不同。不同学科视角的经济史研究对象各有侧重。20 世纪 90 年代，吴承明指出，目前中国经济史的研究可说有三大学派：一派偏重从历史本身来探讨经济的发展，并重视典章制度的演变。一派偏重从经济理论上来阐释经济的发展，有的力求作出计量分析。一派兼顾社会和文化思想变迁，可称社会经济史学派。同时，也必然对经济史的理论和方法问题有不同观点和见解。他以为这是一大好事。百家争鸣才能促进学科的发展。如果只有一个观点，用一个声音讲话，我们经济史就要寿终正寝了。② 陈支平指出，中国的社会经济史学已经形成了两大居于主流地位的学术流派，这就是以严中平、李文治、吴承明教授等为代表人物的"国民经济史学派"和"新经济史学派"，以及以傅衣凌教授为奠基人的中国社会经济史学派，也称为"新社会史学派"。前者注重于经济学理论的探索，并且将其运用于中国经济历史发展规律的考察，通过宏观、中观、微观多层面及其相互结合转变的研究，从中寻求中国传统社会自身蕴藏着众多的向近代化转型的能动的积极因素；而后者则特别注重从社会史的角度研究经济史，在复杂的历史网络中研究二者的互动关系，注重深化地域性的细部考察和比较研究，从特殊的社会经济生活现象中寻找经济发展的共同规律。③ 虞和平认为，经济史的研究可以有政治经济史、国民经济史和社会经济史 3 个角度。④ 从一般观点来说，立足于经济学研究的一般称为国民经济史，立足于历史科学角度一般称为社会经济史。国民经济史侧重经济发展的表构，社会经

---

① 李伯重：《社会经济史研究对象的变化》，《清华大学学报》2007 年第 5 期。

② 中国社会科学院科研局组织编选：《吴承明集》，中国社会科学出版社 2002 年版，第 349 页。

③ 陈支平：《〈中国社会经济史研究丛书〉总序》；方行：《清代经济论稿》，天津古籍出版社 2010 年版，第 1 页。

④ 虞和平在 2013 年 2 月 2 日中国社会科学院当代中国研究所第二研究室召开的"《中华人民共和国经济史》编写提纲研讨会"上的发言。

济史研究强调分析表象后的制约因素，主张二者应当适当结合。① 董志凯指出，政治经济史侧重于政策、制度与经济运行的互动关系研究。②

缘于研究范式和话语体系的不同。库恩认为，科学研究不是简单的资料累积，而要形成一定的"范式"，即一组共有的方法、标准、解释方式和理论等，或者说是一种共有的知识体。③ 20 世纪 60 年代末 70 年代初福柯提出"话语"（discourse）问题。研究范式与话语体系是相关联的。在经济史的研究中，有马克思主义经济学和西方经济学两种研究范式和话语体系。李伯重认为，1949 年以后，我国确立了马克思主义在中国史学研究中的主导地位，导致中国经济史学在话语体系方面的第一次大转变。经过这个转变，我国经济史学采取了马克思主义政治经济学的话语体系。经济史唱主角的"新中国史学五朵金花"全国性史学大讨论，就是在新的话语体系下进行的。我国学者在经济史学中的两个重大理论贡献——"中国资本主义萌芽"和"中国封建社会"理论模式，也是在这个话语体系中提出并发展起来的。④ 生产关系这一概念是马克思、恩格斯在《德意志意识形态》一书中第一次使用的，是马克思主义经济学话语体系中的重要概念之一，而西方经济学则不使用生产关系概念而有自己的话语体系。马克思主义经济学从生产力与生产关系、经济基础与上层建筑的关系上探讨制度变迁和社会经济发展规律。李根蟠指出，中国经济史学一开始以社会经济史的面貌出现，显然在很大程度上是在马克思主义唯物史观的影响下形成的。因为正是马克思主义的唯物史观把人类社会看作一个有机的整体，而把由生产力发展状况决定的生产关系的总和，视为这个社会有机体的基础。⑤ 吴易风在《论政治经济学或经济学的研究对象》一文中指出，马克思主义经济学和西方经济学在研究对象上的根本分歧，并不在于要不要研究资源配置，西方经济学研究的是生产一般的资源配置，而马克思主义经济学不仅研究资源配置一般，而更重要的是要研究同生产方式相适应的历史的、具体

---

① 虞和平 2005 年 6 月 13 日为聊城大学历史文化学院历史系同学所作的《关于中国近代史研究的几个问题》的学术报告。

② 董志凯在 2013 年 2 月 2 日中国社会科学院当代中国研究所第二研究室召开的"《中华人民共和国经济史》编写提纲研讨会"上的发言。

③ 库恩：《科学革命的结构》，北京大学出版社 2003 年版，第 9 页。

④ 李伯重：《中国经济史学的话语体系》，《中华读书报》2011 年 4 月 6 日第 13 版。

⑤ 李根蟠：《唯物史观与中国经济史学的形成》，《河北学刊》2002 年第 3 期。

的资源配置及其特征。① 李义平指出，关于马克思经济学的研究对象，马克思在《资本论》第一卷的序言中开宗明义地指出，"我要在本书中研究的，是资本主义生产方式以及和它相适应的生产关系和交换关系"②，而当代西方经济学则研究资源配置，研究经济运行，研究正常的经济运行所需要的微观基础，以及宏观经济政策和社会政策，研究人们的行为和选择。③ 这些差异，也导致了对经济史研究对象的认识和界定的不同。

缘于研究机构的不同。不同研究机构在经济史研究对象上有所侧重。例如，在我国，中共中央文献研究室、中共中央党史研究室、中国社会科学院经济研究所、当代中国研究所等机构都在开展中华人民共和国经济史研究。由于机构职能的不同，因而在研究对象上也各有侧重。一般而言，中共中央党史研究室在对中华人民共和国经济史的研究上，主要侧重于经济决策史；中共中央文献研究室在对中华人民共和国经济史的研究上，主要侧重于领袖的经济思想史；中国社会科学院经济研究所现代经济史研究室则面较宽，涉及国民经济的方方面面，对制度绩效的学理分析也较重视。当代中国研究所作为经中共中央批准成立的研究、编写、宣传中华人民共和国史的专门机构，对中华人民共和国经济史的研究起步较晚，对于研究对象和主线的把握仍在探索中。董志凯指出，国史学科中的经济史研究不同于纯粹的经济学视角下的经济史研究，前者可能更突出政治经济史和社会经济史，后者则更突出经济效益，对经济体制的研究也是围绕经济发展和经济效益展开的。④ 武国友认为，在写法上中华人民共和国经济史不同于党史，应有对新中国成立以来多个五年计划或规划的描述和展现，因为这是新中国经济发展历程中的重要事件，经济史与党史阶段划分的时间节点不同也与此相关。⑤

---

① 吴易风：《论政治经济学或经济学的研究对象》，《中国社会科学》1997 年第 2 期。

② 马克思：《〈资本论〉第一卷1867 年第一版序言》，《马克思恩格斯选集》第 2 卷，人民出版社 1995 年版，第 100 页。

③ 李义平：《马克思经济学与西方经济学的优势比较——基于比较经济学的分析》，《学术研究》2013 年第 1 期。

④ 董志凯在 2013 年 2 月 2 日中国社会科学院当代中国研究所第二研究室召开的"《中华人民共和国经济史》编写提纲研讨会"上的发言。

⑤ 武国友在 2013 年 2 月 2 日中国社会科学院当代中国研究所第二研究室召开的"《中华人民共和国经济史》编写提纲研讨会"上的发言。

萧国亮提出，在认识国史角度的经济史与党史的区别时，也要实事求是，突出领袖在经济发展中的重要作用是由我国实行民主集中制及全党服从中央、下级服从上级的体制等所决定的。① 笔者考虑，中华人民共和国国史研究体系中经济史的研究对象，要兼顾党史研究偏重经济决策过程、兼顾中央领导文献研究偏重人物的经济思想、兼顾经济学偏重国民经济运行与理论探讨，以政治经济史为主，同时纳入社会经济史、国民经济史的因素及其研究视角，并有机统一起来。具体讲，中华人民共和国国史研究体系中经济史的研究对象，以中国特色社会主义经济发展道路与总体布局的历史轨迹为主线，主要包括中央领导集体的经济思想、国家的经济决策、国家的经济方针、国家的经济发展战略、国家的经济体制和制度、国家的经济政策、国民经济运行与绩效等国家的经济生活，同时也纳入影响国家经济生活的因素如国家的政治生活、文化生活、社会生活、对外交往与合作及国际环境等。考虑到中国共产党是执政党，在研究国家的经济决策时，要以中国共产党的经济决策为重点，并研究中国共产党的经济决策与基层诉求的互动过程，从而全面和深刻地反映国家经济决策成因、形成过程、实施、绩效等。

三　深化经济史研究对象若干问题的探讨

经济史的研究，除记载历史外，还要解释历史，并有关怀现实的意识，从历史发展过程中总结经验和探讨规律。进入 21 世纪，经济史研究面临如何对中国特色社会主义经济发展道路的探索、形成、发展、完善及由此所实现的经济快速发展做出科学解释的新课题。西方经济学家运用产权理论、交易费用等理论观点解释了西方世界的兴起，然而，却难以对中国经济快速发展现象做出科学解释，将其视为"中国之谜"，乃至"悖论"。美国哈佛大学教授韦茨曼提出，按照西方主流经济学家设计的东欧和苏联各国的改革，伴随而来的是经济大萧条，而在他看来不那么正宗的中国改革却与高速经济增长并行。2002 年，英国剑桥大学经济学家彼得·诺兰认为，按照主流经济学的理论逻辑，中国不可能

---

① 萧国亮在 2013 年 2 月 2 日中国社会科学院当代中国研究所第二研究室召开的"《中华人民共和国经济史》编写提纲研讨会"上的发言。

获得目前的成就。但中国是在各种缺损的条件下获得了持续的经济增长。诺贝尔经济学奖获得者布坎南则用"看上去不合理，可是却管用"来解释"中国之谜"①。可见，在对中国经济快速发展的解释上，西方经济学陷入困境。科学解释中国特色社会主义经济发展道路探索、形成、发展、完善历程及实现经济快速发展的绩效，是否有另外的蹊径？笔者认为，经济史的研究应当也可以为解释中国经济发展道路及其显著绩效，并从中得出有理论和现实意义的结论作出一些贡献。从实现这一目标出发，还需要进一步从以下几个方面，深化对经济史研究对象的探讨。

按照唯物史观的要求，既看到西方经济学的进步，又要看到其缺陷和看清其实质，深化对经济史研究对象界定的立场和观点的认识。吴承明认为，新古典经济学研究短期经济现象，把国家、意识形态以及制度安排都视为已知的、既定的或外生变量，不予考虑，这是非历史的。诺斯改变这种观点，把它们都纳入经济史研究范围，完全正确。他提出以制度安排为核心，研究各时期的结构变革和经济组织的有效性，并审定其实际绩效，这是经济史方法论上一大启发，但在应用上不可胶柱。历史是复杂的、多元和多因素的，不能把制度安排作为唯一的原因。在诺斯的具体经济史，特别是古代史的著述中，常可见人口和移民、战争、技术以至黑死病等非制度因素的重大作用，而他的著作也命名为"结构与变革"而非"制度与变革"。再则，制度变革，如希克斯的《经济史理论》所说，常是经济发展的结果而不是它的原因。在国家理论上，吴承明以为不宜把国家与人民的关系作为利益交易关系，这只能解释部分经济现象。在意识形态问题上，诺斯的观点就更狭隘了。② 鉴此，隋福民指出，吴承明认为产权理论、交易成本、制度变迁等概念可用于中国经济史研究，但应注意具体的研究对象。③ 陈争平指出，吴承明认为新古典经济学和新制度经济学都有局限，至今仍"没有一个古今中外都通

---

① 中央电视台《国情备忘录》项目组：《国情备忘录》，万卷出版公司 2010 年版，第8—9 页。

② 吴承明：《经济史：历史观与方法论》，《中国经济史研究》2001 年第 3 期。

③ 隋福民：《创新与融合——美国新经济史革命及对中国的影响（1957—2004）》，天津古籍出版社 2009 年版，第 300—301 页。

用的经济学"①。许涤新更是明确地指出了不研究生产关系旨在掩盖私有制生产关系的矛盾。他分析说，西方经济史学者一般是重视生产力的，甚至专以生产力作为研究对象。例如有人（美国经济史学会主席Ralph W. Hidy）说，经济史是研究"人们过去如何从事生产、分配、劳动诸问题，又要用不同方法测定其上述活动的相对效率。"近年来兴起的发展经济学和经济成长理论，也都是研究生产力的。他们注意资源和劳动力的利用，注意科学技术的发展，以及用计量方法研究各时期的生产效率，这是可取的。然而，他们的研究是以资本主义生产关系作为永久存在为前提的，其目的是掩盖私有制生产关系的矛盾。把资本主义生产关系作为永久存在的前提，忽视生产关系的变化，在历史问题上也会得出荒谬的结论。西方研究中国经济史的学者，常常按照资本主义社会来处理中国近代经济，以至把封建地租看成利润，把我国的小农经营说成是"家庭资本主义"等；更不用说他们否定帝国主义侵略，否定殖民地经济的一面了。②《经济科学学科辞典》说，从 20 世纪 50 年代末期起，在西方，首先是在美国，出现了"经济史学革命"，产生了所谓"新经济史学"（New Economic History），这场"经济史学革命"主要是改变了对经济史的传统研究方法。由于研究方法的改变，也就导致结论的不同。新经济史学的主要特征是充分利用现代资产阶级经济理论来考察经济史，并广泛采用数量研究方法，特别是在"间接度量"和"反事实度量"方面，新经济史学所使用的统计方法也与过去不同。这种根据历史上的数字资料、用数量研究方法来解释历史的学科，就称为计量经济史学（Econometric History），或称为历史计量学（Cli-ometrics）。新经济史学的方法在克服经济理论学与经济史学的脱节方面，在提供量的概念方面，与传统方法比是一个进步。但它是用资产阶级经济理论作指导，又是单纯用数量计算方法，因此无法说明经济发展过程的本质，也谈不上揭示经济发展过程的规律性。③ 武力指出，西方经济学是服务于强势的西方国家的经济学，其中的一些假设没告诉你，甚至是故意不告诉你，如信奉市场这只看不见的手，讲自由贸易、比较优势，前提就

① 陈争平：《中国经济史探索 陈争平文集》，浙江大学出版社 2012 年版，第 220 页。

② 许涤新：《〈中国资本主义发展史〉总序》，《中国资本主义发展史》第 1 卷《中国资本主义的萌芽》，人民出版社 2003 年版，第 14—15 页。

③ 中南财经大学编：《经济科学学科辞典》，经济科学出版社 1987 年版，第 345 页。

是西方国家先行实现工业化而发展起来了，在自由贸易中处于强势地位。① 笔者认为，西方经济学尽管解释了西方世界的兴起，但由于以服务于垄断资本和西方发达国家为目的，主张私有制而以资本主义生产关系永久存在为前提，不从生产力与生产关系、经济基础与上层建筑的关系上探讨经济社会发展的矛盾和动力，以由此所形成的理论来解释中国经济的发展，显然会遇到困惑，西方经济学家提出"中国之谜"的问题也就成为必然。

按照唯物史观的要求，注重引入非经济因素和视角。吴承明认为，整体历史观应作为思想方法，即力戒孤立地看待经济问题，要考虑到非经济因素的作用，这也是历史唯物主义的要求。② 许涤新指出要把人纳入经济史的研究对象。他在《〈中国资本主义发展史〉总序》提出，写中国资本主义的发展史，没法不同资产阶级的代表性人物发生关系。马克思多次指出：商品、资本本来是在物的掩盖下的人的关系。从司马迁起，写人物就是中国史学的优良传统。但近代史学，尤其是经济史，似乎丢掉了这个优良传统；一个时期，甚至讳言人物，以免遭为资本家"树碑立传"之祸。我们打算改变一下风气。当然，我们不是为写人而写人，"这里涉及到的人，只是经济范畴的人格化"③。限于篇幅，只能是某个经济范畴的代表人物，又只能是少数几个经济范畴的代表人物。④ 陈争平指出，经济史研究要有"人"，可以说是吴承明、汪敬虞等前辈学者的一个重要治学理念。吴承明不主张用数量模型研究经济史，主要是因为数量模型里无"人"，看不见"人"的主观能动性；汪敬虞则深入到"人"的精神层面，曾专题研究近代中国人的产业革命精神。他认为，经济史要研究"人"，大致可包括研究"人物"、"人心和人文"（思想、文化等）、"人群"（包括企业、工商社团等）、"人

---

① 武力在 2013 年 3 月 7 日中国社会科学院经济研究所、当代中国研究所第二研究室、中南财经政法大学经济史研究中心、中国社会科学院中国现代经济史研究中心、中国经济史学会中国现代经济史专业委员会联合召开的 2013 年度中国现代经济史学科研究动态及前沿问题讨论会上的发言。

② 吴承明：《中国经济史研究的方法论问题》，《中国经济史研究》1992 年第 1 期。

③ 马克思：《资本论》第 1 卷，人民出版社 1975 年版，第 12 页。

④ 许涤新：《〈中国资本主义发展史〉总序》，《中国资本主义发展史》第 1 卷《中国资本主义的萌芽》，人民出版社 2003 年版，第 12—13 页。

口"、"人力"（包括劳动、人力资本）等方面。① 吴承明指出，非经济因素中最大的是政府和文化两项。就中国封建政府而论，它在促进经济稳定和发展上，效率要高于同时代的西方政府。在阻碍经济现代化中，中国政府也远大于西方。② D. 诺斯的新制度学派是以新古典经济学为基础的，但他注意到非经济因素，把国家论和意识形态引进经济史。这实际是中国史学传统，中国历史上是强政府，讲义利论，不过，诺斯说他是取法马克思。总之，学习年鉴学派和新制度学派给"我"很大启发。至少，经济史不能就经济论经济，要研究社会结构、制度、思想。③ 董志凯说，吴承明对经济史研究与历史研究方法作出全面剖析后指出，经济史研究有历史条件、经济运行、制度、社会与思想文化 5 个层次。④武力认为，经济史研究要放在一个更大的背景，考虑非经济因素，如对三线建设问题仅从经济视角是很难研究清楚的，需要综合考虑国际环境和国家安全等问题。⑤ 李伯重认为，近年来经济史学所遇到的问题，很大程度上是来自经济学自身出现的问题。只有解决这些问题，经济学才能更好的发展。而在此方面，经济史学可以大有可为，因为它能够从社会制度、文化习俗和心态上给经济学提供更广阔的视野。我国有长达两千年的"食货学"传统，这是我国的经济史学的本土源头。"食货学"对社会问题有强烈的关注，旨在从经济、社会乃至政治制度方面为治理国家提供历史的借鉴，其内容包括田制、物产、水利、户口、赋税、货币、财政、漕运、仓储、乡党（乡村社会组织）等各方面。这个世界上独一无二的学术资源，也使我国的经济史学能够在社会经济史方向的发展中走得更远。如果我们改进了经济史研究，那么就能够推进经济学的进步，而经济学的进步，对于改进经济史学的话语体系又至关重要。⑥

---

① 陈争平：《中国经济史探索 陈争平文集》，浙江大学出版社 2012 年版，第 223 页。

② 吴承明：《经济史：历史观与方法论》，《中国经济史研究》2001 年第 3 期。

③ 吴承明：《研究经济史的一些体会》，《近代史研究》2005 年第 3 期。

④ 董志凯：《洞晓与践行"包容"理念的睿智大师——缅怀吴承明先生》，《中国经济史研究》2012 年第 2 期。

⑤ 武力在 2013 年 3 月 7 日中国社会科学院经济研究所、当代中国研究所第二研究室、中南财经政法大学经济史研究中心、中国社会科学院中国现代经济史研究中心、中国经济史学会中国现代经济史专业委员会联合召开的 2013 年度中国现代经济史学科研究动态及前沿问题讨论会上的发言。

⑥ 李伯重：《中国经济史学的话语体系》，《中华读书报》2011 年 4 月 6 日第 13 版。

按照唯物史观的要求，把生产力与生产关系、经济基础与上层建筑关系作为不可或缺的研究对象，不断完善和发展经济史研究范式。《经济科学学科辞典》说，马克思、恩格斯把历史唯物主义作为研究经济史的指导原则，使经济史学成为一门科学，并为后来研究经济史的人奠定了正确的理论和科学的研究方法。[①] 李根蟠指出，在中国经济史学孕育和诞生时期，曾经面临各种各样的思潮和理论，但是没有一种理论能够像马克思主义的唯物史观那样对它的发展产生巨大而深远的影响。马克思主义唯物史观的本质所决定它十分重视经济史研究，同时又给这种研究提供最锐利的理论武器。中国经济史学的诞生适逢马克思主义广泛传播之时，应该说是中国经济史学之幸。马克思主义的传入不但推动了中国革命的发展，而且它关于生产力决定生产关系、经济基础决定上层建筑的理论也引导人们去关注社会经济状况及其发展的历史。[②] 孙圣民、徐晓曼认为，马克思主义史学较早运用其"生产力和生产关系、经济基础和上层建筑"互动的制度变迁框架，研究人类社会的经济和社会发展史，这种研究范式一直深刻影响着中国的经济史研究。[③] 林岗认为，在《资本论》的宏大的理论体系的展开过程中，历史唯物主义的世界观这个根本的方法论原则，具体化为经济学分析的一系列规范：（1）从生产力与生产关系的矛盾运动中解释社会经济制度变迁；（2）以生产资料所有制为基础确定整个社会经济制度的性质；（3）在历史形成的社会经济结构的整体制约中分析人的经济行为；（4）依据经济关系来理解政治和法律的制度以及道德规范。[④] 李义平指出，马克思研究资本主义生产方式以及与之相适应的生产关系和交换关系，旨在揭示更深层次的问题。一是通过物的关系揭示人与人之间的关系。二是揭示社会的经济运行规律。[⑤] 董志凯在《读赵德馨主编的〈中华人民共和国经济史〉》中指出，按照马克思主义政治经济学的理论指导，经济史研究要从生产

① 中南财经大学编：《经济科学学科辞典》，经济科学出版社 1987 年版，第 345 页。

② 李根蟠：《唯物史观与中国经济史学的形成》，《河北学刊》2002 年第 3 期。

③ 孙圣民、徐晓曼：《经济史中制度变迁研究三种范式的比较分析》，《文史哲》2008 年第 5 期。

④ 林岗：《论〈资本论〉的研究对象、方法和分析范式》，《当代经济研究》2012 年第 6 期。

⑤ 李义平：《马克思经济学与西方经济学的优势比较——基于比较经济学的分析》，《学术研究》2013 年第 1 期。

力和生产关系、经济基础和上层建筑的关系中去探索规律。中华人民共和国经济史的研究无疑要遵循这一总的指导原则。[①] 笔者认为，对中华人民共和国经济史的研究，应当坚持唯物史观，运用马克思关于剩余价值理论和所揭示的生产力与生产关系、经济基础与上层建筑关系的社会发展规律，同时应用西方经济学的一些研究方法，从经济史视角深化对中国特色社会主义经济发展道路实践探索的研究，才有可能科学解释"中国之谜"，才能更好地服务于当今乃至未来中国经济的发展。在坚持和发展这一经济史研究范式的进程中，所遇到的困难一定会很大，但这不是停止探讨的理由，而应当成为不懈探讨的动力。

（作者单位：中国社会科学院当代中国研究所）

---

① 董志凯：《读赵德馨主编的〈中华人民共和国经济史〉》，《中共党史研究》1991 年第 5 期。

论新时期的义和团运动研究

张剑平

新时期以来，义和团运动研究在原来的基础上有了很大的发展，取得了丰硕的成果。这主要表现在关于义和团的评价问题展开了深入的讨论，研究领域进一步扩大，研究进一步深入。30余年来的研究可以分为三个阶段：1979年至1989年，是全面展开和逐步走向深入的阶段；1990年至2000年，是进一步深入和研究领域进一步扩大的阶段；新世纪以来，在研究稳步开展、重大研究成果诞生的同时，关于义和团运动评价的分歧意见，引起了社会各界和史学家的广泛关注。对新时期义和团运动研究进一步总结和反思，有助于促进研究工作的健康发展。

一 关于义和团运动评价问题的争论

新中国成立之后，义和团运动研究受到高度重视。范文澜、翦伯赞、华岗、胡绳等著名马克思主义史学家都在自己的论著中对义和团运动予以论述。在纪念义和团运动爆发50周年和60周年之际，史学界召开学术会议，发表了不少纪念和研究文章。这一时期，翦伯赞主编的《义和团运动》大型资料集、国家档案局明清档案馆整理的《义和团档案史料》等相继出版；北京、天津、山东、河北、山西、四川等地的史学工作者，也就义和团运动展开广泛的社会调查，获得了一批极为珍贵的口述和文物资料。党的十一届三中全会的召开，解放思想和实事求是的观念逐步深入人心，这也影响到历史学界。在纠正"文革"时期对义和团运动肆意拔高的极"左"思潮的同时，关于义和团运动的性质和评价问题，引起了史学界的热烈讨论，这极大地推动了研究的深入。

1979 年，史学家李侃、左步青、张玉田、王致中等发表文章，提出了义和团运动评价存在着过分拔高的问题，引起了学术界对义和团运动讨论的热潮。左步青等指出：义和团运动确实未能触动封建制度一根毫毛，"义和团的这种笼统排外主义，正是表现了农民的保守、落后的方面，这恰恰是义和团和封建顽固派之间发生共鸣，并接受顽固派的影响和利用的一个思想基础"。① 张玉田认为，义和团运动值得肯定的在于它具有反强暴、反压迫的民主和群众的性质，同时，应该接受义和团运动具有笼统排外主义的历史教训。义和团的笼统排外表现在它看不出帝国主义内部和外部各种矛盾，看不出帝国主义联合中国封建势力压榨中国人民的实质。② 李侃的文章主要论述了义和团是不是要推翻清朝的封建统治、义和团的"灭洋"和"反孔"问题。他指出："说义和团要推翻清朝封建统治，是不符合历史实际的。评价一次人民反帝运动的性质和作用，应该根据斗争的实践去进行具体分析。离开当时的历史条件和历史实际，人为地去'拔高'或'贬低'，都不是实事求是的科学态度。""我们把义和团的'灭洋'这个口号和行动，放在当时的具体历史条件下，进行实事求是的分析，就不难看出，它既是帝国主义与中华民族之间的矛盾激烈化的产物，具有明显的革命性和巨大的积极作用，但同时它又是中国人民对帝国主义的认识还停留在感性认识阶段的产物，表现为笼统的排外主义，而不是科学的革命口号，因而它又不可避免地具有落后的一面。"③ 在《关于义和团运动评价问题》一文中，李侃指出："义和团诚然是强烈反对帝国主义的，但是这种反对并不是建立在对帝国主义理性认识上的自觉行动。'灭洋'绝不等于'打倒帝国主义'这个科学的革命的口号。这个'洋'字，在义和团那里是一个含义不清的概念。""对义和团的'灭洋'，不加分析的一味颂扬，非但无助于实事求是的评价义和团运动，而且会造成事实和思想理论上的混乱。说义和团反对封建主义，甚至要推翻清朝的封建统治，那更是缺乏事实根据的臆断。""义和团运动有它不容抹杀的历史功绩，也有它不

① 本文为作者主持的河北省社科基金课题"唯物史观与中国近代史学的发展研究"的阶段性成果，课题编号：HB2011QR35。左步青、章鸣九：《评戚本禹的爱国主义还是卖国主义》，《历史研究》1979 年第 12 期。

② 张玉田：《应当全面看待义和团运动》，《辽宁大学学报》1979 年第 1 期。

③ 李侃：《义和团运动研究中的几个问题》，《历史教学》1979 年第 2 期。

可讳言的严重弱点和缺陷；有它的时代光辉，也有它自身的污垢。这些应该进行实事求是的分析和探讨，加以科学的研究和总结，而不能以一个简单的肯定和否定就算了事。"① 王致中指出义和团运动不可避免地带有浓重的封建愚昧主义色彩。他说："义和团运动不能持久，终归失败，封建迷信造成的蒙昧主义，无疑是一个重要原因。但是，为了避'污蔑革命群众运动'之嫌，这个问题的研究实际上早已成为禁区。"关于义和团的笼统排外，王致中说："无疑，义和团的笼统排外同它的反帝斗争是紧密联系在一起的。但是在反帝斗争中把斗争扩大到对'外洋'事物一律加以排斥，那就是一种落后的表现，是并不符合中国人民的根本利益的。这种笼统排外，是一种历史的惰性力量，是封建蒙昧主义在义和团运动中的一个突出表现。"作者进一步指出："把义和团反光绪，反'贪官'看做就是反封建，这在一般人实在是一种误解，而在戚本禹则是要煽动无知的青少年起来打倒主张现代化、主张学习外国先进科学技术的'走资派'。"②

如何正确认识和评价义和团运动的历史局限性，是一个极其重要的问题。1980 年纪念义和团运动 80 周年学术研讨会，极大地推动了对义和团运动的深入探讨。有些学者对义和团运动的过分指责，也引发了学者的热烈讨论。孙祚民着重论述了关于义和团的"奉旨造反"问题、"历史的惰性力量"问题，以及义和团的杀教士、教民和所谓的滥杀无辜的问题。关于义和团的笼统排外，他指出："对义和团的笼统排外，就不能看成一般的基于愚昧落后而产生的对新生产方式的排斥，而是由于帝国主义与中华民族矛盾尖锐化激发起来的正义反抗。""我们的看法与'蒙昧'不同：义和团的笼统排外，虽然属于一种落后的表现，但却有着强烈的反帝爱国性质。""至于'株连无辜'以及封建蒙昧等等，虽是确凿存在的事实，但同前者比较起来，究竟非主要的方面；它只说明义和团有严重缺陷，却不影响这一运动的革命性质，更不能以此判定它是'破坏力量'。"③ 陈振江论述了义和团是否反对清朝的封建统治、"扶清灭洋"口号是不是策略、义和团是否反对新生产方式三个方

---

① 李侃：《关于义和团运动评价问题》，《人民日报》1980 年 4 月 10 日。
② 王致中：《封建蒙昧与义和团运动》，《历史研究》1980 年第 1 期。
③ 孙祚民：《关于义和团的奉旨造反及其他》，《历史研究》1981 年第 1 期。

面的重要问题。他明确指出："义和团在反帝斗争的同时，和封建势力的矛盾还是很尖锐的。只是由于民族危机空前严重，从而反封建斗争居于次要地位罢了。因此，决不能因为义和团没有突出反封建斗争而从根本上否定它具有反对封建的性质。"他认为，"扶清灭洋"的口号是义和团为实现其"杀洋灭教"的政治目的而采取的斗争手段，这一口号在实际斗争中也确曾起到了策略的积极作用。关于义和团的拆铁路等行为，作者指出："尽管义和团焚砸铁路、电杆及洋货的行为带有盲目性、落后性和扩大化等严重缺点，但其主流和本质却是反帝斗争的表现，是反帝斗争的必要手段。""义和团把焚铁路、砍电杆同反侵略、反瓜分和反洋教摆在同等的地位，是有其深刻的社会根源的，是打击侵略者的需要，具有鲜明的反抗侵略的正义性。""但是，义和团极力扩大焚毁的范围，甚至殃及洋钉、洋书与洋学堂等等，则是他们盲目与偏激的行动。这种极端盲动的排外行为，却大大损害了他们的正义事业。义和团这些严重的缺点和错误，恰是他们笼统排外、狭隘复仇和农民小生产者闭塞、落后的表现，并为后人留下了深痛的教训。"[①] 朱东安、张海鹏等专文探讨了义和团的排外主义，他们强调："义和团的排外主义，实质上是农民阶级有历史局限性的民族革命思想，也是中国人民反抗帝国主义侵略的原始形式。它反映了中国人民反帝斗争初期的共同特点，义和团运动不过是它的典型代表和集中表现。因之，对义和团的排外主义，不应采取简单回避或全盘否定的态度，而是需要依据马克思主义的基本原理进行科学的阶级分析和历史的考察，对它作出合情合理的解释。"[②]

20世纪80年代初，广大史学工作者就义和团是否排外、是否封建蒙昧主义、是否具有反封建性等若干重要问题，特别是关于义和团的"笼统排外"和充满迷信的斗争手段等历史局限性问题的深入探讨，标志着拨乱反正之后，广大史学家告别了长期以来对于义和团运动片面的颂扬和拔高的非历史主义态度，本着实事求是的科学态度进一步开展科学研究，对义和团历史局限性的讨论，对于准确评价这场轰轰烈烈的运

---

① 陈振江：《义和团几个问题的辨析》，《历史研究》1981年第1期。

② 朱东安、张海鹏、刘建一：《应当如何看待义和团的排外主义》，《近代史研究》1981年第2期。

动具有重要的学术价值，这反映了义和团运动研究由原来的一般论述开始走向深入讨论的阶段。当然，意见分歧仍然在持续，否定义和团运动的看法依然存在。如著名近代史专家李时岳，1989 年发表文章，他认为，义和团的反洋教，事出有因，但不宜歌颂。群众的偏激情绪是可以理解的，不必苛责，但也不宜歌颂。"'扶清灭洋'，集中体现了义和团的封建大一统思想。'灭洋'不等于反帝，何况义和团把'洋'扩大到无边无际的程度。""群众反侵略、反欺凌的热情被引向盲目排外、非理性的暴烈行动，甚至成为野心家篡位夺权的工具，难道值得一味颂扬吗？""过分夸大义和团的战绩，实际上是和迷信'神力'的官员宣扬关圣帝君如何显灵之类没有什么实质性的区别的。""义和团运动彻底粉碎了帝国主义瓜分中国的阴谋，这种说法显然是悖于实际的。"① 虽然，关于义和团运动的评价在认识上还有分歧意见，但指出过去研究中存在过分拔高的倾向，进一步揭示出义和团运动的历史局限性，这无疑有助于科学评价和正确认识义和团运动。

二 义和团运动研究进一步走向深入

从 20 世纪 80 年代到 2000 年，在中国史学会和义和团研究会的大力推动下，经过广大史学工作者的不懈努力，义和团运动研究取得了丰硕的成果。下面分 20 世纪 80 年代和 90 年代两个阶段，分别予以论述。

1979 年至 1989 年，义和团研究在新中国成立之初的 17 年的基础上有了显著的发展。这主要表现在以下几个方面：首先，对于义和团运动的评价及其历史局限性展开热烈讨论，与此同时，对于义和团的组织源流、政治口号、清政府与义和团的关系、帝国主义的武装侵略与义和团的历史作用等问题予以探讨。1982 年出版的《义和团运动史研究论文选》，收录了 20 世纪 80 年代初的 20 余篇重要论文。由齐鲁书社 1982年出版的《义和团运动史讨论文集》，收录研究论文 30 余篇。1982 年出版的由徐绪典主编《义和团运动史研究论丛》，收录山东大学义和团研究论文 13 篇。1984 年，义和团运动研究会编辑出版了《义和团运动史论文集》，收录了新中国成立初到 20 世纪 80 年代初，从翦伯赞以来

---

① 李时岳：《义和团运动再认识》，《广东社会科学》1989 年第 1 期。

中国史学家研究义和团的重要论文 30 余篇。义和团研究专家路遥在《义和团研究述评》、陈振江在《义和团运动研究一百年》等文中，对 1980 年代初的研究和讨论的情况已有详细总结，这里不再述说。① 其次，义和团研究工作全面展开。由廖一中、李德征、张旋如等编著的《义和团运动史》，于 1981 年由人民出版社出版，这标志着新中国有了较大分量的义和团研究专著。这部 37 万余字的著作，论述了义和团运动兴起的原因、源流和组织、成员，义和团运动在山东的兴起、在直隶的斗争、在北京和天津的发展，以及帝国主义联合反动侵华战争、清政府的宣战和"东南互保"的出现、反帝怒潮遍及全国以及义和团运动的最后失败、《辛丑条约》的签订和人民英勇不屈的反抗斗争。1986 年，由李文海、林敦奎、林克光编著的《义和团运动史事要录》由齐鲁书社出版，该书以编年体的形式，按年月日详实地记录了 1896—1901 年有关义和团运动的重要历史事件，为义和团运动研究打下了坚实的史实基础。这一时期，义和团文献资料整理工作，在 1950—1960 年代的基础上有了新的进展。1980 年，中国社会科学院近代史研究所编辑出版了近 70 万字的档案资料集《山东义和团案卷》，对于山东义和团运动在各府州县的详细情况以及袁世凯镇压义和团运动提供了重要的资料，补充了以前资料的缺失，进一步推动了区域研究走向深入。1985 年，义和团研究专家陈振江、程啸出版了《义和团文献辑注与研究》，该书上编对义和团的揭帖、告白、书信、碑文、坛谕、乩语、诗歌、咒语、旗书等予以集注，下编对义和团的文献予以分门别类的研究，从中探寻义和团的阶级结构、信仰风俗、反帝斗争的功过得失、对清王朝的认识和态度，本书对于正确认识和评价义和团运动和进一步开展研究，都具有重要的学术价值。在深入研究的基础上，1988 年，路遥、程啸的《义和团运动史研究》由齐鲁书社出版，这标志着义和团运动的进一步深入。再次，在史学研究新方法受到学术界普遍重视的背景下，一些学者运用新方法，从新的角度对义和团运动进行探讨，某种程度上反映了义和团研究的新动向。正如学者所言："80 年代中期以后，随着学术重心的转向，义和团运动研究出现了新的趋势。一方面，义和团运动

---

① 义和团运动研究会编：《义和团运动史论文选》，中华书局 1984 年版，第 517—544 页；中国义和团研究会编：《义和团研究一百年》，齐鲁书社 2000 年版，第 11—17 页。

本身研究在国内逐渐受到冷淡，不再成为学术界关注的热点。另一方面，义和团的性质和作用一类研究也失去了它的中心地位……一些更具学术性的课题，如义和团的起源、思想的研究，义和团与近代中国社会的研究以及清政府在义和团中的作用的研究，逐渐成为义和团研究的主要内容。"① 1986 年在天津召开的"全国义和团运动史学术讨论会"，反映出义和团运动研究的新趋势。陈振江指出："1986 年天津会议前后发表的论著以及这次会议所讨论的重点，大都围绕义和团运动与近代中国社会的主题而立论，体现了探讨新问题和开拓新领域的研究特色。主要表现在两个方面：一是研究者较广泛地注重对义和团运动时期的中国社会进行多层次的探讨，而不是局限于论列这场运动的具体情节。二是在研究方法上初步运用了区域研究、比较研究、结构分析，以及运用社会心理学的理论与方法研究下层社会与群体意识等等。"② 1987 年，由四川人民出版社出版的《义和团与近代中国社会》论文集，集中反映了这方面的研究成果。如收入该文集的论文，程歂的《直鲁豫社会结构变动与义和团运动》一文，从新旧社会生产力及就业结构的变化以及旧的文化结构等方面，探寻义和团运动失败的原因。李文海、刘仰东的论文《义和团时期社会心理分析》一文，利用社会心理学的理论，分析探讨"从众心理"、"逆反心理"对义和团成员、义和团运动的发展和斗争目标的多方面的影响。

20 世纪 90 年代的义和团运动研究在前期的基础上进一步发展，有了新的收获。学术研讨会是推动研究的重要手段。义和团运动 90 周年和 100 周年，中国史学会与中国义和团研究会在山东召开义和团运动国际学术研讨会，这两次会议皆有百余位中外学者参加。1990 年会议，主要围绕义和团的社会文化背景、义和团与秘密结社、义和团的评价问题展开讨论，1992 年出版的《义和团与中国近代社会国际学术研讨会论文集》，反映了这方面的主要成果。2000 年会议集中在义和团运动的评价、义和团运动与近代社会文化、清政府与义和团运动的关系、义和团运动与教会和教案等方面问题的探讨，2002 年出版了《义和团 100周年国际研讨会论文集》。此外，1991 年 6 月，学者聚集河北廊坊，就

---

① 刘天路、苏位智：《50 年来义和团研究述评》，《文史哲》2003 年第 6 期。

② 中国义和团研究会编：《义和团研究一百年》，齐鲁书社 2000 年版，第 17—18 页。

"义和团廊坊大捷"召开专题研讨会，就"廊坊大捷"及其相关问题、义和团运动与中国近代化、直隶义和团运动等问题展开讨论。1992 年出版的由王广远编辑的《义和团廊坊大捷》收录了这次会议的 38 篇论文及有关重要史料。1996 年 10 月，中国义和团研究会与河北大学等单位召开"义和团运动与华北社会及直隶总督"学术研讨会，学者们就义和团与华北社会、义和团与民教冲突问题、八国联军侵华问题、保定义和团以及景廷宾的反洋教斗争等问题予以探讨，这标志着学者对义和团与中国近代社会研究的进一步深化。1997 年，出版了由黎仁凯等学者编辑的《义和团运动华北社会直隶总督》论文集，关于义和团运动研究的论文有 25 篇。1999 年 9 月，义和团运动研究专家聚集山东平原县，就平原起义做了广泛深入的研讨，2000 年出版了《义和团平原起义 100 周年学术研讨会论文集》，收录相关论文 30 余篇。2000 年，由中国义和团运动研究会编辑出版了《义和团研究一百年》，义和团运动研究众多名家对于 20 世纪的义和团运动研究予以系统总结，除了总论之外，还包括义和团运动的起源、发展过程研究，义和团与近代社会研究，义和团思想意识与社会心态研究，义和团与清政府及其他派别关系研究，义和团时期的中外关系以及列强的军事侵略研究，新中国成立以来的反教会斗争研究，义和团运动的资料概述，台湾对义和团运动的研究，以及分别由外国学者撰著的西方、日本、俄苏学者对义和团运动的研究。著作的第二部分，百年论著目录，分门别类地收录了中文、英文、德文、法文、意大利文、俄文、日文、韩文等文字的论著目录。《义和团运动一百年》，可谓百年义和团运动研究大全，展示出新时期中国学者广阔的学术视野，标志着中国义和团运动研究进入到一个新的阶段。

20 世纪 90 年代，许多学者专注于义和团运动研究，推出了一批新的研究成果。新中国成立后，山东大学多位学者专注于义和团运动的研究，路遥、苏位智、刘天路等三代学者为推动义和团运动史的研究做出了突出的贡献。路遥教授从 60 年代从事义和团运动的历史资料的调查工作和研究，新时期在义和团运动研究方面做出了重大贡献。除了推动山东和全国的义和团运动研究之外，他致力于义和团运动的历史资料调查和整理工作，对义和团运动的起源、秘密社会的研究做出了重要成绩。他发表义和团运动研究论文数十篇，出版了《义和团运动研究》

（齐鲁书社 1988 年版）、《义和拳运动起源探索》（山东大学出版社 1990 年版）、《山东民间秘密教门》（当代中国出版社 2000 年版）和《山东大学义和团调查资料汇编》上、下册（山东大学出版社 2000 年版）等在国内外具有重要影响的著作。北京大学林国华教授从 70 年代中期致力于义和团运动的研究，1993 年出版了《义和团史事考》，作者立足于义和团史事的考证，详实地论述了义和团的兴起、历史原因与社会原因，它的组织方式和活动特点，庚子战前义和团运动发展中的若干问题，有关八国联军的若干问题，以及关于义和团的评价问题。该书得到了专家的高度评价，如路遥指出："以帝国主义侵略者、清政府和义和团三种势力之间错综关系作为主轴展开描述，拨开其迷雾，把握其实质，还原其真相。……经作者精湛的分析，既有宏论，又有考订，基本上都澄清了。这是该书最主要的贡献所在。"程啸说："《真相》的作者以足够的理论勇气和历史责任感，展现了自己多年的研究心得，基本上澄清了纷乱如麻的一系列史实。"[1] 河北大学黎仁凯教授，从 1992 年到 2006 年去世时，发表义和团运动研究重要论文 11 篇，涉及义和团运动的现象、文化、发展阶段、高潮的标志，义和团时期的统治阶级各派的心态分析、中外关系等方面。黎仁凯教授致力于义和团运动研究薄弱的直隶地区，探讨了直隶与山东义和团的关系、义和团时期直隶的地方官员、冀中义和团与清廷的决策、联庄会与景廷宾起义，并对如何进一步推动直隶义和团研究提出了若干重要的意见和建议。他积极推动河北省的义和团研究，先后主持 1996 年的"义和团与华北社会"、2002 年的"景廷宾起义一百周年"等重要学术研讨会，并主编和出版了会议论文集。黎仁凯教授还主持完成了义和团研究国家社科基金课题，2001 年河北教育出版社出版了他主编的《直隶义和团运动与社会心态》、《直隶义和团调查资料选编》等重要著作。关于黎仁凯教授的义和团研究特色，正如戴逸先生所言："仁凯从事学术研究不仅仅停留在书本资料中，而且非常注重实地调查、考证。在对义和团的研究中，他经常深入到河北各地农村、田间、庙宇和教堂，寻找县志、档案、文物、教会资料、

---

① 林国华：《历史的真相——义和团运动的史实及其真相再认识》，天津古籍出版社 2002 年版，第 17、6 页。

录音等第一手资料，整理资料汇编，提出全新的解读，为学界所
关注。"①

20 世纪 90 年代之后，随着中外学术交流的进一步加强，港台以及
外国学者的义和团运动研究的成果，也受到了中国学术界的高度重视。
1990 年义和团国际学术讨论会，参加会议的 27 位外国学者分别来自美
国、日本、德国、澳大利亚、匈牙利、波兰、韩国。2000 年的会议，
来自中国香港、台湾的学者 6 人，来自日本、美国、德国、韩国、法
国、英国、澳大利亚以及以色列的学者 22 人。针对美国学者柯文、德
国学者余凯思认为义和团运动是一场宗教冲突和战争的观点，学者们展
开了热烈的讨论。② 通过这些学术交流，日本学者佐藤公彦、俄国学者
博克沙宁、德国学者狄德满、韩国金希教等成为中国学者熟知的义和团
研究专家；美国学者周锡瑞的《义和团运动的起源》、柯文的《历史三
调——作为事件、经历和神话的义和团》等论著，也成为中国学者感兴
趣的义和团研究著作。

三　新世纪关于义和团运动评价的再争论

进入新世纪之后，中国大陆的义和团运动研究专家为进一步推动研
究仍在坚持不懈的努力，在这方面，山东、河北的学者为义和团运动的
研究做出了突出的贡献。其中，山东大学路遥教授主编的 5 卷 8 册的大
型资料集《义和团文献资料汇编》（山东大学出版社 2012 年版），为义
和团运动研究增添了亮丽的色彩。其中：中文卷 2 册，英、日译文卷各
2 册，法、德译文卷各 1 册，每册 70 余万字，共计约 550 万字。本书编
选的文献在西方具有重要影响，过去未曾翻译，弥足珍贵，具有重要的
学术价值。港台和欧美的义和团运动研究也呈活跃的态势，2004 年香
港、台湾分别举行了"义和团与基督宗教国际学术研讨会"。2001 年 6
月在英国伦敦举行了"义和团、中国与世界"、2009 年 7 月德国举办了
"义和团战争及其传媒"国际研讨会。2010 年，在山东大学召开的纪念

①　黎仁凯：《黎仁凯文集》，河北大学出版社 2011 年版，第 2 页。
②　中国史学会秘书处编：《中国史学会五十年》，海燕出版社 2004 年版，第 339—353
页。

义和团运动 110 周年国际学术研讨会,是新世纪义和团运动研究的重要会议。新世纪义和团运动研究的一个重要特点,在于有些学者力图以国际视野、运用教会资料对义和团运动进行广泛深入的探讨,这方面的重要著作有相蓝欣的《义和团战争的起源:跨国研究》(华东师范大学出版社 2003 年版),本书是作者在广泛搜集并掌握中、英、法、意、日、俄等各国珍藏的教会档案文献,包括大量的私人信件与手稿的资料基础上写成的,受到了义和团研究专家的高度评价。姚斌的博士论文《拳民形象在美国——义和团运动的跨国影响》(世界知识出版社 2010 年版),对于中国学者进一步了解美国人眼中的义和拳形象,加强中美学术文化的交流,具有一定的学术价值和现实意义。在看到新世纪义和团运动研究的成绩的同时,也不可忽视存在的突出问题,这主要表现在对于义和团运动的认识和评价出现的反复,一些人重新提出义和团的愚昧、落后、野蛮,否定它的反帝反封建的积极作用。

新世纪以来,一些学者对于义和团运动持鲜明的全盘否定的态度。2003 年,旅美女作家北明的《重评义和团》系列文章开始在互联网传播,关于义和团运动,作者论述了六个方面的基本观点:拳匪祸乱是当时中国各界共识,义和团愚昧无以复加;义和团阻扰改革,造成血溅清廷,它是红卫兵的前身;义和团运动导致京城"尸积如丘,血流成河"、"数百年精华一炬成空";义和团是对中国现代器物的反动,拳乱导致了清末巨大的经济损失。[1] 中山大学袁伟时教授针对中学历史教科书发表文章,重提"义和团运动是爱国壮举还是有悖于文明的行为"的老问题。他指出:教科书没有只字提及义和团敌视现代文明和盲目排斥外国人以及外来文化的极端愚昧的行为,也没有谴责清政府高级官员及义和团乱杀无辜,烧杀抢掠的野蛮、残忍的罪行。令人无法理解的是它对慈禧的专制淫威惹来滔天大祸竟只字不提!教科书对一些史料的运用也很不严肃。义和团烧杀抢掠、敌视和肆意摧毁现代文明在前,八国联军进军在后,这个次序是历史事实,无法也不应修改。义和团,对内,它是与社会前进方向背道而驰的反动事件。对外,乱杀洋人不但是反人道、反文明的罪行,也是极端愚蠢危害中国自身利益的暴行。20

---

[1] 北明:《重评义和团运动》,http://club.kdnet.net/dispbbs.asp?id=375367&boardid=1。

世纪中国人干了不少"无法无天"的事，义和团事件是其中的典型。在另一篇文章中，他说：反封建的核心是保障公民的信仰自由、言论自由、财产自由、人身自由等公民权利。义和团恰恰是践踏这些自由的暴徒。义和团是最腐朽的封建统治者的工具，义和团事件展现了封建专制制度的罪恶，义和团的作为与反封建的要求背道而驰。由此可见，义和团和义和团事件是封建专制的典型，把它与"反封建"联系起来，是对"反封建"的亵渎。除了与义和团无关的山东高密人民与德国侵略者因修路引发的斗争外，是义和团主动烧教堂、抢掠、杀害传教士和教民（中国信徒）惹来大祸。总的说来，帝国主义是近代中国的压迫者，但在义和团事件这一具体事件中，帝国主义大体上没有惹我们，而是义和团"杀人放火"导致外敌入侵。中国人应该有勇气谴责这些暴行，把它视为国耻，掩盖甚至为这些暴行辩护对中国和中国人告别前现代、实现现代化无所助益。① 中国社会科学院近代史所研究员侯宜杰就义和团运动连续发表文章，他指出：义和团的英勇，来自上法吞符，喝下了兴奋药，处于神志不清的癫狂状态，身不由己的冒着枪林弹雨向前冲去。天津的团民首领遇敌作战，任意推诿、畏敌如虎，天津沦陷之后，义和团吓得胆战心惊，魂飞魄散，再也不敢上前线"灭洋"。义和团所从事的贯彻始终的"灭洋"活动并非反对帝国主义，而是打洋教。义和团的头目们就是以"发洋财"诱惑煽动团民跟着他们行动的。最著名的张德成也最贪婪，曹福田也参与抢掠了天津各洋行和恒庆钱局。如果说烧杀抢掠无辜的教民还打着"灭洋"的幌子，实际干的是盗匪勾当，那么，烧杀抢掠无辜的平民、回民和官署官员则是赤裸裸的强盗行径了。只看"灭洋"口号，不去正视或故意回避大肆烧杀抢掠这一最基本的事实，自然看不到义和团的真相和本质。被烧杀抢掠的平民并非帝国主义的走狗，绝大多数教民皆为安分守己的良民。"认定义和团运动是反帝爱国运动，遵循的是这样一个逻辑推理：列强是侵略者，传教士吸收的教民都是'洋奴'、'帝国主义侵略势力'。反过来，烧杀抢掠教民，就等于反侵略、反帝。这个逻辑不是根据大量的审查过的历史资

---

① 袁伟时：《现代化与历史教科书》，《中国青年报》2006 年 1 月 11 日；袁伟时：《为何、何时、如何"反帝反封建"？——答〈反帝反封建是近代中国历史的主题〉》，http://www.docin.com/p-319961420.html。

料得出的正确抽象，而是将个别或少数例子视为普遍现象，以偏概全，得出的错误抽象。"① 在对义和团运动全面否定的同时，也有学者对义和团的行为予以嘲讽。如中国人民大学张鸣教授撰文说：义和团发生的年景，朝野上下，一片迷信气氛。当时的义和团，就有用戏法来蒙人的，连西太后特意派来查看真假的大臣都给蒙在鼓里。甚至八国联军打进来，尸横遍野，也有硬撑着的，认为自己可以挡住枪子。刀枪不入是不可能的，神灵附体是骗人的。那么，团民们视死如归的奥秘到底在哪里？奥秘就在"兴奋药"三个字。兴奋药含有使人兴奋的和暂时迷失本性的成分，团民的"英雄气概"就来自这里。②

　　新时期以来，在中国强调学习西方先进的科学技术，强调和平建设的大环境下，对于历史事件的审视，也深深地打上了新时代的烙印。在纠正原来将一部丰富多彩的中国近代史仅仅概括为反帝反封建斗争的历史的时代局限性的同时，有些学者从近代化的角度审视中国近代的历史，这有助于研究的深入，但有些学者走向另一个极端，大肆污蔑中国近代的反帝反封建斗争，宣扬"告别革命"，大肆抬高和颂扬中国近代史上的改良，从 20 世纪 80 年代以来，对义和团运动的评价出现的反复，一方面是研究走向深入的必然，同时在很大程度上也受到社会现实的影响。对于新世纪一些学者对义和团运动的全面否定的倾向，也有学者予以辩驳。针对袁伟时教授的文章，多位学者予以争辩。史学爱好者网友子乔针对袁伟时和北明对义和团的评价，发表撰文《矫枉岂能过正》，详实地考证了义和团的相关史实，他指出：义和团开始广泛宣传拆毁铁路、电杆，正是在列强以战争胁迫清政府镇压义和团的时候，而采取大规模实际行动，则正是在清政府镇压期间以及八国联军战争期间。袁伟时先生不提那些铁路被毁前清政府以之运兵镇压义和团的史实，不提列强及其中国帮凶在修路时对沿线居民的巨大伤害，如强购土地、擅掘坟墓、拆毁民房、糟蹋农田、破坏水系、拖欠补偿、调戏妇女、滥杀无辜等，更不提由此引发的义和团运动时期拆毁铁路的肇始"高密反筑路运动"，而只顾指责义和团

----

① 侯宜杰：《义和团的战场表现：从无畏到怯懦》，《炎黄春秋》2012 年第 2 期；侯宜杰：《义和团：在"灭洋"的旗帜下》，《炎黄春秋》2012 年第 5 期。

② 张鸣：《弄不好，自己被自己忽悠了》，《时代教育》2008 年第 7 期；张鸣：《义和团·兴奋药》，《周末报》2012 年 2 月 16 日。

"敌视现代文明"，这属于严重的隐匿行为，已经对读者产生了误导。关于北明的文章，子乔认为，只知其二不知其一或只顾其二隐匿其一的正是北明女士本人，这些说法的主要错误是：颠倒了八国联军入侵和使馆被围攻的时间顺序，隐匿了外国使馆人员率先违反国际法的事实；歪曲了清政府（慈禧）对义和团的政策，隐匿了清政府镇压义和团的事实；把义和团在北京郊区甚至周边的破坏和 6 月 12 日开始的在内城的破坏混为一谈，以突出使馆受到的威胁，为列强出兵找理由；6 月 20 日开始的对使馆的大规模围攻，其基本力量是清军，而不是义和团。① 针对侯宜杰先生的文章，上海师范大学周育民教授予以商榷，他主要论述为什么千千万万的分散小农会群起"打抢"教民、"扶清灭洋"口号起于何时，以及如何正确认识义和团运动中的消极面。他说："济宁州、嘉祥县因奉命复查，所以揭示了教民长达二三十年欺凌勒罚平民钱财的实情；是导致平民习拳抗教、普遍索退罚款的主要原因。我们不能否认在这索退赔款的运动中，的确存在着一些打砸抢的情况，但从打击的主要对象是教民和教堂看，不能否认这场运动的基本性质和主流，即由于在洋教支持下数十年来教民对于平民的欺压引发了这场千千万万农民参加了这场规模空前的反洋教运动。""我们肯定义和团运动的反帝性质，并不是肯定和赞扬义和团运动中的一切；我们揭露义和团运动的消极面，也不是取消和否定当时的中国下层民众的反抗权利。"②

义和团运动评价出现的巨大反复，引起了社会各界的高度重视。面对义和团运动评价出现的聚讼纷纭的看法，在义和团起义 110 周年之际，《中国社会科学报》邀约国内外义和团运动研究专家，就义和团运动的评价问题发表意见。张海鹏指出："如何客观、全面地评价义和团运动，有时还不仅仅表现为一个纯学术的活动，实际上它常常会影响到我们的现实社会。近年来，国内有人把义和团与现代化对立起来，对义和团做了彻底的否定。如果把义和团这样带有蒙昧主义、笼统排外主义的反抗列强侵略的精神都否定了，中国的近代史还怎么

---

① 子乔：《矫枉岂能过正：义和团史实述评》，http：//hist. cersp. com/jcyj/jcpj/200601/1535_ 3. html。

② 周育民：《我看"义和团的真面目"——与侯宜杰先生商榷》，《炎黄春秋》2012年第 9 期。

解释呢？在历史研究问题上，我们还是要多一些实事求是，少一些极端主义。"日本著名义和团研究专家佐藤公彦指出："义和团时期最大的焦点是帝国主义瓜分中国的危机。这一压向大清帝国的'冲击'是全面性的，不仅是民众社会，知识分子、官界、经济和军事各领域也受到了冲击。它们互相缠绕引起连锁反应，并连续扩散。""我们可以确定，从他们身上所看到的反外国国家主义的不屈抵抗精神，是自知县、道员、中央官僚所广泛共有的一个潮流。在'瓜分危机'时，才形成如广袤原野般的反抗瓜分中国和反基督教运动。"田海林、王振指出："在中国的近代化进程中，农民既是维护传统文明的'惰性力量'，又是反抗帝国主义的主体力量。在近代化和反帝革命问题上，必须明确，反帝反封建是实现近代化的前提，近代化是民族主义发展的最终归宿。义和团运动对近代化进程的影响体现在清末新政上，也体现在辛亥革命上，甚至可以说，自义和团运动爆发后的中国近代化进程处处都体现着义和团运动影响的印记。"李学智指出："义和团运动的兴起、发展，其根本原因当然是西方帝国主义的侵略、掠夺，加之西方传教士欺压民众，官府又畏惧洋人'袒教抑民'，遂激起民众反抗。同时，义和团运动之发展，与清政府对义和团的政策有直接、重要的关系。清政府对义和团由剿而抚，是义和团运动发展并走向高潮的直接、重要原因。"义和团研究资深专家路遥说："对义和团的批评，从义和团运动爆发之日起，就已甚嚣尘上。其原因来自两个方面：一是敌对立场之歪曲宣传，二是义和团本身之浓厚神秘性，人们对其组织与活动感到扑朔迷离，难于捉摸。现在年轻人距义和团运动的时代与社会越来越远，又由于我国现代化在当代的急剧发展，对原所留下的关于义和团负面记载有更多关注，亦为势之所必然。中国近百年史作为一门学科来研究，是新中国成立之后才正式兴起的。义和团运动在中国近代史上是一次重要的反帝爱国斗争事件，这一观点至今仍为我国史学界所认同。""而我，当然是认定义和团既反帝又爱国。对帝国主义势力之压迫，我更多举天主教在山东、直隶传教为例，将民教矛盾上升为外交问题，进而实行干预破坏中国司法主权。至于爱国应有传统与新兴的两种爱国观并存，中国不同于日本，它早在秦汉时代就已把'皇权'与'政权'结合在一起，而有了'国家'概念。义和团所提出的'扶清灭洋'口号，它对待清朝不是以臣民身份出现;'扶清',对于'清'是'既能扶之,则又能倾之',但亦隐示有清朝代表国家之象征。'扶清'又与'灭洋'连在一起,这就比已往有所提高。'灭洋'已不限于过去之'毁教'或'灭夷'。"①

　　诚然,义和团运动的评价是从运动爆发以来就聚讼纷纭的问题,新时期以来由对义和团运动历史局限性的认识的分歧展开的学术论辩,有助于进一步推动研究的进一步深入。面对新世纪义和团运动评价出现的新反复,上述多位中国近代史研究专家的意见无疑有助于人们正确认识和评价这场影响深远的运动。一百多年来,特别是中国马克思主义史学产生之后,义和团运动在中国近代反帝反封建革命中的地位得到了广泛的认可,严肃的马克思主义史学家,如范文澜、翦伯赞、华岗、胡绳等一批史学家,一方面高度赞扬义和团的英勇不屈的反抗精神,同时,也注意到它的盲目排外和充满了愚昧、迷信的历史局限性,这是正确认识和评价义和团运动的不可分割的有机的统一体。对义和团运动肆意拔高是"文革"时期极"左"政治路线下产物,与科学的马克思主义历史学是不可同日而语的。新时期以来,义和团运动的研究取得了举世瞩目的成就,学术界对于义和团运动的历史地位和局限性经过 20 世纪 80 年代的重新讨论早就有了明确的认识,在这种情况下,一些学者简单地从现实出发,对义和团运动作出很不严肃的全面的否定,这既无助于推动研究的深入,也不可能从历史中真正找出服务于现实的启示和教训。马克思主义的立场、观点和阶级分析的方法,实事求是的态度,应该是我们正确评价和认识义和团运动的基本态度。我们相信,在义和团运动研究已经走向全面深入研究的今天,在百余年丰硕的研究成果的基础上,广大史学工作者,一定会对这场轰轰烈烈影响深远的运动作出客观公正的并被社会各界和学术界能广泛接受的评价。

(作者单位:河北大学历史学院)

---

① 路遥:《义和团运动 110 周年——瓜分危机引燃民众反帝热情》,《中国社会科学报》2010 年 12 月 9 日。

"文革"前近代史研究所与全国性
近代史讨论会之酝酿组织

赵庆云

　　中国科学院于 1950 年率先成立近代史研究所，本有集中力量、加强"中国近代史"这一薄弱学科之用意。[①] "文革"前"十七年"间，中国近代史学科建设处于初创阶段，近代史研究所颇有推动学科发展的自觉，近史所副所长刘大年"常常谈到近代史所办所方针，应该是立足本所，面向全国，在推动近代史研究方面，应该起火车头作用"[②]。

　　近代史所将组织召开全国性近代史学术讨论会作为推进学科建设的重要举措。据金冲及先生回忆，他在"文革"前参加过的全国性学术讨论会仅两次：一次是 1961 年在武汉举行的辛亥革命学术讨论会，一次是 1964 年在北京举行的中国近代史学术讨论会。[③] 这两次学术讨论会均由近代史所组织。[④] 尤其是 1964 年全国近代史讨论会，近史所为之酝酿、筹备了近十年。

一

　　1955 年 6 月 28 日，中国科学院第 28 次院务常务会议通过《中国科学院学部暂行组织规程》明确规定：学部不仅对中科院所属各研究机构

---

　　① 蔡美彪：《严谨务实 淡泊自甘》，《社会科学管理与评论》1999 年第 1 期，第 63 页。
　　② 刘萍访谈整理：《章伯锋先生访谈录》，《回望一甲子——近代史研究所老专家访谈及回忆》，社会科学文献出版社 2010 年版，第 381 页。
　　③ 金冲及：《六十年的回顾》，《光明日报》2009 年 10 月 1 日第 6 版。
　　④ 1961 年辛亥革命讨论会，名义上由中国史学会与湖北省社联主办，实则主要由近史所副所长黎澍组织安排。

进行学术指导，并协助推动全国有关学科的发展。在面向全国的各项职责中，尤为强调举办学术会议之重要。①

近代史所极重视学术讨论会的组织。刘大年在 1954 年的总结中提出："只有创造性的讨论，自由的批评，科学才能够发展；反之，如果放弃了争论，取消了批评，任何科学都是不可能发展，不可能进步的。……如果我们要学习马克思主义而又不要批评的精神，这就抛弃了马克思主义的灵魂。有了批评与自我批评，就可以使我们学习马克思主义的速度加快，也就有了真正的学术空气。本来进行批评与自我批评有各种各样的方式，而学术讨论会则应当是我们一种重要的方式……讨论会的规模不妨有大有小，方式不妨灵活一些。可以有各组召开的会，也可以有所内召开的会，还可以有和所外联合起来召开的会。形式不拘，以能深入讨论问题为目的……对于这些讨论会，要求做到有准备，有中心，有不同意见的争论。要下定决心，把学术讨论会开好。"② 虽然强调学术讨论会不拘形式，不重规模，但召开全国性的近代史学术讨论会，此后成为近史所的一项重要规划。

1955 年 11 月 4 日，中科院哲学社会科学部第 4 次常委会做出决定：中国近代史和近代思想史的研究，已被列入第一个五年计划内的重点工作，为了推进这方面的研究，计划由近代史所组织，在 1956 年举行一次全国性的"近代史、近代现代思想史学术会议"。③ 1955 年 12 月，近代史所内部召开第一次筹备会议。会上着重讨论："（一）组织大家立即着手研究写文章，除组织在京现有的力量外，并用正式公文与外埠进行组织联系。（二）组织有领导性的文章，即牵涉比较基本的问题的、带有综合性的，或对问题有深入研究的文章，由会议秘书处拟出题目，经第二次筹委会讨论后，分发各有关方面进行择写。（三）会议的作用，除推动研究工作外，应讨论大家关心的问题，例如近代史、现代史分期问题，争论很多，希望各有关专家提出应在会上争论的问题，参加

① 《中国科学院学部暂行组织规程》（1955 年 6 月 28 日第 28 次院务常务会议通过），王忠俊编：《中国科学院史事汇编 1955 年》，中国科学院院史文物资料征集委员会办公室 1995 年 5 月印行，第 180 页。

② 刘大年：《历史研究所第三所的研究工作》，《科学通报》1954 年第 8 期，第 42—43 页。

③ 近代史所档案：《哲学社会科学部第四次常务委员会会议记录》（1955 年 11 月 4 日）。

会议的方面应加广。"①

1955 年 12 月 21 日，中科院哲学社会科学部召开第五次常务委员会，潘梓年、金岳霖、胡绳、于光远、向达、范文澜、何其芳、罗常培、狄超白、刘大年出席。再次着重讨论近代现代史学术会议事，为发掘潜在力量，会议决定：（1）在《历史研究》、《光明日报》、《新建设》等报刊杂志上发表召开此会的启事。（2）从各地报刊上调查发表文章者的名单，以备征求文章。②

然而，1956 年因为集中力量制定发展科学事业的十二年远景规划，筹划中的"近代史、近代现代思想史学术会议"未能举行。③

1956 年由于社会主义改造宣告胜利完成，中共八大亦营造了较好的政治氛围，近代史所也呈现颇具生机的态势。召开全国性的近代史讨论会，被作为重中之重提上日程。1956 年工作规划中，明确："筹备举行全国性的近代、现代史学术会议，推动近代、现代史的研究工作，预定在一九五六年九月举行。"并准备于 1956 年 7 月先在所内举行学术讨论会，"讨论本所准备在近代、现代史学术会议上报告的论文"④。

为征得领导层同意，近代史所所长范文澜致函中科院党组并中宣部："现在看来召开这样一次学术会议仍是必要的。目的是：（一）组织国内研究力量，研究近代史上的重要问题。（二）就近代史上若干关键性的问题进行讨论。会议的规模要包括全国近代史、近代思想史教学和研究人员的代表，约计共有一百八十人。至于是否邀请外国学者参加，可以有请或不请两个方案，如果请外宾估计要有十一二个国家共三十人左右。会期五天至七天，暂定一九五七年九月底举行。因为邀请外宾和组织论文，提出经费预算等工作，都需要早作准备，请早予审查批示。"

---

① 近代史所档案：《哲学社会科学部第五次常务委员会会议记录》（1955 年 12 月 21 日）。

② 同上。

③ 近代史所档案：《范文澜致中科院党组函》（1956 年）。另据近史所 1956 年研究工作计划，"与有关单位合作，筹备举行全国性的近代、现代史学术会议，推动近代、现代史的研究工作。预定在一九五六年九月举行。""举行所内学术论文讨论会，讨论本所准备在近代、现代史学术会议上报告的论文。在一九五六年七月举行"（近代史所档案：《历史研究所第三所一九五六年研究工作计划纲要》）。

④ 近代史所档案：《历史研究所第三所一九五六年研究工作计划纲要》。

并对此次会议作出了相当详尽的规划方案:

一九五七年举行中国近代、现代史学术会议计划草案

一、目前学术界对于中国近代、现代史的研究,已逐渐重视。但这方面的工作还存着许多缺点。近来出版中国近代、现代史方面的专门著作很少,散在各地的研究力量没有动员起来,有许多重要问题没有人去研究。为了贯彻百家争鸣的方针,实现哲学社会科学远景规划中所提出的近代史方面的工作,有必要召开一次全国性的学术会议来组织力量,推动近代、现代史的研究工作。

二、会议目的:(一)组织国内研究力量研究近代、现代史的重要问题。(二)讨论近代、现代史上若干关键性的问题。

三、会议的方式:宣讲论文,进行讨论。

四、会议的规模:全国各地的近代、现代史的研究人员、高等学校的教学人员和其他有关人员都要有代表参加,约计一百八十人。其中:(1)科学院哲学社会科学部的有关学部委员,哲学所、经济所、历史所的有关学术委员,哲学所的哲学史组、经济所的经济史组和历史三所的研究员。约计六十人。(2)全国各综合大学,师范大学,各出代表二人,全国设有历史系或史地系的师范学院出代表一人,约有六十人。(3)高级党校、军委会总政治部领导的高等学校、民族学院和其他高级专科学校的有关近代、现代史教学人员的代表共约十五人。(4)其他方面的近代、现代史研究者,包括出版社、人民团体、中学教员(主要是提出论文的)等共约计二十五人。(5)论文作者约二十人。

五、广泛向各高等学校、党校,研究机构和个人征集论文(有些题目事先组织一批研究者撰写)。

六、关于是否邀请外国学者参加,这里提出两个方案。一个方案是不请外宾。因为接待工作有困难,我们的人力、准备都不足,不请外宾会议容易开得起来。另一个方案是请外宾。因为我们的会议是讨论中国历史的问题,外国学者均对此感兴趣,请他们参加有很大的好处。但人数要有限制。从目前同中国的关系较多、又有研究中国历史的专家这两点来考虑,估计应邀请的有:苏联、蒙古、朝鲜、越南、日本、印度、印度尼西亚、埃及、波兰、德意志民主

共和国等十国，每国有一人到三人参加，共三十人左右。

七、会期和会址：暂定一九五七年十月三日开会，进行一星期，地点在北京。

八、关于会议的具体工作：

由哲学社会科学部邀请院内外有关专家组成筹备委员会负责领导会议的一切筹备工作。筹委名单为：

潘梓年（主任委员） 刘导生 尹达 向达 侯外庐 范文澜 刘大年 冯友兰 严中平 李新 艾思奇 翦伯赞 胡绳 陈振汉 高教部代表一人 教育部代表一人 北师大一人 南开一人 复旦一人 中山大学梁方仲 武汉大学一人 南京大学一人 东北人民大学代表一人 四川大学一人 西北大学一人

在筹备委员会下设办公室，处理日常工作，办公室由有关各单位分担下列各组事项：

1. 外宾招待组，科学院联络局负责。

2. 秘书组，哲学社会科学部与历史三所负责。

3. 论文征集组：筹备委员会组织院内外专家分成小组负责论文征集审查工作，具体工作暂由历史三所负责。

4. 论文翻译组，历史三所负责。

5. 总务组（包括交通、文书、财务等），科学院管理局负责。

九、进行步骤

1. 十二月中旬召开筹备委员会，安排论文征集等工作。

2. 自十二月至明年五月作完论文集稿工作。

3. 自十二月至明年六月作完论文审查和翻译工作。

4. 自一九五七年八月前，作完筹备开会的具体工作。①

1956年10月20日，近史所学术委员会召开第3次会议。出席者有何干之、黎澍、田家英、胡绳、范文澜、刘大年、邵循正、荣孟源等学术委员，以及学部领导刘导生，学术秘书刘桂五。会议由范文澜主持。决定：（1）会议名称改为"中国近代、现代史学术会议"。（2）筹办委员中应增加一些外地高等学校的代表。（3）计划草案中关于论文的范

---

① 近代史所档案：《所内历年工作规划》。

围部分应作适当的修改。① 中宣部科学处林涧青回复："关于召开近代、现代史学术会议事，科学处没有什么意见。请你们直接向科学院党组请示决定。"②

此次全国性学术会议的筹备工作，也颇受中科院领导重视。10 月22 日，范文澜致函刘大年："刚才院部来电话，说劲夫、丽生两同志意见，明年学术会议，最好不请或少请外宾，要我和潘老商量，向郭老作解释。你意如何？前天本所学术委员会上，中宣部同志问的意见，我也说困难确实是存在的，希望中宣部批报告时注意一下。"③

为召开 1957 年的全国近代史讨论会，近代史所做了相当的准备与动员。对于此次学术讨论会准备工作之一的论文组织工作，金毓黻向近代史所领导提出建议：应在 1957 年度开始之日就着手准备各项工作。尤其是论文组织工作，必须尽早准备。"论文的来源，有内外之分"，"我先把所内论文组织工作提出来谈，具有以下的理由：一、本所是此次学术讨论会的组织者，居于主人翁的地位，就需要多提几篇论文，以奠定讨论会的基础，即使外边来的论文少些，也可以有备无患。二、本所每一个工作者，尤其是助理研究员以上的干部，对于论文必须要写，而且要达到一定的水平，因而这次讨论会就是对大家的一次考验，也就是说，我们有提出论文的义务，以获得到会同志的批评。三、本所多数同志要以这次讨论会为近代史或现代史研究的主要课题，要把平日所要写的题目选择一个，聚精会神地写出来，作为正常业务的一部分"④。他在 1957 年初给近代史所壁报所作新年献词中写道："摆在我们面前的中心问题，就是一九五七年度召开的近代史学术讨论会。我们要以最大的努力作好准备，我们要以组织者自居认为责无旁贷，我们要看作是一次具有考验性学术竞赛，我们要发挥富有朝气的力量以表现青年的一代。"⑤

自会议筹备以来的 5 个月中，已收到全国各地史学工作者的论文逾

---

① 近代史所档案：《历史研究所第三所学术委员会第三次会议记录摘要》。

② 此回复直接写于《历史研究所第三所学术委员会第三次会议记录摘要》之上，时间为11 月 10 日。

③ "范文澜致刘大年"，刘潞、崔永华编：《刘大年存当代学人手札》，第 77 页。

④ 金毓黻：《静晤室日记》，辽沈书社 1993 年版，第 7365 页。

⑤ 同上书，第 7345 页。

40 篇。1957 年 4 月 18 日，所有学术委员与中国近代、现代史学术会议筹备委员举行联席会议，讨论预定于 1957 年 8 月召开中国近代、现代史学术会议的准备工作。与会者有潘梓年、范文澜、侯外庐、胡绳、严中平等 30 多人。学者们认为："我国近年来对近代、现代史的研究还很薄弱，无论经济史、政治史、文化史等领域都缺少系统的研究，全面的综合研究则更少。在研究方法上还有着浓厚的因袭观点，有些研究者缺少深入钻研和实事求是的精神。资料工作迄今没有引起所有研究者的重视。"而此次学术讨论会，就是要针对已有研究之不足，讨论今后近代、现代史的研究方向。[1] 此次会议由《人民日报》报道，可见其重要性。

50 年代由近代史所举办一次全国性的学术讨论会，无疑是一件相当振奋人心的事情，很多人对此次盛会倾注了高度热情。笔者在近代史所档案室发现当时收到的论文稿件数十篇，其中如四川大学王介平寄来论文，并附寄一信："近代史会议筹备会：请给边远地区的史学工作者以特别照顾，尽可能多提意见，尖锐地，毫无保留地。"踊跃参与者既有蒋孟引等已颇有名气的学者，亦有非专业研究者如安徽怀宁第一初级中学的教师。[2]

然而，随着 1957 年反右运动忽起，近代史所全力准备、且颇具声势的全国近代史学术讨论会终不了了之。

二

1957 年举办全国性近代史讨论会受挫之后，近代史所显然并未灰心。在 1958 年的工作规划中，还提出要"组织全国性的近代现代史学术会议，每两年召开一次。会议要贯彻百家争鸣的精神，讨论重要的学术问题。按年编辑出版《中国近代现代史论文选集》。通过这些工作，以求有助于推动全国近代现代史研究"[3]。

此后，近代史所还提出计划，在 1959 年 8 月间举行中国近代现代史学术会议。讨论如下问题："1. 建国十年来中国近代现代史研究。2.

---

① 《史学界积极准备开展争鸣，将召开中国近代、现代史学术会议》，《人民日报》1957年 4 月 23 日第 7 版。

② 均见近代史所档案室存档乙 X107：《论文史料稿件》。

③ 近代史所档案：《历史三所 1958—1962 年工作纲要》（定稿）。

资产阶级学术思想批判。3. 组织全国力量开展近代现代史资料工作的计划。"会议暂定 100 人左右，包括科学院分院、各综合大学、师范大学，和地方历史研究机构的代表。[①] 但 1958 年"史学革命"席卷史学界，此规划仍不了了之。

近史所在 1958 年制订的"1958—1962 年工作计划"中，提出"组织全国性的近代现代史学术会议，每三年召开一次。会议要贯彻百家争鸣的精神，讨论重要的学术问题，以求有助于推动全国的近代史现代史研究，提高学术水平和繁荣创作"。[②] 1960 年近代史所仍筹划"与历史研究所联合举办一次全国性的历史工作会议和一次全国性的学术会议。前一次会议讨论历史研究的方向、全国范围内的分工协作和组织历史科学的队伍等问题。后一次会议主要讨论历史研究中的某些倾向性的问题和若干理论问题"。[③] 令人遗憾的是，这些会议亦仅停留在计划之中。

直到 1963 年 10 月 21 日，近代史所实际负责人刘大年致函中科院社会科学学部负责人潘梓年、刘导生，提出召开近代史学术委员会扩大会议以讨论全国近代史学术会议之事。

> 梓年、导生同志并分党组：
>
> 近代史研究所准备在这次学部委员扩大会议期间，召开一次近代史研究所学术委员会扩大会，外地研究机构、高等学校近代史研究与有关的同志参加。会议主要讨论和安排三件事情：一、筹备明年举行一次近代史学术讨论会。二、组织学术界展开关于中国近代史的调查工作。三、组织开展近代史资料的搜集整理工作。
>
> 关于近代史的学术讨论会，去年和前年都曾酝酿过，但都没开成。为了加强和推动中国近代史的研究工作，为了强调和引导近代史研究工作者研究与现实斗争密切有关的问题，并为明年八月间世界科协北京中心学术会议作些准备，有必要在明年召开一次学术讨论会。关于这次学术讨论会，我们的设想是：（一）会议的主题，

---

① 近代史所档案：《历史第三所 1958—1959 年工作计划要点》。

② 近代史所档案：《历史第三所 1958—1962 年工作纲要》（定稿）。

③ 近代史所档案：《近代史研究所工作规划》（1960 年 3 月）。另据《中国科学院近代史研究所 1961 年至 1962 年重点工作规划》（1960 年 12 月 9 日）所载，仍有 1961 年第二季度与历史研究所合办"中国通史讨论会"的计划。

是讨论中国民主革命时期的历史经验问题，这是近代史研究中与当前斗争有密切联系的问题，通过学术讨论会，引导近代史研究工作者多注意这方面的问题，把近代史的研究与现实斗争紧密结合起来。（二）根据这个主题暂订出四个中心附上：1. 帝国主义对中国的侵略与中国人民的反帝国主义斗争。2. 中国资产阶级的研究（包括买办资产阶级和民族资产阶级）。3. 中国民主革命时期的农民阶级。4. 中国工人阶级和工人运动。并就这四个中心题目写出文章。除了这四个中心题目外，还围绕前面的主题，拟出二三个题目，撰写一批论文。这是为了要把中心题目的文章写好，必须对民主革命时期的历史经济问题多方面进行研究，多写些论文，以便从这些论文中选出水平较高的文章来。（三）学术讨论会大约在明年三四月间举行，会上讨论上述那些论文，经过讨论和修改提高论文的水平，其中比较成熟的，可考虑向明年八月间的世界科协北京中心会议推荐。（四）近代史的学术讨论会拟在北京召开，由撰写论文和撰写论文有关的人员参加，估计共有七八十人。

我们打算在这次近代史所学术委员会扩大会上，就上述学术讨论会的计划加以研究，组织力量，分担任务，撰写论文；并考虑建立小规模的筹备小组，以便和各地保持联系，推动工作，日常具体工作由近代史所担任。

关于组织开展学术界对中国近代史的调查工作。这方面的工作，学术界虽已做过不少，但还远不能适应近代史研究的要求。许多有现实意义和重要历史意义的历史事实，现在还不清楚，需要有计划有系统的开展调查工作。在研究方法上，调查工作也具有十分重要的意义。历史研究不能限于书本知识和前人已经提供的资料，近代史的研究，更是如此。现在进行近代史调查的客观条件很好，越往后这种便利条件将越少，因此需要争取时间。做好这一个调查工作，能够丰富近代史研究的内容，提高研究水平。这个工作需要与政协文史资料委员会联系，从那里取得稿件。实际工作由东莼同志领导，近代史所参加做具体工作。这次近代史所学术委员扩大会准备讨论调查计划和进行办法，由有关单位分担调查任务和项目，把调查工作推动起来。最后准备在有计划有系统的调查的基础上，编写出一批近代史专题著作这个问题也需要讨论一下。

关于组织开展近代史资料的搜集整理工作，过去资料的搜集整理工作，分散进行，缺乏统一规划。已收集到的资料，有很大一部分没有整理；外国的资料，更没有认真收集。这次近代史所学术委员会扩大会，准备提出一个计划加以讨论，由分担任务，分工协作，进一步开展近代史资料的搜集整理工作。其中关于经济史资料的搜集整理，主要依靠经济所、近代史所协作。

这次近代史研究所学术委员会议争取一天开完，参加人数约二三十人，具体名单另定。届时请学部领导同志莅临指导。关于这次会上需要讨论的问题和有关的材料我们正在加以准备。

以上做法是否适当，请予指示。

刘大年　1963 年 10 月 21 日　　此件已抄送中央宣传部科学处①

近代史所学术委员会扩大会议于是年 11 月 10 日如期召开。会议决议经刘大年、黎澍、张崇山 3 位近代史所领导亲笔反复修改，形成定稿并上报学部：

一、为了贯彻哲学社会科学部第四次扩大会议的精神，配合反对现代修正主义的斗争，加强中国和世界近代历史的研究工作，加强马克思列宁主义和毛泽东思想的宣传工作，特决定在 1964 年 4 月举行一次近代史学术讨论会。

二、这次学术讨论会的主题是：1. 中国民主革命的历史经验问题；2. 近代世界民族解放运动问题。环绕这两个主题拟一批研究题目，组织人力，分头研究。批判修正主义历史的题目，研究中华人民共和国历史的题目都可以列入会议讨论范围之列。

三、这次学术讨论会订于 1964 年 4 月间在北京举行。会议参加者限于论文作者和主持组织讨论会有关的同志。估计共约七八十人。会期七天至十天。

四、为了加强领导，开好这次学术讨论会，成立一个筹备小组，负责与各地联系，组织编写人力，处理一些筹备工作事项。我

---

① 近代史所档案：《刘大年致潘梓年、刘导生函》（1963 年 10 月 21 日）。

们建议筹备小组由姜君辰（哲学社会科学部）、刘大年（近代史研究所）、何干之（北京）、徐仑（上海、华东）、孙孺（中南）等五人组成。姜君辰同志为召集人。日常具体工作由近代史研究所担任。

五、这次会议要讨论的问题，学术界一般都缺少准备，时间又很紧迫，开好讨论会的关键在于有一定质量和一定数量的文章。为此有关单位需要立即行动起来，确定题目，确定撰写人员开始工作。

学术委员扩大会议还提出论文参考题目共14个：1. 中国民主革命的基本经验。2. 帝国主义对中国的侵略与人民群众的反帝国主义斗争。3. 中国民族资产阶级研究。4. 买办阶级研究。5. 中国民主革命中的农民问题。6. 中国工人阶级与工人运动。7. 帝国主义与中国军阀。8. 中国革命中的统一战线问题。9. 现代帝国主义研究。10. 现代民族主义和社会主义。11. 论新殖民主义。12. 反对欧洲中心主义。13. 亚非民族解放斗争的研究。14. 论拉丁美洲人民反帝斗争。[①]

1964 年 1 月 9 日，近代史所向哲学社会科学部上报论文参考题目、邀请单位名单。2 月 11 日，哲学社会科学部正式发文，同意召开此次近代史学术会议。并要求会前一个月将与会人数、会议时间、地点上报，以便向国务院备案。[②]

随后，近代史所进行紧锣密鼓的筹备工作，邀请全国 30 多个重点大学和研究单位撰写论文，多数单位反应积极。至 4 月 25 日，已有 32 个单位来信或来人接洽，其中 25 个单位已报来会议出席者名单和论文题目。报来出席人数 80 多人，多为论文作者，小部分为单位负责人。报来的论文题目 50 多篇。5 月 6 日正式发出开会通知，合计邀请 66 个单位（北京 32 个，外地 34 个）、180 人（北京 100 人，外地 80 人）。

---

① 近代史所档案：《中国科学院近代史研究所学术委员会扩大会议关于举行近代史学术讨论会的决议》。
② 近代史所档案：《（64）社部术字第001号文件》。

三

经过多次酝酿，几许波折，1964 年 5 月 20 日，全国近代史学术讨论会终于在北京民族饭店举行。此次会议北京特邀代表有：中科院哲学社会科学学部：潘梓年、张友渔、刘导生、姜君辰；中宣部科学处：于光远、林涧青；高级党校：李践为；经济所：严中平；社会调查组：杨东莼；全国政协：申伯纯、吴群敢；中华书局：金灿然、丁树奇；人民大学：何干之、胡华；北京大学：翦伯赞（荣天琳代）、邵循正；北京师大：白寿彝；北京历史学会：吴晗；历史研究所：尹达、侯外庐；世界历史所：陈翰笙；北京市委：邓拓。

实际参加会议者有 85 个单位，共 233 人。其中出席者 158 人，列席者 50 人，特约参加者 25 人。出席、列席的 208 人中，讲师或助研以上 105 人，讲师或助研以下 17 人，行政负责干部 41 人，新闻出版界为 25 人，其他 20 人。共收到 73 篇论文。① 其中武汉、内蒙古地区的文章，先在本地反复讨论，选拔好的文章提交此次会议，可见其相当重视。② 会议以刘大年、翦伯赞、何干之、黄逸峰为筹备委员会领导小组成员。下设秘书处，由近史所学术秘书刘桂五任秘书长。此次会议受到高层重视，期间周扬亦与会并讲话。③

学术讨论会分 6 个小组：（1）工运史组，张承民负责；（2）农民问题组，李奎元、张扬负责；（3）资产阶级组，黄逸峰、邵循正负责；（4）帝国主义侵略问题组，傅尚文、陈在正负责；（5）反修组，孙孺、李世平负责；（6）世界史组，吴于廑、吴廷璆负责。

刘大年强调：此次会议"不搞新闻报告，免得有顾虑，请各报馆同志，不要作报导，你们参加了会议，可以去学术版，作些综合报导评论，这样对学术界会起很大作用。如反修文章，还不准备发表"④。6 月 18 日的总结报告中还提出："我们考虑会议的主题是总结中国民主革命

---

① 近代史所档案：《近代史所致学部分党组总结报告》（1964 年 6 月 18 日）。
② 近代史所档案：《近代史学术讨论会工作会议纪要》。
③ 刘大年：《田家英与学术界》，董边等编：《毛泽东和他的秘书田家英》，中央文献出版社 1989 年版，第 165 页。
④ 近代史所档案：《1964 年全国近代史会议记录》。

的经验，容易引起别人的各种揣测，打算不对外报导。"① 因而此次会议亦不见新闻报道。

此次会议得以顺利召开，与当时的政治形势密切相关。1963 年 10 月 26 日上午，中国科学院哲学社会科学部在政协礼堂召开第 4 次扩大会议，郭沫若主持，周扬作长篇报告《哲学社会科学工作者的战斗任务》，提出：学术上的反修应与政治上的反修配合，建立战斗的马列主义学术战线。② 此次会上，国家主席刘少奇"指示我们加强近现代史的研究，以回答当前的斗争任务"③。因而，1964 年全国近代史讨论会虽以"民主革命的历史经验"为主题，但其缘起实际上落在以近现代史研究参与"反修"斗争，"引导近代史研究工作者研究与现实斗争有关的问题"，因为当前"近代史的研究工作与现实斗争结合十分不够，对于现代修正主义和帝国主义资产阶级反动历史学的研究和批判作得很少……远远不能适应国内外斗争形势的需要"。④ 如刘大年所言："从反修斗争说，需要从近现代史的研究进行回答，还有民族解放运动也需要我们介绍经验，研究近现代史，非常有现实的意义。修正主义则反对我们这方面的研究，我们应该讲我们的经验，很多现实生活需要研究，特别是党史，学部扩大会议也强调了这点。会议的由来，还是形势的需要。"⑤

事实上，"反修"是此次会议的重要内容。5 月 20 日召开预备会议，21 日由"反修历史小组"主要成员金应熙、李龙牧在大会上反对苏联修正主义史学报告。5 月 22 日上午大会，由黄逸峰、曲跻武报告论文，下午全体讨论金应熙、李龙牧的两个报告。自 5 月 30 日起，会

---

① 近代史所档案：《近代史所致学部分党组总结报告》（1964 年 6 月 18 日）。

② 《人民日报》1963 年 12 月 27 日。10 月 31 日将此报告送毛泽东审批，毛亲自修改，并要求将此报告与"九评"以同等规格发表。《龚育之访谈录》，中央文献出版社 2009 年版，第 86 页。

③ "刘大年讲话"，载近代史所档案《1964 年全国近代史讨论会预备会议记录》。

④ 近代史所档案：《近代史学术委员会扩大会议关于举行中国近代史学术讨论会的几项规定》。

⑤ "刘大年讲话"，载近代史所档案《1964 年全国近代史讨论会预备会议记录》。不过，刘大年后来回忆：此次会议"中心是开展社会调查，推动近现代史研究"（刘大年：《田家英与学术界》，董边等编：《毛泽东和他的秘书田家英》，中央文献出版社 1989 年版，第 165 页），与此却有所出入。

议进入工作会议阶段。与会者均为一方研究单位的负责人。①5 月 30 日主要由黎澍介绍反修历史小组的工作情况，对反对修正主义历史学参考题目和资料编译计划作了说明，并就历史反修相关工作进行动员和布置。与会者介绍各地组织人力、撰写反对修正主义历史学论文的情况，并提出资料缺乏、人力不足、选题困难等问题。经过讨论，大家同意分担历史学反修资料的编译工作。为避免重复，决定在适当时间举行协调会。并由各地推荐适当人员到北京参加反修历史组工作，彼此交流经验。反修历史组可向各地有关机关提供资料。②

不过，此次会议内容相当丰富，并未局限于"反修斗争"。③ 会议提交论文中，"反修"文章只有 12 篇，约占参会论文的 1/6。近代史所给学部的报告中亦坦言："批判现代修正主义的文章的讨论，现在看来恐怕只是一种练兵性质。"④ 会议的学术讨论部分，还是以分组专题讨论为主体。5 月 23、24 日，全天分组报告论文并讨论。在 5 月 23 日的分组讨论会上，工人运动组主要就近史所曲跻武的论文《新民主主义革命时期工人运动的几个问题》展开讨论。农民问题组主要讨论了群策和张扬所写的关于中国民主革命时期的农民问题两篇论文。主要就农民起义的自发性和自觉性问题展开争论。关于农民是民主革命的主力军问题，也有不同看法。23 日上午，吴玉章参加了农民

---

① 包括翦伯赞（北京大学，荣天琳代）、白寿彝（北京师范大学）、何干之、戴逸、王汧（中国人民大学）、黄逸峰（上海经济研究所）、张其光（广州哲学社会科学研究所）、李光灿（辽宁大学）、裴桐（中央档案馆）、李奎元（高级党校）、蔡尚思（上海复旦大学）、李克仁（湖北社联）、史筠（内蒙古大学）、左建（天津历史研究所）、徐元冬（军委政治学院）、张承民（全国总工会工人运动史研究室）、洪廷彦（中央政治研究室）、王仁忱（河北大学）、邵鹏文（吉林大学）、于德有（黑龙江历史研究所）、刘少平（四川大学）、胡正邦（云南大学）、丁树奇（中华书局）、孙思白（山东大学）、魏宏运（南开大学）、陈在正（厦门大学）、张扬（西北大学）、马守良（浙江哲学社会科学研究所）、姜志良（江苏哲学社会科学研究所）、王保清（兰州大学）、杨兴华（江西大学）、胡沙（高教部），此外，近史所刘大年、黎澍、李新等人均与会。

② 近代史所档案：《1964 年全国近代史讨论会工作会议记录》（1964 年 5 月 30 日）。

③ 当时的中科院哲学社会科学部副主任刘导生，多年以后反思：此次会议"批判了苏联的'修正主义史学理论'，实际上使我国近代史研究陷于简单肤浅教条的泥坑"（刘导生：《政治运动对学术研究的影响和教训》，《炎黄春秋》2007 年第 3 期，第 1—2 页）。揆诸史实，这一说法不无偏颇。

④ 近代史所档案：《近史所致学部分党组》（1964 年 5 月 3 日）。

问题组的会议讨论。① 资产阶级问题组由林增平、章开沅、苑书义、王宗华、丁日初各自介绍自己的论文。并就民族资产阶级与买办资产阶级的区别、中国资产阶级分几个部分等问题展开热烈讨论。帝国主义侵略问题组，由胡正邦、陈崇桥、谢本书、王仁忱、彭雨新、何程远等介绍自己论文。世界史组上午继续讨论反修问题，下午由刘继兴、方迴澜、吴永章、戴志先、乔明顺、韩振华、王觉非、杨宗遂、彭树智、刘明翰等介绍自己的论文。

5 月 24 日继续分组讨论。工人运动组李世平、季文一介绍自己批判苏联《世界通史》歪曲中国现代史的文章。农民问题组继续争论关于农民运动自发性、自觉性及主力军问题。资产阶级问题组讨论了中国资产阶级形成问题。帝国主义侵略问题组就如何结合反帝反修任务开展帝国主义侵华的研究进行讨论。世界史组则由林举岱、黄宗焕、王荣堂、吴廷璆等人介绍自己的论文。25 日上午大会，各小组分别汇报讨论情况；下午由严中平作关于近代经济史研究的报告。② 26 日下午田家英赶到，晚上向与会者作关于加强现代史研究的报告。③ 27 日各组讨论田家英的报告，"认为田家英对于毛主席思想谈得很透彻，生动具体地阐明了如何学习毛主席著作和如何在现代史研究中贯彻毛主席思想的问题"④。

此次会议另一项重要内容为布置近代社会历史调查。近代史所范文澜相当重视访问调查。在他主持下，1949 年成立的新史学研究会也成立了"一个小组，专门组织那些亲身经历过辛亥革命以来各个历史事件的先生们，给我们讲述亲身参加和亲眼看到的事实。从这些讲述里，可以得到许多不见于书本上的可贵史料"⑤。现代史组的王来棣，被安排研究中共建立时期的历史。1956 年 5 月开始进行采访工作，并由范文澜介绍采访李达、冯白驹、曾希圣、林伯渠、徐特立、吴玉章等，至

① 近史所档案：《人事文书—会议简报》。

② 近代史所档案：《1964 年全国近代史讨论会记录》。

③ 据刘大年回忆，田家英对此次会议颇为热心，积极参与筹备。但开会前两个星期田家英出差外地，且地点经常变换，"每换一个地点，我们都电话联系"。刘大年：《田家英与学术界》，董边等编：《毛泽东和他的秘书田家英》，中央文献出版社 1989 年版，第 165 页。

④ 近史所档案：《人事文书—会议简报》。

⑤ 范文澜：《史学会已有的成绩与今后的努力》。

1957 年 5 月共采访了 30 余人。①

1958 年，近代史所制订了一个访谈计划。明确提出，由近代史所负责邀集有关的研究机构、各高等院校有关的教研室、高级党校、军事学院以及其他单位，共同商讨，确定分工，列出访谈名单，制订访问计划。访谈记录或请被访问者本人所写的回忆录等访问所得的资料，可斟酌情形，分别保存或汇集出版。②

因种种原因，此计划未能有效实施。至 1962 年 12 月，近代史所再度提出《关于调查和征集历史资料工作的初步意见》。提出：在哲学社会科学部或近代史研究所设立一个工作组，负责与各有关机构的联系协作以推进调查征集历史资料的工作。并提出首先从以下 3 项入手：（1）组织政协委员中资本家提供经济史资料；（2）组织在押人犯提供秘密结社史资料；（3）通过民建和工商联征集工商各业的碑刻、行规、账册等各种文物资料。③

1963 年 10 月，胡乔木找杨东莼、刘大年商议如何开展近代中国社会历史调查的问题。1964 年 2 月 7 日，杨东莼、刘大年联名致函中科院哲学社会科学部党组、全国政协党组、中央宣传部、中央统战部，决定由近史所与政协文史委共同成立"近代中国社会历史调查工作委员会"（简称"调委会"）这一机构，设中国科学院哲学社会科学部，具体工作由近代史所负责。④ 2 月 29 日，中宣部、中央统战部即复函："同意杨东莼、刘大年同志关于由学术界和政协合作开展近代中国社会历史调查工作的建议"，并任命杨东莼、刘大年分别担任近代中国社会历史调查工作委员会正、副主任。⑤ 杨、刘二人开始紧锣密鼓的筹建工作。近代史所王来棣、周天度、王公度，以及杨东莼从华中师范学院调来的章开沅、刘望龄负责具体工作（按：杨东莼曾任华中师范学院校长）。4

① 2010 年 7 月 19 日王来棣先生访谈记录。

② 近代史所档案：《人物访问计划草案》（初稿，1958 年）。在周恩来倡导下，1959 年 7 月 20 日正式成立全国政协文史资料研究委员会，由范文澜任主任委员，李根源、王世英、杨东莼、申伯纯、顾颉刚为副主任委员，吕振羽、刘大年等均为委员。

③ 近代史所档案：《关于调查和征集历史资料工作的初步意见》（1962 年 12 月）。

④ 《杨东莼、刘大年致中科院哲学社会科学部分党组、全国政协党组并转中央宣传部、中央统战部》（1964 年 2 月 7 日），载近代史所档案《近代社会历史调查》。

⑤ 《中宣部、中央统战部复函》（1964 年 2 月 29 日），载近代史所档案《近代社会历史调查》。

月3日，"调委会"的筹备委员会在近代史所召开，杨东莼就社会历史调查的重要性作长篇发言。①5月调委会正式宣告成立，以中华书局为办公地点，启用"近代中国社会历史调查工作委员会办公室"木刻胶质印章。并确定：1964年6月以前，由各个项目的总负责人邀请各有关单位同志商定分工合作的具体调查计划，然后分头开展调查工作。②

因而，1964年5月召开的全国近代史讨论会，就与部署社会历史调查工作结合起来。5月26日上午，由杨东莼作中国近代社会历史调查报告。③6月2日召开的全国近代史规划会议上，杨东莼、刘大年对一些重点调查项目作了明确分工部署：北洋军阀由天津历史所负责，买办调查由上海经济所主持，民族资产阶级调查由上海经济所主持，吸收上海工商联参加。④

6月1—3日召开的近代史规划会议，也是相当重要的内容。规划会议请中科院哲学社会科学部副主任姜君辰出面主持，实际负责者为刘大年。规划会议着重讨论近代史方面的长远规划及重点项目，力图对全国近代史研究力量作总体布局。会前由近代史研究所酝酿提出"1964—1972年近代史方面全国重点研究、资料项目"规划草案。经过讨论，最后大体通过的项目分配如下：

1. "中华人民共和国史"建议由中央政治研究室主持，近代史所、河北大学、杭州大学、山东大学、内蒙古大学、辽宁社联等单位参加。

2. "中国共产党史"提交宣传部去考虑。

3. "中国人民解放军史"、"中国人民革命战争史"建议由军委军事科学院和军委政治学院考虑。

4. "中国近代革命运动史"由中国人民大学、高级党校主持设计；山东社联、辽宁大学、湖北省社联、内蒙古大学、浙江（杭州大学或省社联）、广东党校、上海（单位未定）、近代史所等单位参加。

5. "中国近代史"由近代史研究所主持设计，河北大学、西北大学、辽宁省社联、内蒙古大学、山东大学、上海（单位未定）、湖北省

---

① 章开沅：《杨东莼谈社会历史调查》，《实斋笔记》，东方出版中心1998年版，第280页。

② 《中国近代社会历史调查工作的几点意见》，载近代史所档案《近代社会历史调查》。

③ "杨东莼报告"，载近代史所档案《1964年全国近代史讨论会记录》。

④ 近代史所档案：《1964年近代史规划会议记录》。

社联、浙江、四川大学等单位参加。

6. "帝国主义侵华史"由近代史研究所和北京大学主持设计，广东省社联、武汉大学、云南大学、辽宁大学、北京师范大学、上海历史研究所、四川大学参加，此外南京大学准备成立英美侵华研究所，有条件参加 。

7. "近代国际关系史"建议由国际关系研究所和外交学院考虑组织。

8. "国际共产主义运动史"建议由高级党校 、人民大学主持设计。

9. "中国近代经济史"由中国科学院经济所、上海经济所主持设计。武汉大学、辽宁省社联、暨南大学、山东（单位未定）参加，内蒙古经济研究所等单位报名参加。

10. "中国近代思想史"由李光灿（辽宁）、蔡尚思（上海复旦大学）、广州哲学社会科学研究所主持设计，湖北社联、河北大学、四川大学等单位参与。

11. "中国工人运动史"由全国总工会工运史研究室主持设计；近代史所、上海历史研究所、武汉（单位未定）、天津历史研究所、广东党史委员会、广州哲学社会科学研究所、中国人民大学参加。

12. "中国土地制度改革史"由高级党校（王观澜领导）主持设计，西北大学、黑龙江经济研究所等单位参与。

13. "中国历史人名辞典（近现代部分）"由上海历史研究所主持设计，参加单位待定（华东师大在编纂辞典）。

14. "中国近代史大事记"由近代史所主持，吉林师范大学、中国人民大学参与，以近代史所李新为召集人。

15. "中国近代经济史资料"由中国科学院经济研究所、上海经济研究所设计。

16. "北洋军阀和国民党政府档案"由中央第二档案馆主持；天津历史所 、江苏历史研究所参加。

17. 帝国主义侵华史资料由北京师范大学、北京大学主持。①

此次讨论会还决定采取措施加强中国现代史（按：指1919—1949

---

① 近代史所档案：《近代史学术讨论会工作会议纪要》；近代史所档案：《1964 年近代史讨论会之规划会议记录》。

年间的历史）研究：（1）设立现代史咨询委员会，其任务是：就近现代史研究情况交换意见，并提出急需研究的选题。（2）创办内部刊物，刊载不宜公开发表的现代史研究成果、不宜公开发表的现代史资料，以及有关现代史的经验和动态。（3）每年举行一次现代史学术讨论会。（4）在有关机关调集又红又专的教学或研究干部若干人到中央档案馆整理有关现代史、党史档案资料。①

期间，讨论会穿插安排了交流教学经验、座谈文史资料与历史研究工作的关系、各有关刊物的座谈会。其内容可谓相当丰富。此次会议临近结束时，讨论通过此后每年召开一次全国性近代史讨论会，且安排 1965 年由上海社联筹备会议。并由近代史所向学部和中宣部请示如何办会，具体包括：（1）主要宣传什么，组织哪方面的文章？（2）请什么国家的学者——只请朝越或加上印尼、日本等左派学者，还是请一些亚非国家的中间立场的学者？② 会议结束后，要求各项目的主持者限期设计实施方案。但由于政治形势日趋紧张，1964 年 10 月，中科院哲学社会科学部指示："现在各有关单位正在组织研究人员参加农村社会主义教育运动，近代史学术会议上讨论的关于 1965 年在上海举行近代史学术讨论会的问题和各个重点项目举行设计会议的问题等都暂不决定。重点研究、资料项目可发有关单位征求意见。"③随着政治形势日趋紧张，1965 年上海近代史讨论会亦无疾而终。但"1964—1972 年近代史方面全国重点研究、资料项目"这一规划方案，还是对此后的全国近现代史研究的总体布局产生了一定影响。

四

在现代学术建制中，学术讨论会对于一门学科之建设与发展无疑极为重要。中科院近代史所的学人对此亦有所体认。为召开全国性的中国近代史学术讨论会，近代史研究所曾有过多次酝酿筹划。如刘大

---

① 近代史所档案：《近代史所致学部分党组总结报告》（1964 年 6 月 18 日）。
② 近代史所档案：《近代史所致学部分党组报告》（1964 年 7 月 10 日）。
③ 近代史所档案：《近代史所致各研究单位》（1964 年 10 月 8 日）。

年所言:"10 多年来都在酝酿开这样一个会,但每年都未开成。"① 召开讨论会的构想之所以久经曲折,窒碍难行,如前文所述,主要原因在于"文革"前的 17 年间,政治运动此起彼伏,学术活动难免受到干扰。

1964 年的全国近代史讨论会能够如期举行,固然因近代史所学人的不懈努力,更同当时"反修"的政治形势紧密关联。为因应国际国内形势的变化,毛泽东在 1960 年代掀起反"苏修"浪潮,中共与苏共展开意识形态领域的论战。学术界深为震动,"反苏修"成为社会科学领域的首要任务,亦成为此次会议的中心内容之一。

通过详述中科院近代史所为召开全国性学术会议的酝酿组织,以及 1964 年全国近代史讨论会的具体经过,大体有几点认识:

(一)"文革"前"十七年"间,"史学研究为政治服务"在相当程度成为不言自明的共识,学术研究与政治往往缠绕在一起,难以截然分开;但有学者视"十七年"史学为农民战争体系所笼罩,是"完全政治化"的产物,则不免失之偏颇。实则政治对学术有双刃剑的意味,一方面可能对学术研究造成干扰,同时也不可否认,因政治需求之推动亦可能结出学术果实。无须讳言,"反苏修"是 1964 年全国近代史讨论会召开的契机;然而,在"反修"的旗号之下,近代史研究所及史学界的学人,在此次会议中却有诸如推进近代社会历史调查,推进近代史方面全国重点研究、资料项目等颇具学术涵蕴的重大举措。

(二)既有关于"十七年"的马克思主义史学史研究,偏重于重要学人及史学思潮,对当时史学界的学术组织与学术活动较少关注。值得指出的是,"十七年"间的学人,亦不乏学术雄心与抱负,且有不少设想、规划。对于前辈学人的努力,不宜一概抹杀。"十七年"的史学史,不宜将史学界的学术组织、学术规划排斥在外。在对"十七年"史学进行评判之前,似应首先力求还原其丰富复杂的多重面相,而避免先入为主地以"一部农民战争史"一言以蔽之。

(三)格于时势,"十七年"间的一些学术规划在当时未能完全落到实处,对"文革"后的史学发展却有深远的影响,甚至在一段时期

① "刘大年讲话",载近代史所档案《1964 年全国近代史讨论会预备会议记录》。

内影响到全国史学界研究力量、研究项目的总体布局。"十七年"史学与改革开放以后的史学之间存在着紧密关联。若刻意割裂这种关联，忽略学术的传承与积累，则势必造成我们自身学统的中断。①

（作者单位：中国社会科学院近代史研究所）

---

① 罗志田：《文革前"十七年"中国史学的片断反思》，《四川大学学报》2009 年第 5 期，第 5 页。

唯物史观与当代中国史大众化

沈传亮

新中国成立以来至今已有 60 多年的历史，当代中国史研究走入人们的视野也有 30 多年。2012 年中国社会科学院当代中国研究所集体创作出版的《中华人民共和国史稿》，更是大大提升了人们对于当代中国史的关注程度和关切力度。就当代中国史而言，学术研究固然十分重要，但如何让研究成果走出书斋、走近大众，为大众所接受和认可，更加重要。当代中国史大众化（以下简称国史大众化）在探索过程中取得了明显成效，但也面临不少困难和挑战，如何坚持以唯物史观为指导，继续推动国史大众化，是一个值得思考和研究的重要问题。

一 国史大众化成就显著与乱相初现并存

国史研究肇始于改革开放初期，至今已有 30 余年，精品佳作不断问世。成为一门学科的呼声早已有之，国史专业的硕士、博士已经培养多年。在国史研究过程中，有识之士认识到了国史大众化的必要性和重要性。学以致用，用以促学。要让老百姓了解新中国的历史，增强爱国主义情感，有赖于看到鲜活的历史承载物。在这些理念的支撑下，国史大众化不断推进，取得了初步成就。

一些出版社努力推出了大众喜爱的国史图书。当代中国出版社出版的转折年代三部曲就是其中的代表作。该套书由整顿、转折、新路三部分组成，由著名国史专家程中原研究员担纲。把当代中国史上 1975 年至 1982 年这 8 年历史，以清新的文笔、引人入胜的故事展现出来，努力创造出一种新的国史书写方式，获得了巨大成功。书出版后广受好评，不少报刊都发了评论和书评。人民出版社也出版了不少推动国史大众化的图书，如2010年编辑出版的《图解当代中国》丛书就获得了成功。还有一些出版社出版了国史读本、中国简史、图解国史等不同类型的图书，也为推动大众化作出了自己的贡献。

在音像出版、电影、电视剧制作等方面，无论是以国史为题材的电影、电视剧，还是以国史资料为基础的文献片、纪录片、资料片、电子图书等等，都在努力向百姓靠拢，期望获得百姓支持。如在新中国成立60周年之际，2009年上演的电影《建国大业》以1949年为时间节点，围绕新中国成立这个核心，演出了一场建国大戏。这部电影取得票房多多，吸引了上亿人次观影。通过这一部电影，很多大众知晓了新中国成立的苦难辉煌。近年来，有关部门拍摄的大型文献片《旗帜》、《科学发展铸辉煌》、《新中国60年》、《改革开放三十年》等，都以多彩的笔触，还原了当代中国史上若干重大事件和重大节点，也吸引了大批观众观看。这些集声光电于一体的立体式的新形式成功推动了当代中国史的大众化。

在杂志报刊出版方面，有不少雅俗共赏的与国史大众化有关的报刊。如《百年潮》、《纵横》、《党史博览》、《报刊文摘》等。这些报刊常常刊登一些亲历国史的人的口述资料或回忆录，或披露历史细节或展示历史事件背后的秘密，引起了人们的关注。近年来，大众喜爱读的名人日记、回忆录或口述历史，也渐渐成为国史大众化的重要途径，为群众与国史之间搭建起了一座桥梁。

国史大众化的成就可谓巨大，但依然面临不少困难和挑战，甚至在某些方面可以说大众化趋势已出现乱象，对此必须加以纠正。大众化作品呈现出的乱象主要表现在：第一，描写重权术、轻史实。有的作品片面强调某个阶段、某些人之间的权斗，而不从大局观、大历史的角度看描述历史史实。第二，依据史料不准确、不科学。有的作品因为史料缺乏，存在张冠李戴的现象。第三，论证拉郎配、乱点鸳鸯谱。为了说明某个问题，有的作品存在生拉硬拽、移花接木的问题。第四，判断标准党同伐异，前后左右不一。谈自己以及自己身边的人则辉煌成就永不犯错，谈他人则是屡走麦城、不见成绩。第五，内容在时间上搞"乾坤大挪移"，以致出现牛唇不对马嘴的咄咄怪事。第六，人物评价片面，存在黑白截然对立，前后显然不一的现象。第七，搜集史料胡编乱造，有人罔顾史实捏造史料，以达到混淆视听、甚至不可告人之目的。第八，讲述故事无中生有，有人写作史书非说某人某时某地说过什么，实际上并没这回事，给纠正带来不少困难。第九，搞死无对证，有人信誓旦旦说采访时某某在场，但当事人因驾鹤西去无法求证。第十，英雄主义过于突出，忽视普通民众。

这些问题严重损害了大众化的进程和成效。如此，大众化的后果非常可怕，因为人们有时听到的、看到的都不一定是真历史、真故事。对于有一定鉴别能力的或有专业背景的人来说，相对还好些；对于那些不了解相关背景的大多数群众而言，则百害而无一利，因此，必须尽快解决这些问题。

二　推进国史大众化必须坚持唯物史观

避免大众化进程中的乱象，必须从思想观念这一根本问题入手，这就需要树立正确的历史观。只有树立正确的历史观，国史大众化过程中才不会剑走偏锋、走火入魔。在当代中国，推动国史大众化，必须坚持唯物史观。这是因为，唯物史观是正确的历史观，是经过实践检验的正确观察和研究历史的导航仪。马克思创立的唯物史观不仅阐明了社会结构是由生产力、生产关系、上层建筑这三个层次的因素组成，而且阐明了这三者之间的关系，既重视生产力对生产关系、经济基础对上层建筑的决定性作用，同时也承认上层建筑对经济基础、生产关系对生产力的能动的反作用。唯物史观还论证了物质生产和精神生产、物质生活和精神生活、社会存在和社会意识的辩证关系。学者评价说唯物史观"这样的思想深度，是以往的历史学家和哲学家所未曾达到的，使历史学发生了根本性变革"。①

国史大众化进程中之所以乱象频发，主要是因为有人不尊重、不信服、不了解唯物史观，被利益、感情等因素蒙蔽了眼睛。

唯物史观不仅解释了社会历史的客观基础，还揭示了社会历史的辩证运动，认为人类历史是一个向前发展的运动过程，具有必然性和规律性，历史发展进程的必然性是通过一系列偶然性表现出来的。有的大众

---

① 张岂之等：《史学概论》，人民出版社 2009 年版，第 27 页。

化作品刻意夸大偶然性因素作用，认为历史是由一连串的偶然性因素组成的，刻意回避必然性，让人们错误地觉得社会发展的无规律性。有的大众化作品背后透出的史观是认为，历史现象和过程已经一去不复返，历史学研究对象的即逝性和史料的有限性决定了不可能解释历史发展规律的结论。还有人错误地认为，历史是有意识的人的活动，而人的动机的产生和变化都是没有规律可言的，这决定历史不可能有规律。

唯物史观还认为历史发展是连续性和阶段性的统一，如毛泽东就曾说过："中国现时的新政治新经济是从古代的旧政治旧经济发展而来的，中国现时的新文化也是从古代的旧文化发展而来，因此，我们必须尊重自己的历史，绝不能割断历史。"① 有的大众化作品，偏离唯物史观，使人觉得历史发展的阶段性和连续性不是统一的，而是割裂的、没联系的，这就违背了基本的历史规律。

唯物史观强调人的作用，认为历史过程由人的活动完成，历史是由人创造的，不是历史创造了人。马克思就曾指出，"历史不过是追求着自己目的的人的活动而已"②。唯物史观认为，人民群众在推动社会发展过程中起到了决定性历史作用，个人在社会的历史发展过程中具有重要性作用。但唯物史观反对夸大个人的作用和个人崇拜的思想。一些大众化作品，对普通民众的书写恰恰不够，英雄史观突出，往往过分夸大英雄人物的作用。这也是老百姓对部分大众化作品不满的原因之一。

按照唯物史观的要求，国史大众化必须强调实事求是原则。不管在东方还是在西方，秉笔直书，真实再现历史的本来面目。几千年来都一直是正直的历史学家追寻的理想境界之一。真实地记录和再现历史，被许多历史学家视为最基本的学术道德准则之一。有的人在创作大众化国史作品时，按照自己的立场、观点、方法还原解释历史，直接或间接地表达自己对当代社会生活的关注，但历史作为一种已经消失了的社会存在，却不会因此而有任何改变。有些作品明显违背实事求是原则，存在曲笔或漏笔现象。

按照唯物史观的要求，国史大众化必然强调历史主义，强调要从客观历史的实际出发，具体问题具体分析，在特定的历史条件下，理解历

---

① 《毛泽东选集》第 2 卷，人民出版社 1991 年版，第 708 页。
② 《马克思恩格斯全集》第 1 卷，人民出版社 1957 年版，第 119 页。

史人物的思想与行为，以及各种历史事件和历史现象得以存在的理由。而有些大众化载体不把具体的历史问题提到一定的历史范围，不从具体的历史环境出发考察问题，不重视基本的历史联系，甚至有的采取历史虚无主义的态度，这都是不可取的，也是错误的。

坚持唯物史观，必然强调整体性，强调在历史过程各因素的普遍联系和相互作用。在一些大众化作品中，有些过于强调经济因素，有些则过于强调精神因素，这也不足取。简言之，大众化乱象全因治史观念偏颇，偏离了唯物史观。

三 以唯物史观为指导推进当代中国史大众化的路径

大众化国史作品要避免出现"乱花渐欲迷人眼"的乱象，必须以唯物史观为指导。在创作国史题材的大众化作品时，必须依赖正确史观指导。目前看，可尝试从以下几个路径继续推动国史大众化工作。

一是用真实故事讲国史。国史大众化的实现程度取决于受众的接受程度。在工作压力加大、消费主义盛行的时代，读者更喜欢在轻松中获取知识、在快乐中受到启迪。当代中国史 60 多年，如何让读者百读不厌，讲故事的形式更为可靠。大量著作受众面小，发挥不了应有作用，往往是因为可读性不强。可读性不强又往往来自于故事性不够。但新中国历史波澜起伏，故事不可谓不多。仅就改革开放后 30 多年的历史也有数不胜数的好故事。近年来有些史书之所以畅销，除踩上了时代的节拍，更重要的是因为写作手法清新，注重用真故事来叙述历史。以故事串历史，关键要用生动有趣的真故事，切忌以假乱真、以次充好。有人写作也注意到了用故事来写历史，但没有经过研究和查找材料，而是自编自导，以假乱真。如此用假故事讲历史，讲的是伪历史。这样的假历史传递错误信息、散播歪曲种子，误人子弟，害人不浅，应予以"严打"。真故事则来源于历史现场，能展现国家发展变化的真面貌，应鼓励大力挖掘。

二是请大家写小品文。读者往往喜欢品阅有内涵的历史小品文即短文。有很多小品文，短小隽永，读时如甘泉润心，读后念念不忘。近年来，梁衡先生撰写的历史类短文，就很受欢迎，主因是言之有物、物有所值、物源有据。大家写的小品文，在正确的史观指导下，或是披露史料，或是抒发新论，或是澄清错讹，或是提出批评，都能说明某个问题。但小品文，是很难写的。有道是长文易凑，短文难写。尤其是历史小品文，没有把厚书先读薄再变厚的功夫，也就是说没有一定的功力修行是写不出来或写不好的。因此，实现历史大众化的一个重要文本途径是请大家来写小品文。所谓大家乃学界泰斗、名宿、名家，他们史观正确，研究深入，学养深厚，熟悉过往，察透当下。明史学家吴晗就曾写过不少历史短文，文笔生动，使人读后容易产生爱不释手、手不释卷的感觉。另有史学大家钱穆、黄仁宇等所著史书多数畅销，尤其是一些相对短的论著更是如此。但有的史学大家不爱写小品文，可能是觉得写短文不足以显示水平，长篇大论、洋洋洒洒才能见真学问、硬功夫。因此，大家写小品文也只能是愿者自便、不请自来。但是有些尝试取得了很大成功，引起学界重视。中共历史学界著名学者龚育之晚年撰写的《党史札记》就受到了业内外的广泛关注。林蕴辉的国史札记事件篇或人物篇尽管学术性很强，但依然也得到读者喜爱。如果学有所长的大家名家来写一本通俗些的国史读本，可能更有助于国史大众化的开展。

三是请研究者写通俗历史。通俗化是大众化的重要前提。多数历史以正史或学术性较强的文本存在，让一般读者望而生畏、畏难却步。而没有研究基础的人投入写历史的怪现状也带来了很多问题。最近有的知名畅销书受到痛批就是因为不严谨所招致。更有甚者，一些通俗历史作品是剪刀加浆糊拼凑而成，其质量可想而知，其肆意篡改历史的危害更是不可估量。因此，动员呼吁有研究的人参与到写作通俗化的历史书中来很有必要。如此既能够保障作品的准确性、科学性，也能增加作品的品性、品位。有的研究者已经开始有意识地在做这方面的尝试，并取得一定成功。如前所述，当代中国出版社出版的《历史转折三部曲》，就是推动历史大众化、通俗化的一个有益尝试。历史要想更好地影响大众，必须贴近大众需求。2011年中共中央党史研究室、教育部、团中央今年组织编写了《青少年学习中共党史丛书》，作者大多是该领域的研究者。虽是通俗作品，但有多年的研究功底作支撑，故事讲得生动、来得真实、写得顺畅，受到了广泛认可。这部丛书尽管是党史，但新中国成立之后的12本写了很多国史的内容。

四是提倡作口述历史。口述历史是近些年来逐渐得到重视并日益壮大的一种历史书写方式。它采取回忆录、日记等形式把亲身经历的时空重新展现给读者。其最大的优势在于原生态：鲜活、生动、原汁原味。一些历史重大事件的发生，他亲身经历过，现在呈现给读者，就有说服力。很多读者包括专业研究人员都喜欢阅读口述历史。比如当代中国出版社出版了汪东兴回忆的《毛泽东与林彪反革命集团的斗争》、吴德口述的《十年风雨纪事——我在北京工作的一些经历》等，就比较受读者欢迎。中国历史博大精深，当代中国史波澜壮阔，尤其是改革开放史更是一幅多彩画卷。提倡大家来做口述历史，很大意义上是在保存史料，抢救历史。有的历史细节很难寻找，在不经意间就消失于时间黑洞，无可挽回，甚是可惜。不过还好，做口述历史的人逐渐多了起来，知青口述史、将军回忆录、大队支书日记、重要事件亲历记等各种形式的口述历史多了起来，为国史走向大众增添了新路径。

五是让图片说历史。一些珍贵的老照片本身就是历史。在中国，有照片的历史虽然不长，但还是能够从一些侧面反映近现代历史发展的轨迹。看到反映剪辫子、裹足、中山装、旗袍、喇叭裤、黑白电视机、金鹿自行车、大哥大等这些老照片，就自然会想起近代中国和当代中国历史的发展变迁。现在出版的很多画册都或多或少地反映了历史的某一侧面，出版的画册品种也不一而足。读者之所以喜欢，是因为它能够直观、真实地诉说过去。这是把历史留住、让历史走向大众的好方法。

六是以国史为根据进行电影、电视、文学创作等，需要请专家指正。国史大众化有不少好形式，观众也喜爱。但有的作品在史家眼里却是毛病多多、硬伤不少。这是因为在文艺创作时、电影开拍后缺乏专家咨询环节。现在不少历史题材的电视剧创作有了各方面的专家论证，违背历史史实的错误也大大减少。

留史、存史、治史意义重大，因为知史方能爱国。龚自珍曾说，"欲知大道，必先为史"，"灭人之国，必先去其史"。历史大众化是留住历史的重要途径，有的历史事件即使在不经意的忘却中也会消失，何况有的还被刻意回避。目前，国史大众化取得了很大进步，但为了不忘却历史，坚持对历史负责，让更多的人喜欢当代中国史，了解当代中国史，认清新中国走过的路，我们还要坚持以唯物史观为指导，在历史普及方面继续努力。

（作者单位：中共中央党校党史教研部）

唯物史观的普及与史学研究者
理论水平的提升

赵梅春

一 唯物史观的普及与重大理论问题的论争

新中国成立后，为了改造旧的社会意识形态，树立马克思主义的指导地位，在全国范围内进行了唯物史观的普及。

新中国成立以前，在马克思主义理论家、史学家的艰苦努力下，唯物史观的影响不断扩大。但就整个思想界而言，许多人对唯物史观还是陌生的。新中国成立后，兴起了学习唯物史观的高潮。1949 年创办的《学习》杂志创刊号发表了艾思奇《从头学起——学习马克思主义的初步方法》一文，阐述了学习马克思主义理论的必要性，以及现阶段学习马克思主义的主要任务、方法。对史学工作者来说，"从头学习"马克思主义理论，主要是学习历史唯物主义，尤其是社会发展史，树立正确的历史观，以马克思主义的立场、观点和方法从事历史研究。1950 年翦伯赞在《新建设》上发表了《怎样研究中国历史》一文，指出："怎样研究中国历史，这个问题很大，但扼要地来说，就是立场、观点和思想方法的问题。"[①] 并阐述了如何以唯物史观为指导，确立正确的中国历史研究的观点、立场、态度。他提出，史学研究者应站在劳动人民的立场上，建立以劳动人民为中心的新历史观点，站在民族平等的立场上，撰写包括中国境内各族人民的历史在内的真正的中国历史；要以社会形态理论划分中国历史发展阶段，说明每一历史阶段所特有的基本经

---

① 翦伯赞：《怎样研究中国历史》，《翦伯赞历史论文选集》，人民出版社 1980 年版。

济法则和与此相适应的阶级关系、政治制度乃至意识形态，说明一个历史阶段发展到另一个历史阶段的变革过程；要以辩证唯物主义的方法，从阶级矛盾中寻找历史的变革。这反映了对史学界学习唯物史观的基本要求。批判唯心主义历史观也是普及唯物史观的一个重要方面。新中国成立以前，许多知识分子受以胡适为代表的实验主义哲学的影响。毛泽东认识到要改造知识分子，确立马克思主义的主导地位，必须清除胡适的影响。于是在1955年亲自发起了对胡适的批判运动。在批判胡适运动中，史学界对胡适、傅斯年、钱穆等人的历史观和史学方法也进行了批判，一些深受他们影响的史学家逐渐地接受了马克思主义理论。

通过学习、讨论和批判，绝大部分史学工作者对人类历史与中国历史发展过程形成了共识。他们"普遍地认识到：人类历史是按照客观规律发展的过程，而生产方式的变革则是社会制度和思想观念变化的基础；中国自古以来就是多民族的国家，它从原始公社崩溃以后，经历过奴隶社会和封建社会；中国封建社会的主要矛盾是农民阶级和地主阶级的矛盾，农民的阶级斗争和农民的起义是历史发展的真正动力；中国封建社会内部商品经济的发展孕育了资本主义萌芽，如果没有外国资本主义的入侵，中国也将缓慢地发展到资本主义社会；鸦片战争以后，中国逐步沦为半殖民地半封建社会，从此帝国主义和中华民族的矛盾、封建主义和人民大众的矛盾成为近代中国社会的主要矛盾"①。这表明，唯物史观已经为广大的史学工作者所接受，马克思主义史学已经确立了主导地位。

接受了唯物史观的史学工作者试图以唯物史观与历史研究实际相结合，于是史学界出现了有关重大理论问题的论争。这些理论问题主要有古史分期即奴隶社会与封建社会的分期、亚细亚生产方式、中国资本主义的萌芽、中国封建社会内部的分期、封建土地所有制形式、汉民族的形成、农民战争、中国封建社会长期延续的原因、中国古代的民族关系、爱国主义与民族英雄、关于历史人物的评价、史论关系等，其中关于古史分期问题、封建土地所有制问题、资本主义萌芽问题、农民战争问题、汉民族形成问题等，在五六十年代引起了史学研究者热烈而持久的讨论，被称为"五朵金花"。这些问题，与如何认

---

① 卢钟锋：《回顾和总结：新中国历史学五十年》，《中国史研究》1999年第3期。

识中国历史进程与面貌以及如何运用唯物史观研究历史有着密切的关系。如关于奴隶社会与封建社会分期的讨论，主要关系到如何运用社会形态理论认识中国历史发展的阶段，以及以何种因素作为划分中国社会发展阶段的标准等一系列的问题；关于资本主义萌芽的讨论，主要探讨的是中国历史从古代走向近代的自然历史发展过程，以及这一过程被中断的原因之所在。中国是一个多民族的国家，其中汉族在多民族国家的历史发展中起着主导的作用。对汉民族的形成，以及民族关系问题的论辩，是对作为统一的多民族国家的主体民族的发展情况，以及各民族之间关系的理论探讨，以便更好地认识统一的多民族国家形成的历史。在中国封建社会，土地和农民问题是最主要的问题。封建土地所有制是封建生产关系的基础，对这一问题的认识，是认识中国封建社会历史发展的必要前提。农民占封建社会总人口的大部分，他们为了生存不断地进行反抗斗争。对农民战争在中国历史发展中的作用与相关问题的研究，其实质是对中国封建社会历史发展动力问题的探讨。而有关史论关系问题的讨论则涉及到理论与实际如何正确地相结合的问题。尽管在这些问题的认识上，史学界没有取得共识，讨论中也存在着教条主义和简单化倾向。"'五朵金花'及其他历史理论的讨论本身也存在不少问题。这些问题的探讨立足点本在于运用马克思主义来探讨中国历史的形成、中国历史特点，但大多数参与者往往是按照自己对马列经典作家，尤其是毛泽东的某些论断出发，去寻找有利论据。'五朵金花'的论战，有不少部分属于对毛泽东有关历史问题论述的不同理解，毛泽东在某些方面的具体意见，常常是一言九鼎。这样一来，原本是对历史的理解与解释却变成了用历史来阐释某些既定的结论。"[1] 但通过讨论，史学界的整体理论水平提高了，中国历史研究的基础理论扎实了。正如有学者所指出的那样，"建国初出现了著名的古代史研究的'五朵金花'，标志着新中国史学开始摆脱战争时期史学的草创痕迹，向着严肃的科学境界迈进"[2]。

---

[1] 姜义华、武克全主编：《二十世纪中国社会科学》历史学卷，上海人民出版社 2005年版，第 47 页。

[2] 盛邦和、何爱国：《现代史学三流派及其形成的原因》，《史学理论研究》2003 年第 4 期。

二 史学研究者理论水平的提升

20 世纪末，当学者回首 20 世纪中国史学发展的历程时，在有关 20 世纪五六十年代史学的评价上产生了严重的分歧。肯定者认为"文革"前十七年的中国史学虽然存在着教条主义倾向，但成就是主要的，并从通史编纂、断代史与专题史的研究与撰述、史料的整理等方面对这一时期的史学成就进行阐述。否定者则认为以农民战争史为代表的"五朵金花"是假问题，是意识形态中的学术争论，"文革"前十七年史学没有脱离战时史学的窠臼。双方分歧之严重，似乎难以调和。但有一点，分歧的双方大约都会赞成，这就是通过唯物史观的普及，尤其是重大理论问题的论争，史学研究者的理论思维能力得到了训练，理论水平有了极大的提升，从而整个地改变了中国史学研究的方向、面貌。这种变化反映在绝大多数史学研究者身上。

郭沫若、范文澜、翦伯赞、吕振羽、侯外庐等马克思主义史学家在新中国成立以前已经运用唯物史观研究中国历史，并初步建立了马克思主义中国历史体系。但严酷的现实使他们的研究着重于对中国历史做全新的解释，以揭示中国社会发展前途。在唯物史观的普及中，他们一方面指导史学研究者学习唯物史观的基本原理以及如何运用唯物史观从事历史研究，另一方面检讨自己以往研究所存在的不足，并进一步从理论上探索中国历史问题。1950 年郭沫若发表《读了〈记殷周殉人之史实〉》一文，提出殷周是奴隶社会，1952 年他又出版《奴隶制时代》一书系统地阐述了战国封建说，引起了史学界对古史问题的讨论。关于汉民族的形成问题的讨论始于范文澜 1954 年发表的《试论中国自秦汉时代成为统一国家的原因》一文。范文澜认为秦汉之际汉民族已经形成，引起史学界的广泛关注和讨论。1954 年侯外庐发表了《中国封建土地所有制形成问题》一文，提出中国封建土地所有制是"皇族所有"，引起史学界对封建土地所有制形式的争论，争论的重点在封建社会土地所有制占支配地位的是土地国有制，还是地主土地所有制。他们也积极吸收学术界研究的成果，提高自己的理论水平。在这方面范文澜最为典型。在延安撰写《中国通史简编》一书时，范文澜对唯物史观的运用还未达到纯熟的程度，因而存在着非历史主义的缺点①。新中国成立后，他集中精力对《中国通史简编》进行修订。修订本《中国通史简编》第一编出版后，史学界就其古史分期问题进行了广泛的讨论。赵光贤、吴大琨、王玉哲、胡钟达等学者撰文对其西周封建论提出了自己的认识，北京大学历史学、中山大学历史学为此组织了专门的座谈会。为了回答学者的疑问，也为了系统地阐述中国通史编纂中所涉及的理论问题，范文澜撰写了《关于中国历史上的一些问题》一文，后经修改作为修订本《中国通史简编》的绪言。在这篇长达3万字的绪言中，他探讨了劳动人民是历史的主人、阶级斗争论是研究历史的基本线索、在生产斗争中的科学发明、汉族社会发展史的阶段划分、汉族封建社会的分期、汉族封建社会开始于西周、自秦汉成为统一的多民族国家的原因、历史上的爱国主义、历史上战争的分类九个方面的理论问题。他吸收史学界有关成果，对这些问题进行了深入系统的阐述，表现出对马克思主义理论已经运用自如。以西周为中国封建社会的开始，是范文澜始终坚持的观点。但在为延安版《中国通史简编》的撰写做理论准备的《关于上古历史阶段的商榷》一文中，他主要是根据《联共（布）党史》有关奴隶社会、封建社会的观点，逐项列举中国史料以证明殷商为奴隶社会、西周为封建社会，显得机械生硬。而在修订本绪言中，他以生产关系的变化为社会形态变革的主要标志，通过对西周农夫经济地位的分析，指出西周农夫是有自己的生产工具和私人经济的农奴，公田、私田和分封构成了西周的封建土地所有制，而宗法制为其上层建筑，所以西周是封建社会。针对学者对西周封建说的论难，他还进一步阐述了西周有奴隶从事生产劳动，为什么不是奴隶社会；生产工具的变化不能作为奴隶制向封建制转化的决定性因素等问题，使其西周封建说更加具有说服力。论及秦汉时期统一的多民族国家形成时，他遵循但不囿于斯大林的民族理论，提出在秦汉时期汉民族已经形成，初步具备了民族的四大特征，但不是资产阶级民族。"汉族自秦汉以下，既不是国家分裂时期的部族，也不是资本主义时代的资产阶级民族，而是在独特的社会条件下形成的独特的民族。"而秦汉以来中国所以能成为一个统一国家，其原因在于"自秦汉起，汉族已经是一个相当稳定的人们共同体，自北宋

---

① 范文澜：《关于〈中国通史简编〉》，《新建设》1951年第4卷第2期。

起，全国范围内经济联系加强了，这个共同体也更趋于稳定。"① 这些表明，他已超越了延安时期学习运用马克思主义研究和撰写中国历史的阶段，能够熟练地运用马克思主义理论研究中国历史的问题了。正如学者指出的，"'绪论'把这些问题充分展开论述，标志着著者对唯物史观的运用达到了纯熟的程度"②。史学界有关重大理论问题的讨论也促进了吕振羽在理论上进一步成熟，使其对有关理论问题的认识更为全面、充实、严谨。这主要体现在有关奴隶制向封建制的转变和资本主义萌芽问题的认识方面。吕振羽是最早提出西周是封建社会的学者，但在20世纪40年代出版的《简明中国通史》上册中，他对西周社会封建制度确立的阐述比较简单，认为武王革命后，通过分封活动，西周封建制就建立起来了，成王时新的封建秩序已经巩固，宣王时完成社会制度的转化。③ 随着史学界古史分期问题讨论的发展，他进一步完善了自己的古史观。1959 年发表的《论两周社会形态发展的过去性和不平衡性——关于中国社会从奴隶社会转变为封建制问题的讨论》一文，着重阐述了两周社会从奴隶制向封建制过渡的复杂性和不平衡性。他指出，武王灭殷时，各地的发展极为不平衡。这种发展的不平衡性造成西周从奴隶社会向封建社会过渡的复杂性和不平衡性。不但各地完成过渡的时间不同，而且在转变过程中，不少地区奴隶制、原始公社制与封建制长期并存，并且在封建制确立了主导地位之后，奴隶制、氏族制的残余依然存在。文章还对周中央区域，齐、鲁各封国，吴越等地区封建制代替奴隶制的进程分别考察。这一认识，也反映在 1959 年出版的修订本《简明中国通史》中。吕振羽很早就提出明清时期存在着资本主义萌芽，但没有对这个问题进行深入研究，所以《简明中国通史》初版的有关论述比较简单，使用的材料也有不充分。在《简明中国通史》的修订本中，他对明清时期资本主义萌芽的具体表现进行了仔细的考察，加深了对这个问题的认识，克服了初版将"商人向茶丁、灶丁订购茶、盐、或买原料给独立的手工业者和收买他们的产品等等"这些还不是资本主义性的东西，当作论证资本主义萌芽的材料的不足，"基本上已弥

---

① 范文澜：《中国通史简编·绪论》（修订本），第 60、48 页。

② 陈其泰：《范文澜学术思想评传》，北京图书馆出版社 2000 年版，第 252 页。

③ 参见吕振羽《简明中国通史》第五章《西周初期封建制度的建立》，生活书店 1945 年版。

补了自己过去在这个问题上的缺点"①。吕振羽认为是学术界有关资本主义萌芽的讨论帮助他提高了认识。他在《后记》中说："在这里，（多）年来史学家对资本主义萌芽问题的讨论，对我是有帮助的。"② 翦伯赞在新中国成立后，一方面指导史学研究者学习运用唯物史观研究历史，另一方面致力于纠正唯物史观学习与运用过程中所存在的简单化与教条主义倾向。60 年代他撰写的《目前史学研究中存在的几个问题》、《对处理若干历史问题的初步意见》两篇文章，对如何正确运用唯物史观研究历史与撰写中国历史进行了深入阐述。这是其继 1938 年出版的《历史哲学教程》之后，对马克思主义史学理论的新贡献。

在唯物史观的普及与重大理论问题的讨论中，理论思维能力提升最显著的是那些新中国成立以前还不是马克思主义者的中年学者群体，他们也被称为"中生代"史学群体③。对新中国史学发展具有重要影响的学者如白寿彝、童书业、杨志玖、周一良、邓广铭、谭其骧、杨宽、杨向奎、唐长孺、梁方仲、傅衣凌、赵光贤等都属于这一群体。他们在新中国成立后积极学习唯物史观，在初步掌握了马克思主义理论之后，就尝试着用唯物史观研究历史。扎实的史料根底、实证史学功力与新掌握的马克思主义理论相结合，使他们在五六十年代有关重大历史理论问题的讨论中颇为活跃。有些理论问题就是由他们率先提出而引起史学界的讨论的，如有关亚细亚生产方式的论争缘自童书业 1951 年在《文史哲》上发表的《论"亚细亚生产方式"》一文。通过唯物史观的学习与重大理论问题的讨论，他们的理论水平迅速提高，史学研究进入了新境界。其中，不少学者从爱国主义者转变为马克思主义史学家。新中国成立以前，白寿彝虽然在交通史、回族史、伊斯兰教史的研究方面已经取得了丰硕的成果，但接触与学习唯物史观则是从新中国成立后开始的。唯物史观的学习使白先生的史学研究发生了深刻的变化。在历史撰述中，他重视以马克思主义为指导研究中国历史与总结史学遗产，具有较

---

① 吕振羽：《简明中国通史·后记》（修订本），人民出版社 1959 年版。

② 同上。

③ 张越在《新中国建立后十七年"中生代"史家群体与马克思主义史学》（《史学理论研究》2012 年第 2 期）一文中指出："所谓'中生代'史家，主要指那些出生于 20 世纪初、有着扎实的史料考证基础、在民国时期已经有了一定的学术成果和学术地位、在新中国建立之初年龄大致在 40 岁上下、正处于学术生命的旺盛期的史家群体。"

高的理论水平。1951 年出版的《回回民族底新生》、1958 年出版的
《回回民族历史与现状》这两书、1957 年发表的《回回民族的形成和初
步发展》一文，按照延安出版的《回回民族问题》一书的思路，将回
族史与伊斯兰教史分开，运用斯大林的民族理论阐述了回族的形成与发
展，以阶级观点分析回回人民的反抗民族压迫的斗争、回族和其他民族
的关系，以及回族内部关系、门宦制度、教派之争的实质等。1960 年
发表的《关于回族史的几个问题》一文，则对回族史上研究的重要理
论问题如回族与伊斯兰教的关系、回族的来源、回族内部的阶级关系以
及与其他民族的关系、如何评价回族历史人物等，运用马克思主义民族
理论进行了阐述。1952 年出版的《回民起义》资料集是在原有的《咸
同滇变见闻录》的基础上扩充而成的。两书相比较，《回民起义》不仅
资料更为丰富全面，更重要的是认识上的变化。这就是"白先生已经开
始运用马克思主义的阶级斗争学说，来观察历史上的民族问题和民族关
系问题，分辨历史文献所反映出来的阶级分野和记事的真伪"①。1951
年发表的《论历史上祖国国土问题的处理》，讨论了中国历史范围问题，
批评以历代皇朝的疆域为中国历史范围的观点，提出应以今天的中
华人民共和国的国土为中国历史的范围，由此上溯自有历史以来在这土
地上先民的活动。撰于 1961 年的《谈史学遗产》一文将史学遗产从历
史遗产中分离出来作为专门的学术问题和一个理论问题进行研究，阐述
了史学遗产的重要性、基本内容、整理研究史学遗产的方法。1964 年
发表的《中国史学史研究任务的商榷》指出研究中国史学发展的规律、
以辩证的方法和态度总结历史上的史学成果是中国史学史的任务，而要
承担其这一任务，需要占有丰富的资料和理论水平，并将这二者密切结
合。这一观点对后来的史学史研究产生了深刻影响。"文革"结束后，
白先生致力于探索具有中国特色的马克思主义史学，并形成了自己史学
研究的理论风格。在中国通史、民族史、史学史等领域取得了令人瞩目
的成就。应该指出的是，白先生五六十年代唯物史观的学习研究与对相
关理论问题的探讨，为其"文革"结束后理论上的创新奠定了基础。
如他在 80 年代撰写的《谈史学遗产答客问》系列文章，是《谈史学遗

---

① 瞿林东：《白寿彝先生的学术思想和史学成就》，《史学理论与史学史学刊》2002 年
卷，第 246 页。

产》一文的基础上从历史观点、历史文献学、史书的编撰、历史文学等方面进一步讨论史学遗产，为史学的发展提供思想资源。撰写的《史学史上两个重大问题》则是在《中国史学史研究任务的商榷》一文的基础上，提出中国史学史应该着重研究关于对历史本身的认识过程及史学的社会影响发展的过程这两个重大问题，以展现各个历史时期史学发展的清晰面貌，使史学史著作摆脱目录解题式的写作模式。白先生主编的多卷本《中国通史》导论卷论及中国通史的撰述范围时，指出："中华人民共和国的疆域是中华人民共和国境内各民族共同进行历史活动的舞台，也就是我们撰写中国通史所用以贯穿今古的历史活动的地理范围。"中国历史是中华人民共和国境内各民族共同创造的，也包括在这块土地上生存、繁衍而现在已经消失的民族的历史。对跨国民族，只写其在中国境内这部分人的活动，历史上发生在现在中国境外的重大活动，或外国人在中国的活动及中国人在外国的活动，对中国历史或人类进步有影响的也要写进中国通史。这一认识是在《论历史上祖国国土问题的处理》的基础上，吸收学术界的有关认识，并加以完善而形成的①。

与白先生不同，童书业在新中国成立前已经接触唯物史观，但自觉地以唯物史观作为历史研究的指导，却是从唯物史观的大普及开始的。他积极学习、钻研唯物史观，努力以唯物史观指导史学研究，从而从实证史家转变成为马克思主义史家。五六十年代撰写的《中国手工业和商业发展史》、《先秦七子研究》、《春秋左传研究》等著作，反映了他运用唯物史观研究历史所取得的新成就。这些著作有一个共同的特点，这就是重视理论分析。如他研究中国手工业与商业发展历史时，将手工业与商业的发展与中国历史发展结合起来进行考察，注重对不同历史阶段经济特点的总结。对先秦思想家的研究，将思想史与社会史的研究密切结合，运用阶级分析法揭示这些思想的阶级本质。即便是像《春秋左传

---

① 白寿彝《论历史上祖国国土问题的处理》发表后，萧超然曾撰文予以补充，他一方面肯定白先生此文提出处理历史上祖国国土应以今天中华人民共和国的国土为范围的观点，另一方指出以此为本国史的范围会使读者误以为编写中国史其范围只能以今天中华人民共和国国土上发生的历史为限，而且这种历史还必须只是在这块土地上的"先民活动"，超出这个范围，即使写的是先民的活动，也不属于中国史。反之，写的不是先民的活动，即便是发生在今天中华人民共和国的国土上，也与中国史不相干。这样中国先民不在今天国土内的活动、中国历史上优秀人物在国外的活动、包括侵略者在内的非中国先民在中国境内的活动等本应该写入中国史的，都被排除了。白先生接受了其批评。

研究》这样的考证著作也重视经济问题与政治制度宗法制度的研究、重视促进社会变革的重大事件的研究，脱离了旧式考证学的窠臼①。这种研究方法与新中国成立以前他所隶属的"古史辨"学派的治学路数已经有了实质性的区别，故顾颉刚论及《春秋左传研究》一书指出："很大程度上归功于他多年来对马克思主义的学习。没有马克思主义的指导，想深入解决社会经济、宗法封建这类问题几乎是不可能的。从这点来说，这部遗著已经冲破了旧式考证学的藩篱。"②

杨志玖回顾自己的治学生涯时，曾说："学习了马列主义开阔了视野，对过去模糊的认识清楚了，有些真有'觉今是而昨非'的感觉。"③ 这种变化表现在史学研究中，就是他用唯物史观为指导在隋唐史、土地制度史、元史的教学与研究方面取得了丰硕的成果。其中1955 年出版的《隋唐五代史纲要》被学者认为"是旧社会过来的知识分子学习唯物史观研究历史的一个尝试和例证"。在这部书中，他力图避免罗列事实，着重分析，具有较强的理论性和逻辑性，建立了新的教科书断代史体系，对后来断代史著作的撰写产生了很大影响，并在很长时间里成为青年学习隋唐史的入门书。这里，我们以金毓黻的有关评价来说明这部著作的特点。《隋唐五代史纲要》出版后，金毓黻对其极为称赞："用去粗取精以简驭繁的方法，写出一部相当简明扼要的《隋唐五代史纲要》，这是现实非常需要的一部断代史，不仅隋、唐、五代一段应这样写，其余几个段落的断代史也都应该这样写。"并将其与陈寅恪、岑仲勉的相关著作进行比较，指出："陈、岑二氏研究唐史之作，得到若干问题的深度，而彼此之间的联系，特别是内在联系，常常感到不够。杨著之佳，在能汇合诸家对若干专题之结论，作出联系，由联系而构成隋、唐、五代史之整个体系，得到一部断代史应有之宽度。此其所以为佳，亦可谓与陈、岑二氏之作互相配合相得益彰之作。"他还仔细地将岑仲勉《隋唐史讲义》与此书有关"贞观政要"、武则天的论述进行比对，认为"岑著只是关于唐史的笔记汇编，繁简不一，前后不相联贯，不得谓之断代史"。他分析岑著不及杨著的原因，在于杨著以唯

---

① 参考张剑平《童书业史学研究的新境界》，《史学史研究》2008 年第 2 期。
② 童书业：《春秋左传研究》，上海人民出版社 1980 年版，第 5 页。
③ 《世纪学人自述》第 5 卷，第 126 页。

物史观治史，站在人民立场上。"如此可使运用历史唯物论之治史方法前后一贯，此应为岑著之所不具，故以相形见绌。夫既谓断代史，则对于主要关键，必须前后一贯，杨著能而岑著不能者，此由杨著能以新观点新方法以及站在立场治史，而岑著与此尚有不够之处也。"①在写给卞孝萱的信中，他建议卞孝萱先读杨著，次读陈寅恪《隋唐制度渊源略论》、《唐代政治史述论》，岑仲勉《隋唐史讲义》，尚钺《中国历史纲要》唐代部分，在此基础上再读新、旧《唐书》等古代史书。他指出："现世以治隋唐史者，前推陈寅恪、岑仲勉二氏，皆能殚见洽闻，而陈氏尤为博通，所著《隋唐制度渊源略论》、《唐代政治史述论》最为独出冠时。""岑氏有《隋唐史讲义》……其可尚者，在能博而不在其能通也。""至于杨志玖论著之《隋唐、五代史》虽出版较晚，声名亦不如陈、岑、尚三氏之昭昭在人耳目，但此为新生力量不可忽视之一种。此书着墨不多，但能扼要叙述，凡前人可取之结论咸能网罗在内，实不愧为一部提纲挈领之作。"并进一步指出，治史必备三要：理论、资料、技术。"治史之士必三者兼具而后可，如陈、岑二氏于新理论尚未能全部接受，即为美中不足之一，杨著虽晚出，但于理论一端则差胜。"②不难看出，金毓黻认为杨志玖《隋唐五代史纲要》超过了岑仲勉之书，运用唯物史观为指导具有较高的理论水平。在金毓黻看来，杨志玖之书的优点在于其运用唯物史观在理论上达到了一个新高度，因而对隋唐史有系统扼要的阐述，具有宏观的视野。从这里可以发现，杨志玖通过唯物史观的学习，其理论水平大为提高，远远地超过了尚未接受唯物史观的岑仲勉。

金毓黻在新中国成立时已过六旬，应是陈寅恪、岑仲勉同辈人。其在东北文献的整理，东北史地、宋辽金史、中国的史学史的研究等方面颇有成就，但不赞成以唯物史观研究历史，这从他对范文澜《中国通史简编》的评价可见端倪。他指出范文澜《中国通史简编》，"综观编辑大旨，系主唯物史观……范君本为北京大学同学，又同请业于蕲春先生之门，往日持论尚能平实，今乃为此偏激之论，盖为党纲所范围而分毫

---

① 金毓黻：《静晤室日记》，辽沈书社 1992 年版，第 7164—7165 页。
② 同上书，第 7174—7175 页。

不能自主者，是亦大为可怜者"①。1949 年 1 月北平解放后，金毓黻出于民国史研究的需要，开始阅读毛泽东《新民主主义论》。之后，又读《大众哲学》、《政治经济学》等书，认为"依此两书之理论体系以治历史，则有顺如流水之势，所谓立场观点亦有此获得"②。在唯物史观普及过程中，他一方面阅读马列主义著作如《联共党史》、《毛选》，以及社会发展史方面的著作，另一方面听有关唯物史观的讲座，认真做笔记。同时，积极反省自己，决心做人民的史料家。但与杨志玖等"中生代"学人相比，作为"上了年纪"老人的金毓黻难以迅速地适应新社会，不免常感苦闷。1950 年 7 月他曾在日记中写道："余以年逾六十之身，知忆退减，灵明渐固，忝列学府……青年学子，多已异趣，授业同人，皆非素交，孑然一身，孤立其间，进既不能，自应求退，此理至明，何待筹商。"同年的 8 月又在日记中写道："老来畏事并学问亦畏之矣。盖胸中荒伧如不识字之农氓，闻人谈一二事皆茫然莫知置对，诚不知其何以至此！以故往日喜谈学问，今乃一变而畏谈学问矣，宁非一大怪事！"③ 尽管如此，他还是积极学习马克思主义理论，时时鞭策自己进步。如 1955 年读到金景芳以语体文所撰《易论》，为其结合马列谈《易》所取得的成就所感，顿生奋发之情。"老骥志在千里，驽马犹当十驾，见筱邨如此精进不已，老愈如余顿起千里十驾之思。"④ 1956 年在日记中写道：为使自己的思想水平和政治水平不落后于时代，"就要提醒自己，每日至少要用半小时读报，并将主要之点写成札记，以助记忆所不及。久而久之于此中寻出线索和系统，以配合我们的辩证唯物主义的理论学习，定能以事实证明理论，成为实事求是之学。此为我的新觉悟，从此要努力改变过去喜读旧书不肯多读新书之偏向，使我将来能大进一步，获得新成就"⑤。新中国成立后，金毓黻虽然仍以史料整理作为史学研究的重点，但对理论问题颇有兴趣，勤于思考。如他读了荣孟源《史料底阶级性》一文后，给作者写信请教有关史料的阶级性问题。"我却因为分析阶级矛盾的内容，却又发现了两种矛盾：一种是

---

① 金毓黻：《静晤室日记》，第 5870 页。
② 同上书，第 6759 页。
③ 同上书，第 6931、6935 页。
④ 同上书，第 6960 页。
⑤ 同上书，第 7038 页。

地主阶级本身的矛盾，也可以说阶级矛盾的局部矛盾。一种是和阶级矛盾同时并发的民族矛盾，也可以说是环绕中国周围的落后民族对于中国本部大会那组的矛盾。固然是这附带发生的两种矛盾，更加速了整个的阶级矛盾。但是我呢，却因为这三种矛盾同时并发的影响，使我觉得五光十色，扑朔迷离，无法清算这本乱账，得不到正确解答和结论。"希望荣进一步启示他，"应当怎样来看待地主阶级矛盾的史料底阶级性，又应当怎样来看待同时并发的民族矛盾的史料底阶级性"①。通过唯物史观的不懈学习，他的理论水平也有很大的提高，初步学会了以阶级观点分析历史。如他提出研究唐朝末年历史的关键是要建立阶级观点。"研究此段历史最主要关键，即为建立阶级观点。当时社会中主要矛盾为农民与地主之间的矛盾，此为讲封建社会历史者所熟知。"他认为历来以为唐朝亡于藩镇，败于宦官、朋党之说，"皆非洞中肯綮之论也"，指出："皇帝、藩镇、官僚、宦官本为一丘之貉，不过执政柄互相争夺起伏耳。皆不得视为败亡之主因，应以阶级观点分析唐代统治阶级崩溃之所由。时至唐末，土地两极分化至达极点，藩镇、宦官以至中外地方少数官吏皆田连阡陌；而广大农民乃至贫无立锥，散之四方，寻求生路，只有爆发起义一途。始以裘甫、庞勋，继以王仙芝、黄巢，风起云从，天下大乱，故农民起义自救，实为推翻唐代统治者之主因。"② 这是用马克思主义史学观点分析唐朝灭亡的原因。罗尔纲写了《科学考据与旧考据的不同》一文，认为乾嘉旧考据方法是属于形式逻辑，而科学考证方法是属于辩证逻辑，并列举六个方面说明二者的区别，即旧考据方法是片面地、孤立地看问题，从现象看问题，"是则是否则否"地看问题，静止地看问题，无视或掩盖阶级斗争，无视或蔑视群众；而科学考据方式则是全面地、联系地看问题，从本质看问题，从矛盾对立之中去看问题，正视和揭露阶级斗争，有群众观点、走群众路线。金毓黻不赞成这样来区分二者，他指出："无论旧考据方法或新考据方法之所以不同，即由于作考据者之立场、观点的不同，我们必须问他是属于那一阶级。"立场与由立场而有的观点在方法之先，方法受到立场、观点的局限。只从考据方法上谈阶级斗争和群众关系，是本末倒置，阶级斗争

---

① 金毓黻：《静晤室日记》，第 6919 页。

② 同上书，第 6983 页。

与群众关系尚不包括在考据方法之内。他还认为，形式逻辑为辩证逻辑的基础，形式逻辑做得不好，辩证逻辑即无立足之点，因而不得轻于鄙视形式逻辑。旧考据方法之正确者固然属于形式逻辑，同时亦表明它属于科学的逻辑。若形式逻辑不符合科学方法，则其本身亦不成立。因此，罗文标题将旧考据方法与科学方法对举，亦不见得妥当。很明显，金毓黻对新、旧考据的认识，是看到了问题的实质。唯物史观的学习，使金毓黻对治学方法的认识也发生了变化，深刻认识到马克思主义理论在历史研究中的重要性。他指出：在历史撰述中，理论、材料、写作技巧三者，理论处于首要地位。"写作历史研究文字，应具有三个条件：一为理论，二为资料，三位技术。吾所谓理论，即为马克思列宁主义之辩证唯物论，写作无此基础，则为无源之水，必不足观。所谓资料，即为详细占有材料，而加以取舍提炼及运用。所谓技术，即以现代语言写出，必须意到笔随，极尽曲折之能事。以上三者，有一不备，则必不能长于写作。"①上文所论他对陈寅恪、岑仲勉、杨志玖三人有关唐史研究著作的评骘，就是基于这一认识。

经过唯物史观的学习与重大理论问题论争的理论训练，大多史学工作者对理论在历史研究中作用的认识以及自身的理论水平都有了新的变化，此后史学研究应理论与实证并重遂成为史学研究的常识。

（作者单位：兰州大学历史文化学院）

---

① 金毓黻：《静晤室日记》，第 7299 页。

唯物史观与中国古代史和近代史研究

论历史周期律

——兼说什么是民主

庞卓恒

毛泽东和黄炎培关于历史周期律的谈话，早已家喻户晓，毛泽东的结论是："我们已经找到新路，我们能跳出这周期率。这条新路，就是民主。只有让人民来监督政府，政府才不敢松懈。只有人人起来负责，才不会人亡政息。"2012 年 12 月 26 日新华社报道习近平总书记谈到毛主席和黄炎培关于历史周期律的对话，其中"历史周期律"的"律"字不同于黄炎培《延安归来》原著的"率"字。"律"指有某种客观必然性的"规律"、"定律"，包含一定的因果关系；"率"指效率、比率、概率等数量关系，不包含因果关系，没有黄炎培所说的"支配力"的含义。从当年黄炎培、毛泽东和习近平总书记论说的主旨来看，显然都包含因果关系的"律"的意思。因此，准确的文本应该是"律"字。历史周期律问题是一个大课题，值得深入研究。

一 从唯物史观看，为什么会有历史周期律？它的作用条件和表现形式在历史上有何变化？

1. 历史周期律的起源。黄炎培所引"其兴也勃焉，其亡也忽焉"，源出于《左传·庄公十一年》，鲁庄公十一年（公元前 683 年）秋，宋国发生洪灾，庄公派大夫臧文仲前去慰问。臧文仲对宋湣公深切的自责之言深为感动，认为宋国该兴盛起来了，并引历史上的兴亡之鉴以证明："禹、汤罪己，其兴也悖焉，桀、纣罪人，其亡也忽焉"，把王朝、国家兴衰的原因归结为君主能否严于律己，敬天保民。这是中华先哲对兴衰规律比较明确的早期表述之一。是否敬天保民决定王朝、国家兴亡的理念，缘起于周武王灭商之后，以周公旦为代表的新王朝政治家们总结商王纣耽于酒色、残暴虐民导致灭亡的教训："古人有言曰：'人无于水监，当于民监。'今惟殷坠厥命，我其可不大监抚于时。"（《尚书·酒诰》）《诗经·大雅·荡》中也有类似的认识："殷鉴不远，在夏后之世。"这一理念到战国时期上升为含有比较明确的因果必然性规律的观念，突出表现为孟子所言："桀纣之失天下也，失其民也；失其民者，失其心也。得天下有道：得其民，斯得天下矣。得其民有道：得其心，斯得民矣。得其心有道：所欲与之聚之，所恶勿施，尔也。"（《孟子·离娄章句上》）值得注意的是，西汉大儒韩婴在疏解"殷鉴不远，在夏后之世"这句诗时抒发的一通心臆："或曰'前车覆而后车不戒，是以后车覆也'。故夏之所以亡者，而殷为之；殷之所以亡者，而周为之。"（《韩诗外传·卷五·第十九章》）作者在这里似乎表露了在兴亡定律面前无可奈何的悲观情思，此后两千多年的历史表明，这似乎成了千古不解之谜。

2. 唯物史观的答案是马克思主义关于阶级的产生和阶级斗争的必然性的原理。恩格斯关于"分工的规律就是阶级划分的基础"[1] 这一论证曾经长期被忽略，而人们对马克思主义的阶级斗争理论的许多误解都与这一疏忽有关。

恩格斯说："剥削阶级和被剥削阶级、统治阶级和被压迫阶级之间的到现在为止的一切历史对立，都可以从人的劳动的这种相对不发展的生产率中得到说明。只要实际从事劳动的居民必须占用很多时间来从事自己的必要劳动，因而没有多余的时间来从事社会的公共事务——劳动管理、国家事务、法律事务、艺术、科学等等，总是必然有一个脱离实际劳动的特殊阶级来从事这些事务：而且这个阶级为了它自己的利益，从来不会错过机会来把越来越沉重的劳动负担加到劳动群众的肩上。"[2]

3. 历史周期律的谜底。从中国漫长的封建时代的历史来看，大多

---

① 《马克思恩格斯文集》第 9 卷，人民出版社 2009 年版，第 298 页。
② 同上书，第 189—190 页。

数王朝都是在草根大众造反推翻了腐朽透顶的旧王朝的废墟上建起来的，新王朝的主政者多为造反的草根所拥戴，甚至本身就出自造反的草根群伍，因此大都能切身感受到"政之所废，在逆民心"和"水则载舟，水则覆舟"的教训和压力。几代以后，草根大众散归田里，各谋其生，对统治集团失去了压力，统治集团也只顾谋求自身利益最大化，骄奢淫逸，恣意妄为，以至完全丧失"公仆"人格。整个统治集团就像一座被贪婪私欲朽空的大厦，最后只有让揭竿而起的草根大众再来一番摧枯拉朽的大扫荡，然后开始新的轮回周期。

这样，我们已似乎能见到为什么每一个王朝初建之时大多能践行"前车之鉴"，而最终都跳不出"重蹈覆辙"的命运的谜底了：因为时代和阶级的局限，使那时不可能有"民主"和"监督"的制度。

然而，谜底没有那么简单。

当今那些资本主义发达国家，不是早就确立了"一人一票，多数决定"的票决民主制度、多党竞争的互相监督制度和三权分立的权力制衡制度吗？它们是不是就跳出了历史周期律的劫数呢？

答案很明确：历史周期律至今还在紧紧纠缠着它们，只是表现形式和作用方式变了，主要表现为周期性的经济危机，以及由周期性的经济危机引发的周期性的社会和政治危机，导致剧烈的社会动荡和政权更迭。每次危机爆发的直接原因不尽相同，但有一个共同的根本原因，那就是资产阶级贪得无厌地追求利润最大化，导致劳动大众不堪忍受的贫困。正如马克思所言："一切真正的危机的最根本的原因，总不外乎群众的贫困和他们的有限的消费，资本主义生产却不顾这种情况而力图发展生产力，好像只有社会的绝对的消费能力才是生产力发展的界限。"[①] 资本主义经济危机是一种经济暴力，迫使一批最疯狂追逐超额利润的资本家掉进"过剩"黑洞而破产，迫使资本利润和劳动报酬之间的分配比例重新达到某种新的平衡，促使一个新的复苏——繁荣期到来。但资本家阶级追逐超额利润的贪婪行径也随之而重新嚣张起来，由此又引发新一轮的危机。这就是资本主义制度遭遇的历史周期律。

人们由此不得不问，西方的民主制度为什么未能保证资本主义国家

---

① 《资本论》第3卷，人民出版社1974年版，第548页。

免除历史周期律的痛苦呢？答案只有一个，这就是：那种民主制度并不是劳动大众当家做主的民主制度。它主要是不同的资本利益集团争取劳动大众的选票来壮大声势以压倒对手的"拳斗"舞台。普通大众按照自己对那些政党宣传的竞选纲领的是非得失的判断去投了票，结果总是发现自己选出的议员和政府很难按照选民的意愿行事，而主要是按利益集团的需要行事。如果不相信这个判断，就请看一看普通大众自己怎样表达他们的感受：

2012 年 12 月 3 日盖洛普民调：美国人对 22 行职业人士的诚信和德行的评价中，国会议员获得"高/很高"评价的得票率倒数第二，获"很低/低"评价的得票率高居榜首，州长和参议员获得好评的得票率也相当低。

2012 年 12 月 30 日拉斯穆森民调：5％的人认为国会干得"不错或很好"。

2013 年 1 月 16 日拉斯穆森民调：53％的美国人认为两党都不代表美国人民。

2013 年 2 月 17 日拉斯穆森民调：11％的美国成年人相信国会真正反映美国人民的意见，74％的成年人认为国会没有真正反映他们的意见。

2013 年 3 月 7 日拉斯穆森民调：9％的可能的选民相信一般议员能够听取他所代表的选民的意见而不是国会政党领袖的意见，81％的可能的选民相信一般议员主要是听取其所属的国会政党领袖的意见。

2012 年 9 月 14 日盖洛普民调：1974 年以来美国人在选举年对国会作为做肯定评价比率的变化如下图：

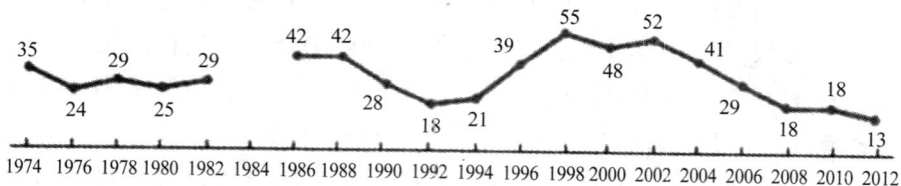

2012 年 11 月 26 日盖洛普民调：2004 年以来美国人对国会作为做肯定评价比率的变化如下图：

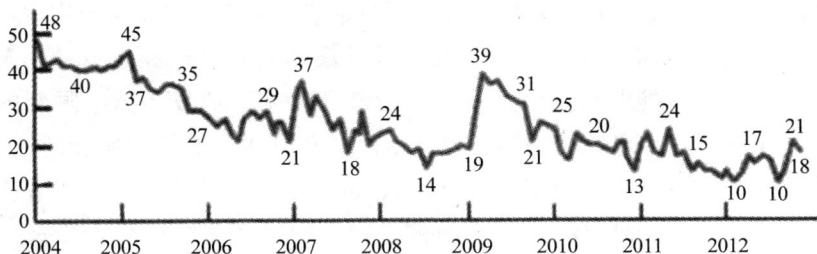

2011 年 5 月，著名经济学家、诺贝尔经济学奖得主斯蒂格利茨在《名利场》杂志发表文章，标题为"1% 所有，1% 统治，1% 享用"，同林肯宣示的"民有、民治、民享"的理想国家截然相反。作者写道："美国上层 1% 的人现在每年拿走将近 1/4 的国民收入。以财富而不是收入来看，这顶尖的 1% 控制了 40% 的财富"；"当你审视这个国家顶尖 1% 者掌握的巨量财富时，就不禁会感叹我们日益扩大的收入差距是一个典型的、世界一流水平的美国'成就'。而且我们似乎还要在未来的日子里扩大这一'成就'，因为它会自我巩固。钱能生权，权又能生更多的钱"；"事实上，所有美国参议员和大多数众议员赴任时都属于顶尖 1% 者的跟班，靠顶尖 1% 者的钱留任，他们明白如果把这 1% 者服侍好，则能在卸任时得到犒赏"；"美国人民已经看到对不公政权的反抗，这种政权把巨大的财富集中到一小撮精英手中。然而在我们的民主制度下，1% 的人取走将近 1/4 的国民收入，这样一种不平等最终也会让富人后悔"。

果然，2011 年 9 月，美国爆发了声势浩大的"占领华尔街"示威抗议运动，示威者呼喊着"我们代表 99%"、"华尔街须为一切危机负责"、"把金钱踢出选举"、"要工作，不要战争"、"现在就革命"、"重塑美国"等口号。

2011 年 11 月 22 日，美国当局对位于纽约曼哈顿祖科蒂公园的"占领华尔街"运动大本营强制清场后的第六天，美国著名学者、前克林顿政府劳工部部长罗伯特·赖克在《赫芬顿邮报》发表博文，题为"宪法第一修正案遭到颠覆：为什么我们必须占领民主"。作者认为，引起"占领华尔街"抗议风暴的原因是收入、财富和政治权力向顶层高度集中，以及普通大众生活困境加深；而 2010 年最高法院取消政治献金限额的裁决，加深了华盛顿官府与华尔街大资本利益集团之间的权钱交结，使金钱的权力压倒了公民的民主权利，由此"颠覆"了保障公民言论集会自由的宪法第一修正案，造成对抗加剧。他对华盛顿官府与华尔街大资本利益集团之间的权钱勾结导致普通大众度日维艰的谴责，鞭辟入里，令人钦佩。可是，由此推出解救出路在于撤销最高法院取消政治献金限额的裁决，似乎这样就可以关掉华盛顿和华尔街之间权钱交汇的"旋转门"，使美国民众"占领民主"，就难以说得通、也更难以实现了。

实际上，"占领华尔街"运动被美国当局强制清场以后，势头日益衰减，到 2012 年 5 月以后，群众性的"占领"活动就难以见到了。而华盛顿和华尔街之间的权钱交汇的"旋转门"则照旧"旋转"。

但是，"占领华尔街"运动已经在美国乃至世界当代史上留下了不可磨灭的一页。

现在已经可以看得很清楚，2011 年爆发的"占领华尔街"运动，实际上是所谓 2007—2012 年国际金融危机激发出来的社会和政治危机的一个组成部分。

罗伯特·赖克 2007 年出版的《超级资本主义》一书中，有三幅图鲜明地显示出这场危机的历史积累过程。该书在国际金融危机爆发的前夜出版，就像是对这场危机发出的震前警报。

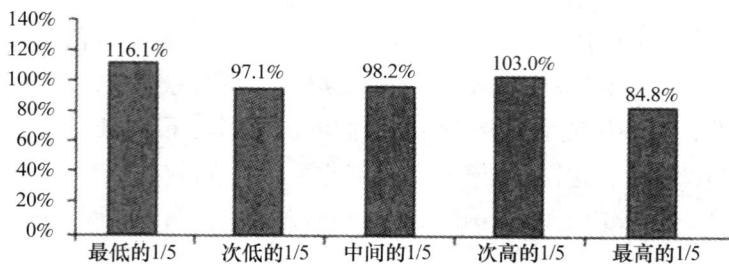

图 1　美国家庭实际收入增长五等分图（1947—1973 年）

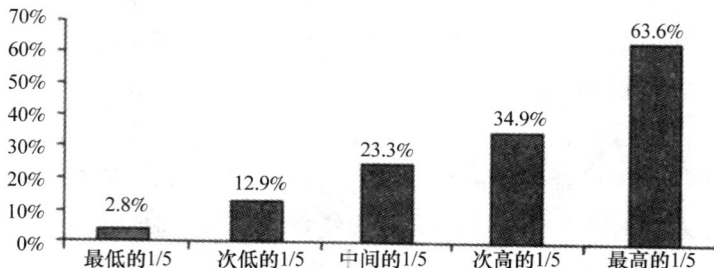

图 2　美国家庭实际收入增长五等分图（1974—2004 年）

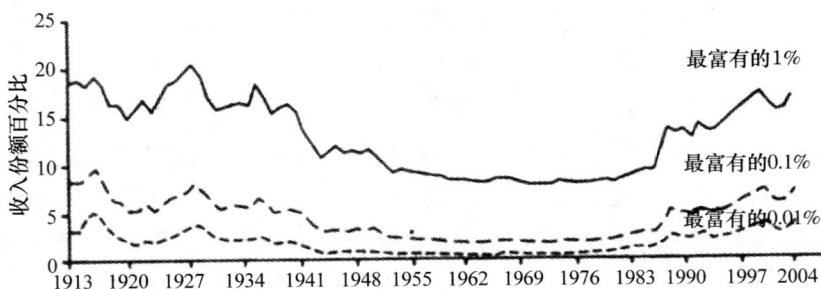

图3　收入流向最高收入群体图（1913—2004 年）

图 1 显示，1947—1973 年这 26 年间，美国经济增长的成果在"五等分"各梯级中的分配比较均匀，其中间三个梯级的收入大约都增加了 100% ± 3% 左右，只是最高和最低两个梯级之间差距较大，而且最低梯级收入增加幅度反倒比最高梯级多出 31.3%。赖克把这个时期称为美国资本主义的"黄金时期"，而且按他的标准将这一时期命名为"民主资本主义"时期。但那只不过是美国大资本集团经过 1929—1933 年大危机的打击和紧接着第二次世界大战的战时经济压力，在工人阶级抵抗力量空前增大的形势下，追求利润最大化的贪婪欲望不得不有所顾忌和收敛，劳动阶级争得了较好的生产、生活条件，再加上面临战后经济恢复大潮流激起的世界市场需求空前旺盛的大好机遇，使美国资本主义经济获得了将近 30 年的繁荣期。这个繁荣期延展到 70 年代开始转入滞胀困境。大资本集团追求利润最大化导致某些行业（特别是出口行业）生产过剩、增长停滞，劳动大众收入下降，危机征候已初露端倪。但此时的工人阶级已经大都满足于资本主义繁荣期带来的生产、生活条件的改善，失去了抵抗力，致使资产阶级攫取财富的贪婪欲望不再有所顾忌，更加肆无忌惮地攫取更多的财富。1980 年，里根高擎"小政府，大市场"的新自由主义旗帜和服膺"富必济穷"的"涓滴经济学"（Trickle Down Economics，我国大都按照 Trickle Down 的字面含义直译为"涓滴经济学"或"涓滴理论"。实际上该理论的含义是，让资本家少纳税，多赚钱，他就必定多办企业，多雇工人，让工人多挣钱。因此译为"肥水必下渗"或"先富必济穷"理论似乎更贴切）入主白宫。到 2008 年，赖克的图 2 显示的巨额财富向顶层高度集中的汹潮最终冲破

了号称全球第一大经济体所能承受的底线，导致空前的经济灾难和空前激烈的"占领华尔街"大抗议的爆发。

4. 资本主义制度下的历史周期律。不少论者把马克思揭示的资本主义积累的一般规律理解为资本主义从始到终的整个过程都在连续不断地加深两极分化，直到工人阶级被剥夺到"皮包骨"的绝对贫困境地才奋起暴力推翻资本主义制度。然后以现实中工人阶级并没有绝对贫困化，而且暴力反抗日益少见为由，认定马克思的理论不能成立。实际上，马克思的著作用大量篇幅论证过资本主义不可避免地要反复经历无数次的繁荣—危机的周期性轮回。他指出："危机每一次都恰好有这样一个时期做准备，在这个时期，工资会普遍提高，工人阶级实际上也会从供消费用的那部分年产品中得到较大的一份。……因此，看起来，资本主义生产包含着各种和善意或恶意无关的条件，这些条件只不过让工人阶级暂时享受一下相对的繁荣，而这种繁荣往往只是危机风暴的预兆"；① 而"危机无非是生产过程中已经彼此独立的阶段以暴力方式实现统一"。② 这里所说的"彼此独立的阶段以暴力方式实现统一"，指的是此前繁荣、扩张和两极分化逐步加剧的过程必然要被危机的"暴力"打断，然后重新开启一个新的复苏——繁荣——衰退——危机的周期。在每一个新的周期里，工人阶级和资产阶级贫富两极分化的过程必然会重新启动，但是工人阶级物质和精神文明水平也必然要比前一个周期有所提升。经过如此一轮轮螺旋式的提升，工人阶级的物质和精神生产力水平都达到使资产阶级完全成为"多余的阶级"之时，就到了资本主义制度消亡之日。

罗伯特·赖克的图 3 显示，1920—1927 年这段时期两极分化急剧增大，1% 的富豪占据了 20% 以上的国民财富。这显然是引爆席卷全球的1929 年大危机的首要因素。这次危机和紧接着的第一次世界大战的沉重打击，大资本利益集团遭到重创，劳动阶级逐渐争得较好处境，逐渐进入了马克思所说的"让工人阶级暂时享受一下相对的繁荣"的时期，也就是赖克的图 1 显示的 1947—1973 年间的所谓"民主资本主义"时期。到 20 世纪 70 年代中期以后，贫富差距又开始扩大，逐渐转入了赖

① 《马克思恩格斯文集》第 6 卷，人民出版社 2009 年版，第 457 页。
② 《马克思恩格斯文集》第 8 卷，人民出版社 2009 年版，第 247 页。

克的图 2 显示的占总人口 1/5 的最高收入阶层的财富增长比占总人口 1/5 的最低收入阶层高出 22 倍的时期。这显然是引爆 2007—2012 年国际金融危机的首要因素。

每一次周期性的资本主义经济大危机（不包括比较轻微、短暂的小危机）都必然激起强烈的社会和政治危机，表现为大规模的民众抗议、政治动荡，乃至政府倒台、政党政权更迭。也就是说，资本主义的经济周期律同时也是它的社会政治危机的周期律。这也就是资本主义制度下的历史周期律。

5. 同中国封建时代的历史周期律相比，资本主义制度下历史周期律的表现形式自有其特点。封建地主阶级主要通过封建官府逐渐加重农民阶级的租税负担和政治压迫，利用封建官府庇护的封建特权扩大土地兼并，逼得农民揭竿而起，暴力推翻封建王朝；资本家阶级主要通过支持承诺保护"自由的"市场交易的官府，通过"自由的"市场交易集聚资本，形成大资本利益集团，进而操控选举，操控市场，集聚更大资本，最后酿成大规模过剩危机和工人失业，导致政治震荡，乃至政权更迭。

两者在本质上有共同点：都是在基本生产资料私有制下，劳动大众除了暴力革命或起义外缺乏有效的常规性抵制和监督，经济和政治上占有优势地位的阶级不断扩大自己的经济和政治特权，从而必然引起周期性的经济和政治危机，历史周期律必然要继续发挥作用。

二 怎样理解毛泽东所言"民主"和"人民来监督政府"就能跳出历史周期律？什么是"民主"？怎样实现"人民监督政府"？

1. 什么是民主。从古希腊到现代西方，占主导地位的观念，都把"民主制"视为"一人一票，多数决定"的政治权力建构形式，也就是人们常说的"政体"，而不是指国家制度的本质，也就是人们常说的"国体"。马克思是从国家制度的本质和形式两个方面及其相互关系讲民主的：民主制"是一切国家制度的本质，作为特殊国家制度的社会化的人，它对其他形式的国家制度的关系，同类对自己的各个种的关系是一样的。然而，在这里，类本身表现为一个存在物，因此，对其他不适合自己的本质的存在物来说，它本身表现为一个特殊的种"。① 因为国家制度本质上都是"人民创造"的结果，而"人民创造"也就是"民主"。因此，"民主""是一切国家制度的本质"。这是从"民主"和"国家制度"的实质而不是形式上讲的。在形式上，"人民创造的国家制度"有君主制、共和制或民主制等多种政体形式。这些政体形式都含有"民主"的实质，但是都在不同程度上具有作为"民主"的异化的非民主成分。因此，马克思说："一切国家形式都以民主为自己的真实性，正因为这样，它们有几分民主制，就有几分不真实。"②

既然"一切国家制度"都是"人民创造"的，那"人民"为什么会在不同的历史时间、空间中创造出"民主"成分和非民主成分各不相同的国体和政体形式呢？这是因为，各个不同时代、不同国家的"人民"总是在一定生产力决定的生产关系中占有不同的地位，因而划分为不同的阶级或阶层。他们分别属于"人民"中的上层，即孟子说的"治人者"，统治阶级；下层，即孟子说的"治于人者"，是被统治阶级。他们的阶级地位不是互相对立的吗，怎能一起"创造"国家制度呢？那是由一定的生产力决定的生产关系把他们"拉扯"到一起的。被统治阶级由于自身生产能力、水平的限制，还离不开统治阶级的"保护"和"照顾"，不得不接受统治阶级的统治和管理。两个对立的阶级就这样共同"创造"了他们共存于其中的经济制度和政治制度。恩格斯曾经就普鲁士专制政府存在的原因讲过这样一段话："如果说它在我们看来终究是恶劣的，而它尽管恶劣却继续存在，那么，政府的恶劣可以从臣民的相应的恶劣中找到理由和解释。当时的普鲁士人有他们所应得的政府。"③ "普鲁士在 1806 年和 1807 年战败之后，废除了依附农制，同时还取消了仁慈的领主照顾贫病老弱的依附农的义务，当时农民曾向国王请愿，请求让他们继续处于受奴役的地位——否则在他们遭到不幸的时候谁来照顾他们呢？这样，两个人的模式既'适用'于不平等和奴役，也同样'适用'于平等和互助；而且因为我们害怕受到灭亡的惩罚而不得不承认他们是家长，所以在这里已经预先安排了世袭的

---

① 《马克思恩格斯全集》第 3 卷，人民出版社 2002 年版，第 40 页。
② 同上。
③ 《马克思恩格斯文集》第 4 卷，人民出版社 2009 年版，第 268 页。

奴役制。"① 正是因为底层人民也参与了中世纪封建奴役制度的"创造",所以马克思把它称为"不自由的民主制"。②

相对于封建时代"不自由的民主制"而言,资本主义社会的政治制度,无论其政体形式是美国那样的共和制还是普鲁士的君主制或维多利亚时代的英国君主制,都可以说是"自由的民主制"。所以,马克思说:"在北美,财产等等,简言之,法和国家的全部内容,同普鲁士的完全一样,只不过略有改变而已。因此,那里的共和制同这里的君主制一样,都只是一种国家形式。国家的内容都处在这些国家制度之外。"③ 因为"在现今的资产阶级生产关系的范围内,所谓自由就是自由贸易、自由买卖",④ 而那种"自由"制度又是以宪法形式宣告得到全民认可的,所以可以称为"自由的民主制"。但是,通俗地说,那种自由的核心实际上就是"自我挣钱的自由"。它在理论上承诺每个人都有同等的"自由挣钱"的机会和权利,但实际上你能拥有多少权利取决于你衣袋里有多少货币。马克思早就对这个所谓平等的自由和民主权利的秘密做了透彻的揭示,指出:"每个个人行使支配别人的活动或支配社会财富的权力,就在于他是交换价值或货币的所有者。他在衣袋里装着自己的社会权力和自己同社会的联系。"⑤ 在资本主义私有制基础上的自由市场经济社会里,衣袋里的货币最多的人永远是资产阶级,囊中羞涩者永远是工薪阶层。

因此,资本主义的"自由的民主制"同封建时代的"不自由的民主制",本质上是相同的:都是"治人者"、"食于人者"阶级的"民"主导和享有的"民主制",都是"异化的民主制"。

2. 遗憾的是,至今还有许多人相信资本主义的"自由的民主制"具有适用于全人类的"普世价值",而且竭力要把那种"自由的民主制"移植到中国。然而,在那个"自由的民主制"出生的母国,我们却看到不少真诚追求真实的自由民主的著名人士奋起揭露那种自由民主制度的虚伪性。

① 《马克思恩格斯文集》,第9卷,人民出版社2009年版,第104—105页。
② 《马克思恩格斯全集》第3卷,人民出版社2002年版,第42页。
③ 同上书,第41页。
④ 《马克思恩格斯文集》第2卷,人民出版社2009年版,第47页。
⑤ 《马克思恩格斯全集》第46卷上,人民出版社1979年版,第103页。

　　罗伯特·赖克在美国《外交政策》双月刊2007年9—10月号发表文章，题为"资本主义是怎样扼杀民主的"，他指出："民主绝非仅仅是自由和公正的选举过程。民主是唯有依靠公民联合起来推进共同利益的制度。虽然自由市场给许多人带来了前所未有的繁荣，但它同时扩大了收入和财富的不平等，使得就业更无保障，造成了全球变暖那样的环境危险。……民主的目的是实现我们以个人之力所无法实现的目标。但是当公司利用政治来加强或维护它们的竞争地位，或者貌似肩负起它们实际上没有能力或权力去履行的社会责任，民主就不可能发挥作用了。"他认为公司操纵政治来维护自己的私利，损害大众的公共利益，是资本主义扼杀民主的重要原因。

　　罗伯特·赖克还进一步指出资本主义得以扼杀民主的另一个重要的、甚至是更为根本性的原因是，它使广大公民同时成了似乎受惠于资本主义自由市场的"消费者和投资者"；"这是令人尴尬的事实，我们每个人都有截然相反的两种想法：作为消费者和投资者，我们想要好的交易；作为公民，我们不喜欢这些交易带来的诸多不好的社会后果。……我们作为消费者和投资者的欲望往往成为胜利者，因为我们身为公民的价值观缺乏有效的表达方式，最多不过是以激烈的言辞直接批评错误的对象。这是在超级资本主义时代，民主的真正危机所在"。为什么这是"民主的真正危机所在"呢？因为每个公民在资本主义社会里维护自己"作为消费者和投资者"的私人利益时，往往就顾不上维护作为公民应该维护的大众公共利益；在投票时就会投下维护自由的市场利益和公司利益而不是维护公共利益的支持票。这些把资本主义的自由市场和公司认同为自己"作为消费者和投资者"的私人利益的庇护者，就像当年恩格斯说的把普鲁士的封建依附农制度和封建领主认同为自己利益的庇护者的农奴一样，不自觉地维护着实际上使自己遭受剥削压迫的制度和政府。这样，公民们维护自己共同利益的价值观自然就不可能有"有效的表达方式"了。也就是说，公民们就不可能对公司和维护公司利益的政府施加有效的监督了，当然也就不可能有真正的民主了。在这样的条件下，社会和人民就不可能避免历史周期律的"劫数"了。

　　3. 重新研读马克思主义经典著作，剔除对科学社会主义学说的误读和附加。正是为了挣脱阶级压迫和阶级剥削的苦难，马克思创立了科学社会主义学说，提出通过建立社会主义社会，再进一步建立共产主义社会，达到全人类的自由解放。在基本生产资料公有制基础上建立由人民选举、人民监督的公职人员组成的真正民主的政府，领导人民大力发展生产力，逐步消除脑体劳动分工，从而最后消除阶级差别和阶级再产生的土壤，建立"每个人的自由发展是一切人的自由发展的条件"的共产主义社会。不幸的是，后人对这一理论做了许多误读和附加，实践中干了许多错事，以致在苏联和东欧酿成导致社会主义反而被资本主义代替的灾难，在意识形态上导致许多人抛弃社会主义、共产主义的信仰，转而信仰资本主义的"普世价值"。

面对这样的形势，我们需要重新研读马克思主义经典著作，认真剔除先前的误读和附加。例如，对"消灭私有制"和"消灭阶级"的误读和附加，认定由于私有制是阶级产生的根源，实现全面公有化就消灭了私有制，也就消灭了阶级。由此带来了两个严重后果。一是不顾发展生产力的实际要求，盲目追求"一大二公"的所有制形式，导致生产力的破坏。二是实现全面公有化以后忽视了隐性的阶级的存在和再产生的可能性，从而忽视了采取相应的防治措施的必要性，结果就像苏联那样，在欢呼建成"发达社会主义"的莺歌燕舞声中生长出以戈尔巴乔夫、叶利钦、雅可夫列夫等人为代表的走资本主义道路的新资产阶级，而在公众面前声称在苏联已经建成"完全的社会主义"的勃列日涅夫却在私下说"共产主义不过是哄哄老百姓的空话"。马克思主义创始人指出："社会分裂为剥削阶级和被剥削阶级、统治阶级和被压迫阶级，是以前生产不大发展的必然结果。只要社会总劳动所提供的产品除了满足社会全体成员最起码的生活需要以外只有少量剩余，就是说，只要劳动还占去社会大多数成员的全部或几乎全部时间，这个社会就必然划分为阶级。在这被迫专门从事劳动的大多数人之旁，形成了一个脱离直接生产劳动的阶级，它掌管社会的共同事务：劳动管理、国家事务、司法、科学、艺术等等。因此，分工的规律就是阶级划分的基础"；由此决定，要消灭阶级，就必须"消灭分工"。[①] 这样就能使所有的劳动者都有充分的自由时间发展自由个性，按照自己的天赋、爱好，发展科学技术、或文化艺术、或组织管理的才能，那时，"以交换价值为基础的

[①] 《马克思恩格斯文集》第9卷，人民出版社2009年版，第298页；第1卷，第571页。

生产便会崩溃，直接的物质生产过程本身也就摆脱了贫困和对抗性的形式"。①

马克思的科学社会主义理论决定，社会主义必须大力发展生产力，消除贫困。"因为如果没有这种发展，那就只会有贫穷、极端贫困的普遍化；而在极端贫困的情况下，必须重新开始争取必需品的斗争，全部陈腐污浊的东西又要死灰复燃。"② 正因为需要大力发展生产力以消除贫困，就必须实行基本生产资料公有制，以避免资本主义私有制必然引起贫富两极分化和周期性危机给劳动阶级带来的苦难和对生产力的破坏，以保证劳动阶级不断改善生产、生活条件，在推动生产力持续、健康、稳定发展的同时，促进自身物质和精神文明水平提高，向着消除脑体劳动差别的目标逐步推进。

按马克思、恩格斯的设想，基本生产资料公有化是一个逐步推进的过程。在开始阶段，只限于剥夺地产和流亡分子、叛乱分子的财产，在银行系统和运输系统首先实行国有化，以保证国家经济大命脉紧紧掌握在社会主义国家手中。只有"当阶级差别在发展进程中已经消失"之时，才会将"全部生产集中在联合起来的个人的手里"（《马克思恩格斯文集》第2卷，人民出版社2009年版，第53页。其中"联合起来的个人"一语在1888年英文版中是"巨大的全国联合体"）。由此看来，马克思、恩格斯当初似乎设想过社会主义可能要经历一个类似于我们现在所讲的那样一个"初级阶段"。

由此可见，认为彻底实现公有化就消灭了私有制，也就消灭了阶级，是后人对科学社会主义理论的误读和附加。

4. 马克思肯定社会主义社会还存在阶级斗争，但着重强调的是社会主义社会的政府应该是像巴黎公社那样由劳动者选举产生、接受劳动者监督，并且随时可以被撤换的真正民主的政府。巴黎公社由民选的代表组成，"这些代表对选民负责，随时可以撤换"；"公社给共和国奠定了真正民主制度的基础"。③

显然，毛泽东当年同黄炎培说的那个能够保证"跳出历史周期律"

---

① 《马克思恩格斯全集》第46卷下，人民出版社1980年版，第218页。
② 《马克思恩格斯文集》第1卷，人民出版社2009年版，第538页。
③ 《马克思恩格斯全集》第17卷，人民出版社1965年版，第358、361页。

的"民主"和人民对政府的监督，正是马克思说的像巴黎公社那样的"真正的民主制"和那种民主制下公民对公职人员的直接监督。可以说，新中国的政治制度基本是马克思和毛泽东说的那种真正的民主制度。

所谓民主，无非是有什么样的"民"，就做出什么样的"主"；任何时代，都是当时在生产力和生产关系上占据主导地位的那部分"民"做出有利于维护他们的主导地位的"主"。资本主义时代，自由私有制下的普遍的商品生产同交换的生产力和生产关系使资产阶级（上层的"民"）占据主导地位，包括"白领"劳动者在内的工人阶级（下层的"民"）的"自由的民主制"虽然比封建时代的"不自由的民主制"的"民"的基础宽阔一些，但仍然是"异化的民主制"，根本阻挡不了资本和官府之间的钱权"旋转门"的连通运转，阻挡不了大资本利益集团对政府的收买甚至绑架，因此也就不可能阻止历史周期律的"劫数"。

5. 在我国，社会主义公有制占主导地位的经济基础，能够防止私人特权利益集团的形成，保证包括脑力劳动者在内的广大劳动人民和他们的政治代表成为支撑社会主义民主制的主导力量。在这样的民主制度下，有可能实现毛泽东所说的"人民监督政府"，由此也就有可能"跳出"历史周期律的"劫数"。新中国60多年的历史表明，那个"劫数"确实在消退。

但是，我们必须牢记两条：第一，我们还处在社会主义初级阶段，实行社会主义市场经济必须坚持社会主义公有制的主导地位，使其成为社会主义民主制的经济基础和政治保障。第二，一些官员抛弃了共产主义信仰，漠视甚至敌视劳动大众的基本生存要求。广大劳动人民还不能对政府实行有力、有效、充分的监督。在这样的形势下，尤其要警惕历史周期律的"劫数"的征兆。

（作者单位：天津师范大学历史与发展研究所）

从不同文明产生的路径看中国早期
国家的社会形态

沈长云

中国早期国家即我国历史上的夏商周三代。长期以来，有关这个时期的社会形态作为史学研究的一个重要课题，一直受到人们的广泛关注。因为这个时期中国才开始由原始社会进入到文明社会，其社会形态的论定，关系到对以后中国社会演进方向的认识。坚持中国按所谓"五种社会形态"依次演进的学者从概念出发，认为中国早期国家阶段属于奴隶制社会，并认为自己这种坚持就是在坚持马克思主义的社会形态学说，是在维护人类共同的历史发展规律；反对者从对具体历史的考察出发，则认为夏商周三代没那么多奴隶，构不成所谓奴隶社会，中国无奴隶社会乃是对中国历史合乎实际的实事求是的解答。双方的争论持续多年，最近似又有加剧之势。我曾致力于中国古代社会形态的研究，有人把我划入中国无奴派的范畴，实际上"中国无奴隶社会"并不能概括我有关认识的全部内容，也不能回答论者对于我提出的所有问题。为了更好地阐明自己的观点，我想换一个角度，从马克思主义有关人类文明产生的论述谈起，从源头上来看各地区奴役与压迫制度的产生是否走的都是同一条路径，即奴隶制产生的路径，如果不是，那么中国古代文明亦即中国古代奴役与压迫制度的产生到底走的是哪一条路径，以及按照这条路径走下去的早期中国应当是一种什么社会形态。

一　两条不同的文明产生的路径

在马克思主义以及当代人类学者的语汇里，"文明"与"国家"实际是一个概念，"国家是文明社会的概括"，① 文明的产生意味着国家的形成。而按马克思主义的常识，国家又不过是一种阶级压迫的工具，因而文明即国家形成的过程，也就是阶级压迫关系产生的过程。那么古代世界各地区阶级与阶级压迫关系产生的路径是否是一样的呢？

回答是否定的。根据马克思主义理论，各地区阶级压迫关系的产生应当有两条不同的路径。恩格斯的《反杜林论》对此有明确的论述。在这部重要的马克思主义经典著作里，恩格斯将阶级压迫关系或换言作"统治与奴役关系"，他称这种统治与奴役的关系是通过两条道路产生的。其中第一条道路，他是这样叙述的："（在许多民族的原始农业公社中，）一开始就存在着一定的共同利益，维护这种利益的工作，虽然是在全社会的监督之下，却不能不由个别成员来担当；如解决争端；制止个别人越权：监督用水，特别是在炎热的地方；最后，在非常原始的状态下执行宗教职能……这些职位被赋予了某种全权，这是国家权力的萌芽。"②

这里提到的"原始农业公社"，可以大致笼统地比作古代从事农业生产的氏族部落，或现实中国学者习惯称呼的"族邦"，或一些中外学者理解的"酋邦"。恩格斯认为，在这些原始共同体内，有一些维护或管理共同体整体利益的职务，这些职务不得不由个人来承担。这些负有管理职责的人员（他们应是氏族部落中各级领袖人物）一开始充当的角色，显然具有"社会公仆"的性质（"社会公仆"的称呼见下引恩格斯文），但由于这些职位被赋予了某种全权，因而也可以视作国家权力的萌芽。这种萌芽当然还要继续生长，恩格斯接着说，由于生产力的提高和人口的增长，使这些单个的公社集合为更大的整体，并导致建立新的机构来保护共同利益和反对相抵触的利益：

"这些机构，作为整个集体的共同利益的代表，在对每个单个的公社的关系上已经处于特别的、在一定情况下甚至是对立的地位，他们很快就变为更加独立的了，这种情况的造成，部分地是由于社会职位的世袭……部分地是由于同别的集团的冲突的增多，而使得建立这种机构的必要性增加了。在这里我们没有必要来深入研究：社会职能对社会的这

---

① 《马克思恩格斯选集》第 4 卷，人民出版社 1972 年版，第 172 页。
② 《马克思恩格斯选集》第 3 卷，人民出版社 1972 年版，第 218 页。

种独立化怎样逐渐上升为对社会的统治，起先的社会公仆怎样在顺利的条件下逐步变为社会的主人……在这种转变中，这种主人在什么样的程度上终究也使用了暴力：最后，各个统治人物怎样集结成为一个统治阶级。"①

这里谈到，各单个的公社由于有了共同利益，并为了保卫这种共同利益和反对相抵触的利益而结成更大的整体（殆相当现时一些学者所说的族邦联盟或酋邦联盟），这些更大的整体当然又有了新的机构作为整个联合体的共同利益的代表。由于它们处在各单个的公社之上，处理着更大范围的事情（例如同其他部族集团的冲突，包括战争，或者更大规模的水利事业的修筑，等等），使得他们原有的管理职能逐渐发生了"独立化"的倾向。这种倾向的进一步发展，更形成为对社会的统治，于是，原本是为维护共同体集体利益的机构变成为凌驾于各单个公社之上的权力机构，原本的"社会公仆"也变成了"社会的主人"，也就是压在公社其他各阶层人员之上并可以对他们使用暴力的统治者阶级。

至于另一条统治与奴役关系产生的路径，即一般教科书所说的奴隶制关系产生的路径，恩格斯也对之做了很好的描述。他称：原始公社内农业家族自然形成的分工首先要引起贫富分化，以及旧的土地公有制的崩溃，并让位于各个家族的小块土地耕作制；当生产力水平发展到人的劳动力所生产的东西超过了维持劳动力所需要的数量时，一些富裕家族就会利用战争中获取的俘虏来充当这样的劳动力，强迫使用他们的劳动以获取剩余价值，这样就出现了奴隶制，并且这种制度会很快在那些超过旧的公社的民族中发展成为占统治地位的生产方式。②

这样两种不同的统治与奴役的关系是否可以混为一谈，或者可以像过去一些人那样，把前一种统治与奴役的关系也混称作"奴隶制"关系呢？我以为是不可以的。至少，恩格斯便没有把这两种统治与奴役的关系混作一谈。因为这二者之间的区别是那样的鲜明。按现在研究奴隶制问题的专家的说法，奴隶制是建立在对原始共同体以外的人员，亦即对在战争中抓获的外族俘虏的奴役压迫基础之上的，而前一种统治与奴役关系则是建立在原始共同体内部成员阶级分化基础之上的。就前一种

---

① 《马克思恩格斯选集》第 3 卷，人民出版社 1972 年版，第 218 — 219 页。
② 同上书，第 220 页。

统治与奴役关系而言，那些作为统治者与压迫者的"社会的主人"原本只是共同体的上层管理人员，或者就是共同体各血缘组织的首领及其近亲，而沦为被剥削与被压迫者的劳苦大众，原本就是普通的公社组织的下层人员，是与各氏族贵族或氏族首领血缘关系疏远的下层平民。这样一种贵族对平民的剥削压迫关系是没有任何理由被说成奴隶制的。

从恩格斯的论述中还可以体会到，上述两种统治与奴役关系的产生一样的历史悠久，并且前一种统治与奴役关系发生的范围似乎更为广泛。有学者声称，古代独立发展的各氏族部落内部，在原始氏族社会末期出现的最早的剥削形式都是奴隶制，[①] 这显然是不符合恩格斯《反杜林论》有关论述的精神的。

恩格斯没有列出哪些地方的文明是由"社会公仆"到"社会的主人"这样一条统治与奴役关系产生的路径发展而来的，他只提到这种"社会的主人"包含有"东方的暴君或总督"，也包含有"希腊的氏族首领"和"克尔特人的酋长"，我理解，所谓"东方的暴君或总督"应该就是古代东方文明古国的专制君主，"希腊的氏族首领"和"克尔特人的酋长"的产生既与他们同时，则应是古典之前西欧地区暨古代希腊部落集团的首领。按照马克思和恩格斯的理解，远古欧洲在进入奴隶社会之前，也一样经历过与亚洲类似的部落社会结构的。从这个角度来看马克思恩格斯的社会形态学说，也就能够理解他们为什么将"亚细亚的"置于"古代的"社会形态之前了。

二 中国古代文明产生的路径与夏代国家的建立

中国古代文明的产生，无疑也是走的恩格斯所指出的头一条统治与奴役关系产生的路径，即社会的统治者阶级（社会的主人）是由原始公社各个血缘集团的首领（社会公仆）发展变化而来的这样一条路径。不容否认，我国原始氏族社会的后期已经出现了社会分化，出现了财富占有不均和社会地位的不平等，有了富裕家族和普通贫困家族的区别。但是，那些富裕家族的家长却实在都是些氏族部落的首领，或他们的近亲。以后各个部落联合而成的更大集团（部落集团、族邦

---

① 廖学盛：《奴隶占有制与国家》，载《北大史学》1994 年第 2 辑。

联盟）的领袖人物一开始的情况也是这样的。对于这种状况下的各个共同体的首领及其职事人员，我们还可以把他们归纳为"社会公仆"的范畴，因为直到国家产生前，他们在很大程度上都还是在为共同体的利益执行着管理者的任务。试看古代文献对那些传说中的"圣贤"的描述："黄帝能成命百物，以明民共财；帝喾能序三辰以固民；尧能单均刑法以仪民；舜勤其官而野死；鲧障洪水而殛死；禹能以德修鲧之功；契为司徒而民辑；冥勤其官而水死；汤以宽治民而除其邪；稷勤其官而山死……"①

这些先圣先贤实际上都是部落或部落联合体的首领，文献记他们对共同体各种事务的管理是那样的尽心尽责、恪尽职守，以至于不少圣贤都死在他们所任职务的任上，这显然符合原始共同体"社会公仆"的形象。然而，曾几何时，他们中的一些人或他们的后世子孙的身份却发生了变化，变成了凌驾于普通民众之上的不可拂逆的专制君主，也就是"社会的主人"。这种变化的原因，想必不可用他们个人品质的优劣或致力于道德修养的勤惰来加以说明，而是如恩格斯所指出的，由于他们所承担的管理职能所发生的对于社会的"独立化"倾向所致。用现在的话说，即是他们的权力本身被"异化"的结果。

这里看得最清楚的莫过于我国历史上第一个专制王朝——夏的产生。

传说夏以前，中国还经历过一个由"五帝"统治的时期。但所谓五帝，实不过是上古各地方一些部落或部落集团的首领。文献称那时的中国尚处于一个"天下万邦"的政治局面，"邦"实只是一些氏族部落的称呼，或如近时一些人类学者所说是一些酋邦。夏应当便是在古代一些近亲氏族部落或酋邦联合的基础上产生的。而其产生的过程，即如恩格斯所言，经历了一个部落集团的上层管理人员由"社会公仆"蜕变为"社会的主人"这样一条统治与奴役关系产生的路径。

这要从我国历史上长期流传的禹治洪水的故事谈起。从各方面的情况看来，禹治洪水的传说当有它真实的历史素材，过去一些疑古人士笼统地怀疑它是不对的。作为禹所领导的部落，夏后氏原本居住在古河济

---

① 《国语·鲁语上》。

之间，并以位于这个地区中心的帝都濮阳为其首邑。① 那个时候，以濮阳为中心的这个地区及其附近由于气候环境的变迁，已变成十分适合人类居住的地域。这里地处一望无际的黄河中下游平原，河流纵横，湖泊遍布，土质肥沃而疏松，物产丰富，交通便利，且处于各个文化区中间的位置，最能吸引四周居民来这里垦殖与居住。而根据历史记载，那时也确实有许多氏族部落迁来此处，使这里留下许多著名氏族部落的足迹，例如尧、舜、禹的部落，秦、赵氏族祖先伯益的部落，以及楚人祖先颛顼和祝融的部落，等等。然而由于这里处于中国中部太行山与东部泰山两个高地之间的平原低洼的地势，又往往极易发生洪涝灾害，这就迫使人们要付出极大的艰辛来对付这种灾害，以解决低地人们的生存与发展问题。禹应该就是领导当地部落人群治理洪涝灾害的一位部落联合体的首领，或众多领导人们治理洪水的部落首领的集合性的人物。

文献记载中的禹原本也是一位勤于为民的"社会公仆"，孔子称他"卑宫室而尽力乎沟洫"（《论语·泰伯》），孟子说他为治水"八年于外，三过其门而不入"（《孟子·滕文公上》），韩非子更说他"身执耒臿以为民先，股无胈，胫不生毛，虽臣虏之劳不苦于此也"（《韩非子·辞过》），但是，由于治水需要长时间大规模地集中人力物力，要对各部落人力物力进行调配、指挥和统一管理，在这个过程中，禹难免要利用联合体赋予自己的职权对各族邦施加更多的影响，甚或强制、干预。然而这样一来，就势必使原来较为松散而缺乏约束力的联合体发生性质的变化，促使联合体的领导机构发生权力集中的倾向，并逐渐凌驾于各个氏族部落之上，以至最终过渡到把各部落沦为自己臣属的具有专制主义性质的权力机构，而禹则因长期担任领导治水的职务在众氏族部落中树立了自己及自己家族的权威，由原来的夏后氏（原称有崇氏）部落的首领继任为部落联合体的首领，再发展成为君临众氏族部落之上的拥有世袭权力的夏代国家的君主。文献记载这一变化过程说，由于禹治水的功绩，"皇天嘉之，祚以天下，赐姓曰姒，氏曰有夏，谓能以嘉

---

① 关于夏后氏的起源与夏代历史地理问题，过去王国维曾提出"夏自太康以后迄于后桀，其都邑及其他地名之见于经典者，率在东土，与商人错处河济间盖数百岁"的观点，以后杨向奎又曾写过类似主张的文章。我个人在他们二人的启发下，自20世纪90年代初亦曾做过系统研究，尤其是从考古学角度指出早期夏人确实是居于古河济之间的古老部族。这个问题很复杂，具体可参阅我的《夏族居于古河济之间的考古学考察》（《历史研究》2007年第6期）等文章。

祉殷富生物也"。①

根据史籍，禹之获得对部落联合体的支配权，还得力于他指挥众部族结成的军队对敌对的三苗族进行的战争。这种以维护联合体共同利益为号召的战争当然也有利于他集中联合体下属各个部落的人力物力，同时，由于战争的胜利，也有利于提高禹及其家族的威信。

现在，学术界普遍承认夏是我国文明社会出现的第一个王朝，同时也不否认禹治洪水在我国历史上造成的深远影响，然而在谈到夏代国家的形成时，不少人却不愿意把它与禹治洪水的事情联系起来。我看，这则深入人心的古代传说的意义是不好被轻轻带过的。昔日考古兼古史学者童恩正先生说："虽然我们不同意卡尔·威特福格尔过分强调水利的重要性的意见，但是从大量的历史记载来看，中国的第一王朝——夏朝的建立，确实与水利有密切的关系。……从史实看来，中国国家权力的形成，极可能与防御和集体的水利事业有关，而与土地所有制没有直接的关系。"我认为童先生的分析是符合上述恩格斯论述的精神的，这也表明上述有关中国早期政治组织产生途径的看法，并非我一人之私见。

写到这里，恐怕还要回答一个学者可能提出的质疑：你上面说的，到底是中国古代阶级压迫关系产生的问题，还是国家产生的问题？这两个问题难道是可以混为一谈的吗？是的，对于中国早期国家而言，这两个问题确实可作为一个问题来加以认识。不仅对于中国，对于其他走的是恩格斯所指出的第一种统治与奴役关系产生路径的国家和地区来说，都可以这样认识。也就是说，恩格斯在《反杜林论》中所讲的，既是两种阶级压迫关系产生的道路，也是两种不同性质的国家产生的道路。尤其是对前一种阶级压迫关系产生路径的分析，这样的意思更为明显。他说这些地方原始农业公社中为维护某种共同利益而设立的职位"被赋予了某种全权，这是国家权力的萌芽"，说由"社会公仆"变成的"社会的主人"们结成为一个统治阶级，这种统治属于"政治统治"，都可以理解为是在讲这些地方国家形成的问题，当然也是在讲这些地方阶级关系形成的过程。直到1890年，恩格斯在致康·施米特的一封信中还说："社会产生着它不能缺少的某些共同职能，被指定去执行这种职能的人，就形成社会内部分工的一个新部门。这样，他们就获得了和授权

---

① 《国语·周语下》。

给他们的人相对立的特殊利益，他们在对这些人的关系上成为独立的人，于是就出现了国家。"①可见恩格斯一直坚持着自己的观点，即原始公社某些社会职能的执行者可以通过自己权力的"独立化"变成与社会相对立的统治者集团，同时导致国家的出现。实际上，恩格斯的这个论断正好点到了古代中国乃至整个古代东方社会形态的一个要害，即它们的亚细亚生产方式的特征。这个问题涉及了中国古代社会形态问题，我们将在下个标题接着论述。

三 夏商周三代的社会形态问题

迄至今日，在从事古史研究的学者中，认为中国古代有过一个奴隶社会的人可以说是越来越少了。因为越来越清楚的史实表明，在整个中国上古及古代初期，作为社会主要生产者的广大贫苦百姓，无论是商代的"众人"，还是西周春秋时期的"庶人"，乃至战国秦汉时期的编户小农及小手工业者，都不是什么奴隶。中国古史学界的这个倾向连史学界以外一些从事历史唯物主义哲学研究的学者也不得不认真面对了，但是他们却仍然坚持所谓"五种社会形态"的依次演进是人类社会发展的规律。我想这些先生的坚持是持续不了多久的，因为他们的观点不符合历史发展的逻辑。他们忘记了古代中国属于人类少数几个早期原生的文明，忘记了我们的文明是在东亚这片广阔的地域自然生长发育起来的，并在以后的历史发展中未曾中绝，因而我们的道路很大程度上反映了人类社会发展的规律。如果说中国古代未曾经历过奴隶社会，那就很难说"五种社会形态"的依次演进是人类历史发展的规律。实际上，中国古代文明发展的道路并不特殊，世界许多文明民族走的都是如同中国这样的发展道路，倒是经历了奴隶社会的古希腊罗马那段时期的历史有点"特殊"，我想今天的世界古代史研究可以总结出这个结论。

鉴于这种情况，目前一些仍旧致力于中国早期国家即三代社会形态研究的学者已不再停留在这个时期是否是奴隶社会的争论上了，大家所关心的，乃是用一个什么样合适的政治经济学术语来给三代社会重新定性。

据我了解，学者们已经给出了多种有关三代社会形态的新说，有将

---

① 《马克思恩格斯选集》第 4 卷，人民出版社 1972 年版，第 482 页。

它归于马克思所说的亚细亚社会形态的，有将它归入封建社会的，也有称之为"世袭社会"的。在我前一段时间参与其事的《中国大通史》的写作班子中，"导言"部分的作者径称中国的三代为"宗法集耕型家国同构的农耕社会"。还有一些别的说法。这些，自然都表现了学者勇于探索的精神，不过也都多少有可商之处。这里只想对有较多人们采取的"封建社会"说发表一点看法。

我是不太赞成将夏商周三代说成是封建社会的。过去文献中屡见"封建"一词，指的是西周时期封邦建国的政治制度，与今天人们使用的作为一种社会经济形态的封建制度并不是一回事情。马克思恩格斯谈到封建社会形态时，总是着力强调它的两个主要特征：一是封建的土地等级所有制，一是封建农奴制。前者即是人们经常提到的封建采邑制。恩格斯说，"采邑关系，即分封土地以取得一定的服役和贡赋"，乃是"整个封建经济的基本关系"，[①] 我国三代贵族对土地的占有，实际上是氏族组织内部各级贵族按照宗法血缘关系对族内财产分等级占有的结果，与土地的封授并没有太大的关系。即使在西周，各级贵族之间亦主要是血缘宗法关系，与通过土地封授而建立起来的封臣与封君相互之间的权利与义务关系并不能同日而语。众所周知，西周的宗法制乃是建立在周天子作为姬周族的最高宗主同时拥有对天下土地人民最高所有权和统治权的基础之上的，而马克思说："封建主义一开始就同宗法式的君主制对立"，[②] 这难道不应当引起我们深思吗？

至于农奴制度，就更非三代的"众人"或"庶人"的劳动可比了。文献记载商代"众人"和西周"庶人"的劳动都属于集体劳动的性质，并非中世纪农奴在份地上从事的个体劳作。说到贵族对"众人"、"庶人"的剥削方式——"助"法，我认为亦不必将它解释为劳动地租，而应是一种氏族贵族对族内下层民众的役使方式（或可称为"族长役使制"），尽管这种役使带有徭役剥削的性质，但却是氏族贵族在祭祀共同祖先的名义下进行的。作为氏族下层的"众人"或"庶人"对本宗贵族的依附关系也是有的（如《诗经·七月》所示），但却与欧洲中世纪的农奴对农奴主的隶属关系有本质的区别，因为农奴主与农奴之间

---

① 《马克思恩格斯全集》第 21 卷，人民出版社 1979 年版，第 453、457 页。
② 《马克思恩格斯全集》第 4 卷，人民出版社 1979 年版，第 176 页。

不存在血缘上的同族关系。农奴主对农奴实行的是一种人身占有，农奴对农奴主来说只是"土地的附属品"，可以被买卖和转让，三代"众人"和"庶人"作为与贵族同族的普通族众则仍然享有某种政治上的权利，如充当本族的族兵、参与本族的祭祀活动及议政等等。这些，都表现了三代社会不同于欧洲封建社会形态的性质。

那么，把三代归入亚细亚生产方式的社会有何不可呢？按照马克思的东方理论，我国继原始社会以后的社会形态就应该是亚细亚生产方式，难道这还有什么可商量的吗？

从原则上讲，把三代归入亚细亚生产方式的社会是没有什么问题的。马克思恩格斯有关亚细亚社会形态的理论总的说来是有充分依据的，也是我们观察包括中国在内的古代东方不同于欧洲社会发展道路的一个锐利的思想武器。我只是顾虑到，按照马克思恩格斯的说法，亚细亚生产方式在整个东方延续了十分长久的时间，不仅产生时间早，以后又与西欧所经历的奴隶社会、封建社会并行，一直持续到近代资本主义产生以前，这样长的时间，东方社会不能说没一点变化，因而我们是否可以给这几千年的东方社会的历史划分一下阶段，以示其在同一个亚细亚社会形态下前后不同的特征。拿古代中国来说，战国前后社会就有不小的变化，此实为学界同人所公认，那么我们便也应当为几千年的中国历史做一些适当的阶段划分。

我曾经设想称夏商周三代（包括春秋）为早期亚细亚社会，这是基于我过去一篇文章所提出的论点的考虑，那篇文章说我国战国时期才始具备典型的亚细亚生产方式的特征。①既然如此，夏商周三代便只能说蕴含了某些亚细亚生产方式的因素，或它的某些不发达的特征了。

查一些国际人类学者也有类似的看法，如苏联学者 A．M．哈赞诺夫就明确表示过，从许多方面来看，早期国家是亚细亚社会直接的前身，只不过比较不发达罢了。② 看来，我们能为这个"早期亚细亚社会"找到一个适当的概括就最好了。

经过反复思考，我还是觉得过去南开著名史家雷海宗先生给出的这

① 沈长云：《亚细亚生产方式在中国的产生及相关历史问题》，《天津社会科学》1991 年第 2 期。

② A. M. 哈赞诺夫：《关于早期国家研究的一些理论问题》，载《古代世界城邦问题译文集》，时事出版社 1985 年版，第 280 页。

个问题的解答最为合理。他在否定世界历史上存在过一个奴隶社会的同时，提出将上古前期出现的最早一批古国的时代归结为铜器时代，并提出是否可以将这个时期称作"部民社会"。他说铜器时代亦即部民社会的特征是：生产力较为低下，主要的生产工具——农具仍以木石为主，剩余产品极为有限；由宗法关系所维系的氏族公社仍然完整；土地在理论上为各公社所有，实际则掌握在各家族之手，由家长主持；农民的身份是自由的或半自由的"部民"；国家规模相对较大，并往往呈现出一种原始的专制主义。[①] 应当说，雷先生对"部民社会"的解释基本上是符合我国三代社会的实际的。至于"部民"一词，也源自我国古籍。现在我国研习先秦古史的学者一般称夏商周普通的社会成员为"族众"，实际上，"族众"就是"部民"，"部民社会"一词可以说较好地概括了三代社会最基本的人群结构的性质。

当然我们还有必要补充说明雷先生对于自己所提出的"部民社会"与马克思提出的亚细亚生产方式二者关系的考虑。他说："马克思称铜器时代为亚细亚生产方式的阶段，我们认为马克思的判断，在一百年后的今天也没有理由予以怀疑，新资料的积累只足以更加强马克思的判断，唯一的问题是名称的问题。我们今天知道这是普遍全世界的一个大时代，并非亚洲所独有。仍用马克思的原名而予以新的解释，也无不可。但如可能，最好另定新名。"

"中国历史上有'部民'一词，指的是半自由身份的人民。日本在由原始社会向阶级社会转化时，借用了中国这个名词，称呼当时日本社会中由氏族成员转变出来的一种半自由身份的人民。我们是否可以考虑称铜器时代为'部民社会'?"[②] 可见雷先生是拥护马克思的亚细亚生产方式的理论的，他之所以要给这个时期的古代中国及亚洲社会形态起一个新名，实是出于"亚细亚生产方式"非亚洲所独有，而"部民社会"一名更适合古代亚洲暨古代中国这样一个考虑。不难看出雷先生与我们的想法是十分接近的，我们采用雷先生的"部民社会"的概念来为三代社会定性似乎也更顺理成章。

（作者单位：河北师范大学历史文化学院）

---

① 雷海宗：《世界史分期与上古中古史中的一些问题》，《历史教学》1957年第7期。
② 同上。

试论清人的辽金"正统观"

——以辽宋金"三史分修""各与正统"问题讨论为中心

赵永春

宋辽金对峙时期，宋人自称"中国"、自称"正统"，辽人和金人也自称"中国"、自称"正统"。元人自从议修辽宋金三史之始，就围绕着辽宋金的"正统"问题，展开激烈的争辩，直至元朝末年，才由脱脱最后拍板确立了辽宋金"三国各与正统，各系其年号"① 的修史方案，承认了辽金的正统地位。三史修成以后，赞成者有之，反对者亦有之，有关辽宋金"正统"问题成为人们长期争论不休的话题。

古人否定辽宋金三史分修"各与正统"地位，主要是依据传统的"夏尊夷卑"观念，不承认辽金是"中国"，因而也不承认辽金的"正统性"。新中国成立以后，人们在马克思主义史学理论指导下，从唯物史观出发，对传统的"正统"观念进行了批判，认为中国是一个多民族国家，少数民族建立的政权也是"中国"，也具有合法性。如果说"正统"的话，汉族和少数民族建立的政权都应该是"正统"，如果说"非正统"的话，汉族和少数民族政权就应该都是"非正统"，对各个政权应该平等看待。这种实事求是的观点，在一段时期内，似乎成为学界普遍认同的观点。但近年来又有学者对这一观点提出了不同看法，需要我们运用唯物史观，对此问题作进一步分析和讨论。

有人认为，"明代士人普遍否认辽金正统"，"彻底颠覆宋辽金三史的正统体系"，"清朝统治者从北方民族王朝立场转向中国大一统王朝立场之后，最终也否定了辽金正统"，"从一个侧面彰显了近千年来华夷观念的演变轨迹"，恐怕与史实相去甚远。实际情况是，明清时期，

① 权衡撰，任崇岳签证：《庚申外史签证》卷上，中州古籍出版社 1991 年版，第 44 页。

有关辽金"正统"问题，仍然是一个有争议的话题。关于明人是否"颠覆宋辽金三史的正统体系"问题，笔者已撰成《"宋辽金三史的正统体系"在明代未被颠覆》一文，[①] 进行了质疑和辨析。这里仅就清人的辽金"正统"观问题，谈点不成熟的看法。

有人认为，清朝前期，有意提高辽金王朝的历史地位，顺治二年（1645 年），增祀辽太祖、金太祖、金世宗于历代帝王庙；康熙六十一年（1722 年），又增祀辽太宗、景宗、圣宗、兴宗、道宗及金太宗、章宗、宣宗等于帝王庙，"欲伪宋而正辽金"，但"到了乾隆时代，清朝统治者的正统观念已经发生蜕变"。这位学者引用乾隆《命馆臣录存杨维桢〈正统辨〉谕》及《题〈大金德运图说〉》诗序等文中有关"宋虽南迁，正统自宜归之宋，至元而宋始亡，辽金固未可当正统也"等论述，认为"清朝统治者从北方民族王朝立场转向中国大一统王朝立场之后，最终也否定了辽金正统"。其实，这位学者所说清朝前期有意提高辽金历史地位之时，并未"伪宋"，因为他们在增祀辽金皇帝于帝王庙之时就已经在帝王庙中崇祀宋太祖等宋朝皇帝，并将曹彬、潘美、韩世忠、张浚、岳飞等宋朝大臣列为配享功臣等，说明清朝初期增祀辽金帝王只是在承认宋朝历史地位的同时，也承认辽金的历史地位而已。到了乾隆时期，不但未将辽金皇帝移出历代帝王庙，又在崇祀金太祖等于帝王庙的基础上增祀金哀宗于帝王庙，为何反倒变成"否定辽金正统"了呢！实际上，乾隆皇帝在录存杨维桢《正统辨》以及《题〈大金德运图说〉》诗序时虽然说过"辽金未可当正统"的话，但在其他场合以及有关事件中，他又表达了许多与此不相一致的思想认识，其主流思想仍然承认辽宋金"各与正统"的地位。

一　乾隆皇帝并没有"抑辽金"

有人在引用金毓黻先生谓《四库全书》将《宋史质》和《宋史新编》列入存目，乃是因为这两部书"尊宋统、抑辽金，大触清廷之忌，意甚显然"之后，称"清高宗同样也是'尊宋统、抑辽金'的"。[②] 实

---

① 赵永春：《"宋辽金三史正统体系"在明代未被颠覆》，《学术月刊》2012 年 6 月号。
② 刘浦江：《德运之争与辽金王朝的正统性问题》，《中国社会科学》2004 年第 2 期。

际上，金毓黻先生所说并没有错，相反，这位学者所说清高宗也是"抑辽金"的，倒是与史实相去甚远。

乾隆在《命馆臣录存杨维桢〈正统辨〉谕》中虽然说过"尊宋统"的话，但他同时也说了宋曾"称臣称侄于金"的话，并未回避南宋曾经向金称臣称侄、地位低于金朝的历史事实，并对一些汉儒鄙视辽金十分不满。

据史书记载，乾隆四十年（1775 年），乾隆在如何修撰《四库全书》的有关批示中即对以前各史在翻译少数民族语言之时如"书回部者，每加犬作（猵）"等使用侮辱少数民族语言的行为表示强烈不满，谓那些"见小无识之徒，欲以音义之优劣，强为分别轩轾，实不值一噱"。① 对四库馆臣有关"两宋屈于强邻，日就削弱，一时秉笔之人，既不能决胜于边圉，又不能运筹于帷幄，遂译以秽语，泄其怨心，实有乖纪载之体"② 等论述表示赞同，因命馆臣在编修《四库全书》时将这些有辱少数民族的语言全部厘正。乾隆在此之前下令重订"辽金元史国语解"③ 等也有此意。不知这些论述是否存有"抑辽金"之处？

乾隆四十二年（1777 年），乾隆又对修撰《四库全书》的馆臣们批示："前此批阅《通鉴辑览》，以石晋父事辽国，而宋徽、钦之于金，亦称臣称侄。旧史于两国构兵，皆书'入寇'，于义未协，因命用列国互伐之例书'侵'，以正其误。"乾隆反对旧史有关辽金对中原用兵"皆书'入寇'"的书法，主张"用列国互伐之例书'侵'"，无疑是将辽宋金等各国均视为"列国"，认为辽宋金之间的用兵属于"列国互伐"，就是主张对这些政权应该同等看待，不应该歧视辽金的意思，乾隆说他这样做是"一秉至公，非于辽金有所偏向"。④ 乾隆在这里所主张的"厘正书法"，与旧史之书法相比，应该是提高了辽金的历史地位，不知如何表现出了"抑辽金"的思想倾向？

---

① 《清实录·高宗纯皇帝实录》卷983，乾隆四十年五月甲子条，中华书局 1985 年影印本，第 121 页。

② （清）永瑢等：《四库全书总目》卷 47《史部·编年类·御定通鉴纲目三编》，中华书局 1965 年版，第 431 页。

③ 《清实录·高宗纯皇帝实录》卷 898，乾隆三十六年十二月戊寅条，中华书局 1985 年影印本，第 1099 页。

④ 《清实录·高宗纯皇帝实录》卷 1034，乾隆四十二年六月丙午条，中华书局 1985 年影印本，第 863 页。

乾隆四十七年（1782 年），乾隆皇帝在命皇子及军机大臣订正《通鉴纲目续编》时又说"朕披阅《御批通鉴纲目续编》，内《周礼发明》、张时泰《广义》，于辽金元事，多有议论偏谬，及肆行诋毁者。《通鉴》一书，关系前代治乱兴衰之迹，至《纲目》祖述麟经，笔削惟严，为万世公道所在，不可稍涉偏私。试问孔子《春秋》内，有一语如《发明》、《广义》之肆口嫚骂所云乎。""若司马光、朱子，义例森严，亦不过欲辨明正统，未有肆行嫚骂者。"对汉儒在《通鉴纲目续编》一书中鄙视辽金、使用谩骂性语言对辽金元肆意诋毁的做法表示了强烈不满。接着，乾隆又说，"至于东夷西戎，南蛮北狄，因地而名，与江南河北，山左关右何异？孟子云：舜为东夷之人，文王为西夷之人。此无可讳，亦不必讳。但以中外过为轩轾，逞其一偏之见，妄肆讥讪"，"桀犬之吠，固属无当"，"至史笔系千秋论定，岂可骋私臆而废正道乎"，"如宋徽、钦之称臣称侄于金，以致陵夷南渡，不久宗社为墟，即使史官记载，曲为掩饰，亦何补耶！"对史官使用谩骂性语言记叙辽金等少数民族事迹以及掩饰宋朝向金称臣称侄之事表示强烈不满。因下令"所有《通鉴纲目续编》一书，其辽金元三朝人名地名，本应按照新定正史，一体更正。至《发明》、《广义》内三朝时事不可更易外，其议论诋毁之处，著交诸皇子及军机大臣量为删润，以符孔子《春秋》体例"。① 乾隆在这里所表达的主要思想是反对歧视辽金等少数民族的思想，反对在史书中对辽金等少数民族使用谩骂性质的语言，反对史官掩饰宋朝向金称臣称侄、地位低于辽金之事，不知这里有没有"抑辽金"的意思？

元人所修《辽史》、《金史》与《宋史》并列，已为华夷之辨思想严重的汉儒所不容，但乾隆皇帝在其为重刊《金史》所作序文中认为"元托克托（脱脱）等之承修《金史》"，仍然存有"妄毁金朝"之事，并认为"妄毁金朝"是"狃于私智小见"。② 这哪里是在"抑辽金"，分明是在抬高辽金的历史地位！

可见，乾隆一直反对歧视辽金等少数民族，反对在史书中对辽金等

①《清实录·高宗纯皇帝实录》卷1168，乾隆四十七年十一月庚子条，中华书局1985年影印本，第 666—667 页。

②《清实录·高宗纯皇帝实录》卷987，乾隆四十年七月癸酉条，中华书局1985年影印本，第 177 页。

少数民族使用谩骂性质的语言，并在编修《四库全书》时令四库馆臣对旧史书中有关歧视和谩骂辽金等少数民族的语言进行删改。同时强调，删改史书只是厘正辱骂诋毁辽金等少数民族的用语和"译其国语之讹误者"，"至于其国制度之理乱，君臣之得失，未尝一字易"。他认为，"盖史者信也，所以传万世，垂法戒，彼其时之史，或已不能保其必信数百年之后，无庸为之修饰"。① 也就是说，乾隆主张除了谩骂诋毁辽金等少数民族的用语和"译其国语之讹误者"需要改正之外，一个字都不能改。这种"厘正书法"的做法，虽然不符合有关古籍整理之原则，却符合对待各少数民族平等看待的思想，甚至与我们国家于20世纪50年代颁布的《中央人民政府政务院关于处理带有歧视或侮辱少数民族性质的称谓、地名、碑碣、匾联的批示》的思想相一致。不但能够说明乾隆并没有"抑辽金"的思想，还能说明乾隆运用对待辽金等少数民族应该一视同仁的思想去编修《四库全书》并没有什么大错，我们不能因此就认为《四库全书》的版本不好，甚至认为引用《四库全书》就是治学不严谨，等等。其实，乾隆修《四库全书》反对对辽金等少数民族使用谩骂诋毁性的语言并不是错误，应该是其优点才对，只要我们引用《四库全书》的版本与其他版本的史实没有出入，就不应该视为治学不严谨的问题。

乾隆没有"抑辽金"的思想不仅表现在他主持编修《四库全书》时的一系列批示之中，还表现在其他相关著作以及乾隆所作的诗文之中。大约是在乾隆主持编修《四库全书》时读过南宋倪思所撰《重明节馆伴语录》② 之后，作了一首《题倪思重明节馆伴语录》的七言律诗，诗曰：

> 重明馆伴纪倪思，序语无非饰强词，
> 称侄却思称彼虏，畏人反诩畏吾仪。
> 岂诚强屈弱伸也，祇以言游利啖之，

---

① 《清实录·高宗纯皇帝实录》卷1154，乾隆四十七年四月辛巳条，中华书局1985年影印本，第465页。
② 倪思《重明节馆伴语录》仅存于《永乐大典》之中，乾隆朝编修四库全书时从《永乐大典》中辑出，但未收入《四库全书》，仅列入《四库全书总目》杂史类存目之中。

南渡偷安颜特腆，千秋殷鉴慎哉斯。①

《重明节馆伴语录》是南宋倪思于绍熙二年（金章宗明昌二年，1191 年）馆办金使贺宋光宗生辰"重明节"时所作，文中称金为"虏"，称金使为"虏使"。《序》语则是倪思于嘉定十二年（1219 年）补作，称"义理所在，强者屈而弱者伸，则威力有所不行"。② 当时，金宋已由"君臣之国"改为"叔侄之国"，到倪思为其《语录》作序时又改为"伯侄之国"，即宋朝皇帝要称金朝皇帝为"叔"为"伯"，很明显，南宋的地位一直低于金朝。乾隆在其所作诗文"称侄却思称彼虏"之后加注称"宋高宗致书金朝自称为侄，③ 而倪思此书称金为虏，外附于人以求免祸，而私逞其诋嫚，自欺欺人，不顾后世之非笑，亦何益哉！"认为宋人本来向金称臣称侄，却在私下用诋谩轻蔑之语称金为"虏"，实属"自欺欺人"之举。又于"岂诚强屈弱伸也"之后加注称"时宋人甚畏金人，而此录所载，转自夸金使之畏宋，且如射之一事，金俗所尚，彼东南文弱之人，岂能相胜，顾盛称与使较射屡中，多见其不知量，而其自序乃云，'强者屈而弱者伸'，不亦深可笑乎！"认为，当时的宋人甚畏金人，可倪思却自夸金人畏宋，实属可笑。又对《语录》中所载宋人陪同金使赴玉津园宴射，宋人屡中而金人多不中的记载持怀疑态度。今传倪思《重明节馆伴语录》，只有金使屡射不中之记载，没有金使"畏宋"的相关记录，或许乾隆所据版本不同，也未可知。乾隆说倪思自夸金使畏宋当是诗中所表达"畏人反诩畏吾仪"的意思，也就是说，宋人认为他们在政治、军事上畏金，但在礼仪和文化方面则是金人畏宋，他们认为金人仰慕宋文化并寄希望于全盘汉化，唯恐不及，恐怕这就是倪思所说"强者屈而弱者伸"的真实用意。这种思想应该说代表了当时许多宋人的思想，但从乾隆所作诗篇中可以看出，乾隆并不同意这种"强者屈而弱者伸"的思想认识，对宋人"畏人反诩畏吾仪"的妄自尊大思想进行了嘲讽。应该说，乾隆在这里不仅

---

① 《清高宗御制诗文全集七·御制诗四集》卷 13《题倪思〈重明节馆伴语录〉》，台北国立故宫博物院 1976 年版，第 450 页。

② 赵永春编注：《奉使辽金行程录》，吉林文史出版社 1995 年版，第 318 页。

③ 宋高宗自继位以来就表示愿意向金称臣以便与金人达成和议，到皇统和议（绍兴十一年和议）时，金宋正式确立为"君臣之国"，宋高宗致书金朝皆称"臣"而非称"侄"。

表达了他认为当时金人政治军事实力超过南宋、地位高于南宋的思想，也表达了少数民族文化也有可取之处、不必走全盘汉化道路的思想认识。这从乾隆的相关记述中也能看出来。比如，他曾多次说过："所谓礼不忘其本也，自北魏始有易服之说，至辽金元诸君，浮慕好名，一再世辄改衣冠，尽失其淳朴素风，传之未久，国势寝溺，浸及沦胥。盖变本忘先，而隐患中之。"①"北魏辽金以及有元，凡改汉衣冠者，无不一再世而亡"，② "前代北魏、辽、金、元，初亦循乎国俗。后因惑于浮议，改汉衣冠，祭用衮冕，一再传而失国祚"③ 等话，无疑表达了他认为少数民族在学习汉文化的同时，不应该将自己的诸如尚武等优秀文化以及各有优点的服饰文化全部丢掉的思想，这正是乾隆提倡"国语骑射"政策的思想根源，充分说明，乾隆"从北方民族王朝立场转向中国大一统王朝立场之后"，其文化选择并非是只选择单一的汉文化，而是主张保留少数民族的优秀文化，并没有全部否定辽金等少数民族及其文化的意思。

总之，我们从乾隆所作《题倪思重明节馆伴语录》等诗篇中，一点也看不出乾隆具有鄙视辽金等少数民族及其文化的"抑辽金"思想，反而看出他具有认为当时金朝地位高于宋朝，并对偷安一域的宋朝仍然妄自尊大进行了嘲讽的思想。

二 乾隆在编写四库全书时虽说过"正统在宋"的话，但又允许四库馆臣在编修《四库全书》时持辽宋金"各与正统"的观点

四库馆臣在编修《四库全书》时，认为《辍耕录》所载元末杨维桢撰写的以宋为正统"排斥辽金"的《宋辽金正统辨》"持论纰缪"，上书乾隆皇帝，请求删除。乾隆皇帝特作《命馆臣录存杨维桢〈正统

---

① 《清实录·高宗纯皇帝实录》卷919，乾隆三十七年十月癸未条，中华书局1985年影印本，第320页。

② 《皇朝文献通考》卷222《经籍考·钦定皇朝礼器图式》乾隆御制序，文渊阁四库全书本。

③ 《清实录·高宗纯皇帝实录》卷1489，乾隆六十年十月己亥条，中华书局1985年影印本，第927页。

辨〉》一文，赞成以宋为正统，谕令四库馆臣，"不但《辍耕录》中，所载杨维桢之《正统辨》，不必删除，即杨维桢文集内，亦当补录是篇"。① 这里，乾隆皇帝已经明确说了正统在宋的话，照理说，四库馆臣在编写《四库全书》时就应该按照乾隆的指示，以宋为正统，但事实并非如此，四库馆臣仍持辽宋金"各与正统"的观点。

明朝有一些士人，对元人所确立的辽宋金"三史分修"的"三史正统体系"十分不满，编写了一系列"颠覆宋辽金三史的正统体系"的著作。四库馆臣在编修《四库全书》时，对这些著作表示强烈不满。

如：四库馆臣为明王洙《宋史质》作提要称："是编因宋史而重修之，自以臆见，别创义例。大旨欲以明继宋，非惟辽金两朝，皆列于外国。即元一代年号，亦尽削之。而于宋益王之末，即以明太祖之高祖，追称德祖元皇帝者承宋统。""至正十一年（1351年），即以为明之元年。且于瀛国公降元以后，岁岁书帝在某地云云。仿《春秋》书公在乾侯，《纲目》书帝在房州之例。荒唐悖谬，缕指难穷，自有史籍以来，未有病狂丧心如此人者。其书可焚，其版可斧。"② 对以宋为正统的《宋史质》一书大加挞伐。清末刘声木在其《苌楚斋续笔》中也说："此等议论识见，实千古所罕见罕闻，不谓王洙竟公然以之改削史书，刊行于世。"③ 说明不仅四库馆臣赞成辽宋金"各与正统"的观点，其余清人也多赞成这种观点。

四库馆臣又为明柯维骐《宋史新编》作提要称："脱脱等作宋史，其最无理者，莫过于道学儒林之分传。其最有理者，莫过于本纪终瀛国公，而不录二王。及辽金两朝，各自为史，而不用岛夷、索虏互相附录之例。""辽起滑盐，金兴肃慎，并受天明命，跨有中原，必似元经帝魏，尽黜南朝，固属一偏。若夫南北分史，则李延寿之例，虽朱子生于南宋，其作《通鉴纲目》，亦沿其旧轨，未以为非。元人三史并修，诚定论也。而维骐强援蜀汉，增以景炎祥兴，又以辽金二朝，置之外国，

---

① 《清实录·高宗纯皇帝实录》卷1142，乾隆四十六年十月甲申条，中华书局1985年影印本，第308—309页。

② （清）永瑢等：《四库全书总目》卷五十《史部·别史类存目》，中华书局1965年版，第454页。

③ （清）刘声木：《苌楚斋续笔》卷五《明王洙〈宋史质〉》，中华书局1998年版，第350页。

与西夏高丽同列，又岂公论乎？"①

又为明王思义《宋史纂要》作提要称"以辽、金史附宋之后，等诸晋书之载刘、石，尤南北史臣互相诟厉之见，非公论也"。②

又为元末明初周闻孙（即周以立，周叙之父）所撰《鳌溪文集》作提要称："自晋以来，南北史并传。朱子作《纲目》，亦南北朝分注。闻孙必尊宋比蜀汉，而抑辽金，不得比北魏。不知辽金各自立国，与曹氏孙氏以汉之臣子，乘时篡窃不同，闻孙所执，殊为偏驳。"③

又为元王恽《秋涧集》作提要称王恽在《玉堂嘉话》中"论辽金不当为载记，尤为平允"。④

又为明陈邦瞻《宋史纪事本末》作提要称："书中纪事，既兼及辽金两朝，当时南北分疆，未能统一，自当称宋辽金三史纪事，方于体例无乖，乃专用宋史标名，殊涉偏见。"⑤

可见，四库馆臣在编修《四库全书》时一直持辽宋金"各与正统"的观点，称"元人三史并修，诚定论也"。并认为强调以宋为正统"而抑辽金""非公论也"。

乾隆皇帝已经说了"正统在宋"的话，四库馆臣为何还敢在编修《四库全书》时持辽宋金"各与正统"的观点，并强调辽宋金"各与正统"，已成定论。是不是四库馆臣胆大包天，敢于抗旨，还是有什么其他原因？我们一时搞不清楚，但有一点是可以搞清楚的，那就是乾隆在编写《四库全书》时，曾强调"有关大一统之义者，均经朕亲加订正，颁示天下"。⑥说不定，四库馆臣在编修《四库全书》时持辽宋金"各与正统"的观点以及《四库全书总目提要》保留下来的有关辽宋金

---

① （清）永瑢等：《四库全书总目》卷五十《史部·别史类存目》，中华书局1965年版，第454—455页。

② （清）永瑢等：《四库全书总目》卷六十五《史部·史钞类存目》，中华书局1965年版，第581页。

③ （清）永瑢等：《四库全书总目》卷一百七十四《集部·别集类存目》，中华书局1965年版，第1546页。

④ （清）永瑢等：《四库全书总目》卷一百六十六《集部·别集类》，中华书局1965年版，第1433页。

⑤ （清）永瑢等：《四库全书总目》卷四十九《史部·纪事本末类》，中华书局1965年版，第439页。

⑥ 《钦定大清会典事例》卷1051《翰林院·职掌·纂修书史》，光绪朝重修本，第124页。

"三史分修","各与正统","已成定论"的话，是经过乾隆皇帝默许或审议通过的。如果这一推论能够成立的话，我们完全可以说，乾隆皇帝并不反对辽宋金"各与正统"的观点，这从乾隆并未"抑辽金"以及钦定中国正史"二十二史"、"二十三史"、"二十四史"也能看出来。

三 乾隆时期形成的中国正史"二十二史"、"二十三史"、"二十四史"之中，都包括《辽史》和《金史》，说明，清朝的主流正统观念仍然承认辽宋金"各与正统"的地位

有关辽金正统地位的争论，主要围绕辽宋金三史编修问题展开。元人承认辽金的正统地位，是从确立辽宋金"三国各与正统，各系其年号"时正式开始，明朝有人反对辽金正统地位也是反对辽宋金三史分修的"正统体系"，主张编成一部包括辽宋金三国史事的《宋史》。清人对辽宋金"三史分修"、"各与正统"问题也存在分歧意见。由明入清的一些汉人，仍然坚持"华夷之辨"、"夏尊夷卑"的思想观念，反对辽宋金"三史分修"、"各与正统"。如黄宗羲曾主张"改撰宋史，置辽金元于四夷列传"。① 但更多的人并不反对辽宋金"三史分修"的正统体系。乾隆皇帝说过"正统在宋"的话，也是针对杨维桢有关三史编修问题的《正统辨》时所作出的批示，照理说，乾隆皇帝如果同意杨维桢的"正统"思想，就应该赞成杨维桢有关合辽宋金三国史事为一史的主张，将辽宋金三国史事修成一部《宋史》，"彻底颠覆宋辽金三史的正统体系"。然而，事实的发展并非如此，乾隆皇帝不但没有按照杨维桢的意思，开馆置局，重新编写出一部合辽宋金三国史事为一史的《宋史》，相反，倒承认明人所确立的包括《辽史》和《金史》在内的中国正史"二十一史"，又在明人确立的中国正史"二十一史"的基础上，钦定了包括《辽史》和《金史》在内的中国正史"二十二史"、"二十三史"和"二十四史"，说明，乾隆并不反对辽宋金"三史分修"、"各与正统"的修史体例，仍然承认辽宋金"各与正统"的地位。

据史书记载，清朝初年，在《明史》正式修成之前，一直沿用包括

---

① 黄宗羲：《留书·史》，《黄宗羲全集》第十一册，浙江古籍出版社 2005 年版，第12 页。

《辽史》、《金史》在内的中国正史"二十一史"之称，曾根据社会需要，重新刊刻"监本二十一史"，并"将十三经、二十一史诸书，购买颁发，交与各该学教官接管收储，令士子熟习讲贯"。①

乾隆即位之后，也曾根据协办大学士三泰奏请，下令"颁发十三经、二十一史各一部于各省会府学中，令督抚刊印，分给府州县学"。②乾隆十二年（1747 年），重新刊刻的"十三经注疏、二十一史刻成"，乾隆又亲为《重刻二十一史》作序称"朕既命校刊《十三经注疏》定本，复念史为经翼，监本亦日渐残阙，并敕校雠，以广刊布，其办讹别异，是正为多。卷末考证，一视诸经之例"。又说"《明史》先经告竣，合之为二十二史，焕乎册府之大观矣"。③乾隆刊刻"二十一史"并颁发各级各类学校，又在明人所定包括《辽史》和《金史》在内的中国正史"二十一史"的基础之上，加上清修《明史》，钦定为"二十二史"，说明乾隆赞成元人三史分修以及明人所确定的包括《辽史》和《金史》在内的"二十一史"之说，说明乾隆根本没有否认辽宋金"各与正统"的思想和认识。

不仅中国正史"二十二史"由乾隆钦定，"二十三史"、"二十四史"也由乾隆钦定，但有二说。赵翼《廿二史劄记》称，宋太祖开宝六年（973 年），薛居正等奉诏修《旧五代史》，其后，欧阳修私撰《五代史记》，"二史并行于世。至金章宗泰和七年（1207 年），诏止用欧史，于是薛史渐湮。惟前明《永乐大典》多载其遗文，然已割裂淆乱，非薛史篇第之旧。恭逢我皇上开四库馆，命诸臣就《永乐大典》中甄录排纂，其缺逸者，则采宋人书中之徵引薛史者补之。于是薛史复为完书，仍得列于正史，遂成二十三史之数"。④即认为，在"二十二史"的基础之上，再加上《旧五代史》以成"二十三史"。

然四库馆臣在作《四库全书总目提要》时则称："正史之名，见于隋志，至宋而定，著十有七。明刊监版，合宋、辽、金、元四史为二十

① 《钦定大清会典事例》卷388《礼部·学校·颁行书籍》，光绪朝重修本，第120页。

② 《清实录·高宗纯皇帝实录》卷14，乾隆元年三月丁未条，中华书局1985年影印本，第405页。

③ 《清实录·高宗纯皇帝实录》卷286，乾隆十二年三月丙申条，中华书局1985年影印本，第729页。

④ 赵翼：《廿二史劄记》卷21《五代史·薛居正五代史》，中华书局1984年版，第451页。

有一。皇上钦定《明史》，又诏增《旧唐书》为二十有三。近搜罗四库，薛居正《旧五代史》，得裒集成编，钦禀睿裁，与欧阳修书并列，共为二十有四。今并从官本校录，凡未经宸断者，则悉不滥登。盖正史体尊，义与经配，非悬诸令典，莫敢私增"。① 即认为，经过乾隆皇帝批准，在"二十二史"之中增入《旧唐书》以成"二十三史"，再增入《旧五代史》以成"二十四史"，与赵翼所说以《旧五代史》为"二十三史"之说不同。

赵慎畛《榆巢杂识》称"宋开宝中，诏修《五代史》，卢多逊诸人同修，宰相薛居正监修。书成，凡五十卷（当为一百五十卷）。其后欧阳修别撰《五代史记》七十五卷，藏于家。修殁后，官为刊印，与薛史并行。当时以薛史为旧史，欧史为新史。至金章宗泰和时，始诏学官专用欧阳史，于是薛史遂微。元、明以来，传本渐就湮没。我朝修《四库全书》，词臣于《永乐大典》各韵所引甄录条系，得十之八九，复采《册府元龟》、《太平御览》、《通鉴考异》、《五代会要》诸书，以补其缺，卷帙悉符原书。允馆臣请，仿刘昫《旧唐书》之例，列于《二十三史》，刊布学宫。"② 《清史稿·邵晋涵传》亦称，邵晋涵"在史馆时，见《永乐大典》采薛居正《五代史》，乃荟萃编次，得十之八九，复采《册府元龟》、《太平御览》诸书，以补其缺。并参考《通鉴长编》诸史及宋人说部、碑碣，辨证条系，悉符原书一百五十卷之数。书成，呈御览，馆臣请仿刘昫《旧唐书》之例列于廿三史，刊布学宫，诏从之"。③ 二书均称将《旧五代史》列于"二十三史"，似乎"二十二史"加上《旧五代史》为"二十三史"，但他们又说，列《旧五代史》于"二十三史"是仿照列刘昫《旧唐书》为正史之例，又似先已列《旧唐书》为正史，之后才有仿照《旧唐书》之例列《旧五代史》于正史之事，如此，则是"二十二史"加上《旧唐书》为"二十三史"，再加上《旧五代史》为"二十四史"，所说与四库馆臣作《四库全书总目提要》时所说相一致。

---

① （清）永瑢等：《四库全书总目》卷四十五《史部·正史类》序，中华书局1965年版，第397页。

② （清）赵慎畛撰，徐怀宝点校：《榆巢杂识》下卷《旧五代史》，中华书局2001年版，第231—232页。

③ 《清史稿》卷481《儒林二·邵晋涵传》，中华书局1976年版，第13210页。

不管是以《旧唐书》还是以《旧五代史》为"二十三史"或"二十四史"之数，在乾隆所钦定的"二十二史"、"二十三史"和"二十四史"之中都包含有《辽史》和《金史》。

明代一些士人试图否定辽金的正统地位，就是不满意元人有关辽宋金三史分修的修史体例，试图重新修成一部以宋为正统的《宋史》，实际上就是不满意将《辽史》和《金史》列入正史之中。乾隆皇帝所钦定的"二十二史"、"二十三史"和"二十四史"都没有将《辽史》和《金史》从正史中移除，也没有仿照增列《旧唐书》、《旧五代史》于正史之例，将明人柯维骐编写的否定辽金正统的《宋史新编》等书增列于正史，也没有令四库馆臣重新开馆再重新撰成一部以宋为正统的《宋史》并列于正史之中，完全可以说明乾隆皇帝并不反对辽宋金三史分修"各与正统"的正统观，并没有否定辽金正统地位的意思。

乾隆虽然说过"正统在宋不在辽金"的话，但他的所作所为又承认辽宋金"各与正统"的地位，无疑是陷入自相矛盾的困境之中。乾隆并非无知之辈，在他身上为什么会出现这一矛盾现象呢？确实值得我们深思。

据史书记载，乾隆四十二年（1777年），在批阅《通鉴辑览》反对"旧史于两国（宋辽、宋金）构兵，皆书入寇"时强调"朕之厘正书法，一秉至公，非于辽金有所偏向"。[①] 乾隆四十七年（1782年），命皇子及军机大臣订正《通鉴纲目续编》有关谩骂辽金等少数民族用语时，称"谕存杨维桢《正统辨》，使天下后世，晓然于春秋之义，实为大公至正，无一毫偏倚之见"。[②] "明使后世臆说之徒，谓本朝于历代帝王，未免区分南北，意存轩轾，甚失皇祖降谕之本意也。"[③] 一再强调"一秉至公"、"大公至正"、"无一毫偏倚"等等，将其谕存杨维桢《正统辨》之时所说的"正统在宋不在辽金"之语的用意说得很明白了。

---

① 《清实录·高宗纯皇帝实录》卷1034，乾隆四十二年六月丙午条，中华书局1985年影印本，第863页。

② 《清实录·高宗纯皇帝实录》卷1168，乾隆四十七年十一月庚子条，中华书局1985年影印本，第666页。

③ 《清实录·高宗纯皇帝实录》卷1210，乾隆四十九年七月乙卯条，中华书局1985年影印本，第219页。

原来，建立清朝的满族与建立金朝的女真人有一定关联，明人即认为建立后金的女真以及后来建立清朝的满族"为金余孽"，[①] 当清军攻取辽东之后，曾"惑于形家谬说，疑金代陵寝与本朝王气相关，将房山县金陵拆毁"。[②] 努尔哈赤也说过"我本大金之裔"，[③] 又说"昔大辽帝欲杀忠顺安分之人，故我金汗兴师征辽"，"昔汝等之赵徽宗、赵钦宗二皇帝亦为我金汗所掳"[④]，等等。皇太极时，崔应时在上书中也说："今大金之后天聪皇帝出师而御世，是为英明皇帝"。[⑤] 乾隆也说过"金源即满洲也"。[⑥] 如同后来清人为了避开汉人对金人的仇恨而避讳人们称他们为金朝女真人后裔一样，乾隆也害怕人们说他偏向辽金，心存疑忌，因而说了"正统在宋不在辽金"的话，以表现他具有"大公至正，无一毫偏倚之见"，[⑦] 对待各族一视同仁的思想。这就是他所说"正统在宋不在辽金"的真实用意，并非是不承认辽宋金"各与正统"的地位。

当然，乾隆说"正统在宋不在辽金"的话，也有承认汉族是中国主体民族以及汉文化在中华文化中居于主体地位的意思，但他在承认汉族和汉文化在中华民族和中华文化中居于主体地位的同时，并没有否定少数民族文化对中华文化形成和发展所起到的重要作用，其文化选择并非是仅仅选择汉文化之一元文化，而是选择了包括少数文化在内的多元文化。实际上，他反对汉儒过分强调"华夷之辨"，过分强调"夏尊夷卑"，而主张淡化"华夷之辨"，他所说的"正统在宋不在辽金"的话，也有笼络汉人以及提醒满族等少数民族不必斤斤计较所谓正统问题以致

---

① （明）李东阳等纂，申时行等重修：《大明会典》卷107《礼部·朝贡·东北夷》，文海出版社影印万历刊本，第1606页。

② 《钦定大清会典事例》卷435《礼部·中祀·帝王陵寝修葺陵庙》，光绪朝重修本，第134页。

③ 《后金檄明万历皇帝文》，载《清入关前史料选辑》第1辑，中国人民大学出版社1984年版，第295页。

④ 中国第一历史档案馆、中国社会科学院历史研究所译注：《满文老档》（太祖朝）第20册，中华书局1990年版，第186页。

⑤ 《崔应时上书请进兵》，载孔昭明《台湾文献史料丛刊》第四辑第二五五种《满洲秘档选辑》，台湾大通书局1984年版，第74页。

⑥ 《清实录·高宗纯皇帝实录》卷295，乾隆十二年七月丙午条，中华书局1985年影印本，第863页。

⑦ 《清实录·高宗纯皇帝实录》卷1168，乾隆四十七年十一月庚子条，中华书局1985年影印本，第6666页。

影响满汉合作的用意，并没有否定辽宋金"各与正统"的意思，而是在承认宋朝是正统王朝的基础上也承认辽金是正统王朝的意思。

综上所述，可以看出，清朝统治者自始至终，并没有人提出"颠覆宋辽金三史的正统体系"的重修宋史的建议，一直认为"元人三史并修，诚定论也"。并非是"清朝统治者从北方民族王朝立场转向中国大一统王朝立场之后，最终也否定了辽金正统"，而是清朝统治者无论是在坚持北方民族王朝立场阶段还是从北方民族王朝立场转向中国大一统王朝立场之后，都承认辽宋金"各与正统"的地位。乾隆皇帝并没有"抑辽金"的思想，他允许四库馆臣在编修《四库全书》时持辽宋金"各与正统"的观点，并钦定了包括《辽史》和《金史》在内的中国正史"二十二史"、"二十三史"和"二十四史"，说明，清朝统治者从北方民族王朝立场转向中国大一统王朝立场之后，"宋辽金三史的正统体系"亦未被颠覆，辽金的正统地位并未被否定。说明清朝统治者如同其他王朝的统治者一样，在其建立起大一统的多民族国家政权之后，十分注意维护多民族国家的稳定，不主张强化"华夷之辨"、"尊夏卑夷"，而主张淡化"华夷之辨"，因此对那些"华夷之辨"思想严重的士人试图通过强调"华夷之辨"、"尊夏卑夷"而否定辽金正统地位的做法不予支持，说明强调"华夷之辨"并通过强调"尊夏卑夷"去区别正统和非正统，逐渐强化华夏的尊贵地位，贬低"夷狄"地位，并非是近千年来华夷观念的演变轨迹，而主张逐渐淡化华夷之辨，强调华夷一家、华夷一体，主张华夷互相吸收，逐渐否定单一的汉文化选择而强调多元文化选择，才是近千年来华夷观念的演变轨迹。

（作者单位：吉林大学文学院历史系）

关于中国近现代思想史研究
方法的几点思考

郑大华

中国近现代思想史学科是"五四"以后随着中国现代学术体系的建立而逐步形成的，已有 90 多年的历史。中国近现代思想史学科的历史虽然不短，但学术界却一直缺乏理论上的自觉，缺乏对中国近现代思想史学科自身的研究，对于中国近现代思想史的研究对象与范围，中国近现代思想史与中国近现代哲学史、中国近现代文化史、中国近现代学术史等其他中国近现代史分支学科以及与中国近现代政治思想史、中国近现代文化思想史、中国近现代学术思想史、中国近现代经济思想史等其他专门思想史的联系与区别，以及中国近现代思想史的逻辑起点、发展动因、研究方法、历史分期，等等，都缺乏应有的讨论，更不用说取得高度的共识。这种状况严重地影响着中国近现代思想史研究的进一步发展。有鉴于此，本文拟就中国近现代思想史的研究方法谈点不成熟的意见。不当之处，欢迎批评指正。

一

研究中国近现代思想史，首先碰到和需要解决的是社会存在与社会意识、经济基础与上层建筑的关系问题。某一种思想或思潮为什么会在某一历史时期出现，而不是在另一历史时期出现；某一性质的思想家为什么会产生于某一时代，而不是另一时代，其原因可能很多，但其中最根本的或主要的原因，恐怕还是由当时的物质生产或社会存在决定的。马克思和恩格斯在《费尔巴哈》一文中指出："思想、观念、意识的生产最初是直接与人们的物质活动，与人们的物质交往，与现实生活的语言交织在一起的。观念、思维、人们的精神交往在这里还是人们物质关系的直接产物。表现在某一民族的政治、法律、道德、宗教、形而上学等的语言中的精神生产也是这样。人们是自己的观念、思想等等的生产者，但这里所说的人们是现实的，从事活动的人们，他们受着自己的生产力的一定发展以及与这种发展相适应的交往（直到它的最遥远的形式）的制约。意识在任何时候都只能是被意识到了的存在，而人们的存在就是他们的实际生活过程。如果在全部意识形态中人们和他们的关系就像在照相机中一样是倒现着的，那末这种现象也是从人们生活的历史过程中产生的，正如物象在眼网膜上的倒影是直接从人们生活的物理过程中产生的一样。"① 比如，洪秀全之所以是洪秀全，而不能成为康有为或孙中山，最根本的原因就在于 19 世纪五六十年代的中国社会还不具备产生康有为或孙中山的物质基础或社会存在，中国的资本主义还没有产生，更不要说出现了一个新的资产阶级，加上国门刚刚被西方列强的大炮轰开，西方的先进思想和文化还没有大规模地传入中国，所以洪秀全只能提出反映农民小生产者愿望和要求的《天朝田亩制度》，而不可能提出反映资产阶级愿望和要求的君主立宪主张或"三民主义"纲领。再如，中国早期维新思潮之所以出现于 19 世纪的八九十年代，尽管原因很多很复杂，但最根本的原因，就在于 19 世纪七八十年代后，在洋务运动的作用和外国资本主义的刺激下，中国社会出现了民族资本主义经济，并伴随着中国民族资本主义经济的出现和初步发展，民族资本主义经济的政治代表——中国民族资产阶级开始了其形成的过程。一定的思想是与一定的经济关系和阶级关系相联系的。早期维新思潮反映的正是形成过程中的中国早期民族资产阶级的利益和愿望，换言之，如果没有资本主义经济的出现和正在形成过程中的早期民族资产阶级，也就不会有早期维新思潮。就此而言，我认为，研究中国近代思想史，首先要坚持以唯物史观为指导，至少要以唯物史观为重要的研究方法或原则，要搞清楚某一思想或思潮赖以产生的思想渊源和社会历史背景，考察思想家与其时代、思想的产生与物质的生产之间的相互关系。

　　当然，我们讲社会存在，是广义的社会存在，除生产力与生产关

---

① 马克思恩格斯：《费尔巴哈》，《马克思恩格斯选集》第 1 卷，第 30 页。

系、经济基础与上层建筑的矛盾运动外，还包括思想家的生活经历、生存状况和生活环境。之所以是洪仁玕而不是洪秀全提出《资政新篇》，这是因为洪仁玕有过几年在香港的生活经历，接触和耳闻目睹过资本主义的东西，如果他像洪秀全一样始终生活在内地，恐怕也提不出具有资本主义改革性质的《资政新篇》来。郭嵩焘之所以能从洋务派中分化出来，主张全方位地向西方学习，甚至包括西方的政治制度，这与他出使英国、对西方思想文化和社会政治制度有较多了解和切身体会有关。实际上，一个人的生活经历尤其是青少年时期的生活经历对其一生有着重要影响。我们很多人都看过美国人埃德加·斯诺写的《西行漫记》，也就是《红星照耀中国》一书。斯诺在书中谈到，他在采访毛泽东时，毛泽东给他谈了他早年的一些故事。毛的父亲性格比较粗暴，动不动就打孩子。平常毛都忍受了，但有一次毛进行了反抗，父亲打他，他夺门而逃，父亲便在后面追打，当他跑到一个水塘边上时因无路可逃便站住了，他转身对身后追打他的父亲说，你再追我就跳下去。父亲果然不追了，因为当时是冬天，父亲怕他真的跳下去会冻坏身体。这件事使毛泽东认识到对于强权要反抗，也只有反抗才能维护自己的权利。这本来是少年时发生的一件小事，但在毛泽东的记忆中却留下了不可抹去的印记。他后来曾多次提到过这件事。由此可见它对毛泽东的影响之深远。长大后的毛泽东那种不畏强暴、敢于反抗和斗争的个性，在某种意义上可以说与这件事对他的感悟和启发存在着一定的联系。

所谓生存状况既包括思想家的经济状况，是富有还是贫困？也包括思想家的社会地位，是当官的还是平民百姓？经济状况的不同，也会影响人们的思想差异。马克思就曾批评过19世纪中叶英国的那些衣食无忧、生活悠闲的大学教授们，在他们吃饱喝足后，嘲笑一天工作十几个小时、生活在饥寒交迫中的工人觉悟太低，只知道要面包吃、要缩减工作时间，而没有像他们一样要求选举权，要求民主和自由，是真正的下里巴人，这些大学教授们不知道，对当时的工人来说有面包吃和缩短工作时间比选举权和民主、自由更迫切、更重要。我们常常批评洋务派不主张学习西方的政治制度，不搞政治改革，这是洋务运动之所以失败的一个重要原因。实际上，洋务派并非对西方近代的政治制度不了解，并非不知道西方近代的政治制度比中国传统的政治制度更好一些，如洋务派代表人物李鸿章就对于中国上下隔绝的政治局面进行过批评，认为

"中国政体，官与民，内与外，均难合一"，因而"不独远逊西洋，抑实不如日本"。① 他主张借鉴日本和西洋的所谓"善政"，改善和调整君、臣、民之间的关系，以期实现"庙堂内外，议论人心"，趋于统一。他在阅读了驻日公使黎庶昌寄来的日本改革官制后有"官员录"和明治宪法后，对中日两国的官制进行了一番比较，认为明治维新后的日本"大抵有一官办一事，大官少，小官多，最为得法"，而中国官制十分"冗繁"，"高资华选大半养望待迁之官"，"如此事何由治"？② 总理衙门大臣文祥介绍西方的政治制度："其国中偶有动作，必由其国主付上议院议之，所谓谋及卿士也；付下议院议之，所谓谋及庶人也。议之可行则行，否则止，事事必合乎民情而后决然行之。"③ 除李鸿章和文祥外，还有其他一些当权的洋务官僚也对西方"君民一体，上下一心"的政治制度给予过好评。但由于他们是体制内的人，是清王朝的封疆大吏或朝廷重臣，尽管认识到了中国政治制度的弊端和西方政治制度的长处，但和体制外的王韬、薛福成、郑观应、何启、胡礼垣等人不同，他们不敢也从来没有想过要对中国的政治制度进行改革，用西方的君主立宪制度来取代中国的君主专制制度。

至于生活环境对人的影响，我们可以举孟母三迁其居的故事为例。孟子的母亲之所以要三迁其居，就是为了给孟子营造一个良好的生活环境。另外，思想家所受的教育和他交往的圈子，对其思想的形成和发展也很有影响。人们常说"近朱者赤，近墨者黑"，实际上讲的就是交友对一个人影响的重要性。

既然生活经历、生存状况和生活环境对一个人思想的产生或形成有如此重要的影响，因此，我们在研究某一位思想家的思想时，除要研究他生活的时代背景和社会背景外，还应加强对他的生活经历、生存状况和生活环境的研究，看他有过什么样的生活经历，到过哪些地方，经历过哪些事件，经济状况如何，有什么样的社会地位，喜欢和哪些人交往，其亲朋师友尤其是师友的思想是怎样的，对他产生过哪些影响等。在同一历史时代和社会背景下，之所以会产生不同类型或性质的思想

① 李鸿章：《复曾相》，《李鸿章全集》第 5 册，海南出版社 1997 年版，第 2607 页。
② 李鸿章：《复出使日本大臣黎纯斋》，《李文忠公尺牍》第 7 册。
③ 《清史稿·列传》第 173，《文祥传》。

家，这与思想家们个人的生活经历、生存状况和生活环境的不同有着密切的关系。我们以胡适和吴宓为例。他们年纪相当，经历类似，早年都在故乡接受过传统文化教育，后来又几乎同时到美国留学，同时回到国内成为著名教授，但胡适是五四新文化派的代表人物，而吴宓是著名的文化保守主义者，他们的文化取向是不同的。其中的原因很复杂，但或许一个重要的原因，是与他们在美国所接受的教育和经历有关。我们知道，胡适到美国后便拜在哥伦比亚大学杜威教授的门下，深受杜氏的实用主义哲学的影响，而吴宓到美国后则师从哈佛大学的白璧德教授，白氏的新人文主义对他的影响很大，他们两人的文化取向可以分别在杜威的实用主义哲学和白璧德的新人文主义中找到其理论根源。另外，他们两人留美期间的不同生活也或多或少影响着他们的文化取向。胡适在留美期间生活得非常安逸充实，天天是阳光鲜花，他是全美中国留学生会主席，经常应邀到各处发表演讲，他还是美国教授的座上宾，经常参加他们的周末家庭聚会，一位名叫韦司莲的美国小姐也非常爱他，与他有过无数次的花前月下。正是由于胡适在美国生活得太阳光了，这影响了他对美国的观察，在他的眼中，美国是理想的化身，是全世界最美好的地方，只有优点，没有缺点，他后来因而主张西化或全盘西化，实际上，胡适所讲的西化也就是美国化。而吴宓在美留学时的生活则没有胡适那样潇洒，他看到的美国既有阳光的一面，也有阴暗的一面，因而他并不认为美国是人间天堂，甚至在不少地方还不如中国。

当然，坚持以唯物史观为指导，与继承中国史学传统中的优秀遗产，并有分析地引进和吸取西方史学理论与研究方法并不矛盾。毛泽东就说过："我们信奉马克思主义是正确的思想方法，这并不意味着我们忽视中国文化遗产和非马克思主义的外国思想的价值。"因为唯物史观是马克思主义的组成部分，而马克思主义是开放的、与时俱进的理论，它可以也应该吸收一切先进的文明成果，并通过研究新问题、产生新理论而不断地丰富自己、发展自己。任何把唯物史观作为标签、在历史研究中生搬硬套的做法都是对马克思主义的教条化运用。

二

近现代中国社会始终处在急剧的变化之中，近一百年的时间走完了西方几百年才走完的历史行程。如果借用已故著名历史学家陈旭麓先生的话说，近现代中国社会的发展"表现为急剧的新陈代谢，螺旋地前进，螺旋特别多"。① 面对这样一个急剧变化的时代，我们研究中国近现代思想史，就必须学会用历史的、发展的、联系的（或整体的）观点考察问题。

一是要把研究对象——思想、思潮或思想家，置于特定的历史条件下进行研究。一种思想、思潮或一位思想家的产生及其活动，都是特定的历史条件的产物，脱离特定的历史条件，就不可能对历史问题有真切的认识，更无法对研究对象得出实事求是的理解。用列宁的话说："在分析任何一个社会问题时，马克思主义理论的绝对要求，就是把问题提到一定的历史范围之内。"② 比如，有人脱离辛亥革命后复辟与反复辟、尊孔与反尊孔的政治斗争和文化斗争背景，抽象地谈论五四新文化运动的反儒学、反孔教问题，不批判袁世凯、康有为借孔教复辟帝制的倒行逆施，反而指责五四新文化运动反儒学、反孔教是全盘反传统的过激行为，甚至认为五四新文化运动的反儒学、反孔教造成了中国文化的断裂，罪莫大焉。这就不是一种科学的历史主义的态度。

二是要把研究对象——思想、思潮或思想家，作为运动的历史发展过程进行研究。由于社会和时代的发展变化，一种思想、思潮或一位思想家往往在不同的历史阶段或时期的作用或地位是不同的，我们不能用静止的、僵化的观点来研究、评价他们。人们常说严复、康有为等人"从离异到回归"，早年进步，晚年保守。实际上无论严复，还是康有为，他们自身的思想前后并没有什么大的变化，变化的是社会，是时代。社会和时代变化了，前进了，而他们的思想却没有随着社会和时代的变化而变化，而进步，因而成了历史的落伍者。比如他们在政治取向上，始终都是君主立宪论者，如果说君主立宪在戊戌变法时期是一种进步的政治主张，在辛亥革命时期还有它的积极意义的话，那么到了民国初年，君主立宪则成了复辟倒退的代名词。又如大家所熟悉的"中体西用"，最早是冯桂芬 1861 年在他的《校邠庐抗议》一书中提出来的，后来为李鸿章、左宗棠等洋务派所继承和发展，成了洋务运动的文化

---

① 陈旭麓：《关于中国近代史线索的思考》，《历史研究》1988 年第 3 期。
② 《列宁选集》第 2 卷，第 512 页。

观，在洋务运动时期，它不仅不具有保守主义的性质，相反有它的积极意义。因为，在当时整个社会对西学缺乏正确的认识、以为学习西学就是"以夷变夏"的情况下，洋务派提倡"中体西用"，一方面强调中学之"体"的主导地位，另一方面又承认中学有"用"的不足，需要引进西学加以补充，从而实现以中学为本位、为主体的中西文化之间的调和或互补，这无疑是对传统的"中体中用"文化观的否定和突破，从而为学习西学扫清了道路。借用《中西体用之间》一书作者的话说：洋务派的"中体西学"，"形式上的重点是在强调中学之为'体'，事实上的重点却在强调西学之需'用'——从洋务派创导的这种文化新观念的主旨而言，应当说：'中体西用'，意在'西用'"。① 但到了甲午战争之后，尤其是进入 20 世纪之后，随着人们对中国所以贫弱、西方所以富强之原因认识的逐步加深，以及对西学的不断了解和"西用"范围的不断扩大，"中体西用"文化观的局限性便日益显现出来。"当着要求全面学习'体用兼备'的西学，在中国实行变法改制的思潮萌动的时候，'中体西用'论式的实际作用便发生了微妙的变化：原本是作为论证采用西学的一条有力理由，这时却渐渐变成了妨碍着从'大本大原'处学习西方的一付羁绊。"② 它也因此而失去了以前的积极意义，而成了保守主义的文化纲领。面对这样一种变化的社会和时代，我们在研究思想史时，就必须把研究对象放置于历史发展的脉络中，动态地而不是静态地研究他们在不同历史阶段或时期的地位和作用，这样才能对他们做出实事求是的科学评价。所以，我不赞成用"进步"或"落后"、"激进"或"保守"、"革命"或"改良"等词汇对近代思想人物的一生盖棺定论，而主张分时期分阶段地评价他们。实际上，我们在近代中国很难找到一个一生都"进步"或"落后"、"激进"或"保守"、"革命"或"改良"的思想人物。比如孙中山是中国革命的先驱者，发动和领导过辛亥革命、二次革命、护国运动、护法运动等，但他也不是一生都主张革命，他早年曾向往过改良。又如梁启超早年曾积极地介绍和宣传过西方文化，西方很多思想和思想家就是首先由他介绍到中国来的，但在晚年，受第一次世界大战的影响，他对西方文化持的则是批评

---

① 丁伟志、陈崧：《中西体用之间》，中国社会科学出版社 1995 年版，第 160 页。
② 同上书，第 173 页。

的态度，而主张中西文化的互补和调和，换言之，在文化取向上他早年激进，晚年保守。

三是要把研究对象——思想、思潮或思想家，作为统一的、有联系的有机整体进行研究。实际上，和整个自然界、生物界一样，人类历史也表现为统一的、运动的有机整体，并非偶然事件的毫无联系的堆积。因此，我们研究中国近代史上的思想、思潮和思想家时，就要用整体的、联系的观念，对它或他们进行全面的分析，这样才能揭示出其产生、发展的整体过程和内在本质。列宁就曾指出：研究历史，首先"就是不要忘记基本的历史联系，考察每个问题都要看某种现象在历史上怎样产生、在发展中经过了哪些主要阶段，并根据它的这种发展去考察这一事物现在是怎样的"。① 毛泽东在谈到"如何研究中共党史"时也说过：研究历史，根本的方法"就是全面的历史的方法"，所谓"全面的历史的方法"，也就是整体的、联系的方法，通俗地讲，叫做"古今中外法"。"就是弄清楚所研究的问题发生的一定的时间和一定的空间，把问题当作一定历史条件下的历史过程去研究。所谓'古今'就是历史的发展，所谓'中外'就是中国和外国，就是己方和彼方"。② 比如，我们研究某一思想或思潮的产生时，就不仅要研究它产生的时代背景和社会原因，还要研究它的思想或理论来源，这既包括中国固有的思想或理论来源，也包括外国输入的思想或理论来源，而且还要研究它与同时代的其他思想或思潮的相互关系。

谈到对近代思想人物的评价，可以有不同的评价标准。一是历史的评价标准，即坚持历史主义的原则，看他们的思想和活动是否合乎中国近代历史发展的需要。什么是中国近代历史发展的需要呢？中国近代历史发展的需要，一是民族独立；二是社会进步。在中国近代史上，凡是对民族独立和社会进步起过积极作用的历史人物就应肯定，反之，则应否定。二是道德或学理的评价标准，即看他们个人品质的优劣以及他们提出的思想或理论是否有学理的根据，或对学术发展有何贡献。思想人物如果在这两方面是统一的，那么其评价就不会出现大的问题或争论。如果在这两方面不是统一的，出现的问题和争论就比较多。一些研究者

---

① 列宁：《论辩证唯物主义和历史唯物主义》，人民出版社2009年版，第283页。
② 《毛泽东文集》第2卷，人民出版社1999年版，第400页。

评价思想人物主要用的是学理的或道德的标准，而不是历史的标准，得出的结论往往似是实非。如有的人从个人品质上肯定梁济和王国维为殉清而采取的自杀行为，而没有分析这种自杀应该不应该的问题。笔者承认梁济和王国维的自杀是"杀身取义"，问题的关键在于此"义"该不该"取"。梁济和王国维之所以自杀，用他们自己的话说，是为了殉清，而按后来一些人的解释，是为了殉中国传统文化（如陈寅恪就认为王国维自杀是殉传统文化），但不论是殉清也好，还是殉传统文也罢，都是一种逆历史潮流的行为。因为推翻清王朝，结束2000多年的君主专制统治，是历史的巨大进步，而传统文化之所以在五四前后受到人们的批判而日见衰落，是由于以儒家思想为核心的中国传统文化的基本价值已不适应现代社会生活，只有经过批判和改造，才能化腐朽为神奇，实现它的现代转型。我们在电影中经常能看到这样的镜头：那些侵略中国、双手沾满中国人民鲜血的日军军官在战败被中国军民包围后，往往是拔出战刀，剖腹自杀，以示对天皇的效忠。如果仅论个人品质，日军军官的这种"杀身取义"的行为不仅无可厚非，而且还应肯定，但从历史的评价来看，日军是侵略者，天皇是日军侵略中国的罪魁祸首，日军军官负隅顽抗，剖腹自杀，是死有余辜，不值得丝毫的同情。

因此，我们认为对思想人物的评价，应该坚持历史评价与道德评价、学理评价相结合，而以历史评价为主的原则，这样才能更客观科学地评价近代思想人物的历史作用和地位。以五四时期的东方文化派与新文化派的东西文化论争为例。从学理上分析，无论新文化派，还是东方文化派，对一些问题的认识都存在着片面性，但如果我们把他们所争论的问题放置于特定的历史背景下来考察，以历史发展的客观要求为其评价的标准，那么，显而易见新文化派的理论和主张比东方文化派的理论和主张更符合历史的要求，更有它的历史价值和现实意义。比如，在中西文化差异之性质的争论上，新文化派认为是"古今之别"，而东方文化派认为是"中外之异"，就学理而言，二者都失之片面：前者强调了文化的时代性，而忽略了文化的民族性；后者则强调了文化的民族性，而忽略了文化的时代性；实际上文化是民族性和时代性的统一。但从当时的历史要求来看，是要人们承认中国传统文化比西方近代文化的落后，从而奋起直追，使中华民族立于世界民族之林，而不是保持本民族文化的纯洁性，肯定它有其存在的特殊价值和意义。这正如一位论者指出的那样：应该看到新文化派对文化之时代性的片面强调，"既是一种认识上的错误，同时又是一种认识上的进步。这种进步就在于新文化运动提倡者开始懂得人类社会的文化进化史是具有共同性的，由是才从狭隘的民族视野中解放出来，放眼去观察世界，把整个人类文化的进程拿来进行宏观考察，从而他们才敢于略去民族性的差异，去径直进行时代性的先进与落后的比较研究，并对外国的先进文化具有敢于'拿来'的勇气"。① 我们以前只讲历史的评价，忽略了东方文化派在学理上的贡献，这固然是片面的，但如今有的学者从一个极端又走到另一个极端，只以学理的标准来评价新文化派和东方文化派，而放弃了历史评价的标准，贬斥前者，而肯定后者，这同样是片面的，不是评价历史人物的正确态度。

三

作为社会意识或上层建筑，一种思想或思潮产生的原因是很复杂的，除了起决定作用的物质生产或社会存在外，作为思想的提出者——人的素质、心理、性格、气质、情感等因素也起着一定的作用。黑格尔在《历史哲学》一书中就曾指出："人们活动的出发点是他们的需要、他们的热情、他们的性格和才能。"又说："要是没有热情，世界上任何伟大的事件都不会成功。"历史表明：许多重大历史事件的决策和发生，都在不同程度上与决策者的心理、情绪、甚至爱好有一定的关系。因此在研究中国近代思想史的过程中，我们在坚持和发展唯物史观的前提下，运用现代心理学的理论与方法，分析研究对象的心理活动和个性特征对其思想的影响，这有助于对丰富多彩的历史现象做出更符合历史事实的解释和评价。

心理分析法，一般可分为"个体心理"分析和"群体心理"分析。个体心理分析主要是分析思想家个人的心理活动，以及他的家庭、亲友、同事对他心理的影响。现代社会学和心理学的研究成果表明，个人的成长和思想的形成发展，与其家庭环境的影响很有关系，特别是青少年时代表现出来的心理状态，往往成为一种"情结"，影

---

① 丁伟志：《重评"文化调和论"》，《历史研究》1989 年第 3 期。

响其一生。美国学者艾恺在《最后一个儒家：梁漱溟与现代中国的困境》中曾提出过这样一个观点，即：那些破落家庭的孩子比一般家庭的孩子对社会的观察更敏感，因而也更能在文学或其他社会科学方面取得成就，如曹雪芹、鲁迅、郭沫若、胡适、梁漱溟等人。群体心理分析法主要是研究群体的心理活动，这对思潮史的研究具有非常重要的意义。比如，已有学者将群体心理分析法运用于义和团的研究，以探讨为什么在很短的时间内会有数以十万计的农民参加义和团运动，通过研究得出结论："从众心理"是促使数以十万计的农民一夜之间参加义和团运动的重要原因。

比较研究法，也是历史研究尤其是思想史研究中经常使用的一种方法。在中国的历史典籍中，如《左传》、《国语》、《战国策》、《史记》、《汉书》都广泛地运用过历史比较方法，比如在《史记》的"列传"中，司马迁就把一些有可比性的人物放在一起，写成"合传"，进行比较。在古希腊的史学著作中，如被称为"史学之父"的希罗多德的《希腊波斯战争史》中和"具有批判精神"的修昔底德的《伯罗奔尼撒战争史》中，也有许多历史的比较叙述。到了近现代，历史比较研究已经形成为一门独立的史学分支学科。马克思在回答西欧道路与俄国公社命运和社会发展前景的问题时就曾指出：极为相似的事变发生在不同的历史环境中会引起完全不同的结果。正确的研究方法应当是，"把这些演变中的每一个都分别加以研究"，弄清楚这些演变的历史背景、具体情况和发生原因，"然后再把它们加以比较"，从而"找到理解这种现象的钥匙"。① 因此，他与恩格斯在研究人类社会发展的规律时，就曾对资本主义社会与前资本主义社会、古代东方社会与西方社会、主要资本主义国家的社会进行过比较。恩格斯在《德国的革命与反革命》一书中，通过对德国的资产阶级、无产阶级、封建贵族阶级与英国的、法国的资产阶级、无产阶级、封建贵族阶级之间的比较，科学地总结了德国革命的经验和教训，认为是资产阶级的软弱无能、无产阶级的力量弱小和封建贵族阶级力量的强大，导致了1848—1851年德国资产阶级民主革命的失败。梁漱溟在五四时期写的《东西文化及其哲学》一书，是中国人最早对东西文化及其哲学进行系统比较的代表作，产生过重大

---

① 《马克思恩格斯文集》第3卷，人民出版社2009年版，第466、467页。

影响，有其重要的学术地位。

就思想史的研究而言，经常运用的比较法主要有两种：即纵向比较和横向比较。所谓纵向比较，是将一定时代的思想家及其思想和他们的前辈及其思想进行比较，看他们是否提供了前人所没有提供的东西，也就是看他们在前人的基础上是否有所发展、有所进步。而横向比较，是在历史的横断面上，对同一时代的思想家及其思想进行比较，看他们谁更能把握时代的主题和要求，其思想更能贴近社会的需要，从而对他们及其思想做出符合历史事实的客观评价。我有时又将纵向和横向这两种比较法称为前后（纵向）和左右（横向）比较法。我们还可以进行国与国之间的比较，比如有学者在研究中国的洋务运动时，把它与日本的明治维新进行比较，分析洋务运动所以失败而明治维新所以成功的原因，就很有启发意义。

在运用比较研究法时，要特别注意可比性原则。所谓可比性原则，即是比较的对象必须具备共同的基础和联系。雷蒙德·格鲁在《比较历史研究概论》中就一再强调："历史比较研究方法在于对那些已被抽象地称作可资比较的集团、事件、机构、观念进行比较。"他又说："我们可以学会从类似的或不同的角度，对人类行为进行比较。"如果比较的对象没有可比性，就不能进行比较。否则，得出的只能是牵强附会的结论。比如，我曾在网上看到过一篇文章，把毛泽东和希特勒拿来比较，由于这两个人物没有丝毫的可比性，所以那篇文章得出的一些观点或结论纯属胡说八道，没有任何的科学性。

近年来，随着西方社会史研究的理论和方法的传入，已有越来越多的学者借用西方社会史研究的理论和方法来研究中国近代思想史，并取得了不少成果。思想史研究中引用西方社会史研究的理论和方法，这对推动中国近代思想史研究具有十分重要的意义。

首先，扩大了文献资料的使用范围。传统的思想史研究方法，多着重于文献资料的搜集和解读。但长期以来，能用来作为思想史研究文献资料的不外"儒家的经典及注释、诸子的解说、文集、语录、正史、传记"等，而很多的考古资料，如"器物或图像资料、数术方技文献"以及历代的历书、则例、类书、蒙书、方志、族谱、档案和其他一些不能登大雅之堂的文献资料则没有纳入思想史研究的资料之中。因此，"在很长的一段时间里面，思想史还是像哲学史一样，讨论的重心还是集中在精英和经典"。① 但自西方社会史研究的理论和方法引入中国思想史研究之后，原来那些没有或很少在思想史研究中使用的文献资料则得到了广泛运用。比如葛兆光的两卷本《中国思想史》就大量地引用了中国早期的星占历算、祭祀仪轨、医疗方技、各种类书、私塾教材以及碑刻造像、书札信件等资料，来说明"一般的知识、思想与信仰"。

其次，非文献资料和口述资料得到重视和利用。除文献资料外，一些民间信仰、风俗习惯、行为方式、礼仪节日、图像音律、碑刻字画等非文献资料所记载或反映的可能是一种有着更广泛影响的社会思想，但由于文献资料尤其是那些官方的文献资料或精英留下的文献资料对此没有记载，或记载不多，长期以来，人们在研究中国思想史时几乎没有利用过这些非文献资料。而西方社会史研究的一个重要方法，就是通过田野调查，对大量的、散落在民间和社会上的非文献资料进行发掘、整理和利用。因此，随着西方社会史研究的理论和方法的引入，非文献资料在中国思想史研究中开始得到重视和利用。口述资料是文献资料的重要补充。但和非文献资料一样，口述资料在以前的中国思想史研究中也很少甚至没有被利用过。口述资料的被重视和利用也是在西方社会史研究的理论和方法被引用到思想史研究之后的事。

再次，改变了中国思想史的书写方式。我们以前书写的中国思想史，基本上是精英思想史。比如，在学术界产生过巨大影响的侯外庐先生的五卷本《中国思想通史》，就是以不同时期的精英思想为主轴而架构起来的。除侯外庐外，胡适、梁启超、冯友兰、钱穆等其他人书写的中国思想史或哲学史著作也都如此，都是精英式的，很少能看到一般人或社会大众的思想。但这种情况现在有了改变，一些学者在研究中国思想史时，受西方社会史研究的理论和方法的影响，开始利用原来很少利用的一些文献资料、非文献资料和口述资料，来研究一般人或社会大众的思想，甚至有学者以不同时期的一般人或社会大众思想为主轴来架构自己的中国思想史著作。这方面最成功也最典型的例子便是葛兆光的两卷本《中国思想史》。研究中国思想史，重视一般人或社会大众思想的研究，这是中国思想史研究的一大进步，值得充分肯定。但矫枉不能过正，不能只研究一般人或社会大众的思想，而不研究精英的思想。实际

---

① 葛兆光：《什么可以成为思想史的资料?》，《新哲学》第 1 辑，第 294—295 页。

上，一部中国思想史，既要包括精英人物的思想，也要包括一般人或社会大众的思想，既不能以精英人物的思想为主轴，也不能以一般人或社会大众的思想为主轴，因为历史既不是精英人物独自创造的，也不是一般人或社会大众独自创造的，而是精英人物和社会大众共同创造的，只是在不同的历史时期、不同的历史场景下他们的贡献有多有少而已。

西方社会史研究的理论和方法的引入极大地推动了中国近代思想史研究。实际上，不只是西方社会史研究的理论和方法，西方其他的一些社会科学研究的理论和方法，如系统论、结构论、后现代主义理论的传入，都对推动中国历史研究，当然也包括中国思想史和中国近代思想史研究，起过或多或少的作用。就此而言，我们对来自西方的一些社会科学研究的理论和方法应该持积极开放的态度。但这只是问题的一个方面，或主要的方面；问题的另一个方面，或次要的方面，我们也应看到，西方社会史以及西方其他社会科学研究的理论和方法的传入，也给研究者带来了一些问题与困惑：

首先是对史料与理论关系形成颠倒的错误认知。"论从史出"，这是史学的一个基本要求，所以在对史料的解读中我们要秉承客观、公正的态度，全面系统地占有资料，实事求是地分析史实，才能得出自己的结论，史料与理论之间是相互的，理论是从史料中得到的，史料也能用理论去验证，所以对于肢解史料以有利于自己的论证的做法是史学界尤其反对与警惕的。但是，近几年随着西方社会史研究的理论和方法的引入，许多学者开始运用"公共空间"、"市民社会"、"国家与社会"等范式进行思想史的研究，研究中常常采用的是先立论后举例子的程序。这样的做法一方面可以扩大研究视阈，但是如果运用不当则会出现"以论代史"的现象，在已有"结论"的引导下去寻求史料，而达不到"论从史出"的要求。

其次是阐释的"过度"与概念的"滥用"。当带有后现代色彩的"话语分析"模式传入中国时，给研究者带来了一种"不良"的暗示——在研究中可以从文本到文本，依据自己的理解去阐释历史。这种暗示的危险是，从文本到文本的方法会产生阐释"过度"的现象。黄兴涛就对"想象"、"神话"、"吊诡"等名词在史学研究中的"滥用"提出过批评。他指出，许多人往往把带有想象性特点或者说曾有"想象"因素参与其中的历史认知过程，与"想象"作为根本性质的事物混为一谈，好像人类除了"想象"外，便无其他的思维活动；"神话"的标签也到处贴，并且使用的并不是本来意义上的概念。①

另外，一些学者在研究中国近代思想史时，受西方社会史研究的理论和方法的影响，将更多的关注下沉到民间，力图通过阐释与分析民众社会生活的方方面面以还原历史场景，但是却忘却了思想史研究的一个基本要求，即理论的要求，所以文章显得支离破碎，没有理论深度，这是社会史与思想史的结合没有到位的结果。所以，在今后的研究中，我们更多地需要思考如何更好地打通不同学科，实现学科更好的结合；在引进西方的研究理论和方法时，我们要立足于中国的研究实际，将西方的研究理论和方法"中国化"，从而建立本土化的中国思想史研究的理论、方法和范式。

---

① 黄兴涛：《"话语"分析与中国近代思想文化史研究》，《历史研究》2007 年第 2 期。

唯物史观与中国当代史和
中共党史研究

当代中国史研究的若干理论问题[*]

朱佳木

  当代中国史研究（简称当代史研究）也称中国现代史研究（简称现代史研究）或中华人民共和国史研究（简称国史研究），是一门伴随新中国成立和成长而兴起的新兴学科。它的成果最早可以追溯到 1951 年胡乔木撰写的《中国共产党的 30 年》，其中有 8 个页码论述了新中国的成立。以后又有 1954 年中宣部等有关部门编写、人民教育出版社出版的《中国人民解放战争和新中国五年简史》，以及 1958 年河北师范学院部分师生编写、人民出版社出版的《中华人民共和国史稿》。但严格意义上的国史研究，是在 1978 年中共十一届三中全会之后，并且首先是从中国共产党总结新中国成立以来的历史开始的。

  1979 年，中共中央利用庆祝新中国成立 30 周年的机会，在庆祝大会讲话稿中对新中国成立以来的历史及其经验教训，进行了简要回顾和初步总结。接着，中共中央又组织专门班子，用 1 年 8 个月，起草了《关于建国以来党的若干历史问题的决议》（简称《历史决议》），并于 1981 年中共十一届六中全会上通过。在《历史决议》起草过程中，邓小平、陈云等老一代革命家提出了许多指导性意见，党内 4 千多名高中级干部和一部分党外人士进行了认真讨论。《历史决议》讲的虽然是党的历史问题，但由于这些问题同时也是国家的重大历史问题，因此，制定《历史决议》的过程，可以说是一次高层次集体研究国史的过程，起到了促进国史研究的积极作用，也为此后的国史研究指明了正确

---

  * 本文最早以《论中华人民共和国史研究》为题，发表于《中国社会科学》2009 年第 1 期。提交中国社会科学院马克思主义史学理论论坛首届研讨会前，作者曾作过多次补充修改。

方向。

随后，在当时分管意识形态工作的中共中央书记处书记胡乔木的倡议下，中国社会科学院提出了关于对新中国成立以后各条战线历史经验做出有科学价值的总结、编撰系列专著的方案，经中央书记处批准，由中宣部部署，组织了专门的编委会，编辑出版大型丛书《当代中国》。这套丛书按照部门、行业、省市、专题分卷，先后动员约 10 万多干部和学者参与编撰，耗时约 7 年，陆续出版了 150 卷，共计 1 亿字，3 万幅图片。它所利用的档案资料之丰富确凿，涉及的内容之全面系统，都是空前的。与此同时，有关方面还陆续出版了大量可供国史研究利用的文献资料书。例如，毛泽东、周恩来、刘少奇、邓小平、陈云等共和国主要领导人的文选、文集、文稿、年谱、传记，中央文献研究室编辑的 1949—1965 年的《建国以来重要文献选编》和从 1978 年中共十一届三中全会开始的历次党代会以来的重要文献选编，中国社会科学院经济研究所与中央档案馆合编的《中华人民共和国经济档案资料选编》1949—1965 年各卷，以及李先念、薄一波、杨尚昆、李维汉等共和国重要领导人的文选、日记、回忆录等。所有这些，都为开展国史研究提供了必要条件。

1990 年，当时的中共中央党史领导小组借鉴中国历史上由国家设立国史馆的传统做法，提议并经中央同意，成立了专事编纂和研究中华人民共和国史（简称国史）的当代中国研究所。当代所建立后，开展了国史编纂工作，创办了以出版国史著作为主业的当代中国出版社和反映国史研究成果的学术刊物《当代中国史研究》，成立了联系全国国史学者的社会组织——中华人民共和国国史学会。自 2001 年 12 月中央书记处讨论并原则批准当代所的科研规划后，该所又集中力量编写编年史性质的史料书《中华人民共和国史编年》（简称国史编年，现已出版 1949—1959 年 11 卷），建立了面向全国的国史学术年会制度（至今已举办 12 届），同社科院研究生院合作创办了国史系。在此前后，许多中央部门和省一级政府也纷纷设立本部门和本地区的当代史研究机构，许多地方社会科学研究机构还设有当代史研究部门，一些高等院校开设当代史课程，并建立以当代史为专业方向的硕士、博士授予点。如果算上从省到县各级中共党史研究部门对新中国时期党史的研究，以及各级地方志工作部门对新中国时期志书的编修，则全国研究当代史的机构就更多了。这些机构产生了不胜枚举的当代史研究成果，也培养了众多从事当代史研究的专门人才，使当代史研究作为历史学的分支学科，逐步登上了学术舞台。

尽管如此，当代史研究与历史学其他分支学科相比，总体上说还处于初创阶段，学科体系尚不完整、不系统，还有许多理论问题有待探讨。下面，我就其中几个基本理论问题，谈一点粗浅认识，供大家讨论。

一 关于当代史及其研究概念的问题

（一）当代史与现代史、国史的关系

简单说，当代中国史（简称当代史）是指 1949 年中华人民共和国成立后，在共和国范围内社会与自然界的历史。它是中国历史的自然延伸，是中国历史的现代部分或当代部分，是正在进行并且不断发展着的中国断代史。

当代史、现代史与古代史、近代史一样，都是对历史不同阶段划分的表述。各国对历史阶段的划分，对近代史、现代史、当代史的界定，并没有统一标准。有的把三者加以区别，有的只设近代史、当代史，没有现代史；有的只设近代史、现代史，没有当代史。对近代史、现代史、当代史的内涵，不同国家、不同时期、不同学者的界定也不一样。就是说，这些概念都不是绝对的，会因国别、时间、学者的不同而改变。

唯物史观的一个基本观点是，人类社会形态由低级向高级发展，是生产力与生产关系、经济基础与上层建筑这两个社会基本矛盾运动的结果。因此，马克思主义史学理论认为，划分历史阶段主要应当依据社会形态的变化。我国史学界正是运用这一观点，把 1840 年中国由封建社会进入半殖民地半封建社会作为古代史和近代史的分水岭。如果仍然运用这一观点，本来应当把 1949 年中国由半殖民地半封建社会走向和进入社会主义社会，作为区分中国近代史和现代史的分水岭。然而，在新中国成立后，我国史学界、教育界把 1919 年五四运动爆发作为中国现代史（简称现代史）的开端。众所周知，五四运动改变的只是中国旧民主主义革命的性质，并没有改变中国社会的性质。因此，这样界定近代史和现代史，区分的只能是革命史的不同阶段，而非国家史的不同时期。对此，那时即有学者提出不同意见。只不过由于那时新中国成立不久，国史研究还没有被提上日程，这种界定的矛盾还不突出，故没有引起各方重视。自 20 世纪 80 年代国史研究开展以来，人们为避开现代史原有定义的既成事实，把新中国成立后的历史称为当代史，使这一矛盾被暂时掩盖起来。但随着新中国历史的延续和国史研究与教学的深入，现代史原有定义的学术乃至政治的弊端逐渐显现，矛盾日益突出，已到了非改变不可的地步。

国家学科、专业目录隶属历史学的二级学科里，过去一直设有世界史、中国古代史和中国近现代史等专业，却没有中国当代史或中华人民共和国史专业，给当代史研究与教学造成一定困难。为解决这个问题，有关部门把国史、当代史放到了近现代史专业中。应当说，这两种做法都不合适，尤以后一种更不妥当。因为，中国现代史原有定义是把1919 年作为起点的，如果在不改变这个起点的前提下，就把当代史或国史并入现代史，势必抹杀 1949 年中华人民共和国成立对于中国社会形态变革的划时代意义。其实，正确的做法应当是首先统一中国历史阶段划分的标准，然后将中国近代史的上下限由原来的 1840 年至 1919 年改为 1840 年至 1949 年，将中国现代史的起点由原来的 1919 年推迟至1949 年。在这个前提下，再把中国现代史与当代史、国史合并。合并后，可以称中国现代史，也可以称当代史或国史。但不管称什么，都应当把中国现代史从现有的中国近现代史中独立出来，改称近代史专业和现代史专业，取消近现代史专业。目前，史学界已有越来越多的人以1949 年作为划分中国近代史与现代史的分水岭。被高等院校政治理论课作为教材的《中国近现代史纲要》，使用的就是这种划分方法。但遗憾的是，高等院校的许多教材仍然沿用着"中国近现代史"的称谓。

历史分期是动态性的，不会一劳永逸，随着时间延续，原有的中国现代史或当代史的上下限势必会发生相应改变。例如，再过 100 年，可能需要从中国现代史中分出一个独立的当代史来。不过，这样的问题可以留待那时的人们去考虑和解决。

（二）当代史研究与现代史研究、国史研究的关系

当代史、现代史与国史这三个概念完全是一个意思，但当代史研究

与现代史研究、国史研究这三者，在概念上却稍有不同。当代史研究和现代史研究，顾名思义，是以新中国的历史为研究对象的学问，概念上完全一样。但国史研究有广义、狭义之分，其广义的研究与当代史、现代史研究完全一样，而狭义的研究则和它们有所不同。

从广义上讲，国史研究是指1949年中华人民共和国成立后，对中国领土范围内（包括领空、领海、岛屿）人类社会与自然界的研究和记述。它不仅包括政治、经济、文化、外交、军事等内容，也包括天象、气候、生态环境、自然资源和自然灾害等内容；不仅包括对国家整体历史的研究，也包括对地方、部门、行业等局部历史的研究；不仅包括对中央人民政府管辖区域内历史的研究，也包括对暂时不受中央人民政府管辖的一些地方的历史研究，例如，1949年大陆解放后的台湾史，1949年至1997年和1999年主权回归前的香港、澳门史，以及1949年至1951年和平解放前的西藏史等。这个意义上的国史研究，显然与当代史、现代史研究的研究范围没有什么不同。

从狭义上讲，国史研究是指对中华人民共和国历史的整体性研究，侧重的是国家政权层面的活动。它只研究涉及国家全局的政治、经济、文化、外交、军事等社会领域和自然界的重大事件，而不研究地方史、部门史、行业史等微观和局部的内容；只记载主权、管辖权所及范围之内的事件，而不包括主权尚未回归和管辖权尚未取得的地区的历史过程。例如，它不包括内地各省的历史，只包括与全局相关的地方性事件；不包括1949年后的台湾史和主权回归前的港、澳史，只包括大陆与台、港、澳相互关系的历史。它相当于人们通常所说的通史研究，现在已经出版的各种国史书，如《中华人民共和国简史》、《中华人民共和国史稿》、《中华人民共和国史编年》等，大都属于这个范畴。这种狭义的国史研究，显然不如当代史、现代史研究的概念宽泛。

（三）当代史研究与中共党史研究的关系

有人认为，既然中国共产党历史研究（简称党史研究）也研究新中国成立后的历史，再搞当代史研究就是重复研究，没有必要。这是一种误解，是对党史与当代史、现代史、国史概念不清的表现。我们要正确认识和开展当代史研究，必须弄清楚它与党史研究的区别。

中国共产党是中华人民共和国的核心领导力量，党的理论、路线、方针、政策、重大决定，必然对共和国的建设和发展产生决定性的作用。从这个意义上说，党史是当代史的核心，新中国成立后的党史走向决定着当代史的走向。因此，当代史研究与党在这一时期历史的研究，从内容上讲，难免会有许多交叉、重合。比如，党的历次代表大会，毛泽东、周恩来、刘少奇、朱德、邓小平、陈云等党的领袖人物，在当代史研究中不可能不涉及。另外，当代史研究与党史研究在理论上也有一些相同、相近、相通之处，很难截然区分。比如，一个学者对当代史分期、主线、主流等问题的看法，往往与他对党史同样问题的看法差不了太多。

但应当看到，党史研究与当代史研究毕竟分属不同学科。党史研究的对象是中国共产党的历史，基本属于政治学中的政党学范畴；即使从史学角度看，它也属于专史。而当代史研究的对象是新中国的国家史，完全属于史学范畴，是中国近代史研究的接续。因此，党史研究与当代史研究在角度、范围、重点、方法上都有很大不同。

关于研究角度。党史研究是从政党角度出发来研究新中国历史的。它要研究的是中国共产党作为一个执政党，如何制定路线、方针、政策，并把它们变成国家意志；如何处理与各参政党之间的关系；如何开展群众工作；如何与国外政党打交道；如何进行党的自身建设，等等。而当代史研究则是从国家角度出发来研究新中国历史的。它要研究的是国家政权机关如何贯彻中国共产党的路线、方针、政策，如何组织国家各项事业的建设，如何开展外交活动，如何进行政权建设，以及人民群众和各参政党是如何在中共领导下从事各项建设事业和参政议政的。比如，在研究改革开放的历史时，党史研究主要应从这一决策制定的背景、过程入手，而当代史研究则主要应从改革开放本身的历程及其给国家、社会造成了哪些影响，人民群众的工作、生活、思想出现了哪些变化入手。

关于研究范围。党史研究主要研究的是中国共产党在新中国成立后的历史发展及其规律。它研究的范围超不出中共作为执政党影响所及的事务；超不出虽然与它的影响有不同程度的关联但不属于执政党范畴的事务。例如，自然领域里的天象（日食、彗星等）、气候、生态、灾害的变化，这些就与党史没有或基本没有关系。社会领域里的人口、婚姻、家庭、民俗、服饰、饮食、语言、娱乐方式、人际交往等变化，经济史、法制史、民族史、疆域史、政区史、宗教史，以及各参政党的党史，等等，虽与中共党史或多或少有一定关联，中共党史研究也会有所涉及，但作为学科则不属于它要研究的范围。例如，在党史研究中不可能设民族史、疆域史、政区史、婚姻史、民俗史、服饰史研究专业，因为不存在这样的历史。中国共产党虽然有自己的经济思想史、法制思想史、人口政策史、环境政策史、宗教政策史等，在党史研究中也完全可以设置这些研究方向，但党没有自己的法制史、人口史、环境史、宗教史，新中国成立后也不再有自己的经济史。因此，不可能设什么中共法制史、中共人口史、中共环境史、中共宗教史的研究方向，也不会有当代中国的中共经济史专业。在党史研究中会涉及中共与八个参政党的相互关系，但不可能也不必过分叙述这些党派自身的历史，否则势必混淆中共党史研究与其他党派党史研究的关系。而上述内容却可以并且必须纳入当代史研究的范围，否则就不成其为当代史了。可见，当代史研究在范围上要比党史研究宽泛得多。

关于研究重点。党史研究的重点应当是党的路线、方针、政策制定的过程，党的重大决策出台的过程，党的制度建设、思想理论建设、组织作风建设的状况，党的会议和文献，党的重要人物和模范，以及党执政的经验教训，等等。当代史研究虽然也会研究这些内容，但更多的是要研究全国人民代表大会及其常委会、国务院的决策过程，法律的制定和变化过程，以及各级国家权力机关、行政机关、审判机关、检察机关的重大活动和举措，国家各项建设事业的进展和有突出贡献的人物，国家机关的自身建设及其经验教训，等等。例如，在经济问题上，党史研究的重点应当是基本经济制度建立、宏观经济政策制定的过程和作用；当代史研究的重点应当是相对具体一些的经济制度和政策，如财税制度、金融制度、产业政策、外贸政策的建立和制定的过程，以及产业结构、城乡居民收入、土地状况、进出口贸易、货币发行和税种、税率等变化的情况。又例如，在自然灾害问题上，党史研究应重点研究党是如何领导政府和人民群众抗击自然灾害的；而当代史研究的重点应是政府与人民群众如何在党的领导下抗灾、救灾、赈灾和进行灾后重建，以及自然灾害造成的历史原因和损失情况。

关于研究方法。党史研究和当代史研究都要运用唯物史观指导下的研究方法进行研究。例如，都要从历史事实出发，充分收集、慎重选择、严谨考证史料，对问题进行整体和系统分析，把问题放到一定历史范围之内，用社会存在说明社会意识，进行阶级分析，通过比较认识事物，等等。另外，都要借鉴中国传统史学和国外史学特别是新史学的有益方法，都要汲取社会科学中其他学科，如经济学、社会学、统计学的科学方法。但是，党史研究基本属于政治学，需要更多地运用政治学研究的方法；而当代史研究完全属于史学，主要运用史学研究的方法。在史书编纂方面，党史主要用章节体，而当代史除了章节体外，还要创造性地继承中国史学的传统体裁，如纪传体、编年体、记事本末体、典制体、方志体、史地体等，以便与历代史书相衔接。

总之，当代中国史与中共党史研究各有各的学科属性、研究任务和社会功能，谁也代替不了谁。现在一些当代史书籍与党史书籍之间存在内容雷同或近似的现象，并不表明当代史研究与党史研究是一个学科，而是由于当代史方面的书过多地写了本该由党史书撰写的内容，党史方面的书则过多地写了本该由当代史书撰写的内容。这正是今后需要通过加强这两门学科自身建设来加以解决的问题，而不应成为怀疑当代史研究必要性的理由。

二　关于当代史分期的问题

对历史进行分期，是史学工作者为便于自己和引导人们认识历史发展阶段性特征的一种研究方法，是史学研究的重要理论问题之一。前面讲到，对不同社会形态下的历史进行分期，由于史学工作者历史观的不同而难以有统一的标准。对处在同一社会形态下的历史进行分期，由于史学工作者的历史观或分析问题角度的不同，往往也会有不同意见。在当代中国史的分期问题上就有多种意见，其中主要有以下几种：

1. 根据《历史决议》，划分为 4 个时期，即基本完成社会主义改造的 7 年，开始全面建设社会主义的 10 年，"文化大革命"的 10 年，伟大历史转折以后的时期。

2. 在第一种分期方法的基础上，将其中第一个时期，即基本完成社会主义改造的 7 年，再以新民主主义向社会主义过渡为界，分为"国民经济恢复时期"和"社会主义改造时期"。

3. 在第一种分期方法的基础上，将其中第 4 个时期，即伟大历史转折以后的时期，再以中共十一届三中全会的召开为界，分为"在徘徊中前进的两年"和"社会主义建设历史新时期"。

4. 在第三种分期方法的基础上，将"社会主义建设历史新时期"进一步分为3个阶段，即以邓小平发表南方谈话和中共十四大召开为界，划分为改革开放初期和由计划经济体制向社会主义市场经济体制转变时期；再以中共十六大召开为界，把2002年以后作为社会主义市场经济体制初步建立、经济与社会进入侧重科学发展的改革开放新阶段。

如果把上述各种分期方法加在一起，目前对当代史的划分最多可以达到8个时期。简单说：第一个时期，3年恢复；第二个时期，4年改造；第三个时期，10年探索；第四个时期，10年"文革"；第五个时期，两年徘徊；第六个时期，改革开放之初；第七个时期，建立市场经济；第八个时期，侧重科学发展。

上述分期只是已知比较有代表性的几种，如果细分，还可以分出一些。比如，对"文化大革命"10年，在《历史决议》中就分成了3段，即第一段，"五一六"通知到中共九大；第二段，中共九大到十大；第三段，中共十大到"四人帮"被粉碎。

以上对当代史的分期方法，都有一定道理。不过，为了更多地体现通史的特点，更大程度地区别于中共党史，我倾向于从经济与社会发展道路或目标模式的角度来观察和划分历史时期。从这个角度看，我认为可以把新中国成立至今的历史大致划分为五个时期：

1. 1949—1956年

这是结合中国实际学习苏联社会主义道路的时期，或者说是以苏联为目标模式的时期。

2. 1956—1978年

这是探索中国自己的社会主义道路的时期，或者说是要突破苏联模式，试图用计划经济体制加政治挂帅、群众运动搞建设的时期。

3. 1978—1992年

这是开创中国特色社会主义道路的时期，或者说是试图在计划经济体制内用经济计划加市场调节搞建设的时期。

4. 1992—2003年

这是开创中国特色社会主义道路新局面的时期，或者说是初步建立社会主义市场经济体制的时期。

5. 2003 年至今

这是中国特色社会主义建设进入新的发展阶段的时期，或者说是在社会主义市场经济初步建立的前提下，开始注重经济科学发展、社会和谐发展，注重经济与政治、文化、社会、生态协调发展的时期。

这里要着重说明为什么把 1966—1976 年的"10 年文革"和 1956—1966 年的"10 年探索"放在一起，都作为探索中国社会主义道路的时期。之所以这样划分，是因为"10 年文革"虽然造成了灾难性后果，但就其本质来说，仍然是对中国自己的社会主义道路的一种探索。《历史决议》在分析"文革"发生的历史原因时讲："社会主义运动的历史不长，社会主义国家的历史更短，社会主义社会的发展规律有些已经比较清楚，更多的还有待于继续探索。我们党过去长期处于战争和激烈阶级斗争的环境中，对于迅速到来的新生的社会主义社会和全国规模的社会主义建设事业，缺乏充分的思想准备和科学研究。""从领导思想上来看，由于我们党的历史特点，在社会主义改造基本完成以后，在观察和处理社会主义社会发展进程中出现的政治、经济、文化等方面的新矛盾新问题时，容易把已经不属于阶级斗争的问题仍然看作是阶级斗争，并且面对新条件下的阶级斗争，又习惯于沿用过去熟习而这时已不能照搬的进行大规模急风暴雨式群众性斗争的旧方法和旧经验，从而导致阶级斗争的严重扩大化。""毛泽东同志是经常注意要克服我们党内和国家生活中存在着的缺点的，但他晚年对许多问题不仅没有能够加以正确分析，而且在'文化大革命'中混淆了是非和敌我。他在犯严重错误的时候，多次要求全党认真学习马克思、恩格斯、列宁的著作，还始终认为自己的理论和实践是马克思主义的，是为巩固无产阶级专政所必需的，这是他的悲剧所在。"① 以上论述说明，"文化大革命"虽然是对社会主义的一种不成功的、失败的探索，但毕竟是对社会主义的探索；"文化大革命"的 10 年虽然是动乱的 10 年，但仍然处于社会主义时期，并没有脱离社会主义社会。

至于把 1977—1978 年的两年也归于探索中国自己的社会主义道路的时期，是因为这两年虽然停止了"文化大革命"，并且把工作重点由阶级斗争向经济建设上转移，但它所追求的目标仍然是回到"10 年探

---

① 《三中全会以来重要文献选编》（下），人民出版社 1982 年版，第 817、815 页。

索"的状态。

因此，把"10年文革"和"两年徘徊"都纳入从1956年开始的对中国自己的社会主义道路的探索时期，符合历史的实际，也有利于我们科学地认识那段历史。

在当代史分期问题上，只要是从历史本身的客观事实和内在逻辑出发，从反映历史阶段性特征的角度观察，各种有关分期的意见都可以也应当在学术范围内进行平等讨论，而不应当只把某一种意见作为绝对正确，把其他意见斥为绝对的错误。"自然界和社会中的一切界限都是有条件的和可变动的。"① 历史的分期界限同样如此。前面说过，随着历史的发展，比如说到新中国诞生100年、200年，人们再来给新中国历史分期，肯定会和现在有所不同。另外，上述各种分期都是就国家的宏观历史而言的，至于某些部门史、行业史、地方史，完全可以根据自己的实际进行分期，不一定非与国家史的分期保持一致。

在历史分期上的不同意见当然不全是学术问题，其中也有属于政治性问题的。例如，有人提出，中国自1911年以来只有两个时期，一是1978年前的共和时期，二是1978年后的改革开放时期。这种分期从表面看似乎在抬高改革开放的历史地位，但它完全无视1949年中华人民共和国成立给中国社会带来的根本性变革，因此，它所说的"改革开放"，只能是指继承资产阶级共和国道路的所谓"改革开放"，而不是我们实际实行的建立在社会主义制度基础之上的改革开放。还有人提出，中国历史至今只有3个时期，即前帝制时期，帝制时期，后帝制时期。这种说法显然是在影射新中国的历史是所谓"后帝制时期"，意思是新中国仍然是没有皇帝的专制国家。还有人提出，1949年以来的历史以1978年为界，分为两个时期，前一个时期为现代史，后一个时期为当代史。这种说法把新中国改革开放前后的历史与1840年至1949年的近代史并列，表面上看，好像也在抬高改革开放的历史地位，但深入分析一下就会发现，这种划分也有问题。因为，1949年前后的社会性质是不同的，而1978年前后的社会性质并没有变化。如果把改革开放前后的历史与新中国成立前后的历史并列，等于说改革开放前后的社会性质也是不同的。可见，这几种在新中国历史分期上的说法，不过是借

---

① 《列宁选集》第2卷，人民出版社1995年版，第693页。

历史分期而设置的"理论陷阱"罢了。它们所要表达的不过是要走资本主义道路的政治诉求，因此并非学术意义上的不同意见。

三 关于当代史主线的问题

所谓历史的主线，是指贯穿历史始终的主要脉络、支配历史走向的基本因素，是呈现某种历史规律的东西。探寻历史的主线，有助于揭示历史事件的动因，探索历史发展的规律，总结历史的得失，预测历史的未来，因此是史学工作者，尤其是马克思主义史学工作者在历史研究中从事的一项重要工作。不过，要弄清什么是历史的主线，尤其什么是当代中国史的主线，应当首先弄清楚这里说的主线是在什么意义什么层面上讲的。

讲到历史主线，现在多数人认为只能有一条。从这个观点出发，有人提出当代史的主线是生产力与生产关系、经济基础与上层建筑的矛盾运动。我认为，这是人类社会发展的基本动力和最终根源，不仅是当代中国史的主线，也是人类全部历史发展的主线。还有一种提法，说当代史主线是中国人民在中国共产党领导下进行革命、建设和改革。这种提法虽然抓住了当代史的本质特征，但未能揭示出左右其发展的内在动因，与其说是当代史的主线，不如说是给当代史下的一个定义。再一种提法，说当代史主线是解放和发展生产力。这种提法虽然说出了贯穿当代史的内在动因，但它适用于许多国家的许多时段的历史，是带有一定普遍性的历史现象，并没有揭示出中国当代史的特殊动因。因此，把它说成主线，对认识和解释当代史中的一系列重大事件没有多少实际意义。

在认为历史主线只能有一条的观点中，还有一种提法，即当代史主线是探索中国社会主义建设的道路。应当说，这种提法反映了贯穿当代中国史的特殊动因，是其他国家或中国其他时期的历史都无法套用的。但如果仅仅把它看成唯一的主线，也会发生一些不好解释的问题，有一些贯穿当代史的重大事件，难以用这一提法涵盖。

比如，新中国成立前夕，毛泽东、刘少奇都说过建国后要搞一段新民主主义，允许资本主义经济发展10年、15年、20年，然后再向社会主义过渡。但新中国成立后只过了3年，毛泽东就在1952年提出，从现在起就要向社会主义过渡。为什么会发生这个变化呢？如果说当代史的主线只有探索中国社会主义道路这一条，就会使人得出这样的结论，即提前向社会主义过渡是为了尽快走上社会主义道路，也就是说，是为搞社会主义而搞社会主义。显然，事实并非如此。实际情况是，进入1952 年后，随着恢复国民经济任务的顺利完成，国营经济在工业生产中比重的增加，土地改革后农业互助合作化运动的开展，朝鲜战局的趋于平稳，大规模工业化建设的任务被提上了日程。在编制"一五"计划草案时，财经部门的同志把苏联等社会主义国家和美欧等资本主义国家发展工业化的道路进行了比较，反复权衡国内政治、经济和国际环境等诸多方面的利弊得失，一致认为中国要尽快提高国防能力和农业与轻工业生产的能力，必须而且只能像苏联那样，走快速工业化的道路，也就是优先发展重工业的道路。要优先发展重工业必须解决资金、设备、人才和物资极度匮乏的实际问题。在当时条件下，要解决这些问题，只能选择高度集中的计划经济体制，并相应实行生产资料的国有化和公有化。但这些已经不再是新民主主义的政策，而是社会主义的政策了。

根据现有材料，毛泽东第一次正式提出提前向社会主义过渡的设想，是在 1952 年 9 月 24 日的中共中央书记处会议上。那次会议的主要议题是讨论"一五"计划的方针任务，周恩来、陈云也是在那次会议上汇报了就争取苏联全面援助"一五"计划建设问题与斯大林会谈的情况。这三件事碰在一起，绝不是偶然的巧合，它反映了选择优先发展重工业的战略、苏联答应对我优先发展重工业给予全面援助，以及决定提前向社会主义过渡三者之间的内在联系。毛泽东当时说现在就开始过渡，并用 15 年左右时间完成过渡，这与原先提出的先搞 15 年新民主主义，然后用一个早晨进入社会主义的设想，在最终完成过渡的时间上并没有太大差别，区别只在于开始过渡的时间。因此，是优先发展重工业的战略决定了提前向社会主义的过渡，而不是为了要提前向社会主义过渡才决定优先发展重工业。至于后来急于求成，提前完成过渡，导致工作过粗、形式过于简单、遗留问题过多等，是另外的问题，另当别论。

中共中央早在制定社会主义过渡时期总路线时就明确提出，工业化是主体，对资本主义工商业和农业的社会主义改造是"鸟之两翼"。就是说，向社会主义过渡是围绕工业化，为了工业化的。以后，周总理根据毛泽东的意见，在 1964 年全国人大三届一次会议上提出 20 世纪末实现工业、农业、科学技术和国防等四个现代化的目标。进入历史新时期后，中共中央重申了四个现代化的目标；以后又提出要走新型工业化道路，要在 21 世纪头 20 年内基本实现工业化。这些都说明，争取早日实现工业化、现代化，同样是贯穿迄今为止全部当代中国史的一条主线。当代史中许多重大事件都是受这条主线支配的，都可以从这条主线中找到答案。

再如，新中国成立后在周边一共打了 5 仗：第一仗是抗美援朝战争；第二仗是中印边境自卫反击战；第三仗是抗美援越战争，这场战争中国虽然主要做的是后勤支援，但防空部队到了越南前线；第四仗是珍宝岛战斗，其规模虽然不大，但导致中苏边境局势长时间紧张；第五仗是中越边境自卫反击战。如果说这些都是受探索中国社会主义道路这条主线的支配，显然是说不通的。可见，当代史中还有一条贯穿始终的主线，那就是维护国家的主权、安全和领土完整。平息西藏少数分裂分子叛乱，反对"两霸"，收回港澳主权，遏制"台独"，打击"藏独"和"疆独"，在钓鱼岛和南海问题的立场，等等，都是由这条主线决定、受这条主线制约的。

历史唯物主义告诉我们，人民群众是历史的创造者。因此，能够贯穿历史始终、支配历史走向的最为基本的因素，只能是历史的主体，即人民群众的历史能动性。恩格斯说："在社会历史领域内进行活动的，全是具有意识的、经过思虑或凭激情行动的、追求某种目的的人；任何事情的发生都不是没有自觉的意图，没有预期的目的的。"[①] "探讨那些作为自觉的动机明显地或不明显地、直接地或以思想的形式、甚至以幻想的形式反映在行动着的群众及其领袖即所谓伟大人物的头脑中的动因，——这是可以引导我们去探索那些在整个历史中以及个别时期和个别国家的历史中起支配作用的规律的唯一途径。"[②] "历史是这样创造的：最终的结果总是从许多单个的意志的相互冲突中产生出来的，而其中每一个意志，又是由于许多特殊的生活条件，才成为它所成为的那样。这样就有无数互相交错的力量，有无数个力的平行四边形，而由此

---

① 《马克思恩格斯选集》第 4 卷，人民出版社 1972 年版，第 243 页。
② 同上书，第 245 页。

就产生出一个总的结果，即历史事变。"① 这说明，历史发展的内在动因，既不可能是所有人的预期目的、动机、意图、意志，也不可能只有一个。我们探寻历史的主线，应当寻找人民群众作为历史主体的总的目的、动机、意图、意志。其中凡是贯穿并左右历史发展的，就是历史的主线。而这种主线不一定只有一条，很可能有多条。

从这个意义上理解历史主线，我认为对当代中国史的主线，起码应当概括为3条，即探索中国社会主义道路，争取早日实现中国工业化和现代化，维护中国的国家主权和领土完整。在这3条主线中，第一条虽然最重要，但它代替不了另外两条。这3条主线既相互区别又相互联系，共同影响和左右着当代史的发展。它们就像交响乐中的3个主题那样，交汇演奏了和正在继续演奏着共和国历史的交响曲。当代史迄今为止发生的所有重大事件，几乎都可以从这3条主线中找到答案。抓住了这3条主线，也就抓住了当代史发展的基本线索、基本脉络，而且可以大致预测出新中国未来发展的基本趋势和走向。

2010年8月31日，习近平同志在全国党史工作会议的讲话中，强调要把握党的历史发展的主题和主线、主流和本质，并指出党史的主题和主线就是团结带领人民为实现争取民族独立、人民解放和国家繁荣富强这两大历史任务而不懈奋斗。他在这里虽然只讲了一条主线，但其中既包括了探索社会主义道路（人民解放），也包括了争取早日实现工业化、现代化（国家繁荣富强）和维护国家主权、领土完整（民族独立）这三方面的内容。可见，把当代史主线分为3条表述，与党中央对党史主线的概括，在本质上是一致的，并不矛盾。

四　关于当代史主流的问题

所谓历史的主流，指的是在特定历史时期中，究竟光明、进步、积极的方面为主，还是黑暗、倒退、消极的方面为主。具体到当代中国史，所谓历史的主流问题，指的是在这60多年里，究竟成就、成绩是主要的，还是失误、错误是主要的；对它的评价究竟应以正面为主，还是应以负面为主。

---

① 《马克思恩格斯选集》第4卷，人民出版社1972年版，第478页。

从目前学术界看，对新中国改革开放后的历史，分歧不大，多数都认为成就是主要的，评价也以正面为主；但对改革开放前的历史，分歧就大了，不少人或明或暗地认为，失误和错误是主要的，评价应以负面为主，个别人甚至把那段历史说成是专制的、黑暗的，比旧中国更坏更糟。因此，要回答什么是当代史主流的问题，关键在于如何看待改革开放前那段历史的主流。

从新中国成立到1976年"文化大革命"结束之前的27年（如果算上1976年至中共十一届三中全会召开之前的两年是29年），以毛泽东为核心的党的第一代中央领导集体在探索社会主义建设规律的过程中，确实有过不少失误和错误，有的错误甚至是全局性、长时期的，给党、国家和人民的事业造成了严重挫折和损失。对此，我们不应忽视，更不应掩盖，否则不可能从中吸取教训；但同时也必须客观、全面地而不是孤立、片面地看待它们，否则同样不可能正确总结经验，还会一叶障目，把改革开放前的历史看得一无是处、一团漆黑，导致对那段历史的全盘否定，无法解释为什么新中国的60年是光辉的60年。而要客观、全面地看待改革开放前的历史，就必须正确认识那段历史中的失误、错误和那段历史对于改革开放的意义。

（一）正确认识改革开放前历史中的失误和错误

1. 要把失误和错误与那段历史取得的成就放在一起比较，分清主流与支流。

对于改革开放之前的历史性成就以及改革开放前后两个历史时期的关系，党中央在改革开放后的不同时期，有过一系列论述，观点是明确的，也是始终一贯的。

例如，1979年邓小平同志在理论务虚会上的讲话中指出："社会主义革命已经使我国大大缩短了同发达资本主义国家在经济发展方面的差距。我们尽管犯过一些错误，但我们还是在三十年间取得了旧中国几百年、几千年所没有取得过的进步。"①

1981年的《历史决议》指出：中华人民共和国成立以后的历史，"总的说来，是我们党在马克思列宁主义、毛泽东思想指导下，领导全

---

① 《邓小平文选》第2卷，人民出版社1994年版，第167页。

国各族人民进行社会主义革命和社会主义建设并取得巨大成就的历史。社会主义制度的建立，是我国历史上最深刻最伟大的社会变革，是我国今后一切进步和发展的基础"。"三十二年来我们取得的成就还是主要的，忽视或否认我们的成就，忽视或否认取得这些成就的成功经验，同样是严重的错误。"①

1989 年江泽民同志在庆祝新中国成立 40 周年大会上的讲话中指出："中华人民共和国成立以来的四十年，是中国历史发生翻天覆地变化的四十年，是经历艰难曲折、战胜种种困难、不断发展进步的四十年，是中华民族扬眉吐气、独立自主、在国际事务中日益发挥重要作用的四十年。"②

2006 年胡锦涛总书记在庆祝中共建党 85 周年暨党员先进性教育总结大会上的讲话中指出："在社会主义革命和建设时期，我们确立了社会主义基本制度，在一穷二白的基础上建立了独立的比较完整的工业体系和国民经济体系，使古老的中国以崭新的姿态屹立在世界的东方。"③

2013 年习近平总书记在学习贯彻党的十八大精神研讨班开班式上的讲话中指出：改革开放前后两个历史时期，"是两个相互联系又有重大区别的时期，但本质上都是我们党领导人民进行社会主义建设的实践探索……两者决不是彼此割裂的，更不是根本对立的。不能用改革开放后的历史时期否定改革开放前的历史时期，也不能用改革开放前的历史时期否定改革开放后的历史时期"。④

上述评价如实反映和高度概括了改革开放前的主要成就，应当是我们总体评价那段历史的主要依据。只要把那些年的失误、错误，包括"大跃进"和"文化大革命"的严重错误同这些历史性成就放在一起比较，孰重孰轻、什么是主流什么是支流就会一目了然。

2. 要对失误和错误进行具体分析，不能因为有些事情中有失误、错误，就对那些事情全盘否定。

首先，要分析失误和错误是普遍的、全局的现象，还是个别的、局部的现象。例如，改革开放前曾发动过一系列政治运动。其中，像"大

---

① 《三中全会以来重要文献选编》（下），人民出版社 1982 年版，第 794、798 页。
② 《十三大以来重要文献选编》（中），人民出版社 1991 年版，第 611 页。
③ 《人民日报》2006 年 7 月 1 日，第 1 版。
④ 《人民日报》2013 年 1 月 6 日，第 1 版。

跃进"的高指标、瞎指挥、浮夸风、"共产风","文化大革命"的"打倒一切、全面内战"等错误,都是普遍的、全局性的。但像新解放区土改运动和"三反""五反"运动中的错误,则是个别的或局部性的,而且一经发现,很快得到了纠正。如果不加分析,看到哪个运动中有缺点有错误就予以全盘否定,势必会得出改革开放前29年的历史是一连串错误集合的结论。

其次,要分析存在失误和错误的工作中是否也有正确的合理的成分,并且要看这些成分对以后工作是否也起到了一定的积极作用。例如,新中国成立初期,思想文化领域进行的几场比较大的批判运动,存在把思想性、学术性问题简单化、政治化的倾向,有的甚至混淆了敌我、敌友的界限,显然是十分错误的。但也应当看到,正是那些大张旗鼓地批判,加上与此同时进行的知识分子思想改造运动,使文艺界、学术界、教育界原先存在的封建主义的和资产阶级唯心主义、民主个人主义、自由主义的思想受到了强烈冲击和迅速清理,使辩证唯物主义和历史唯物主义、为人民服务和人人平等等无产阶级思想很快为大多数旧社会过来的知识分子所接受。如果不加分析,把那几场批判运动中犯的错误连同其中合理的正确的成分一概否定,就难以解释过去在农村根据地、解放区占主导地位的马克思主义,为什么能在短短几年内成为全国特别是城市中的主流意识形态。

再次,要把犯错误和犯错误的时期加以区别,不能因为某个时期犯了错误,就把那个时期的工作统统否定。例如,"文化大革命"是新中国成立后犯的最为严重的错误。但"文化大革命"持续了10年时间,在那10年里,中国共产党除了开展"文化大革命"运动,还做了许多其他工作。《历史决议》说:在"文化大革命"期间,"我国社会主义制度的根基仍然保存着,社会主义经济建设还在进行,我们的国家仍然保持统一并且在国际上发挥重要影响"。"国民经济虽然遭到巨大损失,仍然取得了进展。""在国家动乱的情况下,人民解放军仍然英勇地保卫着祖国的安全。对外工作也打开了新的局面。当然,这一切决不是'文化大革命'的成果,如果没有'文化大革命',我们的事业会取得大得多的成就。"① 这些实事求是的分析说明,不能把"文化大革命"

---

① 《三中全会以来重要文献选编》(下),人民出版社1982年版,第815—817页。

与"文化大革命"时期简单画等号，不能因为要彻底否定"文化大革命"，就否定"文化大革命"时期党和政府所做的必要工作和建设事业所取得的重大成就，更不能因此而否定那一时期我们党和国家、社会的原有性质。

3. 要把失误和错误放在当时特定的历史条件下分析，把在当时可以避免的和由于客观条件限制难以避免的错误区分开来。

所谓客观条件限制有两种，一种是实践不够，缺少经验；另一种是物质不够，缺少条件。例如，改革开放前在很长时间内积累率过高，对消费品生产的资金、原材料安排不足，给人民生活造成许多困难；尤其是对农业、农民索取过多，给予过少，造成农村大部分地区面貌长期变化不大。这有我们对积累与消费比重安排不当，对农业与农民照顾不够的一面，也有受到当时物质条件限制的一面。新中国成立后，面对一穷二白的落后局面，要尽快增强国力、巩固国防、防范帝国主义侵略，只有走优先发展重工业的道路。而发展重工业需要大规模基本建设、大量投资、大批建设物资和尽可能多的商品粮。这就要求实行集中统一的计划经济，以便把全国有限的财力、物力，最大限度地用于钢铁、机械、煤炭、电力、铁路等基础建设，从而不得不对粮食、棉花、油料作物和木材等主要农副产品实行统购统销，不得不暂时抑制人民的消费，相对牺牲农民的一些利益。从这个意义上说，这些困难是为大规模工业化建设而付出的必要代价。只不过后来的"大跃进"、反右倾，特别是"文化大革命"运动，加重了困难的程度，延长了困难的时间罢了。

4. 要分析造成失误和错误的主观原因，同时也要把好心办坏事与个人专断、个人专断与专制制度加以区别。

改革开放前所犯的错误中，有经验不足等难以避免的问题，也有思想方法、工作方法、工作作风不够端正等可以避免的问题；在可以避免的问题中，有个人专断造成的，也有急于求成造成的。对急于求成的毛病，邓小平曾作过一个分析，他说："我们都是搞革命的，搞革命的人最容易犯急性病。我们的用心是好的，想早一点进入共产主义。这往往使我们不能冷静地分析主客观方面的情况，从而违反客观世界发展的规律。中国过去就是犯了性急的错误。"[①] 这个分析十分中肯，也完全符

---

① 《邓小平文选》第3卷，人民出版社1993年版，第139—140页。

合实际。

个人专断与急于求成的问题有所不同。正如《历史决议》所指出，这种问题的根源在于骄傲，在于脱离实际和脱离群众；表现是把个人凌驾于组织之上；后果是使党和国家政治生活中的集体领导原则、民主集中制原则受到削弱以致破坏；社会原因是党内民主和国家政治生活中的民主缺少制度化、法律化，权力过分集中于个人；历史原因是长期封建社会造成的封建专制主义思想的影响。但是，必须看到，受封建专制主义思想的影响与封建专制制度毕竟是本质完全不同的两码事。前者是思想作风问题，而后者是社会性质问题。社会主义制度从本质上讲，是与个人专断之类封建专制主义思想的表现格格不入的。正因为如此，我们党才能在社会主义制度下提出并着手纠正这种现象；才能在指出这一问题时，不是把它仅仅归咎于某个人或某些人，而是注重于总结经验，并在党和国家的领导制度、干部制度等政治体制上进行改革，以免后人重犯类似错误。

党的十七大报告讲到严格执行民主集中制时，强调"健全集体领导与个人分工负责相结合的制度，反对和防止个人或少数人专断"。这说明，封建专制主义思想影响是有其深厚历史根源的，不会只在某个人或若干人身上起作用，也不会仅在短时间内就被清除干净。因此，不能因为存在个人或少数人专断的现象，就妄言我们的制度是什么封建专制主义的。

（二）正确看待改革开放前的历史对于改革开放的意义

如果以1978年中共十一届三中全会为界，改革开放前后两个历史时期刚好大体上各占30年。我们一方面要看到后30年对前30年的发展和扬弃，另一方面也要看到前30年对后30年的基础作用。因为改革开放不是在1949年旧中国那个满目疮痍的烂摊子上起步的，而是在新中国进行了30年建设、取得辉煌成就的基础之上开始的。正如党的十七大、十八大报告中反复阐述的："改革开放伟大事业，是在以毛泽东为核心的党的第一代中央领导集体创立毛泽东思想，带领全党全国各族人民建立新中国、取得社会主义革命和建设伟大成就以及艰辛探索社会主义建设规律取得宝贵经验的基础上进行的"（见十七大报告）；"在探索过程中，虽然经历了严重曲折，但党在社会主义建设中取得的独创性理论成果和巨大成就，为新的历史时期开创中国特色社会主义提供了宝贵经验、理论准备、物质基础"（见十八大报告）。这些论述为我们正确认识改革开放前后两个 30 年的联系，提供了重要指导思想。

那么，改革开放前的历史对于改革开放究竟有什么意义呢？我认为，起码可以从以下 5 个方面来看。

1. 为改革开放提供了政治前提

新中国成立后，建立了人民民主专政的政权，实现了除台、港、澳地区之外的国家统一，取得了民族独立、主权和领土完整，铲除了帝国主义、封建势力的社会基础；赢得了抗美援朝等自卫战争的胜利，提高了中国的国际威望，消除了外国侵略的威胁；实行了各民族一律平等的政策，实现了中华民族的空前大团结；进行了对农业、手工业和资本主义工商业的社会主义改造，奠定了社会主义经济基础，使中国走上了社会主义道路；在经济极端困难的情况下，研制成功了原子弹和氢弹，发射并回收了人造卫星，打破了超级大国的核垄断和核讹诈，使中国不失时机地进入了国际"核俱乐部"；在国际局势极端复杂的情况下，打开了中美关系的僵局，恢复了中国在联合国的合法席位，使中国取得了举足轻重的国际地位，也为后来与西方国家建立经济关系铺平了道路。所有这些，都使改革开放得以在政权稳固、社会安定、国际环境相对有利的条件下展开。

2. 为改革开放奠定了制度基础

新中国成立后，建立了以人民代表大会制度、中国共产党领导的多党合作和政治协商制度、民族区域自治制度为核心的社会主义基本政治制度，以及以生产资料全民所有制和集体所有制为基础的基本经济制度。改革开放后在一些具体的政治制度上尽管有过不少改革，但上述基本的政治制度至今仍在坚持并不断完善。基本的经济制度根据生产力发展水平虽然有较大调整，但仍然是以生产资料公有制为主体，国有经济仍然控制着国民经济的主要领域和关键部门。正是这些制度，为我们进行改革开放和社会主义民主政治和市场经济建设提供了稳定的政治环境、有力的制度保障和广阔的活动平台。

3. 为改革开放奠定了物质技术基础

新中国成立后，通过没收官僚买办资产阶级的资产、改造资本主义工商业的企业和连续 5 个五年计划的建设，积累起全民所有和集体所有的巨大财富，改变了旧中国工业集中于沿海地区的不合理布局，建立起了独立的比较完整的工业体系和国民经济体系；进行了大规模农田和水利基本建设，发展了县办和社办工业，以及农业机械、化肥等支农工业，极大改善了农业生产条件。这些都为改革开放之后经济的飞速发展，提供了雄厚的物质基础。另外，新中国成立之初，80%的人口是文盲，全国科技人员不到5万人，高级科研人员不足1000人。经过29年的努力，高校毕业生累计295万人，科技人员超过500万人。这些都为改革开放之后经济、科技的大发展，准备了必要的人才。正因为如此，《历史决议》在评价改革开放前29年特别是"文化大革命"前17年的贡献时指出："我们现在赖以进行现代化建设的物质技术基础，很大一部分是这个期间建设起来的；全国经济文化建设等方面的骨干力量和他们的工作经验，大部分也是在这个期间培养和积累起来的。"①

4. 为改革开放提供了一定的思想保证

中共十七大报告强调，中国特色社会主义理论体系是几代中国共产党人带领人民不懈探索实践的智慧和心血的凝结，是同马克思列宁主义、毛泽东思想既一脉相承又与时俱进的科学理论。这就告诉我们，毛泽东思想依然是我们党的指导思想的重要组成部分。事实反复说明，毛泽东思想中关于实事求是、群众路线、独立自主自力更生的思想，关于全心全意为人民服务的思想，关于要把我国建设成现代化社会主义强国、对人类作出较大贡献的思想，关于不要机械搬用外国经验的思想，关于社会主义时期仍然存在矛盾和要严格区分正确处理两类不同性质矛盾的思想，关于要调动一切积极因素、化消极因素为积极因素的思想，关于思想政治工作是经济工作和其他一切工作生命线的思想，关于百花齐放、百家争鸣、古为今用、洋为中用的思想等，不仅没有过时，而且在改革开放的各项工作中发挥了和继续发挥着重要的指导作用。

改革开放前党内开展过的一系列政治运动，无论是正确的还是错误的、成功的还是不成功的，基本上贯穿着一个主题，就是防止党脱离人民群众、腐化变质，防止国家改变颜色、政权得而复失。改革开放以来，我们党的干部尽管换了一茬又一茬，尽管也出了不少腐败分子，但时至今日，大多数人的思想中都还有这根弦，不能不说与这些运动的影

———————

① 《三中全会以来重要文献选编》（下），人民出版社1982年版，第804页。

响有很大关系。以邓小平、江泽民为核心的第二代、第三代中央领导集体反复提醒我们，党风问题是关系党生死存亡的问题，要严重注意惩治和预防腐败问题，警惕帝国主义搞和平演变，防止党和国家"改变面貌"。改革开放以来，我们党虽然不再重复过去那种运动式的整风了，但仍然进行了 1980 年整党、1990 年党员重新登记、1999 年"三讲"教育、2004 年"党员先进性教育"、2008 年"科学发展观"教育等 5 次教育活动。这些活动的具体内容虽然各不相同，但主题都是强化党员特别是党员领导干部的党性观念、群众观点、忧患意识，整顿党的思想作风。这些反复的提醒、告诫和不断的教育活动，在其他国家曾经执政过和正在执政的共产党中很少见，不能不说是中国共产党在长期执政、改革开放、市场经济环境下，经受住各种考验的一个重要原因。

5. 为改革开放提供了正反两方面经验

我们党在改革开放前积累的经验中，有正面的也有反面的。邓小平评论"文化大革命"时曾说过："没有'文化大革命'的教训，就不可能制定十一届三中全会以来的思想、政治、组织路线和一系列政策。三中全会确定将工作重点由以阶级斗争为纲转到以发展生产力、建设四个现代化为中心，受到了全党和全国人民的拥护。为什么呢？就是因为有'文化大革命'作比较，'文化大革命'变成了我们的财富。"[①] 可见，我们之所以能实行改革开放的政策，之所以能在改革开放中走出一条中国特色社会主义道路，与改革开放前正反两方面的经验都是分不开的。

与改革开放后的 30 年相比，前 30 年的建设成就和人民生活变化远没有那么显著，但这并不表明前 30 年没有成绩，或成绩不重要。如同盖楼一样，打地基时的成绩，不容易看出来，但楼房盖得快盖得高，反过来说明地基打得牢。从这个意义上也可以说，改革开放前的历史在客观上为实行改革开放的政策做了充分的准备，成就是主要的，主流是好的，总体评价应当是正面的。

五 关于当代史研究学科属性和社会功能的问题

当代中国史研究作为史学的一门分支学科，首先是一项学术性工

---

① 《邓小平文选》第 3 卷，人民出版社 1993 年版，第 272 页。

作。从事当代史研究，也要像其他史学研究一样，应当尽可能详尽地收集和仔细地考证历史材料，运用科学的史学理论和方法对材料进行归纳分析，弄清历史事实，阐明历史原委，总结历史经验，探寻历史规律，预测历史前途。在这些方面，当代史研究与史学其他学科没有什么区别。不过，由于当代史研究对象的特殊性质，使它与史学其他分支学科相比，也具有以下一些突出特点。

1. 较大的学科交叉性

历史学本来就是一门综合性比较强的学科。无论古代史研究还是近代史研究，除了要运用史学的方法外，也需要运用经济学、地理学、人类学、社会学等方法；近几十年来还出现了经济历史学、地理历史学、人类历史学、社会历史学、心理历史学等历史学与其他学科相互交叉的学科。不过，这种学科综合性、交叉性的特点在当代史研究中表现得最为明显。这是因为，现代经济与社会的丰富多彩、当代科学技术的迅猛发展和经济全球化的不断深入，使当代史本身呈现出了比以往历史更大的复杂性、多样性、融合性。同时，中国当代史在一定意义上是马克思主义普遍真理与中国社会主义建设实际相结合的历史，因此对当代史重大问题的研究与马克思主义研究之间的联系十分密切。这恐怕也是其他史学分支学科所不具有的特殊之处。

2. 鲜明的意识形态性

在阶级社会中，历史学各分支学科乃至社会科学的所有学科，无一例外地具有意识形态性。但由于中国当代史研究的对象是实行共产党领导的以工农联盟为基础的人民民主专政的社会主义国家的历史，因此，其意识形态性自然显得更为强烈。现在一些论著中充斥着与《历史决议》截然对立的言论，从反面证明了这一点。学术研究不是自娱自乐，更不应当用来为少数人服务。而作为当代史的研究者，在今天的中国要为大多数人服务，就要站在中国特色社会主义的立场上。所谓学术研究要"价值判断中立"，要"终止使用自己或他人的价值观念"，要"排除来自政治的、意识形态的和思想权威的各种干扰"的主张，不过是一相情愿、自欺欺人的幻想。提出这种主张的人，自己就做不到"价值判断中立"。因为，这种主张本身就是受某些"政治的、意识形态的和思想权威干扰"的结果。

说当代史研究具有较强的意识形态性，并不是否定它的学术性、科学性。在社会科学领域，一门学科是否是科学研究，并不取决于这门学科是否具有意识形态性，或意识形态性的强弱，而在于它追求的是否是客观真理，是否反映的是客观规律，是否具有完整系统的知识体系，是否遵守公认的科学的学术规范。只要抱着实事求是的科学态度，刻苦钻研，严谨治学，遵守学术规范，那么，当代中国史研究的意识形态性与其学术性、科学性之间并不会相互对立；当代史研究者坚持和运用马克思主义的立场、观点、方法分析问题，不仅不会妨碍做学问，相反可以促进其做出好学问、大学问。

3. 强烈的政治性

对于史学的社会功能，人们有过各种各样的表述。有的说是资政育人，有的说是认识世界、传承文明、资政育人，有的说是积累经验、教育后人、观察未来。这些表述都不错，但我认为，史学研究还有一个功能，是上述表述中没有说到的，就是"护国"的功能。

清代思想家龚自珍讲过一句名言，叫做"灭人之国，必先去其史"。① 就是说，要灭掉一个国家，先要否定这个国家的历史，这个国家的历史被否定了，这个国家也就不攻自灭了。他的这个观点早已为大量的历史事实所验证。当年日本帝国主义为永久霸占中国的台湾和东北三省，竭力推行奴化教育，在教科书中把台湾和东北历史从中国历史中剥离出去。陈水扁当政时，为搞"台独"，大肆推行"去中国化"运动，也把台湾史从中国史中分割出去，并把没有台湾的中国史放入世界史课本。他们这样做，都是妄图通过否定、割裂中国历史，达到灭亡、分裂中国的目的。毛泽东也说过："历史上不管中国外国，凡是不应该否定一切的而否定一切，凡是这么做了的，结果统统毁灭了他们自己。"② 就是说，否定别人的历史可以达到否定别人的效果，否定自己的历史同样会酿出否定自己的苦酒。大量历史事实同样验证了这个观点。戈尔巴乔夫在苏联掀起一场从否定斯大林到否定列宁、十月革命和苏联历史，再到否定马克思、恩格斯和国际共产主义运动历史的逐步升级的宣传运动，使人民群众产生严重的思想混乱和信任危机、信仰危

---

① 龚自珍：《古史钩沉论二》，《龚自珍全集》，上海人民出版社1975年版，第22页。
② 《毛泽东在省、市、自治区党委书记会议上的讲话（1959年2月2日）》，《党的文献》2007年第5期，第16页。

机，最终导致苏共下台、苏联解体的悲剧，就是一个最新的例证。

既然"去人之史"可以"灭人之国"，反过来说，"卫己之史"不是也可以"护己之国"吗？正是从这个意义上，我认为当代史研究也有"护国"的功能。对国家史的解释权，历来是各个阶级、各种政治力量争夺、较量的重要领域。统治阶级为了维护统治，总是高度重视对国家史的解释，并把它视作国家主流意识形态和核心价值体系的组成部分；而要推翻一个政权的阶级和政治力量，也十分看重对历史的解释，总要用它说明原有统治的不合理性。这是一个具有普遍规律的社会现象，区别只在于进步的阶级和政治力量顺应历史前进方向，对历史的解释符合或比较符合历史的本来面貌；而反动的阶级和政治力量背逆历史前进方向，对历史的解释难以符合历史的本来面貌。

当前，国内外敌对势力为了反对中国共产党的领导和中国的社会主义制度，总是喜欢拿历史尤其是当代史做文章，采取夸大事实、以偏概全、偷换背景、捕风捉影、胡编滥造、耸人听闻等手法，竭力歪曲、丑化、伪造、诬蔑、攻击新中国的历史。这就决定了中国当代史研究比起史学其他学科，与国家兴亡、政权安危的关系更加密切、更加直接，"护国"功能更加突出，因此具有更强烈的政治性。对此，我们要有清醒的认识，自觉地坚持当代史研究的正确的政治方向，积极地发挥当代史研究的"护国"功能。一方面，理直气壮地抵制和批驳各种歪曲、攻击新中国历史的言论，以维护共和国的利益和荣誉；另一方面，在人民群众尤其是青年学生中大力开展唯物史观指导下的国史教育，普及国史知识，把正确认识和解释当代史纳入建设社会主义核心价值体系的工作中去，融入国民教育和精神文明建设的全过程，用以树立以爱国主义为核心的民族精神，坚定全国各族人民建设中国特色社会主义的决心和信心。这与史学研究具有经世致用的功能是完全一致的，与近代以来中国史学家尤其马克思主义史学家的爱国主义优良传统也是相互吻合的。

4. 突出的现实性

当代中国史与古代史、近代史相比，还有一个很大的不同，就是古代史、近代史都是有头有尾、已经结束的历史，而当代史则是仍在不断发生和发展的历史。因此，对当代史的研究往往与现实生活中的人有着直接的利害关系。但是，它的这一特点并不能成为当代人不能写当代史和当代史不能由国家机构主持编写的理由。

关于当代人能不能写当代史的问题。

中国古代确实有过当代人不写当代史的说法，而且在"二十四史"中，自《后汉书》以下，都是后代人写的前朝史。但是，中国除了"二十四史"之外，每个朝代几乎都有本朝人写的当代史，只不过有的是半成品，有的是对史料的编纂，有的没有流传下来罢了。它们对"二十四史"的撰写都曾起过重要的作用，与"二十四史"之间是历史记载与历史撰述的关系。另外，即使在"二十四史"中，也有当代人写当代史的事例。例如，司马迁的《史记》，一半篇幅写的是当代史；陈寿的《三国志》，基本上也是当代史。所以，说中国古代不修当代史，有悖于历史实际。

还应当看到，在中国封建社会，所谓当代、前代是以帝王姓氏为标志的朝代来划分的。在帝王专制统治下，史学家写当朝史往往颇多忌讳，难以秉笔直书，只能等到改朝换代后写前朝史。古代社会由于交通、通信、印刷等手段不如现代方便，各种资料的积累和信息的反馈需要较长时间，当代人写当代史在客观上也存在不少条件上的限制。然而，今天随着人民民主制度的建立和科学技术的进步，尤其是改革开放以来，民主政治的发展和网络通信的普及，过去那些当代人写当代史的不利因素已有了根本性的改变。今天的当代人不仅有条件写当代史，而且有着了解当代史、参与当代史撰写的强烈兴趣和愿望。近些年来，由各类机构和学者个人编撰的当代史著述如雨后春笋，报刊、网络上对当代史问题的讨论也与日俱增。国外早已有学者在从事中国当代历史的研究与编撰，近些年更是越来越兴旺，逐渐成为显学。要求当代人不写当代史，实际上已经做不到了。

关于当代史能不能由国家机构主持编写的问题。

西方学者普遍认为，历史尤其是国家史不能由国家机构主持编写。在他们看来，史学应当作为国家的对立面存在，由国家机构主持编写历史很难做到客观公正。在这一理念的支配下，欧美等国的国家史一般由私人或非官方机构编写，很少由国家设立国家史的编研机构。但国家史究竟应当由私人写还是由国家机构主持写，不仅和国家政权的性质有关，也和每个国家的文化传统有关。在中国，自商周时期开始，国家就设有掌管史料、记载史事、撰写史书的史官，称作大史、小史、内史、外史、左史、右史等，秦汉时期称太史令，三国魏晋以下设著作郎。从南北朝的北齐创始，唐初正式在朝廷中设置了专为编写国史的史馆，由宰相负责监修。以后，宋、辽、金、元均设国史院，清设立国史馆。辛亥革命后不久，北京政府即成立了中华民国国史馆。一些受中国传统文化影响较大的亚洲国家，也有设立国史编纂机构的，如韩国政府就设有国史编纂委员会。不仅如此，中国自唐宋以来，历代还把修地方志或国家一统志作为官职、官责。正因为如此，现存全部古籍中，史书志书占有相当大的比重。它们是中华民族的宝贵精神财富，一直为外国人羡慕不已。中华文明在最先发达起来的少数几个古代文明中，之所以能延续至今而不中断，很大程度上得益于这种由国家或官府主持修史修志的传统。

当代史书能否做到客观公正，关键不在于由当代人写还是由后代人写，由国家机构写还是由学者个人写。中国历史上的史官中，就有为如实记载当朝史而不怕杀头的，如春秋时的齐国太史和晋国史官董狐。而且，这里还有一个什么叫做"客观公正"的问题。对"客观公正"理解不同，"客观公正"的评判标准自然不同。目前，由国家赋予编纂研究当代史职能的机构虽然只有当代中国研究所一家，但在中央和国家机关以及高等院校中还有很多从事当代史研究的机构。当代史领域内的综合史、专门史、地区史著作，很多也都出自学者个人之手。当然，这些机构与当代中国研究所的性质、任务不完全相同，这些学者与西方的自由撰稿人也不完全一样。但无论怎样，编纂或研究当代史必须尊重客观事实，力求符合历史的真实。在这方面只有一个标准，没有第二个标准。

任何学科要想最终作为一门科学而立足，都需要有自己合乎客观规律的，独立、完整、系统的学科理论。做到这一点不可能一蹴而就，而要经过长期的奋斗。但只要有学界同人们的共同努力和锲而不舍的精神，当代中国史研究的学科理论一定会逐步完善和成熟起来，当代中国史的学科体系也一定会最终建立起来。

（作者单位：中国社会科学院）

唯物史观与中国现代经济史研究

董志凯

由于经济史研究的特殊性，马克思主义的唯物史观与经济史学关系极为密切。这种关系源自经济史研究的对象是社会的物质生产方式及其变化，并认为这是人类社会的主要内容以及社会演变的重要基础。而这也正是唯物史观的基本内容。因此，唯物史观构成了我国经济史学的思想理论基础。

在《政治经济学批判导言》中，马克思曾将他总的研究成果，或者说历史唯物主义简要地表述为："人们在自己生活的社会生产中发生一定的、必然的、不以他们的意志为转移的关系，即同他们的物质生产力的一定发展阶段相适合的生产关系。这些生产关系的总和构成社会的经济结构，即有法律的和政治的上层建筑竖立其上并有一定的社会意识形式与之相适应的现实基础。物质生活的生产方式制约着整个社会生活、政治生活和精神生活的过程。不是人们的意识决定人们的存在，相反，是人们的社会存在决定人们的意识。社会的物质生产力发展到一定阶段，便同它们一直在其中运动的现存生产关系或财产关系（这只是生产关系的法律用语）发生矛盾。于是这些关系便由生产力的发展形式变成生产力的桎梏。那时社会革命的时代就到来了。随着经济基础的变更，全部庞大的上层建筑也或慢或快地发生变革。在考察这些变革时，必须时刻把下面两者区别开来：一种是生产的经济条件方面所发生的物质的、可以用自然科学的精确性指明的变革，另一种是人们借以意识到这个冲突并力求把它克服的那些法律的、政治的、宗教的、艺术的或哲学的，简言之，意识形态的形式。我们判断一个人不能以他对自己的看法为根据，同样，我们判断这样一个变革时代也不能以它的意识为根据；

相反，这个意识必须从物质生活的矛盾中，从社会生产力和生产关系之间的现存冲突中去解释。无论哪一个社会形态，在它所能容纳的全部生产力发挥出来以前，是决不会灭亡的；而新的更高的生产关系，在它的物质存在条件在旧社会的胎胞里成熟以前，是决不会出现的。所以人类始终只提出自己能够解决的任务，因为只要仔细考察就可以发现，任务本身，只有在解决它的物质条件已经存在或者至少是在生成过程中的时候，才会产生。"①

马克思的这段话作为唯物史观的基本理论，曾无数次被后人引用。但是在实践中，特别是共产党执政以后，将其作为发展经济的指导思想实施时，却出现了诸多分歧甚至对立。究其原因，是因为生产力水平或者说"物质生产条件"在各个方面、各个地域极不平衡；生产关系要适应不同的生产力水平，呈现出多种形式和特点。而生产关系，特别是资本主义生产关系"所能容纳的全部生产力"究竟有多大？在它未充分发挥之前难以有足够的认识。② 不同的生产关系和不同的社会形态往往并存、相互交叉；更高的生产关系作为一种理想或"梦想"，不可能一蹴而就。

这些情况使得经济史从历史学与经济学中分立出来后，具有比经济学和哲学更加复杂、更加丰富的内容，特别是与社会史交叉，成为社会经济史后尤其如此。而源于经济史的经济学与哲学则更加一般、更加概括、更加抽象与深刻。

现代经济史学意义上的中国经济史学，是在西方近代历史学、社会学、经济学、经济史等社会科学理论特别是马克思主义唯物史观传入中

---

① 马克思：《政治经济学批判导言》，《马克思恩格斯选集》第 2 卷，人民出版社 1974 年版，第 32 页。

② 马克思恩格斯对资本主义的认识也有历史局限性。他们对资本主义的生命力估计不足。他们在《共产党宣言》中就写下了"资本主义私有制的丧钟就要响了"，"剥夺者就要被剥夺了"的字句。后来恩格斯在为马克思《1848 年至 1850 年的法兰西阶级斗争》一书所写的导言中指出："历史清楚地表明，当时欧洲大陆经济发展的状况还远没有成熟到可以铲除资本主义生产方式的程度；历史用经济革命证明了这一点，这个经济革命自 1848 年起席卷了整个欧洲大陆，在法国、奥地利、匈牙利、波兰以及最近在俄国初次真正确立了大工业，并且把德国变成了一个真正第一流的工业国——这一切都是在资本主义的基础上发生的，因此这个基础在 1848 年还具有很大的扩展能力。"（《马克思恩格斯选集》第 4 卷，人民出版社 1995 年版，第 52 页）可见马克思、恩格斯意识到了自己关于资本主义生命力判断的偏差，并本着尊重事实的彻底唯物主义的精神，进行了修正。

国以后形成的。从其诞生即与中国的政治革命与经济发展密切关联，特别是中国现代经济的历史进程，步步印证唯物史观的科学内涵。

仅以中国共产党对待资产阶级的政策为例。正如前述马克思在《政治经济学批判导言》所指出的，无论哪一个社会形态，在它所能容纳的全部生产力发挥出来以前，是决不会灭亡的。中国共产党在长期革命与建设的实践中对此有丰富经验和深刻体会。中国共产党一诞生即肩负着推翻帝国主义、封建主义、官僚资本主义"三座大山"的历史使命。在推翻这三座大山过程中始终面对着如何对待资产阶级的问题。从那时起，历史一再证明，中国何时照搬苏联对待富农和资产阶级的做法，革命和建设就走弯路，何时从中国国情出发，选择正确的政策策略，历程就比较顺畅。

一　20 世纪 20—40 年代，能否正确对待民族资本关系着中国革命的前途和命运

毛泽东关于中国资产阶级状况及资本主义经济发展的一系列基本观点，是在长期领导中国革命和建设的过程中形成的。这一思想是新民主主义理论的重要组成部分。

毛泽东科学分析和论述了中国资产阶级的状况及特点。早在 1925年，毛泽东就在《中国社会各阶级的分析》中，运用马克思主义阶级分析的方法，研究了半殖民地半封建社会的阶级结构，初步提出了中国资产阶级由两部分构成且对革命具有不同态度的思想。从 1939 年年底到 1940 年年初，毛泽东先后发表了《〈共产党人〉发刊词》、《中国革命和中国共产党》、《新民主主义论》等文章，标志着新民主主义理论的系统形成，其中就包含了关于中国资产阶级的基本认识。即中国的资产阶级有两个部分，一部分是依附于帝国主义的大资产阶级（即买办资产阶级、官僚资产阶级），他们是革命的对象。另一部分是民族资产阶级，这是一个具有两重性的阶级，"一方面——参加革命的可能性，又一方面——对革命敌人的妥协性"①。由此，毛泽东提出了民主革命时期对中国资本主义经济的基本政策，即对买办、官僚资本采取没收的政

---

① 《毛泽东选集》第 2 卷，人民出版社 1991 年版，第 674 页。

策；对私人资本主义（或曰民族资本主义）采取保护、鼓励和大力发展的政策。1934年，毛泽东提出了保护私营工商业的政策。他指出："我们对于私人经济，只要不出政府法律范围之外，不但不加阻止，而且加以提倡和奖励。因为目前私人经济的发展，是国家的利益和人民的利益所需要的。"① 1939年，在《中国革命和中国共产党》中，毛泽东论述了战后中国资本主义发展的必然性，"在革命胜利之后，因为肃清了资本主义发展道路上的阻碍物，资本主义经济在中国社会中会有一个相当程度的发展……这是经济落后的中国在民主革命胜利之后不可避免的结果"。② 在《新民主主义论》中，他又系统阐述了新民主主义社会的经济纲领，指出："在无产阶级领导下的新民主主义共和国的国营经济是社会主义的性质，是整个国民经济的领导力量，但这个共和国并不没收其他资本主义的私有财产，并不禁止'不能操纵国民生计'的资本主义生产的发展，这是因为中国经济还十分落后的缘故。"③ 1944年，毛泽东在答外国记者问时表示："我们坚信，不管是中国的还是外国的私人资本，在战后的中国都应给予充分发展的机会，因为中国需要发展工业。"④ 中共"七大"前后，毛泽东集中阐述了中国要"广大地"、"广泛地"发展资本主义的政策思想。在"七大"政治报告《论联合政府》中，他提出："只有经过民主主义，才能到达社会主义，这是马克思主义的天经地义。……没有一个由共产党领导的新式的资产阶级性质的彻底的民主革命，要想在殖民地半殖民地半封建的废墟上建立起社会主义社会来，那只是完全的空想。"⑤ 我们主张的新民主主义制度，就是要解除中国的民族压迫和封建压迫，保障广大人民个性的发展，保障那些不操纵国民生计而有益于国民生计的私人资本主义经济的自由发展，保障一切正当的私有财产。"有些人不了解共产党人为什么不但不怕资本主义，反而提倡它的发展，我们的回答是这样简单：拿发展资本主义代替外国帝国主义和本国封建主义的压迫，不但是一个进步，而且是一个不可避免的过程。它不但有利于资产阶级，同时也有利于无产阶

① 《毛泽东选集》第1卷，人民出版社1991年版，第133页。
② 《毛泽东选集》第2卷，人民出版社1991年版，第650页。
③ 同上书，第678页。
④ 《毛泽东文集》第3卷，人民出版社1996年版，第186页。
⑤ 《毛泽东选集》第3卷，人民出版社1991年版，第1060页。

级。现在的中国是多了一个外国的帝国主义和一个本国的封建主义，而
不是多了一个本国的资本主义，相反地，我们的资本主义是太少了。"①
1947 年 12 月的中央扩大会议，毛泽东把保护民族工商业作为党的新民
主主义三大经济纲领之一。② 并带领全党于 1948 年初认真纠正了土地改
革中主张绝对平均主义、"贫雇农打江山坐江山"、扩大打击面的"左"
倾错误，③ 稳定了解放区的社会经济，保证了解放战争的胜利，创建了
中华人民共和国。

二　20 世纪 50—70 年代，陈云对待资本和资本
　　市场的方针代表了经济建设的正能量

　　新中国成立以后，在老一代无产阶级革命家中，陈云是正面论及学
习和利用资本、资本主义和资本市场最多的一个。尽管他曾经因此受到
不公正的批评，④ 但这些指责并未打消他利用国家资本主义和国际资本
市场搞工业化、为国家积累资本、为百姓摆脱经济困境的努力。陈云对
待资本和资本市场的思想与实践十分丰富，突出体现在以下方面：

　　1. 在国民经济恢复时期，坚持中国工业化和经济发展离不开资本
和资本运作，私营资本"不可缺少"制定私人投资的方针政策。

　　2. 创造性地贯彻"公私兼顾"、"劳资两利"的新民主主义经济政
策。1949 年 8 月，陈云兼任中华全国总工会主席。他在上海市总工会
筹备委员会扩大会议上的讲话中指出："私营资本是中国新民主主义经
济的不可缺少的部分。在私营工厂中的工人，应该提高生产效率，增加
生产。这不是帮资本家赚钱吗？是的。但是从整个国家来讲，生产的东
西是多好，还是少好呢？当然是多生产东西好。在私营工厂中的工人，
有权利要求实行劳资两利，要求资本家尊重工人的民主权利，遵守人民

---

① 《毛泽东选集》第 3 卷，人民出版社 1991 年版，第 1060 页。
② 《毛泽东文集》第 3 卷，人民出版社 1996 年版，第 385 页。
③ 详见董志凯《解放战争时期的土地改革》，北京大学出版社 1986 年版。
④ 在"左"的思想干扰下，他曾因此受到不公正的批评。如 1966 年 8 月 13 日康生在中
共中央工作会议华东小组会上攻击说："陈云同志的思想也是长期与主席对立的。他以经济专
家自居，自以为他的经济学在主席之上。看看他一九六二年的报告，就懂得他的经济学是什么
货色。他只讲经济，不讲政治，他讲的经济政策，据我看，只是资本主义的商人经济而已。"
见《陈云年谱》下卷，第 140 页。

政府的法令。但也有义务，这就是：完成生产计划，遵守劳资双方订立的契约，遵守政府保护私营企业的法令。我们不但要让工人充分享受自己的权利，同时也一定要教育工人尽自己应尽的义务。教育工人尽义务，要比教育工人享受权利困难，但我们一定要这样做。"①

3. 利用国家资本主义搞工业化。陈云反复强调，在工业落后的中国，民族资本家发展工业，向工业投资，是进步性的，是对国家和人民都有利的。国营经济是一切社会经济成分的领导力量。同时国营企业要让私营企业发展。② 1949 年 12 月，上海几个资本家准备投资创办大华民航公司。当时已经确定了航空事业归国营的原则。陈云与周恩来总理交换意见后给中财委副主任马寅初写信指出："中国航空公司应吸收一部分本国私人的投资。私人投资的方式，不必先由私人筹设新公司后再投入中国航空公司，而可以将资本直接投入。如将来希望投资于民航者很多，则中国航空公司可于一定时间内专作一次征集私股的号召。考虑到航空所需的器材都购之国外，私人投入中国航空公司的股金，也应该是外币。"③ 这是新中国成立以后首次提出吸引私人资本入股国营企业的建议。

4. 要学习资本主义的经济核算办法。在"大跃进"后的调整时期，陈云尖锐地批评了工业投资、成本与利润核算中的虚假问题。他在 1961 年第 12 次主持冶金工业座谈会议时插话："投资应当是补充矿山能力的钱，而我们把维持生产的钱也算作投资。明年国家对铁矿山的投资只有一亿三千万元，而要维持六千万吨铁矿的生产就需要二亿元。我们一方面把应当打入成本的生产维持费当作利润拿出来，另一方面把投资用于维持生产。这样，成本和利润都是虚假的。这可能是学苏联的算法，资本主义国家是不这么算的。"④ 陈云尖锐地指出国营工业企业折旧过低的问题，但长期没有解决，在 20 余年后集中暴露，成为国企改革的重要背景。

5. 要下力量研究和利用国际资本市场。"文革"后期陈云恢复工作后，即主张研究当代资本主义，利用外资为我国经济建设服务。1973

① 《陈云文选》第 2 卷，人民出版社 1984 年版，第 22、282 页。
② 同上书，第 103 页。
③ 同上书，第 42 页。
④ 《陈云年谱》下卷，中央文献出版社 2000 年版，第 102 页。

年6月，请中国人民银行帮助收集有关国际金融和货币十个方面的材料，要求人民银行把撤销的金融研究所搞起来。

6. 利用国际资本市场积累资金。1973年，在对资本主义世界市场作了大量调查研究以后，陈云顶住"四人帮"的压力，作成几项漂亮的外贸交易，为国家积累了资金：（1）在美元贬值的背景下为国家储备黄金。（2）利用国际期货市场规避风险，进口"粮食"。（3）为弥补我国棉花歉收，利用期货市场订购棉花。（4）利用期货市场，在大宗原糖进口的同时赚取外汇。此外，陈云重视调整外贸结构，进口原料、设备，利用国内丰富劳动力生产成品出口。

由于陈云在利用资本和资本市场中清醒地认识与正确地对待其本质特点，因此有效地实现了规避风险，为国家和人民谋得福祉。

三　20世纪80—90年代邓小平的资本主义论与中国特色社会主义

20世纪70年代后期以来，邓小平在深刻总结历史经验和及时把握世界格局变化的基础上，改变了国际共运中绝对否定和低估资本主义，过高估计社会主义发展程度的片面、僵化的主流观点。于70年代末80年代初，开启了中国社会主义的改革大业。

邓小平在社会主义与资本主义的相互关系上，实现了历史性突破。他既纠正了传统观念把两者关系片面地理解为绝对的不共戴天，又突出强调了两者之间互相学习、借鉴和利用的关系，论述了社会主义与资本主义学习、借鉴和利用关系的可能性和必要性。比如，它们在经济领域，都是社会化大生产，都处于商品经济（市场经济）的发展阶段；在政治领域，都是实行民主政治；在文化领域，都沐浴在现代文明之中；在社会领域，都面临着科技革命、资源危机、生态恶化等一系列共同的发展问题。那些反映社会化大生产规律的，具有商品经济属性的东西，反映民主政治原则和精神的东西，不属于上层建筑和意识形态的人类文明的共同成果，为应对全球性问题而采取的手段和措施，都因具体反映了现代社会的基本特征和属性，从而具有了普遍适用性，既可以为社会主义社会所用，也可以为资本主义社会所用。

资本主义社会产生较早，那些反映现代社会基本属性的东西逐步形成了比较完善的制度和体制，为后起的社会主义社会提供了学习、借鉴和利用的现成模式和经验。1978 年 9 月，邓小平指出："毛泽东同志在世的时候，我们也想扩大中外经济技术交流，包括同一些资本主义国家发展经济贸易关系，甚至引进外资、合资经营等。但是那时候没有条件，人家封锁我们。后来'四人帮'搞得什么都是'崇洋媚外'、'卖国主义'，把我们同世界隔绝了。毛泽东同志关于三个世界划分的战略思想，给我们开辟了道路。……经过几年的努力，有了今天这样的、比过去好得多的国际条件，使我们能够吸收国际先进技术和经营管理经验，吸收他们的资金。"[①]

邓小平从经济领域的最基本的先进技术、设备、企业经营管理经验、方法和资金等生产要素着手，对资本主义经验加以借鉴和利用。如1977 年邓小平指出："现在看来，同发达国家相比，我们的科学技术和教育整整落后了二十年。科研人员美国有一百二十万，苏联九十万，我们只有二十多万，还包括老弱病残，真正顶用的不很多。"[②] 到 1978 年全国科学大会召开时，邓小平更是痛切地指出："我们现在的生产技术水平是什么状况？几亿人口搞饭吃，粮食问题还没有真正过关。我们钢铁工业的劳动生产率只有国外先进水平的几十分之一。新兴工业的差距就更大了。在这方面不用说落后一二十年，即使落后八年十年，甚至三年五年，都是很大的差距。"[③] 因此，他多次提出："把世界最先进的技术吸引过来，作为我们发展的起点。"[④] 在建设资金上，邓小平在 1979年年初提出要利用外资。他说："现在搞建设，门路要多一点，可以利用外国的资金和技术，华侨、华裔也可以回来办工厂。吸收外资可以采取补偿贸易的方法，也可以搞合营，先选择资金周转快的行业做起。"[⑤]同年 10 月，邓小平又提出："利用外资是一个很大的政策，我认为应该坚持。"[⑥] 在他的支持和领导下，"国家外资委"和中国第一部《中华人民共和国中外合资经营企业法》相继诞生，中外合资、合作和外国独资

---

① 《邓小平文选》第 2 卷，人民出版社 1994 年版，第 127 页。

② 同上书，第 40 页。

③ 同上书，第 90 页。

④ 《邓小平年谱》，中央文献出版社 2004 年版，第 316 页。

⑤ 《邓小平文选》第 2 卷，人民出版社 1994 年版，第 156 页。

⑥ 同上书，第 198 页。

的"三资"企业广泛发展起来，促进了社会主义生产力的快速发展。邓小平也非常重视国外的人才智力资源。1983 年 7 月，他提出："要利用外国智力，请一些外国人来参加我们的重点建设以及各方面的建设。……请来以后，应该很好地发挥他们的作用。"① 1978 年 6 月 23 日，邓小平在视察清华大学时，指出："我赞成增大派遣留学生的数量，派出去主要学习自然科学。要成千上万地派，不是只派十个八个。请教育部研究一下，在这方面多花些钱是值得的。这是五年内快见成效、提高我国科教水平的重要方法之一。"② 同时，尽量吸引留学生和华裔学者回国并以各种形式邀请外国专家学者来华。1988 年 9 月，邓小平提出："我们的留学生有几万人，如何创造他们回来工作的条件，很重要。……可以搞个综合的科研中心，设立若干专业，或者在现有的一些科研机构和大学里增设一些专业，把这些人放在里面，攻一个方面，总会有些人做出重大贡献。否则，这些人不回来，实在可惜啊。"③

在生产要素借鉴、利用的基础上，邓小平进而把对资本主义经济领域的利用推向了具体制度和体制的层面。市场经济是资本主义经济的基本体制和运行机制，历来被认为是资本主义制度的专利品。邓小平提出借鉴和利用资本主义市场经济体制，创造了社会主义市场经济这一前所未有的新体制。邓小平对市场经济的论述及其基本观点，就是市场经济是促进生产力发展的一种经济手段和方法，是一种具体的资源配置方式和经济运行机制，不能把搞市场经济与搞资本主义等同起来。1992 年中共十四大明确规定中国经济体制改革的目标是建立社会主义市场经济体制。

采取"一国两制"方式对资本主义加以学习、借鉴和利用，是在长期实践摸索的基础上，尤其是对经济特区方式的综合借鉴的基础上提出来的。建立经济特区和大力发展"三资"企业，是中国对资本主义经济领域一切有益于社会主义的因素加以引进、利用的综合方式。1979 年 2 月 11 日，邓小平就美国通用汽车公司建议同中国搞合资经营一事，做出"合资经营企业可以办"的重要批示。此后，在邓小平的有力支

---

① 《邓小平文选》第 3 卷，人民出版社 1993 年版，第 32 页。
② 《邓小平思想年谱》（1975—1997），中央文献出版社 1998 年版，第 71 页。
③ 《邓小平文选》第 3 卷，人民出版社 1993 年版，第 275 页。

持和指导下，以合资经营的方式吸引和利用外资的步伐大大加快，合资经营的企业也发展起来，中德合资的上海大众汽车公司就是中国第一家合资经营的企业。后来，利用外资的方式进一步发展，出现了中外合作和外国独资两种新形式，形成了统称的"三资"企业。为了进一步扩大对外资的利用，1979 年年初，在邓小平的支持和指导下，试办经济特区的伟大试验在深圳、珠海、厦门、汕头四个南部沿海地区蓬勃展开。经济特区明确提出以利用外资为主，并主要采用市场机制加以调节。"一国两制"的方式就是受到经济特区建设的启发，进一步推而广之的结果。允许局部地区保留资本主义制度的史无前例的独创性做法，一方面确保它们自身的经济繁荣和稳定，另一方面也给社会主义制度引入了一个参照系，通过直接的、面对面的竞争，促进社会主义制度不断地自我完善和发展，国家实力不断增强。这就突破了社会主义和资本主义历来都是在国际范围内和平共处的局限，实现了两者在一个国家内的和平共处。

发展市场经济如果过于强调指向现代化的工具理性，而忽略与现代性有关的价值理性，则诚信缺失、道德滑坡等问题，会使得整个社会的文化价值体系崩塌，一个高度撕裂、断裂乃至溃败的社会无法成为和谐社会。20 世纪 90 年代以后，这个问题逐渐凸显出来。

四 20 世纪 90 年代朱绍文教授揭示的问题①

1991 年，民建市委机关干部对中国社科院经济研究所朱绍文教授进行采访，事后朱教授写了一封信，谈及如何学习运用西方经济理论的观点。他针对当时经济领域一些负面现象指出：《资本论》中许多论述，而且是主要部分，同时是论述分析资本主义如何从封建社会中脱胎而出的过程，如三卷中论述商业资本和高利贷资本的部分，并不是凡是"资本"就是资本主义的范畴，有一些从事中间剥削的商业资本、高利贷资本、商业行为、封建性的行会和官僚体制等都是寄生性的东西，它

---

① 朱绍文，中国社会科学院荣誉学部委员、经济研究所研究员，原籍江苏，1915 年 12 月 12 日出生，2011 年 11 月 3 日逝世，本段文字既反映了我国经济发展的阶段特征及其与马克思学说的关系，也寄托了对朱先生的怀念。该信载于《北京民建》2011 年 11 月 6 日。

会扼杀生产的发展，阻碍产业资本的成长壮大。也就是说，从事中间的流通过程中的转手或其他"过手"、"雁过拔毛"之类的收入，轻而易举，这样就使得产业资本生产过程中的利润，要"分肥"给他们，社会当然不能"致富"，反而妨碍了"生产"和"致富"。单纯从商业中去寻找"利润"，不去考虑整个国民经济的循环运转，考虑产业部门的有效生产，一个国家是很难摆脱困境的。在发展产业部门的生产中，必然有人们的行为存在，在这里才真正是人们的道德行为的表现。道德绝不是脱离物质生产过程和人们的家庭消费生活的过程的。离开生产、生活而去谈道德是空谈。《资本论》中既分析了资本的生产、流通、分配、消费的整个过程，也同时从这些行为过程中明白指出其道德的性质，何谓剥削，何谓封建，何谓进步，何谓反动倒退，都说得很清楚。只要我们细心钻研，学而时习之，就可以慢慢贯通，心领神会。前年和去年的经济混乱、道德的颓废，这种所谓"创收"的合法化、普遍化，不能不是重要原因之一。有些行业因特殊有利条件盈利特大，均给少数人私分奖金，这类"创收"和"分配"必然要引起社会经济秩序的混乱，进一步削弱了国民经济的发展。这种教训，今后必须吸取。亚当·斯密在《国富论》中谈的劳动创造财富是马克思的劳动价值学说的来源，我们党和政府主张用马克思主义经济学说来指导我国的经济建设，但到处可以看到不劳而获的现象，我们必须大声疾呼，回到马克思主义的劳动才能创造财富的正轨上来，否则永无"脱贫"之日，即使科技再进步，外资再引进，如没有立足本国的产业体系和劳动力的组织，我们也是难以摆脱困境的。愿国人猛醒。

这位可敬的充满激情的马克思主义经济学家正视商品经济发展中的负面现象，并以唯物史观分析了资本的两面性，拓宽了对现实问题分析的理论视野。

马克思对资本主义生产方式的科学分析证明：资本主义生产方式是一种特殊的、具有独特历史规定性的生产方式；它和任何其他一定的生产方式一样，把社会生产力及其发展形式的一定阶段作为自己的历史条件，而这个条件又是一个先行过程的历史结果和产物，并且是新的生产方式由以产生的现成基础；同这种独特的、历史规定的生产方式相适应的生产关系——即人们在他们的社会生活过程中、在他们的社会生活的生产中所处的各种关系——具有独特的、历史的和暂时的性质；最后，分配关系本质上和生产关系是同一的，是生产关系的反面，所以二者都具有同样的历史的暂时的性质。①

马克思还指出：取代资本主义的新的社会主义生产方式将是实现劳动者与生产资料所有权的统一，它是"联合起来的社会个人所有制"，是建立在协作和共同占有生产资料的基础上的个人所有制。马克思在《1861—1863 年经济学手稿》中，把这种所有制称为"非孤立的单个人的所有制"，也就是"联合起来的社会个人的所有制"。② 这些都说明，社会主义所有制形式的一个重要特征是：劳动者在联合占有的生产资料中享有一定的所有权。进一步说，这种所有制具有两个密切相关的本质内涵：一是劳动者集体共同占有和使用生产资料，任何个人均无权分割生产资料；二是在用于集体劳动的生产资料中，每个劳动者都享有一定的生产资料所有权。这就是"在自由联合的劳动条件下"实现劳动者与生产资料所有权相统一的具体形式。而现实构成我国社会主义经济成分中的国家所有制（全民所有制）、集体所有制以及非公有制等多种所有制中，如何理想地解决劳动者与生产资料的结合问题，成为马克思所说的劳动者与生产资料所有权统一的"联合起来的社会个人的所有制"，还存在着大量值得探索的问题。

五 小结

党的十八大提出了 2020 年实现国内生产总值和城乡居民人均收入比 2010 年翻一番的目标，意味着我国经济踏上了新的征程。遵照唯物史观制定正确的发展战略，要求对我国所处的生产力水平和生产关系的实际情况作出科学判断。十八大报告已指出，我们目前仍然处于并将长期处于社会主义初级阶段，人民日益增长的物质文化需要同落后的社会生产之间的矛盾仍然是社会的主要矛盾，我国作为世界最大的发展中国家的国际地位没有改变。这三者中，核心的是关于社会主义初级阶段的判断。这是对今天中国国情的清醒认识，也是对我国今后发展方位的科

---

① 《资本论》第 3 卷第 51 章"分配关系与生产关系"，人民出版社 2004 年版，第 993 页。

② 马克思原话为："资本家对这种劳动的异己的所有制，只有通过他的所有制改造为非孤立的单个人的所有制，也就是改造为联合起来的社会个人的所有制，才可能被消灭。"《马克思恩格斯全集》第 48 卷，人民出版社 1995 年版，第 21 页。

学确定。

　　尽管有了这些基本判断，但是总体判断与历史进程之间存在着有待于研究的大量空间。譬如在初级阶段这一相当长的历史时期中，如何判断各个阶段的体制与结构特征、如何解读国家总体生产力水平及各个区域生产力的差距；如何转变诸多数据存疑的统计状况。由于研究的不深入，对于生产关系在各个经济领域的具体体现不同，市场的地位、与国际市场的关系、市场和政府之间如何协调等问题，看法差距很大。因此，经济史和国史的研究任务十分繁重。

　　科学研究在于探索那些尚未被人们认识的社会历史现象和它们的本质与客观发展规律。这就要求在经济史研究中不断开拓新领域，提出新问题，求得新认知。为此，运用唯物史观，回顾与研究中国经济史，具有格外重要的意义。

（作者单位：中国社会科学院经济研究所）

谈谈四重证据法

——以考证解决中共党史上的七个疑难问题为例

程中原

考证是解决难题、写出信史的基础

历史撰述，是过去的人和事的记录，是对前人经验教训的总结，是对社会发展规律的探索。实证，是历史学最鲜明的学科特征之一，是还原历史、总结经验、探索规律的基础。写历史要求用事实说话，讲究言必有据，不说空话，不说假话。所谓"通儒之学，必自实事求是始"。写历史推崇秉笔直书，要求"实录"，做到"不虚美，不隐恶"。这样写出来的历史，才可能是"信史"。为达到这些要求，最重要的、基础性的因素是全面地、翔实地占有真实的史料。而为了确定史料的真实、可靠，破解历史的疑案，就需要下功夫进行考证，做搜集证据、鉴别真伪、辨析关联、解释内涵等工作。做好这一重要而艰难的基础工作，需要史学工作者具有史德、史学、史才、史识，需要史学工作者为此付出心血。

在中国古代史研究中，20世纪二三十年代中国学术界曾经出现过一股疑古思潮。顾颉刚先生的《古史辨》为其代表。其历史贡献是通过对史料的辨伪求真，摧毁伪古史系统，促成新古史学派的建立。但辨伪也有过头之处，难免出现以真为伪的情况。顾先生在运用"层累地造成中国古史说"将古史传说还原为神话的过程中，认为夏代并不存在这一哄动一时又备受讥讽的观点就是一例。鲁迅在《故事新编》的《理水》（1935年11月作）中写一个考古的学究鸟头先生，考证出来"其实并没有所谓禹，'禹'是一条虫"，就是影射讽刺顾先生的。① 王国维利用地下发掘出来的甲骨文，进行识读，说明甲骨文上有多种写法的夏字，记录着夏代发生的事情；说明甲骨文的记录和《史记·夏本纪》以及《尚书》、《孟子》等典籍上记载的夏禹治水事迹传说的一致性。王国维运用地下新史料证实纸上旧史料的这种方法，被称为"二重证据法"。

在近现代史研究中，在中共党史研究中，同样会遇到若干问题需要通过搜集史料对其进行考证、考辨、考释，以求得解决。不过，运用的手段和方法，也有其烦难之处与自身特点。

弄清历史真相，需要多重证据

我从事党史研究工作是从研究中共党史人物张闻天开始的。其中涉及许多人和事，几乎每走一步都离不开对史料的搜集与考证，从而体会到弄清历史真相，需要多重证据。

人物研究一开始碰到的问题，就是这人叫什么名字？何时何地出生？张闻天在高小读书时的名册上用的名字是"应皋"、"荫皋"，1917年考入河海专门学校时才用"闻天"。张闻天这个名字，首见于1917年7月20日上海《申报》上登出的"上海录取新生通告"。这是怎么一回事？访问与张闻天同辈的人，他们说，张闻天的名字是塾师张柱唐起的，出自《诗经》。经查，《诗经·小雅》中的《鹤鸣》篇有云："鹤鸣九皋，声闻于天。"可见应皋是名，闻天是字。后以字行世。张闻天的出生年、月、日怎么又成了问题呢？因为他的生日是农历八月初六，而这一年闰八月，这个八月初六是前八月还是后八月呢？谁也说不清楚。老人说，张闻天出生前一个月，其父将住房翻修了一次。在翻修的后厅屋北墙中间的隔扇上刻有四首唐宋人的诗，落款为："庚子巧秋中浣柱唐张国栋涂。"这是一个非常有价值的物证。庚子，公历1900年；巧秋，农历七月；中浣，中旬。可以确定：张宅翻修完成的时间是

---

① 顾颉刚在《古史辨》中据《说文解字》对鲧字解释说，鲧是一条鱼；对禹字解释说，禹是蜥蜴一类的虫（该书第1册63、119页）。"鸟头"这个名字是从顾字而来。繁体字的顾从页雇声，雇是一种鸟，页本义是头。鲁迅相对应地用《说文解字》的解释来影射讽刺。

庚子年七月中旬。一个月后张闻天出生，当在前八月初六，公历为 1900 年 8 月 30 日。可见，近现代史研究、中共党史研究，不仅要利用人证之便，也需要依靠物证。

人物重要活动的经过，相对而言比较容易掌握一些。但具体的起迄时间，当事人也很难说得准确、确切，必须仰仗历史的记录。例如：张闻天何时又是怎样赴美国留学的？何时又是怎样回国的？从《少年中国》第 3 卷第 10 期的《少年中国学会消息》、《学生杂志》第 9 卷第 9 号的《最近出洋的学生》、1922 年 9 月 22 日上海《时报》刊载的《太平洋上月出口船舶》以及 8 月 20 日上海《民国日报·觉悟》刊载的张闻天的诗《别》可知，张闻天是 1922 年 8 月 20 日从上海乘"南京号"远洋轮前往美国旧金山的。张闻天到达旧金山后，"美洲中国文化同盟"于 1922 年 9 月 23 日下午在唐人街杏花楼举行了一个欢迎茶话会，第二天《大同晨报》"本埠新闻"栏刊登了消息《文化同盟茶会记》，从中可知这个茶话会的情况。至于回国的情况，在张闻天 1923 年 11 月给胞弟张健尔的信中说："我大约今年年底就想回国。"此信录入张健尔写的《落日》一文，发表于《民国日报·觉悟》（1923 年 12 月 2 日）。离开旧金山的确切时间，从他的朋友孟寿椿送给他的一本《十九世纪文学史》的扉页题字可知："敬赠闻天兄以为金门之别的纪念 寿椿 一九二三年十二月二十九日。"轮船在太平洋上航行半个多月，到达上海的时间在 1924 年 1 月 20 日左右。

又如张闻天赴莫斯科留学也存在同样的问题：他是何时又是怎样离开上海和到达莫斯科的？又是何时回到上海的？据张闻天进入莫斯科中山大学后于 1925 年 11 月 26 日填写的第一张表格《旅莫中国国民党支部党员登记表》和俞秀松（当时这一批赴莫斯科留学生的带队人之一）1926 年 8 月 2 日给父母的信，可知：他们是于 1925 年 10 月 28 日晚，从上海外滩码头乘小船到吴淞口外，登上一艘准备返回海参崴的苏联运煤船。在海上航行半个月后，船抵海参崴，当夜即坐上西行的火车，于 1925 年 11 月 23 日抵达莫斯科。关于回国经过，张闻天传记记载：1931 年元旦过后，张闻天同杨尚昆一起走陆路回国，于 1931 年 2 月 7 日（农历辛未年正月初一）大雪纷飞中到达上海。依据的材料是：张闻天在 1967 年写的一份材料和杨尚昆写的回忆文章《坚持真理 竭忠尽智——缅怀张闻天同志》。当天天气据当时住在上海的鲁迅的日记。

上述这些来自档案、报刊、书籍、书信、题词、日记等的书面材料，可以统称为书证。

有些细节很能表现传主的特点，它们是由多人回忆、口述形成的。如：张闻天随身带有一把计算尺。这个细节首先是由张闻天的夫人刘英提供的。她讲道在1942年去杨家沟调查时，算地主马维新家自清道光二十五年（1845年）直到其时近百年的各种账本，马洪打算盘，张闻天则拉计算尺。这把计算尺还是他在美国留学时买的，随身带了十五六年了。又过了大约十年，张闻天在驻苏大使任上，苏联农业问题是他关心研究的课题之一。有一次同留苏学生左东启交谈，当他得知左东启学的是水利专业时，立即发问：苏联种一亩小麦要用多少水？还从怀里摸出那把计算尺，和这位留苏学生一起将公顷和亩的用水量进行换算。一把计算尺联接了传主张闻天20年代在旧金山、40年代在杨家沟、50年代在莫斯科这四十年间三国三地的活动，很能表现人物的特点。

有些事情要联系人物的活动甚至联系历史情况进行具体分析，进行考释，才能说得清楚、说得准确。例如，1942年3月9日，公祭、安葬张浩后，执绋抬棺的中央领导人坐着休息，有人拍下了这一排领导人的照片，并在每人下面写上了名字。边上一位标明是洛甫（即张闻天）。这张照片流传很广。多少年过去了，没有人提出疑问。但联系人物活动的历史情况进行具体分析，把边上这一位说成是洛甫肯定错了。因为这时洛甫不在延安。他于1942年1月率延安农村调查团赴陕北和晋西北进行社会调查，直到1943年3月才返回延安。洛甫同张浩纵然友情深厚，也不可能出现在这个葬礼上。经研究，这位影中人实际是博古。

更加复杂的事情更需要联系具体情况进行考释。例如，对张闻天1919年8月19—21日发表在《南京学生联合会日刊》上的《社会问题》一文应该如何评价。首先是分析《社会问题》一文的内容和张闻天在此前后的思想、主张。在《社会问题》中，张闻天明确提出，要用马克思主义的唯物史观来考察中国社会问题。他还具体运用马克思在《〈政治经济学批判〉序言》中社会形态演进经过"四大变动"的观点，分析当时军阀统治下的中国社会，指出是从辛亥革命后一度出现的共和时代退回到封建专制时代去了。在科学分析中国社会历史与现状的基础上，张闻天提出解决中国社会问题的方法是革命，是"依靠劳农界人"起来革命，"铲除士大夫阶级"。他还认识到中国革命的发展要经历两个不同的阶段。他指出："劳农界人去士大夫阶级的革命"取得胜利，"实行普选的民主政治"，"这是吾们第一步的办法"。在民主革命胜利之后，"再讲第二步"即社会主义："组织，是劳动者把资本家推翻，由劳动者自己组织。一切生产机关都归政府掌握，实行中央集权。用国家资本组织一国家银行，有总理一切的权。它很重视国家，所以亦重视政权。经济：是集合主义。就是把生产机关收归公有。所生产的物品，除可以作生产的，仍许私人所有。各尽所能，各取所值。"文章还全文摘录了《共产党宣言》第二章中的十条纲领，宣传共产主义理想，说明实行共产主义的方法"各国不同"，"若是很进化的国家，以下条例是很适用的"。张闻天在发表《社会问题》以前，在《"五七"后的经过和将来》（1919 年 7 月 11 日）、《中华民国平民注意》（1919 年 7 月 22 日）两文中，都写到解决中国社会问题不能采取温和的办法，为"扫除以前种种痛苦"，要"想别的法子，去做牺牲也不要怕"。"武力政治、强横的中央集权、卖国贼、安福系、腐败的政党，一切废除，然后建设这健全的民主共和国。"说明他在《社会问题》中的主张是稳定、成熟的主张。

我们考察了当时传播马克思主义的情况。在青年人中，在当时有影响的刊物如《湘江评论》、《觉悟》中，都没有人达到这样的水平。几乎与张闻天发表此文同时的一家著名刊物的《宣言》就主张"群众联合，向强权者为持续的'忠告运动'，实行'呼声革命'"，"不主张起大纷扰，行那没效果的'炸弹革命'、'有血革命'"。张闻天则断然否定这些温和方式，说这些是"无用的"，"不要去做"，应该抱定"做牺牲也不要怕"的决心，"铲除"封建军阀的统治，中国才有出路。从全国范围来看，李大钊最早运用"唯物史观"这个概念（见于 1919 年 8 月 17 日《每周评论》第 35 号《再论问题与主义》一文）。他主编的《新青年》第 6 卷第 5 号"马克思研究号"因印刷延误是在 1919 年 9 月问世的。陈望道的《共产党宣言》中文全译本的出版是在 1920 年 5 月。在张闻天之前，成舍我以"舍"的笔名在 1919 年 4 月 6 日出版的《每周评论》第 16 号"名著"栏里以《共产党宣言》为题摘译了十大纲领；1919 年 5 月 1 日出版的《新潮》第 1 卷第 5 号发表的谭鸣谦（平山）的《"德谟克拉西"之四面观》一文中对"十大要领"作了扼要介绍。而张闻天在《社会问题》一文中摘录的《共产党宣言》，见于1919年8月21日，是俄国十月革命后在中国公开报刊上第三次出现的"十大纲领"的白话译文。经过这一番历史情况的研究和对此文意义的考释，我们论定：张闻天是中国五四时期传播马克思主义的先进人物之一，是首先尝试运用马克思主义解决中国实际问题的先进人物之一，在当时的青年学生中，他站到了时代的最前列。

在传统的中国古代史研究中，有"经史互参"的方法。在近现代史研究和中共党史研究中，继承这种传统，联系历史，结合现实，对史料进行考释，通过具体分析，求得问题的解决，作出恰如其分的评价，也是十分必要的。这种方法，姑且简称之为史证。

一般说来，解决近现代史、中共党史、中华人民共和国史中遇到的需要考证的问题，运用上面说到的人证、书证、物证和史证中的一两种方法就可以了。遇到特殊的、疑难的问题，则需要综合运用人证、书证、物证和史证这四种方法才能解决。

解决张闻天研究的两大难题

一 第一大难题：歌特是谁？

在张闻天研究中，我们遇到的一个大难题是："歌特"是谁？

1981年10月，我们在中央档案馆查阅30年代党内刊物《斗争》和《红旗周报》，发现了署名"歌特"的三篇重要文章，即《文艺战线上的关门主义》（载1932年11月3日《斗争》第30期）、《在走向粉碎四次"围剿"的路上》（载1932年11月18日《斗争》第31期，又载1932年12月10日《红旗周报》第53期）、《论我们的宣传鼓动工作》（载1932年11月18日《斗争》第31期）。从内容、文风等初步研究，认为可能是张闻天所写。这样，"歌特是谁？"成为必须解决的问题。

我们首先就"歌特是谁"的问题展开广泛的调查，希望找到人证。我们请教了当年在上海临时中央和中央文委工作过的许多人，包括杨尚昆、吴亮平、李一氓、王学文、阳翰笙、周扬、夏衍、胡乔木、丁玲、黄玠然、李华生、楼适夷、章文晋、羊牧之、季楚书、祝伯英等，以及研究 30 年代左翼文艺运动的学者唐弢、李何林等。同时，我们在《新文学史料》上发表了《文艺战线上的关门主义》和对于此文的评介文章，希望得到一切识者的指教。

老同志回答了张闻天选集传记组的查询，学者们也陈述了自己的看法。虽然没有人提供明确的答案，但他们对"歌特是谁"分别作了种种不同的推测。这样，就把一切可能化名"歌特"的人都提了出来，得到了一张 16 人的名单。他们是：张闻天、瞿秋白、陈云、博古、康生、刘少奇、杨尚昆、冯雪峰、凯丰、周扬、夏衍、阳翰笙、潘梓年、耶林（叶林、张眺）、章文晋、胡兰畦。

直接的人证既然无法找到，原稿、手迹等更其渺茫，"歌特是谁"的答案只有从原初的书证即歌特文章本身保存的信息中去寻找了。

从文本中寻找内证进行考证的工作，从宏观到微观，从表层到深层，大致经历了三个阶段。

第一阶段，从"歌特"三篇文章的内容和口吻，概括出作者至少必须同时具备的五个条件：（1）是党内负责同志，很可能是临时中央的负责同志。（2）有较高文艺素养而又熟悉当时文坛情况。（3）主管或指导宣传工作。（4）了解全国各根据地的情况和反"围剿"斗争的全局。（5）当时在上海，并有时间从 10 月下旬至 11 月中旬的半个月内写出这三篇文章。对上述名单中的 16 人逐个分析，可发现只有张闻天同时具备五个条件。

张闻天当时是临时中央政治局常委，主管宣传工作，主编党中央机关刊物《红旗周报》（铅印）和《斗争》（油印），还管理着同共产国际联络的电台。张闻天同文学的关系密切，他是五四新文学家，对文学上的各种思潮、流派素有研究，对小资产阶级作家的心理有切身体验，对他们的特点和作用也充分了解。30 年代初期在上海，通过同当时在宣传部、文委、左联、社联工作的瞿秋白、冯雪峰、潘汉年、祝伯英、王学文等人的联系，通过同茅盾、胡愈之等人的接触，对左翼文艺运动和上海文坛比较熟悉。从当时的临时中央会议记录和张闻天的自传材料中我们了解到，1932 年 10 月 25 日或此后的一天，张闻天居住的团中央机关爱文义路平和里 27 号遭到破坏，张闻天即离开了原来的住地和中央的日常工作，到中央设在摩律斯新村（时人讹为马律师新村）的一个机关内住了一个月。这就有时间具体研究当时文坛的论争，写下

《文艺战线上的关门主义》这样的文章。至于宣传鼓动工作和鄂豫皖、湘鄂西苏区四次反"围剿"的问题，正是 10 月 25 日中央政治局常委会和 10 月 27 日中央政治局会议讨论的主要问题。张闻天在这两次会议上做报告和结论。张闻天在会后写成《文艺战线上的关门主义》、《在走向粉碎四次"围剿"的路上》和《论我们的宣传鼓动工作》，完全顺理成章。

不过，仅凭上述分析还难确证，还无法排除其他人写的某种可能性，也无法排除其中一篇为某人所写或某人起草的可能性。这就促使我们的考证深入一步，进入第二阶段，研究文章的个人风格。

张闻天在五四运动中即有不少文章在报刊上发表。20 年代初期就已经是颇有声名的文学家了。他曾经去日本自修，赴美国勤工俭学，后来又先后在莫斯科中山大学和红色教授学院攻读、任教，具有相当高的理论水平和文字修养，在长期的写作实践中形成了个人风格。其主要特点是：周到绵密，平和稳健，圆熟流畅中略带欧化。拿"歌特"文章跟张闻天的文风特点比照，的确显示出这三个特点，可以体认出歌特文章是张闻天的手笔。

然而，如果就此得出"歌特"即张闻天的结论，却总觉得说服力不够，还不过硬，还不能铁板钉钉子。这样，对于"歌特是谁"的考证进入第三阶段。我们采用乾嘉朴学和统计方法，终于从原初的书证——歌特文章本身中发现了"个人惯用语"这个信息，找到了鉴定历史文献作者的"试纸"。

在我国考据学上，常常依据词语的使用乃至字的写法来判断作品的真伪，确定作品的年代、地域、作者。用这种方法研究张闻天的文章，我们发现确有一些词语的使用是很独特的，是张闻天的"个人惯用语"。文章中是不是使用这些"个人惯用语"，可以成为验证与判断文章作者是不是张闻天的依据。

我们对已知 1932 年张闻天所发表的 54 篇署名文章中的用语进行计量分析，从若干词语使用频率的比较中确认："虽是"（不用"虽然"，两词之比为 46：2，即"虽是"出现 46 处，"虽然"仅 2 处，这 2 处也可能是刻钢板者按习惯误写）、"如若"（不用"如果"，31：1）、"表示"（不用"表现"，26：1）、"一直到现在"（不用"直到现在"，12：0）、"与"（不用"和"，N：0）这五个词语是张闻天主要的"个人惯用语"。用这五个词语来测试"歌特"的三篇文章，得到的统计结果为："虽是"与"虽然"是6：0，"如若"与"如果"是3：0，"表示"与"表现"是1：0，"一直到现在"与"直到现在"是3：0，"与"与"和"是65：0。说明"歌特"的"个人惯用语"就是张闻天的"个人惯用语"，歌特与张闻天是同一个人，歌特是张闻天的化名。

为慎重起见，我们又做了两项工作。

一项工作是，从张闻天思想观点的连续性和贯穿性进行验证。我们查阅了张闻天一生所有论文艺、宣传与反"围剿"的文章，"歌特"文章中的观点和提法在张闻天这些著述中得到印证，并清楚地显示出发展的轨迹；我们查阅了1932年10月下旬两次中央会议的记录，在10月25日的常委会上，张闻天作报告总结鄂豫皖地区反"围剿"斗争的历史和教训，指出"开始时没有集中力量给敌人以一个有力的打击"，"不了解开拓新的阵地以威胁敌人"，"机械地死守原来的地区"等问题，指示"现在既已过路西，就可以在那一带去开展新的阵地"。在10月27日的中央政治局会议上，张闻天作报告谈论党内反倾向斗争，指出"党内左倾情绪的增长，自北方会议后，的确是值得我们注意的"。在结论中进一步指出："左的问题，我们今天的提出，确与过去提的是不同的。在革命危机在全国增长中左倾是易发生的。"几天后的歌特文章正是会上报告、结论的继续和发挥，是对会议精神的贯彻。

又一项工作是，运用前述方法论证16人名单中其他15人之不可能为"歌特"。选集传记组同志查阅了《斗争》从创刊号起（1932年1月）至刊载歌特第一篇文章的第30期（1932年11月）止，除张闻天的文章以外的全部133篇文章，确实没有一篇像"歌特"文章那样使用张闻天的"个人惯用语"的。还查阅了瞿秋白那一时期发表在《斗争》和《布尔什维克》上的13篇文章，其中除有两处用"表示"（不用"表现"）之外，在"歌特"文中大量出现的张闻天的"个人惯用语"也完全没有出现。至于"与"与"和"，瞿秋白是混用的，而"和"的使用频率大大超过"与"。从个人惯用语可以证明，"歌特"不是瞿秋白。

综合以上对于"歌特"文章探究所得，我们写出了一篇考证"歌特"是张闻天化名的考据文章《"歌特"试考》，印发征求意见。杨尚昆复信同意我们的考证，确认"歌特""是闻天同志的笔名"①。胡乔木表示"同意程中原同志的考证"。李何林认为考证文章"说服力很强"。唐弢说"你们的考证是可信的"②。

同时，也有人提出质疑。夏衍在充分肯定"歌特"文章重要意义的同时，对"歌特"即张闻天之说表示怀疑。他说："从1931年9月以博古为首的临时中央在上海成立起，到中央红军开始长征为止，临时中央一直由博古和张闻天主持。在这个时期之内，临时中央依然推行极左的政治路线……张闻天同志当时还是博古的主要合作者，因此，我认为歌特即张闻天之说，也还是值得研究的。"③

夏衍的质疑，提醒和启发我们认识到，对"歌特"文章的考证虽然已经做了大量溯源探流的工作，寻找到了有力的史证，但毕竟主要着眼于文艺、宣传方面，有局限性。应该把"歌特"文章放到张闻天思想体系的发展演变中去考察，放到1931—1935年党从第三次"左"倾路线到遵义会议实现伟大历史转折的过程中去考察，并尽可能弄清楚中央领导核心内部思想、策略以至路线上的一致与分歧，组织上的聚合与分化，才能在更深广的层次上、更有力地论证"歌特"即张闻天的结论。在这时，胡乔木指出，此文说明"张闻天当时思想中既有'左'倾的一面，也有反'左'倾的一面"。经他这一点拨，我们豁然开朗。

在夏衍的启示和胡乔木的点拨下，我们比较系统地研究了张闻天从"左"到反"左"的思想演变轨迹，并进一步认清张闻天之所以能写出"歌特"文章的原因及其在张闻天思想发展过程中的意义。

诚然，张闻天在九一八事变以后一开始并没有认识到民族危机下国内阶级关系的变动，他一度宣传了中间势力是最危险的敌人的"左"的观点，写过像《满洲事变中各个反动派别怎样拥护着国民党的统治?》那样的打击中间势力的文章。但客观形势的发展使他的思想起了变化。特别是经过"一·二八"淞沪抗战，十九路军将士奋起抵抗，

① 杨尚昆:《给刘英的信》(1983年3月26日),《文献和研究》1984年第2期。
② 张闻天选集传记组整理:《有关"歌特"考证的通信和谈话》,《张闻天论》,河海大学出版社2000年版，第117—118页。
③ 夏衍同张闻天选集传记组同志的谈话(1983年1月22日),谈话记录经本人审阅后基本上写入他的《懒寻旧梦录》一书的《歌特的文章》一节，以上引文引自该书，三联书店1985年版，第214页。

上海各界民众抗日热情高涨，更使张闻天有了实际的体会。因此，在"歌特"文章之前，将小资产阶级作为革命力量加以团结，已经是张闻天明确的重要策略思想；对一些"左"的现象、提法和错误做法也有所觉察并提出批评；张闻天也认识到中间势力并非最危险的敌人，他曾力图争取胡秋原，想通过胡秋原去做十九路军将领陈铭枢等的统战工作。

1933 年 2 月进入中央苏区后，张闻天参加了反"罗明路线"的错误斗争。但没有多久，由于接触了苏区的实际，他即从比较熟悉的经济、文教政策开始，批评和反对"左"倾错误政策。在对待福建事变和十九路军反蒋行动的态度上，他同博古的策略主张完全不同。中共六届五中全会和二苏大会以后，张闻天的地位明升暗降。从党中央到中央政府，又从中央政府出去。组织上呈现分化的趋势，在策略思想和路线上则出现明显的冲突。首先是在广昌战役失败后的中央军委会议上博洛发生了公开的激烈的争论。接着，张闻天著文公开批评流行的"'左'倾总要比右倾好些"的观点。到长征出发前，张闻天在撰写的动员长征的社论中，对"左"倾军事路线进攻中的冒险主义、防御中的保守主义采取了否定态度，宣传了国内革命战争的长期性，保持有生力量等毛泽东的军事思想，站到了毛泽东为代表的正确路线的一边。在长征途中，同毛泽东、王稼祥结成中央队三人团同错误军事路线作斗争，直到取得遵义会议的胜利。

由夏衍的质疑引起的这一番探究，我们进一步认识到，在第三次"左"倾路线时期，张闻天的思想经历了一个由"左"倾到反对"左"倾的发展过程。在九一八事变特别是一二八事变以后，反对"左"倾的一面逐步发展起来。首先在熟悉的文艺、宣传方面有所突破。到中央苏区以后，又从比较熟悉的经济、文教逐步扩展到统一战线、军事指挥、肃反等领域，最后上升到反倾向斗争、战略思想等高度。在反对"左"倾的一面逐渐发展的过程中，张闻天同"左"倾中央主要领导的关系也经历了一个思想上由一致到分歧而至对立、组织上由聚合到疏松而至分化的发展过程。掌握了 1931—1934 年长征出发前张闻天思想变迁的路径，理清了张闻天自觉转变的过程，再来看"歌特"的文章，显而易见，它绝不是一个孤立的现象。它是张闻天挣脱"左"倾错误的起步，是对"左"倾思想的第一次突破。"歌特"之为张闻天，是完全可以理解的；作为"左"倾中央的主要负责人之一，张闻天首先开始在局部反对"左"倾错误，写出《文艺战线上的关门主义》这样的反"左"文章，是完全可能的。而此文的发表，不仅指导左翼文艺运动开始自觉地摆脱"左"倾关门主义，成为左翼文艺运动前后期划分的界碑，而且说明"左"倾临时中央领导核心的指导思想开始出现了分歧。对于张闻天来说，恰正成为他从"左"倾错误开始向反对"左"倾转变的标志。

我们的考证得到各方面的认可。1985 年人民出版社出版的《张闻天选集》，《文艺战线上的关门主义》和《论我们的宣传鼓动工作》收录其中；1991 年出版的《中国共产党的七十年》，评论张闻天化名歌特于 1932 年 11 月发表的这两篇文章是"对'左'的指导思想的突破"的"征兆"（该书第 113 页）。

二 第二大难题：博（古）洛（甫）交接在何时何地进行？

在张闻天研究中，我们遇到的又一个大难题是：博洛交接是在何时何地以怎样的方式完成的？

对于这个党史上的重大问题，1984 年 9 月中共中央党史资料征集委员会《关于遵义政治局扩大会议若干情况的调查报告》作出如下回答："洛甫同志接替博古同志的职务，是 1935 年 2 月 5 日前后在鸡鸣三省一带，当中央政治局常委进行分工时决定的。"这个回答是对的，但还不够。人们要问：鸡鸣三省一带，究竟是哪里？2 月 5 日前后，是前还是后？究竟是哪一天？我们在征委会调查的基础上进行了一番考证。

关于博洛交接地点的考证。陈云当年的遵义会议传达提纲、周恩来1972 年的讲话、杨尚昆 1975 年的回忆文章，都说博洛交接的地点是在鸡鸣三省。那末，鸡鸣三省在哪里呢？它是一个什么样的地方呢？旧地图上标明为鸡鸣三省的地点，位于四川、云南、贵州三省交界、赤水河与渭河交汇处，亦称"岔河"。这是一个渡口，周围峰峦环绕，都是悬崖峭壁，无路直通扎西。实地考察，中央纵队那么多人马根本没有办法在此处宿营过夜。经调查，事实上长征中也没有红军部队在这里驻扎过。所以，博洛交接的地点"鸡鸣三省"不可能是特指的这个鸡鸣三省即岔河。

鸡鸣三省同时又是一个泛称。是说这里地处三省交界，公鸡啼鸣，三省皆闻。

这样，博洛交接的确切地点自然要到泛称鸡鸣三省的地域范围内去寻找。由此产生了分歧。曾经有贵州毕节县林口、四川古蔺县石厢子和云南扎西县（今威信县）水田寨诸说。何说为是？它必须满足两个条件：一是属鸡鸣三省范围，二是中央纵队在这里住了一夜。现存电报、日记证明，同时符合这两个条件、有资格被确认为博洛交接的确切地点的是水田寨附近之高坎（或花房子）。现存1935年2月3日22时、2月4日23时半朱德致各军团首长的两则电报说明，中央纵队2月3日抵石厢子，在那里住了两夜，定2月5日"进到水田寨宿营"。又，2月5日21时半、2月6日22时，朱德致林彪的两则电报说明，中央纵队2月5日在水田寨地域住了一夜，2月6日走出鸡鸣三省范围，到达石坎子。

当时的电报、日记又告诉我们，2月5日晚上中央纵队并没有驻在水田寨街上。2月5日21时半朱德致林电中说道，水田寨街上"滇军一部守老堡与我对峙"；军委三局政委伍云甫2月5日的日记："由石厢子出发，经水田寨，团匪据炮楼二座扰乱，绕山道至花屋子宿营"；五军团参谋长陈伯钧有病坐担架行军，2月5日的日记中也记载了到水田寨"因敌固守碉堡，不能立即攻克，造成对峙形势"，"晚间弯过敌堡"，"到宿营地时已次日二时了！"一些当时在军委工作的老同志如吕黎平（军委一局作战科参谋）、李质忠（军委总部机要科机要员）、曾三（红军通讯学校校长兼政委）等的回忆，同电报、日记所说类似。①

经实地调查，中央军委驻地在水田寨街西边二三里路的几个小村寨，由东向西为：楼上、花房子、高坎、芭蕉湾。从实地考察和访问当年目击者的结果分析，芭蕉湾不够安全；花房子架了很多电线，是通讯部门驻地；高坎居中，中央负责同志在此开会较为相宜。不过，花房子有前后两造，不排除中央负责同志在此开会的可能。地点基本肯定下来，时间从上述电报、日记所载可以确定为2月5日。

肯定博洛交接的时间为2月5日还有重要的书证：2月4日和5日中央苏区与中共中央之间的来往电报。1935年2月4日，留在中央苏区的中央书记处书记项英致电中共中央和中央军委，提出"目前行动方针

---

① 均见《红军长征过昭通》一书。

必须确定"，究竟采取什么方针"均应早定"，并批评党中央和中央军委"自出动以来无指示，无回电，也不对全国布置总方针"①。2月5日，中央分局又致电中央，提出关于中央苏区"行动方针"的"两个意见"和"对各个苏区的领导"问题，"请立复"②。要求中央决策真是到了十万火急的地步，改变中央领导状况到了刻不容缓的地步。张闻天感到，现在是到了执行遵义会议决定的"常委中再进行适当的分工"的时候了。于是就提出"要变换领导"。项英的这两份电报可以从一个侧面说明"洛甫那个时候提出要变换领导"的直接动因。同时也是博洛交接在2月5日进行的一个契机。正因如此，张闻天接替博古担任党中央总书记后所要解决的第一个重大问题，就是中央苏区的战略方针和组织领导问题。2月5日中央书记处给中央苏区分局的电文就是实现博洛交接后张闻天主持中央发出的第一个电文。电文开头称"政治局及军委讨论了中区的问题"，指示"应在中央苏区及其临近苏区坚持游击战争"，"不许可有任何动摇"，并要求"立即改变你们的组织方式与斗争方式"；关于组织问题，重新任命了革命军事委员会中区分会的组成成员，其中重要的一点是让陈毅重新回到军事领导岗位。电文结尾又说："先此电达，决议详情续告。"③ 这就清楚地说明，2月5日实现博洛交接后召开了政治局会议，讨论确定了中央苏区的战略方针和组织问题。

2月4—5日的这些电报，无疑是确定博洛交接的时间为2月5日的有力证据。

张闻天从2月5日就任总书记后，立即同毛泽东配合合作，团结政治局和军委领导同志，贯彻落实遵义会议精神，纠正"左"倾军事路线错误，把领导全党、全军实现战略转变，粉碎敌人围追堵截的历史重任承担起来。从现存有关文件、电报、日记和回忆材料，结合历史状况和实地调查，我们对博洛交接后洛甫的作为进行了考察和必要的考证。说明：从2月6日至10日，从水田寨至扎西镇，一路行军一路开会，作出了回兵黔北的决策（2月6日至7日在石坎子、大河滩），通过了《遵义会议决议》（2月8日在院子），作出中央红军缩编的决定和二、

---

① 见《中共党史资料》第22辑，中央党史资料出版社1987年版。
② 同上。
③ 详告2月5日会议决定的长电于2月13日发出。

六军团战略方针和组织问题的决定（2月9日在扎西镇江西会馆），召开了军委纵队干部大会，传达了遵义会议精神和中央的战略决策与当前任务（2月10日在扎西镇）。可见，张闻天就任总书记以后于2月上旬召开的扎西会议是党史、军史上的一次重要会议。它是遵义会议的继续和完成。2月上旬的扎西，成为长征途中落实遵义会议精神、实现全党全军伟大历史转折的总指挥部。

这个问题的解决同样得到了各方面的认同。2011年7月出版的《中国共产党历史大事记》第一次如实作了以下记录："（遵义会议）会后，中共中央政治局在云南扎西（今威信）连续召开会议，决定以张闻天代替博古负中央总的责任，审查通过《关于反对敌人五次"围剿"的总结决议》，并决定加强对中央苏区和中央分局以及对红二、六军团和红四方面军的领导。"（该书第28页）

从破解张闻天研究两大难题中概括出"四重证据法"

从破解两大难题的实践中，我们体会到，对重要、复杂的问题进行考证，要综合运用四种方法，这就是：

第一，人证，口述历史，证言。包括大量回忆录、访谈录。

第二，书证，即书面的、文字的证据。通常说的档案是最主要的内容。包括：日记，书信，电报，文件，批示，讲话，谈话，会议记录、纪要、简报，报刊资料（新闻报道），书籍，等等。当然，对其真实性、可靠性、正确性，也需要考辨。

第三，物证。除了实物之外，包括实地考察、社会调查等。

第四，联系事件的来龙去脉，人物的思想发展，理论观点的源流影响，人物之间的相互关系、相互影响，不同事件、人物的比较、对照，国际、国内大势的影响，等等，这是正确认识和解决现当代历史事件和人物研究中遇到的问题时需要应用的重要证据。姑且叫做"史证"。

通过综合运用人证、书证、物证、史证四种方法，分析研究，使史料成为证据，来考定历史人物的作为、著述，历史事件的真相。这种方法，套用王国维"二重证据法"的概括，我把它称为"四重证据法"。其要义是从四个方面寻找史料并进行考辨、考释，使之成为证据，得出结论或者证实结论。

运用"四重证据法"解决中共党史上的
五个重大疑难问题

上面说的四重证据法，是事后归纳出来的。当初只是遇到了问题，按照唯物史观从事实出发、在联系和发展中进行研究的要求，想各种各样的办法来求得解决。归纳出四重证据法以后，遇到问题就比较自觉地综合运用这四种方法来解决问题了。在运用的过程中，证明综合运用四重证据法是有效的，是可以帮助我们较好地解决问题的。在以后的研究工作中，我们比较自觉地运用四重证据法，解决了党史、国史上的五个重大的疑难问题。

（一）遵义会议后张闻天担任的职务是不是中共中央总书记？

这是一个广受关注的重大问题。何方、张培森等都写有专文。我在《张闻天传》、《转折关头：张闻天在 1935—1943》等著作中也作了论证。为证明遵义会议后张闻天担任的职务是中共中央总书记，可以列举包括张闻天本人在内的九个重要人证：

（1）张闻天本人。他在延安写的《反省笔记》（1943 年 12 月 16 日）① 中写道："在遵义会议上，我不但未受打击，而且我批评了李德、博古，我不但未受处罚，而且还被抬出来代替了博古的工作。""当时政治局许多同志推举我当书记。"张闻天又写道，1938 年 9 月六届六中全会之前，在王稼祥传达了共产国际的指示（中共中央领导机关以毛泽东为首）后，张闻天就已"多次提出解放总书记"；并"确曾向毛泽东同志提过"党中央总书记的职务应该由毛泽东来担任了，但"当时他不主张提这个问题"。毛泽东认为目前还不是提出这个问题的时候，要张闻天继续担任下去。张认为毛既然要他名义上仍"任总书记"，也就"没有表示坚决让位的态度"。张闻天检讨，"当时没有坚持推举毛泽东同志为中央总书记，是我的一个错误"。不过，"我虽未把总书记一职辞掉，但我的方针是把工作逐渐转移，而不是把持不放"。

（2）周恩来。他在 1971 年 7 月的一次讲话中说：我们在扎西川滇

---

① 手写稿存中央档案馆。

贵三省交界叫"鸡鸣三省"的地方住了一天，把博古换下来，张闻天当总书记，我印象很深。①

（3）邓小平。他《在张闻天同志追悼会上致悼词》（1979 年 8 月 25 日）中说，1935 年 1 月，在我党具有重大历史意义的遵义会议上，张闻天同志"被推选为总书记"。邓小平在《建设一个成熟的有战斗力的党》（1965 年 6 月 14 日同亚洲一位共产党领导人的谈话）中说："毛泽东同志那时候没有当总书记，博古的总书记当然当不成了，但还是由曾经站在王明路线一边的洛甫当总书记。"②

（4）陈云。他在《遵义政治局扩大会议传达提纲》（1935 年 2 月或 3 月）中写道："在由遵义出发到威信的行军中，常委分工上，决定以洛甫同志代表博古同志负总的责任。"③ 陈云在 1977 年 8 月 23 日同遵义会议纪念馆负责人的谈话中说："遵义会议后决定让张闻天在中央负总责，这是毛主席的策略。是否叫总书记我记不清。"④

（5）彭德怀。他写的自传材料在讲到 1935 年八九月间张国焘对张闻天的态度时说："当时张闻天是总书记，他们并没有放在眼下。"⑤

（6）杨尚昆。他在 1997 年 3 月 22 日同刘英谈话说："遵义会议以后，不知你们注意没有，有一段时间没有总书记。这是什么原因呢？这是因为闻天同志谦虚。在遵义会议上，形成比较一致的意见是由洛甫代替博古担任总书记。但闻天同志非常谦虚，再三推辞。毛泽东同志也说自己参加军事指挥较好。于是这个问题就搁置起来。拖了二十来天，不能再拖了，中央常委作出决定，闻天同志这才挑起这副担子。张闻天当时当总书记，是得到大家拥护的。"⑥

（7）伍修权。他在回忆长征和回忆张闻天的文章中说："会后解除了博古同志的总书记职务……选举张闻天为总书记。"⑦"尔后他又被选为中央总书记，取代博古主持了中央领导工作"。⑧

① 转引自《张闻天［图册］》，中共党史出版社 2005 年版，第 61 页。
② 《邓小平文选》第 1 卷，1994 年版，第 339 页。
③ 《遵义会议文献》，人民出版社 1985 年版，第 43 页。
④ 《陈云文集》第 3 卷，中央文献出版社 2005 年版，第 435 页。
⑤ 《彭德怀自述》，人民出版社 1981 年版，第 202 页。
⑥ 《百年潮》1998 年第 6 期。
⑦ 《伟大的长征》，载《回忆与研究》，中央党校出版社 1991 年版，第 125 页。
⑧ 《追求真理锲而不舍》，载《回忆与研究》，中央党校出版社 1991 年版，第 560 页。

（8）黄克诚。他在一篇文章中说："遵义会议的情况，我是在三军团听毛主席亲自传达的……但担任总书记的是张闻天（洛甫）同志。"①

（9）刘英。她在同何方、程中原谈党史时多次谈到并一再肯定，张闻天担任的职务是中共中央总书记。她在一篇文章中说："闻天同志在担任总书记期间，遵循党的民主集中制，坚持党的集体领导制度。"②

张闻天接替的是博古的职务。博古是张闻天的前任。他在中共中央的职务是不是总书记，是解决张闻天是不是总书记这一问题的关键。在历史材料中我们找到了博古的职务是总书记的证据。

1933 年 1 月 19 日博古到达瑞金。1 月 30 日，即主持召开会议，传达共产国际代表的意见，说上海的临时中央政治局委员与苏区中央局合并起来，选一位负责人。会上，博古提任弼时，多数人推博古为总书记。

张闻天在 1943 年 12 月写的《反省笔记》中叙述了此事经过："博古到后曾召集了一个会议，到的有上海临时中央政治局委员（博古、陈云、洛甫、刘少奇）及中央苏区原有中央局委员（项英、毛泽东、任弼时、邓发）。博古做了简短的传达……于是多数即推他为总书记。对总书记一职，博古不但未推辞，而且很高兴。……我当时想，我们原来在上海新中央成立时，曾经申明中央无总书记，一到中央苏区，他却弄起总书记来了。这当然使我不满意。"

张闻天当年写的这篇反省笔记是可信的。当时曾送请毛泽东过目。毛泽东看后到张闻天住的窑洞，说：我一口气把它读完了，写得很好！③

由此可见，经过上海临时中央政治局与中央苏区中央局的这次合并会议，博古担任了中共中央总书记。

1934 年 1 月 15—18 日，中共六届五中全会召开。五中全会选出中央书记处五人：博古、周恩来、项英、洛甫、陈云。博古为总书记。这个选举结果得到共产国际的批准。在 1934 年 5 月的《红色中华》上，刊登了 1934 年 5 月 17 日少年先锋队中央总部领导作的动员报告，登出的这个报告由党代表周恩来、总队长张爱萍署名。报告中说："中国共

---

① 《关于对毛主席评价和对毛泽东思想的态度问题》，1981 年 4 月 10 日《解放军报》。
② 刘英：《深切怀念张闻天同志》，1979 年 8 月 26 日《人民日报》。
③ 刘英：《我和张闻天命运与共的历程》，中共党史出版社 1997 年版，第 127 页。

产党中央总书记，对我们说：在今天我们没有别的选择，唯一的选择和光荣的事业就是到前线去，到红军中去。"可见，博古担任中共中央总书记，在当时是公开的、大家都知道的事情。

不赞成说张闻天担任的职务是总书记的理由，概括起来有三条。运用史证进行辨析，这三条理由，貌似有力，实则是经不起推敲的。

否定的理由之一是，向忠发被捕叛变后，中央政治局会议决定以后不再设总书记。这是不错的。不仅陈云记得，洛甫、博古写的材料中都有记载。可是，实际上并没有严格遵守这个决定。上面已经说到，1933年1月，博古等到达瑞金后，召开了一个临时中央政治局同苏区中央局合并的会议。会议推选博古为总书记。对此，张闻天颇为不满，在1943年延安《反省笔记》中说，向忠发叛变后中央决定不再设总书记，可是一到中央苏区，博古却又弄起总书记来。

否定的理由之二是，中共五大党章有设总书记的规定（第27条），六大党章取消了，没有设总书记的规定。同事实对照，这一条是不足为据的。向忠发担任总书记，谁都承认，没有人否定。他这个总书记不是在六大以后担任的吗？事实是，六大党章虽然没有设总书记的规定，但六届四中全会以后还是设了总书记。那时，党还在幼年时期，又在白色恐怖之下，并不严格按照党章办事的情况不是没有的。如几个人先后进常委，就没有经过中央全会。向忠发叛变投敌后，因为卢福坦想当总书记，又不合适，政治局确实议定不再设总书记。可是，情况发生了变化，临时中央到中央苏区后，在成立新的中共中央局的会议上，又决定由博古担任总书记了。

否定的理由之三是，1938年4月12日至14日武汉《新华日报》刊登的《张闻天（洛甫）启事》。张闻天针对1938年3月26日广州《救亡日报》发表的该报记者对他的采访记《张闻天论当前抗日诸问题》中称他为中共中央总书记，特意声明："中共中央设有由数同志组织之书记处，但并无所谓总书记。"联系历史情况仔细辨析，这条史料恰好说明中共中央在"设有由数同志组织之书记处"之前是有总书记的。1937年12月中央书记处进行改组以后才不设总书记。对此，胡乔木在1981年1月5日复夏衍的信中肯定了以下说法："1937年11月，王明从莫斯科回到延安，带回了共产国际的意见，中央书记处于12月进行了改组，中央不再设总书记，而由数同志组织之书记处领导全党工作，张闻天同志仍然是书记处书记，毛泽东同志在党内职务也是书记处书记。"① 胡乔木的意思很清楚，在中央书记处进行改组以后，中央不再设总书记。也就是说，改组以前是有总书记的。

在党中央负总责，说的是担负的职责或职能，无法成为一种称谓。总书记的职称和负总责的职责是一致的。既然当时和后来，党内，包括像悼词，像《关于"六十一人案"的调查报告》② 这样庄重的中央正式文件上，都称张闻天为总书记，他实际也在党中央负总的责任，而且做得很好，称张闻天的职务是中共中央总书记，是适宜的，是符合历史实际的。我们的考证得到各方面的认同。2006 年修订再版的《张闻天传》，单列了《担任中共中央总书记》一节（该书第 139—141 页）。2012 年出版的《转折关头：张闻天在 1935—1943》封面肩题写明："讲述中共中央总书记岗位上的张闻天。"

（二）鲁迅致中共中央祝贺红军胜利的是"东征贺信"还是"长征贺电"？

鲁迅给党中央和红军致"贺电"或"贺信"一事，向来为人们关注。长期以来，一直说是鲁迅与茅盾曾致电中共中央祝贺红军长征胜利。但仔细查考下来，这个贺电并不存在。事实是，1936 年春红军渡黄河东征，引起全国各界支持，鲁迅与茅盾致信祝贺。为证实是"贺信"而非"贺电"，通过长期搜集、积累史料，进行考辨、考释，得到了比较满意的结果。我写了《贺信贺电问题之我见》的文章③，举出七条证据，证明"鲁迅、茅盾的'东征贺信'史料确凿，应该肯定下来"。这七条证据是：

（1）1936 年 4 月 17 日出版的《斗争》第 95 期上刊登了鲁迅、茅盾获悉"最近红军在山西的胜利"以后于 3 月 29 日给中共中央的信。信的主要内容，一是拥护中国共产党和红军的抗日救国主张，一是赞扬

---

① 《胡乔木书信集》，人民出版社 2002 年版，第 311 页。
② 1978 年 12 月中共中央批准的《关于"六十一人案"调查报告》中说："1936 年，张闻天同志是中央的总书记，他的批复应该看作是代表中央的。"（《刘少奇传》（上），中央文献出版社 1998 年版，第 229 页）
③ 此文发表于《新文学史料》1998 年第 1 期，题为《应该肯定下来的和需要继续考证的——"贺信贺电问题"之我见》。

红军英勇斗争，祝贺东征胜利。

（2）1936 年 5 月 8 日，毛泽东在中央政治局扩大会议上作的《目前形势与今后战略方针》报告中，提到鲁迅、茅盾，说共产党新的政策"鲁迅、茅盾等都公开拥护"。

（3）1936 年 5 月 20 日，中共中央和红一方面军领导人 12 人联名签发的给正在长征途中的红二、四方面军领导人的一封谈目前形势和策略的长电中，提到红军东征后鲁迅、茅盾的来信："党的十二月政治决议与七次政治宣言与绍禹同志在七次国际大会的报告，均得到全国广大人民包括知识界最大多数人的同情和拥护，红军的东征引起华北、华中民众的狂热赞助，上海许多抗日团体及鲁迅、茅盾、宋庆龄、覃振等均有信来，表示拥护党与苏维埃中央的主张"。

（4）1936 年 7 月 24 日，杨尚昆在《前进！向着抗日战争的胜利前进！——纪念 1936 年的"八一"》一文中（刊登于 9 月 15 日出版的《火线》第 61 期）引用了我们的战友、中国文化界人士鲁迅、茅盾给中共中央的信中的一段话。①

（5）1936 年 10 月 28 日出版的《红色中华》，在"鲁迅先生的话"标题下"摘鲁迅来信"，摘录的这一段话就是《斗争》第 95 期上发表的鲁迅、茅盾来信中的一段，也就是《火线》第 61 期上杨尚昆 7 月文章中引用的那一段话。

（6）冯雪峰奉派前往上海，是在党中央收到鲁迅、茅盾来信以后。张闻天夫人刘英回忆，张闻天、周恩来 4 月初回到瓦窑堡后，把还在黄河东山西前线的冯雪峰调回来，分别向冯交代任务。张闻天交代冯雪峰："到了上海，先去找鲁迅、茅盾，他们是靠得住的。"② 刘英回忆派出冯雪峰的时间正是在收到鲁迅、茅盾来信之后，而张闻天说鲁迅、茅盾"是靠得住的"，其现实根据就是刚刚收到的他们 3 月 29 日的来信。冯雪峰也多次说明，1936 年 4 月党中央派他前往上海，同鲁迅、茅盾的"贺电"（冯又说贺电是书信形式）直接有关。

（7）最早以大事记形式记载此事的报纸山东军区滨海军区政治部

---

① 这段话是："英勇的红军将令和士兵们，你们的英勇的斗争，你们的伟大胜利是中华民族解放史上最光荣的一页！全中国民众期待着你们更大的胜利。全中国民众正在努力奋斗，为你们的后盾，你们每一步前进，将遇到热烈的拥护和欢迎！"

② 《刘英自述》，人民出版社 2012 年版，第 80—81 页。

《民兵报》，（1945 年 12 月）、《新华日报》（太行版）（1947 年 7 月 27 日），均说是红军东渡黄河，鲁迅先生曾写信庆贺，说"在你们身上，寄托着人类和中国的将来"。

综上所述，鲁迅、茅盾 1936 年 3 月 29 日的"东征贺信"全文登载在 1936 年 4 月 17 日出版的《斗争》第 95 期上；有关此信的情况、内容和文字，在 5 月 8 日的中央政治局会议记录中，在党和红军领导人 5 月 20 日的电报中，在公开发表于 9 月 15 日出版的《火线》第 61 期的杨尚昆的文章中，在 10 月 28 日的《红色中华》上，都有记载。可以确证，鲁迅、茅盾的"东征贺信"是客观存在的史实，没有任何根据怀疑它的存在。

（三）邓小平怎样通过国务院政治研究室协助他进行 1975 年整顿？

国务院政治研究室是邓小平组建的协助他进行 1975 年整顿的参谋班子和写作班子。经采访当事人得知，邓小平领导 1975 年整顿的一个重要途径和方法是，同政研室胡乔木等七位负责人在"三座门"一起审读《毛选》第五卷文稿时的谈话。但这些谈话的具体时间、场合，谈话的内容，其背景、贯彻落实情况，当事人也说不清楚。人证不足，乃转而寻求书证。在 1975 年冬到 1976 年春"四人帮"刮起的"批邓、反击右倾翻案风"中，国务院政治研究室的七位负责人不得不检查、交代、揭发邓小平在主持 1975 年整顿期间同他们的谈话以及相关的种种史实。档案中保存有当年国务院政研室的四十多期《运动情况简报》和各种检查、揭发材料以及会议记录。我们运用"辑佚"这种文献整理的传统方法，辑录出了自 1975 年 1 月 6 日至 1976 年 1 月 17 日间邓小平同胡乔木等人的二十四次谈话，并通过对谈话所涉及的人和事的调查研究，获得大量人证、书证，弄清了重要事件的前因后果，来龙去脉，抓住了邓小平领导 1975 年整顿的主要线索，肯定了国务院政研室在 1975 年整顿中所做的四件大事。① 邓小平的二十四次谈话及谈话前后

---

① 这四件大事是：（一）对思想文化工作进行了一些调查研究，上报了一些材料，转呈了一些信件。关于电影《创业》、《海霞》，关于《鲁迅书信集》的编辑出版，关于聂耳、冼星海纪念音乐会的举办，关于长篇小说《李自成》的写作和出版，等等，得到毛泽东的批示，推动了文艺政策的调整。（二）参加起草和修改国务院的一些文件。其中影响最大的是《工业二十条》和《科学院汇报提纲》。（三）撰写理论文章《论全党全国各项工作的总纲》。（四）代管中国科学院哲学社会科学部，协助筹办理论刊物《思想战线》。

进行的活动和斗争，对于研究 1975 年整顿和"文化大革命"的历史，对于研究邓小平的生平事业、思想理论与领导艺术，对于编写胡乔木的传记，对于总结同"四人帮"斗争的经验，都极有意义。人民出版社出版了专著《邓小平的二十四次谈话》（2004 年 9 月），《邓小平年谱（1975—1997）》记录了其中 22 次谈话。

（四）华国锋对邓小平第三次复出是阻挠还是拖延？

华国锋逝世后，2008 年 8 月 30 日新华社发表《华国锋同志生平》，对他七十年革命生涯作出全面评价，肯定华国锋在粉碎"四人帮"的斗争中起到了决定性作用，肯定在随后担任中央最高领导职务期间，为拨乱反正、揭批"四人帮"和动员全党全国各族人民建设社会主义现代化强国方面作出了很大努力。

既然已经作出了如此全面公正的评价，为什么还要谈华国锋的评价问题呢？因为在华国锋评价问题上实际上还有一个虽不影响全局却也具有关节点意义的问题需要解决。这就是：华国锋是否有意阻挠邓小平复出？

要回答这个问题，主要看华国锋的言行。

应该说，粉碎"四人帮"，为恢复邓小平在中央的领导职务，重新出来工作，创造了前提条件。怎样对待和处理邓小平第三次复出？可供选择的办法有三种：第一种是让邓小平马上复出，再一种是尽快让邓小平复出，第三种是等一等，等条件成熟再解决。华国锋采取的是第三种办法。用华国锋的话来说，要做到"瓜熟蒂落，水到渠成"。

这时，公开的提法还是集中批"四人帮"、"连带批邓"。在内部，则采取措施，逐步恢复邓小平的生活待遇和政治待遇。12 月初，邓小平犯病，中央采取了积极的治疗措施和安全措施。12 月 14 日，中央决定恢复邓小平阅读中央文件的权力。12 月 16 日，华国锋批准邓小平进行手术治疗的方案。此后，华国锋和叶剑英、李先念、汪东兴一起向邓小平谈了粉碎"四人帮"的经过。1977 年 1 月 6 日，华国锋在中央政治局会议上对粉碎"四人帮"后邓小平为什么不能马上出来工作或者很快出来工作的道理作了解释，说明"往后拖，这样有利"，提出：小平同志出来工作的问题，应做到"瓜熟蒂落，水到渠成"。

1977 年 1 月 8 日纪念周恩来逝世一周年时，广大群众表达了要求邓小平复出的强烈愿望，党内一批老同志提出应尽快让邓小平出来工作。华国锋认为时机还不成熟。但邓小平的待遇有了进一步改善。邓小平和全家住进了北京西山中央军委疗养地，华国锋正在主持编辑的《毛泽东选集》第五卷也改变了对邓小平的处理方针，凡是讲邓小平好的地方，原来全部删除，现在一概不删，毛泽东称赞邓小平的地方有十多处。这是为邓小平复出做准备。但同时也应看到，华国锋没有完全顺应要求邓小平复出和为天安门事件平反的历史潮流，他用"两个凡是"予以回应。说明他这时处于犹豫徘徊、等待时机的状态。

在三月中央工作会议期间，华国锋和中央政治局常委们议论过邓小平复出的问题。在政治局会议上，华国锋提出要请小平同志在中央会议上堂堂正正地出来工作，为此要做好群众的工作。3月14日，华国锋在中央工作会议全体会议上讲话，积极回应党内外的呼声。在保持对天安门事件错误定性和肯定"批邓、反击右倾翻案风"的同时，明确指出：群众在清明节到天安门去悼念周总理是合乎情理的；"四人帮"批邓另搞一套，是他们篡党夺权阴谋的重要组成部分；"四人帮"对邓小平的一切诬蔑不实之词都应当推倒。明确表态：邓小平同志的问题应当解决，但是要有步骤，要有一个过程。我们的方针是，高举毛主席的伟大旗帜，多做工作，在适当的时机让邓小平同志出来工作。他代表中央政治局宣布：中央政治局意见是，经过党的十届三中全会和党的第十一次代表大会，正式作出决定，让邓小平同志出来工作，这样做比较适当。① 三月工作会议后，华国锋为邓小平复出进行了实际准备。华国锋主持的中央政治局于5月3日将邓小平致党中央的两封信转发至县团级，实际上向全党通报了邓小平即将复出的信息。过后，华国锋又同邓小平会见、交谈。接着，主持召开十届三中全会，于7月17日通过《关于恢复邓小平同志职务的决议》："全会一致决定，恢复邓小平同志中共中央委员、中央政治局委员、常委、中共中央副主席，中共中央军委副主席，国务院副总理、中国人民解放军总参谋长的职务。"

从以上华国锋对待邓小平复出的态度和做法可见，他确实采取了"等一等"、"往后拖"的办法，但并不是久拖不决，也没有蓄意阻挠，

---

① 据李先念1980年12月25日在中央工作会议上的发言。参见《邓小平年谱（1975—1997）》（上），第1556页。

而是要尽量做到"瓜熟蒂落，水到渠成"。

我们又运用四重证据法对邓小平两次复出进行了对比，说明华国锋主持下的第三次复出同第二次复出相比，时间相差无几。

邓小平第二次复出，从1972年8月毛泽东批示启动，到1973年3月恢复工作、4月公开露面，经过七八个月。具体过程是：1972年8月14日，毛泽东对邓小平8月3日的信批示，指出邓小平应与刘少奇区别对待。讲了邓的四点好处：第一，中央苏区挨整，是所谓毛派头子。第二，没有历史问题。第三，打仗得力，有战功。第四，到莫斯科谈判，没有屈服于苏修。这个批示，为邓小平复出铺平了道路。第二天，8月15日，周恩来即在政治局传达。此后三四个月未见下文。12月18日，周恩来利用毛泽东指示应让谭震林"回来"的机会，在致信纪登奎、汪东兴传达这个指示精神的同时，提出要纪、汪二人考虑一下邓小平要求做点工作的问题，说主席也曾提过几次。同日，还约纪、汪二人谈话。12月27日，纪登奎、汪东兴提出邓小平仍任副总理。1973年2月22日，邓一家回到北京。3月10日，中央发出邓小平恢复副总理职务的决定。4月12日，邓小平在欢迎西哈努克的宴会上公开露面。

邓小平第三次复出，即使从1976年10月6日粉碎"四人帮"算起，到1977年7月17日十届三中全会通过决议决定恢复邓小平职务，也不过八九个月。具体过程是：1977年一月政治局会议华国锋提出应做到"瓜熟蒂落，水到渠成"。1977年三月中央工作会议政治局决定"在适当的时机让邓小平同志出来工作"，"经过党的十届三中全会和党的十一次代表大会，正式作出决定，让邓小平同志出来工作"。1977年5月3日，把邓小平1977年4月10日信和1976年10月10日信转发至县团级。5月上旬，邓小平得知马上要出来工作，而且还做大官。7月21日，十届三中全会正式决定恢复邓小平的职务。7月30日晚，邓小平在北京工人体育场看足球比赛，公开亮相。

从第三次复出的经过，从前后两次复出的比较，恐怕不能得出华国锋阻挠邓小平复出的断语。在邓小平复出的问题上，华国锋的方针是邓小平的问题要解决，但要等待时机成熟，所谓"瓜熟蒂落，水到渠成"。这没有什么不对。粉碎"四人帮"后邓小平不能"马上"出来，晚一点，是稳妥的。对"尽快"的要求，华采取"拖"的办法，从原则上讲，无可厚非，但跟当时的党心民意确实是不一致的，说不符合党心民意甚至说有违党心民意，都不为过。至于具体时机的选择，见仁见智，也难专必。回过头来看，1977 年三月工作会议，陈云、王震等提出让小平复出，为天安门事件平反，那时华国锋如顺势完成这件大事，是最佳时机。但受历史的局限和认识的局限，华没有在这时作出决断，还是继续做让邓小平复出的准备，虽然不能说不积极，① 但还是延迟了。所以，说华在邓复出的问题上"拖延"，无论从华的主观意图还是客观效果，是符合实际的。不过，这也不是华个人的专断，都是当时中央领导集体决定的。在这个问题上，同样不必过多地追究个人的责任。

2012 年 9 月，经中央批准公开出版的《中华人民共和国史稿》第四卷（1976—1984）关于华国锋对邓小平第三次复出的态度问题，采取了上述经考证论证的"拖延"说。②

（五）胡乔木有没有参与起草邓小平十一届三中全会的"主题报告"？

这本来是一个简单明了的问题。可是，由于同时参与起草的一位同志完全漠视客观事实，竭力否定胡乔木参与其事，使问题变得复杂起来，需要进行考证。

另一位当事人、当时担任胡乔木秘书的朱佳木，不仅根据他的亲历而且依据他当时的工作日记，对事情的经过作了详细的说明，提供了有力的证据。

朱佳木说明，邓小平这篇讲话稿的初稿，是胡乔木按邓小平确定的主题"实行全党工作重点的转移"起草的。稿子于 11 月 8 日写成后即送邓小平处。邓小平出访新加坡、马来西亚、泰国三国回到北京，看过稿子后于 11 月 16 日上午与胡乔木谈修改意见。胡乔木按邓小平的要求（结合当时实际论述重点转移的战略方针和实事求是的思想路线），经三天修改形成初稿，让秘书朱佳木抄清送邓小平阅改。中央工作会议开始以后，形势发生了好的变化，重点转移问题比较一致，天安门事件已

---

① 收到邓 4 月 10 信后，即给回复，提出修改意见（可见准备向党内发的）。华得到邓 4 月 14 日修改情况的回信后，当天就批示，要汪东兴将邓来信及附件印发中央政治局同志，"研究确定印发范围"。并委派汪东兴、李鑫去同邓谈。邓拒绝按要求修改，华和中央政治局也没有为难邓，还是于 5 月 3 日将邓两信印发全党。5 月 24 日邓小平与王震、邓力群谈话，就说马上要出来工作，还是做大官；至 7 月邓就正式复出了。

② 参见该书人民出版社、当代中国出版社 2012 年版第 8—11 页关于邓小平第三次复出的叙述。

经平反，重大历史问题的解决也较顺利。邓小平敏锐地觉察到，原来准备着重讲的重点转移问题不需要特别加以强调了；解放思想、实事求是等问题需要结合现实讲得更加深透；同时，在历史转折关头，许多新情况、新问题凸显出来，需要党的领导人及时提出，作出回答，指明前进方向。在这样的情况下，邓小平决定讲话稿要重起炉灶。

12 月 2 日，邓小平为重新起草讲话稿约见胡乔木。胡乔木当时忙于修改农业文件，就邀于光远一同前往，以便让于了解意图，先行组织人着手起草。这天，邓小平按事先写好的 3 页提纲讲了准备谈的 7 个问题。两天以后，起草人员写出一份讲话稿。对重新起草的这份稿子，邓小平不满意。12 月 5 日，找胡乔木谈修改意见。胡乔木带组织起草此稿的于光远、林涧青一起前往。邓小平对讲话稿谈了新的构思，对许多问题谈了新的观点、新的提法，胡乔木作了记录。按照邓小平新的意见，起草人员连夜重写。对重写稿再作修改后于 12 月 7 日先后印出两稿。第二稿送胡乔木修改。那天晚上他并没有动笔。半夜两点起来用两个多小时改好，第二天早饭后交秘书付印。对经胡乔木仔细修改过的这一稿邓小平比较满意。12 月 9 日又约胡乔木等谈了一些具体的修改意见。邓小平在 12 月 10 日清样稿上亲笔作了修改，再次约谈。胡乔木因主持起草农业问题文件的会议无法分身，遂由胡耀邦带于光远、林涧青前往。事后，胡乔木主持研究了对讲话稿的修改。当天，讲话稿基本完成，在标题下署上了邓小平的名字。

中央工作会议预定在 12 月 13 日下午举行。在闭幕会上邓小平将在叶剑英、华国锋之前讲话。12 月 13 日午饭后，胡乔木关起房门，对邓小平的讲话稿进行最后的修改加工，直到下午两点钟才脱手。立即让秘书朱佳木直送邓小平家。邓小平审阅改定后，在下午四点钟中央工作会议闭幕会上发表了后来称为十一届三中全会主题报告的重要讲话。

朱佳木的《胡乔木与党的十一届三中全会》一文，有力地说明了胡乔木是协助邓小平起草"主题报告"的得力助手。他自始至终参与了起草工作，是这篇划时代的重要文献的主要执笔者。

在朱佳木提供重要的人证、物证的同时，我们从档案中找出了重要的书证。计有：12 月 2 日起草的讲话稿的手写抄清稿（8 开稿纸 30 页），上有胡乔木 20 多处删、改；邓小平 12 月 5 日谈话胡乔木所作记录（记在上述手写抄清稿第 30 页的背面）；胡乔木在 12 月 7 日第二稿上的简要修改（20 多处）和批语（30 多条，指明这些地方需要修改、加工）；胡乔木对 12 月 7 日第二稿仔细修改补充后印出的 12 月 7 日第三稿（胡乔木在 12 月 7 日至 8 日夜作了重要补充修改的 12 月 7 日第二稿没有保存下来，将 12 月 7 日第三稿与第二稿对照，可知胡乔木所作重要补充修改）；12 月 11 日稿的修改手稿；12 月 16 日中央工作会议秘书组印发的 12 月 13 日讲话稿定本（与 12 月 11 日稿对读，可知 12 月 11 日稿印出后两天里，特别是 12 月 13 日下午讲话前，邓小平、胡乔木等又作了哪些修改）。

在朱佳木的人证、物证面前，在档案提供的书证面前，在从 11 月最初草稿到 12 月讲话稿多次修改过程的历史贯串性和发展变化中，胡乔木在起草邓小平主题报告中所作出的历史贡献终于得到确认。《邓小平年谱（1975—1997）》在 1978 年 10 月底，11 月 16 日，12 月 2 日、5 日、9 日各条下，连续记述了胡乔木参与起草邓小平主题报告的情况。

期望"四重证据法"在运用中发展

正确认识和评价历史事件、历史人物，把历史著作、人物传记放在实证的基础之上，放在客观的、科学的基础之上。这是需要大家共同努力去做的。恩格斯说得好："即使只是在一个单独的历史事例上发展唯物主义观点，也是一项要求多年冷静钻研的科学工作，因为很明显，在这里只说空话是无济于事的，只有靠大量的、批判地审查过的、充分地掌握了的历史资料，才能解决这样的任务。"[①] 四重证据法是历史唯物主义和辩证唯物主义方法论的一种具体运用。期望四重证据法的运用，能够对取得恩格斯所要求的大量的、批判地审查过的、充分地掌握了的历史资料有所助益，并在实践的过程中，经受检验，得到修正补充，丰富发展。

---

① 恩格斯：《卡尔·马克思〈政治经济学批判。第一分册〉》，《马克思恩格斯文集》第 2 卷，人民出版社 2009 年版，第 598 页。

唯物史观与新方志建设

——新修地方志常见问题分析

常智敏

新方志指我国改革开放后出版的方志。改革开放以来，在唯物史观的指导与引领下，新方志建设取得了很大成就。其突出表现之一是方志修编进入规范化、常态化和科学化阶段，各地地方志办公室（以下简称"方志办"）纷纷组织编修了当地的地方志，而且许多地方已编修出版或即将出版新中国以来的第二部方志。与此同时，对旧志的整理、翻译、数字化处理等工作，也在有条不紊地进行着。之二是对方志的重视及利用程度在增强。但同时，新方志的建设也存在一些不容忽视的问题，对这些问题进行梳理并对其产生原因进行分析，或将有助于提升新方志建设的质量。

一 新修方志常见的突出性问题

新方志涉及两轮志书，存在的问题较为发散，就笔者所见，其突出性的常见问题有以下方面：

1. 历史性偏弱的问题。所谓历史性，是指遵循历史研究与写作的基本原则与要素来研究、整理、写作历史文献，以便能客观、准确、明晰地反映一个地方或一个时期的历史进程和社会面貌。治史之要，首当考虑其历史性，这是唯物史观的一个基本原理。因为"历史是一个截不断的长流"，"我们必须要从其发生发展以及转化的过程的相续性中去考察。"① "因此，要想正确地洞察生动的历史自身的合则与变则的诸关

---

① 翦伯赞：《历史哲学教程》，河北教育出版社2000年版，第114页。

系，我们第一就必须注意到历史发展中之各个阶段间的相互关联性。"①
地方志虽不是完全意义上的史书，但它要全面系统反映一地的社会概况
和发展历程，具有历史著述性质。故有时又把它和地方史书一起合称为
地方史志。所以，历史性应当是地方志研究与写作的基本要素。但近年
来写作或出版的一些地方志书，在历史性方面或多或少存在问题。其突
出表现有：

首先是在对历史事件与历史过程的纵写方面有欠缺。方志的写作要
求"纵写不断线"，即要求对每一时间段上的事件，应交代该事件的来
龙去脉，以便能清晰了解该事件（或过程）的连续性、整体性。"规范
的志书不仅必须以纵为主线，而且要求持续连贯，否则不可能完整地展
示历史发展脉络，系统性也无从体现。这就要求我们在对历史发展条分
缕析、全面梳理的基础上，编纂时力求脉络清晰、纵不断线。"② 但有
许多方志恰恰就在这一点上存在缺陷。譬如，某县编修的二轮方志，其
中一个内容是叙述"环境保护"的。环境保护是一项新生事物，作为
志书理应先作一介绍和交代，让读者明了环境保护的来龙去脉。但该志
书却省略了这一关键性环节，开宗明义直接叙述："1986 年环保部门认
真贯彻执行国家制定的环境影响评价制度和建设项目'三同时'制
度。"而对具体的环境保护的现状、由来、发展历程等均无叙述与交代。
而对于什么是"国家制定的环境影响评价制度和建设项目'三同时'
制度"，也缺乏应有的介绍和交代。如前所述，环境保护是一项新兴事
业，无论机构的建立完善、政策的制定、环境保护意识的培育和提升、
环境保护措施的实施等都有一个发展变化的过程，如果对上述情况不作
交代，既无法了解该项事业的发展情况，也无法窥其现实面貌，这对于
实现方志"资政、教化、存史"③的功用是非常不利的。其他许多条目
的写作也存在类似的问题。譬如在"职业中学教育"的"发展概况"
一目里，该志书也是一开始就写到"1988 年成立××县职业教育委员
会，一批农村初级中学开始发展"。第二轮志书的起始时间一般是 1986

---

① 翦伯赞：《历史哲学教程》，河北教育出版社 2000 年版，第 91 页。

② 潘捷军：《全面、客观、系统：论志书编纂的三大准则》，《中国地方志》2011 年第 8
期。

③ 《国务院法制办公室负责人就〈地方志工作条例〉的有关问题答记者问》，《中国地方
志》2006 年第 6 期。

年，该文直接从 1988 年开始叙述，显得很突兀。关键是 1988 年前（严格点应该以 1986 年为界），职业中学是一种什么状态？或者说有没有？这些是应该予以交代的，事实上职业中学是一种新的办学形式，它的起步是在 20 世纪 80 年代初，之后不断发展，现在已成为中等职业教育的重要载体，这在方志中是应该交代清楚的。

其次是缺少细节叙述，让人难以窥见历史的全貌。这在新修方志中也是突出存在的问题。它也严重影响了方志的历史性。仍以笔者见到的××县新修方志为例。在该书中，普遍见到的是概念多、数据多，而作为志书的主体性表达方式——叙述，则相对较少。如在"植被"一目里，该书就同时用了几组数据说明森林覆盖率，"1985 年森林覆盖率为9.23%，1989 年森林覆盖率为 17.5%，2000 年森林覆盖率 20.05%"。几组数据孤立地出现在书里，虽然也能看到森林的面积在不断扩大，但由于缺乏具体的描写和叙述，因此让人难以对当地的植被情况及发展变化有具体的了解和直观的印象。如具体植被如何，自然恢复状态如何，人工种植情况如何，分布情况如何，等等，均让人无法了解。又如经济管理一章中有"发展状况"一节，内中用"发展速度"和"投资速度"两个子目反映，里面全是数据，没有基本的交代和叙述，类似于"公文报表"。而具体的经济发展情况，包括行业、规模、速度等，显然无法从这一内容中获悉相关信息。再如，"经济结构"中三个子目"农业"、"工业"、"流通领域"，里面也基本是数据，没有具体的记述和描写。另外。概念过多也是一个问题。如该书关于"土地承包管理"一目中说："1986—2000 年××县对全县农民的承包土地实行比较严格的管理"，"1987 年××县实行了'大稳定、小调整'的土地承包管理办法"，至于具体怎么管理，怎么严格，"大稳定、小调整"的具体内容是什么，均未说明。像这些没有细节叙述的内容，严重削弱了或者说损害了方志的历史性，让人无法窥见历史面貌，更无法了解和感知历史发展过程。

2. 时代性不强的问题。按照国务院《地方志工作条例》规定：地方志书，是指"全面系统地记述本行政区域自然、政治、经济、文化和社会的历史与现状的资料性文献"。① 按照这一规定，方志应该鲜明

---

① 国务院：《地方志工作条例》，《中国地方志》2006 年第 6 期。

地体现一个地方的时代性。因为方志主要记述的是当代的事情，第二轮志书记述的时限一般为1986—2000年。这是离我们所处时代最近的一个时段，故理应鲜明地反映这一时期的时代特色。而在实际上，这一时段的时代特色本身是非常鲜明的。因为这是我国全面启动改革开放的时段。大张旗鼓地进行改革开放并由此带来经济社会的巨大变化就是最鲜明的时代特色。尤其是1992年小平南巡讲话后和党的十四大确立要建立并完善社会主义市场经济体制之后，我国迎来了改革开放的高潮。特别是经济领域内的改革，到处都在学习、实践、探索，改革与开放不仅在各地搞得有声有色、如火如荼，而且成就卓著、变化巨大。这一时代特色理应在本轮志书编修中得到浓墨重彩的书写。但遗憾的是，许多志书并没有对此予以特别关注，有的内容甚至完全没有叙述。这不能不说是一种败笔。此方面的突出表现有以下三点：一是对改革开放缺乏专题式的综合讲述。在二轮志书编修时限内，我国的改革是大刀阔斧和全方位的。尤其是在经济领域内，既有所有制的改革，又有经营方式和用工制度的改革；既有价格体制的改革，又有工资制度的改革；既有金融体制改革，又有流通领域改革，等等。对这些改革许多志书或者避而不谈，或者语焉不详，无法让人感知我国历史上发生深刻变革的改革大潮的涌动情况。二是在各分类栏目中，缺乏对改革形式、内容与进程的记述。这点在许多志书中尤为薄弱。如上所述，此时期的改革是全面的、具体的，它体现在了各领域、各部门的探索实践与创新中，体现在个体人物的言行和工作生活中。譬如用人制度和用工制度的改革，催生了学历教育的井喷式发展，各种形式的成人教育遍地开花。但这一历史现象在许多志书里却未能得到全面、客观、翔实的反映。三是对改革的成就和曲折乃至阵痛缺乏客观真实的反映。尤其是对改革的阵痛大多予以回避。我国进行的社会主义改革是前无古人的，其广泛与深刻世所罕见。它涉及一系列根本性的转型。从十一届三中全会后，"我国开始了现代化的全面转型，从革命性思维和习惯转入常态性的和平建设进程中，从计划经济模式转向市场经济模式，从苏联式的集权政治转向建设有中国特色的社会主义民主政治，从封闭性的自力更生转向对外开放，从相对孤立的乡村社会转向网络性城镇化建设，从单一的政治性文化转向多元的新时代文化，一切都在向现代化转型，一切又都未形成成熟的现代特征"。① 在这样一种前无古人的深刻社会变革进程中，不可能没有曲折和阵痛。事实上，有的阵痛还不小，如 1987 年价格放开后的物价急剧上涨，曾在社会上引起了程度不同的恐慌，许多地方出现了大规模的抢购风潮，有的地方的生活必需品，如食盐、食油、肥皂等曾被抢购一空（另一次抢购是对家电，如电视、冰箱的抢购，那反映了人们生活水平和消费水平快速提高）。又如 20 世纪 90 年代，随着企业改制的进行，出现了大批下岗工人，局部也曾引起社会动荡。这些情况，均是历史进程的正常反映，同时也是所在时代的特有痕迹，理应在方志里给予反映。历史经验往往是时代的贡献和民族的财富，历史经验中包含对过去工作挫折的反思和总结。所以，优秀的历史学家在记述历史发展进程时，总会毫不隐讳地记述和反思历史的曲折与阵痛，这在《史记》、《资治通鉴》等名著中，均是不鲜见的事情。这一情况，被史家赞为"良史之忧"。"'良史之忧'是中国史学史上精神遗产的一个重要方面。"②"一般说来，'良史之忧'所忧之处，往往都是社会历史发展中的紧要问题；倘若这种'良史之忧'能够引起社会的重视，促使人们在认识上和思想上的提高，并最终转化为社会实践的具体步骤，那么这种'良史之忧'就成了社会进步潮流中的一股潮流了。"③因此，对过去的失误、挫折、阵痛等进行必要记述、总结和反思，是方志编纂应当坚守的一个内容，它不仅是时代性的特有表现，也是实现方志"资政、教化、存史"功能的重要因素。

3. 地方特色不突出的问题。方志是反映一地社会历史情况的资料性文献，地方性是其显著特色。如何彰显当地独具特色的地方历史文化，是方志应努力追求的目标。谈到地方特色，许多方志编修者首先想到的是地方特色产品。诚然，地方特色产品肯定是地方特色的重要组成部分，但仅限于此显然有失偏颇。地方性所涵盖的内容是很宽泛的，譬如，地理地貌及自然条件的独特性，各种资源的独特性，人文历史的独特性，改革开放及现代化发展的独特性乃至方志编纂的独特性，等等，

---

① 常智敏：《关于我国社会主义道德建设的思考》，《社会主义研究》2008 年第 6 期。
② 瞿林东：《史学与"良史之忧"》，《史学与史学评论》，安徽教育出版社 1998 年版，第 268 页。
③ 同上书，第 277 页。

均是地方特色的重要内容。遗憾的是，目前许多方志在彰显地方特色方面显然存在局限，其突出问题也有三方面：其一是对地方特色缺乏提炼，也缺乏综合性的专章介绍，或者缺乏总体性的集中介绍。笔者所在的宜宾市，资源富足是其显著特征，尤其是其中的能源和旅游资源特别丰富。除此以外，饮品和食品制造非常有名。不仅酿酒有许多名品，而且还有很多名优食品或地方名小吃。如南溪豆腐干、宜宾县的合什手工面、宜宾芽菜等等。对这些极具地方特色的元素，新修的《宜宾市志》（在众多新修志书中，笔者认为，《宜宾市志》属于编写较好的一类），或者未突出其特色，或者漏掉未写，从而削弱了该书的地方特色性。其二是在分类内容编写上，对彰显地方特色的内容记述不够。比如，在文化部分对非物质文化遗产，对有重要影响的古代遗址遗迹等凸显地方特色元素的内容，许多地方均记载较略，甚至没有记载。其三是重点不突出。如前所述，笔者所在的宜宾市的旅游资源十分丰富，既有风景怡人的自然风光，如蜀南竹海、石海洞乡等等，风光绮丽又透着幽深；又有历史积淀厚重的人文景观，如李庄古镇、翠屏山、真武山等等，到处是古色古香的古建筑，无言地倾诉着历史的心声。至于同济大学、中央研究院史语所、中国营造学社等教育科研机构，在抗战时期留下的历史遗迹，更凸显出历史的厚重，值得后人景仰。既有充满神奇色彩的探险性资源，如兴文石林和僰王山等，弥漫着诱人、刺激和神秘莫测的气息；又有极具浪漫情调的川南民俗展览，如夕家山古民居，散发出浓郁的民俗风情。除了美不胜收的自然、人文景观外，宜宾旅游还能领略各种风味独特的美食：如蜀南竹海的全竹宴，高县的沙河豆腐，南溪的黄沙鱼、黄豆烧鸡，宜宾的燃面、黄粑和李庄白肉，等等，都是闻名遐迩的美食，食后都会让人啧啧称奇、流连忘返。所以，宜宾的旅游资源是丰富的，高品质的，值得大写特写。当然须重点突出，层次分明，抓住关键，着力描绘和渲染，这样才能体现其特色。新出版的《宜宾市志》对宜宾旅游予以了专章记述，[①] 这样处理很好，但美中不足的是平均用力，未能有效彰显出宜宾旅游资源的独有魅力，从而严重削弱宜宾方志应有的地方特色。

---

① 本书编委会：《宜宾市志》，中华书局 2011 年版，第 855—872 页。

4. 其他技术性问题。新修方志还普遍存在一些技术性问题，比如分类不够准确，比如概念的运用有时不够严谨，材料的使用缺乏考证核实，存在重复、缺失，等等，不一而足，恕不再一一列举。

二 新方志常见问题原因分析

新修方志之所以出现以上问题，原因是多方面的，但缺乏唯物史观的指导和引领，恐怕是其中的一个重要因素。唯物史观是治史的重要指导思想，如果缺乏唯物史观的指导与引领，则必然会在治史态度、治史方法、价值评判、材料运用等方面出现问题，影响志书质量。除此以外，可能还有以下因素导致了新方志问题的发生。

首先，部门著书导致问题丛生。新修方志都是"众手修书"，由各地方志办委托各相关部门分工协作编写而成。如教育类由教育部门负责编写，政法类由政法委组织编写，文化类由文化管理部门负责编写，等等。这样一种分工自有它的合理性，因为各部门熟悉自己的发展情况，占有的材料也丰富，具有写作的天然优势。但弊端也显而易见，即在写作风格上五光十色，极不统一。加之很多部门的作者不熟悉、不了解方志写作原理，有的甚至缺乏基本的学术训练，更不用说用唯物史观来指导了。尤其是行政部门的作者，习惯于公文写作。作为一种惯性，他会将公文写作中常用的格式带到方志写作中来，如总结、报告、报表式文体等。所以在新修方志中我们常常可看到类似于总结和报表式的文体，其缘由就在于此。由此而来，不难理解为何新修方志突出存在历史性偏弱等问题。

其次，方志办队伍的专业性问题无法保证志书质量。各地方志办一般代表当地政府主持各地方志修撰。但肩负着重要职能的方志办队伍，其专业性问题却非常令人堪忧。这里的专业性主要指是否受过专门的历史学训练。因为方志的修撰，严格地说还是属于历史学范畴。其作者、主持者或组织者，应当有历史学的背景或受过历史学的训练。笔者在宜宾市历史学会担负一定工作，对地方上方志办的队伍较为了解。目前的宜宾市、县方志办队伍中，有历史学背景的或受过历史学专门训练的，笔者目前尚未了解到。他们主持或参与方志工作，全是半路出家，干中学习。虽然他们很敬业，也很有热情，其中有人也逐渐成为行家里手，但总体情况还是专业性弱了一些。这种状况对方志的修撰极为不利。因为方志办是方志的主持者，有的还是执笔者，甚至有的是主编（或实际意义上的主编。因为方志是官修志书，主编往往是当地的行政首长，而主持修志的方志办负责人则实际行使主编权力）。如果主笔或主编在史志编纂方面缺乏必要的专业素养，又如何能保证其志书的质量呢？这不仅包括对基本史实的审核，对基本概念的界定，对基本材料的运用，更主要的是需从宏观上把握方志修撰的体例、结构，把握时代发展变化趋势，总体上把关事实评判和价值评判，等等，这些均对主笔、主持、主编有较高的专业要求，否则是很难胜任这一任务的。但在事实上地方方志办队伍恰恰在专业化这一重要指标上存在欠缺，由此导致方志质量难以保障。而且这一情况在短时间之内可能难以看到改观的迹象。相反，其专业性弱化的趋势还有可能加剧。因为目前各地还有一批热心地方史学、热心方志建设的地方志老专家健在，他们积极参与了各地新修方志的撰写和审稿工作，从而在一定程度上保证了新修方志的质量。而当这批老专家百年之后，能让谁来填补他们留下的空缺呢？所以未来情况更不容乐观。

再次，长官意志的影响。新修方志均是官修，由当地政府主持修撰。一般是由当地行政首长总负责，由当地方志办具体操办。这种体制的好处很明显，就是能最大限度地调动各种资源参与修志，保证了人力、物力、财力的充裕，也保证了文献资料，包括档案、图表、图片等的充分调用。在工作上为修志提供了无穷便利，从而保证了修志工作的顺利进行和按期完成。但这一体制也存在较大弊端：其一是行政首长在修志方面一般属外行。如果该位首长能放手让修志工作者独立自主地从事修志工作，那情况可能较好，一般不会产生负面作用，反而会十分有利于修志工作的顺利进行。但如果该位首长不是这样的呢？尤其是遇到喜欢事必躬亲的呢？这样情况可能就麻烦了，他会将他的意志强加于修志工作，决定志书的内容和风格，从而影响到修志质量，使新修志书出现诸多问题。其二是地方政府总喜欢宣扬自己的政绩，而对于工作中的失误一般讳莫如深，这一特殊情况决定了方志难以客观地记述历史。另外，地方上人际关系复杂，如何对待前任的政绩和失误，地方政府会顾虑重重，这也会严重影响方志的客观性，从而导致新修方志产生诸多问题。

三 提高新修方志质量的几点意见

目前，方志建设在地方文化建设中所起的作用越来越大，其缘由很简单：一是随着十七届六中全会对发展社会主义文化的部署，各地纷纷加大文化建设力度，而文化建设必须立足于既有基础之上。因此，对方志的重视并利用成为一个普遍趋势。二是随着各地经济文化的发展，文化建设成为提升当地文明素质、改善经济文化软环境、增强发展后劲的重要手段，故很多地方加强了文化建设的自觉，这种自觉也促进了对地方志的研究、整理与利用。在这两种趋势作用下，各地方志建设有了长足的进步，其成就有目共睹。但如前所述，问题也暴露出很多，故提高方志质量已属刻不容缓。根据新修志书暴露出来的问题，笔者认为，当务之急是加强唯物史观的学习和把握，增强运用唯物史观的能力和自觉。除此以外，提升新修方志质量还可从以下途径着手：

其一，各地政府要在方志建设上转变观念。方志建设说到底是政府部门的事，对方志工作，各地政府必须转变观念：首先要充分重视，重视方志对于地方经济社会建设的作用。按照国务院地方志工作条例规定，地方志的基本功用是"资政、教化、存史"三项职能，这三项职能实际都是文化建设的重要内容。文化是一个国家立国之本。在现代化进程中，文化的发展将最终决定现代化的速度与程度。正因为此，现在从中央到地方都在思考文化的发展问题，分别提出了不同的文化发展战略。但文化的发展具有一定的特殊性，它不能空心发展，一般情况下也无法跨越发展，只能按规律循序渐进，只能在既有基础上发展。在此情况下，对地方既有文化的发掘、整理和继承，就成为地方文化发展的重要路径。要实现这一点，往往离不开对方志的利用。故方志建设具有双重属性，它既是地方文化建设的重要组成部分，又是地方文化建设的重要依托。从这一意义引申出去，方志建设对一个地方的经济社会建设具有不可替代的作用。对此，各级地方政府应有足够的认识。其次要全力支持。方志编修是一项纯粹需要政府资助的事业，不仅需要政府在人力、物力及财力方面的全力支持，也需要政府在政策上和精神层面上的大力支持。方志的一项基本职能是"存史"。任何事情一旦进入历史，就会永远处在被人评判的地位，有可能"流芳千古"，也有可能"遗臭万年"。因此，方志的写作有时是很敏感的事情，难免会有各种阻力。同时，编修方志会使用各种档案等材料，这些材料有时会涉及个别人的隐私，因此也会遭致程度不同的阻力。这些情况就特别需要政府的鼎力支持，帮助史志工作者排除阻力，克服困难。再次要放手，允许方志工作者和编撰者有独立意志和相对自由去从事方志的整理与创作。方志修撰虽说是官方之事，但作为一种历史文献，它须遵循方志修撰的一般规律与原则，注重客观、真实、全面、系统。要达此目的，唯有给方志工作者和修撰者以宽松的政治环境和学术环境，使其能够独立表达观点才行。另外，方志修撰实际也是一种艺术创作，无论如何也要依赖修撰者充分发挥个人创造性才能出质量，如果缺乏宽松的研究环境和写作环境，修撰者的创造天赋是难以发挥出来的。

其二，着力加强修志队伍建设。修志队伍质量是方志质量的决定性因素。没有一支专业素质过硬的修志队伍，要编出质量上乘的方志是没有可能的。从笔者所在区域看，市、县两级的修志队伍无论从专业、学历来看，还是从年龄、资历来看，均存在严重不足，现状不容乐观，亟须充实、改善和提高。要加强修志队伍建设，其路径似可从以下几方面考虑：第一是及早引进和培养年轻的专业修志人才。修志工作是一项非常特殊的工作，不仅需要受过专门训练的行家里手，而且需要对地方历史和基本社情、民情了解、熟悉的人才，故专业技能和熟悉地方情况是两项基本条件，缺一不可。要使这两方面同时具备，那不仅需要着力培养，也需要时间，需要积淀方成。故及早培养属于自己的稳定的专业队伍，不仅势在必行，而且也是刻不容缓。第二是要加强地方各类学会在方志建设中的作用。现在许多地方组建有各种民间学术组织，以四川宜宾为例，就有宜宾市历史学会、哲学学会、地方志工作者协会、唐君毅研究会等民间学术组织。这些组织内汇聚了研究地方历史文化的各类人才，其中有些学者，在地方历史文化研究方面还卓有成就。借助和利用各类学会的学术人才，无疑是解决方志建设人才匮乏的一条捷径。

其三，未雨绸缪，早作规划。如今地方志的编修已逐步进入规范化阶段，按国务院《地方志工作条例》规定："地方志书每20年左右编修一次。每一轮地方志书编修工作完成后，负责地方志工作的机构在编纂地方综合年鉴、搜集资料以及向社会提供咨询服务的同时，启动新一轮地方志书的续修工作。"①这说明国家对方志的管理已经规范化、常态化了。既然如此,各地方志部门就应早做规划,为后续的新修方志做好积累和准备。为此,可先行考虑做好以下事情:首先应做好方志建设的中长期规划。新规划要为下一轮续修新志书做好谋划,要为方志工作的可持续建设作出安排,使方志建设有大的目标引领和具体的任务指派,从而保证方志工作能有序和脚踏实地的开展。其次,应有专人负责规划的实施,及时收集地方社会发展的各类资料,含数据、档案、媒体报道、图片、影视资料等,必要时可对资料进行简单的整理和分析。通过这些工作,既让方志工作者不断熟悉当地社会的发展进程和发展概况,又为日后修志作了丰富的资料准备和学术准备。再次,可每年编辑类似年鉴之类的方志要闻,将当地的社会发展中的大事进行汇总,尤其要对影响地方发展大局的大事要事做全面的归纳,使之成为反映地方社会发展的提纲和切入点。

党的十八大以后,我国社会主义现代化建设已步入了快车道,国家的变化日新月异,让人目不暇接。新修方志理应跟上时代发展潮流,创新工作理念和工作模式,及时把各地社会发展进程和历史面貌记录下来,反映出来。为此,各地方志工作者或热心方志的学人,应不断总结方志工作和方志修撰的经验,不断改革创新,力争编写出质量上乘、无愧于时代的方志著作来。

(作者单位:宜宾学院马克思主义学院)

---

① 《国务院法制办公室负责人就〈地方志工作条例〉的有关问题答记者问》,《中国地方志》2006 年第 6 期。

唯物史观的现实生命力

——以中共党史研究为中心的探讨

宋学勤

正如有学者所论，唯物史观开启并深刻影响了现代人文社会科学，而随着现代性问题的累积以及当代人文社会科学的深刻变化，研究唯物史观与现当代人文社会科学的关系及其自身的方法论意义成为巩固和做实唯物史观研究的题中应有之义。① 的确如此，在一些社会科学研究中，近年来呈现出了一些非科学化的倾向，甚至与某些所谓的新思潮进行并轨，自觉不自觉地以这些所谓的新思潮为研究的出发点，进而论证这些思潮的"合理性"，从而严重背离了唯物史观对于当代社会科学的普遍而科学的指导意义。为此，深入分析反映在思想意识形态领域的各种非主流思潮对于当代中国主流社会思潮的冲击和掣肘，弘扬主流社会思潮，促进社会的和谐发展，都离不开在中共党史研究中不断阐发和实践唯物史观的科学原理。

一 中共党史研究：与唯物史观相偕而行

唯物史观在中国的广泛传播，马克思主义史学的诞生，使中共党史的研究一开始就有了科学理论的指导，能够用唯物史观分析中国共产党领导中国革命中的一系列重大的理论与实践问题。

中共党史研究的萌芽阶段所出现的党史研究著述，多为建党初期的中共党内领导人，一些研究多为介绍情况式、汇报工作式的，如《中国共产党史的发展》是蔡和森在莫斯科担任中共驻共产国际代表期间，向

① 邹诗鹏：《历史唯物主义研究何以复兴》，《光明日报》2010 年 1 月 5 日。

中共旅俄支部作的报告;《党的机会主义史》是蔡和森指导北方局党的工作时在中共顺直（河北）省委会议上就第一次国共合作期间党内出现的右倾机会主义作的报告;《中国共产党历史概论》是瞿秋白在党的"六大"上所作的政治报告和"六大"决议的再论述;《党史报告》是李立三主持中共中央工作期间宣传其"左"倾思想的系列文章之一。《中国革命中之争论问题》阐述了中国革命的基本问题，是为反对陈独秀的右倾机会主义而作的。这些党史研究者多曾任中共党内要职，中国共产党的许多重大事件的参与者，都是坚定的共产主义者，他们能够把唯物史观自觉地应用到党史研究中。马克思主义历史主义方法、阶级分析的方法等在他们的著作中得到体现。在唯物史观的指导下，这些著作都能够比较客观地叙述中国共产党某一阶段或某一方面问题的发展过程，对一些中共历史事件做出自己的判断。

延安整风运动的开展，回顾中共党史，总结经验教训，成为中共党内干部、党员的一项重要工作，被作为中国共产党的思想建设的重要任务之一，中共高级干部大规模地、有计划地集体研究党史，在1940年代初期以来出现了中共党史研究的热潮。这一时期，中共高级干部在研究中共党史时也都能够贯彻唯物史观的基本原则，对中共党史研究作出了贡献。如周恩来在《关于党的"六大"的研究》中就认为，依据当时的实际情况与理论水平，要求"六大"产生一个以无产阶级领导、以乡村作为中心的思想是不可能的;刘少奇则在中国共产党内最早提出对毛泽东的历史地位及毛泽东的思想理论体系作全面系统的阐述。而毛泽东对这一时期中共党史研究的贡献更是功不可没。毛泽东发表了《中国革命和中国共产党》、《新民主主义论》、《改造我们的学习》、《矛盾论》、《实践论》、《整顿党的作风》、《反对党八股》、《如何研究中共党史》等一系列文章。特别是《如何研究中共党史》是中共党史研究理论的开篇之作，对中共党史学的研究对象、研究中心、研究方法、学科性质、学科特点以及中共党史分期方法等中共党史学基本理论问题作了全面阐述。关于中共党史的研究对象，毛泽东指出，用整个中国共产党的发展过程作为我们的研究对象，进行客观的研究，不是只研究哪一步，而是研究全部，不是研究个别细节，而是研究路线和政策。关于中共党史的研究方法，毛泽东提出"古今中外法"，实际上是辩证唯物史观在中共党史研究中的具体运用。毛泽东还根据斗争目标、中国共产党的政治路线的变化把当时中国共产党的历史划分为四个阶段：大革命的准备阶段（1911—1924）；大革命时期（1925—1927）；内战时期（1928—1937）；抗日时期（1937— ）。毛泽东在中共党史学理论方法方面作出了突出的贡献，为中共党史的开展提供了思想武器，自此以后，中共党史研究者不仅继续用马克思主义理论研究党的历史。而且融入毛泽东思想这一新的内容。苏联出版的《联共（布）党史简明教程》对这一时期的中共党史研究之影响不能不提。1938 年由斯大林亲自主持编定的《联共（布）党史简明教程》在苏联出版，联共（布）中央委员会为此专门通过决议，宣布其内容为党的理论和党的历史的正式解释，具有法典意义，不允许有不同的见解。《联共（布）党史简明教程》着重论述马克思主义与俄国革命实践活动不断结合的过程，强调在革命过程中运用和发展马克思主义理论。该书介绍列宁和斯大林著作的文字以及引用他们的有关语录，占了全书的 1/4，有神化领袖，宣传个人崇拜的倾向；把联共（布）党内斗争用"路线斗争"来概括，作为贯穿全书的主线，总结出十五次反对"反对派"的斗争，以路线斗争和阶级斗争作联共党史的主要内容。1939 年年底中文译本在延安面世，正值中共六届六中全会之后，中共中央号召学习马列主义理论，把马列主义与中国实际相结合，作为马列主义普及教材的《联共（布）党史简明教程》正适应了中共思想建设的需要。毛泽东对《联共（布）党史简明教程》极为推崇，视之为"一百年来全世界共产主义运动的最高的综合和总结，是理论和实际结合的典型，在全世界还只有这一个完全的典型。我们看列宁、斯大林他们是如何把马克思主义的普遍真理和苏联革命的具体实践互相结合又从而发展马克思主义的，就可以知道我们在中国是应该如何地工作了"。[①]《联共（布）党史简明教程》还被列为延安整风的必读书目，用以提高党员干部的马列主义理论水平。

延安整风运动，把研究中共党史作为其开始的内容，又始终把研究中国共产党的历史同学习马克思主义理论相结合，在反省中国共产党的历史经验教训中领会马克思主义，其最终成果就是 1945 年 4 月中国共产党六届七中全会通过的《关于若干历史问题的决议》，把中共党史研究成果以决议的形式肯定下来。此《决议》是中国共产党在新民主主

---

① 《毛泽东选集》第 3 卷，人民出版社 1991 年版，第 802—803 页。

义革命时期的重要历史文献，作为涉及历史问题的政治决议，对中共党史研究影响深远。作为中国共产党的一份政治决议，其主旨在于对"左"倾教条主义在政治上、军事上、组织上、思想上的表现与危害产生的社会根源作了深刻分析，使全党统一到以毛泽东为代表的把马克思主义普遍真理同中国革命实际相结合的正确路线上来，其重大的政治意义毋庸置疑；作为涉及历史问题的决议，又是历史研究的结果，对中共党史问题研究贯彻了唯物史观思想，对一些中共历史重大问题作了分析评价，其分析问题的方法与结论对中共党史研究都会有一定的指导意义。但我们也应看到，在《联共（布）党史简明教程》被奉为党史范本的情况下，《决议》明显地受到《教程》的影响，一是突出个人在中国革命中的作用，忽视集体领导的作用，如把毛泽东作为马克思主义与中国革命实践相结合的唯一代表，称毛泽东在中央和全党的领导地位是"中国人民获得解放的最大保证"；二是强调路线斗争，存在着把中共历史描述为两条路线斗争的倾向，这为在新中国成立后阶级斗争逐步扩大化的情况下把党的历史写成完全就是路线斗争的历史作了铺垫。另外，由于《决议》之政治意义重大，使中共党史研究者把《决议》的结论当成定论，开始出现以论代史的现象，制约了中共党史研究的发展。

从新中国成立到文化大革命前的 17 年是中共党史研究的迅速发展时期。新中国的成立，我们确立了马克思主义的指导地位，史学界也开始了重大转向，即以唯物史观为指导研究中国历史，为中共党史学的发展成型打下了坚实的理论基础。另外，中国革命史、中共党史成为高等学校学生必修的一门政治理论课，在全国高等学校普遍开设，研究人员与研究机构逐步增加，党史研究队伍逐渐形成，中共党史、中国革命史作为一个学科、专业，开始建设和发展起来。中国人民大学最早设立了中国革命史（中共党史）教研室，并自 1951 年起开始招收 1—3 年不同学制的研究生，还开设马列主义研究班中国革命史（中共党史）分班；1956 年，中国人民大学设置了全国第一个中共党史本科专业。中国人民大学培养的中共党史、中国革命史专业毕业生，成为此后近半个世纪中共党史研究和学科建设的主要骨干力量。而《毛泽东选集》的出版与中共党史研究关系密切。1951 年 10 月，《毛泽东选集》第一卷出版发行，这一卷包括毛泽东在第一次大革命和土地革命战争时期写的 17

篇著作。1952 年 4 月，《毛泽东选集》第二卷出版发行，这一卷包括毛泽东在抗日战争前期，即 1937 年 7 月至 1941 年 5 月间写的 40 篇著作。1953 年 4 月，《毛泽东选集》第三卷出版发行，这一卷包括毛泽东在抗日战争后期，即 1941 年 3 月至 1945 年 8 月所作的 31 篇著作。1960 年 9 月下旬，《毛泽东选集》第四卷出版发行，这一卷包括毛泽东在解放战争时期写的 70 篇著作。毛泽东的许多著作，本身就是运用唯物史观分析中国革命与中国历史的杰作，《毛泽东选集》一至四卷在此期间的编辑出版，对中共党史学科的建立，研究体系的形成起到了非常巨大的作用，奠定了中共党史学的基本格局。老一代党史学家胡乔木、何干之、胡华等历来重视对毛著的学习与研究，自觉地运用马克思主义、毛泽东思想指导自己的研究。胡乔木的《中国共产党的三十年》、胡华的《中国新民主主义革命史》、何干之的《中国现代革命史》是这一时期党史研究的标志性成果，也深刻地影响了此后的中共党史研究。

"文革"十年，中共党史研究是重灾区。林彪"四人帮"为达到夺权目的大肆篡改中共党史，用"三个突出"原则来编写党史，突出毛泽东个人缔造了党、人民军队、人民共和国。在此期间，林彪"四人帮"为了打倒党内一大批无产阶级革命家，为了给他们自己树碑立传，把中共党史篡改成了个人崇拜史与路线斗争史（两条路线，十次路线斗争）。在他们的笔下，中国共产党从成立那天起便存在着两条路线的斗争，路线错误不断，斗来斗去，把中国共产党的历史写得凄凄惨惨。最后只剩下一个人或少数几个人正确，几乎没有哪个领导人没犯过错误，动不动就给别的领导人扣上反对毛泽东的帽子，甚至诬蔑朱德总司令为"黑司令"。同时为了树林彪，把林彪说成是南昌起义的正确代表，把 1928 年朱毛井冈山会师说成是林彪与毛泽东会师，朱德的扁担也变成了"林彪的扁担"了。这是对中国共产党历史的严重歪曲。

新时期以来，从 1978 年 12 月至 1981 年 6 月是中共党史研究的拨乱反正阶段。这一阶段党史研究的主要任务是用唯物史观的科学态度冲破党史界的外部禁锢，重新审视中国共产党的历史，把被林彪"四人帮"搞得混乱不堪的中共党史研究矫正过来，恢复中共党史的本来面貌。党史学界逐渐摆脱传统思维方式或消极因素的影响，坚持解放思想、实事求是，遵循历史主义原则，从历史本身去研究历史，以唯物史观为指导，以大量的翔实可靠的档案文献资料为基础，改变以往"文献串讲"、"讲话阐发"的研究模式，不少论著的论述方式有了很大的突破。中共党史研究成果的质量之高，数量之多，新领域之开拓与新方法之运用，史料的公布，组织机构的健全，刊物报纸之多，可以说是超过了过去半个多世纪的成果总和。

　　中共党史研究的发展历程表明，中共党史研究必须坚持唯物史观的指导。中共党史学是一门有关中国共产党发展历史的科学，其基本内容不但要揭示中国共产党自身的成长发展历史，更为重要的是，这门学科还必须揭示中国共产党的成长发展规律。具体而言，中国共产党的成长历史就是一部马克思主义与中国革命和建设实践相结合的历史，是中国历史道路中中国共产党如何发挥自身的先进性而引领中国社会不断前进的历史。而在中共党史学的学科建设中，必须以现实的中国共产党的自身历史为基本的研究"质料"，对这种"质料"的学术研究过程就是唯物史观的运用过程，因为中共党史本身就是唯物史观的中国化历史。

二　中共党史研究：摒弃"教条化"，杜绝"碎片化"

　　如前所述，中国共产党的历史是一部以唯物史观为指导而在 20 世纪人类历史中演绎的最为波澜壮阔的历史画卷，中共党史研究也在近 90 年的发展历程中取得了很大的成就。但毋庸讳言，在过去与当前的中共党史研究中，有着两种不良的倾向，一是虽然坚持唯物史观指导学术研究，但是并没有将重心放在如何回应现实问题所提出的命题之上，甚至将唯物史观这一科学作为教条，对于各种现实问题采用直接下判断的方式武断地运用唯物史观；二是在越来越多党的历史问题研究中，我们看到"碎片化"的研究状态的出现，一些学者抓住不能代表"一般"的"个别"大做文章，借以否定全局。

　　先看第一种状况。中共党史研究的鲜明特点，尤其在于它特有的思维方式和理论支持。重视理论思维对于中共党史研究具有相当重要的意义。如果缺乏理论性，表述就容易平淡、沉闷、一般化，中共党史研究就不能深入，不能很好地发挥启发、教育、借鉴的作用。但在实际的研究实践中，一旦上升到理论高度，唯物史观就会代替具体的研究，教条化的现象仍比比皆是，而教条化的学术研究是谈不上有什么"辐射力"的。开展教条化研究的学者，其研究只是谋求满足心中现成的模式，他们无视现实世界的丰富性、多样性、变动性，以内在的既成公式套取自己想要的结果，照搬照抄所谓经典，拘泥于个别词句语言，缺乏实事求是、活学活用的精神，其结果只是让本来生动的理论变成了一潭死水，丧失了原有的生机，甚而连所探讨的问题也得不到有效解决。如改革开放初期一些学者看不到开放个体、私营经济所带来的民众积极性的提高和生产力的巨大发展，盲目沉浸于"剥削"一词的教条化套用，以致于在私营企业主雇佣多少工人才算剥削的问题上争得不可开交；再如，在国家开展市场经济体制改革的过程中，许多人则仍迷信公有制性质界定的数量标准的教条，在公有经济比重是70%以上好，还是50%以上好的问题上数起争执，等等。在当前学界，我们能经常看到的是很多成果实践着从理论到理论的"百驳不倒"的研究："以一个理论，一个框架，来一次全面套用，就可以集束炸弹式的迅速而轻松地推出一批'成果'"，这"倒是一种'高效'的学术方式"，① 但这种方式的泛滥却严重地损害了中共党史学科的发展。英国史学家霍布斯鲍姆以"历史学家从马克思那里学到了什么"为命题深入探讨了唯物史观对历史研究的影响。他指出："马克思对历史学家的主要价值在于他对历史的论述，而非他对于一般社会的论断。"② 因为"历史唯物主义观是历史阐释的基础，而不是历史阐释本身"。③ 在霍布斯鲍姆的笔下，马克思的方法始终是能够使我们全面解释人类历史运动的唯一方法和从事现代讨论的最有成效的出发点。他对马克思的科学方法作了高度评价，但他并不认为马克思所说的每一句话，每一字都是无法改变的真理，"我并不是说马克思就是正确，或者说马克思的看法就是很恰当的，而是说他的方法是必不可少的"。④ 这才是真正读懂了马克思。马克思主义的根本要义在马克思看来，"它们绝不提供可以适用于各个历史时代的药方和公式"。那么，它所提供的是什么呢？主要是方法。胡适在谈到这一问题时曾说："被孔丘、朱熹牵着鼻子走，原无骄傲之可言；但是让马克思、列

---

① 樊星、王宏图、武新军、陈峻俊：《问题意识：让学术惊醒》，《社会科学报》2003 年7 月24 日。
② ［英］埃里克·霍布斯鲍姆：《史学家：历史神话的终结者》，上海人民出版社2002 年版，第169—170 页。
③ 同上书，第186 页。
④ 同上书，第6 页。

宁、斯大林牵着鼻子走，也照样算不得好汉。"① 正确理解胡适之言的含义应该是去教条化。英国史学家巴勒克拉夫在为联合国教科文组织撰写的《当代史学主要趋势》中亦指出，"正如马克思和恩格斯从未忘记强调指出的，马克思主义是'研究的指南'，而不能代替研究"。②

诚然，我们在中国这样一个以马克思主义为指导地位的国度里，开展对中国共产党这样的一个马克思主义政党历史的研究，没有理由不遵循唯物史观的指导，没有理由不去总结发展马克思主义中国化理论，但是，正如恩格斯早已进行的告诫："即使只是在一个单独的历史事例上发展唯物主义的观点，也是一项要求多年冷静钻研的科学工作，因为很明显，在这里只说空话是无济于事的，只有靠大量的、批判地审查过的、充分地掌握了的历史资料，才能解决这样的任务。"③ 譬如，要准确把握当代中国社会阶层结构的特征，就要重新认识传统的阶级分析理论，并加以科学的发展，形成一个更加符合变化的、现实的多元分类标准框架。新中国成立以来，社会阶层结构不断地在发生着变化，在社会发展的各个阶段有着不同的社会阶层结构。从 1949 年至 1956 年，社会阶层结构由工人阶级、农民阶级、小资产阶级和民族资产阶级四大阶级组成；自 1956 年起，社会主义改造完成后，社会阶层结构为两个阶级与一个阶层即工人阶级、农民阶级和知识分子阶层所构成。新时期以来，改革开放的日益加深使中国社会发生了深刻的变化，工业化、市场化、城市化快速推进，中国从传统农业社会化日渐向现代工业社会转型，经济体制也由计划经济向市场经济转轨，这两种巨大的变迁催生着社会全方位的转变，特别是促使中国社会阶层结构发生结构性的改变，"以职业为基础的新的社会阶层分化机制逐渐取代过去的以政治身份、户口身份和行政身份为依据的分化机制"。④原来的工人阶级、农民阶级、知识分子阶层分化了，诸如经理阶层、私营企业主阶层和农民工群体等社会新阶层逐渐形成。对生产资料的占有并不是划分阶层的唯一标

① 唐德刚译注：《胡适口述自传》，广西师范大学出版社 2005 年版，第 188 页。

② ［英］杰弗里·巴勒克拉夫：《当代史学主要趋势》，上海译文出版社 1987 年版，第 29 页。

③ 《马克思恩格斯选集》第 2 卷，人民出版社 1995 年版，第 39 页。

④ 陆学艺主编：《当代中国社会阶层研究报告》，社会科学文献出版社 2002 年版，第 4 页。

准，当代中国社会的生产资料占有形式，与马克思和毛泽东所研究的时代已经有了很大的不同。首先，马克思和毛泽东所研究的时代的生产资料占有形式主要是个人（私人）占有，而在当代中国社会中，最重要的和最大量的生产资料是由国家和集体占有的。同时，公司制近十年来的发展也导致了许多不同于马克思和毛泽东所研究的时代的私人生产资料占有形式。其次，当代中国社会结构比较复杂，并且明显具有多元特征，这就决定了仅用生产资料占有这一指标来解释社会阶层分化是不充分的。

因此，要防止空论，必须充分占有资料，具体分析历史实际。只有首先说服了自己的验证结论也才能作为真理奉献给人类，这一点无论作为知识还是作为主流意识形态，都是一条无法躲避的必经之路。"在马克思和恩格斯看来，将历史概念化实际上起到了启发性的作用。他们虽然认为科学的概念（也包括社会学的概念）反映了实际历史事实的特殊方面或特征，但他们也反对把历史过程过分简单化，尤其反对把这种概念的内涵同它们所指的现实完全等同起来。① 恩格斯在他的1895年的著名通信中写道：'一个事物的概念和它的现实，就像两条渐近线一样，一齐向前延伸，彼此不断接近，但是永远不会相交。两者的差别就是这样一种差别，这种差别使得概念并无条件地直接就是现实，而现实也并不直接就是它自己的概念。'② 英国史学家巴勒克拉夫在分析苏联史学家进行历史分期研究时指出，马克思和列宁建立的大框框是没有问题的，但是"在这个大框框内确立精确的和普遍承认的俄国史或世界史的分期方法上没有丝毫进展"，因为"在历史的现实中不存在什么'纯粹的'奴隶制或'纯粹的'封建制这样的东西。历史学家遇到的是因国家而异的'不匀称的结合'"。③ 这也就验证了恩格斯的经典之语，"如果不把唯物主义方法当作研究历史的指南，而把它当作现成的公式，按照它来剪裁各种历史事实，那它就会转变为自己的对立物"。④ 中共党史研究的大发展是建立在扎扎实实地对浩如烟海的党史资料进行搜集与

① ［英］杰弗里·巴勒克拉夫：《当代史学主要趋势》，上海译文出版社1987年版，第29—30页。
② 同上书，第30页。
③ 同上书，第39页。
④ 《马克思恩格斯选集》第4卷，人民出版社1995年版，第688页。

爬梳、调研与辨析的基础上，建立对史实的言之有物的归纳和解释基础上，总结出符合中国共产党历史发展规律的理论。

再看第二种状况。1942 年，毛泽东在《如何研究中共党史》一文中提出："我们是用整个党的发展过程做我们研究的对象，进行客观的研究，不是只研究哪一步，而是研究全部；不是研究个别细节，而是研究路线和政策。"①当然，毛泽东语出此言是在 1942 年，当时的中共党史研究还属于中共干部研究中共党史阶段，其主要目的是揭批错误路线，不强调个别细节的研究。但时至今日，随着新实证主义思潮的流播，党史学界重实证研究，重个案发掘也一时风起。不可否认，在此潮流涌动中，出现了一些质量较高的研究成果，推动了中共党史研究的发展。但也出现了"把历史分割成互不关联的碎片，把历史的整体性化解为众多异质性对象"②的状况，然后从这些"异质性对象"出发，概括全局。例如，有的学者通过一个村庄的"血腥土改"去推论中共土地改革政策的得失成败，得出的结论貌似建立在坚实的史实基础之上。通过"细节"来研究路线和政策无可厚非，充分利用某一史料的价值，也是能够取得"以小见大"、"见微知著"的效果的，但我们仍要看到，管中窥豹固然是好事，可要是走过了头，埋头于眼前仅有的视角，以之删裁和衡量复杂的史实，有意无意忽略不合己意的客观史料，就会变成坐井观天、迷失全局了。再如，有的学者在研究中共党史上出现的局部性的失误、困难、曲折时，肆意否认中共在历史上所作出的贡献。如果一意执着于历史的细枝末节，并以此代替对历史整体的把握，那么便疏离了历史的真实本质。胡绳反复强调，在研究中国共产党历史时，我们应该看重的是整体，而不是局部。如果仅仅抓住这些暂时的失败和挫折上，仅仅着眼于中国共产党的错误，可能就会得出中国共产党不能领导中国革命胜利的结论。但实际上，中国共产党在经历一次又一次的失败之后，成功地实现了两次历史性转变，引领中国人民走向了胜利。③正如列宁所说："在社会现象领域，没有哪种方法比胡乱抽出一些个别事

① 毛泽东：《如何研究中共党史》，《党史研究》1980 年第 1 期。

② ［法］弗朗索瓦多斯：《碎片化的历史学：从〈年鉴〉到"新史学"》，北京大学出版社 2008 年版，第 236 页。

③ 胡绳：《从党的历史看中国共产党是伟大、光荣、正确的党》，《中共党史研究》1996 年第 5 期。

实和玩弄实例更普遍、更站不住脚的了。挑选任何例子是毫不费劲的，但这没有任何意义，或者有纯粹消极的意义，因为问题完全在于，每一个别情况都有其具体的历史环境。如果从事实的整体上、从它们的联系中去掌握事实，那么，事实不仅是'顽强的东西'，而且是绝对确凿的证据。如果不是从整体上、不是从联系中去掌握事实，如果事实是零碎的和随意挑出来的，那么它们就只能是一种儿戏，或者连儿戏也不如。"① 这就要求我们在做个案研究时，也要有一个总体性的问题的脉络或问题意识，细致思索局部问题与整体问题、个别问题与一般问题之间的关系，若非如此，就会陷在史料堆里出不来，没有一个明确的目标。这种总体性的问题意识就是要在充分挖掘掌握现有材料的基础上，带着研究者特有的问题意识深入到具体的史料当中，将史料所反映的客观事实放在历史发展的大环境、大背景下进行考察，对其开展对比、比较和批判。"史学最为常见的矛盾无疑便是它的目标是特定的，它可以是一个现象、一系列事件，也可以是某些人，而且其出现也只有一次，和所有其他科学一样，其目的在于从中导出普遍性、规则性和常态性。"② 不管你所选择的个案再小，做的再局部，但都有一个整体性的问题意识和学术发展的框架在后面支撑的。因为历史学家"应当在事件陈述和观念框架之间反复往来。他们的综合工作不应是把各个部分简单地拼凑到一起，而是要探讨其中的因果关系"。③ 而中共党史学界"碎片化"的研究状态呈现给我们的是："所研究的课题越来越细小分散，彼此之间缺乏联系，乃至整个学界呈现散兵作战、各自为战、人自为战的无形无序状态。"④ 这种状况不利于中共党史学整体研究的深化和对系统理论的探究。正如有学者所论，"就历史研究而言，如果没有关心人类命运的宏大心灵和跨学科研究纲领，那么再专业化的诉求都可能把我们引到黑暗中去"。⑤ 这绝非危言耸听，而是颇具前瞻性的警告。

---

① 列宁：《统计学和社会学》（1917），《列宁全集》第28卷，人民出版社1990年版，第364页。

② ［法］雅克勒高夫：《历史与记忆》，中国人民大学出版社2010年版，第129页。

③ ［法］弗朗索瓦多斯：《碎片化的历史学：从〈年鉴〉到"新史学"》，北京大学出版社2008年版，第259页。

④ 耿化敏、苏海舟：《"2005年度中共党史、当代中国史研究的回顾与前瞻"高级学术座谈会综述》，《中国人民大学学报》2006年第2期。

⑤ 金观涛：《探索现代社会的起源》，社会科学文献出版社2010年版，第3页。

三　中共党史研究：弘扬唯物史观的方法论意义

唯物史观开创了人类认识史上的新纪元，对于人类社会的实践产生了极大的影响力，这是一个不容置疑的历史事实。正如勒高夫所指出："在西方，一些优秀的历史学家已经证实了马克思主义不但可以和'新史学'相得益彰，而且从新史学的结构、全面史学观、物质运动和技术领域来看，新史学还是对马克思主义的一种继承。"① 米歇尔·福柯甚至认为，历史学家们的一些关键问题只是到了马克思主义这儿才开始显现出来。②的确如此。"自从历史也得到唯物主义的解释以后，一条新的发展道路也在这里开辟出来了。"③ 但是，随着时代的发展，人类发展史中出现了一些马克思主义产生之初所无法预见的现象，比如苏联、东欧的社会主义制度被资本主义制度所取代的现象，资本主义也没有出现列宁所讲的"帝国主义是资本主义的最高阶段"以后走向灭亡的迹象，当代频繁发生的经济金融危机以后经济的重新复苏，生产关系不断进行自我调整从而使社会生产力保持着"更加旺盛"的生命力，这些重大的历史事件及现象的发生无疑向唯物史观提出了一个如何回答的问题。我们再也不能满足于一方面高喊坚持唯物史观的主导地位，另一方面又不去对唯物史观做细致的研究，对一些迫切需要加以解释的现实问题作教条化的回答或者熟视无睹。学术研究无法及时回应人类实践知识的现象在人类学术发展史中并不少见，而这也正是推动学术事业不断前进的动力之源。唯物史观已经对于人类的历史发展规律做出了科学的揭示，而唯物史观在实践中不断完善和发展的品格已内在地蕴含着唯物史观所具有的解释现实历史的责任担当，这是唯物史观作为一门科学之所以成为"科学"的本质要求。

唯物史观作为一种科学本来具有回应各种历史现实的能力，这一点已经在既往的学术研究中得到了印证。但是，当前学术研究为什么对于当前的许多重大历史事件没有给出科学的解释呢？是唯物史观本身出了

①　雅克勒高夫：《历史与记忆》，中国人民大学出版社 2010 年版，第 225 页。

②　同上书，第 225 页。

③　恩格斯：《路德维希·费尔巴哈和德国古典哲学的终结》，《马克思恩格斯选集》，人民出版社 1995 年版，第 228 页。

问题还是人们对于唯物史观的认识及运用出了问题，看来这是包括中共党史研究在内的各门社会科学研究应予关注的焦点。如果不对这一问题做出切实而准确的回答，将难以解决唯物史观在回应时代现实问题中所面临的各种非难，甚至会助长有些人所认为的唯物史观已经过时的论调。唯物史观的科学性是毋庸置疑的，至于理由，无须赘述。仍需阐明的是，中共党史研究中对于唯物史观的理解及运用上出现了"非科学性"的问题。唯物史观既是一种世界观，同时也是一种方法论。在中国革命道路中之所以能够取得成功，不仅在于中国共产党的第一代领导集体科学地运用了唯物史观的世界观来认识当时中国的现实问题，更为深切的成功之道在于，把唯物史观作为一种方法论，充分发挥了其方法论作用。中国社会主义建设和改革中之所以取得如此成就，根本的原因也在于将唯物史观的世界观意义和方法论意义进行了科学的阐释和运用。唯物史观的科学性能够得到实践印证的根源也就在于其内在蕴含的两种意义的齐头并进的均衡化实践。从反向而言，为何在面对诸多现实问题时唯物史观没有及时进行理论回应呢？是唯物史观本身的科学性成分缩减了吗？答案显然是否定的。这并非是理论本身缺乏解释力，而是在于理论研究者的研究方法出了问题。长期以来，我们的很多研究者往往过于关注唯物史观的世界观意蕴，忽视了其方法论意蕴。而唯物史观的方法论意蕴对于研究者认识和解释社会现实的意义极大。唯物史观作为一种观察问题和处理问题的方法，正如恩格斯在《自然辩证法》中所言："每一个时代的理论思维，从而我们时代的理论思维，都是一种历史的产物，它在不同的时代具有完全不同的形式，同时具有完全不同的内容。"[1] 马克思主义为人们观察和分析人类社会提供了立场、观点和方法，但不能作为僵化的教条来对待。"如果不把唯物主义方法当作研究历史的指南，而把它当作现成的公式，按照它来剪裁各种历史事实，那它就会转变为自己的对立物。"[2] 现实理论研究中马克思主义唯物史观没有对现实历史中的重大事件做出及时的解释，并不是唯物史观本身的问题，而是研究者对于研究对象所采纳的方法存在问题，是过于关注唯

---

[1] 恩格斯：《自然辩证法》，《马克思恩格斯选集》第 4 卷，人民出版社 1995 年版，第 284 页。

[2] 《恩格斯致保·恩斯特》（1890 年），《马克思恩格斯选集》第 4 卷，人民出版社 1995 年版，第 688 页。

物史观的世界观意义，而忽视其方法论意义。可见，加强对唯物史观的方法论意义的阐释并将其运用于具体的中共党史研究，是中共党史研究者一项义不容辞的时代使命，也是应当侧重努力的方向。

研究唯物史观的方法论意义，必须要扎根于全球化时代当代中国的社会现实与问题意识，回到马克思，"象马克思那样去思考问题"，一切从客观存在的事实出发。马克思把实践归结为全部社会生活的本质，历史就是人的实践活动在时间中的展开。唯物史观就是立足于感性活动这种丰富的现实内容之上的，它绝不排斥个性化的创造性的实践活动；相反，却以此为依托来考察历史，并认为这种考察方法的前提是有血有肉的人，"但不是处在某种虚幻的离群索居和固定不变状态中的人，而是处在现实的、可以通过经验观察到的、在一定条件下进行的发展过程中的人。只要描绘出这个能动的生活过程，历史就不再像那些本身还是抽象的经验论者所认为的那样，是一些僵死的事实的汇集，也不再像唯心主义者所认为的那样，是想象的主体的想象活动"。① 如前所述，对于1978年以来当代中国新出现的社会阶层结构的分析，无论如何也不能再简单地套用马克思针对19世纪早期欧洲资本主义提出的阶级分析理论，或者毛泽东针对20世纪二三十年代的中国社会提出的阶级分析理论。正如恩格斯所论，"每一历史时代主要的经济生产方式与交换方式以及必然由此产生的社会结构，是该时代政治的和精神的历史所赖以确立的基础，并且只有从这一基础出发，这一历史才能得到说明"。② 因此，从这个意义上来说，简单套用经典结论与坚持运用唯物史观来解释现实问题是两码事。唯物史观所具有的世界观意义和方法论意义虽然是促动中共党史研究取得科学成就的双重引擎，但在当前中国社会变迁急剧延展、各种思潮不断涌现的时代背景下，唯物史观的方法论意义更应当受到较大的关注。弘扬唯物史观对于中共党史研究的方法论意义，对于发挥唯物史观的现实生命力至关重要。

（作者单位：中国人民大学中共党史系）

---

① 《马克思恩格斯选集》第1卷，人民出版社1995年版，第73页。
② 恩格斯：《共产党宣言》1883年德文版序言，《马克思恩格斯选集》第4卷，人民出版社1995年版，第258页。

中国当代历史人物评价的
理论与方法研究述评

徐国利　李天星

　　所谓历史人物，是指对社会历史发展产生过重要影响的人物。人是社会历史活动的主体，历史研究很大程度上就是研究社会历史活动中的人及其历史地位和作用，所以，历史人物研究是历史研究的基本内容。其中，历史人物评价的理论与方法又是历史人物研究的中心问题之一，因为，历史人物研究的最终目的是要对人物进行评价，而评价的理论和方法科学与否决定了人物评价能否正确开展并得出科学结论。中国史学的优良传统之一便是重视历史人物的记述和评价。这一优良传统在中国当代史学发展中得到继承。20世纪五六十年代，中国史学界就历史人物的研究和评价问题进行过热烈讨论，成为当时史学界探讨与争鸣的八大理论问题之一。20世纪80年代以来，大陆史学界在新的时代条件下就此展开进一步研讨，在广度和深度上都有很大推进，为中国当代历史人物研究的繁荣作出了积极贡献。30多年来历史人物评价的理论与方法的研讨大体分为两个阶段。第一阶段是80年代。这一时期，随着大陆学术思想的解放，关于历史人物评价的理论和方法的探讨形成热潮，原有的观点得以深化，新观点和新方法不断提出，理论与方法趋于多元化。为此，有学者提出要建立"历史人物学"。[①]第二阶段是90年代至今。随着中国当代史学研究领域的不断扩大，社会史、文化史、区域史等成为史学研究新热点，该问题的探讨有所降温，研究著述相对较少。不过，在"近代化研究"和"民族文化热"的学术文化背景下，有关中国近代人物和民族英雄的再评价一度成为关注的重心，推动了这一问

---

　　① 谢本书：《"历史人物学"浅议》，《光明日报》1985年3月6日。

题的研讨和争鸣。总体说，30 多年来有关历史人物评价的理论与方法的探讨，范围更广阔，思考更深入，观点更开放。回顾和总结这些研究，既能使我们全面认识这一时期该问题研讨的主要内容和基本观点，也有助于我们深化这方面的研究。为此，本文将从四个方面对这一问题加以概括和评述。

一　历史人物评价的意义

正确认识历史人物评价的意义是推动历史人物研究的前提和动力，因此，这成为历史人物评价理论研究的首要问题。这一时期，学术界的讨论主要集中在两个方面。

1. 可以揭示历史发展规律

关于正确评价历史人物可以帮助揭示历史发展规律，学者们从不同角度做了阐述。牛致功、赵文润指出，正确研究和评价历史人物以便于掌握历史发展的客观规律是历史学的首要任务，那种把研究历史发展规律同正确评价历史人物割裂开来、对立起来的看法是不正确的。[①]史苏苑说，历史人物评价内容之一就是根据可靠资料，重现历史人物的本来面目；正确估价他们的历史作用和地位，由此进一步揭示历史发展的规律性。[②]谢本书指出，通过对历史人物的研究和评价，可以解释支配历史人物活动的物质力量，有助于认识人类社会历史发展的客观规律性。[③]苏双碧说，只有对历史上各种人物进行认真研究，揭示他们所代表的人群利益，探索他们的思想动机及引发的实际后果，即，对社会历史发展所起的实际作用，从而更好地阐明历史活动的规律。[④]周兴樑说，历史学要求我们全面系统研究社会化的人及其在政治、经济、文化、社会等方面的活动，探索和认识作为人类社会主体的人创造和变革历史的社会实践过程，而研究评价历史人物有助于认识和把握人类社会发展的客观规律及其前进道路，有助于认识和揭示错综复杂的历史全貌，从中

---

① 牛致功、赵文润：《隋唐人物述评》，陕西师范大学出版社 1989 年版，第 3 页。
② 史苏苑：《略论我国历史人物评价问题之发展》，《史学月刊》1986 年第 6 期。
③ 谢本书：《"历史人物学"浅议》，《光明日报》1985 年 3 月 6 日。
④ 苏双碧：《关于历史人物评价的几个问题》，《广东社会科学》1999 年第 1 期。

发现和阐明历史发展的基本线索。①上述观点大体一致，指明了历史人物评价的重要学术价值。

2. 具有重大的现实意义、特别是教育意义

历史人物的研究和评价具有重要的现实意义。史苏苑指出，以人为鉴，从历史人物身上吸取经验和教训以指导今天人们的行动，鼓舞人们的斗志。②周兴樑认为重视研究和评价历史人物，归根到底就在于它具有重要的社会功用——历史知识和经验等可使人们"鉴古察今知来"，不断推动人类社会进步与发展。③在讨论历史人物评论的现实意义中，讨论思想品德教育意义的最多。罗耀九指出，历史学应该成为一门品德教育的科学，"我们讲历史写历史是为了培植人们的正气，使子孙都知道，什么行为流芳百世，什么行为会遗臭万年，使某些人不敢为了眼前的荣华富贵而背叛国家民族的利益，背叛人民的利益"。④苏双碧说："对历史人物做出正确评价，有助于分清善与恶、是与非，以便褒彰历史的光明面，鞭挞历史的黑暗面，吸收历史的经验和教训。"⑤一些学者指出，评价历史人物的思想品德意义主要包括政治思想教育、爱国主义教育、革命传统教育等方面。谢本书说，对历史人物进行研究和评价，是进行政治思想教育、爱国主义教育、革命传统教育，以及批判继承历史文化遗产不可缺少的方面。⑥牛致功、赵文润认为，正确褒贬历史人物，不仅可以进行爱国主义教育，增强民族自尊心和自信心，还能帮助人们汲取历史教训，使祖国涌现出更多英雄豪杰。⑦周兴樑说，研究评价历史人物有利于更好地进行爱国主义、革命传统和政治思想的教育，有利于批判继承祖国优秀历史文化遗产，以服务于社会主义的政治文明和精神文明建设。⑧

当然，历史人物评价的意义不限于此，李屏南便将历史人物评价的价值概括为七个方面：认识价值、政治价值、思想价值、历史价值、教

---

① 周兴樑：《历史人物研究评价的几个问题》，《福建论坛》2004 年第 6 期。
② 史苏苑：《略论我国历史人物评价问题之发展》，《史学月刊》1986 年第 6 期。
③ 周兴樑：《历史人物研究评价的几个问题》，《福建论坛》2004 年第 6 期。
④ 罗耀九：《历史人物评价的几个问题》，《高校社会科学》1990 年第 4 期。
⑤ 苏双碧：《关于历史人物评价的几个问题》，《广东社会科学》1999 年第 1 期。
⑥ 谢本书：《"历史人物学"浅议》，《光明日报》1985 年 3 月 6 日。
⑦ 牛致功、赵文润：《隋唐人物述评》，陕西师范大学出版社 1989 年版，第 5—7 页。
⑧ 周兴樑：《历史人物研究评价的几个问题》，《福建论坛》2004 年第 6 期。

育价值、使用价值和欣赏价值。①只是学术界对其他方面探讨不多，今后应当全面和深入地探讨人物评价的意义和价值。

二 历史人物评价的原则和方法论

历史人物的评价采用什么原则和方法论，是历史人物评价的根本问题，因为这决定了历史人物能否得到正确评价。历史人物评价的原则，本质上是历史人物评价的方法论问题，两者属于同一理论范畴。这一时期学术界讨论的主要内容包括四个方面。

1. 实事求是的原则

实事求是是任何科学研究必须坚持的基本原则，历史人物的评价也不例外，一些学者从不同方面和角度对此做了阐述。林璧属认为，评价历史人物一定要坚持实事求是，必须准确把握评价对象和评价中所包括的事实，绝不能以既有观点来决定史料的取舍，在史料、史实上务必坚持评价历史人物"真"的标准。②周兴樑认为，研究评价历史人物要坚持实事求是的原则，这样才能正确处理好史事、史实和史是三者的关系。③何忠礼指出，评价历史人物必须坚持实事求是的原则，真正做到有功记功，有过记过，这样才能尽可能准确反映历史人物的真实面貌。④李屏南说，评价历史人物要尊重历史，不要搞主观臆断，对人物的功劳、错误、功过的作用都要实事求是地分析。⑤苏双碧说，一个历史人物有时可能站在历史前瞻推动历史前进，有时可能逆历史潮流而动；历史人物大多不可能绝对的正确和好，也不可能绝对的错误和坏，因此，评价历史人物应该坚持具体问题具体分析。⑥这种观点本质上说即是指人物评价要遵循实事求是的原则。

2. 历史主义的原则

马克思主义的历史主义是历史研究的基本方法论，自然也是历史人

① 李屏南：《人物评价论》，岳麓书社 2000 年版，第 10—21 页。
② 林璧属：《历史人物评价两难题》，《史学理论研究》1999 年第 2 期。
③ 周兴樑：《历史人物研究评价的几个问题》，《福建论坛》2004 年第 6 期。
④ 何忠礼：《实事求是是正确评价历史人物的关键》，《探索与争鸣》2004 年第 6 期。
⑤ 李屏南：《人物评价论》，岳麓书社 2000 年版，第 151—158 页。
⑥ 苏双碧：《再谈历史人物评价的几个问题》，《学术月刊》2004 年第 4 期。

物评价必须坚持的。历史人物评价要坚持历史主义，就是指必须将所评价人物放到其所处的特定社会环境和历史条件中加以研究和评价，不能用现代的标准来要求和评价历史人物。许多学者对此都有阐述。苏双碧、[①] 周兴樑、[②] 王全权、[③] 肖宏发[④]等认为，在评价历史人物时一定要把其放入当时的历史条件及其所处的社会环境中，进行具体分析和评价。崇实则指出，对历史人物做全面和历史分析时，既不能把他们现代化，也不能以现代化的标准去要求他们，这样才能对他们做出较恰当的评价。[⑤]郭卿友指出，评价历史人物要恪守"历史条件论"，即从历史人物所处的客观历史条件出发，考察他们活动的性质和规律，以通达他们的功过是非。这实际就是指历史人物评价的历史主义方法。他认为，"历史条件论"与"阶段论"、"方面论"是互为前提和相彰为用的，"阶段论"和"方面论"是从历史人物自身出发，从纵横两方面展现其历史活动的"阶段性"和"多重性"，以通观历史人物之全貌。这是历史人物评论的基础和起点，历史条件论则是历史人物评价的主旨和归宿。[⑥]

3. 阶级分析法

阶级分析法是马克思主义的基本方法之一。中国马克思主义史学曾将它作为历史人物评价的基本方法，主张在分析历史人物阶级属性的基础上来评价历史人物。这一时期，一些学者继续强调这种方法论，并对它的内涵做了新阐述。周兴樑说，研究评价历史人物的具体方法多种多样，而阶级分析的方法应是最基本的方法。[⑦]王全权则认为阶级原则是正确评价历史人物要遵循的两条基本原则之一。[⑧]苏双碧、肖黎强调阶

① 苏双碧：《再谈历史人物评价的几个问题》，《学术月刊》2004 年第 4 期。
② 周兴樑：《历史人物研究评价的几个问题》，《福建论坛》2004 年第 6 期。
③ 王全权：《历史人物评价再思考》，《南京林业大学学报》（人文社会科学版）2003 年第 3 期。
④ 肖宏发：《全面评价历史人物原则试探》，《广西社会科学》1994 年第 2 期。
⑤ 崇实：《浅谈历史人物评价的几个问题》，《延边大学学报》1980 年第 4 期。
⑥ 郭卿友：《评价历史人物要恪守"历史条件论"》，《光明日报》社史学专刊编《史坛纵论》，重庆出版社 1984 年版，第 146 页。
⑦ 周兴樑：《历史人物研究评价的几个问题》，《福建论坛》2004 年第 6 期。
⑧ 王全权：《历史人物评价再思考》，《南京林业大学学报》（人文社会科学版）2003 年第 3 期。

级分析作为马克思主义评价历史人物的基本方法，应当是对各个阶级及其代表人物历史作用做出恰如其分的分析，而不是简单否定历史上的非劳动阶级及其代表人物。①罗耀九说，运用阶级分析来评价历史人物，必须实事求是，反对滥用和简单化，不能简单以阶级成分去肯定或否定他们。②还有学者认为，运用这一方法必须配合其他方法。李屏南认为阶级分析有局限性，因此，运用时必须兼用历史主义、系统论等方法。③孔立则提出，用系统论的观点考察历史现象、紧紧抓住阶级利益这个关键，是运用阶级分析法首先应注意的两个问题。④舒泰说，只有把"阶段论"、"综合论"和"方面论"这几种评价历史人物的方法纳入阶级分析方法当中进行具体问题具体分析，才能对历史人物做出实事求是的评价。⑤

4. 正确看待主观动机与客观效果的关系

历史人物总是带着某种动机和目的从事社会历史活动的，但活动效果却不一定和主观动机相符，这就形成了主观动机与客观效果之间的矛盾。因此，如何正确看待两者之间的关系成为历史人物评价的又一原则，对此形成了不同的观点：第一，评价历史人物既要看他们活动的动机，又要看活动的效果；必须坚持两者相统一的原则，评价历史人物时不能只看动机不看效果，也不能只看效果不看动机。王全权、⑥欧阳跃峰、⑦肖宏发、⑧邓可吾⑨等持此类观点。第二，评价历史人物时主要从效果出发，把它作为实在、可靠的根据，同时要顾及动机。李屏南、⑩李振宏⑪等持这种观点。第三，评价人物应当以其活动的客观效果为依

① 苏双碧、肖黎：《关于历史人物评价的几个问题》，《光明日报》1981 年 5 月 25 日。
② 罗耀九：《历史人物评价的几个问题》，《高校社会科学》1990 年第 4 期。
③ 李屏南：《历史人物评价三题》，《湖南师范大学社会科学学报》1989 年第 4 期。
④ 孔立：《历史现象的阶级分析》，《福建论坛》1985 年第 5 期。
⑤ 舒泰：《也谈历史人物评价的方法论》，《光明日报》1983 年 9 月 21 日。
⑥ 王全权：《历史人物评价再思考》，《南京林业大学学报》2003 年第 3 期。
⑦ 欧阳跃峰：《也谈历史人物评价的相关理论问题——以李鸿章的外交活动为例》，《史学理论研究》2003 年第 3 期。
⑧ 肖宏发：《全面评价历史人物原则试探》，《广西社会科学》1994 年第 2 期。
⑨ 邓可吾：《坚持马克思主义的动机效果统一论》，《湖南师院学报》1983 年第 3 期。
⑩ 李屏南：《历史人物评价三题》，《湖南师范大学社会科学学报》1989 年第 4 期。
⑪ 李振宏、刘克辉：《历史学的理论与方法》，河南大学出版社 2008 年版，第 377 页。

据，或是侧重于效果来评判。孙文范和李治亭、[1] 曹寄奴和班震[2]等认为，判断一个人的功过是非主要是根据他的客观效果，而非主观动机。贾东海、郭卿友赞同这种观点，但指出，不能把客观效果和主观动机完全割裂开来，要寻找两者间的必然联系，以揭示历史人物功过成败的因果关系。[3]史苏苑说，由于判断历史人物活动动机存在难度，所以评价历史人物就不能过分强调动机，应重视实践效果。[4]此外，胡戟则反对将动机与效果分开来分析和评价人物，认为这种做法不可取，往往使历史研究落入俗套而没有实质意义。[5]

不过，如何看待历史人物评价的方法论是一个比较复杂的问题，往往仁者见仁、智者见智，如，有的学者将评价人物的标准列为方法论，而将历史人物评价的阶段论、方面论和综合论作为方法论。[6]我们认为这种观点是值得商榷的，下文有评述，此不详言。另外，还有学者研究了中国传统史学人物评价的方法论，例如，瞿林东指出，中国传统史学将"知人论世"、言与行的一致、功业与道德兼顾视为人物评价的基本方法。[7]应当说，如何更好地总结中国传统史学的人物评价原则，并综合当代史学人物评价的原则和方法，丰富和发展历史人物评价原则和方法论是一项重要的课题。

三　历史人物评价的标准

历史人物评价的标准是历史人物评价的又一基本问题。对同一历史人物，根据不同的标准去评价，结论往往很难取得一致，有时甚至会截然相反。这一时期，有关这一问题的讨论十分激烈，争议最多，现概括如下：

---

① 孙文范、李治亭：《马克思主义与历史人物评价》，《史学月刊》1982 年第 1 期。
② 曹寄奴、班震：《论历史人物评价中的三大关系》，《辽宁师范大学学报》1999 年第 6 期。
③ 贾东海、郭卿友：《史学概论》，中央民族大学出版社 1992 年版，第 225—226 页。
④ 史苏苑：《历史人物评价论稿》，河南人民出版社 1986 年版，第 134 页。
⑤ 胡戟：《论历史评价的环境问题》，《陕西师范大学学报》2000 年第 4 期。
⑥ 李振宏、刘克辉：《历史学的理论与方法》，河南大学出版社 2008 年版，第 373、378 页。
⑦ 瞿林东：《关于评价历史人物的是是非非》，《湖北大学学报》1997 年第 2 期。

1. 社会发展或进步标准

即以历史人物对社会历史发展是起推动作用还是阻碍作用为标准，这一观点影响最大，赞同者最多。孙文范、李治亭说，依据马克思主义基本原理，综合考察历史人物的全部活动，看其对当时社会和整个人类社会的生产发展和历史进步起推动促进作用，还是起阻碍破坏作用，前者即予肯定，后者即予否定；如果两者兼而有之，则分别视其大小予以恰当判定。[①]李振宏说，评价历史人物的标准应该看他的实践活动对历史进步的意义，是推动还是阻碍了历史的进步，可谓历史进步标准论。[②]瞿林东、[③] 马识途[④]持此类观点。林壁属在肯定该观点的同时，又指出用该标准来评价人物，既要把人物的实践活动放在当时当地予以检验，又要结合其实践活动对后世社会的影响进行评价。[⑤]还有学者从其他方面阐述了这一问题。郭卿友认为，评价历史人物就是要看在当时历史条件下，该人物在生产斗争、政治斗争、思想文化斗争中对历史发展在客观上起了什么作用，凡是推动社会发展即为功为是，凡是阻碍历史发展即为过为非。[⑥]李屏南说，评价历史人物应以是否从正面推动社会进步为评价历史人物的标准，只要符合其中一个方面和一个条件，都要作些历史的肯定。[⑦]有些学者谈到中国近代人物的评价标准，实际是从不同角度分析了历史人物评价的社会进步标准论。王纪河说，评价近代历史人物应视当时社会的主要矛盾而定，对解决社会主要矛盾有作用的就肯定，反之则否定。[⑧]按照唯物史观的原理，解决社会主要矛盾就能推动社会发展和进步。因此，这种社会矛盾标准论实际就是社会进步标准论。林家有还提出了近代人物评价的"近代化标准"，说近代化应当成为评价近代中国人物的客观标准和尺度，只是不能把近代化简单理解

---

① 孙文范、李治亭：《马克思主义与历史人物评价》，《史学月刊》1982 年第 1 期。

② 李振宏、刘克辉：《历史学的理论与方法》，河南大学出版社 2008 年版，第 375 页。

③ 瞿林东：《关于评价历史人物的是是非非》，《湖北大学学报》1997 年第 2 期。

④ 马识途：《评价历史人物必须知人论世——谈正确评价郭沫若》，《文史杂志》2000 年第 4 期。

⑤ 林壁属：《历史人物评价两难题》，《史学理论研究》1999 年第 2 期。

⑥ 贾东海、郭卿友：《史学概论》，中央民族大学出版社 1992 年版，第 223 页。

⑦ 李屏南：《历史人物评价三题》，《湖南师范大学社会科学学报》1989 年第 4 期。

⑧ 王纪河：《浅谈中国近代历史人物的评价问题》，《河北师范大学学报》1990 年第 2 期。

为经济近代化。①这也属于社会发展进步标准，易言之，近代化标准是社会发展标准在评价中国近代人物中的具体运用。总之，以是否促进社会历史发展为标准评价历史人物已成为学术界普遍的观点，"这一标准在建国以来最为人们公认并普遍使用"。② 不过，上述观点虽然在理论上能够成立，但是并不具体，即，什么叫推动社会历史发展，社会历史发展包括什么内容？所以，单纯以社会历史进步标准来评价历史人物是不够的。正因为如此，学术界又提出了生产力标准、道德标准、组合标准等诸多历史人物评价的标准。

  2. 社会需要标准

    即以历史人物的活动在多大程度上满足和适应社会需要为评价标准。黄义英对社会需要标准做了具体阐述，说，判断历史人物的历史功绩和从现实需要来评价历史人物是两件不同的事；"当时当地"标准就是当时的社会需要标准，"发展"标准就是当时之后、当前之前的社会需要标准，"现实需要"标准就是当前的社会需要标准；这三条标准分开看是三条标准，合起来看则是一条标准，是一条标准在不同情况下的具体运用，这条标准就是社会实践，或者说社会需要。③郑樑生认为，评价历史人物的标准应综合考察其全部活动对当时国家社会产生怎样的作用，并以评价秦始皇和汉武帝为例，指出在评价历史人物时，首先要将其置于特定的时代环境里，看他们的活动在多大程度上满足了当时社会的需要。④胡戟主张用"环境标准"作为评价历史人物的依据，认为环境是指社会的人文环境和生活的物质环境及与之密切相关的自然生态环境，这便是从各阶层人的精神生活和物质生活状况来评价历史，让人们生活得越来越宽松有序，给人们提供的追求自己的目的的空间越来越大，就给好的评价，反之，就给不好的评价；"环境标准"是从最主要的社会实践效果来做检验标准的。⑤环境标准说与社会需要标准说本质上是相同的，因为，人所生活的环境并不是纯自然的，用对人类生存的

① 林家有：《史学方法论》，中山大学出版社2002年版，第31—33页。
② 周超民等：《中国史学四十年》，广西人民出版社1989年版，第102页。
③ 黄义英：《历史人物的类型及评价标准》，《广西学院学报》1999年第1期。
④ 郑樑生：《史学入门》，北京大学出版社2008年版，第170—171页。
⑤ 胡戟：《论历史评价的环境标准（原为"问题"）》，《陕西师范大学学报》2000年第4期。

社会环境与自然环境的改善为标准，并以社会实践效果来加以检验，实质上就是一种社会需要标准论。总之，社会需要标准论与社会发展进步标准本质上是相同的，因为，适应社会需要和社会环境要求是推动社会发展和进步的前提和基础，如果历史人物的活动不能适应社会需要和环境要求，要想推动社会历史发展和进步是无从谈起的。

3. 生产力标准

即以历史人物对社会生产力的发展是否起到促进作用作为对评价标准，这一度是学术界的主流观点，至今仍有相当影响。李时岳、赵矢元认为，评价历史人物要看其在不同社会发展阶段和社会领域中所起的作用，归根到底要看其所作所为是有利于解放生产力，还是束缚生产力。[1]罗耀九说，历史人物在历史上起什么作用，根本性标准就是看他对社会财富的生产是促进还是阻碍，即是束缚生产力还是解放生产力。[2]华强也持类似观点。[3]苏双碧肯定这一标准说的同时，还从有作为的封建皇帝、历朝历代的社会改革者和农民战争领袖三个方面做了阐述。[4]吴量恺从价值观的角度做了阐述，说历史人物价值的大小都是以他们的行动是否符合历史发展的总趋势，是否有利于生产力提高为依据的。[5]可见，这种观点实际是将社会发展标准论具体化，即认为生产力的发展是推动社会历史发展的根本动力，是衡量社会历史发展的根本标准。这种观点是很片面的。首先，它是一种唯生产力论，是片面以能否推动经济发展来评价人物的贡献；事实上，生产力的发展未必会决定政治文明，特别是道德文明的进步。其次，历史人物的言行未必都受经济和物质的决定。

4. 道德及气节标准

中国传统史学强调人物评价的道德标准，主张以是否符合伦理道德作为评价人物的基本标准。这一时期也有学者强调道德标准的重要性。江连山把是否符合中华民族传统道德作为评价历史人物的标准之一，称

---

① 李时岳、赵矢元：《略论评价历史人物》，吉林省史学会编：《历史人物论集》，吉林人民出版社1982年版，第11页。

② 罗耀九：《历史人物评价的几个问题》，《高校社会科学》1990年第4期。

③ 华强：《如何"还原"历史人物的"本来面目"——兼评当前影视历史人物的塑造》，《探索与争鸣》2003年第10期。

④ 苏双碧：《关于历史人物评价的几个问题》，《广东社会科学》1999年第1期。

⑤ 吴量恺：《评价历史人物与价值观》，《史学集刊》1985年第2期。

这不仅能使历史人物的评价公正，于今天伸张正义，纯洁社会道德风尚也大有裨益。①王学典认为，中国古代史学道德褒贬的价值遗产还是应予以部分汲取的，今天的史学家应当承担起社会责任，发挥史学的社会功用。②吴廷嘉认为，个人品质不能作为人物评价的最高标准乃至唯一标准，但道德评价是人物评价的内容之一，也是人物总体评价中不可缺少的要素，有助于科学和深化对人物的总体评价。③高希中、④ 宋丽亚⑤等持类似观点。也有学者提出异议。李屏南说，人物评价应该重视道德，但不能成为重要标准，因为诉诸道德具有不确定性和不稳定性，第一，道德制约对人一生的事业虽有一定影响，但不是必然性的原因；第二，在阶级社会中道德主要表现为阶级性，并有国家、民族的区分；第三，道德是继承性和发展性的统一，没有永恒不变的道德；第四，道德可以映照人的某些方面，但不能表征人的全貌。⑥李时岳、赵矢元则持反对意见，认为必须坚持以历史作用为根本标准，反对以人的主观因素、道德规范为主要标准，反对用义愤代替科学分析。⑦在道德标准说的争鸣中，一个重要内容是"气节标准"说，即以历史人物的气节作为评价标准。对此争议很大，形成了两种相反的观点：一是肯定态度。罗耀九说，气节观是评价历史人物的一项标准，但是在颂扬高尚气节时，不能忘记它的时代性。⑧苏双碧说，气节是必须考察的标准之一，但是并不是唯一的标准，在运用时要特别慎重。⑨他又说，气节标准要结合其他标准，气节和事业的正义性是紧密相连的。⑩钟文典提出，评价历史人物要讲气节，但不能唯气节论，应尽量从当时当地及历史人物的阶级地位考虑，不能以今天的思想感情要求古人；即使是有变节行为

① 江连山：《杂议历史人物评价问题》，《绥化师专学报》1997 年第 3 期。

② 王学典：《历史学若干基本共识的再检讨及发展前景》，《历史教学问题》2004 年第 1 期。

③ 吴廷嘉：《历史人物研究中的几个理论问题》，《安徽史学》1986 年第 3 期。

④ 高希中：《道德标准与当代历史人物评价》，《兰州学刊》2007 年第 4 期。

⑤ 宋丽亚、高希中：《历史人物评价"善恶褒贬"论》，《兰州学刊》2008 年第 7 期。

⑥ 李屏南：《人物评价论》，岳麓书社 2000 年版，第 167—171 页。

⑦ 李时岳、赵矢元：《略论评价历史人物》，吉林史学会编《历史人物论集》，吉林人民出版社 1982 年版，第 12 页。

⑧ 罗耀九：《历史人物评价的几个问题》，《高校社会科学》1990 年第 4 期。

⑨ 苏双碧：《再谈历史人物评价的几个问题》，《学术月刊》2004 年第 4 期。

⑩ 苏双碧：《关于历史人物评价的几个问题》，《广东社会科学》1999 年第 1 期。

的人物也要分析，不能一概而论。① 二是否定态度。郭卿友说，气节和情操是抽象的，与一定时代的阶级、民族和国家的命运相联系，与历史发展趋势相联系，离开这两个方面，抽象的气节不能成为衡量功过是非的标准。② 陈思和说，气节通常指为一个虚名而牺牲实在的价值，根本上是反人道的。③ 此外，由于中国是多民族国家，国家统一和民族团结十分重要，还有学者将能否维护国家统一和民族团结作为人物评价的标准。苏双碧说，凡是以争取民族独立、维护民族团结和抗击外族侵略为目标的历史人物就应该肯定，反之，都是不可取的。④应当说，这种标准既属于政治标准范畴，也属于道德标准范畴。因为，它考察的是历史人物能否正确处理个人利益与民族和国家的集体利益关系。

5. 综合标准

社会历史发展既是普遍联系的，又是错综复杂的，这就决定了历史人物活动的性质和特征也是如此。所以，不少学者认为要对历史人物做出全面和正确的评价不能用单一评价标准，而是需要综合诸多标准。然而，应当将哪些标准综合起来评价历史人物，争议很大，主要观点有：一是将能否推动物质文明、精神文明的进步和符合人民利益为标准。王全权认为，评价历史人物必须依照三个标准：首先，历史人物的活动多大程度代表了当时生产力发展的要求，是否推动了生产力的发展；其次，要看其是否代表了当时社会先进的文化，是否有助于推动社会精神文明的发展；最后，要看其历史活动多大程度实现了广大人民群众的利益。⑤史苏苑说，评价历史人物的基本标准，要看历史人物在社会生产、人民生活和社会道德方面所起的作用，换言之，就是历史人物在物质文明和精神文明方面所起的作用。⑥二是将能否推动社会历史发展、符合国家和民族利益为标准。常智敏把历史人物评价的现代标准概括为两个要件，即历史人物的行为是否符合国家的根本利益，是否有利于历史发展和社会进步。这两者是不矛盾的，一般来说，有前者就有后者，有后

---

① 钟文典：《历史人物研究与气节问题》，《学术论坛》1990 年第 2 期。

② 贾东海、郭卿友：《史学概论》，中央民族大学出版社 1992 年版，第 221 页。

③ 陈思和：《关于周作人的传记》，程光炜《周作人评说八十年》，中国华侨出版社 2005 年版，第 377—378 页。

④ 苏双碧：《关于历史人物评价的几个问题》，《广东社会科学》1999 年第 1 期。

⑤ 王全权：《历史人物评价再思考》，《南京林业大学学报》2003 年第 3 期。

⑥ 史苏苑：《历史人物评价论稿》，河南人民出版社 1986 年版，第 37 页。

者就有前者。①徐梁伯则说，评价历史人物应该根据时代要求，以是否有利于国家、民族的最高利益，是否有利于当时的社会进步和发展，以及服务于该目标的人生思想、言论、实践及品德进行综合考察作为标准。②三是以是否推动社会历史发展，符合民族国家利益、人民利益为标准。周兴樑谈到近代人物评价时说，实现祖国独立统一、人民民主、国家富强是近代中国急需解决的三大课题，这也可作为研究和评价近代人物的主要标准。③此外，徐小军对综合标准提出了新看法，认为评价历史人物必须从其对历史发展所起的作用和个人素质对当时人民和社会的影响两方面去考察，寻求两方面的完美结合，并把这种标准的运用分为四种情况。④综上所述，不论是两种标准结合论，还是三种标准结合论，大多主张将能否推动物质文明、精神文明或是社会历史发展作为标准。在此基础上，有的主张还要看历史人物的活动是否符合人民利益，有的则主张看能否符合民族国家利益，有的则主张两者都要符合。不过，那种将是否符合民族国家利益或人民利益归入物质文明和精神文明的观点是错误的，因为，国家民族利益、人民利益与物质文明、精神文明或社会历史发展分属不同范畴，不能混淆。

由于历史人物的多样性及其活动的复杂性和普遍联系性，导致了对历史人物评价标准的认识也相当复杂。邓京力对此有较深入分析，她说，历史人物评价标准有诸多种类，其间存在着等级差别，它可以从历史评价主体存在的状态、历史评价标准的规范、历史评价主体的阶级属性、历史评价的时间角度分为 4 大类别，每种类别又分别包括不同的评价标准。如，从历史评价标准的规范来分，可以分为道德评价标准、功利评价标准、审美评价标准和学术评价标准等。⑤然而，有的学者却由此提出人物评价无具体标准论。例如，郑师渠认为，坚持用历史唯物主义对历史人物做出全面、具体和实事求是的分析是十分明确的，但非要

① 常智敏：《历史人物评价标准再认识》，《天津社会科学》2008 年第 2 期。
② 徐梁伯：《民国时期历史人物评价标准刍议——以林森为个案》，《江苏社会科学》2000 年第 6 期。
③ 周兴樑：《历史人物研究评价的几个问题》，《福建论坛》2004 年第 6 期。
④ 徐小军：《再谈历史人物的评价问题》，《前沿》2005 年第 10 期。
⑤ 邓京力：《关于历史评价标准的反思》，《史学月刊》1999 年第 3 期。

提出一个人物评价的统一标准，这是不科学也是不可能和不必要的。[①]
可见，如何确定历史人物的评价标准是一个复杂的理论问题。我们认
为，在坚持历史主义和具体问题具体分析的基础上，采用综合标准来评
价历史人物是应当坚持的基本原则和方法。

四 历史人物评价的具体方法

历史人物评价除了要确立方法论和基本标准外，还要运用具体方法
对人物进行具体评价。随着历史人物评价研究的不断深入，学者们提出
的评价方法也不断丰富，现将主要方法介绍如下：

1. 阶段论

降大任首先提出在评价历史人物时宜用"阶段论"，即不是笼统评
论历史人物的好坏，而是就其一生大节，根据其活动的不同性质，结合
其所处的历史大势及具体时间、地点和条件，分阶段评价其功过是
非。[②]史苏苑说，历史人物发展变化的时期性或阶段性，使得历史人物
的评价也需要相应划出时期或阶段。[③]彭明认为，不管人物多么伟大都
有发展变化的过程，把人物思想发展的过程分析细致一点，才符合或接
近历史的实际。[④]郭卿友说，历史人物评论的出发点是人的活动过程，
要客观展现其发展变化的全貌，就必须对其历史活动分阶段揭示和评
论。[⑤]曹寄奴、班震说，评价历史人物应以条件、地点和时间为转移，
根据其历史活动的特殊性质分为不同阶段；结合历史人物所处的具体时
间、地点和条件做全面剖析，逐段评价其功过是非。[⑥]有学者对降大任
"阶段论"提出异议，认为这难以对历史人物做出全面和总体评价。降
大任则回应说，采用阶段论并非要取代综合论，相反，正是为了对历史

---

① 郑师渠：《近些年来近代史人物评价的若干问题》，《北京师范大学学报》1997 年第 1
期。

② 降大任：《评价历史人物宜用"阶段论"》，《光明日报》1983 年 6 月 29 日。

③ 史苏苑：《历史人物评价论稿》，河南人民出版社 1986 年版，第 57 页。

④ 彭明：《如何评价历史人物》，《历史教学》1980 年第 6 期。

⑤ 贾东海、郭卿友：《史学概论》，中央民族大学出版社 1992 年版，第 228 页。

⑥ 曹寄奴、班震：《论历史人物评价中的三大关系》，《辽宁师范大学学报》1999 年第 6
期。

人物做出更好的综合分析或总体评价。①他又说，运用阶段论评价人物是有条件的，一是关注人物的一生大节，二是分清其活动的特殊性质，三是看其是否符合历史大势；要联系其人所处的具体时间、地点和条件做评价，这完全是从历史人物的具体实际出发谈问题。②

2. 方面论或分成论

这种方法是指根据历史人物在社会历史不同领域和方面所起的作用，分别做出相应评价。史苏苑说，对于那些在政治表现和学术成就、生前成就和身后影响、民族英雄斗争活动和思想感情、哲学观点和政治态度等问题的关系存在不一致情况的历史人物，对此应区别对待，按不同方面给予恰当评价。③黄椿认为，历史人物具有复杂性和多重性，应该采用方面论，把他们的各个方面分解开来实事求是地评价，既谈主要方面，也说次要方面；同时，方面论还可与阶段论并用，从而把历史人物的实际面貌完整反映出来。④郭卿友说，历史人物的活动复杂多样，纵向看，一生变化起伏，具有"阶段性"；横向看，同一阶段又有不同性质和方面的活动，具有"多重性"。英雄与暴君、伟人与无赖、才子与流氓、功与过、是与非经常汇于一事和集于一身，这就要以"方面论"分别论之。⑤简桐说，评价历史人物要看其前前后后各个方面，视其实践和思想的发展，做分期、分阶段和分方面的评价。⑥

3. 综合论或总体论

这种方法是指在阶段论或分成论的基础上，对历史人物进行综合的和总体的评价，根据其实践活动的主流和本质确定他们的历史地位和作用。陈其泰说，从总体上对历史人物做出正确评价是评价历史人物的要义所在，反对简单化和版面化评价人物不应导致否定从总体上评价人物的原则，否则就没有完成历史人物评传的任务。⑦郭卿友认为，历史人物评论应当统观全局，在阶段论和方面论的基础上做综合分析，抓住历

---

① 降大任：《再谈"阶段论"》，《光明日报》社史学专刊编《史坛纵横》，第 140 页。
② 降大任：《关于评价历史人物宜用"阶段论"的答辩》，《晋阳学刊》1997 年第 4 期。
③ 史苏苑：《关于历史人物评价五题》，《史学月刊》1982 年第 5 期。
④ 黄椿：《评价历史人物亦宜用"方面论"》，《光明日报》1983 年 8 月 24 日。
⑤ 贾东海、郭卿友：《史学概论》，中央民族大学出版社 1992 年版，第 230 页。
⑥ 简桐：《关于历史人物评价的几个理论问题》，《史学月刊》1987 年第 3 期。
⑦ 陈其泰：《"阶段论"不能取代从总体评价历史人物》，《光明日报》1983 年 8 月 17 日。

史人物的主要方面和主要倾向做总体观察，对他们一生的功过是非做出基本结论。① 牛致功、赵文润说，评价历史人物固然要看其不同阶段、不同方面的表现，但更应在全面考察基础上采用重点论，重点应看他在当时历史条件下比前辈和同时代人，对祖国的富强和统一、民族的兴旺和发达、生产力的恢复和发展、科技文化的革新和繁荣，是否作出贡献，作出了多大贡献。②

4. 心理分析法（个性分析）

历史人物的活动是其心理活动的产物，因此，运用心理学方法来研究他们的言行和性格，进而对他们做出恰当评价，受到史学界的关注。史苏苑说，历史人物的个性在一些历史事件中发挥了不容忽视的作用，因此，尤其是领导人物的气魄、胆识、手腕、威信、经验等需要适当估计。③所以，他强调要重视分析历史人物的个性，认为如果完全不顾个人的性格特点，很多历史人物就难以做出正确评价。④简桐说，评价历史人物不仅要看阶级性，更要看个人素质，这就要对他们的内心世界进行剖析。⑤吴廷嘉说，适当运用心理分析法研究人物不仅很有必要，还能促进研究深入；对历史人物的品行、气质、性格等因素及作用的研究一直是薄弱环节，今后应加强这方面的研究。⑥李屏南持类似观点，但认为运用此种方法时要注意适度性。⑦

5. 其他研究方法

历史人物的研究属于历史研究，因此，如何运用当代史学的一些重要方法来评价人物也受到关注，其中，讨论较多的主要有两种：一是比较法。有学者指出，历史人物不是孤立存在的，"要准确评论他，就不能孤立观察，就事论事，而必须把他置于整个历史进程和整个人群中进行联系与比较"。⑧吴廷嘉说，历史人物的比较研究和评价方式很多，可以是同类人物比较、不同类人物比较，也可以是同类而不同层次人物比

① 贾东海、郭卿友：《史学概论》，中央民族大学出版社 1992 年版，第 232 页。
② 牛致功、赵文润：《隋唐人物述评》，陕西师范大学出版社 1989 年版，第 15 页。
③ 史苏苑：《关于历史人物评价五题》，《史学月刊》1982 年第 5 期。
④ 史苏苑：《历史人物评价论稿》，河南人民出版社 1986 年版，第 9 页。
⑤ 简桐：《关于历史人物评价的几个理论问题》，《史学月刊》1987 年第 3 期。
⑥ 吴廷嘉：《历史人物研究中的几个理论问题》，《安徽史学》1986 年第 3 期。
⑦ 李屏南：《历史人物评价三题》，《湖南师范大学社会科学学报》1989 年第 4 期。
⑧ 贾东海、郭卿友：《史学概论》，中央民族大学出版社 1992 年版，第 234 页。

较和不同时期人物比较等；人物比较的前提，是他们之间存在某种有机联系、有共同的比较标准。①李屏南认为，比较分析法可以从共同性中探索出规律性，从差异性中找出各人特点，有助于研究的深化。②二是系统分析法。李屏南说，把一个人当作一个系统来研究，将其一生的活动分解成许多要素、层次、方面或子系统，并考虑到了系统与环境的关系；使用系统论来分析历史人物，能使特定人物的研究呈现出阶段性、方面性和层次性，不但人物丰满，十分可信，而且是非俱在，十分科学，避免了传统线性模式的简单化。③吴廷嘉说，系统论作为自然科学理论的结晶，为人物研究的深化和精确化提供了有力武器。④还有一些学者提出了跨学科方法，例如，简桐认为人才学的方法对评价历史人物很有帮助，我们所评价的历史人物是什么类型的人才？具备哪些创造性思维？这与我们研究他对历史发展的影响有直接关系。⑤诸如此类，不一而足。

五　结语

30多年来历史人物评价的理论与方法的研讨还涉及了历史人物的划分或分类问题，所谓反面人物的评价问题，影响历史人物正确评价的主客因素问题，等等。由于这些问题讨论的广度、深度不如上述四个方面的大问题，这里不拟详加介绍。综上所述，可以看出30余年来关于历史人物评价的理论和方法的探讨是大陆史学界史学理论研究的重大问题之一。经过这些研究和探讨，使得历史人物评价的理论不断得到丰富和发展，学者们的观点也变得更加理性和辩证。这些对正确认识和评价历史人物，发挥史学的社会功能都具有极其重要的意义。另外，我们也应当看到，这个问题的研究和探讨仍然存在着诸多不足，比较突出的问题是不少学者仍囿于原有的理论与方法，在这一问题上所做的理论创新不够，在充分吸收西方现当代历史人物评价的理论与方法方面有待加

① 吴廷嘉：《历史人物研究中的几个理论问题》，《安徽史学》1986年第3期。
② 李屏南：《历史人物评价三题》，《湖南师范大学社会科学学报》1989年第4期。
③ 同上。
④ 吴廷嘉：《历史人物研究中的几个理论问题》，《安徽史学》1986年第3期。
⑤ 简桐：《关于历史人物评价的几个理论问题》，《史学月刊》1987年第3期。

强。同时，由于历史人物评价的理论与方法是一个复杂的理论问题，历史观和价值观的差异、研究角度和方法的不同等，都会使学者在人物评价的意义、原则、标准和方法等问题的认识上产生分歧，甚至形成对立的观点。因此，30 多年来该理论问题的讨论虽然激烈和繁荣，但是，存在的争议也相当多。我们认为，历史人物评价的理论与方法不是单纯的思辨问题，作为历史学研究的重要内容，要提高这一问题的研究水平，解决所存在的上述问题，应当将历史人物的实证和具体研究与历史人物评价的理论方法的总结和探讨相结合，在此基础上所形成的历史人物评价的理论与方法才能对中国当代历史人物研究和评价真正具有理论指导和方法论的作用。

（作者单位：安徽大学历史系）

改革开放前后两个历史时期的历史与逻辑关系及其研究述评

宋月红

党的十一届三中全会决策把党和国家工作中心转移到经济建设上来、实行改革开放，实现了党史国史上具有深远意义的伟大转折，由此新中国的历史进程形成改革开放前和改革开放后两个历史时期，也即社会主义革命和建设时期、改革开放历史新时期。改革开放以来，党正确认识和处理这两个历史时期的关系，为马克思主义中国化与时俱进发展、改革开放坚持正确的道路和发展方向，提供了重要历史依据和思想认识基础。改革开放前后两个历史时期的关系问题，集中反映了新中国的社会性质和发展阶段，体现着新中国历史发展的主题与主线、主流与本质，是党史国史研究中需要正确认识和把握的重要历史理论问题。近些年来，这一问题逐步成为党史国史研究的一个专题领域，在新中国的整体史、阶段史和专门史，以及认识方法论的研究上取得积极进展。然而，总体而言，关于这一关系问题的研究还处于初步阶段，现阶段有必要加强新中国历史进程和改革开放史的基本问题与前沿问题的研究，同时从中国特色社会主义道路、理论体系和制度的形成与发展，深入探讨这两个历史时期的历史地位与作用及其相互关系。

一　改革开放前后两个历史时期关系问题的产生与提出

自改革开放伊始，这一关系问题就在事实上产生出来，并随着改革开放的不断推进而逐步显现和深入发展。

改革开放前后的两个历史时期，以改革开放为标志而产生和形成。

改革开放是由党的十一届三中全会决策实施的，因此改革开放前后两个历史时期的关系问题，首先源于党的十一届三中全会。党的十一届三中全会重新确立了马克思主义的思想路线、政治路线和组织路线，结束粉碎"四人帮"以来党的工作在徘徊中前进的局面，停止使用"以阶级斗争为纲"这个不适用于社会主义社会的口号，高度评价关于真理标准问题的讨论，确定了解放思想、开动脑筋、实事求是、团结一致向前看的指导方针，把党的工作中心转移到社会主义现代化建设上来。① 改革开放的开启，一方面存在如何认识改革开放前历史时期的问题，另一方面则面临如何进行改革开放的问题。科学对待前者，是正确把握后者的重要政治前提和思想认识基础。

如何认识改革开放前的历史时期，集中表现为如何评价毛泽东的历史地位和怎样对待毛泽东思想。毛泽东思想是马克思列宁主义在中国的运用和发展，是被实践证明了的关于中国革命的正确的理论原则和经验总结。② 毛泽东思想形成于新民主主义革命时期，并在新中国成立以后继续丰富和发展。在这一历史时期，以毛泽东为核心的党的第一代中央领导集体，带领全党全国各族人民完成新民主主义革命、成立新中国和社会主义改造，确立了社会主义基本制度，把半殖民地半封建的旧中国建设成为独立的人民当家作主的社会主义新中国，为当代中国一切发展进步奠定根本政治前提和制度基础。改革开放前的历史时期，社会主义革命和建设的成就是主要的。但是，由于对什么是社会主义和怎样建设社会主义处在初步探索之中，缺乏经验，理论准备不充分，发生了如"大跃进"和"文化大革命"等历史上的严重曲折与错误。由此，在党的十一届三中全会前后，一些人由于把毛泽东思想同毛泽东晚年错误相混淆，对党的领导和社会主义制度产生怀疑甚至否定，社会上也出现了一股"非毛化"思潮。如何评价毛泽东的历史地位和怎样对待毛泽东思想的科学体系，尖锐地摆在了党和人民面前，成为党的各项事业向前发展、国家的建设与发展进入新阶段必须解决的重大问题。在这一问题上，倘若继续坚持"两个凡是"，则不可能结束徘徊不前的局面，甚或

---

① 中共中央文献研究室编：《三中全会以来—重要文献选编》，人民出版社 1982 年版，第 821 页。

② 同上书，第 826 页。

延续历史的错误；如果否定毛泽东的历史地位、放弃毛泽东思想的指导地位，则将失去前进的科学理论基础和正确方向。

改革开放坚持什么样的指导思想、道路与方向，关系改革开放的前途命运。在党的十一届三中全会前后，邓小平阐述了毛泽东思想在党和社会主义事业中的指导地位和精神实质。针对"两个凡是"，他指出：毛泽东思想是个体系，是发展了的马克思主义，① "必须世世代代地用准确的完整的毛泽东思想"② 指导党和社会主义事业。他在党的十一届三中全会召开前的中央工作会议上作《解放思想，实事求是，团结一致向前看》的主题报告时指出，只有解放思想，才能正确地以马列主义、毛泽东思想为指导，解决过去遗留的问题，解决新出现的一系列问题，正确地改革同生产力迅速发展不相适应的生产关系和上层建筑，根据我国的实际情况，确定实现四个现代化的具体道路、方针、方法和措施。③ 党的十一届三中全会在公报中指出，毛泽东的革命功勋不可磨灭。如果没有毛泽东的卓越领导，没有毛泽东思想，"中国革命有极大的可能到现在还没有胜利"。党在理论战线上，就是领导、教育全党和全国人民历史地、科学地认识毛泽东的历史功绩，完整地、准确地掌握毛泽东思想的科学体系，把马列主义、毛泽东思想的普遍原理同社会主义现代化建设的具体实践结合起来，并在新的历史条件下加以发展。④ 这些重要思想落实在《关于建国以来党的若干历史问题的决议》（即党的第二个历史决议）中，在改革开放历史新时期进一步确立和巩固了毛泽东思想的指导地位，并初步阐述了适合中国国情的社会主义现代化建设道路的基本内涵，为改革开放奠定了思想理论基础和基本发展道路。

如何进行改革开放的问题，则集中表现为改革开放与坚持四项基本原则的关系问题。改革开放之初，党内和社会上出现了资产阶级自由化思潮，散布所谓社会主义不如资本主义的言论者有之，要求削弱甚至取消党的领导和人民民主专政者有之，公然反对马列主义基本原理者也有之。这些言论否定坚持四项基本原则的历史必然性，严重干扰改革开放

---

① 《邓小平文选》第二卷，人民出版社 1994 年版，第 43 页。

② 中共中央文献研究室编：《邓小平思想年谱》（1975—1997），中央文献出版社 2011 年版，第 48 页。

③ 《邓小平文选》第二卷，人民出版社 1994 年版，第 141 页。

④ 《人民日报》1978 年 12 月 24 日。

选择什么样的道路与方向。为此，邓小平在 1979 年党的理论工作务虚会上指出，在中国实现四个现代化，必须在思想政治上坚持四项基本原则，即必须坚持社会主义道路，坚持无产阶级专政，坚持共产党的领导，坚持马列主义、毛泽东思想。[①] 这四项基本原则，是在新中国成立以来的历史发展中形成和确立的，也是党长期以来所一贯坚持的。改革开放是实现社会主义现代化建设事业的必由之路，坚持四项基本原则是实现四个现代化、实行改革开放的根本前提。

改革开放前后两个历史时期的关系问题已经产生和提出，以邓小平为核心的党的第二代中央领导集体就从正确评价毛泽东的历史地位、坚持和发展毛泽东思想和坚持四项基本原则等根本问题上给予了回答，把新中国成立以来历史发展的连续性与阶段性辩证地统一起来，并在此基础上统一全党思想认识，实施和推进改革开放。

二　党关于改革开放前后两个历史时期关系的论述及其发展

党高度重视历史经验研究，在对历史的深入思考中探索中国革命、建设和改革的规律，在对历史发展的正确把握中走向未来。改革开放以来，党正确评价毛泽东的历史地位，科学揭示毛泽东思想的完整体系和活的灵魂，推进马克思主义中国化，开辟和拓展中国特色社会主义道路，创立和发展中国特色社会主义理论体系，确立和完善中国特色社会主义制度。在这一历史进程中，改革开放前后两个历史时期的关系问题，始终是一个具有基础性的理论与实践问题。党在改革开放以来的各个历史阶段正确认识并不断深化对这一问题的认识，形成和发展关于改革开放前后两个历史时期关系的一系列论述，奠定正确认识改革开放前后两个历史时期及其相互关系的思想理论基础。

（一）马克思主义中国化"两次历史性飞跃"论

从党的思想理论发展史来说，马克思主义中国化是新中国成立以来继新民主主义革命时期历史发展的一条主线。它包括毛泽东思想的继续

---

① 《邓小平文选》第二卷，人民出版社 1994 年版，第 164—165 页。

发展和中国特色社会主义理论体系的形成与发展，二者一脉相承、与时俱进。这条主线在改革开放历史新时期以正确评价毛泽东的历史地位和科学揭示毛泽东思想为认识基础而发展起来，党的十一届六中全会通过的第二个历史决议比较完整地、系统地奠定了这一认识基础。邓小平在指导这个决议起草过程中确定了三条基本原则，其基本精神就是正确评价毛泽东的历史地位，科学确立毛泽东思想的指导地位，坚持和发展毛泽东思想。他指出，毛泽东思想这个旗帜丢不得。丢掉了这个旗帜，实际上就否定了我们党的光辉历史。要写毛泽东思想的历史、毛泽东思想形成的过程。要把毛泽东思想的主要内容，特别是今后还要继续贯彻执行的内容，用比较概括的语言写出来。[1] 他说："如果不写或写不好这个部分，整个决议都不如不做。"[2] 党的第二个历史决议对过去"左"倾错误和毛泽东晚年的错误作了科学分析，维护了党在长期斗争中形成的优良传统、毛泽东思想的科学真理和毛泽东的历史地位，指出党在新中国成立以后的历史，总的说来，是党在马克思列宁主义、毛泽东思想指导下，领导全国各族人民进行社会主义革命和社会主义建设并取得巨大成就的历史。尽管在第二个历史决议通过时，改革开放从决策到实施还不到三年时间，还处于开创阶段，但这个决议的精神实质在于坚持和发展毛泽东思想，因而在党的指导思想上把改革开放前后两个历史时期贯穿起来。

随着改革开放的推进，党在探索和回答什么是社会主义和怎样建设社会主义的基础上，逐步形成"邓小平建设有中国特色社会主义理论"。党的"十三大"总结马克思主义中国化的历史进程，指出马克思主义与我国实践的结合有两次历史性飞跃。[3] 这就是发生在新民主主义革命时期的第一次飞跃和发生在党的十一届三中全会以后的第二次飞跃。党在实现马克思主义中国化的两次飞跃中，先后在总结历史经验的基础上找到了有中国特色的革命道路和开始找到一条建设有中国特色的社会主义道路，开辟了社会主义建设的新阶段。这些论述把改革开放前后两个历史时期统一于马克思主义与中国具体实际的有机结合，以及党

---

① 《邓小平文选》第二卷，人民出版社 1994 年版，第 291—293、298 页。

② 同上书，第 299 页。

③ 中共中央文献研究室编：《十三大以来重要文献选编》（上），人民出版社 1991 年版，第 56 页。

对中国革命与建设道路的探索与开辟的历史进程之中，同时阐明了改革开放前后两个历史时期在社会主义建设中的连续性与阶段性的特征。

（二）从两次"伟大革命"论到"三次历史性的巨大变化"论

改革的性质与特征问题，是认识改革开放前后两个历史时期关系的重要基础与依据。随着改革由农村转入城市而全面展开，邓小平指出，改革是"一场解放生产力的革命"①、"中国的第二次革命"②、"革命性的变革"③。同时，他强调，改革是社会主义制度的自我完善。④ 党的"十四大"对改革的性质与特征作了深入阐述，并就中国近代以来的历史发展，提出了两次"伟大革命"论。⑤ 其主要内容是，以毛泽东为核心的第一代中央领导集体把半殖民地半封建的旧中国变成独立的人民当家作主的社会主义新中国，是中国有史以来最伟大的革命，开辟了中国历史的新纪元；以邓小平为核心的第二代中央领导集体把中国由不发达的社会主义国家变成富强民主文明的社会主义现代化国家，是又一次伟大革命。具体到改革这场革命的内涵，党的"十四大"指出，这场新的革命，是在过去革命取得成功和社会主义建设取得巨大成就的基础上进行的，是在党的领导下有秩序、有步骤地进行的。它不是要改变社会主义制度的性质，而是社会主义制度的自我完善和发展。它也不是原有经济体制的细枝末节的修补，而是经济体制的根本性变革。⑥

改革是一场革命，实行改革必然引起中国社会和中国历史发展的深刻变化。人类历史即将进入 20 世纪时，党的"十五大"就 20 世纪中国的历史，提出了"三次历史性的巨大变化"论。⑦ 这三次历史性的巨大变化是：辛亥革命，开创了完全意义上的近代民族民主革命；中华人民

---

① 中共中央文献研究室编：《邓小平思想年谱》（1975—1997），中央文献出版社 2011 年版，第 523 页。

② 《邓小平文选》第三卷，人民出版社 1993 年版，第 113 页。

③ 同上书，第 135 页。

④ 同上书，第 142 页。

⑤ 中共中央文献研究室编：《十四大以来重要文献选编》（上），中央文献出版社 1996 年版，第 2—3 页。

⑥ 同上书，第 3 页。

⑦ 中共中央文献研究室编：《十五大以来重要文献选编》（上），中央文献出版社 2000 年版，第 2—3 页。

共和国的成立和社会主义制度的建立；改革开放，为实现社会主义现代化而奋斗。其中，第二次是中国共产党成立后，在以毛泽东为核心的第一代中央领导集体的领导下完成的。中国人民从此站起来了，并且从新民主主义走上社会主义道路，取得建设社会主义的巨大成就。第三次则是在以邓小平为核心的第二代中央领导集体的领导下开始的新的革命。在新中国成立以来革命和建设成就的基础上，党总结历史经验和教训，成功地走出了一条建设有中国特色社会主义的新道路。这些论述把改革开放前后两个历史时期与中国近代以来的历史相联系，阐明了这两个历史时期在历史发展上的继承与发展、区别与联系。

（三）从三个"永远铭记"、改革开放"十个结合"的历史经验论到"三件大事"、中国特色社会主义"三位一体"论

人类社会进入新世纪，党的十六大从中华民族伟大复兴的历史进程出发，阐述了党在新民主主义革命时期、新中国成立以来和党的十一届三中全会以来的历史发展，把改革开放前后两个历史时期统一于中华民族伟大复兴的历史进程之中。党在新民主主义革命时期团结和带领全国各族人民完成民族独立和人民解放的历史任务，为实现中华民族伟大复兴创造了前提。新中国成立后，创造性地完成由新民主主义到社会主义的过渡，实现中国历史上最伟大最深刻的社会变革，开始了在社会主义道路上实现中华民族伟大复兴的历史征程。党的十一届三中全会以来，找到了建设中国特色社会主义的正确道路，赋予了民族复兴新的强大生机。[①]

党的十七大召开，正值改革开放前后两个历史时期各 29 年，并即将迎来改革开放 30 周年。党的十七大提出要三个"永远铭记"[②]，阐述了改革开放事业的历史发展，指出改革开放伟大事业，是在以毛泽东为核心的党的第一代中央领导集体创立毛泽东思想，带领全党全国各族人民建立新中国、取得社会主义革命和建设伟大成就以及艰辛探索社会主义建设规律取得宝贵经验的基础上进行的；是以邓小平为核心的党的第

---

① 中共中央文献研究室编：《十六大以来重要文献选编》（上），中央文献出版社 2005 年版，第 43 页。

② 中共中央文献研究室编：《十七大以来重要文献选编》（上），中央文献出版社 2009 年版，第 6—7 页。

二代中央领导集体科学评价毛泽东和毛泽东思想，彻底否定"以阶级斗争为纲"的错误理论和实践，作出把党和国家工作中心转移到经济建设上来、实行改革开放的历史性决策，确立社会主义初级阶段基本路线，创立邓小平理论，带领全党全国各族人民开创的；是以江泽民为核心的党的第三代中央领导集体捍卫中国特色社会主义，创建社会主义市场经济新体制，开创全面开放新局面，推进党的建设新的伟大工程，创立"三个代表"重要思想，带领全党全国各族人民继承、发展并成功推向21世纪的。"三个永远铭记"论，全面阐述了党的三代中央领导集体在中国革命、建设和改革中的历史地位，特别是在改革开放伟大事业上的历史关系。

党的十七大总结改革开放的历史经验，提出了"十个结合"。这就是在改革开放的历史进程中，把坚持马克思主义基本原理同推进马克思主义中国化结合起来，把坚持四项基本原则同坚持改革开放结合起来，把尊重人民首创精神同加强和改善党的领导结合起来，把坚持社会主义基本制度同发展市场经济结合起来，把推动经济基础变革同推动上层建筑改革结合起来，把发展社会生产力同提高全民族文明素质结合起来，把提高效率同促进社会公平结合起来，把坚持独立自主同参与经济全球化结合起来，把促进改革发展同保持社会稳定结合起来，把推进中国特色社会主义伟大事业同推进党的建设新的伟大工程结合起来。① 胡锦涛在纪念党的十一届三中全会召开30周年大会上的讲话中系统阐述了这"十个结合"的基本内涵与实质，指出改革开放30年来，党的全部理论和全部实践，归结起来就是创造性地探索和回答了什么是马克思主义、怎样对待马克思主义，什么是社会主义、怎样建设社会主义，建设什么样的党、怎样建设党，实现什么样的发展、怎样发展等重大理论和实际问题。30年的历史经验归结到一点，就是把马克思主义基本原理同中国具体实际相结合，走自己的路，建设中国特色社会主义。②

2011年是中国共产党成立90周年。胡锦涛在庆祝大会上发表讲话，回顾了党的90年历史进程，指出党完成和推进了"三件大事"。第

① 中共中央文献研究室编：《十七大以来重要文献选编》（上），中央文献出版社2009年版，第8页。

② 同上书，第808—809页。

一件大事是完成了新民主主义革命，实现了民族独立、人民解放，建立了中华人民共和国，开启中华民族发展进步的历史新纪元。第二件大事是完成了社会主义革命，确立了社会主义基本制度。第三件大事是进行了改革开放新的伟大革命，开创、坚持、发展了中国特色社会主义。这三件大事，从根本上改变了中国人民和中华民族的前途命运，不可逆转地结束了近代以后中国内忧外患、积贫积弱的悲惨命运，不可逆转地开启了中华民族不断发展壮大、走向伟大复兴的历史进程。党经过90年的奋斗、创造和积累，开辟了中国特色社会主义道路、形成了中国特色社会主义理论体系、确立了中国特色社会主义制度。[①] 这一重要论述把党史与近代以来中华民族发展史结合起来，把党领导的革命、建设和改革的历史进程相互统一起来，同时把党的十七大提出的改革开放以来发展进步的根本原因即开辟了中国特色社会主义道路和形成了中国特色社会主义理论体系，丰富发展为开辟了中国特色社会主义道路、形成了中国特色社会主义理论体系、确立了中国特色社会主义制度，比较完整地揭示了中国特色社会主义"三位一体"的基本内涵。

（四）从当代中国发展进步的根本政治前提和制度基础论到"两个不能否定"论

党的十八大系统阐述了中国特色社会主义开创、坚持和发展的理论与实践，进一步科学揭示了改革开放前后两个历史时期的内在联系，强调了党的十七大所提出的社会主义革命和建设时期新民主主义革命的胜利、社会主义基本制度的建立，为当代中国一切发展进步奠定了根本政治前提和制度基础，虽然经历了严重曲折，但党在社会主义建设中取得的独创性理论成果和巨大成就，为新的历史时期开创中国特色社会主义提供了宝贵经验、理论准备、物质基础。改革开放历史新时期确立了社会主义初级阶段基本路线、社会主义市场经济体制的改革目标和基本框架、社会主义初级阶段的基本经济制度和分配制度，坚持以人为本、全面协调可持续发展，开创中国特色社会主义，并不断在新的历史起点上坚持和发展中国特色社会主义。[②]

---

① 胡锦涛：《在庆祝中国共产党成立90周年大会上的讲话》，《人民日报》2011年7月2日。
② 《人民日报》2012年11月18日。

坚持和发展中国特色社会主义，是党的十八大的精神实质。党的十八大以来，以习近平同志为总书记的党中央进一步回答什么是中国特色社会主义和中国特色社会主义是怎样形成和发展的等一系列问题，就改革开放前后两个历史时期的关系问题提出了"两个不能否定"论。习近平同志在新进中央委员会的委员、候补委员学习贯彻党的十八大精神研讨班开班式上的讲话中，从六个时间段分析了社会主义思想从提出到现在的历史过程，即空想社会主义产生和发展，马克思、恩格斯创立科学社会主义理论体系，列宁领导十月革命胜利并实践社会主义，苏联模式逐步形成，新中国成立后我们党对社会主义的探索和实践，我们党作出进行改革开放的历史性决策、开创和发展中国特色社会主义。他指出，中国特色社会主义，是科学社会主义理论逻辑和中国社会发展历史逻辑的辩证统一，是根植于中国大地、反映中国人民意愿、适应中国和时代发展进步要求的科学社会主义。我们党领导人民进行社会主义建设，有改革开放前和改革开放后的两个历史时期，这是两个相互联系又有重大区别的时期。（1）中国特色社会主义是在改革开放历史新时期开创的，但也是在新中国已经建立起社会主义基本制度、并进行了20多年建设的基础上开创的。（2）这两个历史时期在进行社会主义建设的思想指导、方针政策、实际工作上有很大差别。（3）改革开放前后的两个历史时期决不是彼此割裂的，更不是根本对立的，本质上都是我们党领导人民进行社会主义建设的实践探索。他强调，不能用改革开放后的历史时期否定改革开放前的历史时期，也不能用改革开放前的历史时期否定改革开放后的历史时期。要坚持实事求是的思想路线，分清主流和支流，坚持真理，修正错误，发扬经验，吸取教训，在这个基础上把党和人民事业继续推向前进。[1] 这一重要论述科学阐明了改革开放前后两个历史时期的辩证统一关系和社会主义建设的实践探索这一共同本质。

在推进马克思主义中国化的历史进程中，党关于改革开放前后两个历史时期关系的论述，必将随着改革开放的历史进程而不断丰富和发展，并作为思想理论基础，指导党史国史特别是改革开放前后两个历史

---

① 《毫不动摇坚持和发展中国特色社会主义 在实践中不断有所发现有所创造有所前进》，《人民日报》2013 年 1 月 6 日。

时期关系问题的研究。

三 改革开放前后两个历史时期的辩证统一关系

（一）改革开放前为改革开放以来开创中国特色社会主义奠定根本政治前提和制度基础

马克思主义将社会主义由空想变成科学，展现出人类社会发展的光明前景。自马克思主义传播并根植于中国，社会主义与资本主义作为两种思想、两种制度和两种前途的较量与斗争，就从来没有在中国大地上停止和消失过。近代以来，旧中国半殖民地半封建社会的基本国情决定了在中国走资本主义道路、实行资本主义制度，只会使中国成为世界资本主义的附庸，是不可能改变中国人民和中华民族的悲惨命运的。近代以来中国革命波澜壮阔的历史发展进程则昭示，只有社会主义才能救中国和发展中国，才能使中华民族走上解放和复兴的道路。

为争取在中国实现社会主义的前途，中国共产党坚持把马克思主义基本原理与中国革命的具体实际相结合，先后进行了新民主主义革命和社会主义革命即社会主义改造。新民主主义革命是社会主义革命的必要准备。中国共产党领导人民经过 28 年坚苦卓绝的奋斗，取得了新民主主义革命的胜利，并在此基础上成立了人民民主专政的新中国。中国人民从此站立起来，中国共产党成为在全国执政的马克思主义政党。新民主主义革命的胜利和新中国的成立，奠定了中国实现社会主义的根本政治前提。社会主义革命是新民主主义革命的必然趋势。新中国成立后，中国共产党根据新民主主义革命胜利所创造的向社会主义过渡的经济政治条件，在国民经济恢复的基础上创造性地进行了对农业、手工业和资本主义工商业的社会主义改造。社会主义改造与社会主义工业化同时并举，并实现了马克思和列宁曾经设想过的对资产阶级的和平赎买。这一适合中国特点的社会主义改造的完成，确立了社会主义基本制度，实现了中国历史上最广泛、最深刻、最伟大的社会变革，也开辟了我们党领导人民进行社会主义建设的伟大历史征程。

社会主义制度关乎社会主义建设的兴衰成败。社会主义制度在中国经历改革开放前后两个历史时期，不仅没有发生根本动摇，而且从基本制度发展到中国特色社会主义制度；社会主义建设不仅没有间断，而且从初步探索发展到建设中国特色社会主义。这是社会主义制度由比较不完善到比较完善、社会主义建设由比较不成熟到比较成熟的历史发展进程。

改革开放前历史时期即社会主义革命和建设时期，社会主义建设艰难探索、曲折发展，既有高潮也有低谷，但都是与当时社会主义制度的发展阶段及其特点密切联系在一起的。这一时期，社会主义制度处于初级阶段，在一些领域或阶段特别是"文化大革命"十年受到严重干扰和破坏的情况下，根基依然保持，并在体制机制上作了一些探索，其中有的因教条化而遭遇挫折，有的因超越阶段、急躁冒进而归于失败，也有的则合乎社会主义建设规律而成功实践，促进了社会主义制度优越性的发挥。历史地看，社会主义制度在改革开放前历史时期经受住了各种风险的考验和社会实践的检验，维护了中国社会主义社会的性质，保障了党和国家的统一。社会主义建设在这一时期尽管发生过一些失误，走了一些弯路，但取得的成就仍然是主要的。这是我们党领导人民继续进行社会主义建设的基础与条件。

改革开放后历史时期即改革开放历史新时期，改革成为社会主义制度完善和发展的动力，成为社会主义建设的鲜明主题和时代特征。中国共产党既坚持科学社会主义基本原则，又根据时代条件赋予其鲜明中国特色，深刻揭示社会主义本质，全面深化改革开放，开创和发展了中国特色社会主义。改革是一场深刻革命，其历史使命决不是要使中国放弃社会主义制度、脱离社会主义发展道路，而是根据生产关系一定要适应生产力发展的要求，摆脱一切束缚生产力发展的思想观念，废除一切妨碍生产力发展的体制机制，完善和发展社会主义基本政治、经济制度，以及与这些制度相辅相成的经济、政治、文化和社会体制，充分发挥社会主义制度的优势和特点，不断增强党和国家的活力，充分调动人民群众的积极性、创造性，促进经济发展和社会全面进步。在改革问题上，阻力与风险、僵化与保守始终存在，社会主义与资本主义的两个方向、两种道路之争始终存在。改革开放以来，我们党领导人民进行社会主义建设和改革，确立并坚持社会主义初级阶段基本路线不动摇，坚决抵御西方敌对势力"西化"、"分化"中国的各种图谋，自觉抵制新自由主义、民主社会主义和"普适价值论"等错误思潮的严重干扰，积极稳妥地推进经济体制和政治体制改革，确立和发展中国特色社会主义制度，保障了中国特色社会主义现代化建设事业广泛而深入发展。

中国特色社会主义制度，就是人民代表大会制度的根本政治制度、中国共产党领导的多党合作和政治协商制度、民族区域自治制度以及基层群众自治制度等基本政治制度，中国特色社会主义法律体系，公有制为主体、多种所有制经济共同发展的基本经济制度，以及建立在这些制度基础上的经济体制、政治体制、文化体制、社会体制等各项具体制度。① 中国特色社会主义制度是社会主义制度，而不是什么其他制度。它是我们党在深刻总结我国社会主义制度和社会主义建设正反两方面经验的基础上，继承改革开放前历史时期社会主义制度的基本内涵和精神实质，并在改革开放条件下不断丰富和发展中确立的。从这个意义上说，中国特色社会主义制度是改革开放前后两个历史时期接力发展的必然产物。中国特色社会主义制度作为中国特色社会主义的根本保障，与中国特色社会主义理论体系和中国特色社会主义道路，统一于中国特色社会主义伟大实践，共同推动着实现中国特色社会主义现代化和中华民族伟大复兴。

（二）改革开放前为改革开放以来开创中国特色社会主义提供宝贵经验、理论准备和物质基础

在中国这样经济文化比较落后的东方大国建设社会主义，是一项前无古人的事业，既面临马克思主义经典作家未曾遇到的崭新情况和问题，又与第一个社会主义国家苏联的国情不同，具有自身特殊性和复杂性。在建设社会主义的问题上，把马克思主义关于未来社会的理论教条化，把别国经验或模式当作普遍性照搬过来，从来没有也不可能成功，惟有将科学社会主义基本原理与中国的具体实际和时代特征相结合，才能探索出适合中国国情的社会主义建设的正确道路。这一探索在改革开放前历史时期酝酿和肇始，在改革开放历史新时期形成和发展。以毛泽东同志为核心的党的第一代中央领导集体在领导人民进行社会主义建设中取得的独创性理论成果和巨大成就，为改革开放历史新时期开创中国特色社会主义提供了宝贵经验、理论准备和物质基础。

---

① 胡锦涛：《坚定不移沿着中国特色社会主义道路前进，为全面建成小康社会而奋斗——在中国共产党第十八次全国代表大会上的报告》，《人民日报》2012 年 11 月 18 日。

历史经验弥足珍贵。我们党在改革开放前历史时期领导人民进行社会主义建设，在理论与实践的探索中积累了宝贵经验，成为改革开放历史新时期社会主义建设必须遵循的基本原则。社会主义基本制度确立后，人民群众日益增长的物质文化需要同落后的社会生产之间的矛盾成为社会的主要矛盾，发展生产力是根本任务，党和国家的工作重心必须转到以经济建设为中心的社会主义建设上来。在社会主义制度下，人民的根本利益是一致的，但人民内部还存在着各种矛盾，必须正确区分和处理社会主义社会两类不同性质的矛盾，把正确处理人民内部矛盾作为国家政治生活的主题。社会主义建设必须坚持党的领导，加强执政党建设，坚持民主集中制和集体领导制度，发展党内民主和人民民主，坚持群众路线，加强党同人民群众的血肉联系。经济建设必须从我国国情出发，建设规模必须同国力相适应，人民生活和国家建设必须兼顾，注重综合平衡。坚持马克思主义在我国意识形态领域的指导地位，大力发展民族的、科学、大众的社会主义文化，在科学文化工作中实行"百花齐放、百家争鸣"的方针。我国是一个统一的多民族国家，必须坚持和完善社会主义民族关系，加强民族团结，促进共同发展。坚持独立自主的和平外交方针，在和平共处五项原则的基础上，积极发展同世界各国的关系，维护世界和平。这些基本经验包括正反两方面，是我们党领导人民不畏艰难险阻、披荆斩棘和艰苦奋斗才获得的，有的乃至是以深重的历史代价和惨痛的历史教训才换来的。这些基本经验比较集中地反映了社会主义建设的规律性，既保证了改革开放前历史时期多方面建设成就的取得，也为我们党领导人民在改革开放历史新时期开创中国特色社会主义提供了宝贵精神财富和实践借鉴。

理论准备是源头活水。什么是社会主义、怎样建设社会主义，是我们党领导人民进行社会主义建设始终面临的历史性课题。新中国成立后，我们党坚持和发展毛泽东思想，形成关于社会主义革命和社会主义建设的一系列思想观点和路线方针政策。毛泽东运用马克思主义的基本立场、观点和方法，从中国革命和建设的具体实际出发，创立了人民民主专政理论、社会主义改造思想和正确处理人民内部矛盾问题的学说，论述了要把国内外一切积极因素调动起来为社会主义事业服务的"十大关系"，提出了不能剥夺农民，不能超越阶段，反对平均主义，强调发展商品生产、遵守价值规律的观点，以及划分三个世界的战略和我国永远不称霸的思想等，为马克思主义经典作家关于未来社会的理论宝库增添了许多新的内容，对于我国社会主义建设具有长远指导意义。但是，有许多正确观点和主张在当时并没有在实践中得到很好的贯彻。我们党在改革开放前历史时期的一些阶段之所以犯了"左"的或右的错误，以至发生全局性、长时间的"文化大革命"，毛泽东晚年之所以犯了错误，一个重要思想根源就在于对什么是社会主义还没有完全搞清楚，对形势的分析和对国情的认识发生了主观主义的偏差，实际上背离了马克思主义的基本立场、观点和方法。改革开放以来，我们党重新恢复马克思主义的思想路线、政治路线和组织路线，把毛泽东思想同毛泽东晚年所犯的错误区别开来，坚持毛泽东思想的指导地位，深入推进马克思主义中国化、时代化和大众化，确立了中国特色社会主义理论体系。丢掉了毛泽东思想，实际上就否定了我们党的光辉历史，中国特色社会主义理论体系就会成为无源之水、无本之木。

物质基础来之不易。实现社会主义工业化，建设社会主义现代化国家，是我们党领导人民进行社会主义建设始终不渝的奋斗目标。新中国在基本完成社会主义改造的七年中，迅速恢复了在旧中国遭到严重破坏的国民经济，建立并实行社会主义公有制和按劳分配制度，提前完成国民经济和社会发展的第一个五年计划，在旧中国"一穷二白"的基础上建立起一批为国家工业化所必需的基础工业。1953—1956 年，全国工农业总产值平均每年分别递增 19.6% 和 4.8%。在开始全面建设社会主义的十年中，我们党提出了实现社会主义四个现代化的战略设想，实现了石油全部自给，建立起电子工业、石油化工等一批新兴工业部门，大规模地开展了农业基本建设和技术改造。党的十一届六中全会通过的《关于建国以来党的若干历史问题的决议》指出："我们现在赖以进行现代化建设的物质技术基础，很大一部分是这个期间建设起来的；全国经济文化建设等方面的骨干力量和他们的工作经验，大部分也是在这个期间培养和积累起来的。""文化大革命"十年中，尽管国民经济遭到巨大损失，但社会主义经济建设还在进行，粮食生产保持了比较稳定的增长，在工业交通、基本建设和科学技术方面取得重要成就和突破性进展。改革开放前历史时期，我们党领导人民进行社会主义建设，逐步建立起独立的、比较完整的工业体系和国民经济体系，经济社会建设取得巨大成就，也为改革开放历史新时期社会主义新型工业化的发展和现代化建设事业的前进奠定了重要物质基础。没有这个基础，就不可能有后来的改革开放。

（三）中国特色社会主义把社会主义建设推向新阶段、新境界

改革开放在我们党的历史和新中国的历史上具有重要转折意义，使得改革开放前后两个历史时期在坚持、改革和发展的基础上发生重大区别。改革开放以来，我们党坚定不移地高举中国特色社会主义伟大旗帜，既不走封闭僵化的老路也不走改旗易帜的邪路，开辟和拓展中国特色社会主义道路，创立和发展中国特色社会主义理论体系，确立和完善中国特色社会主义制度，不断将社会主义建设推向新阶段、新境界。

改革开放以来，我们党创立了包括邓小平理论、"三个代表"重要思想和科学发展观在内的中国特色社会主义理论体系，比较系统地回答了在中国建设什么样的社会主义、怎样建设社会主义，建设什么样的党、怎样建设党，实现什么样的发展、怎样发展等重大理论和实践问题，开拓了马克思主义新境界。中国特色社会主义理论体系与毛泽东思想，是我们党把马克思主义基本原理与中国革命、建设和改革的具体实际相结合的思想理论成果，既一脉相承又与时俱进；同时由于党情、国情和世情的深刻变化，社会主义建设实践的日益深入，它们形成的历史阶段、面临的任务和具体内涵都有所不同，以此为指导不可避免地在社会主义建设的方针政策和实际工作上产生差别。这种差别是在总结和借鉴社会主义建设正反两方面经验的基础上适应时代要求的发展。

改革开放前后两个历史时期的重大区别，概括起来说，在思想指导上，我们党深刻揭示社会主义的本质是解放生产力，发展生产力，消灭剥削，消除两极分化，最终达到共同富裕，把对社会主义的认识从以前不完全清楚提高到新的科学水平；准确把握我国的基本国情，确立了社会主义初级阶段理论，指出我国已经进入社会主义社会，我们必须坚持而不能离开社会主义，我国的社会主义社会正处于并将长期处于初级阶段，我们必须正视而不能超越这个初级阶段。在方针政策上，我们党果断地停止使用"以阶级斗争为纲"这个不适用于社会主义社会的口号，把党和国家的工作重心转移到社会主义现代化建设上来；从盲目追求所有制"一大二公"、"纯而又纯"中解放出来，确立并实行以公有制为主体、多种所有制经济共同发展的基本经济制度；坚持党的领导、人民

当家作主与依法治国的有机统一，积极稳妥地推进政治体制改革，加强社会主义民主法制，建设社会主义政治文明。在实际工作上，不断深化改革，全方位扩大对外开放，逐步形成建设社会主义市场经济、社会主义民主政治、社会主义先进文化、社会主义和谐社会和社会主义生态文明的建设中国特色社会主义五位一体总布局。比较改革开放前后两个历史时期，中国人民的面貌、社会主义中国的面貌、中国共产党的面貌发生了历史性变化。

总之，在我们党领导人民进行社会主义建设的过程中，改革开放前历史时期是基础，改革开放历史新时期是开创性发展，没有这个基础和发展，就不可能有中国特色社会主义。这两个历史时期既相互联系又有重大区别，体现规律性，赋予时代性，本质上都是社会主义建设的实践探索。中国特色社会主义是当代中国发展进步的根本方向和实现中华民族伟大复兴的必由之路。坚持和发展中国特色社会主义，中国特色社会主义道路必将越走越宽广。

四　关于改革开放前后两个历史时期关系问题的研究现状与趋势

关于改革开放前后两个历史时期关系问题的研究，以 2012 年 11 月党的十八大的召开和 2013 年 1 月 5 日习近平总书记在新进中央委员会的委员、候补委员学习贯彻党的十八大精神研讨班上发表讲话为标志，可以划分为前后两个阶段。

在前一个阶段，改革开放 30 年和新中国 60 年的历史进程与经验，中国特色社会主义道路、理论体系和制度，以及改革开放的历史必然性及其在新中国历史上的地位与作用，成为党史国史研究的重要内容。这些研究不可避免地联系到新中国成立至改革开放前的历史，进而从新中国历史的整体性与阶段性上提出了改革开放前后两个历史时期的关系问题。对于这一问题的认识，概括起来，大体形成了两种基本相反的观点，一是"非统一说"，二是"统一说"。其中，"统一说"是主要的，居于主流地位。

"非统一说"认为，中国在改革开放前后两个历史时期处于两种不同性质的社会和时代，具体表现为"彼此割裂说"或"相互否定说"，如把改革开放前说成是专制主义的，把改革开放后说成是民主社会主义或社会民主主义的；如以毛泽东的晚年错误否定毛泽东的历史地位，把毛泽东思想与中国特色社会主义理论体系分割开来；如以社会主义市场经济体制否定计划经济体制的历史地位、作用与贡献；再如把中国特色社会主义看成是"新民主主义的回归"，等等。与此相反，"统一说"则认为，改革开放前后两个历史时期是新中国成立以来历史发展的阶段性与连续性的统一。此说中，比较有代表性的是围绕中国特色社会主义道路的内涵与实质，研究改革开放前后两个历史时期的性质及其相互关系；从马克思主义中国化的历史发展认识改革开放前后两个历史时期的思想理论基础；① 从方法论上探讨如何正确评价改革开放前后两个历史时期。②

在"统一说"中，朱佳木从概念上提出了改革开放前后两个历史时期的关系问题，并作出了具有代表性的研究成果。他在《正确看待改革开放前后两个时期的历史及其联系，深刻认识和准确把握中国特色社会主义道路的实质》③ 中，根据党的十七大关于三个"永远铭记"的论述，从正反两方面分析了改革开放前和改革开放后两个时期的历史发展及其成就，以及根据改革开放前的社会历史条件探讨了这一时期失误和错误的根源、性质与特点，认为改革开放前后两个时期，虽然存在很大差别，但都是党领导的人民当家作主的历史和建设社会主义国家的历史。前一个历史时期是后一个历史时期的基础，后一个历史时期是前一个历史时期的继承和发展。没有前一个历史时期，就不可能有后一个历史时期；而没有后一个历史时期，前一个历史时期也难以为继。两个历史时期都统一于对科学社会主义基本原则的坚持和对社会主义社会的建设。他还在《从改革开放前后两个时期的历史性质及其相互关系上认识中国特色社会主义道路的内涵》④ 中，从如下三个方面进一步对改革开

① 张浒：《从〈论十大关系〉和"科学发展观"的比较中看新中国两个三十年》，《新西部》2011 年第 4 期。

② 梅宏：《如何正确评价改革开放前后的两个 30 年》，《中国井冈山干部学院学报》2012年第 4 期。

③ 朱佳木：《正确看待改革开放前后两个时期的历史及其联系，深刻认识和准确把握中国特色社会主义道路的实质》，《中共党史研究》2008 年第 1 期。

④ 朱佳木：《从改革开放前后两个时期的历史性质及其相互关系上认识中国特色社会主义道路的内涵》，《当代中国史研究》2008 年第 1 期。

放前后两个时期的关系作了认识论、方法论意义上的探讨。一是如何看待改革开放前的失误和错误，认为要把失误和错误与那段历史取得的成就放在一起比较，分清主流与支流；对失误和错误进行具体分析，不能因为有些事情中有失误、错误，就对那些事情全盘否定；把失误和错误放在当时特定的历史条件下分析，把在当时可以避免的和由于客观条件限制难以避免的错误区分开来；分析造成失误和错误的主观原因，同时也要把好心办坏事与个人专断、个人专断与专制制度加以区别。二是如何看待改革开放前的历史对改革开放的意义，认为改革开放前为改革开放提供了政权稳固、社会安定、国际环境相对有利的政治前提；奠定了以人民代表大会制度、中国共产党领导的多党合作和政治协商制度、民族区域自治制度为核心的社会主义基本政治制度，以及以生产资料全民所有和集体所有为基础的基本经济制度的基础；奠定了物质技术基础、必要的工作机构、干部队伍和经验；提供了一定的思想保证；提供了正反两方面经验。三是如何看待改革开放前后两个时期的异同，认为主要表现在党的指导思想，经济制度、体制、发展战略和对外联系，政治体制，文化和社会事业，国际关系等方面。改革开放两个历史时期的差异凸显出改革开放历史新时期的特点和它相对于改革开放前的重大发展，其中的相同则把改革开放前后两个历史时期有机地联系在了一起。

正确认识和把握改革开放前后两个历史时期的关系，需要深化研究改革开放史。张星星在《积极推进和深化改革开放史研究》中就如何推进和深化改革开放史研究认为，深化改革开放史研究，一是要大力宣传改革开放以来取得的伟大成就，这是改革开放历史的主流；二是集中围绕中国特色社会主义这一时代主题，深入总结改革开放以来创造的宝贵经验；三是科学分析改革开放以来探索中遇到的新问题；四是正确看待改革开放进程中出现的不同认识。① 这一研究成果对于全面而深入地开展改革开放史研究，以便正确地认识和把握改革开放前后两个历史时期的关系问题，具有方法论意义。

在后一个阶段，党的十八大和习近平总书记关于改革开放前后两个历史时期关系的论述，把改革开放前后两个历史时期关系问题的研究引向深入。这一阶段在前一个阶段研究的基础上，集中阐释了改革开放前

---

① 张星星：《积极推进和深化改革开放史研究》，《北京党史》2012 年第 5 期。

后两个历史时期是"两个相互联系又有重大区别的时期"、"本质上都是我们党领导人民进行社会主义建设的实践探索"的内涵与意义，进一步深化了对如何正确认识改革开放前后两个历史时期关系问题的方法论研究。

在这一阶段，比较有代表性的成果主要是：（1）中国社会主义建设的上、下篇。唐洲雁在《全面认识中国特色社会主义的探索实践》①中具体分析了改革开放前后两个历史时期的联系与区别，把改革开放前后两个历史时期的探索分别作为中国社会主义建设的"上篇"和"下篇"，认为这是两个既相联系又相区别的历史时期，前者为后者奠定了基础，后者是对前者的飞跃。（2）改革开放前后两个历史时期是新中国历史发展的连续性与阶段性的统一。2013 年 1 月 26 日，党史国史学界召开了主题为"改革开放前后两个历史时期的关系"理论座谈会，与会专家学者从不同角度阐述了新中国成立以来的历史进程与经验、开辟改革开放道路的社会历史条件与内在机理、改革开放的历史必然性与转折意义，进一步阐释了改革开放前后两个历史时期在物质、理论、制度、道路等方面的历史与逻辑关系，认为改革开放前后两个历史时期是新中国历史发展的连续性与阶段性的统一，是吸取历史经验教训与新的历史条件下实践探索的有机结合，是历史的否定之否定的辩证发展。不能因改革开放的必然性和转折性而否定新中国历史发展的整体性和统一性，也不能因改革开放前历史发生曲折与错误而掩盖其历史成就与经验，当然也不能因改革开放以来成就辉煌、国力增强而忽视其存在的问题与教训。（3）对"什么是社会主义"的认识差异是改革开放前后两个历史时期的重大区别。张启华在《正确看待改革开放前后历史的辩证关系》中认为，两个历史时期的重大区别在于对"什么是社会主义"的认识存在差异，前 30 年的探索出现失误，没能成功找到一条正确的建设社会主义道路，但就"致力于探索"而言，两个历史时期一脉相承，改革开放前的探索为改革开放新时期的探索提供了包括经验与教训的有益借鉴。②（4）"两个不能否定"是坚持和发展中国特色社会主义

---

① 唐洲雁：《全面认识中国特色社会主义的探索实践》，《光明日报》2013 年 1 月 11 日。

② 张启华：《正确看待改革开放前后历史的辩证关系》，《当代中国史研究》2013 年第 2 期。

的必然要求。齐彪在《"两个不能否定"的重大政治意义》① 中认为，"两个不能否定"直接关系到中国特色社会主义的两个关键性的问题，即在中国要不要坚持社会主义、要不要搞改革开放的问题。这是坚持和发展中国特色社会主义的根本问题。否定了改革开放前后两个历史时期中的任何一个时期，就没有中国特色社会主义，就否定了中国特色社会主义。"两个不能否定"是进一步统一对党的历史的认知，把全党全国人民凝聚在中国特色社会主义伟大旗帜下、走向未来的重要思想基础。（5）坚持和发展中国特色社会主义是继往和开来的统一、历史和现实的结合。齐卫平在《如何正确对待改革开放前后两个历史时期》② 中认为，改革开放后进行的中国特色社会主义建设不是零起点，不是抛开前面的历史另起炉灶，而是在很多方面体现了对改革开放前的历史时期的继承。坚持和发展中国特色社会主义，是继往和开来的统一，是历史和现实的结合。（6）站在人民的立场上研究历史。李慎明在《正确评价改革开放前后两个历史时期》③ 中从认识论意义上认为，审视历史，不能简单地站在个人得失立场，必须跳出个人局限，站在人民和历史乃至站在全人类文明进步的角度去观察问题，方可能得到事物的真谛与本质。

改革开放前后两个历史时期及其相互关系，蕴含着科学社会主义理论逻辑和中国社会发展历史逻辑的辩证统一，体现了新中国历史发展的连续性与阶段性的辩证统一。正确认识和把握这两个历史时期及其相互关系，有利于深刻揭示新中国历史发展的主题与主线、主流与本质，深入认识坚持和发展中国特色社会主义的历史必然性和规律性，并在此基础上逐步形成关于改革开放前后两个历史时期关系的历史理论。

改革开放前后两个历史时期贯穿整个新中国成立以来的历史。现阶段，深化研究改革开放前后两个历史时期的关系问题，除不断丰富研究素材、扩大研究范围和创新研究方法外，需要围绕基本问题和前沿问题进行系统性和综合性的研究，着力探讨改革开放前后两个历史时期关系的理论与方法论。

---

① 齐彪：《"两个不能否定"的重大政治意义》，《光明日报》2013 年 5 月 7 日。
② 齐卫平：《如何正确对待改革开放前后两个历史时期》（《人民日报》2013 年 6 月 25 日。
③ 李慎明：《正确评价改革开放前后两个历史时期》，《红旗文稿》2013 年第 9 期。

其中，关于改革开放前后两个历史时期关系的基本问题主要是：
（1）新中国成立以来马克思主义中国化继承与发展的历史进程与经验；
（2）新中国成立以来政治、经济、文化、社会和外交等的理论与实践；
（3）当代中国发展进步的根本政治前提与制度基础的奠基、巩固与发
展；（4）改革开放的社会历史条件、发展进程与基本经验；（5）中国
特色社会主义的开创、坚持和发展。目前在这些问题上，专题史、领域
史研究有了一定基础，制度史、政策史研究较强，但战略性、宏观性和
系统性研究比较薄弱。为此，需要加强国史的通史性研究，并通过改革
开放前后两个历史时期的比较研究，揭示这两个历史时期之间的连续
性、阶段性与转折性。

改革开放前后两个历史时期的关系随着改革开放的深入实践而发
展，是动态的而非静止的，是开放的而非封闭的，必将产生新的情况和
问题。为此，需要跟踪前沿问题进行研究。对于前沿问题的研究，有利
于把握改革开放前后两个历史时期关系的新发展和新内涵，并带动相关
问题和领域的研究。其前沿问题主要有：（1）新中国成立以来的社会
形态和社会矛盾运动，也即社会主义革命、建设和改革的历史进程、规
律与特点，包括新民主主义向社会主义社会过渡，社会主义基本制度的
确立、发展与完善，社会主义全面建设和中国特色社会主义。（2）改
革开放理论，包括什么是改革开放和怎样改革开放，特别是改革开放的
基本内涵、道路与方向，以及改革开放的历史经验、改革开放史的认识
论与方法论等。（3）"中国道路"、"中国经验"及其国际比较。（4）
新中国成立以来党关于国史的论述，以及国史研究的理论与方法等，包
括国史的主题与主线、主流与本质，如何正确评价毛泽东的历史地位和
揭示毛泽东思想的科学体系，如何对待国史中的曲折与错误，以及国史
的分期标准和阶段划分等。通过对这些问题的研究，进一步揭示新民主
主义向社会主义社会过渡的历史必然性，回答改革开放是社会主义制度
的自我完善和发展、中国特色社会主义是社会主义而非其他什么主义，
并以改革开放前后两个历史时期关系的理论，丰富和发展国史和国史研
究理论与方法。

（作者单位：中国社会科学院当代中国研究所）

20世纪八九十年代的中国文化史研究[*]

——以学科建设为中心

张昭军

1949 年，中国社会发生了历史性巨变。50 年代后，多数史学研究者经过思想改造运动，重新认识和研究中国历史，文化史不再受人重视。在此后长达近 30 年的时间里，虽然个别高校仍在开设文化史课程，但较之二三十年代，文化史研究已是明显降温，综合性的文化史研究则陷入停滞。直至 70 年代末，中国实行改革开放，文化史研究才再度活跃起来，逐渐走上兴盛。较之同期兴起的社会史研究，学界对文化史学科建设和理论方法的总结明显落后。故此，抛出此文，希冀能唤起学界的重视，并为相关讨论提供一些铺垫。

一　复兴之路

中国文化史研究在 20 世纪 80 年代的复兴，是时代变动、思想解放和学术发展的共同要求和必然结果。文化史的复兴，大体经历了两个阶段。

（一）20 世纪 80 年代的学科建设

1978 年，以真理标准问题的大讨论为标志，开启了思想解放的新时代。中共十一届三中全会后"拨乱反正"，实行改革开放。政治、经济模式的突破与变革，必然要求与之相应的新思想、新文化。学术理论

　＊　本文为国家社科基金"中西比较下的 20 世纪中国文化史研究"（项目号 06CZS017）和教育部新世纪优秀人才支持计划（编号 NCET—10—0250）的阶段性成果之一。

界相继开展了关于正确评价唯心主义、重新认识人道主义和异化问题的讨论，以及对"中国封建社会长期延续原因"的探讨。1982 年，中共十二大明确提出建设社会主义物质文明与精神文明，强调把实现社会主义现代化作为核心任务。显然，无论两个文明建设，还是实现现代化，都不可能离开文化的现代化。而且，国门的再次打开，中外文化交流的加强，给中国文化带来了新的刺激和活力。尊重历史，重新认识中国的传统文化和文化传统，科学评判传统与现代化、中国文化与西方文化的关系，成为学术理论界的一项重要任务。在此背景下，学术界肩负历史使命，重新建设文化史学科。

1978 年冬，复旦大学历史系设立了中国思想文化史研究室。次年，研究室主任蔡尚思出版《中国文化史要论》一书。作为新时期第一本以"文化史"命名的著作，该书为人们了解和认识中国文化史的概貌提供了方便，受到欢迎。1980 年春，中国社会科学院近代史研究所组建了中国近代文化史研究室。这两个机构规模虽小，但为有组织地开展中国文化史研究提供了重要平台。

1980 年 4 月召开的中国史学界第二次全国代表大会，已注意到文化史研究严重滞后问题。中共中央书记处书记、中国社会科学院院长胡乔木在会上呼吁要放宽研究课题的视野，重视文化史研究。他明确指出："我们现在也没有一部科学的文化史。文化史一般都是在通史里面，大概说到哪一个或几个朝代后，就有那么一个章节来介绍一下这个时期的文化。但是，按照现代的科学水平来要求，这恐怕还不能说是文化史，顶多能说是文化史的一些简单的介绍或材料。我们现在在这个方面还没有很好地开展研究。"①

同年 5 月，联合国教科文组织成立《人类科学文化发展史》编委会，《历史研究》编辑庞朴受聘为成员。1981 年 11 月，为了准备《人类科学文化发展史》评论会，庞朴与复旦大学的学者一起在上海举办了中国文化史座谈会。约与此同时，上述两个研究室的同人着手联合筹办《中国文化研究集刊》，为文化史研究者开辟一个专门性的学术园地。在这两个编委会的精心组织下，1982 年 6 月和 12 月，在上海召开了两

---

① 《胡乔木在中国史学会代表大会上的讲话》，收入中国史学会秘书处编《中国史学会五十年》，海燕出版社 2004 年版，第 41—42 页。

次学术座谈会。尤其是 12 月的"中国文化史研究学者座谈会",应邀出席者包括来自复旦大学、中国社会科学院、北京大学、北京师范大学、南开大学等学术重镇的著名学者和中年学者,如周谷城、蔡尚思、周一良、章培恒、陈旭麓、唐振常、顾廷龙、王元化、胡道静、庞朴、方行、丁守和、刘家和、宁可、李学勤、刘泽华、朱学勤、张琢、朱维铮、姜义华、李华兴、刘志琴等,堪称一时之选。他们就中国文化史的研究对象、范围和特点,怎样运用马克思主义的唯物史观为指导研究中国文化史等问题,进行了深入、热烈的讨论。与会者普遍认为,由于缺乏从整体上对中国文化史进行综合性研究,造成了这门学科仍属"巨大空白"。这不仅影响了各相关学科的研究向纵深发展,更妨碍从总体上认识中华民族的灿烂文明,不能够满足建设社会主义精神文明的需要。因此,必须注意填补这个空白,切实加强中国文化史的研究。① 这是1949 年以来首次关于中国文化史研究的专题性学术会议,标志着中国文化史学科建设有了一个良好的开端。②

中共十一届三中全会后,在"科技现代化"的口号下,自然科学界也开始了自我反思。1982 年 10 月,《自然辩证法通讯》杂志社在成都组织召开"中国近代科学落后原因"学术讨论会,提出从文化史角度探索中国近代科学落后的问题。

1983 年、1984 年,中国文化史研究进入自觉阶段。1983 年 5 月,全国历史学科规划会议在长沙召开。会议就有关中国文化史和中国近代文化史的研究问题,分别进行了专门讨论和规划,并议定编辑出版"中国文化史丛书"和"中华近代文化史丛书"。前者由周谷城主编,庞朴、朱维铮为常务联系人,计划收入文化史专著百种,十年出齐,由上海人民出版社出版。后者由北京师范大学历史系、中国社会科学院近代史所等单位组织,龚书铎为召集人,由中华书局出版。这两个编委会,实际担起了中国文化史学科建设的组织者角色。前者先后出版了《中西文化交流史》、《中国甲骨学史》、《方言与中国文化》、《士与中国文化》、《禅宗与中国文化》、《道教与中国文化》、《楚文化史》等数十种

① 参见《中国文化史研究学者座谈会纪要》,收录《中国文化研究集刊》第 1 辑,复旦大学出版社 1984 年版。

② 朱维铮:《中国文化史的过去和现在》,《复旦学报》1984 年第 5 期。

著作，后者出版了《走向世界——近代知识分子考察西方的历史》、《开拓者的足迹——张謇传稿》、《近代伦理思想的变迁》、《近代经学与政治》等近十种著作，为文化史研究起了示范作用。

1983 年 3 月和 11 月，香港中文大学联合北京大学社会学系，先后召开了两次"现代化与中国文化"研讨会。中国的大陆、香港和台湾地区，以及美国、日本、新加坡的社会学和人类学者，如著名学者费孝通、雷洁琼、赵复三、李亦园、杨国枢、金耀基、乔健等，出席会议。两岸三地学者敢于突破当时尚未融化的政治坚冰，共同探讨中国文化与现代化关系问题，这在 1949 年以后尚属首次。

1984 年，随着体制改革的深入，从总体上研究中外文化已成为现实的迫切需要，文化史研究在全国范围内蓬勃兴起。

该年 10 月，中国文化书院在北京大学成立。书院在性质上属于民间学术机构，由著名学者梁漱溟、冯友兰、周一良、任继愈、阴法鲁、张岱年、朱伯崑、汤一介等共同发起，汤一介任院长。文化书院对外宣称它的宗旨是：通过对中国文化的教学与研究，承继并阐扬中国文化的优良传统；通过对外国文化的介绍和中外文化的比较研究，促进中国文化的现代化。该院以培养从事中国传统文化、哲学、宗教、历史、文学和思想史研究的中外学者为目标。书院招收大学程度以上的中国学生和中外学者，并代中国或外国大学培训研究生、进修生。书院实行导师制，聘请北京各高校和学术机构的著名学者梁漱溟、冯友兰、张岱年、季羡林、邓广铭、侯仁之、何兹全、启功、金克木、庞朴、戴逸、李泽厚等担任导师，还办理有关中国文化与中外文化比较方面的函授教学，并举办各类短期讲习班、读书班和研究班。从 1985 年开始，先后举办了"中国传统文化讲习班"、"中外文化比较讲习班"、"文化与科学讲习班"、"文化与未来讲习班"。中国文化书院的学术研究成果，结集为"中国文化书院文库"，分为"资料集"、"演讲集"、"论著集"等陆续出版。汤一介后来总结说：中国文化书院作为"大陆第一个民间学术团体"，"它不仅使学术真正迈出了走向独立的第一步，改变了'学在官府'的旧格局，而且促进了大陆与海外的学术与文化交流，并推动了八十年代文化大讨论的进程"。①

---

① 葛兆光：《汤一介先生采访记》，《中国文化》创刊号，第 200 页。

作为重要学术增长点，中国近代文化史研究也迈出关键性一步，独立登上了学术舞台。继 1983 年 7 月北京市历史学会举行中国近代文化史学术座谈会之后，1984 年 11 月，"中华近代文化史丛书"编委会联合河南省社会科学院历史所等单位，在郑州召开了首届全国中国近代文化史学术讨论会。这是继上海举行的"中国文化史学者座谈会"之后，又一次全国规模的文化史学术盛会。这次会议与会人数更多，表明"文化史热"在升温。与会代表就中国近代文化史研究的意义、对象、范围，中国近代文化的特点、作用、地位等问题，展开讨论，解决了中国近代文化和文化史研究面临的一些难题，初步奠定了学科基础。正如刘大年所说："这次学术讨论会的召开说明中国近代文化史研究已经打响了锣鼓，正式开始了！"①

1984 年 12 月，在于光远、周扬等人的支持下，上海的中青年学者组织召开了东西方文化比较学术讨论会。会议讨论的范围扩展到世界文化和比较文化，已不限于中国文化史，这说明研究视野更开阔，层次更深入。比较文化和中外文化交流史研究，反过来又促进了中国文化史研究。

同一年，由包遵信、金观涛、唐若昕等主持的"走向未来丛书"面世。丛书由四川人民出版社出版，原计划收录 100 本，到 1988 年，实际出版 74 本。丛书特别注重介绍科学的思想方法和新兴边缘学科，促进自然科学和社会科学的结合。这套丛书对于传播科学文化，培养科学理念，产生了积极效果。其中关于中国文化史的著作，如《在历史的表象背后》、《儒家文化的困境》、《梁启超与近代思想》、《摇篮与墓地》，充满了对中国文化危机的反思与批判，在学术界引起较大反响。

到 80 年代中期，北京、上海、武汉、西安、广州等地已先后自发建立了一批专门的学术研究机构，学术队伍渐成规模。除上面提到的复旦大学中国思想文化史研究室、中国社会科学院近代史所文化史研究室、北京大学中国文化书院外，较知名的机构还有：上海社会科学院的东西方文化比较研究中心，北京师范大学的中国近代文化史研究室和东西方文化比较研究中心，清华大学的思想文化研究所，福建师范大学的

---

① 刘大年：《对中国近代文化史研究的两点希望》，收入"中华近代文化史丛书"编委会编《中国近代文化史通讯》第 1 辑，第 10 页。

中国文化研究室，湖北大学的中国思想文化史研究室，湖南大学的岳麓文化研究所，西北大学、陕西师范大学成立的汉唐文化研究室，深圳大学的国学研究所和比较文学研究所，浙江省社会科学院历史所的吴越文化研究室，华南师范大学的岭南近代思想文化研究中心，等等。儒学作为中国文化史研究的核心内容之一，在北京、山东等地设立了多家专门性研究机构，知名者有中国孔子基金会学术委员会（创办有《孔子研究》专刊）、中华孔子研究所、山东省社会科学院的儒学研究所、山东大学的传统文化研究所、曲阜师范大学的孔子研究所等。此外，还有一些跨单位、较固定的学术组织，如武汉大学哲学系与湖北大学历史系主办的明清文化沙龙、复旦大学外文系与深圳大学中文系主办的比较文学研究中心、中国孔子基金会学术委员会主办的传统文化沙龙等。

为协调各地自发开展的中国文化研究工作，1985 年 4 月，由上海社会科学院东西方文化比较研究中心主任王元化、《历史研究》主编庞朴、北京大学中国文化书院院长兼深圳大学国学所所长汤一介等发起，在深圳召开了第一次中国文化与比较文化研究工作协调会。会议除研究文化史有关理论和方法问题外，大致确定了各地的主攻方向。北京方面重在研究中国古代与近代文化问题，上海方面侧重中西文化比较研究，西安方面侧重汉唐文化研究，广州方面侧重近代岭南文化研究，湖北方面侧重明清文化研究。

1985 年 12 月，武汉大学利用召开纪念熊十力先生诞辰一百周年国际学术讨论会的机会，举办了大型的"现代化与中国传统文化"讲习班。吴于廑、石峻、汤一介、章开沅、陶德麟、萧萐父、刘纲纪、冯天瑜、成中英、杜维明等作了演讲。

到 1986 年，中国文化史已演变为文、史、哲等众多学科共同参与的学术热点。

1986 年 1 月，复旦大学主办首届国际中国文化学术讨论会。会议的主题，一是中国文化传统的再估计，二是中国文化与西方文化的相互关系。出席会议的中外学者达 70 余名，包括来自美国的魏斐德、成中英、杜维明，加拿大的秦家懿，联邦德国的庞纬、傅敏怡，日本的大庭修，苏联的齐赫文斯基，他们代表着与文化和文化史研究相关的二十个学科。这是在国内举办的以中国文化为主题的第一次国际学术会议，展现和宣传了文化史研究的成果，扩大了学术影响。

同在 1 月，中国文化书院在青岛举办"中外文化比较讲习班"，海内外名家周谷城、季羡林、周一良、陈鼓应、杜维明、刘述先等受邀主讲，一时"名流荟萃，高论爆棚"。听讲者来自全国各地，人数逾千，超过往年京、沪等地几次文化讲习班参加者的总和，许多高校的教授、讲师也前去听讲。讲习班盛况空前，在海内外引起强烈反响。

3 月，中共上海市委宣传部和《文汇报》、《解放日报》理论部联合举行了"传统文化和现代化"专题学术讨论会，上海市 60 多位中青年学者聚集一堂，各抒己见。4 月，中国孔子基金会学术委员会暨《孔子研究》杂志联合主办，邀请全国各地学者 50 余人，在曲阜召开孔子、儒家和中国传统文化讨论会。

同年，周谷城、田汝康倡导开展世界文化史研究，发起编辑"世界文化丛书"，由浙江人民出版社出版。北京的一些中青年学者成立《文化：中国与世界》编辑委员会，与三联书店合作，一举推出"现代西方学术文库"和"新知文库"。再加上商务印书馆的"汉译世界学术名著丛书"、上海人民出版社的"西方学术译丛"、华夏出版社的"二十世纪文库"、浙江人民出版社的"比较文化丛书"、《光明日报》出版社的"现代文化丛书"等译丛，遍地开花。短时间内，国内即出版了上百种的西方文化译作。这些译作为中国思想文化界提供了极为丰富的理论资源，有力地推动了中西文化比较研究和中国文化史研究。

1986 年 3 月，庞朴发表《文化研究的热潮在回荡》一文说："一个文化研究热潮在中华大地上回荡。文学、史学、哲学、社会学、心理学、伦理学以至自然科学界的一些学者们，从四面八方涌来，汇聚到这块荒芜已久的田野里，披荆斩棘，凿渠修堰，耕耘播布，疏理芽苗，仅仅三五年的时间，一方方嫩绿的垄亩，便已在我们眼底先后展现。"①中国文化史研究，终于成规模、有计划地开展了起来。

此后几年，无论政界、学界，关于政治体制改革的方向产生了严重分歧。知识精英在商品经济大潮的冲击下，走向"贫穷化"，一些人的思想陷入迷茫和焦灼状态。在此背景下，"史学危机"、"文化危机"、"文学危机"等说法见诸报端。中国文化史学科建设步伐有所放缓。较重要的学术活动主要有，1987 年，"中华近代文化史丛书"编委会联合

---

① 庞朴：《文化研究的热潮在回荡》，《理论信息报》1986 年 3 月 24 日。

湖南社会科学院等单位在长沙召开的第二届中国近代文化史学术讨论会，华中地区几所高校在华中师范大学联合举办的"中国走向近代的文化历程学术讨论会"，中国孔子基金会和新加坡东亚哲学研究所在曲阜联合主办的首届儒学国际学术讨论会；1988年7月，文化部中国艺术研究院设立中国文化研究室；1989年4月，丁守和等发起成立的中国现代文化学会。

（二）20世纪90年代的学科建设

1992年邓小平南方谈话后，中国改革开放的方向再度明晰。中共十四大明确肯定以经济建设为中心，实行社会主义市场经济。经济高速发展，及相应产生的种种社会矛盾，引发了知识界围绕中国现代性中一系列重要问题如公平、正义、民主、自由等的反思和争论。换言之，时代所要求回答的已不是中国要不要实行现代化，而是如何选择和创立适合于中国的现代性。作为重要的学术资源，传统文化受到重点关注。中国文化研究又一次出现热潮，有人称之为"国学热"，或"第二次文化热"。

1993年8月16日，《人民日报》以整版篇幅刊登《国学，在燕园悄然兴起》一文，报道北京大学教师关于中国传统文化研究的现状和成果。该报"编者按"说："在社会上商品经济大潮的拍击声中，北京大学一批学者在孜孜不倦地研究中国传统文化，即'国学'。他们认为研究国学、弘扬中华民族优秀传统文化，是社会主义精神文明建设的一项基础性工作。北大以马克思主义为指导，继承北大好传统，使国学研究进入了一个新阶段，开辟了不少新的研究领域。国学的再一次兴起，是新时期文化繁荣的一个标志，并呼唤着新一代国学大师的产生。"当天，中央人民广播电台在新闻节目中报道了这篇文章。两天后，《人民日报》头版"今日谈"栏目再次发表文章《久违了，"国学"》，盛赞北大开展国学研究的勇气和见地。同年10月，北京大学学生会在校内发起"国学月"活动，季羡林、邓广铭、张岱年等的学术报告，座无虚席，听讲人数甚至逾千。中央电视台还与北京大学签约，合作拍摄150集"中国传统文化系列讲座"。由北京大学掀起的"国学热"，经中央电视台、中央人民广播电台、《人民日报》、《光明日报》、《中国青年报》等主流媒体跟进报道，在国内外一部分人中引起了轰动。

在这次"文化热"中，中国文化史依然是学界关注的重点领域之一。学界出现了新一轮创办学术专刊和机构的潮流。1989 年底，由中国艺术研究院主办的《中国文化》创刊，这是第一家在北京、香港、台湾三地同时发行的大型学刊。1991 年，中国社会科学院历史所组建中国古代文化史研究室，以古代有形文化（物质文化）为研究重点。1992 年，北京大学中国传统文化研究中心成立，随即筹办《国学研究》年刊，次年首卷出版。① 同年，轩辕黄帝研究会创办《中华文化》（1994 年更名《华夏文化》）。1993 年，中国艺术研究院在原中国文化研究室基础上，扩建成立中国文化研究所；北京师范大学成立中国民间文化研究所；陕西师范大学成立中国思想文化研究所。同一年，《传统文化与现代化》（国家古籍整理与出版规划小组主办）、《中国文化研究》（北京语言大学主办）创刊。1994 年，国际儒学联合会成立。1995 年，《国际汉学》（任继愈主编）创刊。1998 年，《世界汉学》（刘梦溪主编）创刊。值得关注的是，90 年代初，一些中青年学者以"学在民间"、"学术独立"相号召，相继创办了《学人》、《学术集林》、《道家文化研究》、《原学》、《原道》等一批同人刊物，集中展现了他们在中国文化研究方面的精神旨趣和学术成果。

以中国文化为主题的综合性丛书热，在一定程度上反映了 90 年代中国文化史研究的规模和水平。其中，较知名的有："中国思想家评传丛书"（匡亚明主编，南京大学出版社 1990 年版）、"国学丛书"（张岱年主编，辽宁教育出版社 1991 年版）、"神州文化集成丛书"（季羡林、汤一介、孙长江主编，新华出版社 1991 年版）、"20 世纪中国文化研究文库"（龚书铎主编，贵州人民出版社 1991 年版）、"中国文化史知识丛书"（任继愈主编，商务印书馆 1991 年版）、"中华文化讲座丛书"（北京大学中国传统文化研究中心编，北京大学出版社 1994 年版）、"中国文化与现代化丛书"（李宗桂主编，陕西人民出版社 1992 年版）、"国学大师丛书"（百花洲文艺出版社策划出版，1995 年版）、"元典文化丛书"（李振宏主编，河南大学出版社 1995 年版）、"大思想家与中国文化丛书"（李宗桂主编，贵州人民出版社 1996 年版）、"中国现代学术经典丛书"（刘梦溪主编，河北教育出版社 1997 年版）以及"现

---

① 2000 年，该中心更名国学研究院，正式把"国学研究"作为自己的旗帜。

代新儒学辑要丛书"（方克立主编，中国广播电视大学出版社 1993 年版）、"现代新儒学研究丛书"（方克立、李锦全主编，辽宁教育出版社 1994 年版）等。

至 20 世纪末，文化史研究已是硕果累累。据笔者不完全统计，20 世纪最后 20 年，中国内地出版的以"文化史"（或"中国文化"）冠名的综合性学术著作已超过 200 部。这些著作，包括各种断代文化史、区域文化史、民族文化史、中外文化交流史以及中国文化通史等。兹详述如下。

断代文化史方面，有杨希枚《先秦文化史论集》（中国社会科学出版社 1995 年版）、杨向奎《宗周社会与礼乐文明》（人民出版社 1992 年版）、李学勤《东周与秦代文明》（文物出版社 1984 年版）、林剑鸣等《秦汉社会文明》（西北大学出版社 1985 年版）、韩养民《秦汉文化史》（陕西人民教育出版社 1986 年版）、罗宏曾《魏晋南北朝文化史》（四川人民出版社 1989 年版）、万绳楠《魏晋南北朝文化史》（黄山书社 1992 年版）、熊铁基《汉唐文化史》（湖南出版社 1992 年版）、赵文润主编《隋唐文化史》（陕西师范大学出版社 1992 年版）、姚瀛艇主编《宋代文化史》（河南人民出版社 1992 年版）、陈植锷《北宋文化史述论》（中国社会科学出版社 1992 年版）、冯天瑜《明清文化史散论》（华中理工学院出版社 1984 年版）、陈宝良《明代文化历程新说》（陕西人民教育出版社 1988 年版）、南炳文《清代文化》（天津古籍出版社 1991 年版）、龚书铎《中国近代文化探索》（北京师范大学出版社 1988 年版）、史全生主编《中华民国文化史》（吉林文史出版社 1990 年版）等。

区域文化史方面，有宋新潮《殷周区域文化研究》（陕西人民出版社 1991 年版）、王子今《秦汉区域文化研究》（四川人民出版社 1998 年版）、张正明《楚文化史》（上海人民出版社 1987 年版）、李学勤等主编《长江文化史》和《黄河文化史》（江西教育出版社 1995 年、2003 年版），等等。辽宁教育出版社还于 1994 年推出了"中国地域文化丛书"，上海、安徽、湖北、山东、辽宁、浙江等地，以省份为单位，也编辑出版了各自的文化通史或文化史丛书。

民族文化史方面，有张碧波和董国尧主编《中国古代北方民族文化史》（黑龙江人民出版社 1993 年版）、逄振镐《东夷文化史》（中国社

会科学出版社 1995 年版)、陈玉龙等《汉文化论纲》(北京大学出版社
1993 年版)、蔡志纯等编著《蒙古族文化》(中国社会科学出版社 1993
年版) 等。

中外文化交流史方面，有季羡林《中印文化关系史论文集》(三联
书店 1982 年版)、朱杰勤《中外关系史论文集》(河南人民出版社 1984
年版)、沈福伟《中西文化交流史》(上海人民出版社 1985 年版)、梁
容若《中日文化交流史论》(商务印书馆 1985 年版)、周一良主编《中
外文化交流史》(河南人民出版社 1987 年版)、王晓秋《近代中日文化
交流史》(中华书局 1992 年版)。

综合性的中国文化通史，较知名者有《中华文明史》编委会编纂
《中华文明史》(河北教育出版社 1989 年版)，冯天瑜、周积明、何晓
明合著的《中华文化史》(上海人民出版社 1990 年版)，萧克主持编纂
的《中华文化通志》(100 卷，上海人民出版社 1998 年版) 以及郑师渠
主编的《中国文化通史》(10 卷，中共中央党校出版社 2000 年版) 等。

以上所举，不过以点代面，或挂一漏万，但足以看到，历经近 20
年的共同努力，中国文化史研究已由细流汇成大河，呈现出了兴盛
局面。

二　问题意识与研究取向

20 世纪最后 20 年的文化史研究，既受到"文化热"、文化研究等
学术大潮的影响，又与后者之间存有一定张力。文化史学科的总体研究
取向和学术风气以 1992 年为界，前后有所变化，又存在内在一致性。
大体上说，研究者要面对三个相互联系的问题，一是如何对待传统文
化，二是如何对待外来文化，三是如何创造适应时代需要的新文化，其
核心课题是解决中国文化现代化问题。在这一课题下，研究者出现了文
化批判、文化认同等不同取向。

(一) 文化批判与文化认同：80 年代文化启蒙下的文化史研究

80 年代的文化热潮中，"文化批判" 或者说 "文化启蒙" 的声音十
分强劲。1985 年，甘阳撰写《80 年代文化讨论的几个问题》，认为 80
年代文化讨论的根本任务是实现 "中国的现代化"，基本出发点在中国

文化与现代化的关系问题。也就是说，文化讨论的根本问题并不在于中西文化差异有多大，而在中国文化必须挣脱旧的形态而走向"现代文化形态"。他判断，中国传统文化与中国现代文化的冲突不可避免。同时他强调，当前文化论争的核心理论之一是"传统"问题，"传统"并不等同于"过去已经存在的东西"，而是永远向"未来"敞开着无穷的"可能世界"，弘扬光大传统的最强劲手段恰恰是"反传统"。两年后，他又在《文化：中国与世界》学刊"开卷语"中自信地指出："中国要走向世界，理所当然地要使中国的文化也走向世界；中国要实现现代化，理所当然地必须实现'中国文化的现代化'——这是八十年代每一个有识之士的共同信念，这是当代中国伟大历史腾飞的逻辑必然。"这种信念和逻辑代表了不少人特别是青年学者的心声，甚至主导了 80 年代的文化思潮。其典型事例可以苏晓康的《河殇》为代表，1988 年，《河殇》被拍为电视系列片，在中国中央电视台热播。而《河殇》的主要观点，正是主张"反传统"，用蔚蓝色的西方海洋文化取代黄色的中国文化。一定意义上，"文化启蒙"变为用西方文化启中国文化之蒙，"文化研究"变为用西方文化批判中国文化。该思潮严重影响了一些中国文化史研究者的学术取向。

实事求是地说，也有一些学者对此表示反对。庞朴曾明确指出，80 年代的学者继承"五四"精神，继续进行"文化批判"，但"他们的准备远远不如'五四'健将"，"如果说'五四'时的批判是粗糙的，那么，80 年代的批判更粗糙"。① 以庞朴、汤一介为代表的一批学者，主张尊重文化的民族性，认真研究中国的文化历史，在弘扬传统文化的基础上实现现代化，反对简单采取拿来主义。他们表示，需要"超越五四"，重新认识传统的价值和中国文化的民族性，重新确定中国文化前进的坐标系统。1986 年，庞朴不止一次地谈道："中国应该有自己的现代化道路，中国正在创造自己的现代化文化。所谓自己的，就是民族性的。"② "只有考虑传统，才会搞出有中国特色的社会主义，搞出有中国特色的现代化。只有承认各民族文化的差异性，才能真正区别出东方和

---

① 庞朴、夏中义：《学术反思与文化"着陆"》，《文艺理论研究》1995 年第 2 期。
② 庞朴：《文化的民族性问题——为庆祝梁漱溟先生执教 70 周年而作》，《文化的民族性和时代性》，中国和平出版社 1988 年版，第 152 页。

西方。我认为，这是我们这次产生文化研究热潮的最根本原因。"① 80 年代，汤一介等人在北京组织成立中国文化书院、在深圳成立国学研究所，某种程度上正显示了文化研究的多样性以及对中国文化历史内涵的不同理解。尽管指向不同，但不能否认，他们也代表了 80 年代"文化批判"或"文化启蒙"的一种力量。针对《河殇》所宣扬的文化观念，史学界发出了强烈的反对声音。1988 年年底，创刊不久的《史学理论》杂志组织史学家"圆桌会议"，批判《河殇》的历史观。次年，《史学理论》和《历史研究》刊发系列专文，引据史实，猛烈抨击以《河殇》为代表的民族虚无主义。这样，在对待中国传统文化问题上，形成了截然对立的两种取向。这场讨论彰显了系统研究和整理中国文化史、向大众正确传达文史知识的重要性，进一步推动了中国文化史研究。

文化史研究，作为当时文化思潮和文化运动的一部分，肩负冲破教条、呼唤改革的使命，一些学者提出必须从总体上重估中国传统文化的价值。以文化现代化为框架，在上述两种取向的影响下，学界展开了研讨。关于中国传统文化的特性，庞朴、杜维明等提出中国文化具有不同于西方的人文主义精神；反对者则以为中国传统思想的主流是导向君主专制的王权主义；还有论者从人伦思想、礼制、实用理性等角度来概括中国文化的性质。对中国文化特性的不同认识，实际上是与中国文化未来出路的选择密切结合在一起的。肯定中国传统文化者，希望借助传统奠立现代化在中国的基础；反对中国传统文化者，希望先破除中国实行现代化的文化障碍。究其实质，尽管双方观点对立，但目标都是实现中国的现代化。从大处说，这一时期关于明清之际是否是近代化开端问题的讨论，关于洋务思潮及"中体西用"说的重新评价，关于五四精神的争论，以及"西体中用"说、"传统的创造性转化"说、"综合创新"说的提出，无一不紧扣传统文化现代化问题。进而言之，以传统文化的现代化与西方文化的中国化为问题意识，以民族性与时代性为参照系，研究和评价中国文化史，代表了 80 年代的大方向。

值得指出的是，有论者以为，整个 80 年代具有鲜明的"反传统"特色，笔者仔细分析后发现，这主要表现在破除"文革"及改革开放

---

① 庞朴：《民族性的再认识》，《稂莠集——中国文化与哲学论集》，上海人民出版社 1988 年版，第 116 页。

过程中的教条方面，实际上，当时多数学者介于两极之间，能够辩证地看待中国的传统。以儒学研究为例。儒学无疑是中国传统文化研究的焦点之一，从 1984 年召开纪念孔子诞辰 2535 周年全国学术研讨会，到 1989 年纪念孔子诞辰 2540 周年国际学术学术研讨会，认同和肯定孔子和儒学的声音不是减少而是增多了。而且，其中所谓的"儒学复兴"论者，也并非是要全盘肯定和接受儒家传统。

（二）学术反思与文化认同：90 年代文化建设中的文化史研究

90 年代的"文化热"中，自我进行学术总结和文化反思的特征明显。特别是在 90 年代后期，中国人"走向世界，走向现代化"的目标已部分实现，市场经济的负效应显现，思想文化领域呈现"现代化追求"与"现代性反思"并存的现象。我们知道，"现代性"与"现代化"两个概念之间存有一定断裂性。90 年代中期以后，"现代性"这一概念伴随后现代主义思潮流入中国，本身就具有文化反思的性质。一方面，"现代性"的问题意识，改变了 80 年代将"启蒙"或"现代化"看作是一个美好而又光明的前途的预设。另一方面，多元现代性的提法，清楚地说明了现代化显然不能等同于"西方化"。这意味着，80 年代"唯西是瞻"的中西文化比较无论在评判标准，还是在方法上，均有值得商榷和改进之处。以"现代性"为把手，重新认识和形塑现代化的内涵，必然触及传统文化与现代化的关系问题。拥有数千年文明历史的中国，必须在现代化的过程中同时寻求植根于自己民族的创造性发展，这对于 90 年代的中国文化史研究者来说几乎是共识。

与此同时，中国卷入世界经济—政治秩序，直接的利益冲突剧增，西方的霸权成为中国人需要面对和克服的难题。综合国力的提高与国际地位的低下，其间的巨大反差激起了中国知识分子的民族主义情绪和文化主体意识。中国人对西方认识越深刻，越是感受到其间的不平等。于是出现这样的景观，一些留学归来、邃于西学的学者，也加入反思和批评西方中心主义的队伍，主张弘扬中国文化，追求中国文化的主体性。对待中国传统文化和文化传统，否定的声音变小了，肯定和认同的声音占据上风。积极认同本民族的文化传统，客观上说，这是中国社会发展的必然结果，是一个发展中国家在历尽曲折、步入经济增长阶段后文化自省的产物。

这样，无论是从现代化理论出发，还是从反思现代性或者民族主义的视角回归传统，重新探寻中国文化的真相和价值，都寓有不同于 80 年代的时代新意。简单说，如果说 80 年的文化史研究带有为现代化开辟道路的性质，那么，90 年代则是在现代化潮流中寻求中国特色和文化认同，其研究重心和出发点都发生了明显转换。90 年代的中国文化史研究中，学术史取代思想史成为学术热点，"国学"、"儒学"、"经学"等独具中国特质的概念被选择进入主流话语。有关"孔学"、"儒学"的讨论，在 80 年代还较为敏感，90 年代，已堂而皇之步入学术殿堂的中心。学界不仅发表和出版了大量以"国学"、"学术史"等冠名的论著、丛书，创办了《国学研究》、《中国学术》等专业刊物，而且编辑、整理和影印了《中华大藏经》、《道藏》、《中华大典》、《四库全书》等大批文化史料，做了很多基础性工作。学者的治学态度和方法，较之 80 年代，更加科学、严谨、平实，并逐渐形成一种对待传统不是指谪其缺点而是寻求其优点的风气。

社会文化史研究的兴起，是 90 年代又一值得关注的学术方向。早在"五四"时期，国内就出版过名为《中国社会文化》的著作。但社会文化史研究在 90 年代的兴起，有着更为深厚的现实基础。以经济建设为中心，市场经济快速成长，直接导致了文化的市场化和大众文化的崛起。伴随现代多媒体技术而发展起来的"文化工业"，具有极其显著的商业化、娱乐化和世俗化的特点。它在满足普通民众文化消费的同时，客观上也弱化了精英文化和主流意识形态的主导地位。一定程度上可以说，市场经济和大众文化的兴起，实际上是对人的解放。活生生的现实要求史学家调整研究的重心，眼光向下，关注普通民众的社会生活和文化生活。在此情况下，一些研究者注意吸收和运用社会史的理论和方法，重新开始了社会文化史研究。中国社会科学院近代史所文化研究室，在刘志琴的带领下，明确提出以社会史与文化史相结合的"中国近代社会文化史"为此后一段时间的主攻方向，主张以大众文化、生活方式和社会风尚的变迁为研究对象。他们先后编写了多卷本的《近代中国社会文化变迁录》（浙江人民出版社 1998 年版），发表了系列论著，并召开了"社会文化史研讨会"（1992 年）、"近代中国社会生活与观念变迁"（2001 年）等学术讨论会。社会文化史研究的兴起，拓宽了文化史研究的领域，并为此后学界引进欧美的"新文化史"准备了条件。

三 文化史是什么

文化史是什么？这显然是一个令人挠头的问题。一方面，中国文化史研究自 80 年代复兴以来，史学界对这一问题的讨论并不充分。理论和方法的不明晰不系统令一些人产生了错觉，乃至质疑文化史在历史学大家庭中拥有合法席位。另一方面，80 年代以来，中国学术界出版了至少 200 本以"文化史"冠名的学术著作（尽管良莠不齐），以及大量的"中国文化概论"，甚至不乏多卷本的文化通史和文化通志。而且，各地还创立了不少以文化史为研究对象的学术机构和学术期刊。学术实践表明，从理论层面上对文化史研究予以总结十分必要。下面就结合相关的学术实践和学术成果，对文化史的研究对象、任务、范畴、性质等基本理论问题予以分析和归纳。

（一）广义与狭义

关于文化史的范畴，在 80 年代文化史开展研究之初，学界曾有所讨论。1982 年在上海召开的"中国文化史研究学者座谈会"和次年在郑州召开的"中国近代文化史学术讨论会"都曾涉及这一问题。90 年代，学界基本沿用了 80 年代的说法。

多数学者从研究对象和范围来界定文化史，认为文化史就是文化的历史。他们一般把文化分为广、狭两义。广义文化指人类社会历史实践中所创造的物质财富和精神财富的总和；狭义文化指社会意识形态以及与之相应的制度和组织形式，也有人称之为精神文化。相应地，文化史也被分为广、狭两义。广义的文化史，指包括物质文明和精神文明在内的一切人类文化的历史；狭义的文化史，指社会意识形态以及与之相应的制度和组织的发展史。这种界分方式，在 80 年代后的学界仍占据主流。不过从历史研究实践看，多数人取文化的狭义，主张以意识形态或观念形态的文化，即精神文化，为主要研究对象。其重要依据，是毛泽东《新民主主义论》所说"一定的文化（当作观念形态的文化）是一定社会的政治和经济的反映"。丁守和与蒋大椿在 80 年代初合写的《试论文化史研究的对象和途径》一文，一定程度上反映了当时学界的认识。他们认为，"文化史研究的对象是社会历史生活的一部分内容，而不是它的全部"。如果取社会生活的全部,文化史也就等于通史,从而失去了独立性,实际上削弱了文化史研究。他们在分析马、恩、列、毛等人的著作后得出结论说:"文化史研究的文化,是精神生活领域的社会现象,首先是作为社会存在反映的社会意识形态的文化以及有关的设施等。从历史上考察这类文化现象的演变和发展,揭示其内在的联系,就是文化史研究的任务。"[①] 坚持以唯物史观为指导,紧密结合马克思主义学说来理解和定义文化史,这在 80 年代具有普遍性。[②]

对此,有学者持不同意见。如吴廷嘉和沈大德认为,"我国学术界关于广义文化的看法,混淆了文化形态和社会形态的区别,把文化史与社会发展史的研究对象人为地等同起来;而关于狭义文化的看法,又混淆了文化形态同社会意识形式,尤其是它的重要组成部分即社会意识形态的界限,缩小了文化学、文化史的研究范围。这两种认识,究其实质,都只强调了文化的结果而不是文化本身,因而忽略了文化的主体——人的活动和作用,在文化建设中的重要地位和重大意义。这种认识带有比较明显的见物不见人的色彩,并且造成了一些理论混乱"。[③]他们强调,认识到文化史的研究对象具有鲜明的主体色彩,是科学地理解和界定文化史的必要前提。

针对文化史定义的简单化和局限性,一些学者结合历史研究的实际需要,尝试从文化类型、文化形态、文化结构等角度理解和界定文化史的内涵。

朱维铮认为,为了解决文化史全貌难以描绘的问题,有必要考虑将范围缩小,也就是将文化的含义限制在意识形态的范围之内,但这并不意味着割裂文化与物质的联系。他说:马克思主义者提到文化,一般都指观念形态的文化。毛泽东说"一定的文化(当作观念形态的文化)是一定社会的政治和经济的反映",很明白是将文化与政治、经济相对而言,这里面没有包含精神与物质相互关系的意思。即使按照观念形态等于纯精神东西的说法,那也不可能将文化的含义限制在纯精神范围之

---

① 丁守和、蒋大椿:《试论文化史研究的对象和途径》,《中国文化研究集刊》第 1 辑,复旦大学出版社 1984 年版,第 78、80 页。

② 李侃、龚书铎、冯天瑜、刘志琴等在相关论著中也有相近说法,兹不赘述。

③ 吴廷嘉、沈大德:《文化学和文化史的研究对象及其学科特征》,《人文杂志》1987 年第 5 期。

内。因为，"文化史除思想学说外，所研究的社会风尚、文化设施乃至科学事业的发展史，都与物质生活联系密切"。而且，"观念形态，作为一种观念的凝固状态，与纯抽象的思想意识是有区别的。它当然是人们思想过程的产物，但它更集中地显示观念同自己的物质生活条件的联系。……哲学、宗教、艺术、法学、道德等等，当然是观念形态的形式，而社会风尚、生活习惯、教育方式等等，同样到处可见观念形态的踪影"。他主张把观念形态与物质生活联合起来辩证地考虑，这样，"我们看待作为观念形态的文化，便理所当然地要承认它的物化表现；我们研究文化史，便理所当然地要综合考察人类所创造的精神文化和物质文化"；"我们要想描绘中国文化史的全貌，便需描绘精神文化和物质文化在中国历史上的综合全貌，或者说描绘精神活动和物化了的精神活动在中国的发展过程"。① 他这里所说的"物质文化"，指物质化了的精神，也就是观念形态的物化表现。朱维铮通过分析观念形态与物质生活的内在统一性，提出文化史要研究历史上的精神文化和物化了的精神，以化解文化史研究对象广与狭的矛盾。

李文海也就如何理解观念形态的文化发表了看法。他指出，广义的文化史失之于太泛，反而取消了文化史作为一种特殊领域的资格；狭义的文化史又失之于太窄，事实上造成一些重要的文化现象不能为观念形态所包括。他分析说，人们对毛泽东的说法存有误解，毛泽东所说"一定的文化"是观念形态的文化，言外之意是说还有一些文化现象不属于观念形态。据此，他主张把文化现象归为三类：观念形态；传播和反映这些观念形态的媒介和方式；群众日常活动中具有民族特色的社会生活要素。他认为，中国文化史的研究对象，就是这三类文化现象在中国历史中的发展变化和矛盾斗争。②

庞朴不赞同简单地把文化划分为物质文化与精神文化，主张从文化结构来解读文化及其历史。他提出，文化就是"人化"，"文化是人创造的，人又是文化创造的"。③ 从人的主体性及其与外在表现的关系，

---

① 朱维铮：《中国文化史散论》，《复旦学报》1984 年第 4 期。

② 李文海：《中国近代文化史研究对象与任务刍议》，收入《中国近代文化问题》，中华书局 1989 年版，第 5 页。

③ 庞朴：《文化概念及其他》，《稂莠集——中国文化与哲学论集》，上海人民出版社1988 年版，第 65 页。

他把文化分为三个层次：物（物质）的层次，心（心理）的层次，中间是心和物互相结合的层次。他说：如果把文化视为一个整体，那么它的外层便是物的部分——"不是未经人力作用的自然物，而是'第二自然'（马克思语），或对象化了的劳动"；文化的中层，即心物结合部分，包括隐藏在外层物质里的人的思想、情感、意志，以及非物质化的人的精神产品，如科学、宗教、哲学、教育制度、政治组织等；文化的里层或深层，主要是文化心理状态，如价值观念、思维方式、审美趣味等。"文化的三个层面，彼此相关，形成一个系统，构成文化的有机体。"① 庞朴以文化结构的三层次为解释历史的工具，先后撰写了《文化结构与近代中国》（载《中国社会科学》1986 年第 5 期）等一批有影响的论著。

冯天瑜长期致力于中国文化史研究，对文化史的理论方法有较系统的解释。他在《中华文化史》一书中提出，文化的实质性含义是"人类化"，"文化既包括人类活动的对象性结果，也包括人在活动中所发挥的主观力量和才能"，因此，文化史不仅要研究文化的"外化过程"，即人类创造各种物化产品，从而改造外部世界，使其不断"人化"的过程；而且要研究文化的"内化过程"，即文化的"主体"——人自身在创造文化的实践中不断被塑造的过程；同时还要研究外化过程与内化过程如何交相渗透，彼此推引，共同促进文化有机整体的进步。② 与庞朴相近，冯天瑜也重视文化内部结构的辨析。他说：精神文化与精神的物化形态很难截然两分，将文化硬性地区分为物质的和精神的并不适用于文化史研究。从文化形态学角度，宜于将文化视作一个包括内核与若干外缘的不定形的整体。他主张，从外而内，将文化分为物态文化层、制度文化层、行为文化层、心态文化层。其中，心态文化层是文化的核心部分，大体相当于精神文化或社会意识形态。③ 该书关于文化结构四层次的划分方式，后来被张岱年和方克立主编的《中国文化概论》所

---

① 庞朴：《文化结构与近代中国》，《稂莠集——中国文化与哲学论集》，上海人民出版社 1988 年版，第 6 页。

② 冯天瑜、周积明、何晓明：《中华文化史》，上海人民出版社 1990 年版，第 26、10 页。他在《明清文化史散论》（华中理工学院出版社 1984 年版）、《中国文化史断想》（华中理工大学出版社 1989 年版）等书的序言中也有近似阐释。

③ 冯天瑜、周积明、何晓明：《中华文化史》，上海人民出版社 1990 年版，第 27—34 页。

援用。冯天瑜《中华文化史》的另一理论特色，是把文化生态学说引入史学研究，用于分析和解释不同民族文化类型的生成条件。他提出，人类各民族文化的生态环境，是自然场和社会场的整合，由自然地理环境、社会经济环境和社会制度三方面构成。《中华文化史》上篇即以此为理论框架，阐述中华文化的外部生态结构。

综上，学界比较强调从研究对象和范围来理解和界定文化史的内涵。学者们在理论层面多反对把物质文化与精神文化截然二分，在实践中为提高文化史研究的独立性和可操作性，又倾向于从狭义来理解文化史的内涵。限于中国的文化学、文化人类学、文化社会学等相关学科基础薄弱，他们在定义文化史时，更多地借重马克思主义的理论学说。

（二）专史与通史

既然多数学者主张应该对文化史的研究范围有所限制，那么也就是说，文化史不能从整体上代表或取代历史学，它仅是历史学科下的分支之一，属于专门史。以文化史为专门史，由来已久。梁启超《中国历史研究法补编》就曾讨论过文化专史的做法。六七十年代，以文化史为政治史、经济史以外的"剩余史"，实际上也是以专史视之。不过，笔者观察到，80年代一些学者所说的文化史，与一般意义上的"专史"不同，实际上是"小通史"。

持此论者主张，相对于总体史而言，文化史与政治史、经济史并立，属于历史学科下的专门史；相对于思想史、学术史、文学史、艺术史等专史而言，文化史综括它们之上，具有通史性质，可称为次级通史或"小通史"。蔡尚思早年曾受教于梁启超、柳诒徵，对文化史研究有提倡之功。80年代初，他多次明确提出："文化应当与政治、经济、军事三者划分范围，不能混文化与其他三者为一谈。文化史也不像经学史、文字学史、文学史、史学史、哲学史、宗教史、风俗史、美术史、考古学史和科学史等等的单一。文化史既纵贯，又横断，既有面，又有点，为上述各专门史的综合体和共同基础，上述各专门史都是文化史中的组成部分。它仅亚于通史，而超过各专门史。"[1] 他表示："文化史即文化通史，其范围的

---

[1] 蔡尚思：《论中国文化的几个重大问题》，《中国文化研究集刊》第1辑，复旦大学出版社1984年版，第59页。

广大，内容的复杂，仅次于通史：就时间说，必须从古代通到近现代；就领域说，必须通到各有关专门史。其内容应当包括：语言文字史、文学艺术史、学术思想史（社会科学史）、科学技术史（自然科学）、典章制度史、体育运动史、风俗习惯史、古迹名胜史等等。"①

蔡尚思视文化史为一综合性的"小通史"，并采取描述和列举的方式来界定文化史的研究对象和范围，这在当时具有代表性。例如，张岱年和方克立主编的《中国文化概论》（北京师范大学出版社 1994 年版）分列语言文字、科学技术、教育、文学、艺术、史学、伦理道德、宗教、哲学等九章；龚书铎主编的《中国近代文化概念》（中华书局 1997 年版）列有社会思潮、儒学、史学、社会科学新学科、文学艺术、教育、自然科学技术、宗教、社会风俗等九章；郑师渠主编的《中国文化通史》（中共中央党校出版社 1999 年版）也采取了这种处理方式，把每一时期的文化史断切为语言文字、哲学、儒学、史学、宗教、伦理道德、文学、艺术、教育、社会风俗等部门文化史；萧克总纂的《中国文化通志》（上海人民出版社 1998 年版），其"历代文化沿革典"也采取分类表述，把文化史分成思想、学术、文学、艺术、宗教、习俗、教育、科技等部门史。

当然，诸部门文化史也有主有次，要有所取舍。蔡尚思继承梁启超的观点，认为"文化通史应以学术思想史为中心和基础"，各部门文化史中，又以语言文字史、文学艺术史、学术思想史、科学技术史、典章制度史为要。② 他明确反对把思想史与文化史对立起来的说法，曾以复旦大学思想文化史研究室为例解释说："我们的意思只是要以学术思想史为中心来研究中国文化史。思想史的范围比较狭，再大一点就是学术史，更大一点就是文化史；思想史、学术史都在文化史的范围之内。"③ 也有学者提出，"在中国古代，哲学思想、政治思想、道德伦理思想、文艺思想、科技思想以及社会风尚等精神文化的诸多侧面，往往杂糅于学术著作之中，因此我们可以把思想学术史作为狭义文化史的主干看待"。④ 实际上，这种把学术思想史作为文化史核心内容的做法，代表

---

① 蔡尚思：《关于文化史研究的几个问题》，《文史哲》1984 年第 1 期。
② 同上。
③ 蔡尚思：《论中国文化的几个重大问题》，《中国文化研究集刊》第 1 辑，第 59 页。
④ 冯天瑜：《文化、文化史、明清文化史》，收入向仍旦编《中国古代文化史论》，北京大学出版社 1986 年版，第 48 页。

了20世纪的主流，诚如朱维铮所总结："如所周知，从清末以来，凡研究中国文化史，无不把思想学说的变化当作主线。"① 某种程度上，这可视作中国文化史研究的重要特色之一。

客观地说，以学术思想史为文化史的核心，有一定合理性。我们知道，就表现历史的主体——人的主体性和创造性而言，文化史较政治史、经济史突出；而在诸部门文化史中，又以学术思想史表现得较为显著。正如学者所解释：因为主体居于文化史研究的中心位置，所以文化史家历来格外集中于主体活动特点比较鲜明的领域和部门。②

关于文化通史与各部门专史的关系，论者普遍强调文化史研究需要有整体的观念，文化通史具有不同于各部门专史的性质、规律和研究任务，不能成为后者的"拼盘"。蔡尚思说："我认为文化史对有关文化的各专门史来说，它是文化通史而不是文化各专门史之简单凑合。比较综合性的文化通史，决不是仅仅把文化各专门史杂凑起来就算了事。把有关文化各专门史杂凑起来决不是文化通史，更不是很好的文化通史。它应当是按照时代划分阶段而包括各领域，在各领域中主次分明而不是绝对平均主义的平铺直叙。"③蔡尚思的说法得到了杨宽的赞同。杨宽说："现在需要我们更上一层楼，在许多文化'专史'研究的基础上，作好综合的研究，作出高度的概括的分析，从而弄清楚各个时期文化发展的全貌和总的特点，弄清楚整个文化的历史发展过程。只有这样，才能写出融会贯通的文化通史。"④他指出，文化通史，既要直通，又要横通。"直通"，就是说要按照时代程序一直通下去，说明整个文化的发展进程，从而阐明文化的发展规律。"横通"，就是说要在每个时代里，把各种门类的文化现象加以沟通，找出其内在的联系及其共同的特点，从而综合地说明各个时代的文化特征。⑤ 刘志琴指出，文化史下的部门专史与独立的专史应区别对待。她说：思想史、文学史、艺术史、科技史等"可分别作为独立的专史，但又同是文化史不可分离的组成部分。

---

① 朱维铮：《中国文化史分类试析》，《复旦学报》1984年第3期。
② 参见冯天瑜等《中华文化史》，第11页；吴廷嘉、沈大德：《文化学和文化史的研究对象及其学科特征》，《人文杂志》1987年第5期。
③ 蔡尚思：《关于文化史研究的几个问题》，《文史哲》1984年第1期。
④ 杨宽：《如何加强中国文化史的研究》，《中国文化研究集刊》第1辑，复旦大学出版社1984年版，第45页。
⑤ 同上。

它们的差别是在于，作为文化史中的专史内容与其他专史之间，不是拼盘，也不是补差，而是从横向展开，研究它们之间互相作用、影响、渗透、交错、演变的历史"。①也就是说，文化史家应重点关注各部门专史间的相互联系。龚书铎主编的《中国近代文化概论》，在内容上分为"综论"与"分述"两部分，以此来解决文化史"通"与"专"的关系问题。他在前言中指出："文化不能离开诸如哲学、史学、文学、艺术、教育、宗教、习俗等具体领域，离开这些具体领域来谈论文化，文化将成为看不见、摸不着玄之又玄的东西。但是，文化也不仅仅是各个具体领域的简单组合，……各个具体领域也不是孤立的，各不相干的，它们之间存在着相互影响和渗透。在近代，还由于西方文化的传入，中西文化在矛盾的过程中又发生吸纳、融会。这种种情况，不是单纯的具体领域分门别类的阐述所能涵括得了的，需要有综合性的论述才能予以较为全面的揭示。照此说，只有具体领域的阐述，没有综合的论述，或只有宏观的综论，没有具体领域的阐述，似乎都有不足或偏颇。"文化通史由部门史组成，但又不能为后者取代。朱维铮、冯天瑜等在论著中也表达了类似的意见，认为"整体大于局部相加之和"，文化的整体性决定了文化史以文化的整体为考察对象，文化史应在分解式研究基础上，重视整体、综合研究。②

简言之，文化史虽然是历史学科下的专史，但又具有通史的特征，是介于总体史与部门史之间的次级通史。文化史以探索统一和一般的规律为己任，不仅在内容上表现为各部门史的集合，而且在理念上强调文化的整体性和综合性。

（三）视角与方法

随着文化史研究的不断深入，有学者借鉴海内外文化研究的理论方法，从学科建设的角度反思和剖析既有研究所存在的问题。他们提出，不能简单地以研究对象和范围来界定文化史，或视文化史为历史学科下的专门史；文化史是历史研究的一种方法或视角。在这方面，以常金

---

① 刘志琴：《怎样认识文化史》，收入《中国近代文化问题》，第36页。
② 参见冯天瑜等《中华文化史》，第34页；朱维铮《中国文化史散论》，《复旦学报》1984年第4期。

仓、姚蒙、于沛的观点较为鲜明。

常金仓《穷变通久——文化史学的理论与实践》一书，围绕文化史的性质和历史学的出路作了较为系统的思考。作者认为，从古绵延至今，占据历史学统治地位的是政治史学，而政治史学的目标或是为一个政权制造意识形态，或是追求以史为鉴、汲取经验教训，或是把历史当作道德教育的材料，甚至搞影射史学，这样的史学"既没有科学价值，也缺乏哲理启示"，实际上成了为政治服务的工具。他呼吁史学研究摆脱政治和哲学的控制，走上现代化和科学化的独立发展道路。他推测，"21世纪的史学很可能是多样化的，但是文化史学将是它的主要潮流，这是因为史学研究范围的扩大和科学水准的提高一向就是历史学的内在要求，而只有文化史学可以同时满足这两个要求"。由此，他大胆地提出，用文化史学取代政治史学，作为解决"史学危机"的方案。①

常金仓所理解的"文化史学"，乃是历史学的一种研究策略，或者说是一种方法论。他说："历史学家过多地把'文化'理解为研究和叙述的'对象'，却很少理会'文化史'在方法论上的意义。换言之，历史学家把文化史看成是与政治史、军事史、外交史等并列的一个史学小分支，而没有把它看成是与社会史等并列的，为了达到特定认识而组织和分析材料的方式。"②他借鉴日本学者石田一良《文化史学：理论与方法》（王勇译，浙江人民出版社1989年版）的观点，提出："文化史学是把人类过去发生的事情作为研究材料，以期发现文化产生发展一般原理的学问，而文明史则是分门别类记述人类文化成就及其变化过程的学问。"③"一部标准的文化史不再是按照时间顺序首尾完整地记录下来的文化事项，而是按照文化内部脉络用一篇篇论文组成的一系列原理。"④通过对比"文明史"的定义可清楚地看到，他对"文化史"的理解侧重于史学方法论。

在他看来，从20年代到80年代，中国学者编写的大量文化史著作由通史而断代，由断代而分域，除补充一些新材料，增加一些新解释，在方法上基本没有长进。⑤针对学界通常对文化做广狭两义区分，他强

① 常金仓：《穷变通久——文化史学的理论与实践》，辽宁人民出版社1998年版，第37页。
② 同上。
③ 同上书，第42页。
④ 同上书，第43页。
⑤ 同上书，第37页。

调指出，这样的做法破坏了文化的统一性和整体性。"历史学家之所以采取文化史学的研究策略，正是要把人类的全部历史当作文化加以整体的考察，正是这个整体性才能克服旧式叙事史的个别性和独特性，从而发现文化发展的一般原理。政治、经济、宗教、哲学、风俗习惯、伦理道德、文学艺术、学术思想都是文化的表现形式，如果把它们割裂开来分别研究，犹如将一个人肢解以后再去研究他的各种生理活动一样。"①

具体地说，常金仓所提出的文化史研究策略，就是"用文化解释文化"。他说：文化史学的目标与政治史学不同，"文化史学应该是这样一种历史学，它不再满足于叙述一个个历史事件，并用简单的因果关系把它们联缀起来，它也不再满足于描述一个个历史人物，并品评他们的功绩与过错，它认为处于事件、人物水平上的历史学是最肤浅、最粗糙的历史学，因为历史学家把前人记录下来的事件没有做任何提炼和加工就直接使用了，这样的历史永远不能做出一个确定不移的答案"。② 他认为，文化史研究策略的第一步，是确定文化现象。"文化史学把全部注意力集中在由事件人物表现出来的各种文化现象上，这些现象比起变动不居的事件来具有极大的稳定性，它们往往成百年乃至上千年没有本质的变化；比起事件的形式多样化又具有相当的齐一性，而具有稳定性、齐一性的事物才是科学方法便于处理的对象。因此，文化史学家的第一件事情就是从大量的事实中捕捉、发现、确定文化现象。这样的工作在以住的研究中尽管是无意识的却已经做过一些。"③ 第二步，是解释文化现象。"文化只有靠它自身才能得到令人满意的解释。用文化来解释文化，就是把一种文化现象分解为若干相对单纯的文化要素，正是这些要素固有的属性以及它们的组合方式决定着文化的面貌，也就是说两种不同的文化体系或文化现象，它们不是由不同的文化要素组成，就是构成文化的要素虽同而结构形式不同。"④ 在笔者看来，"用文化解释文化"，接近于文化人类学所说的文化分析方法。文化分析是将文化作为一个整体来分析考虑。为比较和分析起见，人类学家习惯上把文化分解

---

① 常金仓：《穷变通久——文化史学的理论与实践》，辽宁人民出版社 1998 年版，第 39 页。
② 同上书，第 43 页。
③ 同上书，第 43—44 页。
④ 同上书，第 48 页。

成许多看起来分离的部分，尽管这种分解带有武断性。文化分析的一个最基本的原则就是根据文化的自身标准来评判它，即文化相对性。按照相对性原则，要真正理解和正确认识一种文化特性，就必须把它视为一个更大的文化或社会的一部分。① 再者，常金仓的思维方式明显带有科学主义和结构主义色彩。他认为，不同类型的文明或文化本质上是由大体相同的文化要素组成，这些要素就像物理学中的原子，具有客观性、规律性，文化史学的任务就是探索文化要素的同异、多少、结构方式及相互间的关系。他说："对文化进行要素分析实际上是将历史事实作还原的处理，这种处理在层次上深化了历史研究，它有效地克服了在形而上学指导下对历史的目的论解释，同时也可以使传统的因果分析更加确切。"② 在《穷变通久》一书中，他还运用文化要素分析法，实例证明文明史学的有效性。他认为，世界各地文明早期都普遍存在四种社会组织力或控制力——血缘关系、礼仪风俗、原始宗教和习惯法，它们的力量强弱和组合方式确立了古代埃及、巴比伦、罗马、印度、中国的文化类型。

姚蒙《文化、文化研究与历史学》（载《史学理论》1987 年第 3 期）一文，反对把文化史狭隘地理解为一种研究领域，而强调把"文化研究"作为一种视角和方法，以及对文化进行历史研究所带来的范式革新意义。

姚蒙从马克思关于实践的论述出发，认为"文化应是人类实践的方式和产物之总称"。作为人类实践的产物，文化应当包括从精神到物质的一系列相关层次或方面——思想理论、文学艺术、道德规范、习俗仪式、宗教、群体想象和传说、科学技术、物质积累、生活资料和条件的构成、自然生态环境的改观、各种日常物品等。"这些不同的层次或方面以人类实践为中介而构成了一个文化产物的整体。"他既反对把"文化"限定在思想道德等精神文化领域，也不同意"文化是精神和物质财富的总和"这一定义，认为文化并不一定表现为"财富"的形式。"时空整体的条件不同，人类实践的方式也不同，由此便呈现出世界上

---

① ［美］戴维·波普诺：《社会学》（第 10 版），李强等译，中国人民大学出版社 1999 年版，第 77 页。

② 常金仓：《穷变通久——文化史学的理论与实践》，辽宁人民出版社 1998 年版，第 49 页。

文化的多样性和差异性。因此从历史角度观察，文化不是单一的、抽象的，而是具体的并既在同时性的排列中又在历时性的演进中表现出多元的倾向。"作为人类实践的方式，文化集中表现在：（1）社会生产方式，包括生产关系、生产力的有机组合；（2）社会组织方式，包括政治、法律、经济、家庭、亲属等的体制和结构；（3）群体意识——心理方式，包括意识形态、宗教观念、价值——道德体系、群体心理和观念等；（4）社会日常生活方式，包括起居、饮食、劳动、消遣、风俗习惯、节日礼仪、禁忌、语言等；（5）社会传播方式，表现为同一社会内部各文化层次和潮流之间的交流及不同社会、文化之间的交流和适应，也表现为文化在历史过程中的历时性传播——即文化的延续和传统的形成方式。这五个层面相互渗透、互为表里，从而构成特定的文化运动。"实践产物和实践方式作为互相联系的两个方面构成了文化的整体和文化概念的整体内涵，文化概念可看作是对人类实践的一种概括和一种分析的角度。"简言之，"文化研究"为认识人类社会提供了独特的视角、方法和途径。

而文化与历史有天然的联系。他认为，作为人类实践产物和方式的文化，是在历时性过程中展开其全部内容的，"对于历史学来说，文化研究是一个研究的角度和途径，并不构成一个特殊的单一领域。从这一角度和途径出发，历史学将对历史有更为深刻的说明和更为全面的解释"。在该文中，他从文化研究的角度阐述了上述五种实践方式的历史内涵，说明文化研究给历史学特别是文化史革新带来的推动作用。以社会生产方式为例，"文化研究对生产方式的研究，则主要侧重于了解特定社会——文化系统中生产方式的特殊性及由它所导致的这一文化系统中其他方面的特殊性"，着重于从文化而不是经济角度探讨生产关系与生产力的矛盾、统一及变革的历史表现机制，以及不同文化中这一机制所表现出的差异性。他认为，文化研究能够带动史学理论（史学本体论、认识论和方法论）的整体变革。在研究对象上，历史学不再限于阶级关系或社会关系，不能借口某些方面重要而忽视或取消其他方面，而应当是历史上作为整体的人类社会，包括政治、军事、文化、社会关系等在内都应予以研究。在方法上，文化研究中采用的概念分析、计量分析、比较研究、跨学科研究等理论方法，也会促进历史学科理论建设和研究模式的更新。

于沛在《文化、文化学和文化历史学》（载《史学理论》1989 年第 2 期）等文中，主张以广义的文化为基础，形成一门"文化历史学"。他的"文化历史学"同传统的文化史最大的区别，"就在于文化历史学是建立在广义的文化概念上，并以此为前提去分析和认识一系列文化现象和历史现象"。他认为，"这不单纯是研究视野的扩大，而且是观念的变化"，因为"文化和历史是有机的统一体，不能割裂二者之间的内在联系。……只有能够科学地分析和认识历史上的种种文化现象，才能对历史作出完整的解释"。他还尝试提出了"文化历史学"的定义："文化历史学是以人类文化发展过程作为研究对象的一门历史学分支学科或交叉学科，其内容涉及考古学、语言学、心理学、民俗学、宗教学、民族学、人类学、文学、古文献学等，其研究范围包括社会史、思想史、科学史、学术史、教育史、文学史、宗教史、民俗史、民族文化、民间文化和文化事业等方面的内容。"他强调，"文化历史学"并不是上述专史的机械组合，而是将其作为一个统一的文化整体，探讨其间的内在联系，全面揭示人类文化发展的一般规律和特殊性，在理论和实践结合的基础上具体地描绘人类文化历史发展的具体过程。他把"文化历史学"的研究内容归为三点：（1）研究各个民族和国家在不同历史时代的文化特征，以及这些特征对历史运动的影响。（2）研究人类各种文化传播、交流、融合的过程及其原因。（3）研究文化在人类历史进程中的地位和作用。[1] 由于采取文化的广义，于沛的"文化历史学"扩大了文化史的研究对象和视野，他所提出的建立"文化历史学"理论体系的构想，值得后来者深思。

无论以文化史为视角或方法，上述学者的论证都稍嫌空泛。但这并不意味着可以轻视他们所提出的问题。对于任何一门学科而言，拥有较为系统的理论方法都是其走向独立和成熟的重要标志。不重视总结和探索理论方法的学科，是无法想象的。相较于在具体学术领域取得的丰硕成果，中国的文化史研究者在理论方法方面的讨论无疑十分落后。就此而言，他们的探索在学科建设史上自有其价值和意义。

（作者单位：北京师范大学历史学院）

---

[1] 于沛：《文化、文化学和文化历史学》，《史学理论》1989 年第 2 期。

唯物史观与西方新史学研究

后现代思潮与历史虚无主义

于　沛

　　早在19世纪70年代，英国的美术界在批判印象主义画派时，一些画家最早使用了"后现代"（postmodern）这一概念，一般认为，以19世纪德国哲学家尼采（Friedrich Wilhelm Nietzsche）为代表的非理性主义哲学，是"后现代主义"的源头。尼采要摧毁西方人的精神信仰，宣称"上帝死了！"他所宣扬的非理性主义、非道德主义和虚无主义，成为后现代主义的理论来源之一。20世纪70年代，哈佛大学教授丹尼尔·贝尔（Daniel Bell）著《后工业社会的来临》，提出了有广泛影响的"后工业社会理论"，在哲学、人文学科中引起广泛反响；1979年，法国哲学家 J. F. 利奥塔（J. F. Lyotard）的《后现代状况——关于知识的报告》一书问世，他说："让我们向统一的整体开战，让我们成为不可言说之物的见证者，让我们不妥协地开发各种歧见差异，让我们为秉持不同之名的荣誉而努力"，①公开否定本体、本源和基础、原则；否认世界的整体性、统一性和确定性。

　　今天所说的后现代思潮，即现代西方哲学中的"后现代主义"（postmodernism）思潮。一般认为，它形成于20世纪中叶，但时至今日，"后现代主义"这一概念仍歧义纷呈，模糊不清。在西方学术界，它可表征社会形态、时代特征、思维方式，也指文化态度、精神价值、前沿的或怀旧的模式等。"后现代"作为一种主张多元、多变、多维、多样、怀疑的思潮，强调通过所谓"永恒的变化"反对僵化，张扬自

---

　　① J. F. 利奥塔：《后现代状况——关于知识的报告》，湖南美术出版社1996年版，第211页。

由与活力，力主一切都没有确定性，而只有模糊性、间断性、散漫性、不确定性、无序和凌乱、反叛与变形，以及断裂和倒错等。法国画家马塞尔·杜尚（Marcel Duchamp）曾为蒙娜丽莎加上了山羊胡子，形象地宣示这种后现代主义的精神。"后现代主义"哲学思潮问世后，一时在人文社会科学领域蔓延，成为文学、音乐、美术、摄影、建筑设计、美学、社会学、心理学、法律学、人类学、地理学等的时髦思潮。自20世纪70年代后期开始，后现代主义逐渐影响到历史学领域，使史学发展，特别是史学理论的建构面临着严重的挑战。这种挑战存在于世界各国，在包括中国在内的广大发展中国家，则成为当代资本主义文化在史学领域扩张的手段之一。

法国哲学家德里达（Derrida）是后现代思潮的代表人物之一，是后现代思潮最重要的理论源泉解构主义（Deconstructionism）的创始人。"解构主义"的基本主张，是强调传统的形而上学的一切领域，一切固有的确定性、既定界线、概念、范畴等，都应推翻；彻底否定"结构主义"所强调相对的稳定性、有序性和确定性，这样，千百年来人们确信无疑的"真理"、"理性"、"意义"等传统的东西，都在"解构"的范围之内，追求真理不过是"一大幻想"而已。在后现代主义者看来，一切都是不确定的。任何事物都没有规律性和确定性，而更多地表现为多元、多变、多维。后现代思潮作为一种文化现象，它的产生和发展对人们反思西方的传统文化有一定的合理性，对后现代思潮不同内容和形态要做具体分析，特别是它对西方社会与文化特征的探究，不无可借鉴之处，但它的基本主张却是否定一切，否定历史发展的连续性和文化发展的传承性，这就不可避免地导致历史虚无主义。

美国历史哲学家海登·怀特（Hayden White）是后现代主义在史学理论领域的主要代表人物之一。他的后现代主义史学思想，集中体现在《元史学：19世纪欧洲的历史想像》（1973年）、《话语的比喻：文化批评论集》（1978年）、《形式的内容：叙事话语与历史表现》（1987年）、《比喻实在论：模拟效果研究》（1999年）等著作中。他认为，人永远不能找到"历史"，因为历史已经逝去，不可能再重现或复原，人们只能找到关于历史的叙述，或找到被阐释和编织过的"历史"。怀特强调，真实的历史是不存在的，因历史呈现出历史哲学的形态，所以历史不可能只有一种，有多少种理论的阐释，就会有多少种历史。除海登·怀特外，荷兰历史哲学家弗兰克·安克斯密特（Frank Ankersmit）著《历史编纂与后现代主义》（1989 年），英国历史学家凯斯·詹京斯（Keith Jenkins）著《关于"历史是什么"——从卡尔和艾尔顿到罗蒂和怀特》（1995 年），艾伦·蒙斯洛（Alun Munslow）著《解构历史》（1997 年），乔易丝·阿普尔比（Joyce Appleby）著《历史学视野中的知识和后现代主义》（1997 年），以及凯斯·詹京斯 1997 年编的文集——《后现代历史学读本》等，在西方史学界都有较大影响，为后现代主义在史学中的渗透起了推波助澜的作用。

后现代主义在史学的渗透和影响，突出表现为否认客观的历史真理的存在，否认历史矛盾运动的规律性内容。在后现代主义者看来，历史学家的主体性与历史事实之间不是历史认识主体与历史认识客体之间的关系，而是彼此融为一体，即融合在"历史叙述"的实践之中。在历史叙述之外，不存在任何客观历史。从后现代主义史学理论出发，历史只不过是"那些稍纵即逝"的没有内在联系的"事件"的堆积；通过"解构"宏大叙事，去"碎化"历史；用"颠覆"的方法否定一切，否定历史事实的客观性，否认历史的客观存在。这样，"后现代"随心所欲的文本、话语、修辞和解构等，把令人敬畏的历史研究变成了"编故事"、"讲故事"，把历代严肃史家视如生命的历史编纂变成"玩儿历史"。

有学者称后现代主义者为"历史杀手"，因为"学术史里头，典范更迭，新旧交替原非新鲜事，而'江山代有才人出'更是司空见惯。惟'后现代主义'的出现，却迥异于先例。他志不在修正或取代前身，而是要全盘否定该学问存在的理由"。①于是就有了"往事不可追忆"，和"敲响了历史的丧钟"、"史学之死"等喧嚣。对于后现代主义，西方一些学者也持否定态度，如美国芝加哥大学教授艾恺（Guy Salvatore Alitto）认为，后现代主义与 18 世纪以来欧洲的反启蒙运动一脉相承，其实质在于否定传统，否定 18 世纪启蒙运动以来的理性主义。他们反对真理，认为真理是启蒙主义的产物，应予彻底摒弃。后现代主义者主观武断，否认客观存在，用"解构"和"颠覆"的方法，把猜测性的理论冒充为有根据的科学。后现代主义者是一些极端个人主义者，将主

---

① 黄进兴：《后现代主义与史学研究》，生活·读书·新知三联书店 2008 年版，第 3 页。

体意识推至极端。因此，后现代思潮对历史研究没有任何科学价值可言，从后现代主义的理论出发，不可能正确地、完整地说明任何一个复杂的历史现象或历史过程。他希望中国学者能够认清后现代思潮的种种弊病，在历史研究中免受其害。对待"后现代"不仅不要受其影响，而且还要像中国的钟馗打鬼一样，把这个"鬼"从中国的历史研究中赶出去。①

20世纪90年代中期，后现代主义不仅影响到西方史学界，而且在中国史学界也开始有明显反映，如有人错误地认为，后现代主义将导致中国史学发生一场"深刻的革命"；中国史学的出路寄希望于"后现代主义"；此外，还有一个不争的事实，是在后现代主义影响下，建立在历史唯心主义理论基础上的历史虚无主义思潮日渐凸显，一些人以"重新评价"、"理性认识"、"独立思考"或"反思历史"为名，置历史事实于不顾，颠倒黑白，极力丑化和歪曲中华民族的历史、丑化和歪曲近代以来中国革命的历史，以及中国共产党和中华人民共和国的历史，在"重写历史"、"还原历史"的名义下，大做翻案文章，以达到彻底否定人民革命和社会主义制度的目的。尽管历史虚无主义思潮，主要表现在对近代以来中国历史进程中一些重大理论问题和实践问题的基本认识及价值判断上，但正是在这些认识和判断中，"后现代史学"的基本理论和原则，却在其间表现得淋漓尽致。来自西方的后现代主义或"后现代史学"，成为当代中国历史虚无主义思潮的理论武器并不奇怪，因为二者有共同的理论基础和对社会现实的共同诉求，无论是后现代思潮，还是历史虚无主义思潮，都不是单纯的学术思潮，而是一种社会思潮。

在中国近现代史研究中，历史虚无主义的表现尤为突出，种种谬误流传，造成了严重的思想混乱，对此我们应有清醒的认识。例如，否定中国革命的历史必然性，如近代农民运动、辛亥革命、"五四"运动和中国共产党领导的新民主主义革命和社会主义革命，都在否定之列。在他们看来，中国人民争取独立、自由、解放的革命斗争，是脱离实际的"激进主义"，只起阻碍社会进步的"破坏性"作用，造成"社会动荡，经济停滞"；在鼓吹"告别革命"的同时，不遗余力地美化和歌颂帝国

① 参见舒嘉《一种值得重视的观点——从芝加哥大学艾恺教授在北京的演讲说起》，《史学理论研究》2010年第1期；《新华文摘》2010年第11期。

主义，认为鸦片战争一声炮响，"给中国带来了近代文明"，否认自鸦片战争始，"帝国主义和中国封建主义相结合，把中国变为半殖民地的过程，也就是中国人民反抗帝国主义及其走狗的过程"这一事实。[1]无数志士仁人前仆后继，流血牺牲的英雄业绩被一笔勾销，"虚无"得无影无踪；勤劳勇敢的中华民族被"解构"为"愚昧"、"丑陋"、"自私"、"懒惰"、"安于现状，不思进取"，而且充满"奴性"；历史人物的评价也在"颠覆"之中：林则徐、洪秀全、孙中山等被贬低、丑化；而对慈禧、曾国藩、李鸿章、袁世凯、徐世昌等却大肆美化、褒扬。

历史虚无主义并不是对历史的所有内容都"虚无"，而是从既定的政治理念出发，有选择的"虚无"或"强化"。例如1981年中共中央《关于建国以来党的若干历史问题的决议》指出："文化大革命"，使党、国家和人民遭到新中国成立以来最严重的挫折和损失。虽然是党粉碎了江青反革命集团，自己纠正了"文化大革命"的错误，但仍有人把党在曲折前进中的失误和错误无限扩大，混淆历史的本质和现象、主流和支流，以批判"文化大革命"为名，把党和新中国的历史诬称是一系列"左"的错误叠加和延续的历史。彻底"虚无"中国共产党和中华人民共和国的光辉历史，意在否定中国共产党领导中国人民取得民主革命、社会主义革命、社会主义建设，以及改革开放，开创中国特色社会主义道路的伟大成就，从而改变中国的社会主义发展方向，葬送中国特色社会主义伟大事业。

还有人认为，新中国的现代化进程是"迟到的现代化"，他们将现代化与革命对立起来，认为在中国共产党的领导下，中国人民的革命斗争中断了中国近代以来的现代化进程，背离了西方资本主义主导的"近代文明的主流"，而以俄为师则是"走入歧途"。他们无视这样一个基本事实：当中国在帝国主义、封建主义和官僚买办资本主义三座大山的重压之下，中华民族饱受帝国主义列强的掠夺、凌辱之中，所谓现代化是无从谈起的。我们的现代化是人民当家做主的社会主义现代化，而不是仰承西方大国鼻息，纳入资本主义世界体系的"现代化"。毛泽东同志说："没有独立、自由、民主和统一，不可能建设真正大规模的工业。没有工业，便没有巩固的国防，便没有人民的福利，便没有国家的富

---

① 《毛泽东选集》第2卷，人民出版社1991年版，第632页。

强。""在一个半殖民地的、半封建的、分裂的中国里，要想发展工业，建设国防，福利人民，求得国家的富强，多少年来多少人做过这种梦，但是一概幻灭了。"①事实证明，革命是历史前进的火车头，也是现代化的推进器。在中国，没有共产党领导的人民革命的胜利，就没有中国的社会主义现代化。

后现代思潮是一种破坏性的社会思潮，"后现代史学"是将史学引向死胡同的史学。历史虚无主义在基本理论上、思维方式上、研究方法以及价值判断上，都和后现代思潮有共同的语言，成为"后现代史学"的标本之一。在当代中国的社会生活中，历史虚无主义在消解主流意识形态，将人们的思想搞乱，适应西方敌对势力文化渗透，对我国实施西化、分化政策方面，起着十分恶劣的作用。帝国主义的侵略政策，不仅包括政治、军事和经济侵略，而且也包括文化侵略。文化侵略或文化扩张、文化渗透，历来是帝国主义政策的重要内容之一，美籍学者爱德华·W. 萨义德（Edward W. Said）在其代表作《文化与帝国主义》等著述中，对此多有阐释。他说，老牌帝国主义的霸权主要是通过两种力量，一种"存在于直接的统治"，另一种"存在于文化领域"，那么在当代美国，"它的不同之处在于文化扩张的范围的突飞猛进"。②事实确实如此，例如美国对新中国的文化战略，就包括"让他们（中国人民）鄙视并攻击他们的先哲。必须从根本上使他们失去对传统的继承和发扬，使他们对自己的祖先产生怀疑、厌恶直至憎恶"；"让他们对自己的民族节日失去兴趣"；"让他们对自己的民族英雄感到厌恶"等内容。③所有这些都是"灭人之国，必先去其史"的具体化，历史虚无主义所鼓吹的一切，与其同出一辙。

2003 年 11 月，胡锦涛主持中央政治局集体学习 15 世纪以来世界主要国家发展历史考察时指出："浩瀚而宝贵的历史知识既是人类总结昨天的记录，又是人类把握今天、创造明天的向导。一部人类文明史就是人类不断在以往历史的基础上有所发现、有所发明、有所创造、有所前

---

① 《毛泽东选集》第 3 卷，人民出版社 1991 年版，第 1080 页。

② 爱德华·W. 萨义德：《文化与帝国主义》，生活·读书·新知三联书店 2003 年版，第 415 页。

③ 李昆明等主编：《大国策：通向大国之路的中国文化发展战略》，人民日报出版社 2009 年版，第 50—51 页。

进的历史。中华民族历来就有治史、学史、用史的传统。我们党在领导革命、建设和改革的过程中，一贯重视对历史经验的借鉴和运用。在新形势下，我们要更加重视学习历史知识，更加注重用中国历史特别是中国革命史来教育党员干部和人民。"但是，以否定人民革命、颠倒、篡改党和新中国历史为主要内容的历史虚无主义思潮的泛起，对治史、学史、用史却有极大的破坏性，不能等闲视之，我们在坚持党的领导、坚持社会主义制度等原则问题上不能失语，否则将后患无穷。今天，我们在新的历史起点上，要高度警惕历史虚无主义的侵蚀，旗帜鲜明地反对历史虚无主义，从理论与实践、历史与现实的结合上，深入剖析历史虚无主义的种种谬论，将使我们能更好地从历史中继承和发展中华民族与世界其他民族创造的优秀文明成果，更加坚定在党的领导下，走社会主义道路的信心，使我们在建设中国特色社会主义伟大事业中作出更多更大的贡献。

（作者单位：中国社会科学院史学理论研究中心）

历史研究合法性的当代深思

——当代历史叙事理论的启示

陈立新

简要回溯学术思想史，我们可以发现，历史研究是否具有合法性，很大程度上与这种研究能否发掘历史知识的自律性有关。在思想史上，最先触及这一问题并使之突出出来，也切实给予了富有卓见的解答，是17世纪的意大利人维柯。当然，连维柯本人也认为不过是投入到自己时代"一片荒漠"中的"新科学"，只是到了18世纪晚期的德国，才在"繁花盛开"的历史研究中获得了呼应和发挥。这个时候，历史知识经过思辨哲学的论证和武装，达到了自成一体的成就，在知识地图上占据了一个重要的位置。随后问世的实证主义，作为"叛离黑格尔"运动的始作俑者，致力于推崇自然科学，试图把历史知识以及历史研究变为自然科学的"学徒"。以实证主义为主导理念的历史编纂学，通过精心筛选材料、精确考订证据，大量增加了详尽的历史知识，一度使得"历史学"丰富了起来。如此这般的历史研究，虽然十分醒目，但却清晰可见地充当了自然科学的载体或试验场。这样一来，维柯所发现的那种"理想的永恒的历史"，乃至德国古典哲学家所阐扬的"普遍的历史"，也就轻易地被打发了。这样的历史研究以及由之而来的历史知识，其可靠性和合法性当然让人不敢奢望。在这种情况下，扭转实证主义对于历史研究的消极影响，已经成为不能回避的思想事情。而为了拯救历史研究的合法性，当务之急还是要彰显历史知识的独立性，证明历史知识本身有权成为有效的。

布莱德雷认为，历史学的特性就是批判，"历史事实"不过是历史学家根据"自身的权威"而进行的一种"推论"。狄尔泰、李凯尔特等人，高扬历史个体性原则，坚定而明确地把历史知识与自然科学知识区别开来，甚至引进"价值"理论来标明两者之间的差异。克罗齐依据"一切真历史都是当代史"的观念，非常自信地宣布，"一旦生活与思想在历史中的不可分割的联系得到体现以后，对历史的确凿性和有用性的怀疑立刻就会烟消云散。一种我们的精神现在所产生的东西怎么能不确凿呢？解决从生活中发生的问题的知识怎么能没有用呢？"① 柯林伍德则认为，"一切历史都是思想史"，历史学的研究对象与其说是历史事实，倒不如说是历史事实背后的思想活动。在渗透到事件内部并探测出它们所表达的思想时，"历史学家就在做着科学家所不需要做而且也不可能做的事"。进而言之，"历史学家不需要也不可能在寻找事件的原因和规律方面与科学家竞赛"，"历史学"发现了历史事件背后的思想也就已经把握了这一事件。历史研究就是要探明历史行为得以发生的思想动机，因此，"思想史，并且因此一切历史，都是在历史学家自己的心灵中重演过去的思想"。②

就此可知，在柯林伍德这一思想史环节，历史研究已然被赋予了两个基本要求：（1）从当下出发。（2）历史就是历史学家"复活"或"重演"过去的思想。从思想史发展的实情来看，这种历史观念招致了较多的担心和质疑，后面这类追问尤其具有代表性也最关问题之本质："假如历史学家必须以当下的眼光来看待其研究的历史时期，必须以其研究的过去问题当作是眼前问题的关键，那么他是否会陷入以实用主义观点来看待事实的窠臼，是否会坚持正确解释的标准是这一标准与某些眼前目的的适当性？"③ 在思想史上下文关联的语境中，这类追问的意义，当不仅仅是要中止某种思想行动，或杜绝某种思想观念，更在于标识一种思想自觉———一种在持守和开启两个向度上的学术清醒。于是，我们可以看到，柯林伍德所倡导的研究"历史思维"的历史观念，就成为历史知识理解上的一个标杆，无疑也相关于历史研究合法性的建构。"分析的历史哲学"所讨论的议题就与此有着关联。

真正说来，"分析的历史哲学不是去竭力纠正思辨理论，而是着手探讨历史学家的实际思想和实践所具有的逻辑结构和认识论前提。其目

① ［意］克罗齐：《历史学的理论与实际》，傅任敢译，商务印书馆1982年版，第4页。
② 参见［英］柯林伍德《历史的观念》，何兆武、张文杰译，中国社会科学出版社1986年版，第243—244页。
③ ［英］卡尔：《历史是什么？》，陈恒译，商务印书馆2007年版，第112页。

的在于描述而不在于修正"。① 这就是说，皈依于"分析哲学"的基本理念，"分析的历史哲学"开始把"如何认识历史"当作历史研究的中心。既是这样，历史研究就不再像以往那样着重追究历史本身的性质，而是侧重于探讨历史认识的形式及其正当与否。其基本要求就在于，历史认识必须是科学的真实的解释，而不能是虚假的解释。这就出现了把历史解释模式当作一个问题来探讨的理论要求，也就顺理成章地延伸到追究历史叙述方式的合法性。这样一来，历史研究的视阈就发生了转换，历史叙事研究成了热门话题。

在实证主义观念的冲击或影响下，历史叙事研究不可避免地遭遇到"历史学是科学还是艺术"的理论难题。真正说来，这一难题的出现，关乎于人们对于历史学本质的判断，在更为宽泛的意义上无疑也相关于历史研究的合法性。不过，从问题之实质来说，历史知识必定需要也能够自成一类：它既不是科学，也不是艺术。正是这样，为了确立和捍卫历史研究的尊严，以海登·怀特为代表的晚近历史学家，力主在历史研究中充分吸收科学精神与艺术精神，又能超越分别运用"科学"和"艺术"的局限性。

海登·怀特明确主张，"当代历史学家必须确立对过去的研究的价值，不要把这种研究作为自身的目的，而是作为一种方式，为透视现在提供多重视角，从而促进我们对自己时代的特殊问题的解决"。② 在此，我们当能发现一种全新的史学观念，它不仅是对实证主义观念的反拨，更为重要的，则是试图颠覆"历史即事实的重复"这一古老而顽固的史学观念。不消说，海登·怀特开启了一条的确有助于历史研究的新路。从此以后，历史研究的重点不在于认识和把握历史事实的实在性，而在于揭示被史学家的语言能指所建构起来的历史事实。换言之，历史研究以叙事为中心转向了以叙述为中心，亦即从强调历史故事转向强调叙述历史故事的行为。这种变化反映出后现代主义思想运动对历史研究的深刻影响。

依照当代历史叙事理论，历史本身的实在性无法如其原貌地再现出

---

① ［法］保罗·利科：《哲学的主要趋向》，李幼蒸、徐奕春译，商务印书馆1988年版，第244页。

② ［美］海登·怀特：《后现代历史叙事学》，陈永国、张万娟译，中国社会科学出版社2003年版，第51页。

来，历史事实并不可能通过考证历史学家的文献或文本而被精确地证实。当今的历史研究，必须透过历史文本的语言，并通过对历史文本语言的阐释和理解，而把握历史文本的意义。这种认识与解释历史的方法，已然不是再现历史实在性那样的简单，而本质重要的是对历史的建构。在这种情况下，历史研究就成为历史学家通过自身语言加以建构并能够体现在美学、文学、艺术等知识形式中的"叙述游戏"，历史事实就被解说为历史学家通过自身语言而建构起来的"虚构的整体"。

历史叙事理论的当代发展，解构了以精确性和实在性为理解指标和归宿的实证主义史学观念，也揭露了传统史学研究崇尚宏大叙事的抽象性。这一研究更值得人们关注的弥足珍贵之处还在于：它在一定程度上凸显了历史知识不同于"科学"和"艺术"、而又与两者有着关联的独特性质，也就道说了历史研究如何展开才能维持其合法存在的可能发展方向和活动区间。当然，从上文简要的学术史追溯我们已经了解，历史知识的性质具有复杂性，很难一概而论。人们的确不应依照自然科学的模式来谋定历史知识，历史知识不是"被知觉到的事实"的集合，但也不是历史学家率性发挥的"讲故事"。就是说，"历史学家仍然受到他的或她的资料的束缚，他或她用以研究它们的那种批判工具在许多方面仍然照旧未变。然而我们却更加谨慎地来观察这些资料。我们越来越察觉到他们未能直接传达现实究竟到一个什么程度，他们本人只不过是在重建对这些现实的叙述性的结构罢了，——但并不是不顾一切，而是被学术的发现和学术的话语在引导着的"。① 就此而言，当代历史叙事理论所倡导的历史观念，如何能够促进历史研究有助于人们从过去走向未来呢？着眼于历史服务于现实生活的源始任务，简要梳理当代历史叙事理论所讨论的问题，我们以为以下几点尤其值得深思和借鉴。

其一，能指与所指的相关性。

能指与所指是索绪尔语言学理论所使用的术语。简单地说，"所指"是指语言所表达的事物与客观存在的事物相符合，"能指"是指语言表达事物所使用的形式或手段等。依照索绪尔"符号的任意性"原理，能指与所指之间并不具有一一对应的逻辑联系，能指有着自身独立

---

① ［美］伊格尔斯：《二十世纪的历史学》，何兆武译，辽宁教育出版社2003年版，第166页。

存在的性质。正是因为两者之间有着非对称性、不确定性这样扑朔迷离的关系，文本解读的必要性就异乎寻常地凸显出来。这种情况特别常见于历史研究之中。

在流俗认识中，人们一谈到历史，都会自然而然地想起"过去"，都会以谈论一些"过去"了的往事等生活经历为当然内容。这就是因为人们公认"过去"是历史之中十分醒目和突出的构成部分。那么，"过去"是何意谓？换言之，究竟是什么成了"过去"？就以当今存放在博物馆里供人观赏的那些古董为例，即便它们当前仍现成存在，甚至偶尔还被使用，不过，人们心照不宣地要把它们看成是历史的东西。这样说来，这些古董中究竟有什么东西"过去"了以至于被看成是历史的呢？海德格尔说："仍还现成的古董具有过去性质和历史性质，其根据在于它们以用具方式属于并出自一个曾在此的此在的一个曾在世界。"① 我们就此可以推论，成为"过去"的，是此在（人）曾经生活于其中的那个世界；今天称为古董的用具，不过是具有历史性质的流传物，原本就是人的"曾在世界"的一个存在物；遗留下来的这些用具，正是后人用以探析和把握这个"曾在世界"的主要凭证；"曾在世界"既然是人曾经拥有的一种实际生存状态，对于后人的生活筹划无疑仍有建构的影响力，由此就凸显了被回顾被追问的必要性。不消说，海德格尔已然在关乎问题之根本的高度阐说了历史研究的主题和必要性。

把历史研究的主题指证为人的"曾在世界"或"曾在此的生存的可能性"，其实也就深入到问题之根基处标明：历史研究不可能回到问题之所出的那些原初情境，理解和解释乃是历史研究守护并开展自己主题的"指路明灯"。如果后世探究"曾在世界"所必需的证据可以广义地统称为"历史文本"的话，由于这些历史文本毋庸置疑组建了那个"曾在世界"，所以，历史研究者以语言的能指为载体而对历史文本进行解释，就是合理可靠的路径选择。

我们由此提出几点推论：（1）历史研究者"能指"这一维度，往往被说成是主观的东西，或者与主观随意性相提并论。虽说这种指认确有可能，但并不能构成否认历史叙述的理由。正如黑格尔所洞察到的，各民族在有史以前经历的那些时代，我们可以想象它们为多少世纪或者

---

① ［德］海德格尔：《存在与时间》，陈嘉映等译，北京三联书店 1999 年版，第 431 页。

几千万年，也许曾经充满了革命、迁徙或最稀奇的变迁，但我们宁肯相信这些都不存在。"因为它们没有主观的历史叙述，没有纪年春秋，所以也就缺少客观的历史。"① 就此而言，以历史叙述为表现形式的"能指"，作为历史研究中不可或缺的构件，乃是不言而喻的。（2）众所周知，在历史研究的实际开展中，研究者自身固有的意志、情感、目的和价值等主体品质，是抹杀掩盖不了的。诸如此类的主体性品质，当然不是"能指"本身，但常常都是隐秘地影响乃至支配"能指"的内在因素。在绝大多数情况下，研究者都是依据自身"内在的尺度"来设定理解方向和分析视野的。这就突出了"能指"之于"所指"的复杂关系。换言之，在历史叙述中，"能指"与"所指"之间并不完全一致，"能指"有着从自身出发的独立性，"能指"的偏离确有可能，"能指"的过度叙事或僭越也会时常发生。（3）虽说"能指"在历史研究中的实际存在是不可规避的，但这决不意味着研究历史就是研究者"讲故事"式的随意发挥，是历史学家凌虚蹈空式的构想。毋宁说，历史研究乃是历史学家的写实性再现与能动性建构互动的思想活动。"历史学家的任务就是长期以来大家一直认为的那样，发现嵌在杂乱无章的'事实'中的'真实'故事，然后像文献记载那样尽可能真实完整地重述它们。"② 自古以来，人们对于"信史"的看重和期待，无可辩驳地证明，历史研究无非就是研究者基于当下生活境遇而揭示"曾在世界"的事情，也就是深入发掘并呈现曾经发生的事件的意义。这样我们当可相信，无论研究者选择何种解释策略，采取何种表达方式，都不能脱离自己所要探究的"指涉物"，都要依循"所指"的问题域卓有成效地开展研究。

由此可见，为了确立和捍卫历史知识的尊严，历史学家必定需要通过合理可靠的解释或叙述，以便在史海钩沉中提炼并彰显过去之事所包含的深刻意蕴。与此同时，"能指"与"所指"之间无法割断的相关性，作为一个关系到历史研究合法与否的自律性要求，历史研究者理当时刻谨记在心。

---

① ［德］黑格尔：《历史哲学》，王造时译，上海书店出版社1999年版，第64页。
② ［美］海登·怀特：《后现代历史叙事学》，陈永国、张万娟译，中国社会科学出版社2003年版，第356页。

其二，意识形态的影响。

按照实证主义的历史观念，历史学家在研究中必须杜绝自己的"主观成分"。"历史学家一定不要对事实作任何判断，他只应该说事实是什么。"历史编纂学具体实行了实证主义的这种观念，最终落入了"空前的掌握小型问题和空前的无力处理大型问题"的结局。① 这就把实证主义历史观念的缺陷或限度标识出来。真正说来，实证主义的历史观念，不在于不能正确地引领人们认识和把握历史，而在于持守一个错误的认识方向，实际上恰恰构成了人们通达历史真谛的障碍。

正如马克思所指出的，"意识在任何时候都只能是被意识到了的存在，而人们的存在就是他们的现实生活过程。"② 人类思维从来就不是在社会真空中产生，而是生成于确定的社会环境并在此驻留而活动的。既然历史研究中人们其实是与人的"曾在世界"打交道，并且必定需要通过理解和解释才有可能与"曾在世界"照面，那么，历史研究就不是人们在没有任何牵挂和顾虑的情况下发生的，历史叙述也不是史学家随性恣意的好古把玩，而是人们有一定目的和意图的思想活动。而且，自从人类社会有了意识形态这类精神现象以后，人们无一例外地生活在各种意识形态交互作用编织的文化网络之中。这就是说，疏离或超越现实生活过程的思维，不啻是神秘主义的呓语，而尤其是根本不可能的想象。因此，历史编纂学打造的历史知识模式，固然是以自然科学知识为样板，然而却无视历史知识本身特有的客观性，非但无助于历史知识之自律性的建设，反而却真正制造了历史知识难以存在的可能性。正是这样，当代历史叙事理论直截了当地指证了意识形态在历史研究中的影响，无疑是切合历史研究之实际、切近历史知识之本质的深刻洞见。

海登·怀特明确提出历史学与自然科学是有区别的，"史学家不仅对于可能用来解释某种特定事件顺序的社会因果律到底是什么没有一致的看法，而且对于一种'科学'解释应该采用的形式问题也缺少一致意见。"于是，我们总是能够发现，历史学家对于任何历史现象的解释，都存在着"先天的争执"，因为这样的解释必定是以不同的"元史学预

---

① 参见［英］柯林伍德：《历史的观念》，何兆武、张文杰译，中国社会科学出版社 1986 年版，第 148—149 页。

② 《马克思恩格斯选集》第 1 卷，人民出版社 1995 年版，第 72 页。

设"为基础的。历史学家真正做的事情，就是把关于过去事件的文献转译成自己叙述的文献。在进行这种具有重构性质的转译时，历史学家们无疑需要使用某种"语言规则"——大体上是在隐喻、转喻、提喻和反讽这四种诗性话语模式中进行选择，进而采用诸如"情节化解释"、"形式论证式解释"、"意识形态蕴涵式解释"等不同的解释策略。依循卡尔·曼海姆的分析，怀特假设了四种意识形态立场，即无政府主义、保守主义、激进主义和自由主义。这就是说，"每一种有关实在的历史记述中，确实都显示出一种不可消解的意识形态成分。"①

意识形态具有历史继承性，在现存社会秩序中构成了一个相对独立的生活系列，有着不同的表现形式。从总体上来看，依其开展自身而呈现出来的不同性质，卡尔·曼海姆区分出三种性质类型的意识形态：（1）"善意的"思想。这是指思想家们专注于建构思想之为思想的一整套公理，却罔顾决定思想的那些社会历史条件，更遑论意识到思想不符合或超越现实的情况。（2）"伪善的思想"。这种类型的意识形态，是指思想家们能够意识到思想与现实的不一致，甚至还有程度不同的自省或阐说，但因为某种利益的需要而遮蔽现实生活状况，掩盖自身与现实不一致的真相。（3）"有目的的谎言"。这种情形的意识形态是建立在"有意识的欺骗"之上，歪曲或捏造现实乃是基本的意图和做法，其结果不是"自欺"而是"有目的的欺人"。② 应该说，这三种性质类型的意识形态，并不像这里的叙述顺序所显示的，依次出现在人类历史上，正常情况下则是同步出场的，在所谓的资本文明"新时代"尤其如此。

由此可知，意识形态的现实存在及其实际影响，是历史研究中人们无法回避的现象实情；承认并接受这一现实，不仅有着十分重要的意义，而且确有可能。它可以提醒我们务必保持高度的警觉，不断调整或转换认识方式，"避免我们的思维可能引导我们落入陷阱"。正是这样，我们理当需要充分利用意识形态现象，"用来反对我们理智生活中将思

---

① 参见［美］海登·怀特《元史学：十九世纪欧洲的历史想像》，陈新译，译林出版社2004年版，第15—16、38、584、27—28页。

② 参见［德］卡尔·曼海姆《意识形态与乌托邦》，黎鸣、李书崇译，商务印书馆2000年版，第199页。

想与现实世界分割开来的倾向，或用来反对隐藏现实或超越其范围的倾向"。① 在这种情况下，我们的确找不到自然科学知识所推崇的那种客观性，甚至还有前提与根据互动的论证活动。这样说来，历史知识是不是就流于循环论证而被陈列在缺失严格性的知识排行榜上呢？然而，如果认识或理解一向就不得不活动在已经有所认识的对象之中，且常常从这一对象中汲取养料，而这一对象又必须置于人类总体认识进程中才能获得理解，那么，如此这般形式上的循环认识，究竟是没有约束的随意想象还是更加精密、更为严格的知识呢？不消说，在历史研究中，如何保证和实现真实可靠性，是始终伴随着历史叙述行为的重大问题。更有甚者，具体如何开展，始终不可能有一个普适性的模式或方案。

我们在此把海德格尔的一段有关论述提出来："解释领会到它的首要的、不断的和最终的任务始终是不让向来就有的先行具有、先行视见与先行掌握以偶发奇想和流俗之见的方式出现，它的任务始终是从事情本身出发清理先行具有、先行视见与先行掌握，从而保障课题的科学性。"② 海德格尔从存在论角度解答解释活动何以可能的问题，对于我们这里所讨论的主题，可谓切中肯綮。其中的寓意，值得我们认真玩味：（1）一切解释活动都避免不了这个先行给定的"先行"结构；解释活动之"先行"结构的必然性，恰好为意识形态的先在影响提供了无可争辩的存在理由。（2）认识或解释活动"向来就有"的这个"先行"结构，标明人们不可能摆脱理解的循环；相反，人们一开始进行认识活动，就进入了这种循环，而且也不可能轻易地打发一下就抽身而出。（3）所谓"从事情本身出发"，由于所有的"事情"皆源自于现实生活，也都存在于现实生活过程之中，从而就是指从"现实生活过程"出发。（4）如果只有从"现实生活过程"出发，历史认识或解释活动才是可能的，这就意味着历史认识有着比自然科学认识更高的原则要求，历史认识更加复杂和困难。

这几点提示无疑在一般原则的高度证明：历史研究摆脱不了意识形态的影响，相反却应该积极地深入于意识形态所涵养的文化氛围，不拘

---

① ［德］卡尔·曼海姆：《意识形态与乌托邦》，黎鸣、李书崇译，商务印书馆 2000 年版，第 99 页。

② ［德］海德格尔：《存在与时间》，陈嘉映等译，生活·读书·新知三联书店 1999 年版，第 179 页。

泥于意识形态的框架，又能突破意识形态的限制，才能实现为现实生活提供精神生活资源的本务。只有这样，我们才能发现或领略历史知识的客观性。

其三，历史文本的意义何以可能。

承认意识形态的实际影响，充分利用这一影响，适时地校准认识视角，恰恰是人们维护或捍卫历史研究合法性的一般性要求。不消说，这里其实蕴含了对于历史事实优先性的尊重和持守。如果历史事实广义上都表现或存在于历史文本之中，那么，历史研究合理地把视焦对准历史文本则是顺理成章的选择，而彰显历史文本之意义尤其为要。历史文本之所以能够保存并流传下来，就是因其蕴含的意义对于后世的影响力，从而被后人们所关注。虽然当代科学技术的迅猛发展，历史文本能够不再仅仅限于以文字的方式记录历史事件，但是，人们关注历史文本的意义这一关键之点，并没有因为历史文本表现形式的改变而有了变化。易言之，解释历史文本，就是要发掘并转化文本的意义。

这样说来，历史文本的意义是不是现成地存在于字里行间或其他媒介物之中，是人们俯拾即是的东西呢？或者，历史文本的意义只是人们言其有而行弗及的唯灵论存在物呢？毋庸赘议，我们都会对此做出否定的回答。这是因为，历史文本的意义是不断生成的，并呈现出累积性增长的特征。这正是历史研究以及历史知识的独特性之一。

依照前文的分析，历史文本记载着"曾在世界"的历事，历史学家对文本的叙述，不过是重返"曾在世界"的某种经历，以寻思有助于当下生活的启示或教益。这就是说，研究历史，以史为鉴，出发点和落脚点都在于现在。正是这样，不能理解今天的人是无法也不会去叙述过去的，人们只有坚定不移地立足于现在才能真正"窥见"过去。历史学家总是属于他自己的时代，是时代的需要才使其"是其所是"。"历史学家的作用既不是热爱过去，也不是使自己从过去中解脱出来，而是作为理解现在的关键来把握过去、体验过去。"① 于是，我们总是毫无例外地发现，每一代人都要重写历史，这就是因为每一代人都有自身的困难、问题、兴趣和判断。当然，每一代人以自己的方式来考察和阐释历史，与前代人的方式形成相互补充，共同构建了人类生存经验的整体

① ［英］卡尔：《历史是什么？》，陈恒译，商务印书馆 2007 年版，第 110 页。

联系。所以，正如波普尔所洞见的，"不可能有一部'事实如此'这样的历史，只能有历史的各种解释，而且没有一种解释是最终的，每一代人都有权形成自己的解释。他们不仅仅有权形成自己的解释，而且有义务这样做，因为的确有一种寻求答案的紧迫需要。"而每一种这样的解释，宛如一架"探照灯"。"我们用它来照射我们的过去，并且希望用它的光芒照亮现在。"① 这样说来，历史文本的意义究竟是如何形成的，历史叙述为何要把历史文本的意义置于首位，我们就此理当能够获得一个关乎于问题之堂奥的原则性解答。

有鉴于此，我们可以发现，在历史叙述中，由于不同的叙述者对于文本意义的理解不尽相同，表达文本意义的方式也各各有别，所以，文本意义的呈现必定是多种多样、丰富多彩的。这表明：（1）历史文本的意义具有开放性。文本的意义不是在一次性的叙述或解读中就可以完全呈现出来，真实的情况则是，每一次叙述或解读都会发现新的意义，都会促进新的意义生成。正是这样，没有谁能够自诩掌握了开掘文本意义的垄断权。（2）历史文本的意义具有再生性。文本的意义不是现身以后就恒久不变了，似乎可以让人们源源不断地消费和挪用，以至于最终被耗费成了宛如干枯无用的木乃伊。（3）历史文本的意义具有可理解性。文本的意义虽说不是我们可以拿来即用的现成之物，但也不是神秘莫测的东西，而是人们可以把握的、可以运用的。作为佐证，在阐释或理解文本意义时，误解或误读是难以避免的，甚至是经常发生的，而误解或误读又为持续不断的文本叙述或解读提供了不竭的推动力。

如果说历史文本的意义必定在历史叙述中彰显出来的，叙述者无一例外处于主导的位置，起着最初发动的作用，那么，叙述者的责任担当就是不言而喻的。换言之，历史文本意义的呈现，首要地取决于叙述者的主体选择。在这种意义上，既然历史文本意义何以可能与叙述者有着不可否认的相关性，那么，叙述者就不能放弃自身叙述行为合法与否的自我审视和追问。

其四，阅读伦理。

历史叙述的实际展开，很大程度上或主要的工作就是阅读历史文

---

① 参见［英］卡尔·波普尔《开放社会及其敌人》第 2 卷，郑一明等译，中国社会科学出版社 1999 年版，第 404—405 页。

本，主旨在于发掘和领悟文本的意义，目的在于不仅要厘清"文本说了什么"，而且要阐明"文本对我们说了什么"。在这种情况下，我们叙述或阅读历史文本，其实就处于"作者"——"文本"——"读者"三者之间互动所营造的处境之中。这一处境，就其存在性质而言，是历史叙述活动中不可消除的具有建设性意义的因素，对于"读者"来说意义尤其非同寻常。在叙述活动中，以叙述者身份出场的"读者"，迎面就会遭遇这种处境，而且，只要一进入叙述活动就摆脱不了。进而言之，如此这般让"读者"挥之不去的存在处境，构成了影响并规范"读者"行为的阐释语境，成为"读者"有其自身的"先入之见"。在这种情况下，我们毫无例外地能够发现历史叙述活动中的一种关联性结构：以某种载体形式存在的历史"文本"确实不能怀疑，但这是"读者"所要阅读的文本；文本的"作者"或许并不在阅读现场，但却在"读者"的阅读中时时出场；阅读过程的结束，"文本"就变成为"读者"所理解了的存在。

这样就十分清楚，（1）在任何情况下，只要开始阅读文本，我们就要承认，"作者"、"文本"、"读者"三者都是整个阅读过程的独立要素，都有独立存在的权利，从而应当获致必要的尊重。（2）阅读过程显而易见是由"读者"发动的，"读者"处于主动的活动状态，是整个阅读过程的核心、承担者。（3）"读者"毕竟是为了某种切己的当下需要而去阅读某一"文本"，何况"读者"与"文本"之间有着不可抹去的时间间距，从而文本的阅读就是没有止境的。

由此我们不得不承认，在历史文本阅读过程中，"读者"的主观性不仅没有消失，也不能消失，反而是起着关键作用的引领力量。既然如此，为了确保阅读过程少走弯路，顺畅开展，最大程度地实现历史文本意义的开显和揭示，叙述者即"读者"的自我约束就至关重要——我们更愿意把这种约束称之为阅读伦理。倘若还原于文本阅读过程之中，这一阅读伦理包含着最低和最高两个界限的基本要求。

就其最低界限而言，叙述者必须克服有可能陷入以自我为中心的迷思和自大狂，不仅真正尊重"作者"和"文本"的存在权利，而且充分利用这两者在阅读过程中的积极作用。这一阅读伦理的最高界限，相关于阅读作为思想活动的一种敞开形式来说，表现为叙述者对于思想的态度上。在此，海德格尔对于思想与存在关系的一种看法颇有见地，值得借鉴："思想乃是存在的，因为思想为存在所居有，归属于存在。同时，思想又是存在的思想，因为思想在归属于存在之际倾听着存在。"①依循马克思的提示，"人们的存在就是他们的现实生活过程"，那么，思想在任何时候以关注现实生活过程为旨归，其合法性当然是无可置疑的。叙述者在文本阅读中贯彻这一要求，最最重要的，就是立足于现在，"从现在去重现过去"，以提取有助于当下生活的基本经验。

（作者单位：武汉大学哲学学院）

---

① ［德］海德格尔：《路标》，孙周兴译，商务印书馆 2000 年版，第 370 页。

历史研究的"碎片化"与唯物辩证法的应对

张秋升

一 历史研究"碎片化"的表现

1987 年，法国史学家弗朗索瓦·多斯出版了《碎片化的历史学》一书，对 20 世纪影响世界史学发展最为巨大的学派——年鉴学派，进行了批判性研究，指出年鉴学派的第三代史学，由于过于注重收编其他人文社会科学，采用跨学科的研究方法，反而造成了历史研究的"碎片化"，研究的领域越来越小，研究的问题越来越窄，历史研究变得支离破碎，趋近瓦解。"复数的历史学取代了单数的历史学，因为现在只有关于某一部分现实的历史，而不再有关于全部现实的历史了"，并引用他人之言支持自己的判断："我们正面临历史学的分崩离析。"① "我们面临的历史是破碎的和包罗万象的"，② "所有历史都变成了区域史"。③ 精神病人、儿童、肉体、性欲、节庆、梦、想象、气候、微生物等进入了历史学的领域，并且仅仅满足于表象的罗列，揭示不出这诸般历史现象与整体史的本质关联。这与年鉴学派第一代领导人马克·布洛赫及吕西安·费弗尔提倡的整体史已经背道而驰。马克·布洛赫与吕西安·费弗尔认为："唯一的真正的历史就是整体的历史"，历史"属于人类，取决于人类，服务于人类的全部活动"，其所关注的是"人类的全部活

---

① ［法］弗朗索瓦·多斯：《碎片化的历史学：从〈年鉴〉到"新史学"》，马胜利译，北京大学出版社 2008 年版，第 179 页。
② 同上书，第 180 页。
③ 同上书，第 183 页。

动",① 这一基本史学理念已被放弃。当然，"有些历史学家在碎化现实领域的同时也宣扬总体性，他们的做法分为两步：先是进行碎化，然后再把碎片堆砌成一个虚拟的总体。……它舍去了结构分析和因果关系假设这些主要层面，因而根本搞不出全面的历史。"② 多斯所论及的许多"碎片化"问题，在新时期中国历史研究中也或多或少，或早或迟地出现了。

新时期中国史学，特别是 90 年代以来的中国史学，受年鉴学派的影响或曰步趋其研究方法所致，加以后来后现代主义思潮的影响，也出现了相似的"碎片化"问题。研究的对象森然万象：家庭、婚姻、妇女、儿童、老人、感觉、身体、仪式、象征、记忆、服饰、毛发等。总的说来是：研究对象琐细，研究问题窄狭，罗列历史现象，堆砌史料，一味地描述，缺乏理论分析、价值评判、意义阐述，变成了无聊、无用、无思想的自说自话。与此相伴随的是研究队伍的分散化。这些现象就专业而言主要出现在中国社会史、文化史领域，就历史时期来说主要出现在近现代史。

二 历史研究"碎片化"的实质

一般论者认为，历史研究的"碎片化"就是选题琐碎，瓦解了历史的整体性，实际上这只是"碎片化"的外在表现，问题的实质在于缺乏联系的、发展的、全面的唯物辩证法的思维方式，或者说是世界观的问题。

在学术研究的层面，研究对象或选题的大小、微观研究和宏观研究本无所谓价值的高下和地位的主次，而且，"碎片"也有大小之分，只是一个相对的概念。人的认识能力的有限性决定了研究对象或选题只能从"碎片"或"局部"起步。

就研究对象或问题的相对性而言，空间上有广狭、时间上有长短、社会阶层有上下、社会内容有全缺、研究的问题有大小。相对于全球史

---

① 巴勒克拉夫：《当代史学主要趋势》，上海译文出版社 1987 年版，第 55 页。

② ［法］弗朗索瓦·多斯：《碎片化的历史学：从〈年鉴〉到"新史学"》，马胜利译，北京大学出版社 2008 年版，第 258 页。

而言，中国史是局部的，相对于中国史而言，江南史是局部的，而一个村庄或家族的历史更是微观；相对于《史记》描述的三千年，《汉书》写西汉一代的历史，是短暂的，而相对于西汉一代，汉武帝时期则是短暂的；过去的历史研究注重的精英阶层，新史学以来，开始注重下层民众，当今甚至注重到了社会最底层的妓女、乞丐；社会生活的内容丰富多彩，相对于整体史，政治史、经济史、社会史、文化史等专史都显得内容不全，而精神信仰的研究，即使是在社会文化史里面，也是部分的；有的学者选择宏大的问题，如中国传统社会结构，有的则选取某一时期妇女的发饰来研究，大小之异，不啻天壤。一个最典型的比较就是，同样是年鉴学派的代表作，布罗代尔的《菲利普二世时期的地中海和地中海世界》是整体史的代表，而勒华拉杜里的《蒙塔尤》则是微观史的代表，但仔细想想，布罗代尔的整体相对于整个欧洲和世界，其空间只在地中海周围，时间也主要在于菲利普时期；勒华拉杜里的小村庄，却有着这一小小社区的经济状况、婚姻家庭、宗教信仰等几乎是社会全部内容的展示，所以，整体史和微观史只是相对而言的，而且无所谓高低贵贱之分。那么，历史研究"碎片化"问题的实质何在呢？

历史研究"碎片"的产生有两种情况：一种是自然的存在，另一种是人为的制造。历史是过往发生的一切，已经一去不返，无法重现，人们对过去的认识只能通过史料，而即使再全面的史料也只是对过往历史的局部或片段痕迹，就这一意义上说，呈现在我们面前的只有历史的碎片。人为制造的"碎片"则是相对于整体史，研究者只能从局部入手，他首先要选题，选题就意味着另外部分的暂时舍弃，而集中精力研究这一人为割开的"碎片"，但进一步还要与较大部分的历史联系起来，探索其发展变化。可是，"碎片化"的研究只是将割开的"碎片"孤立研究，忘记或停止了与较大部分历史的联系，并静止地看待它。

如何将"碎片"连缀成有机的整体的历史，显然不是罗列现象，而必须有理论的穿透力深入到现象的背后，才能把握历史，从而展示出有机的整体的历史，否则历史就是一地碎片，虽然说吉光片羽不可忽视，虽然说有的"碎片"具有全息性，滴水见大海，但没有理论的黏合剂、没有意义之光的照耀，历史仍然是不可把握的。马克思主义史学理论在此依然显示出强有力的指导作用，唯物辩证法正是可以应对"碎片化"的有效思维方式。

三 历史研究"碎片化"形成的原因

历史研究"碎片化"形成的原因是多方面的。除了包括年鉴学派后期史学及后现代主义思潮的影响外，近现代史历史资料的丰富及源源不断地开发，致使史家感觉到研究的压力，也是重要原因之一。跨学科的方法在史学研究中的运用，造成了研究角度的多样化、研究方式的多元化，无形中消解了整体史。此外，我们今天的学术评价机制，也使得许多研究者追求快写快发，自然就选取较小题目，利用数据库搜集资料，快速地制造成文，故而缺少理论深度，多是史料罗列。上述原因不少学者多有提及，仔细分析，实际上还有一个重要原因，那就是治史宗旨的迷失。历史学的特点就是研究人类社会发展变化的过程，并从中探寻历史发展规律的一门学科。由于相对主义思潮的影响，探寻历史规律被消解了，于是人们只将历史当成了自娱并娱他的一种工具，于是表象的描述似乎就足够了。历史知识的价值本在于探寻历史规律并运用历史规律，推进社会的进步，没有规律的学说对人类的实践几乎没有指导意义，这一治史宗旨的迷失恐怕是历史研究"碎片化"的深层原因。

四 唯物辩证法与历史研究"碎片化"问题的解决

历史的"碎片"亦即局部的研究是绕不开的，是历史研究的起点，这样的研究可以使历史研究深入细致，是建构整体历史的根本前提，但静止孤立的"碎片化"是不可取的。很明显，当前历史研究"碎片化"问题已经成为史学研究中的一个突出问题，亟待需要解决。解决这一问题的出路可以从研究实践和思维方式两个层面寻找。

在研究实践的层面上，我们要采取分工合作的方式。任何历史的研究，都是从一个个史家个体的研究开始，所以，其研究的对象，相对于全部的历史都是局部的，而全部的历史甚至局部的、区域的历史都由更具体的、微观的历史研究组成，况且，历史的研究又存在确定史实、解释史实、评价历史、运用历史等多个层次，史家个体生命、精力和能力的有限性，便与浩瀚的历史形成了极大的张力，而我们又处在一个知识爆炸的时代，新的资料和信息成几何级倍数增长，这样的形势和环境，致使史家成为通才的可能性迅速减小，而专家越来越多，可历史研究规律的探讨一般是在整体史或通史的条件下进行的，不分工合作就难以写出整体史或通史，亦即很难使历史研究"碎片化"问题得到有效解决。分工合作意味着史家要加强学术交流，同时还应该由资深史家和管理机构高瞻远瞩，组织协调，引领方向，打通联系，以志趣、基地、项目、资金等为手段，进行史学研究的有效管理。但注意要保持每一个史家自身研究的独立性和自主性，以开放宽容的心态，让百家争鸣。

然而，解决历史研究"碎片化"问题的关键却在于史家的思维方式，或者说在于理论与方法。从以上对历史研究"碎片化"问题实质的分析可知，"碎片化"固然是选题小、重描述、史家孤芳自赏地自说自话，但最重要的是对历史的认识采取了静态、孤立的研究方式，没有将微观或局部的历史与更大时空范围的历史联想起来，没有放在变化发展的维度上看问题，这样的思维方式才是历史研究"碎片化"的根本症候，所以我们要改变这种思维方式。中外认识论史证明，迄今为止，唯物辩证法依然是最有效的认识世界、当然也是认识历史的思维方式。唯物辩证法认为，整个世界是普遍联系的，联系具有客观性、普遍性和多样性，而这联系的世界又处在永恒的变化发展之中。其变化发展的动力源泉是对立统一，由量变到质变是其变化发展的状态，否定之否定是其发展的趋势和道路。上述观点是我们进行历史研究的核心理念，是最重要的思维方式，实践也无数次地证明了其有效性。唯物辩证法还告诉我们，对世界的认识及对历史的研究，还应该关注认识对象的现象与本质、内容与形式、整体与部分、相对与绝对、普遍与特殊等问题，并努力探索认识对象中的因果关联，做到具体问题具体分析。结合上面所述历史研究"碎片化"的诸多问题，可以看出，唯物辩证法对于应对和解决这些问题，无疑仍然具有非常重要的指导意义。可以说，具体问题具体分析可指导我们对微观问题的实际研究，现象与本质引导我们对现象背后东西的抽象思考，普遍与特殊启发我们如何建构整体的历史，而普遍联系的、永恒发展的、全面的观点则是我们历史研究中应该具备的基本思维方式，贯穿于历史研究的各个层面，具有更广泛的价值。所以说，唯物辩证法在当今的历史研究中依然具有强大的生命力。新时期以来，由于对教条机械理论的厌倦和中外学术交流的畅达，人们引进了大量的、各种各样的史学理论和方法，这些史学理论与方法对于历史研究具有启发意义，活跃了中国的历史研究，取得了一定的学术成果，新人耳目，这是不可否认的。但引进的同时也引人追风，我们应该清醒的是：衡量一种理论和方法的价值，不在于新旧，也不在于中外，而最终在于其对历史的解释力及指导历史研究实践的实际效果。这一点值得我们深思。

实际上，不少史家注重、提倡、自觉或者不自觉地运用唯物辩证法来指导历史研究。彼得·伯克说："微观历史研究若想规避回报递减原则，那么其实践者需要展示小社区和大历史趋势之间的关联。"① 在新时期中国社会史研究还未如今日之火热的时候，冯尔康就指出：社会史研究存在"琐碎重复，把历史分割太细的问题"，社会史"研究内容显得琐碎、重复，孤立地叙述某些社会现象，对与它相关联的社会事项缺乏了解和说明"②，反对孤立的研究，强调关联。桑兵说："历史既为有机联系的整体，历史的时空联系既然无限延伸，从任何一点切入，都必须探察联系无限延续的人和事，因而进入之前必须把握整体，进入之后须有整体观念和眼界，如此才能深入、适当。"③ 这不但是自己研究的切身体验，也是有理性高度的概括，值得我们体味。

（作者单位：天津师范大学历史文化学院）

---

① 彼得·伯克：《历史与社会理论》，姚朋等译，上海世纪出版集团 2010 年版，第 45 页。
② 冯尔康：《深化与拓宽》，《历史研究》1993 年第 2 期。
③ 桑兵：《晚清民国的学人与学术》，中华书局 2008 年版。

唯物史观与美国华裔学者的中国史研究

路则权

一般而言，我们往往将一些华裔学者的中国史研究与唯物史观对立起来，这不仅因为他们身居海外。而且这其中，的确也有学者表示反对唯物史观，例如余英时等，自然加深了人们的这种看法。但我们若仔细考察美籍华裔学者的学术背景，阅读他们的史著，就会发现另外一个层面：即他们的中国史研究，或明或暗与唯物史观有着一定关联。

一　华裔学者社会体验与中国史研究

唯物史观认为，人们的思想是由他们所处的社会客观环境造成的。一个人的成长经历、社会时代背景及教育，对一个人的学术有着重要的影响。美国华裔学者对中国传统文化，尤其是中国历史的热爱，本身就印证唯物史观所论述的经济、政治及社会文化等对人的作用。这些学者的中国情怀在他们人生和学术上留下了深刻的印象，并时刻显现在他们的历史研究之中。

所谓"中国情怀"，是指一种对中国文化的怀念情结。余英时这样表露心迹："像我这样早年受中国文化陶冶的人，是不可能完全忘情于中国的。"① 他还专门写了《尝侨居是山，不忍见耳——谈我的"中国情怀"》一文。余英时指的这种现象大体反映出了这一群体的共同心态。

为什么说这种情怀基本反映了他们的整体心态，并影响到史学研究

①　余英时：《文化评论与中国情怀》（上），广西师范大学出版社 2006 年版，第 1—2 页。

呢？如，周策纵回忆自己为什么要研究"五四"时，他说："诗人疾之不能默，丘疾之不能伏"。孔子的这两句话不仅是周策纵的座右铭，也是他在 20 世纪 50 年代撰写《五四运动史》的精神支柱。① 林毓生在《中国意识的危机》一书中指出："由于种种机缘，这部《中国意识的危机》是用英文撰成，在美国印行；但，基本上，我却是以一个关怀现代中国文化与思想的前途，认同中国文化的知识分子的心情来讨论各项有关的问题的。"② 这里流露出林毓生强烈的文化情感因素。汪荣祖在《走向世界的挫折》自题道："遥望云天故国在，深寻旧梦素心存。"③这一怀念情怀也是十分强烈的。

我们不否认华裔史家长期生活在海外，深受西方文化熏陶这一事实。但对于华裔学者来说，对于故国的记忆，更为深刻和难以忘怀。钱存训的心态也大体反映出这一事实。他认为居住于美国，主要是生活上的考虑。"而且居留愈久，对祖国的怀念也愈深，在感情上可能比在国内的中国人更中国。"④

中国情怀，在华裔史家的内心深处牢牢缠结，在他们进行历史研究时也经常显现，影响久远。这些经历包括家庭环境、学校教育、社会体验是十分重要的。

家庭环境的影响对于华裔学者的中国史研究有较深的影响。如萧公权说："一个人的性格和习惯一部分（甚至大部分）是在家庭生活中养成的。上面提到的尊长和弟兄在不同时间、不同环境、不同方式之下，直接地或间接地，有意地或无意地，给予我几十年的'家庭教育'，奠定了我问学及为人的基础。"⑤ 他是很难认同"五四"时期对旧家庭的偏激攻击的。这也证明了萧公权自身"体验"对于他历史解释形成的重要意义。

在家庭中，影响最大的是父亲。何炳棣说："幼年这种训练使我后来非常容易了解孔子、荀子论祭的要义和'文革'期间亿万群众经常

---

① 周策纵：《五四运动史》中文译本自序，岳麓书社 1999 年版。
② 林毓生：《中国意识的危机："五四"时期激烈的反传统主义》著者弁言，贵州人民出版社 1986 年版。
③ 汪荣祖：《走向世界的挫折——郭嵩焘与道咸同光时代》，中华书局 2006 年版。
④ 钱存训：《留美杂忆——六十年来美国生活的回顾》，黄山书社 2008 年版，第 34—35 页。
⑤ 萧公权：《问学谏往录》，黄山书社 2008 年版，第 11 页。

跳'忠字舞'的历史和文化渊源。"① 又如他们父子之间年龄差距很大,在何炳棣看来,"这造成我青少年时期心理和学业上长期的紧张和终身脾气急躁的大缺陷。"并且"父亲曾根据他壮年自习日文科学教本的知识为我讲述遗传及生理大要。……没想到他紧接就讲西周昭穆制的要义,很自然地就在我脑海中那么早就播下'多学科'治学取向的种子。"②他承认,"我高中和大一时主修化学的意愿,是绝对无力抗衡从6岁起父亲有意无意之间已经代我扎下了的历史情结的。"③ 黄仁宇也有类似的经历。至于他的父亲在历史学上对他的影响,在黄仁宇看来,主要是在历史观方面。他认为"他以间接但有效的方式灌输我,革命修辞和行动是有所差别的。就某方面来说,我的历史观来自他的教导。"④父亲如何影响他成为历史学家的呢? 黄仁宇说:"他让我自觉到,我是幸存者,不是烈士。这样的背景让我看清,局势中何者可为,何者不可为,我不需要去对抗早已发生的事。"⑤ 许倬云也受到父亲许伯翔的影响。许倬云小时候读书很杂,主要原因就是跟着父亲读书。等到他十来岁,父亲就建议他好好读读《史记》,不应该老读武侠小说。⑥由于他父亲知识面非常广博,对许倬云教育,"其实就在日常的谈话。"⑦ 余英时的父亲余协中也是留美学人,余英时早年的文章受到父亲的指导。对他一生影响巨大的决定:跟随钱穆在新亚书院学习,也是他父亲做出的。

学校教育自然对这一代学者影响更深。何炳棣对 20 世纪 30 年代清华历史系有这样的评价:"清华历史系这种社会科学、中西历史、考证综合、兼容并包的政策,七七抗战前夕初见成效。"⑧ 这种治史精神、方法也体现在杨联升、何炳棣身上。对杨联升影响较大的是陈寅恪。他在《追忆陈寅恪先生》 先生一文中写道:"联升于陈先生隋唐史课前,

---

① 何炳棣:《读史阅世六十年》,广西师范大学出版社 2005 年版,第 4 页。

② 同上书,第 5 页。

③ 同上书,第 7 页。

④ 黄仁宇:《黄河青山——黄仁宇回忆录》,张逸安译,生活·读书·新知三联书店 2007 年版,第 234 页。

⑤ 同上书,第 241 页。

⑥ 许倬云口述,李怀宇撰写:《许倬云谈话录》,广西师范大学出版社 2010 年版,第 32 页。

⑦ 同上书,第 15 页。

⑧ 何炳棣:《读史阅世六十年》,广西师范大学出版社 2005 年版,第 72 页。

每得在教员休息室侍谈，课后往往步送先生回寓，亦当造寓晋谒。"①
杨联陞在清华发表的第一篇史学论文《中唐以后的税制与南朝税制之关
系》则是陈寅恪指导的，并很快发表在《清华学报》上。② 而最后一篇
学术论文《打像为誓小考》也是为纪念陈寅恪诞辰百年而作。③ 何炳棣
认为影响他最深的是雷海宗。尽管他只正式修过雷海宗的唯一一门必修
的中国通史。但雷海宗对他的影响却是至深且巨，以致他自己都不敢相
信。④ 因此，他曾在回忆录中写了最长的专忆雷海宗的文章。余英时、
陈启云等出自钱穆在香港创办的新亚书院，深受其师钱穆的影响。尤其
是余英时，学界普遍认为他是钱穆的学术传人。严耕望认为"先生门人
长于学术思想史，各有贡献甚多，余英时显最杰出。"⑤

台大毕业的许倬云、张灏、林毓生、汪荣祖、李欧梵等人的记述反
映出那一时期在台湾的史家对他们的影响。从大二开始，许倬云就上李
宗侗、董作宾、李济、凌纯声、劳干等老师的课。林毓生、张灏受其师
殷海光的影响较大。林毓生在《殷海光林毓生书信录》中，除了收录
了他们之间往来的书信外，还撰写了《翰墨因缘念殷师》、《殷海光先
生对我的影响》。张灏在 1959 年去美之前，跟随殷海光学习，完全投入
到"五四"中去了。⑥

社会体验对于史学研究则更为明显地体现在华裔学者身上。大多的
美国华裔史家人生经验记忆深处，难以忘怀的莫过于"五四"及后
"五四"时期、战争及其流亡，这些深刻的经历影响了他们的历史认识
和解释。

在近代中国思想史上，"五四"运动成为学人不可回避的话题。萧
公权是较早的一代，当然他自己的生活体验不认可"五四"的反传统。
这一点在他的《问学谏往录》已有说明。余英时出生于"五四"发生
后的十多年，直接冲击自然没有。而抗战 8 年也就是余英时青少年时

① 杨联陞著，蒋力编：《哈佛遗墨——杨联陞诗文简》，商务印书馆 2004 年版，第 35 页。
② 何炳棣：《读史阅世六十年》，广西师范大学出版社 2005 年版，第 66 页。
③ 杨联陞著，蒋力编：《哈佛遗墨——杨联陞诗文简》，商务印书馆 2004 年版，第 36 页。
④ 何炳棣：《读史阅世六十年》，广西师范大学出版社 2005 年版，第 114 页。
⑤ 严耕望：《怎样学历史——严耕望的治史三书》，辽宁教育出版社 2006 年版，第 310 页。
⑥ 李怀宇：《张灏：在复杂的文史世界中谦虚治学》，《南方都市报》2008 年 10 月 29 日 B14 版。

代，他在故乡潜山官庄，那里没有现代式的学校，甚至连传统的私塾也不常有。他说："所以在十六岁以前，我根本不知道有所谓'五四'其事，更不必说什么'五四'的思想了。"① 受"五四"影响而直接从事相关研究的是周策纵和林毓生。周策纵在谈起研究"五四"缘起时回忆道：个人因素驱使他去进行这项重要的工作。他说的个人因素是指少年时代在长沙所读的高中就是毛泽东15年前毕业离开了的地方。那是他就对"五四运动"已有兴趣。并且积极参与当时的学生运动中。他当时曾写过一首诗，《五四，我们对得住你了！》，发表在郭沫若和田汉在长沙合办的报纸《抗战日报》上。尤其是到了国民党办的大学念书，校方禁止学生运动的行为，更增强了他要写"五四"的意愿。② 林毓生则在中学时代，已经产生了强烈的爱国意识。"因为喜欢阅读五四人物的著作，已经了解了一些近现代中国悲惨的历史经过及其由来。"③ 才有了学习历史和寻找找出中国的病根的努力。

作为那一时代的中国人，最刻骨铭心的记忆恐怕是战争的体验了。黄仁宇是作为军人直接参与了抗日战争，也亲眼观察到了后来的内战。在战后的反思中他获得更多的是体验。对黄仁宇影响更深的是内战，这是让他转而学习历史的主要因素。"内战在我心中留下一些无解的问题，让我有时觉得矛盾不安。我转念历史系，原因之一就是要消除这些疑虑。"④ 他之所以研究明代历史也与此有关。他以自己在国民党军队的经验得出结论：当代中国的背景必须回帝制时期的过去。哪个时代是中国最近的过去呢？他觉得清代的政治历史受到外族统治的太多扭曲，后期又在与西方冲突阴影的笼罩之下，所以明朝是最后一个汉族统治的朝代，在体制上应该更能代表中国的特色。⑤

许倬云与黄仁宇不同，作为一个"旁观者"，对于战争，尤其是抗日战争有自己的体认。他说："我真正由记忆，忽然从小娃娃变成有悲

---

① 余英时：《现代危机与思想人物》，生活·读书·新知三联书店2005年版，第71—72页。

② 周策纵：《五四运动史》英文出版自序，岳麓书社1999年版。

③ 殷海光、林毓生：《殷海光林毓生书信录》，吉林出版集团有限责任公司2008年版，第20页。

④ 黄仁宇：《黄河青山——黄仁宇回忆录》，张逸安译，生活·读书·新知三联书店2007年版，第180页。

⑤ 同上书，第177—178页。

苦之想，就在抗战时期一批川军赶赴前线时。抗战是我非常重要的记忆，看见人家流离失所，看见死亡，看见战火，知道什么叫饥饿，什么叫恐惧，这是无法代替的经验。"① 除了对人性的反思外，战争的逃亡也造就了许倬云史学的实践体验。他说："我一路旅行、逃难所经各处，和我后来我看的《三国演义》就连在一起了。那些都是三国战场，荆州本来就是战场，鄂北一带就是新野，我们走的路就是三国时期的路，对我很有帮助。后来我念历史就反刍。"② 并且，他"幸运地看到了中国最深入内地的农村，看见最没有被外面触及的原始面貌，不但山川胜景，还有人民的生活。……对农作的每个细节都可以细细地看。"自然对他后来研究历史非常有帮助。他认为："譬如我写《汉代农业》，真正农业的操作，一般读书人不知道，因为我看懂了，反刍。在 1949 年以前，中国的农村变化不太大，我当时看到的农村基本上跟汉朝相差不多。"③ 并且，由于他亲眼看到了农村的社会组织，华中一带宗亲组织不是很强，所以对传统社会相当清楚。④ 这些都成了战争逃亡中意想不到的成果。

华裔学者在美国的文化冲击，对他们的中国史研究也是不容忽视的。"二战"后，美国成为资本主义世界中政治、经济、文化、军事上实力最雄厚的国家。就中国学研究看，它取代了传统上欧洲国家占据的地位，成为世界上最大的中国学研究中心。

20 世纪 40 年代前，美国中国学研究大体上跟随欧洲汉学的研究模式。但太平洋战争爆发后，美国中国学在费正清等人的倡导下，开始由传统转向现代中国研究。但由于众所周知的麦卡锡主义的影响，50 年代初期刚刚起步的现当代中国研究遭到打击而沉寂。然而，传统中国研究在这一时期相对受欢迎。傅高义曾指出："在 20 世纪 50 年代，麦卡锡主义时期，美国拥有众多关于中国历史、语言、文学方面的专家。"⑤

---

① 许倬云口述，李怀宇撰写：《许倬云谈话录》，广西师范大学出版社 2010 年版，第 11—12 页。

② 同上书，第 13 页。

③ 同上书，第 14 页。

④ 同上书，第 15 页。

⑤ Ezra. F. Vogel, "The First Forty Years of the Universities Service Centre Studies", *The China Journal*, No. 53（Jan, 2005）, p. 2.

而在传统中国研究中，儒家思想尤其受到重视。① 在世界形势变化后，许多机构转向当代中国研究，但费正清等人也意识到，不能因为重视现当代中国而忽略传统中国的研究。② 这一点对于美国中国史研究是十分重要的，当然也影响到了华裔史家的研究方向。

华裔史家大多带着一种文化自觉意识来进行史学研究的。许倬云认为留学给人们开了门户，让人们理解外面的世界和另一种文化，接触另外一种思考方式。其中最重要的就是突破中国中心论。许倬云认识到，如果留学仅仅是学习汉学或观察中国当助理，找材料，这样的学习，看不见世界的另外一面。③ 他自己就是在美国研究所，才逐渐脱离了以中国为中心的世界观的。④ 1960 年，陈启云去哈佛大学攻读博士学位的动机也是："我在当时在红尘滚滚的东方世界觉得灵泉沉浊，希望到西方学术净土接受严格的训练，获得学理上的突破或超越。"⑤ 这些话基本上代表了华裔学者的共同心态：学习西方文化，以便更好地研究中国文明。

黄仁宇最为关心的是："找出这个独特的西方文明如何打破另外一个不遑多让的独特文明——也就是中国文明——的抵抗力，让中国分崩离析，而在中国重新恢复平静时，如何转而影响西方世界，让后者进行调适。也就是说，我的主要任务在于以一己之力密切观察，西方如何和东方交会，东方如何和西方融合，直到两者融而为一个完整的世界史。"⑥ 黄仁宇选修了全欧洲的宗教改革和英国的斯图亚特王朝时期。选择这些和社会的大规模动荡与暴乱相关历史时期的课程，绝不是一种

---

① 吴原元：《隔绝对峙时期的美国中国学（1949—1972）》，上海辞书出版社 2008 年版，第 56 页。

② 韩铁曾指出："福特基金会没有对哈佛中国学研究向历史学倾斜作任何干预，就是因为接受了费正清的欲速则不达的解释。"（《福特基金会与美国的中国学》（1950—1979），社会科学文献出版社，第 161—162 页。也可以参见吴原元《隔绝对峙时期的美国中国学（1949—1972）》，上海辞书出版社 2008 年版，第 95 页。

③ 许倬云口述，李怀宇撰写：《许倬云谈话录》，广西师范大学出版社 2010 年版，第 67 页。

④ 许倬云：《问学记》，广西师范大学出版社 2008 年版，第 17—18 页。

⑤ 陈启云：《治史体悟——陈启云文集一》（代序之一：寻道·求真），广西师范大学出版社 2007 年。

⑥ 黄仁宇：《黄河青山——黄仁宇回忆录》，张逸安译，生活·读书·新知三联书店 2007 年版，第 77 页。

偶然，是他早年在国内战争经历的潜意识作祟。

哥大毕业的何炳棣曾这样评价纽约文化对自己的影响："纽约历史上是世界最大的移民入口港。……这个开放性和世界性（comopolitan）的大都市，对我一生治学的胸襟和心态都有直接间接积极的影响。"① 而他后来执教的芝大，也是对他有影响的。他认为自己跨出明清、开始探索中国文化的起源并不是一时的冲动，"30 年后反思，深觉这个研撰方向的大转弯时与芝大校风、人事因缘和自我培养浩然之气的志向都牢不可分的"。②

许倬云早年毕业芝加哥大学。芝大的教育方式对他的研究也产生了重要影响。他后来在各个方面均有成就，除个人禀赋外，与芝大的学习不无关系。他承认："我到芝加哥大学也是非常有运气，有很多老师教我，所以我杂凑的东西很多，不是中国研究。杂学无章，却受益良多。"③ 许倬云在美国读书时，正赶上民权运动风起云涌之际，他也积极参与其中。他说："我在芝加哥读了五年美国社会，不是全在书上读的。开刀、念书、搞民权，神学院宿舍里聊天。"④ 在他看来，比那些在图书馆消磨岁月的留学生，这些都是学习和难得的机缘。许倬云的博士论文《春秋时代的社会变动》，即他的第一部英文著作《中国古代社会史论》就是芝加哥大学的环境中，孕育而成。许倬云后来的社会经济史研究，也受到了他所工作的匹兹堡大学的影响。他说匹兹堡大学历史系以社会经济史闻名。当时的系主任 Samuel Hayes 是美国社会史界的巨擘。无论有农业组还是工业组，都注重社会底层部分，这对许倬云帮助很大。⑤ 在那里，他不但继续学习韦伯理论，也学习了许多其他理论。他的第二本英文著作《汉代农业》与匹大历史系的学风有相当大的关系。后来他还交了艾森施塔特（Shmuel Eisenstadt）等一群朋友，都是文化学者、宗教学者、社会学者、历史学者，大家经常有不同的聚会，

---

① 何炳棣：《读史阅世六十年》，广西师范大学出版社 2005 年版，第 214 页。
② 同上书，第 369 页。
③ 许倬云口述，李怀宇撰写：《许倬云谈话录》，广西师范大学出版社 2010 年版，第 47 页。
④ 同上书，第 61 页。
⑤ 同上书，第 91 页。

讨论文化的起源、文化的转变、文化的衰亡等问题。① 这对于他后来研究中国文化也很有影响。

唯物史观认为："人们在自己生活的社会生产中发生一定的、必然的、不以他们的意志为转移的关系，即同他们的物质生产力的一定发展阶段相适合的生产关系。这些生产关系的总和构成社会的经济结构，即有法律的和政治的上层建筑竖立其上并有一定的社会意识形式与之相适应的现实基础。物质生活的生产方式制约着整个社会生活、政治生活和精神生活的过程。"上述事例证明，华裔史家的中国史研究与他们所经历的社会现实，与当时的经济、政治、文化及社会生活是密切关联的。

二　唯物史观与华裔学者的中国社会经济史研究

马克思主义的影响使得经济史家越来越看重社会经济之间关系的研究。这种对社会史的关注使得史学家开始跨越经济史和社会史的边界，以经济为基础开始研究特定的社会问题。华裔史家也深受影响，并且成就斐然。

早期华裔史家在 20 世纪中国社会史论战的影响下，带着由中国接受的欧洲视野下的经济史研究方式进入美国。后来的华裔学人，在早期华裔学者的影响和从欧洲直接过渡到美国的尤其是法国年鉴学派的影响下发展出自己的社会经济史研究，并做出许多成就。李根蟠在《二十世纪的中国古代经济史研究》一文中指出："一些曾任台北中研院院士的美籍华裔学者，对中国社会经济史的研究做出了重要贡献。"② 这种观察符合实际。其中，杨联升的社会经济史，许倬云的汉代农业，何炳棣的中国农业起源，王业健的清代经济，黄宗智的近代农业研究都为学界所关注。

代表华裔史家早期成就的是 1952 年杨联升出版的《中国货币与信贷简史》。1949 年秋，杨联升在哈佛大学开设《中国古代经济史》课

---

① 许倬云口述，李怀宇撰写：《许倬云谈话录》，广西师范大学出版社 2010 年版，第 93 页。

② 《历史研究》编辑部编：《〈历史研究〉五十年论文选——20 世纪中国历史学回顾》（上册），社会科学文献出版社 2005 年版，第 241 页。

程，对中国古代货币和信贷等问题进行了全面系统的研究。① 他通过对中国货币和银行史上约300个关键词的解释，宏观性地考察了中国古代经济史以及背后的社会因素。周一良说："一、此书以类为经，时间为纬，叙述历史上货币与信贷的演变，脉络分明；二、很好地结合了时代的政治、军事、社会等方面的背景。这应与作者本人深厚的史学根基分不开；三、具有批判性的观点在书中随处可见，颇具启发性。"② 这里提到的这几点与唯物史观的倡导高度类似。

在汉代社会研究较为突出的学者如余英时和许倬云。1967年，余英时发表的《汉代贸易与扩张》是对于中外交通贸易体制的整体研究。1972年，许倬云的《汉代农业》分析了中国农业经济特点。

在《汉代贸易与扩张》中③，余英时认为，要理解汉代贸易与扩张的关系，首先要对汉政府的政策和当时中国的贸易基础进行考察。余英时首先考察了汉代的对外政策、经济政策和商业政策。就贸易基础而言，余英时对于农业和工业资源、运输系统进行了分析。汉代农业进入一个新的纪元。西汉铁器、牛耕技术的使用，东汉的灌溉技术等都促进了农业的发展。对农业和工商业资源状况，余英时侧重分析了与贸易和扩张直接相关的一些发展。余英时还考察了汉朝贡纳体系建立的过程。余英时在对胡汉经济关系的基本结构解释后，还分析了贡纳体系内的政治和经济利益及其贸易和扩张的历史后果，即汉化、胡化和商业化等问题。

许倬云的《汉代农业》先回顾了战国时期的农业状况。他认为，战国时期铁器的使用，使得农业开始采用精耕细作，并且兴建了一些灌溉渠系。战国时期，对精耕细作产生重要影响的思想如对农时的强调，认识到深耕的必要性，施肥等已经出现。精耕细作需要大量的劳动力，战国时期自耕农开始增加。就耕作制度而言，精耕细作的压力使得轮作制代替修耕制。许倬云认为，"中国精耕细作农业的许多基本原则都与植

---

① 即 *Money and Cred it in China*, Hanard University Press, 1952。此书1952年由哈佛高等研究基金会资助，哈佛大学出版社出版。哈佛大学出版社1971年再版。中文本由金昕、江斌译，刘东校。

② 周一良：《郊叟曝言：周一良自选集》，新世界出版社2001年版，第41—42页。

③ 余英时、邬文玲等：《汉代贸易与扩张——汉胡经济关系结构研究》，上海古籍出版社2005年版。

禾的要求有关"。①

1969 年，何炳棣的《黄土与中国农业的起源》探索了中国农业的起源。这在西方学界引起较大反响和争论。②

何炳棣指出，中国农业的起源是中国文化起源的一个重要而专门的课题。他在上编利用中国科学界对黄土的研究成果，分析说明了中国古代的自然环境。何炳棣根据考古报告指出：中国文化的起源在于黄土而非黄河。③ 他认为，若深入理解我们文化尤其是农业起源，"必须在黄土区域的种种自然条件里去追索"。④ 中编集中分析了古代文献中的植被资料，它不但与农业有关，而且可以印证科学研究和解决科学界的某些分歧，指出古代的自然环境的干旱性。下编在与两河、尼罗河、印度河等区域古代农业体系比较后，得出我国古代的农业体系的特殊区域性和独立性。

明清经济社会史在美国中国史领域中相对比较繁荣，华裔史家在士绅研究、人口史、明代经济和清代田赋等方面成就突出。

萧公权、张仲礼直接回应了西方学界对中国士绅社会的研究。从马克斯·韦伯至列文森，许多欧美学者将传统中国视为"儒教国或儒教社会"（Confucian State or Confucian Society）。1959 年 9 月，萧公权在哈佛大学赞助召开的"传统中国政治权力讨论会"上对此提出质疑。他提交了"Legalism and Autocracy in Traditional China"⑤ 一文，强调法家思

---

① 许倬云：《汉代农业——中国农业经济的起源及特性》，广西师范大学出版社 2005 年版，第 80 页。

② 何炳棣回忆说："当 60 年代后半期个人治史的兴趣从明清转到史前之后，我深深感觉到若干自然科学工具的重要。为了探讨中国文明的起源是否是独立土生的这一大课题，必须先求攻克中国农业起源这一关。"1968 年夏书稿完成后，撰就长达两万字的英文摘要。这篇英文摘要引起伊利诺州立大学哈兰（Jack R. Harlan 是农作物起源的权威，美国国家科学院院士）的注意。（杨遵仪主编：《桃李满天下 纪念袁复礼教授百年诞辰》，中国地质大学出版社 1993 年版，第 31 页。）1969 年，李约瑟读了《黄土与中国农业的起源》后，邀请何炳棣参与"SCC"农业卷的写作，后因何有其他大课题及对李氏提出的西亚木梨东传的假设不满而婉谢。（阎纯德主编：《汉学研究》（第十一集），学苑出版社 2008 年版，第 344 页。）

③ 伯恩斯、拉尔夫认同何炳棣的研究："早期居民选择靠近黄河或其支流但地势较高的地方从事耕作以避免洪水祸患。但是，他们不得不依赖于那些只需极少雨量就能生长的植物。"（伯恩斯（Burns, E. M.），拉尔夫（Ralph, P. L.）著：《世界文明史》（第 1 卷），罗经国等译，商务印书馆 1987 年版，第 175 页。）

④ 何炳棣：《黄土与中国农业的起源》，香港中文大学出版社 1969 年版，第 11 页。

⑤ 即《传统中国的法家与独裁政治》。

想对维持帝制中国统治的作用，纠正了"儒教国"的偏颇观点。在萧公权看来，无视法家的存在，就不能对中国的帝制体系作合理说明。正是在放弃"儒教国"这一单纯认识后，萧公权将重点放在与乡里制度的关系中进行审视，[①] 才完成有关帝制后期中国政治体系的著作——《中国乡村》[②] 及其后来具有宏观理论视野的《调争解纷——帝制时代中国社会的和解》。

萧公权的《中国乡村》由"乡村区域各部门"（The Divisions of Rural Areas）、"乡村统治"（Rural Control）、统治效果（The Effects of Contrrl）三部分构成。第一部作为第二、三部分的绪论，涵盖了村落（Villages）、市场（Markets）、市镇（Towns）以及作为行政部门（Administrative Divisions）的保甲、里甲。

在牟复礼（F. W. Mote）和郎玛琪（Margery Lang）帮助下，萧公权整理出版了《调争解纷——帝制时代中国社会的和解》。此文是他对乡村问题更为理论系统的研究成果。[③] 萧公权在一定程度上修正或补充了阿瑟·史密斯的《中国乡村生活》，[④] 以及马克斯·韦伯的《儒教与道教》等对中国传统社会的认识。[⑤] 也影响到孔飞力、邓尔麟等人对于地方社会史的探究。

张仲礼集中于绅士本身的研究。尤其是他通过计量分析法，揭示出绅士与绅士集团经济基础和社会地位变动性的关系。就职责分类看，范围很广。通过对社会事务的介入程度不同分析了上下层绅士的异同面向。

关于绅士收入，张仲礼做了专门的研究。张仲礼将绅士收入区分为公共服务和教学收入与从地产和商务活动中获得的收入。首先他考察了公共服务和教学收入。在19世纪，绅士的收入来自为国家和社会服务

---

① 赵秀玲在研究乡里制度指出了绅士研究的不足，显然对萧公权此文未予重视。（赵秀玲：《中国乡里制度》（第二版），社会科学文献出版社2002年版，第239页。）

② 1950年萧公权开始着手研究，到1953年秋，资料的收集和分析大体完成。1955年秋，《中国乡村》全书脱稿，但由于校订和印刷的原因，直到1960年末才出版发行。

③ 费正清批评《中国乡村》在思想理论方面缺乏创获。（J. K. Fairbank: Journal of Asian Studies Vol. 20, pp. 520 – 522.）

④ A. H. Smith, *Village Life in China*, New York and Chicago, 1899.

⑤ 张允起：《宪政、理性与历史：萧公权的学术与思想》，北京大学出版社2005年版，第126—127页。

的补偿。对于绅士，最有吸引力的服务是担任官职。而未仕的主要是处理各种地方事务的服务。有些也充当官员的幕僚，这是第三种服务方式。教学尽管没有被其垄断，也占收入的重要部分。对于从地产和商务活动中获得的收入。张仲礼认为，来自土地和经商的收入，与绅士的教育背景没有明显的关系，但拥有绅士地位的人，获得的收入要高于普通百姓。

中国人口问题成为学术界关注的一个重要的课题。从 1952 年开始，何炳棣的《1368—1953 年中国人口研究》主要致力于通过追溯若干人口术语与制度内涵的演变来理解已有的清初数据，并逐步上溯到 1368 年（明洪武元年）。[1] 在哈佛中国经济和政治研究计划的资助和鼓励下，何炳棣将此研究扩展到 1953 年人口普查阶段。

何炳棣在"明代人口数据的实质"中指出，明太祖创立的黄册和鱼鳞图册，对于研究明初人口和赋役制度十分重要。他接着分析了明代后来的人口登记无法包括全部人口，也就意味着，户和口的数字很少有实际意义。那么，丁的实质是什么呢？在何炳棣看来，"自 16 世纪或更早之时起，丁已替代户、口而成为登记数字中的核心部分"。[2] 他反对西方学者庄延龄（E. H. P asker）和柔克义（W. W. Rockhill）不加研究就接受丁的官方定义。他从明末清初丁银的性质和影响开始，并进一步回溯明初劳役制度及其以后的变化，有力地论证了丁与成年男子已经分离，成为一种赋税单位。[3]

对于影响人口的诸因素，何炳棣考察了影响最大的人口与土地的关

---

[1] 何炳棣：《明初以降人口及其相关问题 1368—1953》前言，葛剑雄译，生活·读书·新知三联书店 2000 年版。（以前研究人口的学者认为：研究中国人口问题的困难在于缺乏人口数据。何炳棣却认为在于如何理解这些数据。费正清对此给予较高的评价，他在《明初以降人口及相关问题（1368—1953）》写的序言中说，"中国的史料不能作为可靠依据，何博士将成为声明这一点的最后一人"。）

[2] 何炳棣：《明初以降人口及其相关问题 1368—1953》，葛剑雄译，生活·读书·新知三联书店 2000 年版，第 40 页。

[3] 学界大多认可何炳棣是解释丁的实质的第一人。但也有不同意见。如姜涛转引王世达的论述时认为，18 世纪法国来华传教士钱德明、19 世纪的英国传教士罗约翰、外交官庄延龄都曾表达过类似的观点。（姜涛：《中国近代人口史》，浙江人民出版社 1991 年版，第 15—16 页。）但曹树基并不同意这样的观点，因为这是"当时人对当时制度的理解"。他仍认为何炳棣"从制度入手，全面系统地解决了这一影响明清两代人口史上关键问题的第一人。"（葛剑雄主编，曹树基著：《中国人口史·清时期》，复旦大学出版社 2002 年版，第 2 页。）

系。中国传统的土地数据，只是缴纳土地税的单位数目，不是实际的耕种亩数。何炳棣解释了传统土地数字的性质，在此基础上评价了明清以来的官方土地数据。除耕地面积以外，另一因素是对土地利用的不断改进。何炳棣认为，其中最为主要的是多种农作物的稳步改善。经济制度和行政因素如赋税和土地使用权也影响到人口问题。尽管天灾人祸会引起人口减少，但何炳棣不同意一些西方和中国学者对此作的计量统计分析。这样做既可不能，又容易导致误解。最后，何炳棣结合每个时期的经济和制度，概括描述了明清人口史演变。

黄仁宇的大历史观为国内学界熟知，但大多学人是建立在对《万历十五年》的认识和评价上。事实上，这一历史观他在 1964 的博士论文《明代的漕运》，① 及后来的《十六世纪明代中国之财政与税收》中已有体现。

黄仁宇将漕运放到了思想观念和全国性传统那里进行了考虑。黄仁宇指出，决定漕运体系的是国家和思想观念，不是自然环境。在《十六世纪明代中国之财政和税收》一书中，黄仁宇以更广阔的视野来检视了明代的财政问题。② 崔瑞德（Denis Twitchett）在序中指出："黄仁宇是第一个力图对明代财政政策做出全面说明的第一人。"③

对于财政组织与通行的做法，黄仁宇认为明代的政府机构和财政措施多承袭唐、宋、元各代，在他看来，原因在于"财政问题是唐以后各代王朝所同样面临的基本问题"。④黄仁宇认为，16 世纪的现实与主要的财政问题，朱元璋注重账目管理忽视具体运作。后来明王朝无力去对财政体制进行全面的重建，只能是简单地修补。

明代税收中最主要的田赋，黄仁宇以税收结构和管理两部分进行重点分析。黄仁宇以顺德为例分析了明代税收结构的复杂性，进一步解释了这种复杂性结构形成的多种原因。

如何认识和评价明代财政管理的历史地位呢？黄仁宇说，明代的中

---

① 《明代的漕运》是黄仁宇 1964 的博士论文。

② 1966 年，美国哈佛大学东亚研究资助黄仁宇撰写《十六世纪明代中国之财政与税收》一书。

③ 黄仁宇：《十六世纪明代中国之财政与税收》序，生活·读书·新知三联书店 2007 年版。

④ 同上书，第 1 页。

央集权优于技术。就使得财政管理能力有限，理论和实践相分离。这种管理甚至不如宋代王安石的促进经济增长的措施。这种缺乏活力的管理导致了经济服务部门的严重滞后，黄仁宇认为这种制度具有很明显的消极性，但好处就是防止了某些地区因财力增强而对抗中央。就长期的后果看，清朝因缺乏管理经验，几乎完全承袭了明代制度。王业键的研究也证明，清代的田赋的顽固性来自于明代。[1] 这种制度明清两代近500年没太大变化，竟被视为传统中国的典型继承下来，影响到近代中国的历史发展。

王业键的《清代田赋刍论1750—1911》[2] 兼采制度的探索和数量的分析方法，先分析清朝的经济和财政制度。以田赋为中心，描述清末田赋征收的实际程序。分析田赋附加税增加的原因。数量分析主要考察田赋在清朝税收结构的财政重要性，清后期不同地区的田赋比重变化及相对税收负担变化。将田赋收入的提高与影响税收负担的其他主要变量（特别是价格）的变化进行比较，以便检验压迫性税收理论。

学者们对于清朝田赋负担有截然不同的观点。传统观点认为田赋负担加重了，挑战性的观点认为实际是减轻了。王业键通过宏观和微观分析指出："清末田赋负担比清朝中期要轻这一事实，是全国普遍存在的。"[3] 因为，就中国人均农业产量基本没有变化，田赋的增加跟不上物价上涨的速度。就负担而言，存在实际负担减轻的趋向，赋税负担不公平引起清朝灭亡的观点值得怀疑。

黄宗智的《华北的小农经济与社会变迁》、《长江三角洲的小农家庭与乡村发展》是近代农业与社会经济史的代表性著作。其"内卷化"或"过密化"理论解释为学界熟知，但因学界分析已经很多，故不再详细介绍。

总之，唯物史观重视经济与社会关系的互动，这是人们所共知的。如果说以上华裔学者的史学研究，是在唯物史观的指导下，显然是不符

---

① 黄仁宇：《十六世纪明代中国之财政与税收》序，第469页。

② 此书1973年哈佛大学出版时原名为 Land Taxation in Imperial China, 1750 – 1911，（《中华帝国的土地税》），中文名经作者同意改定的（高王凌：《王业键〈1750—1911年中华帝国的土地税〉内容简介》，中国近代经济史丛书编委会编：《中国近代经济史研究资料》（第3辑），上海社会科学院出版社1985年版，第134页）。

③ 王业键著，高凤等译，高王凌、黄莹珏审校：《清代田赋刍论1750—1911》，人民出版社2008年版，第146页。

合实际的。但若说他们的研究与唯物史观没有契合之处，甚至是背离的，这也显然不符合事实。

三 唯物史观与华裔学者中国思想文化史研究

唯物史观一方面要求人们从经济入手、从物质利益入手揭示人类社会历史发展的原因；同时也辩证地看到政治、意识对经济的影响，承认思想文化等对经济社会发展的重大能动作用。

第二次世界大战后，美国中国思想文化史研究注重以儒家文化为核心的中国传统文化发展演变的过程，希望借研究古代中国思想来理解当代中国，尤其是共产主义在中国的影响。① 华裔学者深受其影响，在社会经济史研究的同时，十分注重思想文化史的研究。

在汉代思想史领域，1962 年余英时发表的《东汉生死观》和 1975 年陈启云出版的《荀悦与中古儒学》比较具有代表性。

《东汉生死观》是余英时的博士论文。余英时对思想史研究方法进行了反思，对于只研究"高"层（正式）思想而忽视"低"层（民间）思想表示不满意。他指出，研究民间思想必须将思想史与社会史相结合。其次，如何界定民间思想，余英时也不同意那样单向度的界定，而认为民间思想与正式思想是双向交流的。余英时通过东汉生死观念的变迁，来论证他的上述主张。注重民间和下层与社会的相联的，除去思想史本身的变化外，也从侧面反映出唯物史观的影响因素。

陈启云 1975 年出版了思想文化史的代表作《荀悦与中古儒学》。② 他分析了"历史剧变时代的儒士精英"荀悦的生平和思想。主要关注于"除了着重分析他尚存的著作，《汉纪》和《申鉴》，并把重点放在对他和他的思想发展有重要影响的那些历史事件上，还注意到对他那个时代的领袖人物所起的作用，以及对随后发生的事件的影响"。③

中国文化在宋代为何以及如何转向的，刘子健给出了他的解释。他

---

① 费正清：《美国与中国》，商务印书馆 1973 年版，第 295—296 页。

② 《荀悦与中古儒学》是陈启云的博士论文，这是陈启云由社会经济史转向思想文化史的代表作。（吕庙军：《在中西比较视野下探索中国思想文化史——陈启云教授访谈录》，《中国社会科学文摘》2009 年第 7 期。）

③ 陈启云：《荀悦与中古儒学》，高专诚译，辽宁大学出版社 2000 年版，第 2 页。

以大视野的方式回顾了唐代以来以至 20 世纪中国文化的变迁，指出 12 世纪中国政治发展和文化发展之间的互动模式。他通过保守主义者如何随着专制皇帝和他所任命的宰相的关系的变化而发展的，分析了文化是如何适应政治的。

张灏的晚清思想史研究也是比较杰出的。他的《危机中的中国知识分子》是关于早期中国知识分子的四个领袖人物——康有为、谭嗣同、章炳麟、刘师培的研究论著。[1]

张灏从历史情境和生存情境来理解他们的思想。他们显然受到西学的影响，但必须记住"这一代知识分子一般是在成年后受到西方影响的"。[2] 这不是说降低西方影响，只是说他们受到过传统文化教育。他们受到传统的感召力和"内部对话"，对某些问题和思想共同感兴趣。就当时的本土思想背景而言，有"诸子学"的复兴和大乘佛教的复苏。也就意味着传统儒学正在衰微。而儒学 19 世纪初、中期复苏的经世致用比单纯的功利性经世要宽阔，这种歧异在后来有不同的诠释。张灏区分为"内部人格"和"外部制度"的两种倾向。[3] "内部人格"含有对范式化的自我和社会的道德关怀的强调。而"外部制度"一是经世思潮而设计新的政治秩序，二是"今文儒学"的转变。也就是这种"致用"重铸儒学，"是与复兴的古典非正统中国哲学和大乘佛学以及西学影响交互作用的产物"。[4]

《烈士精神与批判意识 谭嗣同思想的分析》是张灏的《中国知识分子的危机意识》一书英文本的副产品。张灏提出本书的目的："这一本小书，不是谭嗣同的传记，而是希望透过他的一生行迹和他的作品，勾画出他的主要思想发展，他的'心路历程'。"[5] 他这里使用"心路历程"，意思是只有研究谭嗣同的观念层次和情感层次，才能看清他的精神面貌。

---

① 此书是高力克在北京师范大学读博士时译的。（高力克：《求索现代性》，浙江大学出版社 1999 年版，第 346—347 页。）

② 张灏：《危机中的中国知识分子——寻求秩序与意义》，新星出版社 2006 年版，第 11 页。

③ 同上书，第 20 页。

④ 同上书，第 24 页。

⑤ 张灏：《烈士精神与批判意识 谭嗣同思想的分析》，广西师范大学出版社 2004 年版，第 1 页。

　　张灏认为谭嗣同心路历程的三种趋势宗教心灵、思想领域的扩大和对文化政治的激进汇聚在 1896 年的《仁学》一书中。在张灏看来，仁对于谭嗣同首先是一种道德价值，是儒家伦理思想的精髓。仁可以包容三纲五常，但礼是例外的。在《仁学》中，仁与礼的冲突，构成了一个思想主题。

　　华裔史家的思想文化史研究，无疑重视其本身内在理路的演变，但上述史家的研究可知，他们对外在环境与思想文化的关系还是比较注重的。这一研究方式在理论思维上与唯物史观还是有类似之处的。

　　以上分析不难看出，华裔史家无论自身的史学研究的形成还是社会经济史、思想文化史的研究，都与唯物史观有着某种关联。当然，我们并不是说美国华裔史家的中国史研究仅在唯物史观的影响下形成的，毕竟他们接受了多元的文化史观的影响。我们所要强调的是，在当代美国华裔史家的中国史研究中，那种忽视唯物史观的积极的作用，甚至认为与唯物史观相反的观点应该有所改变。

（作者单位：中国孔子研究院）

英国马克思主义史学家蒂莫西·梅森的纳粹德国史研究述评[*]

孙立新　张　滟

蒂莫西·梅森（Timothy Mason，1940—1990 年）是现当代英国知名马克思主义史学家，曾在 1971—1984 年执教于牛津大学，主要从事欧洲史和德国史的教学和研究工作，并且特别以研究纳粹德国史为重点，著有《民族社会主义者对于德国工人阶级的政策，1925—1939 年》、《工人阶级和族民共同体》、《第三帝国的社会政策》等书，发表了《关于第二次世界大战起源的一些解说》、《政治优先》、《关于 1934 年 1 月 20 日民族劳动秩序法的形成》、《1938—1939 年的内部危机与侵略战争》、《德国的妇女》、《意图与解释》、《纳粹德国对工人阶级的遏制》、《纳粹征服战争的国内动力》、《"法西斯主义"到底是什么》等论文。他对纳粹德国发动第二次世界大战的原因的解说、他的关于纳粹德国"政治优先"的观点以及他的有关纳粹德国工人政策和妇女政策的论述，在西方史学界产生了很大影响，对于我们深入研究纳粹德国历史、广泛了解西方马克思主义史学家的史学理论和史学实践也颇具借鉴意义，有必要加以系统总结和介绍。

一　马克思主义历史理论取向

梅森属于 20 世纪 60 年代成长起来的职业历史学家，而强烈的社会责任感和政治道义感也促使他成为西方左翼知识分子和马克思主义史学

＊ 2012 年度教育部人文社会科学重点研究基地重大项目"联邦德国史学研究——以关于纳粹问题的史学争论为中心"阶段性研究成果，项目批准号：12JJD770015。

家中的重要一员。

众所周知，对于西方各国来说，20 世纪 60 年代是一个动荡的、激进的和激情迸发的年代。在这 10 年间，不少发达的资本主义国家都受到了史无前例的文化、社会、政治和道义冲击。学生造反、工人罢工、反战运动、黑人运动和妇女运动等反抗斗争此起彼伏，存在主义、后现代主义和个性解放等反主流文化、反正统价值观念的思潮交相呼应。与之相伴，左翼势力日益强大，马克思主义的影响不断增长。

此时正在牛津大学学习的梅森也深受"时代精神"的感染，充满智性的、政治的和道义的激情。他积极参加左翼运动，协助创办《历史工作间》（*History Workshop Journal*）等左翼史学杂志，自觉地把研究纳粹问题视为自己的"道义的和政治的义务"。[1] 他反对传统史学的个别化描述方法，强调理论建设的重要性。他也认真学习马克思和恩格斯著作，关注政治、伦理和权力等"重大问题"，[2] 致力于用历史唯物主义的理论方法论指导自己的研究工作。

但同许多西方马克思主义者一样，梅森推崇经验主义的研究方法，重视历史证据，讲究实证，反对把抽象的理论当作研究的出发点，主张可直接证实的历史概括，在事实之上寻求理论分析的突破，非教条地应用马克思主义理论。他接受了爱德华·汤普森（Edward Thompson）提供的动态的、作为活生生的社会关系的、具有较大可塑性的阶级观念，认为阶级不是一个抽象概念，也不是一件死物，而是发生在真实的人之间的一种关系，一种"活的体验"，是被人民也是为了人民而被制造的。[3] 他也把德裔美国政治学家和法学家弗兰茨·瑙曼（Franz Neumann）出版于 1942 年的关于纳粹政体的研究著作《巨兽》[4] 看作"关

---

① Timothy W. Mason, *Social Policy in the Third Reich, The Working Class and the National Community*, Oxford/providence, 1993, p. 4.

② Jane Caplan (ed.), *Nazism, Fascism and Working Class, Essays by Tim Mason*, Cambridge Universit Press, 1995, p. 3.

③ 关于汤普森的阶级观念，可参见 [英] 汤普森《英国工人阶级的形成》，钱乘旦等译，译林出版社 2001 年版。

④ 参见 Franz Neumann, *Behemoth, The Structure and Practice of National Socialism*, London, 1942.

于第三帝国的最佳专著",① 认为瑙曼在盘点第三帝国的结构和运作时，赋予经济和阶级的特殊意义以应有的重视，提供了一种没有忽略资本主义和阶级关系的有关纳粹政体的政治分析。

遵循老一代西方马克思主义者和左翼知识分子开辟的道路，也结合同时代的学术讨论，梅森对纳粹德国的历史进行了更深入的研究，提出了一系列富有创造性的解说。梅森坚信，"阶级关系是现代化了的资本主义国家历史的有机组成部分"，在各种各样的矛盾中，阶级冲突是最主要的，它在经济领域表现最为激烈，经济是所有社会形态的决定性因素。但是梅森也看到，在国家和社会、政治和经济之间，和谐是暂时的、不稳定的，政治和经济之间的主次、决定和被决定关系并不是恒定不变的。纳粹德国同样是一个阶级社会，阶级冲突仍然普遍存在，但它这样一种特殊类型的阶级社会，在这里，国家政权致力于缔造一个"无阶级的族民共同体"，并且纳粹政体从未达到"哪怕是临时性的稳定"。这是因为它的强迫性社会转型规划排除了工人阶级与经济利益集团之间的谈判和妥协，而这种谈判和妥协原本属于"正常"的多元民主政治所固有的功能。纳粹主义也缺乏规范的政治运作程序和明确的奋斗目标，纳粹政权的政治动员虽然激进，但十分盲目，甚至缺乏理性。②

梅森最持久的努力则在于阐明工人阶级对这一骇人听闻的暴虐政权的抵抗，但终其一生，他都在与下列难题作斗争，这就是如何界定经济与政治在纳粹政体中的确切关系。他在《第三帝国的社会政策》等著作中讲述的工人阶级"抵抗"摇摆于把它描述成以经济性阶级冲突的准自发表现为一方面和以富有政治斗争精神的工人阶级的沉默回应为另一方面这两者之间。至于纳粹政权本身，他承认有部分资本职能可以被归结于阶级冲突。但在最终必须选择一种决定性因素时，他还是把政治置于社会之上。梅森指出，"没有明确的、可以从阶级冲突追溯到第三帝国的基本规划上的路径"，第三帝国中的"结构性元素"不是资本主

① Jane Caplan (ed.), Nazism, Fascism and Working Class, Essays by Tim Mason, Cambridge Universit Press, 1995, p. 53, n. 2.

② Timothy W. Mason, Social Policy in the Third Reich, The Working Class and the National Community, Oxford/Providence, 1993, p. xxi.

义而是纳粹政体自身。[①] 民族社会主义的最终结果恰恰是被自己的 "爆炸性扩张" 压弯了的那一部分政权的自我毁灭。

梅森以一种强烈的道义感开展了对一个野蛮的和专制的统治制度的分析，但他并没有把意识形态和政治压缩成为一件庸俗的马克思主义者的 "拘身衣"。他对来自马克思主义的概念术语有自己的独特理解，也经常根据历史事实加以修正。他坚持把阶级当作政治经验、机构和分析的一个计量器，对理解政治机构的结构和运作情况本身抱有浓厚的、非辩护的兴趣。在他看来，第三帝国不只是一种 "变态的" 社会有机体，而且也代表了一种产生于前所未有的全新意图的无与伦比的权力积累：如果对于这个权力压倒一切的事实没有充分考虑，就不可能写出一部真正科学的有关第三帝国的历史的著作。[②]

二 国内危机决定论

纳粹德国在 1939 年作出的战争决定和它采取 "闪电战" 战术是由国内危机决定的，这是梅森在西方史学界有关第二次世界大战的起源的讨论中提出的一个富有马克思主义特色色彩的重要命题。这一命题也在西方史学界引起了广泛争议。

长期以来，在西方史学界，关于第一次世界大战的起因和战争责任的争论甚多，[③] 但在谈及第二次世界大战的爆发时，无论是学者还是政治家，几乎都众口一词地谴责希特勒，认为他一个人策划了第二次世界大战，他的个人意志导致战争爆发。[④] 1961 年，英国学者 A. J. P. 泰勒出版《第二次世界大战的起源》[⑤] 一书，完全推翻了已有的成见，并把

---

① Timothy W. Mason, Social Policy in the Third Reich, The Working Class and the National Community, Oxford/Providence, 1993, pp. 285, 294.

② Jane Caplan (ed.), Nazism, Fascism and Working Class, Essays by Tim Mason, Cambridge Universit Press, 1995, p. 4.

③ 参见 [英] A. J. P. 泰勒《第二次世界大战的起源》，潘人杰等译，华东师范大学出版社 1991 年版，第 2 页；孙立新《德国史学家关于第一次世界大战战争责任的争论》，《史学史研究》2008 年第 4 期。

④ [英] A. J. P. 泰勒：《第二次世界大战的起源》，潘人杰等译，华东师范大学出版社 1991 年版，第 7 页。

⑤ The Origins of the Second World War，中译本可见 [英] A. J. P. 泰勒《第二次世界大战的起源》，潘人杰等译，华东师范大学出版社 1991 年版。

希特勒说成是西方国家外交斗争的牺牲品，强调 1939 年的战争不是希特勒预谋的，它是一个错误，是交战双方外交上失策的结果。按照泰勒的解说，在"一战"结束时，德国军队虽然被击败，但没有被击溃或歼灭，德国仍作为一个完整的国家而继续存在，而英法两国在处理德国问题上犯有严重错误。它们先是同意了德国提出的停战要求，后来又为了维护自己的胜利果实，千方百计削弱德国。德国不甘心战败，力图恢复原有的强国地位。以英法两国为一方，以德国为另一方，这两方之间的矛盾和斗争搅得欧洲局势动荡不安。《凡尔赛条约》从一开始就缺乏道义上的合法性，其苛刻条件不仅伤害了德国人的民族情感，而且成为希特勒凝聚德意志民族力量的重要工具。《凡尔赛条约》埋藏了促成第二次世界大战的导火线，英法两国的绥靖政策为希特勒提供了行动机会。希特勒原本并没有进行世界大战的计划。他虽然一再强调要解决"生存空间"问题，但其解决办法不是发动世界大战，而是想通过一系列小规模战争以渐进的方式进行。英法等国领导人却误以为他们所面临的形势是全面战争。为了换取和平，他们选择了"绥靖政策"，试图以牺牲中欧弱小国家的利益为代价，满足希特勒的领土要求，这在很大程度上助长了希特勒的野心。①

对于泰勒的观点，梅森极表反对，并在 1964 年撰文予以反驳。他首先反对泰勒"老套的"研究方法，即专注于外交事件，把爆发的原因归咎于领导人所不可避免的缺点错误，没有对更深层的因素，特别是希特勒所领导的政治运动和意识形态进行深入研究，没有注意到民族社会主义与众不同的特征和作用。梅森还指出，泰勒没有说明为什么希特勒在明知入侵波兰会引发英法对德宣战而此时德国还没有做好战争准备的情况下还要一意孤行这个问题。泰勒仅仅以外交文件为依据，并且他所引用的外交文件是由保守的德国外交官记录的，具有很大的倾向性和片面性。对于泰勒引用美国经济历史学家克莱恩（B. H. Klein）写作的《德国战争的经济准备》一事，梅森也很不以为然。他批评说克莱恩的著作误导了泰勒，书中的大量内容都是论述德国的战时经济的，没

---

① 参见［英］A. J. P. 泰勒《第二次世界大战的起源》，潘人杰等译，华东师范大学出版社 1991 年版。

有涉及战争爆发之前的德国经济状况。①

梅森坚持认为，第二次世界大战是由纳粹德国发动的，并且是与德国国内形势密切相关的。他还撰文，对纳粹德国发动战争的原因进行了更具体的分析。② 按照梅森的解说，希特勒原本以为发动战争最好的时机为 1943—1945 年，但在 1938 年，重整军备的费用大幅上升引发了尖锐的财政问题，国债比 1936 年翻了三番，通货膨胀日益严重。与此同时，纳粹政权的群众基础因为工人阶级示威罢工等抵抗运动而逐渐瓦解，纳粹政权的上层官僚体制也因为种种的内部矛盾而趋于分裂。鉴于此，希特勒等纳粹当权者试图通过发动一场战争来转嫁国内危机，用掠夺他国的方式来支撑德国的经济和社会。③ 梅森指出，"在 1938—1939年间，纳粹侵略步伐的加速运动在很大程度上是由政体内部的问题所造成的，这些问题逐步缩小外交政策的选择空间，越来越多地增加了政体等待合适的时机发动征服战争的困难"。④

梅森把下列情况看作是自明的，这就是，扩张战争是纳粹主义的最后手段（ultima ratio），但需要解释的是，纳粹德国为什么恰恰是在 1939 年开始了第二次世界大战，并且是以"闪电战"的方式开始的？他争论说，这两者都不应当被看作自由选择的决策的结果。在梅森看来，仅仅从希特勒的意图或者从外交政策和外交决策的记录方面是不能对战争开始的时间和战争的闪电战性质作出充分解释的。它也不是重整军备计划的纯经济行为所直接导致的后果，即使所有这些都发挥了一定的作用。最关键的是国内的社会危机，而这一危机是以重整军备的经济后果为一方面，以纳粹政权对于民众发动政治叛乱的恐惧为另一方面这两者之间的矛盾引发的。这个矛盾反映了纳粹规划的核心问题，或者更

① 参见 Timothy W. Mason, Some Origins of the Second World War, Past and Present, no. 29, December 1964, pp. 67 – 87.

② 参见 Timothy W. Mason, Innere Krise und Angrifskrieg 1938/1939, in F. Forstmeier and H. E. Volmann（eds.），Wirtschaft und Rüstung am Vorabend des Zweiten Weltkriegs, Düsseldorf 1975, pp. 155 – 188; Timothy W. Mason, The Domestic Dynamics of Nazi Conquests, A Response to Critics, in Thomas Childers and Jane Caplan（eds.），Reevaluting the Third Reich, New York, 1993, pp. 161 – 189.

③ Jane Caplan（ed.），Nazism, Fascism and Working Class, Essays by Tim Mason, Cambridge Universit Press, 1995, pp. 104 – 130.

④ Ibid., pp. 7, 296.

具体地说，反映了希特勒的幻觉。一方面，希特勒有进行扩张战争的迫切愿望；另一方面，为了实现战争意图，他又要把德国改造成为一个内聚的、和谐的、有机和足够坚固的共同体，能够不冒社会分裂风险地进行扩张战争。1939 年的战争既是希特勒解决德国国内危机的手段，也是他巩固德意志族民共同体的工具。[①]

梅森的观点得到许多学者的赞同，但他也受到个别人的严厉批评。批评者指出，梅森通过对稀少的文献证据的夸大诠释来证明危机的存在，特别是工人阶级的不满程度，他忽略或者说透支了其他可以说明希特勒决定在 1938 年/1939 年发动侵略战争的决定的解释。[②] 德国史学家鲁道夫·赫伯斯特（Ludolf Herbst）质疑建立在系统理论基础之上的对于危机的解释的合适性，他说，危机术语拥有一套非常精确的定义条件，而这些条件并不符合德国战前的情况。例如，危机在经济领域表现得最为明显，但经济并非"整个系统"本身，它仅仅是一个子系统；政体仍然拥有应对 1939 年事件的资源和能力；只有少量的证据可以表明纳粹领导人或普通德国人曾经意识到有"危机"存在。[③]英国史学家理查德·欧沃利（Richard Overy）同样拒绝了梅森的解释的基本点，批评他对于 1930 年代晚期德国经济状况过于悲观的估算，也不赞同他的关于工人阶级的反抗对于政体产生的威胁的观点，还指出他对于直接导致 1939 年 9 月事件的对外政策和外交关系的忽略。[④]

应当说，梅森的解释是符合历史唯物主义原理的。他没有停留在决策者的主观层面，而是深入探讨了导致决策的客观因素。他虽然不认为经济危机完全等于它的政治和军事后果，但仍然阐明这样一个信念，即经济不是位于政治生活的其他领域当中，而是以某种方式决定着其他领

---

① Jane Caplan（ed.），Nazism, Fascism and Working Class, Essays by Tim Mason, Cambridge Universit Press, 1995, pp. 8 – 9.

② Ibid., p. 10.

③ Ludolf Herbst, Die Krise des nationalsozialistischen Regime am Vorabend des Zweiten Weltkrieges und die forcierte Aufrustung, Vierteljahrshefte fur Zeitgeschichte, vol. 26 no. 3, July 1983, pp. 347 – 391.

④ Richard Overy, Germany, Domestic Crisis and War in 1939, Past and Pesent, no. 116, August 1987, pp. 138 – 168.

域的。① 至于文献证据问题，梅森也有一个很好的解释，这就是："纳粹领导人十分反感写文件，由此而引起的缺乏资料来源，特别是希特勒对战略形势的分析，这也让我们难以在两者之间作出明确的具体分析，因此，只能在刑侦学借用一个术语——间接证据。"② 他对希特勒外交政策发展的逻辑分析是符合由希特勒发起的纳粹主义政治运动的基本特征的。

三 "政治优先"原则

对于西方占主流地位的史学家来说，民族社会主义主要是一种通过独裁高压进行统治的手段。而在苏联和东欧社会主义国家，历史学家长期沿用季米特洛夫在共产国际第七次大会的报告中对法西斯主义作出的定义：法西斯是"金融资本的极端反动、极端沙文主义、极端帝国主义分子的公开恐怖独裁"。③ 毫无疑问，这个定义在 1935 年对于建立德国和国际反法西斯统一战线是具有实际意义的，但它同样未能准确、科学地揭示民族社会主义的本质，没有清楚说明政治和经济在纳粹德国中的确切关系。

为了阐明民族社会主义的统治结构和性质，梅森于 1966 年在西柏林马克思主义杂志《论据》（Das Argument）上发表了一篇题为《政治优先》的文章，④ 明确提出了在纳粹德国存在着一种"政治优先"原则的观点，并对产生这种优先性的经济和社会根源进行了深入分析。

按照梅森的说法，希特勒和纳粹党其他领导人从一开始就坚持"政治优先"，坚决主张以强有力的政府取代魏玛共和国的软弱政府。魏玛共和国的历届政府都深受各种各样利益团体的制约，而纳粹政权却公开声称要建立一种独立且充满活力的领导体制，特别是在进行重大决策时，不再考虑特殊利益集团在社会和经济层面的自私而且短视的要求。

---

① Jane Caplan（ed.），Nazism, Fascism and Working Class, Essays by Tim Mason, Cambridge Universit Press 1995, p. 12.

② Ibid., pp. 105 – 106.

③ 丁建弘：《德国通史》，上海社会科学院出版社 2002 年版，第 343 页。

④ Timothy W. Mason, Der Primat der Politik, Politik und Wirtschaft im Nationalsozialismus, Das Argument, Berliner Hefte für Probleme der Gesellschaft, no. 41, December 1966, pp. 473 – 496.

纳粹政权的"政治优先"原则实际就是独裁体制、恐怖主义、政治和文化的同一性的同义词，但在最初却非常有效，很快就结束了德国的政治、经济和社会混乱局面，大大减少了社会各界因为 1929 年世界经济大危机所遭受的痛苦。至 1936 年，纳粹政权进一步加强了"政治优先"原则，使其内政外交政策越来越不受经济利益集团的影响，甚至在许多方面同他们唱反调。即使在后来德国经济发生危机，需要做出些许让步的时候，民族社会主义意识形态的"霸主地位"也不曾被撼动。①

1936 年以后，希特勒一人独揽大权，独断专行，但他根本不懂经济，只知道生产的是什么，也只要求不断进行军备和物资储备，基本不关心其经济政策如何执行，也不怎么关心他的内政外交对经济造成的巨大压力。例如，在 1938 年后期，希特勒执意要修建齐格菲防线，这给已经是超负荷的建筑业又增加了巨大的负担，将建筑业推上绝境。1938—1939 年的所有重要的对外政策都是由希特勒本人决定的，但很难说他在作出决定时，对经济因素有多少考虑。

无独有偶，希特勒的亲信也多为党棍和政客。他们对希特勒无比忠诚，但没有一个真正懂行的经济专家。沃尔特·冯克（Walther Funk）曾是希特勒内阁中第一个与工业界有联系的人，但在开始的时候，他并没有在经济部门工作，而是成为帝国新闻发言人，直到 1938 年沙赫特离任后，他才出任经济部部长和国家银行行长。威廉·开普勒（Wilhelm Keppler）原为希特勒的私人经济顾问，但他组织的"经济问题研究会"并没有对希特勒产生多大影响。直到 1942 年阿尔伯特·施佩尔（Albert Speer）担任军需部部长之后，纳粹德国战时经济才有一些好转。

希特勒虽然也任用过一些企业家和银行家，并且恰恰是在他们的帮助下，才使纳粹德国在建立之初取得了不少经济业绩。但是一旦他们对希特勒的决策提出异议，他们的下场就都是十分可悲的。曾有"希特勒最喜欢的企业家"之称的弗里茨·蒂森（Fritz Thyssen）因为在 1939 年表达了一些反战言论而被剥夺国会议员资格，他的企业也被"充公"了。蒂森不得不携带家人狼狈出逃，但最后还是被引渡回国，关押在集中营。德国银行家沙赫特（Hjalmer Schacht）为希特勒上台和纳粹政权

① Jane Caplan（ed.），Nazism, Fascism and Working Class, Essays by Tim Mason, Cambridge Universit Press 1995, pp. 58－59.

建立后德国的经济振兴立下了汗马功劳。但即使这样一个与希特勒交情
匪浅、对纳粹德国有重大贡献的人，也难逃希特勒的"政治冷遇"。后
来又因为不支持纳粹迫害犹太人的措施而激怒了希特勒。1937 年，沙
赫特被解除经济部部长职务；1939 年又被撤销帝国银行行长职位。他
虽然还在纳粹的体制内，但已成为无所事事的"不管部部长"，后来又
被指控参与谋杀希特勒而被关押在集中营。①

纳粹德国为了推行其侵略性的外交政策不惜牺牲经济利益。自
1936 年起，纳粹政府要求"不顾一切地"加强重整军备，勒令各行各
业全力支持，致使许多与军备无关的企业逐渐衰退。一些工厂主要求降
低工人福利和工资标准，但纳粹政权更担心工人阶级在此时发起暴动，
不仅没有答应工厂主的要求，反而想方设法讨好工人，不少公司企业因
此蒙受了重大损失。到了 1942 年，军用物资的需求量陡增，但军事工
业却面临劳动力不足和产量低下的困境，一些军队将领要求征用犹太
人，但却因为反犹主义的意识形态而得不到批准。还有人主张妇女到工
厂做工，但希特勒坚持认为妇女应当待在家里，其任务主要是生育纯洁
优秀的德意志人，不应当外出工作。结果只有大约 500 万"外国的和苏
联工人"被安排工作，从事"强制劳动"，不仅数量太少，而且政治上
和技术上"不可靠"，工作效率十分低下。②

鉴于此，梅森认为，纳粹政体是现代中产阶级社会中的一个"特
例"，是以"极权主义"政治和"反犹主义"意识形态为导向的。国家
权力高度集中，经济利益仅居次要地位。国家政权直接控制了资本主义
经济系统的运转。大企业、大资产阶级施加的压力经常不起任何作用。

那么，这种体制为什么能够得以建立？对于这个问题，梅森试图用
原本为马克思所发明的"波拿巴主义"理论加以解释。马克思在《法
兰西内战》和《路易·波拿巴的雾月十八日》等著作中指出，路易·
波拿巴之所以能够在 1851 年夺取国家政权，主要是利用了法国在 1848
年之后各个阶级的力量相互僵持的状态，而在他掌握了政权之后，也主
要是通过一种平民政治来维持其统治地位的。波拿巴主义通过实行在各

---

① Jane Caplan (ed.), Nazism, Fascism and Working Class. Essays by Tim Mason, Cambridge Universit Press 1995, pp. 60 – 61.

② Ibid., pp. 74 – 75.

阶级之间见风使舵的政策来维护大资产阶级利益，利用军队、警察和官僚对内进行专制统治、对外进行侵略扩张。① 在马克思之后，恩格斯也曾经利用同样的思想来分析 19 世纪 80 年代俾斯麦在德国推行的独裁议会制。② 在 20 世纪 30 年代，苏联马克思主义理论家托洛茨基（Leon Trotsky）、奥地利马克思主义理论家和社会民主党人奥托·鲍尔（Otto Bauer）和德国持不同政见的共产党人奥古斯特·塔尔海默（August Thalheimer）等，再次使用波拿巴主义概念来分析法西斯主义。他们的解释虽不完全一致，但都认为法西斯政权是阶级力量瘫痪的受益者，既排除了大资产阶级的政治影响，又阻止了工人阶级的夺权斗争。③ 到了60 年代，波拿巴主义理论又在西方马克思主义者当中广泛流行，因为这一理论在经济和政治之间开辟了那些被正统马克思—列宁主义"国家垄断资本主义"和法西斯主义理论完全关闭了的空间。不少西方马克思主义者开始反思政治和意识形态在当代资本主义社会中的作用，并且以一些更为复杂的模式来取代把经济和政治的关系简化为基础/上层建筑的做法。④ 梅森虽然没有直接参与这些讨论，但在分析纳粹政体时，同样采用了波拿巴主义理论的基本思路。

按照梅森的意见，纳粹德国的"政治优先"原则是建立在德国社会分裂的基础之上的。在魏玛共和国晚期，由于经济衰退、政局不稳、社会动荡，农业和工业之间、资本家和工人阶级之间，新旧矛盾和利益冲突都十分严重，各阶级互不相让，各自为政，自行其是，但有不少人把希望寄托到了希特勒和纳粹党身上，希望有一个足够强大的政府来消除困苦，保护自己，而民族社会主义则通过组建"族民共同体"的蛊惑宣传，成为全体人民意志的代表，其强硬手段也顺应了"民意"。工业资本家陶醉在纳粹政权"共享侵略成果"的誓言中，未能觉醒。工人阶级也在纳粹政权拉拢利诱和分化瓦解诸手段下，丧失了斗志，放弃了抵抗。直到后来，随着重整军备政策力度的加大，资产阶级和工人阶级

① 参见马克思《法兰西内战》，《马克思恩格斯选集》第 2 卷；马克思《路易·波拿巴的雾月十八日》，《马克思恩格斯选集》第 1 卷。

② 参见恩格斯《暴力在历史中的作用》，《马克思恩格斯全集》第 21 卷。

③ 参见 Jost Dülffer, Bonapartism, Fascism and National Socialism, Journal of Contemparary History, vol. 11, no. 4, October 1976, pp. 109 – 128。

④ 参见 Bob Jessop, The Capitalist State, Marxist Theories and Method, New York, 1982。

才感到了压力，有些工厂主开始担心希特勒的对外政策的冒险性，甚至开始反对纳粹政权对共产党和犹太人的迫害。工人阶级则通过罢工、降低生产、逃避兵役等，进行有限抵抗。但是随着工业生产的衰竭，资本家集团的力量土崩瓦解，而在盖世太保的严密监控下，有影响的工人团体也被一一击垮。至 1944 年，工人团体或左翼组织已经很难对纳粹政权造成威胁了。[①]

梅森的政治优先论同样产生了很大影响，不少同他一样相信马克思主义的解释力的史学家和自由派史学家都表示支持，但也有一些人持怀疑态度。而反对最烈的还是原民主德国的马克思主义史学家，只是其立场观点比较陈旧，仍囿于共产国际正统的"经济基础决定上层建筑"的信条。[②] 实际上，梅森不反对马克思主义理论关于经济与政治的结构关系的论述，他仅仅想对资本主义和法西斯主义之间具体的历史关系作出分析，特别想对资产阶级和工人阶级与纳粹政权之间的关系作出具体说明。他将大量的新发现史料证据合并成一个说明性的框架，力图克服经验研究和理论思考之间的分裂。这种研究方法是值得肯定的。

四 关于纳粹政权的劳工政策和妇女政策的研究

作为一位马克思主义史学家，梅森自然十分关注身处社会底层、默默无闻的普通民众的历史，特别是广大劳工的历史，关注他们的历史创造性、日常生活和心理状况。他看到，在 1933 年之前，纳粹党未能诱使全体工人都归顺于它，而在 1933 年之后，纳粹政权也未能完全摧毁工人运动组织，但是工人阶级也没有举行大规模的起义，开展全面抵抗斗争。

那么，在纳粹政权的独裁统治下，工人阶级的反抗为什么如此软弱

---

① Jane Caplan (ed.), Nazism, Fascism and Working Class, Essays by Tim Mason, Cambridge University Press, 1995, pp. 63 – 71.

② 参见 Eberhard Czichon, Der Primat für Industrie im Kartell der nationalsozialistischen Macht, Das Argument, 47, July 1968, pp. 168 – 192; Timothy W. Mason, Primat der Industrie? Eine Erwiderung, Das Argument, 47, July 1968, pp. 193 – 209; Dietrich Eichholtz and Kurt Gossweiler, Noch einmal. Politik und Wirtschaft 1933 – 1945, Das Argument, 47, July 1968, pp. 210 – 227; Ian Kershaw, The Nazi Dictatorship, Probleme and Perspectives of Inerpretation, London 1989, Chapter 3, especially pp. 44 – 50。

无力呢？

通过研究，梅森发现，纳粹政权在不同时期、针对不同工人实施了各种各样的政策，这些政策十分有效地分化瓦解了工人的阶级团结，压制和阻止了工人阶级的抵抗。

对于纳粹政权来说，1918 年 11 月革命的阴影总是挥之不去，害怕工人阶级再度揭竿而起的心理十分强烈。为了平息工人阶级的不满，阻止他们的抵抗，纳粹政权首先采取了一系列拉拢腐蚀手段，如用各种"人性化因素"来提升工人的"工作乐趣"，开动宣传机器大肆宣扬民族团结和国内各阶级和睦相处。它还大幅度提高技术工人，特别是那些在军事工业、建筑业和工程机械业工作的技术工人的工资，提拔部分工人担任"领班"，使他们与其他工人相比处于一种比较优越的地位。这在一方面提高了与政府重整军备相关工业的劳动生产率，另一方面也对工人阶级队伍产生了分化瓦解的作用。除此之外，纳粹政权还想方设法"同化"工人，使之融入"族民共同体"，在这方面，官办卡尔·阿诺尔德（Carl Arnhold）的技能训练机构"功不可没"。这个机构不仅对工人进行技术培训，还对他们进行驯化和民族主义精神教育。

相反，对于一些不安分守己的反叛分子，纳粹政权则残酷打击，绝不手软。遭到逮捕的工人领袖往往被送至"社会荣誉法庭"进行审讯，被判处严厉惩罚。还有一种"连坐法"，专门针对抵抗者的亲属。一旦被发现有造反迹象，受到怀疑的人连同其亲属都要遭殃。这是十分恐怖的。不少人害怕受到株连，自动打消了反抗的念头。

第二次世界大战爆发后，纳粹政权立即终止了工厂主与工人的"相互忠诚"关系，代之以工厂主对工人的绝对统治。而在战争进行期间，纳粹政权更是加强了对工人阶级的统治，对工人运动采取遏制政策，实行"盖世太保式"的恐怖。秘密警察经常出入工人罢工场所，也对"不听话"的工人的日常生活进行监控，在工厂里设立微型集中营等。这种"先发制人"的策略，虽然并没有消弭所有工人抵抗运动，但却造成工人的恐慌，其反抗意志锐减，反抗行动的威力大不如前。但在此时，秘密警察仍然"殚精竭虑"地严加防范，他们通过预测工人运动的未来发展趋势，且指定详细的预控措施，阻止工人运动的发展。盖世太保在谋略上和具体执行方面都呈现出技高一筹和咄咄逼人的态势，有效地捍卫和保护着纳粹政权。工人组织被打击得千疮百孔，大伤元气，工人集会举步维艰，公开的抵抗只是会导致组织抵抗的领导人身陷盖世太保的管教所。

然而梅森也指出，纳粹政权并未使工人阶级真正融入"纳粹族民共同体"，而且工人阶级继续通过旷工、小规模罢工、破坏生产资料等行为进行示威、反抗，但这些都不是要推翻现政权的"起义"，只是要求改善工作环境、加薪等的经济斗争。那么，一小部分仍有反抗意识的工人，为什么没能有组织有策略地发动一场试图推翻纳粹政权的暴动呢？对此，梅森回答说，纳粹政权对工人的"退让"及其企图吸纳工人归顺纳粹政权的种种威逼利诱的措施，是可以阻止这种大规模起义的。①

梅森关于抵抗运动的研究对于 20 世纪 80 年代相关研究在联邦德国史学界蓬勃兴起有着积极推动作用。②

从 20 世纪六七十年代起，西方各国妇女为消除两性差别、实现性别平等和争取自身解放进行了不懈地努力和斗争，妇女史研究也异军突起，蓬勃发展。对于妇女史研究，梅森也较早地予以了关注，并根据自己的专业特长，对纳粹德国的妇女政策进行了系统梳理。1976 年，他在《历史工作间》杂志上发表《德国的妇女》一文，③ 较早地参与了纳粹德国妇女史研究活动。

梅森指出，由于女权主义的影响，德国社会早在 20 世纪 20 年代就出现了大量未婚先孕、离婚、妇女外出工作等"妇女解放"现象。而在 1929 年经济危机爆发后，男性失业率激增，妇女却因为工资较低，更容易得到雇佣，一时间德国的职业妇女进一步增多，不少男人的工作岗位，如文书、行政人员、专业人士等，也被妇女"抢走"了。妇女外出工作加剧了已经严重萎缩的就业市场的竞争，也影响了妇女生育率，致使社会矛盾进一步激化，反对女权的呼声日益高涨。国会议员托尼·森德尔（Toni Sender）甚至公开声称，犹太人、社会民主党人和妇

---

① Timothy W. Mason, Die Bändigung der Arbeiterklasse im nationalsozialistischen Deutschland, in Carola Sachse e al., Angst, Belohnung, Zucht und Ordnung. Heschaftsmechanismen im Nationalismus, Opladen 1982, pp. 11 – 53.

② Jane Caplan (ed.), Nazism, Fascism and Working Class, Essays by Tim Mason, Cambridge Universit Press 1995, p. 24.

③ Timothy W. Mason, Women in Germany, Family, Welfare and Work, 1925 – 1940, Part Ⅰ and Women in Germany, Part Ⅱ, History Workshop Journal, no. 1, Spring 1976, pp. 74 – 113; and no. 2, Autumn 1976, pp. 5 – 32.

女是"压在德国人身上的三座大山","外出工作的女人都是披着无产者外衣的高级妓女"。

纳粹德国的妇女政策同其反犹主义一样,也是顺应当时社会中的主流意见的,是非常保守的,但有以下突出特点:一是同反犹主义密切结合,严防德意志民族的血统受到"玷污";二是把妇女生育纳入为战争服务的轨道,要求妇女为祖国培养战士;三是完全由政府自行制定,根本未征求过纳粹党内外的妇女组织的意见,不仅体现了它以政治为中心的一贯做法,也体现了它力图维护自己的政治理想和意识形态的坚决意志。希特勒和其他纳粹党领导人都十分鄙视"受过教育且爱打扮、喜欢外出社交、工作的女子",把妇女外出工作视为"不正常现象",声称妇女的终身职业就是在家里"相夫教子、繁育后代"。为了鼓励妇女生育,他们还采取了发放多子女生活补贴、提供多子女教育津贴、减免多子女家庭税收、为孕妇和婴儿提供社会救济和帮助等措施,甚至向多子女的妇女颁发《德意志多子女母亲荣誉证书》。纳粹德国的妇女政策放大了男女性别之间的区别,排斥了妇女的其他社会角色,加剧了社会上已有的对于妇女工作的不满情绪,使参加工作的妇女成为几乎与犹太人一样的社会愤怒的"发泄口"。然而,随着战争形势的恶化和劳动力的减少,纳粹政权限制妇女劳动的政策最终难以坚守,使已婚妇女成为生育工具的计划彻底失败了。①

梅森的妇女史研究主要侧重于政府政策方面,只是在次要的意义上论述了纳粹德国妇女地位的变化。他从一个重要方面进一步揭示了纳粹政体的政治优先原则,这是很有意义的,但就妇女史本身来说尚有一定的局限性。不过,也应当看到,梅森在讨论政策演变时同样结合国内危机等的客观经济和社会因素,这也是他运用马克思主义史学研究方法的一贯风格。

梅森的著述和观点还有不少,限于篇幅,我们不能一一述评,但就我们已经谈到的这几点来看,梅森的纳粹德国史研究具有鲜明的马克思主义史学特色,在西方史学界的相关研究中是独树一帜的。他对纳粹德

---

① Timothy W. Mason, Women in Germany, Family, Welfare and Work, 1925 – 1940, Part Ⅰ and Women in Germany, Part Ⅱ, History Workshop Journal, no. 1, Spring 1976, pp. 74 – 113; and no. 2, Autumn 1976, pp. 5 – 32.

国的战争政策与国内危机的关系的研究、他对纳粹政权的"政治优先"的解说,他对纳粹政权的劳工政策和妇女政策的探讨,不仅在内容上丰富了人们的知识,而且也在理论上拓宽了人们的视野。梅森还特别具有论战和批判精神,具有打破固有模式并使一些仍处于模糊状态的辩论明朗化的能力。他对东西方马克思主义史学家的一些传统观点的修正,既丰富自己的史学思想,也显示马克思主义史学的顽强生命力。

　　1979 年,英国保守党人撒切尔出任首相,在随后的时间里,撒切尔政府抛弃建立在凯恩斯经济学和对福利国家的支持之上的"共识政治",积极推行私有化、控制货币、削减福利开支和打击工会力量的政策。"新右派"势力支配着英国,经济和社会的不平等现象越来越严重。对于这样的政府和政策,梅森大为不满,认为它同历史上的法西斯主义一样恶劣,最终于 1985 年离开英国,迁居意大利。1990 年又因不堪抑郁症的折磨在罗马自杀身亡,年仅 50 岁。马克思主义史学和纳粹德国史研究队伍失去了一位年富力强的健将,这实在是一大遗憾,不能不令人扼腕叹息。

（作者单位：北京师范大学历史学院）

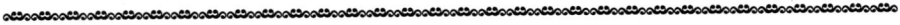

附　　录

推动马克思主义史学理论研究和建设

宋月红　王爱云

2013 年 4 月 13—14 日，中国社会科学院马克思主义史学理论论坛在北京召开了主题为"唯物史观与新中国史学发展"的首届学术研讨会。来自中共中央党校、中共中央党史研究室、《求是》杂志社，以及北京大学、中国人民大学、北京师范大学、武汉大学等几十所高校和中国社科院各史学研究所的 100 余位专家学者，回顾和总结中国马克思主义史学发展的历史进程与基本经验，深入研讨唯物史观基本原理及其在史学研究中的应用、丰富和发展，共同谋划马克思主义史学理论在新的历史条件下繁荣和发展的大计。

关于唯物史观及其与新中国史学发展的关系。李慎明在主旨发言中指出，目前全党和全国上下都在研讨"中国梦"，而马克思主义理论研究特别是马克思主义史学理论研究的进一步深化，对"中国梦"的科学规划与确保实现具有十分重要的作用。他说，从一定意义上讲，马克思主义是社会科学的最大成果。我们研究历史，必须以马克思主义为指导。历史研究工作者应具有强烈的历史责任意识，密切关注现实，将历史研究与推动社会文明进步有机结合起来，为此就要认真学习马克思主义及其史学理论，在深刻理解的基础上，进一步解放思想、实事求是，推动研究的发展和深入。

朱佳木在致开幕词时指出，史学理论包括历史观，也包括历史研究的理论与方法论；凡是有影响的史学家，几乎都是对史学理论有过重要贡献的人；史学发展在任何时候，都离不开史学理论的发展。马克思主义史学理论是唯物史观与史学研究实践相结合的产物，是马克思主义史学工作者从事历史研究的指导思想，也是史学理论工作者进行研究的对象。朱佳木认为，史学理论属于意识形态范畴，在阶级社会具有鲜明的阶级性。改革开放以来，特别是苏东剧变之后，唯物史观和马克思主义史学理论遇到新中国成立以来前所未有的挑战。这种挑战既表现在对唯物史观基本原理和马克思主义史学家的全盘否定上，也表现在对西方资产阶级史学理论的盲目推崇，对历史虚无主义思潮的竭力鼓吹，对中国近代史、现代史的肆意歪曲、篡改和对革命领袖的恶劣贬低、丑化上。对此，马克思主义史学理论工作者理应作出回应。这种回应不仅是维护中国革命的正当性和中华民族的自信力，营造中国特色社会主义建设事业的积极健康舆论氛围的需要，也是发展中国马克思主义史学理论、推进马克思主义中国化的需要。

中国社会科学院世界历史研究所副研究员吴英认为，新中国成立以来一贯作为历史研究指导理论的唯物史观正在被边缘化，其中一个重要原因在于，对唯物史观理论体系缺乏更深入的探究，乃至束缚了它的解释力。为此，需要对唯物史观进行正本清源式的研究，对唯物史观基本概念、存在和意识关系、历史发展动力、社会形态、唯物史观是否是决定论、国家性质、后发国家向社会主义过渡、发达资本主义国家向社会主义过渡两条道路和阶级结构等问题做重新解读。

中国人民大学教授牛润珍提出，唯物史观在如下十个方面主导着中国史学未来发展方向：（1）由对历史的阐释到历史的编纂；（2）形成相当完善的中国马克思主义史学理论体系；（3）历史研究更加贴近现实，一些贴近现实的问题有可能成为讨论的热点，如史学与现代化，宗教文化与争端，环境、灾害与社会，历史资源与旅游等；（4）地方史研究与地方志、《中华一统志》的编纂；（5）中国史学走向世界，并融入世界学术；（6）随着中华民族的伟大复兴，世界上越来越多的人接受、认同中华民族优秀传统文化，史学研究在这方面将发挥重大推动作用；（7）史料的整理、公布与研究将成为主要工作；（8）史学研究的手段与方法将有新的突破，计算机人工智能化被引入，计算机分析在许多研究方面代替人工分析，实验方法成为史学研究较常用的方法；（9）兴起一批新学科，如中国现代化史、经济全球化史、生物科技与工程史、计算机科学史、奥林匹克运动史、信息技术与第三次浪潮发展史等；（10）围绕唯物史观的阐释与运用，形成不同的学派，不同学派之间的讨论，有助于唯物史观的正确把握与总结，并促进史学研究的自我反省，使中国史学在未来新的社会条件下自觉接受唯物史观的指导，朝着健康方向发展。

关于新中国马克思主义史学理论发展的成就与贡献。北京大学教授沙健孙认为，新中国成立以后，马克思主义史学理论为越来越多的史学工作者所接受，对以下一些基本历史观点取得了共识。第一，历史不再被看作是一些偶然事件的堆积，而是有规律可循的自然历史过程。历史的必然性通过偶然性表现出来。第二，历史变动的原因不应单纯用人们的思想动机来解释，而应着重考察这种变动背后的物质生活条件。生产方式的变革是一切社会制度和思想观念变动的基础。第三，人民群众是历史的真正主人。杰出人物可以在历史上起重要作用，甚至可以在一定时期内改变一个国家或民族历史发展的方向。但从历史发展的长河来看，最终决定一个国家或民族历史命运的力量是人民群众。第四，中国封建社会的主要矛盾是地主阶级和农民阶级的矛盾。农民的阶级斗争和农民战争是推动封建社会历史发展的动力。第五，中国自古以来是一个多民族的国家，各民族的历史都是中国历史的组成部分。必须把中国历史上的民族冲突和民族压迫，与近代帝国主义列强对中国的侵略和压迫严格区别开来。第六，鸦片战争以后，中国逐步沦为半殖民地半封建社会。正是在马克思主义史学理论的引导下，中国史学在中国和世界的通史、断代史、部门史、专题史和史学理论的研究方面，包括对社会主义社会发展历史的研究方面，以及在历史资料的收集、整理、编纂等方面，都取得了丰硕的成果。

中国社科院史学理论研究中心主任于沛从三个方面概括了中国马克思主义史学理论研究所取得的主要成就：（1）中国马克思主义史学理论研究队伍已经形成，并在研究实践中逐步成长，特别是一些中青年学者成为研究队伍的主要力量，保证了马克思主义史学理论研究后继有人，保证其持续发展，并预示着马克思主义史学理论研究的美好前景。（2）马克思主义史学理论的视野不断扩大，新的选题不断增加。一些老问题的提出并不是简单的重复，而是在新的历史条件下的深化；一些新问题的提出，反映出马克思主义史学理论研究与当代中国历史科学协调发展，它作为当代中国历史科学的重要组成部分，为推动中国历史科学的进步起着不可替代的作用。（3）马克思主义史学理论的研究，努力做到历史与现实、理论与实践的结合。论从史出，有的放矢，因此有较强的说服力。这表明，马克思主义史学理论的研究水平在总体上有所提高。那种从概念到概念，空泛、空洞、公式化的理论研究正被人们所摒弃。

北京师范大学教授陈其泰着重总结了新中国成立后 17 年马克思主义史学取得的主要成绩，认为"十七年史学"是 20 世纪中国史学发展的一个重要阶段，普遍重视以马克思主义指导史学研究，形成了实事求是、健康向上的学风，撰成了一批有学术价值、有新的时代风格的通史、断代史、专史著作，整理出版了一批大型历史文献，推进了对重大历史问题的认识和学科建设。

关于现阶段马克思主义史学理论研究中存在的突出问题。与会专家学者普遍认为，马克思主义史学理论研究任重而道远，既要看到马克思主义史学理论研究所取得的成绩，也要清醒地认识到所面临的任务。当前，马克思主义史学理论研究面临来自诸多方面的挑战。（一）由于历史的原因，马克思主义唯物史观的基本原理被误解或歪曲，在一些人的思想中造成较严重的混乱，澄清这些混乱思想，在理论和实践上都有许多艰苦的工作要做。（二）苏联解体、东欧剧变后，国际上出现了否定马克思主义的社会思潮，并在中国国内思想界有所反映，历史研究领域也出现了否定唯物史观基本原理的错误倾向，出现了否认历史规律存在的"碎片化"倾向。天津师范大学教授张秋升认为，当前历史研究的一个突出问题是"碎片化"，其表现不但是研究对象和选题的琐碎，而且是理论、价值、意义的缺失。"碎片化"的实质是孤立、静止、片面地认识历史。其成因固然很多，治史宗旨的迷失是关键。（三）改革开放以来，西方史学理论与方法论的大量著述以及一些有影响的西方史学理论研究中的热点问题、前沿问题介绍到国内来，西方史学引进规模之大，内容之多，范围之广，是近代中国开始接触"西学"所从来不曾有过的。

关于如何进一步发展马克思主义史学理论的思考。与会专家学者普遍认为，发展马克思主义史学理论，要继承弘扬中国马克思主义史学的优秀传统，以老一辈马克思主义史学家为榜样，在改革开放的新的历史条件下，将中国马克思主义史学优秀传统发扬光大。

于沛认为，当前，应努力将马克思主义史学理论研究，建立在对马克思主义的信仰，对社会主义和共产主义的信念的坚实基础上。没有理想信念，理想信念不坚定，精神上就会"缺钙"，就会得"软骨病"。精神上缺钙、有"软骨病"，是不可能搞好马克思主义史学理论研究的。共产主义理想与其他抽象理想的根本区别，在于它不是空想，而是建立在马克思主义唯物史观和剩余价值学说基础之上的，符合人类历史发展客观规律，具有历史的、客观的必然性。同时，努力在学术上精益求精，不断提高马克思主义史学理论研究的科学水平，不是将马克思主义史学的社会内容与科学性对立起来，而是辩证地统一在一起。

沙健孙强调，应认真学习马克思主义历史理论经典著作，只有这样才能了解经典作家思想形成的根据及其深刻性，才能有效地学习他们观察和处理问题的立场和方法，才能"不会让一些简述读物和别的第二手资料引入歧途"。

北京师范大学教授瞿林东认为，中国史学具有重视思想和理论的优良传统，中国史学工作者一定要注重理论学习，提高理论修养。理论修养有助于明确治史的方向，严肃治史的宗旨；有助于宏观把握研究对象的性质、地位与作用，更多地从宏观上发现问题、提出问题和解决问题；有助于科学认识事物的发展规律。史学工作者的理论修养要着眼于唯物史观的理论与方法论、历史学专业基础理论和在具体历史研究中提出的理论认识。

武汉大学教授陈立新认为，历史唯物主义的生命力在于理论与实践相结合，研究和解决重大的社会现实问题；中国马克思主义史学的发展方向，就是以问题意识带动学术研究，挖掘历史研究对于当代社会实践的意义、中国伟大实践对于世界的意义。

（作者单位：中国社会科学院当代中国研究所）